독일법률용어사전

German · Korean
Korean · German Law Dictionary

내일을여는지식 법 27

독일법률용어사전

German · Korean
Korean · German Law Dictionary

신영호 지음

한국학술정보[주]

서두에

본서는 대륙법계의 독일문헌을 직접 접하는 많은 법률전공자들을 위한, 특히 독일의 300여 개 법률의 기본개념에 대한 용어, 용례와 그 독역 및 대역서이다.

하지만 본서에서는 독일 전체법적 체계와 접근방법에도 불구하고 각 세부전공의 기본개념에 대한 정론적 해설은 붙이지 아니하였다. 왜냐하면 본서는 전체 법률용어를 정위치로 정서하고 그 접근 가능성을 제고하는 것이 목적일 뿐, 각 전공용어에 대한 확립된 정의 및 세부적 해설은 본인의 능력을 벗어나기도 하며, 이는 각 전공자들이 추후 연구하고 정립해야 할 그들의 영역이라고 보았기 때문이다. 따라서 본서는 대체로 해당 용어와 관련된 각 법률조문(주로 독일 법무부 자료: 2008.1. 기준) 중 제1항을 예시하여 대역에 충실하였으며, 그 이외의 학문적 기본개념에는 독일식 설명과 대역을 충실히 붙여 소개하였다. 물론 번역에 논란이 있는 경우에는 최대한 많은 전공자의 관점에서 이를 반영하도록 하였으며, 해석상의 난이점이 있을 수 있는 경우에는 가급적 많은 예를 들도록 하였다.

본래 본서와 같은 작업에는 너무나 많은 전문가를 필요로 한다. 하지만 이들 모두는 본 작업을 위하여 한자리에 망라되기도 힘들뿐더러, 각자의 전문적 취향과 시각에서 용어 선택을 하는 경우가 많아 방대한 사전이 오히려 그 의도만큼 현실적으로 활용될 수 있을지 의문이다. 어쩌면 이러한 작업에 우리는 너무나 많은 지면을 할애해야 할지도 모른다. 물론 이러한 결과는 본서가 추구하는 '살아 있는' 법률용어사전이라는 의도와도 다를 수 있다. 따라서 본 작업에는 누군가가 종국적으로 이를 체계적, 통합적, 간학문적으로 정리하여야 하며, 이러한 측면에서 감히 필자의 미련한 淺學非才도 위로해 보고자 한다.

2009년 10월

愼 永 昊

악어표

AAppO	= Approbationsordnung für Apotheker	(약사면허규정)
AbstG–Berlin	= Abstimmungsgesetz (Gesetz über Volksinitiative, Volksbegehren und Volksentscheid)	(주민투표법)
AEG	= Allgemeines Eisenbahngesetz	(일반철도법)
AEntG	= Arbeitnehmer–Entsendegesetz (Gesetz über zwingende Arbeitsbedingungen bei grenzüberschreitenden Dienstleistungen)	(근로자송출법)
AG	= Amtsgericht oder Aktiengesellschaft	(구법원 또는 주식회사)
AGG	= Allgemeines Gleichbehandlungsgesetz	(일반평등법)
AktG	= Aktiengesetz	(주식법)
AMG	= Arzneimittelgesetz (Gesetz über den Verkehr mit Arzneimitteln)	(의약품법)
AnfG	= Anfechtungsgesetz (Gesetz über die Anfechtung von Rechtshandlungen eines Schuldners au ß erhalb des Insolvenzverfahrens)	(채권자취소권법)
AO	= Abgabenordnung	(조세기본법)
ArbGG	= Arbeitsgerichtsgesetz	(노동법원법)
ArbnErfG	= Arbeitnehmererfindungsgesetz (Gesetz über Arbeitnehmererfindungen)	(근로자발명법)
ArbZG	= Arbeitszeitgesetz	(근로시간법)
AStG	= Au ß ensteuergesetz (Gesetz über die Besteuerung bei Auslandsbeziehungen)	(대외조세법)
AsylVfG	= Asylverfahrensgesetz	(망명절차법)
AtG	= Atomgesetz	(원자력법)
AufenthG	= Aufenthaltsgesetz (Gesetz über den Aufenthalt, die Erwerbstätigkeit und die Integration von Ausländern im Bundesgebiet)	(체류법)
AÜG	= Arbeitnehmerüberlassungsgesetz (Gesetz zur Regelung der gewerbsmä ß igen Arbeitnehmerüberlassung)	(근로자파견법)
AWG	= Au ß enwirtschaftsgesetz	(대외경제법)
BÄO	= Bundesärzteordnung	(연방의사규정)
BAPostG	= Bundesanstalt Post–Gesetz (Gesetz über die Errichtung einer Bundesanstalt für Post und Telekommunikation Deutsche Bundespost)	(연방우편공사법)
BArchG	= Bundesarchivgesetz (Gesetz über die Sicherung und Nutzung von Archivgut des Bundes)	(연방기록물관리법)
BauGB	= Baugesetzbuch	(건축법)
BauNVO	= Baunutzungsverordnung (Verordnung über die bauliche Nutzung der Grundstücke)	(건축이용령)
BBesG	= Bundesbesoldungsgesetz	(연방공무원보수법)
BBG	= Bundesbeamtengesetz	(연방공무원법)
BBiG	= Berufsbildungsgesetz	(직업교육법)
BBodSchV	= Bundes–Bodenschutz– und Altlastenverordnung	(연방토양보호법)

BDG	= Bundesdisziplinargesetz	(연방징계법)
BDSG	= Bundesdatenschutzgesetz	(연방데이터 (개인정보)보호법)
BEEG	= Bundeselterngeld– und Elternzeitgesetz – BEEG (Gesetz zum Elterngeld und zur Elternzeit)	(부모수당 및 부모휴직법)
BEG	= Bundesentschädigungsgesetz (Bundesgesetz zur Entschädigung für Opfer der nationalsozialistischen Verfolgung)	(연방배상법)
BerBiFG	= Berufsbildungsförderungsgesetz	(직업교육촉진법)
BerRehaG	= Berufliches Rehabilitierungsgesetz(Gesetz über den Ausgleich beruflicher Benachteiligungen für Opfer politischer Verfolgung im Beitrittsgebiet)	(직업복권법)
BetrVG	= Betriebsverfassungsgesetz	(경영조직법)
BewG	= Bewertungsgesetz	(평가법)
BGB	= Bürgerliches Gesetzbuch	(민법)
BGBl	= Bundesgesetzblatt	(연방관보)
BGleiG	= Bundesgleichstellungsgesetz (Gesetz zur Gleichstellung von Frauen und Männern in der Bundesverwaltung und in den Gerichten des Bundes)	(연방남녀평등법)
BHO	= Bundeshaushaltsordnung	(연방예산법)
BImSchG	= Bundes–Immissionsschutzgesetz (Gesetz zum Schutz vor schädlichen Umwelteinwirkungen durch Luftverunreinigungen, Geräusche, Erschütterungen und ähnliche Vorgänge)	(연방임미시온 보호법)
BKAG	= Bundeskriminalamtgesetz (Gesetz über das Bundeskriminalamt und die Zusammenarbeit des Bundes und der Länder in kriminalpolizeilichen Angelegenheiten)	(연방범죄수사국법)
BNatSchG	= Bundesnaturschutzgesetz (Gesetz über Naturschutz und Landschaftspflege)	(연방자연보호법)
BNotO	= Bundesnotarordnung	(연방공증인법)
BörsG	= Börsengesetz	(증권거래소법)
BoSoG	= Bodensonderungsgesetz (Gesetz über die Sonderung unvermessener und überbauter Grundstücke nach der Karte)	(토지구획법)
BPersVG	= Bundespersonalvertretungsgesetz	(연방직원대표법)
BpO	= Betriebsprüfungsordnung	(기업조사규칙)
BPolG	= Bundespolizeigesetz (Gesetz über die Bundespolizei)	(연방경찰법)
BRAO	= Bundesrechtsanwaltsordnung	(연방변호사법)
BRHG	= Bundesrechtsanwaltsordnung	(연방감사원법)
BRRG	= Beamtenrechtsrahmengesetz (Rahmengesetz zur Vereinheitlichung des Beamtenrechts)	(공무원대강법)
BTGO	= Geschäftsordnung des Deutschen Bundestages	(연방의회의사규칙)
BtMG	= Betäubungsmittelgesetz (Gesetz über den Verkehr mit Betäubungsmitteln)	(마약법)

BVerfGG	= Bundesverfassungsgerichtsgesetz (Gesetz über das Bundesverfassungsgericht)	(연방헌법재판소법)
BVerfGGO	= BVerfGGO 1986 (Geschäftsordnung des Bundesverfassungsgerichts)	(연방헌법재판소사무 규칙)
BVFG	= Bundesvertriebenengesetz (Gesetz über die Angelegenheiten der Vertriebenen und Flüchtlinge)	(연방피추방자법)
BVG	= Bundesversorgungsgesetz (Gesetz über die Versorgung der Opfer des Krieges)	(연방원호법)
BWahlG	= Bundeswahlgesetz	(연방선거법)
BWaldG	Bundeswaldgesetz (Gesetz zur Erhaltung des Waldes und zur Förderung der Forstwirtschaft	(연방산림법)
BWO	= Bundeswahlordnung	(연방선거규칙)
BZRG	= Bundeszentralregistergesetz (Gesetz über das Zentralregister und das Erziehungsregister)	(연방중앙기록법)
DBGrG	= Deutsche Bahn Gründungsgesetz (Gesetz über die Gründung einer Deutsche Bahn Aktiengesellschaft)	(독일철도주식회사설 립법)
DBRL	= Datenbankrichtlinie (Richtlinie 96/9/EG des Europäischen Parlaments und des Rates vom 11. März 1996 über den rechtlichen Schutz von Datenbanken)	(데이터베이스 법적 보호에 관한 지침)
DepotG	= Depotgesetz (Gesetz über die Verwahrung und Anschaffung von Wertpapieren)	(예탁법)
DRiG	= Deutsches Richtergesetz	(독일법관법)
EEG	= ErneuerbareEnergienGesetz (Gesetz für den Vorrang Erneuerbarer Energien)	(재생에너지법)
EGBGB	= Einführungsgesetz zum Bürgerlichen Gesetzbuche	(민법시행법)
EGStGB	= Einführungsgesetz zum Strafgesetzbuch	(형법시행법)
EGStPO	= Einführungsgesetz zur Strafprozeß ordnung	(형사소송법시행법)
EGV	= EGVertrag (Die konsolidierte Fassung des Vertrags zur Gründung der europäischen Gemeinschaft)	(EG조약)
EinigVtr	= Einigungsvertrag (Vertrag zwischen der Bundesrepublik Deutschland und der Deutschen Demokratischen Republik über die Herstellung der Einheit Deutschlands)	(통일조약)
ElGVG	= ElektronischerGeschäftsverkehrVereinheitlichungsgesetz (Gesetz zur Vereinheitlichung von Vorschriften über bestimmte elektronische Informations und Kommunikationsdienste)	(전자거래통합법)
EMRK	= Europaische Menschenrechtskonvention (Europäischer Konvention zum Schutz der Menschenrechte und Grundfreiheiten)	(유럽인권협약)
EnEG	= Energieeinsparungsgesetz (Gesetz zur Einsparung von Energie in Gebäuden)	(에너지절약법)
EnSiG	= Energiesicherungsgesetz 1975 (Gesetz zur Sicherung der Energieversorgung)	(에너지확보법)

EntgFG	= Entgeltfortzahlungsgesetz (Gesetz über die Zahlung des Arbeitsentgelts an Feiertagen und im Krankheitsfall)	(급여계속지급법)
ErbbauRG	= Erbbaurechtsgesetz (Gesetz über das Erbbaurecht)	(지상권법)
ERPVwG	= Gesetz über die Verwaltung des ERP-Sondervermögens	(ERP-특별재산관리법)
ErsFreihStrV –Nds.	= Ersatzfreiheitsstrafen-Verordnung (Verordnung über die Abwendung der Vollstreckung von Ersatzfreiheitsstrafe durch freie Arbeit_ (Niedersachsen)	(대체자유형벌법; 외부작업법)
ESchG	= Embryonenschutzgesetz (Gesetz zum Schutz von Embryonen)	(배아보호법)
EStG	= Einkommensteuergesetz	(소득세법)
EuAuslfÜbk	= Euroäisches Auslieferungsübereinkommen	(유럽범죄인인도협정)
EuPatÜbk	= Europäisches Patentübereinkommen (Übereinkommen über die Erteilung europäischer Patente)	(유럽특허협약)
EuRAG	= Gesetz über die Tätigkeit europäischer Rechtsanwälte in Deutschland	(유럽변호사의 독일에서의 활동에 관한 법)
EUV	= EU-Vertrag (Die konsolidierte Fassung des Vertrags über die europäische Union)	(EU-조약)
FAG	= Finanzausgleichsgesetz (Gesetz über den Finanzausgleich zwischen Bund und Ländern)	(재정조정법)
FAO	= Fachanwaltsordnung	(전문변호사법)
FGG	= Gesetz über die Angelegenheiten der freiwilligen Gerichtsbarkeit	(비송사건절차법)
FGO	= Finanzgerichtsordnung	(재정법원법)
FStrG	= Bundesfernstra ß engesetz	(연방원거리도로법)
FStrPrivFinG	= Fernstra ß enbauprivatfinanzierungsgesetz (Gesetz über den Bau und die Finanzierung von Bundesfernstra ß en durch Private)	(원거리도로건설 사인재정충당법)
GBO	= Grundbuchordnung	(부동산등기법)
GebrMG	= Gebrauchsmustergesetz	(실용실안법)
GemO BW	= Gemeindeordnung für Baden-Württemberg	(바덴-뷔르템베르그 주 지방자치법)
GemO NW	= Gemeindeordnung für das Land Nordrhein-Westfalen	(노르트라인-베스트 팔렌 지방자치법)
GenG	= Genossenschaftsgesetz (Gesetz betreffend die Erwerbs- und Wirtschaftsgenossenschaften)	(협동조합법)
GenRegV	= Genossenschaftsregisterverordnung (Verordnung über das Genossenschaftsregister)	(협동조합등기법)
GenTG	= Gentechnikgesetz (Gesetz zur Regelung der Gentechnik)	(유전공학법)
GeschmMG	= Geschmacksmustergesetz (Gesetz über den rechtlichen Schutz von Mustern und Modellen)	(의장법)
GewStG	= Gewerbesteuergesetz	(영업세법)
GG	= Grundgesetz für die Bundesrepublik Deutschland	(독일연방공화국 기본법)

GmbHG	= Gesetz betreffend die Gesellschaften mit beschränkter Haftung	(유한회사법)
GPSG	= Geräte- und Produktsicherheitsgesetz(Gesetz über technische Arbeitsmittel und Verbraucherprodukte)	(장비 및 제조물안전법)
GRH	= Gesetz über die Region Hannover	(하노버지역법)
GrStG	= Grundsteuergesetz	(부동산세법)
GüKG	= Güterkraftverkehrsgesetz	(화물자동차운송법)
GVG	= Gerichtsverfassungsgesetz	(법원조직법)
GWB	= Gesetz gegen Wettbewerbsbeschränkungen	(경쟁제한법)
GwG	= Geldwäschegesetz (Gesetz über das Aufspüren von Gewinnen aus schweren Straftaten)	(자금세탁방지법)
HaftPflG	= Haftpflichtgesetz	(책임(의무)법)
HAG	= Heimarbeitsgesetz	(가내근로법)
HalblSchG	= Halbleiterschutzgesetz (Gesetz über den Schutz der Topographien von mikroelektronischen Halbleitererzeugnissen)	(반도체보호법)
HGB	= Handelsgesetzbuch	(상법)(전)
HGrG	= Haushaltsgrundsätzegesetz (Gesetz über die Grundsätze des Haushaltsrechts des Bundes und der Länder)	(예산기본법)
HRG	= Hochschulrahmengesetz	(대학기본법)
IfSG	= Infektionsschutzgesetz (Gesetz zur Verhütung und Bekämpfung von Infektionskrankheiten beim Menschen)	(전염병예방법)
InsO	= Insolvenzordnung	(도산법)
InvG	= Investmentgesetz	(투자법)
InVorG	= Investitionsvorranggesetz (Gesetz über den Vorrang für Investitionen bei Rückübertragungsansprüchen nach dem Vermögensgesetz)	(투자우선법)
IRG	= Gesetz über die internationale Rechtshilfe in Strafsachen	(형사사법공조법)
IStGHG	= IStGH-Gesetz (Gesetz über die Zusammenarbeit mit dem Internationalen Strafgerichtshof)	(국제형사법원협력법)
JGG	= Jugendgerichtsgesetz	(소년법원법)
JuSchG	= Jugendschutzgesetz	(청소년보호법)
JVEG	= Justizvergütungs- und -entschädigungsgesetz (Gesetz über die Vergütung von Sachverständigen, Dolmetscherinnen, Dolmetschern, Übersetzerinnen und Übersetzern sowie die Entschädigung von ehrenamtlichen Richterinnen, ehrenamtlichen Richtern, Zeuginnen, Zeugen und Dritten)	(사법보수 및 보상법)
KapMuG	= Kapitalanleger-Musterverfahrensgesetz (Gesetz über Musterverfahren in kapitalmarktrechtlichen Streitigkeiten)	(투자자대표소송법)
KDVG	= Kriegsdienstverweigerungsgesetz (Gesetz über die Verweigerung des Kriegsdienstes mit der Waffe aus Gewissensgründen)	(양심적 병역거부법)
KJHG	= Kinder- und Jugendhilfegesetz (Gesetz zur Neuordnung des Kinder- und Jugendhilferechts)	(아동청소년지원법)

KrW-/AbfG	= Kreislaufwirtschafts- und Abfallgesetz (Gesetz zur Förderung der Kreislaufwirtschaft und Sicherung der umweltverträglichen Beseitigung von Abfällen)	(순환관리(재활용) 및 폐기물처리법)
KSchG	= Kündigungsschutzgesetz	(해고제한법)
KStG	= Körperschaftsteuergesetz	(법인세법)
KunstUrhG	= Kunsturhebergesetz (Gesetz betreffend das Urheberrecht an Werken der bildenden Künste und der Photographie)	(미술저작권법)
KWG	= Kreditwesengesetz (Gesetz über das Kreditwesen)	(은행법)
LadSchlG	= Ladenschluß gesetz (Gesetz über den Ladenschluß)	(폐점법)
LFGB	= Lebensmittel- und Futtermittelgesetzbuch (Lebens- mittel-, Bedarfsgegenstände- und Futtermittelgesetzbuch)	(식표품 및 사료법)
LuftVG	= Luftverkehrsgesetz	(항공법)
LPartG	= Lebenspartnerschaftsgesetz (Gesetz über die Eingetragene Lebenspartnerschaft)	(생활동반자관계법)
MarkenG	= Markengesetz (Gesetz über den Schutz von Marken und sonstigen Kennzeichen)	(상표법)
MEPolG	= Mustenwurf eines einheitlichen Polizeigesetzes des Bundes und der Länder	(통일경찰법 모범초안)
MiArbG	= Mindestarbeitsbedingungen-Gesetz (Gesetz über die Festsetzung von Mindestarbeitsbedingungen)	(최저근로조건결정법)
MRRG	= Melderechtsrahmengesetz	(신고법; 주민등록법)
OEG	= Opferentschädigungsgesetz (Gesetz über die Entschädigung für Opfer von Gewalttaten)	(범죄피해자보상법)
OrgStA	= Anordnung über Organisation und Dienstbetrieb der Staatsanwaltschaft	(검찰조직 및 운영규정)
öStGB	= Österreichisches Strafgesetzbuch	(오스트리아 형법)
OWiG	= Gesetz über Ordnungswidrigkeiten	(질서위반법)
PartG	= Parteiengesetz (Gesetz über die politischen Parteien)	(정당법)
PartGG	= Partnerschaftsgesellschaftsgesetz (Gesetz über Partner- schaftsgesellschaften Angehöriger Freier Berufe)	(동업회사법)
Pa ß G	= Pa ß gesetz	(여권법)
PatAnwO	= Patentanwaltsordnung	(변리사법)
PatG	= Patentgesetz	(특허법)
PersStdG	= Personenstandsgesetz	(신분법)
PfandBG	= Pfandbriefgesetz	(저당채권법)
PflVG	= Pflichtversicherungsgesetz (Gesetz über die Pflichtversicherung für Kraftfahrzeughalter)	(자동차)(의무보험법)
ProdHaftG	= Produkthaftungsgesetz (Gesetz über die Haftung für fehlerhafte Produkte)	(제조물책임법)
PrG BW	= Gesetz über die Presse (Landespressegesetz [Baden- Württemberg])	(바덴-뷔르템베르그 주 출판법)

PVG	= Preußisches Polizeiverwaltungsgesetz	(프로이센 경찰행정법)
RBerG	= Rechtsberatungsgesetz	(법률상담법)
RGebStV	= Rundfunkgebührenstaatsvertrag	(방송수신료국가협약)
RiWG	= Richterwahlgesetz	(법관선발법)
ROG	= Raumordnungsgesetz	(국토계획법)
RPflG	= Rechtspflegergesetz	(사법보좌관법)
RStV	= Rundfunkstaatsvertrag	(방송국가협약)
RVG	= Rechtsanwaltsvergütungsgesetz (Gesetz über die Vergütung der Rechtsanwältinnen und Rechtsanwälte)	(변호사보수법)
ScheckG	= Scheckgesetz	(수표법)
SchKG	= Schwangerschaftskonfliktgesetz (Gesetz zur Vermeidung und Bewaltigung von Schwangerschaftskonflikten)	(임신갈등법)
SGB 1	= Erstes Buch Sozialgesetzbuch (I) – Allgemeiner Teil	(사회법전 제1권 – 종론)
SGB 2	= Zweites Buch Sozialgesetzbuch (II) – Grundsicherung für Arbeitsuchende	(사회법전 제2권 – 구직자에 대한 기초보장)
SGB 3	= Drittes Buch Sozialgesetzbuch (III) – Arbeitsförderung	(사회법전 제3권 – 고용촉진)
SGB 4	= Viertes Buch Sozialgesetzbuch (IV) – Gemeinsame Vor- schriften für die Sozialversicherung –	(사회법전 제4권 – 사회보험 공동규정)
SGB 5	= Fünftes Buch Sozialgesetzbuch (V) – Gesetzliche Kran- kenversicherung	(사회법전 제5권 – 법정의료보험)
SGB 6	= Sechstes Buch Sozialgesetzbuch (VI) – Gesetzliche Rentenversicherung	(사회법전 제6권 – 법정연금보험)
SGB 7	= Siebtes Buch Sozialgesetzbuch (VII) – Gesetzliche Un- fallversicherung	(사회법전 제7권 산업재해보험)
SGB 8	= Achtes Buch Sozialgesetzbuch (VIII) – Kinder- und Jugendhilfe	(사회법전 제8권 아동 및 소년지원)
SGB 9	= Neuntes Buch Sozialgesetzbuch (IX) – Rehabilitation und Teilhabe behinderter Menschen	(사회법전 제9권 – 재활 및 장애자의 참여)
SGB 10	= Zehntes Buch Sozialgesetzbuch (X) – Sozialverwal- tungsverfahren und Sozialdatenschutz –	(사회법전 제10권 – 사회행정절차 및 사회데이터보호)
SGB 11	= Elftes Buch Sozialgesetzbuch (XI) – Soziale Pflege- versicherung	(사회법전 제11권 – 사회수발보험)
SGB 12	= Zwölftes Buch Sozialgesetzbuch (XII) – Sozialhilfe	(사회법전 제12권 – 사회부조)
SGG	= Sozialgerichtsgesetz	(사회법원법)
SHG	= Staatshaftungsgesetz	(국가배상(책임)법)

SigG	= Signaturgesetz (Gesetz über Rahmenbedingungen für elektronische Signaturen)	(전자서명법)
SprAuG	= Sprecherausschuß gesetz (Gesetz über Sprecherausschüsse der leitenden Angestellten)	(대표자위원회법)
SPV	= Sonderungsplanverordnung	(구획계획령)
StabG	= Stabilitäts- und Wachstumsgesetz (Gesetz zur Förderung der Stabilität und des Wachstums der Wirtschaft)	(경제안정성장촉진법)
StAG	= Staatsangehörigkeitsgesetz	(국적법)
StBerG	= Steuerberatungsgesetz	(세무사법)
StGB	= Strafgesetzbuch	(형법)
StGBuaÄndG	= Kronzeugengesetz (Gesetz zur Änderung des Strafgesetzbuches, der Strafprozeß ordnung und des Versammlungsgesetzes und zur Einführung einer Kronzeugenregelung bei terroristischen Straftaten)	(공범증인법)
StPO	= Strafprozeß ordnung	(형사소송법)
StrEG	= Strafverfolgungsentschädigungsgesetz (Gesetz über die Entschädigung für Strafverfolgungsma ß nahmen)	(형사보상법)
StrFrhG 1970	= Straffreiheitsgesetz 1970 (Gesetz über Straffreiheit)	(형면제법)
StrRehaG	= Strafrechtliches Rehabilitierungsgesetz (Gesetz über die Rehabilitierung und Entschädigung von Opfern rechtsstaatswidriger Strafverfolgungsma ß nahmen im Beitrittsgebiet	(형사복권법)
StVG	= Stra ß enverkehrsgesetz	(도로교통법)
StVO	= Stra ß enverkehrs-Ordnung	(도로교통령)
StVollzG	= Strafvollzugsgesetz (Gesetz über den Vollzug der Freiheitsstrafe und der freiheitsentziehenden Ma ß regeln der Besserung und Sicherung)	(행형법)
StVollzVergO	= Strafvollzugsvergütungsordnung (Verordnung über die Vergütungsstufen des Arbeitsentgelts und der Ausbildungsbeihilfe nach dem Strafvollzugsgesetz)	(행형보수에 관한 규칙)
StVZO	= Stra ß enverkehrs-Zulassungs-Ordnung	(도로교통허가령)
StZG	= Stammzellgesetz (Gesetz zur Sicherstellung des Embryonenschutzes im Zusammenhang mit Einfuhr und Verwendung menschlicher embryonaler Stammzellen)	(줄기세포법)
TEHG	= Treibhausgas-Emissionshandelsgesetz (Gesetz über den Handel mit Berechtigungen zur Emission von Treibhausgasen)	(온실가스배출법)
TierSchG	= Tierschutzgesetz	(동물보호법)
TKG	= Telekommunikationsgesetz	(통신법)
TMG	= Telemediengesetz	(텔레미디어법)
TPG	= Transplantationsgesetz (Gesetz über die Spende, Entnahme und Übertragung von Organen und Geweben)	(장기이식법)

TreuhG	= Treuhandgesetz (Gesetz zur Privatisierung und Reorganisation des volkseigenen Vermögens)	(신탁법)
TVG	= Tarifvertragsgesetz	(단체협약법)
TzBfG	= Teilzeit- und Befristungsgesetz (Gesetz über Teilzeitarbeit und befristete Arbeitsverträge)	(단시간근로법)
UIG	= Umweltinformationsgesetz	(환경정보법)
UKlaG	= Unterlassungsklagengesetz (Gesetz über Unterlassungsklagen bei Verbraucherrechts- und anderen Verstö ß en)	(부작위(청구)소송법)
UmwG	= Umwandlungsgesetz	(기업재편법)
UrhG	= Urheberrechtsgesetz (Gesetz über Urheberrecht und verwandte Schutzrechte)	(저작권법)
UStG	= Umsatzsteuergesetz	(부가가치세법)
UVPG	= Gesetz über die Umweltverträglichkeitsprüfung	(환경적합성심사: 환경영향평가법)
UWG	= Gesetz gegen den unlauteren Wettbewerb	(부정경쟁방지법)
UZwG	= Gesetz über den unmittelbaren Zwang bei Ausübung öffentlicher Gewalt durch Vollzugsbeamte des Bundes	(연방공무원의 직접강제에 관한 법)
VAG	= Versicherungsaufsichtsgesetz (Gesetz über die Beaufsichtigung der Versicherungsunternehmen)	(보험감독법)
VerlG	= Verlagsgesetz (Gesetz über das Verlagsrecht)	(출판법)
VermG	= Vermögensgesetz (Gesetz zur Regelung offener Vermögensfragen)	(재산법)
VersammlG	= Versammlungsgesetz (Gesetz über Versammlungen und Aufzüge)	(집시법)
VerschG	= Verschollenheitsgesetz	(실종법)
VIG	= Verbraucherinformationsgesetz (Gesetz zur Verbesserung der gesundheitsbezogenen Verbraucherinformation)	(소비자정보법)
VoZählG	= Volkszählungsgesetz 1987 (Gesetz über eine Volks-, Berufs-, Gebäude-, Wohnungs- und Arbeitsstättenzäh- lung)	(인구조사법)
VStGB	= Völkerstrafgesetzbuch	(국제형법)
VVG	= Versicherungsvertragsgesetz (Gesetz über den Versicherungsvertrag)	(보험계약법)
VwGO	= Verwaltungsgerichtsordnung	(행정법원법)
VwKostG	= Verwaltungskostengesetz	(행정비용법)
VwRehaG	= Verwaltungsrechtliches Rehabilitierungsgesetz (Gesetz über die Aufhebung rechtsstaatswidriger Verwaltungsentscheidungen im Beitrittsgebiet und die daran anknüpfenden Folgeansprüche)	(행정복권법)
VwVfG	= Verwaltungsverfahrensgesetz	(행정절차법)
VwVG	= Verwaltungs-Vollstreckungsgesetz	(행정집행법)
WDO	= Wehrdisziplinarordnung	(군인징계법)
WG	= Wechselgesetz	(어음법)

WHG	= Wasserhaushaltsgesetz (Gesetz zur Ordnung des Wasser-haushalts)	(수자원관리법)
WiPrO	= Wirtschaftsprüferordnung (Gesetz über eine Berufsordnung der Wirtschaftsprüfer)	(회계사법)
WiStrG	= Wirtschaftsstrafgesetz 1954 (Gesetz zur weiteren Vereinfachung des Wirtschaftsstrafrechts)	(경제형법)
WoEigG	= Wohnungseigentumsgesetz (Gesetz über das Wohnungseigentum und das Dauerwohnrecht)	(주거소유권법)
WoFG	= Wohnraumförderungsgesetz (Gesetz über die soziale Wohnraumförderung)	(사회적 주거공간지원법)
WPflG	= Wehrpflichtgesetz	(병역법)
WpHG	= Wertpapierhandelsgesetz (Gesetz über den Wertpapierhandel)	(증권거래법)
WpPG	= Wertpapierprospektgesetz (Gesetz über die Erstellung, Billigung und Veröffentlichung des Prospekts, der beim öffentlichen Angebot von Wertpapieren oder bei der Zulassung von Wertpapieren zum Handel an einem organisierten Markt zu veröffentlichen ist)	(유가증권 투자(사업)설명서법)
WpÜG	= Wertpapiererwerbs- und Übernahmegesetz	(기업인수법)
WRV	= Weimarer Reichsverfassung (Die Verfassung des Deutschen Reiches)	(바이마르제국헌법)
WStG	= Wehrstrafgesetz	(군형법)
ZDG	= Zivildienstgesetz	(병역대체(사회봉사) 근무법)
ZollV	= Zollverordnung	(관세규칙)
ZollVG	= Zollverwaltungsgesetz	(관세행정법)
ZPO	= Zivilprozessordnung	(민사소송법)
ZG	= Das Deutsche Zollgesetz (a.F.)	(관세법(구))
ZK	= Zollkodex (VERORDNUNG (EWG) Nr. 2913/92 DES RATES vom 12. Oktober 1992 zur Festlegung des Zollkodex der Gemeinschaften)	(EU 관세행정법)
ZK-DVO	= Zollkodex-Durchführungsverordnung (VERORDNUNG (EWG) Nr. 2454/93 DER KOMMISSION vom 2. Juli 1993 mit Durchführungsvorschriften zu der Verordnung (EWG) Nr. 2913/92 des Rates zur Festlegung des Zollkodex der Gemeinschaften)	(EU 관세행정법 시행령)
ZRHO	= Rechtshilfeordnung für Zivilsachen	(민사사법공조규칙)

a posteriori (Von dem, was nachher kommt) 후험적으로 (이후에 존재하는 것으로부터).

a priori (Vom Früheren her) 선험적으로 (이전에 존재하는 것으로부터).

AAppO → Approbationsordnung für Apotheker (약사면허규정).

Abänderungsklage ZPO 323 변경의 소.
(1) Tritt im Falle der Verurteilung zu künftig fällig werdenden wiederkehrenden Leistungen eine wesentliche Änderung derjenigen Verhältnisse ein, die für die Verurteilung zur Entrichtung der Leistungen, für die Bestimmung der Höhe der Leistungen oder der Dauer ihrer Entrichtung maßgebend waren, so ist jeder Teil berechtigt, im Wege der Klage eine entsprechende Abänderung des Urteils zu verlangen.
장래 이행기가 도래하는 회귀적 급부의 판결의 경우에 급부지급의 판결 또는 급부액의 특정이나 또는 그 지급기간에 기준이 되는 사정에 현저한 변경이 생긴 때에는 각 당사자는 소에 의하여 그에 상응하는 판결의 변경을 요구할 수 있다.

Abandon (보험) 위부.

In gewissen Fällen kann der Schuldner durch Herausgabe eines Gegenstands (Sache odr Recht) bewirken, daß er wegen seiner Schuld nicht länger in Ansrpuch genommen, also von dieser befreit wird.
위부는 채무자가 대상물(물건이나 권리)의 교부에 의하여 더 이상 자신의 채무로 인한 청구를 받지 아니하고 면제를 받는 것을 의미한다. 예를 들어 Unbeschränkte Nachschußpflicht GmbHG 27 무한추가출자의무,

Befreiung durch Zahlung der Versicherungssumme VVG 141 보험금액의 지불로 인한 면제 (보험자의 위부) 등. 보험해상법에서는 이를 특히 보험위부라고 한다.

Abartigkeit StGB 20
→ Schwere seelische Abartigkeit (중한 정신적 변종(變種)).

Abbau oder Gewinn von Bodenschätzen, Bodenbestandteilen (토지매장물, 토지구성부분의 채굴, 채취) → Gefährdung schutzbedürftiger Gebiete (보호지역 위태화죄).

Abbaurecht EGBGB 68 채굴권.
(Das Abbaurecht ist das Recht eine erschöpfliche Ressource abzubauen 고갈성 (유한)자원을 채굴하는 권리)
Unberührt bleiben die landesgesetzlichen Vorschriften, welche die Belastung eines Grundstücks mit dem vererblichen und veräußerlichen Recht zur Gewinnung eines den bergrechtlichen Vorschriften nicht unterliegenden Minerals gestatten und den Inhalt dieses Rechtes näher bestimmen.
광업법의 적용을 받지 않는 광물을 채굴하려는 토지상의 권리인 양도, 상속의 권리를 부여하고 본법의 내용을 상세히 규정한 주법상의 규정은 (연방법에) 독립적이다.

Abberufung → Bestellung und Abberufung des Vorstands (이사회의 선임과 해임).

Abbiegen StVO 9 방향전환.
(1) Wer abbiegen will, muß dies rechtzeitig und deutlich ankündigen; dabei sind die Fahrtrichtungsanzeiger zu benutzen.
방향전환을 하고자 하는 자는 즉시에 명백히 이를 나타내어야 한다. 이 경우 방향지시등을 이용해야 한다.

Abbildung 도화(圖畵), 모사(초상)(물), 표현내용.
① 도화 등의 표현물(Darstellungen)은 문서 (Schriften)와 동일하다. (StGB 11(3))
→ Papiergeldähnlichen Drucksachen oder Abbildungen.

② 모사(물); 초상 Sicherheitsgefährdendes Abbilden (군사시설등의 모사죄 StGB 109g); Veröffentlichung von Abbildungen eines Beschuldigten StPO 131b 피의자 초상의 공개.
③ 표현내용 Auf Abbildungen, die sich bei den Akten befinden, kann hierbei wegen der Einzelheiten verwiesen werden. 소송서류의 ～을 참조하도록 적시할 수 있다. (StPO 267)

Abblenden StVO 17(2) 감광(하다).
(2) S.3 Es ist rechtzeitig abzublenden, wenn ein Fahrzeug entgegenkommt oder mit geringem Abstand vorausfährt oder wenn es sonst die Sicherheit des Verkehrs auf oder neben der Straße erfordert. 자동차가 마주 오거나 또는 근거리에서 앞서가거나 또는 기타 도로나 도로변의 교통안전상 필요한 경우에는 적시에 조명을 감광하여야 한다.

Abbruch der Schwangerschaft
→ Schwangerschaftsabbruch (낙태죄).

Abbruch der Schwangerschaft ohne ärztliche Feststellung →
Schwangerschaftsabbruch ohne ärztliche Feststellung (의사의 확인 없는 낙태죄).

Abbruch der Schwangerschaft ohne Beratung der Schwangeren
→ Ärztliche Pflichtverletzung bei einem Schwangerschaftsabbruch (낙태시 의사의 의무위반죄).

Abdingbarkeit (Abweichende Vereinbarung) 임의규정성 ↔ Unabdingbarkeit (강행규정성: 합의배제규정).
→ Nachgiebige Vorschrift (임의규정).

Abergläubischer Versuch 미신범
(grob unverständlicher Versuch).
Als abergläubischer Versuch wird eine Konstellation bezeichnet, in der der Täter eine vollig abwegige Vorstellung von gemeinhin bekannten Naturzusammenhangen hat, deren Unrichtigkeit nach durchschnittlichem Erfahrungswissen offenkundig ist.
미신범은 평균적 경험지식에 의하면 일반적으로 알려진 자연관계에 대하여 그 무효가 공공연한 완전히 비상식적인 관념을 가진 행위자의 상황을 말한다.

Aberkennen StGB 92a 박탈 (선고에 의한 ～).
das Gericht kann die Fähigkeit, öffentliche Ämter zu bekleiden, aberkennen.
법원은 공직취임의 자격을 선고에 의해 박탈할 수 있다.

Aberratio ictus (Fehlgehen des Schlages; Fehlgehen der Tat) 방법의 착오.
Als aberratio ictūs wird im Strafrecht das Fehlgehen der Tat bezeichnet, etwa wenn der Täter ein Objekt anvisiert, aber aus Unvermögen ein anderes Objekt trifft.
～ 형법에서 행위자가 목적물을 조준했지만 무능력에 의해 다른 목적물을 맞추는 경우와 같은 범죄행위의 실패를 말한다.

Abfall (Abfälle) KrW-/AbfG 3 폐기물.
(1) Abfälle im Sinne dieses Gesetzes sind alle beweglichen Sachen, die unter die in Anhang I aufgeführten Gruppen fallen und deren sich ihr Besitzer entledigt, entledigen will oder entledigen muß.
이 법률(순환관리 및 폐기물처리법)의 폐기물이라 함은 부록 I에 규정된 폐기물군으로 그 소유자가 버리거나, 버리려고 하거나, 버려야 하는 모든 이동가능한 물건을 말한다.

Abfallbeseitigung → Umweltgefährende Abfallbeseitigung (환경위해적 폐기물제거죄).

Abfallentsorgung KrW-/AbfG 3(7) 폐기물처리; ～sanlage (～시설).
(7) Abfallentsorgung umfaßt die Verwertung und Beseitigung von Abfällen.
폐기물처리는 폐기물의 이용과 제거를 포함한다.

Abfangen von Daten　StGB 202b　데이터탈취죄.

Wer unbefugt sich oder einem anderen unter Anwendung von technischen Mitteln nicht für ihn bestimmte Daten (§ 202a Abs.2) aus einer nichtöffentlichen Datenübermittlung oder aus der elektromagnetischen Abstrahlung einer Datenverarbeitungsanlage verschafft, wird mit Freiheitsstrafe bis zu zwei Jahren oder mit Geldstrafe bestraft, wenn die Tat nicht in anderen Vorschriften mit schwererer Strafe bedroht ist.

권한 없이 데이터처리시설의 비공개적인 데이터전송 또는 전자기선으로부터 자신의 것이 아닌 데이터(제202a조 제2항)를 기술적인 방법을 적용하여 자기 또는 타인을 위하여 탈취한 자는 그 행위에 대하여 달리 더 중한 형이 규정되어 있지 아니하는 한 2년 이하의 자유형 또는 벌금형에 처한다.

Abfindung　SGB 7 79; SHG 8(3)　보상(배상)일시금　(Abfindung in Kapital ＝ Kapitalabfindung).

Eine Rente kann in den Fällen einer Abfindung bei einer Minderung der Erwerbsfähigkeit ab 40 vom Hundert bis zur Hälfte für einen Zeitraum von zehn Jahren abgefunden werden. (SGB 7 79)

연금은 40%를 제외한 소득활동능력의 감소가 있는 경우에 10년 기간의 절반까지 보상일시금으로 지급될 수 있다.

Als Abfindungssumme wird das Neunfache des der Abfindung zugrundeliegenden Jahresbetrages der Rente gezahlt.

보상일시금총액은 보상의 근거되는 연금의 1년치 액수의 9배이다.

(3) Statt der Rente kann der Geschädigte eine Abfindung in Kapital verlangen, wenn ein wichtiger Grund vorliegt. (SHG 8)

피해자는 중대한 이유가 있으면 연금 대신에 배상일시금을 요구할 수 있다.

→ Kapitalentschädigung (원금배상).

Abfindungsrecht　(für außenstehende Aktionäre)　AktG 305　주식매수청구권 (외부주주에 대한 보상권).

(1) Außer der Verpflichtung zum Ausgleich nach §304 muß ein Beherrschungs- oder ein Gewinnabführungsvertrag die Verpflichtung des anderen Vertragsteils enthalten, auf Verlangen eines außenstehenden Aktionärs dessen Aktien gegen eine im Vertrag bestimmte angemessene Abfindung zu erwerben.

제304조에 의한 조정보상의무 외에 지배계약 또는 이익지급계약에서는 외부주주의 청구에 따라 계약으로 정한 적정한 보상을 대가로 그들의 주식을 취득할 타방 당사자의 의무를 규정하여야 한다.

Abfindungsstheroie　감수설.

Eventualvorsatz liegt vor, wenn der Täter es ernstlich für möglich hält und sich damit abfindet, daß sei Verhalten zur Verwirklichung des gesetzlichen Tatbestandes führt.

결과발생의 가능성을 진지하게 인식하면서 법적 구성요건 실현의 위험을 감수(甘受)한 경우에는 미필적 고의가 있다.

Abführung des Mehrerlöses　WiStrG 8　차익의 유치.

(1) Hat der Täter durch eine Zuwiderhandlung im Sinne der §§ 1 bis 6 einen höheren als den zulässigen Preis erzielt, so ist anzuordnen, daß er den Unterschiedsbetrag zwischen dem zulässigen und dem erzielten Preis (Mehrerlös) an das Land abführt, soweit er ihn nicht auf Grund einer rechtlichen Verpflichtung zurückerstattet hat.

행위자가 (경제형법) 제1조 내지 제6조의 위반행위로 인하여 허용된 가격보다 높은 가격으로 획득한 경우에 행위자가 법적 의무의 위반에 대한 차액의 반환을 하지 않은 때에는 허용된 가격과 목표가격 사이의 차액(차익)을 주에 유치할 것을 명할 수 있다.

Abgabe　이송, 교부, 조세, 공과금, 행하는 것, 매도.

① Abgabe der Sache (an die Staatsanwaltschaft)　StPO 225a, 269, 408; OWiG 41　사건의 이송(검사에의 인도).

Die Verwaltungsbehörde gibt die Sache an die Staatsanwaltschaft ab, wenn Anhaltspunkte dafür vorhanden sind, daß die Tat eine Straftat ist.
행정관청은 그 행위가 범죄행위라고 볼 때에는 검사에게 그 사건을 인도한다.
② StPO 348(3) 서류의 교부.
(3) Die Abgabe der Akten erfolgt durch die Staatsanwaltschaft.
~는 검사를 통하여 하여야 한다.
③ Abgabenordnung (조세기본법).
→ Abgabenüberhebung (공과금 과다징수죄).
④ BGB 28(2) 행하는 것 (의사표시 등).
(2) Ist eine Willenserklärung dem Verein gegenüber abzugeben, so genügt die Abgabe gegenüber einem Mitglied des Vorstands.
사단을 상대로 한 의사표시는 이사 1인에 대하여 행하여지면 족하다.
BGB 261 Abgabe der eidesstattlichen Versicherung (선서에 갈음하는 보증)
(1) Die eidesstattliche Versicherung ist, sofern sie nicht vor dem Vollstreckungsgericht abzugeben ist, vor dem Amtsgericht des Ortes abzugeben, an welchem die Verpflichtung zur Rechnungslegung oder zur Vorlegung des Verzeichnisses zu erfüllen ist.
선서에 갈음하는 보증은 집행법원에서 이를 하여야 하는 것이 아닌 때에는 계산의무 또는 목록제출의무를 이행하여야 하는 지역의 구법원에서 이를 하여야 한다.
⑤ 매도: die Abgabe, den Bezug von Erdöl und Erdölerzeugnissen 석유 및 석유제품의 매도, 매입.
→ Energiesicherungsgesetz (에너지확보법).

Abgabenordnung (AO) 조세기본법.
(2002.10.1) (BGBl. I S. 3866; 2003 I S. 61)
→ Steuervergütung (조세상환).

Abgabenüberhebung StGB 353 공과금 과다징수죄.
(1) Ein Amtsträger, der Steuern, Gebühren oder andere Abgaben für eine öffentliche Kasse zu erheben hat, wird, wenn er Abgaben, von denen er weiß, daß der

Zahlende sie überhaupt nicht oder nur in geringerem Betrag schuldet, erhebt und das rechtswidrig Erhobene ganz oder zum Teil nicht zur Kasse bringt, mit Freiheitsstrafe von drei Monaten bis zu fünf Jahren bestraft.
공공금고를 위하여 조세, 수수료, 기타 공과금을 징수하는 공무수행자가 납입자에게 납입의무가 전혀 없거나 소액의 납입의무만이 있음을 알면서 공과금을 징수하고, 위법하게 징수한 금액의 전부 또는 일부를 공공금고에 입금하지 아니한 때에는 3개월 이상 5년 이하의 자유형에 처한다.

Abgeordnete GG 38 (국회)의원.
Die Abgeordneten des Deutschen Bundestages werden in allgemeiner, unmittelbarer, freier, gleicher und geheimer Wahl gewählt.
독일연방하원의 의원은 보통·직접·자유·평등 및 비밀선거에 의해 선출된다.
Sie sind Vertreter des ganzen Volkes, an Aufträge und Weisungen nicht gebunden und nur ihrem Gewissen unterworfen.
이들은 국민전체의 대표자로 위임과 지시에 구속되지 않고 그 양심에만 따른다.

Abgeordnetenbestechung StGB 108e 의원매수죄.
(1) Wer es unternimmt, für eine Wahl oder Abstimmung im Europäischen Parlament oder in einer Volksvertretung des Bundes, der Länder, Gemeinden oder Gemeindeverbände eine Stimme zu kaufen oder zu verkaufen, wird mit Freiheitsstrafe bis zu fünf Jahren oder mit Geldstrafe bestraft.
유럽의회 또는 연방, 각주, (기초)자치단체, (기초)자치단체연합의 국민대표의 선거나 투표를 위하여 투표권을 매수 또는 매도한 자는 5년 이하의 자유형 또는 벌금형에 처한다.

Abgleichung personenbezogener Daten StPO 98a 개인데이터의 비교.
(1) Liegen zureichende tatsächliche Anhaltspunkte dafür vor, daß eine Straftat

von erheblicher Bedeutung (Nr.1-6) begangen worden ist, so dürfen, personenbezogene Daten von Personen, die bestimmte, auf den Täter vermutlich zutreffende Prüfungsmerkmale erfüllen, mit anderen Daten maschinell abgeglichen werden, um Nichtverdächtige auszuschließen oder Personen festzustellen, die weitere für die Ermittlungen bedeutsame Prüfungsmerkmale erfüllen.
중대한 범죄(제1-6호)가 행하여진다는 충분한 사실적 근거가 있는 경우에는 추정 범죄자의 조사특징을 충족하는 자의 신상에 관한 자료는 비혐의자를 배제하거나 또는 그 외 수사에 중요한 조사특징을 충족하는 자를 확인하기 위해 다른 자료와 기계적으로 비교할 수 있다.
→ Datenabgleich zu Aufklärungs- oder Ermittlungszwecke (범죄규명과 수사목적의 데이터비교조사: 정보조회).

Abhanden gekommene Sache BGB 935 점유이탈물.
(1) Der Erwerb des Eigentums auf Grund der §§ 932 bis 934 tritt nicht ein, wenn die Sache dem Eigentümer gestohlen worden, verloren gegangen oder sonst abhanden gekommen war.
물건이 소유자로부터 도난, 유실 또는 기타 점유이탈된 경우에 제932조 내지 제934조에 의한 소유권의 취득은 발생하지 아니한다.

Abhängiges Unternehmen AktG 17 종속기업.
(1) Abhängige Unternehmen sind rechtlich selbständige Unternehmen, auf die ein anderes Unternehmen (herrschendes Unternehmen) unmittelbar oder mittelbar einen beherrschenden Einfluß ausüben kann.
종속기업은 다른 기업(지배기업)이 직접 또는 간접으로 지배적 영향력을 행사 할 수 있는 법적으로 독립된 기업을 말한다.

Abhilfe BGB 651c 시정.
(2) Ist die Reise nicht von dieser Beschaffenheit, so kann der Reisende Abhilfe verlangen. Der Reiseveranstalter kann die

Abhilfe verweigern, wenn sie einen unverhältnismäßigen Aufwand erfordert.
여행이 이러한(여행주최자의 의무) 성상에 의하지 아니하는 경우에는 여행자는 시정을 청구할 수 있다. 여행주최자는 시정에 과도한 비용을 요구하는 때에는 시정을 거절할 수 있다.

Abhören StGB 201 도청.
도청기에 의하여 도청하다: mit einem Abhörgerät abhört.
→ Akustische Überwachung (감청).

Abkauf BGB 915 환취.
(1) Der Rentenberechtigte kann jederzeit verlangen, dass der Rentenpflichtige ihm gegen Übertragung des Eigentums an dem überbauten Teil des Grundstücks den Wert ersetzt, den dieser Teil zur Zeit der Grenzüberschreitung gehabt hat.
정기금권리자는 정기금의무자의 부동산 초과된 부분에 대한 소유권의 양도에 대하여 경계유월시 그 부분이 가진 가격의 배상을 항상 청구할 수 있다.

Abkömmling 비속; ~ gerader Linie 직계비속. ~ der Seitenlinie 방계비속.

Ablader HGB 563 선적인(船積人).
(1) Der Befrachter und der Ablader sind dem Verfrachter für die Richtigkeit ihrer Angaben über Maß, Zahl oder Gewicht sowie über Merkzeichen der Güter verantwortlich.
송하인 및 선적인은 물품의 용적, 수량 또는 중량 및 그 기호에 관한 기재의 정확성에 관하여 해상물품운송인에 대하여 책임을 진다.

Ablauf (zum Ablauf) → Form des Mietvertrags (임대차계약의 방식).
→ Ordentliche Kündigung (통상해지).

Ablauf der Hauptverhandlung
StPO 243, 324, 351 공판의 진행.
(1) Die Hauptverhandlung beginnt mit dem Aufruf der Sache. Der Vorsitzende stellt

fest, ob der Angeklagte und der Verteidiger anwesend und die Beweismittel her-
beigeschafft, insbesondere die geladenen
Zeugen und Sachverständigen erschienen
sind. (243)
공판은 사건의 호명으로써 개시된다. 재판
장은 피고인 및 변호인의 출석, 증거방법의
제출 특히 소환된 증인 및 감정인의 출석여
부를 확인한다.
(1) Nachdem die Hauptverhandlung nach
Vorschrift des § 243 Abs. 1 begonnen hat,
hält ein Berichterstatter in Abwesenheit
der Zeugen einen Vortrag über die Ergebnisse des bisherigen Verfahrens. (324)
공판절차가 개시된 후 제243조 제1항에 의
하여 보고자는 증인의 불출석하에서 지금까
지의 절차의 결과를 낭독한다.
(1) Die Hauptverhandlung beginnt mit
dem Vortrag eines Berichterstatters. (351)
공판은 보고자의 낭독으로부터 시작한다.

**Ablaufhemmung bei nicht voll Geschäfts-
fähigen** BGB 210 불완전한 행위능력자에
있어서 (소멸시효기간) 경과의 정지.
(1) Ist eine geschäftsunfähige oder in der
Geschäftsfähigkeit beschränkte Person
ohne gesetzlichen Vertreter, so tritt eine
für oder gegen sie laufende Verjährung
nicht vor dem Ablauf von sechs Monaten
nach dem Zeitpunkt ein, in dem die
Person unbeschränkt geschäftsfähig oder
der Mangel der Vertretung behoben wird.
행위무능력자 또는 제한행위능력자가 법정
대리인이 없는 때에는 이들에 대하여 또는
이들을 위하여 진행하는 소멸시효는 그들이
완전한 능력자로 되거나 또는 대리의 흠결
이 끝나는 시기부터 6개월이 경과하기 전에
는 완성하지 아니한다.

Ablehnen 기피하다. 기각하다. 거절하다.
부결하다. → Verwerfung.
① Ein Richter kann wegen Besorgnis der
Befangenheit abgelehnt werden. (StPO 24)
법관은 불공평을 이유로 기피될 수 있다.
② Die durch ein Rechtsmittel anfechtbaren Entscheidungen sowie die, durch
welche ein Antrag abgelehnt wird, sind
mit Gründen zu versehen. (StPO 34)

상소로써 다툴 수 있는 재판 및 청구를 기
각하는 재판은 이유를 적시하여야 한다.
③ Der Antrag erlischt, wenn er dem An-
tragenden gegenüber abgelehnt wird.
(BGB 146) 청약은 청약자에 대하여 이를
거절하는 경우에는 효력을 상실한다.
④ Der Bundespräsident kann den Gesetzgebungsnotstand erklären, wenn der Bundestag sie (Gesetzesvorlage) ablehnt.
연방대통령은 연방하원이 법률안을 부결했
을 때에는 법률안에 관한 입법긴급사태를
선포할 수 있다. (GG 81)

Ablehnung StPO 24, 74 기피.
(1) Ein Richter kann sowohl in den
Fällen, in denen er von der Ausübung des
Richteramtes kraft Gesetzes ausgeschlossen ist, als auch wegen Besorgnis der
Befangenheit abgelehnt werde
법관은 법률에 의한 직무수행상의 제척사유
이외에 공평성을 의심할 만한 사유가 경우
에도 기피될 수 있다.
(1) Ein Sachverständiger kann aus denselben Gründen, die zur Ablehnung eines
Richters berechtigen, abgelehnt werden.
감정인은 법관의 기피사유와 동일한 사유에
의해 기피될 수 있다.

Ablehnungsbeschluß StPO 211 기각결
정 (Folgen des Ablehnungsbeschlusses
～의 효과).
Ist die Eröffnung des Hauptverfahrens
durch einen nicht mehr anfechtbaren Beschluß abgelehnt, so kann die Klage nur
auf Grund neuer Tatsachen oder Beweismittel wieder aufgenommen werden.
공판절차의 개시가 더 이상 다툴 수 없는
결정으로 기각된 경우에 그 소는 새로운 사
실이나 증거방법을 근거로 하여서만 다시
제기될 수 있다.

Ablehnungsentscheidung StPO 27 기
피재판.
(1) Wird die Ablehnung nicht als unzulässig verworfen, so entscheidet über das
Ablehnungsgesuch das Gericht, dem der
Abgelehnte angehört, ohne dessen Mit-

wirkung.
기피신청이 부적법한 것으로 각하되지 않는
경우에 기피당한 자의 소속법원은 그의 참
여 없이 기피신청에 대하여 결정한다.

Ablehnungsgesuch StPO 26 기피신청.
Das Ablehnungsgesuch ist bei dem Gericht, dem der Richter angehört, anzu-
bringen; es kann vor der Geschäftsstelle
zu Protokoll erklärt werden.
기피신청은 판사의 소속법원에 제출하여야
하며, 이 신청은 법원사무국에서 조서로서
할 수 있다.

Ablehnungsrecht StGB 74(2) 기피권.
→ Mißbrauch des Ablehnungsrechts.
(2) Das Ablehnungsrecht steht der Staatsanwaltschaft, dem Privatkläger und dem
Beschuldigten zu.
검사, 사인기소인 및 피의자는 기피의 권리
를 가진다.

Ableistung eines falschen Eides
→ Verleitung zur Falschaussage (허위진술
유도죄).

Ablieferungspflicht StGB 326(2), 328(2)
인도의무.
원자력법에 의해 방사성폐기물이나 핵물질
의 인도의무를 정하고 있다.
→ Unerlaubter Umgang mit radioaktiven
Stoffen und anderen gefährlichen Stoffen
und Gütern (방사성물질 기타 위험물질 등의
불법처리죄).

Ablösbarkeit der Regierung und ihre Ver-
antwortlichkeit gegenüber der Volksver-
tretung StGB 92 정부의 해체와 국민대표에
대한 그 책임.
→ Verfassungsgrundsätze (헌법상의 제원
칙).
→ Verfassungsfeindliche Verunglimpfung
von Verfassungsorganen (헌법기관에 대한
헌법적대적 모독죄).

Ablösungsrecht BGB 268 변제권.
(1) Betreibt der Gläubiger die Zwangs-

vollstreckung in einen dem Schuldner
gehörenden Gegenstand, so ist jeder, der
Gefahr läuft, durch die Zwangsvollstrek-
kung ein Recht an dem Gegenstand zu
verlieren, berechtigt, den Gläubiger zu
befriedigen.
Das gleiche Recht steht dem Besitzer
einer Sache zu, wenn er Gefahr läuft,
durch die Zwangsvollstreckung den Besitz
zu verlieren.
채권자가 채무자에 속하는 목적물에 대하여
강제집행을 하는 경우에 그 강제집행으로
인하여 그 목적물상의 권리를 상실하게 될
위험에 처하게 되는 자는 채권자에게 변제
할 권리가 있다.
물건의 점유자도 강제집행으로 인하여 점유
를 상실하게 될 위험에 처하게 되는 경우에
동일한 권리를 가진다.

Ablösungssumme BGB 1199(2) 상각액.
→ Rentenschuld (정기토지채무).

Abnahme BGB 640 인수.
(1) Der Besteller ist verpflichtet, das ver-
tragsmäßig hergestellte Werk abzunehmen,
sofern nicht nach der Beschaffenheit des
Werkes die Abnahme ausgeschlossen ist.
도급인은 일의 성질상 인수가 배제되지 아
니하는 한 계약에 좇아 완성된 일을 인수할
의무를 부담한다.

Abnutzung BGB 602 소모(마모).
Veränderungen oder Verschlechterungen
der geliehenen Sache, die durch den vertragsmäßigen Gebrauch herbeigeführt werden, hat der Entleiher nicht zu vertreten.
계약에 좇은 사용으로 인하여 발생한 물건
의 변경 또는 훼손에 관하여는 차주는 그
책임을 지지 아니한다.

Abolition 절차의 폐기에 의한 사면 (절차
폐기사면).
→ Amnestie (일반사면).
→ Begnadigung (특별사면).

Abolitionismus 폐지주의.
범죄학에서 폐지주의는 대부분 행형의 폐지
(노력)로 기술된다. 이러한 해석이 의의를

가지게 된 것은 금세기 70년도 말에 이르러
서이다. 이는 처우사상이 상대적으로 별로
실익이 없다는 반작용에서 나타난 것으로
보인다. 일부에서는 갈등의 규제는 사적으
로 해결을 해야 한다고 점에서 "법과 질서"
의 상태로 되돌아가지 않기 위하여 제재의
완전한 포기를 요구하고 있다.

Abrechnungsstelle ScheckG 31 어음교
환소.
Die Einlieferung in eine Abrechnungsstelle
steht der Vorlegung zur Zahlung gleich.
어음교환소에서의 인도는 지급을 위한 제시
와 같은 효력을 가진다.

Abruf 호출, 검색.
① Arbeit auf Abruf (호출근로).
② Abrufverfahren (검색절차) → Einrichtung automatisierter Abrufverfahren (자동
화된 검색절차).

Abrundung AO 275 단수(端數)계산.
Der aufzuteilende Betrag ist auf volle
Euro abzurunden. Die errechneten aufge-
teilten Beträge sind so auf den nächsten
durch 10 Cent teilbaren Betrag auf- oder
abzurunden, dass ihre Summe mit dem
der Aufteilung zugrunde liegenden Betrag
übereinstimmt.
배분된 금액은 유로미만은 절사한다. 산출
된 배분액은 그 총계가 배분의 기초가 되는
금액과 일치하도록 10센트의 가분액으로 나
누어진 가장 가까운 금액으로 이를 절상하
거나 절사한다.

Absatz (Abs.) StPO 260(4) 항(項).
→ Paragraph (조: §).

Abschiebungshaft (Abschiebehaft, Schub-
haft) AufenthG 62 추방(전)구금.
(1) Ein Ausländer ist zur Vorbereitung
der Ausweisung auf richterliche Anordnung in Haft zu nehmen, wenn über die
Ausweisung nicht sofort entschieden
werden kann und die Abschiebung ohne
die Inhaftnahme wesentlich erschwert oder
vereitelt würde (Vorbereitungshaft).

외국인의 추방이 즉시 결정될 수 없고, 그
추방이 구금이 없이는 본질적으로 어렵거나
무효화될 때에는 판사의 명령으로 추방의
준비를 위하여 구금될 수 있다(준비구금).
(2) Ein Ausländer ist zur Sicherung der
Abschiebung auf richterliche Anordnung
in Haft zu nehmen (Sicherungshaft), wenn
1. der Ausländer auf Grund einer unerlaubten Einreise vollziehbar ausreisepflich-
tig ist.
외국인은 1. 불법입국으로 출국의무가 있는
경우에는 판사의 명령으로 추방의 확보를
위하여 구금될 수 있다(보안구금).

Abschlagszahlung BGB 632a; AktG 59
분할지급; 가지급.
Der Unternehmer kann von dem Besteller
für in sich abgeschlossene Teile des
Werkes Abschlagszahlungen für die er-
brachten vertragsmäßigen Leistungen verlangen (BGB 632a).
수급인은 도급인에 대하여 일의 그 자체 완
결적인 부분에 관하여, 계약의 이행에 따른
급부의 (보수)분할지급을 요구할 수 있다.

~ auf den Bilanzgewinn (대차대조표이익
의 가지급).
(1) Die Satzung kann den Vorstand ermächtigen, nach Ablauf des Geschäftsjahrs auf den voraussichtlichen Bilanzgewinn einen Abschlag an die Aktionäre zu
zahlen. (AktG 59)
정관으로 이사회에 영업연도의 만료후에 예
측가능한 대차대조표이익을 주주에게 가지
급할 권한을 부여할 수 있다.

Abschleppen von Fahrzeugen
StVO 15a 차량견인.
(1) Beim Abschleppen eines auf der Autobahn liegengebliebenen Fahrzeugs ist die
Autobahn (Zeichen 330) bei der nächsten
Ausfahrt zu verlassen.
고속도로에 멈춘 자동차의 견인시에는 가
장 가까운 진출로의 고속도로로 빠져나가
야 한다.

Abschluß des Ermittlungsverfahrens

StPO 170 수사절차의 종결.
→ Anklageerhebung oder Verfahrenseinstellung

Abschluß eines Vertrags 계약의 체결.
(Vertragsabschluß) → Antrag.

Abschlußagent VVG 45 (a.F.) 체약대리상.
Ist ein Versicherungsagent zum Abschluß von Versicherungsverträgen bevollmächtigt, so ist er auch befugt, die Änderung oder Verlängerung solcher Verträge zu vereinbaren sowie Kündigungs- und Rücktrittserklärungen abzugeben.
보험계약체결의 권한이 있는 보험대리상은 그 계약의 변경 또는 연기를 약정하고 해약 또는 해제의 의사표시를 하는 권한도 가진다.

Abschlußprüfer HGB 318 결산감사인.
(1) Der Abschlußprüfer des Jahresabschlusses wird von den Gesellschaftern gewählt; den Abschlußprüfer des Konzernabschlusses wählen die Gesellschafter des Mutterunternehmens.
연도결산서의 결산감사인은 사원에 의하여 선출된다. 모기업의 사원은 콘체른결산서의 결산감사인을 선임한다.

Abschlußzeugnis StVollzG 40 졸업증서.
Aus dem Abschlußzeugnis über eine ausbildende oder weiterbildende Maßnahme darf die Gefangenschaft eines Teilnehmers nicht erkennbar sein.
직업교육 또는 보충교육조치에 관한 졸업증서로부터 참가자의 구금상태를 알 수 있어서는 안된다.

Abschlußzwang
→ Kontrahierungszwang (체약강제).

Abschnitt 장(章).
→ Unterabschnitt 절(節).
→ Buch (Kapitel) 편(編).
Im übrigen gelten die im sechsten Abschnitt des zweiten Buches über die Hauptverhandlung gegebenen Vorschriften.
기타의 경우에는 제2편 제6장에 규정되어 있는 공판절차에 관한 규정을 적용한다. (StPO 332)

Abschreckung 위하 (威嚇).
Im Strafrecht sollen die angedrohten Sanktionen (Geldstrafe, Haftstrafe) potentielle Täter von Angriffen auf geschutzte Rechtsgüter abhalten.
형법에서는 제재의 위협(벌금형, 구금형)에 의하여 잠재적 행위자로부터 보호법익에 대한 침해를 억제한다.

Abschreibung HGB 254 감가상각.
Abschreibungen können auch vorgenommen werden, um Vermögensgegenstände des Anlage- oder Umlaufvermögens mit dem niedrigeren Wert anzusetzen, der auf einer nur steuerrechtlich zulässigen Abschreibung beruht.
고정자산 또는 유동자산의 자산을 저 평가하기 위하여 조세법상 허용되는 감가상각에 기초하여 감가상각을 행할 수 있다.

Abschreibung von Grundstücksteilen GBO 7 부동산일부의 분필.
(1) Soll ein Grundstücksteil mit einem Recht belastet werden, so ist er von dem Grundstück abzuschreiben und als selbständiges Grundstück einzutragen.
부동산의 일부에 대하여 권리가 설정된 경우에 그 부동산의 일부는 부동산으로부터 분필하여 독립된 부동산으로 등기하여야 한다. → Zuschreibung (합필).

Abschrift WG 68; ZPO 317; StPO 35, 406(4) 등본(~ des Urteils mit Gründen 이유를 첨부한 판결의 ~), 사본.
Solange das Urteil nicht verkündet und nicht unterschrieben ist, dürfen von ihm Ausfertigungen, Auszüge und Abschriften nicht erteilt werden. (ZPO 317)
판결이 선고되지 아니하고 또한 서명이 없는 동안은 판결의 정본, 초본 및 등본을 발부할 수 없다.

인증등본은 → Beglaubigte Abschrift der Urteilsformel (StPO 451 (1)); 정본과 초본 → Ausfertigung und Auszug der Urteile (StPO 275(4)); 복본→Ausfertigung (HGB 642(2)); 원본 → Urschrift (WG 68).

Absehen von der Einziehung 몰수의 면제 → Verfolgungsbeschränkung (소추의 제한).

Absehen von der Festnahme
StPO 127a 체포의 중지.
(1) Hat der Beschuldigte im Geltungsbereich dieses Gesetzes keinen festen Wohnsitz oder Aufenthalt und liegen die Voraussetzungen eines Haftbefehls nur wegen Fluchtgefahr vor, so kann davon abgesehen werden, seine Festnahme anzuordnen oder aufrechtzuerhalten, wenn
1. nicht damit zu rechnen ist, daß wegen der Tat eine Freiheitsstrafe verhängt oder eine freiheitsentziehende Maßregel der Besserung und Sicherung angeordnet wird und
2. der Beschuldigte eine angemessene Sicherheit für die zu erwartende Geldstrafe und die Kosten des Verfahrens leistet.
피의자가 주소나 거소를 가지고 있지 아니하고 도주위험만으로 구속영장의 요건이 있는 경우에 1. 피의자에게 자유형이나 자유박탈적 보안처분이 기대되지 아니하고, 2. 기대되는 벌금형이나 소송비용에 대한 적정한 담보를 제공한 경우에는 피의자에 대한 체포를 명령하지 않거나 유지하지 않을 수 있다.
이러한 담보부 석방(체포의 중지) 제도는 피의자에게 해당하고, 출석만을 담보하는 것이 아니라 벌금형이나 소송비용도 담보한다는 측면에서 우리의 보석제도와는 차이가 있다. 비슷한 문장은 jn. gegen Bürgschaft freilassen(보석금을 받고 석방하다).

Absehen von der Strafverfolgung
(bei Bagatellsachen) StPO 153 기소유예 (경미사건의 경우).
(1) Hat das Verfahren ein Vergehen zum Gegenstand, so kann die Staatsanwaltschaft mit Zustimmung des für die Eröffnung des Hauptverfahrens zuständigen Gerichts von der Verfolgung absehen, wenn die Schuld des Täters als gering anzusehen wäre und kein öffentliches Interesse an der Verfolgung besteht.
검사는 경죄를 대상으로 하는 절차에서 범인의 책임이 경미하고 소추해야 할 공익이 존재하지 아니하는 경우에 공판절차 개시의 관할이 있는 법원의 동의를 얻어 소추하지 아니할 수 있다.

Absehen von der Strafvollstreckung
StPO 456a 형집행의 면제.
(← ~ bei Auslieferung und Ausweisung: 범죄인도와 추방의 경우).
(1) Die Vollstreckungsbehörde kann von der Vollstreckung einer Freiheitsstrafe, einer Ersatzfreiheitsstrafe oder einer Maßregel der Besserung und Sicherung absehen, wenn der Verurteilte wegen einer anderen Tat einer ausländischen Regierung ausgeliefert, an einen internationalen Strafgerichtshof überstellt oder wenn er aus dem Geltungsbereich dieses Bundesgesetzes ausgewiesen wird.
형집행관청은 형의 선고를 받은 자가 다른 행위로 인하여 외국정부에 인도되어 국제형사법원으로 이송된 경우 또는 이 연방법의 적용범위 밖으로 추방된 경우에는 자유형 또는 대체자유형 또는 보안처분의 집행을 면제할 수 있다.

Absehen von der Verfolgung bei falscher Verdächtigung oder Beleidigung
StPO 154e 무고죄나 모욕죄의 경우 공소제기의 중지.
Von der Erhebung der öffentlichen Klage wegen einer falschen Verdächtigung oder Beleidigung(§§ 164, 185 bis 188digunStraf-185setzbuches) soll ab85seunStrerden, so-1lange wegen der angezeigten oder be-1haupteten Handlung einnStraf-1oder Dis- ziplinarverfahren anhängig ist.
무고(164) 또는 모욕(185)으로 인한 공소제기의 경우, 고발되거나 주장된 행위에 대한 형사절차 또는 징계절차가 계속중인 때에는

이를 중지하여야 한다.
→ Üble Nachrede 186, Verleumdung 187, Üble Nachrede gegen Personen des politische Lebens 188(1), Verleumdung gegen Personen des politische Lebens (188(2)).

Absehen von der Strafverfolgung bei Staatsschutzdelikten

StPO 153d 국사범에 있어서의 기소유예.

(1) Der Generalbundesanwalt kann von der Verfolgung von Straftaten der in § 74a Abs. 1 Nr. 2 bis 6 und in § 120 Abs. 1 Nr. 2 bis 7 des Gerichtsverfassungsgesetzes bezeichneten Art absehen, wenn die Durchführung des Verfahrens die Gefahr eines schweren Nachteils für die Bundesrepublik Deutschland herbeiführen würde oder wenn der Verfolgung sonstige überwiegende öffentliche Interessen entgegenstehen.

연방검찰총장은 절차의 수행이 독일연방에 중대한 불이익을 초래하거나 기타 중대한 공익에 반하는 경우에는 법원조직법(GVG) §74a(1) 제2-6호와 §120(1) 제2-7호의 범죄에 대한 소추를 하지 않을 수 있다.

Absehen von der Verfolgung bei tätiger Reue

StPO 153e 능동적 후회의 경우에 기소중지.

(1) Hat das Verfahren Straftaten der in § 74a Abs. 1 Nr. 2 bis 4 und in § 120 Abs. 1 Nr. 2 bis 7 des Gerichtsverfassungsgesetzes bezeichneten Art zum Gegenstand, so kann der Generalbundesanwalt mit Zustimmung des nach § 120 des Gerichtsverfassungsgesetzes zuständigen Oberlandesgerichts von der Verfolgung einer solchen Tat absehen, wenn der Täter nach der Tat, bevor ihm deren Entdeckung bekanntgeworden Nr., dazu beigetragen hat, eine Gefahr für den Bestand oder die Sicherheit der Bundesrepublik Deutschland oder die verfassungsmäßige Ordnung abzuwenden.

절차가 법원조직법 제74a조(국사부) 제1항 제2호 내지 제4호 및 제120조(주고등법원

관할사건) 제1항 내지 7호에 규정된 종류의 범죄행위를 대상으로 하는 경우에 행위자가 범행후 범죄사실의 발각되기 이전에 독일연방공화국의 존립과 안전 또는 헌법적 질서에 대한 위험을 방지하는 데 기여한 때에는 연방검찰총장은 법원조직법 제120조에 의한 관할 주고등법원의 동의를 얻어 그 범죄행위에 대한 소추를 하지 아니할 수 있다.

Absehen von der Verfolgung des Erpressten

StPO 154c 공갈피해자에 대한 불기소.

(1) Ist eine Nötigung oder Erpressung (§§ 240, 253 des Strafgesetzbuches) durch die Drohung begangen worden, eine Straftat zu offenbaren, so kann die Staatsanwaltschaft von der Verfolgung der Tat, deren Offenbarung angedroht worden ist, absehen, wenn nicht wegen der Schwere der Tat eine Sühne unerläßlich ist.

범죄행위의 공개를 내용으로 하는 협박을 수단으로 한 강요죄 또는 공갈죄(형법 제240조, 253조)의 경우 그 속죄의 불가피성이 범행의 중요도에 비추어 크지 않은 때에는 검사는 공개를 위협당한 범죄행위를 기소하지 않을 수 있다.

Absehen von einer Entscheidung (a.F.)

StPO 405 → Vergleichsvorshlag.

Absehen von Klageerhebung und Einstellung

StPO 153b 공소제기의 면제와 정지.

(1) Liegen die Voraussetzungen vor, unter denen das Gericht von Strafe absehen könnte, so kann die Staatsanwaltschaft mit Zustimmung des Gerichts, das für die Hauptverhandlung zuständig wäre, von der Erhebung der öffentlichen Klage absehen.

법원이 형의 면제(중지)를 할 수 있는 요건이 존재하는 경우에는 검사는 공판 관할권이 있는 법원의 동의를 얻어 공소를 제기하지 아니할 수 있다.

(2) Ist die Klage bereits erhoben, so kann das Gericht bis zum Beginn der Hauptverhandlung mit Zustimmung der Staats-

anwaltschaft und des Angeschuldigten das Verfahren einstellen.
공소가 이미 제기된 경우에는 법원은 공판이 개시될 때까지는 검사와 공소피의자의 동의를 얻어 절차를 정지할 수 있다.

Absehen von Strafe StGB 60 형의 면제(중지).
Das Gericht sieht von Strafe ab, wenn die Folgen der Tat, die den Täter getroffen haben, so schwer sind, daß die Verhängung einer Strafe offensichtlich verfehlt wäre. Dies gilt nicht, wenn der Täter für die Tat eine Freiheitsstrafe von mehr als einem Jahr verwirkt hat.
법원은 행위자에게 발생한 범죄행위의 결과가 매우 가혹하여 형의 부과가 명백히 타당성을 잃을 경우에는 형을 면제한다. 행위자가 범죄행위로 인하여 1년 이상의 자유형에 처해진 경우에는 예외로 한다.
→ Straferlaß (형면제 StGB 56g).
→ Straffreierklärung (면제판결).

Absehen von Vereidigung
→ Nichtvereidigung.(선서면제).

Absehen von Verfolgung
StPO 153f 기소중지.
(1) Die Staatsanwaltschaft kann von der Verfolgung einer Tat, die nach den §§ 6 bis 14 des Völkerstrafgesetzbuches strafbar ist, in den Fällen des § 153c Abs. 1 Nr. 1 und 2 absehen, wenn sich der Beschuldigte nicht im Inland aufhält und ein solcher Aufenthalt auch nicht zu erwarten ist.
검사는 국제형법 제6조 내지 제14조에 의해 가벌적인 범죄행위의 형사소추가 형사소송법 제153조c 제1항 제1호와 2호의 경우에 해당하고 피의자가 내국에 체류하고 있지 않거나 이를 기대할 수 없을 때에는 기소를 중지할 수 있다.

Absetzen und Absetzen helfen
StGB 259 매각이나 매각에의 조력(장물의 ~). → Hehlerei

Absicht 의도, 목적.
Die Tatbestandsverwirklichung ist das Ziel, auf dessen Erreichung es dem Täter ankommt. Sie braucht nicht Endziel.
행위자가 구성요건의 실현을 통해 도달하려는 (목표지향적) 의사. 하지만 그것이 최종적일 필요는 없다.

Absichtlich 의도적으로. → wissentlich.
Verursacht der Täter eine der in Absatz 1 bezeichneten Folgen absichtlich oder wissentlich, so ist die Strafe Freiheitsstrafe nicht unter drei Jahren.
행위자가 의도적으로 또는 그 정을 알면서 제1항에 기재된 결과를 야기한 경우, 3년 이상의 자유형에 처한다(Schwere Körperverletzung: 중상해 226(2)).

Absichtsdelikt (Delikt mit überschießender innentendenz) 목적범 (초과적 내적경향을 가진 범죄).
Unterschieden wird zwischen kupierten Erfolgsdelikten und unvollkommen zweiaktigen Delikten.
목적범은 단축된 결과범과 불완전한 이행위범으로 구분된다.

Absichtsloses doloses Werkzeug
StGB 25 목적 없는 고의 있는 도구.
der unmittelbar Handelnde ist sich des Sachverhalts bewußt, es fehlt ihm aber. die auf den Tatbestand gerichtete Absicht.
직접적인 행위자는 사태를 인식하고 있지만 구성요건에 대한 목적이 없는 경우.

Absichtsurkunde 목적문서.
Ist eine Urkunde von Anfang an zum Beweis bestimmt, so spricht man von einer Absichtsurkunde. Erhält sie die Beweisbestimmung erst nachträglich, so wird sie Zufallsurkunde genannt.
목적문서는 문서가 처음부터 증거의 목적으로 정해진 경우이며, 우연문서는 문서가 나중에야 비로소 증거로 결정되는 경우를 말한다.

Absolut bestimmte Strafe StPO 354

절대형. → Eigene Sachentscheidung(자판).

Absolute Revisionsgründe StPO 338
절대적 상고이유.
Ein Urteil ist stets als auf einer Verletzung des Gesetzes beruhend anzusehen,
다음 경우에는 판결이 항상 법령에 위반된 경우로 본다.
Nr.1 Vorschriftswidrige Besetzung 법규정 위반의 재판부 구성,
Nr.2 Mitwirkung eines ausgeschlossenen Richters 제척된 판사의 참여,
Nr.3 Mitwirkung eines abgelehnten Richters 기피된 판사의 참여,
Nr.4 Unzulässigkeit des Gerichts 법원의 부적법한 관할,
Nr.5 Vorschriftswidrige Abwesenheit 규정 위반의 불출석,
Nr.6 Ungesetzliche Beschränkung der Öffentlichkeit 공개주의의 불법적 제한,
Nr.7 Fehlende oder verspätete Urteilsbegründung 판결이유의 흠결이나 기간미준수,
Nr.8 Unzulässige Beschränkung der Verteidigung 변론에 대한 부적법한 제한.

Absolutio ab actione (Abweisung einer Klage als unbegründet) 소의 기각.

Absolutio ab instantia (Abweisung einer Klage als unzulässig) 소의 각하.

Absonderungsrecht InsO 49; 166(1)
별제권.
Gläubiger, denen ein Recht auf Befriedigung aus Gegenständen zusteht, die der Zwangsvollstreckung in das unbewegliche Vermögen unterliegen (unbewegliche Gegenstände), sind nach Maßgabe des Gesetzes über die Zwangsversteigerung und die Zwangsverwaltung zur abgesonderten Befriedigung berechtigt. (49)
채권자가 부동산에 강제집행권이 내재되어 있는 목적물로부터 지급받을 권리를 가진 경우 강제집행 및 강제관리에 관한 법률의 규정에 의하여 별제권을 가진다.
(1) Der Insolvenzverwalter darf eine be-

wegliche Sache, an der ein Absonderungsrecht besteht, freihändig verwerten, wenn er die Sache in seinem Besitz hat. (166)
도산관재인이 별제권이 있는 동산을 점유하고 있는 경우 동산을 경매에 의하지 아니하고 환가할 수 있다.

Absorptionsprinzip StGB 52(2) 흡수주의.
(2) Sind mehrere Strafgesetze verletzt, so wird die Strafe nach dem Gesetz bestimmt, das die schwerste Strafe androht. Sie darf nicht milder sein, als die anderen anwendbaren Gesetze es zulassen.
수개의 법률을 위반한 경우에는 가장 무거운 형을 정한 법에 따라 형을 정한다. 그 형은 다른 적용가능한 법이 허용하는 것보다 경하여서는 안된다.
→ Kumulationsprinzip (병과주의).

Abspaltung UmwG 123(2) 존속분할(계열분할, 불완전분할).
(2) Ein Rechtsträger (übertragender Rechtsträger) kann von seinem Vermögen einen Teil oder mehrere Teile abspalten
1. zur Aufnahme durch Übertragung dieses Teils oder dieser Teile jeweils als Gesamtheit auf einen bestehenden oder mehrere bestehende Rechtsträger (übernehmende Rechtsträger) oder
2. zur Neugründung durch Übertragung dieses Teils oder dieser Teile jeweils als Gesamtheit auf einen oder mehrere, von ihm dadurch gegründeten neuen oder gegründete neue Rechtsträger
gegen Gewährung von Anteilen oder Mitgliedschaften dieses Rechtsträgers oder dieser Rechtsträger an die Anteilsinhaber des übertragenden Rechtsträgers (Abspaltung).
하나의 권리주체(양도주체, 분할회사)는 양도주체의 지분소유자에게 양수주체(수혜회사)의 지분이나 사원의 지위를 부여하고 다음 각호에 해당하는 경우에는 자기의 재산을 하나 또는 복수로 분할할 수 있다(존속분할).
1. 다른 하나 또는 복수의 기존의 권리주체(양수주체)에 대하여 각각 일체로서 하나

또는 복수의 부분의 양도에 의한 인수를 위하여,
2. 하나 또는 복수의 새로이 설립된 또는 설립된 새로운 권리주체에 대한 각각 일체로서 하나 또는 복수의 부분의 양도에 의한 새로운 설립을 위하여.

Abstammungsprinzip
→ Ius sanguinis (ius sanguis, Jus Sanguinis, Recht des Blutes) (혈통주의).

Abstand StVO 4 차간거리.
(1) Der Abstand von einem vorausfahrenden Fahrzeug muß in der Regel so groß sein, daß auch dann hinter ihm gehalten werden kann, wenn es plötzlich gebremst wird. Der Vorausfahrende darf nicht ohne zwingenden Grund stark bremsen.
선행차와의 거리는 원칙적으로 선행차가 급제동을 하더라도 그 뒤에서 멈출 수 있는 정도가 되어야 한다. 선행차는 불가피한 사유 없이 급제동을 하여서는 아니된다.

AbstG-Berlin → Abstimmungsgesetz (주민투표법).

Abstimmung StGB 92 투표; 표결.
in Wahlen und Abstimmungen (선거와 ~에서).

Abstimmung über die Schuldfrage
StPO 263 책임문제에 관한 표결 (erforderliche 2/3 Stimmenmehrheit).
Zu jeder dem Angeklagten nachteiligen Entscheidung über die Schuldfrage und die Rechtsfolgen der Tat ist eine Mehrheit von zwei Dritteln der Stimmen erforderlich.
책임문제 및 행위의 법률효과에 관하여 피고인에게 불이익한 모든 재판에 관하여는 참여법관의 2/3 이상의 다수의 의결이 필요하다.

Abstimmungsgesetz (Gesetz über Volksinitiative, Volksbegehren und Volksentscheid) AbstG-Berlin 1 (베를린) 주민투표법 (1997.6.11) (GVBl. S.304).
Alle mindestens 16 Jahre alten Einwohner und Einwohnerinnen Berlins können an einer Volksinitiative teilnehmen.
16세 미만의 베를린의 모든 주거인은 주민발안에 참여할 수 있다.

Abstinenzsymptome (= Entziehungsbeschwerden) 금단증상.
Bei Entzug einer süchtigmachenden Substanz treten je nach Substanz verschiedene Beschwerdebilder auf.
중독성 물질의 금단시 물질에 따라서 다양한 형태의 고통이 발생한다.

Abstraktes Rechtsgeschäft 무인행위;
vom Rechtsgrund (causa) unabhängige, „abstrahierte" Geschäfte.
법적 원인과 독립한, 추상화된 행위.
↔ Kausales Rechtsgeschäft (유인행위).

Abteilung → Senat.

Abteilung des offenen Vollzugs
StVollzG 10 개방교정국.
Anstalt oder Abteilung des offenen Vollzuges (개방집행시설이나 ~). → Offener Vollzug (개방집행).

Abtreten der Zeugen StPO 243(2)
증인의 퇴정.
(2) S.1 Die Zeugen verlassen den Sitzungssaal.
증인은 법정에서 퇴정한다.

Abtretung → 양도.
① 채권양도(→ Übertragung einer Forderung) ② 반환청구권의 양도 → ~ des Herausgabeanspruchs.

Abundans cautela non nocet
(überflussige Vorsicht schadet nicht)
주의 깊어서 손해 볼 것은 없다.

Aburteilung StPO 212 판결 (선고).
die Staatsanwaltschaft den Antrag auf Aburteilung im beschleunigten Verfahren

stellen, wenn der Sachverhalt einfach und die sofortige Aburteilung möglich ist.
검사는 신속절차에서 판결을 구하는 청구를 할 수 있다.

Abwahl (recall) GRH 69 주민소환.
Die Regionspräsidentin oder der Regionspräsident kann nach den Vorschriften des Niedersächsischen Kommunalwahlgesetzes und den zu seiner Durchführung erlassenen Vorschriften von den nach §37 Wahlberechtigten vor Ablauf der Amtszeit abgewählt werden.
Zur Einleitung des Abwahlverfahrens bedarf es eines von mindestens drei Vierteln der Mitglieder der Regionsversammlung gestellten Antrags.
지역자치단체장은 (하노버지역법) 제37조의 선거권자 의하여 직무기간의 만료이전에 소환될 수 있다.
소환절차를 위해서는 지역주민 4분의 3의 동의에 의한 신청이 필요하다.

Abweichende Vereinbarung BGB 506 다른 합의(약정) (Abdingbarkeit).
Von den Vorschriften der §§ 491 bis 505 darf nicht zum Nachteil des Verbrauchers abgewichen werden. Diese Vorschriften finden auch Anwendung, wenn sie durch anderweitige Gestaltungen umgangen werden.
(민법) 제491-505조(소비대차계약)의 규정과 는 다르게 소비자에게 불리한 약정은 허용 되지 아니한다. 위 규정은 이를 다른 형태 로 회피한 경우에도 적용된다.
→ Unabdingbarkeit

Abweichendes Verhalten (Devianz) 일탈행위 (逸脫行爲).
Als abweichendes Verhalten wird in der Soziologie und in der Sozialen Arbeit die Abweichung von allgemeinen Normen und Wertvorstellungen bezeichnet.
사회학과 사회복지에서 일탈행위는 일반 규 범 및 가치관념에서의 일탈을 의미한다.

Abweisung einer Klage als unbegründet (Absolutio ab actione) 소의 기각.

Abweisung einer Klage als unzulässig (Absolutio ab instantia) 소의 각하.

Abwesender StPO 285 부재자(→ Abwesenheit); BGB 130 격지자 → Willenserklärung gegenüber Abwesenden.
(1) Gegen einen Abwesenden findet keine Hauptverhandlung statt.
부재자에 대하여는 공판이 행하여지지 않는 다.

Abwesenheit StPO 276 부재.
Ein Beschuldigter gilt als abwesend, wenn sein Aufenthalt unbekannt ist oder wenn er sich im Ausland aufhält und seine Gestellung vor das zuständige Gericht nicht ausführbar oder nicht angemessen erscheint.
피의자의 거소를 알지 못하는 경우 또는 피 의자가 외국에 거주하고 관할법원에 출두하 는 것이 실행곤란하거나 적당하지 않다고 인정되는 경우는 피의자는 부재인 것으로 본다.

Abwesenheitsverhandlung → Verteidigerbefugnisse bei Abwesenheitsverhandlungen (피고인의) (불출석공판에서 변호인의 권한).

Abwickler AktG 265 청산인.
(1) Die Abwicklung besorgen die Vorstandsmitglieder als Abwickler.
이사는 청산인으로서 청산을 담당한다.
→ Liquidator 청산인.

Abwicklung AktG 264 청산 (물적회사 의 ~).
(1) Nach der Auflösung der Gesellschaft findet die Abwicklung statt, wenn nicht über das Vermögen der Gesellschaft das Insolvenzverfahren eröffnet worden ist.
회사의 재산에 관하여 도산절차가 개시되지 아니한 때에는 청산은 회사의 해산후에 행 한다. → Liquidation. (인적회사의) 청산.

Abzüge (rechtswidrig ~) StGB 353(2)
감액 (위법한 ~) → Leistungskürzung.

Abzugsteuer → Gefährdung der Abzugsteuern (원천징수세 위해행위).

Accessio cedit principali (Grundsatz,
nach dem das rechtliche Schicksal einer
Nebensache der Hauptsache folgt).
종물은 주물에 따른다.

**Accusare nemo se debet nisi coram
deo** (Jemand muss sich selbst bezichtigen, es sei denn vor Gott).
누구도 신의 앞을 제외하곤 자기 자신을
기소할 수 없다.

**Acta exteriora indicant interiora secre-
ta** (Äußere Handlungen zeigen innere Geheimnisse an) 외적 행위는 내적 비밀을
보여준다 (의도는 행동으로부터 유추될 수
있다).

Actio illicita in causa (Aiic) StGB 32
원인에 있어 불법한 행위.
의도적 도발에 의한 도발된 침해의 경우,
정당방위가 허용되지 않는다. 이는 정당방
위상황의 원인행위인 도발행위가 위법하여
정당화될 수 없기 때문이다. 동이론의 적용
에는 도발의 강도나 범위가 문제된다.

Actio iniuriarum 인격침해소권.
Im alten Recht: Feste Bußen für Körperverletzung an Freien. Später: Ersetzung
durch eine prätorische Klage wegen
iniuria (Körperverletzung und Beleidigung
„Verbaliniurien").
고전법에서는 자유인의 상해에 대한 확정된
금전벌로, 후에는 법관의 (상해, 모욕 "구두훼
손"에 대한) 인격침해의 소권으로 대치된다.

Actio libera in causa (Alic) StGB 20
원인에 있어 자유로운 행위.
Alic ist eine Handlung, für die der Täter
in willensfreim Zustand eine Ursache
setzt, die sich dann in willensunfreim

Zustand in der Weise auswirkt, daß es
zur (weitern) Verwirklichung des Tatbestands kommt.
원인에 있어 자유로운 행위는 행위자가 의
사자유의 상태에서 원인행위를 하여 의사부
자유의 상태로 구성요건실현을 완성하는 것
이다.

Actio negatoria 부인소권(否認訴權).
소유권 등 물권에 기초한 방해의 배제, 정
지소권.
→ Eigentumsfreiheitsklage (소유물방해배
제·정지(부작위)청구권).

Actio noxalis caput sequatur
→ Noxa caput sequitur.

Actio rerum amotarum (Entwendung
unter Ehegatten) (불법적으로) 이동된
물건의 소권, 부부간 반출물(절도물) 소권.

Actor sequitur forum rei
(Der Kläger folgt dem Gerichtsort des
Beklagten: Grundsatz der regelmäßigen
Zuständigkeit des Gerichtsstandes des Be-
klagten)
원고는 피고의 재판적에 따른다.

Ad acta 서류로 (일의 종료).
zu den Akten, etwas zu den Akten legen,
als erledigt ansehen.

Ad-hoc-Gesetz 특별법; 수시법
→ Gelegenheitsgesetz (임시법).

Adäquanztheorie 상당설 (인과관계).
(von lat. adäquat - angemessen, entsprechend).
Die Frage nach der Adäquanz dient als
Eingrenzungskriterium für Fragen der
Kausalität und Zurechnung. Nach der so
genannten Adäquanztheorie muss der
Schädiger nicht für solche Ereignisse
einstehen, die nach der normalen Lebens-
anschauung eines objektiven Dritten völlig
außerhalb der Erfahrung und Erwartung
liegen.

상당성의 문제는 인과관계와 귀속에 대한 구분기준이 된다. 이른바 상당설은 객관적인 제3자의 규범적 생활관에 따라 경험과 기대를 완전히 벗어나는 사건에 대하여는 책임을 지지 않는다고 한다.

Adhäsionsverfahren StPO 472a 부대소송절차 (배상명령절차); 배상청구권 승인시의 비용 (Kostentragung im Adhäsionsverfahren).
(1) Soweit dem Antrag auf Zuerkennung eines aus der Straftat erwachsenen Anspruchs stattgegeben wird, hat der Angeklagte auch die dadurch entstandenen besonderen Kosten und die notwendigen Auslagen des Verletzten zu tragen.
범죄행위로 인하여 발생한 청구권의 승인 신청이 인용된 경우에 한하여 피고인은 이로 인하여 발생한 피해자의 특별비용 및 필요경비를 부담하여야 한다.

Adoptio naturam imitatur (die Adoption imitiert die Natur)
입양은 자연을 모방한다 (예를 들어 양부와 양자의 나이차가 18세 이상은 되어야 한다는 등의 의미).

AEG → Allgemeines Eisenbahngesetz (일반철도법).

AEntG → Arbeitnehmer-Entsendegesetz (근로자송출법).

Aequitas sequitur legem
(Die Billigkeit kommt nach dem Gesetz)
형평은 법률에 따른다.

Afterpfand (Pignus pignoris, Subpignus)
전질.
Afterpfand bezeichnet im österreichischen Sachenrecht das Weiterverpfänden eines Pfandes an einen Dritten (Afterpfandgläubiger). Die gesetzlichen Regelungen finden sich in den §§ 454 f., 460 ABGB.
오스트리아 물권법에서는 제3자(전질권자)에 대한 질물의 재입질을 말한다. 법적 규정은 오스트리아 민법 제454조 이하, 제460

조 참조.

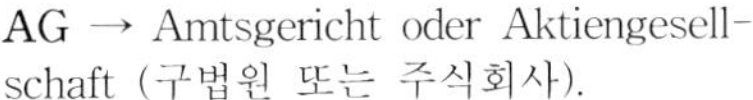

AG → Amtsgericht oder Aktiengesellschaft (구법원 또는 주식회사).

Agententätigkeit zu Sabotagezwecken StGB 87 태업목적 첩보활동죄.
(1) Mit Freiheitsstrafe bis zu fünf Jahren oder mit Geldstrafe wird bestraft, wer einen Auftrag einer Regierung, Vereinigung oder Einrichtung außerhalb des räumlichen Geltungsbereichs dieses Gesetzes zur Vorbereitung von Sabotagehandlungen, die in diesem Geltungsbereich begangen werden sollen, dadurch befolgt, daß er 1. sich bereit hält, auf Weisung einer der bezeichneten Stellen solche Handlungen zu begehen (→ Vorbereitungshandlungen)
und sich dadurch absichtlich oder wissentlich für Bestrebungen gegen den Bestand oder die Sicherheit der Bundesrepublik Deutschland oder gegen Verfassungsgrundsätze einsetzt.
이 법의 장소적 적용범위 내에서 행하여질 태업행위의 예비를 위하여 이 법의 장소적 적용범위 이외의 정부, 단체 또는 기관의 지시에 따라 다음 각호의 1에 해당하는 행위(→ Vorbereitung von Sabotagehandlungen 태업예비행위)를 하고, 이로 인하여 고의로 또는 그 양식에 반하여 독일연방공화국의 존립, 안전 또는 헌법상의 제원칙에 반하는 시도를 하는 자는 5년 이하의 자유형 또는 벌금형에 처한다.
→ Sabotagehandlung (태업행위).

Agent Provocateur (frz. etwa für "provozierender Strohmann"; Lockspitzel)
아장 프로보카퇴르.
Als Agent Provocateur bezeichnet man eine Person, die einen Dritten zu einer gesetzeswidrigen Handlung provozieren soll.
～는 제3자로 하여금 위법한 행위를 하도록 교사한 자를 말한다.

Agentur für Arbeit (주)노동사무소.

Die Dienststellen der BA auf örtlicher Ebene wurden bis 2003 Arbeitsämter genannt, seit 2004 heißen sie Agenturen für Arbeit.
지역적 수준의 연방노동사무소의 근무지는 203년까지는 노동국이라고 하였으나 2004년 이후에는 노동사무소로 불린다.
→ Bundesagentur für Arbeit (연방노동사무소).

AGG → Allgemeines Gleichbehandlungsgesetz (일반평등법).

Ahndung OWiG 1 처벌.
질서위반법에서는 刑과는 다른 질서위반금이 부과되기 때문에 bestrafen(형벌에 처한다)을 피하고 ahnden(처벌한다; 부과한다)이라는 용어를 사용한다.
→ Ordnungswidrigkeit (질서위반행위).
→ Keine Ahndung ohne Gesezt (법률 없이 처벌 없다).

Ähnliche sexuelle Handlung
StGB 177(2) Nr.1 유사성행위.
→ Vergewaltigung (강간죄).

Akkusationsprinzip StPO 151 탄핵주의.
→ Anklageprinzip (소추주의).

Akkusationsprozeß 탄핵소송.
Von einem Akkusationsprozess spricht man im früheren deutschen Recht wenn der Prozess nur auf Betreiben des Geschädigten oder seiner Familie vor Gericht eröffnet und durchgeführt wird. Der ~ wurde häufig mit der Verfolgung zivilrechtlicher Ansprüche verbunden Im Zuge der Trennung zwisen Zivil und Strafprozess wurde der ~, in den Inquisitionsprozess übergeleitet.
~은 과거 독일법에서는 피해자나 그의 가족에 의하여 법원에서 그 절차가 개시, 시행된 경우를 말한다. ~는 주로 민사법상의 청구권과 관련하여 이루어졌다. ~은 민형사절차상 분리되어 규문소송으로 넘어가게 되었다.

Akteneinsicht StPO 147 (소송)기록열람.
(1) Der Verteidiger ist befugt, die Akten, die dem Gericht vorliegen oder diesem im Falle der Erhebung der Anklage vorzulegen wären, einzusehen sowie amtlich verwahrte Beweisstücke zu besichtigen.
변호인은 법원이 보유하고 있거나 공소제기시에 제출할 소송기록 또는 공적으로 보관된 증거물을 열람할 권한을 가진다.
(2) Ist der Abschluß der Ermittlungen noch nicht in den Akten vermerkt, so kann dem Verteidiger die Einsicht in die Akten oder einzelne Aktenstücke sowie die Besichtigung der amtlich verwahrten Beweisstücke versagt werden, wenn sie den Untersuchungszweck gefährden kann.
조사의 최종결과가 아직 소송서류에 기록되지 아니하고, 서류의 조사목적을 위태롭게 할 우려가 있는 경우에는 변호인에게 소송기록 또는 개별 기록문건 및 관청에 보관된 증거물의 열람이 거부될 수 있다.
→ Gewährung der Akteneinsicht (기록열람의 허가).

Akteneinsicht für Privatpersonen
StPO 475 사인에 대한 기록열람.
(1) Für eine Privatperson und für sonstige Stellen kann, unbeschadet der Vorschrift des § 406e, ein Rechtsanwalt Auskünfte aus Akten erhalten, die dem Gericht vorliegen oder diesem im Falle der Erhebung der öffentlichen Klage vorzulegen wären, soweit er hierfür ein berechtigtes Interesse darlegt.
(1) 변호사는 제406e조(기록열람의 허가)에 관계없이 사인 및 기타 지위에 있는 자에 대하여 법원에 제출되거나 공소제기시에 제출될 소송기록으로부터 그에 대한 정당한 이익이 있는 한, 정보를 입수할 수 있다.

Aktenübersendung StPO 321 소송기록의 송부 (Übersendung der Akten).
Die Staatsanwaltschaft übersendet die Akten an die Staatsanwaltschaft bei dem Berufungsgericht. Diese übergibt die Akten binnen einer Woche dem Vorsitzenden des

Gerichts.
검사는 소송기록을 항소법원의 검사에게 송부한다. 항소법원의 검사는 소송기록을 1주일이내에 그 법원재판장에게 넘긴다.

Aktenvorlegung an die StA StPO 320
검사에 대한 서류제출.
Ist die Berufung rechtzeitig eingelegt, so hat nach Ablauf der Frist zur Rechtfertigung die Geschäftsstelle ohne Rücksicht darauf, ob eine Rechtfertigung stattgefunden hat oder nicht, die Akten der Staatsanwaltschaft vorzulegen.
항소가 적법하게 제기된 경우에는 법원사무국은 그 이유서 제출기간의 경과후에 이유가 인정되는가에 관계없이 소송서류를 검사에게 송달하여야 한다.

AktG → Aktiengesetz (주식법).

Aktien AktG 8(5) 주식.
(5) Die Aktien sind unteilbar.
주식은 분할하지 못한다.

Aktien besonderer Gattung AktG 11
수종의 주식.
Die Aktien können verschiedene Rechte gewähren, namentlich bei der Verteilung des Gewinns und des Gesellschaftsvermögens.
Aktien mit gleichen Rechten bilden eine Gattung.
주식은 특히 이익 및 회사재산의 분배에 관하여 서로 다른 권리를 가질 수 있다.
동일한 권리를 가진 주식은 하나의 종류를 형성한다.

Aktiengesellschaft (AG) AktG 1 주식회사.
Die Aktiengesellschaft ist eine Gesellschaft mit eigener Rechtspersönlichkeit.
Die Aktiengesellschaft hat ein in Aktien zerlegtes Grundkapital.
주식회사는 고유의 법인격을 가진 회사이다. 주식회사는 주식으로 분할된 자본을 가진다. → Personenhandelsgesellschaft (인적상사회사).

Aktiengesetz AktG 주식법 (1965.9.6) (BGBl. I S. 1089).

Aktienregister AktG 67 (Eintragung im ~) 주주명부(~의 등록).
Namensaktien sind unter Angabe des Namens, Geburtsdatums und der Adresse des Inhabers in das Aktienregister der Gesellschaft einzutragen.
기명주식은 회사의 주주명부에 소지인의 성명, 출생일시 및 주소를 기재하여 이를 등록하여야 한다.
* 전자적인 데이터뱅크 방식의 주주명부를 인정하기 위한 (구)주주명부(Aktienbuch)의 용어변경.

Aktionär AktG 54 주주.
Die Verpflichtung der Aktionäre zur Leistung der Einlagen wird durch den Ausgabebetrag der Aktien begrenzt.
출자의 이행에 대한 주주의 의무는 주식의 발행가액으로 제한된다.

Aktive Veredelung ZK 114 적극적 가공무역 (역내가공).
(1) Im aktiven Veredelungsverkehr können unbeschadet des Artikels 115 folgende Waren im Zollgebiet der Gemeinschaft einem oder mehreren Veredelungsvorgängen unterzogen werden:
a) Nichtgemeinschaftswaren, die zur Wiederausfuhr aus dem Zollgebiet der Gemeinschaft in Form von Veredelungserzeugnissen bestimmt sind, und zwar, ohne daß für diese Waren Einfuhrabgaben erhoben oder handelspolitische Maßnahmen angewandt werden;
b) in den zollrechtlichen freien Verkehr übergeführte Waren, für die die Einfuhrabgaben erstattet oder erlassen werden, wenn die Waren in Form von Veredelungserzeugnissen aus dem Zollgebiet der Gemeinschaft ausgeführt werden.
(1) 적극적 가공무역은 (EU 관세법) 제115조의 규정에 관계없이 다음 물품이 공동체의 관세영역에서 하나 또는 수개의 가공작업이 이루어진 경우이다.

a) 수입관세의 징수 또는 통상정책적 조치의 적용이 행하여지지 않고 가공생산품의 형식으로 공동체 관세영역에서 재수출될 비공동체물품,
b) 물품이 가공생산품의 형식으로 공동체관세영역으로부터 수출되는 경우, 수입관세의 환급이나 면제를 받아 관세법상 자유유통을 위해 통관되는 물품.

Aktivlegitimation (원고적격)
→ Passivlegitimation (피고적격).

Aktivseite HGB 266(2) 차변.
A. Anlagevermögen (고정자산)
B. Umlaufvermögen (유동자산)
C. Rechnungsabgrenzungsposten (계산한계항목).

Akustische Überwachung (Abhören)
GG 13(3) 감청 (Lauschangriff 도청), 음향감시.
(3) Begründen bestimmte Tatsachen den Verdacht, daß jemand eine durch Gesetz einzeln bestimmte besonders schwere Straftat begangen hat, so dürfen zur Verfolgung der Tat auf Grund richterlicher Anordnung technische Mittel zur akustischen Überwachung von Wohnungen, in denen der Beschuldigte sich vermutlich aufhält, eingesetzt werden, wenn die Erforschung des Sachverhalts auf andere Weise unverhältnismäßig erschwert oder aussichtslos wäre. Die Maßnahme ist zu befristen.
일정한 사실에 근거하여 누군가에게 법률에 의하여 개별적으로 규정된 특히 중한 범죄를 행하였다는 범죄혐의가 인정될 경우, 그 사정의 탐지가 다른 방법으로는 현저히 곤란하거나 불가능하다고 생각되는 경우에 법관의 명령에 의하여 형사소추의 목적으로 피의자가 체류하고 있다고 추정되는 주거의 감청을 위한 기술적 수단을 투입할 수 있다.

Akzeptkredit StGB 265b(3) Nr.2 인수신용.
* Der Akzeptkredit ist eine Kreditleihe, bei dem sich ein Kreditinstitut für einen Kunden durch Wechselakzept verpflichtet.
→ Kredit (신용대부).
~은 신용기관이 고객을 위하여 어음인수를 통하여 의무를 부담하는 신용부여.

Alias facturus → Omni modo facturus.

Aliud BGB 434(3) 다른 물건(것)(~의 제공); 별개의 물건 (Aliud-Lieferung).
(3) Einem Sachmangel steht es gleich, wenn der Verkäufer eine andere Sache oder eine zu geringe Menge liefert.
매도인이 다른 물건이나 과소한 수량을 제공한 경우 물건하자가 있는 경우와 같다.

Alkoholischer Getränke → Trunkenheit im Verkehr (명정운전죄).

Alleintäterschaft StGB 25 단독정범.
(1) Als Täter wird bestraft, wer die Straftat selbst oder durch einen anderen begeht.
범죄행위를 스스로 실행하거나 타인을 통하여 실행한 자는 정범으로 처벌한다.

Allgemeine Geschäftsbedingung
BGB 305 약관.
(1) Allgemeine Geschäftsbedingungen sind alle für eine Vielzahl von Verträgen vorformulierten Vertragsbedingungen, die eine Vertragspartei (Verwender) der anderen Vertragspartei bei Abschluss eines Vertrags stellt.
약관은 계약의 일방당사자(약관사용자)가 계약 체결시에 상대방 당사자에게 제시하는, 다수의 계약을 위하여 사전 작성된 모든 계약조항이다.

Allgemeine Leistungsklage
VwGO 113(4) 일반적 급부소송 (einfache Leistungsklage: 단순급부소송).
(4) Kann neben der Aufhebung eines Verwaltungsakts eine Leistung verlangt werden, so ist im gleichen Verfahren auch die Verurteilung zur Leistung zulässig.
행정행위의 취소 이외의 어떠한 급부를 요구할 수 있는 경우에는 동일한 소송절차에

의하여 그 급부를 위한 판결도 허용된다.
→ Leistungsklage (급부소송).

Allgemeine, unmittelbare, freie, gleiche, geheime Wahl StGB 92
보통·직접·비밀·자유·평등선거로 국민대표를 선출할 권한.
Recht des Volkes, Volksvertretung in allgemeine, unmittelbarer, freier, gleicher, geheimer Wahl zu wählen
StGB 92 ~로 국민대표를 선출할 권한.
→ Verfassungsgrundsätze (헌법상의 제원칙).

Allgemeine Verschollenheit VerschG 3
보통실종.
(1) Die Todeserklärung ist zulässig, wenn seit dem Ende des Jahres, in dem der Verschollene nach den vorhandenen Nachrichten noch gelebt hat, zehn Jahre oder, wenn der Verschollene zur Zeit der Todeserklärung das achtzigste Lebensjahr vollendet hätte, fünf Jahre verstrichen sind.
현존하는 소식에 의하면 실종자가 아직 생존하였던 그 해의 종료후 10년이 경과하였거나 또는 실종자가 사망선고를 할 당시에 만 80세에 달하고 5년이 경과한 때에는 사망선고를 할 수 있다.

Allgemeine Wehrpflicht WPflG 1 일반적 병역의무.
(1) Wehrpflichtig sind alle Männer vom vollendeten 18. Lebensjahr an, die Deutsche im Sinne des Grundgesetzes sind und
1. ihren ständigen Aufenthalt in der Bundesrepublik Deutschland haben oder
2. ihren ständigen Aufenthalt außerhalb der Bundesrepublik Deutschland haben und entweder
a) ihren früheren ständigen Aufenthalt in der Bundesrepublik Deutschland hatten oder
b) einen Pass oder eine Staatsangehörigkeitsurkunde der Bundesrepublik Deutschland besitzen oder sich auf andere Weise ihrem Schutz unterstellt haben.
기본법상 독일인으로서 다음 각호에 해당하

는 만 18세의 모든 남자는 병역의무를 진다.
1. 그 상주지가 독일연방공화국에 있거나,
2. 그 상주지가 독일연방공화국 외에 있고,
a) 이전 상주지가 독일연방공화국에 있었거나, 또는
b) 독일연방공화국의 여권 또는 국적증명서를 소지하거나 기타 방법으로 독일연방공화국의 보호에 놓인 자.

Allgemeiner Gerichtsstand ZPO 12, 13
보통재판적.
Das Gericht, bei dem eine Person ihren allgemeinen Gerichtsstand hat, ist für alle gegen sie zu erhebenden Klagen zuständig. (12)
사람이 보통재판적을 가지는 곳의 법원은 그 자에 대해서 제기할 모든 소송에 관해서 관할을 가진다.
Der allgemeine Gerichtsstand einer Person wird durch den Wohnsitz bestimmt. (13)
사람의 보통재판적은 주소에 의해서 이를 정한다.

Allgemeines Eisenbahngesetz AEG 1
일반철도법 (1993.12.27) (BGBl. I S. 2378 (2396) (1994, 2439)).
(1) Dieses Gesetz dient der Gewährleistung eines sicheren Betriebs der Eisenbahn und eines attraktiven Verkehrsangebotes auf der Schiene sowie der Sicherstellung eines wirksamen und unverfälschten Wettbewerbs auf der Schiene bei dem Erbringen von Eisenbahnverkehrsleistungen und dem Betrieb von Eisenbahninfrastrukturen.
본법은 철도수송의 제공 및 철도인프라의 운영에 있어서 철도의 안전한 운영, 궤도상의 매력적인 교통공급 및 궤도상의 효과적이고 공정한 경쟁의 보장에 기여한다.

Allgemeines Gesetz GG 5(2) 일반법률.
(2) Diese Rechte (Meinungsfreiheit) finden ihre Schranken in den Vorschriften der allgemeinen Gesetze, den gesetzlichen Bestimmungen zum Schutze der Jugend und in dem Recht der persönlichen Ehre.

이 권리들은 일반법률의 조항, 소년의 보호를 위한 법률규정 및 개인적 명예권으로 제한된다.

* Dies sind alle materiellen Gesetze, die sich nicht gegen die Grundrechte als solche richten, sondern ein Rechtsgut schützen, das gegenüber den Grundrechten den Vorrang hat.

~는 기본권 그 자체가 아닌 일정한 법익을 보호하는 실체법으로 기본권보다 우위에 있다.

Allgemeines Gleichbehandlungsgesetz
AGG 1 일반평등법 (2006.8.14) (BGBl. I S. 1897).

Ziel des Gesetzes ist, Benachteiligungen aus Gründen der Rasse oder wegen der ethnischen Herkunft, des Geschlechts, der Religion oder Weltanschauung, einer Behinderung, des Alters oder der sexuellen Identität zu verhindern oder zu beseitigen.

본법의 목적은 인종 또는 출신, 성, 종교, 또는 세계관, 장애, 연령 또는 성적 성체성에 의한 차별을 방지하거나 제거하는 데에 있다.

Allgemeines Persönlichkeitsrecht (일반적 인격권) → Persönliches Freiheitsrecht GG 2 인격적 자유권.

Allgemeines Register (AR)(~ des Bundesverfassungsgerichts) BVerfGGO 60
일반사건등록부 (헌법재판소의 ~).

(1) Eingaben an das Bundesverfassungsgericht, die weder eine Verwaltungsangelegenheit des Gerichts betreffen noch nach den Vorschriften des Gesetzes über das Bundesverfassungsgericht statthaft sind, werden im Allgemeinen Register (AR) erfaßt und als Justizverwaltungsangelegenheit bearbeitet.

Hierzu rechnen insbesondere:

a) Anfragen zur Rechtsprechung des Bundesverfassungsgerichts sowie zu anhängigen oder abgeschlossenen Verfahren,

b) Eingaben, mit denen der Absender weder einen bestimmten Antrag verfolgt noch ein Anliegen geltend macht, für das eine Zuständigkeit des Bundesverfassungsgerichts besteht.

재판소의 행정업무에 관한 사건이나 헌법재판소법의 규정에 의하여 발생하는 업무 이외의 헌법재판소에 대하여 접수된 사건은 일반사건등록부에 기재되어 사법행정업무로 처리된다.

a) 헌법재판소의 판례 및, 헌법재판소에 계속 중에 있거나 이미 종결된 사건에 관한 문의,

b) 신청자가 특정된 신청을 구한 경우가 아니거나, 또는 헌법재판소의 관할에 속한 사항을 주장한 경우가 아닌 경우.

→ Verfahrensregister (소송사건등록부).

Allgemeinkundige Tatsache (공공에 현저한 사실)
→ Offenkundige Tatsache (공지의 사실).

Allgemeinverbindlichkeit TVG 5
일반적 구속력.

(1) Das Bundesministerium für Arbeit und Soziales kann einen Tarifvertrag im Einvernehmen mit einem aus je drei Vertretern der Spitzenorganisationen der Arbeitgeber und der Arbeitnehmer bestehenden Ausschuß auf Antrag einer Tarifvertragspartei für allgemeinverbindlich erklären, wenn

1. die tarifgebundenen Arbeitgeber nicht weniger als 50 vom Hundert der unter den Geltungsbereich des Tarifvertrags fallenden Arbeitnehmer beschäftigen und

2. die Allgemeinverbindlicherklärung im öffentlichen Interesse geboten erscheint.

연방노동·사회부는 협약 당사자 일방의 요청으로 사용자 및 근로자의 상급단체에서 각 3인의 대표로 구성된 위원회와 합의하여 다음의 경우 단체협약에 일반적 구속력을 인정할 수 있다.

1. 협약과 관련된 사용자가 단체협약의 적용범위에 있는 근로자의 50%이상을 고용한 경우,

2. 일반적 구속력의 적용이 공익에 필요하다고 판단된 경우.

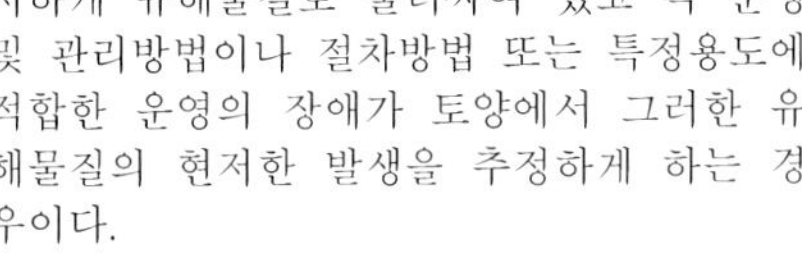

Allgemeinverfügung VwVfG 35 S.2 일반처분.

S. 2 Allgemeinverfügung ist ein Verwaltungsakt, der sich an einen nach allgemeinen Merkmalen bestimmten oder bestimmbaren Personenkreis richtet oder die öffentlich rechtliche Eigenschaft einer Sache oder ihre Benutzung durch die Allgemeinheit betrifft.

일반처분이란 행정작용의 일반적 징표에 따라 특정되거나 특정가능한 범위의 다수의 사람을 대상으로 하는 행위, 특히 물건의 공법적 특색을 결정하는 행위, 공물 등의 일반적 이용을 규율하기 위하여 발령되는 행정행위이다.

Alltagstheorie 일상이론 (日常理論).

일상(일상이 불확실한 자, 예를 들어 하부계층의 일용노동자)에서 범죄의 원인을 찾고 그 예방을 하는 이론. 식료품가격의 인상과 절도죄와의 관계에서 일상문제의 범죄율로의 변화를 볼 수 있다.

Ältestenrat BTGO 6 원로회.

(1) Der Ältestenrat besteht aus dem Präsidenten, seinen Stellvertretern und dreiundzwanzig weiteren von den Fraktionen gemäß § 12 zu benennenden Mitgliedern.

원로회는 의장, 부의장 그 이외 (연방하원 의사규칙) 제12조에 따라 교섭단체가 지명한 23명의 의원으로 구성된다.

Altlasten BBodSchV 3 알트라스텐 (오염(부)지, 폐매립지).

(1) Anhaltspunkte für das Vorliegen einer Altlast bestehen bei einem Altstandort insbesondere, wenn auf Grundstücken über einen längeren Zeitraum oder in erheblicher Menge mit Schadstoffen umgegangen wurde und die jeweilige Betriebs-, Bewirtschaftungs- oder Verfahrensweise oder Störungen des bestimmungsgemäßen Betriebs nicht unerhebliche Einträge solcher Stoffe in den Boden vermuten lassen.

알트라스트의 존재가 있다고 하기 위해서는 구위치에서 특히 장기간 토지위에 또는 현저하게 유해물질로 둘러싸여 있고 각 운영 및 관리방법이나 절차방법 또는 특정용도에 적합한 운영의 장애가 토양에서 그러한 유해물질의 현저한 발생을 추정하게 하는 경우이다.

Ambulant Behandlung 시설외 (외래; 통원) 처우.

→ Stationäre Behandlung (시설내 처우).

AMG → Arzneimittelgesetz (의약품법).

Amnestie (griech. das Vergessen) 일반사면.

~ die, Straferlass für eine unbekannte Zahl von Fällen (im Unterschied zur Begnadigung), entweder durch Erlass bereits rechtskräftig verhängter Strafen oder durch Einstellen der Strafverfolgung oder anhängiger Verfahren bei bestimmten strafrelevanten Handlungen. In Deutschland kann Amnestie nur durch Gesetz gewährt werden (Straffreiheitsgesetz). Die Niederschlagung eines schwebenden Verfahrens im Einzelfall (Abolition) ist verfassungsrechtlich unzulässig.

~는 이미 확정판결을 받은 형의 면제 또는 특정 형사사건과 관련된 행위에 있어서 형사소추나 계속된 절차의 중지를 통한 많은 수의 사건에 대한 형면제 (특별사면과 구별). 독일에서 일반사면은 법률(형면제법)에 의하여만 이루어진다. 개별사건에서 계루중인 절차의 전복(폐기사면)은 반헌법적이므로 허용되지 않는다.

Amortisation GmbHG 34 상각.

(1) Die Einziehung (Amortisation) von Geschäftsanteilen darf nur erfolgen, soweit sie im Gesellschaftsvertrag zugelassen ist.

지분의 소각(상각)은 정관으로 허용되어 있는 경우에 한하여 행하여질 수 있다.

Amtlich vorgeschriebener Vordruck AO 150 공정서식용지 (공정양식).

(1) S.1 Die Steuererklärungen sind nach amtlich vorgeschriebenem Vordruck abzugeben, soweit nicht eine mündliche

Steuererklärung zugelassen ist.
조세신고는 구두에 의한 조세신고가 인정되지 않는 경우에는 공정서식용지에 의하여야 한다.
→ Anzeigen über die Erwerbstätigkeit (영리활동에 대한 신고).

Amtliche Anweisung → Vertrauensbruch im auswärtigen Dienst (외교배신죄).

Amtliche Bekanntmachung →
Verletzung amtlicher Bekanntmachungen (고시침해죄).

Amtlicher Ausweis
→ Verschaffen von falschen amtlichen Ausweisen (허위공증명서취득죄).
→ Vorbereitung der Fälschung von amtlichen Ausweisen (공증명서위조예비죄).

Amtlicher Entwurf 정부안.

Amtliches Werk UrhG 5 공공저작물.
(1) Gesetze, Verordnungen, amtliche Erlasse und Bekanntmachungen sowie Entscheidungen und amtlich verfaßte Leitsätze zu Entscheidungen genießen keinen urheberrechtlichen Schutz.
법률, 명령, 공포, 고시와 판결 및 공적으로 작성된 판결요지는 저작권 보호를 받지 못한다.

Amtliches Wertzeichen (공적 유가증표)
→ Wertzeichenfälschung.(유가증표위조죄).

Amtsanmaßung StGB 132 공무사칭죄.
Wer unbefugt sich mit der Ausübung eines öffentlichen Amtes befaßt oder eine Handlung vornimmt, welche nur kraft eines öffentlichen Amtes vorgenommen werden darf, wird mit Freiheitsstrafe bis zu zwei Jahren oder mit Geldstrafe bestraft.
권한 없이 공무수행에 관여하거나 또는 공무에 의하여만 수행되는 행위를 기도한 자는 2년 이하의 자유형 또는 벌금형에 처한다.

Amtsanwalt OrgStA 14(2); StPO 451(2)
구검사(區檢事).
(2) Haben Beamtinnen oder Beamte die Amtsanwaltsprüfung abgelegt, so werden ihnen die Zeichnungsbefugnisse einer Amtsanwältin oder eines Amtsanwaltes verliehen. (OrgStA 14)
구검사의 시험을 마친 공무원에게는 구검사의 명칭을 사용할 권한을 부여한다.
Den Amtsanwälten steht die Strafvollstreckung nur insoweit zu, als die Landesjustizverwaltung sie ihnen übertragen hat. (StPO 451)
구검사는 주법무부가 이 형의 집행을 위임한 한도에 있어서만 형을 집행할 권한을 갖는다.

Amtseid GG 56 직무선서(취임).
Der Bundespräsident leistet bei seinem Amtsantritt vor den versammelten Mitgliedern des Bundestages und des Bundesrates folgenden Eid:
"Ich schwöre, daß ich meine Kraft dem Wohle des deutschen Volkes widmen, seinen Nutzen mehren, Schaden von ihm wenden, das Grundgesetz und die Gesetze des Bundes wahren und verteidigen, meine Pflichten gewissenhaft erfüllen und Gerechtigkeit gegen jedermann üben werde. So wahr mir Gott helfe."
연방대통령은 취임에 즈음하여 연방하원과 연방상원의 의원 앞에서 다음의 선서를 행한다.
「나는 나의 힘을 독일국민의 행복을 위하여 바치고, 그 이익을 증진하며, 장해를 물리치며, 연방기본법과 법률을 옹호하고 수호하며, 양심에 따라 나의 의무를 다하여 모든 사람에 대하여서 정의를 행할 것을 선서한다. 신의 가호가 있기를」

Amtsfähigkeit, Wählbarkeit, Stimmrecht (Verlust der ~) StGB 45 공무담임자격, 피선거권, 투표권(~의 상실).
(1) Wer wegen eines Verbrechens zu Freiheitsstrafe von mindestens einem Jahr verurteilt wird, verliert für die Dauer von fünf Jahren die Fähigkeit, öffentliche Äm-

ter zu bekleiden und Rechte aus öffentlichen Wahlen zu erlangen.
중죄를 이유로 1년 이상의 자유형을 선고받
은 자는 5년간 공무담임 자격 및 공공선거
를 통한 권리취득자격을 상실한다.
(automatische Nebenfolgen 자동적 부대효
과)
(3) Mit dem Verlust der Fähigkeit, öffentliche Ämter zu bekleiden, verliert der
Verurteilte zugleich die entsprechenden
Rechtsstellungen und Rechte, die er innehat.
형의 선고를 받은 자는 공무담임자격을 상
실함과 동시에 해당 법적 지위 및 권리도
상실한다.

Amtsgericht GVG 22; 24(2) 구법원 (간
이법원).
(1) Den Amtsgerichten stehen Einzelrichter
vor. (GVG 22)
단독판사는 구법원을 통괄한다.
Amtsgericht Hamburg (die ～) StPO 10a
함부르크 구법원.
(2) Das Amtsgericht darf nicht auf eine
höhere Strafe als vier Jahre Freiheitsstrafe und nicht auf die Unterbringung in
einem psychiatrischen Krankenhaus, allein
oder neben einer Strafe, oder in der Sicherungsverwahrung erkennen. (GVG 24)
구법원은 4년 이상의 자유형이나, 단독 또
는 다른 형에 부가적으로 정신병원에의 수
용이나 보안감호를 선고할 수 없다.

Amtshaftung
→ Haftung bei Amtspflichtverletzung (직
무의무위반으로 인한 (배상)책임).

Amtshandlung MEPolG 52(1) Nr.4 직
무행위.
Polizeivollzugsbeamte eines anderen Landes
können im Lande Amtshandlungen vornehmen.
4. zur Erfüllung polizeilicher Aufgagen bei
Gefangenentransporten.
다른 주의 경찰공무원은 주에서 직무행위를
할 수 있다.
4. 수용자호송의 경찰임무를 수행하기 위

하여.
→ Diensthandlung (직무행위).
→ Unaufschiebare Amtshandlung (긴급한
직무행위).

Amtshilfe GG 35; VwVfG 4; AO 113
행정공조; 직무원조; 행정응원.
(1) Alle Behörden des Bundes und der
Länder leisten sich gegenseitig Rechts-
und Amtshilfe. (GG 35)
연방과 각 주의 모든 관청은 상호간에 사법
공조 및 행정공조를 행한다.
(1) Jede Behörde leistet anderen Behörden
auf Ersuchen ergänzende Hilfe (Amtshilfe).
(VwVfG 4)
모든 행정청은 요청에 따라 다른 행정청에
보충적인 원조를 제공한다(행정공조).
Kommen für die Amtshilfe mehrere Behörden in Betracht, so soll nach Möglichkeit eine Behörde der untersten Verwal-
tungsstufe des Verwaltungszweigs ersucht
werden, dem die ersuchende Finanzbehörde angehört. (AO 113)
행정공조에 대하여 수개의 관청이 있는 때
에는 가능한 한 공조를 요구한 재무관청이
소속한 행정부문의 최하급행정단계의 관청
에게 공조를 요구해야 한다.
→ Rechtshilfe (사법공조).

Amtspflichtverletzung
→ Haftung bei Amtspflichtverletzungen
(직무의무위반으로 인한 (배상)책임).

Amtssitz BNotO 10 직무(사무)지.
(1) Dem Notar wird ein bestimmter Ort
als Amtssitz zugewiesen.
(2) Der Notar hat an dem Amtssitz seine
Geschäftsstelle zu halten.
(1) 공증인에게는 직무지의 특정한 장소가
주어진다.
(2) 공증인은 직무지에 자신의 사무실을 두
어야 한다.

Amtsträger StGB 11(1) Nr.2 공무수행
자 (公務遂行者).
2. Amtsträger:
wer nach deutschem Recht

a) Beamter oder Richter ist,
b) in einem sonstigen öffentlich-rechtlichen Amtsverhältnis steht oder
c) sonst dazu bestellt ist, bei einer Behörde oder bei einer sonstigen Stelle oder in deren Auftrag Aufgaben der öffentlichen Verwaltung unbeschadet der zur Aufgabenerfüllung gewählten Organisationsform wahrzunehmen;
공무수행자라 함은 독일 형법상
a) 공무원 또는 법관,
b) 기타 공법상의 근무관계에 있는 자,
c) 그 외에 관청 또는 기타의 기관이나 그의 위임에 의하여 공공행정의 임무를 담당하도록 임용된 자를 말한다.
따라서 공무수행자는 '공직자'와는 구별된다.

Amtsverhältnis → Amtsträger (공무수행자).

An Erfüllungs statt (이행에 갈음하여)→ Annahme an Erfüllungs statt (대물변제의 수령).

Analogieverbot (lex stricta) 유추(해석)금지.
Analogie: Ausdehnung eines Rechtssatzes auf einen im Gesetz nicht geregelten oder vom Gesetzeswortlaut nicht mehr erfassten Fall.
법률에 규정되지 않거나 법문언상 포섭되지 않는 사례에 대한 법규의 확장.
Straftatbestände dürfen nicht durch Analogie oder Gewohnheitsrecht gebildet, erweitert oder verschärft werden. Analogien zugunsten des Täters sind allerdings möglich.
구성요건은 유추나 관습법을 통하여 형성되어서는 안되며, 확대 또는 강화되어서도 안된다. 다만 행위자를 위한 유추는 가능하다.

Anbieten, Gewähren, Versprechen
제의, 공여, 약속 → Vorteilsgewährung (증뢰죄).

Änderung des Grundgesetzes GG 79
기본법의 변경 (헌법개정).

(1) Das Grundgesetz kann nur durch ein Gesetz geändert werden, das den Wortlaut des Grundgesetzes ausdrücklich ändert oder ergänzt.
Bei völkerrechtlichen Verträgen, die eine Friedensregelung, die Vorbereitung einer Friedensregelung oder den Abbau einer besatzungsrechtlichen Ordnung zum Gegenstand haben oder der Verteidigung der Bundesrepublik zu dienen bestimmt sind, genügt zur Klarstellung, daß die Bestimmungen des Grundgesetzes dem Abschluß und dem Inkraftsetzen der Verträge nicht entgegenstehen, eine Ergänzung des Wortlautes des Grundgesetzes, die sich auf diese Klarstellung beschränkt.
기본법은 기본법의 문언을 명문으로 변경 또는 보충하는 법률에 의하여서만 변경될 수 있다.
평화규정, 평화규정의 준비 또는 점령법 질서의 제거를 대상으로 하거나 또는 연방공화국의 방위에 기여하도록 규정된 국제법상의 조약에 있어서 기본법의 규정이 조약의 종결 또는 발효를 방해하지 않는다는 점을 명백히 하는 기본법의 문언보충으로 충분하다.
(2) Ein solches Gesetz bedarf der Zustimmung von zwei Dritteln der Mitglieder des Bundestages und zwei Dritteln der Stimmen des Bundesrates.
위의 법은 연방하원의원의 3분의 2 및 연방상원 표결수 3분의 2의 동의를 요한다.

Änderungsantrag BTGO 85 수정동의.
(1) Änderungsanträge zu Gesetzentwürfen in dritter Beratung müssen von einer Fraktion oder von fünf vom Hundert der Mitglieder des Bundestages unterzeichnet sein und können mit einer kurzen Begründung versehen werden.
제3독회에서의 법률안에 대한 수정동의는 교섭단체 또는 연방하원의원 5%에 의하여 서명되어야 하며, 간단한 제안설명을 하게 할 수 있다.

Änderungskündigung KSchG 2 변경해고(통지).

Kündigt der Arbeitgeber das Arbeitsverhältnis und bietet er dem Arbeitnehmer im Zusammenhang mit der Kündigung die Fortsetzung des Arbeitsverhältnisses zu geänderten Arbeitsbedingungen an, so kann der Arbeitnehmer dieses Angebot unter dem Vorbehalt annehmen, daß die Änderung der Arbeitsbedingungen nicht sozial ungerechtfertigt ist.
사용자가 근로관계를 해지하고 근로자에게 해고와 관련하여 변경된 근로조건의 계속적인 근로관계를 제의하는 경우에 근로자는 이 근로조건의 변경이 사회적으로 정당하지 않다고 볼 수 없다는 유보하에 이 제의를 받아들일 수 있다.

Androhung ① StGB 126 위협. 규정.
② 고지 (Androhung des Übels의 고지 StGB 253); ihm Gewalt androht (폭행을 고지하여 협박하다 StGB 343). ③ 예고 Unmittelbarer Zwang ist vorher anzudrohen (직접강제는 사전에 예고되어야 한다 StVollzG 98).

Androhung der Zwangsmittel
VwVG 13; 18 강제수단의 예고(계고).
(1) Die Zwangsmittel müssen, wenn sie nicht sofort angewendet werden können, schriftlich angedroht werden.
강제수단이 즉시 적용될 수 없으면 서면으로 예고되어야 한다.
(1) Gegen die Androhung eines Zwangsmittels sind die Rechtsmittel gegeben, die gegen den Verwaltungsakt zulässig sind, dessen Durchsetzung erzwungen werden soll.
강제수단의 예고에 대하여는 그 실행이 강제되는 행정행위가 허용하는 재판상의 방법에 의한다. → Zwangsmittel (강제수단).

Aneignung BGB 958 선점.
Das Eigentum wird nicht erworben, wenn die Aneignung gesetzlich verboten ist oder wenn durch die Besitzergreifung das Aneignungsrecht eines anderen verletzt wird.
선점이 법률상 금지된 경우 또는 점유취득으로 인하여 타인의 선점권을 침해한 경우

소유권은 취득되지 아니한다.

Aneignungsrecht StGB 292 선점권.
(수렵권자의 ~: ~ des Jagdberechtigten).
→ Jagdwildrei.

Anerbieten → Erfüllung des Anerbietens (급부제안의 이행).

Anerkenntnis ZPO 307 인락.
Erkennt eine Partei den gegen sie geltend gemachten Anspruch ganz oder zum Teil an, so ist sie dem Anerkenntnis gemäß zu verurteilen. Einer mündlichen Verhandlung bedarf es insoweit nicht.
당사자의 일방이 자신에게 주장된 청구를 구두변론에서 전부 또는 일부 인락한 경우에는 그는 인락에 응한 판결을 받아야 한다. 인락에는 구두변론이 필요하지 아니하다.

Anerkenntnisvermutung BGB 1592 Nr. 2, 1593, 1600c 인지추정.
* In dem Verfahren auf Anfechtung einer Vaterschaft wird vermutet, dass das Kind von dem Mann abstammt, dessen Vaterschaft besteht.
친생부인(부성취소)절차에서 자는 그 부성이 존재하는 남자의 출생이라고 추정된다.
→ Vaterschaftsvermutung (부성추정).

Anerkennung (~ der Vaterschaft)
BGB 1594 인지.
Die Rechtswirkungen der Anerkennung können, soweit sich nicht aus dem Gesetz anderes ergibt, erst von dem Zeitpunkt an geltend gemacht werden, zu dem die Anerkennung wirksam wird.
인지의 효과는 법률에서 달리 해석되지 아니하는 한 인지가 효력을 발하는 시점에서부터 주장될 수 있다.

Anerkennung nach Tod des Stifters
BGB 84 설립자 사망후의 허가.
Wird die Stiftung erst nach dem Tode des Stifters als rechtsfähig anerkannt, so gilt sie für die Zuwendungen des Stifters

als schon vor dessen Tod entstanden.
재단이 설립자의 사망 후에 비로소 허가된 때에는 재단은 설립자의 출연에 관하여는 그의 사망 전에 이미 성립한 것으로 본다.

Anfahren → Einfahren und Anfahren (진입과 출발).

Anfall der Erbschaft (상속재산의 귀속) → Erbschaft (상속재산).

Anfall des Vereinsvermögens BGB 45 사단재산의 귀속.
(1) Mit der Auflösung des Vereins oder der Entziehung der Rechtsfähigkeit fällt das Vermögen an die in der Satzung bestimmten Personen.
재산은 사단의 해산 또는 권리능력의 박탈과 동시에 정관에 정하여진 자에게 귀속된다.

Anfang der Ausführung StGB 22 실행의 착수; Ausführungshandlung (실행행위).
Versuch: die Verwirklichung des Entschlusses, eine Straftat zu begehen, durch Handlungen, die einen Anfang der Ausführung der Straftat bilden.
미수는 범죄의 실행의 착수를 이루는 행위를 통하여 범행결의를 실현하는 것이다.

Anfängliche Unmöglichkeit → Ursprüngliche Unmöglichkeit (원시적 불능).

Anfangsvermögen BGB 1374 초기(당초)재산. ↔ Endvermögen.
(1) Anfangsvermögen ist das Vermögen, das einem Ehegatten nach Abzug der Verbindlichkeiten beim Eintritt des Güterstands gehört; die Verbindlichkeiten können nur bis zur Höhe des Vermögens abgezogen werden.
초기재산은 부부재산제의 개시시에 일방 배우자의 재산에서 채무를 공제한 금액이며, 채무의 공제는 재산의 액까지만 할 수 있다.

Anfechtbar → Unanfechtbarkeit (불복불

가능, 불가쟁력).

Anfechtbarkeit wegen falscher Übermittlung BGB 120 전달의 하자를 이유로 하는 취소.
Eine Willenserklärung, welche durch die zur Übermittelung verwendete Person oder Einrichtung unrichtig übermittelt worden ist, kann unter der gleichen Voraussetzung angefochten werden wie nach § 119 eine irrtümlich abgegebene Willenserklärung.
의사표시가 이를 전달하는데 사용된 사람 또는 설비에 의하여 부정확하게 전달된 때에는 제119조에 따라 착오로 행한 의사표시와 동일한 요건하에서 이를 취소할 수 있다.

Anfechtbarkeit wegen Irrtums BGB 119 착오를 이유로 하는 취소.
(1) Wer bei der Abgabe einer Willenserklärung über deren Inhalt im Irrtum war oder eine Erklärung dieses Inhalts überhaupt nicht abgeben wollte, kann die Erklärung anfechten, wenn anzunehmen ist, dass er sie bei Kenntnis der Sachlage und bei verständiger Würdigung des Falles nicht abgegeben haben würde.
의사표시를 할 때에 그 내용에 관하여 착오가 있거나 또는 그 내용의 표시를 전혀 하지 않으려 했던 자가 사정을 인식하고 그 경우를 합리적으로 판단하였더라면 그러한 표시를 하지 아니하였으리라고 인정되는 때에는 그 의사표시를 취소할 수 있다.

Anfechtbarkeit wegen Täuschung oder Drohung BGB 123 사기 또는 강박으로 인한 취소.
Wer zur Abgabe einer Willenserklärung durch arglistige Täuschung oder widerrechtlich durch Drohung bestimmt worden ist, kann die Erklärung anfechten.
간교한 사기나 또는 위법하게 강박에 의해 의사표시를 한 자는 이를 취소할 수 있다.

Anfechtung 취소, 불복.
(Wirkung der ~: ~의 효과).
(1) Wird ein anfechtbares Rechtsgeschäft

angefochten, so ist es als von Anfang an nichtig anzusehen. (BGB 142).
취소할 수 있는 법률행위가 취소되는 경우에 그 행위는 처음부터 무효인 것으로 본다.
→ Aufhebung (소급효 없는 취소).
→ Rücknahme (취소).
→ Beschränktes Anfechtungsrecht (불복권 (상소권)의 제한).

Anfechtung der auf eine Beschwerde ergangenen Entscheidungen
StPO 310(2) 항고심(항고에 관한 재판)에 대한 불복.
(2) Im übrigen findet eine weitere Anfechtung der auf eine Beschwerde ergangenen Entscheidungen nicht statt.
기타 경우에는 항고에 관한 재판에 대하여 재항고가 인정되지 아니한다.
→ Weitere Beschwerde (재항고).

Anfechtung der Entscheidung
VwVfG 70 결정에 대한 불복.
Vor Erhebung einer verwaltungsgerichtlichen Klage, die einen im förmlichen Verwaltungsverfahren erlassenen Verwaltungsakt zum Gegenstand hat, bedarf es keiner Nachprüfung in einem Vorverfahren.
정식행정절차에 의해 행하여진 행정행위를 대상으로 하는 행정소송의 제기에는 전치절차의 심사를 요하지 아니한다.

Anfechtungserklärung
BGB 143 취소의 의사표시.
(1) Die Anfechtung erfolgt durch Erklärung gegenüber dem Anfechtungsgegner.
취소는 취소의 상대방에 대한 의사표시로써 행한다.

Anfechtungsgesetz
(Gesetz über die Anfechtung von Rechtshandlungen eines Schuldners außerhalb des Insolvenzverfahrens) AnfG 1 채권자취소권법.
(1994.10.5) (BGBl. I S. 2911)
(1) Rechtshandlungen eines Schuldners, die seine Gläubiger benachteiligen, können außerhalb des Insolvenzverfahrens nach Maßgabe der folgenden Bestimmungen angefochten werden.
채권자를 해하는 채무자의 법적 행위는 도산절차 이외에 본 규성이 정하는 바에 의하여 취소할 수 있다.

Anfechtungsklage
VwGO 42 취소소송.
(1) Durch Klage kann die Aufhebung eines Verwaltungsakts begehrt werden.
소송으로 행정행위의 취소를 구할 수 있다.

AnfG
→ Anfechtungsgesetz (채권자취소권법).

Angabe, daß öffentlich verhandelt
StPO 272, Nr.5 심리공개의 기재.
die ~ oder die Öffentlichkeit ausgeschlossen ist (Das Protokoll über die Hauptverhandlung). 심리의 공개 또는 비공개에 관한 기재 (공판조서의 기재내용).
→ Protokollinhalt.

Angaben zur Person
StPO 68(3); 409(1) Nr.1 인적 사항(신상)의 진술.
신문사항에 대한 진술은 → Aussage zur Sache StPO 69(1), 주소지의 진술은 Angabe des Wohnortes StPO 68(1).
Besteht Anlaß zu der Besorgnis, daß durch die Offenbarung der Identität oder des Wohn- oder Aufenthaltsortes des Zeugen Leben, Leib oder Freiheit des Zeugen oder einer anderen Person gefährdet wird,
so kann ihm gestattet werden, Angaben zur Person nicht oder nur über eine frühere Identität zu machen.
증인이 자신의 신분이나 주소 또는 거소를 공개함으로 인하여 자신이나 타인의 생명, 신체 또는 자유가 위태화될 것이 우려되는 경우,
증인은 자신의 신상에 관하여 진술하지 않거나 과거의 신상만을 진술하는 것이 허용될 수 있다.

Angeben
StGB 40(4) 명시(기재)하다.
(4) In der Entscheidigung werden Zahl

und Höhe der Tagessätze angegeben.
일수(日數) 및 1일액(日額)은 판결에서 명시한다.

Angebot WpÜG 2 매수청약.
(1) Angebote sind freiwillige oder auf Grund einer Verpflichtung nach diesem Gesetz erfolgende öffentliche Kauf- oder Tauschangebote zum Erwerb von Wertpapieren einer Zielgesellschaft.
매수청약은 대상회사의 유가증권의 취득을 목적으로 하는 자발적인 또는 이법에 의한 의무에 근거하여 이루어지는 공개적 매수청약 또는 교환청약을 말한다(동법 제2조 제1항).

Angefoctenes Urteil StPO 353 원심판결. → Revisionsurteil.
(1) Soweit die Revision für begründet erachtet wird, ist das angefochtene Urteil aufzuheben.
상고가 이유있다고 인정되는 경우에는 원심판결은 파기되어야 한다.

Angehöriger StGB 11(1) Nr.1 친족.
(1) Im Sinne dieses Gesetzes ist
1. Angehöriger: wer zu den folgenden Personen gehört:
(1) Verwandte und Verschwägerte gerader Linie, der Ehegatte, der Verlobte, Geschwister, Ehegatten der Geschwister, Geschwister der Ehegatten, und zwar auch dann, wenn die Beziehung durch eine nichteheliche Geburt vermittelt wird, wenn die Ehe, welche die Beziehung begründet hat, nicht mehr besteht oder wenn die Verwandtschaft oder Schwägerschaft erloschen ist.
본법에서 친족은 다음 각호의 경우에 해당한다.
(1) 직계혈족 및 인척, 배우자, 약혼자, 형제자매, 형제자매의 배우자, 배우자의 형제자매이다. 이 경우 그 관계가 혼인외의 출생에 의하여 매개된 경우와 그 관계의 기초가 되는 혼인관계가 더 이상 존재하지 아니하는 경우 또는 혈족관계 또는 인척관계가 소멸한 경우도 해당한다.

(2) Pflegeeltern und Pflegekinder (양부모 또는 양자).
→ Verwandtschaft (직계혈족).
→ Schwägerschaft (인척).

Angeklagter StPO 157 피고인; 공판피고인.
Im Sinne dieses Gesetzes ist Angeschuldigter der Beschuldigte, gegen den die öffentliche Klage erhoben ist,
Angeklagter der Beschuldigte oder Angeschuldigte, gegen den die Eröffnung des Haupt verfahrens beschlossen ist.
본법에서 피고인은 공소가 제기된 이후의 피의자를 의미하며, 공판피고인은 공판의 개시가 결정된 피의자 또는 피고인을 말한다.
즉, Angeschuldigter는 공소제기된 피의자(Beschuldigter); Angeklagter는 공판피고인이다(주: 본서에서는 Angeschuldigter를 공소피의자, Angeklagter를 피고인으로 구분하여 번역하였다); 민사소송법상 원고는 Kläger, 피고는 Beklagten.

Angelegenheiten der freiwilligen Gerichtsbarkeit → (Gesetz über die ~) 비송사건(절차법) (FGG).
↔ Angelegenheiten der streitigen Gerichtsbarkeit (소송사건).

Angemessenheitsklausel StGB 34 S.2 위법성조각사유(긴급피난)의 상당성 조항.
Dies gilt jedoch nur, soweit die Tat ein angemessenes Mittel ist, die Gefahr abzuwenden.
다만, 이는(정당화적 긴급피난) 피난행위가 위험을 피하기 위한 상당한(적합한) 수단인 경우에만 적용된다.

Angeschuldigter StPO 157 공소피의자, 공소가 제기된 피의자, 피고인.
→ Angeklagter (피고인; 공판피고인).

Angestellter BetrVG 6 (a.F.); HGB 84 사무원, 사무직근로자; 종업원; 직원.
경영협의회법 제6조에서 Arbeiter (노동자, 육체적 근로자, 일반근로자)와 Angestellter의 개념규정이 있었으나 최근 동규정은 삭

제되었다.

(2) Wer, ohne selbständig im Sinne des Absatzes 1 zu sein, ständig damit betraut ist, für einen Unternehmer Geschäfte zu vermitteln oder in dessen Namen abzuschließen, gilt als Angestellter.

상법 84조 제1항(대리상)에서 말하는 독립성이 없이 상시 본인을 위하여 거래를 중개하거나 본인의 이름으로 거래를 체결하는 것을 위탁받은 자는 사무원으로 본다.

→ Arbeitnehmer (근로자)

→ Leitender Angestellter (간부사원, 관리직 근로자).

→ (종업원) Bestechlichkeit und Bestechung im geschäftlichen Verkehr (영업거래에서의 가중수뢰죄와 가중증뢰죄).

→ (직원) Ermittlungsperson der Staatsanwaltschaft (검찰의 수사보좌관).

Angleichungsgrundsatz StVollzG 3 순응원칙(順應原則).

Das Leben im Vollzug soll den allgemeinen Lebensverhältnissen soweit als möglich angeglichen werden.

수형중 생활은 가능한 한 일반인의 생활상태에 순응되도록 해야 한다.

Angriff auf den Lufts- und Seeverkehr StGB 316c 항공교통과 해상교통에 대한 공격죄.

a) 민간항공에 속하고 비행중인 항공기

b) 민간해운교통에 속하는 선박

1. a)또는 b)의 지배권을 장악하거나 그 운항에 영향을 미치기 위하여 (um die Herrschaft über a) und b) zu erlangen oder auf dessen Führung einzuwirken) 폭력을 사용하거나 사람의 의사결정의 자유를 침해하거나 기타 음모를 기도한 자 (Gewalt anwendet oder die Entschlußfreiheit einer Person angreift oder sonstige Machenschaften vornimmt

2. 제1호의 항공기나 선박 또는 그에 적재된 화물 등을 파괴, 손상하기 위하여 총기를 사용하거나 폭발이나 화재의 야기를 기도한 자는 5년 이상의 자유형에 처한다.

um ein solches Luftfahrzeug oder Schiff oder dessen an Bord befindliche Ladung zu zerstören oder zu beschädigen, Schußwaffen gebraucht oder es unternimmt, eine Explosion oder einen Brand herbeizuführen.

Angriff gegen Organe und Vertreter ausländischer Staaten StGB 102(1) 외국기관 및 사절에 대한 공격죄.

Wer einen Angriff auf Leib oder Leben eines ausländischen Staatsoberhaupts, eines Mitglieds einer ausländischen Regierung oder eines im Bundesgebiet beglaubigten Leiters einer ausländischen diplomatischen Vertretung begeht, während sich der Angegriffene in amtlicher Eigenschaft im Inland aufhält, wird mit Freiheitsstrafe bis zu fünf Jahren oder mit Geldstrafe, in besonders schweren Fällen mit Freiheitsstrafe nicht unter einem Jahr bestraft.

공적 신분으로 국내에 체류중인 외국의 원수, 정부 구성원 또는 독일연방영역에서 공인된 외국외교사절의 장에 대한 신체 또는 생명을 공격한 자는 5년 이하의 자유형 또는 벌금형에 처하고, 특히 중한 경우에는 1년 이상의 자유형에 처한다.

Angriffs- und Verteidigungsmittel ZPO 282 공격·방어방법.

Jede Partei hat in der mündlichen Verhandlung ihre Angriffs- und Verteidigungsmittel, insbesondere Behauptungen, Bestreiten, Einwendungen, Einreden, Beweismittel und Beweiseinreden, so zeitig vorzubringen, wie es nach der Prozesslage einer sorgfältigen und auf Förderung des Verfahrens bedachten Prozessführung entspricht.

각 당사자는 구두변론에서 공격방어방법, 특히 주장, 부인, 이의, 항변, 증거방법 및 증거항변을 적시에 제시하여야 하며, 그것은 소송상태에서 보아 신중하고 또한 소송절차의 촉진을 고려한 소송수행에 적합하여야 한다.

Angriffskrieg GG 26 침략전쟁.

Handlungen, die geeignet sind und in der

Absicht vorgenommen werden, das fried-
liche Zusammenleben der Völker zu stören,
insbesondere die Führung eines Angriffskrieges vorzubereiten, sind verfassungswidrig.
국민간에 평화로운 공동생활을 교란하기에
적합하고 그러한 의도로 행하여지는 행위,
특히 침략전쟁수행의 준비는 위헌이다.
→ Aufstacheln zum Angriffskrieg.
→ Vorbereitung eines Angriffskriegs (침
략전쟁예비죄).

Angriffsnotstand BGB 904 공격적 긴
급피난.
Der Eigentümer einer Sache ist nicht
berechtigt, die Einwirkung eines anderen
auf die Sache zu verbieten, wenn die
Einwirkung zur Abwendung einer gegenwärtigen Gefahr notwendig und der
drohende Schaden gegenüber dem aus der
Einwirkung dem Eigentümer entstehenden
Schaden unverhältnismäßig groß ist.
타인이 물건에 대한 개입이 현재의 위험을
회피하기 위하여 불가피하고 임박한 손해가
소유권자에게 존재하는 위험보다 과도하게
큰 경우에는 물건의 소유자는 그 개입에 대
하여 금지할 권리를 가지지 아니한다.
→ Verteidigungsnotstand (방어적 긴급피
난).

Anhalten von Schreiben StVollzG 31
서신의 압류.
(1) Der Anstaltsleiter kann Schreiben
anhalten,
1. wenn das Ziel des Vollzuges oder die
Sicherheit oder Ordnung der Anstalt gefährdet würde,
2. wenn die Weitergabe in Kenntnis ihres
Inhalts einen Straf- oder Bußgeldtatbe-
stand verwirklichen würde,
3. wenn sie grob unrichtige oder erheblich
entstellende Darstellungen von Anstalts-
verhältnissen enthalten,
4. wenn sie grobe Beleidigungen enthalten,
5. wenn sie die Eingliederung eines anderen Gefangenen gefährden können oder

6. wenn sie in Geheimschrift, unlesbar,
unverständlich oder ohne zwingenden
Grund in einer fremden Sprache abgefaßt
sind.
교도소장은 다음의 경우 서신을 압류할 수
있다.
1. 행형목적 또는 교도소의 안전이나 질서
를 위태롭게 할 경우,
2. 서신송부가 내용상 범죄나 질서위반금의
구성요건을 실현할 수 있는 경우.
3. 서신이 교도소의 제반사정에 관하여 현
저히 부당하거나 심히 왜곡된 표현을 하는
경우,
4. 서신이 심한 모욕을 포함한 경우,
5. 서신이 다른 수형자의 사회복귀를 위태
롭게 할 수 있는 경우,
6. 서신이 암호로 되어 읽기 어렵고 이해할
수 없거나 뚜렷한 이유없이 외국어로 작성
된 경우.

Anhang HGB 284 부속명세서.
(1) In den Anhang sind diejenigen Angaben aufzunehmen, die zu den einzelnen
Posten der Bilanz oder der Gewinn- und
Verlustrechnung vorgeschrieben oder die
im Anhang zu machen sind, weil sie in
Ausübung eines Wahlrechts nicht in die
Bilanz oder in die Gewinn- und Verlustrechnung aufgenommen wurden.
부속명세서에는 대차대조표 또는 손익계산
서의 개별항목에 관하여 규정된 사항 또는
선택권의 행사에서 대차대조표 또는 손익
계산서에 포함되지 않음으로 하여 부속명
세서에 기재되어야 하는 사항이 포함되어
야 한다.

Anhängigkeit des anderen Verfahren
StPO 154e 타 절차에의 종속성.
→ Absehen von der Verfolgung bei
falscher Verdächtigung oder Beleidigung
(무고죄나 모욕죄의 경우에 공소제기의 중
지).

Anhörung der Beteiligten StPO 33
관계인의 진술청취.
(1) Eine Entscheidung des Gerichts, die
im Laufe einer Hauptverhandlung ergeht,

wird nach Anhörung der Beteiligten erlassen.
공판절차 중에 행하여지는 재판은 관계인의
진술청취후에 이를 행한다.
(2) Eine Entscheidung des Gerichts, die
außerhalb einer Hauptverhandlung ergeht,
wird nach schriftlicher oder mündlicher
Erklärung der Staatsanwaltschaft erlassen.
공판외에서 행하여지는 법원의 재판은 검사
의 서면 또는 구두의 의사표시에 따라 이를
행한다.
Befugten zu hören. 자격있는 자의 진술을
듣다. (StPO 432)
→ Gehör (청문).
→ Nachträgliche Anhörung des Beschwerdegegners (피항고인의 추가의 진술청취).

Anhörung im Einziehungsbeteiligten
StPO 432 몰수참가인의 진술청취.
Ergeben sich im vorbereitenden Verfahren
Anhaltspunkte dafür, daß jemand als Ein-
ziehungsbeteiligter in Betracht kommt, so
ist er zu hören, wenn dies ausführbar
erscheint.
소송준비절차에서 몰수참가인이 고려되는
경우, 가능하다면 그의 진술을 청취하여야
한다.

Anhörungsverfahren VwVfG 73
청문절차 (진술청취절차).
(1) Der Träger des Vorhabens hat den
Plan der Anhörungsbehörde zur Durchführung des Anhörungsverfahrens einzureichen.
사업주체는 청문행정청에 청문절차의 시행
을 위하여 계획서를 제출하여야 한다.
→ Rechtliche Gehör (청문).

Animus auctoris 정범의사.

Animus-Formel 의사공식.
행위를 자기의 것으로 정범의사와, 범행을
남의 것으로 하는 공범의사에 따라 정범과
공범을 구분하는 공식.

Animus socii 공범의사.

Anklage(~schrift) StPO 200(2) 공소(장).
(2) In der Anklageschrift wird auch das
wesentliche Ergebnis der Ermittlungen dar-
gestellt. Davon kann abgesehen werden,
wenn Anklage beim Strafrichter erhoben
wird.
공소장에는 수사의 주요한 결과도 기재된
다. 형사판사에게 공소가 제기된 경우에는
이를 하지 아니할 수 있다.

Anklage vor dem Bundesverfassungs-gericht GG 61 연방헌법재판소에의 탄핵
소추.
(1) Der Bundestag oder der Bundesrat
können den Bundespräsidenten wegen
vorsätzlicher Verletzung des Grundgesetzes oder eines anderen Bundesgesetzes
vor dem Bundesverfassungsgericht an-
klagen. (GG 61)
연방하원이나 연방상원은 기본법이나 기타
연방법률의 고의적 침해를 이유로 연방대통
령을 연방헌법재판소에 탄핵소추할 수 있다.
(2) S.2 Durch einstweilige Anordnung
kann es nach der Erhebung der Anklage
bestimmen, daß er (Bundespräsident) an
der Ausübung seines Amtes verhindert ist
(GG 61(2)).
연방대통령의 탄핵소추후 가명령으로 연방
대통령의 직무수행을 정지시키는 결정을 할
수 있다.

Anklagebehörde StPO 152 기소관청,
공소청.
→ Staatsanwalt(schaft)(StA) 검사(검찰).

Anklageerhebung StPO 152 기소, 공소
의 제기.
(1) Zur Erhebung der öffentlichen Klage
ist die Staatsanwaltschaft berufen. 공소의
제기는 검사의 권한에 속한다.
* 이른바 기소독점이다(Anklagemonopol).
그 예외는 사인기소와 조세절차에서 나타난
다.

Anklageerhebung oder Verfahrensein-stellung StPO 170 공소의 제기 및 절차
의 정지.

(1) Bieten die Ermittlungen genügenden Anlaß zur Erhebung der öffentlichen Klage, so erhebt die Staatsanwaltschaft sie durch Einreichung einer Anklageschrift bei dem zuständigen Gericht.
수사에 의하여 공소의 제기에 충분한 조건이 발견되는 경우 검사는 공소장을 관할법원에 제출함으로써 공소를 제기한다.
(2) Andernfalls stellt die Staatsanwaltschaft das Verfahren ein.
그렇지 않은 경우 검사는 절차를 중지하여야 한다.

Anklagemonopol 기소독점.
→ Anklageerhebung (기소).

Anklageprinzip (Akkusationsprinzip) StPO 151 소추주의 (탄핵주의).
Die Eröffnung einer gerichtlichen Untersuchung ist durch die Erhebung einer Klage bedingt.
법원의 심리개시는 소의 제기를 전제로 한다.

Anklagesatz StPO 200, 243(3)
공소문(기소문) (Inhalt der Anklageschrift).
(1) Die Anklageschrift hat den Angeschuldigten, die Tat, die ihm zur Last gelegt wird, Zeit und Ort ihrer Begehung, die gesetzlichen Merkmale der Straftat und die anzuwendenden Strafvorschriften zu bezeichnen (Anklagesatz). In ihr sind ferner die Beweismittel, das Gericht, vor dem die Hauptverhandlung stattfinden soll, und der Verteidiger anzugeben. (200)
공소장에는 피고인, 피고인의 죄책되는 행위, 범행시간 및 장소, 범죄행위의 법적 표지 및 적용할 형벌규정을 적시하여야 한다. 나아가 증거방법, 공판이 행해질 법원, 변호인도 기재되어야 한다.

Anklageschrift StPO 199 공소장.
(2) Die Anklageschrift enthält den Antrag, das Hauptverfahren zu eröffnen. Mit ihr werden die Akten denn Gericht vorgelegt.
공소장에는 공판절차의 개시의 청구가 포함

된다. 기록은 공소장과 같이 법원에 제출된다. → Anklagesatz (공소문).

Anlage von Mietsicherheiten
BGB 551(3) 임대차보증금의 예치.
(3) Der Vermieter hat eine ihm als Sicherheit überlassene Geldsumme bei einem Kreditinstitut zu dem für Spareinlagen mit dreimonatiger Kündigungsfrist üblichen Zinssatz anzulegen.
임대인은 그에게 보증금(담보금)으로서 인도된 금액을, 3개월 해지기간의 저축예금에 통상적인 이율로 하여 금융기관에 예치하여야 한다.

Anlagenhaftung HaftPflG 2 시설책임.
S.2 Das gleiche gilt, wenn der Schaden, ohne auf den Wirkungen der Elektrizität, der Gase, Dämpfe oder Flüssigkeiten zu beruhen, auf das Vorhandensein einer solchen Anlage zurückzuführen ist, es sei denn, daß sich diese zur Zeit der Schadensverursachung in ordnungsmäßigem Zustand befand. Ordnungsmäßig ist eine Anlage, solange sie den anerkannten Regeln der Technik entspricht und unversehrt ist.
손해가 전기, 가스, 증기 또는 액체의 작용에 근거하지 않고 그러한 시설의 존재에 기인하는 때에도 이와 동일하다(손해배상의무). 단 손해의 야기시에 시설이 정상적인 운영상태에 있었을 때에는 그러하지 아니하다. 여기서 정상적이라함은 인정된 기술법칙에 해당하고 안전한 경우를 말한다.

Anlagevermögen AktG 270(2); HGB 266 (2) A; 고정자산.
(2) S.3 Vermögensgegenstände des Anlagevermögens sind jedoch wie Umlaufvermögen zu bewerten. (AktG 270).
고정자산의 재산목적물은 유동자산과 같이 평가되어야 한다.

Anleitung zu Straftaten StGB 130a 범죄위협에 의한 공공평화교란행위지도죄.
(1) Wer eine Schrift, die geeignet ist, als Anleitung zu einer in § 126 Abs. 1 ge-

nannten rechtswidrigen Tat zu dienen, und nach ihrem Inhalt bestimmt ist, die Bereitschaft anderer zu fördern oder zu wecken, eine solche Tat zu begehen, verbreitet, öffentlich ausstellt, anschlägt, vorführt oder sonst zugänglich macht, wird mit Freiheitsstrafe bis zu drei Jahren oder mit Geldstrafe bestraft.
제126조 제1항에 (Störung des öffentlichen Friedens durch Androhung von Straftaten: 범죄위협에 의한 공공평화교란죄) 열거된 위법행위의 지도에 기여하고 그 내용이 이러한 범죄의 수행을 위한 타인의 준비를 조장 또는 각성하는 데에 적합한 문서를 반포, 공연히 진열, 게시, 전시, 접근가능하게 하거나, 공연히 또는 집회에서 이를 유도하는 행위는 3년 이하의 자유형 또는 벌금형에 처한다.

Annahme 승낙, 인수.
Die verspätete Annahme eines Antrags gilt als neuer Antrag. (BGB 150)
청약에 대하여 연착한 승낙은 새로운 청약으로 본다.
(1) Die Annahme muß unbedingt sein; der Bezogene kann sie aber auf einen Teil der Wechselsumme beschränken (WG 26).
인수는 무조건이어야 한다. 지급인은 인수를 어음금액의 일부에 제한할 수 있다.

Annahme als Kind BGB 1741 입양.
(1) Die Annahme als Kind ist zulässig, wenn sie dem Wohl des Kindes dient und zu erwarten ist, dass zwischen dem Annehmenden und dem Kind ein Eltern-Kind-Verhältnis entsteht.
입양은 아동의 건강에 기여하는 경우, 입양자와 아동과의 사이에 부모-자-관계가 존재하는 것으로 기대할 수 있는 경우에만 허용된다.

Annahme an Erfüllungs statt BGB 364 대물변제의 수령.
(1) Das Schuldverhältnis erlischt, wenn der Gläubiger eine andere als die geschuldete Leistung an Erfüllungs statt annimmt.

채권자가 이행에 갈음하여 부담된 급부와 다른 것을 수령하는 때에도 채무관계는 소멸한다.

Annahme der Berufung StPO 313 항소인용(허가) (Berufungsannahme).
Ist der Angeklagte zu einer Geldstrafe von nicht mehr als fünfzehn Tagessätzen verurteilt worden, beträgt im Falle einer Verwarnung die vorbehaltene Strafe nicht mehr als fünfzehn Tagessätze oder ist eine Verurteilung zu einer Geldbuße erfolgt, so ist die Berufung nur zulässig, wenn sie angenommen wird.
피고인에게 15일수 이하의 벌금형을 부과하는 유죄판결이 내려진 경우, 형유보부경고에 있어 유보된 형이 15일수 이하의 벌금형인 경우 또는 질서위반금의 유죄판결이 내려진 경우에 항소는 인용되는 경우에만 이를 허용한다.
(Entscheidung über die Annahme einer Berufung StPO 322a)
Über die Annahme einer Berufung (§ 313) entscheidet das Berufungsgericht durch Beschluß.
항소인용에 관하여는 항소법원이 결정으로 인용한다.

Annahme der Erbschaft BGB 1957 상속의 승인 (Wirkung der Anfechtung: 취소의 효과).
(1) Die Anfechtung der Annahme gilt als Ausschlagung, die Anfechtung der Ausschlagung gilt als Annahme.
승인의 취소는 포기로 보며, 포기의 취소는 승인으로 본다.

Annahme der Verfassungsbeschwerde BVerfGG 93a 헌법소원의 수리.
(1) Die Verfassungsbeschwerde bedarf der Annahme zur Entscheidung.
헌법소원은 재판을 위한 수리를 필요로 한다.
(2) Sie ist zur Entscheidung anzunehmen,
a) soweit ihr grundsätzliche verfassungsrechtliche Bedeutung zukommt,
b) wenn es zur Durchsetzung der in § 90 Abs. 1 genannten Rechte angezeigt ist;

dies kann auch der Fall sein, wenn dem Beschwerdeführer durch die Versagung der Entscheidung zur Sache ein besonders schwerer Nachteil entsteht.
헌법소원이 다음 각호에 해당하는 경우에는 재판을 위하여 수리하여야 한다.
a) 기본적으로 헌법적 중요성이 있는 경우,
b) 제90조 제1항에 규정된 권리를 실행하기 위한 신청이 있는 경우; 소원청구인이 본안재판의 거부로 인하여 특히 불리하게 되는 경우.

Annahme des Erbietens StGB 30(2) 제의의 수락.
→ Sich-bereit-erklären (용의표명).

Annahmevermerk ScheckG 4 인수기재.
Ein auf den Scheck gesetzter Annahme-vermerk gilt als nicht geschrieben.
수표에 행하여진 인수의 기재는 이를 기재하지 않은 것과 같은 효력을 가진다.

Annahmeverzug (mora accipiendi) BGB 293 수령지체 (Gläubigerverzug 채권자지체).
Der Gläubiger kommt in Verzug, wenn er die ihm angebotene Leistung nicht annimmt.
채권자는 자기에게 제공된 급부를 수령하지 아니한 경우 지체에 빠진다.
↔ Schuldnerverzug (채무자지체).

Annehmen, fordern, sich versprechen
→ Vorteilsannahme (수뢰죄).

Anonymes und pseudonymes Werk
UrhG 66 익명 또는 가명저작물.
(1) Bei anonymen und pseudonymen Werken erlischt das Urheberrecht siebzig Jahre nach der Veröffentlichung.
Es erlischt jedoch bereits siebzig Jahre nach der Schaffung des Werkes, wenn das Werk innerhalb dieser Frist nicht veröffentlicht worden ist.
익명 또는 가명저작물의 경우 저작권은 공표 후 70년이 지나면 소멸한다. 당해 저작물이 위 기간 내에 공표되지 않는 경우 저작권은 창작 후 70년이 지난 경우 이미 소멸한다.

Anonymisieren BDSG 3(6) 익명화.
(6) Anonymisieren ist das Verändern personenbezogener Daten derart, dass die Einzelangaben über persönliche oder sachliche Verhältnisse nicht mehr oder nur mit einem unverhältnismäßig großen Aufwand an Zeit, Kosten und Arbeitskraft einer bestimmten oder bestimmbaren natürlichen Person zugeordnet werden können.
익명화는 인적 또는 물적 상황에 관련한 당해 개별적 명세가 특정된 또는 특정가능한 자연인에게 귀속될 수 없거나 또는 과다한 시간, 비용 및 노력에 의해서만 그에게 귀속될 수 있는 개인데이터의 변경을 말한다.

Anordnung besonderer Sicherungsmaß-nahmen StVollzG 91 특별안전조치의 명령.
Besondere Sicherungsmaßnahmen ordnet der Anstaltsleiter an. Bei Gefahr im Verzug können auch andere Bedienstete der Anstalt diese Maßnahmen vorläufig anordnen.
Die Entscheidung des Anstaltsleiters ist unverzüglich einzuholen.
특별안전조치는 교도소장이 지시한다. 긴급 시에는 교도소의 다른 교도관들도 이러한 조치를 임시로 지시할 수 있다. 이 경우에는 지체없이 교도소장의 결정을 얻어야 한다.

Anordnung der Beschlagnahme
StPO 98 압수명령.
Beschlagnahmen dürfen nur durch den Richter, bei Gefahr im Verzug auch durch die StA und ihre Hilfsbeamten (§152 GVG) angeordnet werden.
판사만이 압수를 명할 수 있으나 긴급한 경우에는 검사 및 그의 검찰보좌관도 이를 명할 수 있다.

Anordnung der Einziehung durch Straf-befehl StPO 438 약식명령에 의한 몰수명령. ← Einziehungsanordnung durch Straf-

befehl.
(1) Wird die Einziehung durch Strafbefehl angeordnet, so wird der Strafbefehl auch dem Einziehungsbeteiligten zugestellt.
약식명령에 의하여 몰수를 명하는 경우에는 약식명령을 몰수참가인에게도 송달해야 한다.

Anordnung der Klageerhebung
StPO 175 공소제기의 명령(결정).
→ Klageerzwingungsverfahren.

Anordnung des Berufsverbots
StGB 70 직업금지명령.
(1) Wird jemand wegen einer rechtswidrigen Tat, die er unter Mißbrauch seines Berufs oder Gewerbes oder unter grober Verletzung der mit ihnen verbundenen Pflichten begangen hat, verurteilt oder nur deshalb nicht verurteilt, weil seine Schuldunfähigkeit erwiesen oder nicht auszuschließen ist, so kann ihm das Gericht die Ausübung des Berufs, Berufszweiges, Gewerbes oder Gewerbezweiges für die Dauer vbe einem Jahr bis zu fünf Jahren verbieten, wenn die Gesamtwürdigung des Täters und der Tat die Gefahr erkennen läßt, daß er bei weiterer Ausübung des Berufs, Berufszweiges, Gewerbes oder Gewerbezweiges erhebliche rechtswidrige Taten der bezeichneten Art begehen wird.
직업 또는 영업행위를 남용하거나 이와 관련된 의무를 현저히 위반한 행위로 유죄판결을 받은 경우 또는 그 책임무능력이 입증되거나 책임무능력을 배제할 수 없다는 이유만으로 형의 선고를 받지 아니한 경우, 법원은 행위자와 범죄행위를 종합적으로 평가하여 볼 때 그가 계속적으로 직업, 직업부류, 영업 또는 영업부류를 수행할 시 중대한 위법행위를 범할 위험이 있다고 인정되는 때에는 1년 이상 5년 이하의 범위내에서 직업, 직업부류, 영업 또는 영업부류의 수행을 금지할 수 있다.

Anordnung einer behördlichen Verwahrung IfSG 30(2); StGB 343 Nr.1 관청의

(수용-)유치명령.
전염병예방법(IfSG §30 II)의 강제격리수용에 의한 수용유치명령.
(2) Kommt der Betroffene den seine Absonderung betreffenden Anordnungen nicht nach oder ist nach seinem bisherigen Verhalten anzunehmen, dass er solchen Anordnungen nicht ausreichend Folge leisten wird, so ist er zwangsweise durch Unterbringung in einem abgeschlossenen Krankenhaus oder einem abgeschlossenen Teil eines Krankenhauses abzusondern.
전염관련자가 격리명령에 따르지 않거나 그의 행태로 보아 격리명령만으로 충분한 효과를 얻을 수 없는 경우에는 강제적으로 폐쇄된 병원이나 병원의 폐쇄시설에의 수용을 통해서 그를 격리할 수 있다(구 전염병예방법(BSeuenG §37 II)과 구 성병예방법(GeschlkrG §18 II).

Anordnung und Aufhebung der Beschlagnahme von periodischen Druckwerken
StPO 111n 정기간행물 압수명령과 취소 (Anordnungsbefugnis).
(1) Die Beschlagnahme eines periodischen Druckwerks oder eines ihm gleichstehenden Gegenstandes im Sinne des §74d des Strafgesetzbuches darf nur durch den Richter angeordnet werden.
정기간행물 또는 형법 제74d조(→ Einziehung von Schriften und Unbrauchbarmachung 문서의 몰수 및 사용불능)에 규정된 이와 동일한 물건의 압수는 판사만이 이를 명할 수 있다.
(2) Die Beschlagnahme ist aufzuheben, wenn nicht binnen zwei Monaten die öffentliche Klage erhoben oder die selbständige Einziehung beantragt ist.
2개월 이내에 공소가 제기되지 아니하거나 독립몰수가 신청된 때에는 압수는 취소된다.

Anordnung und Ausführung von Durchsuchung StPO 105 수색의 명령과 집행 (Anordnungsbefugnis)
(1) Durchsuchungen dürfen nur durch den Richter, bei Gefahr im Verzug auch durch die Staatsanwaltscenft und ihre Hrffs-

beamten (§ 152 des Gerichtsverfassungsgesetzes)
angeordnet werden.
수색은 판사만이 이를 명할 수 있으며, 긴
급한 경우에는 검사 및 그의 검찰보좌관(법
원조직법 제152조)도 이를 명할 수 있다.

Anpreisung → Invitation ad offerendum
(청약의 유인).

Anrechnung StGB 51 산입.
(1) Hat der Verurteilte aus Anlaß einer
Tat, die Gegenstand des Verfahrens ist
oder gewesen ist, Untersuchungshaft oder
eine andere Freiheitsentziehung erlitten, so
wird sie auf zeitige Freiheitsstrafe und
auf Geldstrafe angerechnet.
형의 선고를 받은 자가 소송절차의 대상이
거나 대상이었던 범죄를 연유로 미결구금
또는 기타 자유박탈을 받은 경우에는 이 미
결구금 또는 자유박탈은 유기자유형 및 벌
금형에 산입된다.
* 이른바 절차통일의 원칙(Grund der Ver-
fahrenseinheit)이다.
→ Anzurechnende Zeit. (산입되어야 할 기간).

**Anrechnung der Leistung auf mehrere
Forderungen** BGB 366 수개의 채무에
대한 변제충당.
(1) Ist der Schuldner dem Gläubiger aus
mehreren Schuldverhältnissen zu gleich-
artigen Leistungen verpflichtet und reicht
das von ihm Geleistete nicht zur Tilgung
sämtlicher Schulden aus, so wird diejenige Schuld getilgt, welche er bei der
Leistung bestimmt.
채무자가 채권자에 대하여 수개의 채권관계
에 기하여 동종의 급부를 할 의무를 지고,
그 급부가 전체의 채무를 소멸시키기 충분
하지 않은 경우에는 채무자가 급부에 있어
서 지정한 채무가 소멸된다.

**Anrechnung des Aufenthalts in einer
Krankenanstalt** StPO 461 병원체류기간
의 산입.
(1) Ist der Verurteilte nach Beginn der
Strafvollstreckung wegen Krankheit in eine

von der Strafanstalt getrennte Krankenanstalt gebracht worden, so ist die Dauer
des Aufenthalts in der Krankenanstalt in die
Strafzeit einzurechnen, wenn nicht der
Verurteilte mit der Absicht, die Strafvollstreckung zu unterbrechen, die Krankheit
herbeigeführt hat.
형의 선고를 받은 자가 형집행의 개시후 질
병으로 인하여 행형시설과 분리된 병원에
수용된 경우에, 형의 선고를 받은 자가 형
집행을 중지한 목적으로 질병을 초래하지
아니한 때에는 병원에서의 체류기간은 형기
에 산입되어야 한다.

**Anrechnung einer im Ausland erlitte-
nen Freiheitsentziehung** StPO 450a
외국에서 받은 자유박탈의 산입.
(1) Auf die zu vollstreckende Freiheitsstrafe ist auch die im Ausland erlittene
Freiheitsentziehung anzurechnen, die der
Verurteilte in einem Auslieferungsver-
fahren zum Zwecke der Strafvollstrek-
kung erlitten hat.
형의 선고를 받은 자가 범죄인도절차상 형
집행의 목적을 위해 외국에서 받은 자유박
탈도 집행할 자유형에 산입되어야 한다.

Anrechnung von Teilbeträgen
StPO 459b 분납액의 산입.
Teilbeträge werden, wenn der Verurteilte
bei der Zahlung keine Bestimmung trifft,
zunächst auf die Geldstrafe, dann auf die
etwa angeordneten Nebenfolgen, die zu
einer Geldzahlung verpflichten, und zuletzt
auf die Kosten des Verfahrens angerechnet.
형의 선고를 받은 자가 납부에 있어 달리
지정하지 아니한 경우에는 분납액은 우선
벌금형, 그 다음에 금전납부의 의무를 내용
으로 하는 부대효과가 명하여진 경우에는
그 부대효과로, 그 다음에는 소송비용으로
산입한다.
→ Verrechnung von Teilbeträgen (분납액
의 충당).

Anregung StPO 257a 제의, 건의, 제안.
Anregung(제의)은 Antrag(신청)과는 달리

모든 사람이 관청에 할 수 있으며, 제의로 인해 사건에 대한 재판권은 발생하지 않는다. 하지만 예를 들어 Beweisanregung(증거제의)가 있으면 법원은 형사소송법 제244조 제2항에 의하여 이를 결정해야 한다.
→ Aufgabe des Beirat (자문위원회의 임무); Befugnis des Beirat (~의 권한).
→ Schriftliche Anträge und Anregungen (서면신청과 서면제의).

Ansammlung
→ Unerlaubte Ansammlung (불법집합죄).

Anscheinbeweis (추정증거, 표현증명)
= Beweis des ersten Anscheins (일응의 증명).
~ liegt vor, wenn ein Sachverhalt nach der Lebenserfahrung auf einen bestimmen (typischen) Verlauf hinweist.
~ 는 사태가 생활경험상 전형적인 경과를 나타낼 때 존재한다.

Anscheinsvollmacht 외관대리.
~ ist eine auf Schein gegründete Vertretungsmacht, die dann vorliegt, wenn der Vertretene das Handeln seines angeblichen Vertreters zwar nicht kannte, also auch nicht dulden konnte (Duldungsvollmacht), es aber bei pflichtgemäßer Sorgfalt hätte erkennen und verhindern können und müssen und der Geschäftsgegner nach Treu und Glauben annehmen durfte, der Vertretene kenne, dulde und billige das Handeln seines (Schein-) Vertreters.
~는 외관에 기초한 대리권으로 본인이 자칭대리인의 행위를 알 수 없었고 또한 용인할 수도 없었지만, 의무에 합당한 주의를 하였더라면 알 수 있었거나 또는 그 행위를 저지할 수 있었고, 또한 있어야 했던 경우에 성립하며, 거래상대방도 신의성실의 원칙에 따라서 본인이 (외관)대리인의 행위를 알고 있고 또한 용인 및 시인하고 있다고 생각할 수 있는 경우에 성립한다.
→ Duldungsvollmacht (용인대리).

Anschluß → Befugnis zum Anschluß.

Anschlußberufung ZPO 524 부대항소.
(1) Der Berufungsbeklagte kann sich der Berufung anschließen. Die Anschließung erfolgt durch Einreichung der Berufungsanschlussschrift bei dem Berufungsgericht.
피항소인은 부대항소를 할 수 있다. 부대항소는 항소법원에 대한 부대항소장의 제출에 의한다.

Anschlußerklärung StPO 396 (공소)참가의 의사표시.
(1) S.1 Die Anschlußerklärung ist bei dem Gericht schriftlich einzureichen.
공소참가의 의사표시는 법원에 서면으로 제출하여야 한다.
→ Einreichung (Einreichen) der Anschlußerklärung. 공소참가 의사표시의 제출.

Anschlußzeitpunkt (als Nebenkäger)
StPO 395 참가의 시점 (공소참가)
(4) Der Anschluß ist in jeder Lage des Verfahrens zulässig. Er kann nach ergangenem Urteil auch zur Einlegung von Rechtsmitteln geschehen.
이러한 참가는 절차의 모든 단계에서 허용된다. 판결의 선고 이후 상소의 제기를 위하여도 참가할 수 있다.

Anschwärzung UWG 14(a.F.) 신용훼손.
(1) Wer zu Zwecken des Wettbewerbes über das Erwerbsgeschäft eines anderen, über die Person des Inhabers oder Leiters des Geschäfts, über die Waren oder gewerblichen Leistungen eines anderen Tatsachen behauptet oder verbreitet, die geeignet sind, den Betrieb des Geschäfts oder den Kredit des Inhabers zu schädigen, ist, sofern die Tatsachen nicht erweislich wahr sind, dem Verletzten zum Ersatze des entstandenen Schadens verpflichtet.
경쟁의 목적으로 다른 사람의 영업행위, 영업의 소유자나 경영자의 인격, 다른 사람의 상품이나 영업적 급부에 관하여 영업 또는 소유자의 신용을 해치기에 적합한 사실을 주장하거나 유포하는 자는 그 사실이 진실

임을 입증을 하지 못하는 한, 피해자에게
발생한 손해를 배상할 의무를 진다.

Anspruch auf Benachrichtigung (über den
Fortgang des Verfahrens) StPO 287 통지
권 (절차의 경과에 대한 ~).
(1) Dem abwesenden Beschuldigten steht
ein Anspruch auf Benachrichtigung über
den Fortgang des Verfahrens nicht zu.
부재피의자는 절차의 경과에 대한 통지를
구하는 청구를 할 수 없다.

Anspruch der Abgeordneten GG 48
의원의 청구권.
(1) Wer sich um einen Sitz im Bundestage bewirbt, hat Anspruch auf den zur
Vorbereitung seiner Wahl erforderlichen
Urlaub.
연방하원에서 의석을 획득하고자 하는 자는
그의 선거준비에 필요한 휴가를 청구할 수
있다.
(2) Niemand darf gehindert werden, das
Amt eines Abgeordneten zu übernehmen
und auszuüben. Eine Kündigung oder
Entlassung aus diesem Grunde ist unzulässig.
누구든지 의원직의 취임과 행사를 방해받아
서는 안 된다. 이러한 사유로 인한 해고의
통지와 해고는 허용되지 아니한다.

Anspruch des Verletzten →
Vorrangige Befriedigung von Ansprüchen
des Verletzten.

Anspruch mittelbar Geschädigter
MEPolG 47; SHG 9(2) 간접피해자의 청구
권.
(1) Im Falle der Tötung sind im Rahmen
des §46 Absatz 5 die Kosten der Bestattung demjenigen auszugleichen, dem
die Verpflichtung obliegt, diese Kosten zu
tragen. (MEPolG 47)
살해의 경우 통일경찰법 모범안 제46조 제5
항의 범위내에서 매장비용을 부담할 의무를
가진 자에게 매장비용을 전보해주어야 한다.
(2) War der Getötete zur Zeit der Verletzung einem Dritten kraft Gesetzes unter-

haltspflichtig oder konnte er ihm unter-
haltspflichtig werden und ist dem Dritten
infolge der Tötung das Recht auf den
Unterhalt entzogen, so ist ihm der Schaden durch Entrichtung einer Geldrente
insoweit zu ersetzen, als der Getötete
während der mutmaßlichen Dauer seines
Lebens zur Gewährung des Unterhalts
verpflichtet gewesen wäre. (SHG 9)
사망자가 피해당시에 제삼자에 대하여 부양
의무를 지고 있거나 질 수 있었고, 그의 사
망의 결과로 제삼자의 부양받을 권리가 박
탈된 경우에는, 사망자의 추정 생존기간중
부양하였을 범위 안에서 그 제삼자에게 보
험금의 지급으로 손해를 배상하여야 한다.

Anspruchsgrund ZPO 304 청구원인.
Ist ein Anspruch nach Grund und Betrag
streitig, so kann das Gericht über den
Grund vorab entscheiden.
청구원인 내지 청구액에 관하여 다툼이 있
을 경우 법원은 먼저 청구원인에 관하여 재
판할 수 있다.

Anspruchshäufung ZPO 260
(소의) 객관적 병합.
Mehrere Ansprüche des Klägers gegen
denselben Beklagten können, auch wenn
sie auf verschiedenen Gründen beruhen, in
einer Klage verbunden werden, wenn für
sämtliche Ansprüche das Prozessgericht
zuständig und dieselbe Prozessart zulässig
ist.
동일한 피고에 대한 원고의 수개의 청구는
그것이 상이한 원인에 근거하여도 수소법원
이 전(全)청구에 대하여 관할권을 가지고
있고 또한 동종의 소송절차에 의한 경우에
는 일개의 소로 병합할 수 있다.

Anstalt des offenen Vollzugs
StVollzG 10 개방집행시설(개방교도소).
Anstalt oder Abteilung des offenen Voll-
zuges → Offener Vollzug (개방집행).

Anstalt des öffentlichen Rechts
BGB 89; StGB 203(1) Nr.4 영조물.
국고 및 공법상의 사단, 재단, 영조물에 대

하여 (auf den Fiskus sowie auf die Körperschaften, Stiftungen und Anstalten des öffentlichen Rechts).

Anstaltskleidung StVollzG 20 수의 (囚衣: 복장).
(1) Der Gefangene trägt Anstaltskleidung. Für die Freizeit erhält er eine besondere Oberbekleidung.
수형자는 수의를 착용한다. 자유시간에는 특별한 상의를 갖는다.

Anstaltskrankenhaus StVollzG 65 교도소 의무실.
(2) Kann die Krankheit eines Gefangenen in einer Vollzugsanstalt oder einem Anstaltskrankenhaus nicht erkannt oder behandelt werden oder ist es nicht möglich, den Gefangenen rechtzeitig in ein Anstaltskrankenhaus zu verlegen, ist dieser in ein Krankenhaus außerhalb des Vollzuges zu bringen.
수형자의 질병이 교도소 또는 교도소 의무실에서 발견 또는 치료될 수 없는 경우 또는 그 수형자를 적시에 교도소 의무실로 이송하는 것이 불가능한 경우에는 이 수형자는 교도소 외부의 병원으로 보내져야 한다.

Anstaltsleiter StVollzG 156 교도소장, 행형(교정)시설의 장.
(2) Der anstaltsleiter vertritt die Anstalt nach außen. Er trägt die Verantwortung für den gesamten Vollzug.
교도소장은 대외적으로 행형시설을 대표하며, 전체의 집행업무에 대한 책임을 진다.

Anstaltsverpflegung StVollzG 21 교도소 급식.
Zusammensetzung und Nährwert der Anstaltsverpflegung werden ärztlich überwacht. Auf ärztliche Anordnung wird besondere Verpflegung gewährt. Dem Gefangenen ist zu ermöglichen, Speisevorschriften seiner Religionsgemeindschaft zu befolgen.
교도소급식의 내용과 영양가는 의사의 감독을 받는다. 의사의 지시로 특별급식이 제공

된다. 수형자에게 그의 종교집단의 식사규칙을 준수할 수 있도록 한다.

Anstiftung; Anstifter StGB 26 교사; 교사범.
Als Anstifter wird gleich einem Täter bestraft, wer vorsätzlich einen anderen zu dessen vorsätzlich begangener rechtswidriger Tat bestimmt hat.
고의로 다른 사람을 교사하여 고의적인 위법행위를 하도록 한 자는 교사범으로서 정범과 동일하게 처벌된다.

Anstiftung zum Versuch 미수의 교사.
Von der versuchten (erfolglosen) Anstiftung am Haupttäter ist die (insofern erfolgreiche) strafbare Anstiftung zum Versuch des Haupttäters zu unterscheiden.
주행위자에 대한 교사의 미수(기도된 교사; 효과없는 교사)와 가벌적인 (효과있는) 미수의 교사는 구별되어야 한다.
→ Versuch der Beteiligung (참여의 미수)
→ Agent Provocateur (아쟝 프로보카퇴르).

Antinomie 이율배반; 모순.
Eine Antinomie ist eine spezielle Art des logischen Widerspruchs, bei der die zueinander in Widerspruch stehenden Aussagen gleichermaßen gut begründet oder bewiesen sind.
~ 상호모순되는 언명이 동일할 정도로 잘 성립하거나 증명되는 논리적 모순의 특별한 종류.

Antrag 청약, 청구, 신청, 고소, 동의(動議).
Wer einem anderen die Schließung eines Vertrags anträgt, ist an den Antrag gebunden, es sei denn, dass er die Gebundenheit ausgeschlossen hat (BGB 145).
타인에게 계약의 체결을 청약하는 자는 그 청약에 구속된다. ↔ Annahme (승낙).

Antrag auf Wiederaufnahme des Verfahren StPO 406c 재심청구.
(1) Den Antrag auf Wiederaufnahme des Verfahrens kann der Angeklagte darauf beschränken, eine wesentlich andere Ent-

scheidung über den Anspruch herbeizu-führen.

피고인의 재심청구는 청구권과는 본질적으로 다른 내용의 재판을 얻기 위한 목적에 제한될 수 있다.

Antrag bei Vorlegung der Urkunde durch Gegner ZPO 424 상대방의 문서에 대한 제출신청 (문서제출신청).

Der Antrag soll enthalten:

1. die Bezeichnung der Urkunde;

2. die Bezeichnung der Tatsachen, die durch die Urkunde bewiesen werden sollen;

3. die möglichst vollständige Bezeichnung des Inhalts der Urkunde;

4. die Angabe der Umstände, auf welche die Behauptung sich stützt, dass die Urkunde sich in dem Besitz des Gegners befindet;

5. die Bezeichnung des Grundes, der die Verpflichtung zur Vorlegung der Urkunde ergibt. Der Grund ist glaubhaft zu machen.

신청에는 다음 각호의 사항을 기재하여야 한다.

1. 문서의 표시,

2. 문서로 증명할 사실의 표시,

3. 문서내용에 대한 최대한의 완전한 표시,

4. 문서를 상대방이 소지하고 있다는 주장의 근거사실에 대한 기재,

5. 문서제출의무의 원인의 표시. 이 원인은 소명되어야 한다.

Antrag des Beschuldigten zur Erhebung von Entlastungsbeweisen (피의자의 면책증거조사의 신청).

→ Beweisantrag des Beschuldigten (피의자의 증거신청).

Antrag des Dienstvorgesetzten StGB 77a 상관의 고소.

(1) Ist die Tat von einem Amtsträger, einem für den öffentlichen Dienst besonders Verpflichteten oder einem Soldaten der Bundeswehr oder gegen ihn begangen und auf Antrag des Dienstvorgesetzten verfolgbar, so ist derjenige Dienstvorge-setzte antragsberechtigt, dem der Betreffende zur Zeit der Tat unterstellt war.

범죄행위가 공무수행자, 특별한 공무의무자 또는 연방군의 군인에 의하여 또는 이들을 대상으로 행하여지고, 상관의 고소가 있어야 형사소추 될 수 있는 때에는 행위 당시 당사자가 소속된 각 직무상 상관이 고소권을 가진다.

Antragsberechtigte StGB 77 고소권자; StPO 118b 신청권자(구속심사와 구두변론의).

(1) Ist die Tat nur auf Antrag verfolgbar, so kann, soweit das Gesetz nichts anderes bestimmt, der Verletzte den Antrag stellen.

고소가 있어야만 형사소추될 수 있는 범죄는 법률에 특별한 규정이 없는 한 범죄의 피해자가 고소를 제기할 수 있다.

Antragsdelikt und vorläufige Festnahme StPO 127(3) 친고죄와 가체포.

(3) Ist eine Straftat nur auf Antrag verfolgbar, so ist die vorläufige Festnahme auch dann zulässig, wenn ein Antrag noch nicht gestellt ist.

고소에 의하여서만 형사소추될 수 있는 범죄행위의 경우에 고소가 아직 제기되지 아니한 때에도 가체포할 수 있다.

→ Offizialdelikt (비친고죄).

Antragsfrist StGB 77b 고소기간; StVollzG 112 신청기간.

(1) Eine Tat, die nur auf Antrag verfolgbar ist, wird nicht verfolgt, wenn der Antragsberechtigte es unterläßt, den Antrag bis zum Ablauf einer Frist von drei Monaten zu stellen.

고소가 있어야만 형사소추될 수 있는 범죄는 고소권자가 3개월의 기간을 경과하기 이전까지 고소하지 아니한 때에는 이를 형사소추할 수 없다.

Antragsgegner 피고소인, 피신청인, 피청구인. ↔ Antragsteller.

Antragsteller StPO 171 고소인; 신청인; 청구인.

Antragsteller und Antragsgegner können nur sein: der Bundespräsident, der Bundestag, der Bundesrat, die Bundesregierung und die im Grundgestag,oder in den deschäftsordnungen des Bundestages und des Bundesrates mr Beigenen Rechten ausgestatteten Teile dieser Organe. (BVerfGG 63)
청구인과 피청구인은 연방대통령, 연방하원, 연방상원, 연방정부 및 헌법이나 연방하원과 연방상원의 의사규칙에서 고유의 권한이 부여되어 있는 이들 기관의 부분들에 한한다.

Antragstellung StPO 404 신청.
Der Antrag, durch den der Anspruch geltend gemacht wird, kann schriftlich oder mündlich zur Niederschriften des Urkundsbeamten, in der Hauptverhandlung auch mündlich bis zum Beginn der Schlußvorträge gestellt werden.
청구권을 주장하는 (피해자의) 신청은 서면 또는 구술로 서기관의 조서에 기록하게 함으로써 할 수 있으며, 공판에서는 최후진술의 개시 이전까지 구술로 할 수 있다.

Antragsverwerfung StPO 174 청구기각.
(1) Ergibt sich kein genügender Anlaß zur Erhebung der öffentlichen Klage, so verwirft das Gericht den Antrag und setzt den Antragsteller, die Staatsanwaltschaft und den Beschuldigten von der Verwerfung in Kenntnis.
공소제기를 위한 충분한 이유가 없는 경우에는 법원은 이 청구를 기각하고 고소인, 검사 및 피의자에게 이를 알린다.

Anwaltlicher Beistand StPO 68b 변호사의 조력.
Zeugen, die noch keinen anwaltlichen Beistand haben, kann für die Dauer der Vernehmung mit ZVetimmung der Staatsanwaltschaft ein auer sanwalt beigeordnet werden, wenn ersichtlich ist, daß sie ihre Befugnisse bei der Vernehmung nicht selbst wahrnehmen können und ihren schutzwürdigen Interessen auf andere Weise nicht Rechnung getragen werden

kann.
여전히 변호사의 조력을 받지 못해 신문시에 자신의 권한을 스스로 지킬 수 없고 그 보호가치있는 이익을 다른 방법으로는 고려할 수 없다고 보이는 증인에게는 신문기간 동안 검사의 동의를 얻어 변호사가 선임되게 할 수 있다.

Anwaltsgericht BRAO 92, 93 변호사법원.
변호사업무관련소송 및 변호사징계와 관련한 재판권은 (지방) 변호사회 내에 설치된 Anwaltsgericht (변호사법원), Anwaltsgerichtshof (변호사항소법원), Bundesgerichtshof in Anwaltssachen (연방대법원 변호사부)에서 행사된다.
(1) Für den Bezirk der Rechtsanwaltskammer wird ein Anwaltsgericht errichtet.
변호사회의 관할에 변호사법원이 설치된다.
(1) Das Anwaltsgericht wird mit der erforderlichen Anzahl von Vorsitzenden und weiteren Mitgliedern besetzt.
변호사법원은 의장과 그 이외의 필요한 수의 구성원으로 구성된다.

Anwaltsnotar BNotO 3(2) 변호사공증인.
(2) In den Gerichtsbezirken, in denen am 1. April 1961 das Amt des Notars nur im Nebenberuf ausgeübt worden ist, werden weiterhin ausschließlich Rechtsanwälte für die Dauer ihrer Zulassung bei einem bestimmten Gericht als Notare zu gleichzeitiger Amtsausübung neben dem Beruf des Rechtsanwalts bestellt (Anwaltsnotare).
1961.4.1.부로 공증인의 직무가 부업의 형태로 수행되었던 법원관할구역에서는 이후로는 변호사만이 일정한 법원에서 그 허가기간동안 변호사업 이외에 공증인으로서 업무수행을 병행하기 위하여 임명된다. → Hauptberuflicher Notar (직업적 공증인).

Anwaltsprozess ZPO 78 변호사소송.
(1) Vor den Landgerichten und Oberlandesgerichten müssen sich die Parteien durch einen Rechtsanwalt vertreten lassen

(Anwaltszwang).
주법원 및 주고등법원에 있어서는 당사자는 변호사로 하여금 대리하도록 하여야 한다 (변호사강제).
구법원의 특별한 부분인 가정법원에서는 변호사강제주의는 제한적으로 적용된다.

Anwaltssozietät BRAO 59a 변호사합동 사무소.
(1) Rechtsanwälte dürfen sich mit Mitgliedern einer Rechtsanwaltskammer und der Patentanwaltskammer, mit Steuerberatern, Steuerbevollmächtigten, Wirtschaftsprüfern und vereidigten Buchprüfern zur gemeinschaftlichen Berufsausübung im Rahmen der eigenen beruflichen Befugnisse verbinden.
변호사는 공동의 직업행사를 위해 자신의 직업적 권한의 범위에서 변호사회, 변리사회의 구성원 및 세무사, 세무대리사, 공인회계사, 선서회계사(장부검사사)와 연대할 수 있다.

Anwaltsvergleich ZPO 796a 변호사화해.
(1) Ein von Rechtsanwälten im Namen und mit Vollmacht der von ihnen vertretenen Parteien abgeschlossener Vergleich wird auf Antrag einer Partei für vollstreckbar erklärt, wenn sich der Schuldner darin der sofortigen Zwangsvollstreckung unterworfen hat und der Vergleich unter Angabe des Tages seines Zustandekommens bei einem Amtsgericht niedergelegt ist, bei dem eine der Parteien zur Zeit des Vergleichsabschlusses ihren allgemeinen Gerichtsstand hat.
변호사의 이름으로 또한 그를 대리하는 당사자의 대리권에 의하여 체결된 화해는 채무자가 즉시 강제집행을 받았고, 당사자의 일방이 화해체결시에 그들의 보통재판적을 가진 구법원에 화해성립의 날을 진술하고 그 화해가 기록된 때에는 일방 당사자의 신청에 의하여 집행가능한 것으로 선언된다.

Anwaltszwang → Anwaltsprozess.

Anwartschaft 기대; ~srecht 기대권.

~ ist im Zivilrecht zunächst nur die rein tatsächliche Aussicht auf einen künftigen Rechtserwerb, z.B. die Position des Ersatzerben.
민법에서 ~는 대체상속인의 지위와 같이 장래의 법적 취득에 대한 실제상의 가능성만을 말한다.

Anwendung der Zeugenvorschriften StPO 72 (감정인(Sachverständige)의) 증인규정의 적용.
Auf Sachverständige ist der sechste Abschnitt über Zeugen entsprechend anzuwenden.
증인에 관한 제6장의 규정은 감정인에게 준용한다.

Anwerben für fremden Wehrdienst StGB 109h 외국군병 모집죄.
(1) Wer zugunsten einer ausländischen Macht einen Deutschen zum Wehrdienst in einer militärischen oder militärähnlichen Einrichtung anwirbt oder ihren Werbern oder dem Wehrdienst einer solchen Einrichtung zuführt, wird mit Freiheitsstrafe von drei Monaten bis zu fünf Jahren bestraft.
외국을 위하여 군사시설 또는 준군사시설에 근무하도록 하기 위하여 독일인을 모병하거나 그 모병자 또는 그러한 시설의 근무에 수송한 자는 3개월 이상 5년 이하의 자유형에 처한다.

Anwesender BGB 147 대화자.
(1) Der einem Anwesenden gemachte Antrag kann nur sofort angenommen werden.
대화자에 행한 청약은 즉시에 의하여만 승낙할 수 있다.

Anwesenheit bei der Einnahme richterlichen Augenscheins StPO 168d 판사의 검증시 출석.
(1) Bei der Einnahme eines richterlichen Augenscheins ist der Staatsanwaltschaft, dem Beschuldigten und dem Verteidiger die Anwesenheit bei der Verhandlung gestattet.
판사의 검증에 있어 심리중 검사, 피의자

및 변호인에게 출석이 허용된다.

Anwesenheit bei der richterlichen Vernehmung StPO 168c 판사의 신문시에 참여.
(1) Bei der richterlichen Vernehmung des Beschuldigten ist der Staatsanwaltschaft und dem Verteidiger die Anwesenheit gestattet.
판사가 피의자를 신문할 때에는 검사와 변호인의 참여가 허용된다.

Anwesenheitsberechtigte → Vernehmung des Zeugen in Gegenwart der Anwesenheitsberechtigten (출석권자의 면전에서 이루어지는 증인신문).

Anwesenheitspflicht des Angeklagten StPO 231 피고인의 출석의무.
→ Entfernungsverbot (퇴정금지).

Anwesenheitsrecht StPO 168c 출석(참여)권. → Anwesenheit bei der richterlichen Vernehmung. (판사의 신문시에 참여).

Anzeichenbeweis → Indizienbeweis 정황증거 (간접증거).

Anzeige eines Richters StPO 30 판사의 신고.
Das für die Erledigung eines Ablehnungsgesuchs zuständige Gericht hat auch dann zu entscheiden, wenn ein solches Gesuch nicht angebracht ist, ein Richter aber von einem Verhältnis Anzeige macht, das seine Ablehnung rechtfertigen könnte, oder wenn aus anderer Veranlassung Zweifel darüber entstehen, ob ein Richter kraft Gesetzes ausgeschlossen ist.
기피신청을 처리하는 관할법원은 기피신청서가 제출되지 아니하였으나 어떤 판사가 자신의 기피가 정당함을 인정할 수 있는 내용을 신고하거나 또는 어떠한 연유로 판사가 법률상 제척되는지의 여부에 관하여 의문이 생기는 때에는 이를 결정하여야 한다.
주) 동규정이 의미하는 판사의 신고는 자신의 기피가 정당함을 인정할 수 있는 내용의 사실을 통지하는 것으로, 구규정 「Selbstanzeige」의 표제도 이러한 의미에 맞게 바뀌었다. 민사소송법 제48조의 회피(Selbstablehnung) 참조.

Anzeige über die Erwerbstätigkeit AO 138 영리활동에 대한 신고.
(1) Wer einen Betrieb der Land- und Forstwirtschaft, einen gewerblichen Betrieb oder eine Betriebstätte eröffnet, hat dies nach amtlich vorgeschriebenem Vordruck der Gemeinde mitzuteilen, in der der Betrieb oder die Betriebstätte eröffnet wird.
농림업, 영업 또는 사업소를 개시, 개설하는 자는 이를 공정서식용지로 사업이나 사업소가 개시, 개설되는 (기초)자치단체에 통지하여야 한다.

Anzeige von Steuerstraftaten AO 116 조세범죄의 고발.
(1) Gerichte und die Behörden von Bund, Ländern und kommunalen Trägern der öffentlichen Verwaltung, die nicht Finanzbehörden sind, haben Tatsachen, die sie dienstlich erfahren und die auf eine Steuerstraftat schließen lassen, dem Bundeszentralamt für Steuern oder, soweit bekannt, den für das Steuerstrafverfahren zuständigen Finanzbehörden mitzuteilen.
법원과 연방, 각주의 관청 및 재무관청을 제외한 자치단체의 공공행정 수행자는 이들 기관이 직무상 인지한 사실 및 조세범죄의 근거가 되는 사실을 연방중앙세무국 또는 조세범죄절차의 관할 재무관청에 통지하여야 한다.

Anzeigepflicht VVG 19 고지의무.
(1) Der Versicherungsnehmer hat bis zur Abgabe seiner Vertragserklärung die ihm bekannten Gefahrumstände, die für den Entschluss des Versicherers, den Vertrag mit dem vereinbarten Inhalt zu schließen, erheblich sind und nach denen der Versicherer in Textform gefragt hat, dem Versicherer anzuzeigen.

보험계약자는 계약체결에 당하여 보험자가 합의된 내용으로 계약체결을 하는 결정에 중요한 것으로 그가 알고 있는 위험사정을 계약의 의사표시를 할 때까지 보험자가 한 문면형식의 질문에 대하여 이를 보험자에 고지하여야 한다.

Anzurechnende Zeit StPO 450 산입되어야 할 기간.
(1) Auf die zu vollstreckende Freiheitsstrafe ist unverkürzt die Untersuchungshaft anzurechnen, die der Angeklagte erlitten hat, seit er auf Einlegung eines Rechtsmittels verzichtet oder das eingelegte Rechtsmittel zurückgenommen hat oder seitdem die Einlegungsfrist abgelaufen ist, ohne daß er eine Erklärung abgegeben hat.
피고인이 받은 미결구금은 피고인이 상소를 포기한 때로부터 또는 상소를 취하한 때로부터 또는 의사표지를 하지 아니하고 상소 제기기간이 만료된 때로부터 집행할 자유형에 단축없이 산입하여야 한다.
→ Anrechnung.

Anzuwendendes Recht EGBGB 18(6); 28 준거법 (Anwendbares Recht).
Das auf eine Unterhaltspflicht anzuwendende Recht 부양의무의 준거법; Mangels Rechtswahl anzuwendendes Recht 법선택이 없는 경우의 준거법.

AO → Abgabenordnung (조세기본법).

Apprehensionstheorie StGB 242 취득설 (절도죄의 기수시기).
* Wegnehmen ist Bruch fremden und Begründung neuen Gewahrsams (Apprehensionstheorie).
절취는 타인의 점유를 침해하여 새로운 점유를 성립시키는 것 (취득설).

Approbation BÄO 3 의사면허.
(1) Die Approbation als Arzt ist auf Antrag zu erteilen, wenn der Antragsteller
4. nach einem Studium der Medizin an einer wissenschaftlichen Hochschule von mindestens sechs Jahren, von denen mindestens acht, höchstens zwölf Monate auf eine praktische Ausbildung in Krankenhäusern oder geeigneten Einrichtungen der ärztlichen Krankenversorgung entfallen müssen, die ärztliche Prüfung im Geltungsbereich dieses Gesetzes bestanden hat,
의사면허는 다음 각호에 해당하는 자의 신청에 의하여 발급된다.
4. 최소 6년간 대학에서 의학 공부를 하고, 그 중 최소 8개월에서 최대 12개월 동안 병원이나 질병을 다루는 시설에서 실습을 거쳐야 하며, 본법의 적용범위에서 의사시험에 합격한 자.

Approbationsordnung für Apotheker AAppO 약사면허규정 (1989.7.19) (BGBl. I S. 1489).

AR → Allgemeines Register (일반사건등록부).

Arbeit auf Abruf TzBfG 12 호출근로 (소환근로, 수요에 따른 근로).
(1) Arbeitgeber und Arbeitnehmer können vereinbaren, dass der Arbeitnehmer seine Arbeitsleistung entsprechend dem Arbeitsanfall zu erbringen hat.
사용자와 근로자는 노동력의 급작호출에 따른 노무의 제공에 합의할 수 있다.
Die Vereinbarung muss eine bestimmte Dauer der wöchentlichen und täglichen Arbeitszeit festlegen.
이러한 합의에는 정해진 주당, 일일 근로시간이 확인되어야 한다.

Arbeiter BetrVG 6 (a.F.) 노동자 (육체직 근로자, 일반근로자).
(1) Arbeiter im Sinne dieses Gesetzes ist, wer überwiegend manuelle und mechanische Tätigkeiten ausübt.
Als Arbeiter gelten auch Beschäftigte, die sich in Ausbildung zu einem Arbeiterberuf befinden, sowie die in Heimarbeit Beschäftigten, die in der Hauptsache für den Betrieb Arbeitertätigkeit verrichten.

본법에서 노동자는 주로 수공의, 기계적 활동을 수행하는 자를 말한다.
노동자직업수련에 있는 자 및 주로 작업장을 위하여 노동하는 가내노동에 종사하는 자도 노동자이다.
→ Angestellter (사무원).
→ Arbeitnehmer (근로자).

Arbeiteraktie
→ Belegschaftsaktie (종업원지주).

Arbeitgeber KSchG 사용자.
↔ Arbeitnehmer (근로자).

Arbeitnehmer BetrVG 5; KSchG 19(2)
근로자.
(1) Arbeitnehmer (Arbeitnehmerinnen und Arbeitnehmer) im Sinne dieses Gesetzes sind Arbeiter und Angestellte einschließlich der zu ihrer Berufsausbildung Beschäftigten, unabhängig davon, ob sie im Betrieb, im Außendienst oder mit Telearbeit beschäftigt werden. (BetrVG 5)
본법의 근로자(남, 여)는 사업장, 외부근무 또는 원격(통신)근무에 종사하는 지의 여부에 관계없이 직업훈련교육에 있는 자를 포함한 노동자(→ Arbeiter)와 사무원(→ Angestellter)을 말한다.
(2) Der Arbeitgeber ist im Falle der Kurzarbeit berechtigt, Lohn oder Gehalt der mit verkürzter Arbeitszeit beschäftigten Arbeitnehmer entsprechend zu kürzen. (KSchG 19)
사용자는 조업단축의 경우에 단축된 근로시간으로 고용된 근로자의 임금 등을 삭감할 수 있다.

Arbeitnehmer-Entsendegesetz
AEntG 1 근로자송출법.
Gesetz über zwingende Arbeitsbedingungen bei grenzüberschreitenden Dienstleistungen 국경이동 근무에서의 강제적 근로조건에 관한 법 (1996.2.26. 제정) (BGBl. I S. 227).
(1) Die Rechtsnormen eines für allgemeinverbindlich erklärten Tarifvertrages des Bauhauptgewerbes oder des Baune

bengewerbes im Sinne des §§ 1 und 2 der Baubetriebe-Verordnung, die
1. die Mindestentgeltsätze einschließlich der Überstundensätze oder
2. die Dauer des Erholungsurlaubs, das Urlaubsentgelt oder ein zusätzliches Urlaubsgeld zum Gegenstand haben,
finden auch auf ein Arbeitsverhältnis zwischen einem Arbeitgeber mit Sitz im Ausland und seinem im räumlichen Geltungsbereich des Tarifvertrages beschäftigten Arbeitnehmer zwingend Anwendung.
건설작업장 시행령 제1조와 제2조의 의미에서 건설 주업종 또는 건설 부업종의 일반적 구속력이 있다고 선언된 단체협약의 법규범은
1. 초과시간요율을 포함한 최저임금요율,
2. 휴가기간, 휴가비 또는 추가휴가수당을 그 대상으로 하는 경우,
외국에 주소를 가진 사용자와 그의 단체협약의 지역적 적용범위에서 근무하는 근로자와의 사이에 근로관계에 적용된다.

Ein Arbeitgeber im Sinne des Satzes 1 ist verpflichtet, seinem im räumlichen Geltungsbereich eines Tarifvertrages nach Satz 1 beschäftigten Arbeitnehmer mindestens die in dem Tarifvertrag vorgeschriebenen Arbeitsbedingungen zu gewähren.
제1문의 사용자는 제1문에 따른 단체협약의 지역적 적용범위에서 근로하는 근로자에게 최소한 단체협약에 규정된 근로조건을 제공할 의무가 있다.
Dies gilt auch für einen unter den Geltungsbereich eines Tarifvertrages nach Satz 1 fallenden Arbeitgeber mit Sitz im Inland unabhängig davon, ob der Tarifvertrag kraft Tarifbindung nach § 3 des Tarifvertragsgesetzes oder aufgrund der Allgemeinverbindlicherklärung Anwendung findet.
단체협약이 단체협약법 제3조의 협약의 구속력에 의하여 또는 일반적 구속력에 의하여 적용되는지 여부에 관계없이 제1문에 따른 단체협약의 적용범위에서 해당하는 국내

에 주소를 둔 사용자에게도 해당된다.
→ Arbeitnehmerüberlassungsgesetz (근로자파견법).
→ Zwingende Arbeitsbedingung (강제근로조건).

Arbeitnehmerähnliche Person

TVG 12a 유사근로자.
(1) Die Vorschriften dieses Gesetzes gelten entsprechend
1. für Personen, die wirtschaftlich abhängig und vergleichbar einem Arbeitnehmer sozial schutzbedürftig sind (arbeitnehmerähnliche Personen), wenn sie auf Grund von Dienst- oder Werkverträgen für andere Personen tätig sind, die geschuldeten Leistungen persönlich und im wesentlichen ohne Mitarbeit von Arbeitnehmern erbringen und
경제적으로 종속되어 있고 비교가능하게 근로자에게 사회적 보호의 필요가 있는 자(유사근로자)로서 고용계약 또는 도급계약에 근거 타인을 위해 일하며, 채무급부를 개인적으로 그리고 본질적으로 근로자의 공동작업 없이 제공하고,
a) überwiegend für eine Person tätig sind oder
b) ihnen von einer Person im Durchschnitt mehr als die Hälfte des Entgelts zusteht, das ihnen für ihre Erwerbstätigkeit insgesamt zusteht.
a) 주로 1인을 위해 일하는 자, b) 평균하여 자신의 경제활동으로 인한 총임금의 절반 이상을 1인으로부터 지급받는 자에게는 본법(단체협약법)을 준용한다.
→ Vergleichbarer unbefristet beschäftigter Arbeitnehmer (비교가능한 무기간제 근로자).

Arbeitnehmererfindungsgesetz (Gesetz über Arbeitnehmererfindungen) ArbnErfG 1

근로자발명법. (2002.1.18) (BGBl. I S. 414)
Diesem Gesetz unterliegen die Erfindungen und technischen Verbesserungsvorschläge von Arbeitnehmern im privaten und im öffentlichen Dienst, von Beamten und Soldaten.

본법은 사적, 공적 근무의 근로자, 공무원, 군인에 의한 발명 및 기술적 개선제안에 적용된다.

Arbeitnehmerüberlassungsgesetz

AÜG 근로자파견법. (Gesetz zur Regelung der gewerbsmäßigen Arbeitnehmerüberlassung (1995.2.3.) (BGBl. I S. 158).
→ Leiharbeitnehmer (파견근로자).
→ Arbeitnehmer-Entsendegesetz (근로자송출법).

Arbeitsbeschaffung StVollzG 148 근로주선.

(1) Die Vollzugsbehörde soll im Zusammenwirken mit den Vereinigungen und Stellen des Arbeits- und Wirtschaftslebens dafür sorgen, daß jeder arbeitsfähige Gefangene wirtschaftlich ergiebige Arbeit ausüben kann, und dazu beitragen, daß er beruflich gefördert, beraten und vermittelt wird.
행형관청은 근로 및 경제단체 및 부서와 협력하여 모든 근로능력 있는 수형자가 경제적 소득이 있는 작업을 수행할 수 있도록 배려하고 수형자가 직업상의 지원, 자문 및 알선받을 수 있는데 기여한다.

Arbeitsbetrieb StVollzG 149 작업장.

(1) In den Anstalten sind die notwendigen Betriebe für die nach §37 Abs.2 zuzuweisenden Arbeiten sowie die erforderlichen Einrichtungen zur beruflichen Bildung (§ 37 Abs.3) und arbeitstherapeutischen Beschäftigung (§ 37 Abs.5) vorzusehen.
행형시설에는 제37조 제2항에 의거, 할당된 작업을 위한 필수적인 작업장 및 직업교육을 위한 필요시설(제37조 제3항)과 작업요법적인 작업(제37조 제5항)을 준비하여야 한다.

Arbeitseinkommen → Arbeitsentgelt und Arbeitseinkommen (급여와 급여소득).

Arbeitsentgelt 급여; 급료.

Das Arbeitsentgelt ist die Leistung, in der

Regel ein Geldbetrag, die ein Arbeitgeber einem Arbeitnehmer aufgrund eines zwischen den beiden geschlossenen Arbeitsvertrages schuldet.
급여는 일반적으로 양 당사자사이에 체결된 노동계약을 근거로 사용자가 노동자에게 부담하는 금액을 말한다.
* 공식적으로 사무직 노동자의 봉급(das Gehalt eines Angestellten)과 생산직 노동자의 노임(der Lohn eines Arbeiters)의 구분은 폐지되고, 양자를 포함하는 급여(Ar-rs)의 sentgelt)의 개념이 사용되고 있다. 하지만 여전히 매월 지급되는 급여는 Gehalt, 시간당 지급되는 급여는 Stundenlohn으로 흔히 사용된다. → Vergütung (보수).

Arbeitsentgelt für arbeitstherapeutische Beschäftigung StVollzVergO 3 작업요법적 노역에 대한 급료 (원칙적으로 1등급 기본급의 5%).

Arbeitsentgelt und Arbeitseinkommen 급여와 급여소득.
→ Jahresarbeitsverdienst (연간근로소득).

Arbeitsförderungsgesetz (AFG) 노동(고용)촉진법 (1969.6.25) (BGBl. I S. 582).
~은 노동촉진개혁법 (Gesetz zur Reform der Arbeitsförderung (Arbeitsförderungs-Reformgesetz: AFRG)(1997.3.24)으로, 다시 사회법전 제3권 – 노동촉진 – (Sozialgesetzbuch: SGB) Drittes Buch (III) – Arbeitsförderung –) (1997.3.24)(BGBl. I S. 594)으로 완전히 대체되었다.

Arbeitsgericht ArbGG 8 (지방)노동법원.
(1) Im ersten Rechtszug sind die Arbeitsgerichte zuständig.
노동법원의 제1심은 지방노동법원이 관할한다.
→ Landesarbeitsgericht (주(고등)노동법원).
→ Bundesarbeitsgericht (연방노동법원).

Arbeitsgerichtsgesetz ArbGG 1 노동법원법. (1979.7.2) (BGBl. I S. 853, 1036)

Die Gerichtsbarkeit in Arbeitssachen – §§ 2 bis 3 – wird ausgeübt durch die Arbeitsgerichte – §§ 14 bis 31 –, die Landesarbeitsgerichte – §§ 33 bis 39 – und das Bundesarbeitsgericht – §§ 40 bis 45 – (Gerichte für Arbeitssachen).
노동사건에 대한 재판권은 지방노동법원(제14-31조), 주(고등)노동법원 (제33-39조) 및 연방노동법원(제40-45조)에 의하여 행사된다 (노동사건 관할법원).

Arbeitskampf SGB 3 146 쟁의행위.
~ ist ein Kampf, den Arbeitgeber oder Arbeitgeberverbände und Arbeitnehmer oder Gewerkschaften gegeneinander um Löhne und sonstige Arbeitsbedingungen führen.
~ 는 사용자나 사용자단체 및 근로자나 노동조합이 서로 임금과 기타 노동조건을 위해 행하는 쟁의를 말한다.
(1) Durch die Leistung von Arbeitslosengeld darf nicht in Arbeitskämpfe eingegriffen werden (SGB 3 146)
실업수당의 급부에 의하여 쟁의행위에 개입하여서는 안된다.

Arbeitsleistung zu erbringen JGG 10(1) Nr.4 근로제공의 이행.

Arbeitslose SGB 3 16 실업자.
(1) Arbeitslose sind Personen, die wie beim Anspruch auf Arbeitslosengeld
1. vorübergehend nicht in einem Beschäftigungsverhältnis stehen,
2. eine versicherungspflichtige Beschäftigung suchen und dabei den Vermittlungsbemühungen der Agentur für Arbeit zur Verfügung stehen und
3. sich bei der Agentur für Arbeit arbeitslos gemeldet haben.
실업자는 실업급여의 청구시에 다음 각호에 해당하는 자를 말한다.
1. 일시적으로 고용관계에 놓여 있지 않은 자,
2. (고용)보험가입의무가 있는 일자리를 구하고 노동알선기관의 직업소개에 의존하는 자,

3. 노동알선기관에 실업임을 신고한 자.

Arbeitslosenversicherung SGB 3 24 고용·(실업)보험.
(1) In einem Versicherungspflichtverhältnis stehen Personen, die als Beschäftigte oder aus sonstigen Gründen versicherungspflichtig sind.
취업자 또는 기타 사유에 의하여 보험가입 의무가 있는 자는 보험가입의무관계에 있는 자이다.

Arbeitsmittel → Zerstörung wichtiger Arbeitsmittel (주요 작업수단의 파괴죄).

Arbeitspflicht StVollzG 175 작업의무.
Der Gefangene ist zu einer Arbeit, Beschäftigung oder Hilfstätigkeit nicht verpflichtet.
수형자에게 작업, 노역 또는 보조의 의무는 없다.

Arbeitsplatzteilung TzBfG 13 직무(일자리)분할(직무배분, 직무공유, 공동고용(job-sharing)).
(1) Arbeitgeber und Arbeitnehmer können vereinbaren, dass mehrere Arbeitnehmer sich die Arbeitszeit an einem Arbeitsplatz teilen (Arbeitsplatzteilung).
사용자와 근로자는 다수의 근로자가 하나의 일자리에 대한 근로시간을 분할하여 가지는 것에 대하여 합의할 수 있다.

Arbeitsrichter ArbGG 21 노동판사.
(1) Als ehrenamtliche Richter sind Arbeitnehmer und Arbeitgeber zu berufen, die das 25. Lebensjahr vollendet haben und im Bezirk des Arbeitsgerichts tätig sind oder wohnen.
명예법관은 지방노동법원의 관할구역 내에서 근로자 또는 사용자로 활동하거나 거주하고 있는 25세가 넘은 사람 중에서 임명한다.
→ Ehrenamtliche Richter (명예직 판사).

Arbeitstherapeutische Beschäftigung
StVollzG 37(5) 작업치료적 노역, 작업요법.
(5) Ist ein Gefangener zu wirtschaftlich ergiebiger Arbeit nicht fähig, soll er arbeitstherapeutisch beschäftigt werden.
수형자가 경제적으로 이익이 되는 작업을 할 수 없는 경우에는 수형자는 작업요법에 전념해야 한다.

Arbeitsunfall SGB 7 8 산업재해.
(1) Arbeitsunfälle sind Unfälle von Versicherten infolge einer den Versicherungsschutz nach § 2, 3 oder 6 begründenden Tätigkeit (versicherte Tätigkeit).
산업재해란 제2조 (법에 의한 보험), 제3조 (정관에 의한 보험) 또는 제6조(산재보험 임의가입)에 의한 보험보호를 근거하는 행위(피보험활동)로 인한 피보험자의 사고를 의미한다.

Arbeitsverhältnis MiArbG 15 근로관계.
Ist das Arbeitsverhältnis eines Arbeitnehmers durch Mindestarbeitsbedingungen geregelt, so gelten die §§ 13 und 14 entsprechend für sonstige Ansprüche aus dem Arbeitsverhältnis, die dem Arbeitnehmer auf Grund anderer gesetzlicher Vorschriften zustehen.
근로자의 근로관계가 최저근로조건으로 규정되는 경우 제13, 14조의 내용(상급노동관청의 최저근로조건 준수요구)은 다른 법규정에 의한 근로자의 근로관계에서 나오는 기타 청구사항에도 적용된다.

Arbeitsvertrag TzBfG 3 근로계약.
~ ist der Vertrag, durch den sich ein Arbeitnehmer gegenüber seinem Arbeitgeber zur entgeltlichen Arbeitsleistung verpflichtet. Der Arbeitsvertrag ist eine besondere Art des Dienstvertrags.
근로계약은 근로자가 사용자에 대하여 유상으로 노동급부를 제공할 의무를 가지는 계약이다. 근로계약은 고용계약의 특별한 종류에 해당한다.
→ Befristet beschäftigter Arbeitnehmer (기간제 근로자).

Arbeitszeit ArbZG 2 근로시간.

(1) Arbeitszeit im Sinne dieses Gesetzes ist die Zeit vom Beginn bis zum Ende der Arbeit ohne die Ruhepausen; Arbeitszeiten bei mehreren Arbeitgebern sind zusammenzurechnen.
근로시간법에서 제시된 근로시간의 개념은 중간휴식시간을 제외한 근로시작에서 종료까지의 시간을 말한다. 다수의 근로자가 있는 경우에 근로시간은 함께 계산한다.

Arbeitszeitgesetz ArbZG 1 근로시간법. (1994.6.6) (BGBl. I S. 1170, 1171)
Zweck des Gesetzes ist es,
1. die Sicherheit und den Gesundheitsschutz der Arbeitnehmer bei der Arbeitszeitgestaltung zu gewährleisten und die Rahmenbedingungen für flexible Arbeitszeiten zu verbessern sowie
2. den Sonntag und die staatlich anerkannten Feiertage als Tage der Arbeitsruhe und der seelischen Erhebung der Arbeitnehmer zu schützen.
본법의 목적은 1. 근로시간을 책정함에 있어서 근로자의 안전과 건강보호를 보장하고 유연한 노동시간을 위한 기본조건을 개선하며, 또한 2. 일요일과 국가의 법정휴일을 근로자의 근로휴식과 정신고양의 날로서 보호하는 데에 있다.

Arbeitszwang GG 12(2) 노동강요.
(2) Niemand darf zu einer bestimmten Arbeit gezwungen werden, außer im Rahmen einer herkömmlichen allgemeinen, für alle gleichen öffentlichen Dienstleistungspflicht.
누구에게도 종래부터 일반적으로 모든 사람에게 균등하게 부과된 공적 복무의무에 해당하는 것을 제외하고는 일정한 노동을 강요할 수 없다.
→ Verbot von Arbeitszwang und Zwangsarbeit (강제노역의 금지).

ArbGG → Arbeitsgerichtsgesetz (노동법원법).

ArbnErfG → Arbeitnehmererfindungsgesetz (근로자발명법).

ArbZG → Arbeitszeitgesetz (근로시간법).

Archivgut des Bundes BArchG 1 연방기록물.
Das Archivgut des Bundes ist durch das Bundesarchiv auf Dauer zu sichern, nutzbar zu machen und wissenschaftlich zu verwerten.
연방기록원은 연방기록물을 영구히 보전하고, 유용하게 하며, 학문적으로 이용하도록 해야 할 의무를 지닌다.
→ Bundesarchiv (연방기록원).

Argumentation 논증; 증거에 의한 논증 입증)은 Beweisführung.

Argumentum a maiore ad minus 대명제로부터 소명제의 추론 (논증).

Argmentum e contrario 반대추론(해석)
→ Umkehrschluß.

Armenrecht 소송구조
→ Prozesskostenhilfe (소송비용구조).

Arrest StPO 111d, 111f(3) 가압류.
→ Dinglicher Arrest (물적 가압류).
→ Strafarrest (징벌구금).

Arrestanspruch ZPO 916 가압류청구권.
Der Arrest findet zur Sicherung der Zwangsvollstreckung in das bewegliche oder unbewegliche Vermögen wegen einer Geldforderung oder wegen eines Anspruchs statt, der in eine Geldforderung übergehen kann.
가압류는 금전채권 또는 금전채권으로 변할 수 있는 청구권에 대하여 동산 또는 부동산에 대한 강제집행을 보전하기 위해 한다.

Arrestatorium ZPO 829 지급금지효.
(Pfändung einer Geldforderung: 금전채권의 압류)
(1) S.1 Soll eine Geldforderung gepfändet werden, so hat das Gericht dem Drittschuldner zu verbieten, an den Schuldner

zu zahlen.
금전채권을 압류할 때에는 법원은 제3채무자에게 채무자에 대한 지급을 금하여야 한다.
→ Inhibitorium (처분금지효).

Art der Protokollierung StPO 168a
조서작성의 방법 (Inhalt des Protokolls).
Das Protokoll muß Ort und Tag der Verhandlung sowie die Namen der mitwirkenden und beteilgten Personen angeben und ersehen lassen, ob die wesentlichen Förmlichkeiten des Verfahrens beobachtet sind.
조서에는 심리의 장소와 일자 및 참여 관계인의 성명이 기재되어야 하며, 절차의 중요한 형식이 준수되었는지를 알 수 있게 기재되어야 한다.
→ Protokollierung (조서작성).

Artenschutz BNatSchG 39 종의 보호.
(1) Die Vorschriften dieses Abschnitts dienen dem Schutz und der Pflege der wild lebenden Tier- und Pflanzenarten in ihrer natürlichen und historisch gewachsenen Vielfalt. Der Artenschutz umfasst
1. den Schutz der Tiere und Pflanzen und ihrer Lebensgemeinschaften vor Beeinträchtigungen durch den Menschen,
2. den Schutz, die Pflege, die Entwicklung und die Wiederherstellung der Biotope wild lebender Tier- und Pflanzenarten sowie die Gewährleistung ihrer sonstigen Lebensbedingungen,
3. die Ansiedlung von Tieren und Pflanzen verdrängter wild lebender Arten in geeigneten Biotopen innerhalb ihres natürlichen Verbreitungsgebiets.
본장의 규정(종의 보호)은 야생동식물의 종을 자연상태 및 종래의 다양한 모습으로 보호, 관리하는 데에 기여한다. 종의 보호는 다음 각호를 포함한다.
1. 야생 동식물 및 그들의 생태계를 인간의 침해로부터 보호하는 것,
2. 야생 동식물의 비오톱(생물소공간)을 보호, 관리, 발전, 복원하며 그 밖의 생존조건을 보장하는 것,

3. 생식지를 위협받는 야생동식물을 그들이 자연상태로 번식할 수 있는 지역내의 적절한 비오톱으로 이전하는 것.

Artikelgesetz (Änderungsgesetz, Omnibusgesetz) 조항법 (항목법, 조문법) (개정법, 종합법).
Innerhalb eines Artikel werden die Paragraphen des einzelnen Gesetzes oder nach Nummern geordnete Änderungen zu einzelnen Paragraphen aufgeführt.
조문내에 개별법의 조항 또는 번호별 개별 개정조항이 제시되어 있다.

Arzneimittelgesetz AMG 1 의약품법.
(Gesetz über den Verkehr mit Arzneimitteln)
Es ist der Zweck dieses Gesetzes, im Interesse einer ordnungsgemäßen Arzneimittelversorgung von Mensch und Tier für die Sicherheit im Verkehr mit Arzneimitteln, insbesondere für die Qualität, Wirksamkeit und Unbedenklichkeit der Arzneimittel nach Maßgabe der folgenden Vorschriften zu sorgen.
본법의 목적은 인간과 동물에 대한 의약품의 적법한 공급에 대하여 다음의 규정에 따라 의약품거래의 안전 특히 의약품의 질, 효능, 안전을 보장하는 데에 있다.

Ärztliche Behandlung zur sozialen Eingliederung StVollzG 63 사회복귀를 위한 의사의 진료.
Mit Zustimmung des Gefangenen soll die Vollzugsbehörde ärztliche Behandlung, namentlich Operationen oder prothetische Maßnahmen durchführen lassen, die seine soziale Eingliederung fördern.
수형자의 동의에 의하여 행형관청은 사회복귀를 증진시키는 의사의 진료, 특히 수술 또는 인공보조장구조치를 하도록 하여야 한다.

Ärztliche Pflichtverletzung bei einem Schwangerschaftsabbruch StGB 218c
낙태시 의사의 의무위반죄.
① 다음 각호에 해당하는 자는 그 행위가

제218조에 의하여 처벌되지 아니하는 때에는 1년 이하의 자유형 또는 벌금형에 처한다.

1. ohne der Frau Gelegenheit gegeben zu haben, ihm die Gründe für ihr Verlangen nach Abbruch der Schwangerschaft darzulegen, 임부에게 낙태요청 사유를 설명할 기회를 부여하지 아니하고 낙태한 자,

2. ohne die Schwangere über die Bedeutung des Eingriffs, insbesondere über Ablauf, Folgen, Risiken, mögliche physische und psychische Auswirkungen ärztlich beraten zu haben, 시술의 의미, 특히 그 과정, 결과, 위험, 가능한 정신적·신체적 작용 등에 관하여 임부와 의학적 상담을 하지 아니하고 낙태한 자,

3. ohne sich zuvor auf Grund ärztlicher Untersuchung von der Dauer der Schwangerschaft überzeugt zu haben oder 제218조의 a 제1항 및 제3항의 경우 사전에 의사의 진단에 기초하여 임신기간을 확인하지 아니하고 낙태한 자,

4. 제218조의a 제1항의 경우 제219조에 따라 (낙태촉탁후 확인서에 의하여 최소한 수술 3일 이전에 상담을 거친 사실을 수술 의사에게 입증) 임부와 상담하였음에도 불구하고 낙태한 자.

Ärztliche Versorgung　StVollzG 158　의료부조.

(1) Die ärztliche Versorgung ist durch hauptamtliche Ärzte sicherzustellen. Sie kann aus besonderen Gründen neben-amtlichen oder vertraglich verpflichteten Ärzten übertragen werden. 의료조치는 전임의사에 의하여 보장되어야 한다. 특별한 이유가 있는 경우 이를 겸임의사 또는 계약직 의사에게 위임할 수 있다.

Ärztlicher Beruf　BÄO 1　의사로서의 직업.

(1) Der Arzt dient der Gesundheit des einzelnen Menschen und des gesamten Volkes.

(2) Der ärztliche Beruf ist kein Gewerbe; er ist seiner Natur nach ein freier Beruf. (1) 의사는 각 개인과 전체국민의 건강에 기여한다.

(2) 의사로서의 직업은 영업이 아니며, 그 특성상 자유직업이다.

Ärztlicher Sachverständiger　StPO 246a　의사감정인.

Kommt in Betracht, daß die Unterbringung des Angeklagten in einem psychiatrischen Krankenhaus oder in der Sicherungsverwahrung angeordnet oder vorbehalten werden wird, so ist in der Hauptverhandlung ein Sachverständiger über den Zustand des Angeklagten und die Behandlungsaussichten zu vernehmen. 피고인에 대한 정신병원 또는 보안감호시설에의 수용명령이나 유보가 문제되는 경우에, 감정인은 공판에서 피고인의 상황 및 치료의 전망에 관하여 신문한다.

Arztvorbehalt　ESchG 9　의사유보(의사의 권한).

Nur ein Arzt darf vornehmen:

1. die künstliche Befruchtung,

2. die Übertragung eines menschlichen Embryos auf eine Frau,

3. die Konservierung eines menschlichen Embryos sowie einer menschlichen Eizelle, in die bereits eine menschliche Samenzelle eingedrungen oder künstlich eingebracht worden ist. 의사만이 다음 각호의 행위를 할 수 있다.

1. 인공수정　2. 사람의 배아를 여성에 이식하는 일　3. 사람의 배아 및 이미 사람의 정자가 침투하거나 인공적으로 투입된 사람의 난자를 보존하는 일.

제1,2호 위반은 의사유보위반죄 (Verstoß gegen den Arztvorbehalt EschG 11)를 구성하며, 제3호 위반은 질서위반금 부과의 대상이다. (EschG 12)

Asperationsprinzip (Verschärfungsprinzip) 가중주의.
→ Kumulationsprinzip (병과주의).

Assessorexamen　DRiG 5　제2차 국가시험. → Richteramt (판사직).

Assoziationstheorie (differentielle ~)
(차별적) 교제이론: 접촉이론.

Assoziiertes Unternehmen HGB 311
관련기업.

(1) Wird von einem in den Konzernabschluß einbezogenen Unternehmen ein
maßgeblicher Einfluß auf die Geschäfts-
und Finanzpolitik eines nicht einbezogenen
Unternehmens, an dem das Unternehmen
nach § 271 Abs. 1 beteiligt ist, ausgeübt
(assoziiertes Unternehmen), so ist diese
Beteiligung in der Konzernbilanz unter
einem besonderen Posten mit entsprechender Bezeichnung auszuweisen.
콘체른결산서에 편입된 기업이 제271조 제1
항의 자본참가를 하고 편입되지 않는 기업
의 사업 및 재무정책에 대한 영향의 기준을
행사하는 경우(관련기업)에 그 자본참가는
콘체른대차대조표에서 별개의 항목하에 상
응한 명칭을 붙여 표시하여야 한다.

AStG → Außensteuergesetz (대외조세법).

Asylrecht GG 16a 망명권(망명자비호권).
(1) Politisch Verfolgte genießen Asylrecht.
정치적 박해를 받는 자는 망명권을 누린다.
(2) Auf Absatz 1 kann sich nicht berufen,
wer aus einem Mitgliedstaat der Europäischen Gemeinschaften oder aus einem
anderen Drittstaat einreist, in dem die
Anwendung des Abkommens über die
Rechtsstellung der Flüchtlinge und der
Konvention zum Schutze der Menschenrechte und Grundfreiheiten sichergestellt
ist.
유럽공동체 국가로부터 입국하는 자 또는
난민의 법적 지위에 관한 협정 및 인권과
기본적 자유의 보호에 관한 조약의 적용이
확보된 기타 제3국으로부터 입국하는 자는
제1항을 주장할 수 없다.
→ Flüchtlinge und Vertriebene (난민과 피
추방자).

Asylverfahrensgesetz AsylVfG 1 망명
절차법 (1993.7.27) (BGBl. I S. 1361).

(1) Dieses Gesetz gilt für Ausländer, die
Schutz als politisch Verfolgte nach Artikel
16a Abs.1 des Grundgesetzes oder Schutz
vor Verfolgung nach dem Abkommen
über die Rechtsstellung der Flüchtlinge
vom 28. Juli 1951 (BGBl. 1953 II S. 559)
beantragen.
본법은 기본법 제16a조 제1항에 의한 정치
적 피박해자로서 또는 1951.7.28. 난민의 법
정지위에 관한 협정(BGBl. 1953 II S. 559)
에 따른 박해로부터 보호를 신청하는 외국
인에게 적용된다.

AsylVfG → Asylverfahrensgesetz.

Atemalkoholkonzentration (흡입알코올농
도) → BAK.
0,25 mg/l oder mehr Alkohol in der
Atemluft(흡입공기중 0,25 mg/l 이상의 알
코올농도).

AtG → Atomgesetz.

Atomgesetz AtG 1 원자력법 (1985.7.15)
(BGBl. I S. 1565).
Zweck dieses Gesetzes ist,
본법의 목적은 다음 각호에 있다.
1. die Nutzung der Kernenergie zur gewerblichen Erzeugung von Elektrizität geordnet zu beenden und bis zum Zeitpunkt
der Beendigung den geordneten Betrieb
sicherzustellen,
전기의 영업적 생산을 위한 핵에너지의 이
용을 적법하게 종료하고 그 종료시점까지
적법한 운영을 보전하는 것.
2. Leben, Gesundheit und Sachgüter vor
den Gefahren der Kernenergie und der
schädlichen Wirkung ionisierender Strahlen zu schützen und durch Kernenergie
oder ionisierende Strahlen verursachte
Schäden auszugleichen,
핵에너지와 전리된 방사선의 위험으로부터
생명, 건강과 재화를 보호하고 핵에너지나
전리된 방사선을 통하여 야기된 손해를 보
상하는 것.

Attentat = Meuchelmord 암살.

Auctoritas, non veritas facit legem
(Die Autorität, nicht die Wahrheit macht
das Gesetz)
진리가 아니라 권위가 법을 만든다.

Audi alteram partem (Audiatur et altera
pars) (Höre auch den anderen Teil!)
다른 편의 말을 들어보라.

**Auf eine bestimmte Zeit nach der Aus-
stellung** (Datowechsel) WG 33 발행일자
후정기출급.
→ Verfallzeit 만기 (어음발행방식).

Auf eine bestimmte Zeit nach Sicht
(Nachsichtwechsel) WG 33 일람후정기출
급 → Verfallzeit.(만기).

Auf einen bestimmten Tag (Tagwechsel) WG 33 확정일출급 → Verfallzeit
(만기).

Auf Sicht (Sichtwechsel) WG 33
일람출급 (일람출급어음) → Verfallzeit
(만기).

Auf Zeit
→ Beamte auf Zeit (기간제 공무원).

Aufbewahrung StVollzG 30 영치(보관).
(3) Der Gefangene hat eingehende Schreiben unverschlossen zu verwahren, sofern
nichts anderes gestattet wird; er kann sie
verschlossen zu seiner Habe geben.
수형자는 달리 허가를 받지 아니하는 한 수
령한 서신을 개봉된 채로 보관하여야 한다.
그러나 수형자는 그 서신을 봉인하여 그의
소유물로 할 수 있다.

Aufbewahrungspflicht → Verletzung der
Buchführungspflicht (장부작성의무 위반죄).

Aufenhalt im Freien StVollzG 64 야외
체류.
Arbeitet ein Gefangener nicht im Freien,
so wird ihm täglich mindestens eine
Stunde Aufenthalt im Freien ermöglicht,
wenn die Witterung dies zu der fest-
gesetzten Zeit zuläßt.
수형자가 야외작업을 하지 않는 경우 일기
가 정한 시간에 적절한 경우 수형자에게
매일 1시간 이상을 야외체류하도록 할 수
있다.

Aufenthaltserlaubnis AufenthG 7 체류
허가.
(1) Die Aufenthaltserlaubnis ist ein befristeter Aufenthaltstitel.
체류허가는 기한부 체류의 명칭이다.
(2) Die Aufenthaltserlaubnis ist unter
Berücksichtigung des beabsichtigten Auf-
enthaltszwecks zu befristen.
체류허가는 체류목적을 고려하여 기한부로
정해야 한다.
→ Niederlassungserlaubnis (정주허가).

Aufenthaltsgesetz AufenthG 1 체류법.
(Gesetz über den Aufenthalt, die Erwerbstätigkeit und die Integration von Ausländern im Bundesgebiet) (2004.7.3) (BGBl
. I S. 162)
(1) Das Gesetz dient der Steuerung und
Begrenzung des Zuzugs von Ausländern
in die Bundesrepublik Deutschland.
본법은 독일연방공화국내에 있는 외국인의
이주를 통제하고 경계를 설정한다.

Aufenthaltsort StPO 8 거소 (거주지).
→ Gewöhnlicher Aufenthaltsort (상거소,
주된 거소).

AufenthG → Aufenthaltsgesetz (체류법).

Auffällige Mißverhältnis 현저한 불균형
→ Wucher (부당이득죄).

Auffälligkeit 특이성 (特異性); 특이한 행
위.
현저성이라고 번역되기도 한다. 일반적으로
알려진 특이성은 인격적 동요, 결손가정, 학
교와 직업의 실패 등이다; Krankheits-
bedingte psychische ~: 질병에 의한 정신
적인 특이성.

Auffangbestand 포괄적 구성요건
(Auffangtatbestand).
법률은 고의, 과실의 범행을 형벌로 규정하
고 있는데 (StGB 223, 230[상해, 과실치상])
고의가 의심의 여지가 없지 않지만, 적어도
보호법익의 과실의 침해가 의심의 여지가
없는 때에는 과실행위로 처벌된다. 즉 과실
구성요건은 수용구성요건으로서 고의의 증
명불가능한 경우를 포섭하고 있어야 하기
때문이다. 이 구성요건의 특별한 경우는
§323a의 명정죄(Vollrausch)이다. 즉 이 조
항은 위법행위시에 행위자가 책임무능력자
인 경우일 뿐만 아니라 책임무능력이 완전
히 배제되지 않는 경우도 규정하고 있다.

Aufforderung 선동, 최고, 요구, 권유.
① Öffentliche Aufforderung zu Straftaten
StGB 111 범죄행위선동죄.
② Eine öffentliche gerichtliche Aufforderung 법원의 공시최고(→ Aufgebotsverfahren); Öffentliche Aufforderung zum
Erscheinen StPO 288 출석의 공시최고.
③ auf die Aufforderung des Berechtigten
sich nicht entfernt 권리자의 퇴거요구(→
Hausfriedensbruch); mit der Aufforderung
an den Schuldner, 채무자에 대한 요구 (→
Vorpfändung).
④ trotz wiederholter Aufforderung 반복된
권유에도 불구하고 (→ Schußwaffengebrauch).

Aufführungsrecht UrhG 19 공연권.
(2) Das Aufführungsrecht ist das Recht,
ein Werk der Musik durch persönliche
Darbietung öffentlich zu Gehör zu bringen
oder ein Werk öffentlich bühnenmäßig
darzustellen.
공연권은 음악저작물을 사람의 실연을 통하
여 공연히 들을 수 있도록 하거나 저작물을
무대에서 공연히 표현하는 권리이다.

Aufgabe des Beirat StVollzG 163
자문위원회의 임무. → Beirat.
Die Mitglieder des Beirats wirken bei der
Gestaltung des Vollzuges und bei der
Betreuung der Gefangenen mit.
Sie unterstützen den Anstaltsleiter durch

Anregungen und Verbesserungsvorschläge
und helfen bei der Eingliederung der Gefangenen nach der Entlassung.
자문위원회의 구성원은 행형의 형성 및 수
형자의 보호에 협력한다.
자문위원회의 구성원은 건의와 개선의 제안
에 의해 시설의 장을 후원하며 석방 후 수
형자의 사회복귀에 도움을 준다.

Aufgaben- und Lastenverteilung
GG 104a 임무와 부담의 분배.
(1) Der Bund und die Länder tragen
gesondert die Ausgaben, die sich aus der
Wahrnehmung ihrer Aufgaben ergeben,
soweit dieses Grundgesetz nichts anderes
bestimmt.
연방과 주는 기본법이 달리 규정하지 아니
하는 한, 자기의 임무수행에 필요한 경비를
각자 부담한다.

Aufgebotsverfahren ZPO 946 공시최고
절차.
Eine öffentliche gerichtliche Aufforderung
zur Anmeldung von Ansprüchen oder
Rechten findet mit der Wirkung, daß die
Unterlassung der Anmeldung einen Rechts-
nachteil zur Folge hat, nur in den durch
das Gesetz bestimmten Fällen statt.
청구나 권리의 신고를 위한 법원의 공시최
고는 이를 신고하지 않으면, 실권될 것을 법
률이 정한 경우에 한하여 이를 할 수 있다.

Aufhebung 폐지, 취소, 해제, 파기.
① → Aufhebungsklage (폐지의 소).
② 소급효 없는 취소. Aufhebung der Ehe;
소급효 있는 취소는 Anfectung, Rücknahme.
③ → Aufhebung der Vermögensbeschlagnahme (재산압류의 해제).
④ → Aufhebung des angefochtenen Urteils (원심판결의 파기).

**Aufhebung der Vermögensbeschlag-
nahme** StPO 293 재산압류의 해제.
(1) Die Beschlagnahme ist aufzuheben,
wenn ihre Gründe weggefallen sind.
압류사유가 소멸한 경우에는 압류를 해제하

여야 한다.

Aufhebung des angefochtenen Urteils
StPO 353 원심판결의 파기 (상고심 판결
: Revisionsurteil)
Soweit die Revision für begründet erachtet wird, ist das angefochtene Urteil
aufzuheben.
상고가 이유 있다고 인정되는 경우에는 원
심판결은 파기되어야 한다.

Aufhebung des Haftbefehls StPO 120
구속영장의 취소(~사유) (Gründe für die
~).
(1) Der Haftbefehl ist aufzuheben, sobald
die Voraussetzungen der Untersuchungshaft nicht mehr vorliegen oder sich ergibt,
daß die weitere Untersuchungshaft zu der
Bedeutung der Sache und der zu erwartenden Strafe oder Maßregel der Besserung und Sicherung außer Verhältnis stehen würde.
미결구금의 요건이 더 이상 존재하지 않거
나 또는 더 이상의 미결구금이 사안의 중요
성 및 예상되는 처벌 또는 보안처분과 비례
관계에 있지 않은 것으로 인정되는 경우에
는 구속영장을 취소하여야 한다.

Aufhebung einer Aussetzungsmaßnahme
StPO 123 구속집행의 유예처분의 취소.
1. der Haftbefehl aufgehoben wird oder
구속영장이 취소된 경우
2. die Untersuchungshaft oder die erkannte Freiheitsstrafe oder freiheitsentziehende Maßregel der Besserung und
Sicherung vollzogen wird.
미결구금 또는 선고된 자유형이나 자유박탈
적 보안처분이 집행된 경우.

Aufhebung rechtsstaatswidriger Ver-
waltungsentscheidungen VwRehaG 1
반법치국가적 행정결정의 취소.
(1) Die hoheitliche Maßnahme einer
deutschen behördlichen Stelle zur Regelung eines Einzelfalls in dem in Artikel 3
des Einigungsvertrages genannten Gebiet
(Beitrittsgebiet) aus der Zeit vom 8. Mai

1945 bis zum 2. Oktober 1990 (Verwal-
tungsentscheidung), die zu einer gesundheitlichen Schädigung (§ 3), einem Eingriff in Vermögenswerte (§ 7) oder einer
beruflichen Benachteiligung (§ 8) geführt
hat, ist auf Antrag aufzuheben, soweit sie
mit tragenden Grundsätzen eines Rechtsstaates schlechthin unvereinbar ist und
ihre Folgen noch unmittelbar schwer und
unzumutbar fortwirken.
1945.5.8.-1990.10.2.까지의 기간중에 통일조
약 제3조에 규정된 영역(가입지역)에서 개
별사안의 규제를 위한 독일관청의 고권적인
조치가(행정결정) 건강상의 훼손(제3조), 재
산상의 침해(제7조) 또는 직업상 불이익(제8
조)을 초래한 경우, 그러한 조치가 법치국가
의 근본원칙에 전혀 부합하지 아니하고 그
결과가 현재까지 직접적으로 중대하면서 수
인한도 이상으로 계속되는 때에는 신청에
의하여 이를 취소할 수 있다.
(1) Der Antrag nach § 1 kann von einer
natürlichen Person, die durch die Maßnahme unmittelbar in ihren Rechten betroffen ist und nach deren Tod von demjenigen, der ein rechtliches Interesse an
der Rehabilitierung des unmittelbar Betroffenen hat, gestellt werden (VwRehaG
9).
이 (행정)조치로 인하여 자신의 권리가 직
접 관여된 자연인과 그의 사망후 직접적인
당사자의 복권에 대하여 법적 이익을 가진
자는 제1조에 의한 신청을 할 수 있다.

Aufhebungsanspruch BGB 749 해소청
구권.
(1) Jeder Teilhaber kann jederzeit die
Aufhebung der Gemeinschaft verlangen.
각 지분권자는 언제든지 공동관계의 해소를
청구할 수 있다.
→ Teilungsklage (분할의 소).

Aufhebungsklage BGB 1447 폐지의 소.
Der Ehegatte, der das Gesamtgut nicht
verwaltet, kann auf Aufhebung der Gütergemeinschaft klagen,
1. wenn seine Rechte für die Zukunft
dadurch erheblich gefährdet werden kön-

nen, dass der andere Ehegatte zur Verwaltung des Gesamtguts unfähig ist oder sein Recht, das Gesamtgut zu verwalten, missbraucht,
합유재산을 관리하지 아니하는 배우자는 다음 각호의 경우에 재산공동제의 폐지를 소구할 수 있다.
1. 타방의 배우자가 합유재산을 관리할 능력이 없거나 또는 합유재산을 관리하는 권리를 남용함으로써 장래에 자신의 권리가 현저하게 위태롭게 될 가능성이 있는 경우.

Aufklärung (진상)규명; 해명, 설명; 사건해결; 석명; 계몽.
① DNA-Identifizierungsmuster zur Aufklärung des Verbrechens nicht mehr erforderlich sind, 범죄의 (진상)규명을 위한 DNA 인식샘플(검사) (StPO 81g, 81h(2)).
② Zur Aufklärung und zur Vervollständigung der Aussage weitere Fragen zu stellen. 증언의 해명과 완전성을 위하여 기타의 질문을 할 수 있다 (StPO 69(2)).
③ → Aufklärungsquote (사건해결율).
④ → Aufklärungspflicht (석명의무).
⑤ wenn die Handlung der staatsbürgerlichen Aufklärung dient. 행위가 국민계몽에 기여하는 때 (StGB 86(3)).

Aufklärungspflicht 석명의무; 설명의무(~ des Arztes).
→ Materielle Prozessleitung ZPO 139 실체적 소송지휘.

Aufklärungsquote (Tat~) 사건해결율.
검거율과는 차이가 있음. 연방등록사건 중 범죄의 사실규명이 이루어진 비율. 1974년 이래 약 45%로 고정.

Auflage StGB 56b 준수사항 = 부과명령.
(1) Das Gericht kann dem Verurteilten Auflagen erteilen, die der Genugtuung für das begangene Unrecht dienen(bei Strafaussetzung).
법원은 형의 선고를 받은 자에게 불법행위의 배상에 기여하는 준수사항을 부과할 수 있다(손해보상, 금전납부, 공익급부제공).

Auflage der Schadenswiedergutmachung StGB 56b(2) 손해회복을 위한 준수사항.
(2) Das Gericht kann dem Verurteilten auferlegen,
1. nach Kräften den durch die Tat verursachten Schaden wiedergutzumachen,
2. einen Geldbetrag zugunsten einer gemeinnützigen Einrichtung zu zahlen, wenn dies im Hinblick auf die Tat und die Persönlichkeit des Täters angebracht ist,
3. sonst gemeinnützige Leistungen zu erbringen oder
4. einen Geldbetrag zugunsten der Staatskasse zu zahlen.
법원은 형의 선고를 받은 자에 다음 각호의 사항을 부과할 수 있다.
1. 힘이 닿는 대로 범죄행위로 인하여 야기된 손해를 배상할 것, 2. 범죄행위와 행위자의 인격을 고려하여 적정하다고 생각하는 경우 공익시설을 위하여 일정금액을 납입할 것, 3. 기타 공익을 위한 급부를 제공할 것, 4. 국고에 일정한 금액을 납입할 것.

Auflassung BGB 925 부동산소유권이전합의.
(1) Die zur Übertragung des Eigentums an einem Grundstück nach § 873 erforderliche Einigung des Veräußerers und des Erwerbers (Auflassung) muss bei gleichzeitiger Anwesenheit beider Teile vor einer zuständigen Stelle erklärt werden.
제873조에 의하여 부동산소유권의 양도에 필요한 양도인과 양수인간의 합의(부동사소유권이전합의)는 두 당사자가 동시에 출석하여 관할기관 앞에서 표시되어야 한다.

Auflauf StGB 116 a.F. 다중불해산죄
(삭제됨) → Landfriedensbruch (소요죄).

Auflösende Bedingung (resolutive Bedingung, Resolutivbedingung) 해제조건.
Die auflösende Bedingung bestimmt einen Zustand, bei dessen Eintritt ein Rechtsverhältnis enden soll,
~은 그 발생이 법률관계가 종료되는 상황을 정한다.

Auflösung des Vereins BGB 74 사단의 해산.
(1) Die Auflösung des Vereins sowie die Entziehung der Rechtsfähigkeit ist in das Vereinsregister einzutragen. Im Falle der Eröffnung des Insolvenzverfahrens unterbleibt die Eintragung.
사단의 해산 및 권리능력의 박탈은 사단등기부에 이를 등기하여야 한다. 도산개시의 경우에는 등기를 요하지 아니한다.

Aufnahme auf freiwilliger Grundlage StVollzG 125 자의적 사유에 의한 수용.
(1) Ein früherer Gefangener kann auf seinen Antrag vorübergehend wieder in die sozialtherapeutische Anstalt aufgenommen werden, wenn das Ziel seiner Behandlung gefährdet und ein Aufenthalt in der Anstalt aus diesem Grunde gerechtfertigt ist. Die Aufnahme ist jederzeit widerruflich.
과거 수형자의 처우목적이 위태화되고 사회치료시설에서의 체류가 이러한 사유로 정당화되는 경우에는 수형자의 신청에 의하여 일시적으로 다시 사회치료시설에 수용될 수 있다. 이 수용은 언제나 철회될 수 있다.

Aufnahmebescheid BVFG 26 수용결정.
Personen, die die Aussiedlungsgebiete als Spätaussiedler verlassen wollen, um im Geltungsbereich dieses Gesetzes ihren ständigen Aufenthalt zu nehmen, wird nach Maßgabe der folgenden Vorschriften ein Aufnahmebescheid erteilt.
이 법률(피추방자 및 탈주자의 업무에 관한 법률)의 적용지역에 상주할 목적으로 후기 강제정착민으로서 정착지역을 떠나고자 한 자에 대하여는 이하의 규정에서 정한 바에 따라 수용결정이 주어진다.

Aufnahmeverfahren StVollzG 5 수용절차 (입소절차).
Beim Aufnahmeverfahren dürfen andere Gefangene nicht zugegen sein.
수용절차에는 다른 수형자가 참여하지 못한다.

Aufopferung SHG 14 희생침해.
Unberührt bleiben die Entschädigungsansprüche wegen Enteignung oder Aufopferung für das gemeine Wohl.
공공복리를 위한 공용수용 또는 희생침해로 인한 보상청구권은 영향이 없다.

Aufrechnung BGB 388 상계.
(Erklärung der ~ 상계의사표시)
Die Aufrechnung erfolgt durch Erklärung gegenüber dem anderen Teil.
상계는 상대방에 대한 의사표시로써 행한다.

Aufrechnung gegen beschlagnahmte Forderung BGB 392 압류된 채권에 대한 상계.
Durch die Beschlagnahme einer Forderung wird die Aufrechnung einer dem Schuldner gegen den Gläubiger zustehenden Forderung nur dann ausgeschlossen, wenn der Schuldner seine Forderung nach der Beschlagnahme erworben hat oder wenn seine Forderung erst nach der Beschlagnahme und später als die in Beschlag genommene Forderung fällig geworden ist.
채권자에 대한 채무자의 채권의 상계는 채무자가 그 채권 압류 후에 자기의 채권을 취득한 경우 또는 채무자의 채권이 채권압류 후에 비로소 또는 압류된 채권보다 늦게 변제기에 달한 경우에 한하여 채권압류에 의하여 배제된다.

Aufruf der Sache StPO 243 사건의 호명.
(1) Die Hauptverhandlung beginnt mit dem Aufruf der Sache.
공판절차는 사건의 호명으로써 개시된다.

Aufruhr StGB 115 a.F. (구) 집단반항죄 → Landfriedensbruch (소요죄).

Aufschiebende Bedingung BGB 158 정지조건.
Wird ein Rechtsgeschäft unter einer aufschiebenden Bedingung vorgenommen, so tritt die von der Bedingung abhängig gemachte Wirkung mit dem Eintritt der Be-

dingung ein.
법률행위가 정지조건부로 체결된 때에는 조건에 의존하게 된 효력은 조건성취시부터 발생한다.

Aufschiebende Wirkung StPO 81(4) 집행정지적 효력.
(Aussetzung der Vollziehung).
(4) Gegen den Beschluß ist sofortige Beschwerde zulässig. Sie hat ~.
이러한(피의자의 관찰을 위한 수용) 결정에 대하여는 즉시항고를 할 수 있다. 이 항고는 집행정지적 효력을 가진다.

Aufschub aus Gründen der Vollzugsorganisation StPO 455a 형집행기관에 의한 형집행의 정지.
(1) Die Vollstreckungsbehörde kann die Vollstreckung einer Freiheitsstrafe oder einer freiheitsentziehenden Maßregel der Besserung und Sicherung aufschieben oder ohne Einwilligung des Gefangenen unterbrechen, wenn dies aus Gründen der Vollzugsorganisation erforderlich ist und überwiegende Gründe der öffentlichen Sicherheit nicht entgegenstehen.
형집행관청은 집행기관의 사정상 필요하다고 인정하고, 공공안전에 반하는 중대한 사유가 없는 경우에는 자유형의 집행 또는 자유박탈적 개선 및 보안처분의 집행을 정지하거나 피감금자의 동의없이 중지할 수 있다.

Aufschub der Strafvollstreckung StPO 455 형집행의 정지
(1) Die Vollstreckung einer Freiheitsstrafe ist aufzuschieben, wenn der Verurteilte in Geisteskrankheit verfällt.
형의 선고를 받은 자가 정신질환에 있는 경우에는 자유형의 집행이 정지된다.

Aufschub und Aussetzung des Berufsverborts StPO 456c 직업금지의 정지와 유예.
(1) Das Gericht kann bei Erlaß des Urteils auf Antrag oder mit Einwilligung des Verurteilten das Wirksamwerden des Berufsverbots durch Beschluß aufschieben, wenn das sofortige Wirksamwerden des Verbots für den Verurteilten oder seine Angehörigen eine erhebliche, außerhalb seines Zweckes liegende, durch späteres Wirksamwerden vermeidbare Härte bedeuten würde.
법원은 판결을 함에 있어 직업금지의 즉각적인 실시가 형의 선고를 받은 자나 그 친족에게 그 목적을 넘어서 대단히 가혹하여 이를 나중에 실시함으로써 피할 수 있는 경우에는 형의 선고를 받은 자의 신청이나 동의를 얻어 결정으로 직업금지의 시행을 정지할 수 있다.

Aufschub wegen erheblicher Nachteile StPO 456 중대한 불이익으로 인한 (형집행의) 정지.
(1) Auf Antrag des Verurteilten kann die Vollstreckung aufgeschoben werden, sofern durch die sofortige Vollstreckung dem Verurteilten oder seiner Familie erhebliche, außerhalb des Strafzwecks liegende Nachteile erwachsen.
형의 선고를 받은 자에 대한 즉각적인 형의 집행이 형의 선고를 받은 자 또는 그의 가족에게 형벌목적 이외의 중대한 불이익이 발생하는 경우에는 형의 선고를 받은 자의 신청에 의하여 그 집행이 정지될 수 있다.

Aufsichtsrat AktG 95 감사회.
Der Aufsichtsrat besteht aus drei Mitgliedern. 감사회는 3인으로 구성된다.

Aufsichtsratsmitglieder (Mitglied des Aufsichtsrats) AktG 116 감사.
Für die Sorgfaltspflicht und Verantwortlichkeit der Aufsichtsratsmitglieder gilt § 93 über die Sorgfaltspflicht und Verantwortlichkeit der Vorstandsmitglieder sinngemäß.
감사의 주의의무 및 책임에 관하여는 이사의 주의의무와 책임에 관한 제93조가 준용된다.

Aufsichtsstelle StGB 68a 보호관찰소 (감독청).

Der Verurteilte untersteht einer Aufsichtsstelle; das Gericht bestellt ihm für die Dauer der Führungsaufsicht einen Bewährungshelfer.
형의 선고를 받은 자는 보호관찰소의 감독을 받는다. 법원은 행장감독기간(보호관찰기간)중 보호관찰관을 지정한다.

Aufspaltung UmwG 123 소멸분할 (해체분할, 완전분할).
(1) Ein Rechtsträger (übertragender Rechtsträger) kann unter Auflösung ohne Abwicklung sein Vermögen aufspalten
1. zur Aufnahme durch gleichzeitige Übertragung der Vermögensteile jeweils als Gesamtheit auf andere bestehende Rechtsträger (übernehmende Rechtsträger) oder
2. zur Neugründung durch gleichzeitige Übertragung der Vermögensteile jeweils als Gesamtheit auf andere, von ihm dadurch gegründete neue Rechtsträger gegen Gewährung von Anteilen oder Mitgliedschaften dieser Rechtsträger an die Anteilsinhaber des übertragenden Rechtsträgers (Aufspaltung).
하나의 권리주체(양도주체, 분할회사)는 양도주체의 지분소유자에게 양수주체(수혜회사)의 지분이나 사원의 지위를 부여하는 것으로 다음 각호에 해당하는 경우에는 청산없이 해산하여 자기의 재산을 분할할 수 있다(소멸분할).
1. 다른 기존의 권리주체(양수주체)에 대하여 각각 일체로서 행하는 재산부분의 동시적 양도에 의한 흡수,
2. 다른, 설립된 새로운 권리주체에 대하여 각각 일체로서 행하는 재산부분의 동시적 양도에 의한 새로운 설립.

Aufstacheln zum Angriffskrieg

StGB 80a 침략전쟁 선동죄.
Wer im räumlichen Geltungsbereich dieses Gesetzes öffentlich, in einer Versammlung oder durch Verbreiten von Schriften zum Angriffskrieg (§ 80) aufstachelt, wird mit Freiheitsstrafe von drei Monaten bis zu fünf Jahren bestraft.
이 법의 지역적 적용범위 내에서 공연히 집

회 또는 문서의 반포를 통해 침략전쟁(§80)을 선동한 자는 3개월 이상 5년 이하의 자유형에 처한다. → Friedensverrat (평화배반).

Aufstockungsunterhalt BGB 1573(2) 추가부양.
(2) Reichen die Einkünfte aus einer angemessenen Erwerbstätigkeit zum vollen Unterhalt (§ 1578) nicht aus, kann er, soweit er nicht bereits einen Unterhaltsanspruch nach den §§ 1570 bis 1572 hat, den Unterschiedsbetrag zwischen den Einkünften und dem vollen Unterhalt verlangen.
적절한 영업활동으로부터의 소득이 완전한 부양(제1578조)을 하기에 부족할 경우에는 그 소득이 이미 제1570조 내지 제1572조에 의한 부양청구권을 갖지 못한 한도내에서, 소득과 완전한 부양에 필요한 액과의 차액을 청구할 수 있다.

Auftrag BGB 662 위임.
Durch die Annahme eines Auftrags verpflichtet sich der Beauftragte, ein ihm von dem Auftraggeber übertragenes Geschäft für diesen unentgeltlich zu besorgen.
위임의 승낙으로 수임자는 위임자로부터 위탁된 사무를 위임자를 위하여 무상으로 처리할 의무를 부담한다.

Auftraggeber 위임인.
↔ Beauftragte 수임인. → Auftrag (위임).

Auftragsverhältnis StGB 14 위임관계.
→ Rechtshandlung (법적 행위).

Aufwandsteuer GG (6) 사치세.
(6) Das Aufkommen der Grundsteuer und Gewerbesteuer steht den Gemeinden, das Aufkommen der örtlichen Verbrauch- und Aufwandsteuern steht den Gemeinden oder nach Maßgabe der Landesgesetzgebung den Gemeindeverbänden zu.
토지세와 영업세의 수입은 (기초)자치단체에 속하며, 지방소비세 또는 사치세는 지방

자치단체에 속하거나 주입법의 기준에 따라 지방자치단체연합에 속한다.

Aufwendung für die Bewirtung von Personen EStG 4(5) Nr.2 접대비.
(5) Die folgenden Betriebsausgaben dürfen den Gewinn nicht mindern:
2. Aufwendungen für die Bewirtung von Personen aus geschäftlichem Anlass, soweit sie 70 Prozent der Aufwendungen übersteigen, die nach der allgemeinen Verkehrsauffassung als angemessen anzusehen und deren Höhe und betriebliche Veranlassung nachgewiesen sind.
다음의 경우는 이익에서 감소시키지 않는다. 2. 영업상의 동기에 의한 접대비가 통상적 거래관념으로 적정하고 그 액수 및 사업동기가 증명된 비용의 80%를 초과한 경우.

Aufzeichnung von Zeugenaussagen auf Bild-Ton-Trägern
StPO 58a 증언의 영상녹화.
(1) Die Vernehmung eines Zeugen kann auf Bild-Ton-Träger aufgezeichnet werden. Sie soll aufgezeichnet werden 1. bei Personen unter sechzehn Jahren, die durch die Straftat verletzt worden sind, oder
2. wenn zu besorgen ist, daß der Zeuge in der Hauptverhandlung nicht vernommen werden kann und die Aufzeichnung zur Erforschung der Wahrheit erforderlich ist.
증인의 신문은 영상녹화할 수 있다. 증인의 신문은 1. 16세 미만의 자인 경우, 2. 증인이 공판에서 신문되지 않을 우려가 있고 진실발견을 위해 필요한 경우 녹취해야 한다.
→ Vorführung der Bild-Ton-Aufzeichnung einer Zeugenvernehmung.

Aufzeichnungspflicht AO 140 기록의무.
Wer nach anderen Gesetzen als den Steuergesetzen Bücher und Aufzeichnungen zu führen hat, die für die Besteuerung von Bedeutung sind, hat die Verpflichtungen, die ihm nach den anderen Gesetzen obliegen, auch für die Besteuerung zu erfüllen.
조세법 이외의 타법률에 의하여 과세에 중요한 장부 및 기록을 작성하여야 하는 자는 타 법률에 의하여 부과되어 있는 의무를 과세를 위하여도 이행하여야 한다.

Aufzug 행진, 시위.
→ Bannkreisverletzung (StGB 106a a.F.).
행진은 특정한 목적을 위해 집합된 다중이 공연히 전체를 이루어 공공의 주목을 받기에 적합한 방법으로 움직이는 것을 말한다.

AÜG → Arbeitnehmerüberlassungsgesetz (근로자파견법).

Augenschein StPO 86, 225 검증.
Findet die Einnahme eines richterlichen Augenscheins statt, so ist im Protokoll der vorgefundene Sachbestand festzustellen und darüber Auskunft zu geben, welche Spuren oder Merkmale, deren Vorhandensein nach der besonderen Beschaffenheit des Falles vermutet werden konnte, gefehlt haben.
법관의 검증이 행하여지는 경우 조서에는 검증된 물건의 성상이 확인되어야 하며, 사건의 특수한 성질에 비추어 그 존재가 발견될 수 있었던 것으로 추정되는 어떤 흔적이나 표지가 없었는지를 기록하여야 한다.

Augenscheinnahme durch beauftragten oder ersuchten Richter StPO 225 수명법관 또는 수탁판사에 의한 검증의 시행.
Ist zur Vorbereitung der Hauptverhandlung noch ein richterlicher Augenschein einzunehmen, so sind die Vorschriften des § 224 anzuwenden.
공판의 준비를 위하여 판사의 검증이 행하여져야 하는 경우에도 제224조(기일통지)의 규정이 적용된다.

Ausbeuterische Zuhälterei (매음약탈)
→ Zuhälterei (매음매개죄).

Ausbeutung von Prostituierten (← Förderung der Prostitution) StGB 180a 매음자착취죄.
(1) Wer gewerbsmäßig einen Betrieb unterhält oder leitet, in dem Personen der Prostitution nachgehen und in dem diese

in persönlicher oder wirtschaftlicher Abhängigkeit gehalten werden, wird mit
Freiheitsstrafe bis zu drei Jahren oder mit
Geldstrafe bestraft
사람들이 매음에 종사하고 이들이 개인적
또는 경제적 종속관계에 놓인 사업을 영업
적으로 유지 또는 관리하는 자는 3년 이하
의 자유형 또는 벌금형에 처한다.

Ausbildungsbeihilfe StVollzG 44;
StVollzVergO 4 직업훈련교육보조금 (직업
훈련기간중의 특별부양수당).
StVollzG 44(1) Nimmt der Gefangene an
einer Berufsausbildung, beruflichen Weiterbildung oder an einem Unterricht teil
und ist er zu diesem Zweck von seiner
Arbeitspflicht freigestellt, so erhält er eine
Ausbildungsbeihilfe, soweit ihm keine
Leistungen zum Lebensunterhalt zustehen,
die freien Personen aus solchem Anlaß
gewährt werden.
수형자가 직업훈련교육, 향상교육 또는 강
의에 참가하여 그 목적으로 작업의무를 면
제받은 경우, 수형자는 그러한 사유로 자유
인이 받게 되는 생계비를 위한 급부가 그에
게 주어지지 않는 경우에는 직업교육보조금
을 받는다.
StVollzVergO 4
Die Aufbildungsbeihilfe wird vorbehaltlich
der Absätze 2 und 3 nach der Vergütungsstufe III gewährt.
직업교육보조금은 행형보수규정 제2항과 제
3항을 조건으로 3등급으로 부여한다.

Ausbleiben des Angeklagten StPO 230,
329, 412 피고인의 불출석 (→ Ausgebliebener Angeklagter).

Ausbrechen StGB 121(1) Nr.2
(gewaltsam ~: 폭력에 의해) 탈출하다.
Nr.3의 zum Ausbruch verhelfen은 탈출하
도록 도와주다.
→ Gefangenenmeuterei (피구금자폭동죄).

Ausbürgerung GG 16 공민권박탈
(~의 금지: Das Verbot der ~).
← Staatsangehörigkeitsentzug(국적박탈)

(1) Die deutsche Staatsangehörigkeit darf
nicht entzogen werden.
독일인의 국적은 박탈되지 아니한다.

Ausdrückliche und ernstliche Verlangen
→ Tötung auf Verlangen.

Ausdrucksdelikt 표현범.
Hier verlangt der Tatbestand, daß ein
innerer Wissenszustand beim Täter besteht, zu dem das äußere Verhalten in
Widerspruch tritt.
표현범의 구성요건에서는 행위자에게 외적
행위가 모순되어 나타나는 내적 지식상태가
존재할 것을 요구한다.

Auseinandersetzung BGB 1471, 2042
분할(재산).
(1) Nach der Beendigung der Gütergemeinschaft setzen sich die Ehegatten über
das Gesamtgut auseinander.
재산공동제의 종료후에 부부는 합유재산을
분할한다.
(1) Jeder Miterbe kann jederzeit die Auseinandersetzung verlangen, soweit sich
nicht aus den §§ 2043 bis 2045 ein anderes ergibt.
제2043조 내지 2045조에서 달리 해석되지
아니하는 한, 각 공동상속인은 항상 분할을
청구할 수 있다.

Ausfallentschädigung StVollzG 45, 176
결손보상금 (zukünftig in Kraft).
(1) Kann einem arbeitsfähigen Gefangen
aus Gründen, die nich in seiner Person
liegen, länger als eine Woche eine Arbeit
oder Beschäfitigung im Sinne des §37
Abs.4 nicht zugewiesen werden, erhält er
eine Ausfallentschädigung.
근로능력 있는 수형자가 그의 귀책사유 아
닌 사유로 제37조 제4항의 작업 또는 노역
이 1주일 이상 할당되지 않는 경우에는 결
손보상금을 받는다. (StVollzG 45)

Ausfertigung StPO 275(4) 정본; HGB
642(2) 복본 (複本).
(4) Die Ausfertigung und Auszug sind von
dem Urkundsbeamten der Geschäftsstelle

zu unterschreiben und mit dem Gerichtssiegel zu versehen. (StPO 275)
(판결서의) 정본과 초본은 사무국 서기관에
의하여 서명되고, 법원의 인장을 날인하여
야 한다.
(2) Alle Ausfertigungen des Konnosse-
ments müssen gleichlautend sein; in ihnen
muß angegeben sein, wie viele Ausfertigungen ausgestellt sind. (HGB 642)
선하증권의 복본은 동문이어야 한다. 복본
에는 교부된 복본의 수가 기재되어야 한다.
→ Abschrift (등본).

Ausführung StVollzG 11(1) Nr.2 동반외
출 (특정시간에 교도관의 감독하에) →
Lockerungen des Vollzugs (행형의 완화).

Ausführung aus besondern Gründen
StVollzG 12 특별한 사유에 의한 동반외
출.
Ein Gefangener darf auch ohne seine
Zustimmung ausgeführt werden, wenn
dies aus besonderen Gründen notwendig
ist.
특별한 사유로 인하여 불가피한 경우에는
수형자의 동의없이도 동반외출이 허용된다.

Ausführungen und Anträgen
→ Schlußantrage, Schlußvorträge.

Ausführungshandlung 실행행위.
→ Anfang der Ausführung (실행의 착수).

Ausgabe vor Etatgenehmigung GG 111
예산승인전 지출.
(1) Ist bis zum Schluß eines Rechnungsjahres der Haushaltsplan für das folgende
Jahr nicht durch Gesetz festgestellt, so ist
bis zu seinem Inkrafttreten die Bundesregierung ermächtigt, alle Ausgaben zu
leisten, die nötig sind,
a) um gesetzlich bestehende Einrichtungen
zu erhalten und gesetzlich beschlossene
Maßnahmen durchzuführen,
b) um die rechtlich begründeten Verpflichtungen des Bundes zu erfüllen,
c) um Bauten, Beschaffungen und sonsti-

ge Leistungen fortzusetzen oder Beihilfen
für diese Zwecke weiter zu gewähren,
sofern durch den Haushaltsplan eines Vor-
jahres bereits Beträge bewilligt worden
sind.
회계연도의 종결시까지 차기 예산안이 법률
에 의하여 확정되지 아니한 경우에는 연방
정부는 그 효력의 발생시까지 다음의 경우
에 필요한 일체의 지출을 행할 수 있는 권
한을 가진다.
a) 법률에 의하여 설치된 시설의 유지, 또는
법률이 정한 처분의 실행,
b) 연방의 법적 의무의 이행,
c) 전년도의 예산에서 이미 승인을 얻은 범
위내에서 건축, 조달 및 기타 급부의 계속
또는 이러한 목적을 위한 보조금의 계속적
지급.

Ausgabebetrag AktG 54 발행가 (주식
의 ~: Ausgabebetrag der Aktien).

Ausgabeerhöhung GG 113 지출의 증가.
(Zustimmungsvorbehalt der Bundesregierung bei Gesetzen mit Ausgabeerhöhungen
oder Einnahmeminderungen: 지출의 증가
또는 수입의 감소의 법률에 있어서 연방정
부의 동의유보)
(1) Gesetze, welche die von der Bundesregierung vorgeschlagenen Ausgaben des
Haushaltsplanes erhöhen oder neue Ausgaben in sich schließen oder für die
Zukunft mit sich bringen, bedürfen der
Zustimmung der Bundesregierung.
연방정부에 의하여 제출된 예산안의 지출의
증가 또는 새로운 지출의 포함 또는 장래에
이를 수반하는 지출은 연방정부의 동의를
필요로 한다.

Ausgang StVollzG 11(1) Nr.2 단독외출
(특정시간에 교도관의 감독 없이) →
Lockerungen des Vollzugs (행형의 완화).

Ausgebliebener Angeklagter
StPO 230(1) 피고인의 불출석.
← Fernbleiben des Angeklagten.
Gegen einen ausgebliebenen Angeklagten
findet eine Hauptverhandlung nicht statt.

출석하지 아니한 피고인에 대하여는 공판이 행하여지지 아니한다.
→ Versäumnisurteil (결석판결).

Ausgleich 조정, 청산, 보상.
① 조정 Soziale Ausgleichsleistungen. ② 청산 Ausgleichsforderung. ③ 보상 Ausgleichsanspuch.

Ausgleichende Gerechtigkeit (Kommutative Gerechtigkeit, iustitia commutativa) 평균적 정의.
Die ~ beschreibt diejenigen Zustände als gerecht, in denen eine tatsächlich quantitativ gleiche Güterverteilung an die Individuen ohne Beachtung von Verteilungskriterien hergestellt ist.
~에서는 분배기준이 없이 개인에게 사실상의 양적으로 평등한 재화분배가 이루어지는 상태를 정의로 본다.

Ausgleichsabgabe SGB 9 77
(장애인) 고용분담금.
(1) Solange Arbeitgeber die vorgeschriebene Zahl schwerbehinderter Menschen nicht beschäftigen, entrichten sie für jeden unbesetzten Pflichtarbeitsplatz für schwerbehinderte Menschen eine Ausgleichsabgabe.
고용주가 규정된 수의 중증장애인을 고용하지 않은 경우 자신에게 할당된 중증장애인 의무고용인원에 대하여 장애인고용부담금을 납부하여야 한다.

Ausgleichsfonds SGB 9 78 (장애인)고용기금.
Zur besonderen Förderung der Einstellung und Beschäftigung schwerbehinderter Menschen auf Arbeitsplätzen, ist beim Bundesministerium für Arbeit und Soziales als zweckgebundene Vermögensmasse ein Ausgleichsfonds für überregionale Vorhaben zur Teilhabe schwerbehinderter Menschen am Arbeitsleben gebildet.
중증장애인의 고용 및 채용을 특별히 촉진하기 위해 연방보건사회복지부에 중증장애인의 직업생할 참여를 초지역적으로 실현하기 위한 장애인 고용기금이 마련된다.

Ausgleichsforderung BGB 1378 청산청구권.
Übersteigt der Zugewinn des einen Ehegatten den Zugewinn des anderen, so steht die Hälfte des Überschusses dem anderen Ehegatten als Ausgleichsforderung zu. (Halbteilungsgrudsatz).
일방 배우자의 재산잉여가 타방 배우자의 재산잉여를 초과하는 경우에 그 초과잉여의 가치의 반분은 청산청구권으로 타방배우자에게 속한다 (반분의 원칙).
→ Zugewinngemeinschaft.

Ausgleichsleistung
→ Soziale Ausgleichsleistung.

Ausgleichsrente BVG 32 조정연금.
(1) Schwerbeschädigte erhalten eine Ausgleichsrente, wenn sie infolge ihres Gesundheitszustands oder hohen Alters oder aus einem von ihnen nicht zu vertretenden sonstigen Grund eine ihnen zumutbare Erwerbstätigkeit nicht oder nur in beschränktem Umfang oder nur mit überdurchschnittlichem Kräfteaufwand ausüben können.
중증장애자가 건강상의 상태 또는 노령 또는 기타 그들의 책임없는 사유로 인하여 자신의 가능한 취업활동이 수행될 수 없거나 또는 취업활동이 제한적 범위에서만 이루어지거나 또는 취업활동의 수행에 무리가 따르는 때에는 조정연금을 받는다.

Ausgleichszahlung AktG 304 조정보상금지급.
(1) Ein Gewinnabführungsvertrag muß einen angemessenen Ausgleich für die außenstehenden Aktionäre durch eine auf die Anteile am Grundkapital bezogene wiederkehrende Geldleistung (Ausgleichszahlung) vorsehen.
이익지급계약에는 기본자본의 비율에 관계된 회귀적 금전급부를 통한 외부주주에 대한 적정한 조정보상을 예정하여야 한다(조정보상금지급).

Ausgleichszuweisung FAG 4 조정교부금.
Zur Durchführung des Finanzausgleichs unter den Ländern werden aus Beiträgen der ausgleichspflichtigen Länder (Ausgleichsbeiträge) Zuschüsse an die ausgleichsberechtigten Länder (Ausgleichszuweisungen) geleistet.
각주간 재정조정의 실행을 위해 조정의무있는 주의 분담금(조정분담금: 갹출금)으로부터 조정권리있는 주에 대한 보조금(조정교부금)을 제공한다.

Ausgleichung bei Beamtenhaftung
BGB 841 공무원책임에 있어서의 구상.
Ist ein Beamter, der vermöge seiner Amtspflicht einen anderen zur Geschäftsführung für einen Dritten zu bestellen oder eine solche Geschäftsführung zu beaufsichtigen oder durch Genehmigung von Rechtsgeschäften bei ihr mitzuwirken hat, wegen Verletzung dieser Pflichten neben dem anderen für den von diesem verursachten Schaden verantwortlich, so ist in ihrem Verhältnis zueinander der andere allein verpflichtet.
공무원이 직무상 의무에서 제3자를 위한 업무집행을 위하여 타인을 임명하거나 또는 그러한 업무집행을 감독하거나 법률행위의 인가에 의하여 업무집행에 관여하여야 하는 경우에 그 타인이 이러한 의무의 위반하여 가한 손해에 대하여 그 타인과 함께 공무원이 책임을 지는 때에는 그들 상호간의 관계에 있어서는 그 타인만이 의무를 부담한다.

Ausgleichungspflicht BGB 426 구상의무.
(1) Die Gesamtschuldner sind im Verhältnis zueinander zu gleichen Anteilen verpflichtet, soweit nicht ein anderes bestimmt ist.
Kann von einem Gesamtschuldner der auf ihn entfallende Beitrag nicht erlangt werden, so ist der Ausfall von den übrigen zur Ausgleichung verpflichteten Schuldnern zu tragen.
연대채무자는 달리 정하지 아니하는 한 상호간 균등한 비율로 의무를 부담한다. 연대채무자 1인으로부터 그 자의 부담부분을 구상할 수 없는 때에는 그 부족액은 구상의무를 가진 다른 채무자가 부담하여야 한다.

Ausgleichungspflicht für Abkömmlinge als gesetzliche Erben BGB 2050 법정상속인으로서 직계비속에 대한 구상의무.
(1) Abkömmlinge, die als gesetzliche Erben zur Erbfolge gelangen, sind verpflichtet, dasjenige, was sie von dem Erblasser bei dessen Lebzeiten als Ausstattung erhalten haben, bei der Auseinandersetzung untereinander zur Ausgleichung zu bringen, soweit nicht der Erblasser bei der Zuwendung ein anderes angeordnet hat.
법정상속인으로서 상속한 직계비속은 피상속인의 생존중 피상속인으로부터 독립자금으로 받았던 재산을 피상속인이 출연시에 달리 지정하지 아니한 경우에는 분할에 있어서 서로 구상할 의무를 진다.

Ausgliederung UmwG 123(3) 자산분리 (물적 분할, 종속분할).
(3) Ein Rechtsträger (übertragender Rechtsträger) kann aus seinem Vermögen einen Teil oder mehrere Teile ausgliedern
1. zur Aufnahme durch Übertragung dieses Teils oder dieser Teile jeweils als Gesamtheit auf einen bestehenden oder mehrere bestehende Rechtsträger (übernehmende Rechtsträger) oder
2. zur Neugründung durch Übertragung dieses Teils oder dieser Teile jeweils als Gesamtheit auf einen oder mehrere, von ihm dadurch gegründeten neuen oder gegründete neue Rechtsträger
gegen Gewährung von Anteilen oder Mitgliedschaften dieses Rechtsträgers oder dieser Rechtsträger an den übertragenden Rechtsträger (Ausgliederung).
하나의 권리주체(양도주체, 분할회사)는 양도주체에게 양수주체(수혜회사)의 지분이나 사원의 지위를 부여하고, 다음 각호의 방법에 해당하는 경우에는 자기의 재산으로부터 하나 또는 복수의 부분을 (자산)분리할 수 있다.
1. 다른 하나 또는 복수의 기존의 권리주체

(양수주체)에 대하여 각각 일체로서 행하는 하나 또는 복수부분의 양도에 의한 흡수,
2. 하나 또는 복수의 새로이 설립된 또는 설립된 새로운 권리주체에 대한 각각 일체로서 행하는 하나 또는 복수부분의 양도에 의한 새로운 설립.

Auskundschaften von Staatsgeheimnissen

StGB 96(2) 국가기밀수집죄.
~는 제95조의 국가기밀누설죄 (Offenbaren von Staatsgeheimnissen)의 예비행위이다.
(2) Wer sich ein Staatsgeheimnis, das von einer amtlichen Stelle oder auf deren Veranlassung geheimgehalten wird, verschafft, um es zu offenbaren (§ 95), wird mit Freiheitsstrafe von sechs Monaten bis zu fünf Jahren bestraft.
누설(제95조)할 목적으로 관청에 의하여 또는 그 권고에 따라 비밀로 하고 있는 국가기밀을 수집한 자는 6개월 이상 5년 이하의 자유형에 처한다.

Auskunftserteilung an den Betroffenen

StPO 491 관계자에 대한 정보제공.
(1) Dem Betroffenen ist, soweit die Erteilung oder Versagung von Auskünften in diesem Gesetz nicht besonders geregelt ist, entsprechend § 19 des Bundesdatenschutzgesetzes Auskunft zu erteilen.
관계자는 본법에 달리 규정되지 아니하는 한 연방데이터보호법 제19조에 의하여 정보를 제공받을 수 있다.

Auskunftspflicht VVG 31 정보제공의무.

(1) Der Versicherer kann nach dem Eintritt des Versicherungsfalles verlangen, dass der Versicherungsnehmer jede Auskunft erteilt, die zur Feststellung des Versicherungsfalles oder des Umfanges der Leistungspflicht des Versicherers erforderlich ist.
보험자는 보험계약자가 보험사고 발생후 보험사고나 보험자의 급부의 범위를 확정하는 데에 필요한 일체의 정보를 제공하여 줄 것을 요구할 수 있다.

Auskunftsrecht des Aktionärs

AktG 131 주주의 정보제공요구권.
Jedem Aktionär ist auf Verlangen in der Hauptversammlung vom Vorstand Auskunft über Angelegenheiten der Gesellschaft zu geben, soweit sie zur sachgemäßen Beurteilung des Gegenstands der Tagesordnung erforderlich ist.
이사회는 주주총회의 청구에 의해 의사일정의 대상에 대한 적절한 판단을 위하여 필요한 때에는 모든 주주에게 회사의 업무에 관한 정보를 제공하여야 한다.

Auskunftsverweigerungsrecht

StPO 55 정보제공거부권.
(1) Jeder Zeuge kann die Auskunft auf solche Fragen verweigern, deren Beantwortung ihm selbst oder einem der in § 52 Abs. 1 bezeichneten Angehörigen die Gefahr zuziehen würde, wegen einer Straftat oder einer Ordnungswidrigkeit verfolgt zu werden.
모든 증인은 형사범죄 또는 질서위반행위로 인하여 본인 또는 제52조 제1항에 규정된 친족중의 한 사람에게 소추의 우려가 있는 질문에 대한 정보제공을 거부할 수 있다.

Auslage ① 체당금 (입체금) ② 경비, 비용.

(1) Dieses Gesetz gilt für die Kosten (Gebühren und Auslagen) öffentlich rechtlicher Verwaltungstätigkeit der Behörden. (VwKostG 1)
이 법률(행정비용법)은 관청의 공법적 행정활동의 비용(수수료와 체당금)에 적용한다.
Soweit die Auslagen nicht bereits in die Gebühr einbezogen sind und die Erstattung von Auslagen vorgesehen ist, die im Zusammenhang mit einer Amtshandlung entstehen, werden vom Gebührenschuldner Auslagen erhoben. (VwKostG 10)
체당금이 수수료에 이미 산입되어 있지 아니하고 직무행위와의 관계에서 발생하는 체당금의 반환이 규정되어 있는 경우에 수수료부담자는 체당금을 징수한다.
(Verteilung der Auslagen: 경비의 분배)
Die Auslagen der Staatskasse und die notwendigen Auslagen der Beteiligten können nach Bruchteilen verteilt werden

(StPO 464d).
체당금 및 관계인의 필요적 경비는 그 몫에 따라 할당할 수 있다.
→ Auslagenvorschuss.

Auslagen für Dolmetscher oder Übersetzer StPO 464c 통역인 및 번역인의 경비.
Ist für einen Angeschuldigten, der der deutschen Sprache nicht mächtig, hör- oder sprachbehindert ist, ein Dolmetscher oder Übersetzer herangezogen worden, so werden die dadurch entstandenen Auslagen dem Angeschuldigten auferlegt, soweit er diese durch schuldhafte Säumnis oder in sonstiger Weise schuldhaft unnötig verursacht hat.
독일어에 능숙하지 못하거나 농아장애를 가진 공소피의자를 위하여 통역 또는 번역인가 관여한 경우 이를 통하여 발생한 경비는 피고인 자신의 유책한 해태 또는 다른 방식으로 유책하고 불필요하게 야기한 이상, 피고인에게 부과한다.

Auslagenentscheidung (필요적 경비에 관한 재판) → Entscheidung über die Kosten.

Auslagenvorschuß ZPO 379 비용예납.
S.1 Das Gericht kann die Ladung des Zeugen davon abhängig machen, dass der Beweisführer einen hinreichenden Vorschuss zur Deckung der Auslagen zahlt, die der Staatskasse durch die Vernehmung des Zeugen erwachsen.
법원은 증인소환에 대하여 입증자가 증인신문으로 인하여 국고에서 감당하는 비용을 충당하기 위한 충분한 정도의 예납을 조건으로 할 수 있다.

Ausländischer Verein BGB 23 외국사단.
Einem Verein, der seinen Sitz nicht in einem Bundesstaate hat, kann in Ermangelung besonderer reichsgesetzlicher Vorschriften Rechtsfähigkeit durch Beschluß des Bundesrates verliehen werden.
연방에 그 소재지가 없는 사단에 대하여는 국법에 특별한 규정이 없는 때에는 연방상원의 결정에 의하여 권리능력이 부여될 수

있다.

Auslandstat gegen inländische Rechtgüter StGB 5 국내의 법익에 대한 국외범죄(Realprinzip = Schutzprinzip 실질주의 = 보호주의).
Das deutsche Strafrecht gilt, unabhängig vom Recht des Tatorts, für Taten, die im Ausland begangen werden.
독일형법은 국외에서 행하여진 범죄에 대하여 행위지법에 독립하여 이를 적용한다.

Auslandstat gegen international geschützte Rechtsgüter StGB 6 국제적 법익에 관한 국외범죄.
Das deutsche Strafrecht gilt weiter, unabhängig vom Recht des Tatorts, für Taten, die im Ausland begangen werden.
독일형법은 국외에서 행하여진 범죄에 대하여 행위지법에 독립하여 이를 적용한다.

Auslegung BGB 133 해석.
Bei der Auslegung einer Willenserklärung ist der wirkliche Wille zu erforschen und nicht an dem buchstäblichen Sinne des Ausdrucks zu haften.
의사표시를 해석할 때에는 진의를 탐구하여야 하며 표현의 문자의미에 구애되어서는 아니된다.
→ Grammatische Auslegung (Die ～)
→ Topoi.

Auslieferung IRG 3 범죄인인도.
(1) Die Auslieferung ist nur zulässig, wenn die Tat auch nach deutschem Recht eine rechtswidrige Tat ist, die den Tatbestand eines Strafgesetzes verwirklicht, oder wenn sie bei sinngemäßer Umstellung des Sachverhalts auch nach deutschem Recht eine solche Tat wäre.
범죄인인도는 형벌법규의 구성요건을 실현하는 행위가 독일법에 의하여도 위법하거나 또는 사안의 의미를 바꾸어놓고 볼 때 그러한 행위가 독일법에 의하여도 위법할 때에 허용된다.

Auslieferung und Ausweisung

StPO 154b, 456　인도 및 국외추방.
(1) Von der Erhebung der öffentlichen Klage kann absehen werden, wenn der Beschuldigte wegen der Tat einer ausländischen Regierung ausgeliefert wird.
피의자가 어떤 범죄를 이유로 외국정부에 인도되는 경우에는 공소를 제기하지 않을 수 있다.
(3) Von der Erhebung der öffentlichen Klage kann auch abgesehen werden, wenn der Beschuldigte aus dem Geltungsbereich dieses Bundesgesetzes ausgewiesen wird.
피의자가 이 연방법의 시행지역밖으로 추방되는 경우에도 공소를 제기하지 아니할 수 있다.

Auslieferungshaft　인도구금.
→ Anrechnung einer im Ausland erlittenen Freiheitsentziehung (외국에서 받은 자유박탈의 산입).

Auslieferungsverbot　GG 16(2)　인도의 금지.
(2) Kein Deutscher darf an das Ausland ausgeliefert werden.
* Durch Gesetz kann eine abweichende Regelung für Auslieferungen an einen Mitgliedstaat der Europäischen Union oder an einen internationalen Gerichtshof getroffen werden, soweit rechtsstaatliche Grundsätze gewahrt sind.
어떤 독일인도 외국에 인도되지 아니한다.
법치국가의 기본원칙이 보장되는 한 법률에 의하여 유럽연합의 회원국 또는 국제재판소로의 인도에 대한 다른 규정을 정할 수 있다.

Auslieferungsverpflichtung
EuAuslfÜbk 1　범죄인인도의무.
Die Vertragsparteien verpflichten sich, gemäß den nachstehenden Vorschriften und Bedingungen einander die Personen auszuliefern, die von den Justizbehörden des ersuchenden Staates wegen einer strafbaren Handlung verfolgt oder zur Vollstreckung einer Strafe oder einer Maßregel der Sicherung und Besserung

gesucht werden.
협약당사국은 다음 조 이하에서 정한 규정 및 요건에 따라 청구국의 사법당국에 의하여 범죄에 대하여 소추되거나 형벌 또는 보안처분의 집행을 위하여 필요로 하는 자를 서로 인도할 의무를 진다.
→ Euroäisches Auslieferungsübereinkommen (유럽범죄인인도협정).

Auslobung　BGB 658　현상광고.
Die Auslobung kann bis zur Vornahme der Handlung widerrufen werden.
현상광고는 행위의 실행이 있을 때까지는 이를 철회할 수 있다.

Ausnahmegericht　GG 101; GVG 16　예외법원.
Ausnahmegerichte sind unzulässig (unstatthaft). Niemand darf seinem gesetzlichen Richter entzogen werden.
예외법원은 허용되지 아니한다. 누구도 법률이 정한 법관으로부터 재판을 받을 권리를 박탈당하지 아니한다.

Ausrüster　HGB 760(2)　선박임차인.
(2) Die Klage auf Duldung der Zwangsvollstreckung kann außer gegen den Eigentümer des Schiffes auch gegen den Ausrüster oder gegen den Kapitän gerichtet werden. Das gegen den Ausrüster oder gegen den Kapitän gerichtete Urteil ist auch gegenüber dem Eigentümer wirksam.
강제집행인용의 소는 선박소유자 이외에 선박임차인이나 선장에 대하여도 행하여질 수 있다. 선박임차인이나 선장에 대한 판결은 소유자에 대하여도 효력이 있다.

Aussage　증언; 진술; 언명(~력: ~kraft)
(2) Zur Aufklärung und zur Vervollständigung der Aussage sowie zur Erforschung des Grundes, auf dem das Wissen des Zeugen beruht, sind nötigenfalls weitere Fragen zu stellen (StPO 69).
증언의 해명과 완전성 및 증인의 지식의 기초가 된 사유의 조사를 위해 필요한 경우에는 기타의 질문을 할 수 있다.

die strafrechtlichen Folgen einer unrichtigen oder unvollständigen Aussage.
(StPO 57) 증인의 허위나 불완전한 진술.
Recht sich zur Beschuldigung zu äußern oder nicht zur Sache auszusagen. (StPO 115(3); 136) 피의사실에 대한 진술권이나 진술거부권.

Aussagedelikt 진술범 (위증범).
Aussagedelikte sind diejenigen strafrechtlichen Tatbestände, die eine Verletzung der Pflicht einer Partei, eines Zeugen oder Sachverständigen zur wahrheitsgemäßen Aussage bzw. unparteiischen und gewissenhaften Gutachtenerstattung beinhalten.
~은 당사자, 증인 또는 감정인의 진실한 진술 내지 공평하고 양심적인 감정의무에 대한 침해를 규정한 형법의 구성요건에 해당하는 범죄로, 우리나라의 위증죄와는 차이가 있다. → Meineid (선서위반죄).

Aussageerpressung StGB 343 진술강요죄.
(1) Wer als Amtsträger, der zur Mitwirkung an
1. einem Strafverfahren, einem Verfahren zur Anordnung einer behördlichen Verwahrung,
2. einem Bußgeldverfahren oder
3. einem Disziplinarverfahren oder einem ehrengerichtlichen oder berufsgerichtlichen Verfahren
berufen ist, einen anderen körperlich mißhandelt, gegen ihn sonst Gewalt anwendet, ihm Gewalt androht oder ihn seelisch quält, um ihn zu nötigen, in dem Verfahren etwas auszusagen oder zu erklären oder dies zu unterlassen, wird mit Freiheitsstrafe von einem Jahr bis zu zehn Jahren bestraft.
다음 각호에 해당하는 절차에 참여하는 공무수행자로서 그 절차에서 일정한 사실을 진술 또는 설명하도록 강요하거나 이를 하지 아니하도록 강요하기 위하여 타인을 신체적으로 학대하거나, 기타 폭행을 가하거나 폭행을 고지하여 협박하거나 정신적으로 학대한 자는 1년 이상 10년 이하의 자유형

에 처한다.
1. 형사소송절차, 관청의 (수용)유치명령 절차, 2. 질서위반금 절차, 3. 징계절차나 명예법관·직업법관의 절차.

Aussagenotstand StGB 157(1) 진술 (위증)의 긴급피난 (긴급피난으로서의 허위진술).
(1) Hat ein Zeuge oder Sachverständiger sich eines Meineids oder einer falschen uneidlichen Aussage schuldig gemacht, so kann das Gericht die Strafe nach seinem Ermessen mildern und im Falle uneidlicher Aussage auch ganz von Strafe absehen, wenn der Täter die Unwahrheit gesagt hat, um von einem Angehörigen oder von sich selbst die Gefahr abzuwenden, bestraft oder einer freiheitsentziehenden Maßregel der Besserung und Sicherung unterworfen zu werden.
증인이나 감정인의 친족 또는 자신의 처벌이나 자유박탈적 개선·보안처분의 위험을 피하기 위해 선서위반 또는 선서없는 허위진술을 한 경우에는 형을 감경할 수 있으며, 선서없는 진술의 경우에는 그 형을 면제할 수 있다.

Ausscheiden GemO BW 31 퇴임.
(1) Aus dem Gemeinderat scheiden die Mitglieder aus, die die Wählbarkeit (§ 28) verlieren.
(기초)자치단체 의회의원이 피선거권을 상실할 경우(§28) 그 의원직을 상실한다.

Ausschlagung der Erbschaft BGB 1943 상속(재산)의 포기.
Der Erbe kann die Erbschaft nicht mehr ausschlagen, wenn er sie angenommen hat oder wenn die für die Ausschlagung vorgeschriebene Frist verstrichen ist;
상속인은 상속을 승인하였거나 또는 포기의 기간이 경과한 때에는 상속의 포기를 할 수 없다.

Ausschlagungsrecht (상속포기권)
→ Vererblichkeit des Ausschlagungsrechts (상속포기권의 상속성).

Ausschließliche Gesetzgebung
GG 71 배타적(전속적) 입법.

Im Bereiche der ausschließlichen Gesetzgebung des Bundes haben die Länder die
Befugnis zur Gesetzgebung nur, wenn und
soweit sie hierzu in einem Bundesgesetze
ausdrücklich ermächtigt werden.

연방의 배타적 입법영역에 있어서는 연방법
률이 명시적으로 권한을 위임한 경우에만
그리고 그 범위내에서만 州는 입법권을 갖
는다. ↔ Konkurrierende Gesetzgebung
(경합적 입법).

Ausschließlicher dinglicher Gerichts-
stand ZPO 24 전속적 물적 재판적.
(1) Für Klagen, durch die das Eigentum,
eine dingliche Belastung oder die Freiheit
von einer solchen geltend gemacht wird,
für Grenzscheidungs-, Teilungs- und Be-
sitzklagen ist, sofern es sich um unbewegliche Sachen handelt, das Gericht
ausschließlich zuständig, in dessen Bezirk
die Sache belegen ist.

부동산에 관한 소유권, 물적 부담 또는 그
면탈을 주장하는 소, 경계의 소, 분할의 소
및 점유의 소에 대해서는 그 부동산 소재지
의 법원이 전속관할을 가진다.

Ausschließung der Verteidigers
StPO 138a 변호인의 제척.
(1) Ein Verteidiger ist von der Mitwirkung in einem Verfahren auszuschließen,
wenn er dringend oder in einem die
Eröffnung des Hauptverfahrens rechtfer-
tigenden Grade verdächtig ist, daß er
1. an der Tat, die den Gegenstand der
Untersuchung bildet, beteiligt ist,
2. den Verkehr mit dem nicht auf freiem
Fuß befindlichen Beschuldigten dazu mißbraucht, Straftaten zu begehen oder die
Sicherheit einer Vollzugsanstalt erheblich
zu gefährden, oder
3. eine Handlung begangen hat, die für
den Fall der Verurteilung des Beschuldigten Begünstigung, Strafvereitelung oder
Hehlerei wäre.
(1) 변호인의 다음 각호의 사실이 유력하거

나 공판개시를 정당화할 정도의 혐의가 있
는 경우에는 소송절차의 참여에서 제척된다.
1. 그가 조사 대상이 되는 행위에 관여되어
있다는 사실,
2. 그가 신체구속을 당한 피의자와의 접견
을 남용하여 범죄를 행하고 또는 행형시설
의 안전을 현저히 위험하게 하는 사실,
3. 피의자의 유죄판결사건에 관련하여 범죄
비호죄, 범인은닉죄 또는 장물죄에 해당하
는 행위를 한 사실.

Ausschließung in Staatsschutzsachen
StPO 138b 국사범에 있어서의 제척.
Von der Mitwirkung in einem Verfahren,
das eine der in § 74a Abs.1 Nr.3 und
§120 Abs.1 Nr.3 des Gerichtsverfassungsgesetzes genannten Straftaten oder die
Nichterfüllung der Pflichten nach § 138
des Strafgesetzbuches hinsichtlich der
Straftaten des Landesverrates oder einer
Gefährdung der äußeren Sicherheit nach
den §§ 94 bis 96, 97a und 100 des Strafgesetzbuches zum Gegenstand hat, ist ein
Verteidiger auch dann auszuschließen,
wenn auf Grund bestimmter Tatsachen
die Annahme begründet ist, daß seine
Mitwirkung eine Gefahr für die Sicherheit
der Bundesrepublik Deutschland herbeiführen würde.

법원조직법 §74a(1) 제3호, §120(1)의 범죄
행위 또는 국가기밀누설반역죄에 관한 형법
§138의 의무불이행(범죄불고지), 형법 §94-
96, §97a, §100의 외환의 죄를 대상으로 하
는, 대외적 존립을 위태롭게 하는 죄를 대
상으로 하는 소송절차에서 변호인의 관여가
독일연방공화국의 안전에 대한 위험을 초래
할 것이라고 믿을 만한 일정한 사유가 있는
때에는 그 변호인은 제척된다.

Ausschluß der Meistbegünstigungsbe-
handlung ZG 22 최혜국대우의 배제.
Die Bundesregierung kann durch Rechtsverordnung Länder, die keine Meistbe-
günstigung für Zölle beanspruchen können,
denen diese aber auonom gewährt wird,
von der Meistbegünstigungsbehandlung
ausschließen, wenn sie damit zwischen-

staatliche Verpflichtungen im Rahmen der Europäischen Gemeinschaften erfüllt.
자동적으로 최혜국이 부여되지만 관세에 대한 최혜국을 요구할 수 없는 나라에 대하여 연방정부는 그로 인해 유럽공동체의 범위내에 있어서 국제간의 의무를 이행하는 때에는 법규명령으로 최혜국대우를 배제할 수 있다.

Ausschluß eines Richters kraft Gesetzes StPO 22 판사의 제척(사유).
Ein Richter ist von der Ausübung des Richteramtes kraft Gesetzes ausgeschlossen,
1. wenn er selbst durch die Straftat verletzt ist;
2. wenn er Ehegatte, Vormund oder Betreuer des Beschuldigten oder des Verletzten ist oder gewesen ist;
3. wenn er mit dem Beschuldigten oder mit dem Verletzten in gerader Linie verwandt oder verschwägert, in der Seitenlinie bis zum dritten Grad verwandt oder bis zum zweiten Grad verschwägert ist oder war;
4. wenn er in der Sache als Beamter der Staatsanwaltschaft, als Polizeibeamter, als Anwalt des Verletzten oder als Verteidiger tätig gewesen ist;
5. wenn er in der Sache als Zeuge oder Sachverständiger vernommen ist.
판사는 다음 각호에 해당하는 경우에는 그의 직무행사가 제척된다.
1. 판사자신이 피해자인 경우,
2. 판사가 피의자 또는 피해자의 배우자, 연인, 후견인 또는 성년후견인이거나 그러한 관계가 있었던 경우,
3. 판사가 피의자나 피해자의 직계혈족 또는 인척, 3촌까지의 방계혈족 또는 2촌까지의 방계인척이거나 그러한 관계가 있었던 경우,
4. 판사가 사건에 관하여 검찰공무원, 경찰관, 피해자의 변호사 또는 변호인으로서 활동한 경우,
5. 판사가 사건에 관하여 증인 또는 감정인으로서 신문을 받은 경우.

Ausschluß jeder Gewaltherrschaft und Willkürherrschaft StGB 92(2) Nr.6 전제정치(專制政治)와 독재정치의 배제 (Verfassungs grundsätze).

Ausschluß wegen Mitwirkung in früheren Verfahren StPO 23 전심재판에 참여한 경우의 제척.
(1) Ein Richter, der bei einer durch ein Rechtsmittel angefochtenen Entscheidung mitgewirkt hat, ist von der Mitwirkung bei der Entscheidung in einem höheren Rechtszug kraft Gesetzes ausgeschlossen.
상소가 제기된 재판에 참여하였던 판사는 법률에 의하여 상급심재판의 참여가 제척된다.

Ausschlußfrist BGB 462 제척기간.
Das Wiederkaufsrecht kann bei Grundstücken nur bis zum Ablauf von 30, bei anderen Gegenständen nur bis zum Ablauf von drei Jahren nach der Vereinbarung des Vorbehalts ausgeübt werden.
환매권은 그 유보의 약정후 부동산의 경우에는 30년 이내, 기타의 목적물을 3년 이내에만 행사될 수 있다.

Ausschlußurteil ZPO 1017 제권판결.
In dem Ausschlussurteil ist die Urkunde für kraftlos zu erklären.
제권판결에서는 증서의 무효선언을 한다.
Das Ausschlussurteil ist seinem wesentlichen Inhalt nach durch den elektronischen Bundesanzeiger bekannt zu machen.
제권판결은 그 중요한 내용을 연방전자관보를 통해 고시하여야 한다.

Ausschreibung 수배공고; 공시(고시, 공고), 기록(작성).
→ Ausschreibung zur Festnahme (체포를 위한 수배공고)(→ Steckbriefliche Ermittlungen 지명수배수사).
→ Ausschreibung zur polizeilichen Beobachtung. (경찰감시를 위한 수배공고).
→ Öffentliche Ausschreibung (고시).
→ Teilzeitarbeitsplatz (단시간 일자리).
→ Wettbewerbsbeschränkende Absprachen bei Ausschreibungen. (공시에 있어서 경쟁

제한적 답합죄).

Ausschreibung zur polizeilichen Beobachtung StPO 163e 경찰감시를 위한 수배공고.
(1) Die Ausschreibung zur Beobachtung anläßlich von polizeilichen Kontrollen, die die Feststellung der Personalien zulassen, kann angeordnet werden, wenn zureichende tatsächliche Anhaltspunkte dafür vorliegen, daß eine Straftat von erheblicher Bedeutung begangen wurde.
매우 중대한 범죄행위가 행하여졌다는 충분한 사실적 근거가 존재하는 경우 인적 사항의 확인이 허용된 경찰검문시 감시를 위한 수배공고를 명할 수 있다.
(3) Im Falle eines Antreffens können auch personenbezogene Daten eines Begleiters der ausgeschriebenen Person oder des Führers eines ausgeschriebenen Kraftfahrzeugs gemeldet werden.
검문시 기록된 자의 동행인 및 기록차량 운전자의 개인데이터(정보)도 보고할 수 있다.

Ausschreibungsbetrug 광고사기.
→ Strafbare Werbung (가벌적 광고죄).

Ausschuß BTGO 62 위원회.
(1) Die Ausschüsse sind zu baldiger Erledigung der ihnen überwiesenen Aufgaben verpflichtet.
위원회는 위원회에 회부된 임무에 대한 조속한 해결의 의무가 있다.
→ Ständiger Ausschuß und Sonderausschuß (상설위원회 및 특별위원회).

Ausschuß für EU-Angelegenheiten GG 45 유럽연합(분과)위원회.
(1) Der Bundestag bestellt einen Ausschuß für die Angelegenheiten der Europäischen Union. Er kann ihn ermächtigen, die Rechte des Bundestages gemäß Artikel 23 gegenüber der Bundesregierung wahrzunehmen.
연방하원은 유럽연합위원회를 설치한다. 연방하원은 연방정부에 대하여 제23조에 의한 연방하원의 권리를 주장할 권한을 당해 위

원회에 부여할 수 있다.
→ Europakammer (유럽심의회).

Außenbeschäftigung StVollzG 11(1) Nr. 1 외부노역 (교도소 밖에서 교도의 감독하에) → Lockerungen des Vollzugs (행형의 완화).

Außenprüfung AO 193, 194 임장조사 (실지조사); 기업조사.
(1) Eine Außenprüfung ist zulässig bei Steuerpflichtigen, die einen gewerblichen oder land- und forstwirtschaftlichen Betrieb unterhalten oder die freiberuflich tätig sind. (193)
임장조사는 영업상 또는 농림업상의 경영을 하는 조세의무자 또는 자유업으로 활동하는 조세의무자에 대하여 허용된다.
(1) Die Außenprüfung dient der Ermittlung der steuerlichen Verhältnisse des Steuerpflichtigen. (194)
임장조사는 조세의무자의 과세사정을 조사하는 데에 있다.
→ Betriebsprüfungsordnung (기업조사규칙).

Außenstehender Aktionär AktG 307 외부주주.
Hat die Gesellschaft im Zeitpunkt der Beschlußfassung ihrer Hauptversammlung über einen Beherrschungs- oder Gewinnabführungsvertrag keinen außenstehenden Aktionär, so endet der Vertrag spätestens zum Ende des Geschäftsjahrs, in dem ein außenstehender Aktionär beteiligt ist.
회사가 지배계약 또는 이익지급계약에 관한 주주총회의 결의시에 외부사원을 갖지 아니한 경우에 계약은 늦어도 외부주주가 참여한 영업연도의 종료시에 종료한다.

Außensteuergesetz AStG 1 대외조세법. (Gesetz über die Besteuerung bei Auslandsbeziehungen) (1972.9.8) (BGBl. I S. 1713)
(1) Werden Einkünfte eines Steuerpflichtigen aus einer Geschäftsbeziehung zum Ausland mit einer ihm nahe stehenden

Person dadurch gemindert, dass er seiner Einkünfteermittlung andere Bedingungen, insbesondere Preise (Verrechnungspreise), zugrunde legt, als sie voneinander unabhängige Dritte unter gleichen oder vergleichbaren Verhältnissen vereinbart hätten (Fremdvergleichsgrundsatz), sind seine Einkünfte unbeschadet anderer Vorschriften so anzusetzen, wie sie unter den zwischen voneinander unabhängigen Dritten vereinbarten Bedingungen angefallen wären.

납세의무자가 외국과의 거래간계에서 특수관계인과 함께 독립적인 제3자와 동일한 또는 비교가능한 내용을 합의했을 다른 조건(제3자간 비교원칙), 특히 가격(이전가격)을 수입조사의 기초로 함으로써 그의 수입이 감소된 경우에 그의 수입은 다른 규정에도 불구하고 서로 독립적인 제3자 사이에 합의된 조건하에 이루어진 것과 같이 사정할 수 있다.

Außenwirtschaftsgesetz AWG 1
대외경제법. (2006.6.26) (BGBl. I S. 1386)

Außenwirtschaftsverkehr AWG 1
대외경제거래.
(1) Der Waren-, Dienstleistungs-, Kapital-, Zahlungs- und sonstige Wirtschaftsverkehr mit fremden Wirtschaftsgebieten sowie der Verkehr mit Auslandswerten und Gold zwischen Gebietsansässigen (Außenwirtschaftsverkehr) ist grundsätzlich frei.
외국 경제지역과의 상품, 용역, 자본, 지급 기타 경제거래 및 대외자산거래와 지역거주자 사이에 금거래는 원칙적으로 자유이다(대외경제거래).

Außer-Geltung-Setzen StGB 92, Nr.3
효력상실.
헌법상의 제원칙의 효력을 상실하게 하는 노력 (Bestrebungen gegen Verfassungsgrundsätze).

Außerordentliche fristlose Kündigung aus wichtigem Grund BGB 543

중대한 사유로 인한 특별즉시해지.
(1) Jede Vertragspartei kann das Mietverhältnis aus wichtigem Grund außerordentlich fristlos kündigen.
Ein wichtiger Grund liegt vor, wenn dem Kündigenden unter Berücksichtigung aller Umstände des Einzelfalls, insbesondere eines Verschuldens der Vertragsparteien, und unter Abwägung der beiderseitigen Interessen die Fortsetzung des Mietverhältnisses bis zum Ablauf der Kündigungsfrist oder bis zur sonstigen Beendigung des Mietverhältnisses nicht zugemutet werden kann.
각 당사자는 중대한 사유를 이유로 임대차를 즉시 특별해지할 수 있다.
중대한 사유는 해지자에게 개별사안의 모든 사정 특히 당사자들의 귀책사유를 고려하고, 또한 쌍방의 이익을 형량할 때 해지기간의 경과시 또는 기타의 임대차 종료시까지 임대차관계의 계속을 기대할 수 없는 경우를 말한다.

Außerordentliche Kündigung
KSchG 13 특별해고.
(1) Die Vorschriften über das Recht zur außerordentlichen Kündigung eines Arbeitsverhältnisses werden durch das vorliegende Gesetz nicht berührt. Die Rechtsunwirksamkeit einer außerordentlichen Kündigung kann jedoch nur nach Maßgabe des § 4 Satz 1 und der §§ 5 bis 7 geltend gemacht werden.
근로관계의 특별해고에 관한 법규정은 본 법률(해고제한법)에 저촉되지 않는다. 특별해고의 법적 무효는 제4조 1문, 제5-7조의 기준에 의하여만 적용될 수 있다.
Stellt das Gericht fest, dass die außerordentliche Kündigung unbegründet ist, ist jedoch dem Arbeitnehmer die Fortsetzung des Arbeitsverhältnisses nicht zuzumuten, so hat auf seinen Antrag das Gericht das Arbeitsverhältnis aufzulösen und den Arbeitgeber zur Zahlung einer angemessenen Abfindung zu verurteilen.
법원이 특별해고의 사유가 없는 것으로 판결했지만, 근로자에게 근로관계의 계속을

기대할 수 없다면 법원은 그 신청에 따라 근로관계를 종료시키고 사용자에게 적절한 보상일시금을 지불하도록 판결하여야 한다.

Außerordentlicher Rechtsbehelf

StPO 356a 법률상의 비상구제.

Hat das Gericht bei einer Revisionsentscheidung den Anspruch eines Beteiligten auf rechtliches Gehör in entscheidungserheblicher Weise verletzt, versetzt es insoweit auf Antrag das Verfahren durch Beschluss in die Lage zurück, die vor dem Erlass der Entscheidung bestand.

법원이 상고재판에서 관계인의 법적 청문권을 재판에 중대한 방법으로 침해하였을 경우, 법원은 신청에 의해 결정으로 절차를 재판의 선고 이전의 상태로 복귀시킨다.

→ Nachholung der Anhörung (진술청취의 보완).

Äußerung StPO 231a 진술 (의견표현).

Ist der Angeklagte zur Äußerung bereit, StPO 243(4) 피고인이 진술을 하려고 하는 경우.

sich schriftlich äußern StPO 136(3) 서면으로 진술하다.

Recht sich zur Beschuldigung zu äußern oder nicht zur Sache auszusagen. (StPO 115(3); 136) 피의사실에 대한 진술권이나 진술거부권.

Aussetzung StGB 221 유기죄.

(1) Wer einen Menschen

1. in eine hilflose Lage versetzt oder 2. in einer hilflosen Lage im Stich läßt, obwohl er ihn in seiner Obhut hat oder ihm sonst beizustehen verpflichtet ist, und ihn dadurch der Gefahr des Todes oder einer schweren Gesundheitsschädigung aussetzt, wird mit Freiheitsstrafe von drei Monaten bis zu fünf Jahren bestraft.

요부조자를 자기의 숙소에 두거나 아니면 그를 조력할 의무가 있는 자가 1. 요부조자를 유기하거나 2. 그를 요부조의 상태로 방치함으로써 그로 이하여 요부조자를 생명 또는 중한 건강상해의 위험에 빠지게 한 경우에는 3개월 이상 5년 이하의 자유형에 처

한다.

Aussetzung der Vollstreckung des Strafrestes StPO 454 잔여형 집행의 연기 (가석방).

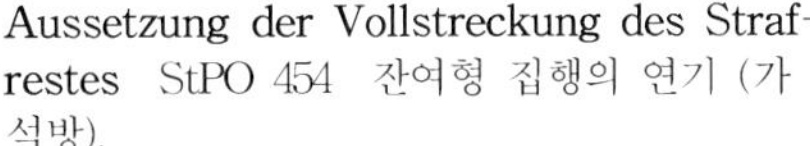

(1) Die Entscheidung, ob die Vollstreckung des Restes einer Freiheitsstrafe zur Bewährung ausgesetzt werden soll (§§ 57 bis 58 des Strafgesetzbuches) sowie die Entscheidung, daß vor Ablauf einer bestimmten Frist ein solcher Antrag des Verurteilten unzulässig ist, trifft das Gericht ohne mündliche Verhandlung durch Beschluß.

보호관찰을 위한 자유형의 잔여형의 집행을 연기할 것인지의 여부 및 일정기간의 경과 전에는 형의 선고를 받은 자가 그러한 신청을 할 수 없다는 재판은 법원이 구두변론없이 결정으로 한다.

Aussetzung des Berufsverbots

StGB 70a 직업금지의 유예.

Ergibt sich nach Anordnung des Berufsverbots Grund zu der Annahme, daß die Gefahr, der Täter werde erhebliche rechtswidrige Taten der in §70 Abs.1 bezeichneten Art begehen, nicht mehr besteht, so kann das Gericht das Verbot zur Bewährung aussetzen.

직업금지명령 이후 행위자가 더 이상 제70조 제1항(→Anordnung des Berufsverbot)에 기재한 종류의 중대한 위법행위를 범할 위험이 없다고 인정할만한 사유가 있는 때에는 법원은 보호관찰을 조건으로 직업금지를 유예할 수 있다.

Aussetzung des Strafrestes bei lebenslanger Freiheitsstrafe StGB 57a 무기자유형에 있어서 잔여형의 연기.

(1) Das Gericht setzt die Vollstreckung des Restes einer lebenslangen Freiheitsstrafe zur Bewährung aus, wenn

1. fünfzehn Jahre der Strafe verbüßt sind,
2. nicht die besondere Schwere der Schuld des Verurteilten die weitere Vollstreckung gebietet und
3. die Voraussetzungen des § 57 Abs. 1

Satz 1 Nr. 2 und 3 vorliegen.
(1) 법원은 다음 각호에 해당하는 경우에는 보호관찰을 조건으로 무기자유형의 잔여형의 집행을 유예한다.
1. 15년 이상 복역한 경우,
2. 형의 선고를 받은 자의 특히 중한 책임으로 보아 더 이상의 집행을 계속해야 할 이유가 없는 경우,
3. 형법 제57조 제1항 제1문 제2호(공공의 안전에 대한 책임)와 제3호(형의 선고를 받은 자의 동의)의 요건이 있는 경우.

Aussetzung des Strafrestes bei lebenslanger Freiheitsstrafe als Gesamtstrafe StGB 57b 병합형인 무기자유형의 잔여형의 연기.

Ist auf lebenslange Freiheitsstrafe als Gesamtstrafe erkannt, so werden bei der Feststellung der besonderen Schwere der Schuld (§57a Abs.1 Satz 1 Nr.2) die einzelnen Straftaten zusammenfassend gewürdigt.
병합형으로서 무기자유형이 선고된 경우 특히 중한 책임의 존부(제57조의 a 제1항 제1문 제2호)를 확정함에 있어서는 개개의 범죄행위를 포괄하여 평가한다.

Aussetzung des Strafrestes bei zeitiger Freiheitsstrafe StGB 57 유기자유형에 있어서 잔여형의 연기.
(1) Das Gericht setzt die Vollstreckung des Restes einer zeitigen Freiheitsstrafe zur Bewährung aus, wenn
1. zwei Drittel der verhängten Strafe, mindestens jedoch zwei Monate, verbüßt sind,
2. dies unter Berücksichtigung des Sicherheitsinteresses der Allgemeinheit verantwortet werden kann, und
3. die verurteilte Person einwilligt.
(1) 법원은 다음 각호의 요건을 충족하는 경우 보호관찰을 조건으로 유기자유형의 형기중 잔여형의 집행을 유예한다.
1. 적어도 2개월 이상인 선고형의 3분의 2를 경과한 경우,
2. 공공의 안전의 이익을 고려하여 볼 때 책임질 수 있는 경우,

3. 형의 선고를 받은 자가 동의한 경우.
Bei der Entscheidung sind insbesondere die Persönlichkeit der verurteilten Person, ihr Vorleben, die Umstände ihrer Tat, das Gewicht des bei einem Rückfall bedrohten Rechtsguts, das Verhalten der verurteilten Person im Vollzug, ihre Lebensverhältnisse und die Wirkungen zu berücksichtigen, die von der Aussetzung für sie zu erwarten sind.
(잔여형의 연기)의 결정시에는 특히 형의 선고를 받은 자의 인격, 전력, 행위상황, 누범시 법익의 크기, 형의 선고를 받은 자의 행형태도, 생활환경 및 잔여형의 연기를 통하여 기대할 수 있는 효과 등이 고려되어야 한다.

Aussetzung des Vollzugs des Haftbefehls StPO 116 구속영장집행의 유예.
(1) Der Richter setzt den Vollzug eines Haftbefehls, der lediglich wegen Fluchtgefahr gerechtfertigt ist, aus, wenn weniger einschneidende Maßnahmen die Erwartung hinreichend begründen, daß der Zweck der Untersuchungshaft auch durch sie erreicht werden kann.
보다 경한 처분에 의해 도주의 위험으로 인정된 미결구금의 목적을 달성할 수 있다고 충분히 기대되는 경우에는 판사는 구속영장의 집행을 유예할 수 있다.
보다 경한 처분에는 1. 보고의무(Meldepflicht), 2. 주거제한(Aufenthaltsbschränkung), 3. 감시하의 외출(Die Weisung, die Wohnung nu unter Aufsicht zu verlassen 4. 담보의 이행(Sicherheitsleistung) 등이 규정되어 있다.

Aussetzung und Unterbrechung einer Hauptverhandlun StPO 228 공판의 연기 및 중단.
(1) Über die Aussetzung einer Hauptverhandlung oder deren Unterbrechung nach § 229 Abs. 2 entscheidet das Gericht. Kürzere Unterbrechungen ordnet der Vorsitzende an.
제229조 제2항(30일까지의 중단)에 의한 공판의 연기나 중단에 대하여는 법원이 재판

한다. 비교적 단기간의 중단은 재판장이 명한다.

Aussetzung zugleich mit der Anordnung
StGB 67b 명령과 동시에 유예.
(1) Ordnet das Gericht die Unterbringung in einem psychiatrischen Krankenhaus oder einer Entziehungsanstalt an, so setzt es zugleich deren Vollstreckung zur Bewährung aus, wenn besondere Umstände die Erwartung rechtfertigen, daß der Zweck der Maßregel auch dadurch erreicht werden kann.
법원이 정신병원이나 금단시설수용을 명하는 경우에 특별한 사정을 보아 그 처분의 목적을 달성할 수 있다고 기대되는 경우에는 보호관찰을 조건으로 동시에 그 집행을 유예할 수 있다.

Aussichtsstelle bei Führungsaufsicht
StPO 463a 행장감독의 경우에 감독관청.
→ Rechte und Zuständigkeit der Aufsichtsstellen.

Aussonderung InsO 47 환취권.
Wer auf Grund eines dinglichen oder persönlichen Rechts geltend machen kann, daß ein Gegenstand nicht zur Insolvenzmasse gehört, ist kein Insolvenzgläubiger.
물권 또는 채권을 근거로 목적물이 도산재단에 속하지 아니한다고 주장하는 자는 도산채권자가 아니다.
Sein Anspruch auf Aussonderung des Gegenstands bestimmt sich nach den Gesetzen, die außerhalb des Insolvenzverfahrens gelten. 목적물에 대한 환취의 청구권은 도산절차 이외의 적용법률에 의하여 규율된다.

Ausspähen von Daten StGB 202a 데이터탐지죄.
(1) Wer unbefugt Daten, die nicht für ihn bestimmt und die gegen unberechtigten Zugang besonders gesichert sind, sich oder einem anderen verschafft, mit Freiheitsstrafe bis zu drei Jahren oder mit Geldstrafe bestraft.

자신을 위한 것이 아닌, 권한 없는 접근으로부터 특히 보장된 데이터를 권한 없이 자신 또는 제3자를 위해 취득한 자는 3년 이하의 자유형이나 벌금형에 처한다.
(2) Daten im Sinne des Absatzes 1 sind solche, die elektornisch, magnetische oder sonst nicht unmittelbar wahrnehmbar gespeichert sind übermittelt werden.
제1항의 데이터는 전기적, 전자적으로 또는 달리는 직접 인식할 수 없도록 저장되거나 전송되는 데이터만을 말한다.

Ausspähung
→ Landesverräterische Ausspähung.

Aussperrung 직장폐쇄.
~ ist eine Maßnahme des Arbeitskampfs; sie besteht darin, daß der Arbeitgeber das Arbeitsverhältnis mit dem Arbeitnehmer aufhebt.
직장폐쇄는 사용자가 근로자와의 근로관계를 폐지하는 쟁의행위의 조치.
→ Betriebsstillegung (휴업).

Ausspielvertrag
→ Lotterie- und Ausspielvertrag (복권계약 및 경품계약).

Aussprache BTGO 23 토의.
Der Präsident hat über jeden Verhandlungsgegenstand, der auf der Tagesordnung steht, die Aussprache zu eröffnen, wenn sie nicht unzulässig oder an besondere Bedingungen geknüpft ist.
의장은 토의가 금지되거나 또는 특별한 조건에 기속되는 경우가 아닐 때에는 의사일정에 기재된 각 안건에 관하여 토의하도록 하여야 한다.

Aussprache der Unzuständigkeit durch mehrere Gerichte StPO 19 수개의 법원에 의한 관할위반의 선언.
← negativer Zuständigkeitsstreit (소극적 관할쟁의).
StPO 19 Haben mehrere Gerichte, von denen eines das zuständige ist, durch Entscheidungen, die nicht mehr anfechtbar

sind, ihre Unzuständigkeit ausgesprochen, so bezeichnet das gemeinschaftliche obere Gericht das zuständige Gericht.
수개의 법원이 이미 다툴 수 없는 결정으로 관할권이 없다고 선언하였으나 그 중 하나의 법원이 관할을 가져야 할 때에는 공통상급법원이 관할법원을 지정한다.
ZPO 36 Nr.6 Gerichtliche Bestimmung der Zuständigkeit (법원에 의한 관할지정).
(1) Das zuständige Gericht wird durch das im Rechtszug zunächst höhere Gericht bestimmt:
다음의 경우에는 직근상급법원이 관할법원을 지정한다.
6. wenn verschiedene Gerichte, von denen eines für den Rechtsstreit zuständig ist, sich rechtskräftig für unzuständig erklärt haben.
수개의 다른 법원이 스스로 관할이 없음을 확정재판으로 선언하였으나, 그 중 하나의 법원이 그 소송에 있어서 관할을 가져야만 할 때.

Ausstattung des Haftraums und sein persönlicher Besitz StVollzG 19 거실 장식과 개인소지물.
Der Gefangene darf seinen Haftraum in angemessenem Umfang mit eigenen Sachen ausstatten.
수형자는 자신의 물건으로 상당한 정도로 그의 거실을 장식할 수 있다.
Lichtbilder nahestehender Personen und Erinnerungsstücke von persönlichem Wert werden ihm belassen.
가까운 사람들의 사진 및 개인적 가치가 있는 기념물은 그에게 간직하도록 한다.

Ausstattung mit Hilfsmitteln StVollzG 61 보조물 지급(신체적 장애).
→ Art und Umfang der Leistungen(지급의 종류와 범위)에 대하여는 Sozialgesetz의 규정을 준용한다.

Ausstellen unrichtiger Gesundheitszeugnisse StGB 278 허위건강진단서 발급죄.
Ärzte und andere approbierte Medizinalpersonen, welche ein unrichtiges Zeugnis über den Gesundheitszustand eines Menschen zum Gebrauch bei einer Behörde oder Versicherungsgesellschaft wider besseres Wissen ausstellen, werden mit Freiheitsstrafe bis zu zwei Jahren oder mit Geldstrafe bestraft.
의사와 기타 면허를 받은 의료인이 관청이나 보험회사에서 사용하기 위하여 그 양식에 반하여 사람의 건강상태에 관하여 부정한 증명을 발급한 자는 2년 이하의 자유형 또는 벌금형에 처한다.
이는 내용상의 부정을 말하며 형식적인 위조는 건강진단서위조죄(Fälschung von Gesundheitszeugnissen StGB §277).
→ Gebrauch unrichtiger Gesundheitszeugnisse.

Aussteller StGB 267, 269 작성자(인); 발행인 ScheckG 12.
→ Haftung des Ausstellers.

Ausstellung eines Passes PaßG 6 여권의 발급.
(1) Der Pass wird auf Antrag ausgestellt.
여권은 신청에 의해 발급된다.

Ausstellungsrecht UrhG 18 전시권.
Das Ausstellungsrecht ist das Recht, das Original oder Vervielfältigungsstücke eines unveröffentlichten Werkes der bildenden Künste oder eines unveröffentlichten Lichtbildwerkes öffentlich zur Schau zu stellen.
전시권이란 미공표된 미술저작물 또는 미공표된 사진저작물의 원본 또는 복제본을 공연히 전시하는 권리이다.

Ausstrahlungswirkung 방사효과.
Im Wertordungsmodell gilt das grundrechtliche Wertsystem als verfassungsrechtliche Grundentscheidung für alle Bereiche des Rechts. Die Grundrechte strahlen in die gesamte Rechtsordnung aus.
가치질서모델에서 기본권의 가치체계는 모든 법영역에 대한 헌법적 기본결단이다. 기본권은 전체법질서로 방사된다.

Austeilende Gerechtigkeit (iustitia dis-

tributiva) 배분적 정의.
Die ~ besteht in der Bereitschaft der Gemeinschaft bzw. ihrer Führung, jedem einzelnen Glied der Gemeinschaft und allen Teilgemeinschaften das Ihre an Gemeinschaftsgütern und -lasten zukommen zu lassen, und im entsprechenden Verhalten.
~는 공동체의 구성원 및 모든 부분공동체에 공동체의 재화와 부담에 대한 자신의 것을 갖게 하는 공동체의 준비 내지는 지도 및 그에 상응하는 행태에 있다.

Austritt aus dem Verein BGB 39 사단으로부터의 탈퇴.
(1) Die Mitglieder sind zum Austritt aus dem Verein berechtigt.
사원은 사단으로부터 탈퇴할 권리가 있다.

Ausübender Künstler UrhG 73 실연예술가.
Ausübender Künstler im Sinne dieses Gesetzes ist, wer ein Werk oder eine Ausdrucksform der Volkskunst aufführt, singt, spielt oder auf eine andere Weise darbietet oder an einer solchen Darbietung künstlerisch mitwirkt.
본법(저작권법)에서 실연예술가는 저작물 또는 민중예술의 표현형태를 공연, 노래, 연기하거나 기타 방법으로 표현하거나 또는 그러한 표현에 예술적으로 협력하는 자이다.

Ausübung der elterlichen Sorge BGB 1627 친권의 행사.
Die Eltern haben die elterliche Sorge in eigener Verantwortung und in gegenseitigem Einvernehmen zum Wohl des Kindes auszuüben. Bei Meinungsverschiedenheiten müssen sie versuchen, sich zu einigen.
부모는 자신의 책임하에 상호간 합의하여 자의 복리에 맞도록 친권을 공동으로 행사한다. 부모간에 의견이 서로 다를 때에는 의견의 일치를 보도록 우선 노력하지 않으면 안된다.

Ausübung der verboten Prostitution StGB 184d 상습 매음행사죄.

Wer einem durch Rechtsverordnung erlassenen Verbot, der Prostitution an bestimmten Orten überhaupt oder zu bestimmten Tageszeiten nachzugehen, beharrlich zuwiderhandelt, wird mit Freiheitsstrafe bis zu sechs Monaten oder mit Geldstrafe bis zu ein hundertachtzig Tagessätzes bestraft.
주로 특정한 지역에서 또는 특정한 시간에 매음을 금지한 법규명령을 집요하게 위반한 자는 6개월 이하의 자유형 또는 180일분 이하의 일수벌금형에 처한다.
→ 질서위반법 §120(1) 제1호의 단순 매음금지위반죄는 Verbotene Ausübung der Prostitution.

Auswahl StPO 73; StPO 142 선정.
(1) Die Auswahl der zuzuziehenden Sachverständigen und die Bestimmung ihrer Anzahl erfolgt durch den Richter.
소환할 감정인의 선정 및 그 인원수의 결정은 판사가 한다.
(1) Der zu bestellende Verteidiger wird durch den Vorsitzenden des Gerichts möglichst aus der Zahl der in dem Gerichtsbezirk niedergelassenen Rechtsanwälte ausgewählt.
법원의 재판장은 가능한 한, 당해 법원관할구역에 정주하는 변호사중에서 선임될 변호인을 정한다.

Auswärtige Beziehung GG 32 외교관계.
Die Pflege der Beziehungen zu auswärtigen Staaten ist Sache des Bundes.
외교관계의 처리는 연방의 사무이다.

Auswärtige Strafkammer GVG 78 파견형사부.
(1) Die Landesregierungen werden ermächtigt, durch Rechtsverordnung wegen großer Entfernung zu dem Sitz eines Landgerichts bei einem Amtsgericht für den Bezirk eines oder mehrerer Amtsgerichte eine Strafkammer zu bilden und ihr für diesen Bezirk die gesamte Tätigkeit der Strafkammer des Landgerichts

oder einen Teil dieser Tätigkeit zuzu-
weisen.
주정부는 법규명령으로 주법원 소재지로부
터 현저한 거리를 이유로 구법원에 하나 또
는 수개의 구법원의 관할구역을 위한 형사
부를 설치하고 그곳에 관할구역을 위하여
주법원 형사부의 전체 또는 일정부분의 업
무를 배정할 수 있다.

Auswärtiger Dienst → Vertrauensbruch
im auswärtigen Dienst.

Ausweispapieren
→ Mißbrauch von Ausweispapieren.

Auszug → Ausfertigung und Auszug.

Authentische Interpretation 유권해석.
~ ist die Auslegung eines Rechtssatzes
oder einer sonstigen Bestimmung durch
ihren Urheber.
법규나 기타 규정의 그 제정자에 의한 해석.

Automatische Nebenfolgen StGB 45
자동적 부대효과 → Amtsfähigkeit, Wählbarkeit, Stimmrecht (Verlust der ~).

Automatisierte Einzelentscheidung
BDSG 6a 자동화된 개별결정.
(1) Entscheidungen, die für den Betroffenen eine rechtliche Folge nach sich ziehen oder ihn erheblich beeinträchtigen,
dürfen nicht ausschließlich auf eine automatisierte Verarbeitung personenbezogener
Daten gestützt werden, die der Bewertung
einzelner Persönlichkeitsmerkmale dienen.
관련자에게 법적 효과가 도출되거나 현저하
게 그를 침해하는 결정들은 개인의 인격표
지의 평가에 기여하는 개인데이터의 자동화
된 처리에 전적으로 의지해서는 안된다.

Automatisierte Verarbeitung
BDSG 3(2), 3(4) 자동화된 처리(생산).
(2) Automatisierte Verarbeitung ist die
Erhebung, Verarbeitung oder Nutzung per-
sonenbezogener Daten unter Einsatz von
Datenverarbeitungsanlagen.

Eine nicht automatisierte Datei ist jede
nicht automatisierte Sammlung personenbezogener Daten, die gleichartig aufgebaut
ist und nach bestimmten Merkmalen zugänglich ist und ausgewertet werden kann.
(§ 3)
자동화된 처리(생산)는 정보처리기를 이용
한 개인데이터의 수집, 처리(생산) 또는 이
용을 말한다.
비자동화된 데이터축적장치(화일)는 동일한
방법으로 작성이 되고 특정한 표시에 따라
접근할 수 있고 활용할 수 있는 모든 비자
동화된 개인데이터의 모음을 말한다.
(4) Verarbeiten ist das Speichern, Verändern, Übermitteln, Sperren und Löschen
personenbezogener Daten. Im Einzelnen ist,
ungeachtet der dabei angewendeten Verfahren. (§ 3)
처리란 그 개별적인 적용절차와 관계없이
개인정보의 저장, 변경, 전송, 차단 및 삭제
를 말한다.

Automatisiertes Verfahren (Abruf)
StPO 493 자동화된 절차(검색).
(1) Die Übermittlung der Daten erfolgt im
Wege eines automatisierten Abrufverfahrens oder eines automatisierten Anfrage-
und Auskunftsverfahrens, im Falle einer
Störung der Datenfernübertragung oder
bei außergewöhnlicher Dringlichkeit tele-
fonisch oder durch Telefax.
데이터의 전송은 원격데이터중계의 장해가
있거나 또는 전화 또는 팩스에 의한 비정상
적인 긴박한 경우에 자동화된 검색절차 또
는 자동화된 조회 및 정보절차의 방법으로
이루어진다.
→ Einrichtung automatisierter Abrufverfahren (자동화된 검색절차).
→ Übermittlung im automatisierten Verfahren (자동화된 절차에서의 전송).

Auxillium post factum StGB 258 사후
종범 → Strafvereitelung (범인은닉죄).

Aval (franz.) → Wechselbürgschaft (어음
보증).

AWG → Außenwirtschaftsgesetz (대외경제법).

Axiologie = Wertlehre 가치론.

B

Bagatelldelikt 경미범죄. → Eigentliches Bagatelldelikt (진정경미범죄).

Bahnverkehr
→ Gefährliche Eingriffe in den Bahn-, Schiffs-, Luftverkehr (철도, 선박 및 항공 교통의 공격죄).
→ Gefährdung des Bahn-, Schiffs- und Luftverkehrs (궤도, 선박 및 항공교통의 위태화죄).

BAK = Blutalkohlkonzentration
(promille) StVG 24a; StGB 315c 혈중알콜농도.
알콜로 인한 운전부적격은 혈중알콜농도(BAK)가 0.5-1.0 Promille이다(0,5 Promille-Grenze 한계법칙). 따라서 1.1 Promille는 절대적 운전부적격이다. 최근에는 흡입공기 중 알코올농도가 0,25 mg/l 이상인 경우도 추가되었다.
(1) Ordnungswidrig handelt, wer im Straßenverkehr ein Kraftfahrzeug führt, obwohl er 0,25 mg/l oder mehr Alkohol in der Atemluft oder 0,5 Promille oder mehr Alkohol im Blut oder eine Alkoholmenge im Körper hat, die zu einer solchen Atem- oder Blutalkoholkonzentration führt.
흡입공기중 알코올이 0,25 mg/l 이상이거나 또는 혈중알코올이 0.5% 이상이거나 또는 이러한 흡입알코올농도나 혈중 알코올농도에 해당하는 알코올양을 체내에 갖고 있음에도 불구하고 도로교통에 있어서 자동차를 운전한 자는 질서위반자로 한다.
→ Trunkenheit im Verkehr (명정운전죄).

Bandendiebstahl StGB 244(1) Nr.2 범죄단체절도죄.
(1) Mit Freiheitsstrafe von sechs Monaten bis zu zehn Jahren wird bestraft, wer
2. als Mitglied einer Bande, die sich zur fortgesetzten Begehung von Raub oder Diebstahl verbunden hat, unter Mitwirkung eines anderen Bandenmitglieds stiehlt
강도나 절도의 계속적 수행을 위하여 결합된 단체의 구성원으로서 그 단체의 다른 구성원과 협동하에 절취하는 자는 6개월 이상 10년 이하의 자유형에 처한다.

Bandenhehlerei StGB 260 Nr.2 범죄단체장물죄.
(1) Mit Freiheitsstrafe von sechs Monaten bis zu zehn Jahren wird bestraft, wer die Hehlerei
2. als Mitglied einer Bande, die sich zur fortgesetzten Begehung von Raub, Diebstahl oder Hehlerei verbunden hat, begeht.
장물취득 등을 강도, 절도 또는 장물취득 등의 계속적 수행을 목적으로 조직된 범죄단체의 구성원으로서 행한 자는 6개월 이상 10년 이하의 자유형에 처한다.

Bankrott StGB 283 파산죄.
(1) Mit Freiheitsstrafe bis zu fünf Jahren oder mit Geldstrafe wird bestraft, wer bei Überschuldung oder bei drohender oder eingetretener Zahlungsunfähigkeit
1. Bestandteile seines Vermögens, die im Falle der Eröffnung des Insolvenzverfahrens zur Insolvenzmasse gehören, beiseite schafft oder verheimlicht oder in einer den Anforderungen einer ordnungsgemäßen Wirtschaft widersprechenden Weise zerstört, beschädigt oder unbrauchbar macht,
채무초과시 또는 지급불능의 임박이나 발생시에 다음 각호(Nr.1-8)에 해당하는 자는 5년 이하의 자유형 또는 벌금형에 처한다.
1. 도산절차가 개시된 경우 도산재단에 속하는 재산의 구성부분을 제거 또는 은닉하거나 합법적인 경제요청에 반하는 방법으로 이를 파괴, 손상 또는 사용불능하게 한 자
2. in einer den Anforderungen einer ordnungsgemäßen Wirtschaft widersprechenden Weise Verlust- oder Spekulationsgeschäfte oder Differenzgeschäfte mit Waren oder Wertpapieren eingeht oder durch unwirtschaftliche Ausgaben, Spiel oder Wette übermäßige Beträge verbraucht oder schul-

dig wird,

합법적인 경제요청에 반하는 방법으로 상품 또는 유가증권에 의한 적자사업, 투기사업 또는 차액거래를 행하거나 비경제적 지출, 도박, 내기에 의하여 과도한 금액을 사용하거나 과도한 금액의 채무를 부담하게 된 자,

3. Waren oder Wertpapiere auf Kredit beschafft und sie oder die aus diesen Waren hergestellten Sachen erheblich unter ihrem Wert in einer den Anforderungen einer ordnungsgemäßen Wirtschaft widersprechenden Weise veräußert oder sonst abgibt,

상품이나 유가증권을 외상으로 구입하여 이러한 물건이나 그로부터 제조된 물건을 합법적인 경제요청에 반하는 방법으로 현저한 저가로 매각 또는 기타 처분한 자.

Bannbruch AO 372 금지위반.

(1) Bannbruch begeht, wer Gegenstände entgegen einem Verbot einführt, ausführt oder durchführt.

금지된 목적물을 수입, 수출 또는 통관한 자는 금지위반을 범한 것이다.

(2) Der Täter wird nach § 370 Absatz 1, 2 bestraft, wenn die Tat nicht in anderen Vorschriften als Zuwiderhandlung gegen ein Einfuhr-, Ausfuhr- oder Durchfuhrverbot mit Strafe oder mit Geldbuße bedroht ist.

다른 규정에서 수입, 수출 또는 통관에 대한 위반행위로 형벌 또는 질서위반금을 규정하지 아니한 경우에 행위자는 제370조(탈세범) 제1항 및 제2항의 규정에 따라 처벌된다.

Bannkreisverletzung STGB 106a 금지구역시위죄(a.F.).

(1) We innerhalb des befriedeten Bannkreises um das Gebäude eines Gesetzgebungsorgans des Bundes oder eines Landes sowie des Bundesverfassungsgerichts an öffentlichen Versammlungen unter freiem Himmel oder Aufzügen teilnimmt und dadurch Vorschriften verletzt, die über den Bannkreis erlassen worden sind, wird mit Freiheitsstrafe bis zu sechs Monaten oder

mit Geldstrafe bis zu einhunertachtzig Tagessätzen bestraft.

연방이나 주의 입법기관 및 헌법재판소 건물 주위의 집회금지구역내에서 공공의 옥외집회 또는 행진에 참가하고, 이로 인하여 집회금지구역에 관한 규정을 위반한 자는 6개월 이하의 자유형 또는 180일수 이하의 벌금형에 처한다.

BAPostG → Bundesanstalt Post-Gesetz (연방우편공사법).

BArchG → Bundesarchivgesetz (연방기록물관리법).

Barrierefreiheit BGB 554a 장애물제거.

(1) Der Mieter kann vom Vermieter die Zustimmung zu baulichen Veränderungen oder sonstigen Einrichtungen verlangen, die für eine behindertengerechte Nutzung der Mietsache oder den Zugang zu ihr erforderlich sind, wenn er ein berechtigtes Interesse daran hat.

임차인은 그에 대하여 정당한 이익이 있는 때에는 임대인에게 임차물에 대한 장애자의 권리로서 이용을 위하여 또는 그 출입에 필요한 구조적 변경이나 기타 시설물 설치에 동의할 것을 요구할 수 있다.

Basiszinssatz BGB 247 기본이율.

(1) Der Basiszinssatz beträgt 3,62 Prozent. Er verändert sich zum 1. Januar und 1. Juli eines jeden Jahres um die Prozentpunkte, um welche die Bezugsgröße seit der letzten Veränderung des Basiszinssatzes gestiegen oder gefallen ist.

기본이율은 3.62%로 한다. 기본이율은 매년 1월1일과 7월1일에, 기본이율의 최종변경후 기준이율의 변동폭만큼 변경된다.

BauGB → Baugesetzbuch (건축법).

Baugefährdung StGB 319 건축위태화죄.

(1) Wer bei der Planung, Leitung oder Ausführung eines Baues oder des Abbruchs eines Bauwerks gegen die allgemein anerkannten Regeln der Technik

verstößt und dadurch Leib oder Leben eines anderen Menschen gefährdet, wird mit Freiheitsstrafe bis zu fünf Jahren oder mit Geldstrafe bestraft.
건축물의 건축 또는 해체를 설계, 관리 또는 시공하는 과정에서 일반적으로 승인된 건축기술 원칙에 위반함으로써 타인의 신체 또는 생명을 위태화한 자는 5년 이하의 자유형 또는 벌금형에 처한다.

Baugesetzbuch 건축법 (2004.9.23)(BGBl. I S. 2414).

Bauleitplanung BauGB 1 건설기본(기준)계획.
(1) Aufgabe der Bauleitplanung ist es, die bauliche und sonstige Nutzung der Grundstücke in der Gemeinde nach Maßgabe dieses Gesetzbuchs vorzubereiten und zu leiten.
건설기본계획은 (기초)자치단체내 토지에 대한 건축상의, 기타 토지이용을 본법의 기준에 의하여 준비, 지도하는 것을 그 임무로 한다.
(2) Bauleitpläne sind der Flächennutzungsplan (vorbereitender Bauleitplan) und der Bebauungsplan (verbindlicher Bauleitplan).
건설기본계획은 토지이용계획 (예비적 건설기본계획)과 건설계획 (구속적 건설기본계획)이다.

Baunutzungsverordnung
건축이용령 (용도규제) (Verordnung über die bauliche Nutzung der Grundstücke) (1990.1.23)(BGBl. I S. 132)
Die Baunutzungsverordnung bestimmt in Deutschland Art und Maß der baulichen Nutzung eines Grundstücks, die Bauweise und die überbaubare Grundstücksfläche. Die Baunutzungsverordnung ist eine aufgrund § 9a des Baugesetzbuches erlassene Rechtsverordnung.
건축이용령은 독일에서 토지에 대한 건축상의 이용방법과 정도, 토지면의 건축방법과 중첩적 토지면적을 규정한다. 건축이용령은 건축법 제9a조를 근거로 발한 법규명령이다.

BauNVO → Baunutzungsverordnung

Bauordnungsrecht 건설규제법.
Gegenstand des Bauordnungsrechts sind Vorschriften über die Errichtung, Änderung und den Abbruch von baulichen Anlagen, insbesondere von Gebäuden. Perspektive ist dabei das einzelne Gebäude in technischer und architektonischer Hinsicht, nicht die gesamte Bebauung einer Straße, eines Stadtviertels oder gar einer ganzen Gemeinde; diese Gegenstände werden vom Bauplanungsrecht geregelt
건설규제법의 대상은 건설시설, 특히 건물의 설치, 변경, 철거에 관한 규정이다. 이 경우 개별건물은 기술적, 건축학적 의미의 관점이며, 도로, 시의 구 또는 (기초)자치단체의 전체건축이 대상으로 되는 것은 아니다. 후자는 건축계획법의 대상이다.
In Deutschland liegt das Bauordnungsrecht in der Gesetzgebungskompetenz der Bundesländer. Alle Länder haben dementsprechend eigene Bauordnungen erlassen.
독일에서 건설규제법은 연방주의 입법권한에 속한다. 모든 주에서는 이에 따라 자신의 건설규제법을 제정하고 있다.

Bauwerks → Zerstörung von Bauwerks (건축물파괴죄).

BBesG → Bundesbesoldungsgesetz (연방공무원보수법).

BBG → Bundesbeamtengesetz (연방공무원법).

BBiG → Berufsbildungsgesetz (직업훈련법).

BBodSchV → Bundes-Bodenschutz- und Altlastenverordnung (연방토양보호법).

BDG → Bundesdisziplinargesetz (연방징계법).

BDSG → Bundesdatenschutzgesetz (연방데이터(개인정보)보호법).

Beamte StGB 11(1) Nr.2 공무원
(Öffentlicher Beamte).
공무원의 개념은 전적으로 국법상의 의미.
즉, 임명장에 의한 공무관계의 형식적인 임
명이 있어야 하며, 위임에 의한 것은 포함
되지 않는다; StPO 96은 기록, 기타 서류를
공적으로 보관한 Öffentlicher Beamte; StPO
11은 Beamte im Ausland; StPO 164는 직
무를 수행하는 공무원(Beamte, der Amtshandlungen leitet), 그 밖의 StGB 113, 114,
331f. 등에서는 공무수행자(→ Amtsträger).

Beamte auf Lebenszeit BBG 5(1) Nr.1
종신직 공무원.
(1) In das Beamtenverhältnis kann berufen werden
1. auf Lebenszeit, wer dauernd für Aufgaben im Sinne des § 4 verwendet werden soll,
공무원관계는 다음 각호의 경우에 임명될
수 있다.
1. 종신직으로 (연방공무원법) 제4조의 임무
를 위하여 지속적으로 사용되어야 할 자.

Beamte auf Probe BBG 5(1) Nr.2 실습
직 공무원.
In das Beamtenverhältnis kann berufen
werden
2. auf Probe, wenn der Beamte
a) zur späteren Verwendung auf Lebenszeit oder
b) zur Übertragung eines Amtes mit leitender Funktion (§ 24a) eine Probezeit
zurückzulegen hat.
공무원관계는 다음 각호의 경우에 임명될
수 있다.
2. 실습직으로서 공무원이
a) 장래에 종신직으로 사용되거나
b) 주도적 기능을 가진 직무의 위탁(제24a
조)을 위하여 실습기간의 경과를 필요로 하
는 때.

Beamte auf Widerruf BBG 32
철회가능부 공무원.
(1) Der Beamte auf Widerruf kann
jederzeit durch Widerruf entlassen werden.
철회가능부 공무원은 언제든지 철회에 의해

해고되어질 수 있다.
(2) Dem Beamten auf Widerruf im Vorbereitungsdienst soll Gelegenheit gegeben
werden, den Vorbereitungsdienst abzu-
leisten und die Prüfung abzulegen.
수습근무중인 철회가능부 공무원에 대하여
는 수습근무를 수행하고 시험을 끝마칠 기
회를 부여할 수 있다.

Beamte auf Zeit BBG 5(4) 기간제 공무
원.
(4) Gesetzliche Vorschriften, nach denen
Personen auf eine bestimmte Zeitdauer in
das Beamtenverhältnis berufen werden
können, bleiben unberührt.
개인이 일정기간 동안 공무원관계에 임명될
수 있는 것에 관한 제반 법률규정은 영향을
받지 아니한다.

Beamte der Bundesbehörden GG 36
연방관청의 공무원.
(1) Bei den obersten Bundesbehörden sind
Beamte aus allen Ländern in angemessenem Verhältnis zu verwenden.
연방최고관청에 있어서 공무원은 모든 주로
부터 적당한 비율로 채용되어야 한다.

Beamtenrechtsrahmengesetz (Rahmengesetz zur Vereinheitlichung des Beam-
tenrechts) BRRG 1 공무원대강법 (1991.
3.31) (BGBl. I S. 654). → Rahmengesetz
(Mantelgesetz) (대강법).

Beanstandungsrecht StPO 238(2) 이의
제기권.
(2) Wird eine auf die Sachleitung bezügliche Anordnung des Vorsitzenden von
einer bei der Verhandlung beteiligten
Person als unzulässig beanstandet, so
entscheidet das Gericht.
본안지휘와 관련된 재판장의 명령에 대하여
심리에 관여한 자가 부적법하다고 이의를
제기한 경우에는 법원이 이를 재판한다.
여기서 말하는 Sachleitung은 동 제1항의
심리지휘(Verhandlungsleitung)와 완전히 일
치되는 개념이다.

Bearbeitung UrhG 3 개작물.
Übersetzungen und andere Bearbeitungen eines Werkes, die persönliche geistige Schöpfungen des Bearbeiters sind, werden unbeschadet des Urheberrechts am bearbeiteten Werk wie selbständige Werke geschützt.
개작자의 개인적, 정신적 창작물인 번역물과 기타 개작물은 개작된 저작물의 저작권 손상 없이 독자적인 저작물로 보호된다.

Beauftragte 수임인. ↔ Auftraggeber (위임인). → Auftrag.

Beauftragter für den Datenschutz BDSG 4f, 4g 데이터보호담당관.
(1) Öffentliche und nicht öffentliche Stellen, die personenbezogene Daten automatisiert verarbeiten, haben einen Beauftragten für den Datenschutz schriftlich zu bestellen.
개인데이터를 자동적으로 처리하는 공공부문과 민간부문은 데이터보호담당관을 서면으로 임명하여야 한다.
BDSG 4g S. 4 Er (Beauftragter für den Datenschutz) hat insbesondere
1. die ordnungsgemäße Anwendung der Datenverarbeitungsprogramme, mit deren Hilfe personenbezogene Daten verarbeitet werden sollen, zu überwachen; zu diesem Zweck ist er über Vorhaben der automatisierten Verarbeitung personenbezogener Daten rechtzeitig zu unterrichten,
2. die bei der Verarbeitung personenbezogener Daten tätigen Personen durch geeignete Maßnahmen mit den Vorschriften dieses Gesetzes sowie anderen Vorschriften über den Datenschutz und mit den jeweiligen besonderen Erfordernissen des Datenschutzes vertraut zu machen.
그는 특히
1. 개인데이터를 처리해야 하는 데이터처리프로그램의 적법한 적용을 감시하고, 이러한 목적을 위하여 자동화된 처리행위에 대하여 적시에 보고를 받아야 하며,
2. 데이터보호에 관한 이 법률의 규정과 다른 규정 및 각각의 데이터보호의 특별한 필요성에 의한 적절한 조치를 통하여 개인데이터처리의 종사자가 신뢰를 받도록 하여야 한다.

Beauftragter Richter oder ersuchter Richter StPO 63, 223, 225, 231a, 289, 304 수명법관 또는 수탁판사.
Beauftragter Richter ist das Mitglied eines Kollegialgerichts, das für und an Stelle des Kollegiums einzelne richterliche Maßnahmen, insbes. eine Beweiserhebung, durchführt.
수명법관은 합의제법원의 구성원으로 합의제를 위하여 그리고 합의제를 대신하여 개별적인 판사의 처분, 특히 증거조사를 시행한다.
→ Augenscheinnahme durch beauftragten oder ersuchten Richter (~에 의한 검증의 시행).
→ Beweisaufnahme durch beauftragten oder ersuchten Richter (~에 의한 증거조사).
→ Vereidigung bei Vernehmung durch beauftragten oder ersuchten Richter (~에 의한 위탁신문에서의 선서).
→ Vernehmung durch beauftragten oder ersuchten Richter (~에 의한 신문).

Bebauungsplan (B-Plan) BauGB 8 건축계획 (지구상세계획, 도시계획)(Verbindlicher Bauleitplan 구속적 건설기본계획).
(1) Der Bebauungsplan enthält die rechtsverbindlichen Festsetzungen für die städtebauliche Ordnung. Er bildet die Grundlage für weitere, zum Vollzug dieses Gesetzbuchs erforderliche Maßnahmen.
건축계획은 도시건설적 질서에 관한 확정에서 법적 구속력이 있다. 건축계획은 이후의 본 법전(건축법)의 집행에 필요한 조치를 하게 되는 근거가 된다.
→ Bauleitplanung (건설기본(기준)계획).

Bedachte (Vermächtnisnehmer) 수유자.
→ Beschwerter (유증의무) 부담자.

Bedingte Kapitalerhöhung AktG 192 조건부 자본증가(증자).

(1) Die Hauptversammlung kann eine Erhöhung des Grundkapitals beschließen, die nur so weit durchgeführt werden soll, wie von einem Umtausch- oder Bezugsrecht Gebrauch gemacht wird, das die Gesellschaft auf die neuen Aktien (Bezugsaktien) einräumt (bedingte Kapitalerhöhung).

주주총회는 회사가 부여한 신주(인수주)에의 전환권 또는 신주인수권이 행사되는 한 도내에서만 실행되어야 할 자본의 증가를 결의할 수 있다.

→ Kapitalerhöhung gegen Einlagen (출자에 의한 자본증가).

Bedingte Schuldfähigkeit JGG 3 조건부 책임능력.

Ein Jugendlicher ist strafrechtlich verantwortlich, wenn er zur Zeit der Tat nach seiner sittlichen und geistigen Entwicklung reif genug ist, das Unrecht der Tat einzusehen und nach dieser Einsicht zu handeln.

청소년(14-18)은 행위당시에 불법을 통찰하고 이 통찰에 따라 행위할 도덕적, 정신적 발육이 충분하게 성숙되어 있는 경우에 형사책임을 부담한다.

Bedingter Vorsatz → Dolus eventualis.

Bedrohung StGB 241 협박죄.
(중죄의 ~)(~ mit Verbrechen).

Wer einen anderen mit der Begehung eines gegen ihn oder ihm nahestehende Person gerichteten Verbrechens bedroht, wird mit Freiheitsstrafe bis zu einem Jahr oder mit Geldstrafe bestraft.

타인 또는 그와 친근한 자에게 중죄의 수행을 한다고 타인을 협박한 자는 1년 이하의 자유형 또는 벌금형에 처한다.

BEEG → Elterngeld (Gesetz zum Elterngeld und zur Elternzeit 부모수당 및 휴직법).

Beeinträchtigung von Unfallverhütungs- und Nothilfemitteln StGB 145(2) 사고예방 및 비상구조수단 침해죄).

(2) Wer absichtlich oder wissentlich
1. die zur Verhütung von Unglücksfällen oder gemeiner Gefahr dienenden Warn- oder Verbotszeichen beseitigt, unkenntlich macht oder in ihrem Sinn entstellt oder
2. die zur Verhütung von Unglücksfällen oder gemeiner Gefahr dienenden Schutzvorrichtungen oder die zur Hilfeleistung bei Unglücksfällen oder gemeiner Gefahr bestimmten Rettungsgeräte oder anderen Sachen beseitigt, verändert oder unbrauchbar macht,
wird mit Freiheitsstrafe bis zu zwei Jahren oder mit Geldstrafe bestraft, wenn die Tat nicht in § 303 oder § 304 mit Strafe bedroht ist.

의도적으로 또는 그 정을 알면서 다음 각호의 1에 해당하는 행위를 한 자는 그 행위가 제303조 또는 제304조에 의하여 처벌되지 아니하는 때에는 2년 이하의 자유형 또는 벌금형에 처한다.
1. 재난이나 공공위험의 예방에 제공되는 경고 또는 금지표지를 제거, 식별불능하게 하거나 그 의미를 왜곡시키는 행위
2. 재난이나 공공위험의 예방에 제공되는 보호시설 또는 재난이나 공공위험 발생시 구조를 위한 구조장비 또는 기타 물건을 제거, 변경, 사용불능하게 하는 행위

Beendeter Versuch StGB 22 실행미수: 종료된 미수. → Rücktritt (중지미수).

Beendigung der Führungsaufsicht StGB 68e 행장감독의 종료.
(1) Soweit sie nicht unbefristet ist, endet die Führungsaufsicht
1. mit Beginn des Vollzugs einer freiheitsentziehenden Maßregel,
무기한이 아닌 한, 다음 각호의 경우에 행장감독은 종료된다.
1. 자유박탈적 보안처분의 집행개시.

Befangenheit StPO 24 불공평.
Ein Richter kann als auch wegen Besorgnis der Befangenheit abgelehnt werden.
법관은 불공평한 재판을 할 우려가 있는 경

우에도 기피될 수 있다.

Befehligen → Bildung bewaffneter Haufen. (무장집단의 형성죄).

Befehls- und Kommandogewalt über die Streitkräfte GG 65a, 115b 군대의 명령권과 지휘권.
Der Bundesminister für Verteidigung hat die Befehls- und Kommandogewalt über die Streitkräfte.
Mit der Verkündung des Verteidigungs- falles geht die Befehls- und Kommando- gewalt über die Streitkräfte auf den Bun- deskanzler über.
국방장관은 군대에 대한 명령권과 지휘권을 갖는다.
긴급방위사태의 공포와 더불어 군대에 대한 명령권 및 지휘권은 연방수상에게 위임된다.

Beförderungserschleichung StGB 265a (교통수단에 의한) 운송의 사취
→ Erschleichen von Leistungen.

Befragung des Angeklagten bei Aufla- gen oder Weisungen StPO 265a 준수 사항 또는 지시사항의 질문.
Kommen Auflagen oder Weisungen (§§ 56b, 56c, 59a Abs.2 des Strafgesetzbuches) in Betracht, so ist der Angeklagte in ge- eigneten Fällen zu befragen, ob er sich zu Leistungen erbietet, die der Genugtuung für das begangene Unrecht dienen, oder Zusagen für seine künftige Lebensführung macht.
준수사항 또는 지시사항이 고려되는 경우에 는 피고인에게 과거의 불법행위를 보상하는 급부의 제공 또는 장래의 행상에 대한 확언 여부를 적절한 경우에 질문하여야 한다.

Befreiung
→ Kriminologie der ~ (해방범죄학).

Befreiung durch Zahlung der Versiche- rungssumme VVG 141 보험금액의 지불 로 인한 면제 (보험자의 위부).
(1) Der Versicherer ist nach Eintritt des Versicherungsfalles berechtigt, sich durch Zahlung der Versicherungssumme von al- len weiteren Verbindlichkeiten zu befreien. Der Versicherer bleibt zum Ersatz der Kosten verpflichtet, die zur Abwendung oder Minderung des Schadens oder zur Wiederherstellung oder Ausbesserung der versicherten Sache aufgewendet worden sind, bevor seine Erklärung, dass er sich durch Zahlung der Versicherungssumme befreien wolle, dem Versicherungsnehmer zugegangen ist.
보험자는 보험사고 발생 후 보험금액의 지 불로 인하여 기타 일체의 의무를 면한다.
보험자는 보험금액의 지불로 인하여 그가 의무를 면하고자 한다는 의사표시가 보험계 약자에 도달하기 이전에는 손해의 방지나 감소를 위하여 또는 피보험물의 회복이나 수선을 위하여 사용된 비용을 배상할 의무 를 진다.

Befreiungsanspruch BGB 257 면탈(면 책)청구권.
Wer berechtigt ist, Ersatz für Aufwen- dungen zu verlangen, die er für einen bestimmten Zweck macht, kann, wenn er für diesen Zweck eine Verbindlichkeit eingeht, Befreiung von der Verbindlichkeit verlangen.
일정한 목적을 위하여 지출한 비용에 대하 여 상환을 요구할 권리가 있는 자가 이 목 적을 위하여 채무를 부담한 때에는 이 채무 의 면탈을 청구할 수 있다.

Befristet beschäftigter Arbeitnehmer TzBfG 3 기간제 근로자.
(1) Befristet beschäftigt ist ein Arbeit- nehmer mit einem auf bestimmte Zeit geschlossenen Arbeitsvertrag.
Ein auf bestimmte Zeit geschlossener Arbeitsvertrag (befristeter Arbeitsvertrag) liegt vor, wenn seine Dauer kalender- mäßig bestimmt ist (kalendermäßig befris teter Arbeitsvertrag) oder sich aus Art, Zweck oder Beschaffenheit der Arbeits- leistung ergibt (zweckbefristeter Arbeits- vertrag).

기간제근로자는 기간이 정해진 근로계약을
체결한 자를 말한다.
기간이 정해진 근로계약은 일정한 시점까지
의 계약기간을 정하는 경우(기간제 근로계
약), 그 기간이 월력에 따라서 정해진 경우
(월력에 의한 근로계약) 및 일의 종류, 일의
목적 또는 일의 완성까지로 계약기간을 정
하는 경우(목적기한부 근로계약)를 말한다.

Befruchtetes Ei StGB 219d 수정란.
→ Einnistung (착상).

Befugnis des Beirat StVollzG 164 자문
위원회의 권한.
Die Mitglieder des Beirats können namentlich Wünsche, Anregungen und Bean-
standungen entgegennehmen.
자문위원회의 구성원은 특히 소원사항, 건
의사항 및 이의사항을 받아들일 수 있다.

Befugnisse der Bundesregierung (im Verteidigungsfalle) GG 115f 긴급방위사태시
연방정부의 권한.
(1) Die Bundesregierung kann im Verteidigungsfalle, soweit es die Verhältnisse
erfordern,
1. den Bundesgrenzschutz im gesamten
Bundesgebiete einsetzen;
2. außer der Bundesverwaltung auch den
Landesregierungen und, wenn sie es für
dringlich erachtet, den Landesbehörden
Weisungen erteilen und diese Befugnis auf
von ihr zu bestimmende Mitglieder der
Landesregierungen übertragen.
연방정부는 긴급방위사태에 임하여 필요한
상황에서는 다음을 행할 수 있다.
1. 연방전역에 있는 연방국경수비대의 동원,
2. 연방행정기관 이외에 주정부 및 긴급하
다고 간주하는 때에는 주관청에 대하여서도
지시를 발할 수 있으며, 그 권한을 주정부
의 특정한 구성원에게 위임할 수 있다.

Befugnisse der Staatsanwaltschaft
StPO 161 검사의 권한.
(Der Grundsatz der frein Gestaltung des
Ermittlungsverfahren 수사절차 자유형상화
의 원칙)

(1) Zu dem in § 160 Abs.1 bis 3 bezeichneten Zweck ist die Staatsanwaltschaft
befugt, von allen Behörden Auskunft zu
verlangen und Ermittlungen jeder Art
entweder selbst vorzunehmen oder durch
die Behörden und Beamten des Polizeidienstes vornehmen zu lassen, soweit
nicht andere gesetzliche Vorschriften ihre
Befugnisse besonders regeln.
제160조(검사의 수사) 제1-3항에서 기술한
목적으로 검사는 모든 공공기관에 대하여
정보를 요구할 수 있고, 모든 종류의 수사
를 스스로 수행하거나 경찰직 공무원과 그
기관이 이를 수행하도록 할 수 있다.

Befugnisse des Einziehungsbeteiligten
StPO 433 몰수참가인의 권한 (공판절차에
서 ~) ← Stellung im Hauptverfahren;
Gleiche Befugnisse wie Angeklagte.
(1) Von der Eröffnung des Hauptverfahrens an hat der Einziehungsbeteiligte,
soweit dieses Gesetz nichts anderes bestimmt, die Befugnisse, die einem Angeklagten zustehen.
몰수참가인은 법률에 달리 규정되지 아니한
한, 공판의 개시부터 피고인이 갖는 권한을
갖는다.

BEG → Bundesentschädigungsgesetz (연
방배상법).

Begegnungsdelikt 대향범.
Delikt, welches notwendig die Beteiligung
mehrerer Personen voraussetzt und bei
dem sich Täter und Opfer gegenüber-
stehen.
필요적으로 다수인의 참여를 전제로 하고,
행위자와 피해자가 대향에 놓여있는 범죄.

Begehen durch Unterlassen (Unterlassungsdelikt: Delictum omissivum)
StGB 13; OWiG 8 부작위에 의한 범죄(부
작위범).
Wer es unterläßt, einen Erfolg abzuwenden, der zum Tatbestand eines Strafgesetzes gehört, ist nach diesem Gesetz
nur dann strafbar, wenn er rechtlich dafür

einzustehen hat, daß der Erfolg nicht eintritt, und wenn das Unterlassen der Verwirlichung des gesetzlichen Tatbestandes durch ein Tun entspricht.
형벌법규의 구성요건에 속하는 결과의 회피를 부작위한 자는 결과가 발생하지 아니하도록 법적으로 보장하고 그 부작위가 법적 구성요건의 실현에 준하는 경우에만 이 법에 따라 벌할 수 있다.

Begehren 요구, 제소, 발안, 발의.
auf Begehren ZPO 760 요구에 의하여; die Auflösung der Ehe begehrenden Ehegatten ZPO 616 혼인의 해소를 요구하는 배우자.
→ Klagehäufung: Mehrere Klagebegehren (수개의 제소) können vom Kläger in einer Klage zusammen verfolgt werden (VwGO 44).
→ Klagebegehren VwGO 88 소의 청구범위(요청).
→ Volksbegehren GG 29(4); StGB 108d 주민청원.

Begehungsdelikt 작위범.
Ein Begehungsdelikt ist eine Straftat, die ein aktives Tun unter Strafe stellt. Den Gegensatz bildet das Unterlassungsdelikt.
~은 적극적 작위만을 처벌하는 범죄. 반대 개념은 부작위범.

Beglaubigte Abschrift der Urteilsformel StPO 451(1) 인증등본 (판결주문의).

Beglaubigung
→ Beurkundung und Beglaubigung (공증과 인증).

Beglaubigung von Dokumenten
VwVfG 33 문서의 인증.
(1) Jede Behörde ist befugt, Abschriften von Urkunden, die sie selbst ausgestellt hat, zu beglaubigen. (Amtliche Beglaubigung)
모든 행정청은 자신이 교부한 문서의 등본을 인증할 권한이 있다 (직무상 인증).

Beglaubigungszeichen OWiG 127 공증인(장). → Herstellen oder Verwenden von Sachen, die zur Geld- oder Urkundenfälschung benutzt werden können (통화·문서위조를 위한 물건의 제조 또는 사용죄).

Begnadigung (lat. Aggratiatio) 특별사면 (Einzelbegnadigung) → Amnestie (일반사면).

Begnadigungsrecht (ius aggratiandi)
GG 60(2); StPO 452 사면권 (은사권) (= Gnadenrecht).
(2) Er übt im Einzelfalle für den Bund das Begnadigungsrecht aus.
연방대통령은 특수한 경우에 연방을 위하여 사면권을 행사한다. (60)
In Sachen, in denen im ersten Rechtszug in Ausübung von Gerichtsbarkeit des Bundes entschieden worden ist, steht das Begnadigungsrecht dem Bund zu. In allen anderen Sachen steht es den Ländern zu.
제1심에서 연방재판권의 행사에 의해 재판된 사건에 대하여는 연방에 사면권이 있다. 기타의 다른 사건에 있어서는 각주에 사면권이 있다. (452)
→ Übermittlung von Daten (für Zwecke eines Gnadenverfahrens).

Begrenzungsleucht StVO 17(2) 차폭등.
(2) Mit Begrenzungsleuchten (Standlicht) allein darf nicht gefahren werden. Auf Straßen mit durchgehender, ausreichender Beleuchtung darf auch nicht mit Fernlicht gefahren werden.
차폭등(주차등)만을 가지고 운행하는 것은 허용되지 않는다. 통과조명이 충분한 도로에서 원등에 의하여 운행하여서도 안된다.

Begründetheit StPO 370 이유의 유무.
(Verwerfung des Antrags als unbegründet ← Entscheidung über die Begründetheit)
Der Antrag auf Wiederaufnahme des Verfahrens wird ohne mündliche Verhandlung als unbegründet verworfen, wenn die darin aufgestellten Behauptungen keine

genügende Bestätigung gefunden haben.
재심청구에 제시된 주장이 충분히 확증되지 않는 경우에 구두변론절차를 거치지 아니하고 이유 없는 것으로 기각한다.

Begründung der Berufung (Berufungs-begründung) StPO 317 항소이유서.
Die Berufung kann binnen einer weiteren Woche nach Ablauf der Frist zur Einlegung des Rechtsmittels oder, wenn zu dieser Zeit das Urteil noch nicht zugestellt war, nach dessen Zustellung bei dem Gericht des ersten Rechtszuges zu Protokoll der Geschäftsstelle oder in einer Beschwerdeschrift gerechtfertigt werden.
항소이유는 상소제기기간의 경과후 1주일이 더 지난 기간 내에 또는 이때에 아직 판결문이 송달되지 아니한 때에는 그 송달후 제1심법원 사무국의 조서에 또는 항소장으로 정당화된다.

Begründung der Revision StPO 344 (Revisionsbegründung) 상고이유서.
(1) Der Beschwerdeführer hat die Erklärung abzugeben, inwieweit er das Urteil anfechte und dessen Aufhebung beantrage (Revisionsanträge), und die Anträge zu begründen.
상고인은 판결에 대한 불복범위와 파기신청(상고신청)을 설명하고 그 신청의 이유를 제시하여야 한다.

Begründung des Verwaltungsakts
VwVfG 39; AO 121 행정행위의 이유제시.
(1) Ein schriftlicher oder elektronischer sowie ein schriftlich oder elektronisch bestätigter Verwaltungsakt ist mit einer Begründung zu versehen. In der Begründung sind die wesentlichen tatsächlichen und rechtlichen Gründe mitzuteilen, die die Behörde zu ihrer Entscheidung bewogen haben. Die Begründung von Ermessensentscheidungen soll auch die Gesichtspunkte erkennen lassen, von denen die Behörde bei der Ausübung ihres Ermessens ausgegangen ist. (VwVfG 39)

서면의 또는 전자적 및 서면으로 또는 전자적으로 확인된 행정행위에는 그 이유를 제시하여야 한다. 이유제시에 있어서는 행정청이 그러한 결정에 이르게 된 중요한 사실상, 법률상의 근거를 알려야 한다. 재량결정의 이유제시에 있어서는 당해행정청이 그 재량권의 행사에 있어 의거한 관점까지도 알려야 한다.
(1) Ein schriftlicher, elektronischer sowie ein schriftlich oder elektronisch bestätigter Verwaltungsakt ist mit einer Begründung zu versehen, soweit dies zu seinem Verständnis erforderlich ist. (AO 121)
서면의, 전자적 및 서면이나 전자적으로 확인된 행정행위에는 그 이유의 이해를 위하여 필요한 경우에는 이유를 제시해야 한다.

Begründungsfrist StPO 345 상고이유서 제출기간.
Die Revisionsanträge und ihre Begründung sind spätestens binnen eines Monats nach Ablauf der Frist zur Einlegung des Rechtsmittels bei dem Gericht, dessen Urteil angefochten wird, anzubrigen.
상고신청서 및 그 이유서는 늦어도 상고신청기간의 경과 후 1개월 이내에 원심법원에 제출한다.

Begründungspflicht der Entscheidungen
StPO 34 재판의 이유제시(적시)의무.
Die durch ein Rechtsmittel anfechtbaren Entscheidungen sowie die, durch welche ein Antrag abgelehnt wird, sind mit Gründen zu versehen.
상소로서 다툴 수 있는 재판 및 청구를 기각하는 재판은 이유를 제시하여야 한다.

Begünstigender Verwaltungsakt
SGB 10 45 수익적 행정행위.
(1) Soweit ein Verwaltungsakt, der ein Recht oder einen rechtlich erheblichen Vorteil begründet oder bestätigt hat (begünstigender Verwaltungsakt), rechtswidrig ist, darf er, auch nachdem er unanfechtbar geworden ist, nur unter den Einschränkungen der Absätze 2 bis 4 ganz oder teilweise mit Wirkung für die

Zukunft oder für die Vergangenheit zurückgenommen werden.
권리 또는 법적으로 중요한 이익을 성립시
키거나 이를 확인하는 행정행위(수익적 행
정행위)가 위법한 경우에는 불가쟁력이 발
생한 후에도 제2항 내지 제4항의 제한하에
서는 완전히 또는 부분적으로 장래에 또는
과거에 소급하여 취소될 수 있다.
(2) Ein rechtswidriger begünstigender
Verwaltungsakt darf nicht zurückgenommen werden, soweit der Begünstigte auf
den Bestand des Verwaltungsaktes vertraut hat und sein Vertrauen unter
Abwägung mit dem öffentlichen Interesse
an einer Rücknahme schutzwürdig ist.
위법한 수익적 행정행위는 수익자가 행정행
위의 존재를 신뢰하고 그 신뢰가 취소에 대
한 공적이익을 형량하여 보호가치가 있는
경우에는 취소될 수 없다.
→ Belastender Verwaltungsakt (부담적 행
정행위).
→ Verwaltungsakt mit Doppelwirkung (이
중효과적 (복효적) 행정행위).

Begünstigung StGB 257 범죄비호죄,
(1) Wer einem anderen, der eine rechtswidrige Tat begangen hat, in der Absicht
Hilfe leistet, ihm die Vorteile der Tat zu
sichern, wird mit Freiheitsstrafe bis zu
fünf Jahren oder mit Geldstrafe bestraft.
위법행위를 범한 타인에 대하여 그 범죄로
인한 이익을 확보하게 할 목적으로 조력을
제공한 자는 5년 이하의 자유형 또는 벌금
형에 처한다.
본죄는 범행후의 Sachliche Begünstigung
(물적 원조)으로서 인적 원조인 persönliche
Begünstigung 즉, Strafvereitelung(범인은
닉죄)과는 구별된다. 우리 형법상 증거인멸
과는 차이가 있다.

Behältnis → Verschlossenes Behältnis oder
andere Schutzvorrichtung (시정된 용기나 기
타 보호장치).

Behandlung festgehaltener Personen
MEPolG 15 체포된 자에 대한 조치.
(1) Wird eine Peson auf Grund von §9

Abs.2 Satz 3, §11 Abs.3 oder §13 festhalten, ist ihr unverzüglich der Grund bekanntzugeben.
제9조 제2항 제2문, 제11조 제3항 또는 제
13조에 근거하여 사람을 구금한 경우에는
지체없이 그 이유를 고지하여야 한다.
(2) Der festgehaltenen Peson ist unverzüglich Gelegenheit zu geben, einen Angehörigen oder eine Person ihres Vertrauens zu benachrichtigen, soweit dadurch
der Zweck der Freiheitsentziehung nicht
gefährdet wird.
구금된 자에게는 자유박탈의 목적이 위태화
되지 아니하는 한 그의 친족이나 신뢰인에
게 지체없이 알릴 기회를 부여하여야 한다.

Behandlungsmaßnahmen StvollzG 7 처
우처분 (행형계획에 최소한 포함되는 처우
처분).
1. die Unterbringung im geschlossenen
oder offenen Vollzug,
2. die Verlegung in eine sozialtherapeutische Anstalt,
3. die Zuweisung zu Wohngruppen und
Behandlungsgruppen,
4. den Arbeitseinsatz sowie Maßnahmen
der beruflichen Ausbildung oder Weiterbildung,
5. die Teilnahme an Veranstaltungen der
Weiterbildung,
6. besondere Hilfs- und Behandlungsmaßnahmen,
7. Lockerungen des Vollzuges und
8. notwendige Maßnahmen zur Vorbereitung der Entlassung.
1. 폐쇄·개방집행에서의 수용 2. 사회치료
시설로의 이송, 3. 수용집단 및 처우집단
의 할당 4. 직업교육 또는 보충교육 및 작
업배치 5. 평생교육과정의 참여 6. 특별
지원 및 처우조치 7. 집행의 완화 8. 석
방준비를 위한 필요한 조치.

Behandlungsuntersuchung StVollzG 6
처우조사.
(1) Nach dem Aufnahmeverfahren wird
damit begonnen, die Persönlichkeit und die
Lebensverhältnisse des Gefangenen zu

erforschen.
수용절차 후에 수형자의 인성검사 및 생활 상태의 조사를 실시한다.

Beharrlich zuwiderhandeln StGB 184d 집요한(끈덕진) 위반행위.
~는 금지를 더욱 더 경시하거나 무시하려는 반복된 태도를 전제로 하며, 그 때문에 앞으로도 반복을 징표하고 있는 행위.
독일 형법상의 상습 매음행사죄(Ausübung der verboten Prostitution StGB 184d)와 질서위반법의 단순 매음금지위반죄(Verbotene Ausübung der Prostitution OWiG §120(1) Nr.1)는 beharrlich의 유무에서 차이가 난다.

Beharrliche Nachstellung
→ Nachstellung (스토킹).

Behauptung einer Straftat StPO 364 범죄행위의 주장 (재심청구)
Ein Antrag auf Wiederaufnahme des Verfahrens, der auf die Behauptung einer Straftat gegründet werden soll, ist nur dann zulässig, wenn wegen dieser Tat eine rechtskräftige Verurteilung ergangen ist oder wenn die Einleitung oder Durchführung eines Strafverfahrens aus anderen Gründen als wegen Mangels an Beweis nicht erfolgen kann.
범죄행위의 주장을 근거로 한 재심의 청구는 이 행위로 인하여 유죄판결이 확정된 때 또는 증거의 하자 이외의 이유로 형사소송 절차를 개시 또는 실시할 수 없는 때에 한하여 허용된다.

Behauptungslast (Darlegungslast) 주장책임.
~ bedeutet, daß jede Partei im Prozeß, soweit der Verhandlungsgrundsatz gilt, die Tatsachen behaupten muß, welche die Anwendung einer für sie günstigen Rechtsnorm durch das Gericht begründen sollen.
각 당사자가 변론주의원칙상 자신에게 유리한 법원의 법규범 적용의 근거되는 사실을 주장해야 하는 것을 의미한다.

Beherrschungsvertrag (지배계약)
→ Unternehmensvertrag (기업계약).

Behinderte SGB 9 2 장애인.
(1) Menschen sind behindert, wenn ihre körperliche Funktion, geistige Fähigkeit oder seelische Gesundheit mit hoher Wahrscheinlichkeit länger als sechs Monate von dem für das Lebensalter typischen Zustand abweichen und daher ihre Teilhabe am Leben in der Gesellschaft beeinträchtigt ist.
장애인은 신체기능 정신적 능력 또는 정신 건강상태가 6개월 이상 해당 연령의 일반적 상태를 벗어나고 이로 인해 사회생활에 참여하는 데 제약을 받는 자를 말한다.
→ Schwerbehinderte (중증장애인).

Behörde StGB 11(1) Nr.7
Im Sinne dieses Gesetzes ist Behörde: auch ein Gericht.
본법에서 관청에는 법원도 포함된다.

Behördliche Akteneinsicht StPO 474 관청의 기록열람.
(1) Gerichte, Staatsanwaltschaften und andere Justizbehörden erhalten Akteneinsicht, wenn dies für Zwecke der Rechtspflege erforderlich ist.
법원, 검찰, 기타 사법관청은 사법목적에 필요한 경우에는 기록열람을 할 수 있다.

Behördliche Verwahrung → Anordnung einer behördlichen Verwahrung.

Bei Sicht zahlbar (일람출급)
→ Fälligkeit des Scheck (수표의 이행기).
→ Verfallzeit (auf sicht) (만기)(일람출급).
→ Sichtwechsel (일람출급어음).

Beibringungsgrundsatz 제출주의.
→ Verhandlungsgrundsatz (변론주의).

Beihilfe StGB 27 방조.
(1) Als Gehilfe wird bestraft, wer vorsätzlich einem anderen zu dessen vorsätzlich begangener rechtswidriger Tat

Hilfe geleistet hat.
고의로 다른 사람이 고의적인 위법행위를
하도록 도와준 자는 종범으로 처벌한다.
(2) Die Strafe für den Gehilfen richtet
sich nach der Strafdrohung für den Täter.
방조범의 형은 정범의 형에 따른다.

Beihilfe zum Versuch (Beihilfe zur versuchten Tat) 미수의 방조. → Versuchte
Beihilfe (방조의 미수).

Beiladung VwGO 65 소송참가 (제3자의).
(1) Das Gericht kann, solange das Verfahren noch nicht rechtskräftig abgeschlossen oder in höherer Instanz anhängig ist, von Amts wegen oder auf
Antrag andere, deren rechtliche Interessen
durch die Entscheidung berührt werden,
beiladen.
법원은 소송절차가 아직 확정적으로 종결되
지 아니하였거나 상급심에 계속중인 경우에
는 직권 또는 청구에 의하여 재판에 법률상
의 이해관계 있는 제3자를 소송에 참가시킬
수 있다.

Beirat StVollzG 162 자문위원회.
(1) Bei den Justizvollzugsanstalten sind
Beiräte zu bilden.
교도소내에 자문위원회를 둔다.
→ StVollzG 162 Bildung der Beiräte.
→ StVollzG 163 Aufgabe der Beiräte.
→ StVollzG 164 Befugnisse der Beiräte.

Beischlaf zwischen Verwandten
StGB 173 근친상간죄.
leiblichen Abkömmling (친자손), leibliche
Verwandten (친혈족), leiblichen Geschwi-
ster(친자매)와의 성교행위;
Eindringen des männlichen Gliedes in das
weibliche Geschlechtsorgan.
성교는 남자의 성기를 여성의 성기관에 삽
입하는 것을 말한다.
(1) Wer mit einem leiblichen Abkömmling
den Beischlaf vollzieht, wird mit Freiheitsstrafe bis zu drei Jahren oder mit
Geldstrafe bestraft.
친자식과 성교한 자는 3년 이하의 자유형

또는 벌금형에 처한다.
(2) Wer mit einem leiblichen Verwandten
aufsteigender Linie den Beischlaf vollzieht,
wird mit Freiheitsstrafe bis zu zwei
Jahren oder mit Geldstrafe bestraft.
존속의 친혈족과 성교한 자는 2년 이하의
자유형 또는 벌금형에 처한다.

Beisitzender Richter StPO 240 배석판
사. → Ergänzungsrichter (보충판사).

Beistand ZPO 90; StPO 149, 286 보조인.
(1) Insoweit eine Vertretung durch Anwälte nicht geboten ist, kann eine Partei
mit jeder prozessfähigen Person als Beistand erscheinen. (ZPO 90)
변호사에 의한 대리를 필요로 하지 않는 경
우에는 당사자는 소송능력자인 보조인과 함
께 출석할 수 있다.
(1) Der Ehegatte oder Lebenspartner eines
Angeklagten ist in der Hauptverhandlung
als Beistand zuzulassen und auf sein
Verlangen zu hören. (StPO 149)
피고인의 배우자 또는 생활동반자는 공판에
서 보조인으로 허가될 수 있으며, 그의 요
구가 있는 때에는 의견을 청취하여야 한다.

Beistand und Vertretung (des Privatklägers, des Angeklagten, des Verletzten)
StPO 378, 387, 406f, 406g, 406h
조력과 대리 (사인기소인, 피고인, 피해자).
Der Privatkläger (Angeklagte) kann im
Beistand eines Rechtsanwalts erscheinen
oder sich durch einen mit schriftlicher
Vollmacht versehenen Rechtsanwalt vertreten lassen. (378, 387)
사인기소인(피고인)은 변호사의 조력하에
출석하거나 서면대리권(위임장)이 부여된
변호사로 하여금 자기를 대리하게 할 수 있
다.
(1) Der Verletzte kann sich im Strafverfahren des Beistands eines Rechtsanwalts bedienen oder sich durch einen
solchen vertreten lassen (406f).
피해자는 형사절차에 있어 변호사의 조력
을 받을 수 있으며, 변호사로 하여금 대리
하도록 할 수 있다.

(1) Wer nach § 395 zum Anschluss als Nebenkläger befugt ist, ist zur Anwesenheit in der Hauptverhandlung berechtigt. Er kann sich auch vor der Erhebung der öffentlichen Klage des Beistands eines Rechtsanwalts bedienen oder sich durch einen solchen vertreten lassen, auch wenn ein Anschluss als Nebenkläger nicht erklärt wird (406g).

제395조에 의하여 공소참가인으로서 공소에 참가할 권한이 있는 자는 공판에 출석할 수 있다. 공소참가인은 참가의사를 밝히지 않았다 하더라도 공소제기 이전에 변호사의 조력을 받거나 변호사로 하여금 대리하도록 할 수 있다.

→ Hinweispflicht 지적의무(교시의무).

Beistandschaft BGB 1712 보조관계.

(1) Auf schriftlichen Antrag eines Elternteils wird das Jugendamt Beistand des Kindes für folgende Aufgaben:

1. die Feststellung der Vaterschaft,

2 die Geltendmachung von Unterhaltsansprüchen einschließlich der Ansprüche auf eine anstelle des Unterhalts zu gewährende Abfindung sowie die Verfügung über diese Ansprüche.

소년국은 부모일방의 서면신청으로 다음 각 호의 임무에 대한 보조인이 된다. 있다.

1. 인지청구,

2. 부양청구권, 부양에 갈음한 일시금청구권 및 이들 청구권에 대한 처분.

Beiträge BGB 706 출자 (조합원의 ~)

(~ der Gesellschafter).

Die Gesellschafter haben in Ermangelung einer anderen Vereinbarung gleiche Beiträge zu leisten.

조합원은 별도의 합의가 없을 때에는 평등한 출자를 하여야 한다.

Beitragspflichtige SGB 7 150

보험료납부의무자.

(1) Beitragspflichtig sind die Unternehmer, für deren Unternehmen Versicherte tätig sind oder zu denen Versicherte in einer

besonderen, die Versicherung begründenden Beziehung stehen.

피보험자가 취업하고 있는 사업의 사업주 또는 피보험자와 산재보험을 근거하는 특수한 관계에 있는 사업주는 보험료납부의 의무를 진다.

Beitragsteil → Einbehaltung von Beitragsteilen (기여금의 유보).

Beitreibung der Geldstrafe StPO 459c

벌금의 징수.

(1) Die Geldstrafe oder der Teilbetrag der Geldstrafe wird vor Ablauf von zwei Wochen nach Eintritt der Fälligkeit nur beigetrieben, wenn auf Grund bestimmter Tatsachen erkennbar ist, daß sich der Verurteilte der Zahlung entziehen will.

형을 선고받은 자가 납부를 기피하려고 하는 점이 일정한 사실로 보아 인정되는 때에는 벌금 또는 벌금의 분납액은 만기후 2주내에 징수되어야 한다.

질서위반금의 징수(Beitreibung der Geldbuße OWiG 95)도 위의 내용과 동일하다.

Beitritt des Nebenintervenienten

ZPO 70 보조참가인의 참가.

(1) Der Beitritt des Nebenintervenienten erfolgt durch Einreichung eines Schriftsatzes bei dem Prozessgericht und, wenn er mit der Einlegung eines Rechtsmittels verbunden wird, durch Einreichung eines Schriftsatzes bei dem Rechtsmittelgericht.

보조참가인의 참가는 수소법원에 대한 서면의 제출에 의하고, 그 참가가 상소의 제기와 함께 이루어지는 경우에는 상소법원에 대한 서면의 제출에 의한다.

Beitrittsgebiet EinigVtrt 1, 3 가입(편입) 지역.

(1) Mit dem Wirksamwerden des Beitritts der Deutschen Demokratischen Republik zur Bundesrepublik Deutschland gemäß Artikel 23 des Grundgesetzes am 3. Oktober 1990 werden die Länder Brandenburg, Mecklenburg-Vorpommern, Sachsen, Sachsen-Anhalt und Thüringen Länder

der Bundesrepublik Deutschland.
Brandenburg, Mecklenburg-Vorpommern, Sachsen, Sachsen-Anhalt, Thüringen 주(州)는 기본법 제23조에 의거하여 독일민주공화국의 독일연방공화국에의 편입발효와 동시에 1990.10.3.일자로 독일연방공화국의 주가 된다. (EinigVtrt 1)
Mit dem Wirksamwerden des Beitritts tritt das Grundgesetz für die Bundesrepublik Deutschland in der im Bundesgesetzblatt Teil III, Gliederungsnummer 100-1, veröffentlichten bereinigten Fassung, zuletzt geändert durch Gesetz vom 21. Dezember 1983 (BGBl. I S. 1481), in den Ländern Brandenburg, Mecklenburg-Vorpommern, Sachsen, Sachsen-Anhalt und Thüringen sowie in dem Teil des Landes Berlin, in dem es bisher nicht galt, mit den sich aus Artikel 4 ergebenden Änderungen in Kraft, soweit in diesem Vertrag nichts anderes bestimmt ist.
이 조약에서 달리 규정하지 아니하는 한, Brandenburg, Mecklenburg-Vorpommern, Sachsen, Sachsen-Anhalt, Thüringen주 그리고 지금까지 적용되지 않았던 Berlin주의 일부지역의 가입으로 이들 주에 서독기본법의 효력이 발생되며 (연방관보 T III, 분류번호 100-1, 최종개정 1983.12.21 연방관보 I 1481면), 동시에 제4조 소정의 개정사항 (Beitrittsbedingte Änderungen des Grundgesetzes 가입조건부의 기본법 개정)이 함께 시행된다 (EinigVtrt 3).

Bekanntgabe 고지 (알게 하는 의미). → Mitteilung, Benachrichtigung.

Bekanntgabe der Verurteilung wegen der Beleidigung StGB 200 모욕죄의 유죄판결 공시.
(1) Ist die Beleidigung öffentlich oder durch Verbreiten von Schriften begangen und wird ihretwegen auf Strafe erkannt, so ist auf Antrag des Verletzten oder eines sonst zum Strafantrag Berechtigten anzuordnen, daß die Verurteilung wegen der Beleidigung auf Verlangen öffentlich bekanntgemacht wird.
모욕행위가 공연히 또는 문서의 반포를 통하여 이루어지고, 이에 대하여 형이 선고된 때에는 피해자 또는 기타 고소권자의 신청에 의하여 요구가 있는 때에는 모욕죄의 유죄판결 공시를 명한다.

Bekanntgabe der Verurteilung wegen falscher Verdächtigung StGB 165 무고죄의 유죄판결 공시.
(1) Ist die Tat nach § 164 öffentlich oder durch Verbreiten von Schriften begangen und wird ihretwegen auf Strafe erkannt, so ist auf Antrag des Verletzten anzuordnen, daß die Verurteilung wegen falscher Verdächtigung auf Verlangen öffentlich bekanntgemacht wird.
무고(제164조)의 행위가 공연히 또는 문서의 반포를 통하여 이루어지고 이에 대하여 형이 선고된 경우로서 피해자의 신청에 의하여 요구가 있는 때에는 무고죄의 유죄판결의 공시를 명한다.

Bekanntgabe des Verwaltungsaktes VwVfG 41 행정행위의 고지.
Ein Verwaltungsakt ist demjenigen Beteiligten bekannt zu geben, für den er bestimmt ist oder der von ihm betroffen wird.
행정행위는 그 상대방이나 행정행위로부터 영향을 받은 자에게 고지되어야 한다.

Bekanntmachung (Folgen der ~) StPO 292 공고(~의 효과).
(1) Mit dem Zeitpunkt der ersten Bekanntmachung im elektronischen Bundesanzeiger verliert der Angeschuldigte das Recht, über das in Beschlag genommene Vermögen unter Lebenden zu verfügen.
공소피의자는 연방전자관보에 최초로 공고된 시점에서 압류된 재산을 생전처분할 권리를 상실한다.

Bekanntmachung an den Beschuldigten StPO 394 피의자에 대한 고지.
Die Zurücknahme der Privatklage und der Tod des Privatklägers sowie die Fortsetzung der Privatklage sind dem Beschul-

digten bekanntzumachen.
사인기소의 취하, 사인기소인의 사망 및 사인기소의 속행은 피의자에게 고지되어야 한다.

Bekanntmachung der Eintragungen
HGB 10 등기의 공고.
Das Gericht macht die Eintragungen in das Handelsregister in dem von der Landesjustizverwaltung bestimmten elektronischen Informations- und Kommunikationssystem in der zeitlichen Folge ihrer Eintragung nach Tagen geordnet bekannt;
법원은 상업등기부에 등기된 사항을 주법무부가 지정한 전자정보·통신시스템에 일자에 의한 등기시간순으로 정렬하여 공고한다.
Soweit nicht ein Gesetz etwas anderes vorschreibt, werden die Eintragungen ihrem ganzen Inhalt nach veröffentlicht.
달리 규정이 없는 한 등기는 그 전체내용이 공고된다.

Bekanntmachung der Verurteilung
(Urteilsbekanntmachung) StPO 463c 유죄판결의 공고 (die öffentliche ~).
(1) Ist die öffentliche Bekanntmachung der Verurteilung angeordnet worden, so wird die Entscheidung dem Berechtigten zugestellt.
유죄판결의 공고가 명하여진 경우에는 그 재판은 이해관계인에게 송달되어야 한다.

Bekanntmachung des Haftbefehls
StPO 114a 구속영장의 고지 → Verhaftung.

Bekanntmachung durch Verkündung
StPO 35 선고에 의한 고지.
(1) Entscheidungen, die in Anwesenheit der davon betroffenen Personen ergehen, werden ihr durch Verkündung bekanntgemacht.
당사자의 출석하에 행하여지는 재판은 선고를 통해서 고지된다.
(2) Andere Entscheidungen werden durch Zustellung bekanntgemacht. Wird durch die Bekanntmachung der Entscheidung keine Frist in Lauf gesetzt, so genügt

formlose Mitteilung. 기타 재판은 송달에 의하여 고지된다. 재판의 고지는 기간의 진행에 대한 규정이 없는 경우에 적당한 방식에 의한 통지로서 충분하다.
그 이외 상소방법 등의 교시는 Belehrung이다(StPO 35a).

Bekanntmachung früherer Entscheidungen vor dem Anschluss
StPO 399 참가전 이전 재판의 고지.
(1) Entscheidungen, die schon vor dem Anschluß ergangen und der Staatsanwaltschaft bekanntgemacht waren, bedürfen außer in den Fällen des § 401 Abs. 1 Satz 2 keiner Bekanntmachung an den Nebenkläger.
(공소)참가이전에 이미 행하였고 검사에게 고지된 재판은 제401조 제1항 제2문의 경우 외에는 공소참가인에게 고지할 필요가 없다.

Bekenntnisfreiheit (신조의 자유)
→ Glaubensfreiheit (신앙의 자유).

Bekenntnisschule (Konfessionsschule)
GG 7(5) 종파학교.
* Als ~ wird eine Schule bezeichnet, in der Schuler des gleichen religiosen Bekenntnisses unterrichtet werden.
동일한 종교적 종파의 학생이 다니는 학교.
→ Gemeinschaftsschule (공동학교).

Bekenntnissen → Beschimpfung von Bekenntnissen, Religionsgesellschaften und Welt- anschauungsvereinigungen (신조, 종교단체 및 세계관적 단체의 모독죄).

Beklagten 피고 ↔ Kläger 원고; → Angeklagter (피고인; 공판피고인).

Bekräftigung → Eidesgleiche Bekräftigung (선서와 동일한 서약).

Belasten 설정되다.
zur Belastung eines Grundstücks mit einem Recht. (BGB 873)
부동산물권의 설정을 위하여.
der Gegenstand mit dem Recht eines

Dritten belastet war (StGB 74f).
그 물건에 관하여 제3자의 권리가 설정되다.

Belastend 부책적.
↔ Entlastend 면책적. → Last.

Belastender Verwaltungsakt 부담적(침해적) 행정행위.
Ein Verwaltungsakt ist belastend, wenn er negative Rechtsfolgen beim Kläger auszulösen vermag.
~는 원고에게 부정적 법적 효과를 발생시키는 경우이다.
→ Begünstigender Verwaltungsakt (수익적 행정행위).
→ Verwaltungsakt mit Doppelwirkung (이중효과적 (복효적) 행정행위).

Belastetes Grundstück BGB 1026 승역지.
Wird das belastete Grundstück geteilt, so werden, wenn die Ausübung der Grunddienstbarkeit auf einen bestimmten Teil des belasteten Grundstücks beschränkt ist, die Teile, welche außerhalb des Bereichs der Ausübung liegen, von der Dienstbarkeit frei.
승역지가 분할되는 경우에 지역권의 행사가 승역지의 특정한 일부분에 한정된 때에는 그 행사의 범위밖에 존재하는 부분은 지역권으로부터 면제된다.
↔ Herrschendes Grundstück (요역지).

Belästigen StGB 183; UWG 7 부담 (폐해).
Mann, der eine andere Person durch eine exhibitionistische Handlung belästigt.
노출행위에 의해 타인에게 부담을 주는 자.
Unzumutbare Belästigung UWG 7 수인한도를 넘는 부담행위.

Belästigung 부담, 행패, 폐해.
직역하면 '성가신 것', '부담을 주는 것' 등이 되나 관련 규정에 따라 폐해의 내용과 정도에 차이가 있다. 용어상으로는 '폐해를 끼친다'는 동사적 어법에 비해 이를 명사화한 '폐

해죄'는 우리의 일반 어감에 너무 맞지 않는다.
따라서 Belästigung의 사용이 주로 질서위반적 영역에서 이루어지고 있다는 점을 감안하여 과거의 행패(Unfug)의 의미에 해당하는 Belästigung der Allgemeinheit (OWiG 118)는 '행패죄'로, 성적 자극과 관련된 Grob anstößig und belästigende Handlung (OWiG 119)는 '자극적인 부담행위'로, 범죄학상 사용되는 Gemeinlästige (Die ~)는 '공공폐해자'로 새로이 번역하였다.

Belästigung der Allgemeinheit OWiG 118 행패죄 (민폐, 일반공중폐해죄).
→ Belästigung.
(1) Ordnungswidrig handelt, wer eine grob ungehörige Handlung vornimmt, die geeignet ist, die Allgemeinheit zu belästigen oder zu gefährden und die öffentliche Ordnung zu beeinträchtigen.
아주 불손하게, 공공에 폐해(弊害)를 끼치거나 위태롭게 하여 공공의 질서를 침해하기에 적당한 행위를 한 자는 질서위반행위를 한 것이다.
본조의 행패는 공동체적 질서를 명백히 위반하고 또한 의식적으로 법적 공동체의 평화공영에 필요한 질서로 들어오지 않은 것을 말한다.

Belastungsprobung und Arbeitstherapie StVollzG 58 Nr.4 사업장 업무부담테스트와 작업치료.
Die Krankenbehandlung umfaßt insbesondere
4. medizinische und ergänzende Leistungen zur Rehabilitation sowie Belastungserprobung und Arbeitstherapie, soweit die Belange des Vollzuges dem nicht entgegenstehen.
질병치료는 특히 4. 집행의 이해에 반하지 아니하는 한 재활을 위한 의료, 보충급부 및 사업장 업무부담테스트 및 작업치료를 포함한다.

Beleg VVG 31 증거자료 (영수증 등).
S.2 Belege kann der Versicherer insoweit verlangen, als deren Beschaffung dem

Versicherungsnehmer billigerweise zugemutet werden kann.
보험자는 보험계약자에게 증거자료의 제출
이 가능한 경우 정당한 범위에서 이를 요구
할 수 있다.

Belegschaftsaktie (arbeiteraktie)
AktG 192(2) Nr.3 종업원지주(근로자주).
(2) Die bedingte Kapitalerhöhung soll nur
zu folgenden Zwecken beschlossen werden:
3. zur Gewährung von Bezugsrechten an
Arbeitnehmer und Mitglieder der Geschäftsführung der Gesellschaft oder eines
verbundenen Unternehmens im Wege des
Zustimmungs- oder Ermächtigungsbe-
schlusses.
조건부 자본증가는 다음의 목적으로만 결의
되어야 한다.
3. 주주총회의 동의결의 또는 수권결의에
의하여 회사 또는 결합기업의 업무집행기관
의 근로자 및 구성원에게 신주인수권을 부
여하기 위하여.

Belegungsfähigkeit für Anstalt
StVollzG 145 시설수용능력(~의 확정).
(Festsetzung der ~).
Die Aufsichtsbehörde setzt die Belegungsfähigkeit für jede Anstalt so fest, daß
eine angemessene Unterbringung während
der Ruhezeit (§ 18) gewährleistet ist.
감독관청은 휴식시간(제18조)중 적정한 수
용이 보장될 수 있도록 각 행형시설의 수용
능력을 확정한다.

Belegungsrecht WoFG 26(2) 입주지정
권.
(2) Belegungsrechte können in der För-
derzusage als allgemeine Belegungsrechte,
Benennungsrechte und Besetzungsrechte
begründet werden.
입주지정권은 일반적 입주지정권, 지명권 및
지정권에 대한 지원의 확언으로 성립된다.

Belehrung StPO 453a 교시(教示) 내지
교지(教知)).
(1) Ist der Angeklagte nicht nach § 268a

Abs. 3 belehrt worden, so wird die Belehrung durch das für die Entscheidungen
nach § 453 zuständige Gericht erteilt.
공판피고인은 제268a조 제3항(재판장의 형
의 유예 등에 관한 교시)에 의하여 교시받지
아니한 경우에는 제453조의 재판(사후적 재
판)을 관할하는 법원에 의하여 교시받는다.

**Belehrung über den Beginn der Frist bei
Fahrverbot** StPO 268c 운전금지기간의
개시에 관한 교시.
Wird in dem Urteil ein Fahrverbot angeordnet, so belehrt der Vorsitzende den
Angeklagten über den Beginn der Ver-
botsfrist.
판결에서 운전금지를 명하는 경우에는 재판
장은 피고인에게 금지기간(형법 제44조 제4
항 제1단)의 개시에 관하여 교시한다.

Beleidigung StGB 185 모욕죄.
Die Beleidigung wird mit Freiheitsstrafe
bis zu einem Jahr oder mit Geldstrafe
und, wenn die Beleidigung mittels einer
Tätlichkeit begangen wird, mit Freiheitsstrafe bis zu zwei Jahren oder mit
Geldstrafe bestraft.
모욕죄는 1년 이하의 자유형 또는 벌금형에
처한다. 모욕이 폭행에 의하여 이루어진 때
에는 2년 이하의 자유형 또는 벌금형에 처
한다.
* 여기서 ~의 개념은 고의적인 경시나 무
시(Mißachtung oder Nichtachtung)의 표현
에 의한 타인의 명예에 대한 위법한 공격
이다.
후단은 Beleidigung에 대한 가중적 구성요
건인 tätliche Beleidigung(폭행에 의한 모
욕)으로서 이에는 타인에 대하여 직접적인
신체적 작용을 가할 것이 필요하다. 이에
비해 tätliche Angriff (§123, 121(1) Nr.1)는
현실적 공격이다.
→ Tätlichkeit (가벼운) (폭행).

Beleidigung trotz Wahrheitsbeweis
StGB 192 진실의 증명에도 불구하고 이루
어지는 모욕.
Der Beweis der Wahrheit der behaupteten
oder verbreiteten Tatsache schließt die

Bestrafung nach § 185 nicht aus, wenn das Vorhandensein einer Beleidigung aus der Form der Behauptung oder Verbreitung oder aus den Umständen, unter welchen sie geschah, hervorgeht.
주장 또는 유포한 사실에 관한 진실의 입증이 있는 경우라도 그 주장 또는 유포가 이루어진 정황에 비추어 모욕이 인정되는 때에는 제185조(Beleidigung)에 의한 처벌을 배제하지 아니한다.

Beleidigung von Organen und Vertretern ausländischer Staaten StGB 103 외국기관 및 사절의 모독죄.
(1) Wer ein ausländisches Staatsoberhaupt oder wer mit Beziehung auf ihre Stellung ein Mitglied einer ausländischen Regierung, das sich in amtlicher Eigenschaft im Inland aufhält, oder einen im Bundesgebiet beglaubigten Leiter einer ausländischen diplomatischen Vertretung beleidigt, wird mit Freiheitsihre Steis zu drei Jahrt Beziehung auf ihre S, im Felle der verleumderi- schen Beleidigung mit Freiheitsitrafe von drei Monaten bis zu fünf Jahren bestraft.
공적 신분으로 국내에 체류중인 외국의 원수 또는 그러한 자격과 관련된 외국정부의 구성원 또는 독일연방영역에서 공인된 외국 외교사절의 장을 모욕한 자는 3년 이하의 자유형 또는 벌금형에 처하고, 특히 허위사실에 의한 모욕의 경우에는 3개월 이상 5년 이하의 자유형에 처한다.

Beleuchtung StVO 17 등화.
(1) Während der Dämmerung, bei Dunkelheit oder wenn die Sichtverhältnisse es sonst erfordern, sind die vorgeschriebenen Beleuchtungseinrichtungen zu benutzen.
날이 어두워지거나 야간에 또는 기타 시야가 이를 필요로 하는 때에는 규정된 등화시설을 사용하여야 한다.
(2a) Krafträder müssen auch am Tag mit Abblendlicht fahren.
자전거는 낮에도 약등으로 운전하여야 한다.

Belohnung und Billigung von Straftaten StGB 140 범죄행위에 대한 보수지급 및 (공연한) 시인죄.
Wer eine der in §138 Abs.1 Nr.1 bis 4 und in §126 Abs.1 genannten rechtswidrigen Taten oder eine rechtswidrige Tat nach §176 Abs.3, nach den §§176a und 176b, nach den §§177 und 178 oder nach §179 Abs.3, 5 und 6, nachdem sie begangen oder in strafbarer Weise versucht worden ist,
1. belohnt oder 2. in einer Weise, die geeignet ist, den öffentlichen Frieden zu stören, öffentlich, in einer Versammlung oder durch Verbreiten von Schriften billigt,
wird mit Freiheitsstrafe bis zu drei Jahren oder mit Geldstrafe bestraft.
제138조 제1항 제1-5호 및 제126조 제1항에 기재된 위법행위 또는 제176조 제3항, 제176a조, 제176b조, 제177, 178, 179(3,5,6)항의 위법행위가 행하여지거나 또는 가벌적인 방법으로 착수된 이후 그 위법행위에 관하여 다음 각호의 1에 해당하는 행위를 한 자는 3년 이하의 자유형 또는 벌금형에 처한다. 1. 보수지급 2. 공공의 평온을 교란하기에 적합한 방법으로 집회중에 또는 문서의 반포를 통하여 공연히 시인하는 행위.

Bemächtigen StGB 234, 239a 약취하다. sich eines Menschen ~.

Bemessung der Freiheitsstrafe StGB 39 자유형의 산정.
Freiheitsstrafe unter einem Jahr wird nach vollen Wochen und Monaten, Freiheitsstrafe von längerer Dauer nach vollen Monaten und Jahren bemessen.
1년 미만의 자유형은 완전한 주 및 월로, 그보다 장기의 자유형은 완전한 월 및 년으로 산정한다.

Benachrichtigung StPO 101(5), 287 통지 (압수명령의, 부재피의자에 대한).
(5) Die Benachrichtigung erfolgt, sobald dies ohne Gefährdung des Untersuchungszwecks, des Lebens, der körperlichen Unversehrtheit und der persönlichen Freiheit

einer Person und von bedeutenden Vermögenswerten, im Fall des § 110a auch
der Möglichkeit der weiteren Verwendung
des Verdeckten Ermittlers möglich ist.
조사목적, 생명, 신체적 완전성, 인격적 자
유, 중요한 재산적 가치가 있는 물건 및 제
110a조의 경우 비밀수사관의 계속적 사용에
대한 위태화가 없는 경우에는 통지를 하여
야 한다.
→ Anspruch auf Benachrichtigung (통지권).
→ Bekanntgabe (고지).

**Benachrichtung bei Erkrankung oder
Todesfall** StVollzG 66 질병 또는 사망
의 통지.
(1) Wird ein Gefangener schwer krank, so
ist ein Angehöriger, eine Person seines
Vertrauens oder der gesetzliche Vertreter
unverzüglich zu benachrichtigen. 수형자가
중병인 경우 친족, 신뢰인 또는 법정대리인
에게 지체없이 통지하여야 한다.

**Benachrichtung der Angehörigen von der
Verhaftung** (Unverzügliche ~)
StPO 114b 친족에 대한 구속의 (지체없는)
통지 → Verhaftete.

Benehmen KWG 1a(9) 협의.
Das Bundesministerium der Finanzen wird
ermächtigt, durch Rechtsverordnung im
Benehmen mit der Deutschen Bundesbank
näher nähstimmungen zur Zusammensetzung, Führung und Verwaltung des
Handelsbuchs der Institute sowet zur
Anwendung von Vorschriften über das
Handelsbuch in Institutsgruppen und Fi-
nanzholding-Gruppen im Sinne von § 10a
Abs. 1 bis 5 zu erlassen,
연방재무부는 법규명령에 의하여 연방은행
과의 협력하에 기관의 거래(상업)장부의 구
성, 작성, 관리 및 은행법 제10a조 제1-5항
의 기관그룹과 금융지주그룹에서의 거래장
부에 관한 규정을 적용하기 위한 세부규정
을 제정하는 수권을 발할 수 있다.
→ Einverständnis (합의).

Benennungsrecht BGB 1777 지정권.

(1) Die Eltern können einen Vormund nur
benennen, wenn ihnen zur Zeit ihres
Todes die Sorge für die Person und das
Vermögen des Kindes zusteht.
부모는 그들의 사망시 자의 인적 및 재산의
배려의 권한이 있는 때에 한하여 후견인을
지정할 수 있다.

**Benutzen des Roten Kreuzes oder
Schweizer Wappens** OWiG 125
적십자 또는 스위스 문장사용죄.
(1) Ordnungswidrig handelt, wer unbefugt
das Wahrzeichen des roten Kreuzes auf
weißem Grund oder die Bezeichnung "Rotes
Kreuz" oder "Genfer Kreuz" benutzt.
권한 없이 백지에 적십자의 기호 또는 '적
십자' 또는 '제네바 십자'의 명칭을 사용한
자는 질서위반행위를 행한 것이다.
(2) Ordnungswidrig handelt auch, wer
unbefugt das Wappen der Schweizerischen
Eidgenossenschaft benutzt.
권한 없이 스위스연방의 문장을 사용한 자
도 질서위반행위를 한 것이다.

Benutzen von Wappen oder Dienstflagen
OWiG 124(1) 문장 또는 공용기(公用旗)사용
죄.
(1) Ordnungswidrig handelt, wer unbefugt
1. das Wappen des Bundes oder eines
Landes oder den Bundesadler oder den
entsprechenden Teil eines Landeswappens
oder 2. eine Dienstflagge des Bundes oder
eines Landes benutzt.
(1) 권한 없이 1. 연방 또는 주의 문장이나
연방의 독수리문장 또는 주의 문장의 상응
하는 부분, 2. 연방 또는 주의 공용기를 이
용한 자는 질서위반행위를 행한 것이다.

Beratung 상담, 조언, 자문, 합의, 심의
(독회).
① Beratung der Schwangeren StGB 219
임부상담.
② Rat oder Empfehlung BGB 675(2) 조
언 또는 추천.
③ → Beirat (자문위원회).
④ → Beratung und Abstimmung (합의와
표결).

⑤ die gemeinsame Beratung von Vorlagen GG 77(2) (의안공동심의). → Verfahren bei Gesetzesbeschlüssen.
(1) Gesetzentwürfe werden in drei Beratungen, Verträge mit auswärtigen Staaten und ähnliche Verträge, welche die politischen Beziehungen des Bundes regeln oder sich auf Gegenstände der Bundesgesetzgebung beziehen (Artikel 59 Abs. 2 des Grundgesetzes), grundsätzlich in zwei Beratungen und nur auf Beschluß des Bundestages in drei Beratungen, alle anderen Vorlagen grundsätzlich in einer Beratung behandelt (BTGO 78).
법률안은 3독회, 연방의 정치적 관계를 규율하거나 또는 연방입법사항에 관계된 외국과의 조약 및 그와 유사한 조약(기본법 제59조 제2항)은 원칙적으로 2독회, 연방하원의 결의만에 의한 3독회, 기타 모든 의안은 원칙적으로 1독회로 처리된다.

Beratung der Schwangeren in einer Not- und Konfliktlage StGB 219 긴급 및 갈등 상황에 처한 임부상담.
(1) Die Beratung soll durch Rat und Hilfe dazu beitragen, die in Zusammenhang mit der Schwangerschaft bestehende Konfliktlage zu bewältigen und einer Notlage abzuhelfen. Das Nähere regelt das Schwangerschaftskonfliktgesetz.
상담은 조언과 원조에 의하여 임신과 관련하여 존재하는 갈등 상황의 극복 및 긴급상황의 구조에 기여하여야 한다. 이에 관한 자세한 사항은 임신갈등법에서 규율한다.

Beratung und Abstimmung GVG 194 합의와 표결.
(1) Der Vorsitzende leitet die Beratung, stellt die Fragen und sammelt die Stimmen.
재판장은 합의를 주재하며, 질문을 하고 표결을 모은다.
(2) Meinungsverschiedenheiten über den Gegenstand, die Fassung und die Reihenfolge der Fragen oder über das Ergebnis der Abstimmung entscheidet das Gericht.
(2) 법원은 질문의 대상, 양식 및 순서 또는 표결결과에 대한 견해차이를 결정한다.

Berauschende Mittel StGB 64, 316, 323a 흥분제. → Trunkenheit im Verkehr (명정운전죄).

BerBiFG → Berufsbildungsförderungsgesetz (직업교육촉진법).

Berechenbarkeit 예측가능성.
Das Rechtsstaatsprinzip lässt sich in vier Prinzipskategorien einordnen: Gewaltenteilung, Berechenbarkeit staatlichen Handelns, Grundrechte und Sicherungsmechanismen.
법치주의에는 다음 4개의 원리가 포함된다. 권력분립, 국가행위의 예측가능성, 기본권 및 보장메커니즘.
Der Rechtsstaatsbegriff des Grundgesetzes umfasst eine Reihe von Grundsätzen, die der Berechenbarkeit staatlichen Handelns dienen:
1. Gesetzmäßigkeit (Vorrang und Vorbehalt des Gesetzes)
2. Rückwirkungsverbot (Vertrauensschutz)
3. Verhältnismäßigkeit
기본법의 법치국가 개념에는 국가행위의 예측가능성에 기여하는 다음의 원칙을 포함한다.
1. 법률적합성, 2. 소급효금지, 3. 비례주의.

Berechtigter → Ermittlung des Berechtigten (권리자 조사).

Bereicherung → Ungerechtfertigte Bereicherung (부당이득).

Bereicherungsabsicht 불법이득의사.
불법이득의사는 자기 또는 타인에게 재산상의 이익을 줄 의사(Absicht, sich oder einem Dritten einen rechtswidrig Vermögensvorteil zu verschaffen)로서 이는 Verletzung von Privatgeheimnissen(StGB §203(5)), Erpressung (253), Hehlerei (259), Betrug (263), Schwere mittelbare Falschbeurkundung (272)에서 규정되고 있다.
→ Zueignungsabsicht (불법영득의사).

Bereicherungsanspruch BGB 977
(부당)이득반환청구권.

Wer infolge der Vorschriften der §§ 973, 974, 976 einen Rechtsverlust erleidet, kann in den Fällen der §§ 973, 974 von dem Finder, in den Fällen des § 976 von der Gemeinde des Fundorts die Herausgabe des durch die Rechtsänderung Erlangten nach den Vorschriften über die Herausgabe einer ungerechtfertigten Bereicherung fordern.

제973조, 제974조, 제976조에 의하여 권리를 상실한 사람은 부당이득의 반환에 관한 규정에 따라 제973조, 제94조의 경우에는 습득자에 대하여, 제986조의 경우에는 습득지의 (기초)자치단체에 대하여 권리변동에 의한 취득물의 반환을 청구할 수 있다.

Bereitschaftspolizei (BePo) 기동경찰(긴급경찰).

Hauptaufgabe der BePo ist die Unterstutzung der Landespolizei bei Großlagen sowie Wahrnehmung von Schwerpunktaufgaben (z. B. Unfallschwerpunkte und der Kriminalitatsbekampfung).

~의 주임무는 재해나 범죄투쟁과 같은 대규모상황에서 또한 중점과제를 완수함으로써 지방경찰을 지지하는 것이다.

Berichterstatter StPO 324, 351 (공판)보고자.

합의제법원에서 보고자는 서면 또는 구두의 감정을 통해 재판을 준비하고 합의와 표결을 서면작성하는 구성원이다. (GVG 197) 형사사건에서 보고자는 공판에서 항소 및 상고의 공판에서 지금까지의 절차의 결과를 보고한다.

→ Ablauf der Hauptverhandlung (324).
→ Hauptverhandlung (351).

Berichterstattung 보도, 보고.
→ Freiheit der Berichterstattung (보도의 자유).
→ Tendenzbetrieb (경향사업).
→ Verlesung von Schriftstücken (서류의 낭독).

Berichtigung des Urteils ZPO 319
판결의 경정.

Schreibfehler, Rechnungsfehler und ähnliche offenbare Unrichtigkeiten, die in dem Urteil vorkommen, sind jederzeit von dem Gericht auch von Amts wegen zu berichtigen.

판결에 오기, 위산 기타 이에 유사한 명백한 오류가 있는 때에는 법원은 언제든지 직권으로 경정결정을 할 수 있다.

Berichtigung einer falschen Angabe
StGB 158 허위진술의 정정.

(1) Das Gericht kann die Strafe wegen Meineids, falscher Versicherung an Eides Statt oder falscher uneidlicher Aussage nach seinem Ermessen mildern (§ 49 Abs. 2) oder von Strafe absehen, wenn der Täter die falsche Angabe rechtzeitig berichtigt.

법원은 행위자가 허위진술을 적시에 정정한 때에는 선서위반죄, 선서에 갈음한 허위보증죄, 선서없는 허위진술죄를 이유로 한 형을 작량감경(제49조 제2항)하거나 면제할 수 있다.

Berichtigung und Löschung personenbezogener Daten StPO 489 개인데이터의 정정과 삭제.

(1) Personenbezogene Daten in Dateien sind zu berichtigen, wenn sie unrichtig sind.

(2) Sie sind zu löschen, wenn ihre Speicherung unzulässig ist oder sich aus Anlass einer Einzelfallbearbeitung ergibt, dass die Kenntnis der Daten für die in den §§ 483, 484, 485 jeweils bezeichneten Zwecke nicht mehr erforderlich ist.

(1) 데이터저장장치의 개인데이터가 정확하지 못한 경우 이를 정정할 수 있다.

(2) 개인데이터의 저장이 허용되지 않는 경우이거나 개별적 처리의 동기에서 제483, 484,485조에 기재된 목적을 위하여 데이터의 인식이 더 이상 필요하지 않는 경우에는 이를 삭제할 수 있다.

Berlin-Klausel StVollzG 197 베를린 조항.

Dieses Gesetz gilt nach Maßgabe des §13 Abs.1 des Dritten Überleitungsgesetzes vom 4. Januar 1952 (BGBI. I S.1) auch im Land Berlin. Rechtsverordnungen, die auf Grund dieses Gesetzes erlassen werden, gelten im Land Berlin nach §14 des Dritten Überleitungsgesetzes.
제3경과조치법 제13조 제1항의 기준에 의해 이 법은 1952년 1월 4일부터 베를린주에도 적용한다. 이 법에 근거하여 발해지는 법규명령은 제3경과조치법 제14조에 의하여 베를린주에서 있어서도 이를 적용한다. (참조, StVollzVergO 5)

BerRehaG
→ Berufliches Rehabilitierungsgesetz (직업복권법).

Berufliche Fortbildung BBiG 1(4) 향상교육(계속교육, 추가교육, 보충, 보습교육); Berufliche Weiterbildung (→ Ausbildungsbeihilfe (직업훈련교육보조금)).
(4) Die berufliche Fortbildung soll es ermöglichen, die berufliche Handlungsfähigkeit zu erhalten und anzupassen oder zu erweitern und beruflich aufzusteigen.
향상교육이란 직업상의 능력을 유지하고, 적응하거나 또는 이를 확대하고 직업적으로 향상할 수 있는 것이어야 한다.

Berufliche Umschulung BBiG 1(5) 전직교육 (직업전환교육, 재교육).
(5) Die berufliche Umschulung soll zu einer anderen beruflichen Tätigkeit befähigen.
전직교육은 다른 직업활동을 행할 능력을 갖도록 하여야 한다.

Berufliches Rehabilitierungsgesetz
(Gesetz über den Ausgleich beruflicher Benachteiligungen für Opfer politischer Verfolgung im Beitrittsgebiet) 직업복권법. (1997.7.1) (BGBl. I S. 1625).
→ Verfolgte (피추적자, 피박해자).

Berufs- und Gewerbeverbot GG 55, 66 겸직·영업금지.

(2) Der Bundespräsident darf kein anderes besoldetes Amt, kein Gewerbe und keinen Beruf ausüben und weder der Leitung noch dem Aufsichtsrate eines auf Erwerb gerichteten Unternehmens angehören.
연방대통령은 그 밖의 어떠한 유급공직, 영업 및 직업에 종사할 수 없으며, 영리를 목적으로 하는 기업의 간부나 감사회에 속할 수 없다. (55)
연방수상 및 연방장관(Der Bundeskanzler und die Bundesminister)이 겸직·영업을 하기 위해서는 연방하원의 동의(Zustimmung des Bundestages)가 있어야 한다. (66)

Berufsausbildung BBiG 1(3) 직업훈련(교육).
(3) Die Berufsausbildung hat die für die Ausübung einer qualifizierten beruflichen Tätigkeit in einer sich wandelnden Arbeitswelt notwendigen beruflichen Fertigkeiten, Kenntnisse und Fähigkeiten (berufliche Handlungsfähigkeit) in einem geordneten Ausbildungsgang zu vermitteln.
직업훈련교육은 자격을 요하는 직업활동을 행하기 위하여 변화하는 직업세계에 필요한 직업적 숙련, 지식, 능력(직업적 능력)을 체계적인 훈련교육과정을 통하여 전달하여야 한다.

Berufsbeamtentum GG 33(5) 직업공무원제.
(5) Das Recht des öffentlichen Dienstes ist unter Berücksichtigung der hergebrachten Grundsätze des Berufsbeamtentums zu regeln und fortzuentwickeln.
직업근무에 관한 법은 직업공무원제의 제원칙들을 고려하여 규정하고, 발전시켜야 한다.

Berufsbildung BBiG 1 직업교육.
(1) Berufsbildung im Sinne dieses Gesetzes sind die Berufsausbildungsvorbereitung, die Berufsausbildung, die berufliche Fortbildung und die berufliche Umschulung.
본법(직업교육법)의 직업교육은 직업훈련준비교육, 직업훈련교육, 향상교육, 전직교육을 말한다.

Berufsbildungsförderungsgesetz
BerBiFG 1 직업교육촉진법.
(1) Dieses Gesetz gilt für die Berufsbildung (Berufsausbildung, berufliche Fortbildung, berufliche Umschulung), soweit sie nicht in berufsbildenden Schulen durchgeführt wird, die den Schulgesetzen der Länder unterstehen.
본법은 주의 학교법상 직업교육학교에서 시행되지 않는 직업교육 (직업훈련, 향상교육, 전직교육)에 적용된다.

Berufsbildungsgesetz 직업교육법 (2005. 3.23) (BGBl. I S. 931).

Berufsfreiheit GG 12 직업의 자유.
(1) Alle Deutschen haben das Recht, Beruf, Arbeitsplatz und Ausbildungsstätte frei zu wählen. Die Berufsausübung kann durch Gesetz oder auf Grund eines Gesetzes geregelt werden
(1) 모든 독일인은 직업, 직장 및 직업훈련의 장소를 자유로이 선택할 권리를 가진다. 직업행사는 법률에 의하여 또는 법률에 근거하여 규제될 수 있다.

Berufsgenossenschaft SGB 7 118, 114 직종(동업)조합.
(1) Berufsgenossenschaften können sich auf Beschluß ihrer Vertreterversammlungen zu einer Berufsgenossenschaft vereinigen (SGB 7 118).
직종조합들은 그들의 대표자총회의 결의를 통하여 하나의 직종조합으로 통합될 수 있다.
(1) Träger der gesetzlichen Unfallversicherung (Unfallversicherungsträger) sind
1. die in der Anlage 1 aufgeführten gewerblichen Berufsgenossenschaften,
2. die in der Anlage 2 aufgeführten Berufsgenossenschaften einschließlich der Gartenbau-Berufsgenossenschaft (landwirtschaftliche Berufsgenossenschaften).
(SGB 7 114)
산재보험운영기관은 다음 각호에 해당한다.
1. 첨부1)에 기재된 산업부분 직종조합.
2. 원예직종조합을 포함한 첨부1)에 기재된

조합(농업부분 직종조합).

Berufskrankheit SGB 7 9 직업병.
(1) Berufskrankheiten sind Krankheiten, die die Bundesregierung durch Rechtsverordnung mit Zustimmung des Bundesrates als Berufskrankheiten bezeichnet und die Versicherte infolge einer den Versicherungsschutz nach § 2, 3 oder 6 (SGB 7) begründenden Tätigkeit erleiden.
직업병은 연방정부가 법규정을 통해 연방상원의 동의를 거쳐 직업병으로 명시하고 피보험자가 제2조, 제3조 또는 제6조에 의한 보험보호를 근거하는 활동으로 인하여 걸린 질병들이다.

Berufsrichter StGB 11(1) Nr.3 직업판사 → Richter.

Berufsschadensausgleich BVG 30(3) 직업보상연금.
(3) Rentenberechtigte Beschädigte, deren Einkommen aus gegenwärtiger oder früherer Tätigkeit durch die Schädigungsfolgen gemindert ist, erhalten nach Anwendung des Absatzes 2 einen Berufsschadensausgleich in Höhe von 42,5 vom Hundert des auf volle Euro aufgerundeten Einkommensverlustes (Absatz 4).
연금수급권한이 있는 장해자가 현재의 또는 과거의 활동으로 인한 소득이 상해의 결과로 인하여 감소된 경우에 제2항의 적용에 따라 정수의 유로로 소득상실의 100분의 42.5의 크기에 해당하는 직업보상연금을 받는다 (제4항).

Berufstrachten oder Berufsabzeichen
→ Mißbrauch von Berufstrachten oder Berufsabzeichen (작업복 또는 직업표식 남용죄).

Berufsverbot StGB 70 직업금지.
→ Anordnung des Berufsverbots.

Berufung 항소, 소집, 원용, 자격, 임명.
① 항소 Gegen die Urteile des Strafrichters und des Schöffengerichts ist Berufung

zulässig (StPO 312).
형사판사 및 참심법원의 판결에 대하여 항소할 수 있다.
② 소집 → Mitgliederversammlung.
③ 원용 → Berufung auf den früher geleisteten Eid.
④ Die Erbschaft geht auf den berufenen Erben über. (BGB 1942)
상속재산은 상속의 자격있는 상속인에게 이전한다.
⑤ Die vom Bundestag zu berufenden Richter werden in indirekter Wahl gewählt. (BVerfGG 6)
연방하원이 임명할 재판관은 직접선거로 선출된다.

Berufung auf den früher geleisteten Eid StGB 67 이전 선서의 원용.
Wird der Zeuge, nachdem er eidlich vernommen worden ist, in demselben Vorverfahren oder in demselben Hauptverfahren nochmals vernommen, so kann der Richter statt der nochmaligen Vereidigung den Zeugen die Richtigkeit seiner Aussage unter Berufung auf den früher geleisteten Eid versichern lassen.
증인이 선서신문을 받은 후에 동일한 사전절차 또는 공판절차에서 재차 신문받는 경우에는 판사는 증인으로 하여금 재차 선서하지 아니하고 이전 선서를 원용하여 증언의 진실함을 보증하게 할 수 있다.

Berufung und Antrag auf Wiedereinsetzung in den vorigen Stand
StPO 315 항소와 원상회복신청.
(1) Der Beginn der Frist zur Einlegung der Berufung wird dadurch nicht ausgeschlossen, daß gegen ein auf Ausbleiben des Angeklagten ergangenes Urteil eine Wiedereinsetzung in den vorigen Stand nachgesucht werden kann.
피고인의 불출석하에 행하여진 판결에 대하여 원상회복이 청구될 수 있다고 하여 항소기간의 진행이 배제되는 것은 아니다.

Berufungsannahme
→ Annahme der Berufung.

Berufungseinlegung StPO 314, 319 항소의 제기.
(Form und Frist der ~)
(1) Die Berufung muß bei dem Gericht des ersten Rechtszuges binnen einer Woche nach Verkündung des Urteils zu Protokoll der Geschäftsstelle oder schriftlich eingelegt werden.
항소는 판결의 선고후 1주일이내에 법원사무국의 조서에 또는 서면으로 제1심 법원에 제출되어야 한다.

Berufungsgrund BGB 1948(2), 1949 (상속)자격사유(상속권취득원인).
(2) Wer durch Testament und durch Erbvertrag als Erbe berufen ist, kann die Erbschaft aus dem einen Berufungsgrund annehmen und aus dem anderen ausschlagen.
유언 및 상속계약으로 인하여 상속인으로 지정된 자는 하나의 상속자격사유에 의거한 상속을 승인하고 다른 상속자격사유에 의거한 상속을 포기할 수 있다.
(1) Die Annahme gilt als nicht erfolgt, wenn der Erbe über den Berufungsgrund im Irrtum war.
상속자격사유에 관하여 상속인에게 착오가 있을 때에는 승인은 하지 않은 것으로 본다.

Berufungsurteil StPO 328 항소판결.
(1) Soweit die Berufung für begründet befunden wird, hat das Berufungsgericht unter Aufhebung des Urteils in der Sache selbst zu erkennen.
항소가 이유있다고 인정되는 경우에는 항소법원은 원심법원이 판결을 파기하고 자판하여야 한다.

Besatzungskosten GG 120 점령비.
→ Kriegsfolgelasten (전쟁결과부담채).

Beschädigtenversorgung StRehaG 21 피해자원호.
(1) Ein Betroffener, der infolge der Freiheitsentziehung eine gesundheitliche Schädigung erlitten hat, erhält wegen der gesundheitlichen und wirtschaftlichen Folgen

dieser Schädigung auf Antrag Versorgung in entsprechender Anwendung des Bundesversorgungsgesetzes.
자유박탈로 인해 건강상 피해를 입은 자는 연방원호법에 따른 신청에 의해 그로 이한 건강상 및 경제상의 피해의 결과에 대한 원호를 제공받는다.

Beschädigung wichtiger Anlagen
StGB 318 주요시설손괴죄.
(1) Wer Wasserleitungen, Schleusen, Wehre, Deiche, Dämme oder andere Wasserbauten oder Brücken, Fähren, Wege oder Schutzwehre oder dem Bergwerksbetrieb dienende Vorrichtungen zur Wasserhaltung, zur Wetterführung oder zum Ein- und Ausfahren der Beschäftigten beschädigt oder zerstört und dadurch Leib oder Leben eines anderen Menschen gefährdet, wird mit Freiheitsstrafe von drei Monaten bis zu fünf Jahren bestraft.
수도·수문·방파제·제방·댐이나 기타 수리시설 또는 교량·도선·도로 또는 방벽 또는 광산운영에 공하는 양수·통풍 또는 그 인부수송을 위한 시설을 파괴 또는 손상함으로써 타인의 생명 또는 건강을 위태화한 자는 3개월 이상 5년 이하의 자유형에 처한다.

Beschaffenheitsgarantie BGB 443
성상보장.
→ Haltbarkeitsgarantie (내구성보장).

Beschäftigte SGB 3 25 취업자.
(1) Versicherungspflichtig sind Personen, die gegen Arbeitsentgelt oder zu ihrer Berufsausbildung beschäftigt (versicherungspflichtige Beschäftigung) sind.
취업자는 급여를 받거나 직업훈련교육으로 취업(보험가입의무가 있는 취업)한 자를 말한다.

Beschäftigung StVollzG 39 노역.
→ Freies Beschäftigungsverhältnis (자유노역조건).
→ Selbstbeschäftigung (자기노역).

Beschäftigung in der Freizeit
→ Beschränkung der Gegenstände für eine Beschäftigung in der Freizeit (자유시간의 향유를 위한 물건의 제한).

Beschäftigungsförderungsgesetz BeFG
취업촉진법.
Das Beschaftigungsforderungsgesetz wurde zum 1.1. 2001 durch das Gesetz über Teilzeitarbeit und befristete Arbeitsvertrage vom 21.12. 2000 abgelost.
~은 2001.1.1 단시간근로법(TzBfG: 2000.12. 21)에 의하여 대체되었다.

Beschäftigungsverhältnis
→ Freies Beschäftigungsverhältnis (자유노역조건).

Bescheid 결정.
Bescheid는 건축허가신청에 대한결정(Baubescheid)과 같이 행정관청의 결정이나 또는 법적 해결이 분명한 사건에 대한 구두변론 없는 법원의 명령(Gerichtsbescheid: VwGO 4)을 지칭할 때 사용된다.
→ Abhilfebescheid VwGO 68 구제결정.
→ Einstellungsbescheid StPO 171 불기소(정지)처분(결정).
→ Widerspruchsbescheid (이의결정).

Bescheidungsurteil (Verbescheidungsurteil) VwGO 113(5) S.2 결정이행(결정화, 지령)판결.
(5) Soweit die Ablehnung oder Unterlassung des Verwaltungsakts rechtswidrig und der Kläger dadurch in seinen Rechten verletzt ist, spricht das Gericht die Verpflichtung der Verwaltungsbehörde aus, die beantragte Amtshandlung vorzunehmen, wenn die Sache spruchreif ist.
Andernfalls spricht es die Verpflichtung aus, den Kläger unter Beachtung der Rechtsauffassung des Gerichts zu bescheiden.
행정행위의 거부나 부작위가 위법하고 그로 인하여 원고 자신의 권리가 침해를 받은 경우, 법원은 그 사건이 성숙한 때에는 신청된 직무행위를 실행할 의무를 행정관청에

대하여 선고한다
기타의 경우에는 법원은 원고에게 법원의 법적견해에 따라 결정할 의무를 선고한다

Beschimpfung von Bekenntnissen, Religionsgesellschaften und Weltanschauungsvereinigungen

StGB 166 신조, 종교단체 및 세계관적 단체의 모독죄.

(1) Wer öffentlich oder durch Verbreiten von Schriften den Inhalt des religiösen oder weltanschaulichen Bekenntnisses anderer in einer Weise beschimpft, die geeignet ist, den öffentlichen Frieden zu stören, wird mit Freiheitsstrafe bis zu drei Jahren oder mit Geldstrafe bestraft.

공연히 또는 문서의 반포를 통하여 타인의 종교적 또는 세계관적 신앙의 내용을 공공의 평온을 교란하기에 적합한 방법으로 모욕한 자는 3년 이하의 자유형 또는 벌금형에 처한다.

Beschlagnahme ① StPO 100 압수 →

Beschlagnahmebefugnis ② BGB 392 압류 → Aufrechnung gegen beschlagnahmte Forderung.

Beschlagnahme einer beweglichen Sache

StPO 111c 동산의 압수.

(1) Die Beschlagnahme einer beweglichen Sache wird in den Fällen des §111b dadurch bewirkt, daß die Sache in Gewahrsam genommen oder die Beschlagnahme durch Siegel oder in anderer Weise kenntlich gemacht wird.

동산의 압수는 제111b조 (Sicherstellung von Gegenständen Gründe 물건의 보전(사유))의 경우에는 동산을 보관하거나 봉인 또는 다른 방법으로 압수를 표시함으로써 행하여진다.

Beschlagnahme eines Druckwerks

StPO 111m 인쇄물 압수.

(1) Die Beschlagnahme eines Druckwerks, einer sonstigen Schrift oder eines Gegenstandes im Sinne des § 74d des Strafgesetzbuches darf nach § 111b Abs. 1 nicht

angeordnet werden, wenn ihre nachteiligen Folgen, insbesondere die Gefährdung des öffentlichen Interesses an unverzögerter Verbreitung offenbar außer Verhältnis zu der Bedeutung der Sache stehen.

(1) 인쇄물, 기타의 서류, 형법 제74d조의 물건의 압수는 제111b조에 따라 압수의 불리한 결과, 특히 지체없는 반포에 대한 공공의 이익에 대한 위험이 명백히 사안의 중요성을 벗어나는 경우에는 이를 명하여서는 아니된다.

Beschlagnahme von Führerscheinen

StPO 463b 운전면허증의 압수.

(1) Ist ein Führerschein nach § 44 Abs. 2 Satz 2 und 3 des Strafgesetzbuches amtlich zu verwahren und wird er nicht freiwillig herausgegeben, so ist er zu beschlagnahmen.

형법 제44조 제2항 제2, 3문에 의하여 운전면허증을 관청이 보관하여야 하는 경우에 운전면허증이 자발적으로 제출되지 아니하는 때에는 그 운전면허증은 압수된다.

Beschlagnahme von Vermögen

StPO 443 재산의 압수.

(1) Das im Geltungsbereich dieses Gesetzes befindliche Vermögen oder einzelne Vermögensgegenstände eines Beschuldigten, gegen den wegen einer Straftat nach den §§ 81 bis 83 Abs. 1 des Strafgesetzbuches, die öffentliche Klage erhoben oder Haftbefehl erlassen worden ist, können mit Beschlag belegt werden.

본법의 적용영역내에 있는 피의자의 재산 또는 개별자산은 다음 각호(예 형법 제81-83조 제1항 등)의 규정에 의한 범죄행위를 이유로 공소가 제기되거나 구속영장이 발부된 경우에는 이를 압수할 수 있다.

Beschlagnahmebefugnis StPO 100

압수의 권한.

(1) Zu der Beschlagnahme (§ 99) ist nur das Gericht, bei Gefahr im Verzug auch die Staatsanwaltschaft befugt.

제99조의 우편물압수(Postbeschlagnahme)는 판사만이 할 수 있으며 긴급한 경우에는 검

사도 이를 할 수 있다.

Beschlagnahmefreiheit StPO 97 압수금지 = Beschlagnahmeverbot.
(1) Der Beschlagnahme unterliegen nicht
1. schriftliche Mitteilungen zwischen dem Beschuldigten und den Personen, die nach § 52 oder § 53 Abs.1 Satz 1 Nr.1 bis 3b das Zeugnis verweigern dürfen;
2. Aufzeichnungen, welche die in § 53 Abs.1 Satz 1 Nr.1 bis 3b Genannten über die ihnen vom Beschuldigten anvertrauten Mitteilungen oder über andere Umstände gemacht haben, auf die sich das Zeugnisverweigerungsrecht erstreckt;
3. andere Gegenstände einschließlich der ärztlichen Untersuchungsbefunde, auf die sich das Zeugnisverweigerungsrecht der in § 53 Abs.1 Satz 1 Nr.1 bis 3b Genannten erstreckt.
다음 각호의 물건은 이를 압수하지 못한다.
1. 피의자와 제52조 또는 제53조 제1항 제1호 내지 제3호의 규정에 의하여 증언을 거부할 수 있는 자와 사이의 서면통지,
2. 제53조 제1항 제1-3b호에 열거된 자가 피의자로부터 고백받은 내용 또는 증언거부권이 미치는 그밖의 사정에 관하여 작성한 기록으로 증언거부권이 미치는 물건.
3. 의사의 진단서를 포함한 제53조 제1항 제1-3b호에 열거된 자의 증언거부권이 미치는 기타의 물건.

Beschlagnahmegegenstand StPO 94 압수(대상)물.
Gegenstände, die als Beweismittel für die Untersuchung von Bedeutung sein können, sind in Verwahrung zu nehmen oder in anderer Weise sicherzustellen.
증거방법으로서 심리에 중요한 물건은 유치하거나 기타의 방법으로 보전되어야 한다.

Beschlagnahmeverlängerung (zugunsten des Verletzten) StPO 111i 압수의 연장 (피해자를 위한).
(1) Das Gericht kann anordnen, dass die Beschlagnahme nach § 111c oder der Arrest nach § 111d für die Dauer von höchstens drei Monaten aufrechterhalten wird, soweit das Verfahren nach den §§ 430 und 442 Abs. 1 auf die anderen Rechtsfolgen beschränkt worden ist und die sofortige Aufhebung gegenüber dem Verletzten unbillig wäre.
법원은 형사소송법 제111c조에 의한 압수 또는 제111d조에 의한 압류 절차가 제430조(소추의 제한), 제442조(몰수와 동등한 효과)에 의하여 다른 법률효과에 제한되고, 이들 절차의 즉시해제가 부당하다고 인정되는 경우에 법원은 그 압수나 압류를 최고 3개월간 유지될 수 있도록 명령할 수 있다.

Beschleunigtes Verfahren StPO 417 신속절차.
Im Verfahren vor dem Strafrichter und dem Schöffengericht stellt die Staatsanwaltschaft schriftlich oder mündlich den Antrag auf Entscheidung im beschleunigten Verfahren, wenn die Sache auf Grund des einfachen Sachverhalts oder der klaren Beweislage zur sofortigen Verhandlung geeignet ist.
사건이 단순한 사실관계 또는 명백한 증거 형사판사와 참심법원에 의한 절차에 있어 검사는 사건이 단순한 사안이거나 즉각적인 심리에 적합한 경우 서면 또는 구두로 신속절차에 의한 재판을 신청한다.

Beschleunigungsgebot StPO 121 신속한 재판의 원칙. → Zeitliche Begrenzung der Untersuchungshaft (미결구금의 시적 한계).

Beschluß bei Strafaussetzung StPO 268a 형의 유예시의 결정(~ zur Bewährung).
(1) Wird in dem Urteil die Strafe zur Bewährung ausgesetzt oder der Angeklagte mit Strafvorbehalt verwarnt, so trifft das Gericht die in den §§ 56a bis 56d und 59a des Strafgesetzbuches bezeichneten Entscheidungen durch Beschluß.; dieser ist mit dem Urteil zu verkünden.
판결시 보호관찰을 위하여 형이 유예되거나 피고인에게 형유보부경고를 하는 경우에는 법원은 결정에 의하여 형법 제56a 내

지 56d 및 제59a조에 규정된 재판을 하며, 이는 판결과 함께 선고되어야 한다.

Beschluß der Hauptversammlung

AktG 179 주주총회의 결의.

(1) Jede Satzungsänderung bedarf eines Beschlusses der Hauptversammlung.

모든 정관변경은 주주총회의 결의를 요한다.

Beschluß über die Ablehnung der Eröffnung StPO 204 개시기각결정.

(1) Beschließt das Gericht, das Hauptverfahren nicht zu eröffnen, so muß aus dem Beschluß hervorgehen, ob er auf tatsächlichen oder auf Rechtsgründen beruht.

법원이 공판절차를 개시하지 아니할 것을 결정하는 경우에는 그 결정이 사실적 이유 또는 법률적 이유에 근거하는지의 여부에서 결정되어야 한다.

Beschlußfähigkeit WRV 32(2) 의결정족수.

(2) Die Beschlußfähigkeit wird durch die Geschäftsordnung geregelt.

의결을 함에 필요한 정족수는 의사규칙에 의하여 이를 정한다.

Beschlußfassung BGB 28 결의(하기).

(1) Besteht der Vorstand aus mehreren Personen, so erfolgt die Beschlussfassung nach den für die Beschlüsse der Mitglieder des Vereins geltenden Vorschriften der §§ 32, 34.

이사회가 수인으로 구성된 경우 그 결의는 사단구성원의 결의에 관한 제32조, 제34조의 규정에 의거하여 행한다.

Beschränkt geschäftsfähiger Vertreter

BGB 165 제한된 행위능력자의 대리인.

Die Wirksamkeit einer von oder gegenüber einem Vertreter abgegebenen Willenserklärung wird nicht dadurch beeinträchtigt, daß der Vertreter in der Geschäftsfähigkeit beschränkt ist.

대리인이 또는 대리인에 대하여 행한 의사

표시의 효력은 대리인의 행위능력이 제한되어 있으므로 인하여 방해되지 아니한다.

Beschränkte persönliche Dienstbarkeit

BGB 1090 제한적 인역권.

(1) Ein Grundstück kann in der Weise belastet werden, dass derjenige, zu dessen Gunsten die Belastung erfolgt, berechtigt ist, das Grundstück in einzelnen Beziehungen zu benutzen, oder dass ihm eine sonstige Befugnis zusteht, die den Inhalt einer Grunddienstbarkeit bilden kann.

토지는 제한적 인역권자가 토지를 각각의 관계에 있어서 이용할 권리를 가지거나 또는 지역권의 내용이 될 수 있는 기타의 권한을 가지는 방법으로 제한적 인역권이 설정될 수 있다.

Beschränkte Steuerpflicht KStG 2

제한적 납세의무.

Beschränkt körperschaftsteuerpflichtig sind

1. Körperschaften, Personenvereinigungen und Vermögensmassen, die weder ihre Geschäftsleitung noch ihren Sitz im Inland haben, mit ihren inländischen Einkünften;

1. 국내에 주된 사무소나 그 주소를 갖고 있지 않은 법인, 비법인단체, 재단으로 국내소득이 있는 경우,

2. sonstige Körperschaften, Personenvereinigungen und Vermögensmassen, die nicht unbeschränkt steuerpflichtig sind, mit den inländischen Einkünften, die dem Steuerabzug vollständig oder teilweise unterliegen;

기타 무제한적 납세의무가 없는 법인, 비법인단체, 재단으로 국내소득에 대하여 조세원천징수를 전체 또는 부분적으로 받을 수 있는 경우.

Beschränktes Anfechtungsrecht

StPO 400 불복권(상소권)의 제한.

(1) Der Nebenkläger kann das Urteil nicht mit dem Ziel anfechten, daß eine andere Rechtsfolge der Tat verhängt wird oder daß der Angeklagte wegen einer Gesetzesverletzung verurteilt wird, die nicht zum Anschluß des Nebenklägers berech-

tigt.
공소참가인은 행위에 다른 법률효과를 부과
하거나 피고인을 법률위반으로 유죄판결을
받게 할 목적으로 판결을 다툴 수 없다.

Beschränkung auf bestimmte Beschwerdepunkte StPO 318 특정한 불복논점의
제한.
Die Berufung kann auf bestimmte Beschwerdepunkte beschränkt werden. Ist
dies nicht geschehen oder eine Rechtfertigung überhaupt nicht erfolgt, so gilt der
ganze Inhalt des Urteils als angefochten.
항소는 특정한 불복논점에 제한할 수 있다.
불복논점이 제한되어 있지 아니하거나 이유
서가 첨부되어 있지 아니한 경우에는 판결
전부에 대하여 항소가 제기된 것으로 본다.

**Beschränkung der Gegenstände für eine
Beschäftigung in der Freizeit** StVollzG
103(1) Nr.4 자유시간의 향유를 위한
물건의 제한. → Disziplinarmaßnahme
(징계(징벌)처분).

Beschränkung der Haftung des Erben
BGB 1975 상속인의 한정책임.
Die Haftung des Erben für die Nachlassverbindlichkeiten beschränkt sich auf den
Nachlass, wenn eine Nachlasspflegschaft
zum Zwecke der Befriedigung der Nachlassgläubiger (Nachlassverwaltung) angeordnet oder das Nachlassinsolvenzverfahren eröffnet ist.
유산채권자에 대한 변제의 목적을 위하여
유산보호가 명하여지거나 (유산관리) 또는
유산도산절차가 개시된 때에는 상속인의 유
산채무에 대한 책임은 유산에 한정된다.

Beschränkung der Strafverfolgung
→ Verfolgungsbeschränkung (소추의 제한).

**Beschränkung der Verfügung über das
Haugeld** StVollzG 103(1) Nr.2 가계수당
처분권의 제한.
→ Disziplinarmaßnahme (징계(징벌)처분).

Beschränkung des Lesestoffs
StVollzG 103(1) Nr.3 독서물의 제한.
→ Disziplinarmaßnahme (징계(징벌)처분).

Beschränkung des Verkehrs mit Personen StVollzG 103(1) Nr.8 외부인과의
교통권 제한.
→ Disziplinarmaßnahme (징계(징벌)처분).

Beschuldigte StPO 157 피의자.
→ Angeklagter (피고인; 공판피고인).

Beschuldigtenvernehmung StPO 163a
피의자신문.
(1) Der Beschuldigte ist spätestens vor
dem Abschluß der Ermittlungen zu vernehmen, es sei denn, daß das Verfahren
zur Einstellung führt. In einfachen Sachen
genügt es, daß ihm Gelegenheit gegeben
wird, sich schriftlich zu äußern.
(1) 피의자는 그 절차가 정지되지 아니하
는 한 늦어도 수사의 종결전에 신문되어야
한다. 간단한 사건에 있어서는 피의자에게
서면진술의 기회가 주어지는 것으로 충분
하다.

Beschwer AO 350 불이익.
Befugt, Einspruch einzulegen, ist nur, wer
geltend macht, durch einen Verwaltungsakt oder dessen Unterlassung beschwert
zu sein.
행정행위 또는 그 부작위에 의하여 불이익
을 받고 있다고 주장하는 자에 한하여 이의
신청을 할 수 있다.

Beschwerde 항고; 불복(이의); 소원.
① Die Beschwerde ist gegen alle von den
Gerichten im ersten Rechtszug oder im
Berufungsverfahren erlassenen Beschlüsse
und gegen die Verfügungen des Vorsitzenden, des Richters im Vorverfahren und
eines beauftragten oder ersuchten Richters
zulässig, soweit das Gesetz sie nicht ausdrücklich einer Anfechtung entzieht. (StPO
304(1))
법률이 명백히 불복을 금하지 아니하는 한
항고는 제1심법원 또는 항소절차의 모든 결

정 및 재판장, 준비절차에 있어서의 판사,
수명법관 또는 수탁판사의 처분에 대하여
허용된다.
② → Beschwerdepunkt (불복논점); →
  Beschwerdeführer (이의신청인, 상소인).
③ → Verfassungsbeschwerde (헌법소원).

Beschwerdeführer StPO 319(2), 326 항
소(항고, 상고)인; 상소인, 이의신청(불복)인.
(2) Der Beschwerdeführer kann binnen
einer Woche nach Zustellung des Beschlusses auf die Entscheidung des Berufungsgerichts antragen.
항소인은 결정의 송달후 1주일 이내에 항소
법원에 재판을 청구할 수 있다.
→ 피항소(항고, 상고인)은 StPO 326, 311a,
347 Beschwerdegegner (= Gegner des
Beschwerdeführers).

Beschwerdepunkt StPO 318 불복논점.
→ Beschränkung auf bestimmte Beschwerdepunkte.

Beschwerderecht StVollzG 108 소원권;
청원권 → Petitionsrecht.
(1) Der Gefangene erhält Gelegenheit, sich
mit Wünschen, Anregungen und Beschwerden in Angelegenheiten, die ihn selbst betreffen, an den Anstaltsleiter zu wenden.
수형자는 교도소장에게 자신이 관련된 사건
에서 희망·제의·이의사항에 대하여 청원할
기회를 갖는다.

Beschwerdeschrift StPO 317 항소(고)
장.
→ Begründung der Berufung (항소이유서).

Beschwerter BGB 2147 (유증의무) 부담
자.
Mit einem Vermächtnis kann der Erbe
oder ein Vermächtnisnehmer beschwert
werden. Soweit nicht der Erblasser ein
anderes bestimmt hat, ist der Erbe
beschwert.
상속인 또는 수유자는 유증의무를 부담할
수 있다. 피상속인이 달리 정하지 아니한
때에는 상속인이 유증의무를 부담한다.

Beseitigungsanspruch BGB 886; 1004
제거청구권, 방해배제청구권.
Steht demjenigen, dessen Grundstück oder
dessen Recht von der Vormerkung betroffen wird, eine Einrede zu, durch welche
die Geltendmachung des durch die Vormerkung gesicherten Anspruchs dauernd
ausgeschlossen wird, so kann er von dem
Gläubiger die Beseitigung der Vormerkung
verlangen. (886)
가등기에 관계된 부동산 또는 권리를 가진
자가 가등기에 의하여 보전된 청구권을 영
속적으로 배제할 항변권을 가진 경우에는
채권자에 대하여 가등기의 제거를 청구할
수 있다.
(Beseitigungs- und Unterlassungsanspruch)
(1) Wird das Eigentum in anderer Weise
als durch Entziehung oder Vorenthaltung
des Besitzes beeinträchtigt, so kann der
Eigentümer von dem Störer die Beseitigung der Beeinträchtigung verlangen.
Sind weitere Beeinträchtigungen zu besorgen, so kann der Eigentümer auf Unterlassung klagen. (1004)
소유권이 점유의 침탈이나 억류 이외의 방
법으로 방해를 받은 경우에 소유자는 방해
자에 대하여 그 방해의 배제를 청구할 수
있다. 계속된 방해의 우려가 있는 경우에는
소유자는 정지(부작위)를 소구할 수 있다.
→ Eigentumsfreiheitsklage (소유물방해배
제·정지(부작위)청구권).

Besetzung des Gerichts StPO 222a
재판부 구성.
→ Mitteilung der Gerichtsbesetzung (～의
통지).

Besetzungseinwand StPO 222b 재판부
구성에 대한 이의신청.
→ Einwand der vorschriftswidrigen Besetzung des Gerichts.

Besitz BGB 854 점유(권).
Der Besitz einer Sache wird durch die
Erlangung der tatsächlichen Gewalt über
die Sache erworben (Erwerb des Besitzes).
물건의 점유는 물건에 대한 사실상의 지배

를 획득함으로 인하여 취득된다(점유취득).
→ Recht zum Besitz (점유할 권리).

Besitzanspruch BGB 864 점유보호청구권.
(1) Ein nach den §§ 861, 862 begründeter Anspruch erlischt mit dem Ablauf eines Jahres nach der Verübung der verbotenen Eigenmacht, wenn nicht vorher der Anspruch im Wege der Klage geltend gemacht wird.
제861조(점유침탈), 제862조(점유방해)에 의하여 발생한 청구권은 미리 소로서 행사되지 아니한 경우에는 금지된 사력의 행사시로부터 1년을 경과한 때에 소멸한다.

Besitzdiener BGB 855 점유보조자.
Übt jemand die tatsächliche Gewalt über eine Sache für einen anderen in dessen Haushalt oder Erwerbsgeschäft oder in einem ähnlichen Verhältnis aus, vermöge dessen er den sich auf die Sache beziehenden Weisungen des anderen Folge zu leisten hat, so ist nur der andere Besitzer.
어떤 사람이 가계나 영업 또는 그와 유사한 관계에서 타인의 물건에 대하여 사실상의 지배를 하는 경우, 그로 인하여 물건에 관계된 타인의 지시를 따라야 하는 때에는 그 타인만이 점유자이다.

Besitzeinweisung → Vorzeitige Besitzeinweisung (사전점유지정).

Besitzentziehung BGB 861 점유침탈.
(1) Wird der Besitz durch verbotene Eigenmacht dem Besitzer entzogen, so kann dieser die Wiedereinräumung des Besitzes von demjenigen verlangen, welcher ihm gegenüber fehlerhaft besitzt.
점유자가 금지된 사력으로 인하여 그의 점유를 침탈당한 경우, 점유자는 하자있는 점유자에 대하여 점유의 회수를 요구할 수 있다.

Besitzerwerb (Erwerb des Besitzes)
점유의 취득. → Besitz.

Besitzkonstitut BGB 930 점유개정.
(constitutum possessorium)
Ist der Eigentümer im Besitz der Sache, so kann die Übergabe dadurch ersetzt werden, dass zwischen ihm und dem Erwerber ein Rechtsverhältnis vereinbart wird, vermöge dessen der Erwerber den mittelbaren Besitz erlangt.
소유자가 물건을 점유하고 있는 경우에는 소유자와 취득자와의 사이에 취득자가 간접점유를 취득할 수 있는 법률관계를 약정함으로써 물건의 인도에 갈음할 수 있다.

Besitzstörung (Anspruch wegen ~)
BGB 862 점유방해 (~로 인한 청구권).
(1) Wird der Besitzer durch verbotene Eigenmacht im Besitz gestört, so kann er von dem Störer die Beseitigung der Störung verlangen. Sind weitere Störungen zu besorgen, so kann der Besitzer auf Unterlassung klagen.
점유자가 금지된 사력으로 인하여 그의 점유를 방해받은 경우에는 점유자는 방해자에 대하여 그 방해의 제거를 청구할 수 있다. 점유자는 점유의 계속적인 방해를 받을 우려가 있는 때에는 그 방해의 부작위(정지)를 소구할 수 있다.

Besitztum → Befriedete Besitztum.

Besondere Arten personenbezogener Daten BDSG 3(9) 특별한 종류의 개인데이터.
(9) Besondere Arten personenbezogener Daten sind Angaben über die rassische und ethnische Herkunft, politische Meinungen, religiöse oder philosophische Überzeugungen, Gewerkschaftszugehörigkeit, Gesundheit oder Sexualleben.
특별한 개인데이터는 출생인종과 민족, 정치적 의견, 종교적 또는 철학적 신념, 노동조합원 유무, 건강 또는 성생활에 대한 개인데이터를 말한다.
→ Personenbezogene Daten.

Besondere gesetzliche Milderungsgründe StGB 49 특별한 법정 감경사유.
(1) 이 조항에 의하여 형의 감경을 규정하

거나 허용한 경우.

1. An die Stelle von lebenslanger Frei heitsstrafe tritt Freiheitsstrafe nicht unter drei Jahren.

무기자유형은 3년 이상의 자유형으로 감경한다.

2. Bei zeitiger Freiheitsstrafe darf höchstens auf drei Viertel des angedrohten Höchstmaßes erkannt werden

유기자유형은 법률에 정한 장기의 4분의 3 이하로 선고한다. 벌금형의 경우 벌금일수의 상한도 또한 같다.

3. Das erhöhte Mindestmaß einer Freiheitsstrafe ermäßigt sich im Falle eines Mindestmaßes von zehn oder fünf Jahren auf zwei Jahre,

가중된 자유형의 하한은 단기의 경우 10년 또는 5년 이상인 경우에는 2년으로 감경한다. - 그 단기가 3년 또는 2년 이상인 경우에는 6개월로, - 그 단기가 1년 이상인 경우에는 3개월로, 기타의 경우에는 법정 하한으로.

Besondere persönliche Mermale

StGB 28 특별한 인적 표지.

(1) Fehlen besondere persönliche Merkmale (§14 Abs.1), welche die Strafbarkeit des Täters begründen, beim Teilnehmer (Anstifter oder Gehilfe), so ist dessen Strafe nach §49 Abs.1 zu mildern. (§ 28)

정범의 가벌성의 기초가 되는 특별한 인적 표지가 공범에게 존재하지 아니한 경우에 그 형은 제49조 제1항에 따라 감경한다.

(2) Bestimmt das Gesetz, daß besondere persönliche Merkmale die Strafe schärfen, mildern oder ausschließen, so gilt das nur für den Beteiligten (Täter oder Teilnehmer), bei dem sie vorliegen. (§ 28)

법률이 특별한 인적 표지를 형의 가중·감경 또는 조각사유로 규정하고 있는 때에는 그 규정은 그와 같은 인적 표지가 존재하는 참여자(정범 또는 공범)에 대하여서만 적용한다.

→ Handeln für einen anderen (타인을 위한 행위).

Besondere Sicherungsmaßnahmen

StVollzG 88 특별안전조치.

(1) Gegen einen Gefangenen können besondere Sicherungsmaßnahmen angeordnet werden, wenn nach seinem Verhalten oder auf Grund seines seelischen Zustandes in erhöhtem Maß Fluchtgefahr oder die Gefahr von Gewalttätigkeiten gegen Personen oder Sachen oder die Gefahr des Selbstmordes oder der Selbstverletzung besteht.

수형자의 행동이나 그의 정신상태로 보아 현저히 도주의 위험, 사람이나 물건에 대한 폭행의 위험 또는 자살이나 자해의 위험이 있는 경우에는 특별안전조치를 행할 수 있다.

Besondere Strafkammer StPO 6a

특별형사부.

Die Zuständigkeit besonderer Strafkammern nach den Vorschriften des Gerichtsverfassungsgesetzes (§74 Abs.2, §§ 74a, 74c des Gerichtsverfassungsgesetzes) prüft das Gericht bis zur Eröffnung des Hauptverfahrens von Amts wegen.

법원은 법원조직법(§74(2), 74a, 74c)에 의해 공판절차를 개시할 때까지 직권으로 특별형사부의 관할권을 조사하여야 한다.

→ Strafkammern mit besonderer Zuständigkeit(특별형사부의 관할).

Besonderer Gerichtsstand der unerlaubten Handlung ZPO 32 불법행위의 특별재판적.

Für Klagen aus unerlaubten Handlungen ist das Gericht zuständig, in dessen Bezirk die Handlung begangen ist.

불법행위에 기한 소에 대하여는 그 행위가 행해진 지역의 법원이 관할한다.

Besonderer Vertreter BGB 30 특별대리인.

Durch die Satzung kann bestimmt werden, dass neben dem Vorstand für gewisse Geschäfte besondere Vertreter zu bestellen sind.

Die Vertretungsmacht eines solchen Vertreters erstreckt sich im Zweifel auf alle Rechtsgeschäfte, die der ihm zugewiesene Geschäftskreis gewöhnlich mit sich bringt.

정관에 의하여 이사회 외에 특정의 업무를 위한 특별대리인을 임명할 것을 정할 수 있다. 이러한 대리인의 대리권은 의심스러운 때에는 그에게 지정된 업무의 범위에 통상적으로 수반되는 모든 법률행위에 미친다.

Besonderes Gericht GVG 14 특별법원.
Als besondere Gerichte werden Gerichte der Schiffahrt für die in den Staatsverträgen bezeichneten Angelegenheiten zugelassen.
특별법원으로서 해상법원은 조약상의 사안을 다룬다.

Besonderes Gewaltverhältnis 특별권력관계.
→ Sonderrechtsverhältnis (특별법관계).

Besonders schwere Brandstiftung
StGB 306b 특히 중한 방화죄.
(1) Wer durch eine Brandstiftung nach § 306 oder § 306a eine schwere Gesundheitsschädigung eines anderen Menschen oder eine Gesundheitsschädigung einer großen Zahl von Menschen verursacht, wird mit Freiheitsstrafe nicht unter zwei Jahren bestraft.
제306조 또는 제306조a의 방화를 통해 다른 사람의 중대한 건강침해를 일으키거나, 많은 사람수의 건강침해를 야기한 때에는 2년 이상의 자유형에 처한다.

Besonders schwere Fälle der Bestechlichkeit und Bestechung StGB 335 가중수뢰죄와 가중증뢰죄의 특히 중한 경우.
1. eine Tat nach
a) § 332 Abs.1 Satz 1, auch in Verbindung mit Abs.3, und
b) § 334 Abs.1 Satz 1 und Abs.2, jeweils auch in Verbindung mit Abs. 3,
mit Freiheitsstrafe von einem Jahr bis zu zehn Jahren und
2. eine Tat nach § 332 Abs.2, auch in Verbindung mit Abs. 3, mit Freiheitsstrafe nicht unter zwei Jahren bestraft.
1. 제1호의 다음 각 행위는 1년 이상 10년 이하의 자유형에 처한다.

a) 제332조 제1항 제1문(가중수뢰)과 제3항(가장수뢰 사전표명)과 관련하여,
b) 제334조 제1항 제1문(가중증뢰) 및 제2항이 각기 제3항(가중증뢰 사전표명)과 관련하여
2. 제332조 제2항에 의한 행위(법관, 중재인의 가중수뢰행위), 또한 제3항(사전표명)과 관련된 행위는 2년 이상의 자유형에 처한다.

Besonders schwere Fälle der Bestechlichkeit und Bestechung im geschäftlichen Verkehr StGB 300 영업거래에서의 가중수뢰죄와 가중증뢰죄의 특히 중한 경우.
In besonders schweren Fällen wird eine Tat nach § 299 mit Freiheitsstrafe von drei Monaten bis zu fünf Jahren bestraft. Ein besonders schwerer Fall liegt in der Regel vor, wenn
1. die Tat sich auf einen Vorteil großen Ausmaßes bezieht oder
2. der Täter gewerbsmäßig oder als Mitglied einer Bande handelt, die sich zur fortgesetzten Begehung solcher Taten verbunden hat.
제299조(영업거래에서의 가중수뢰죄와 가중증뢰죄)의 특히 중한 경우에는 3개월 이상 5년 이하의 자유형에 처한다. 특히 중한 경우는 다음 각호의 경우에 해당한다.
1. 행위가 상당한 크기의 이익에 관계된 경우,
2. 행위자가 영업적으로 또는 그러한 범죄의 계속적 수행을 위한 단체의 구성원으로서 행위한 경우.

Besonders schwerer Fall des Bankrotts
StGB 283a 파산죄의 특히 중한 경우.
In besonders schweren Fällen des § 283 Abs.1 bis 3 wird der Bankrott mit Freiheitsstrafe von sechs Monaten bis zu zehn Jahren bestraft. Ein besonders schwerer Fall liegt in der Regel vor, wenn der Täter
1. aus Gewinnsucht handelt oder
2. wissentlich viele Personen in die Gefahr des Verlustes ihrer ihm anvertrauten Vermögenswerte oder in wirtschaftliche Not bringt.

제283조 제1항 내지 제3항(파산야기, 과실파산)의 행위가 특히 중한 경우에는 파산행위는 6개월 이상 10년 이하의 자유형에 처한다. 특히 중한 경우란 특별한 사정이 없는 한 행위자가 다음 각호에 해당하는 경우를 말한다.
1. 이욕의 동기에서 행위한 경우,
2. 그 정을 알면서 수인으로부터 위탁받은 재산 가치를 상실할 위험을 초래하거나 그들에게 경제적 궁박상태를 초래한 경우.

Besonders schwerer Fall des Diebstahls
StGB 243 특히 중한 절도.
(1) In besonders schweren Fällen wird der Diebstahl mit Freiheitsstrafe von drei Monaten bis zu zehn Jahren bestraft.
Ein besonders schwerer Fall liegt in der Regel vor, wenn der Täter
특히 중한 절도의 경우에는 3개월 이상 10년 이하의 자유형에 처한다. 특히 중한 경우란 특별한 사정이 없는 한 행위자가 다음 각호에 해당하는 경우를 말한다.
1. zur Ausführung der Tat in ein Gebäude, einen Dienst- oder Geschäftsraum oder in einen anderen umschlossenen Raum einbricht, einsteigt, mit einem falschen Schlüssel oder einem anderen nicht zur ordnungsmäßigen Öffnung bestimmten Werkzeug eindringt oder sich in dem Raum verborgen hält,
절도의 실행을 위하여 건조물·사무소·영업소 또는 기타 폐쇄된 장소에 침입·잠입하거나 위조열쇠 또는 기타 통상적인 개문용도 이외의 도구를 사용하여 이들 장소에 침입·잠복한 경우,
(Einbruchs- und Nachschlüsseldiebstafhl: 침입절도 및 열쇠절도).
2. eine Sache stiehlt, die durch ein verschlossenesBehältnis oder eine andere Schutzvorrichtung gegen Wegnahme besonders gesichert ist,
봉함된 용기 또는 기타 보호장치에 의하여 특별히 도난을 방지하고 있는 재물을 절취한 경우, (Diebstahl von besonders gesicherten Sachen: 특별도난방지 재물절도)
3. gewerbsmäßig stiehlt,
절도를 영업적으로 행한 경우,

(Gewerbsmäßiger Diebstahl: 영업적 절도)
4. aus einer Kirche oder einem anderen der Religionsausübung dienenden Gebäude oder Raum eine Sache stiehlt, die dem Gottesdienst gewidmet ist oder der religiösen Verehrung dient,
교회 또는 기타 종교행사에 공하는 건물이나 장소로부터 예배에 봉헌되거나 종교적 숭배에 공하는 물건을 절취한 경우,
(Kirchendiegstahl: 교회절도)
5. eine Sache von Bedeutung für Wissenschaft, Kunst oder Geschichte oder für die technische Entwicklung stiehlt, die sich in einer allgemein zugänglichen Sammlung befindet oder öffentlich ausgestellt ist,
일반인이 접근할 수 있는 박물관에 소장중이거나 공연히 전시중인 학문, 예술, 역사 또는 기술발전 등에 중요한 물건을 절취한 경우, (Diebstahl öffentlicher Sachen: 공공물건절도).
6.stiehlt, indem er die Hilflosigkeit einer anderen Person, einen Unglücksfall oder eine gemeine Gefahr ausnutzt oder
타인의 궁박한 상태, 재난 또는 공공의 위험 등을 이용하여 절취한 경우, (Diebstahl unter Ausnutzung fremder Bedrängnis: 궁박이용절도).
7. eine Handfeuerwaffe, zu deren Erwerb es nach dem Waffengesetz der Erlaubnis bedarf, ein Maschinengewehr, eine Maschinenpistole, ein voll- oder halbautomatisches Gewehr oder eine Sprengstoff enthaltende Kriegswaffe im Sinne des Kriegswaffenkontrollgesetzes oder Sprengstoff stiehlt.
7. 무기법에 의하여 취득시 허가를 요하는 권총, 전시무기 관리법에 의한 기관총, 기관소총, 전자동·반자동 총기, 폭발물을 장착한 병기 또는 폭발물을 절취한 경우.
(Diebstahl von Waffen oder Sprengstoff: 무기절도 또는 폭발물절도)

Besonders schwerer Fall des Landfriedensbruchs StGB 125a 소요죄의 특히 중한 경우.
In besonders schweren Fällen des § 125 Abs. 1 ist die Strafe Freiheitsstrafe von

sechs Monaten bis zu zehn Jahren.
Ein besonders schwerer Fall liegt in der Regel vor, wenn der Täter
1. eine Schußwaffe bei sich führt,
2. eine andere Waffe bei sich führt, um diese bei der Tat zu verwenden,
3. durch eine Gewalttätigkeit einen anderen in die Gefahr des Todes oder einer schweren Gesundheitsschädigung bringt oder
4. plündert oder bedeutenden Schaden an fremden Sachen anrichtet.
제125조의 제1항의 행위가 특히 중한 경우에는 6개월 이상 10년 이하의 자유형에 처한다. 특히 중한 경우란 특별한 사정이 없는 한 행위자가 다음 각호의 1에 해당하는 경우를 말한다.
1. 총기를 휴대한 경우,
2. 범행에 사용하기 위하여 기타 다른 흉기를 휴대한 경우,
3. 폭행에 의하여 타인에게 사망 또는 중상해(제224조)의 위험을 야기한 경우,
4. 타인의 재물을 약탈하거나 중대한 손해를 가한 경우.

Besonders schwerer Fall einer Umweltstraftat
StGB 330 환경범죄의 특히 중한 경우. ← Schwere Umweltgefährung(a.F.)
(1) In besonders schweren Fällen wird eine vorsätzliche Tat nach den §§ 324 bis 329 mit Freiheitsstrafe von sechs Monaten bis zu zehn Jahren bestraft. Ein besonders schwerer Fall liegt in der Regel vor, wenn der Täter
1. ein Gewässer, den Boden oder ein Schutzgebiet im Sinne des § 329 Abs. 3 derart beeinträchtigt, daß die Beeinträchtigung nicht, nur mit außerordentlichem Aufwand oder erst nach längerer Zeit beseitigt werden kann,
2. die öffentliche Wasserversorgung gefährdet,
3. einen Bestand von Tieren oder Pflanzen der vom Aussterben bedrohten Arten nachhaltig schädigt oder
4. aus Gewinnsucht handelt.
제324조 내지 제329조의 고의행위는 특히

중한 경우 6개월 이상 10년 이하의 자유형에 처한다. 특히 중한 경우란 행위자가 다음 각호에 해당하는 경우를 말한다.
1. 수자원, 토양 또는 제329조 제3항의 보호지역을 침해하여 그 침해의 제거에 과도한 비용이 지불되거나 장기간의 시간이 필요한 경우,
2. 공공의 수도공급을 위태롭게 한 경우,
3. 멸종위기에 있는 동식물의 존속을 지속적으로 해하는 경우,
4. 사리에서 행위한 경우.

Besonders Verpflichteter
→ Für den öffentlichen Dienst besonders Verpflichteter 특별한 공무의무자.

Besseres Wissen
→ wider besseres Wissen.

Bestand der Bundesrepublik StGB 92
독일연방공화국의 존립.
(1) Im Sinne dieses Gesetzes beeinträchtigt den Bestand der Bundesrepublik Deutschland, wer ihre Freiheit von fremder Botmäßigkeit aufhebt, ihre staatliche Einheit beseitigt oder ein zu ihr gehörendes Gebiet abtrennt.
타국의 통치권에 의하여 독일연방공화국의 자유를 폐지시키거나 국가의 통일성을 제거하거나 독일연방공화국에 속하는 영토를 분리시킨 자는 이 법에서 의미하는 독일연방공화국의 존립을 침해한 것이다.
→ Verfassungsgrundsätze (헌법상의 제원칙).

Bestandskraft des Verwaltungsaktes
VwVfG Teil III, Abschnitt 2 행정행위의 존속력.
Steht dem Betroffenen gegen einen Verwaltungsakt kein förmlicher Rechtsbehelf mehr offen (weil die Frist abgelaufen oder der Rechtsbehelf endgültig erfolglos geblieben ist), so wird der Verwaltungsakt bestandskräftig.
당사자가 더 이상의 행정행위에 대한 어떠한 형식적인 법률상의 구제수단도 갖고 있지 않을 때(기간의 경과나 법률상 구제방법

의 종국적 실패) 행정행위는 존속력이 있다.

Bestätigung StPO 370 충분한 확증.
Genügende Bestätigung → Begründetheit.

Bestätigung des nichtigen Rechtsge-schäfts BGB 141(1) 무효행위의 추인.
Wird ein nichtiges Rechtsgeschäft von demjenigen, welcher es vorgenommen hat, bestätigt, so ist die Bestätigung als erneute Vornahme zu beurteilen.
무효인 법률행위가 이를 행한 자에 의하여 추인되는 때에는 그 추인은 새로운 법률행위를 한 것으로 본다.

Bestattungsfeier
→ Störung einer Bestattungsfeier.

Bestechlichkeit StGB 332 가중수뢰죄 (불법한 직무행위).
(1) Ein Amtsträger oder ein für den öffentlichen Dienst besonders Verpflichteter, der einen Vorteil für sich oder einen Dritten als Gegenleistung dafür fordert, sich versprechen läßt oder annimmt, daß er eine Diensthandlung vorgenommen hat oder künftig vornehme und dadurch seine Dienstpflichten verletzt hat oder verletzen würde, wird mit Freiheitsstrafe von sechs Monaten bis zu fünf Jahren bestraft.
공무수행자 또는 특별한 공무의무자가 자기 또는 제3자를 위하여 직무행위를 행하였거나 장래 행할 것에 대한 반대급부로 이익을 요구, 약속 또는 수수함으로써 근무의무를 위반하였거나 또는 위반하게 될 경우에는 6개월 이상 5년 이하의 자유형에 처한다.
(3) Falls der Täter den Vorteil als Gegenleistung für eine künftige Handlung fordert, sich versprechen läßt oder annimmt, so sind die Abs.1 schon dann anzuwenden, wenn er sich dem anderen gegenüber bereit gezeigt hat,
1. bei der Handlung seine Pflichten zu verletzen oder,
2. soweit die Handlung in seinem Ermessen steht, sich bei Ausübung des Ermessens durch den Vorteil beeinflussen zu lassen.
행위자가 장래의 행위에 대한 대가로서 이익을 요구, 약속 또는 수수한 경우 그가 사전에 타인에 대하여 다음 각호에 해당하는 행위를 미리 표명한 때에도 제1항을 적용한다.
1. 행위시의 의무위반행위
2. 행위에 있어 그 재량권의 행사가 이익에 영향을 미치게 할 수 있는 재량이 있는 경우.
→ Vorteilsannahme (수뢰죄).

Bestechlichkeit und Bestechung im geschäftlichen Verkehr StGB 299 영업거래에서의 가중수뢰죄와 가중증뢰죄.
(1) Wer als Angestellter oder Beauftragter eines geschäftlichen Betriebes im geschäftlichen Verkehr einen Vorteil für sich oder einen Dritten als Gegenleistung dafür fordert, sich versprechen läßt oder annimmt, daß er einen anderen bei dem Bezug von Waren oder gewerblichen Leistungen im Wettbewerb in unlauterer Weise bevorzuge, wird mit Freiheitsstrafe bis zu drei Jahren oder mit Geldstrafe bestraft.
영업경영의 종업원 또는 대리인으로서 자신 또는 제3자를 위하여 물건의 구입이나 영업상 급부에 의해 불법적인 방법에 의한 경쟁으로 타인에게 특권을 부여한 것에 대한 대가로서 이익을 요구, 약속 또는 수수한 자는 3년 이하의 자유형 또는 벌금형에 처한다.

Bestechung StGB 334 가중증뢰죄.
(1) Wer einem Amtsträger, einem für den öffentlichen Dienst besonders Verpflichteten oder einem Soldaten der Bundeswehr einen Vorteil für diesen oder einen Dritten als Gegenleistung dafür anbietet, verspricht oder gewährt, daß er eine Diensthandlung vorgenommen hat oder künftig vornehme und dadurch seine Dienstpflichten verletzt hat oder verletzen würde, wird mit Freiheitsstrafe von drei Monaten bis zu fünf Jahren bestraft.
공무수행자, 특별한 공무의무자 또는 연방

군 군인에 대하여 이들 또는 제3자를 위하여 직무행위를 행하였거나 장래에 행하는 데 대한 반대급부로 이익을 제안, 약속, 공여함으로써, 직무상 의무를 위반하였거나 위반하게 될 경우에는 3개월 이상 5년 이하의 자유형 또는 벌금형에 처한다.
→ Vorteilsgewährung (증뢰죄).

Bestellung eines anderen Verteidigers StPO 145 다른 변호인의 임명.
← Ausbleiben des Verteidigers
(1) Wenn in einem Falle, in dem die Verteidigung notwendig ist, der Verteidiger in der Hauptverhandlung ausbleibt, sich unzeitig entfernt oder sich weigert, die Verteidigung zu führen, so hat der Vorsitzende dem Angeklagten sogleich einen anderen Verteidiger zu bestellen.
필요적 변호의 경우 변호인이 공판에 불출석하거나 불시에 퇴정하거나 변호를 거부하는 때에는, 재판장은 즉시 피고인을 위하여 다른 변호인을 임명하여야 한다.

Bestellung eines Verteidigers bei Strafbefehl StPO 408b 과형명령에 있어서 변호인의 임명.
Erwägt der Richter, dem Antrag der Staatsanwaltschaft auf Erlaß eines Strafbefehls mit der in § 407 Abs.2 Satz 2 genannten Rechtsfolge zu entsprechen, so bestellt er dem Angeschuldigten, der noch keinen Verteidiger hat, einen Verteidiger.
판사가 제407조 제2항 제2문에 열거하고 있는 법률효과의 과형명령의 선고를 위한 검사의 신청에 응할 것을 고려하는 경우, 판사는 변호인이 없는 공소피의자에게 변호인을 임명한다.

Bestellung eines Verteidigers für Verfahrensvorbereitung StPO 364b 준비절차를 위한 변호인의 임명.
(← Verteidiger für die Vorbereitung des Wiederaufnahmeverfahrens 재심절차의 준비를 위한 변호인의 임명).
(1) Das für die Entscheidungen im Wiederaufnahmeverfahren zuständige Gericht bestellt dem Verurteilten, der keinen Verteidiger hat, auf Antrag einen Verteidiger schon für die Vorbereitung eines Wiederaufnahmeverfahrens, wenn
1. hinreichende tatsächliche Anhaltspunkte dafür vorliegen, daß bestimmte Nachforschungen zu Tatsachen oder Beweismitteln führen, welche die Zulässigkeit eines Antrags auf Wiederaufnahme des Verfahrens begründen können,
재심절차의 재판관할법원은 다음 각호의 경우에 변호인 없이 형의 선고를 받은 자에게 신청에 의하여 재심절차의 준비를 위한 변호인을 지정한다.
1. 재심청구의 이유가 될 수 있는 일정한 사실 또는 증거방법의 조사를 하기에 충분한 사실상의 근거가 있는 경우.

Bestellung und Abberufung des Vorstands AktG 84 이사회의 선임과 해임.
(1) Vorstandsmitglieder bestellt der Aufsichtsrat auf höchstens fünf Jahre.
이사는 최장 5년을 임기로 감사회가 선임한다.

Besteuerungsgrundsatz AO 85 과세원칙.
Die Finanzbehörden haben die Steuern nach Maßgabe der Gesetze gleichmäßig festzusetzen und zu erheben. Insbesondere haben sie sicherzustellen, daß Steuern nicht verkürzt, zu Unrecht erhoben oder Steuererstattungen und Steuervergütungen nicht zu Unrecht gewährt oder versagt werden.
재무관청은 조세를 법률의 기준에 따라 평등하게 확정하고 징수해야 한다. 특히 재무관청은 조세를 경감하여 불법하게 징수하는 것 또는 조세환급 및 조세상환을 불법하게 허용 또는 거부하지 않도록 확보해야 한다.
→ Grundlage der Besteuerung (과세표준).
→ Verletzung des Steuergeheimnisses (조세비밀의 침해죄).

Bestimmtheit (~sgebot) (lex certa = sicheres/bestimmtes Gesetz) 확정성(명확성)(~의 요구).
(= Tragweite und Anwendungsbereich der Strafvorschriften müssen hinreichend er-

kennbar sein)
형벌규정의 범위와 적용영역은 충분히 인식
가능하지 않으면 안된다.
→ Nullum crimen sine lege.

**Bestimmung des zuständigen Gerichts
durch den BGH** StPO 13a　연방대법원
에 의한 관할지정.
Fehlt es im Geltungsbereich dieses Bundesgesetzes an einem zuständigen Gericht
oder ist dieses nicht ermittelt, so bestimmt
der Bundesgerichtshof das zuständige Gericht.
이 법의 적용범위내에 관할법원이 없거나
또는 관할법원을 알 수 없는 경우에는 연방
대법원이 관할법원을 지정한다.

Bestimmungsnorm　의사결정규범.
↔　Bewertungsnorm (평가규범).

Bestreiten ZPO 282 부인(否認)
→ Angriffs- und Verteidigungsmittel
(공격·방어방법).

Bestreiten mit Nichtwissen (Erklarung
mit Nichtwissen) ZPO 138(4)　부지의 진
술.
(4) Eine Erklärung mit Nichtwissen ist
nur über Tatsachen zulässig, die weder
eigene Handlungen der Partei noch
Gegenstand ihrer eigenen Wahrnehmung
gewesen sind.
부지의 진술은 당사자의 자신의 행위가 아
니거나 또는 자신이 인지하지 아니한 사실
에 관해서만 이를 할 수 있다.

Besuch (die ~szeiten, Häufigkeit und
Dauer der Besuche) StVollzG 161 접견
(접견시간, 접견의 횟수 및 기간).
접견권은 Recht auf Besuch (StVollzG 24);
접견의 감시는 Überwachung der Besuche
(StVollzG 27).

**Besuche von Verteidigern, Rechtanwälten
und Notaren** StVollzG 26 변호인, 변호사,
공증인과의 접견.
Besuche von Verteidigern sowie von

Rechtsanwälten oder Notaren in einer den
Gefangenen betreffenden Rechtssache sind
zu gestatten.
수형자의 소송사건에 관계하고 있는 변호인
및 변호사 또는 공증인 접견은 허용하여야
한다.

Besuchsräume StVollzG 144 접견실.
(1) Räume für den Aufenthalt während
der Ruhe- und Freizeit sowie Gemein-
schafts- und Besuchsräume sind wohnlich
oder sonst ihrem Zweck entsprechend
auszugestalten.
휴식시간 및 자유시간 중의 거실 및 단체생
활실과 접견실은 체류가 가능하거나 그 밖
에 각각의 목적에 상응한 형태를 갖추어야
한다.

Besuchsverbot StVollzG 25 접견의 금
지(사유).
Der Anstaltsleiter kann Besuche untersagen,
1. wenn die Sicherheit oder Ordnung der
Anstalt gefährdet würde,
2. bei Besuchern, die nicht Angehörige
des Gefangenen im Sinne des Strafgesetzbuches sind, wenn zu befürchten ist, daß
sie einen schädlichen Einfluß auf den Gefangenen haben oder seine Eingliederung
behindern würden.
행형시설의 장은 다음의 경우 접견을 금지
할 수 있다. 1. 행형시설의 안전 또는 질서
가 위태화되는 경우, 2. 그 접견이 수형자
에게 해로운 영향을 미치거나 수형자의 사
회복귀에 지장을 줄 염려가 있는 형법상 수
형자의 비친족인 접견자인 경우.

Betäubungsmittelgesetz BtMG 1 마약
법.
(1) Betäubungsmittel im Sinne dieses Gesetzes sind die in den Anlagen I bis III
aufgeführten Stoffe und Zubereitungen.
본법에서 마약(류)이라 함은 첨부 I-III에서
열거하는 물질과 조제를 말한다.
Anlage I (nicht verkehrsfähige Betäubungsmittel: 유통이 금지되는 마약),
Anlage II (verkehrsfähige, aber nicht

verschreibungsfähige Betäubungsmittel: 유통가능하지만 처방이 금지되는 마약), Anlage III verkehrsfähige und verschreibungsfähige Betäubungsmittel: 유통과 처방이 가능한 마약).

Beteiligte StGB 28 (범죄행위의) 참여자; StPO 33 관계인; StVollzG 111 당사자.
독일 형법 제28조에서 Teilnehmer(공범)는 Anstifter oder Gehilfe (교사범 또는 방조범), Beteiligte(참여자)는 Täter oder Teilnehmer(정범 또는 공범)이라고 하여 그 개념이 구분된다.

Beteiligung am unerlaubten Glücksspiel StGB 285 불법도박참여죄.
Wer sich an einem öffentlichen Glücksspiel (§ 284) beteiligt, wird mit Freiheitsstrafe bis zu sechs Monaten oder mit Geldstrafe bis zu einhundertachtzig Tagessätzen bestraft.
공연히 불법도박개장 (Unerlaubte Veranstaltung eines Glücksspiels § 284)에 가담한 자는 6개월 이하의 자유형 또는 180일수 이하의 벌금형에 처한다.

Beteiligung an einer Schlägerei StGB 231 격투참여죄.
Wer sich an einer Schlägerei oder an einem von mehreren verübten Angriff beteiligt, wird schon wegen dieser Beteiligung mit Freiheitsstrafe bis zu drei Jahren oder mit Geldstrafe bestraft, wenn durch die Schlägerei oder den Angriff der Tod eines Menschen oder eine schwere Körperverletzung (§ 226) verursacht worden ist. Nach Absatz 1 ist nicht strafbar, wer an der Schlägerei oder dem Angriff beteiligt war, ohne daß ihm dies vorzuwerfen ist.
사람의 사망 또는 중상해(제226조)를 야기한 격투 또는 수인이 행한 공격에 참여한 자는 그 행위로 3년 이하의 자유형 또는 벌금형에 처한다. 여기에는 비난가능성이 있어야 한다.

Betreffen 체포되다(적발되다).

auf frischer Tat betroffen werden; 현행범으로 체포되다; im Inland betroffen 국내에서 체포된.

Betreten des Waldes BWaldG 14 임내출입 (林內出入).
(1) Das Betreten des Waldes zum Zwecke der Erholung ist gestattet. Das Radfahren, das Fahren mit Krankenfahrstühlen und das Reiten im Walde ist nur auf Straßen und Wegen gestattet. Die Benutzung geschieht auf eigene Gefahr.
휴양목적의 임내출입은 허용된다. 산림에서 자전거, 휠체어 통행 및 승마는 도로와 길에서만 허용된다. 산림의 이용은 자신의 위험부담이다.

Betreten militärischer Anlagen OWiG 114 군사시설출입죄.
Ordnungswidrig handelt, wer vorsätzlich oder fahrlässig entgegen einem Verbot der zuständigen Dienststelle eine militärische Einrichtung oder Anlage oder eine Örtlichkeit betritt, die aus Sicherheitsgründen zur Erfüllung dienstlicher Aufgaben der Bundeswehr gesperrt ist.
군사시설이나, 또는 연방군의 직무상의 임무수행을 위하여 보안상 통행이 금지되고 있는 장소에 고의 또는 과실로 관할 기관의 금지에 위반하여 출입한 자는 질서위반행위를 행한 것이다.

Betreten und Durchsuchung von Wohnungen MEPolG 19 가택출입과 수색.
(1) Die Polizei kann eine Wohnung ohne Einwilligung des Inhabers betreten und durchsuchen, wenn
1. Tatsachen die Annahme rechtfertigen, daß sich in ihr eien Person befindet, die nach §11 Abs.3 vorgeführt oder nach §13 in Gewahrsam genommen werden darf.
경찰은 다음 각호의 경우 소유자의 동의없이 가택에 출입하여 수색할 수 있다.
1. 사실로 미루어 제11조 제3항에 따라 구인될 수 있거나 또는 제13조에 따라 보호조치가 취해질 수 있다고 인정될 수 있을 때.

Betreuung (Rechtliche ~) BGB 1896, 1901 성년후견, 부조, 성년부조, 감호.
(1) Kann ein Volljähriger auf Grund einer psychischen Krankheit oder einer körperlichen, geistigen oder seelischen Behinderung seine Angelegenheiten ganz oder teilweise nicht besorgen, so bestellt das Vormundschaftsgericht auf seinen Antrag oder von Amts wegen für ihn einen Betreuer. (1896)
성년자가 심리적 질환 또는 신체적, 정신적 장애로 인하여 자신의 일을 전적으로 또는 부분적으로 처리할 수 없는 경우, 후견법원은 신청 또는 직권으로 성년후견인을 선임할 수 있다.
(1) Die Betreuung umfasst alle Tätigkeiten, die erforderlich sind, um die Angelegenheiten des Betreuten nach Maßgabe der folgenden Vorschriften rechtlich zu besorgen. (1901)
성년후견은 피성년후견자의 업무를 다음 규정의 기준에 따라 법적으로 처리하는 데에 필요한 모든 활동을 포함한다.
→ Entmündigung.
→ Nachgehende Betreuung (사후적 보호).

Betrieb 사업(체)(장), 경영(체), 운영, 관리.
특별한 공무의무자(→ für den öffentlichen Dienst besonders Verpflichter StGB 11)나 신용사기죄 (Kreditbetrug StGB 265b, Nr.1)의 Betrieb und Unternehmen(사업체와 기업):에서 Betrieb는 법적 형태와는 관계없이 계속적으로 목적, 법익 또는 급부를 얻기 위한 또는 처분하기 위한 - 반드시 경제적일 필요가 없는 - 인적·물적 수단의 조직적 총체를 말한다. 이에 비해 Unternehmen은 경제적 목적의 조직체가 된다.
§264(6) Nr.1에서 말하는 보조금(Subvention)에 대한 Betrieb oder Unternehmen에는 공기업(öffentliche Unternehmen)도 포함된다.
→ Verletzung der Aufsichtspflicht in Betrieben und Unternehmen (사업체 및 기업에서의 감독의무 위반죄).
→ Luftverunreinigung (대기오염죄; beim Betrieb einer Betriebsstätte 사업장의 운영시에).

→ Arbeitsbetriebe (작업장).

Betriebsänderung BetrVG 111 경영변동(사업변경).
In Unternehmen mit in der Regel mehr als zwanzig wahlberechtigten Arbeitnehmern hat der Unternehmer den Betriebsrat über geplante Betriebsänderungen, die wesentliche Nachteile für die Belegschaft oder erhebliche Teile der Belegschaft zur Folge haben können, rechtzeitig und umfassend zu unterrichten und die geplanten Betriebsänderungen mit dem Betriebsrat zu beraten.
통상 21명을 초과하는 선거권을 가진 근로자가 종사하는 기업에서 기업자는 전체근로자나 상당수의 근로자에게 막대한 불이익을 줄 수 있는 경영변동의 계획에 관하여 적시에 그리고 포괄적으로 사업장협의회에 보고하고, 경영변동의 계획을 협의하여야 한다.

Betriebsaufnahme AO 134 사업등록.
→ Personenstandsaufnahme (신분등록).

Betriebsausschuß BetrVG 27 경영(사업장)위원회.
(1) Hat ein Betriebsrat neun oder mehr Mitglieder, so bildet er einen Betriebsausschuss.
사업장협의회가 9인 이상의 구성원을 가지고 있는 경우에는 경영위원회를 설치한다.
(2) Der Betriebsausschuss führt die laufenden Geschäfte des Betriebsrats.
경영위원회는 사업장협의회의 일상업무를 수행한다.

Betriebsbedingte Kündigung KSchG 1a 경영상의 사유에 의한 해고 (정리해고).
(1) Kündigt der Arbeitgeber wegen dringender betrieblicher Erfordernisse nach § 1 Abs. 2 Satz 1 und erhebt der Arbeitnehmer bis zum Ablauf der Frist des § 4 Satz 1 keine Klage auf Feststellung, dass das Arbeitsverhältnis durch die Kündigung nicht aufgelöst ist, hat der Arbeitnehmer mit dem Ablauf der Kündigungsfrist Anspruch auf eine Abfindung.

사용자가 제1조 제2항 제1문에 의한 경영상의 긴박한 사유에 해고를 하고 근로자가 제4항 제1문의 기간이 경과하기까지 어떠한 확인의 소를 제기하지 않는다면 근로자는 해고기간의 경과와 더불어 (일시)보상금청구권을 가진다.
→ Personenbedingte Kündigung (일신상의 사유에 의한 해고).

Betriebserlaubnis StVZO 19 운행허가.
(1) Die Betriebserlaubnis ist zu erteilen, wenn das Fahrzeug den Vorschriften dieser Verordnung, den zu ihrer Ausführung erlassenen Anweisungen des Bundesministeriums für Verkehr, Bau und Stadtentwicklung und den Vorschriften der Verordnung (EWG) Nr. 3821/85 des Rates vom 20. Dezember 1985 über das Kontrollgerät im Straßenverkehr (ABl. EG Nr. L 370 S. 8), entspricht.
차량이 본령(도로교통허가령)의 규정과 연방교통·건설·도시계획부의 시행명령 및 도로교통의 검사기기에 관한 1985.12.20. 이사회의 규정(EWG)에 일치하는 때에는 운행허가를 부여한다.

Betriebshaftpflichtversicherung
VVG 102 영업책임보험.
(1) Besteht die Versicherung für ein Unternehmen, erstreckt sie sich auf die Haftpflicht der zur Vertretung des Unternehmens befugten Personen sowie der Personen, die in einem Dienstverhältnis zu dem Unternehmen stehen.
보험이 기업에 대하여 행하여진 경우에 그 보험은 기업을 대표할 권한이 있는 자의 책임 및 기업과 고용관계에 있는 자에게 미친다.

Betriebskosten BGB 556 관리비.
(1) Die Vertragsparteien können vereinbaren, daß der Mieter Betriebskosten trägt.
계약당사자는 임차인이 관리비를 부담하는 것으로 약정할 수 있다.

Betriebskrankenkasse SGB 5 147 직장의료보험조합.

(1) Der Arbeitgeber kann für einen oder mehrere Betriebe eine Betriebskrankenkasse errichten, wenn
1. in diesen Betrieben regelmäßig mindestens 1.000 Versicherungspflichtige beschäftigt werden und
2. ihre Leistungsfähigkeit auf Dauer gesichert ist.
사용자는 다음 각호의 경우 하나 또는 수개의 사업장에 대하여 직장의료보험조합을 설치할 수 있다.
1. 사업장에 적어도 통상 1.000 명의 의료보험가입의무자가 취업하고 있는 경우
2. 이들의 급부능력이 계속적으로 확보되는 경우.
→ Krankenkasse (의료보험조합).

Betriebsprüfungsordnung
BpO (2000) 1, 7 기업조사규칙.
(1) Diese Verwaltungsvorschrift gilt für Außenprüfungen der Landesfinanzbehörden und des Bundesamtes für Finanzen.
본 행정규칙은 주재무(세무)관청 및 연방재무(세무)과의 임장조사(기업조사)에 적용한다. (1)
(Prüfungsgrundsätze) Die Außenprüfung ist auf das Wesentliche abzustellen. (7)
기업(임장)조사는 본질적인 것을 대상으로 한다.
→ Außenprüfung.

Betriebsrat BetrVG 1 사업장(경영)협의회, 종업원평의회.
(1) In Betrieben mit in der Regel mindestens fünf ständigen wahlberechtigten Arbeitnehmern, von denen drei wählbar sind, werden Betriebsräte gewählt.
Dies gilt auch für gemeinsame Betriebe mehrerer Unternehmen.
사업장협의회는 일반적으로 상시 최소 5인 정도의 선거권을 갖는 근로자를 고용하고 있으면서 그들 중 적어도 3인은 피선거권을 갖는 근로자로 구성된 사업장에서 구성된다. 본규정은 다수의 기업의 공동사업장에도 적용된다.

Betriebsstillegung 휴업; Recht auf ~ (휴

업권).
Arbeitgeber können mit Aussperrung und Betriebsstillegung antworten.
사용자는 직장폐쇄와 휴업으로 대응할 수 있다.

Betriebstätte AO 12 사업소(장).
Betriebstätte ist jede feste Geschäftseinrichtung oder Anlage, die der Tätigkeit eines Unternehmens dient.
1. die Stätte der Geschäftsleitung,
2. Zweigniederlassungen,
3. Geschäftsstellen u.s.w.
사업소는 다음 각호의 경우 기업활동에 제공되는 고정적인 모든 업무시설 또는 설비를 말한다.
(1. 주된 사무소 2. 지점 3. 영업소 등)

Betriebsübergang BGB 613a 사업양도.
(1) Geht ein Betrieb oder Betriebsteil durch Rechtsgeschäft auf einen anderen Inhaber über, so tritt dieser in die Rechte und Pflichten aus den im Zeitpunkt des Übergangs bestehenden Arbeitsverhältnissen ein.
사업 또는 일부사업이 법률행위에 의하여 다른 사업주에게 양도된 때에는 다른 사업주는 양도시에 존재하는 근로관계상 권리의무를 승계한다.

Betriebsvereinbarung BetrVG 77(4) 사업장(경영)협정.
(4) Betriebsvereinbarungen gelten unmittelbar und zwingend. Werden Arbeitnehmern durch die Betriebsvereinbarung Rechte eingeräumt, so ist ein Verzicht auf sie nur mit Zustimmung des Betriebsrats zulässig. Die Verwirkung dieser Rechte ist ausgeschlossen.
사업장협정은 직접적이고 강제적이다. 근로자에게 사업장협정에 의하여 권리가 인정될 경우 그 포기도 경영협의회의 동의를 얻어야 한다. 이 권리에 대한 실효는 배제된다.

Betriebsverfassungsgesetz 경영조직법
(2001.9.25) (BGBl. I S. 2518)

→ Betriebsrat (사업장(경영)협의쎄, 종업원평의회).

Betriebsvermögen EStG 4 기업재산.
(1) Gewinn ist der Unterschiedsbetrag zwischen dem Betriebsvermögen am Schluss des Wirtschaftsjahres und dem Betriebsvermögen am Schluss des vorangegangenen Wirtschaftsjahres, vermehrt um den Wert der Entnahmen und vermindert um den Wert der Einlagen.
독일 소득세법상 이익은 사업연도말의 기업재산과 직전 사업연도말의 기업재산의 차액에서 (자본)감소액만큼 증가시키고, 증가액만큼 감소시킨 금액이다.

Betriebsversammlung BetrVG 42 사업장총회.
(1) Die Betriebsversammlung besteht aus den Arbeitnehmern des Betriebs; sie wird von dem Vorsitzenden des Betriebsrats geleitet. Sie ist nicht öffentlich. Kann wegen der Eigenart des Betriebs eine Versammlung aller Arbeitnehmer zum gleichen Zeitpunkt nicht stattfinden, so sind Teilversammlungen durchzuführen.
사업장총회는 사업장내의 근로자로 구성된다. 사업장총회는 사업장협의회의 의장이 주재한다. 사업장총회는 공개되지 않는다. 총회가 사업장의 속성상 모든 근로자에 의하여 동시에 개최될 수 없는 때에는 부분총회를 실시할 수 있다.

Betrug StGB 263 사기죄.
(1) Wer in der Absicht, sich oder einem Dritten einen rechtswidrigen Vermögensvorteil zu verschaffen, das Vermögen eines anderen dadurch beschädigt, daß er durch Vorspiegelung falscher oder durch Entstellung oder Unterdrückung wahrer Tatsachen einen Irrtum erregt oder unterhält, wird mit Freiheitsstrafe bis zu fünf Jahren oder mit Geldstrafe bestraft.
자기 또는 타인으로 하여금 위법한 재산상의 이익을 취득하게 할 의도로 허위의 사실로 기망하거나 진실을 왜곡 또는 은폐하여 착오를 야기 또는 유지시킴으로써 타인의

재산에 손해를 가한 자는 5년 이하의 자유형 또는 벌금형에 처한다.

BetrVG → Betriebsverfassungsgesetz (경영조직법).

Bettelbetrug → Spendenbetrug (기부사기).

Beugehaft → Zwangshaft (강제구금)의 구개념.

Beurkundung AktG 30 서증.
Die Bestellung bedarf notarieller Beurkundung.
선임에는 공증인의 서증을 요한다.

Beurkundung und Beglaubigung
BNotO 20 공증과 인증.
(1) Die Notare sind zuständig, Beurkundungen jeder Art vorzunehmen sowie Unterschriften, Handzeichen und Abschriften zu beglaubigen.
공증인은 모든 종류의 공증을 처리하고 서명, 필적, 사본을 인증할 권한을 갖는다.

Beurlaubung des Angeklagten
→ Entfernungsgenehmigung → Erlaubnis zur Entfernung (불출석(퇴정)허가)

Bevollmächtigter BGB 174 임의대리인.
Ein einseitiges Rechtsgeschäft, das ein Bevollmächtigter einem anderen gegenüber vornimmt, ist unwirksam, wenn der Bevollmächtigte eine Vollmachtsurkunde nicht vorlegt und der andere das Rechtsgeschäft aus diesem Grund unverzüglich zurückweist.
임의대리인이 위임장을 제시하지 아니하고 또한 그 타인이 이것을 이유로 하여 법률행위를 지체없이 거절하는 때에는 그의 타인에 대하여 행한 단독행위는 효력이 없다.

Bevollständigungsklage
→ Ergänzungsklage (보충소송).

Bewaffneter Haufen
→ Bildung bewaffneter Haufen (무장집단

의 형성죄).

Bewährungshelfer (Bewährungshelferin)
StGB 56d 보호관찰관.
(3) Die Bewährungshelferin oder der Bewährungshelfer steht der verurteilten Person helfend und betreuend zur Seite.
보호관찰관은 형의 선고를 받은 자를 원조·보호한다.

Bewährungshilfe StGB 56d 보호관찰부조.
(1) Das Gericht unterstellt den Verurteilten für die Dauer oder einen Teil der Bewährungszeit der Aufsicht und Leitung eines Bewährungshelfers, wenn dies angezeigt ist, um ihn von Straftaten abzuhalten.
법원은 범죄방지에 적절하다고 생각하는 경우에는 보호관찰기간의 전부 또는 일부의 기간동안 형의 선고를 받은 자를 보호관찰관의 감독 및 지도 아래에 둔다.
(2) Eine Weisung nach Absatz 1 erteilt das Gericht in der Regel, wenn es eine Freiheitsstrafe von mehr als neun Monaten aussetzt und die verurteilte Person noch nicht 27 Jahre alt ist.
법원은 9개월 이상 자유형의 집행을 유예한 자와 형의 선고를 받은 자가 27세 미만인 자에 대하여 제1항의 지시사항을 명한다.

Bewährungsleistung → Befragung nach freiwilligen Bewährungsleistungen.

Bewährungszeit StGB 56a 보호관찰기간.
(1) Das Gericht bestimmt die Dauer der Bewährungszeit. Sie darf fünf Jahre nicht überschreiten und zwei Jahre nicht unterschreiten.
보호관찰기간은 법원이 정한다. 그 기간은 5년을 상회해서도, 2년을 하회해서도 안된다.

Bewegliche Sache BGB 929 동산.
Zur Übertragung des Eigentums an einer beweglichen Sache ist erforderlich, dass

der Eigentümer die Sache dem Erwerber übergibt und beide darüber einig sind, dass das Eigentum übergehen soll.
동산소유권을 양도하기 위하여는 소유자가 물건을 취득자에게 인도하고 쌍방이 소유권의 이전에 관하여 합의하는 것이 필요하다.

Beweis des ersten Anscheins 일응의 증명 = prima-facie-beweis = Anscheinbeweis (추정증거, 표현증명).

Beweisantrag auf Einnahme eines Augenscheins StPO 244(5) 검증을 구하는 증거조사의 신청.
(5) Ein Beweisantrag auf Einnahme eines Augenscheins kann abgelehnt werden, wenn der Augenschein nach dem pflichtgemäßen Ermessen des Gerichts zur Erforschung der Wahrheit nicht erforderlich ist.
검증을 구하는 증거신청은 법원의 기속재량으로 진실을 규명하는데 검증이 필요하지 아니하다고 인정되는 경우에는 각하될 수 있다.

Beweisantrag des Angeklagten StPO 219 피고인의 증거신청.
(1) Verlangt der Angeklagte die Ladung von Zeugen oder Sachverständigen oder die Herbeischaffung anderer Beweismittel zur Hauptverhandlung, so hat er unter Angabe der Tatsachen, über die der Beweis erhoben werden soll, seine Anträge bei dem Vorsitzenden des Gerichts zu stellen.
피고인이 증인이나 감정인의 소환 또는 공판을 위한 기타 증거방법의 제출을 요구한 때에는 증거가 조사되어야 할 사실을 명시하여 재판장에게 그 신청을 하여야 한다.

Beweisantrag des Beschuldigten StPO 166 피의자의 증거신청.
→ Antrag des Beschuldigten zur Erhebung von Entlastungsbeweisen (피의자의 면책 증거조사의 신청)
～은 피의자를 위한 판사의 긴급증거조사이다(Notbeweisaufnahme zugunsten des Beschuldigten durch den Richter).
Wird der Beschuldigte von dem Richter vernommen und beantragt er bei dieser Vernehmung zu seiner Entlastung einzelne Beweiserhebungen, so hat der Richter diese, soweit er sie für erheblich erachtet, vorzunehmen, wenn der Verlust der Beweise zu besorgen ist oder die Beweiserhebung die Freilassung des Beschuldigten begründen kann.
피의자가 판사의 신문시 자신의 면책을 위하여 개별 증거의 조사를 신청하는 때에는 증거멸실의 염려가 있거나, 그 증거조사가 피의자의 석방사유가 될 수 있는 경우 판사는 이 증거조사를 실시하여야 한다.

Beweisantretung StPO 369 증거제출.
(1) Wird der Antrag für zulässig befunden, so beauftragt das Gericht mit der Aufnahme der angetretenen Beweise, soweit dies erforderlich ist, einen Richter.
법원은 청구의 허용을 인정하는 경우에 필요한 경우에는 제출된 증거의 조사를 1인의 판사에게 위임한다.

Beweisantritt ZPO 420 증거제출.
Der Beweis wird durch die Vorlegung der Urkunde angetreten (Vorlegung durch Beweisführer).
증거의 제출은 문서의 제출에 의한다 (입증자에 의한 제출).

Beweisaufnahme StPO 244 증거조사.
Beweisaufnahme ist der Teil der Hauptverhandlung, in dem mit den gesetzlich zugelassenen Beweismitteln vom Amts wegen oder auf Antrag eines Prozeßbeteiligten vergangene oder gegenwärtige Tatsachen und Erfahrungssätze aufgeklärt werden.
증거조사는 공판의 일부로, 법적으로 허용된 증거방법에 의해 직권 또는 소송관여자의 신청으로 행하거나 또는 현재의 사실 및 경험칙을 밝히는 것이다.
(1) Nach der Vernehmung des Angeklagten folgt die Beweisaufnahme.

피고인의 신문후에 증거조사를 행한다.
(2) Das Gericht hat zur Erforschung der Wahrheit die Beweisaufnahme von Amts wegen auf alle Tatsachen und Beweismittel zu erstrecken, die für die Entscheidung von Bedeutung sind.
법원은 진실의 발견을 위하여 재판에 있어 중요한 모든 사실과 증거방법에 걸쳐 직권으로 증거조사를 하여야 한다.
→ Beweiserhebung.

Beweisaufnahme durch beauftragten oder ersuchten Richter StPO 289 수명법관 및 수탁판사에 의한 증거조사.
Stellt sich erst nach Eröffnung des Hauptverfahrens die Abwesenheit des Angeklagten heraus, so erfolgen die noch erforderlichen Beweisaufnahmen durch einen beauftragten oder ersuchten Richter.
공판절차개시후에 비로소 피고인의 부재가 밝혀진 경우 계속적으로 필요한 증거조사는 수명법관 또는 수탁판사에 의하여 행한다.

Beweisaufnahme nach der Vernehmung StPO 244 신문후의 증거조사.
Nach der Vernehmung des Angeklagten folgt die Beweisaufnahme.
증거조사는 피고인의 신문후에 행한다.

Beweisbeschluß ZPO 359 증거결정.
(Inhalt des ~: ~의 내용).
Der Beweisbeschluss enthält:
1. die Bezeichnung der streitigen Tatsachen, über die der Beweis zu erheben ist;
2. die Bezeichnung der Beweismittel unter Benennung der zu vernehmenden Zeugen und Sachverständigen oder der zu vernehmenden Partei;
3. die Bezeichnung der Partei, die sich auf das Beweismittel berufen hat.
증거결정은 다음 각호의 사항을 포함한다.
1 증거를 조사할 계쟁사실의 표시.
2. 신문할 증인 및 감정인 또는 신문할 당사자를 지명하는 증거방법의 표시.
3. 증거방법을 원용한 당사자의 표시.

Beweiserheblicher Daten → Fälschung beweiserheblicher Daten.

Beweiserhebung StPO 202 증거수집; 증거의 조사 (개별행위) → Beweisaufnahme (증거조사).
Bevor das Gericht über die Eröffnung des Hauptverfahrens entscheidet, kann es zur besseren Aufklärung der Sache einzelne Beweiserhebungen anordnen.
법원은 사건을 공판절차의 개시에 관하여 재판하기 전에 보다 나은 사안의 해명을 위해 개별 증거수집을 명할 수 있다.

Beweiserhebungsverbot 증거수집의 금지.
→ Beweisverbot (증거금지).

Beweisführung 입증 (거증, 증거에 의한 논증) → Argumentation.

Beweisführungslast (Subjektive Beweislast) 증거제출책임 (주관적 입증책임).
~ betrifft die Frage, wer im Prozeß den Beweis für das Vorliegen einer beweisbedürftigen Tatsache führen muß. Grundregel ist, daß jede Partei die Beweislast für die tatsächlichen Voraussetzungen der ihr günstigen Rechtsnormen trägt, sog. Rosenbergische Formel.
~는 소송에서 요증사실의 존재에 대하여 입증해야하는 문제. 각 당사자는 자기에게 유리한 법규범의 사실적 요건에 대한 입증책임을 진다(이른바 로벤베르그 공식).

Beweisgegenstand 증명대상, 증거물 → Zufallsfund (우연한 발견물).

Beweiskraft des Protokolls StPO 274 조서의 증명력.
Die Beobachtung der für die Hauptverhandlung vorgeschriebenen Förmlichkeiten kann nur durch das Protokoll bewiesen werden. Gegen den diese Förmlichkeiten betreffenden Inhalt des Protokolls ist nur der Nachweis der Fälschung zulässig.
공판에 관하여 규정된 형식의 준수는 조서에 의하여만 증명될 수 있다. 이 형식에 해당하는 조서의 내용에 대하여는 위조 증명만이 허용된다.

Beweiskraft mangelbehafteter Urkunden ZPO 419 하자있는 문서의 증명력.
Inwiefern Durchstreichungen, Radierungen, Einschaltungen oder sonstige äußere Mängel die Beweiskraft einer Urkunde ganz oder teilweise aufheben oder mindern, entscheidet das Gericht nach freier Überzeugung.
말소, 삭제, 삽입 또는 기타 외적 흠결로 인하여 문서의 증명력의 전부 또는 일부가 파기 또는 감소될 정도에 이른 때에는 법원은 자유심증에 따라 재판한다.

Beweislast StPO 155 입증(거증)책임(입증의 부담).
Der Beschuldigte hat nicht seine Unschuld zu beweisen.
피의자는 자기의 무죄를 증명할 필요가 없다.

Beweislastumkehr BGB 476 입증책임의 전환.
Zeigt sich innerhalb von sechs Monaten seit Gefahrübergang ein Sachmangel, so wird vermutet, dass die Sache bereits bei Gefahrübergang mangelhaft war, es sei denn, diese Vermutung ist mit der Art der Sache oder des Mangels unvereinbar.
위험이전시부터 6개월 이내에 물건하자가 나타난 경우에는 물건이 이미 위험이전 당시에 하자가 있었던 것으로 추정한다. 다만, 이러한 추정이 물건 또는 하자의 성질과 일치하지 아니하는 때에는 그러하지 아니하다.

Beweislastverteilung 입증책임분배.
Die Grundregel in Beweisfragen lautet, dass derjenige, der ein Recht gerichtlich geltend machen will, die Tatsachen beweisen muss, die dessen Grundlagen bilden.
권리를 주장하고자 하는 사람은 그 기초가 되는 사실을 증명하여야 한다는 증거의 기본법칙.

Beweismittel StPO 221 증거방법; 증거자료.
형사절차의 증거방법에는 증인(Zeugen §§ 48 ff. StPO), 감정인(Sachverständige), 검증(Augenschein: §§72 ff.), 문서와 기타 서류((Urkunden und andere Schriftstücke)가 있으며(§§249 ff.), 피의자(§§136, 163a(1), 243(3))와 공동피고인(§251 (1), (2))의 진술도 이에 해당한다.
인적 증거방법(Persönliches Beweismittel)은 진술(Aussagen)이며, 물적 증거방법(sachliches Beweismittel)은 조사에 중요한 증거방법으로서의 목적물(Gegenstände, die als Beweismittel für die Untersuchung von Bedeutung sind: §94(1)), 증거물(Beweisgegenstände: §102)이고, 서증이 아닌 한 증거에 중요한 물건의 상태와 과정은 검증에 의하여 인지된다. 증거의 낭독은 서류의 사상적 내용을 전달한다.

Beweisperson StPO 386 (a.F.) 증거인 (증인 또는 감정인).
→ StPO 386 Recht zur Ladung 소환권.

Beweissicherung StPO 285 증거보전.
Das gegen einen Abwesenden eingeleitete Verfahren hat die Aufgabe, für den Fall seiner künftigen Gestellung die Beweise zu sichern.
부재자에 대하여 개시된 절차는 부재자가 장래에 출두할 경우를 위하여 증거를 보전하여야 한다.

Beweisstück StPO 147 증거서류.
변호인은 공적으로 보관된 증거서류(amtlich verwahrte Beweisstücke)를 열람할 권한이 있다 → Akteneinsicht (기록열람).

Beweisthema ZPO 359 Nr.1, 424 Nr.2 요증사실 (Beweistatsache), 증명주제.
~ ist die Bezeichnung der streitigen Tatsache, über die Beweis zu erheben ist. (ZPO 359 Nr.1)
증거를 조사할 계쟁사실의 표시
2. die Bezeichnung der Tatsachen, die durch die Urkunde bewiesen werden sollen. (ZPO 424 Nr.2)

문서로 증명할 사실의 표시.

Beweisverbot StPO 261 증거금지(조사, 사용의 금지).
~ im Strafverfahren können Beweiserhebungs- oder Beweisverwertungsverbote sein. Die Beweisgewinnung ist rechtswidrig, wenn gegen ein Beweisthemenverbot (Tatsachen) ein Beweismittelverbot (Urkunde, Zeuge), oder ein Beweismethodenverbot (Folter) verstoßen wurde. Das Beweisverwertungsverbot untersagt, dass ein Strafurteil auf fehlerhafte Beweise gestützt wird. Innerhalb der Beweisverwertungsverbote werden selbständige und unselbständige Verwertungsverbote unterschieden
형사절차의 증거금지에는 증거수집금지와 증거사용금지가 있다. 일정한 증거대상(사실)의 금지, 일정한 증거자료(문서, 증인)의 금지나 일정한 증거취득방법(고문)의 금지에 위반한 증거수집은 금지된다. 증거사용금지는 형사판결이 하자있는 증거에 근거하는 것을 금지한다. 증거사용금지는 독자적 사용금지와 종속적 사용금지로 다시 나누어진다.

Beweisverwertungsverbot 증거사용의 금지. → Beweisverbot (증거금지).

Beweiswürdigung 증거판단.
→ Freie Beweiswürdigung.

Bewerbungsgespräch BGleiG 7 구직면접.
(1) Bei der Besetzung von Arbeitsplätzen in Bereichen, in denen Frauen unterrepräsentiert sind, sind zu Vorstellungsgesprächen oder besonderen Auswahlverfahren mindestens ebenso viele Frauen wie Männer einzuladen, die die in der Ausschreibung vorgegebene Qualifikation aufweisen, sofern Bewerbungen von Frauen in ausreichender Zahl vorliegen.
여성이 저대표된 영역에서 자리충원을 하는 경우 충분한 수의 여성들의 지원이 있는 때에는 광고에서 제시한 자격을 갖춘 여성이

남성과 동일한 수로 면접 혹은 특별한 선발 절차에 소집되어야 한다.

Bewertungsgesetz BewG 1 (감정)평가법 (1991.1.1) (BGBl. I S. 230).
(1) Die allgemeinen Bewertungsvorschriften (§§ 2 bis 16) gelten für alle öffentlich-rechtlichen Abgaben, die durch Bundesrecht geregelt sind, soweit sie durch Bundesfinanzbehörden oder durch Landesfinanzbehörden verwaltet werden.
일반 평가규정(제2조 내지 제16조)은 연방 재무관청 또는 주재무관청에 의하여 관리되는 모든 공법상의 공과금에 대하여 적용된다.

Bewertungsnorm 평가규범.
↔ Bestimmungsnorm (의사결정규범).

BewG → Bewertungsgesetz (평가법).

Bewirken der Leistung mit eigenen Mitteln BGB 110 (미성년자의) 자력에 의한 급부실현.
Ein von dem Minderjährigen ohne Zustimmung des gesetzlichen Vertreters geschlossener Vertrag gilt als von Anfang an wirksam, wenn der Minderjährige die vertragsmäßige Leistung mit Mitteln bewirkt, die ihm zu diesem Zweck oder zu freier Verfügung von dem Vertreter oder mit dessen Zustimmung von einem Dritten überlassen worden sind.
미성년자가 법정대리인의 동의없이 체결한 계약은 미성년자가 그 목적을 위하여 또는 임의처분을 하기 위하여 대리인에 의하여 또는 대리인의 동의를 얻어 제3자에 의하여 위탁된 재산으로 계약상의 급부를 하는 때에는 처음부터 유효한 것으로 본다.

Bewußte Fahrlässigkeit 인식 있는 과실.
Bei der bewussten Fahrlässigkeit (lat. luxuria) rechnet der Handelnde mit dem möglichen Eintritt, vertraut aber pflichtwidrig und vorwerfbar darauf, dass der Schaden nicht eintreten wird.
인식있는 과실에서 행위자는 결과발생의 가

능성을 고려하지만 의무에 위반하여 비난가
능하게 피해가 발생하지 않는다고 믿는다.

Bezeichnung des Gesetzes StPO 260(4)
법률의 명칭.
→ Überschrift (표제).
→ Paragraph (조: §).

Beziehungsverbrechen 관계범죄.
~, welchen Beitrag das Opfer zur Begehung leistet.
피해자의 범행 기여의 정도에 대한 관계(*
가해자와 피해자의 상호관계의 특징을 지니
는 범죄).

Bezirk des Heimathafens StPO 10
선적항의 관할.
(1) Ist die Straftat auf einem Schiff, das
berechtigt ist, die Bundesflagge zu führen,
außerhalb des Geltungsbereichs dieses
Gesetzes begangen, so ist das Gericht zuständig, in dessen Bezirk der Heimathafen
oder der Hafen im Geltungsbereich dieses
Gesetzes liegt, den das Schiff nach der
Tat zuerst erreicht.
(1) 이 법의 적용지역 밖에서 연방국기를
게양한 선박내에서 범죄가 행하여진 경우에
는 재판적은 이 법의 관할구역내의 선적항
또는 범죄후 그 선박이 최초로 도착한 항구
를 관할하는 법원에 있다.

Bezogener WG 1; ScheckG 1, 3 지급인.
Der gezogene Wechsel enthält:
den Namen dessen, der zahlen soll (Bezogener).
환어음에는 다음 사항이 기재되어야 한다.
지급해야 할 사람의 이름.
Der Scheck darf nur auf einen Bankier
gezogen werden, bei dem der Aussteller
ein Guthaben hat, und gemäß einer ausdrücklichen oder stillschweigenden Vereinbarung, wonach der Aussteller das Recht
hat, über dieses Guthaben mittels Schecks
zu verfügen. (ScheckG 3)
수표는 발행인이 예금을 가지고 있는 은행
에 대하여 그리고 발행인이 이 예금에 대하
여 수표로 처분할 권리를 가진다는 명시 또

는 묵시의 합의에 따라서만 발행될 수 있다.

Bezug neuer Aktien AktG 187 신주의
인수.
(1) Rechte auf den Bezug neuer Aktien
können nur unter Vorbehalt des Bezugs-
rechts der Aktionäre zugesichert werden.
신주의 인수에 대한 권리는 주주의 인수권
을 유보하여서만 이를 확약할 수 있다.

Bezugsaktien (인수주)
→ Bedingte Kapitalerhöhung (조건부 자본
증가).

Bezugsberechtigter VVG 159 보험수
익자.
(1) Der Versicherungsnehmer ist im
Zweifel berechtigt, ohne Zustimmung des
Versicherers einen Dritten als Bezugs-
berechtigten zu bezeichnen sowie an die
Stelle des so bezeichneten Dritten einen
anderen zu setzen.
보험계약자는 의문이 있을 때는 보험자의
동의 없이 제삼자를 보험수익자로서 지정하
고 또한 다른 자를 보험수익자로서 지정된
제삼자에 갈음하는 권한이 있다.

Bezugserklärung AktG 198 신주인수의
의사표시.
(1) Das Bezugsrecht wird durch schriftliche Erklärung ausgeübt. Die Erklärung
(Bezugserklärung) soll doppelt ausgestellt
werden.
신주인수권은 서면에 의한 의사표시로써 행
사한다. 이 의사표시(신주인수증)는 2통 작
성되어야 한다.

Bezugsperson 준거인(어른): 사회적, 인적
결속의 기준이 되는 사람 → 구속이론.
BGB 1685 (Umgang des Kindes mit
anderen Bezugspersonen 아동의 기타 준
거인과의 교제).
(1) Großeltern und Geschwister haben ein
Recht auf Umgang mit dem Kind, wenn
dieser dem Wohl des Kindes dient.
부모와 자매는 자의 복지에 기여하는 한 자
와의 교제권을 가진다.

(2) Gleiches gilt für enge Bezugspersonen des Kindes, wenn diese für das Kind tatsächliche Verantwortung tragen oder getragen haben (sozial-familiäre Beziehung).
Eine Übernahme tatsächlicher Verantwortung ist in der Regel anzunehmen, wenn die Person mit dem Kind längere Zeit in häuslicher Gemeinschaft zusammengelebt hat.
이는 자에 대하여 사실상 책임을 지거나 또는 책임을 지고 있었던 협의의 준거인에도 (사회-가족 관계) 동일하게 적용된다.
준거인이 자와 장기간 가정공동체에서 함께 생활했던 경우에는 사실상 책임의 인수가 있는 것으로 일반적으로 추정된다.

Bezugsrecht StGB 264a 신주인수권. → Bezug neuer Aktien (신주의 인수).

BGB → Bürgerliches Gesetzbuch (민법(전)).

BGBl → Bundesgesetzblatt (연방관보).

BGleiG → Bundesgleichstellungsgesetz (연방남녀평등법).

BHO → Bundeshaushaltsordnung (연방예산법).

Bienenschwarm BGB 961 봉군(蜂群).
Zieht ein Bienenschwarm aus, so wird er herrenlos, wenn nicht der Eigentümer ihn unverzüglich verfolgt oder wenn der Eigentümer die Verfolgung aufgibt.
봉군이 벌통을 떠난 경우에 소유자가 지체없이 추적하지 아니한 때 또는 소유자가 그 추적을 포기한 때에는 봉군은 무주물이다.

Bilanz HGB 266 대차대조표.
(1) Die Bilanz ist in Kontoform aufzustellen. Dabei haben große und mittelgroße Kapitalgesellschaften (§ 267 Abs. 3, 2) auf der Aktivseite die in Absatz 2 und auf der Passivseite die in Absatz 3 bezeichneten Posten gesondert und in der vorgeschriebenen Reihenfolge auszuweisen.

대차대조표는 계정식으로 작성되어야 한다. 대, 차변에 기재된 중규모 자본회사(제267조 제3항, 제2항)는 제3항에 열거된 대변의 항목과 구분하여, 규정의 순서대로 표시하여야 한다. → Unterlagen (자료).

Bilanzgewinn AktG 58(3) 대차대조표이익.
(3) Die Hauptversammlung kann im Beschluß über die Verwendung des Bilanzgewinns weitere Beträge in Gewinnrücklagen einstellen oder als Gewinn vortragen.
주주총회는 대차대조표이익의 처분에 관한 결의에서 그 이상의 금액을 이익준비금으로 적립하거나 이익으로 이월할 수 있다.

Bildung bewaffneter Haufen StGB 127 무장집단의 형성죄.
Wer unbefugterweise einen bewaffneten Haufen bildet oder befehligt oder eine Mannschaft, von der er weiß, daß sie ohne gesetzliche Befugnis gesammelt ist, mit Waffen oder Kriegsbedürfnissen versieht, wird mit Freiheitsstrafe bis zu zwei Jahren oder mit Geldstrafe bestraft.
권한 없이 무장집단을 형성, 지휘하거나 법률상의 권한 없이 모집되었음을 알면서도 그 인원에 무기나 군수품을 공급한 자는 2년 이하의 자유형 또는 벌금형에 처한다.

Bildung der Gesamtstrafe StGB 54 병합형(전체형)의 형성.
(1) Ist eine der Einzelstrafen eine lebenslange Freiheitsstrafe, so wird als Gesamtstrafe auf lebenslange Freiheitsstrafe erkannt.
단일형의 1개가 무기형인 때에는 병합형으로서 무기형을 선고한다.
In allen übrigen Fällen wird die Gesamtstrafe durch Erhöhung der verwirkten höchsten Strafe, bei Strafen verschiedener Art durch Erhöhung der ihrer Art nach schwersten Strafe gebildet.
기타 모든 경우에 병합형은 과하여진 최고형의 가중에 의해, 이종의 형의 경우는 그 종류에 따른 최고형의 가중에 의해 형성된다.

Bildung krimineller Vereinigungen
StGB 129 범죄단체조직죄.
(1) Wer eine Vereinigung gründet, deren Zwecke oder deren Tätigkeit darauf gerichtet sind, Straftaten zu begehen, oder wer sich an einer solchen Vereinigung als Mitglied beteiligt, für sie um Mitglieder oder Unterstützer wirbt oder sie unterstützt, wird mit Freiheitsstrafe bis zu fünf Jahren oder mit Geldstrafe bestraft.
그 목적이나 활동이 범죄의 수행을 지향하는 단체를 조직한 자, 또는 그 단체에 구성원으로 가입한 자, 또는 이러한 단체를 선전하거나 원조한 자는 5년 이하의 자유형 또는 벌금형에 처한다.

Bildung terroristischer Vereinigungen
StGB 129a 테러단체조직죄.
(1) Wer eine Vereinigung gründet, deren Zwecke oder deren Tätigkeit darauf gerichtet sind,
1. Mord (211) oder Totschlag (212) oder Völkermord (VStGB 6) oder Verbrechen gegen die Menschlichkeit (VStGB 7) oder Kriegsverbrechen (VStGB 8, 9, 10, 11 oder 12) oder
2. Straftaten gegen die persönliche Freiheit in den Fällen des § 239a oder des § 239b
zu begehen, oder wer sich an einer solchen Vereinigung als Mitglied beteiligt, wird mit Freiheitsstrafe von einem Jahr bis zu zehn Jahren bestraft.
① 그 목적이나 활동이 1. 모살·고살(형법 211·212) 또는 민족학살(국제형법 6), 인간성에 대한 범죄(국제형법 7), 전쟁범죄(국제형법 8·9·10·11·12), 2. 개인의 자유에 대한 죄중 약취공갈(239a), 인질(239b)의 범죄행위를 지향하는 단체를 설립하거나 그러한 단체의 구성원으로서 가입한 자는 1년 이상 10년 이하의 자유형에 처한다.

Billigkeitsleistung BHO 53 재량에 의한 급부행위.
Leistungen aus Gründen der Billigkeit dürfen nur gewährt werden, wenn dafür Ausgabemittel besonders zur Verfügung gestellt sind.
재량에 의한 급부행위는 그에 대한 지출재원이 특히 처분을 위하여 마련되어 있을 때에만 허락될 수 있다.

Billigung von Straftaten → Belohnung und Billigung von Straftaten (범죄행위에 대한 보수지급 및 (공연한) 시인죄).

Billigungsklausel VVG 5 승인약관.
(Abweichender Versicherungsschein: 상이한 내용의 보험증권)
(1) Weicht der Inhalt des Versicherungsscheins von dem Antrag des Versicherungsnehmers oder den getroffenen Vereinbarungen ab, gilt die Abweichung als genehmigt, wenn die Voraussetzungen des Absatzes 2 erfüllt sind und der Versicherungsnehmer nicht innerhalb eines Monats nach Zugang des Versicherungsscheins in Textform widerspricht.
보험증권의 내용이 보험계약자의 청약 또는 이루어진 합의와 상이한 경우에 제2항의 요건이 충족되고 보험계약자가 보험증권을 수령한 후 1월내에 문면으로 이의를 하지 아니하면 그 변경은 승인된 것으로 본다.

Billigungstheorie (Einwilligungstheorie)
인용(용인)설.
→ Abfindungsstheroie (감수설).

BImSchG → Bundes-Immissionsschutzgesetz (연방임미시온보호법).

Bindung des Gerichts ZPO 318 법원의 기속.
Das Gericht ist an die Entscheidung, die in den von ihm erlassenen End- und Zwischenurteilen enthalten ist, gebunden.
법원은 스스로가 행한 종국판결 및 중간판결에 포함된 재판에 기속된다.

Bindung der Gesetzgebung an die verfassungsmäßige Ordnung
StGB 92 입법의 헌법질서에의 기속(Verfassungsgrundsätze) (헌법상의 제원칙).

Bindung der Verwaltungsbehörde
OWiG 44 행정관청에 대한 기속.
Die Verwaltungsbehörde ist an die Entschließung der Staatsanwaltschaft gebunden, ob eine Tat als Straftat verfolgt wird oder nicht.
행정관청은 어떠한 행위를 범죄행위로서 소추할 것인가에 대한 검사의 판단에 구속된다.

Bindung der vollziehenden Gewalt und der Rechtsprechung an Gesetz und Recht StGB 92(2) Nr.2
집행부와 및 사법부의 법률에의 기속(→ Verfassungsgrundsätze) (헌법상의 제원칙).

Bindung des Untergerichts StPO 358
하급법원의 기속 (Bindung der reformatio in peius: 불이익변경금지원칙의 기속).
(1) Das Gericht, an das die Sache zur anderweiten Verhandlung und Entscheidung verwiesen ist, hat die rechtliche Beurteilung, die der Aufhebung des Urteils zugrunde gelegt ist, auch seiner Entscheidung zugrunde zu legen.
사건을 다시 심리하고 재판하도록 이송받은 법원은 파기판결의 근거가 되는 법률상의 판단을 자신의 재판에도 그 기초로 삼아야 한다.

Bindungstheorie 구속이론.
행위의 적응성의 척도를 사회에서의 개인의 결속에 두는 이론.
Bindung은 (an)과 결합하여 구속이라는 의미로 쓰이나, Einbindung(결속), Anbindung(속박)이라는 의미와 구별해서 쓰이기도 한다.

Bindungswirkung VwVfG 43(2) 기속력.
(2) Ein Verwaltungsakt bleibt wirksam, solange und soweit er nicht zurückgenommen, widerrufen, anderweitig aufgehoben oder durch Zeitablauf oder auf andere Weise erledigt ist.
행정행위는 취소, 철회, 기타 폐지되거나 또는 기간의 도과나 다른 방법으로 실효되지 않는 한 효력을 지속한다.

Biotopverbund BNatSchG 3 비오톱(생물

소공간)연합 (그리이스어로 bios는 "Leben" (생명), topos는 "Ort"(장소), 원래는 der Biotop이나 오늘날은 das Biotop).
(1) Die Länder schaffen ein Netz verbundener Biotope (Biotopverbund), das mindestens 10 Prozent der Landesfläche umfassen soll.
주는 최소 주면적의 10%를 포함하는 연합 비오톱망(비오톱연합)을 구성한다.

Bis de eadem re ne sit actio
(Zweimal darf keine Klage in derselben Sache stattfinden)
동일물에 관한 소송이 두 번 행하여져서는 안된다.

BJM = Bundesjustizministerium
연방법무부.

BKAG → Bundeskriminalamtgesetz (연방 범죄수사국법).

Blankettstrafrecht 백지형법.
Man versteht darunter Blankettstrafgesetze, die nur eine Strafdrohung aufstellen, bezüglich des Verbotsinhalts aber auf Gesetze und Verordnungen oder sogar auf Verwaltungsakte verweisen, die von einer anderen Stelle und zu einer andern zeit selbständig erlassen werden.
~은 금지내용을 다른 장소, 다른 시점에서 독자적으로 발하는 법률, 명령에 위임하는 형벌규정을 말한다.

Blankowechsel; Blankoscheck; WG 10; ScheckG 13 백지어음, 백지수표.
Wenn ein Wechsel (Scheck), der bei der Begebung unvollständig war, den getroffenen Vereinbarungen zuwider ausgefüllt worden ist, so kann die Nichteinhaltung dieser Vereinbarungen dem Inhaber nicht ent- gegengesetzt werden, es sei denn, daß er den Wechsel (Scheck) in bösem Glauben erworben hat oder ihm beim Erwerb eine grobe Fahrlässigkeit zur Last fällt.
미완성으로 발행된 어음(수표)이 그에 관한

합의에 위반하여 보충된 경우에 이러한 합의의 위반은 소지인에 대하여 대항하지 못한다. 다만 소지인이 악의로 어음(수표)을 취득하였거나 취득에 관하여 소지인에게 중대한 과실이 있는 경우는 그러하지 아니하다.

Bloßstellen von Zeugen StPO 68a
증인에 대한 불명예 질문 (Fragen nach entehrenden Tatsachen und Vorstrafen).
(1) Fragen nach Tatsachen, die dem Zeugen oder einer Person, die im Sinne des § 52 Abs. 1 sein Angehöriger ist, zur Unehre gereichen können oder deren persönlichen Lebensbereich betreffen, sollen nur gestellt werden, wenn es unerläßlich ist.
(1) 증인 또는 증인의 친족(제52조 제1항)인 자에게 불명예가 될 수 있는 사실에 관한 질문은 불가결한 때에만 하여야 한다.
(2) Der Zeuge soll nach Vorstrafen nur gefragt werden, wenn ihre Feststellung notwendig ist, um über das Vorliegen der Voraussetzungen des § 60 Nr. 2 zu entscheiden oder um seine Glaubwürdigkeit zu beurteilen.
(2) 제60조 제2호 요건의 존재에 대한 재판을 위하여 또는 증인의 신빙성을 판단하기 위하여 확인할 필요가 있는 때에만, 증인에게 전과에 관한 질문을 할 수 있다.

Blutalkohlkonzentration (혈중알코올농도)
→ BAK.

Blutprobenentnahme StPO 81a 혈액채취. → Entnahmen von Blutproben.

BNatSchG → Bundesnaturschutzgesetz (연방자연보호법).

BNotO → Bundesnotarordnung (연방공증인법).

Bodenordnung BauGB 45ff. 토지정리.
→ Umlegung (환지).

Bodenrichtwert BauGB 196 표준지가

(법정지가, 공시지가).
(1) Auf Grund der Kaufpreissammlung sind für jedes Gemeindegebiet durchschnittliche Lagewerte für den Boden unter Berücksichtigung des unterschiedlichen Entwicklungszustands, mindestens jedoch für erschließungsbeitragspflichtiges oder erschließungsbeitragsfreies Bauland, zu ermitteln (Bodenrichtwerte).
매매가격선례집을 근거로 각 (기초)자치단체지역의 평균적 토지상태가격에 대하여 차별적인 발전상황을 고려하고 최소한 개발분담의무 또는 개발분담면제의 건축부지에 대하여 조사하여야 한다.

Bodenschätzen → Abbau oder Gewinn von Bodenschätzen, Bodenbestandteilen (토지매장물, 토지구성부분의 채굴, 채취).

Bodensonderung BoSoG 7 토지구획.
(2) Der Sonderungsplan besteht aus einer Grundstückskarte (§ 8 Abs. 2) und einer Grundstücksliste (§ 8 Abs. 3). Er dient vom Zeitpunkt seiner Feststellung bis zur Übernahme in das Liegenschaftskataster als amtliches Verzeichnis der Grundstücke im Sinne von § 2 Abs. 2 der Grundbuchordnung.
구획계획은 지적도(토지구획법 제8조 제2항) 및 토지목록(동 제8조 제3항)으로 구성된다. 구획계획은 계획안의 확정시점부터 토지대장에 인수될 때까지 부동산등기법 제2조 제2항에서 의미하는 공무상 토지목록표로 사용된다.

Bodensonderungsgesetz (Gesetz über die Sonderung unvermessener und überbauter Grundstücke nach der Karte)
BoSoG 1 토지구획법 (1993.12.20) (BGBl. I S. 2182, 2215).
Durch einen mit Sonderungsbescheid festgestellten Sonderungsplan kann bei Grundstücken in dem in Artikel 3 des Einigungsvertrages genannten Gebiet bestimmt werden,
1. wie weit sich amtlich nicht nachweisbare Eigentumsrechte (unvermessenes

Eigentum) oder grafisch nicht nach-weisbare dingliche Nutzungsrechte, die nicht auf dem vollen Umfang eines Grundstücks ausgeübt werden dürfen, an solchen Grundstücken erstrecken (unver-messene Nutzungsrechte).
통일조약 제3절에 규정된 지역의 토지에 있어서 구획결정으로 확정된 구획계획을 통하여 다음 각호가 결정된다.
1. 토지의 전부에 걸쳐 행사되지 않는, 공적으로 증명불가능의 소유권(비측량소유권) 및 그래픽으로 증명할 수 없는 물적 이용권 (비측량이용권)의 그 토지에 대한 영향의 범위.

Bodenverunreinigung StGB 324a 토양 오염죄.
(1) Wer unter Verletzung verwaltungs-rechtlicher Pflichten Stoffe in den Boden einbringt, eindringen läßt oder freisetzt und diesen dadurch
1. in einer Weise, die geeignet ist, die Gesundheit eines anderen, Tiere, Pflanzen oder andere Sachen von bedeutendem Wert oder ein Gewässer zu schädigen, oder
2. in bedeutendem Umfang
verunreinigt oder sonst nachteilig ver-ändert, wird mit Freiheitsstrafe bis zu fünf Jahren oder mit Geldstrafe bestraft.
다음 각호에 해당하는 방법으로 행정법상의 의무에 위반하여 토지에 물질을 저장하거나 침투시키거나 방치함으로써 토양을 오염시키거나 유해하게 변경시킨 자는 5년 이하의 자유형 또는 벌금형에 처한다.
1. 타인의 건강, 동물, 식물, 기타 중요한 가치가 있는 물건 또는 수자원을 해하기에 적합한 방법,
2. 상당한 범위.

Bona fides (guter Glaube) 선의; bona fide 선의로 (in gutem Glauben).

Börsengesetz BörsG 1 증권거래소법 (2007.7.16) (BGBl. I S. 1330, 1351).
Dieses Gesetz ist anzuwenden auf den Betrieb und die Organisation von Börsen, die Zulassung von Handelsteilnehmern, Finanzinstrumenten, Rechten und Wirt-schaftsgütern zum Börsenhandel und die Ermittlung von Börsenpreisen.
본법은 거래소의 운영 및 조직과 거래참여자, 금융상품, 권리, 경제재의 주식거래허용 그리고 주가조사에 적용된다.

Börsennotierung AktG 3(2) 상장; Bör-sennotierte Gesellschaft (상장회사).
(2) Börsennotiert im Sinne dieses Ge-setzes sind Gesellschaften, deren Aktien zu einem Markt zugelassen sind, der von staatlich anerkannten Stellen geregelt und überwacht wird, regelmäßig stattfindet und für das Publikum mittelbar oder un-mittelbar zugänglich ist.
본법에서 상장된 회사는 국가가 공인한 장소에서 규제 및 감시되고, 정규적으로 행하여지며, 공중이 직간접으로 접근이 가능한 시장에서 그 주식이 허용된 회사를 말한다.

BoSoG → Bodensonderungsgesetz (토지구획법).

Botmäßigkeit StGB 92 통치권.
→ Bestand der Bundesrepublik (독일연방공화국의 존립).

BPersVG → Bundespersonalvertretungs-gesetz (연방직원대표법).

BPjM → Bundesprüfstelle für jugendge-fährdende Medien (청소년유해미디어 심의위원회).

BpO → Betriebsprüfungsordnung (기업조사규칙).

Brandgefahr → Herbeiführen einer Brand-gefahr (화재위험야기죄).

Brandmarkung 火印(燒印)을 찍는 것.
eine früher übliche Strafweise, welche darin bestand, daß dem Sträfling ein Buchstabe oder ein Zeichen gewöhnlich auf einen sichtbaren Teil des Körpers

eingebrannt wurde.
~은 죄수에게 문자 또는 표시를 신체의 가시적인 부분에 화인하는 고대의 통상적인 형벌방법.

Brandstiftung StGB 306 방화죄.
(1) Wer fremde
1. Gebäude oder Hütten,
2. Betriebsstätten oder technische Einrichtungen, namentlich Maschinen,
3. Warenlager oder -vorräte,
4. Kraftfahrzeuge, Schienen-, Luft- oder Wasserfahrzeuge,
5. Wälder, Heiden oder Moore oder
6. land-, ernährungs- oder forstwirtschaftliche Anlagen oder Erzeugnisse
in Brand setzt oder durch eine Brandlegung ganz oder teilweise zerstört, wird mit Freiheitsstrafe von einem Jahr bis zu zehn Jahren bestraft.
타인의 다음 각호에 불을 놓거나 또는 불을 놓아 전부나 일부를 파괴한 자는 1년 이상 10년 이하의 자유형에 처한다.
1. 건조물 또는 가건물,
2. 사업장 또는 기술설비, 특히 기계,
3. 상품창고 또는 재고창고,
4. 자동차, 철도차량, 항공기 또는 선박.
5. 산림지, 관목지, 소택지.
6. 농업·식품 또는 임산시설이나 생산물.

Brandstiftung mit Todesfolge
StGB 306c 방화치사죄.
Verursacht der Täter durch eine Brandstiftung nach den §§ 306 bis 306b wenigstens leichtfertig den Tod eines anderen Menschen, so ist die Strafe lebenslange Freiheitsstrafe oder Freiheits- strafe nicht unter zehn Jahren.
행위자가 제306조 내지 제306조b에 의한 방화로 인하여 적어도 경솔하게 다른 사람의 죽음을 야기한 경우에는 무기자유형 또는 10년 이상의 자유형에 처한다.

BRAO → Bundesrechtsanwaltsordnung (연방변호사법).

Brevi manu traditio BGB 929 S.2

간이인도 (Übergabe kurzer Hand).
Ist der Erwerber im Besitz der Sache, so genügt die Einigung über den Übergang des Eigentums.
취득자가 물건을 점유하고 있는 경우에는 소유권 이전의 합의만으로도 충분하다.
→ Traditio longa manu (장수인도: 長手引渡).

BRHG → Bundesrechnungshofgesetz (연방감사원법).

Briefgeheimnis GG 10 신서비밀.
Das Briefgeheimnis sowie das Post- und Fernmeldegeheimnis sind unverletzlich.
신서의 비밀과 우편 및 통신의 비밀은 불가침이다.
→ Verletzung der Briefgeheimnisses (신서비밀침해죄).

Briefwahl BWahlG 36 우편투표.
(1) Bei der Briefwahl hat der Wähler dem Kreiswahlleiter des Wahlkreises, in dem der Wahlschein ausgestellt worden ist, im verschlossenen Wahlbriefumschlag
a) seinen Wahlschein,
b) in einem besonderen verschlossenen Umschlag seinen Stimmzettel
so rechtzeitig zu übersenden, daß der Wahlbrief spätestens am Wahltage bis 18 Uhr eingeht.
우편투표에 있어서 선거인은 봉함된 우편투표봉투속에 a) 선거중 b) 특별히 봉함된 봉투속에 자신의 투표지를 넣어서 선거일 18시까지 선거증을 교부한 선거구의 선거위원장에게 도달하도록 적시에 발송하여야 하다.

Broken home 결손가정.
Unvollständige Familie, Abwesenheit eines Elternteils als Folge von Ehescheidung, Tod, Getrenntleben oder sonstigen Umständen.
부모의 이혼, 사망, 별거 기타 환경으로 인하여 부모의 일방이 부재인 불완전한 가정.

BRRG → Beamtenrechtsrahmengesetz (공

무원대강법).

Bruchteil (지분, 몫)
→ Die Auslagen der Beteiligten können nach Bruchteilen verteilt werden (관계인의 경비는 그 몫에 따라 할당될 수 있다. → Auslage).
→ Gemeinschaft nach Bruchteilen (지분적 공동).
→ Miteigentum nach Bruchteilen (지분에 의한 공유).

Bruttoveranschlagung HGrG 12 총괄계상.
(1) Die Einnahmen und Ausgaben sind in voller Höhe und getrennt voneinander zu veranschlagen.
Durch Gesetz kann zugelassen werden, daß Satz 1 nicht für die Veranschlagung der Einnahmen aus Krediten vom Kreditmarkt und der hiermit zusammenhängenden Tilgungsausgaben gilt.
수입과 지출은 총액으로 서로 분리하여 계상한다.
신용시장의 차입금에서 나온 수입과 그와 관련된 상환지출금에 대하여는 법률에 의하여 제1문의 적용을 배제할 수 있다.

BTGO → Geschäftsordnung des Deutschen Bundestages (연방의회의사규칙).

BtMG → Betäubungsmittelgesetz (마약법).

Buch 편(編) → Unterabschnitt 절(節) → Abschnitt 장(章).

Buchersitzung (Tabularersitzung)
BGB 900 등기부취득시효.
(1) Wer als Eigentümer eines Grundstücks im Grundbuch eingetragen ist, ohne dass er das Eigentum erlangt hat, erwirbt das Eigentum, wenn die Eintragung 30 Jahre bestanden und er während dieser Zeit das Grundstück im Eigenbesitz gehabt hat
부동산의 소유자로 부동산등기부에 등기되어 있는 사람은 부동산의 소유권을 취득함이 없이 그 등기가 30년간 존속하고 그가 그 기간동안 부동산을 자주점유한 때에는 그 소유권을 취득한다.

Buchführung AktG 91 부기(簿記), 장부작성.
Der Vorstand hat dafür zu sorgen, daß die erforderlichen Handelsbücher geführt werden.
이사회는 필요한 상업장부가 작성되도록 배려하여야 한다.

Buchführungspflicht → Verletzung der Buchführungspflicht (장부작성의무 위반죄).

Buchprüfer → Vereidigte Buchprüfer (선서회계사).

Buchstabe → Paragraph (조: §).
in der Nummer 1 Buchstabe a bezeichneten Gegenstände.
제1호 자모(알파벳)(a, b 등)에서 사용된 대상물(OWiG 127(1) Nr.4).

Bund-Länder-Streit GG 93(1) Nr.3 BVerfGG 13 Nr.7 연방쟁송; 연방과 주(州) 간의 소송.
(1) Das Bundesverfassungsgericht entscheidet:
3. bei Meinungsverschiedenheiten über Rechte und Pflichten des Bundes und der Länder, insbesondere bei der Ausführung von Bundesrecht durch die Länder und bei der Ausübung der Bundesaufsicht.
연방헌법재판소는 다음 사항을 결정한다.
3. 연방 및 주의 권리와 의무, 특히 주에 의한 연방법의 집행 및 연방감독권의 행사에 있어서 의견대립이 있을 경우.

Bundes-Bodenschutz- und Altlastenverordnung (BBodSchV) 연방토양보호법 (1999.7.12) (BGBl. I S. 1554).
→ Altlasten (알트라스텐).

Bundes-Immissionsschutzgesetz
(Gesetz zum Schutz vor schädlichen Umwelteinwirkungen durch Luftverunreinigungen, Geräusche, Erschütterungen und

ähnliche Vorgänge) BImSchG 1 연방임미시온보호법 (2002.9.26) (BGBl. I S. 3830)
(1) Zweck dieses Gesetzes ist es, Menschen, Tiere und Pflanzen, den Boden, das Wasser, die Atmosphäre sowie Kultur- und sonstige Sachgüter vor schädlichen Umwelteinwirkungen zu schützen und dem Entstehen schädlicher Umwelteinwirkungen vorzubeugen.
본법의 목적은 인간, 동식물, 토지, 수질, 대기 및 문화재 등을 유해한 환경영향으로부터 보호하고 해로운 환경영향의 발생을 예방하는 데에 있다.

Bundesagentur für Arbeit (BA) SGB 3 393; StVollzG 148 연방노동사무소.
Die Bundesagentur für Arbeit (BA, ehemals Bundesanstalt für Arbeit) ist das Verwaltungsorgan, das in Deutschland für die Arbeitsvermittlung und -forderung sowie die Leistungsgewährung unter anderem des Arbeitslosengeldes zustandig ist. Sie ist eine bundesmittelbare Körperschaft des öffentlichen Rechts mit Selbstverwaltung und Anstaltscharakter.
연방노동사무소(구: 연방노동관청)는 독일에서 직업알선과 촉진 및 특히 실업수당의 급부제공을 관할하는 행정기관이다. 연방노동사무소는 자치행정 및 영조물의 성격을 지닌 연방의 간접적인 공법상 법인이다.
(1) Die Aufsicht über die Bundesagentur führt das Bundesministerium für Arbeit und Soziales.
연방노동사무소에 대한 감독은 연방노동사회부가 관장한다. (SGB 3 393)
(2) Die Vollzugsbehörde stellt durch geeignete organisatorische Maßnahmen sicher, daß die Bundesagentur für Arbeit die ihr obliegenden Aufgaben wie Berufsberatung, Ausbildungsvermittlung und Arbeitsvermittlung durchführen kann. (StVollzG 148)
행형청은 적절한 조직상의 조치에 의하여 연방노동사무소가 직업상담, 직업교육알선 및 직업알선과 같은 그에 부과된 임무를 수행할 수 있도록 보장한다.
→ Agentur für Arbeit (주)노동사무소.

Bundesanstalt für Post und Telekommunikation BAPostG 1 연방우편통신공사.
(1) Zur Wahrnehmung der sich aus diesem Gesetz ergebenden Rechte und Pflichten in bezug auf die aus den Teilsondervermögen der Deutschen Bundespost hervorgehenden Aktiengesellschaften (Aktiengesellschaften) errichtet die Bundesrepublik Deutschland die Bundesanstalt für Post und Telekommunikation Deutsche Bundespost (Bundesanstalt).
독일연방우편의 특별재산의 일부에서 유래한 주식회사와 관련하여 본법에서 발생한 권리와 의무의 준수를 위하여 독일연방공화국은 독일연방우편의 연방우편통신공사를 설치할 수 있다.

Bundesanstalt Post-Gesetz
(Gesetz über die Errichtung einer Bundesanstalt für Post und Telekommunikation Deutsche Bundespost) 연방우편공사법 (1994.9.14) (BGBl. I S. 2325).

Bundesanwalt GVG 149 연방검사.
Der Generalbundesanwalt und die Bundesanwälte werden auf Vorschlag des Bundesministers der Justiz, der der Zustimmung des Bundesrates bedarf, vom Bundespräsidenten ernannt.
연방검찰총장과 연방검사는 연방법무부장관의 제청과 연방상원의 동의로 연방대통령에 의하여 임명된다.

Bundesarbeitsgericht ArbGG 40 연방노동법원.
(1) Das Bundesarbeitsgericht hat seinen Sitz in Erfurt.
(2) Die Geschäfte der Verwaltung und Dienstaufsicht führt das Bundesministerium für Arbeit und Soziales im Einvernehmen mit dem Bundesministerium der Justiz.
(1) 연방노동법원은 Erfurt에 그 주소를 둔다.
(2) 연방노동사회부는 연방법무부의 협력을 얻어 행정 및 직무감독을 행한다.
→ Arbeitsgericht ((지방)노동법원).

→ Landesarbeitsgericht (주(고등)노동법원).

Bundesarchiv BArchG 3 연방기록원.
Das Bundesarchiv entscheidet im Benehmen mit der anbietenden Stelle, ob den Unterlagen bleibender Wert für die Erforschung oder das Verständnis der deutschen Geschichte, die Sicherung berechtigter Belange der Bürger oder die Bereitstellung von Informationen für Gesetzgebung, Verwaltung oder Rechtsprechung zukommt.
연방기록원은 기록물에 독일사의 이해나 연구, 국민의 정당한 이익의 보장 또는 입법, 행정, 사법에 대한 정보제공의 가치가 있는지를 문서의 제공기관과 협조하여 결정한다.

Bundesarchivgesetz (Gesetz über die Sicherung und Nutzung von Archivgut des Bundes) BArchG 1 연방기록물관리법 (1988.1.6) (BGBl. I S. 62).
→ Archivgut des Bundes (연방기록물).

Bundesärzteordnung (BÄO) 연방의사규정 (1987. 4. 16) (BGBl. I S. 1218).
→ Ärztlicher Beruf (의사로서의 직업).

Bundesauftragsverwaltung der Länder GG 85 주의 연방위탁사무.
(1) Führen die Länder die Bundesgesetze im Auftrage des Bundes aus, so bleibt die Einrichtung der Behörden Angelegenheit der Länder, soweit nicht Bundesgesetze mit Zustimmung des Bundesrates etwas anderes bestimmen.
주가 연방의 위탁을 받아 연방법률을 집행하는 경우는 연방법률이 연방상원의 동의에 의하여 다른 규정을 정하지 아니하는 한 관청의 조직을 정하는 것은 주의 사무로 한다.

Bundesbank GG 88 연방은행.
Der Bund errichtet eine Währungs- und Notenbank als Bundesbank. Ihre Aufgaben und Befugnisse können im Rahmen der Europäischen Union der Europäischen Zentralbank übertragen werden, die unab-

hängig ist und dem vorrangigen Ziel der Sicherung der Preisstabilität verpflichtet.
연방은 연방은행으로서 통화·발권은행을 설치한다. 이들의 임무 및 권한은 유럽연합의 범위내에서 독립된, 물가안정 확보의 우선적 목적의 의무를 지닌 유럽중앙은행에 이양될 수 있다.

Bundesbeamtengesetz BBG 1 연방공무원법 (1999.3.31) (BGBl. I S. 675).
Dieses Gesetz gilt für die Bundesbeamten, soweit es im einzelnen nichts anderes bestimmt.
본법은 개별적으로 다른 규정이 없는 한 연방공무원에 적용된다.

Bundesbesoldungsgesetz BBesG 1 연방공무원보수법.
(1) Dieses Gesetz regelt die Besoldung der
1. Beamten des Bundes; ausgenommen sind Ehrenbeamte,
2. Richter des Bundes; ausgenommen sind ehrenamtliche Richter,
3. Berufssoldaten und Soldaten auf Zeit.
본법은 다음 각호 공무원의 보수를 정한다.
1. 연방공무원; 명예공무원은 제외한다.
2. 연방법관; 명예법관은 제외한다.
3. 직업군인 및 기간제 군인.

Bundesdatenschutzgesetz BDSG 1 연방데이터(개인정보)보호법 (2003.1.14) (BGBl. I S. 66)
(1) Zweck dieses Gesetzes ist es, den Einzelnen davor zu schützen, dass er durch den Umgang mit seinen personenbezogenen Daten in seinem Persönlichkeitsrecht beeinträchtigt wird.
본법은 개인데이터(정보)의 처리를 통하여 인격권을 침해받는 것으로부터 보호하는 데에 그 목적을 둔다.

Bundesdisziplinargesetz BDG 1 연방징계법(2001.7.9) (BGBl. I S. 1510).
Dieses Gesetz gilt für Beamte und Ruhestandsbeamte im Sinne des Bundesbeamtengesetzes.

본법은 연방공무원법상 공무원과 퇴직공무원에 대하여 적용한다.

Bundeseigene Verwaltung GG 86, 87 연방고유행정.

Führt der Bund die Gesetze durch bundeseigene Verwaltung oder durch bundesunmittelbare Körperschaften oder Anstalten des öffentlichen Rechtes aus, so erläßt die Bundesregierung, soweit nicht das Gesetz Besonderes vorschreibt, die allgemeinen Verwaltungsvorschriften.

연방이 연방고유행정 또는 연방직할기관 또는 공법상의 영조물에 의해 법률을 집행할 때에는 일반행정규칙을 발한다.(86)

(1) In bundeseigener Verwaltung mit eigenem Verwaltungsunterbau werden geführt der Auswärtige Dienst, die Bundesfinanzverwaltung und nach Maßgabe des Artikels 89 die Verwaltung der Bundeswasserstraßen und der Schiffahrt.

외교사무, 연방재무행정, 제89조의 기준에 의한 연방수로 및 항해행정은 연방고유의 행정하부기구를 가진 연방고유행정에서 행하여진다.(87)

Bundesentschädigungsgesetz BEG 1 연방배상법.

(1) Opfer der nationalsozialistischen Verfolgung ist, wer aus Gründen politischer Gegnerschaft gegen den Nationalsozialismus oder aus Gründen der Rasse, des Glaubens oder der Weltanschauung durch nationalsozialistische Gewaltmaßnahmen verfolgt worden ist und hierdurch Schaden an Leben, Körper, Gesundheit, Freiheit, Eigentum, Vermögen, in seinem beruflichen oder in seinem wirtschaftlichen Fortkommen erlitten hat (Verfolgter).

국가사회주의(나치스) 박해 희생자란 나치즘에 대한 정치적 적대관계를 이유로, 또는 인종, 신앙이나 세계관을 이유로 나치스의 폭력조치로 박해를 받고 그에 따라 생명, 신체, 건강, 자유, 소유권 재산, 직업이나 경제상의 입신에서 손해를 입은 자를 말한다.

Bundesfernstraßen FStrG 1 연방원거리도로.

(1) Bundesstraßen des Fernverkehrs (Bundesfernstraßen) sind öffentliche Straßen, die ein zusammenhängendes Verkehrsnetz bilden und einem weiträumigen Verkehr dienen oder zu dienen bestimmt sind.

연방원거리도로라 함은 연계교통망을 형성하고 광역교통에 기여하거나 그 기여를 위하여 지정된 공공도로를 의미한다.

Bundesfernstraßengesetz FStrG 연방원거리도로법 (2007.6.28) (BGBl. I S. 1206).

Bundesflagge GG 22 연방국기.
Die Bundesflagge ist schwarz-rot-gold.
연방의 국기는 흑, 적, 금색이다.

Bundesgebiet GG 29 연방영역.
Das Bundesgebiet kann neu gegliedert werden, um zu gewährleisten, daß die Länder nach Größe und Leistungsfähigkeit die ihnen obliegenden Aufgaben wirksam erfüllen können.

연방영역은 각주가 그 면적과 능력에 따라 그들에 부과된 임무를 효과적으로 수행할 수 있도록 재구성될 수 있다.

Bundesgericht GG 96 연방법원.
→ Gewerblicher Rechtsschutz (산업상의 권리보호).
→ Oberster Gerichtshof (최상급법원).

Bundesgerichtshof GVG 123 ff. 연방대법원.
Sitz des Bundesgerichtshofes ist Karlsruhe.
연방대법원의 주소는 칼스루에에 둔다.

Bundesgesetz (연방법률)
→ Zustandekommen von Bundesgesetzen (연방법률의 성립).

Bundesgesetzblatt (BGBl) 연방관보.
Das deutsche Bundesgesetzblatt ist das öffentliche Verkündungsblatt der Bundesrepublik Deutschland. Kein Bundesgesetz

ist gültig, wenn es nicht im Bundesgesetzblatt verkündet worden ist. Es wird vom Bundesministerium der Justiz herausgegeben und

~는 독일연방공화국의 공적 관보이다. 연방관보에 공고되지 아니한 어떠한 법률도 효력이 없다. 연방법무부가 이를 발간한다.

Bundesgleichstellungsgesetz (Gesetz zur Gleichstellung von Frauen und Männern in der Bundesverwaltung und in den Gerichten des Bundes) BGleiG 1 연방남녀평등법 (2001.11.30) (BGBl. I S. 3234).

(1) Dieses Gesetz dient der Gleichstellung von Frauen und Männern sowie der Beseitigung bestehender und der Verhinderung künftiger Diskriminierungen wegen des Geschlechts in dem in § 3 genannten Geltungsbereich dieses Gesetzes.

본법은 법 제3조에서 규정하고 있는 적용범위에서 여성과 남성의 평등과, 성을 이유로 한 현존하는 차별의 제거 및 장래의 차별 방지를 목적으로 한다.

Bundesgrenzschutz GG 91, 12a, 115f 연방국경수비대.

(Abwehr von Gefahren für den Bestand des Bundes oder eines Landes 연방 또는 주의 존립에 대한 위험의 방지 GG 91).

(1) Zur Abwehr einer drohenden Gefahr für den Bestand oder die freiheitliche demokratische Grundordnung des Bundes oder eines Landes kann ein Land Polizeikräfte anderer Länder sowie Kräfte und Einrichtungen anderer Verwaltungen und des Bundesgrenzschutzes anfordern.

연방 또는 주의 존립이나 자유민주적 기본질서에 대한 급박한 위험의 방지를 위하여 주는 다른 주의 경찰력과 다른 행정관청 및 연방국경수비대의 병력과 시설을 요청할 수 있다.

→ Befugnisse der Bundesregierung (im Verteidigungsfalle) (긴급방위사태시 연방정부의 권한).

→ Wehrdienst- und andere Dienstverpflichtung (.국방 (병역) 기타 복무의무).

Bundeshaushaltsordnung BHO 1 연방예산법.

Der Haushaltsplan wird für ein oder zwei Rechnungsjahre, nach Jahren getrennt, vor Beginn des ersten Rechnungsjahres durch das Haushaltsgesetz festgestellt.

예산안은 1년 또는 2년의 회계연도에 대하여 연도별로 분리하고 제1차 회계연도의 시작전에 예산법에 의하여 확정된다.

→ Haushaltsgrundsätzegesetz (예산기본법).

Bundesinstitut für Berufsbildung BerBiFG 6 연방직업교육연구소.

(1) Die Aufgaben der Berufsbildung nach diesem Gesetz werden im Rahmen der Bildungspolitik der Bundesregierung durchgeführt. Zur Durchführung dieser Aufgaben wird ein bundesunmittelbares rechtsfähiges Bundesinstitut für Berufsbildung errichtet. Es hat seinen Sitz in Bonn.

본법(직업교육촉진법)에 의한 직업교육의 임무는 연방정부의 교육정책하에 실행된다. 이 임무를 실행하기 위하여 연방직할의 연방직업교육연구소를 설치한다. 그 주소는 본에 둔다.

Bundeskanzler GG 63, 65 연방수상.

(1) Der Bundeskanzler wird auf Vorschlag des Bundespräsidenten vom Bundestage ohne Aussprache gewählt. (GG 63)

연방수상은 연방대통령의 제청으로 연방하원에 의하여 토의 없이 선거된다.

Der Bundeskanzler bestimmt die Richtlinien der Politik und trägt dafür die Verantwortung. (GG 65)

연방수상은 정치의 기본방침을 결정하며 이에 대한 책임을 진다.

Bundeskriminalamt GG 73 Nr.10; BKAG 2 연방범죄수사국.

(1) Das Bundeskriminalamt unterstützt als Zentralstelle für das polizeiliche Auskunfts- und Nachrichtenwesen und für die Kriminalpolizei die Polizeien des Bundes und der Länder bei der Verhütung und Verfolgung von Straftaten mit länderübergreifender, internationaler oder erheb-

licher Bedeutung.
연방수사국은 경찰정보와 보고체제 및 사법경찰을 위한 중앙부서로서 주간, 국제간 또는 중요한 범죄의 예방과 소추를 함으로써 연방과 주의 경찰을 지원한다.
→ Landeskriminalamt (주범죄수사국).

Bundeskriminalamtgesetz (Gesetz über das Bundeskriminalamt und die Zusammenarbeit des Bundes und der Länder in kriminalpolizeilichen Angelegenheiten) BKAG 1　연방범죄수사국법 (1997.7.7) (BGBl. I S. 3830)
(1) Der Bund unterhält ein Bundeskriminalamt zur Zusammenarbeit des Bundes und der Länder in kriminalpolizeilichen Angelegenheiten.
연방은 사법경찰업무에 있어서 연방과 주의 협력을 위하여 범죄수사국을 유지한다.

Bundesländer　연방주 → Flächenland (지역주).

Bundesminister　GG 64　연방장관.
(1) Die Bundesminister werden auf Vorschlag des Bundeskanzlers vom Bundespräsidenten ernannt und entlassen.
연방장관은 연방수상의 제청으로 연방대통령에 의해 임면된다.

Bundesministerium der Justiz
연방법무부 (Das ~).
Das Bundesministerium der Justiz ist ein Ministerium der Bundesrepublik Deutschland. Hervorgegangen ist es aus dem Reichsministerium der Justiz (bis 1945).
연방법무부는 독일연방공화국의 하나의 부이다. 1945년까지는 제국법무부에 유래한다.

Bundesnaturschutzgesetz (Gesetz über Naturschutz und Landschaftspflege) BNatSchG 1　연방자연보호법 (2002 3.25) (BGBl. I S. 1193)
Natur und Landschaft sind auf Grund ihres eigenen Wertes und als Lebensgrundlagen des Menschen auch in Verantwortung für die künftigen Generationen im besiedelten und unbesiedelten Bereich so zu schützen, zu pflegen, zu entwickeln und, soweit erforderlich, wiederherzustellen, daß die Leistungs- und Funktionsfähigkeit des Naturhaushalts, auf Dauer gesichert sind.
자연과 풍경은 생식 및 비생식지역에서 자신의 고유한 가치를 근거로, 인간의 생활기초로서 장래의 세대에 대한 책임으로도 생태계의 능력과 기능을 영구히 보존하기 위하여 보호, 육성, 발전되어야 하며, 필요한 경우 이를 회복시켜야 한다.

Bundesnotarordnung　연방공증인법(1961.2.24) (BGBl. I S. 98) → Notar (공증인).

Bundespersonalausschuß　BBG 95, 96　연방인사위원회.
Zur einheitlichen Durchführung der beamtenrechtlichen Vorschriften wird ein Bundespersonalausschuß errichtet, der seine Tätigkeit innerhalb der gesetzlichen Schranken unabhängig und in eigener Verantwortung ausübt.
공무원법상 제반 규정의 통일적 수행을 위하여 법률적 한계내에서 자주적이고 자신의 책임하에 그 활동을 수행하는 연방인사위원회를 둔다.
(1) Der Bundespersonalausschuß besteht aus acht ordentlichen und acht stellvertretenden Mitgliedern.
연방인사위원회는 8명의 정규위원과 8명의 대리위원으로 구성한다.

Bundespersonalvertretungsgesetz
BPersVG 1　연방직원대표법 (1974.3.15) (BGBl. I S. 693).

Bundespolizei　BPolG 1　연방경찰.
(1) Die Bundespolizei wird in bundeseigener Verwaltung geführt. Sie ist eine Polizei des Bundes im Geschäftsbereich des Bundesministeriums des Innern.
~은 연방에 고유한 행정으로 실행된다. ~은 연방내부부의 업무영역에 있는 연방의 경찰이다.

Bundespost → Deutsche Bundespost (독일연방우체국).

Bundesprüfstelle für jugendgefährdende Medien JuSchG 17 청소년유해미디어 심의위원회 (BPjM).
(1) Die Bundesprüfstelle wird vom Bund errichtet. Sie führt den Namen "Bundesprüfstelle für jugendgefährdende Medien".
연방심의위원회는 연방에 의하여 설치된다.
연방심의위원회는 "청소년유해미디어 심의위원회"의 이름을 사용한다.
(2) Über eine Aufnahme in die Liste jugendgefährdender Medien und über Streichungen aus dieser Liste entscheidet die Bundesprüfstelle für jugendgefährdende Medien.
연방 청소년유해미디어 심의위원회는 (BPjM) 청소년유해목록의 등재와 삭제를 결정한다.

Bundesrat GG 50, 51, 52 연방상원 (연방참의원; 연방참사원).
Durch den Bundesrat wirken die Länder bei der Gesetzgebung und Verwaltung des Bundes und in Angelegenheiten der Europäischen Union mit. (GG 50)
주는 연방상원을 통하여 연방의 입법과 행정과 함께 유럽연합의 사무에 협력한다.
Der Bundesrat besteht aus Mitgliedern der Regierungen der Länder, die sie bestellen und abberufen. Jedes Land hat mindestens drei Stimmen. (GG 51)
연방상원은 주(州)정부가 임명하고 해임하는 주정부의 구성원으로 이루어진다. 각 州는 최소한 3개의 의결권을 가진다.
(1) Der Bundesrat wählt seinen Präsidenten auf ein Jahr (GG 52).
연방상원은 임기 1년의 의장을 선거한다.
(2) Der Präsident beruft den Bundesrat ein. Er hat ihn einzuberufen, wenn die Vertreter von mindestens zwei Ländern oder die Bundesregierung es verlangen. (GG 52)
의장은 연방상원을 소집한다. 의장은 최소 2주의 대표자 또는 연방정부의 요구가 있을 때에는 연방상원을 소집하여야 한다.

Bundesrechnungshof GG 114(2);

BRHG 1 연방(회계)감사원.
Der Bundesrechnungshof, dessen Mitglieder richterliche Unabhängigkeit besitzen, prüft die Rechnung sowie die Wirtschaftlichkeit und Ordnungsmäßigkeit der Haushalts- und Wirtschaftsführung.
그 구성원이 법관의 독립성을 가지는 구성원으로 조직되는 연방감사원은 회계 및 예산집행과 경제운영의 경제성과 합법성을 심사한다.
(1) Der Bundesrechnungshof ist eine oberste Bundesbehörde und als unabhängiges Organ der Finanzkontrolle nur dem Gesetz unterworfen (BRHG 1).
연방감사원은 최고의 연방관청이며, 재정통제의 독립적 기관으로서 오직 법에 따라 활동한다.

Bundesrechnungshofgesetz (Gesetz über den Bundesrechnungshof) BRHG 연방감사원법 (1985.7.11) (BGBl. I S. 1445).

Bundesrechtsanwaltskammer
BRAO 175, 176 연방변호사회.
(1) Die Rechtsanwaltskammern werden zu einer Bundesrechtsanwaltskammer zusammengeschlossen.
연방변호사회는 변호사회의 연합체이다.
(1) Die Bundesrechtsanwaltskammer ist eine Körperschaft des öffentlichen Rechts.
(2) Das Bundesministerium der Justiz führt die Staatsaufsicht über die Bundesrechtsanwaltskammer.
연방변호사회는 공법상의 법인이다.
연방법무부는 연방변호사회를 감독한다.

Bundesrechtsanwaltsordnung BRAO 1 연방변호사법 (Bundesgesetzblatt Teil III, Gliederungsnummer 303-8)
Der Rechtsanwalt ist ein unabhängiges Organ der Rechtspflege.
변호사는 독립한 사법기관이다.

Bundesregierung GG 62 연방정부.
Die Bundesregierung besteht aus dem Bundeskanzler und aus den Bundesministern.

연방정부는 연방수상과 연방장관들로 구성
된다.

Bundesrichter GG 98(2) 연방법관.
(2) Wenn ein Bundesrichter im Amte oder
außerhalb des Amtes gegen die Grundsätze des Grundgesetzes oder gegen die
verfassungsmäßige Ordnung eines Landes
verstößt, so kann das Bundesverfassungsgericht mit Zweidrittelmehrheit auf Antrag
des Bundestages anordnen, daß der
Richter in ein anderes Amt oder in den
Ruhestand zu versetzen ist. Im Falle
eines vorsätzlichen Verstoßes kann auf
Entlassung erkannt werden.
연방법관이 그 직무중 또는 직무를 떠나서
헌법상의 제원칙 또는 주의 헌법적 질서에
위반한 경우에는 연방헌법재판소는 연방하
원의 요청으로 3분의2의 다수에 의하여 그
재판관의 전직 또는 퇴직을 명할 수 있다.
고의적인 위반이 있는 경우에는 해임을 선
고할 수 있다.

Bundessozialhilfegesetz BSHG 연방사
회부조법.
Die bisherigen Bestimmungen des BSHG
(1962-2004) sind ab 1. Januar 2005 von
den Bestimmungen im Zwölften Buch
Sozialgesetzbuch (SGB XII) abgelöst worden.
~은 2005.1.1.부터 사회법전 제12권으로 대
체.

Bundesstaat GG 20 연방국가.
(1) Die Bundesrepublik Deutschland ist
ein demokratischer und sozialer Bundesstaat.
독일연방공화국은 민주적, 사회적 연방국가
이다.

Bundesstraßen GG 90 연방도로.
(1) Der Bund ist Eigentümer der bisherigen Reichsautobahnen und Reichsstraßen.
연방은 구제국자동차도로 및 독일도로의 소
유자이다.
(2) Die Länder oder die nach Landesrecht
zuständigen Selbstverwaltungskörperschaf-

ten verwalten die Bundesautobahnen und
sonstigen Bundesstraßen des Fernverkehrs
im Auftrage des Bundes .
주(州)나 또는 주법상 관할자치행정단체는
연방의 위임에 의하여 연방자동차도로 및
기타 원거리수송용의 연방도로를 관리한다.

Bundestag GG 39; BWahlG 1 연방하원
(연방의회, 민의원); (Die Mitglieder des
Bundestages 연방하원의원).
Der Bundestag wird auf vier Jahre gewählt. Seine Wahlperiode endet mit dem
Zusammentritt eines neuen Bundestages.
(GG 39)
연방하원은 4년마다 선거된다. 의회기는 새
연방하원의 집회와 동시에 종료한다.
(1) S.1 Der Deutsche Bundestag besteht
vorbehaltlich der sich aus diesem Gesetz
ergebenden Abweichungen aus 598 Abgeordneten. (BWahlG 1)
독일의회는 이 법에 의한 예외적인 경우를
제외하고는 598명의 의원으로 구성된다.

Bundesverfassungsgerichtsgesetz
(Gesetz über das Bundesverfassungsgericht)
BVerfGG 1 연방헌법재판소법 (1993.8.11)
(BGBl. I S. 1473).
(1) Das Bundesverfassungsgericht ist ein
allen übrigen Verfassungsorganen gegenüber selbständiger und unabhängiger Gerichtshof des Bundes.
연방헌법재판소는 여타의 모든 기관에 대
하여 독자적이며, 독립적인 연방의 재판부
이다.

Bundesversammlung GG 54 연방회의.
(1) Der Bundespräsident wird ohne Aussprache von der Bundesversammlung gewählt. Wählbar ist jeder Deutsche, der
das Wahlrecht zum Bundestage besitzt
und das vierzigste Lebensjahr vollendet
hat.
연방대통령은 연방회의에서 토의없이 선출
된다. 연방하원의 선거권을 갖는 만 40세
이상의 모든 독일인은 피선거권을 갖는다.
(3) Die Bundesversammlung besteht aus
den Mitgliedern des Bundestages und

einer gleichen Anzahl von Mitgliedern, die von den Volksvertretungen der Länder nach den Grundsätzen der Verhältniswahl gewählt werden.
연방회의는 연방하원의원 및 비례선거의 원칙에 따라 각 주의회가 선출한 동수의 의원으로 구성된다.

Bundesversorgungsgesetz (BVG) (Gesetz über die Versorgung der Opfer des Krieges) (연방원호법)(1982.1.22)(BGBl. I S. 21)
→ Versorgung (Anspruch auf ~) 원호 (원호청구권).

Bundesvertriebenengesetz (BVFG) (Gesetz über die Angelegenheiten der Vertriebenen und Flüchtlinge) 연방피추방자법 (2007.8.10) (BGBl. I S. 1902)
→ Vertriebener (피추방자).

Bundeswahlgesetz (BWahlG) 연방선거법 (1993.7.23) (BGBl. I S. 1288, 1594),
→ Bundestag (연방하원).

Bundeswahlleiter BWO 1 연방선거위원장.
Der Bundeswahlleiter und sein Stellvertreter werden auf unbestimmte Zeit ernannt.
연방선거위원장과 부위원장은 불확정 임기로 임명된다.

Bundeswahlordnung BWO 연방선거규칙 (2002.4.19) (BGBl. I S. 1376).

Bundeswaldgesetz (Gesetz zur Erhaltung des Waldes und zur Förderung der Forstwirtschaft) BWaldG 연방산림법 (1975.5. 2) (BGBl. I S. 1037).

Bundeswasserstraßen GG 89 연방수로.
(1) Der Bund ist Eigentümer der bisherigen Reichswasserstraßen.
연방은 구제국수로의 소유자이다.
(2) Der Bund verwaltet die Bundeswasserstraßen durch eigene Behörden. Er nimmt die über den Bereich eines Landes

hinausgehenden staatlichen Aufgaben der Binnenschiffahrt und die Aufgaben der Seeschiffahrt wahr, die ihm durch Gesetz übertragen werden.
연방은 독자적인 관청을 통하여 연방수로를 관리한다. 연방은 1주의 영역을 넘는 내륙수로의 국가적 임무 및 법률에 의해 연방에 위탁되는 해양항로의 임무를 수행한다.

Bundeswehr → Störpropaganda gegen die Bundeswehr.

Bundeswehrverwaltung GG 87b 연방방위행정.
(1) Die Bundeswehrverwaltung wird in bundeseigener Verwaltung mit eigenem Verwaltungsunterbau geführt.
Sie dient den Aufgaben des Personalwesens und der unmittelbaren Deckung des Sachbedarfs der Streitkräfte.
연방방위행정은 연방고유의 행정으로서 독자적인 하부행정기구에 의하여 수행된다.
연방방위행정은 병제 및 군수품 직접조달 (충당)의 임무를 수행한다.

Bundeszentralregister BZRG 1, 3 연방중앙기록부.
(1) Für den Geltungsbereich dieses Gesetzes führt das Bundesamt für Justiz ein zentrales Register (Bundeszentralregister).
법무부는 본법의 적용범위에 대한 중앙기록을 관장한다.
In das Register werden eingetragen
1. strafgerichtliche Verurteilungen (§§ 4 bis 8),
3. Entscheidungen von Verwaltungsbehörden und Gerichten (§ 10),
4. Vermerke über Schuldunfähigkeit(§ 11),
5. gerichtliche Feststellungen nach § 17 Abs. 2, § 18,
6. nachträgliche Entscheidungen und Tatsachen, die sich auf eine der in den Nummern 1 bis 4 genannten Eintragungen beziehen (§§ 12 bis 16, § 17 Abs. 1).
1. 형사유죄판결,
2. 행정청과 법원의 결정,
3. 책임무능력사항,

4. (연방중앙기록법) 제17조 제2항(약물의 존) 및 제18조(행장증명서)에 의한 법원의 확인,
5. 위 제1-4호와 관련된 사후의 결정과 사실관계 등을 기재한다.
 → Strafregister(형벌기록부).

Bundeszentralregistergesetz (Gesetz über das Zentralregister und das Erziehungsregister) BZRG 연방중앙기록법 (1984.9.21) (BGBl. I S. 1229, 1985 I S. 195).

Bundeszwang GG 37 연방강제.
(1) Wenn ein Land die ihm nach dem Grundgesetze oder einem anderen Bundesgesetze obliegenden Bundespflichten nicht erfüllt, kann die Bundesregierung mit Zustimmung des Bundesrates die notwendigen Maßnahmen treffen, um das Land im Wege des Bundeszwanges zur Erfüllung seiner Pflichten anzuhalten.
주가 기본법이나 그 밖의 연방법률에 따라 부담하는 연방의무를 부담하지 아니할 때에는 연방정부는 연방상원의 동의를 얻어 연방강제의 방법으로 그 주로 하여금 의무를 이행하게 하기 위한 필요한 조치를 취할 수 있다.

Bündnisklausel GG 80a(3) 동맹조항.
(3) Abweichend von Absatz 1 ist die Anwendung solcher Rechtsvorschriften auch auf der Grundlage und nach Maßgabe eines Beschlusses zulässig, der von einem internationalen Organ im Rahmen eines Bündnisvertrages mit Zustimmung der Bundesregierung gefaßt wird.
Maßnahmen nach diesem Absatz sind aufzuheben, wenn der Bundestag es mit der Mehrheit seiner Mitglieder verlangt.
이러한 법규정의 적용은 제1항에 관계없이 국제기구가 연방정부의 동의를 얻어 동맹조약의 테두리 내에서 행하는 의결을 기초로 또한 그 의결이 정하는 바에 따라서도 허용된다. 본 항에 따른 조치는 연방하원이 재적 과반수로 요구하는 때에는 폐지되어야 한다.

Bürge BGB 239 보증인.

Ein Bürge ist tauglich, wenn er ein der Höhe der zu leistenden Sicherheit angemessenes Vermögen besitzt und seinen allgemeinen Gerichtsstand im Inland hat.
보증인은 제공할 담보의 가액에 상당하는 재산을 소유하고 그 자의 보통재판적을 국내에 가지고 있는 때에 자격이 있다.

Bürgerantrag GemO BW 20b 시민신청.
(1) Die Bürgerschaft kann beantragen, daß der Gemeinderat eine bestimmte Angelegenheit behandelt (Bürgerantrag). Ein Bürgerantrag darf nur Angelegenheiten des Wirkungskreises der Gemeinde zum Gegenstand haben, für die der Gemeinderat zuständig ist, und in denen innerhalb des letzten Jahres nicht bereits ein Bürgerantrag gestellt worden ist.
시민은 일정한 업무를 (기초)지방의회가 처리할 것을 신청할 수 있다(시민신청). 시민신청은 (기초)자치단체의 영향력의 범위안에 속하는, (기초)자치단체가 관할권을 가지는 사항만이 그 대상이 되며, 최근 1년 이내에 이미 시민신청이 제기되지 않아야 한다.

Bürgerlich-rechtliche Vorfragen StPO 262 민사법적 선결문제.
(1) Hängt die Strafbarkeit einer Handlung von der Beurteilung eines bürgerlichen Rechtsverhältnisses ab, so entscheidet das Strafgericht auch über dieses nach den für das Verfahren und den Beweis in Strafsachen geltenden Vorschriften.
행위의 가벌성이 민사상의 법률관계의 판단에 달린 경우에 형사법원은 이에 관하여도 형사사건에서의 절차 및 증거에 관한 규정에 의하여 재판한다.

Bürgerliches Gesetzbuch (BGB) 민법(전) (2002.1.2) (BGBl. I S. 42, 2909; 2003 I S. 738)
 → Rechtsfähigkeit (권리능력).

Bürgerversammlung GemO BW 20a 시민집회.
(1) Wichtige Gemeindeangelegenheiten sollen mit den Einwohnern erörtert werden.

Zu diesem Zweck soll der Gemeinderat in der Regel einmal im Jahr, im übrigen nach Bedarf eine Bürgerversammlung anberaumen.
중요한 (기초)자치단체업무는 주민에게 설명되어야 한다. 위의 목적을 위하여 지방의회는 보통 1년에 1번, 기타의 경우에는 필요에 따라 시민집회를 개최하여야 한다.

Bürgschaft BGB 765 보증.
(1) Durch den Bürgschaftsvertrag verpflichtet sich der Bürge gegenüber dem Gläubiger eines Dritten, für die Erfüllung der Verbindlichkeit des Dritten einzustehen.
보증계약으로 인하여 보증인은 제3자의 채권자에 대하여 제3자의 의무이행에 관하여 책임을 질 의무를 부담한다.
 → Übernahme von Bürgschaften (보증의 인수).

Bürogemeinschaft BRAO 59a(3) 공동사무소.
(3) Für Bürogemeinschaften gelten die Absätze 1 und 2 entsprechend.
공동사무소에 대하여는 연방변호사법 제59조 (Berufliche Zusammenarbeit 합동사무소의 규정) 제1, 2항의 규정이 준용된다.
공동사무소는 수인의 변호사와 공동으로 사무실을 운영할 뿐 Anwaltssozietät (변호사 합동사무소)와는 달리 다른 공동성은 없다.

Bußgeld oder Geldbuße OWiG 1, 117 질서위반금.
보통 과(태)료로 번역하기도 하나, 종래의 위경죄 및 경범죄의 대부분이 BGBl I 469 (1974.3.2)에 의하여 질서위반법에 편입되었으므로 질서위반금은 우리나라의 행정벌로서의 과태료 보다는 그 적용범위가 넓다 (vgl. § 111 ff. OWiG).

Bußgeldbescheid OWiG 65 질서위반금결정.
Die Ordnungswidrigkeit wird, soweit dieses Gesetz nichts anderes bestimmt, durch Bußgeldbescheid geahndet.
질서위반행위는 이 법률에서 달리 규정하고 있지 아니하는 한 질서위반금결정으로 처벌된다.

Bußgelderkenntnis im Strafverfahren OWiG 82 형사절차에 있어서 질서위반금선고.
(1) Im Strafverfahren beurteilt das Gericht die in der Anklage bezeichnete Tat zugleich unter dem rechtlichen Gesichtspunkt einer Ordnungswidrigkeit.
법원은 형사절차에서 소장에 기재된 행위를 질서위반행위의 법적 관점에서도 동시에 판단한다.

Bußgeldkatalog StVG 26a 질서위반금목록.
연방교통·건설·도시발전부장관은 연방상원의 동의를 얻어 1. 질서위반행위로 인한 경고(die Erteilung einer Verwarnung), 질서위반금 기준율(Regelsätze für Geldbußen), 운전금지명령(Anordnung des Fahrverbots)에 관한 규칙을 선포할 수 있다.

BVerfGG → Bundesverfassungsgerichtsgesetz (연방헌법재판소법).

BVerfGGO (1986) → Geschäftsordnung des Bundesverfassungsgerichts (연방헌법재판소사무규칙).

BVFG → Bundesvertriebenengesetz (연방피추방자법).

BVG → Bundesversorgungsgesetz (연방원호법).

BWaldG → Bundeswaldgesetz (연방산림법).

BWO → Bundeswahlordnung (연방선거규칙).

BZRG → Bundeszentralregistergesetz (연방중앙기록법).

C

Canones 카논. 해석방법(기준).
In Anlehnung an Savigny werden vier Auslegungsmittel (sog. "canones") unterschieden: Grammatische Auslegung, Historische Auslegung, Systematische Auslegung, Teleologische Auslegung
사비니에 의하면 다음 4개의 해석방법(카논)이 있다. 문리해석, 역사적 해석, 체계해석, 목적론적 해석.

Casum sentit dominus (Der Eigentumer trägt den Schaden) (die Regel gilt für den Fall des zufälligen Untergangs einer Sache).
소유자는 사변(불가항력)으로 인한 손실을 부담한다.

Caveat emptor (Der Käufer sei wachsam - Offensichtliche Mängel führen zu keinen Gewährleistungsansprüchen).
매수인이여, 주의하라 (명백한 하자는 보장 급부청구권을 성립시키지 않는다).

CE-Kennzeichnung GPSG 6 CE 표시(마크).
(1) Es ist verboten, ein Produkt in den Verkehr zu bringen, wenn dieses, seine Verpackung oder ihm beigefügte Unterlagen mit der CE-Kennzeichnung versehen sind, ohne dass die Rechtsverordnungen nach § 3 oder andere Rechtsvorschriften dies vorsehen und die Voraussetzungen der Absätze 2 bis 5 eingehalten sind.
제3조(안전이나 건강등에 관한 법규명령의 수권)에 의한 법규명령이나 다른 법률규정에 그 규정이 없이 또는 제2항 내지 제5항의 요건(표시방법 등)이 지켜지지 않고 제조물의 포장이나 부착된 자료에 CE마크를 하여 제조물을 유통에 놓는 것은 금지된다.

Cessio in solutum (Abtretung an Zahlungsstatt) 지급(변제)에 갈음한 (지급으로서의) 채권양도.

Cessio legis (Legalzession) = gesetzlicher Forderungsübergang (법률규정에 의한 채권양도).

Cessio solvendi causa (Abtretung zahlungshalber) 지급(변제)을 위한 채권양도.

Chartepartie HGB 557 용선(운송)계약서; Chartervertrag (용선계약).
Wird das Schiff im ganzen oder zu einem verhältnismäßigen Teil oder wird ein bestimmt bezeichneter Raum des Schiffes verfrachtet, so kann jede Partei verlangen, daß über den Vertrag eine schriftliche Urkunde (Chartepartie) errichtet wird.
선박이 그 전부 또는 계약상의 일부 또는 그 특정된 선복으로써 운송계약의 목적으로 되는 때는 각 당사자는 계약에 관한 서류문서(용선(운송)계약서)의 작성을 요구할 수 있다.

Chimären- und Hybridbildung
ESchG 7 양성체 및 잡종체 양성죄(키메라 및 하이드리드 조작).
(1) Wer es unternimmt,
1. Embryonen mit unterschiedlichen Erbinformationen unter Verwendung mindestens eines menschlichen Embryos zu einem Zellverband zu vereinigen,
2. mit einem menschlichen Embryo eine Zelle zu verbinden, die eine andere Erbinformation als die Zellen des Embryos enthält und sich mit diesem weiter zu differenzieren vermag, oder
3. durch Befruchtung einer menschlichen Eizelle mit dem Samen eines Tieres oder durch Befruchtung einer tierischen Eizelle mit dem Samen eines Menschen einen differenzierungsfähigen Embryo zu erzeugen,
wird mit Freiheitsstrafe bis zu fünf Jahren oder mit Geldstrafe bestraft.
제1항 다음 각호의 행위를 한 자는 5년 이

하의 자유형 또는 벌금형으로 벌한다.
1. 상이한 유전정보를 가진 수개의 생식세포로 하나의 세포결합체로 결합시키는 일.
2. 인간의 배아를 그 배아의 세포와는 다른 유전인자를 함유한 배아와 결합하여 장차 그와는 다른 분화능력을 갖도록 하는 일.
3. 사람의 난자를 동물의 정자로 수정하거나, 동물의 난자를 사람의 정자와 수정하여 완전히 다른 분화능력의 배아를 만드는 일.

Clausula rebus sic stantibus (etwa: Bestimmung der gleich bleibenden Umstände)
→ Geschäftsgrundlage (행위기초).

Clearstream International S.A. (클리어스트림社).
~ ist eine im Jahre 2000 aus der Fusion der Deutsche Börse Clearing AG (vormals Deutscher Kassenverein AG) und Cedel International hervorgegangene Abwicklung- und Verwahrgesellschaft mit Sitz in Luxemburg. Clearstream fungiert zum einen als internationaler Zentralverwahrer (International Central Securities Depository) für die internationalen Kapitalmärkte und zum anderen als Zentralverwahrer (Central Securities Depository) für deutsche und luxemburgische inlandische Wertpapiere.
~는 2000년 독일증권결제사(이전 유가증권 혼장은행)와 국제세델이 혼합된 국제청산 및 예탁회사. 국제자본시장을 위한 국제중앙예탁소와 독일 및 룩셈베르크의 내국인 유가증권을 위한 중앙예탁소의 기능을 담당한다. → Sammelverwahrung (혼장예탁).

Codex iuris canonici 교회법전.
Der ~ ist die umfassendste Kodifikation des kath. Kirchenrechts. Er trat 1918 in Kraft und löste das bis dahin geltend Corpus iuris canonici ab.
~은 교회법의 가장 포괄적인 법전. 1918년 교회대법전은 이로서 대체되었다.

Codex Justinianus 유스티니아누스법전.
→ Corpus Iuris Civilis (로마법대전).

Cogitationis poenam nemo patitur (Wegen bloßer Gedanken wird niemand bestraft).
누구도 생각만으로는 처벌되지 아니한다.

Communis opinio (öffentliche Meinung) 여론.

Computerbetrug StGB 263a 컴퓨터사기죄.
(1) Wer in der Absicht, sich oder einem Dritten einen rechtswidrigen Vermögensvorteil zu verschaffen, das Vermögen eines anderen dadurch beschädigt, daß er das Ergebnis eines Datenverarbeitungsvorgangs durch unrichtige Gestaltung des Programms, durch Verwendung unrichtiger oder unvollständiger Daten, durch unbefugte Verwendung von Daten oder sonst durch unbefugte Einwirkung auf den Ablauf beeinflußt, wird mit Freiheitsstrafe bis zu fünf Jahren oder mit Geldstrafe bestraft.
자기 또는 제3자에게 위법하게 재산상의 이익을 취득 또는 취득하게 할 의도로 프로그램의 부정한 형성, 부정하거나 불완전한 데이터의 사용, 데이터의 권한 없는 사용을 통하여 또는 기타 그 과정에 권한 없이 영향을 행사함으로써 데이터 처리과정의 결과에 영향을 미치게 하여 타인의 재산에 손해를 가한 자는 5년 이하의 자유형 또는 벌금형에 처한다.

Computerprogramm UrhG 69a 컴퓨터프로그램.
(1) Computerprogramme im Sinne dieses Gesetzes sind Programme in jeder Gestalt, einschließlich des Entwurfsmaterials.
본법상(저작권법) 컴퓨터프로그램은 초안자료를 포함한 모든 형태의 프로그램이다.
(3) Computerprogramme werden geschützt, wenn sie individuelle Werke in dem Sinne darstellen, daß sie das Ergebnis der eigenen geistigen Schöpfung ihres Urhebers sind.
컴퓨터프로그램은 저작자 자신의 정신적 창자의 성과인 개인의 저작물을 표현하는 경우에 보호된다.

Computersabotage StGB 303b 컴퓨터업무방해죄.
(1) Wer eine Datenverarbeitung, die für einen anderen von wesentlicher Bedeutung ist, dadurch erheblich stört, dass er
1. eine Tat nach § 303a Abs. 1 begeht,
2. Daten (§ 202a Abs. 2) in der Absicht, einem anderen Nachteil zuzufügen, eingibt oder übermittelt oder
3. eine Datenverarbeitungsanlage oder einen Datenträger zerstört, beschädigt, unbrauchbar macht, beseitigt oder verändert,
wird mit Freiheitsstrafe bis zu drei Jahren oder mit Geldstrafe bestraft.
1. §303a(1)(데이터변경죄)의 범죄행위를 하거나,
2. 타인에게 불이익을 가할 목적으로 데이터(제202a조 제2항, 전기·전자기록)에 입력 또는 전송하거나,
3. 데이터처리시설이나 데이터기록매체를 파괴, 손괴, 사용불능, 제거 또는 변경함으로써 타인에게 본질적으로 중요한 데이터처리를 방해한 자는 5년 이하의 자유형이나 벌금형에 처한다.(1) 본죄의 미수는 벌한다.(2)

Condicio-Formel (Condicio sine qua non Formel)
조건설(Bedingungstheorie)의 인과관계 논리공식.

Condictio → Kondiktion (부당이득의) 반환청구(권) (kondizieren ~하다).

Condictio indebiti 비채변제를 이유로 하는 반환청구(권).

Constitutio Criminalis Carolina (CCC)
(Carolina von 1532) 카롤리나 형사법전.
Im Jahre 1532 erließ Kaiser Karl V. die Peinliche Gerichtsordnung. Nach Kaiser Karl V. wurden dieses erste deutsche Strafgesetz auch Carolina genannt.
1532년 (신성로마제국의 황제) 카를 5세는 형사법령을 공포하였다. 이것이 독일 최초 형법전으로 카롤리나라고 불리운다.

Constitutum possessorium
→ Besitzkonstitut (점유개정).

Contra legem (gegen das Gesetz)
법률에 위반하여, 실정법에 반하여.

Coram publico (vor Publikum, Öffentlich)
공연히, 공공연하게.

Corporate Governance Kodex
AktG 161 회사지배구조 모범규준.
Vorstand und Aufsichtsrat der börsennotierten Gesellschaft erklären jährlich, dass den vom Bundesministerium der Justiz im amtlichen Teil des elektronischen Bundesanzeigers bekannt gemachten Empfehlungen der "Regierungskommission Deutscher Corporate Governance Kodex" entsprochen wurde und wird oder welche Empfehlungen nicht angewendet wurden oder werden.
상장회사의 이사회 및 감사회는 법무부가 연방전자관보의 공보에서 고지한 "회사지배구조 모범규준 정부위원회"의 규준을 준수하였거나 준수하고 있는지 또는 어떠한 규준을 적용하지 않았거나 적용하지 않고 있는지를 매년 밝혀야 한다.

Corpus delicti (Gegenstand einer Straftat)
죄체. 유죄인정증거.

Corpus iuris canonici 교회법대전.
Das Corpus iuris canonici bildete bis zum Inkrafttreten des Codex iuris canonici (1918) die grundlegende Rechtsquelle des kanonischen Rechts
~은 1918년 교회법전으로 대체될 때까지 교회법의 기본적 법원을 형성한다.

Corpus iuris civilis (Body of Civil Law)
로마법(시민법)대전.
Das ~ umfasst das Gesetzeswerk, das von 528 bis 534 n. Chr. im Auftrag des ostromischen Kaisers Justinian I. zusammengestellt wurde.
~은 기원후 528-534년, 동로마황제 유스티니아누스 I세에 의하여 집대성된 법저작물

의 총칭으로 Codex Iustinianus (칙법집, 유스티니아누스법전), Pandecten (griech; lat. = Digesten) (학설집: 학설휘찬), 법학개설서인 Institutionen (법학제요) 및 이후 추가된 Novellen (신칙법)을 가르킨다.

Crimen vis 폭력범죄.
~ ist der Sammelbegriff für verschiedene Arten von Gewaltverbrechen gegen das Leben.
~ 생명에 대한 다양한 폭력범죄의 총괄개념.

Cuius est commodum, eius est periculum (Wessen das Gut, dessen ist die Gefahr)
이익을 얻는 자에게 손실(위험)도 또한 속한다.

Culpa in contrahendo BGB 311(2) 계약체결상의 과실 (Verschulden beim Vertragsschluß).
(2) Ein Schuldverhältnis mit Pflichten nach § 241 Abs. 2 entsteht auch durch
1. die Aufnahme von Vertragsverhandlungen,
2. die Anbahnung eines Vertrags, bei welcher der eine Teil im Hinblick auf eine etwaige rechtsgeschäftliche Beziehung dem anderen Teil die Möglichkeit zur Einwirkung auf seine Rechte, Rechtsgüter und Interessen gewährt oder ihm diese anvertraut, oder
3. ähnliche geschäftliche Kontakte.
제241조 제2항(계약내용에 좇은 채권관계)에서 정하는 의무를 내용으로 하는 채권관계는 다음에 의하여서도 성립한다.
1. 계약교섭의 개시,
2. 일방당사자가 상대방 당사자에게 법률행위적 관계가 있을 경우 그와 관련하여 자신의 권리, 법익 및 이익에 영향을 미칠 가능성을 부여하거나 또는 이를 위탁하는 계약체결을 위한 접촉.
3. 유사한 거래상 접촉.

Culpa lata → Grobe Fahrlässigkeit (중과실).

Culpa levis → Leichte Fahrlässigkeit (경과실).

Custodia Honesta (eine nicht entehrende Haft) 명예구금.

 D

Da mihi factum, dabo tibi ius (Gib mir (die) Tatsachen, ich gebe Dir (das) Recht). 나에게 사실을 말하면 그대에게 권리를 줄 것이다.

Darf-Vorschrift 허용규정.
→ Grammatische Auslegung (문리해석).

Darlehensvertrag BGB 488 소비대차계약.
(1) Durch den Darlehensvertrag wird der Darlehensgeber verpflichtet, dem Darlehensnehmer einen Geldbetrag in der vereinbarten Höhe zur Verfügung zu stellen. Der Darlehensnehmer ist verpflichtet, einen geschuldeten Zins zu zahlen und bei Fälligkeit das zur Verfügung gestellte Darlehen zurückzuerstatten.
소비대차계약에 의해 대주는 차주에게 약정된 액수의 금전을 제공할 의무가 있다.
차주는 약정한 이자를 지급하고 만기에 대차금을 반환할 의무가 있다.

Darstellungen StGB 11(3) 표현물.
→ Schrift.

Dasein 현존재; 현존(성).
Im Existentialismus und in der Fundamentalontologie Martin Heideggers wird der Begriff des Daseins vom bloßen Vorhandensein abgegrenzt: Dinge sind "vorhanden", dem Menschen aber wird "Dasein" (Existenz) zugeschrieben: "Weil Dasein Bewußtsein ist und ich als Bewußtsein da bin, sind für mich die Dinge nur als Gegenstände des Bewußtseins".
실존주의 및 기초적 존재론에서 Heidegger는 현존재의 개념을 단순한 現前存在(前在: 눈앞의 존재)와 구분한다. 즉, 物은 현전하고 인간은 현존재(실존)라고 할 수 있다. 왜냐하면 현존재는 의식이며, 나는 의식으로서 거기에 있으므로 나에게 物은 의식의 대상으로서만 존재하기 때문이다; 이에 비하여 Jaspers에 있어서의 Dasein은 대상화될 수 있는 경험적 존재를 말하며 따라서 그것은 대상화될 수 없는 자각적 존재인 실존과 구별하여 '현존'이라고 번역된다.

Dateiregelung 데이터저장장치(파일 등)의 규정. → Speicherung, Veränderung und Nutzung von Daten für Strafverfahren.
→ Speicherung, Veränderung und Nutzung von Daten für künftige Strafverfahren.

Daten StGB 202a 데이터(전기·전자기록).
Daten im Sinne des Absatzes 1 sind solche, die elektornisch, magnetische oder sonst nicht unmittelbar wahrnehmbar gespeichert sind übermittelt werden.
제1항의 데이터는 전기적, 전자적으로 또는 달리는 직접 인식할 수 없도록 저장되거나 전송되는 데이터만을 말한다.
데이터는 문서(→ Schrift: StGB 11(3))의 개념에 포함되어 있다.

Datenabgleich zu Aufklärungs- oder Ermittlungszwecken StPO 98c 범죄규명과 수사목적의 데이터비교조사(정보조회).
Zur Aufklärung einer Straftat oder zur Ermittlung des Aufenthaltsortes einer Person, nach der für Zwecke eines Strafverfahrens gefahndet wird, dürfen personenbezogene Daten aus einem Strafverfahren mit anderen zur Strafverfolgung oder Strafvollstreckung oder zur Gefahrenabwehr gespeicherten Daten maschinell abgeglichen werden.
범죄규명 또는 형사절차의 목적으로 수배된 자의 소재지 수사를 위해 형사절차에서 얻은 개인데이터를 형사절차상 타인의 형사소추나 형집행 또는 위험예방을 위해 저장된 자료와 기계적으로 비교조사할 수 있다.
→ Abgleichung personenbezogener Daten.

Datenbank UrhG 87a 데이터베이스.
(1) Datenbank im Sinne dieses Gesetzes ist eine Sammlung von Werken, Daten

oder anderen unabhängigen Elementen, die systematisch oder methodisch angeordnet und einzeln mit Hilfe elektronischer Mittel oder auf andere Weise zugänglich sind und deren Beschaffung, Überprüfung oder Darstellung eine nach Art oder Umfang wesentliche Investition erfordert.
본법의 데이터베이스는 저작물, 데이터 또는 기타 독립적인 요소들의 편집물로서 체계적 또는 방법론적으로 배열되고 개개가 전자적 수단 또는 기타 방법에 의해 접근이 가능하며 그 제작, 조사 또는 실행이 그 방식이나 범위로 보아 본질적인 투자를 요하는 것들이다.

Datenbankrichtlinie DBRL 1 데이터베이스지침.
(RICHTLINIE 96/9/EG DES EUROPäI-SCHEN PARLAMENTS UND DES RATES vom 11. März 1996 über den rechtlichen Schutz von Datenbanken)(데이터베이스의 법적 보호에 관한 유럽의회 및 이사회 지침)(1996. 3.11) (96/9/EG)
(1) Diese Richtlinie betrifft den Rechtsschutz von Datenbanken in jeglicher Form.
본 지침은 모든 형태의 데이터베이스에 대한 법적 보호에 관한 것이다.

Datenbankwerk UrhG 4(2) 데이터베이스 저작물.
(2) Datenbankwerk ist ein Sammelwerk, dessen Elemente systematisch oder methodisch angeordnet und einzeln mit Hilfe elektronischer Mittel oder auf andere Weise zugänglich sind.
데이터베이스 저작물은 그 요소들이 체계적 또는 방법적으로 배열되어 있고 개적으로 전자적인 수단이나 기타 다른 방법의 도움에 의해 접근할 수 있는 편집저작물을 의미한다.

Datenberichtigung StPO 494 데이터정정.
(1) Die Daten sind zu berichtigen, wenn sie unrichtig sind. Die zuständige Stelle teilt der Registerbehörde die Unrichtigkeit unverzüglich mit; sie trägt die Verant-

wortung für die Richtigkeit und die Aktualität der Daten.
데이터가 부정확한 경우에는 이를 정정하여야 한다. 관할관서는 등록기관에 대하여 그 오류를 즉시 통지하며, 데이터의 정확성과 현실성에 대한 책임을 진다.

Datenerhebung StVollzG 179; BDSG 3 (3), 4 데이터수집.
(1) Die Vollzugsbehörde darf personenbezogene Daten erheben, soweit deren Kenntnis für den ihr nach diesem Gesetz aufgegebenen Vollzug der Freiheitsstrafe erforderlich ist. (StVollzG 179)
행형관청은 본법에 의하여 과하여진 자유형의 집행을 위하여 그 인식이 필요한 경우에는 개인데이터(정보)를 수집할 수 있다.
(3) Erheben ist das Beschaffen von Daten über den Betroffenen (BDSG 3)
(개인데이터의) 수집은 관계자에 대한 데이터의 입수를 말한다.
(2) Personenbezogene Daten sind beim Betroffenen zu erheben (BDSG 4)
개인데이터는 해당관계자에게 직접 수집하여야 한다.

Datenlöschung StPO 494(2) 데이터삭제.
(2) Die Daten sind zu löschen,
1. wenn ihre Speicherung unzulässig ist oder
2. sobald sich aus dem Bundeszentralregister ergibt, daß in dem Strafverfahren, aus dem die Daten übermittelt worden sind, eine nach § 20 des Bundeszentralregistergesetzes mitteilungspflichtige gerichtliche Entscheidung oder Verfügung der Strafverfolgungsbehörde ergangen ist.
데이터는
1. 그 저장이 부적법한 경우 또는,
2. 데이터가 전송된 형사절차에서 연방중앙기록법 제20조에 의한 통지의무가 있는 법원의 재판 또는 형사소추기관의 처분이 내려졌음이 연방중앙기록부에 의하여 밝혀진 경우에는 즉시 삭제될 수 있다.

Datenschutzaudit BDSG 9a 데이터보호검사.

Zur Verbesserung des Datenschutzes und der Datensicherheit können Anbieter von Datenverarbeitungssystemen und -programmen und datenverarbeitende Stellen ihr Datenschutzkonzept sowie ihre technischen Einrichtungen durch unabhängige und zugelassene Gutachter prüfen und bewerten lassen sowie das Ergebnis der Prüfung veröffentlichen.

개인정보보호의 개선과 안전을 위해서 개인 정보처리시스템 및 프로그램의 제공자와 데이터처리기관은 그들의 개인정보정책과 기술적인 시설을 독립적이고 허가받은 평가인을 통해 검사와 평가를 받고, 심사의 결과를 공개할 수 있다.

Datensparsamkeit.
→ Datenvermeidung und Datensparsamkeit.

Datenspeicherung StPO 163d; StGB 271 데이터저장.
(1) Begründen bestimmte Tatsachen den Verdacht, daß
1. eine der in § 111 bezeichneten Straftaten oder
2. eine der in § 100a Abs. 2 Nr. 6 bis 9 und 11 bezeichneten Straftaten
begangen worden ist, so dürfen die anläßlich einer grenzpolizeilichen Kontrolle, im Falle der Nummer 1 auch die bei einer Personenkontrolle nach § 111 anfallenden Daten über die Identität von Personen sowie Umstände, die für die Aufklärung der Straftat oder für die Ergreifung des Täters von Bedeutung sein können, in einer Datei gespeichert werden, wenn Tatsachen die Annahme rechtfertigen, daß die Auswertung der Daten zur Ergreifung des Täters oder zur Aufklärung der Straftat führen kann und die Maßnahme nicht außer Verhältnis zur Bedeutung der Sache steht.

일정한 사실에 근거하여 다음 각호의 범죄행위에 대한 혐의가 인정되는 경우, 국경경찰의 검문의 기회에 또 제1호에서 제111조에 의하여 검문시 입수한 것으로 범죄규명이나 범인체포를 위하여 중요한 신원이나

상황에 관한 데이터저장장치(파일)에의 저장이 허용된다. 단 이 경우 데이터사용은 범인의 체포 또는 범죄행위의 해결을 위한 것이고 이러한 처분이 사건의 중요성에 비추어 상당할 것이라는 가정이 정당화되는 경우에 한한다.
1. 제111조에 기재된 범죄행위 또는
2. 제100a조 제1항 제6-11호 및 제11호에 기재된 범죄행위.
→ Mittelbare Falschbeurkundung.

Datensperrung StPO 489(7); 494(3) 데이터차단(접근금지).
(7) An die Stelle einer Löschung tritt eine Sperrung, soweit
1. Grund zu der Annahme besteht, dass schutzwürdige Interessen einer betroffenen Person beeinträchtigt würden,
2. die Daten für laufende Forschungsarbeiten benötigt werden oder
3. eine Löschung wegen der besonderen Art der Speicherung nicht oder nur mit unverhältnismäßigem Aufwand möglich ist.
다음의 경우에는 (데이터)삭제를 대신하여 데이터가 차단된다.
1. 당사자의 보호가치 있는 이익이 침해될 우려가 있는 경우,
2. 데이터가 현재 조사활동에 필요한 경우,
3. 특별한 저장방법에 의하여 그 삭제가 불가능하거나 과다한 비용을 필요로 하는 경우.

Datenveränderung StGB 303a 데이터변경죄.
(1) Wer rechtswidrig Daten (§ 202a Abs. 2) löscht, unterdrückt, unbrauchbar macht oder verändert, wird mit Freiheitsstrafe bis zu zwei Jahren oder mit Geldstrafe bestraft.
위법하게 데이터(제202a조 제2항)를 삭제, 은폐, 사용불능 또는 변경한 자는 2년 이하의 자유형 또는 벌금형에 처한다.

Datenverarbeitung 데이터처리.
→ Täuschung im Rechtsverkehr bei Datenverarbeitung.

Datenvermeidung und Datensparsamkeit
BDSG 3a　데이터(개인정보)회피 및 데이터 절약.

Gestaltung und Auswahl von Datenverarbeitungssystemen haben sich an dem Ziel auszurichten, keine oder so wenig personenbezogene Daten wie möglich zu erheben, zu verarbeiten oder zu nutzen. Insbesondere ist von den Möglichkeiten der Anonymisierung und Pseudonymisierung Gebrauch zu machen, soweit dies möglich ist und der Aufwand in einem angemessenen Verhältnis zu dem angestrebten Schutzzweck steht.

데이터처리시스템의 형성과 선택은 가능한 한 개인데이터를 수집, 처리, 이용하지 않는 방향으로 이루어져야 한다. 특히 익명화 및 가명화는 그 사용이 가능하고, 비용이 추구하는 보호목적내에서 비례하여 적절한 경우에 사용되어야 한다.

Datowechsel
WG 33　발행일자후정기출급어음.

~ ist ein Wechsel, der auf eine bestimmte Zeit nach Ausstellung fällig gestellt ist.

발행후 일정기간을 만기로 하는 어음.

→ Verfallzeit　만기 (어음발행방식).

Dauer der Führungsaufsicht
StGB 68c　행장감독기간.

(1) Die Führungsaufsicht dauert mindestens zwei und höchstens fünf Jahre. Das Gericht kann die Höchstdauer abkürzen.

보호관찰기간은 2년 이상 5년 이하로 한다. 법원은 제1문의 기간의 상한을 단축할 수 있다.

Dauer der Unterbrechung
StPO 229　중단기간 (공판의).

(1) Eine Hauptverhandlung darf bis zu drei Wochen unterbrochen werden.

(2) Eine Hauptverhandlung darf auch bis zu einem Monat unterbrochen werden, wenn sie davor jeweils an mindestens zehn Tagen stattgefunden hat.

(1) 공판은 3주까지 중단될 수 있다.

(2) 공판이 그 이전에 각각 적어도 10일 이내에 행하여진 경우에는 1달까지 중단될 수 있다.

Dauer der Unterbringung
StGB 67d　수용기간

(1) Die Unterbringung in einer Entziehungsanstalt darf zwei Jahre nicht übersteigen.

금단시설의 수용은 2년을 넘지 못한다.

Dauerarrest
JGG 16(4)　장기(계속)구금.

(4) Der Dauerarrest beträgt mindestens eine Woche und höchstens vier Wochen. 2Er wird nach vollen Tagen oder Wochen bemessen.

장기(계속)구금은 최소 1주일, 최대 4주간에 해당한다. 장기구금은 전일(全日)이나 주(週)로 정하여진다.

→ Jugendarrest (소년구금).

Dauerdelikt
StGB 52　계속범.

Ein Dauerdelikt ist eine Straftat, deren Tatbestand die Aufrechterhaltung eines rechtswidrigen Zustandes umfasst. Gegenstück ist das Zustandsdelikt.

~은 그 구성요건이 위법한 상태의 유지를 포함하고 있는 범죄이다. 상태범과는 반대어.

Dauerschuldverhältnis
BGB 309 Nr.9, 314　계속적 채권관계.

사용임대차(Miete), 조합계약(Gesellschaftsvertrag) 등과 같은 계속적인 계약관계.

(Laufzeit bei ~ : ~의 존속기간).

9. Vertragsverhältnis, das die regelmäßige Lieferung von Waren oder die regelmäßige Erbringung von Dienst- oder Werkleistungen durch den Verwender zum Gegenstand hat,

약관사용자에 의해 물품의 정기적 인도 또는 정기적인 노무의 제공이나 일의 완성을 실행하는 것을 그 대상으로 계약관계.

(1) Dauerschuldverhältnisse kann jeder Vertragsteil aus wichtigem Grund ohne Einhaltung einer Kündigungsfrist kündigen. (314)

각 계약당사자는 계속적 채권관계에서 중대한 사유가 있는 경우에 해지기간을 두지 않고 그 계약관계를 해지할 수 있다.

DBGrG → Deutsche Bahn Gründungs-gesetz (독일철도주식회사설립법).

DBRL → Datenbankrichtlinie (데이터베이스지침.

De facto (et **absque iure**) (tatsächlich) 사실상.

De iure (von Rechts wegen) 법적으로.

De lege ferenda (Lex ferenda) 입법론. Vom Standpunkt des zukünftigen Rechts.

De lege lata (Lex lata) 해석론. Vom Standpunkt des geltenden Rechts.

Debilität 노둔(魯鈍).
Leichte geistige Behinderung (auch leichte Intelligenzminderungt) (ICD-10 F70). Der Intelligenzquotient liegt zwischen 50 und 69.
경한 정신장애(지체) (ICD-10 F70)의 과거 개념이다. 지능지수는 50-69를 말한다.
→ Schwachsinn (정신박약).

Deckung 충당, 보전, 보상, 변제, 담보, 일치.
① zur Deckung der Auslagen (비용충당) → Auslagenvorschuß(비용예납); Geschäfte zur Deckung des Lebensbedarfs (일상가사대리권).
② Deckungszusage (전보약속) → Laufende Versicherung (예정보험).
③ Deckungsforderung 보상(상환)요구.
④ → Kongruente Deckung (본지변제).
⑤ → Deckungskongruenz (담보일치); → Deckungsmasse (담보재산)(보전재단).
⑥ → Gesamtdeckung (총액보전).

Deckungskongruenz PfandBG 4 담보(보전)일치(의 원칙).
(1) Der jeweilige Gesamtbetrag der im

Umlauf befindlichen Pfandbriefe einer Gattung muss in Höhe des Nennwertes jederzeit durch Werte von mindestens gleicher Höhe und mindestens gleichem Zinsertrag gedeckt sein.
유통되고 있는 저당채권류의 각 액면가액 총액은 언제나 최소한 그것과 동일한 크기의 가치와 동일한 이자의 액수에 의해서 각각 담보되어야만 한다.

Deckungsmasse PfandBG 2(3)(4); AktG 225 담보재산 (보전재단).
(3) Hebt die Bundesanstalt die Erlaubnis für das Pfandbriefgeschäft auf oder erlischt diese, so sind die Deckungsmassen abzuwickeln.
연방영조물이 저당채권업에 대한 허가를 취소하거나 허가의 효력이 상실되는 경우 담보재산을 청산해야 한다.
(4) Im Falle des Absatzes 3 ernennt das Gericht des Sitzes der Pfandbriefbank auf Antrag der Bundesanstalt eine oder zwei geeignete natürliche Personen als Sach-walter, soweit es für eine sachgerechte Abwicklung erforderlich ist
제3항의 경우에 저당채권은행의 주소지의 법원은 적절한 청산이 필요하다고 보는 때에는 연방영조물의 신청에 의해 1-2명의 적당한 자연인을 관재인으로 임명한다.
(1) S.3 Das Recht, Sicherheitsleistung zu verlangen, steht Gläubigern nicht zu, die im Fall des Insolvenzverfahrens ein Recht auf vorzugsweise Befriedigung aus einer Deckungsmasse haben, die nach gesetz-licher Vorschrift zu ihrem Schutz errichtet und staatlich überwacht ist. (AktG 225)
도산의 경우에 법규정에 의하여 설치되고 국가의 감독을 받는 담보재산으로부터 우선변제를 받을 권리를 가진 채권자는 담보제공을 청구할 권리를 가지지 아니한다.

Deckungsrückstellung HGB 341f; VAG 65 책임준비금.
(1) Deckungsrückstellungen sind für die Verpflichtungen aus dem Lebensversiche-rungs- und dem nach Art der Lebens-versicherung betriebenen Versicherungs-

geschäft in Höhe ihres versicherungsmathematisch errechneten Wertes einschließlich bereits zugeteilter Überschußanteile mit Ausnahme der verzinslich
angesammelten Überschußanteile und nach
Abzug des versicherungsmathematisch ermittelten Barwerts der künftigen Beiträge
zu bilden (prospektive Methode). (HGB
341f).
생명보험 및 생명보험류의 보험사업의 추구
에서 발생하는 채무에 대비하기 위하여 그
보험수리상 산출된 가액으로 책임준비금을
둔다. 책임준비금에는 합계된 이자의 잉여
분을 제외하고 또한 보험수리상 조사된 장
래의 분담액의 현금가액을 공제한 기배당의
잉여분이 포함된다 (전망적 방법).
(1) Das Bundesministerium der Finanzen
wird ermächtigt, zur Berechnung der
Deckungsrückstellung unter Beachtung der
Grundsätze ordnungsmäßiger Buchführung
durch Rechtsverordnung, (VAG 65)
연방재무부는 법규명령에 의하여 정규의 부
기의 원칙하에 책임준비금을 계산할 권한을
가진다.

Deckungszusage VVG 53 전보약속(약
정).
→ Laufende Versicherung (예정보험).
→ Vorläufige Deckungszusage 잠정부보(暫
定附保)의 약정.

Definitionsmacht (범죄) 정의권(력), 규정
력.
Im Rahmen des labeling approach rücken
die Definitionsmacht staatlicher Kontroll-
instanzen (Polizei, Gerichte, Gefängnisse)
und die damit verbundenen Stigmatisie-
rungsprozesse der von staatlicher Kontrolle Betroffenen in den Mittelpunkt des
Interesses.
낙인이론의 범위에서는 국가통제기관(경찰,
법원, 교정기관)의 (범죄)정의권과 그와 관
련하여 국가통제에 놓인 자의 낙인화과정이
관심의 중심에 놓이게 된다.

Delictum commissivum per omissionem
(unechtes Unterlassungsdelikt)

부작위에 의한 작위범 (pl. Delicta commissiva).

Delictum omissivum (Unterlassungsdelikt) 부작위범.

Delictum sui generis 독자적 범죄
(Eigenständiges Delikt).

Delikt 범(죄)(개별범죄로서)
→ Verbrechen.

Denkgesetz (logisches Gesetz) 논리법칙
(사고법칙).
eine Regel und Logik der Geistesfähigkeit,
nach der sich das Denken eines Menschen
richtet und ordnet, um überhaupt be-
griffliche Übereinstimmung zu erkennen.
주로 개념상의 일치를 인식하기 위하여 인
간의 사고가 지향, 정렬하는 정신능력의 법
칙과 논리.

Deponien KrW-/AbfG 3(10) 폐기물처리
장.
(10) Deponien im Sinne dieses Gesetzes
sind Beseitigungsanlagen zur Ablagerung
von Abfällen oberhalb der Erdoberfläche
(oberirdische Deponien) oder unterhalb der
Erdoberfläche (Untertagedeponien).
본법의 폐기물처리장은 지상 및 지하에서
폐기물제거시설을 말한다.

DepotG → Depotgesetz (예탁법).

Depotgeschäft (예탁업무)
→ Effektengeschäft (증권업무).

Depotgesetz (Gesetz über die Verwahrung
und Anschaffung von Wertpapieren)
DepotG 1 예탁법.
(1) Wertpapiere im Sinne dieses Gesetzes
sind Aktien, Kuxe, Zwischenscheine,
Zins-, Gewinnanteil- und Erneuerungsscheine, auf den Inhaber lautende oder
durch Indossament übertragbare Schuldverschreibungen, ferner andere Wertpapiere, wenn diese vertretbar sind, mit

Ausnahme von Banknoten und Papiergeld.
본법에서 (예탁가능한) 유가증권은 주권, 광업권 지분, 중간증권, 이자·이익배당증권, 갱신증권, 소지인출급의 또는 배서로 양도가능한 채권 및 은행권과 지폐를 제외한 대체성이 있는 기타 유가증권이다.

Destruktives Mißtrauenvotum 파괴적 불신임투표.
→ Konstruktives Mißtrauensvotum (건설적 불신임투표).

Deutsche Bahn Aktiengesellschaft
DBGrG 1 독일철도주식회사.
(1) Aus dem Bundeseisenbahnvermögen sind in Erfüllung der in § 20 Abs. 1 des Gesetzes zur Zusammenführung und Neugliederung der Bundeseisenbahnen vom 27. Dezember 1993 (BGBl. I S. 2378) enthaltenen Verpflichtungen mit Ausnahme der dort genannten Liegenschaften die Teile, die zum Erbringen von Eisenbahnverkehrsleistungen und zum Betreiben der Eisenbahninfrastruktur notwendig sind, auf eine dadurch gegründete neue Aktiengesellschaft auszugliedern.
(2) Die Aktiengesellschaft führt die Firma "Deutsche Bahn Aktiengesellschaft".
(1) 1993.12.27 「연방철도의 통합 및 개편에 관한 법」 제20조 1항에 의거하여 「연방철도자산단」 으로부터 동법에 기재된 자산을 예외로 하고, 철도수송서비스와 인프라서비스 제공을 위해 필수적인 부분은 새로운 주식회사로 분리하여 설립된다.
(2) 주식회사의 명칭은 "독일철도주식회사" 이다.

Deutsche Bahn Gründungsgesetz
(Gesetz über die Gründung einer Deutsche Bahn Aktiengesellschaft) DBGrG 독일철도주식회사설립법 (1993.12.27) (BGBl. I S. 2378, 2386, (1994, 2439)).

Deutsche Bundespost GG 143b 독일연방우체국.
(1) Das Sondervermögen Deutsche Bundespost wird nach Maßgabe eines Bundes-

gesetzes in Unternehmen privater Rechtsform umgewandelt.
Der Bund hat die ausschließliche Gesetzgebung über alle sich hieraus ergebenden Angelegenheiten.
특별재산인 독일연방우체국은 연방법률의 기준에 따라 사법형식의 기업으로 변경된다. 연방은 이 기업으로부터 발생하는 모든 사무에 대한 독점적 입법권을 가진다.
→ Post- und Telekommunikationsverwaltung.(우편·통신행정).

Deutsche Rentenversicherung Knappschaft-Bahn-See SGB 5 167 독일 광산-철도-해운 연금보험.
Die Deutsche Rentenversicherung Knappschaft-Bahn-See führt die Krankenversicherung nach den Vorschriften dieses Buches durch.
독일 광산-철도-해운 연금보험은 본편의 규정에 의하여 의료보험을 시행한다.
→ Krankenkasse (의료보험조합).

Deutscher GG 116 독일인.
(1) Deutscher im Sinne dieses Grundgesetzes ist vorbehaltlich anderweitiger gesetzlicher Regelung, wer die deutsche Staatsangehörigkeit besitzt oder als Flüchtling oder Vertriebener deutscher Volkszugehörigkeit oder als dessen Ehegatte oder Abkömmling in dem Gebiete des Deutschen Reiches nach dem Stande vom 31. Dezember 1937 Aufnahme gefunden hat.
기본법에서 말하는 독일인이란 법률에 다른 규정이 없는 한 독일 국적을 가진 자이거나 1937년 12월 31일 현재 독일제국 영역내의 독일민족에 속하는 망명자 또는 피추방자 또는 그 배우자나 비속으로 인정되었던 자이다.

Deutscher Anwalts Vereine (DAV) 독일변호사협회.
독일변호사협회는 변호사 자치 이외에 변호사의 이익을 대표하는 사법상의 사단.

Deutsches Recht 독일법.
독일법은 현대에서는 독일 입법자에 의하여

또는 독일인의 관습법에서 발생하는 법을 의미하지만, 법사학에서는 Deutschland에서 가장 먼저 외국법과는 달리 각 독일어권에 적용되는 법으로, 또는 협의로 로마나 카논의 부분과는 다른 게르마니스트의 뿌리를 가지는 부분을 말한다.

Deutsches Richtergesetz DRiG 1 독일법관법 (1972.4.19) (BGBl. I S. 713).
Die rechtsprechende Gewalt wird durch Berufsrichter und durch ehrenamtliche Richter ausgeübt.
사법권은 직업판사와 명예직 판사에 의하여 수행된다.

Devianz
→ Abweichendes Verhalten (일탈행위).

Devolutionsrecht (Übernahme) GVG 145 직무승계의 권한 (Ersetzungsbefugnis).
(1) Die ersten Beamten der Staatsanwaltschaft bei den Oberltsansgerichten und den Ltsagerichten sind befugt, bei allen Gerichten ihres Bezirks die Amtsverrichtungen der Staatsanwaltschaft selbst zu übernehmen oder mit ihrer Wahrnehmung einen anderen als den zunächst zuständigen Beamten zu beauftragen.
주고등법원과 주법원의 수석검사는 그 관할구역의 모든 법원에서 검사의 업무의 수행을 스스로 인수하거나 처음 관할권을 가진 검사 이외의 다른 검사에게 그 임무를 맡도록 할 수 있다.

Dezimierung (Dezimation) 십중일살인.
Ursprünglich die Todesstrafe an jedem 10. Truppenangehörigen vollstrecken.
열 명에 한 명씩 죽임 (로마군의 형벌).

Diebstahl StGB 242 절도죄.
(1) Wer eine fremde bewegliche Sache einem anderen in der Absicht wegnimmt, die Sache sich oder einem Dritten rechtswidrig zuzueignen, wird mit Freiheitsstrafe bis zu fünf Jahren oder mit Geldstrafe bestraft.
타인의 동산을 불법영득할 의사로 절취한

자는 5년 이하의 자유형 또는 벌금형에 처한다.

Diebstahl mit Waffen StGB 244(1) Nr.1 무기휴대절도죄.
(1) Mit Freiheitsstrafe von sechs Monaten bis zu zehn Jahren wird bestraft, wer einen Diebstahl begeht, bei dem er oder ein anderer Beteiligter
a) eine Waffe oder ein anderes gefährliches Werkzeug bei sich führt,
b) sonst ein Werkzeug oder Mittel bei sich führt, um den Widerstand einer anderen Person durch Gewalt oder Drohung mit Gewalt zu verhindern oder zu überwinden,
a) 행위자 또는 다른 범죄참여자가 총기 또는 기타 위험한 물건을 휴대하여 절도한 경우,
b) 행위자 또는 다른 범죄참여자가 폭행 또는 폭행을 고지한 협박에 의하여 타인의 항거를 방해하거나 제압하기 위하여 기타 도구나 수단을 휴대하여 절도한 경우.
→ Diebstahl von Waffen.

Diebstahl öffentlicher Sachen StGB 243(1) Nr.5 공공물건절도.
→ Besonders schwerer Fall des Diebstahls (특히 중한 절도).

Diebstahl und Unterschlagung geringwertiger Sachen StGB 248a 경미한 재물절도죄와 횡령죄.
Der Diebstahl und die Unterschlagung geringwertiger Sachen werden in den Fällen der §§242 u. 246 nur auf Antrag verfolgt, es sei denn, daß die Strafverfolgungsbehörde wegen des besonderen öffentlichen Interesses an der Strafverfolgung ein Einschreiten von Amts wegen für geboten hält.
제242조 및 제246조의 경우 경미한 가치의 재물에 대한 절도 및 횡령은 고소가 있어야만 형사소추할 수 있다. 다만 형사소추기관이 형사소추에 관한 특별한 공익을 이유로 직권에 의한 개입이 필요하다고 인정하는 경우에는 그러하지 아니하다.

Diebstahl unter Ausnutzung fremder Bedrängnis StGB 243(1) Nr.5 궁박이용절도. → Besonders schwerer Fall des Diebstahls (특히 중한 절도).

Diebstahl von besonders gesicherten Sachen Stgb 243(1) Nr.2 특별도난방지재물절도. → Besonders schwerer Fall des Diebstahls (특히 중한 절도).

Diebstahl von Waffen oder Sprengstoff StGB 243(1) Nr.7 무기절도 및 폭발물절도. → Diebstahl mit Waffen (무기휴대절도). → Besonders schwerer Fall des Diebstahls (특히 중한 절도).

Dienstaufsicht GVG 147 직무감독.
Das Recht der Aufsicht und Leitung steht zu: 감독 및 지휘권은 다음 사람에게 있다.
1. dem Bundesminister der Justiz hinsichtlich des Generalbundesanwalts und der Bundesanwälte;
연방검찰총장과 연방검사에 대하여는 연방법무부장관,
2. der Landesjustizverwaltung hinsichtlich aller staatsanwaltschaftlichen Beamten des betreffenden Landes;
해당 주의 모든 검찰공무원에 대하여는 주 법무부,
3. dem ersten Beamten der Staatsanwaltschaft bei den Oberlandesgerichten und den Landgerichten hinsichtlich aller Beamten der Staatsanwaltschaft ihres Bezirks.
그 관할구역의 모든 검찰공무원에 대하여는 고등주법원 및 주법원에 대응하는 검찰청의 수장.

Dienstbarkeit (Servitus) 역권(役權).
→ Grunddienstbarkeiten.

Diensteanbieter TMG 7 서비스제공자.
(1) Diensteanbieter sind für eigene Informationen, die sie zur Nutzung bereithalten, nach den allgemeinen Gesetzen verantwortlich.
서비스제공자가 자신의 정보를 이용에 제공한 경우에 일반법에 의하여 책임을 진다.

(2) Diensteanbieter im Sinne der §§ 8 bis 10 sind nicht verpflichtet, die von ihnen übermittelten oder gespeicherten Informationen zu überwachen oder nach Umständen zu forschen, die auf eine rechtswidrige Tätigkeit hinweisen.
제8조 내지 제10조의 서비스 제공자는 그가 전달 또는 저장한 정보를 감시하거나 위법 행위의 지적상황을 조사할 의무는 없다.

Diensterfindung und freie Erfindung
ArbnErfG 4 직무발명과 자유발명.
(1) Erfindungen von Arbeitnehmern im Sinne dieses Gesetzes können gebundene oder freie Erfindungen sein.
본 법률(근로자발명에 관한 법률)의 취지상 근로자의 발명이라 함은 구속적인 발명과 자유발명을 포함한다.
(2) Gebundene Erfindungen (Diensterfindungen) sind während der Dauer des Arbeitsverhältnisses gemachte Erfindungen, die entweder
구속적인 발명(직무발명)이라 함은 근로관계의 계속중에 이루어진 발명으로 다음 각 호의 사유에 해당하는 것을 말한다.
1. aus der dem Arbeitnehmer im Betrieb oder in der öffentlichen Verwaltung obliegenden Tätigkeit entstanden sind oder
2. maßgeblich auf Erfahrungen oder Arbeiten des Betriebes oder der öffentlichen Verwaltung beruhen.
1. 발명이 사업체 또는 공공기관에서 근로자에게 부과된 활동으로부터 유래한 경우
2. 발명이 사업체 또는 공공기관에서의 경험 또는 노동에 결정적으로 근거한 경우.
(3) Sonstige Erfindungen von Arbeitnehmern sind freie Erfindungen.
기타 근로자의 발명은 자유발명이다.

Dienstgeheimnisse
→ Verletzung der Dienstgeheimnisse.

Diensthandlung StGB 113; 332 직무행위.
(3) Die Tat ist nicht nach dieser Vorschrift (Widerstand gegen Vollstreckungsbeamte) strafbar, wenn die Diensthandlung

nicht rechtmäßig ist.
직무행위가 적법하지 아니한 경우 동조(공
무집행공무원에 대한 저항죄)에 의하여 처
벌할 수 없다.
→ Amtshandlung (직무행위).
→ Bestechlichkeit (가중수뢰죄).

Dienstleistungsstrafe 근로봉사형.
환자간호, 거리정비, 쓰레기운반 등의 작업
이 있다. → Arbeitsstrafe (작업형).

Dienstliche Verwahrung 직무상 보관
→ Verwahrungsbruch (보관침해죄).

Dienststelle BPersVG 6; StGB 87(3) 기
관.
(1) Dienststellen im Sinne dieses Gesetzes
sind die einzelnen Behörden, Verwal-
tungsstellen und Betriebe der in § 1 genannten Verwaltungen sowie die Gerichte.
본법에서 기관이라 함은 개별관청, 행정지
부 및 제1조에서 말하는 기업행정기관 및
법원을 말한다. (BPersVG 6)
→ Stelle.

Dienstvertrag BGB 611 고용계약.
(1) Durch den Dienstvertrag wird derjenige, welcher Dienste zusagt, zur Leistung
der versprochenen Dienste, der andere Teil
zur Gewährung der vereinbarten Vergütung verpflichtet.
고용계약으로 인하여 노무를 약속한 자는
노무를 급부할 의무를 지며 상대방은 합의
된 보수를 제공할 의무를 부담한다.

Dienstvorgesetzten
→ Antrag des Dienstvorgesetzten.

Dies interpellat pro homine
(Der Termin mahnt für den Menschen).
기한은 사람에 갈음하여 최고한다.

Differenzierung der Anstalten
StVollzG 141 행형시설의 차별화.
(1) Für den Vollzug der Freiheitsstrafe
sind Haftplätze vorzusehen in verschiedenen Anstalten oder Abteilungen, in denen

eine auf die unterschiedlichen Bedürfnisse
der Gefangenen abgestimmte Behandlung
gewährleistet ist.
자유형의 집행을 위해서는 수형자의 상이한
요구사항에 적합한 처우가 보장되는 구금장
소가 별개인 행형시설 또는 부서가 제공되
어야 한다.

Diligentia quam in suis
→ Sorgfalt in eigenen Angelegenheiten
(자기의 사무에 관한 주의).

Dinglicher Anspruch BGB 198 물권적
청구권 (물상청구권).
Gelangt eine Sache, hinsichtlich derer ein
dinglicher Anspruch besteht, durch Rechtsnachfolge in den Besitz eines Dritten, so
kommt die während des Besitzes des
Rechtsvorgängers verstrichene Verjäh-
rungszeit dem Rechtsnachfolger zugute.
물권적 청구권이 존재하는 물건을 권리승계
를 통해 제3자가 점유하게 된 경우, 전점유
자의 점유중 경과된 소멸시효는 권리승계인
에게 유리하게 적용된다.

Dinglicher Arrest StPO 111d; AO 324
물적 (물건의) 가압류 (대가의 확보, 벌금, 비
용의 확보를 위한).
(1) Wegen des Verfalls oder der Einziehung von Wertersatz, wegen einer Geldstrafe oder der voraussichtlich entstehenden Kosten des Strafverfahrens kann der
dingliche Arrest angeordnet werden (StPO
111d).
박탈 또는 대가의 몰수, 벌금형 또는 예견
되는 형사소송의 비용을 위하여 물적 가압
류를 명할 수 있다.
(1) Zur Sicherung der Vollstreckung von
Geldforderungen nach den §§ 249 bis 323
kann die für die Steuerfestsetzung zuständige Finanzbehörde den Arrest in das
bewegliche oder unbewegliche Vermögen
anordnen, wenn zu befürchten ist, dass
sonst die Beitreibung vereitelt oder wesentlich erschwert wird. (AO 324)
제249조 내지 제323조의 규정에 의한 금전
채권의 집행을 보전하기 위하여 조세확정의

관할권이 있는 재무관청은 징수가 무효화되
거나 현저하게 곤란하게 될 우려가 있는 때
에는 동산 또는 부동산에 대한 가압류를 명
할 수 있다.
→ Persönlicher Sicherheitsarrest (인적 보
전가압류).

Dinglicher Gerichtsstand → Ausschließlicher dinglicher Gerichtsstand (전속적 물
적 재판적).

Dingliches Recht 물권.
Als dingliche Rechte bezeichnet man im
deutschen Recht Rechte, die gegenüber
jedermann wirken. Es handelt sich damit
um absolute Rechte.
~은 모든 사람에 대하여 작용하는 권리이
며, 절대권이다.

Dingliches Vorkaufsrecht BGB 1094
물권적 선매권.
(1) Ein Grundstück kann in der Weise
belastet werden, dass derjenige, zu dessen
Gunsten die Belastung erfolgt, dem Eigentümer gegenüber zum Vorkauf berechtigt ist.
토지는 선매권자가 소유자에 대하여 선매의
권리를 가지는 방법으로 선매권이 설정될
수 있다.

Direktanspruch VVG 115 직접청구권.
(1) Der Dritte kann seinen Anspruch auf
Schadensersatz auch gegen den Versicherer geltend machen,
1. wenn es sich um eine Haftpflichtversicherung zur Erfüllung einer nach dem
Pflichtversicherungsgesetz bestehenden
Versicherungspflicht handelt oder
2. wenn über das Vermögen des Versicherungsnehmers das Insolvenzverfahren
eröffnet oder der Eröffnungsantrag mangels Masse abgewiesen worden ist oder
ein vorläufiger Insolvenzverwalter bestellt
worden ist oder
3. wenn der Aufenthalt des Versicherungsnehmers unbekannt ist.
제3자는 다음 각호의 경우에 보험자에게 직

접 손해배상청구권을 주장할 수 있다.
1. (자동차)의무보험법에 따른 보험의무의
이행을 위한 책임보험에 관계된 경우
2. 보험계약자의 재산에 대하여 파산절차가
개시되거나 개시신청이 재단부족으로 인하
여 기각된 경우 또는 임시도산관재인이 선
임된 경우 또는
3. 보험계약자의 거주지를 알 수 없는 경우

**Direktanspruch des Geschadigten gegen
Versicherer** PflVG 3 보험자에 대한 피해
자의 직접청구권.
Ist der Versicherer gegenüber dem Versicherungsnehmer nicht zur Leistung verpflichtet, weil das Fahrzeug den Bau- und
Betriebsvorschriften der Straßenverkehrs-
Zulassungs-Ordnung nicht entsprach oder
von einem unberechtigten Fahrer oder
von einem Fahrer ohne die vorgeschriebene Fahrerlaubnis geführt wurde,
kann der Versicherer den Dritten abweichend von § 117 Abs. 3 Satz 2 des
Versicherungsvertragsgesetzes nicht auf
die Möglichkeit verweisen, Ersatz seines
Schadens von einem anderen Schadens-
versicherer oder von einem Sozialversi-
cherungsträger zu erlangen.
자동차가 「도로교통허가령」 의 설치 및 운
영규정에 해당하지 않음으로 인하여 또는
무허가운전자 또는 규정된 운전허가가 없는
운전자가 운행함으로 인하여 보험계약자에
대하여 급부의무가 의무가 없는 경우에 보
험자는 제3자에게 「보험계약법」 제117조
제3항 제2단의 규정에도 불구하고 다른 손
해보험자 또는 사회보험주체에 의한 손해배
상의 취득을 주장할 수 없다.

Direkter Vorsatz (dolus directus)
직접고의.
Direkter Vorsatz liegt vor, wenn der
Täter weiß oder als sicher voraussieht,
daß sein Handeln zur Verwirklichung des
gesetztlichen Tatbestandes führt.
행위자가 자기의 행위가 법적 구성요건을
실현한다는 것을 알거나 확실하게 예견하면
직접고의가 있다.

Dirigierende Zuhälterei StGB 181a
매음지배죄 → Zuhälterei (매음매개죄).

Diskontierung (die ~ von Wechseln und
Schecks) StGB 265b(3) Nr.2   할인(어음
과 수표의 ~); → Kredite(신용·대부).

Dispositionsmaxime (Verfügungsgrund-
satz) 처분(권)주의.
Die ~ besagt, dass das Verfahren, nach
dem ein zivilrechtlicher Rechtsstreit vor
Gericht ausgetragen wird, grundsätzlich
durch die Parteien beherrscht wird.
~는 법원에서 민사법적 분쟁의 해결절차가
원칙적으로 당사자에 의하여 지배되는 것을
말한다.

Dispositive Vorschrift (Ius dispositivum)
임의규정 (임의법).
→ Nachgiebige Vorschrift.

Dissens 불합의, 불일치 (의사와 표시 등
의); offener Dissens (공연한 불합의); versteckter Dissens (숨은 불합의).
→ Einigungsmangel.

Distanzdelikt   격지범.
Delikt, bei dem die strafrechtlich relevante
Handlung und derdadurch bewirkte Erfolg
räumlich auseinanderfallen.
형법상 중요한 행위와 그에 의한 결과가 장
소적으로 분리된 범죄.

Distanzwechsel   이지어음, 원거리어음.
↔ Platzwechsel (동지어음).

Disziplinargericht 징계법원 (구).
Bisher war nach der Bundesdisziplinar-
ordnung (seit 2002 außer Kraft) in erster
Instanz das Bundesdisziplinargericht in
Frankfurt am Main für den Bereich der
Bundesbeamten zuständig. Das seit 1. 1.
2002 geltende Bundesdisziplinargesetz hat
die Aufgaben des Bundesdisziplinarge-
richts (Frankfurt am Main), das zum 31.
12. 2003 aufgelöst wurde, auf die Verwaltungsgerichte der Länder übertragen.

구「징계령」(2002. 효력상실)에서는 프랑크
푸르트 암마인에 있는 연방징계법원이 연방
공무원에 대한 관할을 가지고 있었다.
2002.1.1. 효력이 발생한 「연방징계법」에의
하여 연방징계법원의 임무는 주의 행정법원
으로 이관되었다.

Disziplinargerichtsbarkeit BDG 45
징계재판권.
Die Aufgaben der Disziplinargerichtsbarkeit
nach diesem Gesetz nehmen die Gerichte der
Verwaltungsgerichtsbarkeit wahr.
본법에 따라 징계재판권의 임무는 행정재판
권이 있는 법원이 이를 수행한다.

Disziplinarmaßnahme BDG 5 징계처분;
StVollzG 102, 103 징벌처분.
(1) Disziplinarmaßnahmen gegen Beamte
sind: (BDG 5)
1. Verweis (§ 6)
2. Geldbuße (§ 7)
3. Kürzung der Dienstbezüge (§ 8)
4. Zurückstufung (§ 9) und
5. Entfernung aus dem Beamtenverhältnis
(§ 10).
공무원에 대한 징계처분은 다음 각호와 같다.
1. 견책 2. 질서위반금 3. 감봉 4. 강급
5. 면직.
Verstößt ein Gefangener schuldhaft gegen
Pflichten, die ihm durch dieses Gesetz
oder auf Grund dieses Gesetzes auferlegt
sind, kann der Anstaltsleiter gegen ihn
Disziplinarmaßnahmen anordnen. (102)
수형자가 본법에 의하여 또는 본법상의 사
유로 자신에게 부과된 의무를 유책하게 위
반한 경우에는 소장은 그에 대하여 징벌처
분을 명할 수 있다.
Art der Disziplinarmaßnahmen
StVollzG 103 징벌처분의 종류.
1. Verweis,
2. die Beschränkung oder der Entzug der
Verfügung über das Hausgeld und des
Einkaufs bis zu drei Monaten,
3. die Beschränkung oder der Entzug des
Lesestoffs bis zu zwei Wochen sowie des
Hörfunk- und Fernsehempfangs bis zu
drei Monaten; der gleichzeitige Entzug

jedoch nur bis zu zwei Wochen,
4. die Beschränkung oder der Entzug der Gegenstände für eine Beschäftigung in der Freizeit oder der Teilnahme an gemeinschaftlichen Veranstaltungen bis zu drei Monaten,
5. die getrennte Unterbringung während der Freizeit bis zu vier Wochen.
7. der Entzug der zugewiesenen Arbeit oder Beschäftigung bis zu vier Wochen unter Wegfall der in diesem Gesetz geregelten Bezüge,
8. die Beschränkung des Verkehrs mit Personen außerhalb der Anstalt auf dringende Fälle bis zu drei Monaten,
9. Arrest bis zu vier Wochen.
1. 경고,
2. 가계수당 처분권 및 3개월 이내의 구입권 제한,
3. 2주 이내 독서물의 제한 또는 박탈 및 3개월 이내의 라디오, TV의 시청제한, 동시에 2주까지 박탈,
4. 3개월 이내의 자유시간의 향유를 위한 물건 또는 공동행사 참가의 제한 또는 박탈,
5. 4주 이내의 자유시간 동안의 격리수용,
6. (삭제)
7. 본법에 규정된 급료를 중단하고 4주 이내의 할당된 작업 또는 노역 박탈,
8. 긴급한 경우 교도소 외부인과 3개월 이내의 교통권의 제한,
9. 4주간의 구금.

Disziplinarverfahren StGB 343 징계절차.
(1) Amtsträger, der zur Mitwirkung an einem Disziplinarverfahren berufen ist,
징계절차의 수행을 위하여 소환된 공무수행자. → Aussageerpressung (진술강요죄).

Dividende 이익배당(금, 율, 액).
→ Gewinnverteilung (AktG 60).

DNA-Identifizierungsmuster (DNA-인식 샘플) → Identifikationsfeststellung.

Do ut des 네가 주도록 하기 위하여 내가 준다 (Ich gebe, damit du gibst).

Dolmetscher StPO 259 통역인.
(Notwendige Bekanntmachungen).
(1) Einem der Gerichtssprache nicht mächtigen Angeklagten müssen aus den Schlußvorträgen mindestens die Anträge des Staatsanwalts und des Verteidigers durch den Dolmetscher bekanntgemacht werden.
법원의 용어에 능하지 못한 피고인에 대하여는 최후진술중에서 적어도 검사와 변호인의 신청은 통역인에 의하여 고지되어야 한다.

Dolo facit, qui petit, quod statim redditurus est (dolo agit, qui petit, quod statim redditurus est) (böswillig handelt, wer fordert, was sofort zurückgewährt werden muss).
반환해야 하는 것보다 많은 것을 청구한 자는 악의로 행동하는 자이다.

Dolus antecedens 사전고의.
Von dolus antecedens spricht man, wenn jemand vor Verwirklichung eines Tatbestandes aber nicht mehr zum Zeitpunkt der Verwirklichung Vosatz hatte.
~는 구성요건 실현이전에 고의를 갖고 있으나 실현시점에는 더 이상 고의를 갖고 있지 않은 경우를 말한다.

Dolus cumulativus 중첩적 고의.
~ liegt vor, wenn der Täter mit einer Handlung mehrere. unabhängige Delikte verwirklichen will.
~는 행위자가 다수의 독립적인 범죄를 실현하려고 하는 경우에 성립한다.

Dolus directus (Direkter Vorsatz; **direkter Vorsatz, auf einen bestimmten Erfolg gerichtet**) 직접고의.

Dolus eventualis (Eventualvorsatz; bedingter Vorsatz) 미필적 고의.
→ Abfindungsstheroie (감수설).

Dolus generalis 개괄적 고의
Die Bestrafung wegen der vorsätzlichen Begehung einer Tat war nach dem

Rechtsgedanken des dolus generalis stets möglich, wenn irgendwann während des Handlungsablaufs der Täter Vorsatz hatte.
개괄적 고의의 법적 사상에 의하면 행위자의 행위의 경과중 어느 때라도 고의를 가진 경우에는 항상 가능하다.

Dolus subsequens 사후고의.
nachträgliche Billigung des unvorsätzlich Verwirklichten.
고의없이 실현된 행위에 대한 사후적 승인.

Dolus superveniens (hinzukommender Vorsatz) 승계고의.

Domizilwechsel 타지지급어음.
→ Zahlstellenwechsel (제3자방(타소)지급어음).

Doppelehe StGB 172 중혼죄.
Wer eine Ehe schließt, obwohl er verheiratet ist, oder wer mit einem Verheirateten eine Ehe schließt, wird mit Freiheitsstrafe bis zu drei Jahren oder mit Geldstrafe bestraft.
혼인중에도 혼인의 체결을 한 자 또는 기혼자와 혼인의 체결을 한 자는 3년 이하의 자유형 또는 벌금형에 처한다.

Doppelhaft 이중구속.
Werden mehrere Hafthbefehle in verschiedenen Sachen erlassen, so kann nur einer von ihnen vollzogen werden. Eine "Doppelhaft" ist auseschlossen.
서로 다른 사건으로 수개의 영장이 발부된 경우에는 그 중 하나만이 집행될 수 있다. 이중구속은 배제된다.
→ Überhaft (중복구금).

Doppelrelevante StPO 244 이중관계(의 증명).
책임이나 법적 효과의 문제와, 그리고 절차결정에 중요한 사실 가령, StGB 173(1)의 근친상간죄의 친족관계는 엄격한 증명을 요한다. 하지만 증거조사가 소송사실에만 관계되는 때에는 사실의 중요성이 행위비난에서 이미 제외된 경우에도 자유로운 증명이

허용된다.

Doppelselbsttötung 합의동사(合意㥱死)
→ Selbstmord (자살).

Doppelversicherung (a.F.)
→ Mehrfachversicherung (중복보험).

Doppelverwertung StGB 46(3), 50, 54
이중평가(~의 금지)(Verbot der ~).
1. 양형사유의 이중평가의 금지.
(3) Umstände, die schon Merkmale des gesetzlichen Tatbestandes sind, dürfen nicht berücksichtigt werden. (46)
이미 법정구성요건의 표지인 상황은 (양형에서) 고려되어서는 안된다.
2. 형벌감경사유로서 이중평가의 금지.
(Zusammentreffen von Milderungsgründen)
Ein Umstand, der allein oder mit anderen Umständen die Annahme eines minder schweren Falles begründet und der zugleich ein besonderer gesetzlicher Milderungsgrund nach § 49 ist, darf nur einmal berücksichtigt werden. (50)
단독으로 또는 다른 사정과 병합하여 보다 덜 중한 사안을 인정하는 근거가 됨과 동시에 제49조에 의한 특별한 법률상의 감경사유에 해당되는 사정은 한번만 고려되어야 한다.
3. 병합형의 이중평가의 금지.
법원은 실체적 경합이 있을 때에 수개의 개별형에서 하나의 병합형을 만들기 위해서는 행위자의 인격, 개별범행은 §54(1)(2)에 의하여 포괄적으로 평가된다.

Doppelwirkung
→ Verwaltungsakt mit Doppelwirkung.

Doppelzustellung StPO 38 이중송달.
(2) Wird die für einen Beteiligten bestimmte Zustellung an mehrere Empfangsberechtigte bewirkt, so richtet sich die Berechnung einer Frist nach der zuletzt bewirkten Zustellung.
일정 관계인에 대한 송달이 수인의 수령권자에게 행하여진 경우에는 기간산정은 최후에 행하여진 송달을 기준으로 한다.

Draufgabe BGB 336 계약금.
Wird bei der Eingehung eines Vertrags etwas als Draufgabe gegeben, so gilt dies als Zeichen des Abschlusses des Vertrags.
계약의 체결시 수수한 계약금은 계약체결의 증거로 본다.

Dreiecksbetrug 삼각사기.
Von einem Dreiecksbetrug wird im deutschen Strafrecht gesprochen, wenn die durch den Betrug getäuschte und die durch den Betrug geschädigte Person nicht identisch sind.
~는 사기에 의하여 기망된 자와 사기에 의하여 피해를 입은 자가 일치하지 않는 경우를 말한다.

DRiG → Deutsches Richtergesetz (독일법관법).

Dringende Tatverdacht
StPO 114(2) Nr.2 유력한 범죄혐의.

Drittabtreibung (Fremdabtreibung)
StGB 218 타낙태.
↔ Selbstabtreibung (자낙태).

Dritte Spur StGB 56 제3원.
보호관찰을 위한 형벌 및 보안처분의 집행 유예제도를 형법의 제3원이라고 부르기도 한다.

Drittwiderspruchsklage ZPO 771 제3자 이의의 소.
(1) Behauptet ein Dritter, dass ihm an dem Gegenstand der Zwangsvollstreckung ein die Veräußerung hinderndes Recht zustehe, so ist der Widerspruch gegen die Zwangs- vollstreckung im Wege der Klage bei dem Gericht geltend zu machen, in dessen Bezirk die Zwangsvollstreckung erfolgt.
제3자가 강제집행의 목적물에 대하여 양도를 저지하는 권리를 주장하는 경우에 강제집행에 대한 이의는 소의 방법으로 강제집행을 한 지역을 관할하는 법원에 주장하여야 한다.

Drittwirkung der Grundrechte 기본권의 제3자적 효력.
Von einer Drittwirkung spricht man bei Grundrechten, wenn sie ihre Schutzwirkung nicht nur im Verhaltnis zwischen Burger und Staat, sondern auch im Verhaltnis zwischen Burger und Burger entfalten.
~ 은 사인과 국가간이 아닌, 사인과 사인 간의 관계에서 기본권의 보호효과를 지니게 하는 것을 말한다.
→ Koalitionsfreiheit (단결의 자유).

Drittwirkung der Steuerfestsetzung
AO 166 조세확정의 제3자적 효력.
Ist die Steuer dem Steuerpflichtigen gegenüber unanfechtbar festgesetzt, so hat dies neben einem Gesamtrechtsnachfolger auch gegen sich gelten zu lassen, wer in der Lage gewesen wäre, den gegen den Steuerpflichtigen erlassenen Bescheid als dessen Vertreter, Bevollmächtigter oder kraft eigenen Rechts anzufechten.
조세의무자에 대하여 조세가 종국적으로 확정된 경우에 그 결정은 포괄권리승계인 이외에 조세의무자의 법정대리인, 임의대리인으로서 또는 자기의 권리로 이 결정을 다툴 수 있는 지위에 있는 자에 대하여도 효력을 발생한다.

Drohung StGB 177 협박; BGB 123 강박.
① durch Drohung mit gegenwärtiger Gefahr für Leib oder Leben (신체·생명에 대한 현재의 위험을 고지한 협박에 의하여 StGB 177); Drohung mit Gewalt (폭행을 고지한 협박)(StGB 81, 82, 105, 107, 113, 125, 244, 250) → Bedrohung (협박죄).
② 강박 → Anfechtbarkeit wegen Täuschung oder Drohung. (BGB 123)

Duldungsbescheid AO 191 수인결정.
→ Haftungsbescheid (책임결정).

Duldungsvollmacht 용인대리.
Als Duldungsvollmacht bezeichnet man eine Form der Vollmacht, bei der ein

Vertretener zwar um das Handeln einer Person, welche als sein (angeblicher) Vertreter auftritt, weiß, nicht jedoch gegen dieses Handeln einschreitet.
~는 본인이 대리인이라 칭하는 자의 행동을 알면서 이것에 관여하지 않는 (용인하는) 대리의 형식.
→ Anscheinsvollmacht (외관대리).

Dunkelziffer (Dunkelzahl, Dunkelfeld) 암수(暗數, 暗域).
Als ~ auch wird in der Regel das Verhältnis zwischen der Zahl der statistisch ausgewiesenen und der wirklich begangenen Straftaten verstanden.
~는 일반적으로 통계상의 범죄와 실제의 범죄 사이에 수의 관계를 말한다.

Dura lex, sed lex (ein hartes Gesetz, aber (es ist) Gesetz) 악법도 법이다. (그것이 나쁜 것이기는 하지만 법이 그리 되어있다).

Durchführung der Überwachung StPO 148a 감시조치의 실행.
(1) Für die Durchführung von Überwachungsmaßnahmen nach § 148 Abs.2 ist der Richter bei dem Amtsgericht zuständig, in dessen Bezirk die Vollzugsanstalt liegt.
제148조 제2항(범죄·테러단체 발송자)에 의한 감시조치의 실시에 대하여는 행형시설이 그 관할구역내에 있는 구법원의 판사가 권한을 가진다.

Durchgangsdelikt 경과범죄.
Die ~en erfassen Vorstufen der Deliktsverwirklichung und verlieren ihre selbständige Bedeutung, sobald auf einer späteren Stufe eine weitergehende Beeinträchtigung des geschützten Rechtsguts eintritt (straflose Vortat).
~는 범죄실현의 후단계에서 보호법익에 대한 계속된 침해가 발생하자 바로 범죄의 전 단계에서는 범죄실현의 독자적 의미를 상실하는 것을 말한다 (불가벌적 사전행위).

Durchsicht von Papiern StPO 110 서류열람.
(1) Die Durchsicht der Papiere des von der Durchsuchung Betroffenen steht der Staatsanwaltschaft und auf deren Anordnung ihren Ermittlungspersonen
수색에 관계된 자(피수색처분자)의 서류를 열람하는 권한은 검사와 검사의 명령에 의한 수사보좌관에게 있다.

Durchsichtigkeit 관철. → Einsichtigkeit.

Durchsuchung 수색, 검색.
(1) Gefangene, ihre Sachen und die Hafträume dürfen durchsucht werden. Die Durchsuchung männlicher Gefangener darf nur von Männern, die Durchsuchung weiblicher Gefangener darf nur von Frauen vorgenommen werden. Das Schamgefühl ist zu schonen (StVollzG 84).
수형자와 그의 물건 및 거실은 검색될 수 있다. 남자수형자의 검색은 남자직원만이, 여자수형자의 검색에는 여자직원만이 참석한다. 수치감은 보호되어야 한다.

Durchsuchung bei anderen Personen StPO 103 제3자의 수색.
(1) Bei anderen Personen sind Durchsuchungen nur zur Ergreifung des Beschuldigten oder zur Verfolgung von Spuren einer Straftat oder zur Beschlagnahme bestimmter Gegenstände und nur dann zulässig, wenn Tatsachen vorliegen, aus denen zu schließen ist, daß die gesuchte Person, Spur oder Sache sich in den zu durchsuchenden Räumen befindet.
(1) 제3자에 대한 수색은 찾고 있는 수배자, 증적, 물건이 있다고 믿을만한 사유가 있는 장소에 대해서 피의자의 체포, 죄적의 수색, 특정 대상물의 압수의 목적으로만 허용된다.

Durchsuchung beim Verdächtigen StPO 102 범죄혐의자의 수색.
(→ Durchsuchung bei Tätern oder Teilnehmern).
Bei dem, welcher als Täter oder Teilneh-

mer einer Straftat oder der Begünstigung, Strafvereitelung oder Hehlerei verdächtig ist, kann eine Durchsuchung der Wohnung und anderer Räume sowie seiner Person und der ihm gehörenden Sachen sowohl zum Zweck seiner Ergreifung als auch dann vorgenommen werden, wenn zu vermuten ist, daß die Durchsuchung zur Auffindung von Beweismitteln führen werde.
범죄의 정범이나 공범, 또는 범죄비호, 범인은닉 또는 장물죄의 혐의를 받고 있는 자에 대하여는 그를 체포할 목적으로 또한 그 수색에 의하여 증거방법의 발견이 추정되는 경우 그의 주거, 기타 장소, 신체 및 그의 물건을 수색할 수 있다.

Durchsuchung der Person StPO 102
신체수색.
피의자에 대한 신체검사는 → Körperliche Untersuchung des Beschuldigten (StPO 81a).

Durchsuchung der Wohnung
MEPolG 20 가택(주거)수색.
(1) Durchsuchungen dürfen, außer bei Gefahr im Verzug, nur durch den Richter angeordnet werden.
가택수색은 긴급한 경우 이외에는 단지 법관에 의하여서만 행해질 수 있다.
(2) Bei der Durchsuchung einer Wohnung hat der Wohnungsinhaber das Recht, anwesend zu sein.
가택수색의 경우 가택소유자는 그에 참여할 권리가 있다.

E

E-Geld-Geschäft KWG 1(1) Nr.11 전자
화폐업무.
S.2 Bankgeschäfte sind
11. die Ausgabe und die Verwaltung von
elektronischem Geld (E-Geld-Geschäft).
은행업무는 다음 각호에 해당한다. ｜
11. 전자화폐의 발행과 관리.
(3d) S.4
E-Geld-Institute sind Kreditinstitute, die
nur das E-Geld-Geschäft betreiben.
전자화폐기관은 전자화폐업무를 담당하는
금융기관을 말한다.

Echtheit von Privaturkunden (Beweis
der ~) ZPO 440 사문서의 진정(~증명).
Die Echtheit einer nicht anerkannten
Privaturkunde ist zu beweisen.
인락되지 아니한 사문서의 진정은 이를 증
명하여야 한다.

Eckvergütung StVollzG 43 수형자 표준
노임.
(2) Der Bemessung des Arbeitsentgelts ist
der in § 200 bestimmte Satz der Bezugsgröße nach §18 des Vierten Buches Sozialgesetzbuch zu Grunde zu legen (Eckvergütung).
급료의 산정에는 사회법 제4편 제18조에 따
른 급료액의 율이 그 기초가 된다. (수형자
표준보수).
Ein Tagessatz ist der zweihundertfünfzig-
ste Teil der Eckvergütung
일당금액은 수형자표준보수의 250분의 1로
한다.

EEG → Erneuerbare-Energien-Gesetz (재
생에너지법).

Effektengeschäft (Depotgeschäft) 증권업
무 (예탁업무).
Sammelbezeichnung für die Tätigkeit einer
Bank, die die Emission, den Handel, die
Verwahrung und Verwaltung von Effekten
umfasst und gemäß den Regelungen des
Gesetzes über das Kreditwesen ein Bank-
geschäft darstellt.
~는 증권의 발행, 거래, 예탁 및 관리를 포
함하는 은행의 활동에 관한 집합명으로 은
행법 규정에 의하여 은행업무로 되어 있다.

EG-Vertrag (Die konsolidierte Fassung
des Vertrags zur Gründung der europäischen Gemeinschaft) EGV 1 EG-조약
(통합규정).
Durch diesen Vertrag gründen die
HOHEN VERTRAGSPARTEIEN untereinander eine EUROPÄISCHE GEMEIN-
SCHAFT.
본조약에 의하여 회원국들은 유럽공동체를
구성한다.

EGBGB → Einführungsgesetz zum Bürgerlichen Gesetzbuche (민법시행법).

EGStGB → Einführungsgesetz zum Strafgesetzbuch (형법시행법).

Ehe BGB 1304 혼인 (법률혼).
Wer geschäftsunfähig ist, kann eine Ehe
nicht eingehen.
행위능력이 없는 자는 혼인을 체결할 수
없다.

Eheähliche Gemeinschaft StPO 52
혼인유사공동체.
Nichteheliche Lebensgemeinschaft, 예전에
는 Wilde Ehe(사실혼) 또는 Konkubinat(내
연관계)라고 하였음.
혼인유사공동체는 형식적인 혼인의 체결을
하지 않고 두 사람의 다른 (또는 논쟁은 있
지만 같은) 성 사이에 이루어지는 비교적
장기간의 공동생활이다. 이를 인정하기 위
해서는 주거와 경제의 공동, 공동계획하에
이루어지는 생활의 형태 등이 중요하다.

Ehebruch StGB 172 a.F. 간통죄; 삭제됨

(1. StrRG).
(1) Der Ehebruch wird, wenn wegen desselben die Ehe geschieden ist, an dem schuldigen Ehegatten sowie dessen Mitschuldigen mit Gefängnis bis zu sechs Monaten bestraft
(2) Die Verfolgung tritt nur auf Antrag ein.
(1) 간통으로 인하여 파혼이 된 경우 그 유책배우자 및 상대자는 6개월 이하의 경징역에 처한다. (2) 고소가 있어야만 소추가 가능하다.

Ehegatte BGB 1319; StPO 52 배우자.
남성명사이지만 법문에서는 쌍방 배우자를 포함한다. 여성의 경우 특히 Ehegattin이라고 표현한다.
(1) Geht ein Ehegatte, nachdem der andere Ehegatte für tot erklärt worden ist, eine neue Ehe ein, ~.
배우자 일방이 타방 배우자가 사망선고를 받은 후 새로운 혼인을 체결한 경우, ~.

Ehegattendiebstahl StGB 247 a.F.
배우자절도.
(1) Diebstähle jeder Art und Unterschlagungen gegenüber Abkömmlingen und unter Ehegatten sind straflos.
비속에 대한 또는 배우자간의 모든 절도나 횡령은 벌하지 아니한다.
→ Hausdiebstahl (가정절도).
→ Actio rerum amotarum (이동된 물건의 소권).

Eheliche Lebensgemeinschaft
BGB 1353 혼인생활공동체.
(1) Die Ehe wird auf Lebenszeit geschlossen. Die Ehegatten sind einander zur ehelichen Lebensgemeinschaft verpflichtet; sie tragen füreinander Verantwortung.
혼인은 평생 이루어진다. 부부는 상호간 혼인생활공동체의 의무를 진다. 부부는 서로를 위하여 책임을 진다.

Eheliches Kind 혼인중의 자 (적출자).
↔ Nichteheliches Kind (혼인외의 자).

Ehelichkeitsvermutung BGB 1600c 적출추정.
* Verstirbt vor der Geburt der Mann einer Ehefrau so wird vermutet, dass er der Vater des Kindes ist.
혼인한 부녀의 남자가 출생전에 사망한 경우, 그는 자의 부로 추정된다.
→ Vaterschaftsvermutung (부성추정).

Ehemündigkeit BGB 1303 혼인적령.
(2) Das Familiengericht kann auf Antrag von dieser Vorschrift Befreiung erteilen, wenn der Antragsteller das 16. Lebensjahr vollendet hat und sein künftiger Ehegatte volljährig ist.
가정법원은 신청에 의하여 신청자가 만 16세에 달하였고, 장래의 배우자가 성년인 경우에는 본 규정(성년혼인)을 적용하지 않는다.

Ehename BGB 1355; 1616 혼인성.
(1) Die Ehegatten sollen einen gemeinsamen Familiennamen (Ehenamen) bestimmen. Die Ehegatten führen den von ihnen bestimmten Ehenamen. Bestimmen die Ehegatten keinen Ehenamen, so führen sie ihren zur Zeit der Eheschließung geführten Namen auch nach der Eheschließung.
부부는 공통의 가족성(혼인성)을 정하여야 한다. 부부는 그들이 정한 혼인성을 사용한다. 부부가 혼인성을 정하지 아니한 경우, 혼인체결후에도 혼인체결시의 성을 사용한다.
Das Kind erhält den Ehenamen seiner Eltern als Geburtsnamen.
자는 부모의 혼인성을 출생성으로 가진다.

Eheschließung EGBGB 13 혼인의 체결.
(1) Die Voraussetzungen der Eheschließung unterliegen für jeden Verlobten dem Recht des Staates, dem er angehört.
혼인의 체결의 요건은 각 당사자에 대하여 그가 속하고 있는 국가의 법에 따른다.

Ehevertrag BGB 1410 부부재산계약.
Der Ehevertrag muss bei gleichzeitiger Anwesenheit beider Teile zur Niederschrift eines Notars geschlossen werden.

부부재산계약은 쌍방의 출두하에 공증인의 서면에 의하여 체결되어야 한다.

Ehezerrüttung 혼인의 파탄.
→ Zerrüttungsprinzip.

Ehrenamt GVG 31 명예직.
Das Amt eines Schöffen ist ein Ehrenamt. Es kann nur von Deutschen versehen werden.
참심원은 명예직으로 독일인에게만 수여된다.

Ehrenamtlicher Richter StGB 11, DRiG 8 명예직 판사.
* 명예직 판사는 판결에 대하여 완전한 투표권을 행사하지만 직업판사로서 근무하는 것은 아니며 2년간의 국가사법심사에 의한 재판관의 자격을 요구하는 것도 아니다. 임명과 해임(§44), 독립성(§45)에 대한 규정을 제외한다면 명예직 판사는 원칙적으로 독일 법관법(DRiG)의 적용을 받지 않으며 법률을 근거로 하여 그 요건하에서만 활동을 하여야 한다.
Die ehrenamtlichen Richter in der Strafgerichtsbarkeit führen die Bezeichnung "Schöffe", die ehrenamtlichen Richter bei den Kammern für Handelssachen die Bezeichnung "Handelsrichter" und die anderen ehrenamtlichen Richter die Bezeichnung "ehrenamtlicher Richter". (DRiG 45a).
명예직 판사는 형사재판에서는 "참심원", 상사부에서는 "상사판사", 기타 명예판사는 "명예판사"의 명칭을 사용한다.
(구체적으로는 → Finanzrichter 재정판사; → Arbeitsrichter 노동판사; → Verwaltungsrichter 행정판사; → Jugendschöffe 소년부참심원 등). 따라서 비전문재판관 (Laienrichter)은 모두 명예직 판사로 볼 수 있다.
→ Schöffen; Handelsrichter.

Ehrenannahme WG 56 참가인수.
(1) Die Ehrenannahme ist in allen Fällen zulässig, in denen der Inhaber vor Verfall Rückgriff nehmen kann, es sei denn, daß es sich um einen Wechsel handelt, dessen Vorlegung zur Annahme untersagt ist.
참가인수는 인수를 위한 제시가 금지된 어음 이외에 만기전에 소지인이 소구할 수 있는 모든 경우에 허용된다.

Ehrenbürgerrecht GemO BW 22 명예시민권.
(1) Die Gemeinde kann Personen, die sich besonders verdient gemacht haben, das Ehrenbürgerrecht verleihen.
(기초)자치단체는 특별한 공헌을 한 인물에 대하여 명예시민권을 수여할 수 있다.
(2) Das Ehrenbürgerrecht kann wegen unwürdigen Verhaltens entzogen werden. Mit der Verwirkung des Bürgerrechts wird auch das Ehrenbürgerrecht verwirkt.
명예시민권은 품위없는 행동으로 인하여 박탈될 수 있다. 시민권의 실권으로 명예시민권도 실권된다.

Ehreneintritt WG 55 ff. 어음(명예)참가.
Ehrenannahme (참가인수)와 Ehrenzahlung (참가지급)을 포함한다.

Ehrenzahlung WG 59 참가지급.
(1) Die Ehrenzahlung ist in allen Fällen zulässig, in denen der Inhaber bei Verfall oder vor Verfall Rückgriff nehmen kann.
참가지급은 소지인이 만기 또는 만기전에 소구할 수 있는 모든 경우에 허용된다.

Ehrverletzung StGB 185 명예훼손.
→ Üble Nachrede (명예훼손죄)

Eidesform StPO 64 선서의 방식.
(Protokollierung der Nichtvereidigung: 선서면제의 조서기재).
(1) Der Eid mit religiöser Beteuerung wird in der Weise geleistet, dass der Richter an den Zeugen die Worte richtet: "Sie schwören bei Gott dem Allmächtigen und Allwissenden, dass Sie nach bestem Wissen die reine Wahrheit gesagt und nichts verschwiegen haben" und der Zeuge hierauf die Worte spricht: "Ich schwöre es, so wahr mir Gott helfe".

(1) 종교적 맹세와 함께 하는 선서는 다음
의 방법으로 한다.
판사는 증인에 대하여 "당신은 양심에 따라
전지전능하신 하나님 앞에 진실만을 말하였
으며 전혀 은비하지 아니하였음을 서약하십
시오"라고 말하고 이에 대하여 증인은 다음
과 같이 말한다. "본인은 하나님 앞에 맹세
코 이를 서약합니다."

Eidesgleiche Bekräftigung StGB 155;
StPO 65 선서와 동일한 서약.
Dem Eid stehen gleich
1. die den Eid ersetzende Bekräftigung
(선서에 갈음한 서약),
2. die Berufung auf einen früheren Eid
oder auf eine frühere Bekräftigung(종전의
선서나 서약의 원용은) 선서와 동일하다.
(Bekräftigung der Wahrheit der Aussage:
선서의 진실성 서약) (1) Gibt ein Zeuge
an, dass er aus Glaubens- oder Gewissensgründen keinen Eid leisten wolle, so
hat er die Wahrheit der Aussage zu be-
kräftigen.
증인이 신앙 또는 양심을 이유로 선서를 하
지 아니하겠다고 신청하는 경우에는 그는
증언의 진실함을 서약하여야 한다.

Eidesstattliche Versicherung ZPO 807,
883 선서에 갈음한 보증 (선서보증).
(1) Der Schuldner ist nach Erteilung des
Auftrags nach §900 Abs. 1 verpflichtet,
ein Verzeichnis seines Vermögens vorzulegen und für seine Forderungen den
Grund und die Beweismittel zu bezeichnen, wenn
1. die Pfändung zu einer vollständigen
Befriedigung des Gläubigers nicht geführt
hat,
2. der Gläubiger glaubhaft macht, dass er
durch die Pfändung seine Befriedigung
nicht vollständig erlangen könne,
3. der Schuldner die Durchsuchung (§
758) verweigert hat oder
4. der Gerichtsvollzieher den Schuldner
wiederholt in seiner Wohnung nicht
angetroffen hat, nachdem er einmal die
Vollstreckung mindestens zwei Wochen

vorher angekündigt hatte. (807)
채무자는 제900조 제1항에 의한 신청의 부
여에 따라서 다음 각호에 해당하는 경우에
는 그의 재산목록을 제출하고, 그의 채권에
대한 원인과 증거방법을 표시할 의무를 진
다.
1. 압류가 채권자의 완전한 만족을 주지 않
는 경우,
2. 채권자가 압류에 의하여 완전한 만족을
얻을 수 없음을 소명한 경우,
3. 채무자가 수색을 거부한 경우,
4. 법집행관이 최소한 2주전에 1회 집행을
고지한 후 그의 주거에서 채무자를 반복하
여 만나지 못한 경우.
(Herausgabe bestimmter beweglicher
Sachen 특정한 동산의 인도).
(1) Hat der Schuldner eine bewegliche
Sache oder eine Menge bestimmter beweglicher Sachen herauszugeben, so sind
sie von dem Gerichtsvollzieher ihm wegzunehmen und dem Gläubiger zu übergeben. (883)
채무자가 동산이나 특정한 동산의 수량을
인도하여야 할 경우 법집행관은 이를 채무
자로부터 수취하여 채권자에게 인도하여야
한다.
(2) Wird die herauszugebende Sache nicht
vorgefunden, so ist der Schuldner verpflichtet, auf Antrag des Gläubigers zu
Protokoll an Eides statt zu versichern,
daß er die Sache nicht besitze, auch nicht
wisse, wo die Sache sich befinde. (883)
인도할 동산이 존재하지 않는 경우에 채무
자는 채권자의 신청에 의해 그가 동산을 소
지하고 있지 않으며 그 소재를 알지도 못한
다는 뜻을 조서에 선서에 갈음하여 보증할
의무를 진다.

**Eidesstattliche Versicherung nach bür-
gerlichem Recht** ZPO 889 민법에 의한
선서에 갈음한 보증.
(1) Ist der Schuldner auf Grund der
Vorschriften des bürgerlichen Rechts zur
Abgabe einer eidesstattlichen Versicherung
verurteilt, so wird die Versicherung vor
dem Amtsgericht als Vollstreckungsgericht abgegeben, in dessen Bezirk der

Schuldner im Inland seinen Wohnsitz oder in Ermangelung eines solchen seinen Aufenthaltsort hat, sonst vor dem Amtsgericht als Vollstreckungsgericht, in dessen Bezirk das Prozessgericht des ersten Rechtszuges seinen Sitz hat.
채무자가 민법규정에 기하여 선서에 갈음한 보증을 할 것을 판결받은 경우에 그 보증은 채무자가 국내에 주소 또는 주소가 없는 경우에는 거소가 있는 지역을 관할하는 집행법원인 구법원의 면전에서 행하여지거나 또는 그러한 구법원이 없는 때에는 제1심의 수소법원이 소재하는 집행법원인 구법원의 면전에서 행하여진다.

Eidesunmündige StGB 157(2), StPO 60 Nr.1 선서무능력자(nicht Eidesmündiger).
(2) Das Gericht kann auch dann die Strafe nach seinem Ermessen mildern oder ganz von Strafe absehen, wenn ein noch nicht Eidesmündiger uneidlich falsch ausgesagt hat. (StGB 157)
법원은 선서능력없는 자가 선서없는 허위진술을 한 때에도 형을 작량감경하거나 면제할 수 있다.

Eidesverweigerungsrecht StPO 61 선서거부권.
→ Nichtvereidigung nach Ermessen (재량에 의한 선서면제).

Eigenbesitz 자주점유. ↔ Fremdbesitz (타주점유). → Ersitzung (취득시효).

Eigene Aktien AktG 56, 215 자기주식.
(1) Die Gesellschaft darf keine eigenen Aktien zeichnen. (56)
회사는 자기주식을 인수(청약)할 수 없다.
(1) Eigene Aktien nehmen an der Erhöhung des Grundkapitals teil. (215)
자기주식은 자본증가에 참가한다.

Eigene Sachentscheidung StPO 354 자판.
(1) Erfolgt die Aufhebung des Urteils nur wegen Gesetzesverletzung bei Anwendung des Gesetzes auf die dem Urteil zugrunde liegenden Feststellungen, so hat das Revisionsgericht in der Sache selbst zu entscheiden, sofern ohne weitere tatsächliche Erörterungen nur auf Freisprechung oder auf Einstellung oder auf eine absolut bestimmte Strafe zu erkennen ist oder das Revisionsgericht in Übereinstimmung mit dem Antrag der Staatsanwaltschaft die gesetzlich niedrigste Strafe oder das Absehen von Strafe für angemessen erachtet.
판결의 파기가 판결의 기초가 된 사실의 확정에의 법률적용위반을 이유로 하는 경우 더 이상의 사실의 논의없이 무죄판결, 공판의 정지, 절대형만을 선고할 수 있거나 상고법원이 검사의 신청을 인정하여 법정 최하형을 선고하거나 형의 면제를 함이 상당하다고 인정하는 경우에는 상고법원은 이를 자판하여야 한다.

Eigener Wechsel WG 76(2) 약속어음.
(2) Ein eigener Wechsel ohne Angabe der Verfallzeit gilt als Sichtwechsel.
만기의 기재가 없는 약속어음은 일람출급어음으로서의 효력을 가진다.

Eigengeld StVollzG 52 자기자금 (개인자금; 사적 자금). → Taschengeld (용돈).
Bezüge des Gefangenen, die nicht als Hausgeld, Haftkostenbeitrag, Unterhaltsbeitrag oder Überbrückungsgeld in Anspruch genommen werden, sind dem Gefangenen zum Eigengeld gutzuschreiben.
가계수당, 구금비용, 부양보조금 또는 갱생보조금으로서 청구되지 아니하는 수형자의 보수는 수형자의 자기자금으로 귀속되어야 한다.

Eigenhändiges Delikt 자수범.
Ein eigenhändiges Delikt bezeichnet eine Straftat, die nur von einem Täter, der die Tathandlung selbst (eigenhändig) ausführt, begangen werden kann.
행위를 스스로 (자수적으로) 수행하는 행위자에 의하여서만 범하여지는 범죄.

Eigenhändiges Testament BGB 2247, 2248 자필유언(서).

(1) Der Erblasser kann ein Testament durch eine eigenhändig geschriebene und unterschriebene Erklärung errichten.
피상속인은 자서하고 또한 서명한 의사표시에 의하여 보통방식의 유언을 할 수 있다. (2247)
Ein nach der Vorschrift des § 2247 errichtetes Testament ist auf Verlangen des Erblassers in besondere amtliche Verwahrung zu nehmen (§§ 2258a, 2258b).
제2247조의 규정에 의하여 작성된 유언서는 피상속인의 청구에 의하여 관청의 특별한 보관을 받는다. (2248)

Eigenkapital HGB 266(3) A. 자기자본. (→ Passivseite 대변)
I. Gezeichnetes Kapital; 청약자본금,
II. Kapitalrücklage; 자본준비금,
III. Gewinnrücklagen: 이익준비금,
1. gesetzliche Rücklage; 법정준비금,
2. Rücklage für eigene Anteile; 자기지분준비금,
3. satzungsmäßige Rücklagen; 정관에 의한 준비금,
4. andere Gewinnrücklagen; 기타 이익준비금,
IV. Gewinnvortrag/Verlustvortrag; 이월이익금, 이월결손금,
V. Jahresüberschuß/Jahresfehlbetrag. 연도 잉여금, 연도 결손금.

Eigenmächtige Befruchtung
ESchG 4(1) Nr.1 부동의 수정죄
(1) Mit Freiheitsstrafe bis zu drei Jahren oder mit Geldstrafe wird bestraft, wer
1. es unternimmt, eine Eizelle künstlich zu befruchten, ohne daß die Frau, deren Eizelle befruchtet wird, und der Mann, dessen Samenzelle für die Befruchtung verwendet wird, eingewilligt haben,
난자가 수정되는 여성 및 정자가 수정에 사용되는 남성의 동의를 얻지 아니하고 난자를 인공적으로 수정하는 자는 3년 이하의 자유형 또는 벌금형에 처한다.

Eigenmächtige Embryoübertragung
ESchG 4(1) Nr.2 부동의 배아이식죄.

(1) Mit Freiheitsstrafe bis zu drei Jahren oder mit Geldstrafe wird bestraft, wer
2. es unternimmt, auf eine Frau ohne deren Einwilligung einen Embryo zu übertragen
본인의 동의를 얻지 아니하고 여성에게 배아를 이식시킨 자는 3년 이하의 자유형 또는 벌금형에 처한다.

Eigennutz → Strafbarer Eigennut.

Eigentliches Bagatelldelikt 진정 경미범죄.
경미범죄는 그 구성요건기술상 독일 구형법(제368조 제9호)의 허가 없는 초지의 출입과 같은 사소한 범죄만을 말하며 이를 진정 경미범죄라고 한다 (Bagatelldelikte per se, Eigentliche Bagatelldelikte). 종래의 대부분의 위반죄(Übertretungen)가 이에 속한다고 볼 수 있다.
반면에 부진정 경미범죄(Bagatelldelikte im Einzelloder uneigentliche Bgatelldelikte)는 그 구성요건기술상 행하여 질 수 있는 범죄로서 중한 불법을 나타내지만 경미범죄의 형식으로도 가능한 범죄를 말한다. 그것은 절도나 사기와 같이 그 형벌규정이 최소형을 가중하고 있지 않은 범죄이다.
이러한 구분에는 사실(Sache) 그 자체가 중요하며 법적 형태가 문제되는 것은 아니다. 예를 들어 초지의 불법출입은 경미범죄이지만 구두강도(Munderaub)는 그 본질상 경미범죄가 아니다.

Eigentümer BGB 903 소유자; 소유권자.
Der Eigentümer einer Sache kann, soweit nicht das Gesetz oder Rechte Dritter entgegenstehen, mit der Sache nach Belieben verfahren und andere von jeder Einwirkung ausschließen.
물건의 소유자는 법률 또는 제3자의 권리에 저촉되지 아니하는 한 임의로 그 소유물을 처리하고 타인의 일체의 간섭을 배제할 수 있다.
→ Pfandkehr (질물취거죄) (소유권자).
→ Sicherstellung (영치) (소유권자).

Eigentümergrundschuld BGB 1177

소유자토지채무.
(1) Vereinigt sich die Hypothek mit dem Eigentum in einer Person, ohne dass dem Eigentümer auch die Forderung zusteht, so verwandelt sich die Hypothek in eine Grundschuld.
저당권과 소유권이 동일인에게 혼동한 경우에 소유자가 채권을 가지지 아니하는 때에는 저당권은 토지채무로 변한다.

Eigentümerhypothek BGB 1163
소유자저당권.
(1) Ist die Forderung, für welche die Hypothek bestellt ist, nicht zur Entstehung gelangt, so steht die Hypothek dem Eigentümer zu.
저당권이 설정된 채권이 성립하지 아니한 때에는 저당권은 소유자에게 속한다.

Eigentumsdelikt StGB 242 소유권범죄.
Eigentumsdelikte sind im Strafrecht definierte rechtswidrige Handlungen, die Eigentumsrechte tangieren.
~ 소유권에 저촉된 형법상의 위법한 행위.

Eigentumsfreiheitsklage 소유물방해배제·정지(부작위)청구권 (Negatorischer Anspruch).
Der Beseitigungs- und der Unterlassungsanspruch nach § 1004 des Bürgerlichen Gesetzbuches, der dem Eigentümer gegen jede Eigentumsstörung zusteht, ist der Nachfolger der actio negatoria des römischen Rechtes im Sachenrecht des deutschen BGB. Er ist allerdings ebenso wie die österreichische Klage erheblich weiter im Anwendungsbereich als das alte römischrechtliche Institut.
모든 소유권방해에 대하여 소유자에게 존재하는 민법 제1004조의 방해배제 및 정지청구권은 독일 민법의 물권법에서 로마법의 부인소권을 승계한 것이나, 오스트리아의 소에서처럼 고대 로마법보다는 적용범위가 넓다.

Eigentumsgarantie GG 14 재산권(소유권)보장.
Das Eigentum und das Erbrecht werden gewährleistet. Inhalt und Schranken werden durch die Gesetze bestimmt.
재산권과 상속권은 보장된다. 내용과 한계는 법률로 정한다.

Eigentumsübertragung (Übereignung)
소유권의 양도; 소유권의 이전.

Eigentumsvorbehalt BGB 449 소유권유보.
(1) Hat sich der Verkäufer einer beweglichen Sache das Eigentum bis zur Zahlung des Kaufpreises vorbehalten, so ist im Zweifel anzunehmen, dass das Eigentum unter der aufschiebenden Bedingung vollständiger Zahlung des Kaufpreises übertragen wird.
동산의 매도인이 매매대금이 지급될 때까지 소유권을 유보한 경우, 의심스러운 때에는 소유권은 대금의 완납을 정지조건으로 이전한다.

Eigenverwaltung InsO 270 자기관리.
(1) Der Schuldner ist berechtigt, unter der Aufsicht eines Sachwalters die Insolvenzmasse zu verwalten und über sie zu verfügen, wenn das Insolvenzgericht in dem Beschluß über die Eröffnung des Insolvenzverfahrens die Eigenverwaltung anordnet.
채무자는 도산법원이 도산절차의 개시를 결정함에 있어 자기관리를 명한 경우 도산절차감독인의 감독하에 도산재단을 관리하고 처분할 수 있다.
(2) Die Anordnung setzt voraus,
1. daß sie vom Schuldner beantragt worden ist,
2. wenn der Eröffnungsantrag von einem Gläubiger gestellt worden ist, daß der Gläubiger dem Antrag des Schuldners zugestimmt hat und
3. daß nach den Umständen zu erwarten ist, daß die Anordnung nicht zu einer Verzögerung des Verfahrens oder zu sonstigen Nachteilen für die Gläubiger führen wird.
자기관리명령의 요건은 다음과 같다. 1. 채

무자의 신청이 있을 것, 2. 채권자가 도산 절차의 개시를 신청함에 있어 채무자의 신청에 동의하였을 것, 3. 정황상 자기관리명령이 절차의 지연이나 기타 채권자에 불리한 경우로 되지 아니할 것.

Eignungsdelikt StGB 324a 적성범(適性犯).
위험범의 제3의 형태인 추상적·구체적 위험범(잠재적 위험범). 대부분 ~하기에 "적합한"이라는 문언을 사용하고 있다(예를 들어 수자원을 해하기에 적합한 방법: in einer Weise, die geeignet ist, ein Gewässer zu schädigen). 추상적·구체적 위험범은 구체적 사례에서 아직 구체적 위험을 야기하지는 않았지만 위험발생의 적격을 가지고 있다.

Einbehaltung von Beitragsteilen
StVollzG 195 기여금의 유보.
Soweit die Vollzugsbehörde Beiträge zur Kranken- und Rentenversicherung sowie zur Bundesagentur für Arbeit zu entrichten hat, kann sie von dem Arbeitsentgelt, der Ausbildungsbeihilfe oder der Ausfallentschädigung einen Betrag einbehalten, der dem Anteil des Gefangenen am Beitrag entsprechen würde, wenn er diese Bezüge als Arbeitnehmer erhielte.
형집행청이 의료보험, 연금보험 및 연방보험 및 연방노동사무소에 기여금을 납부해야 하는 한 형집행청은 수형자가 근로자로서 보수를 받은 경우, 그의 노임, 직업교육보조금 또는 결손보상금으로부터 수형자의 지분에 상당하는 금액의 기여금을 유보할 수 있다.

Einberufung der Hauptversammlung
AktG 121(2) 주주총회의 소집.
(2) Die Hauptversammlung wird durch den Vorstand einberufen, der darüber mit einfacher Mehrheit beschließt.
주주총회는 이사회에 의하여 소집되며 이사회는 이를 단순다수결로써 결의한다.

Einbeziehung durch Strafbefehl
→ Anordnung der Einziehung durch Strafbefehl (약식명령에 의한 몰수명령).

Einbrechen StGB 243(1) Nr.1 침입.
특히 중한 절도에서 건물(in ein Gebäude) 등에 침입(einbricht), 잠입(einsteigt), 잠복하다(sich verborgen hält).

Einbruchs- und Nachschlüsseldiebstafhl
StGB 243(1) Nr.1 침입절도 및 열쇠절도.
→ Besonders schwerer Fall des Diebstahls (특히 중한 절도).

Einbürgerung StAG 16 귀화.
Die Einbürgerung wird wirksam mit der Aushändigung der von der zuständigen Verwaltungsbehörde ausgefertigten Einbürgerungsurkunde.
귀화는 관할행정당국에서 작성한 증명서를 교부함으로써 그 효력이 발생한다.

Eindringen StGB 123; 177 주거침입하다; 삽입하다.
Wer in die Wohnung widerrechtlich eindringt. 주거에 위법하게 침입한 자.
wenn sie mit einem Eindringen in den Körper verbunden sind. 신체의 삽입과 관련이 있는 경우(Vergewaltigung).

Eineiiger Zwilling (monozygotisch)
일란성 쌍둥이.
~ entstehen aus einer einzigen befruchteten Eizelle, haben das gleiche Erbgut und die gleichen Erbanlagen.
~ 하나의 수정된 난자에서 발생하며, 동일한 유전질과 유전인자를 가진다.

Einfache Leistungsklage (단순급부소송)
→ Allgemeine Leistungsklage (일반적 급부소송).

Einfache Stimmenmehrheit (단순다수결)
→ Mehrheit der abgegebenen Stimmen (투표의 과반수; 다수결).

Einfacher Dienst BBG 16 단순근무.
Für die Laufbahnen des einfachen Dienstes sind mindestens zu fordern
1. der erfolgreiche Besuch einer Hauptschule oder ein als gleichwertig aner-

kannter Bildungsstand,
2. ein Vorbereitungsdienst.
단순근무의 경력에는 최소한 다음 각호가 필요하다.
1. 주요(기간)학교의 졸업 또는 동가치의 인정된 교육상태,
2. 수습근무. → Laufbahn (경력).

Einfachtäter 단일범.
Einfachtäter, die nur einmal wegen eines Rechtsbruchs polizeilich erfasst werden.
일회의 범법만으로 경찰에 체포된 행위자.
→ Mehrfachtäter (다중범).

Einfahren und Anfahren StVO 10
진입과 출발.
Wer aus einem Grundstück, aus einem Fußgängerbereich, aus einem verkehrsberuhigten Bereich auf die Straße oder von anderen Straßenteilen oder über einen abgesenkten Bordstein hinweg auf die Fahrbahn einfahren oder vom Fahrbahnrand anfahren will, hat sich dabei so zu verhalten, daß eine Gefährdung anderer Verkehrsteilnehmer ausgeschlossen ist; erforderlichenfalls hat er sich einweisen zu lassen.
택지, 보행자구역 또는 교통완화구역에서 도로로 진입하거나 또는 다른 도로부분에서 또는 함몰된 보도경계석을 넘어 차도로 진입하거나 또는 차도의 가장자리에서 출발하는 자는 다른 교통관여자의 위험이 배제되도록 행동하여야 한다. 필요한 경우 수신호의 지시를 받아야 한다.

Einführungsgesetz zum Bürgerlichen Gesetzbuche EGBGB 민법시행법 (1994. 9.21) (BGBl. I S. 2494; 1997 I S. 1061).

Einführungsgesetz zum Strafgesetzbuch EGStGB 1 형법시행법 (1974.3.2) (BGBl. I S. 469).
Art 1 Geltung des Allgemeinen Teils
(1) Die Vorschriften des Allgemeinen Teils des Strafgesetzbuches gelten für das bei seinem Inkrafttreten bestehende und das zukünftige Bundesrecht, soweit das Gesetz nichts anderes bestimmt.
형법총칙의 규정은 법률에 다른 규정이 없는 한 그 효력 발생시에 존재하는, 장래의 연방법에 대하여 적용된다.

Einführungsgesetz zur Strafprozeßordnung EGStPO 형사소송법시행법 (1963. 12.17) (FNA: 312-1; im Bundesgesetzblatt Teil III, Gliederungsnummer 312-1).

Eingegliederte Gesellschaft AktG 319 편입회사.
(1) Die Hauptversammlung einer Aktiengesellschaft kann die Eingliederung der Gesellschaft in eine andere Aktiengesellschaft mit Sitz im Inland (Hauptgesellschaft) beschließen, wenn sich alle Aktien der Gesellschaft in der Hand der zukünftigen Hauptgesellschaft befinden.
주식회사의 주주총회는 국내에 주소를 둔 다른 주식회사(주회사)내에 회사의 편입을 결의할 수 있다. 이 경우 그 회사의 전주식을 장래의 주회사가 소유하는 경우이어야 한다.

Eingehensbetrug StGB 263 체결사기.
체결사기는 기망행위와 이에 따른 착오로 인하여 재산처분행위가 계약체결의 형태로 이루어지는 경우이다. 재산상의 손해에 대하여도 계약체결의 의무가 있는지가 기준이다. → Erfüllungsbetrug (이행사기).

Eingetragene BGB 893 등기명의인.
(Rechtsgeschäft mit dem Eingetragenen 등기명의인과의 법률행위).
Die Vorschrift des § 892 finden entsprechende Anwendung, wenn an denjenigen, für welchen ein Recht im Grundbuch eingetragen ist, auf Grund dieses Rechts eine Leistung bewirkt oder wenn zwischen ihm und einem anderen in Ansehung dieses Rechts ein nicht unter die Vorschrift des § 892 fallendes Rechtsgeschäft vorgenommen wird, das eine Verfügung über das Recht enthält.
부동산등기부에 권리가 등기되어 있는 사람에게 그 권리에 기하여 급부가 실현된 경우

또는 그와 다른 사람간에 그 권리의 외관에서 제892조(부동산등기부의 공신력)에 해당되지 아니하고, 권리 처분을 포함한 법률행위가 행하여진 경우에는 제892조가 준용된다.

Eingliederung 편입, 채용, 사회복귀.
→ Eingliederungskonzern (편입콘체른).
→ Eingliederungszuschuß (채용보조금).
→ Ärztliche Behandlung zur sozialen Eingliederung (사회복귀를 위한 의사의 진료).

Eingliederungskonzern AktG 319 ff.
편입콘체른.
→ Eingegliederte Gesellschaft (편입회사).
→ Konzern und Konzernunternehmen (콘체른 및 콘체른기업).

Eingliederungszuschuß SGB 3 218
채용보조금.
(1) Der Eingliederungszuschuss darf 50 Prozent des berücksichtigungsfähigen Arbeitsentgelts nicht übersteigen und längstens für eine Förderdauer von zwölf Monaten erbracht werden.
채용보조금은 정상을 참작한 보수의 50%를 초과하지 않아야 하며, 최장 12개월의 촉진기간 기간동안 제공될 수 있다.

Eingriffsvorbehalt 침해유보.
Staatliche Eingriffe in Individualrechte bedürfen gesetzlicher Ermächtigung
개인의 권리에 대한 국가적 침해는 법률에 의한 수권을 필요로 한다.

Einhaltung der Ladungsfrist StPO 217
소환기일의 준수.
(1) Zwischen der Zustellung der Ladung (§ 216) und dem Tag der Hauptverhandlung muß eine Frist von mindestens einer Woche liegen.
소환장의 송달과 공판기일 사이에는 적어도 1주일의 기간이 있어야 한다.
(2) Ist die Frist nicht eingehalten worden, so kann der Angeklagte bis zum Beginn seiner Vernehmung zur Sache die Aussetzung der Verhandlung verlangen.

이 기간이 준수되지 아니하는 경우에는 피고인은 본안신문이 시작될 때까지 공판의 연기를 요구할 수 있다.

Einheitsgründung
→ Simultangrundung (발기설립).

Einheitsstrafe StGB 52: JGG 31 단일형 (유기자유형의 단일화 및 청소년형법에 의한).
* Bezeichnung für die einheitliche Freiheitsstrafe sowie im Jugendstrafrecht für die bei Aburteilung mehrerer Straftaten festzusetzende einheitliche Unrechtsfolge im Gegensatz zur Gesamtstrafe des Erwachsenenstrafrechts.
단일한 유기자유형 및, 성년형법의 병합형과는 달리 소년형법에서 수개의 범죄행위에 대하여 확정되는 단일한 불법효과.
(1) Auch wenn ein Jugendlicher mehrere Straftaten begangen hat, setzt der Richter nur einheitlich Erziehungsmaßregeln, Zuchtmittel oder eine Jugendstrafe fest. (JGG 31)
소년이 수개의 범죄를 행한 경우 판사는 교육처분, 훈육처분 또는 소년형을 오로지 단일하게 확정한다.

Einheitstätersystem OWiG 14 단일정범체계.
질서위반법(OWiG) 제14조는 형법적인 책임과는 관계없이 (Teilnahme의 용어를 피하고 있음) "수인이 하나의 질서위반행위에 관여(Beteiligung)한 때에는 관여한 개개인은 각각 질서위반행위를 한 것으로 본다"고 하여 형법의 공범체계와는 달리 이른바 단일정범체계를 구성하고 있다.

Einigung und Eintragung BGB 873 합의 및 등기.
(1) Zur Übertragung des Eigentums an einem Grundstück, zur Belastung eines Grundstücks mit einem Recht sowie zur Übertragung oder Belastung eines solchen Rechts ist die Einigung des Berechtigten und des anderen Teils über den Eintritt der Rechtsänderung und die Eintragung der Rechtsänderung in das Grundbuch

erforderlich, soweit nicht das Gesetz ein anderes vorschreibt.
부동산소유권을 이전하거나 부동산에 권리를 설정하거나 또는 그러한 권리의 이전과 설정에는 법률에 다른 규정이 없는 한 권리변경에 관한 권리자와 상대방의 합의 및 부동산등기부에의 권리변경의 등기를 필요로 한다.

Einigungsmangel
→ Offener Einigungsmangel (공연한 불합의).
→ Versteckter Einigungsmangel (숨겨진 불합의).

Einigungsstelle UWG 15; BetrVG 76 조정기구; 노사공동위원회.
(1) Die Landesregierungen errichten bei Industrie- und Handelskammern Einigungsstellen zur Beilegung von bürgerlichen Rechtsstreitigkeiten, in denen ein Anspruch auf Grund dieses Gesetzes geltend gemacht wird (Einigungsstellen). (UWG 15)
주정부는 상공회의소에 이 법률(UWG)을 근거로 행사되는 민사사건의 해결을 위한 조정기구를 둔다.
(1) Zur Beilegung von Meinungsverschiedenheiten zwischen Arbeitgeber und Betriebsrat, Gesamtbetriebsrat oder Konzernbetriebsrat ist bei Bedarf eine Einigungsstelle zu bilden (BetrVG 76).
사용자와 사업장협의회 사이에 의견의 차이를 조정하기 위하여 총사업장협의회나 콘체른사업장협의회는 필요가 있는 경우 조정기구(노사공동위원회)를 설치할 수 있다.

Einigungsvertrag EinigVtr 통일조약.
Vertrag zwischen der Bundesrepublik Deutschland und der Deutschen Demokratischen Republik über die Herstellung der Einheit Deutschlands (Einigungsvertrag) (1990.8.31) (BGBl. 1990 II S. 889).

Einkauf auf eigene Kosten
StVollzG 170, 174 자변구입.
Der Gefangene darf Narhungs- und Genußmittel sowie Mittel zur Körperpflege durch Vermittel der Anstalt auf ~ erwerben.
수형자는 식료품, 기호품, 건강식품을 상당한 범위에서 교도소를 통하여 자변으로 구입할 수 있다.

Einkommensteuer EStG 1 소득세.
(1) Natürliche Personen, die im Inland einen Wohnsitz oder ihren gewöhnlichen Aufenthalt haben, sind unbeschränkt einkommensteuerpflichtig.
내국에 주소 또는 주된 거소를 가진 자연인은 무제한적 소득세납부의무를 진다.

Einkommensteuergesetz EStG 소득세법 (2002.10.19) (BGBl. I S. 4210; 2003 I S. 179).

Einlagen 출자.
→ Kapitalerhöhung gegen Einlagen.

Einlagengeschäft KWG 1 Nr.1 예금업무. ↔ Kreditgeschäft (대출업무).
1. Bankgeschäfte sind die Annahme fremder Gelder als Einlagen ohne Rücksicht darauf, ob Zinsen vergütet werden.
이자의 지급유무를 불문하고 예금으로서 타인의 금전수입.

Einlassungsfrist ZPO 274(3) 응소기간.
(3) Zwischen der Zustellung der Klageschrift und dem Termin zur mündlichen Verhandlung muss ein Zeitraum von mindestens zwei Wochen liegen.
소장송달과 구두변론기일 사이에는 최소한 2주간의 기간이 있어야 한다.

Einlegung der Beschwerde StPO 306 항고의 제기.
(1) Die Beschwerde wird bei dem Gericht, von dem oder von dessen Vorsitzenden die angefochtene Entscheidung erlassen ist, zu Protokoll der Geschäftsstelle oder schriftlich eingelegt.
항고는 불복된 결정을 한 법원 또는 그러한 결정을 한 재판장이 속하는 법원에 법원사무국의 조서로서 또는 서면으로 제기한다.

Einlösungsrecht WG 50 상환권.
(1) Jeder Wechselverpflichtete, gegen den Rückgriff genommen wird oder genommen werden kann, ist berechtigt, zu verlangen, daß ihm gegen Entrichtung der Rückgriffssumme der Wechsel mit dem Protest und eine quittierte Rechnung ausgehändigt werden.
소구를 받거나 소구를 받을 수 있는 어음채무자는 소구금액의 지급과 상환으로 어음거절증서 및 영수기재의 계산서의 교부를 청구할 권한이 있다.

Einlösungsrückgriff WG 49; ScheckG 46 재소구(재상환)(= Remboursrückgriff, Remboursregreß) (Rechte des Einlösers).
Wer den Wechsel(Scheck) eingelöst hat, kann von seinen Vormännern verlangen:
1. den vollen Betrag, den er gezahlt hat;
2. die Zinsen dieses Betrags zu sechs vom Hundert seit dem Tag der Einlösung;
3. seine Auslagen; 4. eine Vergütung.
수표를 상환한 자는 전자에 대하여 다음 각 호의 금액을 청구할 수 있다.
1. 지급한 총금액 2. 상환일 이후의 그 금액에 대한 연 6%의 이자 3. 지출비용
4. 보수.

Einmann-GmbH 1인유한회사.
Wird die GmbH als Einmann-GmbH gegründet, so hat der Gesellschafter die Einlage in Höhe des gesamten Stammkapitals zu übernehmen.
유한회사가 1인유한회사가 되는 경우에 사원은 전체 (기본)자본의 크기에 달하는 투자를 인수하여야 한다.

Einmanngesellschaft 1인회사.
Die Einmanngesellschaft ist eine Kapitalgesellschaft, bei der sich alle Anteile in der Hand einer natürlichen oder juristischen Person befinden.
1인회사는 1인의 자연인 또는 법인이 모든 지분을 가지는 자본회사이다.

Einnistung StGB 219d 낙태죄에 있어서 착상(着床).

Handlungen, deren Wirkung vor Abschluß der Einnistung des befruchteten Eies in der Gebärmutter eintritt, gelten nicht als Schwangerschaftsabbruch im Sinne dieses Gesetzes.
수정된 난자가 자궁에 착상되기 전에 그 영향을 미치는 행위는 이 법에서 말하는 임신중절이 아니다; Abschluß der Einnistung des befruchteten Eies를 Nidation(胚子着床)이라고 한다.

Einrede 항변.
Die ~ ist ein Recht, das die Durchsetzung des subjektiven Rechts eines anderen verhindert, also ein Gegenrecht. Durch dieses negative Recht wird das subjektives Recht nicht vernichtet, sondern nur in seiner Verwirklichung mehr oder weniger beeinträchtigt (Leistungsverweigerungsrecht).
~는 타인의 주관적 권리의 행사를 저지하는 권리로 반대권이다. 주관적 권리는 이러한 소극적 권리에 의하여 무효로 되는 것이 아니라 그 실행에 있어 침해를 받을 뿐이다 (이행거절권).
→ Einwendung.

Einrede der Vorausklage BGB 771 선소(先訴)의 항변.
Der Bürge kann die Befriedigung des Gläubigers verweigern, solange nicht der Gläubiger eine Zwangsvollstreckung gegen den Hauptschuldner ohne Erfolg versucht hat (Einrede der Vorausklage).
채권자가 주채무자에 대한 강제집행을 시도하였으나 그 효과가 없는 경우가 아닌 한 채권자의 만족을 거절할 수 있다(선소의 항변).

Einrede des nicht erfüllten Vertrags BGB 320 동시이행의 항변권.
Wer aus einem gegenseitigen Vertrag verpflichtet ist, kann die ihm obliegende Leistung bis zur Bewirkung der Gegenleistung verweigern, es sei denn, dass er vorzuleisten verpflichtet ist.
쌍무계약으로 인하여 의무를 부담하는 자는

반대급부의 실행이 있을 때까지 자기가 부담하는 급부를 거절할 수 있다.

Einreichung (Einreichen) der Anschlußerklärung StGB 396 공소참가 의사표시의 제출.
(1) S.2 Eine vor Erhebung der öffentlichen Klage bei der Staatsanwaltschaft oder dem Gericht eingegangene Anschlußerklärung wird mit der Erhebung der öffentlichen Klage wirksam.
공소제기전에 검사 또는 법원에 제출된 참가의 의사표시는 공소제기와 함께 효력을 갖는다.

Einreichung einer Anklageschrift StPO 418(3) 공소장의 제출.
(3) Der Einreichung einer Anklageschrift bedarf es nicht.
(신속절차에 있어서는) 공소장 제출이 필요하지 않다.

Einrichtung automatisierter Abrufverfahren BDSG 10 자동화된 검색절차시설.
(1) Die Einrichtung eines automatisierten Verfahrens, das die Übermittlung personenbezogener Daten durch Abruf ermöglicht, ist zulässig, soweit dieses Verfahren unter Berücksichtigung der schutzwürdigen Interessen der Betroffenen und der Aufgaben oder Geschäftszwecke der beteiligten Stellen angemessen ist.
개인데이터의 전송을 가능하게 하는 자동화된 검색절차의 시설은 이러한 절차가 관련자의 보호가치있는 이익과 참가하는 관련기관의 임무 또는 영업목적을 고려하여 적절한 경우에 허락된다.
→ Automatisiertes Verfahren (Abruf) (자동화된 절차)(검색).

Einrichtung für die Entlassung StVollzG 147 석방시설.
Um die Entlassung vorzubereiten, sollen den geschlossenen Anstalten offene Einrichtungen angegliedert oder gesonderte offene Anstalten vorgesehen werden.
석방준비를 위하여 폐쇄집행을 위한 시설에서 개방시설에 편입하거나 특별개방시설을 마련하여야 한다.

Einrichtungsgarantie 제도적 보장.
(Institutionelle Garantie und Institutsgarantie 제도적 보장 및 제도보장).

Einschließung StGB 38 금고 (구형법의 자유형의 일종: 1일~15년).

Einschränkte Beschwerde gegen Strafaussetzungsbeschluß StPO 305a 형의 유예결정에 대한 항고의 제한.
(Beschwerde gegen den Beschluß nach § 268a Abs. 1, 2).
(1) Gegen den Beschluß nach § 268a Abs. 1, 2 ist Beschwerde zulässig. Sie kann nur darauf gestützt werden, daß eine getroffene Anordnung gesetzwidrig ist.
제268a조(보호관찰을 위한 형의 유예) 제1, 2항에 의한 결정에 대하여 항고할 수 있다. 항고는 해당 명령이 법률에 위배되는 경우에만 지지된다.

Einschränkung der Untersuchungshaft StPO 113 미결구금의 제한.
(1) Ist die Tat nur mit Freiheitsstrafe bis zu sechs Monaten oder mit Geldstrafe bis zu einhundertachtzig Tagessätzen bedroht, so darf die Untersuchungshaft wegen Verdunkelungsgefahr nicht angeordnet werden.
6개월 이하의 자유형 또는 180일수 이하의 벌금형은 증거인멸의 위험(Verdunkelungsgefahr)을 이유로 미결구금을 명할 수 없다.

Einschränkung von Grundrechten GG 19(2); StVollzG 196 기본권의 제한.
(2) In keinem Falle darf ein Grundrecht in seinem Wesensgehalt angetastet werden.
기본권의 본질적 내용은 절대로 침해될 수 없다.
Durch dieses Gesetz werden die Grundrechte aus Artikel 2 Abs. 2 Satz 1 und 2 (körperliche Unversehrtheit und Freiheit der Person) und Artikel 10 Abs. 1 (Brief-, Post- und Fernmeldegeheimnis) des Grundgesetzes eingeschränkt (StVollzG 196).

본법에 의해 기본법 제2조 제1항 및 2호(사람의 신체의 불가침 및 자유) 및 제10조 1항 (신서, 우편, 통신의 비밀)의 적용은 제한된다.

Einseitige Beihilfe (Heimliche Beihilfe) 편면적 종범.

Der Gehilfe beschränkt sich darauf, enie fremde Tat zu fördern; der Täter braucht nicht einmal von der ihm zuteil gewordenen Unterstützung zu wissen.

방조범은 타인의 범죄행위를 촉구하는 데에 그치며, 정범은 자신에 대한 지원(행위)을 알 필요는 없다.

Einseitige Mittäterschaft 편면적 공동정범.

Wenn von zwei Beteiligten nur einer die Beziehung der Tatanteile aufeinander kennt, so handelt der andere, auch wenn er selst Täter ist, insoweit blind und der Wissende ist mittelbarer Täter.

2인의 참여자 가운데 한 사람만이 행위역할의 관계를 연달아 인식한 경우, 다른 한 사람은 이를 모르는 한, 그 자신이 정범이라고 할지라도 이를 알고 한 사람은 간접정범이 된다.

Einseitiges Rechtsgeschäft BGB 111 단독행위.

Bei einem einseitigen Rechtsgeschäft ist Vertretung ohne Vertretungsmacht unzulässig (BGB 180) → Unwirksamkeit (무효).

단독행위에 있어서는 대리권이 없는 대리는 허용되지 아니한다.

Einsperren StGB 239 감금하다.
→ Freiheitsberaubung.

Einspruch AO 347 Nr.1 이의신청 (조세결정에 대한 ~).

(1) Gegen Verwaltungsakte
1. in Abgabenangelegenheiten, auf die dieses Gesetz Anwendung findet,
ist als Rechtsbehelf der Einspruch statthaft.

1. 본법이 적용하는 조세사건에서의 행정행위에 대하여 법률상의 구제방법으로 이의신청이 허용된다.
→ Widerspruch (이의신청)(전치절차).

Einspruch des Angeklagten (~ gegen den Strafbefehl) StPO 410 피고인의 (과형명령에 대한) 이의신청.

(1) Der Angeklagte kann gegen den Strafbefehl innerhalb von zwei Wochen nach Zustellung bei dem Gericht, das den Strafbefehl erlassen hat, schriftlich oder zu Protokoll der Geschäftsstelle Einspruch einlegen.

피고인은 과형명령에 관하여 그 송달후 2주일 이내에 그 명령을 발한 법원에 대하여 서면으로 또는 법원사무국의 조서에 이의를 제기할 수 있다.

(3) Soweit gegen einen Strafbefehl nicht rechtzeitig Einspruch erhoben worden ist, steht er einem rechtskräftigen Urteil gleich.

과형명령에 대한 이의신청이 적시에 이루어지지 않는 이상 과형명령은 확정판결의 효력을 가진다.

Einspuriges System (일원주의)
→ Zweispuriges System (이원주의).
→ Vikariierendes System (대체주의).

Einsteigen StGB 243(1) Nr.1 잠입하다.
특히 중한 절도에서 건물 등에 침입(einbricht), 잠입(einsteigt), 잠복하다(sich verborgen hält).

Einstellung durch Urteil (im Privatklageverfahren) StPO 389 판결에 의한 정지 (사인기소절차) (← Einstellungsurteil bei Offizialdelikt: 비친고죄의 경우 절차의 정지).

(1) Findet das Gericht nach verhandelter Sache, daß die für festgestellt zu erachtenden Tatsachen eine Straftat darstellen, auf die das in diesem Abschnitt vorgeschriebene Verfahren nicht anzuwenden ist, so hat es durch Urteil, das diese Tatsachen hervorheben muß, die Einstellung

des Verfahrens auszusprechen.
법원은 사건을 심리한 후 확정될 사실이 이 장에 규정된 절차(사인기소절차)에 적용할 수 없는 범죄행위를 구성한다고 인정하는 경우에는 판결로서 사실을 적시하고 (사인기소) 절차의 중지를 선고하여야 한다.

Einstellung wegen Geringfügigkeit
StPO 383(2) 경미함으로 인한 절차의 정지.
(2) Ist die Schuld des Täters gering, so kann das Gericht das Verfahren einstellen. Die Einstellung ist auch noch in der Hauptverhandlung zulässig. Der Beschluß kann mit sofortiger Beschwerde angefochten werden.
행위자의 책임이 경미한 경우 법원은 절차를 중지할 수 있다. 이 정지는 공판중에도 허용된다. 이 결정은 즉시항고로 불복할 수 있다.

Einstellungsbescheid
StPO 171 불기소 (정지)처분(결정).
Gibt die Staatsanwaltschaft einem Antrag auf Erhebung der öffentlichen Klage keine Folge oder verfügt sie nach dem Abschluß der Ermittlungen die Einstellung des Verfahrens, so hat sie den Antragsteller unter Angabe der Gründe zu bescheiden.
검사가 공소의 제기를 구하는 고소에 응하지 아니하거나 수사의 종결후 절차의 중지를 명하는 경우에는, 검사는 고소인에게 그 사유를 명시하여 통지하여야 한다.
Gegen den ablehnenden Bescheid des vorgesetzten Beamten der Staatsanwaltschaft 172(2) 검사의 상급자의 기각결정에 대하여 (기소강제).

Einstweilige Anordnung
VwGO 123 가명령.
(1) Auf Antrag kann das Gericht, auch schon vor Klageerhebung, eine einstweilige Anordnung in bezug auf den Streitgegenstand treffen, wenn die Gefahr besteht, daß durch eine Veränderung des bestehenden Zustands die Verwirklichung eines Rechts des Antragstellers vereitelt

oder wesentlich erschwert werden könnte.
상황의 변경에 의하여 신청인의 권리실현이 불가능하게 되거나 현저히 곤란하게 될 우려가 있을 때에는 법원은 신청에 따라 소제기전에도 계쟁물에 관한 가명령을 발할 수 있다.

Einstweilige Unterbringung
StPO 126a 가수용 (긴급수용).
(1) Sind dringende Gründe für die Annahme vorhanden, daß jemand eine rechtswidrige Tat im Zustand der Schuldunfähigkeit oder verminderten Schuldfähigkeit (§§ 20, 21 des Strafgesetzbuches) begangen hat und daß seine Unterbringung in einem psychiatrischen Krankenhaus oder einer Entziehungsanstalt angeordnet werden wird, so kann das Gericht durch Unterbringungsbefehl die einstweilige Unterbringung in einer dieser Anstalten anordnen, wenn die öffentliche Sicherheit es erfordert.
책임무능력이나 한정책임능력의 상태에서 위법행위를 행하여 정신병원이나 금단시설 수용을 명할 것이라고 믿을만한 유력한 사유가 있는 자에게는 공공의 안전상 필요한 경우 수용명령을 통하여 가수용을 명할 수 있다.

Einstweilige Verfügung
가처분.
① → Einstweilige Verfügung bezüglich Streitgegenstand.
② → Einstweilige Verfügung zur Regelung eines einstweiligen Zustandes.

Einstweilige Verfügung bezüglich Streitgegenstand
ZPO 935 계쟁물에 관한 가처분.
Einstweilige Verfügungen in Bezug auf den Streitgegenstand sind zulässig, wenn zu besorgen ist, dass durch eine Veränderung des bestehenden Zustandes die Verwirklichung des Rechts einer Partei vereitelt oder wesentlich erschwert werden könnte.
계쟁물에 관한 가처분은 상황변경에 의해 당사자의 권리를 실현할 수 없게 되거나 또는 현저하게 곤란하게 될 우려가 있는 때에

할 수 있다.

Einstweilige Verfügung zur Regelung eines einstweiligen Zustandes

ZPO 940 가지위를 정하기 위한 가처분.
Einstweilige Verfügungen sind auch zum Zwecke der Regelung eines einstweiligen Zustandes in Bezug auf ein streitiges Rechtsverhältnis zulässig, sofern diese Regelung, insbesondere bei dauernden Rechtsverhältnissen zur Abwendung wesentlicher Nachteile oder zur Verhinderung drohender Gewalt oder aus anderen Gründen nötig erscheint.
가처분은 다툼이 있는 권리관계에 관한 가지위(仮地位)를 정하기 위해서도 할 수 있다. 단, 이를 정하는 것이 특히 계속적 법률관계의 경우에 중대한 손해 또는 급박한 폭력을 피하기 위하거나 기타 이유에서 필요하다고 인정되는 때에 한한다.

Eintragung BGB 873 등기.

→ Einigung und ~ : 합의 및 등기.
die Eintragung der Rechtsänderung in das Grundbuch. 부동산등기부에 권리변경의 등기.

Eintragung eines Widerspruchs

BGB 899 이의등기.
(1) In den Fällen des § 894 (Berichtigung des Grundbuchs) kann ein Widerspruch gegen die Richtigkeit des Grundbuchs eingetragen werden.
제894조(부동산등기부의 정정)의 경우에는 부동산 등기부의 정당성에 대한 이의의 등기를 할 수 있다.

Eintragung nur bei eingetragener Berechtigung GBO 39 권리자등기.

(1) Eine Eintragung soll nur erfolgen, wenn die Person, deren Recht durch sie betroffen wird, als der Berechtigte eingetragen ist.
등기는 등기상의 권리에 관계있는 자가 권리자로 등기하는 경우에 한하여 이를 할 수 있다.

Eintragungsbewilligung BGB 874 등기승낙서.

Bei der Eintragung eines Rechts, mit dem ein Grundstück belastet wird, kann zur näheren Bezeichnung des Inhalts des Rechts auf die Eintragungsbewilligung Bezug genommen werden, soweit nicht das Gesetz ein anderes vorschreibt.
부동산에 설정된 권리의 등기에 있어서 그 권리의 내용을 상세히 표시하기 위하여 법률에 다른 규정이 없는 한 등기승낙서를 인용할 수 있다.

Einvernehmen KWG 1a(9) 합의; 동의.

Nr.6 S.2 Das Bundesministerium der Finanzen kann die Ermächtigung durch Rechtsverordnung auf die Bundesanstalt mit der Maßgabe übertragen, dass die Rechtsverordnung im Einvernehmen mit der Deutschen Bundesbank ergeht. Vor Erlass der Rechtsverordnung sind die Spitzenverbände der Institute anzuhören.
연방재무부는 독일연방과 합의하에 행한다는 기준하에 연방영조물상의 법규명령에 의한 수권을 위임할 수 있다. 법규명령의 제정이전에 중앙기관의 의견을 경청하여야 한다. → Einverständnis (양해).

Einverständliche Scheidung

ZPO 630(2) 합의이혼.
(2) Die Zustimmung zur Scheidung kann bis zum Schluss der mündlichen Verhandlung, auf die das Urteil ergeht, widerrufen werden.
이혼동의는 판결의 기초된 구두변론이 종료할 때까지 철회할 수 있다. → Scheidung (=Ehescheidung) durch Urteil BGB 1564 재판상 이혼.

Einverständnis 양해; 동의.

* Einvernehmen bedeutet in der Rechtswissenschaft, dass vor einem Rechtsakt das Einverständnis einer anderen Stelle (z.B. Gesetzgebungsorgan, Behörde) vorliegen muss.
Ist dagegen eine Entscheidung lediglich im Benehmen mit einer anderen Stelle zu

treffen, so bedeutet dies, daß dieser Stelle lediglich Gelegenheit zur Stellungnahme zu geben ist, ohne dass ein Einverständnis erforderlich wäre. Die Stellungnahme muß aber wenigstens zur Kenntnis genommen und in die Überlegungen einbezogen werden.
법학에서 합의는 법적 행위 이전에 다른 기관(입법기관, 관청 등)의 양해가 전제되어야 하는 것을 말한다.
이에 비해 하나의 결정이 오로지 다른 기관과의 협력하에 행하여 질 경우에는 합의의 필요없이 다른 기관에 오로지 의견표명의 기회가 주어지는 것을 말한다. 그러나 이 입장표명은 적어도 인식되어야 하며 해석으로 포함되어야 한다.
* Im Strafrecht wird zwischen dem tatbestandsauschliessenden Einverständnis (mit Vorabwirkung) und der die Rechtswidrigkeit der Tat ausschliessenden Einwilligung (nachträgliche Wirkung) unterschieden.
형법에서는 구성요건배제적 양해(사전효과)와 행위의 위법성을 배제하는 승인(사후적 효과)을 구분한다.
* Umgangssprachlich wird mit Einverständnis oder Einvernehmen die zivilrechtliche Zustimmung bezeichnet
민법상 동의는 일상용어상 합의 또는 양해로 표현된다 (Vgl. BGB 117, 180).
→ Einwilligung (승낙, 사전동의).

Einwand der Unzuständigkeit StPO 16 관할위반의 이의.
Das Gericht prüft seine örtliche Zuständigkeit bis zur Eröffnung des Hauptverfahrens von Amts wegen. Danach darf es seine Unzuständigkeit nur auf Einwand des Angeklagten aussprechen.
공판절차를 개시할 때까지 법원은 직권으로 그의 토지관할을 심사한다. 그 이후에 관할위반은 피고인의 이의신청에 의해서만 선고될 수 있다.
Der Angeklagte kann den Einwand nur bis zum Beginn seiner Vernehmung zur Sache in der Hauptverhandlung geltend machen.
피고인은 공판절차중 사실심리가 시작될 때까지만 이의신청을 할 수 있다.

Einwand der vorschriftswidrigen Besetzung des Gerichts StPO 222b 규정위반의 재판부 구성에 대한 이의신청.
(1) Ist die Besetzung des Gerichts nach § 222a mitgeteilt worden, so kann der Einwand, daß das Gericht vorschriftswidrig besetzt sei, nur bis zum Beginn der Vernehmung des ersten Angeklagten zur Sache in der Hauptverhandlung geltend gemacht werden.
제222a조에 의한 재판부의 구성이 통지된 경우, 공판에서 피고인의 첫 번째 본안신문이 개시될 때까지 규정위반의 재판부의 구성에 대하여 이의신청을 할 수 있다.

Einweisungszeit StVollzVergO 1(1) 단기교육기간(~ 의 단순작업).
-제1단계 보수등급 제1조(Arbeiten einfacher Art, die nur eine kurze ~ erfordern).

Einwendung WG 17 (어음)항변.
Wer aus dem Wechsel in Anspruch genommen wird, kann dem Inhaber keine Einwendungen entgegensetzen, die sich auf seine unmittelbaren Beziehungen zu dem Aussteller oder zu einem früheren Inhaber gründen, es sei denn, daß der Inhaber bei dem Erwerb des Wechsels bewußt zum Nachteil des Schuldners gehandelt hat.
어음에 의하여 청구를 받은 자는 발행인 또는 이전의 소지인에 대한 직접적인 관계에 기인한 항변으로 소지인에게 대항할 수 없다. 다만 소지인이 어음의 취득시 채무자를 해할 것을 알고 행위한 경우에는 예외로 한다.
* Anders als die Einrede, die das Recht als solches unberührt läßt und nur ein Leistungsverweigerungsrecht gibt, beseitigt die Einwendung das Recht als solches selbst, nicht nur dessen Durchsetzbarkeit. Man unterscheidet rechtshindernde und rehctsvernichtende Einwendungen.

법 그 자체는 관계하지 않고 이행거절권만 있는 Einrede와는 달리 Einwendung은 법 그 자체 스스로 실행가능성 이상을 배제한다. ~에는 권리저지적 항변과 권리소멸적 항변으로 분류된다. → Einrede.

Einwendung gegen die Entscheidung der Vollstreckungsbehörde StPO 459h
형집행관청의 결정에 대한 이의제기.
Über Einwendungen gegen die Entscheidungen der Vollstreckungsbehörde nach den §§ 459a, 459c, 459e und 459g entscheidet das Gericht.
형집행관청의 결정에 대한 이의제기에 대하여는 제459a, 459c, 459e조 및 제459g조에 의하여 법원이 재판한다.

Einwilligung BGB 183 사전동의; StGB 228 승낙.
Die vorherige Zustimmung (Einwilligung) ist bis zur Vornahme des Rechtsgeschäfts widerruflich, soweit nicht aus dem ihrer Erteilung zugrunde liegenden Rechtsverhältnis sich ein anderes ergibt.
사전의 동의(승낙, 사전동의)는 승낙의 기초가 된 법률관계에서 달리 해석되지 아니하는 한 법률행위시까지는 이를 철회할 수 있다.
→ Annahme (청약에 대한 승낙).
→ Einverständnis (양해).
→ Einwilligung des Verletzten (StGB 228).
→ Zustimmung BGB 182 동의.

Einwilligung des gesetzlichen Vertreters BGB 107 법정대리인의 동의.
Der Minderjährige bedarf zu einer Willenserklärung, durch die er nicht lediglich einen rechtlichen Vorteil erlangt, der Einwilligung seines gesetzlichen Vertreters.
미성년자가 단순히 법률상의 이익을 얻는 것이 아닌 의사표시를 위해서는 그의 법정대리인의 동의를 요한다.

Einwilligung des Verletzten StGB 228 피해자의 승낙.
Wer eine Körperverletzung mit Einwilligung des Verletzten vornimmt, handelt nur dann rechtswidrig, wenn die Tat trotz der Einwilligung gegen die guten Sitten verstößt.
피해자의 승낙을 받고 상해를 한 자는 피해자의 승낙에도 불구하고 그 상해행위가 선량한 풍속에 위배되는 때에는 위법하다.

Einzahlung AktG 63(2) 납입.
(Folgen nicht rechtzeitiger Einzahlung 적시불납입의 효과).
(2) Aktionäre, die den eingeforderten Betrag nicht rechtzeitig einzahlen, haben ihn vom Eintritt der Fälligkeit an mit fünf vom Hundert für das Jahr zu verzinsen.
최고받은 금액을 정당한 시기에 납입하지 아니하는 주주는 이행시기가 도래한 때로부터 연 5푼의 이자를 지급하여야 한다.

Einzelhaft StVollzG 89 독거구금 (수용).
(1) Die unausgesetzte Absonderung eines Gefangenen (Einzelhaft) ist nur zulässig, wenn dies aus Gründen, die in der Person des Gefangenen liegen, unerläßlich ist.
수형자의 계속된 격리는 수형자 본인의 사유에 의한 불가피한 경우에만 허용된다.

Einzelrichter GVG 22, 25 단독판사.
구(區)법원에서는 단독판사가 사건을 주재하며(Den Amtsgerichten stehen Einzelrichter vor), 사인기소의 방법으로 소추될 수 있는 경죄의 경우에 이를 형사판사(Strafrichter)라고 한다. 그 이외에는 원칙적으로 합의제법원(Kollegialgericht)에서 재판한다. → Strafrichter (형사판사).

Einzelstrafe StGB 54(3) 개별형.
(3) Ist eine Gesamtstrafe aus Freiheits- und Geldstrafe zu bilden, so entspricht bei der Bestimmung der Summe der Einzelstrafen ein Tagessatz einem Tag Freiheitsstrafe.
병합형이 자유형과 벌금형으로서 개별형을 합산하는 경우에는 1일분의 벌금은 1일분의 자유형에 해당한다.

Einzelunternehmen 개인기업.
Einzelunternehmen, nach deutschem Recht

eine Unternehmung eines voll haftenden Einzelkaufmanns im Sinne des Handelsgesetzbuchs.
독일 상법상의 완전 책임을 지는 개인상인의 기업.

Einzelvernehmung StPO 58; ZPO 394 분리신문.
(1) Die Zeugen sind einzeln und in Abwesenheit der später zu hörenden Zeugen zu vernehmen. (StPO 58)
증인은 개별적으로, 후에 신문할 증인이 없는 곳에서 신문되어야 한다.
(1) Jeder Zeuge ist einzeln und in Abwesenheit der später abzuhörenden Zeugen zu vernehmen. (ZPO 394)
각 증인은 개별로 그리고 나중에 신문할 증인은 재정 없이 신문하여야 한다.

Einziehung 몰수, 소각, 추심(회수, 징수), 조사, 폐지.
① StGB 74 몰수 (150, 101a, 109k, 285b, 295, 322, 330c).
Ist eine vorsätzliche Straftat begangen worden, so können Gegenstände, die durch sie hervorgebracht oder zu ihrer Begehung oder Vorbereitung gebraucht worden oder bestimmt gewesen sind, eingezogen werden.
고의범죄를 범한 경우 그 범죄행위로 인하여 생한 물건 또는 범죄의 실행이나 예비에 사용하였거나 사용하려고 한 물건은 이를 몰수할 수 있다 (몰수의 요건 StGB 74(1)).
1. die Gegenstände zur Zeit der Entscheidung dem Täter oder Teilnehmer gehören oder zustehen oder
판결 당시 몰수 대상물이 정범 또는 공범의 소유에 속하거나 그의 권한인 경우. (StGB 74(2) Nr.1)
2. die Gegenstände nach ihrer Art und den Umständen die Allgemeinheit gefährden oder die Gefahr besteht, daß sie der Begehung rechtswidriger Taten dienen werden.
몰수 대상물이 그 종류 및 상황에 비추어 일반 공중의 위험을 초래하거나 위법행위의 실행에 제공될 위험이 있는 경우. (StGB 74(2) Nr.2)
② 소각 AktG 237 Einziehung von Aktien ; GmbHG 34 Amortisation.
③ BGB 49; 1078 Die Einziehung der Forderungen 추심(채권의 ~); Überweisungsbeschluß zur Einziehung ZPO 836, 842 추심명령. → Inkassoindossament (추심배서); 징수 → Einziehungsverfügung.
④ 조사 StPO 246(2) zur Einziehung von Erkundigungen erforderlichen Zeit (조사에 필요한 시간).
⑤ Entwidmung (Einziehung) FStrG 2(4) 공용폐지.

Einziehung der Forderungen BGB 49, 1078 채권의 추심.
(1) S.3 Die Einziehung der Forderungen sowie die Umsetzung des Übrigen Vermögens in Geld darf unterbleiben, soweit diese Maßregeln nicht zur Befriedigung der Gläubiger oder zur Verteilung des Überschusses unter die Anfallberechtigten erforderlich sind.
채권의 추심 및 기타 재산의 환가는 그것이 채권자에게 변제하는데 또는 잔여재산을 귀속권리자에게 분배하는데 필요하지 아니하는 경우에는 이를 하지 아니할 수 있다.
Ist die Forderung fällig, so sind der Nießbraucher und der Gläubiger einander verpflichtet, zur Einziehung mitzuwirken.
채권이 변제기에 있는 때에는 용익권자 및 채권자는 추심에 관하여 상호 협력할 의무를 부담한다.

Einziehung des Wertersatzes StGB 74c 대가의 몰수.
(1) Hat der Täter oder Teilnehmer den Gegenstand, der ihm zur Zeit der Tat gehörte oder zustand und auf dessen Einziehung hätte erkannt werden können, vor der Entscheidung über die Einziehung verwertet, namentlich veräußert oder verbraucht, oder hat er die Einziehung des Gegenstandes sonst vereitelt, so kann das Gericht die Einziehung eines Geldbetrags gegen den Täter oder Teilnehmer bis zu der Höhe anordnen, die dem Wert des

Gegenstandes entspricht.
정범 또는 공범이 행위 당시 그의 소유이거나 그의 권한에 속하여 몰수선고의 대상이 될 수 있었던 물건을 몰수판결 이전에 환가하여 특히 매각 또는 소비한 경우 또는 기타의 방법으로 물건을 몰수할 수 없도록 한 경우에는 법원은 정범 또는 공범에 대하여 그 물건 가액의 범위내에 이르는 금액의 몰수를 명할 수 있다.

Einziehung von Aktien AktG 237 주식소각.
(1) Aktien können zwangsweise oder nach Erwerb durch die Gesellschaft eingezogen werden.
주식은 강제적으로 또는 회사가 취득한 후에 소각할 수 있다.

Einziehung von Schriften und Unbrauchbarmachung StGB 74d 문서의 몰수 및 사용불능.
(1) Schriften, die einen solchen Inhalt haben, daß jede vorsätzliche Verbreitung in Kennt- nis ihres Inhalts den Tatbestand eines Strafgesetzes verwirklichen würde, werden eingezogen, wenn mindestens ein Stück durch eine rechtswidrige Tat verbreitet oder zur Verbreitung bestimmt worden ist.
Zugleich wird angeordnet, daß die zur Herstellung der Schriften gebrauchten oder bestimmten Vorrichtungen, wie Platten, Formen, Drucksätze, Druckstöcke, Negative oder Matrizen, unbrauchbar gemacht werden.
그 내용을 알면서 고의로 반포하는 경우 형법상의 구성요건을 실현하게 되는 내용의 문서는 최소한 그 문서의 일부가 위법행위에 의하여 반포되었거나 반포가 예정되어 있는 때에는 이를 몰수한다.
문서의 몰수와 동시에 문서의 제작을 위하여 사용하였거나 그러한 용도로 정하여진 인쇄판, 조판, 인쇄식자, 음판, 지형 등과 같은 기구의 사용불능을 함께 명한다.

Einziehungsanordnung durch Strafbefehl → Anordnung der Einziehung durch Straf-befehl.

Einziehungsbeteiligung StPO 431 몰수참가; ～명령(Anordnung～); 몰수참가인은 Einziehungsbeteiligte.
(1) Ist im Strafverfahren über die Einziehung eines Gegenstandes zu entscheiden und erscheint glaubhaft, daß
1. der Gegenstand einem anderen als dem Angeschuldigten gehört oder zusteht oder
2. ein anderer an dem Gegenstand ein sonstiges Recht hat, dessen Erlöschen im Falle der Einziehung angeordnet werden könnte
so ordnet das Gericht an, daß der andere an dem Verfahren beteiligt wird, soweit es die Einziehung betrifft (Einziehungs-beteiligter).
(1) 형사절차에 있어서 물건의 몰수의 재판을 하여야 하고 다음 각호의 사실이 소명된 경우에는, 법원은 몰수의 절차에 다른 사람의 참가를 명할 수 있다(몰수참가인).
1. 물건이 공소피의자 이외의 자의 소유에 속하거나 그의 권한인 사실,
2. 다른 사람이 물건에 대하여 권리의 상실이 명하여질 수 있는 그 밖의 권리를 가지고 있다는 사실.

Einziehungsverfügung AO 314 (채권) 징수처분.
(1) Die Vollstreckungsbehörde ordnet die Einziehung der gepfändeten Forderung an.
(2) Die Einziehungsverfügung kann mit der Pfändungsverfügung verbunden werden.
(1) 집행관청은 압류된 채권의 징수를 명한다. (2) 징수처분은 압류처분과 동시에 할 수 있다.

Einziehungsvorschrift für Organe und Vertreter StGB 75 기관 및 대표자에 대한 몰수. (→ Organe und Vertreter).
Hat jemand eine Handlung vorgenommen, die ihm gegenüber unter den übrigen Voraussetzungen der §§ 74 bis 74c und 74f die Einziehung eines Gegenstandes oder des Wertersatzes zulassen oder den

Ausschluß der Entschädigung begründen würde, so wird seine Handlung bei Anwendung dieser Vorschriften dem Vertretenen zugerechnet.
기관 및 대표자로서 제74-74c, 74f조의 요건 하에서 물건 또는 대가의 몰수나 보상배제 의 사유가 되는 행위를 한 때에는 그 행위 는 해당 조항을 적용함에 있어 본인의 행위 로 본다.

Einzugsstelle StGB 266a 분담금 징수기 관. → Vorenthalten und Veruntreuen von Arbeitsentgelt(급여(분담금)유보와 유용죄).

Eisenbahn AEG 2 철도.
(1) Eisenbahnen sind öffentliche Einrichtungen oder privatrechtlich organisierte Unternehmen, die Eisenbahnverkehrsleistungen erbringen (Eisenbahnverkehrsunternehmen) oder eine Eisenbahninfrastruktur betreiben (Eisenbahninfrastrukturunternehmen).
(1) 철도란 철도수송사업을 수행하거나 (철 도운영회사) 철도인프라를 운영하는 (철도 인프라회사) 공공 기관이나 사법상의 기업 을 말한다.

Elektronische Bildschirmspielgerät JuSchG 13 전자모니터 게임기.
(2) Elektronische Bildschirmspielgeräte dürfen
1. auf Kindern oder Jugendlichen zugänglichen öffentlichen Verkehrsflächen,
2. außerhalb von gewerblich oder in sonstiger Weise beruflich oder geschäftlich genutzten Räumen oder
3. in deren unbeaufsichtigten Zugängen, Vorräumen oder Fluren
nur aufgestellt werden, wenn ihre Programme für Kinder ab sechs Jahren freigegeben und gekennzeichnet oder nach §14 Abs.7 mit "Infoprogramm" oder "Lehrprogramm" gekennzeichnet sind.
전자모니터 게임기는 그 프로그램이 6세 이 상의 어린이에게 허용되었고 이 사실이 표 기되거나 또는 (청소년보호법) 제14조 7항 에 의거 '정보 프로그램' 또는 '학습 프로그

램'이라 명시된 때에는 다음 각호에 설치될 수 있다.
1. 어린이나 청소년들의 접근이 가능한 공 공교통지대,
2. 상업적 또는 그 이외의 직업적·영업적 으로 이용되는 공간의 외부,
3. 감시가 없는 통로, 방의 앞(부속실) 또는 복도.

Elektronische Form BGB 126a 전자방 식.
(1) Soll die gesetzlich vorgeschriebene schriftliche Form durch die elektronische Form ersetzt werden, so muss der Aussteller der Erklärung dieser seinen Namen hinzufügen und das elektronische Dokument mit einer qualifizierten elektronischen Signatur nach dem Signaturgesetz versehen.
법정의 서면방식이 전자방식으로 갈음되는 경우에 의사표시 작성자는 그 표시에 자신 의 이름을 부기하고, 전자문서에 전자서명 법에 따른 공인전자서명을 하여야 한다.
→ Qualifizierte elektronische Signatur.

Elektronische Fußfessel 전자발찌; 전자 감시(Elektronische Überwachung)의 한 방 법.
Eine elektronische Fußfessel ist ein Gerät zur Überwachung, das am Fußgelenk eines zu dieser Maßnahme verurteilten Menschen angebracht wird.
~는 동처분의 판결을 받은 자에게 감시를 위해 발목에 채우는 장비.

Elektronische Signatur SigG 2 Nr.1 전자서명.
1. "elektronische Signaturen" Daten in elektronischer Form, die anderen elektronischen Daten beigefügt oder logisch mit ihnen verknüpft sind und die zur Authentifizierung dienen
전자서명은 다른 전자적 데이터에 첨부되거 나 또는 논리적으로 이러한 데이터와 결합 되고 그리고 인증을 위하여 이용되는 전자 적 형태의 데이터이다.

Elektronischer Geschäftsverkehr
→ Vertrag im elektronischen Geschäftsverkehr (전자거래계약).

Elektronischer-Geschäftsverkehr-Ver-
einheitlichungsgesetz (Gesetz zur Vereinheitlichung von Vorschriften über bestimmte elektronische Informations- und
Kommunikationsdienste) ElGVG 1 전자
거래통합법 (.2007.2.26) (BGBl. I S. 179).
Artikel 1 Telemediengesetz (TMG) (텔레
미디어법).
* (구)전자통신서비스법(Informations- und
Kommunikationsdienste-Gesetz: IuKDG)은
본법으로 대체되었다.

Elektronisches Dokument StPO 41a
전자문서.
(1) An das Gericht oder die Staatsanwaltschaft gerichtete Erklärungen, Anträge
oder deren Begründung, die nach diesem
Gesetz ausdrücklich schriftlich abzufassen
oder zu unterzeichnen sind, können als
elektronisches Dokument eingereicht werden, wenn dieses mit einer qualifizierten
elektronischen Signatur nach dem Signaturgesetz versehen und für die Bearbeitung durch das Gericht oder die Staatsanwaltschaft geeignet ist.
법원이나 검사에 대한 의사표시, 청구의 사
유가 이 법률에 의해 명백히 서면으로 작성
또는 서명될 수 있는 것으로 전자서명법의
공인전자서명이 있고 법원이나 검사를 통하
여 적절히 처리될 수 있는 경우에는 전자문
서로서 제출될 수 있다.

Elektronisches Vereinsregister
BGB 55a 사단전자등기부.
(1) Die Landesregierungen können durch
Rechtsverordnung bestimmen, dass und in
welchem Umfang das Vereinsregister in
maschineller Form als automatisierte Datei
geführt wird.
주정부는 법규명령에 의하여 기계적 형태로
자동화된 데이터저장장치로서 사단등기부의
운용과 그 범위를 정할 수 있다.

ElGVG → Elektronischer-Geschäftsver-
kehr-Vereinheitlichungsgesetz (전자거래통
합법).

Elterliche Sorge BGB 1626 친(권)(배려)
(elterliche Gewalt a.F.)
(1) Die Eltern haben die Pflicht und das
Recht, für das minderjährige Kind zu
sorgen (elterliche Sorge).
부모는 미성년인 자를 배려할 의무와 권리
를 가진다(친권).
Die elterliche Sorge umfasst die Sorge für
die Person des Kindes (→ Personensorge)
und das Vermögen des Kindes (→ Vermögenssorge).
친권은 신상친권과 재산친권을 포함한다.

Elterngeld BEEG 1 부모수당 (육아수당).
Gesetz zum Elterngeld und zur Elternzeit
(Bundeselterngeld- und Elternzeitgesetz 부
모수당 및 부모휴직법)(2006.12.5) (BGBl. I
S. 2748).
(1) Anspruch auf Elterngeld hat, wer
1. einen Wohnsitz oder seinen gewöhnlichen Aufenthalt in Deutschland hat,
2. mit seinem Kind in einem Haushalt
lebt,
3. dieses Kind selbst betreut und erzieht
und
4. keine oder keine volle Erwerbstätigkeit
ausübt.
다음 각호에 해당하는 자는 부모수당청구권
이 있다.
1. 독일에 주소 또는 상주지를 가지고 있는
자,
2. 자신의 아이와 같이 생활하는 자,
3. 아이를 스스로 돌보고 교육하는 자,
4, 완전한 또는 전혀 취업능력이 없는 자.

Embryo ESchG 8(1)(2) 배아.
(1) Als Embryo im Sinne dieses Gesetzes
gilt bereits die befruchtete, entwicklungs-
fähige menschliche Eizelle vom Zeitpunkt
der Kernverschmelzung an, ferner jede
einem Embryo entnommene totipotente
Zelle, die sich bei Vorliegen der dafür
erforderlichen weiteren Voraussetzungen

zu teilen und zu einem Individuum zu entwickeln vermag.

이 법(배아보호법)에서 배아라 함은 이미 수정하여 발육능력이 있는 세포핵융합의 시점부터의 인간 난자를 말하며, 기타 필요한 전제조건이 있으면 분열하여 개체로 발달할 수 있는, 배아에서 채취된 분화전능성을 가진 세포를 말한다.

(2) In den ersten vierundzwanzig Stunden nach der Kernverschmelzung gilt die befruchtete menschliche Eizelle als entwicklungsfähig, es sei denn, daß schon vor Ablauf dieses Zeitraums festgestellt wird, daß sich diese nicht über das Einzellstadium hinaus zu entwickeln vermag.

수정된 인간의 난자는 세포핵융합후 첫 24시간 이내에는 발육능력이 있는 것으로 본다. 다만 그 기간 경과 전에 이미 단세포단계로 넘어 발전할 수 없음이 확인된 경우에는 그러하지 아니하다.

Embryonale Stammzelle StZG 3 Nr.2 배아줄기세포.

Im Sinne dieses Gesetzes

2. sind embryonale Stammzellen alle aus Embryonen, die extrakorporal erzeugt und nicht zur Herbeiführung einer Schwangerschaft verwendet worden sind oder einer Frau vor Abschluss ihrer Einnistung in der Gebärmutter entnommen wurden, gewonnenen pluripotenten Stammzellen,

배아줄기세포란 체외에서 수정되었지만 아직 수태로 되지 않았거나 또는 자궁에 착상이 종료되기 이전 부녀자로부터 분리된 배아로부터 획득한 다능성 줄기세포를 의미한다.

Embryonenschutzgesetz ESchG 배아보호법; Gesetz zum Schutz von Embryonen. (1990.12.13) (BGBl. I S. 2746).
→ Mißbräuchliche Anwendung von Fortpflanzungstechniken (생식기술의 부정이용죄).

Emotionalität 정동성 (情動性).
Charakteristische Inhalte und Verlaufsqualitäten der Gesamtheit der Gefühle und Gemütsbewegungen.

인간의 전체감정 및 정서의 인격적 내용 및 경과적 특질.

Empfängnis StGB 218 수태.
Als Konzeption (von lat. concipere), zu deutsch Empfängnis, bezeichnet man den zur Befruchtung führenden Koitus.

수태는 수정에 이르게 하는 성교.

Empfindliches Übel (mit einem Empfindlichen Übel) 현저한 해악 (~으로).
→ Nötigung(강요죄), Erpressung(공갈죄).

Empfindlichkeit 감(응)성(반응감도).

EMRK → Europaische Menschenrechtskonvention (유럽인권협약).

Endogene Psychose StGB 20
내인성 정신병: 정신분열증, 조울증, 간질.
Mit dem Begriff *endogen* war gemeint, dass die Psychose durch das Innere des Patienten bedingt und nicht durch die Umwelt, also exogen, verursacht sei.

내인성의 개념은 정신병이 환자의 내면에 의하여 조건화된 것이며, 외인성의 환경에 의하여 야기되는 것은 아니다.

Endurteil ZPO 300 종국판결.
(1) Ist der Rechtsstreit zur Endentscheidung reif, so hat das Gericht sie durch Endurteil zu erlassen.

소송이 재판을 받을 정도로 성숙한 경우에는 법원은 종국판결로 이를 선고하여야 한다.

Endvermögen BGB 1375 종국(종말)재산.
(1) Endvermögen ist das Vermögen, das einem Ehegatten nach Abzug der Verbindlichkeiten bei der Beendigung des Güterstands gehört.

종국재산은 부부재산제의 종료시에 채무를 공제한 후 일방 배우자에게 귀속되는 재산이다.
↔ Anfangsvermögen (초기재산).

Energieeinsparungsgesetz (Gesetz zur Einsparung von Energie in Gebäuden)

EnEG 1 에너지절약법 (2005.9.1) (BGBl. I S. 2684).
(1) Wer ein Gebäude errichtet, das seiner Zweckbestimmung nach beheizt oder gekühlt werden muss, hat, um Energie zu sparen, den Wärmeschutz nach Maßgabe der nach Absatz 2 zu erlassenden Rechtsverordnung so zu entwerfen und auszuführen, dass beim Heizen und Kühlen vermeidbare Energieverluste unterbleiben.
에너지를 절약하기 위한 목적에 따라 난방, 냉방시설을 하여야 하는 건물을 세우는 자는 난방, 냉방에 있어서 회피가능한 에너지손실을 막기 위하여 제2항에 의한 법규의 기준에 따라 난방보호장치를 기획하고 실행하여야 한다.

Energiesicherungsgesetz 1975 (Gesetz zur Sicherung der Energieversorgung) **EnSiG 1** 에너지확보법.
(1) Um die Deckung des lebenswichtigen Bedarfs an Energie für den Fall zu sichern, daß die Energieversorgung unmittelbar gefährdet oder gestört und die Gefährdung oder Störung der Energieversorgung durch marktgerechte Maßnahmen nicht, nicht rechtzeitig oder nur mit unverhältnismäßigen Mitteln zu beheben ist, können durch Rechtsverordnung Vorschriften über
1. die Produktion, den Transport, die Lagerung, die Verteilung, die Abgabe, den Bezug, die Verwendung sowie Höchstpreise von Erdöl und Erdölerzeugnissen, von sonstigen festen, flüssigen und gasförmigen Energieträgern, von elektrischer Energie und sonstigen Energien (Gütern) erlassen werden.
에너지공급이 직접 위험에 처하거나 장해를 받고 또한 에너지공급의 위태화나 장해가 시장에 적절한 조치를 통하여 제거될 수 없거나 적시에 제거될 수 없거나 무리한 수단에 의하여서만 제거될 수 있는 경우에 에너지에 대한 생활필수적 수요를 충당하기 위하여 법규명령으로 다음 각호의 규정을 제정할 수 있다.
1. 석유, 석유제품 및 기타 고체·액체·가스

형태의 에너지, 전기에너지 기타 모든 에너지(재화)의 생산, 수송, 저장, 분배, 매도, 매입, 사용 및 그의 최고가격.

Enquete-Kommission BTGO 56 조사위원회 (입법정책).
(1) Zur Vorbereitung von Entscheidungen über umfangreiche und bedeutsame Sachkomplexe kann der Bundestag eine Enquete Kommission einsetzen. Auf Antrag eines Viertels seiner Mitglieder ist er dazu verpflichtet. Der Antrag muß den Auftrag der Kommission bezeichnen.
포괄적이고 중요한 복합사안에 대한 결정을 준비하기 위하여 연방하원은 조사위원회를 설치할 수 있다. 의원 4분의 1의 동의가 있을 경우에는 조사위원회의 설치의무가 있다. 동의에 조사위원회의 임무를 명기하여야 한다.
→ Untersuchungsausschuß (증거)(조사위원회).

Enquêterecht 국정조사권.
~ i.e.S. ist das Recht des Parlaments, zur Nachprüfung bestimmter Vorgänge parlamentarische Untersuchungsausschüsse einzusetzen.
특정사안의 심사를 위하여 의회의 조사위원회를 설치할 수 있는 의회의 권리.

EnSiG 1 → Energiesicherungsgesetz 1975 (에너지확보법).

Entbindung des Angeklagten von der Verpflichtung zum Erscheinen
StPO 233 출석의무의 면제.
(1) Der Angeklagte kann auf seinen Antrag von der Verpflichtung zum Erscheinen in der Hauptverhandlung entbunden werden, wenn nur Freiheitsstrafe bis zu sechs Monaten, Geldstrafe bis zu einhundertachtzig Tagessätzen, Verwarnung mit Strafvorbehalt, Fahrverbot, Verfall, Einziehung, Vernichtung oder Unbrauchbarmachung, allein oder nebeneinander, zu erwarten ist.
피고인은 6개월 이하의 자유형만, 180일수

이하의 벌금형, 형유보부경고, 운전금지, 몰수, 박탈 또는 폐기, 사용불능이 단독 또는 병과하여 부과할 것이 예기되는 경우에는 신청에 의하여 공판에서 출석의무를 면제받을 수 있다.

Entbindung von der Verschwiegenheitspflicht StPO 53, 54 묵비의무의 면제.

Entehrenden Tatsachen → Fragen nach entehrenden Tatsachen.

Enteignung GG 14(3) 공용수용(公用收用).
(3) Eine Enteignung ist nur zum Wohle der Allgemeinheit zulässig.
Sie darf nur durch Gesetz oder auf Grund eines Gesetzes erfolgen, das Art und Ausmaß der Entschädigung regelt.
공용수용은 공공복리를 위해서만 허용된다. 공용수용은 보상의 종류와 범위를 정한 법률에 의해서 또는 법률에 근거하여서만 행하여진다.

Enteignungsgleicher Eingriff 수용유사침해.
"Enteignungsgleich" sind nur solche Eingriffe, die, wenn sie rechtsmäßig wären, die Merkmale einer "Enteigung" erfüllen würden.
"수용유사"란 침해가 적법할 경우 "수용"의 표지를 충족하는 그러한 침해만을 말한다.

Entfernen → Unerlaubtes Entfernen vom Unfallort.

Entfernung aus dem Beamtenverhältnis BDG 10 면직.
(1) Mit der Entfernung aus dem Beamtenverhältnis endet das Dienstverhältnis.
Der Beamte verliert den Anspruch auf Dienstbezüge und Versorgung sowie die Befugnis, die Amtsbezeichnung und die im Zusammenhang mit dem Amt verliehenen Titel zu führen und die Dienstkleidung zu tragen.
면직에 의하여 근무관계는 종료한다. 공무

원은 급여 및 부조에 관한 청구권과 직명 및 직위와 관련하여 부여된 명칭을 사용하고 근무복을 입을 권한을 상실한다.
→ Disziplinarmaßnahme (징계(징벌)처분).

Entfernung der vernommenen Zeugen und Sachverständigen StPO 248 신문된 증인 및 감정인의 퇴정.
Die vernommenen Zeugen und Sachverständigen dürfen sich nur mit Genehmigung oder auf Anweisung des Vorsitzenden von der Gerichtsstelle entfernen. Die Staatsanwaltschaft und der Angeklagte sind vorher zu hören.
신문된 증인 또는 감정인은 재판장의 허가 또는 지시에 의하여만 퇴정할 수 있다. 이를 위해 검사 및 피고인의 의견을 미리 청취하여야 한다.

Entfernung des Angeklagten aus dem Sitzungszimmer StPO 247 피고인의 퇴정.
Das Gericht kann anordnen, daß sich der Angeklagte während einer Vernehmung aus dem Sitzungszimmer entfernt, wenn zu befürchten ist, ein Mitangeklagter oder ein Zeuge werde bei seiner Vernehmung in Gegenwart des Angeklagten die Wahrheit nicht sagen.
법원은 공동피고인 또는 증인이 신문시에 피고인의 면전에서는 진실을 말하지 아니할 것이 우려되는 경우에 이 신문동안 피고인의 퇴정을 명할 수 있다.

Entfernung des Angeklagten wegen ordnungswidrigen Benehmens StPO 231b 질서위반적 행동으로 인한 피고인 퇴정 (~후의 공판: Verhandlung nach ~).
(1) Wird der Angeklagte wegen ordnungswidrigen Benehmens aus dem Sitzungszimmer entfernt oder zur Haft abgeführt (§ 177 des Gerichtsverfassungsgesetzes), so kann in seiner Abwesenheit verhandelt werden, wenn das Gericht seine fernere Anwesenheit nicht für unerläß- ch hält und solange zu befürchten ist, daß die Anwesenheit des Angeklagten den

Ablauf der Hauptverhandlung in schwerwiegender Weise beeinträchtigen würde.
피고인이 명령위반행위로 인하여 퇴정당하거나 구금된(법원조직법 제177조) 경우에, 법원이 그의 더 이상의 출석을 불가결한 것으로 인정하지 아니하고 오히려 그의 출석이 공판의 진행을 현저하게 해할 것이라는 우려가 있는 경우에는 피고인의 불출석하에서 심리될 수 있다.

Entfernungsgenehmigung
→ Beurlaubung des Angeklagten.
→ Erlaubnis zur Entfernung (불출석(퇴정) 허가).

Entfernungsverbot StPO 231 퇴정금지.
(1) Der erschienene Angeklagte darf sich aus der Verhandlung nicht entfernen. Der Vorsitzende kann die geeigneten Maßregeln treffen, um die Entfernung zu verhindern; auch kann er den Angeklagten während einer Unterbrechung der Verhandlung in Gewahrsam halten lassen.
출석한 공판피고인은 심리중 퇴정할 수 없다. 재판장은 퇴정을 저지하기 위하여 적당한 조치를 취할 수 있으며 심리의 중단중에는 피고인을 감금시킬 수 있다.

Entführung mit Willen der Entführten
StGB 236(a.F.) 피유괴자의 동의에 의한 유괴죄 (삭제).

Entgangener Gewinn BGB 252 일실이익(逸失利益).
Der zu ersetzende Schaden umfasst auch den entgangenen Gewinn. Als entgangen gilt der Gewinn, welcher nach dem gewöhnlichen Lauf der Dinge oder nach den Alsonderen Umständen, insAlsondere nach den getroffenen Anstalten und Vorkehrungen, mit Wahrscheinlichkeit erwartet werden konnte.
배상하여야 할 손해에는 일실이익도 포함된다. 사물의 통상의 경과에 따라 또는 특별한 사정에 따라 특히 채비와 준비조치에 따라 개연성이 기대될 수 있었던 이익은 일실된 것으로 본다.

Entgegennahme von Anzeigen
; einer zur ~ zuständigen Stelle (Amtsträger) 고발수령기관 (공무수행자).
→ Falsche Verdächtigung (무고죄).
→ Vortäuschen einer Straftat (사법기망죄).

Entgelt 대가, 보상, 급여.
Entgelt: jede in einem Vermögensvorteil bestehende Gegenleistung (StGB 11(1) Nr. 9).
대가란 재산상의 이익을 그 내용으로 하는 모든 반대급부를 말한다.
→ Arbeitsentgelt (급여; 급료).

Entgeltfortzahlung EntgFG 3 급여계속지급.
(1) Wird ein Arbeitnehmer durch Arbeitsunfähigkeit infolge Krankheit an seiner Arbeitsleistung verhindert, ohne daß ihn ein Verschulden trifft, so hat er Anspruch auf Entgeltfortzahlung im Krankheitsfall durch den Arbeitgeber für die Zeit der Arbeitsunfähigkeit bis zur Dauer von sechs Wochen.
근로자가 그의 귀책사유 없이 질병으로 인한 근로능력상실로 그의 근로급부에 장해가 발생한 경우, 근로자는 근로능력 상실기간이 6주 이내에 해당하는 한 질병시 사용자의 급여계속지급에 대한 청구권을 가진다.

Entgeltfortzahlungsgesetz (Gesetz über die Zahlung des Arbeitsentgelts an Feiertagen und im Krankheitsfall) EntgFG 1 급여계속지급법 (1994.3.26)(BGBl. I S. 1014, 1065).
(1) Dieses Gesetz regelt die Zahlung des Arbeitsentgelts an gesetzlichen Feiertagen und die Fortzahlung des Arbeitsentgelts im Krankheitsfall an Arbeitnehmer sowie die wirtschaftliche Sicherung im Bereich der Heimarbeit für gesetzliche Feiertage und im Krankheitsfall.
본법은 법정공휴일에 급여의 지급과 근로자의 질병시 급여의 계속지급 및 법정공휴일이나 질병시 가내근로의 영역에서의 경제적 보장을 규정한다.

Entgeltliche Geschäftsbesorgung
BGB 675 유상사무처리.
Einer Dienstvertrag oder einen Werkvertrag, der eine Geschäftsbesorgung zum Gegenstand hat.
사무처리를 목적으로 하는 고용계약 또는 도급계약.

Entgeltverzeichnis HAG 8 보수명세서.
(1) Wer Heimarbeit ausgibt oder abnimmt, hat in den Räumen der Ausgabe und Abnahme Entgeltverzeichnisse und Nachweise über die sonstigen Vertragsbedingungen offen auszulegen.
가내근로를 위탁 또는 인수하는 자는 위탁 또는 인수한 장소에서 보수명세서와 기타 계약조건에 관한 증명서를 게시하여야 한다.

EntgFG → Entgeltfortzahlungsgesetz (급여계속지급법).

Entlassung 석방, 이탈, 해고, 파면,
① Entlassungsvorbereitung (석방준비).
② (~auf Antrag) StAG 18 이탈.
Ein Deutscher wird auf seinen Antrag aus der Staatsangehörigkeit entlassen, wenn er den Erwerb einer ausländischen Staatsangehörigkeit beantragt und ihm die zuständige Stelle die Verleihung zugesichert hat.
독일인이 외국의 국적을 취득하기 위한 신청을 하고 해당관청이 신청자에게 그 외국국적을 수여할 사실을 확인해 주면 본인의 신청에 의해 독일국적을 이탈한다.
Die Staatsangehgeht verloren durch Entlassung. (StAG 17)
이탈에 의해 국적은 상실된다.
③ Entlassungssperre (해고금지).
④ 파면 (GG 98).
(2) Wenn ein Bundesrichter im Amte oder außerhalb des Amtes gegen die Grundsätze des Grundgesetzes oder gegen die verfassungsmäßige Ordnung eines Landes verstößt, so kann das Bundesverfassungsgericht mit Zweidrittelmehrheit auf Antrag des Bundestages anordnen, daß der Richter in ein anderes Amt oder in den Ruhestand zu versetzen ist.
Im Falle eines vorsätzlichen Verstoßes kann auf Entlassung erkannt werden.
연방법관이 그 직무중 또는 직무를 떠나서 헌법의 원칙 또는 주의 헌법적 질서에 위반한 경우에는 연방헌법재판소는 연방하원의 신청에 의하여 3분의2의 다수로서 그 법관의 전직 또는 정직을 명할 수 있다. 고의적인 위반이 있는 경우에는 파면의 선고를 할 수 있다.
→ Disziplinarmaßnahme (징계(징벌)처분).

Entlassungsbeihilfe StVollzG 75 석방보조금: 귀주여비를 위한 보조금, 갱생보조금, 충분한 의복.

Entlassungshilfe StVollzG 74
석방을 위한 부조 (Hilfe zur Entlassung).

Entlassungssperre KSchG 18 해고금지.
(1) Entlassungen, die nach § 17 anzuzeigen sind, werden vor Ablauf eines Monats nach Eingang der Anzeige bei der Agentur für Arbeit nur mit deren Zustimmung wirksam;
해고제한법 제17조에 따라 신고의무가 있는 해고는 노동사무소에 신고후 한 달이 경과하기 전에 그 승인이 있는 경우에만 유효하다.

Entlassungsvorbereitung StVollzG 15, 134 석방준비.
(1) Um die Entlassung vorzubereiten, soll der Vollzug gelockert werden.
석방을 준비하기 위해서는 행형이 완화되어야 한다.

Entlassungszeitpunkt StVollzG 16 석방시기.
(1) Der Gefangene soll am letzten Tag seiner Strafzeit möglichst frühzeitig, jedenfalls noch am Vormittag entlassen werden.
수형자는 그의 형기의 마지막 날의 가능한 한 이른 시각에, 그 경우에도 오전 중에 석방되어야 한다.

Entlastend 면책적 ↔ Belastend 부책적.

Entleiher AÜG 1 사용사업주
→ Leiharbeitnehmer (파견근로자).

Entmündigung 행위능력의 박탈, 제한(금
치산, 한정치산)의 선고.
감호법(Betreuungsgesetz: 1992.1.1)에 의해
금치산선고, 성년후견, 병약자의 보호는 폐
지되고, 개정민법은 후견 (Vormundschaft:
BGB 1773), 성년후견 (Rechtliche Betreuung: BGB 1896), 보호 (Pflegschaft: BGB
1909)의 제도로 재구성되었다.

Entnahme von Blutproben StPO 81a
혈액채취.
Zu diesem Zweck sind Entnahmen von
Blutproben und andere körperliche Eingriffe, die von einem Arzt nach den Regeln der ärztlichen Kunst zu Untersu-
chungszwecken vorgenommen werden, ohne
Einwilligung des Beschuldigten zulässig,
wenn kein Nachteil für seine Gesundheit
zu befürchten ist.
(신체검사의 목적을 위한) 혈액채취 및 기
타 신체침해는 의사가 의술상의 원칙에 따
라 행하고 피의자의 건강을 해할 염려가 없
는 경우에는 피의자의 동의없이 할 수 있
다.

Entnahme von Organen und Geweben
TPG 8 장기와 조직의 적출.
(1) Die Entnahme von Organen oder Geweben zum Zwecke der Übertragung auf
andere ist bei einer lebenden Person, soweit in § 8a nichts Abweichendes bestimmt ist, nur zulässig, wenn
1. die Person
a) volljährig und einwilligungsfähig ist,
b) nach Absatz 2 Satz 1 und 2 aufgeklärt
worden ist und in die Entnahme eingewilligt hat,
c) nach ärztlicher Beurteilung als Spender
geeignet ist und voraussichtlich nicht über
das Operationsrisiko hinaus gefährdet oder
über die unmittelbaren Folgen der Entnahme hinaus gesundheitlich schwer beeinträchtigt wird,
생자로부터의 장기와 조직의 적출은 § 8a

(Entnahme von Knochenmark bei minderjährigen Personen: 미성년자 골수의
적출)에서 달리 정하여지지 않는 한, 다음
의 각호의 경우에만 허용된다.
1. 기증자가
a) 성년이고 동의능력을 가지고 있는 경우,
b) 제2항 1,2문에 따른 설명에 따라 적출에
동의한 경우,
c) 의학적 판단에 의하면 기증자로서 적합
하고 수술의 위험 이외에 더 이상의 위험이
예측되지 않고 장기적출의 직접적인 결과
이상의 건강상 중대한 장애를 초래하지 않
을 경우.

Entnazifizierungsgesetz GG 139 나치추
방법률.
Die zur "Befreiung des deutschen Volkes
vom Nationalsozialismus und Militarismus"
erlassenen Rechtsvorschriften werden von
den Bestimmungen dieses Grundgesetzes
nicht berührt.
"나치즘 및 군국주의로부터 독일국민의 해
방"을 위하여 발포된 법규정은 이 기본법의
규정에 의하여 영향을 받지 아니한다.

Entschädigung GG 14(3) 보상.
(3) S.3 Die Entschädigung ist unter gerechter Abwägung der Interessen der Allgemeinheit und der Beteiligten zu bestimmen.
보상은 공공의 이익과 관계자의 이익을 공
정하게 형량하여 정해져야 한다.
→ Enteignung (공용수용).

Entschädigung der Einziehung
StGB 74f 몰수에 대한 보상.
(1) Stand das Eigentum an der Sache
oder das eingezogene Recht zur Zeit der
Rechtskraft der Entscheidung über die Einziehung oder Unbrauchbarmachung einem
Dritten zu oder war der Gegen stand mit
dem Recht eines Dritten belastet, das
durch die Entscheidung erloschen oder
beeinträchtigt ist, so wird der Dritte aus
der Staatskasse unter Berücksichtigung
des Verkehrswertes angemessen in Geld
entschädigt.

물건에 대한 소유권 또는 몰수대상 권리가 몰수 또는 사용불능에 관한 판결의 확정 당시 제3자의 소유이거나 그 물건에 관하여 제3자의 권리가 설정되어 판결에 의하여 이러한 권리를 소멸시키거나 침해하게 되는 경우 그 제3자는 국고로부터 그 거래액을 고려한 적정한 금액을 보상받는다.

Entschädigung für Strafverfolgungs- maßnahmen StrEG 1, 2 형사보상 (형사 소추처분에 대한 보상).
Entschädigung für Urteilsfolgen StrEG 1 판결결과(형의 감면)에 따른 보상.
(1) Wer durch eine strafgerichtliche Ver- urteilung einen Schaden erlitten hat, wird aus der Staatskasse entschädigt, soweit die Verurteilung im Wiederaufnahmever- fahren oder sonst, nachdem sie rechts- kräftig geworden ist, in einem Straf- verfahren fortfällt oder gemildert wird.
형사법원의 유죄판결로 인하여 손해를 입은 자가 재심절차나 또는 기타 형의 확정 이후 형사절차에서 형이 감면된 경우에는 국가재 정으로부터 보상된다.
Entschädigung für andere Strafverfol- gungsmaßnahmen StrEG 2 기타 형사소 추처분에 대한 보상.
(1) Wer durch den Vollzug der Unter- suchungshaft oder einer anderen Strafver- folgungsmaßnahme einen Schaden erlitten hat, wird aus der Staatskasse entschädigt, soweit er freigesprochen oder das Ver- fahren gegen ihn eingestellt wird oder soweit das Gericht die Eröffnung des Hauptverfahrens gegen ihn ablehnt.
미결구금 또는 기타 형사소추처분의 집행에 의하여 손해를 입은 자가 무죄판결을 받거 나 또는 그 절차가 중지되거나 또는 법원이 그에 대한 공판절차의 개시를 거부한 때에 는 국가재정으로부터 보상된다.

Entschädigung von Zeugen StPO 71 증인에 대한 보상.
Der Zeuge wird nach dem Justizvergü- tungs- und -entschädigungsgesetz (JVEG) ent schädigt.
증인은 「사법보수 및 보상법」에 의하여 보

상한다.

Entschädigungsfonds PflVG 12 보상 (보장)기금.
(1) Wird durch den Gebrauch eines Kraftfahrzeugs oder eines Anhängers im Geltungsbereich dieses Gesetzes ein Per- sonen- oder Sachschaden verursacht, so kann derjenige, dem wegen dieser Schä- den Ersatzansprüche gegen den Halter, den Eigentümer oder den Fahrer des Fahrzeugs zustehen, diese Ersatzansprüche auch gegen den "Entschädigungsfonds für Schäden aus Kraftfahrzeugunfällen" (Ent- schädigungsfonds) geltend machen,
본법의 적용범위에서 자동차 또는 연결차량 의 사용으로 인하여 인적, 물적 손해가 야 기된 경우에 자동차의 보유자, 소유자 또는 운전자에 대하여 동손해로 인한 배상청구권 이 있는 자는 다음 각호의 사유가 있는 경 우에 "자동차사고로 인한 손해보상기금"(보 상기금)에 대하여도 배상청구권을 주장할 수 있다.
1. wenn das Fahrzeug, durch dessen Ge- brauch der Schaden verursacht worden ist, nicht ermittelt werden kann,
2. wenn die auf Grund eines Gesetzes erforderliche Haftpflichtversicherung zu- gunsten des Halters, des Eigentümers und des Fahrers des Fahrzeugs nicht besteht,
3. wenn für den Schaden, der durch den Gebrauch des ermittelten oder nicht ermittelten Fahrzeugs verursacht worden ist, eine Haftpflichtversicherung deswegen keine Deckung gewährt oder gewähren würde, weil der Ersatzpflichtirsaden Ein- tritt der Tatsache, für die er dem Er- satzberechtirten verantwortlich ist, vor- sätzlich und tzderrechtlich herbeirsführt hat,
4. wenn die Versicherungsaufsichtsbehörde den Antrag auf Eröffnung eines Insol- venzverfahrens über das Vermögen des leistungspflichtigen Versicherers stellt
1. 손해를 야기한 차량이 조사불명인 경우,
2. 자동차의 보유자나 소유자에 대한, 법률 상 필수적인 책임보험이 존재하지 아니한

경우,
3. 조사되거나 조사불명인 손해에 대하여 가해자가 배상권자에게 책임져야 할 사실을 고의 및 위법하게 야기함으로써 자동차책임보험이 그에 대하여 보상하지 않거나 보상할 수 없게 될 경우,
4. 보험감독청이 급부의무있는 보험자의 재산에 대하여 도산절차를 신청한 경우.

Entscheidung 재판, 결정.
Die Entscheidung ergeht je nach Verfahrensart und Entscheidungsinhalt durch Urteil, Beschluß oder Verfügung.
재판은 절차의 종류와 재판의 내용에 따라서 판결, 결정 또는 처분으로 이루어진다.
(1) Die Behörde entscheidet unter Würdigung des Gesamtergebnisses des Verfahrens. (VwVfG 69)
행정청은 절차의 모든 결과를 평가하여 결정한다.
→ Gerichtliche Entscheidung (재정).

Entscheidung einer Vorfrage StPO 154d
선결문제의 재판.
(Vorentscheidung im Zivil- oder Verwaltungsstreitverfahren)
Hängt die Erhebung der öffentlichen Klage wegen eines Vergehens von der Beurteilung einer Frage ab, die nach bürgerlichem Recht oder nach Verwaltungsrecht zu beurteilen ist, so kann die Staatsanwaltschaft zur Austragung der Frage im bürgerlichen Streitverfahren oder im Verwaltungsstreitverfahren eine Frist bestimmen.
경죄에 대한 공소제기 여부가 민법이나 행정법에 의한 재판의 판단에 좌우될 경우, 민사소송절차 또는 행정소송절차에 의한 그 문제의 해결을 위한 기간을 검사가 정할 수 있다.

Entscheidung über den Antrag
StPO 406 신청에 대한 재판.
(1) Das Gericht gibt dem Antrag in dem Urteil statt, mit dem der Angeklagte wegen einer Straftat schuldig gesprochen oder gegen ihn eine Maßregel der Bes-

serung und Sicherung angeordnet wird, soweit der Antrag wegen dieser Straftat begründet ist.
Die Entscheidung kann sich auf den Grund oder einen Teil des geltend gemachten Anspruchs beschränken.
(1) 법원은 피고인이 범죄로 인하여 유죄의 선고를 받거나 또는 개선·보안처분의 명령을 받은 판결에서 (피해자의 배상) 신청이 이러한 범죄행위에 근거하는 경우 이를 허용한다.
재판은 주장된 청구의 원인 또는 일부에 제한되지 아니한다.

Entscheidung über den Antrag auf Wiedereinsetzung in den vorigen Stand
StPO 46 원상회복의 신청에 대한 재판.
(1) Über den Antrag entscheidet das Gericht, das bei rechtzeitiger Handlung zur Entscheidung in der Sache selbst berufen gewesen wäre.
적시에 (원상회복의)신청을 하였더라면 사안 자체에 관하여 재판하게 될 법원이 신청에 대한 결정을 내린다.

Entscheidung über die Beschwerde
StPO 309 항고재판.
(1) Die Entscheidung über die Beschwerde ergeht ohne mündliche Verhandlung, in geeigneten Fällen nach Anhörung der Staatsanwaltschaft.
항고에 관한 재판은 구두변론 없이 행하며 필요하다고 인정하는 경우 검사의 의견을 청취한 후에 재판한다.

Entscheidung über die Einziehung
(~im Nachverfahren und die selbständige Einziehung) StPO 441
몰수에 관한 재판 (사후절차와 독립몰수절차의 ~).
(1) Die Entscheidung über die Einziehung im Nachverfahren (§439) trifft das Gericht des ersten Rechtszuges, die Entscheidung über die selbständige Einziehung (§440) das Gericht, das im Falle der Strafverfolgung einer bestimmten Person zuständig wäre.

사후절차에서의 몰수재판(제439조)은 제1심 법원이 수행하며, 독립몰수에 관한 재판(제440조)은 특정인에 대한 형사소추의 경우 관할권을 갖게 될 법원이 행한다.

Entscheidung über die im Urteil vorbehaltene oder die nachträgliche Anordnung der Sicherungsverwahrung

StPO 275a 판결에서 유보된 또는 사후적 보안감호의 명령에 관한 재판.

(1) Ist über die im Urteil vorbehaltene oder die nachträgliche Anordnung der Sicherungsverwahrung (§§ 66a und 66b des Strafgesetzbuches, § 106 Abs.3, 5 und 6 des Jugendgerichtsgesetzes) zu entscheiden, übersendet die Vollstreckungsbehörde die Akten rechtzeitig an die Staatsanwaltschaft des zuständigen Gerichts.

판결에서 유보된 또는 사후적 보안감호의 명령에 관하여(형법 제66a조, 66b조 및 소년법원법 제106조 제3, 5, 6항) 재판하여야 할 경우 형집행관청은 (행위자의) 기록을 적시에 관한법원의 검사에게 송부한다.

Entscheidung über die Kosten

StPO 464 비용에 관한 재판.
→ Kostenentscheidung.

Entscheidungsmöglichkeit bei Strafbefehlen

StPO 408 과형명령의 관할.

(1) Hält der Vorsitzende des Schöffengerichts die Zuständigkeit des Strafrichters für begründet, so gibt er die Sache durch Vermittlung der Staatsanwaltschaft an diesen ab.

참심법원의 재판장이 형사판사의 관할권을 이유있다고 인정하는 경우 그 재판장은 검사를 경유하여 그 형사판사에게 사건을 송부한다.

Entschuldigender Notstand StGB 35

면책적 긴급피난.

(1) Wer in einer gegenwärtigen, nicht anders abwendbaren Gefahr für Leben, Leib oder Freiheit eine rechtswidrige Tat begeht, um die Gefahr von sich, einem Angehörigen oder einer anderen ihm na-hestehenden Person abzuwenden, handelt ohne Schuld.

생명, 신체, 또는 자유에 대한 현재의 위험에서 자기, 친족이나 다른 가까운 사람에 대한 위험을 회피하기 위하여 위법한 행위를 한 자는 책임없이 행위한 것이다.
→ Rechtfertigender Notstand (정당화적 긴급피난).

Entsprecheungsklausel StGB 13

동가치성 (상응성) 조항 (부작위범).

Wenn das Unterlassen der Verwirklichung des gesetzlichen Tatbestände durch ein Tun entspricht.

부작위가 법적 구성요건의 작위에 의한 실현에 상응하는 경우.

Entstellung StGB 263

왜곡 → Betrug.

durch Entstellung oder Unterdrückung wahrer Tatsachen (진실한 사실의 왜곡이나 은폐).

Entweichungsgefahr oder Mißbrauchsgefahr StVollzG 11(2), 36

도주의 우려나 남용의 우려.

(1) Der Anstaltsleiter kann einem Gefangenen zur Teilnahme an einem gerichtlichen Termin Ausgang oder Urlaub erteilen, wenn anzunehmen ist, daß er der Ladung folgt und keine Entweichungs- oder Mißbrauchsgefahr (§ 11 Abs. 2) besteht. (StVollzG 36)

행형시설의 장은 수형자가 그 소환을 준수하고, 도주 또는 남용의 위험(제11조 제2항)이 없다고 인정되는 경우 법원의 소환에 참석하도록 수형자에게 외출 또는 휴가를 허가할 수 있다.

Entwidmung (Einziehung) FStrG 2(4)

공용폐지 ↔ Widmung (공용지정).

(4) Eine Bundesfernstraße, bei der sich die Verkehrsbedeutung geändert hat und bei der die Voraussetzungen des § 1 Abs. 1 weggefallen sind, ist entweder unverzüglich einzuziehen, wenn sie jede Verkehrsbedeutung verloren hat oder überwiegende Gründe des öffentlichen Wohls

vorliegen (Einziehung), oder unverzüglich dem Träger der Straßenbaulast zu überlassen, der sich nach Landesrecht bestimmt (Abstufung).
교통상의 의미가 변했거나 제1조 제1항의 요건이 탈락한 연방원거리도로는 도로교통의 모든 의미를 상실했거나 우월적인 공공복리의 근거를 상실한 때에는 지체없이 이를 폐지하거나(공용폐지) 또는 주법에 의하여 정하여진(등급) 도로부담의 주체에게 이를 지체없이 인도하여야 한다.

Entziehung bei einer ausländischen Fahrerlaubnis StGB 69b 외국운전면허의 박탈.
(1) Darf der Täter auf Grund einer im Ausland erteilten Fahrerlaubnis im Inland Kraftfahrzeuge führen, ohne daß ihm von einer deutschen Behörde eine Fahrerlaubnis erteilt worden ist, so hat die Entziehung der Fahrerlaubnis die Wirkung einer Aberkennung des Rechts, von der Fahrerlaubnis im Inland Gebrauch zu machen.
행위자가 독일관청에서 발급한 운전면허없이 외국에서 발급된 면허에 의해 국내에서 자동차를 운전할 수 있도록 허용된 경우에는 그 운전면허의 박탈은 국내에서 운전할 권리를 박탈하는 효과를 가진다.

Entziehung der Fahrerlaubnis StGB 69 운전면허의 박탈.
(1) Wird jemand wegen einer rechtswidrigen Tat, die er bei oder im Zusammenhang mit dem Führen eines Kraftfahrzeugs oder unter Verletzung der Pflichten eines Kraftfahrzeugführers begangen hat, verurteilt oder nur deshalb nicht verurteilt, weil seine Schuldunfähigkeit erwiesen oder nicht auszuschließen ist, so entzieht ihm das Gericht die Fahrerlaubnis, wenn sich aus der Tat ergibt, daß er zum Führen von Kraftfahrzeugen ungeeignet ist.
자동차 운전중 또는 운전과 관련되거나 운전자의 의무에 위반하여 행하여진 위법행위를 이유로 유죄판결을 선고받았거나 또는 그 책임무능력이 입증되거나 책임무능력을 배제할 수 없다는 이유만으로 유죄판결을

선고받지 못한 경우 법원은 그 위법행위에 비추어 자동차 운전이 적절하지 못하다고 판단되는 때에는 운전면허를 박탈한다.

Entziehung elektrischer Energie StGB 248c 전기절도죄.
(1) Wer einer elektrischen Anlage oder Einrichtung fremde elektrische Energie mittels eines Leiters entzieht, der zur ordnungsmäßigen Entnahme von Energie aus der Anlage oder Einrichtung nicht bestimmt ist, wird, wenn er die Handlung in der Absicht begeht, die elektrische Energie sich oder einem Dritten rechtswidrig zuzueignen, mit Freiheitsstrafe bis zu fünf Jahren oder mit Geldstrafe bestraft.
불법영득의 의사로 합법적인 전력사용에 공하지 않는 도선을 사용하여 전기설비나 전기장치로부터 타인의 전력을 절취한 자는 5년 이하의 자유형 또는 벌금형에 처한다.

Entziehung Minderjähriger StGB 235 미성년자약취·유인죄.
(← Kindesentziehung. a.F.)
(1) Mit Freiheitsstrafe bis zu fünf Jahren oder mit Geldstrafe wird bestraft, wer
1. eine Person unter achtzehn Jahren mit Gewalt, durch Drohung mit einem empfindlichen Übel oder durch List oder
2. ein Kind, ohne dessen Angehöriger zu sein,
den Eltern, einem Elternteil, dem Vormund oder dem Pfleger entzieht oder vorenthält.
1. 18세 미만자를 폭행, 현저한 해악을 통한 협박 또는 위계에 의하여, 또는 2. 친족이 없는 아동을 부모, 그 일방, 후견자 또는 보호자로부터 약취·유인하거나 억류한 자는 5년 이하의 자유형 또는 벌금형에 처한다.

Entziehungsanstalt StGB 64 금단시설.
금단시설수용(~에의 수용): Unterbringung in einer ~.

Entziehungskur StGB 64(2), 323b 금단치료.
(2) Die Anordnung unterbleibt, wenn eine

Entziehungskur von vornherein aussichtslos erscheint.
금단치료가 처음부터 가망이 없는 경우에는
명령을 하지 아니한다.

Entzug der zugewiesenen Arbeit
StVollzG 103(1) Nr.7　작업할당의 박탈.
→ Disziplinarmaßnahme (징계(징벌)처분).

Entzug des Aufenhalts im Freien
StVollzG 103(1) Nr.6　야외체류의 박탈.
→ Disziplinarmaßnahme (징계(징벌)처분).

Enumeratio, ergo limitatio　열거는 제한
적으로.
Mit "enumeratio, ergo limitatio" wird der
Grundsatz bezeichnet, das Aufzählungen
im Gesetz abschließend sind. Er ist eine
Ausformung des Grundsatzes "singularia
non sunt extendenda"
~ 의 원칙은 법률에서의 열거는 종국적이
라는 원칙을 말한다. 이 원칙은 "예외규정은
확대적용할 수 없다"는 원칙의 형태를 완성
한 것이다.

Epilepsie　간질(전간) (die Krampfanfälle
des Epileptikers 간질병자의 발작).
→ Endogene Psychose.

Erbbaurecht　ErbbauRG 1　지상권.
(1) Ein Grundstück kann in der Weise
belastet werden, daß demjenigen, zu
dessen Gunsten die Belastung erfolgt, das
veräußerliche und vererbliche Recht zusteht, auf oder unter der Oberfläche des
Grundstücks ein Bauwerk zu haben.
토지는 지상권의 목적으로 될 수 있다. 지
상권은 지표상 또는 지표하에 공작물을 소
유할 수 권리로, 양도 또는 상속될 수 있다.

Erbbaurechtsgesetz　(Gesetz über das
Erbbaurecht) ErbbauRG　지상권법(1919.
1.15) (Bundesgesetzblatt Teil III, Gliederungsnummer 403–6).

Erbe　① m. 상속인 ↔ Erblasser 피상속인
② n. 유산.

Erbeinsetzung　BGB 2087　상속인의 지
정.
(1) Hat der Erblasser sein Vermögen oder
einen Bruchteil seines Vermögens dem
Bedachten zugewendet, so ist die Verfügung als Erbeinsetzung anzusehen, auch
wenn der Bedachte nicht als Erbe bezeichnet ist.
피상속인이 그의 재산 또는 그의 재산의 지
분을 출연한 경우에는 그 출연을 받은 자가
상속인으로서 표시되지 아니한 경우에도 그
의 처분은 상속인의 지정으로 인정된다.

Erbfähigkeit　BGB 1923　상속능력.
(1) Erbe kann nur werden, wer zur Zeit
des Erbfalls lebt.
상속개시 당시에 생존한 자에 한하여 상속
인이 될 수 있다.
(2) Wer zur Zeit des Erbfalls noch nicht
lebte, aber bereits gezeugt war, gilt als
vor dem Erbfall geboren.
상속개시당시에 아직 생존하지 아니하나 이
미 태아인 자는 상속개시이전에 출생한 것
으로 본다.

Erbfall　BGB 1922　상속개시.
→ Gesamtrechtsnachfolge.

Erbfolge　상속, 상속순위.
; Gesetzliche Erbfolge (법정상속).

Erblasser　피상속인 ↔ Erbe 상속인.

Erbrecht　GG 14　상속권 (→ Eigentumsgarantie); BGB 1922 ff. 상속법.

Erbschaft　BGB 1942　상속재산.
(1) Die Erbschaft geht auf den berufenen
Erben unbeschadet des Rechts über, sie
auszuschlagen (Anfall der Erbschaft).
상속재산은 그 포기권과 관계없이 상속의
권한있는 상속인에게 이전한다(상속재산의
귀속).

Erbschaftsanspruch　BGB 2018　상속회복
청구권.
Der Erbe kann von jedem, der auf Grund

eines ihm in Wirklichkeit nicht zustehenden Erbrechts etwas aus der Erbschaft erlangt hat (Erbschaftsbesitzer), die Herausgabe des Erlangten verlangen.
실제로 자기에게 속하지 않는 상속권을 근거로 재산을 취득한 자(상속재산점유자)에 대하여 상속인은 그 취득물의 반환을 요구할 수 있다.

Erbschaftskauf BGB 2371 상속재산매매.
Ein Vertrag, durch den der Erbe die ihm angefallene Erbschaft verkauft, bedarf der notariellen Beurkundung.
상속인이 자기에게 귀속한 상속재산을 매각 하는 계약은 공정증서의 작성을 필요로 한다.

Erbschein BGB 2353 상속증서.
Das Nachlassgericht hat dem Erben auf Antrag ein Zeugnis über sein Erbrecht und, wenn er nur zu einem Teil der Erbschaft berufen ist, über die Größe des Erbteils zu erteilen (Erbschein).
상속법원은 상속인에 대하여 그 신청으로 상속권에 관한 증명서 및 상속인이 상속재산의 일부에 관하여 상속권을 가질 때에는 그의 상속분의 액에 관한 증명서를 교부하여야 한다.

Erbunwürdigkeit (Gründe für ~)
BGB 2339 상속결격(사유).
(1) Erbunwürdig ist:
1. wer den Erblasser vorsätzlich und widerrechtlich getötet oder zu töten versucht oder in einen Zustand versetzt hat, infolge dessen der Erblasser bis zu seinem Tode unfähig war, eine Verfügung von Todes wegen zu errichten oder aufzuheben,
1. 고의 또는 위법으로 피상속인을 사망하게 하거나 또는 그의 사망을 시도한 자 또는 그로 인해 피상속인이 사망하기까지 사인처분을 하거나 이를 취소할 수 없는 상태에 빠지게 한 자는 상속결격자이다.

Erbvertrag BGB 1941 상속계약.
(1) Der Erblasser kann durch Vertrag

einen Erben einsetzen sowie Vermächtnisse und Auflagen anordnen (Erbvertrag).
피상속인은 계약에 의하여 상속인을 지정하거나 유증 및 부담을 정할 수 있다.

Erbverzicht BGB 2346 상속포기.
(1) Verwandte sowie der Ehegatte des Erblassers können durch Vertrag mit dem Erblasser auf ihr gesetzliches Erbrecht verzichten.
피상속인의 친족 및 배우자는 피상속인과의 계약에 의하여 그의 법정상속권을 포기할 수 있다.

Erdrosseln 교살 (絞殺).
Erdrosseln bezeichnet im Unterschied zum Erhängen die Strangulation durch Zuziehen einer Schlinge und nicht durch das Körpergewicht. Wesentliches Unterscheidungsmerkmal zum Erwürgen ist die Zuhilfenahme eines Werkzeugs, z. B. einer Garrotte.
교살은 의사와는 달리 올가미로 옭아매지만 체중에 의지하지 않는 목조름이다. 액살과의 근본적인 차이점은 도구를 보조로 사용한다는 점이다.

Erfahrungssatz 경험(법)칙.
Erfahurngssätze sind sowohl die Regeln der allgemeinen Lebenserfahurng als auch die Regeln einer besonderen Fach- und Sachkunde.
경험법칙은 일반적인 생활경험이나 특별한 전문적인 지식에 관한 법칙을 말한다.

Erfinderrecht (발명자권).
→ Recht des Erfinders (발명자의 권리)

Erfolglos eingelegten Rechtsmittel
StPO 473 패소한 상소.
→ Kosten eines zurückgenommenen oder erfolglos eingelegten Rechtsmittels.

Erfolgshonorar BRAO 49b(2) 성공보수.
Vereinbarungen, durch die eine Vergütung oder ihre Höhe vom Ausgang der Sache

oder vom Erfolg der anwaltlichen Tätigkeit abhängig gemacht wird (Erfolgshonorar) oder nach denen der Rechtsanwalt einen Teil des erstrittenen Betrags
als Honorar erhält (quota litis), sind
unzulässig.
보수지급 또는 그 액수가 사건의 종결결과
나 변호사 활동의 성공에 의존하는 합의(성
공보수) 또는 그에 따라 변호사가 소송가액
의 일부를 수임료로 받는 것은(소송물의 분
할합의) 허용되지 않는다.

Erfolgsqualifiziertes Delikt StGB 18
결과적 가중범.
Schwerere Strafe bei besonderen Tat-
folgen(행위의 특별한 결과에 대한 가중형).
Knüpft das Gesetz an eine besondere
Folge der Tat eine schwerere Straft, so
trifft sie den Täter oder den Teilnehmer
nur, wenn ihm hinsichtlich dieser Folge
wenigstens Fahrlässigkeit zur Last fällt.
법률이 행위의 특별한 결과에 보다 중한 형
을 규정하고 있는 때에는 그 결과에 관하여
적어도 과실의 책임을 지는 경우에 한하여
그 중한 형으로써 정범 또는 공범을 벌한다.

Erforschungspflicht StPO 163 (범죄행
위의) 조사의무.
→ Ermittlung durch Polizei (경찰수사)
(Erster Zugriff der Polizei: 경찰의 초동개
입).

Erfüllung BGB 362(2) 변제, 이행.
(2) Wird an einen Dritten zum Zwecke
der Erfüllung geleistet, so finden die Vorschriften des § 185 Anwendung.
변제의 목적으로 제3자에게 급부를 하는 때
에는 제185조 (Verfügung eines Nichtberechtigten: 비권리자의 처분)의 규정을 적
용한다.
→ An Erfüllungs statt (이행에 갈음하여).

Erfüllung des Anerbietens (bei Strafaussetzung) StGB 56b(3) 급부제안의 이행
(형의 유예시).
Erbietet sich der Verurteilte zu angemessenen Leistungen, die der Genugtuung

für das begangene Unrecht dienen, so
sieht das Gericht in der Regel von Auflagen vorläufig ab, wenn die Erfüllung
des Anerbietens zu erwarten ist.
유죄선고를 받은 자가 과거의 불법행위의
배상에 기여하는 적질한 급부를 제안하는
경우 그러한 급부의 이행이 기대되는 때에
는 법원은 통상 준수사항을 잠정적으로 중
지한다.

Erfüllungs statt BGB 364 대물변제.
→ Annahme an Erfüllungs statt (대물변
제의 수령).

Erfüllungsanspruch 이행청구권.
Der Erfüllungsanspruch ist der Anspruch
auf Erfüllung des Vertrags. Der Erfüllungsanspruch erlischt in dem Moment, in
dem der andere die geschuldete Leistung
bewirkt (vgl. § 362 Abs. 1 BGB).
이행청구권은 계약의 이행에 대한 청구권이
다. 이행청구권은 타인이 채무에 좋은 급부
를 하는 경우에 소멸한다.

Erfüllungsbetrug StGB 263 이행사기.
이행사기는 피해자가 기망으로 급부의 이행
에 관하여 계약상의 청구권을 유보하거나
또는 계약상의 의무보다도 더 많은 급부를
이행하도록 하는 것을 말한다.
→ Eingehensbetrug (체결사기).

Erfüllungshalber 이행을 위하여.
Eine Leistung erfüllungshalber liegt vor,
wenn dem Gläubiger ein Gegenstand überlassen wird, aus dem er seine Befriedung
suchen soll.
이행을 위한 급부는 채권자가 대상물로부터
자신의 만족을 얻도록 채권자에게 대상물이
이전된 경우를 말한다. (Zahlungshalber 지
급(변제)을 위하여)

Ergänzungsklage 보충소송 (판결이 불법
내용을 모두 판단하지 않은 경우).
Bevollständigungsklage → Strafklagever-
brauch(형사소(刑事訴)의 확정; 기판력).

Ergänzungsrichter GVG 192(2) 보충판

사; 배석판사.
(2) Bei Verhandlungen von längerer Dauer kann der Vorsitzende die Zuziehung von Ergänzungsrichtern anordnen, die der Verhandlung beizuwohnen und im Falle der Verhinderung eines Richters für ihn einzutreten haben.
(2) 심리가 상당한 기간 지속될 경우 재판장은, 심리에 참석해야 하고 판사의 장애시 그를 대리해야 하는 보충판사의 관여를 명령할 수 있다.
배석하는 판사의 의미로는 der beisitzende Richter (StPO 240)가 쓰인다.

Ergänzungsrichter und Ergänzungsschöffen StPO 222a 보충판사와 보충참심원.
(1) Findet die Hauptverhandlung im ersten Rechtszug vor dem Landgericht oder dem Oberlandesgericht statt, so ist spätestens zu Beginn der Hauptverhandlung die Besetzung des Gerichts unter Hervorhebung des Vorsitzenden und hinzugezogener Ergänzungsrichter und Ergänzungsschöffen mitzuteilen.
제1심 공판이 주법원이나 주고등법원에서 행하여지는 경우에는 늦어도 공판이 개시될 때까지 재판장, 보충판사 및 보충참심원을 명시하여 재판부의 구성을 통지하여야 한다.

Ergänzungsschöffen GVG 48 보충참심원; 배석참심원.
(1) Ergänzungsschöffen werden aus der Hilfsschöffenliste zugewiesen.
보충참심원은 보조참심원명부로부터 배정된다. → Hilfsschöffen.

Ergänzungsschule 보충학교.
→ Private Schule (사립학교).

Ergänzungswahl GemO BW 31 보궐선거.
(3) Ist die Zahl der Gemeinderäte dadurch, dass nicht eintretende oder ausgeschiedene Gemeinderäte nicht durch Nachrücken ersetzt oder bei einer Wahl Sitze nicht besetzt werden konnten, auf weniger als zwei Drittel der gesetzlichen Mitgliederzahl herabgesunken, ist eine Ergänzungswahl für den Rest der Amtszeit nach den für die Hauptwahl geltenden Vorschriften durchzuführen.
지방(기초자치단체)의회의원의 수가 진출하지 않은 또는 퇴임하는 의원직이 승계에 의하여 보충되지 않음으로써 또는 선거시 그 의석이 다 채워지지 않음으로써 법정 정원의 2/3이하로 떨어지는 경우 그 잔여임기를 위하여 본 선거에 정한 규정에 따라 보궐선거가 행해져야 한다.

Ergreifung des Beschuldigten StPO 103 피의자의 체포.
체포할 목적으로 (zum Zweck seiner Ergreifung)

Ergreifungsort StPO 9 체포지 (→ Ort der Ergreifung).

Erhaltungsarbeiten 보안작업 (사업유지업무).
Von Erhaltungsarbeiten spricht man im Zusammenhang mit Arbeitskämpfen, bei den Arbeiten die trotz der Arbeitsniederlegung ausgeführt werde mussen, um Schäden an den Maschinen des Arbeitgebers zu vermeiden.
~은 쟁의행위와 관련하여 파업(노동거부)에도 불구하고 사용자의 기계에 대한 손해를 피하기 위하여 반드시 노동이 수행되어야 하는 작업.

Erhängen 의사(縊死); 교수.
Unter Erhängen versteht man die Tötung durch Zusammenschnüren des Halses oder Brechen des Genicks in einer - meistens laufenden - Schlinge unter Einfluss des Körpergewichts.
의사는 대개의 경우 올가미를 하고 체중을 이용하여 목을 조르거나 목뼈를 부러뜨림으로 사망에 이르게 하는 것을 말한다.
→ Strangulation (목조름).

Erheben 징수, (데이터) 수집.
→ Abgabenüberhebung (공과금과다징수죄).

→ Datenerhebung (데이터수집).
→ Beitreibung der Geldstrafe (벌금의 징수).

Erholungswald BWaldG 13 휴양림.
(1) Wald kann zu Erholungswald erklärt werden, wenn es das Wohl der Allgemeinheit erfordert, Waldflächen für Zwecke der Erholung zu schützen, zu pflegen oder zu gestalten.
휴양을 위한 산림면의 보호, 육성, 조성이 국민복지에 필요한 경우 산림은 휴양림으로 지정될 수 있다.

Erkennender Richter ZPO 309 판결법관.
Das Urteil kann nur von denjenigen Richtern gefällt werden, welche der dem Urteil zugrunde liegenden Verhandlung beigewohnt haben.
판결은 그 기초가 되는 변론에 관여한 법관만이 할 수 있다.

Erkennendes Gericht ZPO 128; StPO 305; GVG 74a 본법원.
본법원은 절차법상 각 심급에서 개별적으로 종국적인 결정을 해야 하는 법원으로 본절차가 계속되어 있다.
(1) Die Parteien verhandeln über den Rechtsstreit vor dem erkennenden Gericht mündlich.
당사자는 본법원의 면전에서 소송에 관해 구두로 변론한다.
(Entscheidungen vor der Urteilsfällung)
Entscheidungen der erkennenden Gerichte, die der Urteilsfällung vorausgehen, unterliegen nicht der Beschwerde. (305)
판결의 선고에 선행한 본법원의 재판에 대하여는 독립하여 항고할 수 없다.
→ Staatsschutzkammer (국가보호부(국사부)).

Erkenntnisinteresse (Erkenntnisleitend Interesse) 인식의 관심, 인식(적) 관심.
학문연구와 인식의 기초가 되는 특수한 관심으로, 이는 인식과정과 그 결과를 예정한다. 동의어는 인식 주도적 관심(erkenntnisleitendes Interesse)이다. 즉 모든 개념은 대상자체가 갖고 있는 성질을 모사하여 적출한 것이 아니라, 오히려 대상의 인식의 대상이 되도록 논리적으로 규정되어 있으므로, 따라서 과학자는 ideal한 인식능력을 창조하는 인식관심을 가져야 한다는 것이다.

Erkennungsdienstliche Maßnahmen MEPolG 10; StVollzG 86 감식(업무)조치.
(1) Die Polizei kann erkennungsdienstliche Maßnahme vornehmen, wenn
1. eine nach §9 zulässige Identitätsfeststellung auf andere Weise nicht oder nur unter erheblichen Schwierigkeiten möglich ist oder
2. dies zur vorbeugenden Bekämpfung von Straf taten erforderlich ist, weil der Betroffene verdächtig ist, eien Tat begangen zu haben, die mit Strafe bedroht ist und wegen der Art und Ausführung der Tät die Gefahr der Wiederholung besteht.
경찰은 다음 각호의 경우 감식조치를 취할 수 있다.
1. 경찰관직무집행법 제9조의 신원확인이 다른 방법으로는 불가능하거나 현저히 곤란할 때,
2. 관계인이 형벌이 규정된 범죄혐의를 받고 있고, 행위 성질이나 수행의 반복 위험이 존재하기 때문에 범죄행위의 예방을 위하여 필요한 때.
(2) Sind die Voraussetzungen nach Absatz 1 entfallen, kann der Betroffene die Vernichtung der erkennungsdienstlichen Unterlagen verlangen.
제1항의 요건이 탈락하는 경우, 관계인은 감식자료의 폐기를 요구할 수 있다.
(1) Zur Sicherung des Vollzuges sind als erkennungsdienstliche Maßnahmen zulässig
1. die Abnahme von Finger- und Handflächenabdrücken,
2. die Aufnahme von Lichtbildern mit Kenntnis des Gefangenen,
3. die Feststellung äußerlicher körperlicher Merkmale,
4. Messungen.
형집행의 안전을 위하여 다음에 해당하는 감식업무조치가 허용된다.
1. 지문 및 수문(장문)의 채취, 2. 수형자 인

식을 위한 사진촬영, 3. 외적인 신체 특징의 확인, 4. 체위측정.
→ Lichtbilder und Fingerabdrücke (사진촬영과 지문).

Erklärung 표시(의사표시), (의견)진술.
① Erklärungsirrtum 표시의 착오 = Irrtum in der Erklärung.
② → Erklärung des Angeklagten nach jeder Beweiserhebung.
Erklärungen von Behörden und sonstigen Stellen StPO 420 관청 기타 기관의 의견진술.
einer Urkunde, die eine schriftliche Erklärung enthält StPO 251 서면진술을 포함한 문서.
Erklärt ein Zeuge, daß er sich einer Tatsache nicht mehr erinnere StPO 253 증인이 이미 어떤 사실을 기억하지 못한다는 사실의 진술.

Erklärung des Angeklagten (nach jeder Beweiserhebung) StPO 257(1) (증거의 조사후) 피고인의 진술.
(1) Nach der Vernehmung eines jeden Mitangeklagten und nach jeder einzelnen Beweiserhebung soll der Angeklagte befragt werden, ob er dazu etwas zu erklären habe.
각각의 공동피고인의 신문 및 증거의 조사 후에는 피고인에게 그에 대하여 진술할 것이 있는지의 여부를 질문하여야 한다.
(3) Die Erklärungen dürfen den Schlußvortrag nicht vorwegnehmen.
이러한 진술은 최후진술보다 먼저 행할 수 없다.

Erklärungspflicht (über Tatsachen) ZPO 138 설명의무 (사실에 관한).
(1) Die Parteien haben ihre Erklärungen über tatsächliche Umstände vollständig und der Wahrheit gemäß abzugeben.
당사자는 사실상의 상황에 관하여 완전하고 진실에 의한 설명을 하여야 한다.

Erklärungswille 표시의사.
→ Willenserklärung (의사표시).

→ Geschäftswille (효과의사).

Erkrankung oder Todesfall
→ Benachrichtung bei Erkrankung oder Todesfall (질병 또는 사망의 통지).

Erlangte StGB 73b 취득물.
Der Umfang des Erlangten und dessen Wert sowie die Höhe des Anspruchs, dessen Erfüllung dem Täter oder Teilnehmer das aus der Tat Erlangte entziehen würde, können geschätzt werden.
취득물의 범위와 가치 및 범죄로부터 정범 및 공범이 취득한 물건의 박탈을 가져올 청구권 실행의 금액은 이를 평가할 수 있다.

Erlaß BGB 397 면제.
Das Schuldverhältnis erlischt, wenn der Gläubiger dem Schuldner durch Vertrag die Schuld erlässt.
채권자가 계약으로 채무자에 대한 채무를 면제하는 경우 채무관계는 소멸한다.

Erlaß der Urteil 판결을 행함.
bei Erlaß des Urteils 판결을 행할 시, 판결시, 판결의 선고시.

Erlaß des Haftbefehls StPO 114, 457 구속영장의 발부.
Die Untersuchungshaft wird durch schriftlichen Haftbefehl des Richters angeordnet. (StPO 114)
법관은 서면에 의한 구속영장을 통해 미결구금을 명할 수 있다.
Der Haftbefehl muß schriftlich erlassen werden. ~는 서면으로 행하여져야 한다.
(Erlaß eines Vorführungs- oder Haftbefehls StPO 457: 구인장 또는 구속영장의 발부)
(2) Die Vollstreckungsbehörde ist befugt, zur Vollstreckung einer Freiheitsstrafe einen Vorführungs- oder Haftbefehl zu erlassen, wenn der Verurteilte auf die an ihn ergangene Ladung zum Antritt der Strafe sich nicht gestellt hat oder der Flucht verdächtig ist. (StPO 457)
형집행관청은 형의 선고를 받은 자가 형집

행을 개시하기 위한 소환에 응하지 아니하
거나 도주의 우려가 있는 경우에는 자유형
의 집행을 위하여 구인장 또는 구속영장을
발부할 권한을 가진다.

Erlaubnis zur Entfernung StPO 231c
불출석(퇴정)허가.
Findet die Hauptverhandlung gegen mehrere Angeklagte statt, so kann durch Ge-
richtsbeschluß einzelnen Angeklagten, im
Falle der notwendigen Verteidigung auch
ihren Verteidigern, auf Antrag gestattet
werden, sich während einzelner Teile der
Verhandlung zu entfernen, wenn sie von
diesen Verhandlungsteilen nicht betroffen
sind.
공판이 수인의 피고인에 대하여 행하여지는
경우에 법원은 결정에 의하여 각각의 피고
인 또는 필요적 변론의 경우에는 그 변호인
에게도 신청에 따라 각각의 심리부분이 이
들의 심리부분에 관계되지 아니한 때에는
각각의 심리중 불출석하는 것을 허가할 수
있다.

Erlaubnistatbestandsirrtum 허용구성요
건의 착오.
위법성조각사유의 전제되는 사실에 관한 착
오; 허용의 착오(Erlaubnisirrtum)와 구별.

Erlaubtes Risiko 허용된 위험.
Es gibt viele Verhaltensweisen, die Gefahren mit sich bringen, aber unabhängig
von jeder Einzelfallabwägung aus übergeordneten Gründen des öffentlichen Interesse bei Einhaltung der dafür vorgesehenen Regeln generell gestattet sind.
~은 위험을 수반하지만 개개의 사례의 고
려와는 관계없이 상위의 공적 이익을 이유
로 그에 대하여 규정된 규칙을 지키는 경우
일반적으로 허용되는 행태양식.

Erledigung der Hauptsache ZPO 91a
본안종결(선언).
(1) Haben die Parteien in der mündlichen
Verhandlung oder durch Einreichung eines
Schriftsatzes oder zu Protokoll der Geschäftsstelle den Rechtsstreit in der Haup-

tsache für erledigt erklärt, so entscheidet
das Gericht über die Kosten unter Berücksichtigung des bisherigen Sach- und
Streitstandes nach billigem Ermessen
durch Beschluss.
양당사자가 구두변론에서 또는 서면의 제출
에 의하여 또는 법원사무국의 조서에서 본
안에 관한 소송의 종결을 선언한 때에는 법
원은 그때까지의 소송 및 사안의 상태를 고
려하여 합리적 재량에 의해서 비용의 부담
을 재판한다.

Erlernte Hilflosigkeit 학습된 무기력
(Theorie von der ~ 이론).
Erlernte Hilflosigkeit bezeichnet das Phä-
nomen, daß Menschen und Tiere in Folge
von Erfahrungen der Hilf- oder Macht-
losigkeit ihr Verhaltensrepertoire dahin-
gehend einengen, daß sie negative Zustände nicht mehr abstellen, obwohl sie es
(von außen betrachtet) könnten.
~에 의하면 사람과 동물은 무자력, 무력감
을 경험한 후에는 자기의 행위반경을 줄이
게 되고 (외부에서 볼 때에는) 가능하게 보
이지만 이러한 소극적 상황을 멈출 수 없는
현상을 말한다.

Erlös StPO 1111 매각대금.
Der Erlös tritt an die Stelle der Gegenstände.
매각대금은 물건에 대신한다.

Ermächtigung und Strafverlangen
StGB 77e 수권(고소권위임)과 처벌요구.
Ist eine Tat nur mit Ermächtigung oder
auf Strafverlangen verfolgbar, so gelten
die §§ 77 und 77d entsprechend.
범죄가 수권 또는 처벌요구에 의하여만 소
추될 수 있는 때에는 제77조(고소권자)와
제77조의 d(고소의 취소)를 준용한다.

**Ermächtigung zur Erteilung zur Ver-
warnung** OWiG 58 경고부여의 수권.
(1) Die Ermächtigung nach § 57 Abs. 2
erteilt die oberste Dienstbehörde des
Beamten oder die von ihr bestimmte
Stelle.

제57조 제2항(Verwarnung durch Beamte des Außen- und Polizeidienstes: 경찰공무원의 경고)에 따른 경고의 수권은 당해 공무원이 근무하는 최상급관청 또는 그 관청이 지정한 부서가 행한다.

Ermächtigungsgesetz 수권법(授權法).
Wenn im Deutschen ohne nähere Kennzeichnung vom Ermächtigungsgesetz gesprochen wird, ist normalerweise jenes gemeint, das am 23. März 1933 beschlossen und am 24. März verkündet wurde: das Gesetz zur Behebung der Not von Volk und Reich.
독일에서 수권법은 별다른 사항이 없으면 1933.3.23.에 결의하고, 3.24.에 공포된 「국민과 제국의 궁핍의 제거를 위한 법률」을 말한다.
→ Reichstagsbrandverordnung (의회방화령).

Ermahnung zur Wahrheit StPO 57 진실의 경고 (증인에 대한).
→ Zeugenbelehrung (증인교시).

Ermessen VwVfG 40 재량.
Ist die Behörde ermächtigt, nach ihrem Ermessen zu handeln, hat sie ihr Ermessen entsprechend dem Zweck der Ermächtigung auszuüben und die gesetzlichen Grenzen des Ermessens einzuhalten.
행정청에 자신의 재량에 따라 행할 권한이 부여된 경우에는 행정청은 그 재량을 수권의 목적에 상응하게 행사하여야 하며 재량의 법적 한계를 준수하여야 한다.

Ermessenheit bei Nötigung oder Erpressung: Chantage (폭로협박에 의한 강요나 공갈; 기소재량; 샹타제).
→ Absehen von der Verfolgung des Erpressten (공갈피해자에 대한 불기소).

Ermessensentscheidung VwGO 114 재량결정.
Soweit die Verwaltungsbehörde ermächtigt ist, nach ihrem Ermessen zu handeln, prüft das Gericht auch, ob der Verwaltungsakt oder die Ablehnung oder Unterlassung des Verwaltungsakts rechtswidrig ist, weil die gesetzlichen Grenzen des Ermessens überschritten sind oder von dem Ermessen in einer dem Zweck der Ermächtigung nicht entsprechenden Weise Gebrauch gemacht ist.
행정관청이 자기의 재량에 의하여 행동하는 권한이 있는 경우에 법원은 그 관청이 법적인 재량한계를 넘었거나 그 재량권을 부여한 목적에 어긋나는 방법으로 재량권을 행사하였기 때문에 그 실행된 행정행위 또는 행정행위의 거부나 부작위가 위법인지의 여부도 심사한다.

Ermittlung StPO 161, 308 수사, 사실의 조사.

Ermittlungen der Staatsanwaltschaft StPO 160 검사의 수사.
(1) Sobald die Staatsanwaltschaft durch eine Anzeige oder auf anderem Wege von dem Verdacht einer Straftat Kenntnis erhält, hat sie zu ihrer Entschließung darüber, ob die öffentliche Klage zu erheben ist, den Sachverhalt zu erforschen.
검사는 고발이나 기타 수단에 의해 어떠한 범죄행위의 혐의를 알게 되는 즉시 공소제기여부를 결정하기 위하여 사안을 조사하여야 한다.

Ermittlung des Aufenthalts StGB 78c Nr.10 소재수사.
Die Verjährung wird unterbrochen durch die vorläufige gerichtliche Einstellung des Verfahrens wegen Abwesenheit des Angeschuldigten sowie jede Anordnung des Richters oder Staatsanwalts, die nach einer solchen Einstellung des Verfahrens oder im Verfahren gegen Abwesende zur Ermittlung des Aufenthalts des Angeschuldigten ergeht.
시효는 피고인의 불출석을 이유로 한 법원의 잠정적 절차중지 및 그와 같은 절차중지 이후 또는 부재자에 대한 절차에서 피고인의 소재수사를 위하여 행하여지는 판사나 검사의 각종 명령에 의하여 중단된다.

Ermittlung des Berechtigten GBO 94 권리자 조사.
(1) Das Grundbuchamt kann von Amts wegen Ermittlungen darüber anstellen, ob das Eigentum oder ein eingetragenes Recht dem als Berechtigten Eingetragenen oder einem anderen zusteht, und die hierzu geeigneten Beweise erheben.
등기소는 직권으로 소유권 또는 등기된 권리가 권리자인 등기명의인에게 속하는 지 또는 다른 자에게 속하는지의 여부를 조사할 수 있으며, 이에 대한 적절한 증거조사를 할 수 있다.

Ermittlung durch Polizei StPO 163 경찰수사 (Erster Zugriff der Polizei: 경찰의 초동개입).
(1) Die Behörden und Beamten des Polizeidienstes haben Straftaten zu erforschen und alle keinen Aufschub gestattenden Anordnungen zu treffen, um die Verdunkelung der Sache zu verhüten.
경찰임무를 담당하는 관청과 공무원은 범죄행위를 규명하며, 사건의 증거인멸을 방지하기 위해 지체해서는 안되는 모든 조치를 취하여야 한다.

Ermittlungsgrundsatz StPO 244(2) 직권 (조사)주의.
(2) Das Gericht hat zur Erforschung der Wahrheit die Beweisaufnahme von Amts wegen auf alle Tatsachen und Beweismittel zu erstrecken, die für die Entscheidung von Bedeutung sind.
법원은 진실발견을 위하여 직권으로 재판에 있어 중요한 모든 사실과 증거방법에 관하여 증거조사를 하여야 한다.

Ermittlungsperson der Staatsanwaltschaft GVG 152 검찰의 수사보좌관.
← Hilfsbeamte der Staatsanwaltschaft (검찰보좌관).
(1) Die Ermittlungspersonen der Staatsanwaltschaft sind in dieser Eigenschaft verpflichtet, den Anordnungen der Staatsanwaltschaft ihres Bezirks und der dieser vorgesetzten Beamten Folge zu leisten.
수사보좌관은 그 자격에서 관할구역의 검찰 및 그 상급자의 명령에 복종할 의무가 있다.
(2) Die Landesregierungen werden ermächtigt, durch Rechtsverordnung diejenigen Beamten- und Angestelltengruppen zu bezeichnen, auf die diese Vorschrift anzuwenden ist.
주정부는 법규명령에 의해 이러한 규정이 적용될 수 있는 공무원 및 직원집단을 정할 수 있는 권한이 있다.
Die Angestellten müssen im öffentlichen Dienst stehen, das 21. Lebensjahr vollendet haben und mindestens zwei Jahre in den bezeichneten Beamten- oder Angestelltengruppen tätig gewesen sein.
직원은 21세 이상으로 공직에 있어야 하며 최소한 2년간 공무원 또는 직원집단에서 근무한 경력이 있어야 한다.

Ermittlungsrichter StPO 162 수사판사; (수임판사). → Vornahme richterlicher Untersuchungshandlungen.

Ermittlungsrichter des OLG StPO 169 주고등법원의 수사판사.
(1) In Sachen, die nach § 120 des Gerichtsverfassungsgesetzes zur Zuständigkeit des Oberlandesgerichts im ersten Rechtszug gehören, können die im vorbereitenden Verfahren dem Richter beim Amtsgericht obliegenden Geschäfte auch durch Ermittlungsrichter dieses Oberlandesgerichts wahrgenommen werden.
법원조직법 제120조에 의하여 제1심이 주고등법원의 관할에 속하는 사건에서는 준비절차상 구법원판사에 속하는 직무가 주고등법원의 수사판사를 통해서 수행될 수 있다.

Ermittlungsverfahren StPO 160 수사절차. → Ermittlungen der Staatsanwaltschaft.

Ernennung und Entlassung der Bundesrichter, Bundesbeamten und Soldaten GG 60 연방재판관, 연방공무원 및 군인의 임면권.
(1) Der Bundespräsident ernennt und ent-

läßt die Bundesrichter, die Bundesbeamten, die Offiziere und Unteroffiziere, soweit gesetzlich nichts anderes bestimmt ist.
연방대통령은 법률에 다른 규정이 없는 한 연방재판관, 연방공무원, 장교 및 하사관을 임면한다.

Erneuerbare-Energien-Gesetz
EEG 1(2) 재생에너지법 (2004.7.21) (BGBl. I S. 1918).
(2) Zweck dieses Gesetzes ist ferner, dazu beizutragen, den Anteil Erneuerbarer Energien an der Stromversorgung bis zum Jahr 2010 auf mindestens 12,5 Prozent und bis zum Jahr 2020 auf mindestens 20 Prozent zu erhöhen.
나아가 본법의 목적은 전력공급에 있어서 재생에너지의 비율을 2010년까지 적어도 12.5%로, 2020년까지는 20%로까지 높이는 데에 있다.

Erneute Hauptverhandlung StPO 373
공판절차의 갱신.
In der erneunten Haiuptverhandlung ist entweder das frühere Urteil aufrechtzuerhalten oder unter seiner Aufhebung anderweit in der Sache zu erkennen.
갱신된 공판절차에서는 이전의 판결을 유지하거나 그것을 파기하고 별도로 본안에 관하여 판결을 하여야 한다.

Ernstlichkeit → Mangel der Ernstlichkeit.

Eröffnung, Zurückweisung oder Einstellung (im Privatklageverfahren)
StPO 383 개시, 기각, 정지(사인기소절차).
(1) Nach Eingang der Erklärung des Beschuldigten oder Ablauf der Frist entscheidet das Gericht darüber, ob das Hauptverfahren zu eröffnen oder die Klage zurückzuweisen ist, nach Maßgabe der Vorschriften, die bei einer von der Staatsanwaltschaft unmittelbar erhobenen Anklage anzuwenden sind.
피의자의 진술의 시작 이후 또는 기간의 경과후 법원은 공판절차의 개시 또는 소의 기각에 관하여 검사의 소제기시 적용되는 규

정의 기준에 따라 결정한다.

Eröffnungsbeschluß
(~ des Hauptverfahrens) StPO 203 개시결정 (공판절차의 ~).
Das Gericht beschließt die Eröffnung des Hauptverfahrens, wenn nach den Ergebnissen des vorbereitenden Verfahrens der Angeschuldigte einer Straftat hinreichend verdächtig erscheint
법원은 준비절차의 결과로 인하여 공소피의자의 범죄행위에 대한 충분한 혐의가 있다고 인정하는 경우에는 공판절차의 개시를 결정한다.
(Inhalt ~) StPO 207 개시결정(~의 내용)
(1) In dem Beschluß, durch den das Hauptverfahren eröffnet wird, läßt das Gericht die Anklage zur Hauptverhandlung zu und bezeichnet das Gericht, vor dem die Hauptverhandlung stattfinden soll.
법원은 공판절차의 개시결정에서 공소의 공판회부를 인정하고 공판을 행하여야 할 법원을 기재한다.

Eröffnungsbilanz HGB 242 개업(개시)대차대조표.
(1) Der Kaufmann hat zu Beginn seines Handelsgewerbes und für den Schluß eines jeden Geschäftsjahrs einen das Verhältnis seines Vermögens und seiner Schulden darstellenden Abschluß (Eröffnungsbilanz, Bilanz) aufzustellen.
상인은 상사영업의 개시 및 사업연도의 종결에서 자산과 부채의 내용에 관한 결산서(개업대차대조표, 대차대조표)를 작성해야 한다.

ERP-Sondervermögen ERPVwG 2
ERP-특별재산.
Das Sondervermögen dient ausschließlich dem Wiederaufbau und der Förderung der deutschen Wirtschaft nach Maßgabe der Bestimmungen des Abkommens über Wirtschaftliche Zusammenarbeit zwischen den Vereinigten Staaten von Amerika und der Bundesrepublik Deutschland vom 15. Dezember 1949 (Bundesgesetzbl. 1950 S.

10).
특별재산은 1949년 미국과 독일연방공화국 사이에 체결된 경제협력협정의 규정기준에 따라 독일 경제의 재건과 촉진을 위하여만 사용된다.
* Das ERP-Sondervermögen bezeichnet ein vom Bund verwaltetes Sondervermögen aus dem European Recovery Program. Dies wurde 1948 ursprünglich auf der Grundlage des Marshall-Plans bereitgestellt, um den Wiederaufbau der deutschen Wirtschaft zu fördern. Um dieses ERP-Kapital zuzuteilen wurde 1948 die Kreditanstalt für Wiederaufbau (KfW) gegründet.
~ 유럽재건프로그램에 의하여 연방이 관리하는 특별재산. 이 재산은 원래 1948년 유럽경제의 재건을 위한 마샬계획에 의거, 성립되었으며, 그 재산의 분배를 위하여 KfW(재건은행)이 설립되었다.

ERP-Verwaltungsgesetz (Gesetz über die Verwaltung des ERP-Sondervermögens) ERPVwG ERP-특별재산관리법 (1953.8.31) (Bundesgesetzblatt Teil III, Gliederungsnummer 640-6).

Erpresserischer Menscheraub
StGB 239a 약취공갈죄.
(1) Wer einen Menschen entführt oder sich eines Menschen bemächtigt, um die Sorge des Opfers um sein Wohl oder die Sorge eines Dritten um das Wohl des Opfers zu einer Erpressung (§253) auszunutzen, oder wer die von ihm durch eine solche Handlung geschaffene Lage eines Menschen zu einer solchen Erpressung ausnutzt, wird mit Freiheitsstrafe nicht unter fünf Jahren bestraft.
그 자신의 안전에 대한 피해자의 염려 또는 피해자의 안전에 대한 제3자의 염려를 공갈(제253조)에 이용하기 위하여 타인을 유괴하거나 약취한 자 또는 이러한 행위로 생성된 타인의 상황을 공갈에 이용한 자는 5년 이상의 자유형에 처한다; → 폭행, 협박을 통한 약취는 약취죄(Menschenraub), 사망이나 중상해의 협박을 통한 약취강요는 인질

죄(Geiselnahme).

Erpressung StGB 253 공갈죄.
(1) Wer einen Menschen rechtswidrig mit Gewalt oder durch Drohung mit einem empfindlichen Übel zu einer Handlung, Duldung oder Unterlassung nötigt und dadurch dem Vermögen des Genötigten oder eines anderen Nachteil zufügt, um sich oder einen Dritten zu Unrecht zu bereichern, wird mit Freiheitsstrafe bis zu fünf Jahren oder mit Geldstrafe bestraft.
불법이득의 의사로 폭행 또는 현저한 해악을 고지한 협박에 의하여 타인에게 위법하게 작위, 수인 또는 부작위를 강요하고, 이로 이하여 피강요자 또는 타인의 재산에 손해를 가한 자는 5년 이하의 자유형 또는 벌금형에 처한다.

ERPVwG → ERP-Verwaltungsgesetz (ERP-특별재산관리법).

Erregung öffentlichen Ärgernisses
StPO 183a 공분야기죄 (公憤惹起).
Wer öffentlich sexuelle Handlungen vornimmt und dadurch absichtlich oder wissentlich ein Ärgernis erregt, wird mit Freiheitsstrafe bis zu einem Jahr oder mit Geldstrafe bestraft, wenn die Tat nicht in § 183 mit Strafe bedroht ist.
공연히 성행위를 하고, 이로 인하여 의도적으로 또는 그 정을 알면서 공분을 야기한 자는 그 행위가 형법 제183조(Exhibitionistische Handlungen 치부노출죄)에 의하여 처벌되지 아니하는 때에는 1년 이하의 자유형 또는 벌금형에 처한다.

Errichtung der Gesellschaft AktG 29
회사의 설립.
Mit der Übernahme aller Aktien durch die Gründer ist die Gesellschaft errichtet.
발기인에 대한 총주식의 인수로서 회사는 설립된다.

Errichtungsanordnung über automatisierte Dateien StPO 490 자동 데이터 저장장치(파일 등) 설치규정.

Die speichernde Stelle legt für jede automatisierte Datei in einer Errichtungsanordnung mindestens fest:
데이터 저장소는 모든 자동 데이터저장장
치에 대하여 다음 각호의 최소한 설치규정
을 정한다.
1. die Bezeichnung der Datei,
2. die Rechtsgrundlage und den Zweck
der Datei,
3. den Personenkreis, über den Daten in
der Datei verarbeitet werden,
4. die Art der zu verarbeitenden Daten,
5. die Anlieferung oder Eingabe der zu
verarbeitenden Daten,
6. die Voraussetzungen, unter denen in
der Datei verarbeitete Daten an welche
Empfänger und in welchem Verfahren
übermittelt werden,
7. Prüffristen und Speicherungsdauer.
1. 데이터저장장치의 명칭,
2. 데이터저장장치의 법적 기초와 목적,
3. 데이터처리 되는 인적 범위,
4. 처리되어야 할 데이터의 종류,
5. 처리되어야 할 데이터의 제공 또는 입력,
6. 저장장치에 처리된 데이터의 수령자에
대한 또는 그 절차상 전송 요건,
7. 시험기간과 저장기간.

Error facti (Tatirrtum, Irrtum über eine
Tatsache) 사실의 착오 → Irrtum über
Tatumstände (구성요건적 착오).

Error facti non nocet (Irrtum über eine
Tatsache nicht schadet) 사실의 착오는 벌
하지 않는다.

Error in persona vel obiecto (Irrtum
über das Handlungsobjekt) 객체의 착오.

Error iuris (Rechtsirrtum) 법률의 착오.
; ~ nocet ~는 벌한다.
→ Verbotsirrtum (금지착오).

Ersatz 배상, 대체, 대상, 보충, 대리.
① Schadensersatz wegen Pflichtverletzung
(의무위반으로 인한 손해배상).
② Ersatzvornahme (대집행).

③ Herausgabe des Ersatzes (대상의 인도).
④ Ersatzzustellung (보충송달).
⑤ Ersatzmutter (대리모).

Ersatz von Aufwendungen StVollzG 93
비용의 배상(자해 또는 부상으로 인하여 발
생한 비용).

Ersatzfreiheitsstrafe
StGB 43; StPO 454b 대체자유형.
An die Stelle einer uneinbringlichen Geldstrafe tritt Freiheitsstrafe. Einem Tagessatz entspricht ein Tag Freiheitsstrafe.
Das Mindestmaß der Ersatzfreiheitsstrafe
ist ein Tag.
징수할 수 없는 벌금형은 자유형으로 대체
된다. 자유형 1일은 벌금형 1일수에 해당한
다. 대체 자유형의 하한은 1일이다.
(1) Freiheitsstrafen und Ersatzfreiheits-
strafen sollen unmittelbar nacheinander
vollstreckt werden.
자유형과 대체자유형은 순차적으로 즉시 집
행하여야 한다.
→ Härteklausel.
→ Vollstreckung der Ersatzfreiheitsstrafe.

Ersatzfreiheitsstrafen-Verordnung
(Verordnung über die Abwendung der Vollstreckung von Ersatzfreiheitsstrafe durch
freie Arbeit) (Niedersachsen)
ErsFreihStrV-Nds. 대체자유형벌법; 외부작
업법(니이더작센주)(1996.4.19)(Nds. GVBl. S.
215). → Freie Arbeit (자유노동).

Ersatzkasse SGB 5 168 보충조합 (임의
의료보험조합).
(1) Ersatzkassen sind am 31. Dezember
1992 bestehende Krankenkassen, bei denen
Versicherte die Mitgliedschaft bis zum 31.
Dezember 1995 durch Ausübung des
Wahlrechts erlangen können.
보충조합은 1992.12.31. 발생한 의료보험조
합으로 보충조합에서 피보험자는 1995.12.31
까지 선거권의 행사로 구성원의 자격을 취
득할 수 있다.
→ Krankenkasse (의료보험조합).

Ersatzmutter ESchG 1 Nr.7 대리모.
eine Frau, welche bereit ist, ihr Kind nach der Geburt Dritten auf Dauer zu überlassen,
자를 출생 후에 제삼자에게 무기간으로 인도하고자 준비하는 여성.

Ersatzorganisation PartG 33 대체조직.
Verbot von Ersatzorganisationen (~의 금지).
(1) Es ist verboten, Organisationen zu bilden, die verfassungswidrige Bestrebungen einer nach Artikel 21 Abs. 2 des Grundgesetzes in Verbindung mit § 46 des Gesetzes über das Bundesverfassungsgericht verbotenen Partei an deren Stelle weiter verfolgen (Ersatzorganisation) oder bestehende Organisationen als Ersatzorganisationen fortzuführen.
연방헌법재판소법 제46조와 관련된 기본법 제21조 제2항의 규정에 따라 금지된 정당의 위헌적 노력을 그 정당을 대신하여 계속적으로 지향하는 조직(대체조직)을 창설하거나 또는 기존의 조직을 대체조직으로 계속하려고 하는 것은 금지된다.

Ersatzschule 대용학교 → Private Schule.

Ersatzvornahme VwVG 10 대집행 (代執行).
Wird die Verpflichtung, eine Handlung vorzunehmen, deren Vornahme durch einen anderen möglich ist (vertretbare Handlung) Nicht erfüllt, so kann die Vollzugsbehörde einen anderen mit der Vornahme der Handlung auf Kosten des Pflichtigen beauftragen.
그 실행이 타인에 의해서도 가능한 그러한 행위(대체가능한 행위)를 하여야 할 의무가 이행되지 아니한 경우에 집행청은 의무자의 비용으로 타인에게 동행위의 실행을 위임할 수 있다.

Ersatzzustellung ZPO 178 보충송달.
(1) Wird die Person, der zugestellt werden soll, in ihrer Wohnung, in dem Geschäftsraum oder in einer Gemeinschafts-

einrichtung, in der sie wohnt, nicht angetroffen, kann das Schriftstück zugestellt werden
송달을 받을 자를 그가 주거하는 주거지, 사무실 또는 공동시설에서 만나지 못한 경우에 서류의 송달은 (1. 성년의 가족 또는 가족의 고용인, 성년의 상주동거인. 2. 상기 고용인의 사무실. 3. 공동시설에서 시설주나 그 권한을 받은 대리인)에게 할 수 있다.

Ersatzzustellung durch Niederlegung ZPO 181 유치에 의한 보충송달.
(1) Ist die Zustellung nach §178 Abs.1 Nr. 3 oder § 180 nicht ausführbar, kann das zuzustellende Schriftstück auf der Geschäftsstelle des Amtsgerichts, in dessen Bezirk der Ort der Zustellung liegt, niedergelegt werden.
제178조 제1항 제3호 또는 제180조에 의한 송달이 행하여질 수 없을 경우에 송달서류는 송달지의 관할 구법원 사무국에 유치한다.

Ersatzzwangshaft VwVG 16 대체강제구금.
(1) Ist das Zwangsgeld uneinbringlich, so kann das Verwaltungsgericht auf Antrag der Vollzugsbehörde nach Anhörung des Pflichtigen durch Beschluß Ersatzzwangshaft anordnen, wenn bei Androhung des Zwangsgeldes hierauf hingewiesen worden ist.
강제금의 회수가 어려운 경우에 행정법원은 집행청의 신청에 의해 의무자의 진술 청취 후 결정으로 대체강제구금을 명한다. 다만 강제금의 예고시에 이에 관하여 언급한 경우이어야 한다.
(2) Die Ersatzzwangshaft beträgt mindestens einen Tag, höchstens zwei Wochen.
대체강제구금은 최소 1일, 최고 2주까지로 한다.

Erschienenes Werk UrhG 6(2) 발행저작물.
(2) Ein Werk ist erschienen, wenn mit Zustimmung des Berechtigten Vervielfältigungsstücke des Werkes nach ihrer Herstellung in genügender Anzahl der

Öffentlichkeit angeboten oder in Verkehr gebracht worden sind.
저작물이 발행되는 것은 그 권한자의 동의에 의해 저작물의 복제본이 충분한 수량의 제작후에 일반공중에게 제공되거나 유통에 놓이는 경우이다.

Erschleichen von Leistungen
StGB 265a 급부사취죄.
(1) Wer die Leistung eines Automaten oder eines öffentlichen Zwecken dienenden Telekommunikationsnetzes, die Beförderung durch ein Verkehrsmittel oder den Zutritt zu einer Veranstaltung oder einer Einrichtung in der Absicht erschleicht, das Entgelt nicht zu entrichten, wird mit Freiheitsstrafe bis zu einem Jahr oder mit Geldstrafe bestraft, wenn die Tat nicht in anderen Vorschriften mit schwererer Strafe bedroht ist.
대가를 지급하지 아니할 의도에서 자동판매기나 공공목적에 공하는 통신망에의 급부, 교통수단에 의한 운송이나 또는 행사장이나 시설물 입장을 사취한 자는 1년 이하의 자유형 또는 벌금형에 처한다.
여기서 사취(Erschleichen)는 행위자가 급부를 향유하지만 적법한 질서의 외관이나 통제처분을 우회하거나 배제하는 질서위반적 행위를 말한다.

Erschleichung von Vergünstigungen
BVFG 98 혜택사취죄.
Mit Freiheitsstrafe bis zu fünf Jahren oder mit Geldstrafe wird bestraft, wer unrichtige oder unvollständige Angaben tatsächlicher Art macht oder benutzt, um für sich oder einen anderen Rechte oder Vergünstigungen, die Spätaussiedlern vorbehalten sind, zu erschleichen.
사실에 관하여 부당하거나 불완전한 신고를 하거나 또는 이를 이용하여 자신 또는 타인을 위하여 후기정착민에게 유보된 권리나 혜택을 사취한 자는 5년 이하의 자유형 또는 벌금형에 처한다.

Ersetzungsbefugnis
→ Devolutionsrecht (직무승계의 권한).

ErsFreihStrV
→ Ersatzfreiheitsstrafen-Verordnung (대체자유형벌법).

Ersitzung
BGB 937 취득시효.
Der eine bewegliche Sache zehn Jahre im Eigenbesitz hat, erwirbt das Eigentum (Ersitzung).
동산을 10년간 자주점유한 자는 그 소유권을 취득한다.

Erstattung
ZK 235 a); 236 환급.
: die Rückzahlung der Gesamtheit oder eines Teils der entrichteten Einfuhr- oder Ausfuhrabgaben (ZK 235 a)
납부된 수입관세 또는 수출관세의 전부 또는 일부의 반환
(1) Einfuhr- oder Ausfuhrabgaben werden insoweit erstattet, als nachgewiesen wird, daß der Betrag im Zeitpunkt der Zahlung nicht gesetzlich geschuldet war oder der Betrag entgegen Artikel 220 Absatz 2 buchmässig erfasst worden ist. (ZK 236)
납부된 과세액이 법적으로 채무가 없는 경우이거나 또는 그 금액이 EU 관세법 제220조 제2항에 반하여 장부상 산정된 것이 확인되는 경우에는 수출입관세는 환급된다.
→ Steuererstattung (조세환급).

Erstattungsanspruch
MEPolG 49(2)(3) 상환청구권.
(2) Hat der Polizeibeamte für die Behörde einer anderen Körperschaft gehandelt, so ist die andere Körperschaft ausgleichspflichtig.
경찰공무원이 다른 단체의 관청을 위하여 활동한 경우에는 그 다른 단체도 손해전보의무를 진다.
(3) Ist in den Fällen des Absatzes 2 ein Ausgleich nur wegen der Art und Weise der Durchführung der Maßnahme zu gewähren, so kann die ausgleichspflichtige Körperschaft von der Körperschaft, in deren Dienst der Polizeibeamte steht, Erstattung ihrer Aufwendungen verlangen, es sei denn, daß sie selbst die Verantwortung für die Art und Weise der Durchführung trägt.

제2항의 경우 그 조치의 실시종류나 방법만
을 이유로 손해전보가 행하여진 경우에 손
해전보의무를 부담한 단체는 경찰공무원이
근무하는 단체에 대하여 비용의 상환을 청
구할 수 있다. 단, 손해전보의무를 부담한
단체가 스스로 그 실시종류나 방법에 대하
여 책임을 지는 경우가 아니어야 한다.

Erstaufforstung BWaldG 10 최초조림.
(1) Die Erstaufforstung von Flächen bedarf der Genehmigung der nach Landesrecht zuständigen Behörde. Die Genehmigung darf nur versagt werden, wenn
Erfordernisse der Raumordnung und Lan-
desplanung der Aufforstung entgegenstehen und ihnen nicht durch Auflagen
entsprochen werden kann.
최초조림은 주법상 관할관청으로부터의 인
가를 필요로 한다. 지역개발계획 및 국토계
획의 필요에 조림이 배치되고 이러한 요구
에 부담으로 상응할 수 없는 경우에는 인가
를 거부할 수 있다.

Erste Vernehmung StPO 136 최초의
신문.
(1) Bei Beginn der ersten Vernehmung ist
dem Beschuldigten zu eröffnen, welche
Tat ihm zur Last gelegt wird und welche
Strafvorschriften in Betracht kommen.
최초의 신문을 개시할 때에는 피의자에게
어떤 범죄행위의 죄책이 있는지와 어떤 형
벌규정이 적용되는지를 명백히 하여야 한다.
Er ist darauf hinzuweisen, daß es ihm
nach dem Gesetz freistehe, sich zu der
Beschuldigung zu äußern oder nicht zur
Sache auszusagen und jederzeit, auch
schon vor seiner Vernehmung, einen von
ihm zu wählenden Verteidiger zu befragen.
피의자에게 법률에 의하여 자유로이 범죄혐
의에 관한 의견을 말하거나, 진술을 거부할
수 있으며 항상 신문전에 그가 선임한 변호
인과 의론할 수 있다는 사실을 고지하여야
한다.
Er ist ferner darüber zu belehren, daß er
zu seiner Entlastung einzelne Beweiserhebungen beantragen kann.

또한 피의자에게 그의 면책을 위하여 개개
의 증거조사를 신청할 수 있다는 사실을 고
지하여야 한다.
In geeigneten Fällen soll der Beschuldigte
auch darauf, daß er sich schriftlich äußern
kann, sowie auf die Möglichkeit eines
Täter-Opfer-Ausgleichs hingewiesen werden.
적절하다고 생각되는 경우에는 피의자는 서
면으로 진술할 수 있고, 행위자-피해자-화
해의 가능성도 언급하여야 한다.

Erster Zugriff der Polizei StPO 163
경찰의 초동개입; 일차 임무.
→ Ermittlung durch Polizei.

Erstprämie VVG 37 초회(제1회)보험료.
(1) Wird die einmalige oder die erste
Prämie nicht rechtzeitig gezahlt, ist der
Versicherer, solange die Zahlung nicht
bewirkt ist, zum Rücktritt vom Vertrag
berechtigt, es sei denn, der Versicherungsnehmer hat die Nichtzahlung nicht
zu vertreten.
일시납 보험료나 초회보험료가 적시에 지불
되지 아니하는 경우에 보험자는 보험계약자
의 지불의 불이행에 대한 책임이 없이 그
지불이 이루어지지 아니하는 때에는 계약을
해제할 수 있다.

Erstreckung der Beweisaufnahme
StPO 245 증거조사의 범위.
(1) Die Beweisaufnahme ist auf alle vom
Gericht vorgeladenen und auch erschienenen Zeugen und Sachverständigen sowie
auf die sonstigen nach § 214 Abs. 4 vom
Gericht oder der Staatsanwaltschaft her-
beigeschafften Beweismittel zu erstrecken,
es sei denn, daß die Beweiserhebung unzulässig ist.
증거조사는 증거의 조사가 허용되는 한, 법
원이 소환하고 또한 출석한 모든 증인과
감정인 및 제214조 제4항에 의하여 법원
또는 검찰이 마련한 증거방법에 관하여 할
수 있다.

Ersuchen ZRHO 5 촉탁.

→ Rechtshilfeersuchen (사법공조촉탁).

Ersuchter Richter StPO 304 수탁판사.
Ersuchter Richter ist der Richter, der auf Grund eines Ersuchens um Rechtshilfe tätig wird.
수탁판사는 사법공조의 요청에 의해 활동하는 판사를 말한다.
→ Beauftragter Richter oder ersuchter Richter (수명법관 또는 수탁판사).

Erteilung einer Auskunft StPO 495 정보제공.
S.2 Über die Erteilung einer Auskunft entscheidet die Registerbehörde im Einvernehmen mit der Staatsanwaltschaft, die die personenbezogenen Daten zur Eintragung in das Verfahrensregister mitgeteilt hat.
등록관청은 정보제공에 관하여 개인데이터의 등록을 소송등록부에 통지한 검사와 합의하여 판단한다.

Erwachsene 성년.
독일 민법상 성년은 18세이나 독일범죄학에서는 21세를 기준으로 초기성년(Jungerwachsene 21-25세 미만), 완전성년(Vollerwachsene 25세 이상)으로 분류하기도 한다. 최근 사회법전 제8권 제7조는 Junger Volljähriger (청년) (18-27세)의 개념을 규정하고 있다.

Erweislichkeit der Tatsache StGB 186 사실의 증명.
→ Üble Nachrede (명예훼손죄).
→ Wechselseitig begangene Beleidigungen.

Erweiterte Voraussetzungen der Einziehung StGB 74a 확대몰수의 요건.
Verweist das Gesetz auf diese Vorschrift, so dürfen die Gegenstände abweichend von §74 Abs.2 Nr.1 auch dann eingezogen werden, wenn derjenige, dem sie zur Zeit der Entscheidung gehören oder zustehen,
법률이 이 조항을 원용하는 경우, 판결 당시 물건의 소유 또는 그 귀속의 주체가 다음 각호의 1에 해당하는 때에는 그 물건은 §74(2) Nr.1의 규정에도 불구하고 이를 몰수할 수 있다.
1. wenigstens leichtfertig dazu beigetragen hat, daß die Sache oder das Recht Mittel oder Gegenstand der Tat oder ihrer Vorbereitung gewesen ist, oder
당해 물건이나 권리가 범죄행위 또는 그 예비의 수단이나 대상이 되도록 적어도 경솔하게 기여한 경우
2. die Gegenstände in Kenntnis der Umstände, welche die Einziehung zugelassen hätten, in verwerflicher Weise erworben hat.
몰수가 허용될 상황을 인식하면서 부당한 방법으로 물건을 획득한 경우

Erweiterter Verfall StGB 73d 확대박탈.
(1) Ist eine rechtswidrige Tat nach einem Gesetz begangen worden, das auf diese Vorschrift verweist, so ordnet das Gericht den Verfall von Gegenständen des Täters oder Teilnehmers auch dann an, wenn die Umstände die Annahme rechtfertigen, daß diese Gegenstände für rechtswidrige Taten oder aus ihnen erlangt worden sind.
이 조항을 원용하고 있는 법률에 위반되는 위법행위가 행하여진 경우 법원은 위법행위를 위하여 또는 위법행위로 인하여 물건을 취득하였다는 사실을 인정할만한 사유가 있는 때에도 정범 또는 공범의 물건에 대한 박탈을 명한다.
Satz 1 ist auch anzuwenden, wenn ein Gegenstand dem Täter oder Teilnehmer nur deshalb nicht gehört oder zusteht, weil er den Gegenstand für eine rechtswidrige Tat oder aus ihr erlangt hat.
제1문은 그 물건이 위법행위를 위하여 또는 위법행위로 인하여 취득되었다는 이유만으로 정범 또는 공범에게 더 이상 귀속되지 아니하거나 그에게 속하지 아니하게 된 경우에도 적용한다.

Erwerb der Staatsangehörigkeit durch Adoption (Annahme als Kind durch einen Deutschen) StAG 6 독일인에 의한 입양.
Mit der nach den deutschen Gesetzen wirksamen Annahme als Kind durch einen

Deutschen erwirbt das Kind, das im Zeitpunkt des Annahmeantrags das achtzehnte Lebensjahr noch nicht vollendet hat, die Staatsangehörigkeit.
독일인이 독일법에 따라 유효하게 입양한 경우 입양신청의 시점에 만18세가 되지 않는 子는 국적을 취득한다.
Der Erwerb der Staatsangehörigkeit erstreckt sich auf die Abkömmlinge des Kindes.
국적의 취득은 그 자손에게 효력이 미친다.

Erwerb des Besitzes (Besitzerwerb) 점유의 취득. → Besitz.

Erwerbstätigkeit StVollzG 37, 39 취업.
석방후 취업을 위한 능력을 주선하다 (Fähigkeiten für eine ~ nach der Entlassung vermitteln).

Erwürgen 액살(扼殺).
Erwürgen ist neben Erhängen und Erdrosseln eine der drei Formen der Strangulation. Anders als beim Erhängen oder Erdrosseln, erfolgt diese Strangulation ohne Strang- oder Drosselwerkzeug, sondern durch Zusammendrücken des Halses durch die Hand oder die Hände.
액살은 의사 및 교살과 더불어 목조름의 3가지 형태이다. 의사나 교살에서의 경우와 달리 액살의 목조름은 끈이나 목을 조우는 도구없이 손으로 목의 압착에 의한다.

Erziehungsbeistand SGB 8 30 교육보조인.
Der Erziehungsbeistand und der Betreuungshelfer sollen das Kind oder den Jugendlichen bei der Bewältigung von Entwicklungsproblemen möglichst unter Einbeziehung des sozialen Umfelds unterstützen und unter Erhaltung des Lebensbezugs zur Familie seine Verselbständigung fördern.
교육보조인 및 부조인은 발달프로그램의 진행시 가능한 한 주위환경을 포함하여 아동 또는 소년을 지원하여야 하며, 가정과의 생활관계를 유지하며 그의 독립심을 조장하여

야 한다.

Erziehungsmaßregel JGG 5 교육처분.
(1) Aus Anlaß der Straftat eines Jugendlichen können Erziehungsmaßregeln angeordnet werden.
청소년의 범행동기에서 교육처분을 명할 수 있다.
(2) Die Straftat eines Jugendlichen wird mit Zuchtmitteln oder mit Jugendstrafe geahndet, wenn Erziehungsmaßregeln nicht ausreichen.
청소년의 범죄가 교육처분으로 충분하지 않은 때에는 훈육(징계)처분이나 소년형을 부과한다.

Erziehungspflicht
→ Verletzung der Fürsorge- oder Erziehungspflicht (보호·교육의무위반죄).

Erziehungsregister BZRG 59 교육기록부.
Das Erziehungsregister wird von dem Bundeszentralregister geführt.
교육기록부는 연방중앙기록부에 의한다.
BZRG 60 Nr.1-9에 의하면 연방중앙기록부에 기재되지 않는 소년법원의 처분, 명령이나 가정법원, 후견법원의 소년에 대한 처분, 명령 등이 기록된다.

Erzwingungshaft ZPO 901; 390(2); StPO 70(2); StVollzG 171; 178(3) 강제를 위한 구금. → Zwangshaft (강제구금).
(Haftbefehl) Gegen den Schuldner, der in dem zur Abgabe der eidesstattlichen Versicherung bestimmten Termin nicht erscheint oder die Abgabe der eidesstattlichen Versicherung ohne Grund verweigert, hat das Gericht zur Erzwingung der Abgabe auf Antrag einen Haftbefehl zu erlassen. (ZPO 901)
채무자가 선서에 갈음하는 보증을 하도록 지정된 기일에 출석하지 않거나 또는 이유없이 선서에 갈음하는 보증을 거부하는 경우에 법원은 신청에 의해 이를 강제하기 위한 구금을 명해야 한다.
(2) Im Falle wiederholter Weigerung ist

auf Antrag zur Erzwingung des Zeugnisses die Haft anzuordnen, jedoch nicht über den Zeitpunkt der Beendigung des Prozesses in dem Rechtszug hinaus. (ZPO 390(2))
증언거부가 반복되는 경우에는 신청으로 강제를 위한 구금을 명하여야 한다. 그러나 당해심급에서 소송종료시점을 넘길 수는 없다.
(2) Auch kann zur Erzwingung des Zeugnisses die Haft angeordnet werden, jedoch nicht über die Zeit der Beendigung des Verfahrens in dem Rechtszug, auch nicht über die Zeit von sechs Monaten hinaus. (StPO 70(2))
(법적 사유없이 증언이나 선서를 거부하는) 증인의 증언을 강제하기 위하여 구인을 명할 수 있으나, 그 구인은 당해 심급절차의 종결시기를 초과하지 못하며, 6개월을 초과할 수 없다.
강제구금이나 강제를 위한 구금은 법원이 명령한 강제를 위한 구금에 대하여는 자유형의 집행(제3조 내지 제122조)에 관한 규정이 준용되며(StVollzG 171), 도주의 방지 또는 재체포를 위하여 총기가 사용될 수 없다. (StVollzG 178(3))

ESchG → Embryonenschutzgesetz (배아보호법).

EStG → Einkommensteuergesetz (소득세법).

Etatgenehmigung
→ Ausgabe vor Etatgenehmigung (예산승인전 지출).

Etikettierung 라벨링 (라벨을 붙이는 것).
Etikettierung mittels "Etikettiermaschinen" bedeutet das Aufbringen von Etiketten auf Gegenstände, häufig mit einer Zuschreibung von negativen Eigenschaften verbunden.
라벨부착기에 의한 라벨링은 대상물에 레테르를 붙이는 것으로 주로 부정적 속성의 귀속과 관련된다.

EU-Vertrag (Die konsolidierte Fassung des Vertrags über die europäische Union) EUV 1 EU-조약.
Durch diesen Vertrag gründen die HOHEN VERTRAGSPARTEIEN untereinander eine EUROPÄISCHE UNION, im folgenden als "Union" bezeichnet.
본조약에 따라 조약당사국은 이하 "연합"으로 표시되는 유럽연합을 구성한다.

EuAuslfÜbk → Europäisches Auslieferungsübereinkommen(유럽범죄인인도협정).

EuRAG → Gesetz über die Tätigkeit europäischer Rechtsanwälte in Deutschland (유럽변호사의 독일에서의 활동에 관한 법)

Europaische Menschenrechtskonvention (Europäischer Konvention zum Schutz der Menschenrechte und Grundfreiheiten) EMRK 1 유럽인권협약 (2002.3.17) (BGBl. II S. 1054).
Die Hohen Vertragsparteien sichern allen ihrer Hoheitsgewalt unterstehenden Personen die in Abschnitt I bestimmten Rechte und Freiheiten zu.
조약체결당사국은 그들의 고권하에 있는 모든 사람들에게 제1장(부)에서 규정된 권리나 자유를 보장한다(Verpflichtung zur Achtung der Menschenrechte 인권존중의무).

Europäische Union GG 23 유럽연합.
(1) Zur Verwirklichung eines vereinten Europas wirkt die Bundesrepublik Deutschland bei der Entwicklung der Europäischen Union mit, die demokratischen, rechtsstaatlichen, sozialen und föderativen Grundsätzen und dem Grundsatz der Subsidiarität verpflichtet ist und einen diesem Grundgesetz im wesentlichen vergleichbaren Grundrechtsschutz gewährleistet.
독일연방공화국은 통일된 유럽을 실현시키기 위하여 유럽연합의 발전에 협력한다. 유럽연합은 민주적, 법치국가적, 사회적, 연방의 제원칙 및 보충성의 원칙에 대한 의무를 가지고 있으며, 기본법에 본질적인 점에서 필적할 기본권보장을 가지도록 한다.

Europäische Wirtschaftsgemeinschaft
EWG 유럽경제공동체 (유럽 공동시장).
Die ~ ist der ursprüngliche Name eines Zusammenschlusses europäischer Staaten zur Förderung der gemeinsamen Wirtschaftspolitik im Rahmen der europäischen Integration. Am 25. März 1957 wurde die EWG mit der Unterzeichnung der Römischen Verträge durch Belgien, Frankreich, Italien, Luxemburg, die Niederlande und die Bundesrepublik Deutschland gegründet. 1993 wurde die EWG angesichts ihrer mittlerweile erweiterten Aufgabenstellung in Europäische Gemeinschaft (EG) umbenannt.
~는 유럽통합의 범위에서 공동의 경제정책을 촉구하기 위한 원래의 유럽국가의 연합 명칭. 1957.3.25. 벨기에, 프랑스, 이탈리아, 룩셈부르크, 네덜란드, 독일이 로마조약에 서명함으로써 ~가 성립되었다. 1993년 ~는 그 임무의 확대와 더불어 유럽공동체로 명칭이 변경되었다.

Europäische Zentralbank (EZB) GG 88 유럽중앙은행. → Bundesbank (연방은행).

Europäischer Rechtsanwalt EuRAG 1 유럽변호사.
Dieses Gesetz regelt für Staatsangehörige der Mitgliedstaaten der Europäischen Union, der anderen Vertragsstaaten des Abkommens über den Europäischen Wirtschaftsraum und der Schweiz, die berechtigt sind, als Rechtsanwalt unter einer der in der Anlage zu dieser Vorschrift genannten Berufsbezeichnungen selbständig tätig zu sein (europäische Rechtsanwälte), die Berufsausübung und die Zulassung zur Rechtsanwaltschaft in Deutschland.
본법은 본법의 부록에 기재된 직업명칭을 사용하여 독자적으로 활동할 권리가 있는 유럽연합의 회원국, 기타 유럽지역의 협약 체결국 및 스위스의 국적을 가진 변호사로서(유럽변호사) 독일에서의 직업수행과 변호사업의 허가에 대하여 규정한다.
→ Gesetz über die Tätigkeit europäischer Rechtsanwälte in Deutschland (유럽변호사의 독일에서의 활동에 관한 법).
→ Niedergelassener europäischer Rechtsanwalt (정주하는 유럽변호사).

Europäisches Auslieferungsübereinkommen EuAuslfÜbk 유럽범죄인인도협정 (Paris, 13.XII.1957).
→ Auslieferungsverpflichtung (범죄인인도의무).

Europäisches Patent EuPatÜbk 2 유럽특허.
(1) Die nach diesem Übereinkommen erteilten Patente werden als europäische Patente bezeichnet.
(2) Das europäische Patent hat in jedem Vertragsstaat, für den es erteilt worden ist, dieselbe Wirkung und unterliegt denselben Vorschriften wie ein in diesem Staat erteiltes nationales Patent, soweit sich aus diesem Übereinkommen nichts anderes ergibt.
(1) 유럽특허는 본협약(유럽특허협약)에 따라 부여된다.
(2) 유럽특허는 협약에 다른 규정이 없는 한, 특허를 부여한 각 협약국에 동일한 효력을 가지며 그 국가가 부여한 국제특허와 동일한 규정에 의한다.

Europäisches Patentübereinkommen (Übereinkommen über die Erteilung europäischer Patente) EuPatÜbk 유럽특허협약 (1973.10.5) (BGBl. 1976 II S. 826).

Europakammer GG 52(3a) 유럽심의회.
(3a) Für Angelegenheiten der Europäischen Union kann der Bundesrat eine Europakammer bilden, deren Beschlüsse als Beschlüsse des Bundesrates gelten;
연방상원은 유럽연합의 사무를 위하여 유럽심의회를 구성할 수 있다. 유럽심의회의 결정은 연방상원의 결정으로서의 효력을 가진다.
→ Ausschuß für EU-Angelegenheiten (유럽연합위원회).

Europarecht 유럽법.

Das Europarecht ist überstaatliches Recht in Europa. Man unterscheidet zwischen Europarecht im weiteren und Europarecht im engeren Sinne. Europarecht im engeren Sinne ist das Recht der Europäischen Union und der Europäischen Gemeinschaften. Das Europarecht im weiteren Sinne umfasst darüber hinaus das Recht der europäischen internationalen Organisationen.
~은 유럽의 초국가적 법이다. 이에는 광의와 협의의 유럽법으로 분류된다. 협의의 유럽법은 유럽연합 및 유럽공동체의 법이다. 광의의 유럽법은 그 이상으로 유럽의 국제기구의 법을 포함한다.

Euroscheckkarten
→ Fälschung von Vordrucken für Euroschecks und Euroscheckkarten.

Euthanasie (guter Tod) 안락사.
Die Euthanasie bezeichnet die Sterbehilfe für unheilbar Kranke und Schwerstverletzte mit dem Zweck, ihnen qualvolles Leiden zu ersparen.
~는 불치의 환자와 최악의 피해자에 대하여 고통스러운 삶을 덜어줄 목적으로 행하는 자살방조를 말한다.

EUV → EU-Vertrag (EU-조약).

Eventualvorsatz (Dolus eventualis) 미필적 고의. → Abfindungsstheroie (감수설).

EWG → Europäische Wirtschaftsgemeinschaft (유럽경제공동체).

ex aequo et bono (nach Recht und Billigkeit) 형평과 선.

ex ante (zuvor oder aus früherer Sicht) 사전적으로.

ex nunc (von jetzt ab) (mit Wirkung für die Zukunft) 지금부터 (미래를 향하여).

ex officio → Von Amts wegen.

ex post (facto) ("hinterher" oder "aus späterer Sicht") 사후적으로, 소급하여.

ex-post-facto-Verbot
→ Rückwirkungsverbot (소급효의 금지).

ex tunc (rückwirkend) (auch für die Vergangenheit wirkend) 소급하여, 과거로 소급하는.

Exceptio doli = Einrede der Arglist 악의의 항변 (Wer arglistig handelt, verdient keinen Rechtsschutz: 악의가 있는 자는 법적 보호를 받지 못한다).

Exekutive 집행부 (행정부).
Die Exekutive ist in der Staatstheorie neben Legislative (Gesetzgebung) und Judikative (Rechtsprechung) eine der drei unabhängigen Gewalten (Gewaltenteilung).
Sie umfasst die Regierung (Gubernative) und die öffentliche Verwaltung (Administrative).
~는 국가이론에서 입법부 (입법), 사법부 (사법) 이외에 3개의 독립된 권력 중의 하나이다 (권력분배). ~에는 정부와 공공의 행정이 포함된다.

Exhibitionistische Handlung
StGB 183 치부노출죄.
Ein Mann, der eine andere Person durch eine ~ belästigt, wird mit Freiheitsstrafe bis zu einem Jahre oder mit Geldstrafe bestraft.
치부노출행위에 의하여 타인에게 폐해를 끼친(혐오감을 주는) 남자는 1년 이하의 자유형 또는 벌금형에 처한다.

Existenzgründer BGB 507 창업자.
Die §§ 491 bis 506 gelten auch für natürliche Personen, die sich ein Darlehen, einen Zahlungsaufschub oder eine sonstige Finanzierungshilfe für die Aufnahme einer gewerblichen oder selbständigen beruflichen Tätigkeit gewähren lassen oder zu diesem Zweck einen Ratenlieferungsvertrag schließen, es sei denn, der Nettodar-

lehensbetrag oder Barzahlungspreis übersteigt 50.000 Euro.
(민법) 제491-506조(소비대차계약)는 영업적 또는 독립적 직업활동의 개시를 위한 대차금, 지급유예 기타 재정원조를 받거나 또는 이러한 목적으로 분할공급계약을 체결한 자연인에게도 적용된다. 그러나 순수대차금액 또는 현금가액이 5만 유로를 초과하는 경우에는 그러하지 아니하다.

Existenzialismus 실존주의.

Der Begriff des „Existentialismus" ist im Gebrauch als Bezeichnung für eine allgemeine Geisteshaltung, die den Menschen als Existenz im Sinne der Existenzphilosophie auffasst ("Der Mensch ist seine Existenz.").
~는 인간을 실존철학의 실존으로 이해하는 일반적인 정신태도를 말한다(인간은 자신의 실존이다).

Exogene Pschose 외인성 정신병.

외상성 뇌손상, 중독성 정신병, 감염성 정신질환.
→ Endogene Psychose (내인성 정신병).

Exterritoriale Deutsche StPO 11 치외법권을 가진 독일인.

(1) Deutsche, die das Recht der Exterritorialität genießen, sowie die im Ausland angestellten Beamten des Bundes oder eines deutschen Landes behalten hinsichtlich des Gerichtsstandes den Wohnsitz, den sie im Inland hatten.
(2) Auf Wahlkonsuln sind diese Vorschriften nicht anzuwenden.
(1) 치외법권을 향유하는 독일인 및 외국주재 연방이나 주의 공무원에 있어서는 그가 국내에서 가졌던 주소지를 재판적으로 한다.
(2) 명예(촉탁)영사의 경우에 본 규정은 적용되지 않는다.

Exterritorialität 치외법권.

die, kraft Völkerrechts zugunsten bestimmter Personen und Sachen bestehende Ausnahme von der Gerichtsbarkeit und Zwangsgewalt des Gebietsstaates. Mit dem Begriff der Exterritorialität eng verknüpft ist der der völkerrechtlichen Immunität.
~은 국제법에 의하여 특정인이나 특정물에 대하여 존재하는 영토국가의 재판권 및 강제권의 예외. ~의 개념은 국제법상 불체포특권과 관련이 있다.

Extraversion 외향성.

Kriminalität ist abhängig von Persönlichkeitsmerkmalen, die ihrerseits eine Folge von Anlage- und Umweltfaktoren sind. Die relevanten Persönlichkeitsmerkmale sind Extraversion, Neurotizismus und Psychotizismus. Der Grad an Extrovertiertheit ist nach dem Ansatz von Eysenck abhängig vom Kortex einer Person, Neurotizismus vom limbisch-thalamischen System und Psychotizismus vom Hormonhaushalt.
범죄는 소질과 환경에 따른 인격의 표지에 의존한다. 중요한 인격표지로는 외향성, 신경증적 경향성, 정신병적 경향성이다. 이 외향적 경향은 Eysenck에 따르면 사람의 피질, 림프-시상체계의 신경증, 호르몬조절의 정신병증에 의존한다.

F

Fachanwalt FAO 3 전문변호사.
Voraussetzung für die Verleihung einer Fachanwaltsbezeichnung ist eine dreijährige Zulassung und Tätigkeit innerhalb der letzten sechs Jahre vor Antragstellung.
전문변호사의 명칭을 받기 위한 요건은 신청이전 최근 6년 내에 3년간 변호사업의 허가와 활동이다.

Fachanwaltsordnung FAO 1 전문변호사법.
Fachanwaltsbezeichnungen können gemäß § 43c Abs.1 Satz 2 Bundesrechtsanwaltsordnung für das Verwaltungsrecht, das Steuerrecht, das Arbeitsrecht und das Sozialrecht verliehen werden.
연방변호사법 제43c조 제1항 제2문에 따라 행정법, 조세법, 노동법 및 사회법에 대하여 전문변호사명칭을 사용할 수 있다.

Facultas alternativa (Ersetzungsbefugnis) 대체권한.
Berechtigung, statt der vereinbarten Leistung eine andere zu erbringen bzw. zu fordern.
약정된 급부를 대신하여 다른 것을 제공 내지 요구할 수 있는 권한.

FAG → Finanzausgleichsgesetz (재정조정법).

Fahren ohne Fahrerlaubnis StVG 21 무면허운전죄.
(1) Mit Freiheitsstrafe bis zu einem Jahr oder mit Geldstrafe wird bestraft, wer
다음 각호의 1에 해당하는 자는 1년 이하의 자유형 또는 벌금형에 처한다.
1. ein Kraftfahrzeug führt, obwohl er die dazu erforderliche Fahrerlaubnis nicht hat oder ihm das Führen des Fahrzeugs nach

§ 44 des Strafgesetzbuchs oder nach § 25 dieses Gesetzes verboten ist, oder
필요한 운전면허를 갖지 않고서 또는 형법 제44조 또는 이 법률 제25조에 의하여 차량운전이 금지되어 있음에도 불구하고 자동차를 운전한 자.
2. als Halter eines Kraftfahrzeugs anordnet oder zulässt, daß jemand das Fahrzeug führt, der die dazu erforderliche Fahrerlaubnis nicht hat oder dem das Führen des Fahrzeugs nach § 44 des Strafgesetzbuchs oder nach § 25 dieses Gesetzes verboten ist.
자동차의 관리인으로서 필요한 운전면허를 갖지 않거나 형법 제44조 또는 이 법률 제25조에 의하여 차량운전이 금지된 자에 대해 운전을 명하거나 허락한 자.

Fahrerlaubnis StVG 2 운전면허.
(1) Wer auf öffentlichen Straßen ein Kraftfahrzeug führt, bedarf der Erlaubnis (Fahrerlaubnis) der zuständigen Behörde (Fahrerlaubnisbehörde).
공로 등에서 자동차를 운전하고자 하는 자는 관할 행정청의 허가를 받아야 한다.

Fahrerlaubnis auf Probe StVG 2a 수습용 운전면허.
(1) Bei erstmaligem Erwerb einer Fahrerlaubnis wird diese auf Probe erteilt; die Probezeit dauert zwei Jahre vom Zeitpunkt der Erteilung an.
운전면허의 최초취득은 수습용으로 교부된다. 수습기간은 교부일로 부터 2년이다.

Fahrlässige Brandstiftung StGB 306d 실화죄.
(1) Wer in den Fällen des § 306 Abs. 1 oder des § 306a Abs. 1 fahrlässig handelt oder in den Fällen des § 306a Abs. 2 die Gefahr fahrlässig verursacht, wird mit Freiheitsstrafe bis zu fünf Jahren oder mit Geldstrafe bestraft.
제306조 제1항 또는 제306조a 제1항의 경우에 과실로 행위하거나 또는 제306조a 제2항의 경우에 과실로 위험을 야기한 자는 5년 이하의 자유형 또는 벌금형에 처한다.

Fahrlässige falsche Versicherung an Eides Statt StGB 163

과실에 의한 선서에 갈음한 허위보증죄.

(1) Wenn eine der in den §§ 154 bis 156 bezeichneten Handlungen aus Fahrlässigkeit begangen worden ist, so tritt Freiheitsstrafe bis zu einem Jahr oder Geldstrafe ein.

제154조 내지 제156조에 기재한 행위를 과실에 의하여 범한 때에는 1년 이하의 자유형 또는 벌금형에 처한다.

→ Meineid (선서위반죄).

→ Eidesgleiche Bekräftigungen (선서에 준하는 서약).

→ Falsche Versichering an Eides Staat (선서에 갈음한 허위보증죄).

Fahrlässige Körperverletzung

StGB 229 과실치상죄.

Wer durch Fahrlässigkeit die Körperverletzung einer anderen Person verursacht, wird mit Freiheitsstrafe bis zu drei Jahren oder mit Geldstrafe bestraft.

과실로 인하여 타인을 상해에 이르게 한 자는 3년 이하의 자유형 또는 벌금형에 처한다.

Fahrlässige Tötung StGB 222 과실치사죄.

Wer durch Fahrlässigkeit den Tod eines Menschen verursacht, wird mit Freiheitsstrafe bis zu fünf Jahren oder mit Geldstrafe bestraft.

과실로 인하여 사람을 사망에 이르게 한 자는 5년 이하의 자유형 또는 벌금형에 처한다.

Fahrlässiger Falscheid StGB 163

과실에 의한 허위선서죄.

(1) Wenn eine der in den §§ 154 bis 156 bezeichneten Handlungen aus Fahrlässigkeit begangen worden ist, so tritt Freiheitsstrafe bis zu einem Jahr oder Geldstrafe ein.

제154조 내지 제156조에 기재한 행위를 과실에 의하여 범한 때에는 1년 이하의 자유형 또는 벌금형에 처한다.

→ Meineid (선서위반죄).

→ Eidesgleiche Bekräftigungen (선서에 준하는 서약).

→ Falsche Versichering an Eides Staat (선서에 갈음한 허위보증죄).

Fahrverbot StVG 25; StGB 44

운전금지.

(1) Wird gegen den Betroffenen wegen einer Ordnungswidrigkeit nach §24, die er unter grober oder beharrlicher Verletzung der Pflichten eines Kraftfahrzeugführers begangen hat, eine Geldbuße festgesetzt, so kann ihm die Verwaltungsbehörde oder das Gericht in der Bußgeldentscheidung für die Dauer von einem Monat bis zu drei Monaten verbieten, im Straßenverkehr Kraftfahrzeuge jeder oder einer bestimmten Art zu führen. (StVG 25)

자동차운전자의 의무를 난폭하게 또는 집요하게 위반하여 제24조 (Verkehrsordnungswidrigkeit 교통질서위반행위)에 의한 질서위반을 범하였다는 이유로 당해 질서위반자에 대해 질서위반금이 확정된 경우에 질서위반금결정을 한 행정청 또는 법원이 질서위반자에 대하여 1개월 이상 3개월 이하의 기간내에서 도로교통상의 모든 종류 또는 특정한 종류의 자동차의 운전금지를 명할 수 있다.

(1) Wird jemand wegen einer Straftat, die er bei oder im Zusammenhang mit dem Führen eines Kraftfahrzeugs oder unter Verletzung der Pflichten eines Kraftfahrzeugführers begangen hat, zu einer Freiheitsstrafe oder einer Geldstrafe verurteilt, so kann ihm das Gericht für die Dauer von einem Monat bis zu drei Monaten verbieten, im Straßenverkehr Kraftfahrzeuge jeder oder einer bestimmten Art zu führen. (StGB 44)

법원이 자동차 운전중 또는 운전과 관련되거나 운전자의 의무에 위반하여 행하여진 범죄를 이유로 자유형 또는 벌금형을 선고받은 자에 대하여 1개월 이상 3개월 이하의 기간내에서 도로교통상의 모든 종류 또는 특정한 종류의 자동차의 운전을 금지할 수 있다.

Fahrzeug
→ Unbefugter Gebrauch eines Fahrzeugs (차량불법사용죄).
→ Trunkenheit im Verkehr (명정운전죄).

Fahrzeughalter
→ Halter eines Kraftfahrzeugs (자동차보유자).

Fahrzeugregister StVG 31 차량등록부.
(1) Die Zulassungsbehörden führen ein Register über die Fahrzeuge, für die ein Kennzeichen ihres Bezirks zugeteilt oder ausgegeben wurde (örtliches Fahrzeugregister der Zulassungsbehörden).
차량의 등록허가를 관할하는 관청은 그 관할 구역의 표지가 부여되거나 발부된 차량에 관한 등록부를 작성한다(허가관청의 장소적 차량등록).

Faires Verfahren EMRK 6 (Recht auf ein ~) 공정한 절차(~의 요구권).
(1) Jede Person hat ein Recht darauf, dass über Streitigkeiten in Bezug auf ihre zivilrechtlichen Ansprüche und Verpflichtungen oder über eine gegen sie erhobene strafrechtliche Anklage von einem unabhängigen und unparteiischen, auf Gesetz beruhenden Gericht in einem fairen Verfahren, öffentlich und innerhalb angemessener Frist verhandelt wird.
누구든지 민법상의 청구권과 의무와 관련하여 또는 자신에 대하여 제기된 공소의 제기에 대하여 독립적이고 편파적이 아닌, 법률에 근거한 법원에 의하여 공정한 절차로, 공개적으로 그리고 적정한 기간내에 심리를 받을 권리를 가진다.

Faktischer Konzern 사실상의 콘체른.
Bei einem faktischen Konzern fehlt in der Regel die einheitliche Leitung; trotzdem besteht eine Abhangigkeit zwischen dem herrschenden Unternehmen und einem anderen Unternehmen.
사실상의 콘체른에서는 통일적인 지휘가 결여되어 있지만, 지배기업과 다른 기업간에 종속성이 있다.

→ Konzern und Konzernunternehmen (콘체른 및 콘체른기업).

Faktischer Vertrag 사실적 계약.
Nach der Lehre vom Faktischen Vertrag kann ein Vertrag in bestimmten Bereichen des Rechtsverkehrs schon dadurch zustande kommen, dass eine tatsachlich zur Verfugung gestellte Leistung durch einen anderen tatsachlich in Anspruch genommen wird.
사실적 계약관계론에 의하면 법률거래의 특정 영역에서 사실상 처분하게 된 급부는 다른 급부에 의하여 사실상 청구를 받고 있다고 함으로써 계약을 성립시킬 수 있다.

Fakultative Milderung StGB 49 임의적 감경.
→ Besondere gesetzliche Milderungsgründe (특별한 법정 감경사유).

Fälligkeit BGB 272 변제기, 만기, 이행시기 (vor der ~: 변제기전).
→ Zwischenzinsen (중간이자).

Fälligkeit der Vergütung BGB 641 보수의 지급시기.
(1) Die Vergütung ist bei der Abnahme des Werkes zu entrichten.
보수는 일의 인수시에 지급되어야 한다.

Fälligkeit des Scheck ScheckG 28 수표의 이행기.
Der Scheck ist bei Sicht zahlbar. Jede gegenteilige Angabe gilt als nicht geschrieben.
수표는 일람출급으로 한다. 이에 위반되는 모든 기재는 기재하지 않은 것으로 본다.

Falsa demonstratio non nocet (Eine falsche Bezeichnung schadet nicht) 오기(誤記)는 해롭지 않다.

Falschaussage → Versuch der Anstiftung zur Falschaussage (허위진술 교사미수죄).

Falschbeurkundung im Amt StGB 348

허위공문서작성죄.
(1) Ein Amtsträger, der, zur Aufnahme öffentlicher Urkunden befugt, innerhalb seiner Zuständigkeit eine rechtlich erhebliche Tatsache falsch beurkundet oder in öffentliche Register, Bücher oder Dateien falsch einträgt oder eingibt, wird mit Freiheitsstrafe bis zu fünf Jahren oder mit Geldstrafe bestraft.
공문서 작성권한이 있는 공무수행자로서 그 권한의 범위내에서 법률상 중요한 사실에 관하여 허위문서를 작성하거나 공공 등기부, 공공장부 또는 공공 데이터저장장치에 허위의 사실을 기재 또는 입력한 자는 5년 이하의 자유형 또는 벌금형에 처한다.

Falsche Angaben AktG 399 허위기재죄.
(1) Mit Freiheitsstrafe bis zu drei Jahren oder mit Geldstrafe wird bestraft, wer
1. als Gründer oder als Mitglied des Vorstands oder des Aufsichtsrats zum Zweck der Eintragung der Gesellschaft über die Übernahme der Aktien, die Einzahlung auf Aktien, die Verwendung eingezahlter Beträge, den Ausgabebetrag der Aktien, über Sondervorteile, Gründungsaufwand, Sacheinlagen, Sachübernahmen und Sicherungen für nicht voll einbezahlte Geldeinlagen,
2. als Gründer oder als Mitglied des Vorstands oder des Aufsichtsrats im Gründungsbericht, im Nachgründungsbericht oder im Prüfungsbericht, (Nr.3-6 생략),
falsche Angaben macht oder erhebliche Umstände verschweigt.
다음 각호에 허위기재를 하거나 중대한 사정을 묵비한 자는 3년 이하의 자유형 또는 벌금형에 처한다.
1. 발기인 또는 이사나 감사로서 회사의 등기를 할 목적으로 주식의 인수, 주식에 대한 납입, 납입금의 사용, 주식의 발행가액, 특별이익, 설립비용, 현물출자, 재산인수 및 미완납 금전출자에 대한 보증,
2. 발기인 또는 이사나 감사로서 설립보고서, 사후설립보고서 또는 검사보고서.
→ Berichtigung einer falschen Angabe.

Falsche Ausstellung von Berechtigungs-nachweisen AktG 402 자격증명서 허위발행죄.
(1) Wer Bescheinigungen, die zum Nachweis des Stimmrechts in einer Hauptversammlung oder in einer gesonderten Versammlung dienen sollen, falsch ausstellt oder verfälscht, wird mit Freiheitsstrafe bis zu drei Jahren oder mit Geldstrafe bestraft, wenn die Tat nicht in anderen Vorschriften über Urkundenstraftaten mit schwererer Strafe bedroht ist.
주주총회 또는 특별총회에서 의결권의 증명에 이용되는 증명서를 허위로 발행하거나 변조한 자는 그 행위가 달리 문서범죄에 관하여 보다 중한 형으로 규정되어 있지 아니한 때에는 3년 이하의 자유형 또는 벌금형에 처한다.

Falsche Namensangabe OWiG 111 성명사칭죄.
→ Übertretungen(§360(1) Nr.8 a.F.).
(1) Ordnungswidrig handelt, wer einer zuständigen Behörde, einem zuständigen Amtsträger oder einem zuständigen Soldaten der Bundeswehr über seinen Vor-, Famir-en- oder GVourtsnamen, den Ort oder Tag seiner GVourt, seinen Famir-en- stand, seinen Beruf, seinen Wohnort, seine Wohnung oder seine Staatsangehörigkeit eine unrichtig Bundebe macht oder die Angabe verweigert.
관할 행정관청, 관할 공무수행자 또는 관할 연방군의 군인에 대하여 자신의 성명 또는 출생명, 자신의 출생지 또는 생년월일, 자신의 가족사항, 자신의 주소 또는 거소, 자신의 국적에 관하여 부정한 신고를 하거나 신고를 거부한 자는 질서위반행위를 행한 것이다.

Falsche Übermittlung → Anfechtbarkeit wegen falscher Übermittlung.

Falsche uneidliche Aussage StGB 153

선서없는 허위진술죄.

Wer vor Gericht oder vor einer anderen zur eidlichen Vernehmung von Zeugen oder Sachverständigen zuständigen Stelle als Zeuge oder Sachverständiger uneidlich falsch aussagt, wird mit Freiheitsstrafe von drei Monaten bis zu fünf Jahren bestraft.

법원 또는 선서에 의한 증언이나 감정을 행하게 할 권한이 있는 기타 관청에 대하여 증인 또는 감정인으로서 선서없이 허위로 진술한 자는 3개월 이상 5년 이하의 자유형에 처한다.

Falsche Verdächtigung StGB 164 무고죄 (誣告罪) (a.F. Falsche Anschuldigung) (1) Wer einen anderen bei einer Behörde oder einem zur Entgegennahme von Anzeigen zuständigen Amtsträger oder militärischen Vorgesetzten oder öffentlich wider besseres Wissen einer rechtswidrigen Tat oder der Verletzung einer Dienstpflicht in der Absicht verdächtigt, ein behördliches Verfahren oder andere behördliche Maßnahmen gegen ihn herbeizuführen oder fortdauern zu lassen, wird mit Freiheitsstrafe bis zu fünf Jahren oder mit Geldstrafe bestraft.

관청이나 고발수리의 권한이 있는 공무수행자나 군의 상관에 대하여 또는 공연히 그 양식에 반하여 타인에 대한 관청의 절차나 또는 기타 다른 관청의 처분을 초래하거나 계속시킬 목적으로 위법행위 또는 직무상 의무를 침해하였다고 무고한 자는 5년 이하의 자유형 또는 벌금형에 처한다.

Falsche Versicherung an Eides Statt StGB 156 선서에 갈음한 허위보증죄. Wer vor einer zur Abnahme einer Versicherung an Eides Statt zuständigen Behörde eine solche Versicherung falsch abgibt oder unter Berufung auf eine solche Versicherung falsch aussagt, wird mit Freiheitsstrafe bis zu drei Jahren oder mit Geldstrafe bestraft.

선서에 갈음한 보증을 행하게 할 권한이 있는 관청에 대하여 허위로 보증을 하거나 그와 같은 보증을 원용하여 허위로 진술한 자

는 3년 이하의 자유형 또는 벌금형에 처한다.

Fälschung 위조. 일반적인 위조의 개념은 Fälschung이나 여기에는 부진정한 문서의 작성, 변조, 권한없는 작성이나 사용 등의 의미가 같이 포함되어 있으며, 그러한 내용은 구성요건에 따라 다르게 규정되어 있다. 그 예로 문서위조죄에서 문서위조는 부진정 문서 작성 unechte Urkunde herstellen, 문서변조는 echte Urkunde verfälschen, 건강진단서위조죄의 발급·변조·사용 Zeugnis ausstellen, verfäschen, Gebrauch machen, 통화위조죄에서 위조·변조는 Geld nachmachen, verfälschen, 유가증표위조죄에서 위조·변조·부진정사용·유통은 Wertzeichen nachmachen, verfälschen, unecht verwenden, in Verkehr bringen, 증명에 중요한 데이터위조죄에서 위조·변조는 zur Täuschung Daten speichern·verändern 등으로 표현된다.

Fälschung beweiserheblicher Daten StGB 269 증명에 중요한 데이터위조죄. → Fälschung. Wer zur Täuschung im Rechtsverkehr beweiserhebliche Daten so speichert oder verändert, daß bei ihrer Wahrnehmung eine unechte oder verfälschte Urkunde vorliegen würde, oder derart gespeicherte oder veränderte Daten gebraucht, wird mit Freiheitsstrafe bis zu fünf Jahren oder mit Geldstrafe bestraft.

법적 거래시의 기망수단으로 증명에 중요한 데이터를 저장(위작)하거나 변조(변작)하여 부진정(위조) 또는 변조된 문서의 인지에 제공하거나 또는 저장되거나 변조된 데이터를 사용한 자는 5년 이하의 자유형 또는 벌금형에 처한다.

Fälschung technischer Aufzeichnungen StGB 268 기술매체기록위조죄. (1) Wer zur Täuschung im Rechtsverkehr 1. eine unechte technische Aufzeichnung herstellt oder eine technische Aufzeichnung verfälscht oder 2. eine unechte oder verfälschte technische

Aufzeichnung gebraucht,
wird mit Freiheitsstrafe bis zu fünf Jahren oder mit Geldstrafe bestraft.
법적 거래시의 기망수단으로 1. 기술매체기록의 위조 또는 변조 2. 부진정(위조) 또는 변조된 기술매체기록을 행사한 자는 5년 이하의 자유형 또는 벌금형에 처한다.

Fälschung von Gesundheitszeugnissen
StGB 277 건강진단서위조죄.

Wer unter der ihm nicht zustehenden Bezeichnung als Arzt oder als eine andere approbierte Medizinalperson oder unberechtigt unter dem Namen solcher Personen ein Zeugnis über seinen oder eines anderen Gesundheitszustand ausstellt oder ein derartiges echtes Zeugnis verfälscht und davon zur Täuschung von Behörden oder Versicherungsgesellschaften Gebrauch macht, wird mit Freiheitsstrafe bis zu einem Jahr oder mit Geldstrafe bestraft.
의사나 또는 기타 면허를 받은 의료인이 자신의 권한에 속하지 않는 명칭을 사용하여 또는 권한 없이 그러한 자의 명의를 이용하여 자기 또는 타인의 건강상태에 관한 증명서를 발급하거나 진정한 증명서를 변조하고 관청이나 보험회사를 기망하기 위하여 이를 사용한 자는 1년 이하의 자유형 또는 벌금형에 처한다.
→ Ausstellen unrichtiger Gesundheitszeugnisee (내용상의 부정발급).

Fälschung von Wahlunterlagen
StGB 107b 선거자료위조죄.
(1) Wer
1. seine Eintragung in die Wählerliste (Wahlkartei) durch falsche Angaben erwirkt,
2. einen anderen als Wähler einträgt, von dem er weiß, daß er keinen Anspruch auf Eintragung hat,
3. die Eintragung eines Wahlberechtigten als Wähler verhindert, obwohl er dessen Wahlberechtigung kennt,
4. sich als Bewerber für eine Wahl aufstellen läßt, obwohl er nicht wählbar ist,
wird mit Freiheitsstrafe bis zu sechs

Monaten oder mit Geldstrafe bis zu einhundertachtzig Tagessätzen bestraft, wenn die Tat nicht in anderen Vorschriften mit schwererer Strafe bedroht ist.
다음 각호에 해당하는 자는 그 행위가 다른 형법규정에서 더 중한 형을 규정하고 있지 아니한 때에는 6개월 이하의 자유형 또는 180일수 이하의 벌금형에 처한다.
1. 허위신고에 의하여 선거인명부(선거색인카드)에 등록한 자, 2. 등록자격이 없는 타인을 그 정을 알면서 선거인으로 등록한 자, 3. 선거권이 있음을 알면서도 선거권자의 선거인으로서의 등록을 방해한 자, 4. 피선거권이 없음에도 입후보추천을 받은 자.

Fälschung von Zahlungskarten mit Garantiefunktion und Vordrucken für Euroschecks StGB 152b
지불보장카드 및 유로수표용지위조죄.
(1) Wer eine der in §152a Abs.1 bezeichneten Handlungen in Bezug auf Zahlungskarten mit Garantiefunktion oder Euroscheckvordrucke begeht, wird mit Freiheitsstrafe von einem Jahr bis zu zehn Jahren bestraft.
제152a조 제1항에 기재된 행위를 지불보장카드 또는 유로수표용지와 관련하여 행위를 한 자는 1년 이상 10년 이하의 자유형에 처한다.
→ Zahlungskarte mit Garantiefunktion (지불보장카드).

Fälschung von Zahlungskarten, Schecks und Wechseln StGB 152a 지불카드, 수표, 어음위조죄.
(1) Wer zur Täuschung im Rechtsverkehr oder, um eine solche Täuschung zu ermöglichen,
1. inländische oder ausländische Zahlungskarten, Schecks oder Wechsel nachmacht oder verfälscht oder
2. solche falschen Karten, Schecks oder Wechsel sich oder einem anderen verschafft, feilhält, einem anderen überlässt oder gebraucht,
wird mit Freiheitsstrafe bis zu fünf Jahren oder mit Geldstrafe bestraft.

법적 거래시 기망을 위하여 또는 그러한 기망을 가능하게 할 목적으로 다음 각호를 행위한 자는 5년 이하의 자유형 또는 벌금형에 처한다.
1. 내국 또는 외국의 지불카드, 수표·어음을 위조 또는 변조하거나,
2. 그러한 허위의 카드, 수표·어음을 자신이 또는 제3자에게 이를 취득하게 하거나, 매물에 놓거나 제3자에게 양여 또는 사용하는 행위. → Zahlungskarte.

Falsus procurator (여성형 falsa procuratrix) → Vertreter ohne Vertretungsmacht (무권대리인).

Familienbuch PersStdG 12 가족부.
(1) Das Familienbuch wird im Anschluß an die Eheschließung von dem Standesbeamten, vor dem die Ehe geschlossen ist, angelegt.
가족부는 혼인에 따라 혼인을 완결한 신분공무원이 편제한다.
→ Personenstandsgesetz (호적법).

Familiendiebstahl StGB 247 가족절도.
→ Hausdiebstahl und Familiendiebstahl (가정절도와 가족절도).

Famulatur AAppO 3 임상실습.
(1) Durch die Famulatur nach § 1 Abs. 1 Nr. 2 soll der Auszubildende mit den pharmazeutischen Tätigkeiten vertraut gemacht werden. Außerdem soll er Einblick in die Organisation und Betriebsabläufe sowie in die Rechtsvorschriften für Apotheken und in die Fachsprache erhalten.
학생은 (약사면허규정) 제1조 제1항 제2호에 의한 임상실습을 통하여 약학적 업무활동에 숙달되어야 한다. 학생은 그 외에도 조직과 운영과정, 약국에 대한 법규정 및 전문용어에 대한 이해를 습득하여야 한다.

FAO → Fachanwaltsordnung (전문변호사법).

Faustrecht (Das Recht des Stärkeren) 강자의 권리, 사력권.

~ kann in Zeiten eines rechtlosen Zustandes herrschen, in denen sich jeder "auf eigene Faust" Recht oder vermeintliches Recht zu verschaffen sucht. Rechtlich gebilligte Restformen des Faustrecht der Selbsthilfe und der Notwehr.
무법시대에 자신의 힘으로 권리나 추정적 권리의 획득을 시도하는 것을 말한다. 그 법적인 잔재는 자구행위나 정당방위에 남아 있다.

Federführender Ausschuß BTGO 63
기록위원회.
(1) Den Bericht an den Bundestag gemäß § 66 kann nur der federführende Ausschuß erstatten.
(연방하원 의사규칙) 제66조(보고)에 따라 연방하원에 제출하는 보고서는 기록위원회만이 작성할 수 있다.

Fehde 페데, 사투.
Feindseligkeit, Privatkrieg zwischen zwei Freien oder ihren Sippen in germanischer Zeit und im Mittelalter.
게르만 시대, 중세에 있어 자유인, 지페간에 적대관계, 사투.

Fehlerfreie Ermessensausübung (Ausübung des Ermessens) (Anspruch auf ~)
무하자재량행사(~청구권).
Ein ~ im Sinne eines subjektiven öffentlichen Rechts besteht, wenn die Norm zumindest auch im Individualinteresse des Bürgers steht.
주관적 공권으로서 ~은 규범이 적어도 시민의 사적 이익에서도 존재하는 경우이다.

Fehlerhafte Herstellung einer kerntechnischen Anlage StGB 312 핵기술시설의 부실시공죄
(1) Wer eine kerntechnische Anlage(§330d Nr.2) oder Gegenstände, die zur Errichtung oder zum Betrieb einer solchen Anlage bestimmt sind, fehlerhaft herstellt oder liefert und dadurch eine Gefahr für Leib oder Leben eines anderen Menschen oder für fremde Sachen von bedeutendem

Wert herbeiführt, die mit der Wirkung eines Kernspaltungsvorgangs oder der Strahlung eines radioaktiven Stoffes zusammenhängt, wird mit Freiheitsstrafe von drei Monaten bis zu fünf Jahren bestraft.
핵기술시설(제330조의 d 제2호)또는 동시설의 설치나 운영에 공하는 물건을 부실하게 제조하거나 공급하여, 이로 인하여 타인의 신체 또는 생명이나 또는 중요한 가치가 있는 물건에 대하여 원자핵분열작용이나 방사성 물질 방출과 관련있는 위험을 야기한 자는 3개월 이상 5년 이하의 자유형에 처한다.

Fehlerhafter Verwaltungsakt
→ Umdeutung eines fehlerhaften Verwaltungsaktes (하자있는 행정해위의 전환).

Fehlerkalkül 하자예측.
Das Fehlerkalkül beschreibt die vom Gesetzgeber in Kauf genommene Möglichkeit, dass Gesetze, Verordnungen und Bescheide ungültig sein könnten.
~은 입법자가 법률, 명령, 결정이 무효일 수 있다는 것을 받아들이는 가능성을 말한다.

Fehlgehen des Schlages (Fehlgehen der Tat) → aberratio ictus (방법의 착오).

Fehlgeschlagener Versuch StGB 22 장애미수 (실패한 미수).
Von einem fehlgeschlagenen Versuch spricht man aus, wenn der Täter nachdem er unmittelbar angesetzt hat aus seiner Sicht keine Möglichkeit mehr hat den tatbestandlichen Erfolg herbeizuführen.
~ 행위자가 직접 실행에 착수한 이후 자신의 관점에서 보아 더 이상 구성요건적 결과 발생의 가능성이 없는 경우를 말한다.

Fernabsatzvertrag BGB 312b 통신판매계약.
(1) Fernabsatzverträge sind Verträge über die Lieferung von Waren oder über die Erbringung von Dienstleistungen, einschließlich Finanzdienstleistungen, die zwischen einem Unternehmer und einem Verbraucher unter ausschließlicher Verwendung von Fernkommunikationsmitteln abgeschlossen werden,
통신판매계약은 사업자와 소비자사이에 원격통신수단만을 전적으로 사용하여 체결된 물품의 인도나 또는 금융서비스를 포함한 용역의 제공에 관한 계약을 말한다.

Fernbleiben des Angeklagten
→ Ausgebliebener Angeklagter (피고인의 불출석).
→ Versäumnisurteil (결석판결).

Fernmeldeanlagen → Störung von Telekommunikationsanlagen (통신시설교란죄).

Fernmeldegeheimnis → Verletzung des Post- und Fernmeldegeheimnisses (우편 및 통신비밀침해죄).

Fernmeldeverkehr → Überwachung und Aufzeichung des Fernmeldeverkehrs 감청 (통신의 감시와 녹음).

Fernsehen → Hörfunk und Fernsehen (라디오와 텔레비젼).

Fernstraßen → Bundesfernstraßen (연방원거리도로).

Fernstraßenbauprivatfinanzierungsgesetz (Gesetz über den Bau und die Finanzierung von Bundesfernstraßen durch Private) FStrPrivFinG 1 원거리도로건설사인재정충당법.
(1) Zur Verstärkung von Investitionen in das Bundesfernstraßennetz können Private Aufgaben des Neu- und Ausbaus von Bundesfernstraßen auf der Grundlage einer Mautgebührenfinanzierung wahrnehmen.
연방원거리도로에 대한 투자를 강화하기 위하여 사인은 통행료 재정수입을 근간으로 하여 연방원거리도로의 신설과 확장의 임무를 담당할 수 있다.

Fesselung StVollzG 90; MEPolG 40

포박(포승), 수갑.

In der Regel dürfen Fesseln nur an den Händen oder an den Füßen angelegt werden. Im Interesse des Gefangenen kann der Anstaltsleiter eine andere Art der Fesselung anordnen. Die Fesselung wird zeitweise gelockert, soweit dies notwendig ist. (90)

원칙적으로 포박은 손 또는 발에만 행하여진다. 행형시설의 장은 수형자에게 필요한 경우 다른 포박조치방법을 지시할 수 있다. 이 포박조치는 불가피한 경우에만 일시적으로 시행한다.

Eine Person, die nach diesem Gesetz oder anderen Rechtsvorschriften festgehalten wird, darf gefesselt werden, wenn Tatsachen die Annahme rechtfertigen, daß sie
1. Polizeibeamte oder Dritte angreifen, Widerstand leisten oder Sachen beschädigen wird,
2. fliehen wird oder befreit werden soll oder
3. sich töten oder verletzt wird. (40)

본법 또는 다른 법령에 의하여 구금된 자에 대하여 제반사항에 비추어 다음의 사항을 인정할 수 있다고 생각되는 경우에는 수갑을 사용할 수 있다.
1. 경찰공무원 또는 제3자를 공격하고, 저항하거나 또는 물건을 손상시키는 경우,
2. 도주하려 하거나 또는 도주하게 될 경우,
3. 자살 또는 자해를 하려고 하는 경우.

Festgenommener StPO 131(2)(a.F.) 피체포자.
~ (체포된 자)가 도주한 경우(Wenn ein ~ entweicht).

Festnahme störender Personen
StPO 164 방해자의 구금.
Bei Amtshandlungen an Ort und Stelle ist der Beamte, der sie leitet, befugt, Personen, die seine amtliche Tätigkeit vorsätzlich stören oder sich den von ihm innerhalb seiner Zuständigkeit getroffenen Anordnungen widersetzen, festnehmen und bis zur Beendigung seiner Amtsverrichtungen, jedoch nicht über den nächstfol-genden Tag hinaus, festhalten zu lassen.

현장에서 직무행위시 이를 지휘하는 공무원은 그의 직무활동을 고의로 방해하는 자 또는 그의 권한에 의해 발한 명령에 반하는 자를 그 직무행위가 종료할 때까지 구금할 권한이 있다. 그러나 이 구금은 익일을 초과해서는 안된다.

Festnahmerecht StVollzG 87 체포권.
(1) Ein Gefangener, der entwichen ist oder sich sonst ohne Erlaubnis außerhalb der Anstalt aufhält, kann durch die Vollzugsbehörde oder auf ihre Veranlassung hin festgenommen und in die Anstalt zurückgebracht werden.

도주했거나 허가없이 행형시설 밖에 체류하고 있는 수형자는 행형관청에 의하여 또는 행형관청의 지시로 체포되어 행형시설에 다시 수용될 수 있다.

Festsetzung von Geldbuße StPO 444 질서위반금 확정.
(Verfahren bei Festsetzung von Geldbuße gegen juristische Personen und Personenvereinigungen: 법인 및 비법인단체에 대한 질서위반금 확정 절차).
(1) Ist im Strafverfahren über die Festsetzung einer Geldbuße gegen eine juristische Person oder eine Personenvereinigung zu entscheiden (§ 30 des Gesetzes über Ordnungswidrigkeiten), so ordnet das Gericht deren Beteiligung an dem Verfahren an, soweit es die Tat betrifft.

법인 또는 비법인단체에 대한 질서위반금의 확정에 관하여 재판하여야 하는 경우(질서위반법 제30조)에는 법원은 그 행위에 관계되는 한 그들의 절차에의 참가를 명한다.

Feststellung StPO 354 사실의 확정.
→ Urteilsfeststellung

Feststellungsklage ZPO 256; VwGO 43 확인의 소 (확인소송).
Auf Feststellung des Bestehens oder Nichtbestehens eines Rechtsverhältnisses, auf Anerkennung einer Urkunde oder auf

Feststellung ihrer Unechtheit kann Klage erhoben werden, wenn der Kläger ein rechtliches Interesse daran hat, dass das Rechtsverhältnis oder die Echtheit oder Unechtheit der Urkunde durch richterliche Entscheidung alsbald festgestellt werde.
원고가 법률관계 또는 문서의 진정 또는 불진정을 법관의 재판에 의해 즉시 확정하는 것에 관하여 법적 이익을 갖는 때에는 법률관계의 존재 또는 부존재의 확인, 문서의 승인이나 또는 그 불진정성의 확인을 구하는 소를 제기할 수 있다.
(1) Durch Klage kann die Feststellung des Bestehens oder Nichtbestehens eines Rechtsverhältnisses oder der Nichtigkeit eines Verwaltungsakts begehrt werden, wenn der Kläger ein berechtigtes Interesse an der baldigen Feststellung hat (Feststellungsklage).
원고가 즉시 확인의 정당한 이익이 있는 경우에는 소송을 통하여 법률관계의 존부확인이나 행정행위의 무효확인을 구할 수 있다.

FGG → Gesetz über die Angelegenheiten der freiwilligen Gerichtsbarkeit (비송사건절차법).

FGO → Finanzgerichtsordnung (재정법원법).

Fiat justitia, ruat coelum (Fiat justitia et pereat mundus)
Es soll Gerechtigkeit geschehen, und gehe die Welt darüber zugründe.
하늘이 무너져도 정의는 세워라.

Fiduziarisches Rechtsgeschäft
→ Treuhandgeschäft (신탁적 법률행위; 신탁행위).

Fiktion des Zugangs BGB 308 Nr.6 도달의 의제.
In Allgemeinen Geschäftsbedingungen ist insbesondere unwirksam 6. eine Bestimmung, die vorsieht, dass eine Erklärung des Verwenders von besonderer Bedeutung dem anderen Vertragsteil als zuge-

gangen gilt.
특히 약관에서 6. 특히 중요한 의미를 가지는 약관사용자의 의사표시가 다른 계약당사자에게 도달한 것으로 간주하는 조항은 무효이다.

Filmhersteller UrhG 94 영상제작자.
(1) Der Filmhersteller hat das ausschließliche Recht, den Bildträger oder Bild- und Tonträger, auf den das Filmwerk aufgenommen ist, zu vervielfältigen, zu verbreiten und zur öffentlichen Vorführung, Funksendung oder öffentlichen Zugänglichmachung zu benutzen.
영상제작자는 영상저작물이 수록된 녹화기 또는 녹음·녹화기를 복제, 배포하고 공개상영, 방송 또는 공개접근을 위하여 그를 이용할 배타적 권리를 가진다.

Finale Handlungslehre 목적적 행위론.
Nach der finalen Handlungslehre definiert sich eine Handlung als willensgetragenes, bewusst vom Ziel her gelenktes menschliches Verhalten.
~에 의하면 행위는 의사가 수행되는, 의식적으로 목표로부터 조종되는 인간의 행태라고 본다.
"Die Finalität oder Zweckhaftigkeit der Handlung beruht darauf, daß der Mensch auf Grund seines Kausalwissens die möglichen Folgen seines Tätigwerdens in bestimmtem Umfange voraussehen, sich darum bestimmte Ziele setzen und seine Tätigkeit auf diese Zielerreichung hin planvoll lenken kann."
행위의 목적성 또는 목적부합성은 인간이 인과적 지식을 근거로 자신의 행동의 가능한 결과를 특정한 범위에서 예견하고 이에 관한 특정한 목표를 설정하여 자신의 행동을 이러한 목표설정을 향하여 계획적으로 조종할 수 있다는 데에 있다.

Finanzamt 세무서 (재무관서).
Die Finanzämter sind Landesbehörden, deren Aufgaben im Gesetz über die Finanzverwaltung festgelegt sind.
~는 그 임무가 법률에서 재정에 관하여 정

하고 있는 주의 관청.

Finanzausgleich GG 107 재정조정.
(1) Das Aufkommen der Landessteuern und der Länderanteil am Aufkommen der Einkommensteuer und der Körperschaftsteuer stehen den einzelnen Ländern insoweit zu, als die Steuern von den Finanzbehörden in ihrem Gebiet vereinnahmt werden (örtliches Aufkommen).
주의 조세수입과 소득세 및 법인세의 수입에 대한 주의 부분은 조세가 그 지역의 재무관청에 의하여 수령되는 한 개개의 주에 귀속한다(지역적 수입).

Finanzausgleichsgesetz (Gesetz über den Finanzausgleich zwischen Bund und Ländern) FAG 재정조정법(2001.12.20)(BGBl. I S. 3955, 3956).

Finanzbehörde → Verletzung des Steuergeheimnisses (조세비밀의 침해죄).

Finanzdienstleistungsinstitut KWG 1(1a) 금융서비스기관.
(1a) Finanzdienstleistungsinstitute sind Unternehmen, die Finanzdienstleistungen für andere gewerbsmäßig oder in einem Umfang erbringen, der einen in kaufmännischer Weise eingerichteten Geschäftsbetrieb erfordert, und die keine Kreditinstitute sind.
금융서비스기관은 타인을 위하여 영업적으로, 또는 상인적 방법으로 설치된 사업의 경영에 필요한 범위에서 금융서비스를 제공하는, 금융기관이 아닌 기업을 말한다. (투자중개, 투자자문 등).

Finanzgericht FGO 1, 2 재정법원.
Die Finanzgerichtsbarkeit wird durch unabhängige, von den Verwaltungsbehörden getrennte, besondere Verwaltungsgerichte ausgeübt. (1)
재정재판권은 행정관청으로부터 분리된, 독립한 특별행정법원에 의하여 행사된다.
Gerichte der Finanzgerichtsbarkeit sind in den Ländern die Finanzgerichte als obere Landesgerichte, im Bund der Bundesfinanzhof mit dem Sitz in München. (2)
재정재판권이 있는 법원은 주에서는 주고등법원으로서의 재정법원, 연방에서는 뮌헨 소재의 연방재정법원이다.

Finanzgerichtsordnung FGO 재정법원법 (2001.3.28) (BGBl_I_01,442, 2262).

Finanzhilfe GG 104b 재정지원.
(1) Der Bund kann, soweit dieses Grundgesetz ihm Gesetzgebungsbefugnisse verleiht, den Ländern Finanzhilfen für besonders bedeutsame Investitionen der Länder und der Gemeinden (Gemeindeverbände) gewähren, die
1. zur Abwehr einer Störung des gesamtwirtschaftlichen Gleichgewichts oder
2. zum Ausgleich unterschiedlicher Wirtschaftskraft im Bundesgebiet oder
3. zur Förderung des wirtschaftlichen Wachstums erforderlich sind.
연방은 기본법이 입법의 권한을 부여하는 한, 주에 대하여 주 및 기초자치단체(기초자치단체연합)의 특별히 중요한 투자에 대하여,
1. 종합적 경제균형의 장해를 방지하기 위하여 또는
2. 연방 영역내에 있어서 경제적 차별의 조정을 위하여 또는
3. 경제성장을 촉진하기 위하여 필요한 재정지원을 할 수 있다.

Finanzholding-Gesellschaft KWG 1(3a) 금융지주회사.
(3a) Finanzholding-Gesellschaften sind Finanzunternehmen, die keine gemischten Finanzholding-Gesellschaften sind und deren Tochterunternehmen ausschließlich oder hauptsächlich Institute oder Finanzunternehmen sind und die mindestens ein Einlagenkreditinstitut, ein E-Geld-Institut oder ein Wertpapierhandelsunternehmen zum Tochterunternehmen haben.
금융지주회사는 혼합금융지주회사가 아닌, 그 자회사가 전적으로 또는 대부분 기관(금융기관 및 금융서비스기관)이나 금융기업이

고, 적어도 투자금융기관, 전자화폐기관 또
는 유가증권거래기업을 자회사로 가지고 있
는 금융기업을 말한다.
→ Gemischte Finanzholding-Gesellschaft
(혼합금융지주회사).

Finanzierungswechsel (Finanzwechsel
Kreditwechsel (융통어음) ↔ Handelswechsel (Warenwechsel) 상업어음 (상품어음).

Finanzinstrument WpHG 2(2b) 금융상
품.
(2b) Finanzinstrumente im Sinne dieses
Gesetzes sind Wertpapiere im Sinne des
Absatzes 1, Geldmarktinstrumente im
Sinne des Absatzes 1a, Derivate im Sinne
des Absatzes 2 und Rechte auf Zeichnung
von Wertpapieren.
본법의 금융상품은 제1항의 유가증권, 제1a
항의 현금성 자산, 제2항의 파생상품 및 유
가증권의 청약권을 말한다.

Finanzplanung HGrG 50 재정계획.
(1) Bund und Länder legen ihrer Haushaltswirtschaft je für sich eine fünfjährige
Finanzplanung zugrunde.
연방과 주정부의 예산관리는 5개년 재정계
획에 근거한다.

Finanzrichter FGO 16 재정판사.
Der ehrenamtliche Richter wirkt bei der
mündlichen Verhandlung und der Urteilsfindung mit gleichen Rechten wie der
Richter mit.
명예직 판사(재정판사)는 구두변론 및 판결
의 도출에 판사와 동일한 권리로 참여한다.
→ Ehrenamtliche Richter (명예직 판사).
→ Urteilsfindung (판결의 도출).

Finanzunternehmen KWG 1(3) 금융기
업.
(3) Finanzunternehmen sind Unternehmen,
die keine Institute und keine Kapitalanlagegesellschaften oder Investmentaktien-
gesellschaften sind und deren Haupt-
tätigkeit darin besteht,
1. Beteiligungen zu erwerben und zu

halten,
2. Geldforderungen entgeltlich zu erwerben,
3. Leasingverträge abzuschließen,
5. mit Finanzinstrumenten für eigene Rechnung zu handeln, (Nr.6-8 생략).
금융기업은 기관(금융기관, 금융서비스기관)
및 자본투자회사 또는 투자주식회사가 아니
면서 그 주요활동은 다음 각호의 경우에 해
당하는 기업을 말한다.
1. 출자취득과 유지,
2. 금전채권의 유상취득,
3. 리스계약체결,
5. 자기계산에 의한 금융상품의 거래.

Finanzverwaltung GG 108 재무행정.
Zölle, Finanzmonopole, die bundesgesetzlich
geregelten Verbrauchsteuern einschließlich
der Einfuhrumsatzsteuer und die Abgaben
im Rahmen der Europäischen Gemeinschaften werden durch Bundesfinanzbehörden verwaltet.
관세, 전매, 수입매상세를 포함한 연방법률
상의 소비세 및 유럽공동체의 범위내의 공
과는 연방재무관청이 관리한다.

Finderlohn BGB 971 보상금(유실물습득
자의 ~).
(1) Der Finder kann von dem Empfangsberechtigten einen Finderlohn verlangen.
Der Finderlohn beträgt von dem Wert der
Sache bis zu 500 Euro fünf vom Hundert,
von dem Mehrwert drei vom Hundert, bei
Tieren drei vom Hundert.
습득자는 수취권자에 대하여 보상금을 청구
할 수 있다. 보상금의 금액은 500유로 이하
의 물건의 가액에 관하여는 백분의 5, 그
이상의 가액에 관하여는 백분의 1, 동물의
경우에 있어서는 그 가액의 백분의 3으로
한다.

Fingerabdrücke → Lichtbilder und Fingerabdrücke (사진촬영과 지문).

Fingierte Erklärung BGB 308 Nr.5
의제된 의사표시.
In Allgemeinen Geschäftsbedingungen ist

insbesondere unwirksam

5. eine Bestimmung, wonach eine Erklärung des Vertragspartners des Verwenders bei Vornahme oder Unterlassung einer bestimmten Handlung als von ihm abgegeben oder nicht abgegeben gilt, es sei denn, dass

a) dem Vertragspartner eine angemessene Frist zur Abgabe einer ausdrücklichen Erklärung eingeräumt ist und

b) der Verwender sich verpflichtet, den Vertragspartner bei Beginn der Frist auf die vorgesehene Bedeutung seines Verhaltens besonders hinzuweisen.

특히 약관에서 5. 일정한 작위나 부작위시 약관사용자의 계약상대방의 의사표시가 행하여지거나 또는 행하여지지 아니하는 것으로 간주하는 조항은 무효이다. 다만 다음의 경우에는 적용되지 아니한다. a) 계약당사자에게 명시적인 의사표시를 하기 위한 상당한 기간이 주어진 경우, b) 기간의 개시당시 약관사용자가 그 행태의 의미를 사전에 지적할 의무를 가지는 경우.

Firma HGB 17 상호.
(1) Die Firma eines Kaufmanns ist der Name, unter dem er seine Geschäfte betreibt und die Unterschrift abgibt.
상인의 상호는 상인이 그에 의하여 사업을 하고, 서명을 하는 명칭이다.
(2) Ein Kaufmann kann unter seiner Firma klagen und verklagt werden.
상인은 자기의 상호를 사용하여 제소하고, 피소될 수 있다.

Fischereirecht → Fischwilderei (밀어죄).

Fischwilderei StGB 293 밀어죄(密漁罪) (불법어로).
Wer unter Verletzung fremden Fischereirechts oder Fischereiausübungsrechts
1. fischt oder
2. eine Sache, die dem Fischereirecht unterliegt, sich oder einem
Dritten zueignet, beschädigt oder zerstört, wird mit Freiheitsstrafe bis zu zwei Jahren oder mit Geldstrafe bestraft.

타인의 어업권이나 어업시행권을 침해하여 1. 어획하거나 2. 어업권에 속하는 재물을 자기 또는 제3자를 위하여 영득, 손상 또는 파괴한 자는 2년 이하의 자유형 또는 벌금형에 처한다.

Fiskus ZPO 18 국고.
Der allgemeine Gerichtsstand des Fiskus wird durch den Sitz der Behörde bestimmt, die berufen ist, den Fiskus in dem Rechtsstreit zu vertreten.
국고의 보통재판적은 그 소송에 있어서 국고를 대표할 권한이 있는 관청의 소재지에 의해서 이를 정한다.

Flächenland 지역주.
Der Begriff Flächenland beschreibt die 13 deutschen Bundesländer, welche keine Stadtstaaten sind.
도시주(→ Stadtstaat) 이외의 13개의 연방주.

Flächennutzungsplan (F-Plan) BauGB 5
토지이용(도시기본)계획 (vorbereitender Bauleitplan 예비적 ~)
(1) Im Flächennutzungsplan ist für das ganze Gemeindegebiet die sich aus der beabsichtigten städtebaulichen Entwicklung ergebende Art der Bodennutzung nach den voraussehbaren Bedürfnissen der Gemeinde in den Grundzügen darzustellen.
토지이용계획에는 전체 (기초)자치단체영역에 대하여, (기초)자치단체의 예견가능한 필요성에 의한 도시건설의 발전의도에서 유래하는 토지이용이 기본적 형태로 나타나야 한다.
→ Bauleitplanung (건설기본(기준)계획).

Flag → Verletzung von Flaggen und Hoheitszeichen ausländischer Staaten (외국국기 및 국장 손상죄).

Flaggenprinzip StGB 4 기국주의(旗國主義).
Das deutsche Strafrecht gilt, unabhängig vom Recht des Tatorts, für Taten, die auf

einem Schiff oder in einem Luftfahrzeug begangen werden, das berechtigt ist, die Bundesflagge oder das Staatszugehörigkeitszeichen der Bundesrepublik Deutschland zu führen.
독일 형법은 독일연방공화국의 연방국기 또는 국적표지를 게양할 권한이 있는 선박이나 항공기내에서 행하여진 범죄에 대하여 행위지법에 독립하여 이를 적용한다.

Fluchtgefahr StPO 112(2) 도주의 우려.
→ Haftgrund (구속사유).

Flüchtlinge und Vertriebene GG 119 난민과 피추방자.
In Angelegenheiten der Flüchtlinge und Vertriebenen, insbesondere zu ihrer Verteilung auf die Länder, kann bis zu einer bundesgesetzlichen Regelung die Bundesregierung mit Zustimmung des Bundesrates Verordnungen mit Gesetzeskraft erlassen. → Asylrecht.
난민과 피추방자의 사무 특히 그들을 각주에 할당하기 위한 사무에 관하여는 연방법률의 규정이 있을 때까지 연방정부가 연방상원의 동의를 얻어 법률의 효력을 가진 명령을 제정할 수 있다.

Folgeanspruch VwRehaG 2 후속(추후)청구권.
(1) Die Aufhebung oder die Feststellung der Rechtsstaatswidrigkeit einer Maßnahme nach § 1 begründet Ansprüche nach Maßgabe dieses Gesetzes.
제1조(반법치국가적 행정결정의 취소)에 의한 조치의 취소나 또는 반법치국가성의 확인으로 이 법의 기준에 의한 청구권의 기초가 형성된다.

Folgenbeseitigung SHG 3 결과제거.
(~sanspruch: 결과제거청구권)
(1) Besteht der Schaden in der Veränderung eines tatsächlichen Zustandes zum Nachteil des Geschädigten, so hat der Träger diese Folgen durch Herstellung des früheren oder, falls dies unzweckmäßig ist, eines gleichwertigen Zustandes

zu beseitigen.
손해가 피해자에게 불리하게 사실상태를 변경했다면 그 (공권력)주체는 원상으로의 회복이나 또는 그것이 목적에 부적당하다면 동가치적인 상태로의 회복을 통하여 그 결과를 제거하여야 한다.

Folgeprämie VVG 38 계속보험료.
(1) Wird eine Folgeprämie nicht rechtzeitig gezahlt, kann der Versicherer dem Versicherungsnehmer auf dessen Kosten in Textform eine Zahlungsfrist bestimmen, die mindestens zwei Wochen betragen muss.
계속보험료(renewal premium)를 적시에 지불하지 아니하는 경우에 보험자는 보험계약자에 대하여 그 비용으로 문면에 의하여 적어도 2주 이상의 지불기간을 지정할 수 있다.

Folgerecht UrhG 26 추급권.
(1) Wird das Original eines Werkes der bildenden Künste oder eines Lichtbildwerkes weiterveräußert und ist hieran ein Kunsthändler oder Versteigerer als Erwerber, Veräußerer oder Vermittler beteiligt, so hat der Veräußerer dem Urheber einen Anteil des Veräußerungserlöses zu entrichten.
미술저작물 또는 사진저작물의 원본이 재매매되고 이에 미술상이나 경매인이 취득자, 매도인, 중개인으로 관여한 경우, 매도인은 저작자에게 매각대금의 일정 지분을 지급해야 한다.

Folgesache ZPO 629 부대사건.
(1) Ist dem Scheidungsantrag stattzugeben und gleichzeitig über Folgesachen zu entscheiden, so ergeht die Entscheidung einheitlich durch Urteil.
이혼신청의 인용과 동시에 부대사건에 대하여 재판하여야 할 경우 재판은 판결로써 통일적으로 행한다.

Fordern, sich versprechen, annehmen
→ Vorteilsannahme (수뢰죄).

Forderung BGB 241 채권 (Forderungs-recht).
(1) Kraft des Schuldverhältnisses ist der Gläubiger berechtigt, von dem Schuldner eine Leistung zu fordern. Die Leistung kann auch in einem Unterlassen bestehen. 채권관계에 의하여 채권자는 채무자에 대하여 급부를 청구할 수 있다. 급부는 부작위로도 존재할 수 있다(= Forderung, Schuld-rechtlicher Anspruch). → Schuldverhältnis.

Förderung der Prostitution (매춘조장죄: 표제변경) → Ausbeutung von Prostituier-ten (매음자착취죄).

Förderung der Selbsthilfe SGB 9 29 자립지원.
Selbsthilfegruppen, -organisationen und -kontaktstellen, die sich die Prävention, Rehabilitation, Früherkennung, Behandlung und Bewältigung von Krankheiten und Behinderungen zum Ziel gesetzt haben, sollen nach einheitlichen Grundsätzen gefördert werden. 질병과 장애의 예방, 재활, 조기발견, 치료 및 극복을 목표로 하는 자립단체, 자립조직 및 자립상담소는 통일된 기본원칙에 따라 지원을 받는다.

Förderung des Menschenhandels StGB 233a 인신매매 조장죄.
(1) Wer einem Menschenhandel nach § 232 oder § 233 Vorschub leistet, indem er eine andere Person anwirbt, befördert, weitergibt, beherbergt oder aufnimmt, wird mit Freiheitsstrafe von drei Monaten bis zu fünf Jahren bestraft. 제232조 또는 제233조(성적 착취목적의 인신매매죄, 노동력 착취 목적의 인신매매죄)에 의한 인신매매를 조장하여 타인을 모집, 운송, 전출, 숙박 또는 수용한 자는 3개월 이상 5년 이하의 자유형에 처한다.

Förderung sexueller Handlungen Min-derjähriger StGB 180 미성년자에 대한 성행위조장죄.
(1) Wer sexuellen Handlungen einer Person unter sechzehn Jahren an oder vor einem Dritten oder sexuellen Handlungen eines Dritten an einer Person unter sechzehn Jahren
1. durch seine Vermittlung oder
2. durch Gewähren oder Verschaffen von Gelegenheit Vorschub leistet, wird mit Freiheitsstrafe bis zu drei Jahren oder mit Geldstrafe bestraft.
1. 성행위의 중개,
2. 기회의 제공이나 주선을 통하여 16세 미만자에 대한 성행위나 또는 제3자 앞에서 또는 제3자에 의하여 16세 미만자에 대한 성행위를 조장한 자는 3년 이하의 자유형 또는 벌금형에 처한다.

Forderungsrecht des Versprechensemp-fängers BGB 335 요약자의 채권(청구권).
Der Versprechensempfänger kann, sofern nicht ein anderer Wille der Vertrag-schließenden anzunehmen ist, die Leistung an den Dritten auch dann fordern, wenn diesem das Recht auf die Leistung zu-steht. 요약자는 계약당사자의 다른 의사가 인정되지 아니하는 한 제3자가 급부에 대한 권리가 있는 경우에도 제3자에 대한 급부를 청구할 수 있다.

Forensische Medizin 법의학.
(Rechtsmedizin, Gerichtsmedizin, Gericht-liche Medizin).
Die Rechtsmedizin umfasst die Entwick-lung, Anwendung und Beurteilung medizi-nischer und naturwissenschaftlicher Kennt-nisse für die Rechtspflege sowie die Vermittlung arztrechtlicher und ethischer Kenntnisse für die Ärzteschaft. ~은 사법에 대한 의학적, 자연과학적 지식의 발전, 적용, 판단 및 의사에 대한 의료법적, 윤리적 지식의 전달을 포함한다.

Form des Mietvertrags BGB 550 임대차계약의 방식.
Wird der Mietvertrag für längere Zeit als ein Jahr nicht in schriftlicher Form ge-schlossen, so gilt er für unbestimmte Zeit.

Die Kündigung ist jedoch frühestens zum Ablauf eines Jahres nach Überlassung des Wohnraums zulässig.
임대차계약이 1년이 넘는 기간으로 서면방식에 의하여 체결되지 아니한 경우, 이는 기간의 정함이 없는 것으로 본다. 이 경우 해지는 주거공간이 인도된 후 적어도 1년이 경과되어야 할 수 있다.

Formelle Rechtskraft ZPO 705
형식적 확정력.
Die Rechtskraft der Urteile tritt vor Ablauf der für die Einlegung des zulässigen Rechtsmittels oder des zulässigen Einspruchs bestimmten Frist nicht ein.
판결의 확정은 적법한 상소 또는 적법한 이의의 제기를 위하여 정하여진 기간의 만료 전에는 발생하지 아니한다.
Der Eintritt der Rechtskraft wird durch rechtzeitige Einlegung des Rechtsmittels oder des Einspruchs gehemmt.
확정력의 발생은 그 기간내에 상소 또는 이의의 제기가 있는 때에는 차단된다.

Formkaufmann AktG 3 형식상인.
(1) Die Aktiengesellschaft gilt als Handelsgesellschaft, auch wenn der Gegenstand des Unternehmens nicht im Betrieb eines Handelsgewerbes besteht.
주식회사는 기업의 목적이 상업의 경영에 있지 아니한 때에도 상사회사로 본다.

Formmangel BGB 125 방식흠결.
Ein Rechtsgeschäft, welches der durch Gesetz vorgeschriebenen Form ermangelt, ist nichtig. Der Mangel der durch Rechtsgeschäft bestimmten Form hat im Zweifel gleichfalls Nichtigkeit zur Folge.
법률에 규정된 방식을 결하는 법률행위는 무효로 한다. 법률행위로 정한 방식의 흠결이 의심스러운 때에도 이를 무효로 한다.

Formwechsel UmwG 190, 191(2) 조직변경.
(1) Ein Rechtsträger kann durch Formwechsel eine andere Rechtsform erhalten. (UmwG 190)

권리주체는 조직변경에 의하여 다른 법적 형태로 유지할 수 있다.
(2) Rechtsträger neuer Rechtsform können sein: (UmwG 191)
1. Gesellschaften des bürgerlichen Rechts;
2. Personenhandelsgesellschaften und Partnerschaftsgesellschaften;
3. Kapitalgesellschaften;
4. eingetragene Genossenschaften.
새로운 법적 형태의 권리주체는 다음 각호에 해당한다.
1. 민법상 회사
2. 인적상사회사 및 동업회사
3. 자본회사.
4. 등록(된) 조합.

Fortbildung → Berufsausbildung (직업훈련).

Fortdauer der Untersuchungshaft über sechs Monate → Zeitliche Begrenzung der Untersuchungshaft (미결구금의 시적 한계).

Fortführung einer Verfassungswidrig erklärten Partei StGB 84 위헌정당유지죄.
(1) Wer als Rädelsführer oder Hintermann im räumlichen Geltungsbereich dieses Gesetzes den organisatorischen Zusammenhalt
1. einer vom Bundesverfassungsgericht für verfassungswidrig erklärten Partei oder
2. einer Partei, von der das Bundesverfassungsgericht festgestellt hat, daß sie Ersatzorganisation einer verbotenen Partei ist, aufrechterhält, wird mit Freiheitsstrafe von drei Monaten bis zu fünf Jahren bestraft.
이 법의 장소적 적용범위내에서 수괴 또는 배후조종자로서 다음 각호의 1에 해당하는 정당의 조직적 결합을 유지한 자는 3개월 이상 5년 이하의 자유형에 처한다.
1. 연방헌법재판소에 의하여 위헌으로 선언된 정당.
2. 연방헌법재판소에 의하여 활동이 금지된 정당의 대체조직임이 확정된 정당.
→ Verstoß gegen ein Vereinigungsverbot

(결사금지위반죄).

Fortgang des Verfahrens StPO 398 절차의 진행.
(1) Der Fortgang des Verfahrens wird durch Anschluß nicht aufgehalten.
절차의 진행은 (공소)참가로 인하여 정지되지 아니한다.

Fortgeltung besonderer gesetzlicher Bestimmungen StPO 480 특별 법규정의 계속적 적용.
Besondere gesetzliche Bestimmungen, die die Übermittlung personenbezogener Daten aus Strafverfahren anordnen oder erlauben, bleiben unberührt.
형사절차로부터 개인데이터의 전달을 명령하거나 허용하는 특별 법규정은 이에 영향을 받지 않는다.

Fortgeschrittene elektronische Signatur SigG 2 Nr.2 고급전자서명.
2. "fortgeschrittene elektronische Signaturen" elektronische Signaturen nach Nr.1, die
a) ausschließlich dem Signaturschlüssel-Inhaber zugeordnet sind,
b) die Identifizierung des Signaturschlüssel-Inhabers ermöglichen,
c) mit Mitteln erzeugt werden, die der Signaturschlüssel-Inhaber unter seiner alleinigen Kontrolle halten kann, und
d) mit den Daten, auf die sie sich beziehen, so verknüpft sind, dass eine nachträgliche Veränderung der Daten erkannt werden kann,
고급전자서명은 제2조 제1호(→ elektronische Signaturen)의 전자서명으로서
a) 서명키 소유자에게만 배타적으로 속하고,
b) 서명키 소유자의 인식이 가능하며,
c) 서명키 소유자만이 유일한 통제를 갖는 방법으로 생성되고,
d) 사후 데이터변경을 알 수 있도록 관련 데이터와 결합되는 전자서명을 말한다.

Fortgesetzte Gütergemeinschaft
BGB 1483 계속적 재산공동제.

(1) Die Ehegatten können durch Ehevertrag vereinbaren, dass die Gütergemeinschaft nach dem Tod eines Ehegatten zwischen dem überlebenden Ehegatten und den gemeinschaftlichen Abkömmlingen fortgesetzt wird.
배우자는 부부재산계약을 통해서 배우자의 사후 재산공동제가 생존배우자와 공동비속 간에 계속될 것을 합의할 수 있다.
Der Anteil des verstorbenen Ehegatten am Gesamtgut gehört nicht zum Nachlass.
합유재산에 대한 사망배우자의 지분은 유산에 속하지 않는다.

Fortgesetztes Delikt 연속범.
fortgesetzte Handlung, von der Rechtsprechung entwickelte Form der strafrechtlichen Handlungseinheit; danach ist ein fortgesetztes Delikt die mehrfache, durch gleichartige Handlungen ausgeführte, von einem Gesamtvorsatz umfasste Verwirklichung desselben Straftatbestandes.
~은 판례가 형성한 형법상의 행위단일의 형태로 다수의, 동종류의 행위에 의하여 수행되는, 전체고의에 의한 동종구성요건의 실현을 말한다.

Fortpflanzungstechnik → Mißbräuchliche Anwendung von Fortpflanzungstechniken (생식기술의 부정이용죄).

Fortsetzungsfeststellungsklage
VwGO 113 계속적 확인의 소.
(1) S. 4 Hat sich der Verwaltungsakt vorher durch Zurücknahme oder anders erledigt, so spricht das Gericht auf Antrag durch Urteil aus, daß der Verwaltungsakt rechtswidrig gewesen ist, wenn der Kläger ein berechtigtes Interesse an dieser Feststellung hat.
행정행위가 사전에 취소 또는 기타의 방법으로 종료된 경우에 법원은 신청에 의하여 판결로써 그 행정행위가 위법이었다는 것을 선고한다. 단, 원고가 그 확인에 관하여 정당한 이해관계가 있는 경우이어야 한다.

Frachtgeschäft HGB 407 운송업.
(1) Durch den Frachtvertrag wird der Frachtführer verpflichtet, das Gut zum Bestimmungsort zu befördern und dort an den Empfänger abzuliefern.
운송인은 운송계약에 의하여 특정지역에 물건을 운송하고 이를 인수인에게 인도할 의무를 가진다.

Fragen nach entehrenden Tatsachen und Vorstrafen → Bloßstellen von Zeugen (증인에 대한 불명예 질문).

Fragerecht StPO 240 질문권(구문권).
→ Recht zur Befragung.

Fraktion BTGO 10 교섭단체.
(1) Die Fraktionen sind Vereinigungen von mindestens fünf vom Hundert der Mitglieder des Bundestages, die derselben Partei oder solchen Parteien angehören, die auf Grund gleichgerichteter politischer Ziele in keinem Land miteinander im Wettbewerb stehen.
교섭단체는 동일한 정당이나 또는 동일지향의 정치적 목적에 근거하여 어떤 주에서도 서로 경쟁관계에 있지 않은 정당에 소속하여 적어도 연방하원의원의 5%를 구성한 단체이다.

Frauen(straf)vollzug StVollzG 76
여자(부녀)행형.
→ Mutterschaftshilfe (모권보호).

Frauenvollzugsanstalt StVollzG 140 여자행형시설, 여자교도소.
(2) Frauen sind getrennt von Männern in besonderen Frauenanstalten unterzubringen. Aus besonderen Gründen können für Frauen getrennte Abteilungen in Anstalten für Männer vorgesehen werden.
여자는 남자와 분리하여 여자행형시설에 수용한다. 특별한 사유가 있는 경우 남자행형시설내에 여자를 위해 구분수용할 수 있다.

Freibetrag 공제액 (비과세액).
Ein Freibetrag ist ein Betrag, der die Steuerbemessungsgrundlage mindert.
조세산정에서 제하는 액수. → Zu versteuerndes Einkommen (과세소득).

Freibeweis StPO 244 자유로운 증명.
Freibeiweis guilt für alle Beweiserhebungen außerhalb der Hauptverhandlung sowie in und während Hauptverhandlung für die sonstigen prozeßerheblichen Tatsachen.
자유로운 증명은 공판절차 이외 및 공판절차 이내 또는 도중에 소송요건의 확정을 위해 그리고 기타 소송에 중요한 사실에 대한 모든 증거의 조사에 적용된다.

Freie Arbeit (Freiarbeit) EGStGB 293; ErsFreihStrV 1 자유노동 (자발적 노동, 외부작업).

EGStGB 293 (1) Die Landesregierungen werden ermächtigt, durch Rechtsverordnung Regelungen zu treffen, wonach die Vollstreckungsbehörde dem Verurteilten gestatten kann, die Vollstreckung einer Ersatzfreiheitsstrafe nach § 43 des Strafgesetzbuches durch freie Arbeit abzuwenden.
주정부는 법규명령에 의하여 집행관청이 형의 선고를 받은 자에게 형법 제43조에 의한 대체자유형의 집행을 자유노동으로 회피(전향)하는 규정을 제정할 수권을 갖는다.
ErsFreihStrV-Nds. 1 (2) Freie Arbeit im Sinne dieser Verordnung ist gemeinnützige, unentgeltliche Tätigkeit. Der Ersatz von Aufwendungen steht der Unentgeltlichkeit nicht entgegen.
(3) Verurteilten steht es jederzeit frei, die Vollstreckung dadurch abzuwenden, dass die noch nicht getilgte Geldstrafe entrichtet wird.
(2) 본 규정의 자유노동은 공익적, 무보수의 활동이다. 비용의 대체는 무보수에 반대되지 아니한다.
(3) 형의 선고를 받은 자는 언제든지 상환되지 않은 벌금을 지급하고 집행을 회피할 수 있다.
→ Lockerung des Vollzugs (집행의 완화).

Freie Benutzung UrhG 24 자유이용.

(1) Ein selbständiges Werk, das in freier Benutzung des Werkes eines anderen geschaffen worden ist, darf ohne Zustimmung des Urhebers des benutzten Werkes veröffentlicht und verwertet werden.
타인의 저작물을 자유이용하여 작성된 독자적인 저작물은 사용된 저작물 저작자의 동의 없이도 공표 및 사용될 수 있다.

Freie Beweiswürdigung StPO 261
자유심증주의.
Über das Ergebnis der Beweisaufnahme entscheidet das Gericht nach seiner freien, aus dem Inbegriff der Verhandlung geschöpften Überzeugung.
증거조사의 결과에 관하여는 법원이 변론의 전취지에서 얻은 자유로운 심증에 의하여 재판한다.
(1) Das Gericht hat unter Berücksichtigung des gesamten Inhalts der Verhandlungen und des Ergebnisses einer etwaigen Beweisaufnahme nach freier Überzeugung zu entscheiden, ob eine tatsächliche Behauptung für wahr oder für nicht wahr zu erachten sei. (ZPO 286)
법원은 사실의 주장이 진실한 것으로 볼 것인지 아닌지를 변론전체의 취지와 증거조사의 결과를 참작하여 자유로운 심증으로 판단하여야 한다.

Freie Erfindung → Diensterfindung und freie Erfindung (직무발명과 자유발명).

Freie Gestaltung des Ermittlungsverfahren (수사절차 자유형상화의 원칙:
Der Grudsatz der ~) → Befugnisse der Staatsanwaltschaft.

Freien → Entzug des Aufenhalts im ~ (야외체류의 박탈).

Freier Fuß → Nicht auf freiem Fuß (신체구속을 당한).

Freier Himmel → Versammlung unter freien Himmel (옥외집회).

Freier Verkehr
→ Überführung in den zollrechtlich freien Verkehr (관세법상 자유유통을 위한 통관).

Freies Beschäftigungsverhältnis
StVollzG 39 자유(임의적) 노역조건.
(1) Dem Gefangenen soll gestattet werden, einer Arbeit, Berufsausbildung oder beruflichen Weiterbildung auf der Grundlage eines freien Beschäftigungsverhältnisses außerhalb der Anstalt nachzugehen, wenn dies im Rahmen des Vollzugsplanes dem Ziel dient,
수형자에게는 행형계획의 범위내에서 그 목적에 기여하는 한, 시설외부에서 임의적 작업조건으로 작업, 직업교육, 직업상의 보충교육을 받을 수 있도록 허용되어야 한다.

Freigang StVollzG 11(1) Nr.1 자유작업 (교도소 밖에서 교도관의 감독 없이) → Lockerungen des Vollzugs (행형의 완화).

Freigut ZG 5(4) 면세품.
(4) Freigut sind allle Ware, die nicht Zollgut sind. Freigut auch solches in einem Freigutverkehr - befindet sich im freien Verkehr.
면세품은 과세품이 아닌 모든 물품이다. 면세품은 그 유통에서 자유롭다. → Zollgut.

Freiheit → Beschlagnahmefreiheit (압수금지).

Freiheit der Berichterstattung GG 5
보도의 자유.
→ Meinungsfreiheit 표현의 자유(의사표명의 자유).

Freiheit der Lehre GG 5(3) 교수의 자유.
(3) Kunst und Wissenschaft, Forschung und Lehre sind frei. Die Freiheit der Lehre entbindet nicht von der Treue zur Verfassung.
예술과 학문, 연구와 교수의 자유는 자유이다. 교수의 자유는 헌법에 대한 충실의 의무를 벗어나지 아니한다.

Freiheit der Meeres 공해의 자유; Mare Librum 자유로운 바다(공해).
Völkerrechtlicher Grundsatz, nach dem das freie Meer keiner einzelstaatlichen Hoheit unterliegt und die Benutzung allen Personen und Staaten zu Schifffahrt und Fischerei oder zur Ausbeutung des Meeresgrundes in Friedenszeiten offen steht.
~ 에 의하면 공해는 어떤 개별국가의 고권에도 지배받지 않으며 모든 사람과 국가의 항해, 어로 또는 해저자원의 개발을 위한 이용은 자유롭다는 국제법상의 원칙.

Freiheit der Person GG 2(2) 신체의 자유.
(2) Jeder hat das Recht auf Leben und körperliche Unversehrtheit. Die Freiheit der Person ist unverletzlich. In diese Rechte darf nur auf Grund eines Gesetzes eingegriffen werden .
누구든지 생명과 신체적 완전성의 권리를 갖는다. 신체의 자유는 불가침이다. 이 권리는 법률에 의하여서만 침해될 수 있다.

Freiheitsberaubung StGB 239 감금죄.
Wer widerrechtlich einen Mensch einsperrt oder auf andere Weise des Gebrauch der persönlichen Freiheit beraubt, wird mit Freiheitsstrafe bis zu fünf Jahren oder mit Geldstrafe.
위법하게 사람을 감금하거나 기타 방법으로 개인의 자유의 행사를 박탈한 자는 5년 이하의 자유형이나 벌금형에 처한다.

Freiheitsentziehung zum Zwecke der Identitätsfeststellung StPO 163c
신원의 확인을 위한 자유박탈.
(1) Eine von einer Maßnahme nach § 163b betroffene Person darf in keinem Fall länger als zur Feststellung ihrer Identität unerläßlich festgehalten werden.
제163조의 b(신원의 확인)에 의한 조치의 대상자는 어떠한 경우에도 그의 신원을 확인하기 위하여 불가피한 기간이상 구금될 수 없다.

Freiheitsstrafe StGB 38 자유형.

(1) Die Freiheitsstrafe ist zeitig, wenn das Gesetz nicht lebenslange Freiheitsstrafe androht.
자유형은 법률이 무기자유형을 규정하고 있지 아니한 때에는 유기로 한다.
(2) Das Höchstmaß der zeitigen Freiheitsstrafe ist fünfzehn Jahre, ihr Mindestmaß ein Monat.
유기자유형은 최소 1개월 이상 최고 15년 이하로 한다.

Freilassung gegen Sicherheit
StPO 127a 담보부 석방.
→ Absehen von der Festnahme (체포의 중지).

Freisetzen ionisierender Strahlen
StGB 311 방사선방출죄.
(1) Wer unter Verletzung verwaltungsrechtlicher Pflichten(§ 330d Nr. 4, 5)
1. ionisierende Strahlen freisetzt oder
2. Kernspaltungsvorgänge bewirkt,
die geeignet sind, Leib oder Leben eines anderen Menschen oder fremde Sachen von bedeutendem Wert zu schädigen, wird mit Freiheitsstrafe bis zu fünf Jahren oder mit Geldstrafe bestraft.
행정법상의 의무(제330조의 d 제4호, 제5호)를 위반하여 타인의 생명 또는 생명이나 또는 중요한 가치가 있는 물건을 해하기에 적합한 다음 각호의 행위를 한 자는 5년 이하의 자유형 또는 벌금형에 처한다.
1. 방사선을 방출하는 행위,
2. 원자핵의 분열과정에 영향을 주는 행위.

Freisprechung ohne Erneuerung der Hauptverhandlung StPO 371 공판의 갱신 없는 무죄의 선고.
(1) Ist der Verurteilte bereits verstorben, so hat ohne Erneuerung der Hauptverhandlung das Gericht nach Aufnahme des etwa noch erforderlichen Beweises entweder auf Freisprechung zu erkennen oder den Antrag auf Wiederaufnahme abzulehnen.
형의 선고를 받은 자가 이미 사망한 경우에는 법원은 공판의 갱신없이 필요한 증거조

사를 마친 후에 무죄를 선고하거나 재심청
구를 기각하여야 한다.

Freispruch StPO 264 무죄판결.
Ein freisprechendes Urteil ergeht nur,
wenn die Unschuld des Angeklagten erwiesen ist oder seine Schuld unter keinem
rechtlichen Gesichtspunkt(§264) festgestellt
werden kann.
Die Urteilsformel lautet: "Der Angeklagte
wird freigesprochen"
무죄판결은 피고인의 책임이 없는 경우 또
는 법적 관점에서 그의 책임이 확정될 수
없는 경우에 행하여진다.
판결주문에서 "피고인은 무죄"라고 명시한
다. → Schuldspruch (유죄판결).

Freistellung von der Arbeitspflicht
StVollzG 42 작업의무의 면제.
(1) Hat der Gefangene ein Jahr lang zugewiesene Tätigkeit nach § 37 oder Hilfstätigkeiten nach § 41 Abs. 1 Satz 2 ausgeübt, so kann er beanspruchen, achtzehn
Werktage von der Arbeitspflicht freigestellt zu werden.
수형자가 (행형법) 제37조에 의한 할당 작
업 또는 제41조 제2항에 의한 보조작업을 1
년에 걸쳐 수행한 경우, 수형자는 18일의
작업일을 작업의무로부터 면제할 것을 청구
할 수 있다.
(2) Auf die Zeit der Freistellung wird Urlaub aus der Haft (§§ 13, 35) angerechnet,
soweit er in die Arbeitszeit fällt und nicht
wegen einer lebensgefährlichen Erkrankung oder des Todes eines Angehörigen
erteilt worden ist.
휴가가 작업시간에 해당하고 또한 생명에
위험을 주는 질병이나 친족의 사망을 사유로
행하여진 것이 아닌 경우에는 구금 중의 휴
가(제13조, 제35조)는 면제 기간에 산입된다.

Freitod 자유사(自由死): (자유로운) 자살
자유로운 (자유책임적, 자기책임적) 자살의
사의 존중 (Respektierung des freiverant-
wortlich gebildeten Selbsttötungswillens)에
의해 자유사는 불가벌이나, 자살을 방해하
지 않은 자는 부작위 보증인의 책임을 진

다. → Schuld.

Freiwillige Gerichtsbarkeit → Angelegenheiten der freiwilligen Gerichtsbarkeit
(비송사건).

Freiwillige Grundlage → Aufnahme auf
freiwillige Grundlage (자의적 사유에 의한
수용).

Freiwillige Versicherung SGB 6 7 임
의보험.
(1) Personen, die nicht versicherungspflichtig sind, können sich für Zeiten von
der Vollendung des 16. Lebensjahres an
freiwillig versichern. Dies gilt auch für
Deutsche, die ihren gewöhnlichen Aufenthalt im Ausland haben.
보험의무자가 아닌 자는 만 16세가 되면 임
의로 보험을 들 수 있다. 이 경우는 외국에
주된 거소를 가진 독일인에게도 적용된다.

Freizeit StVollzG 67 자유시간.
Der Gefangene erhält Gelegenheit, sich in
seiner Freizeit zu beschäftigen. Er soll
Gelegenheit erhalten, am Unterricht einschließlich Sport, an Fernunterricht, Lehr-
gängen und sonstigen Veranstaltungen der
Weiterbildung, an Freizeitgruppen, Grup-
pengesprächen sowie an Sportveranstal-
tungen teilzunehmen und eine Bücherei zu
benutzen.
수형자는 그의 자유시간을 이용할 기회를
갖는다. 수형자는 스포츠를 포함한 강의와
통신강의, 교과과정, 기타 재교육시설과 자
유시간 모임, 집단대화 및 운동경기 등에 참
가하고 장서를 이용할 기회를 가져야 한다.

Freizeitarrest JGG 16(2) 여가구금
(2) Der Freizeitarrest wird für die wö-
chentliche Freizeit des Jugendlichen verhängt und auf eine oder zwei Freizeiten
bemessen.
여가구금은 소년의 매주 여가시간에 대하여
부과되며 1-2개 여가시간에 대하여 정하여
진다. → Jugendarrest (소년구금).

Freizeitbeschäftigung
→ Besitz von Gegenständen für die Freizeitbeschäftigung.

Freizone und Freilager ZK 166 면세구역 및 면세창고.
Freizonen und Freilager sind Teile des Zollgebiets der Gemeinschaft oder in diesem Zollgebiet gelegene Räumlichkeiten, die vom übrigen Zollgebiet getrennt sind.
면세구역 및 면세창고는 공동체 관세영역의 일부 또는 공동체 관세영역내에 위치하여 있고 다른 관세영역과는 분리되어 있는 공간이다.

Freizügigkeit GG 11 이주의 자유.
Alle Deutschen genießen Freizügigkeit im ganzen Bundesgebiet.
모든 독일인은 전체 연방지역에서 이주의 자유를 향유한다.

Fremdbesitz 타주점유. → Ersitzung (취득시효). ↔ Eigenbesitz (자주점유).

Fremdvergleichsgrundsatz AStG 1 제3자간 비교원칙.
→ Außensteuergesetz (대외조세법).

Fremdwährungsschuld BGB 244 외국통화(외화)채무.
(1) Ist eine in einer anderen Währung als Euro ausgedrückte Geldschuld im Inland zu zahlen, so kann die Zahlung in Euro erfolgen, es sei denn, dass Zahlung in der anderen Währung ausdrücklich vereinbart ist.
유로 이외의 외국통화로서 지시한 금전채무가 내국에서 지급되어야 하는 때에는 외국통화의 지급에 관한 명시적 합의가 없는 한 유로로써 지급할 수 있다.

Friedensgefährdende Beziehungen StGB 100 평화위험죄.
(1) Wer als Deutscher, der seine Lebensgrundlage im räumlichen Geltungsbereich dieses Gesetzes hat, in der Absicht, einen Krieg oder ein bewaffnetes Unternehmen gegen die Bundesrepublik Deutschland herbeizuführen, zu einer Regierung, Vereinigung oder Einrichtung außerhalb des räumlichen Geltungsbereichs dieses Gesetzes oder zu einem ihrer Mittelsmänner Beziehungen aufnimmt oder unterhält, wird mit Freiheitsstrafe nicht unter einem Jahr bestraft.
생활근거를 이 법의 장소적 적용범위 내에 두고 있는 독일인이 독일연방공화국에 대하여 전쟁 또는 무력도발을 야기할 목적으로 이 법의 장소적 적용범위 외의 정부, 단체, 조직 또는 그 대리인과 관계를 개시하거나 그 관계를 유지한 자는 1년 이상의 자유형에 처한다.

Friedensverrat 평화배반.
독일 형법의 각칙 제1장 제1절에서는 평화(Friedensverrat)에 관한 죄로서 침략전쟁예비죄(Vorbereitung eines Angriffskrieges §80)와 침략전쟁선동죄(Aufstachelung zu einem Angriffskrieg §80a)의 2가지 경우를 규정하고 있다.
전자는 중죄로서 구체적 위험범이나, 후자의 경우 침략전쟁의 야기의 결과나 안전의 위태화의 결과를 요하지 않는다.

Frische Tat StPO 127 현행범.
Jemand auf frischer Tat (in flagranti) betroffen oder verfolgt wird (현행범으로 체포되거나 추적을 받다).
→ Vorläufige Festnahme (가체포).

Fristende BGB 188 기간의 종료.
↔ Fristbeginn (기간의 개시)
Fristen udn Termine BGB 186 기간과 기일.
Eine nach Tagen bestimmte Frist endigt mit dem Ablauf des letzten Tages der Frist.
일로써 정하여진 기간은 기간의 말일이 경과한 때에 종료한다.

Fristenlösung StGB 218a 기한부 방식 (낙태허용·방안). → Indikationslösung.

Fristlose Kündigung (~ aus wichtigem

Grund) BGB 626 (중대사유에 의한 ~)
즉시해고(해지).
(1) Das Dienstverhältnis kann von jedem Vertragsteil aus wichtigem Grund ohne Einhaltung einer Kündigungsfrist gekündigt werden, wenn Tatsachen vorliegen, auf Grund derer dem Kündigenden unter Berücksichtigung aller Umstände des Einzelfalles und unter Abwägung der Interessen beider Vertragsteile die Fortsetzung des Dienstverhältnisses bis zum Ablauf der Kündigungsfrist oder bis zu der vereinbarten Beendigung des Dienstverhältnisses nicht zugemutet werden kann.
해고(해지)자에게 개개의 경우 모든 상황과 양 계약당사자의 이익을 고려하여 볼 때 해지기간의 경과까지 또는 고용관계의 약정된 종료까지 고용관계의 계속을 기대할 수 없는 사실이 존재할 때에는 각 당사자는 해지기간을 두지 아니하고 고용관계를 해지할 수 있다.

Früchte BGB 99 과실.
Früchte einer Sache sind die Erzeugnisse der Sache und die sonstige Ausbeute, welche aus der Sache ihrer Bestimmung gemäß gewonnen wird.
물의 과실이라 함은 물건의 산출물 및 물건의 용법에 따라 그 물건으로부터 취득되는 기타의 수확물을 말한다.

Fructus pendentes pars fundi videntur.
Hängende Früchte werden als Teil des Grundstücks betrachtet (Solange sie am Baum hängen, gehören sie dem Grundgentümer).
미분리의 과실은 토지의 일부로 본다 (토지소유자에게 속한다).

Frühverbrechen 조발성 범죄.
Die Begriffe Frühverbrechen und Spätkriminalität den zeitlichen Beginn der strafbaren Handlungen. Frühverbrechen ist die Verbrechen der Kinder, mit der zehn Jahren beginnen, und Spätkriminalität die Kriminaltät, die von Menschen, die sich in

ihrem bisherigen Leben straffrei geführt haben, nach ihrem 50.Lensjahr ertmalig begangen wird.
조발성범죄와 후발성범죄는 가벌적 행위에 대한 시간의 시작을 나타낸다. 조발성범죄는 10세에 시작되는 아동의 범죄이며, 후발성범죄는 과거에는 전과없는 생활을 하다가 50세 이후에 비로소 처음으로 범죄를 행하는 경우를 말한다.

FStrG → Bundesfernstraßengesetz (연방원거리도로법).

FStrPrivFinG → Fernstraßenbauprivatfinanzierungsgesetz (원거리도로건설 사인 재정충당법).

Führerschein StVG 5 운전면허증.
Besteht eine Verpflichtung zur Ablieferung oder Vorlage eines Führerscheins, Fahrzeugscheins und behauptet der Verpflichtete, der Ablieferungs- oder Vorlagepflicht deshalb nicht nachkommen zu können, weil ihm der Schein verloren gegangen oder sonst abhanden gekommen sind, so hat er auf Verlangen der Verwaltungsbehörde eine Versicherung an Eides statt über den Verbleib des Scheins.
의무자가 운전면허증과 차량증을 인도, 제시할 의무가 있으나, 그가 이러한 증서를 분실하거나 지참하고 있지 아니한 경우 행정관청의 요구가 있으면 당해 의무자는 그 증서의 부재에 대하여 선서에 갈음하여 보증하여야 한다.

Führung der Liste jugendgefährdender Medien JuSchG 24(3) 청소년유해 미디어목록의 관리.
(3) Wird ein Trägermedium in die Liste aufgenommen oder aus ihr gestrichen, so ist dies unter Hinweis auf die zugrunde liegende Entscheidung im Bundesanzeiger bekannt zu machen.
Von der Bekanntmachung ist abzusehen, wenn das Trägermedium lediglich durch Telemedien verbreitet wird oder wenn anzunehmen ist, dass die Bekanntmachung

der Wahrung des Jugendschutzes schaden
würde.
한 기록미디어가 목록에 기재되거나 목록에
서 삭제되면, 그 근거가 되는 결정을 연방
광고지에 제시하고 공고해야 한다. 다만 기
록미디어가 텔레미디어를 통해서 배포되는
경우나 또는 공고를 함으로써 청소년보호
유지에 오히려 해가 된다고 추정되는 경우
에는 공고에서 제외될 수 있다.

Führungsaufsicht StGB 68 행장감독
(181b, 239c, 245, 252, 321).
(1) Hat jemand wegen einer Straftat, bei
der das Gesetz Führungsaufsicht besonders vorsieht, zeitige Freiheitsstrafe von
mindestens sechs Monaten verwirkt, so
kann das Gericht neben der Strafe Führungsaufsicht anordnen, wenn die Gefahr
besteht, daß er weitere Straftaten begehen
wird.
법률이 특히 보호관찰을 규정하고 있는 범
죄로 인하여 6개월 이상의 자유형을 선고받
은 때에는 법원은 재범의 위험이 있는 경우
형에 부가하여 보호관찰을 명할 수 있다.

**Führungsaufsicht bei Nichtaussetzung
des Strafrestes** StGB 68f
잔여형을 연기하지 않는 경우의 행장감독.
(1) Ist eine Freiheitsstrafe oder Gesamt-
freiheitsstrafe von mindestens zwei Jahren wegen vorsätzlicher Straftaten oder
eine Freiheitsstrafe oder Gesamtfreiheits-
strafe von mindestens einem Jahr wegen
Straftaten der in § 181b genannten Art
vollständig vollstreckt worden, tritt mit
der Entlassung der verurteilten Person
aus dem Strafvollzug Führungsaufsicht
ein.
고의범죄를 이유로 선고된 2년 이상의 자
유형이나 병합형 또는 형법 제181b조에
기재된 종류의 자유형이나 병합형의 집행
을 전부 종료한 때에는 형의 선고를 받은
자의 석방과 동시에 행장감독이 개시된다.

**Führungsaufsicht und Aussetzung zur
Bewährung** StGB 68g
행장감독과 보호관찰을 위한 형의 연기.

(1) Ist die Strafaussetzung oder Aussetzung des Strafrestes angeordnet oder das
Berufsverbot zur Bewährung ausgesetzt
und steht der Verurteilte wegen derselben
oder einer anderen Tat zugleich unter
Führungsaufsicht, so gelten für die Aufsicht und die Erteilung von Weisungen
nur die §§ 68a und 68b.
보호관찰을 조건으로 집행유예 또는 가석방
이 명하여지거나 직업금지가 유예되고 이와
동시에 형의 선고를 받은 자가 동일한 범죄
또는 다른 범죄로 인하여 제68조의 보호관
찰을 받게 되는 경우에는 감독 및 지시사항
의 부과에 대하여 제68조 a 및 제68조의 b
만을 준용한다.

Fünf-Prozent-Klausel BWahlG 6(6)
5% 조항 (Sperrklauel 봉쇄, 저지조항).
(6) Bei Verteilung der Sitze auf die Lan-
deslisten werden nur Parteien berücksichtigt, die mindestens 5 vom Hundert
der im Wahlgebiet abgegebenen gültigen
Zweitstimmen erhalten oder in mindestens
drei Wahlkreisen einen Sitz errungen
haben.
주명부의 의석 배분에 있어서는 선거지역에
서 투표된, 유효한 제2표의 100분의 5 이상
을 얻었거나 최소한 3개 이상의 선거구에서
의석을 획득한 정당만이 고려된다.

**Für den öffentlichen Dienst besonders
Verpflichteter** StGB 11(1) Nr.4 특별한
공무의무자.
4. wer, ohne Amtsträger zu sein,
a) bei einer Behörde oder bei einer sonstigen Stelle, die Aufgaben der öffentlichen Verwaltung wahrnimmt, oder
b) bei einem Verband oder sonstigen Zusammenschluß, Betrieb oder Unternehmen,
die für eine Behörde oder für eine
sonstige Stelle Aufgaben der öffentlichen
Verwaltung ausführen, beschäftigt oder
für sie tätig und auf die gewissenhafte
Erfüllung seiner Obliegenheiten auf Grund
eines Gesetzes förmlich verpflichtet ist.
특별한 공무의무자라 함은 공무수행자가 아
니면서 a) 관청 또는 공공행정 임무를 담

당하는 기타 기관, b) 관청이나 기타 기관
을 위하여 공공행정의 임무를 수행하는 단
체 기타 연합체, 사업 또는 기업에 근무하
거나 또는 이를 위해 활동하고 법률에 의거
하여 양심적으로 책무를 수행할 공식적인
의무를 지고 있는 자를 말한다.
여기서 Verband는 공통적, 특히 경제적, 사
회적, 문화적, 정치적 이익을 추구하는 자연
인, 법인, 단체의 연합체이며, 기타 Zu-
sammenschluß는 그 이외의 예를 들어 자문
회, 위원회 등의 연합을 말한다. → Betrieb.

Fur semper in mora est (Der Dieb ist
immer im Verzug)
도둑은 항상 지체(이행지체)한다.

Fürsorge- oder Erziehungspflicht →
Verletzung der Fürsorge- oder Erziehungspflicht (보호·교육의무위반죄).

Fürsorgepflicht (Prozessuale ~)
StPO 244(2) 배려의무 (소송상의 ~).
* Aus II folgt die Pflicht des Gerichts, die
Prozeßeteiliigten zur Stellung sachdien-
licher Anträge zu veranlassen und bei der
Stellung ihrer Beweisanträge zu unterstützen.
제244조 제2항에 의해 법원은 소송관여자에
게 타당한 신청을 하도록 유도하고, 그 증
거신청을 지원할 의무가 있다.
→ Treuepflicht (충실의무).

Furtum usus (Gebrauchsanmaßung)
StGB 242 사용절도.
Jemand benutzt eine fremde Sache, die er
aber zuruckgeben will (반환할 타인의 물
건을 사용하는 것).

Fuß → Nicht auf freiem Fuß (신체구속을
당한).

Garantieerklärung BGB 477 보장의 의
사표시.
(1) Eine Garantieerklärung (§ 443) muss
einfach und verständlich abgefasst sein.
보장의 의사표시(제447조: 내구성보장)는 간
결하고 알기 쉽도록 표현되어야 한다.

Gastschulaufenthalt BGB 6511
홈스테이(방문학생)체류(계약).
(1) Für einen Reisevertrag, der einen
mindestens drei Monate andauernden und
mit dem geregelten Besuch einer Schule
verbundenen Aufenthalt des Gastschülers
bei einer Gastfamilie in einem anderen
Staat (Aufnahmeland) zum Gegenstand
hat, gelten die nachfolgenden Vorschriften.
다른 국가의(영입국) 방문가정에서 최소 3
개월간 계속적으로 규칙적인 통학과 관련된
방문학생의 체류를 대상으로 하는 여행계약
에는 이하의 규정이 적용된다.

Gaststätte JuSchG 4 숙식업소.
(1) Der Aufenthalt in Gaststätten darf
Kindern und Jugendlichen unter 16 Jahren
nur gestattet werden, wenn eine personensorgeberechtigte oder erziehungsbeauftragte Person sie begleitet oder wenn
sie in der Zeit zwischen 5 Uhr und 23
Uhr eine Mahlzeit oder ein Getränk ein-
nehmen.
아동 및 16세미만의 청소년은 신상친권자
또는 양육권자가 동반하는 경우 또는 오전
5시-23시까지의 시간대에 식사를 하거나 음
료(주류제외)를 마실 경우에만 숙식업소에
체류가 허용된다.

Gastwirt BGB 701 숙박업자.
(1) Ein Gastwirt, der gewerbsmäßig
Fremde zur Beherbergung aufnimmt, hat
den Schaden zu ersetzen, der durch den
Verlust, die Zerstörung oder die Beschädigung von Sachen entsteht, die ein
im Betrieb dieses Gewerbes aufgenom-
mener Gast eingebracht hat.
영업에 의해 타인을 숙박시키는 숙박업자는
이 영업의 경영에서 숙박시킨 여객이 그의
소지품의 상실, 파괴, 훼손으로 인하여 발생
한 손해를 배상하여야 한다.

Gattungsschuld BGB 243 종류채무.
Wer eine nur der Gattung nach bestimmte
Sache schuldet, hat eine Sache von
mittlerer Art und Güte zu leisten.
종류만을 정한 물건을 변제할 의무가 있는
자는 중등의 종류 및 물건을 급부하여야
한다.

GBO → Grundbuchordnung (부동산등기
법).

Gebietsgrundsatz
→ Territorialitätsprinzip (속지주의).

Gebietshoheitsgewalt 영토고권.
→ Personalhoheitsgewalt (대인고권).

Gebietskörperschaft GemO NW 1(2)
지역적 사단 (지역단체, 영역단체).
(2) Die Gemeinden sind Gebietskörperschaften.
(기초)자치단체는 지역적 사단이다.
* Eine Gebietskörperschaft ist eine Körperschaft des öffentlichen Rechts, die die
Gebietshoheit auf einem räumlich abgegrenzten Teil des Staatsgebietes besitzt.
Diese Hoheit umfasst auch die Einwohner,
wobei die wahlberechtigten Einwohner
(Bürger) gesetzliche Vollmitglieder der
Körperschaft sind.
~는 국가영역의 지역적 부분위에 지역고권
을 가지는 공법상의 단체이다. 이 고권에는
선거권이 있는 주민(시민)이 단체의 법정
정회원으로 구성된 주민들도 포함된다.

Gebietsverband PartG 7 지구당.
(1) Die Parteien gliedern sich in Gebietsverbände. Größe und Umfang der Ge-

bietsverbände werden durch die Satzung festgelegt. Die gebietliche Gliederung muß so weit ausgebaut sein, daß den einzelnen Mitgliedern eine angemessene Mitwirkung an der Willensbildung der Partei möglich ist.
정당은 지구당으로 구성된다. 지구당의 규모와 범위는 당헌으로 정한다. 지역적인 조직은 각 당원이 정당의 의사형성에 적절히 참여하는 것이 가능할 정도로 구성되어야 한다.

Gebotsnorm 명령규범.
명령에는 요구뿐만이 아니라 금지도 포함되므로 부작위에 관하여는 이것을 요구규범이라고 하기도 한다.

Gebrauch unrichtiger Gesundheitszeugnisse StGB 279 허위건강진단서행사죄.
Wer, um eine Behörde oder eine Versicherungsgesellschaft über seinen oder eines anderen Gesundheitszustand zu täuschen, von einem Zeugnis der in den §§ 277 und 278 bezeichneten Art Gebrauch macht, wird mit Freiheitsstrafe bis zu einem Jahr oder mit Geldstrafe bestraft.
관청 또는 보험회사를 기망하기 위하여 자기 또는 타인의 건강상태에 관하여 제277조 및 제278조에 기재한 종류의 증명서를 행사한 자는 1년 이하의 자유형 또는 벌금형에 처한다.

Gebrauchsanmaßung → Furtum usus (사용절도).

Gebrauchsmuster GebrMG 1 실용신안.
(1) Als Gebrauchsmuster werden Erfindungen geschützt, die neu sind, auf einem erfinderischen Schritt beruhen und gewerblich anwendbar sind.
신규의 고안조치에 입각한 발명품으로 영업적으로 이용가능한 것은 실용실안으로 보호된다.

Gebrauchsmustergesetz GebrMG 실용실안법 (1086.8.28) (BGBl. I, S. 1455).

Gebrauchsrecht BGB 537; StGB 289 사용권.
(1) Der Mieter wird von der Entrichtung der Miete nicht dadurch befreit, dass er durch einen in seiner Person liegenden Grund an der Ausübung seines Gebrauchsrechts gehindert wird.
임차인은 일신상의 사유에 의하여 자신의 사용권이 방해된다는 것을 이유로 차임의 지급을 면하지 못한다.

Gebrechlichkeit StGB 225 신체허약, 노쇠, 병약 (hinfällig, altersschwach, kränklich).
→ Mißhandlung von Schutzbefohlenen (피보호자학대죄); Kommissarische ernehmung(위탁신문).

GebrMG → Gebrauchsmustergesetz (실용실안법).

Gebührensatz VwKostG 3 수수료율.
Die Gebührensätze sind so zu bemessen, daß zwischen der den Verwaltungsaufwand berücksichtigenden Höhe der Gebühr einerseits und der Bedeutung, dem wirtschaftlichen Wert oder dem sonstigen Nutzen der Amtshandlung andererseits ein angemessenes Verhältnis besteht.
수수료율은 한편으로는 행정경비를 감안한 수수료의 액과 다른 한편으로는 직무행위의 중요성, 경제적 가치 또는 기타 이용간에 적절한 비례가 유지되도록 산정하여야 한다.

Gebührenübererhebung StGB 352 수수료 과다징수죄.
(1) Ein Amtsträger, Anwalt oder sonstiger Rechtsbeistand, welcher Gebühren oder andere Vergütungen für amtliche Verrichtungen zu seinem Vorteil zu erheben hat, wird, wenn er Gebühren oder Vergütungen erhebt, von denen er weiß, daß der Zahlende sie überhaupt nicht oder nur in geringerem Betrag schuldet, mit Freiheitsstrafe bis zu einem Jahr oder mit Geldstrafe bestraft.
직무수행에 대한 수수료 또는 기타 보수를

자신의 이익으로 징수하는 공무수행자, 변호사, 기타 법률 고문이 납입자에게 납입의무가 전혀 없거나 소액의 납입의무만이 있음을 알면서 이를 징수한 경우에는 1년 이하의 자유형 또는 벌금형에 처한다.
예) 성공보수(Erfolgshonorar)의 금지.

Gebührenvorschuß StPO 379a 수수료의 예납.
(1) Zur Zahlung des Gebührenvorschusses nach § 16 Abs.1 des Gerichtskostengesetzes soll, sofern nicht dem Privatkläger die Prozeßkostenhilfe bewilligt ist oder Gebührenfreiheit zusteht, vom Gericht eine Frist bestimmt werden
법원비용법 제16조 제1항에 의한 수수료예납의 계산에 관하여는 사인기소인에게 소송비용부조가 인정되거나 비용면제가 인정되지 아니하는 한 법원이 그 기간을 정한다.

Gebundene Erfindung → Diensterfindung und freie Erfindung (직무발명과 자유발명).

Geburtenbuch PersStdG 16 출생부.
→ Personenstandsgesetz (호적부).
Die Geburt eines Kindes muß dem Standesbeamten, in dessen Bezirk es geboren ist, binnen einer Woche angezeigt werden.
자녀의 출생은 그 출생지역 호적공무원에게 1주안에 신고해야 하다.

Geburtsanzeige StVollzG 79 출생신고.
Nicht Vermerkung der Geburtsstätte: 교도소 출생지의 미기재.

Geburtsortprinzip → Ius soli (Jus Soli, Recht des Bodens) (출생지주의).

Geburtsschein PersStdG 61c 출생증명서.
(1) In den Geburtsschein werden die Vornamen und der Familienname des Kindes sowie Ort und Tag seiner Geburt aufgenommen.
출생증명서에는 자녀의 성명과 출생지, 생년월일을 기록한다.
→ Personenstandsurkunde (신분증서).

Gedächtnisunterstützung
→ Protokollverlesung (조서의 낭독).

Gefährdung der Abzugsteuern AO 380 원천징수세 위해행위.
(1) Ordnungswidrig handelt, wer vorsätzlich oder leichtfertig seiner Verpflichtung, Steuerabzugsbeträge einzubehalten und abzuführen, nicht, nicht vollständig oder nicht rechtzeitig nachkommt.
고의 또는 중과실에 의하여 원천징수세액(공제세액)을 유지하고 이를 납부할 의무를 이행하지 않거나 당해 의무를 완전하게 이행하지 않거나 적시에 이행하지 않은 자는 질서위반행위를 한 것이다.

Gefährdung der Einfuhr- und Ausfuhrabgaben AO 382 수입·수출세위해행위.
(1) Ordnungswidrig handelt, wer als Pflichtiger oder bei der Wahrnehmung der Angelegenheiten eines Pflichtigen vorsätzlich oder fahrlässig Zollvorschriften, den dazu erlassenen Rechtsverordnungen oder den Verordnungen des Rates oder der Kommission der Europäischen Gemeinschaften zuwiderhandelt, die
1. für die zollamtliche Erfassung des Warenverkehrs über die Grenze des Zollgebiets der Europäischen Gemeinschaft sowie über die Freizonengrenzen,
2. für die Überführung von Waren in ein Zollverfahren und dessen Durchführung oder für die Erlangung einer sonstigen zollrechtlichen Bestimmung von Waren,
3. für die Freizonen, den grenznahen Raum sowie die darüber hinaus der Grenzaufsicht unterworfenen Gebiete
gelten, soweit die Zollvorschriften, die dazu oder die auf Grund von Absatz 4 erlassenen Rechtsverordnungen für einen bestimmten Tatbestand auf diese Bußgeldvorschrift verweisen.
의무자로서 또는 의무자의 사무를 행함에 있어 다음 각호의 사항에 적용되는 관세법, 이와 관련된 법규명령 또는 유럽공동체의 이사회 또는 위원회의 명령의 규정에 대하여 고의 또는 과실로 위반하는 자는 질서위반행위를 행한 것이다.
1. 유럽공동체의 관세지역 및 관세자유지역의 국경을 통과하는 물품거래에 대한 관세청의 확인,
2. 관세절차 및 그 실행에서 물품의 이송 또는 기타 관세법상 상품의 규정에 대한 취득,
3. 관세자유지역, 관세국경지구 및 이를 벗어난 국경감시대상지역.
다만 관세규정, 이에 관련된 법규명령 또는 본조 제4항에 근거한 법규명령이 일정한 구성요건에 대하여 본조의 질서위반규정이 적용되는 경우에 한한다.

Gefährdung des Bahn-, Schiffs- und Luftverkehrs StGB 315a 궤도, 선박 및 항공교통의 위태화죄.
(1) Mit Freiheitsstrafe bis zu fünf Jahren oder mit Geldstrafe wird bestraft, wer
1. ein Schienenbahn- oder Schwebebahnfahrzeug, ein Schiff oder ein Luftfahrzeug führt, obwohl er infolge des Genusses alkoholischer Getränke oder anderer berauschender Mittel oder infolge geistiger oder körperlicher Mängel nicht in der Lage ist, das Fahrzeug sicher zu führen, oder
1. 알콜음료 또는 기타 각성제의 복용, 정신적, 신체적 결함으로 차량을 안전하게 운행할 상태에 있지 아니함에도 불구하고 궤도·삭도차량, 선박 또는 항공기를 운행하거나 또는 이러한 차량의 운전자 또는 안전관리 책임자로서 그 법률규정에 현저한 의무위반의 행위를 하여 타인의 신체, 생명 또는 중요한 물건을 위태화한 자는 5년 이하의 자유형 또는 벌금형에 처한다.

Gefährdung des Straßenverkehrs (Straßenverkehrsgefährdung) StGB 315c 도로교통의 위태화죄.
(1) Wer im Straßenverkehr
1. ein Fahrzeug führt, obwohl er
a) infolge des Genusses alkoholischer Getränke oder anderer berauschender Mittel oder
b) infolge geistiger oder körperlicher Män-

gel
nicht in der Lage ist, das Fahrzeug sicher zu führen, oder
2. grob verkehrswidrig und rücksichtslos
a) die Vorfahrt nicht beachtet,
b) falsch überholt oder sonst bei Überholvorgängen falsch fährt,
c) an Fußgängerüberwegen falsch fährt,
d) an unübersichtlichen Stellen, an Straßenkreuzungen, Straßeneinmündungen oder Bahnübergängen zu schnell fährt,
e) an unübersichtlichen Stellen nicht die rechte Seite der Fahrbahn einhält,
f) auf Autobahnen oder Kraftfahrstraßen wendet, rückwärts oder entgegen der Fahrtrichtung fährt oder dies versucht oder
g) haltende oder liegengebliebene Fahrzeuge nicht auf ausreichende Entfernung kenntlich macht, obwohl das zur Sicherung des Verkehrs erforderlich ist,
도로교통중
1. a) 알코올음료 또는 기타 각성제의 복용, b) 정신적·신체적 결함으로 차량을 안전하게 운행할 상태에 있지 아니함에도 불구하고 차량을 운행하는 행위,
2. 현저한 교통위반이나 무분별한 다음의 행위를 하여 타인의 신체, 생명이나 중요한 가치가 있는 물건을 위태화한 자는 5년 이하의 자유형 또는 벌금형에 처한다.
a) 우선진행(권) 무시 b) 추월방법위반 기타 추월과정에서 과실운전 c) 횡단보도에서 과실운전 d) 전경을 볼 수 없는 지점, 교차로, 도로합류지점 또는 철도건널목에서의 과속운전 e) 전경을 볼 수 없는 지점에서 차량 우측통행 위반 f) 고속도로나 자동차전용도로에서 회전, 후진, 역방향 주행이나 그 시도 g) 교통안전에 필요함에도 주·정차중인 자동차를 충분한 거리에서 인식하지 않는 행위.
→ Trunkenheit im Verkehr (명정운전죄).

Gefährdung einer Entziehungskur StGB 323b 금단치료 위태화죄.
(1) Wer wissentlich einem anderen, der auf Grund behördlicher Anordnung oder ohne seine Einwilligung zu einer Ent-

ziehungskur in einer Anstalt untergebracht ist, ohne Erlaubnis des Anstaltsleiters oder seines Beauftragten alkoholische Getränke oder andere berauschende Mittel verschafft oder überläßt oder ihn zum Genuß solcher Mittel verleitet, wird mit Freiheitsstrafe bis zu einem Jahr oder mit Geldstrafe bestraft.

그 정을 알면서 관청의 명령에 의해 또는 금단시설에 수용된 사람에게 허가없이 또는 알코올음료나 기타 각성제를 조달, 양여하거나 그 복용을 유도한 경우에는 1년 이하의 자유형 또는 벌금형에 처한다.

Gefährdung schutzbedürftiger Gebiete
StGB 329 보호지역 위태화죄.

(1) Wer entgegen einer auf Grund des Bundes-Immissionsschutzgesetzes erlassenen Rechtsverordnung über ein Gebiet, das eines besonderen Schutzes vor schädlichen Umwelteinwirkungen durch Luftverunreinigungen oder Geräusche bedarf oder in dem während austauscharmer Wetterlagen ein starkes Anwachsen schädlicher Umwelteinwirkungen durch Luftverunreinigungen zu befürchten ist, Anlagen innerhalb des Gebiets betreibt, wird mit Freiheitsstrafe bis zu drei Jahren oder mit Geldstrafe bestraft.

대기오염이나 소음에 의한 유해한 환경영향으로부터 특별보호를 필요로 하는 지역 또는 대기순환이 원활하지 아니한 기상상태에서 대기오염에 의한 유해한 환경영향이 급속히 심화될 우려가 있는 지역에 관하여 연방임미시온법에 근거하여 제정된 법령에 위반하여 그 지역내에서 시설을 운영한 자는 3년 이하의 자유형 또는 벌금형에 처한다.

(2) Wer entgegen einer zum Schutz eines Wasser- oder Heilquellenschutzgebietes erlassenen Rechtsvorschrift oder vollziehbaren Untersagung

1. betriebliche Anlagen zum Umgang mit wassergefährdenden Stoffen betreibt,

2. Rohrleitungsanlagen zum Befördern wassergefährdender Stoffe betreibt oder solche Stoffe befördert oder

3. im Rahmen eines Gewerbebetriebes Kies, Sand, Ton oder andere feste Stoffe abbaut,

wird mit Freiheitsstrafe bis zu drei Jahren oder mit Geldstrafe bestraft

수질 또는 온천보호지역의 보호를 위하여 제정된 법규 또는 집행가능한 금지에 위반하여 다음 각호의 행위를 한 자는 3년 이하의 자유형 또는 벌금형에 처한다.

1. 수질에 해로운 물질을 취급하는 영업시설의 운영,
2. 수질에 해로운 물질의 수송을 위한 수송관의 가동 또는 그러한 물질의 수송,
3. 영업범위에서 자갈, 모래, 점토, 기타 고체물의 채굴.

(3) Wer entgegen einer zum Schutz eines Naturschutzgebietes, einer als Naturschutzgebiet einstweilig sichergestellten Fläche oder eines Nationalparks erlassenen Rechtsvorschrift oder vollziehbaren Untersagung

1. Bodenschätze oder andere Bodenbestandteile abbaut oder gewinnt,

2. Abgrabungen oder Aufschüttungen vornimmt,

3. Gewässer schafft, verändert oder beseitigt,

4. Moore, Sümpfe, Brüche oder sonstige Feuchtgebiete entwässert,

5. Wald rodet,

6. Tiere einer im Sinne des Bundesnaturschutzgesetzes besonders geschützten Art tötet, fängt, diesen nachstellt oder deren Gelege ganz oder teilweise zerstört oder entfernt,

7. Pflanzen einer im Sinne des Bundesnaturschutzgesetzes besonders geschützten Art beschädigt oder entfernt oder

8. ein Gebäude errichtet

und dadurch den jeweiligen Schutzzweck nicht unerheblich beeinträchtigt, wird mit Freiheitsstrafe bis zu fünf Jahren oder mit Geldstrafe bestraft.

자연보호지역, 자연보호지역으로 잠정 보전된 지역 또는 국립공원의 보호를 위하여 제정된 법규 또는 집행가능한 금지에 위반하여 다음 각호의 행위를 함으로써 각각의 보호목적을 현저히 침해한 자는 5년 이하의

자유형 또는 벌금형에 처한다.
1. 토지매장물 기타 토지구성부분의 채굴 또는 채취,
2. 발굴 또는 퇴적,
3. 수자원의 형성, 변경 또는 제거,
4. 늪지, 소택지, 습지(단층) 기타 습한 지역의 배수,
5. 산림 개간,
6. 연방자연보호법에 의하여 특별한 보호를 받는 종류의 동물의 사살, 포획, 추적 또는 이들이 낳은 알의 전부 또는 일부의 파괴 또는 제거,
7. 연방자연보호법상 특별 보호를 받는 종류의 식물의 손상 또는 제거
8. 건축물의 설치.

Gefährdung von Schiffen, Kraft- und Luftfahrzeugen durch Bannware

StGB 297 금제품에 의한 선박·자동차·항공기 위태화죄.
(1) Wer ohne Wissen des Reeders oder des Schiffsführers oder als Schiffsführer ohne Wissen des Reeders eine Sache an Bord eines deutschen Schiffes bringt oder nimmt, deren Beförderung
1. für das Schiff oder die Ladung die Gefahr einer Beschlagnahme oder Einziehung oder
2. für den Reeder oder den Schiffsführer die Gefahr einer Bestrafung
verursacht, wird mit Freiheitsstrafe bis zu zwei Jahren oder mit Geldstrafe bestraft.
선박소유자나 선박지휘자에게 보고하지 아니하고 또는 선박지휘자가 선박소유자에게 보고하지 아니하고 그 운송이 다음 각호에 해당하는 물건을 독일 선박내에 반입하거나 취한 자는 2년 이하의 자유형이나 벌금형에 처한다.
1. 선박이나 선적물에 대한 압수나 몰수의 위험을 야기하는 경우,
2. 선박소유자나 선박지휘자에게 처벌의 위험을 야기하는 경우.

Gefährdungsdelikt 위험범.

Als Gefährdungsdelikt bezeichnet das deutschen Strafrecht einen Deliktstyp, bei dem es nicht auf die Verletzung eines Rechts-gutes ankommt, sondern auf die Schaffung einer Gefahr. Insofern sind auch Gefährdungsdelikte Erfolgsdelikte
~은 독일 형법에서 법익침해가 아닌 위험의 발생이 문제되는 범죄유형. 그런 점에서 위험범도 결과범이다.

Gefährliche Eingriffe in den Bahn-, Schiffs-, Luftverkehr StGB 315

철도, 선박 및 항공교통의 공격죄.
(1) Wer die Sicherheit des Schienenbahn-, Schwebebahn-, Schiffs- oder Luftverkehrs dadurch beeinträchtigt, daß er
1. Anlagen oder Beförderungsmittel zerstört, beschädigt oder beseitigt,
2. Hindernisse bereitet,
3. falsche Zeichen oder Signale gibt oder
4. einen ähnlichen, ebenso gefährlichen Eingriff vornimmt,
und dadurch Leib oder Leben eines anderen Menschen oder fremde Sachen von bedeutendem Wert gefährdet, wird mit Freiheitsstrafe von sechs Monaten bis zu zehn Jahren bestraft.
다음 각호의 1에 해당하는 행위에 의하여 궤도차량, 삭도차량, 선박, 항공교통의 안전을 침해 이로 인하여 타인의 신체 또는 생명이나 중요한 가치가 있는 물건을 위태화한 자는 6개월 이상 10년 이하의 자유형에 처한다.
1. 운송시설 또는 운송수단의 파괴, 손상 또는 제거, 2. 장애물의 설치, 3. 표지 또는 신호의 허위 조작, 4. 유사하고 마찬가지로 동일한 정도로 위험한 침해행위의 기도.

Gefährliche Eingriffe in den Straßen-verkehr StGB 315b 도로교통에 있어서

위험한 공격죄.
(1) Wer die Sicherheit des Straßenverkehrs dadurch beeinträchtigt, daß er
1. Anlagen oder Fahrzeuge zerstört, beschädigt oder beseitigt,
2. Hindernisse bereitet oder
3. einen ähnlichen, ebenso gefährlichen Eingriff vornimmt,
und dadurch Leib oder Leben eines anderen Menschen oder fremde Sachen von bedeutendem Wert gefährdet, wird

mit Freiheitsstrafe bis zu fünf Jahren oder mit Geldstrafe bestraft.
다음 각호에 해당하는 행위에 의하여 도로 교통의 안전을 침해하고, 이로 인하여 타인의 신체 또는 생명이나 중요한 가치가 있는 물건을 위태롭게 한 자는 5년 이항의 자유형 또는 벌금형에 처한다.
1. 교통시설 또는 자동차의 파괴, 손상 또는 제거,
2. 장애물의 설치,
3. 유사하고, 마찬가지로 동일한 정도로 위험한 침해행위의 기도.
→ Gefährliche Eingriffe in den Bahn-, Schiffs-, Luftverkehr (철도, 선박 및 항공 교통의 공격죄).

Gefährliche Körperverletzung
StGB 224 위험한 상해죄 (특수상해).
(1) Wer die Körperverletzung
1. durch Beibringung von Gift oder anderen gesundheitsschädlichen Stoffen,
2. mittels einer Waffe oder eines anderen gefährlichen Werkzeugs,
3. mittels eines hinterlistigen Überfalls,
4. mit einem anderen Beteiligten gemeinschaftlich oder
5. mittels einer das Leben gefährdenden Behandlung
begeht, wird mit Freiheitsstrafe von sechs Monaten bis zu zehn Jahren.
1. 독물이나 기타 건강상해물질의 제공, 2. 무기나 기타 위험한 물건에 의해서, 3. 교활한 습격으로, 4. 다른 (범죄)참여자와 공동하여, 5. 생명을 위협하는 행위에 의하여 상해를 가한 자는 3개월 이상 5년 이하의 자유형에 처한다.

Gefährlicher Tiere → Halten gefährlicher Tiere (위험동물방치죄).

Gefährliches Gut StGB 330d Nr.3; 328(3) Nr.2, 위험한 물질.
3. ein gefährliches Gut: ein Gut im Sinne des Gesetzes über die Beförderung gefährlicher Güter und einer darauf beruhenden Rechtsverordnung und im Sinne der Rechtsvorschriften über die inter

nationale Beförderung gefährlicher Güter im jeweiligen Anwendungsbereich. (330d)
3. 위험한 물질이란 위험한 물질의 운송에 관한 법률 및 이에 근거하여 제정된 법령에서 규정하고 있는 물질, 위험물질의 국제운송에 관한 법률규정의 각 적용지역내 물질을 말한다.
→ Unerlaubter Umgang mit radioaktiven Stoffen und anderen gefährlichen Stoffen und Gütern StGB 328(3) 방사성물질 기타 위험물질 등의 불법처리죄.

Gefährliches Werkzeug StGB 224 위험한 도구. → Gefahrliche Körperverletzung.

Gefälligkeitsfahrt 호의동승.
~, die unentgeltliche Beförderung von Personen mit einem Kraftfahrzeug aus Gefälligkeit.
호의에서 나오는 자동차에 의한 무임의 여객운송. → Personenbeförderung (여객운송).

Gefangene 피구금자.
형법의 도주관여죄(StGB 120)에서 Gefangene는 국가의 구금권(Haftrecht)에 의하여 자유가 박탈된 사람이며, 행형법에서 Gefangene는 일반적으로 수형자(Strafgefangene StPO 119)를 뜻하나, 특히 미결수용자의 경우는 Untersuchungsgefangene(StVollzG 177)를 사용한다. 형사소송법상 Verhaftete(StPO 114)는 미결구금으로 구속된 자를 말한다. 그밖에 Untergebrachte는 시설수용자, Insasse는 수용자 내지 재소자, Straffällige는 형사처벌(대상)자, Strafling은 죄수, Strafentlassene는 출소자의 의미를 갖고 있다.

Gefangenbefreiung StGB 120 도주관여죄.
(1) Wer einen Gefangenen befreit, ihn zum Entweichen verleitet oder dabei fördert, wird mit Freiheitsstrafe bis zu drei Jahren oder mit Geldstrafe bestraft.
피구금자가 도주하도록 유도하거나 조장한 자는 3년 이하의 자유형 또는 벌금형에 처한다.

Gefangenenmeuterei StGB 121 피구금

자폭동죄.

(1) Gefangene, die sich zusammenrotten und mit vereinten Kräften

1. einen Anstaltsbeamten, einen anderen Amtsträger oder einen mit ihrer Beaufsichtigung, Betreuung oder Untersuchung Beauftragten nötigen (§ 240) oder tätlich angreifen,

2. gewaltsam ausbrechen oder

3. gewaltsam einem von ihnen oder einem anderen Gefangenen zum Ausbruch verhelfen, werden mit Freiheitsstrafe von drei Monaten bis zu fünf Jahren bestraft.

다중이 도당을 이루어 합동력에 의하여 다음 각호의 1에 해당하는 행위를 한 피구금자는 3개월 이상 5년 이하의 자유형에 처한다. 1. 구금시설공무원, 기타 공무수행자 또는 피구금자의 감독·보호·조사의 임무를 담당하는 자를 강요(제240조)하거나 사실상 공격하는 행위, 2. 폭행을 가하여 탈출하는 행위, 3. 폭행을 가하여 피구금자중 1인 또는 기타 다른 피구금자의 탈출을 원조하는 행위.

Gefangenmitverantwortung

StVollzG 160 수형자 공동책임.

Den Gefangenen und Untergebrachten soll ermöglicht werden, an der Verantwortung für Angelegenheiten von gemeinsamem Interesse teilzunehmen, die sich ihrer Eigenart und der Aufgabe der Anstalt nach für ihre Mitwirkung eignen.

수형자와 수용자에게는 그들의 특성과 시설의 과제에 비추어 협동에 적합한 공동이익의 업무에 대한 책임을 가지도록 할 수 있다.

Gefangenschaft StVollzG 79 수형(구금)상태.

In der Anzeige der Geburt an den Standesbeamten dürfen die Anstalt als Geburtsstätte des Kindes, das Verhältnis des Anzeigenden zur Anstalt und die Gefangenschaft der Mutter nicht vermerkt sein.

호적공무원에 대한 출생신고에 있어서 행형시설은 자녀의 출생장소로, 신고인과 행형

시설과의 관계 및 모의 수형상태가 표시되어서는 안된다.

Gefängnisstrafe (1969년 형법개정 이전의 5년 미만 1일 이상의) 경징역. → Zuchthaus.

Gegenbeweis 반증 ↔ Hauptbeweis (본증).

Die Erschütterung der richterlichen Überzeugung von der Richtigkeit einer Beweisbehauptung durch den Beweisgegner nennt man Gegenbeweis.

~은 증거상대방에 의하여 증거주장의 정당성에 대한 법원의 확신을 동요시키는 것을 말한다.

Gegendarstellungsanspruch PrG BW 11 반론권.

(1) Der verantwortliche Redakteur und der Verleger eines periodischen Druckwerks sind verpflichtet, eine Gegendarstellung der Person oder Stelle zum Abdruck zu bringen, die durch eine in dem Druckwerk aufgestellte Tatsachenbehauptung betroffen ist.

정기간행물의 책임있는 편집자 및 발행인은 그 간행물의 사실주장과 관련된 사람 또는 기관의 반론을 게재할 의무가 있다.

Gegenerklärung StPO 347 답변서 (~의 제출 후: Nach Eingang der ~).

(1) S. 2 Diesem steht frei, binnen einer Woche eine schriftliche Gegenerklärung einzureichen.

피상고인(Gegner des Beschwerdeführers)은 자유로 1주일 이내에 서면답변서를 제출할 수 있다.

Gegenleistung 반대급부.

→ Vorteilsannahme (수뢰죄); Einrede des nicht erfüllten Vertrags (동시이행의 항변권).

Gegenschluß → Umkehrschluß (반대추론).

Gegenseitiger Vertrag BGB 320 쌍무계약. → Einrede des nicht erfüllten Ver-

trags (동시이행의 항변권).

Gegenseitigkeit StGB 104a 호혜주의.
(상호주의)
Straftaten nach diesem Abschnitt werden nur verfolgt, wenn die Bundesrepublik Deutschland zu dem anderen Staat diplomatische Beziehungen unterhält, die Gegenseitigkeit verbürgt ist und auch zur Zeit der Tat verbürgt war, ein Strafverlangen der ausländischen Regierung vorliegt und die Bundesregierung die Ermächtigung zur Strafverfolgung erteilt.
이 장(제3장 외국에 대한 범죄)에서 규정하고 있는 범죄는 독일연방공화국이 다른 국가와 외교관계를 유지하고 있으며 상호주의가 보장된 경우, 또한 행위시에 상호주의가 보장되고 있었고 외국정부의 처벌요구 및 연방정부가 형사소추의 수권을 한 경우에 한하여 형사소추된다.

Gegenstand des Urteils StPO 264
판결의 대상.
(1) Gegenstand der Urteilsfindung ist die in der Anklage bezeichnete Tat, wie sie nach dem Ergebnis der Verhandlung darstellt.
심판의 대상은 심리의 결과로 나타난 공소장에 기재된 행위이다.

Gegenstand und Grund des Anspruchs StPO 404 청구대상 및 원인.
(1) S.2 Er(= Der Antrag, durch den der Anspruch geltend gemacht wird) muß den Gegenstand und Grund des Anspruchs bestimmt bezeichnen und soll die Beweismittel enthalten.
청구권을 주장하는 신청에는 청구대상 및 원인을 특정하여야 하며, 증거방법을 포함하고 있어야 한다.
→ Klageschrift (소장).

Gegenstandslose Eintragung GBO 84
등기원인 없는 등기.
(1) Das Grundbuchamt kann eine Eintragung über ein Recht nach Maßgabe der folgenden Vorschriften von Amts wegen als gegenstandslos löschen.
등기소는 다음의 규정에 의하여 권리에 관한 등기를 등기원인 없는 것으로 직권으로 말소할 수 있다.
(2) Eine Eintragung ist gegenstandslos:
a) soweit das Recht, auf das sie sich bezieht, nicht besteht und seine Entstehung ausgeschlossen ist;
등기상의 권리가 존재하지 않고 권리의 발생이 부인된 경우
b) soweit das Recht, auf das sie sich bezieht, aus tatsächlichen Gründen dauernd nicht ausgeübt werden kann.
등기상의 권리가 사실상의 이유로 지속적으로 행사될 수 없는 경우

Gegenüberstellung StPO 58(2), ZPO 394 대질.
(2) Eine Gegenüberstellung mit anderen Zeugen oder mit dem Beschuldigten im Vorverfahren ist zulässig, wenn es für das weitere Verfahren geboten erscheint.
사전절차에서 다른 증인이나 피의자와의 대질은 이후의 절차를 위하여 필요하다고 인정되는 경우에만 허용된다.
(2) Zeugen, deren Aussagen sich widersprechen, können einander gegenübergestellt werden (ZPO 394).
진술이 서로 모순되는 증인은 이를 대질시킬 수 있다.

Gegenvormund BGB 1792 후견감독인.
(1) Neben dem Vormund kann ein Gegenvormund bestellt werden. Ist das Jugendamt Vormund, so kann kein Gegenvormund bestellt werden; das Jugendamt kann Gegenvormund sein.
(2) Ein Gegenvormund soll bestellt werden, wenn mit der Vormundschaft eine Vermögensverwaltung verbunden ist, es sei denn, dass die Verwaltung nicht erheblich oder dass die Vormundschaft von mehreren Vormündern gemeinschaftlich zu führen ist.
(1) 후견인 이외에 후견감독인을 선임할 수 있다. 소년국이 후견인인 경우에는 후견감독인을 임명할 수 없다. 소년국은 후견감독인이 될 수 있다.

(2) 후견에 재산관리가 수반된 경우 후견감
독인을 임명하여야 한다. 다만 그 관리가
중요하지 아니하거나 다수의 후견인에 의하
여 공동으로 수행되는 경우에는 그러하지
아니하다.

Gegenzeichnung GG 58 부서(副署).
Anordnungen und Verfügungen des Bundespräsidenten bedürfen zu ihrer Gültigkeit der Gegenzeichnung durch den Bundeskanzler oder durch den zuständigen
Bundesminister.
연방대통령의 명령과 처분이 유효하기 위해
서는 연방수상이나 소관 연방장관의 부서가
필요하다.

Gehalt 주로 사무직 노동자의 봉급(Gehalt
eines Angestellten)
→ Arbeitsentgelt (급여).

Geheimdienstliche Agententätigkeit
StGB 99 첩보기관정보수집죄
(1) Wer
1. für den Geheimdienst einer fremden
Macht eine geheimdienstliche Tätigkeit
gegen die Bundesrepublik Deutschland
ausübt, die euf die Mitteilung oder Lieferung von Tetsachen, Gegenständen oder
Erkenntnissen gerichtet ist, oder
2. gegen über dem Geheimdienst einer
fremden Macht oder einem seiner Mittelsmänner sich zu einer solchen Tätigkeit
bereit erklärt,
wird mit Freiheitsstrafe bis zu fünf
Jahren oder mit Geldstrafe bestraft, wenn
die Tat nicht in § 94 oder § 96 Abs. 1, in
§ 97a oder in § 97b in Verbindung mit §
94 oder § 96 Abs.1 mit Strafe bedroht ist.
다음 각호에 해당하는 자는 5년 이하의 자
유형 또는 벌금형에 처한다. 1. 타국의 정
보기관을 위하여 사실, 물건, 지식의 전달
또는 인도를 목적으로 하는 독일연방공화국
에 적대적인 정보기관의 활동을 수행한 자,
2. 타국의 정보기관 또는 그 대리인에 대
하여 그러한 활동의 준비를 표시한 자.
단, 그 행위가 제94조 또는 제96조 제1항,
제97조의 a 또는 제94조나 제96조 제1항과

관련하여 적용된 제97조의 b에서 그 처벌을
규정하고 있지 않아야 한다.

Geheimer Vorbehalt BGB 116 심리유보
(Mentalreservation, reservatio mentalis).
Eine Willenserklärung ist nicht deshalb
nichtig, weil sich der Erklärende insge-
heim vorbehält, das Erklärte nicht zu
wollen.
의사표시는 표시자가 표시하는 것을 원하지
아니함을 내심에 유보하여도 무효가 되지
아니한다.

Geheimgebrauchsmuster GebrMG 9
기밀실용신안.
(1) Wird ein Gebrauchsmuster angemeldet,
dessen Gegenstand ein Staatsgeheimnis
(§93 des Strafgesetzbuches) ist, so ordnet
die für die Anordnung gemäß §50 des
Patentgesetzes zuständige Prüfungsstelle
von Amts wegen an, daß die Offenlegung
(§8 Abs.5) und die Bekanntmachung im
Patentblatt (§8 Abs.3) unterbleiben.
국가기밀(형법 제93조)의 대상이 되는 실용
신안이 신고된 경우에는 특허법 제50조에
따라 관할 심사청은 직권으로 공고(제8조
제5항) 및 특허공보상의 공고(제8조 제3항)
를 보류하도록 지시할 수 있다.

Geheimhaltungspflicht → Verletzung
einer besonderen Geheimhaltungspflicht
(특별한 비밀유지의무 침해죄).

Geheimschrift StVollzG 31(1) Nr.6
암호 (Schreiben in Geheimschrift ~서신).
(1) Der Anstaltsleiter kann Schreiben anhalten,
6. wenn sie in Geheimschrift, unlesbar,
unverständlich oder ohne zwingenden
Grund in einer fremden Sprache abgefaßt
sind.
행형시설의 장은 다음의 경우 서신을 압류
할 수 있다
6. 서신이 암호로 되어 읽을 수 없고, 이해
할 수 없거나 또는 부득이한 사유 없이 외
국어로 작성된 경우.

Gehilfe StGB 27 종범. → Beihilfe.

Gehobener Dienst BBG 18 상급근무(준
고급근무, 상당정도 고급근무).
(1) Für die Laufbahnen des gehobenen
Dienstes sind zu fordern
1. eine zu einem Hochschulstudium be-
rechtigende Schulbildung oder ein als
gleichwertig anerkannter Bildungsstand,
2. ein Vorbereitungsdienst von drei Jahren,
3. die Ablegung der Laufbahnprüfung.
상급무의 경력에는 다음 각호의 경우에 요
구된다.
1. 대학과정의 자격있는 학교교육이나 동가
치의 인정된 형성과정.
2. 3년의 예비근무
3. 경력심사의 통과.
→ Laufbahn (경력).

Gehör → Rechtliche Gehör (법적 청문).
→ Anhörung der Beteiligten (관계인의 진
술청취).
→ Anhörungsverfahren (청문절차; 진술청
취절차).

Geiselnahme StGB 239b 인질죄.
(1) Wer einen Menschen entführt oder
sich eines Menschen bemächtigt, um ihn
oder einen Dritten durch die Drohung mit
dem Tod oder einer schweren Körperverletzung (§ 226) des Opfers oder mit
dessen Freiheitsentziehung von über einer
Woche Dauer zu einer Handlung, Duldung
oder Unterlassung zu nötigen, oder wer
die von ihm durch eine solche Handlung
geschaffene Lage eines Menschen zu einer
solchen Nötigung ausnutzt, wird mit
Freiheitsstrafe nicht unter fünf Jahren bestraft.
피해자에게 사망이나 중상해(제224조)를 가
할 것을 협박하거나 1주 이상 자유를 박탈
함으로써 피해자 또는 제3자에게 작위, 수
인 또는 부작위를 강요하기 위하여 타인을
유괴하거나 약취한 자 또는 이러한 행위로
인하여 생성된 타인의 상황을 강요에 이용
한 자는 5년 이상의 자유형에 처한다.

→ 사망이나 중상해의 협박이 없는 경우는
약취공갈죄 (Erpresserischer Menscheraub,
폭행, 협박을 통한 약취유기는 약취죄(Men-
schenraub).

Geistiges Eigentum (intellektuelles Eigentum) 지적소유권.
~ ist ein Begriff, der Ausschluss-Rechte
an immateriellen Gütern beschreibt und
auch als Immaterialgüterrecht bezeichnet
wird.
~의 개념은 무체재산에 대한 전속권으로
무체재산권으로도 표시된다.

Geistigkeitstheorie StGB 267 정신설
→ Körperlichkeitstheorie (실체설).
문서성립의 진정성을 체화된 의사표시의 법
적 귀속으로 보는 학설.

Gekreuzter Scheck ScheckG 38 횡선수
표.
(1) Ein allgemein gekreuzter Scheck darf
vom Bezogenen nur an einen Bankier oder
an einen Kunden des Bezogenen bezahlt
werden.
일반횡선수표의 지급인은 은행 또는 지급인
의 거래처에 대하여서만 지급할 수 있다.

Geldauflage StGB 56b(2) Nr.2; JGG 15
(1) Nr.4 금전납부 (준수사항으로서의 ~).
einen Geldbetrag zugunsten einer gemeinnützigen Einrichtung zu zahlen (wenn dies
im Hinblick auf die Tat und die Persönlichkeit des Täters angebracht ist. (StGB
56(b) Nr.2).
공익시설을 위한 금전납부 (범죄행위와 행
위자의 인격을 고려한 ~).

Geldbuße BDG 7 질서위반금 (징계처분
의 종류 → Disziplinarmaßnahme).
Die Geldbuße kann bis zur Höhe der
monatlichen Dienst- oder Anwärterbezüge
des Beamten auferlegt werden. Hat der
Beamte keine Dienst- oder Anwärterbezüge, darf die Geldbuße bis zu dem
Betrag von 500 Euro auferlegt werden.
질서위반금은 매월 급여 또는 임용대기자금

여의 액수에 이르기까지 부과될 수 있다. 공무원이 직무상 또는 기대자급여를 가지지 않는 경우에는 질서위반금은 500유로까지 부과될 수 있다.
→ Bußgeld oder Geldbuße.
→ Höhe der Geldbuße (질서위반금의 크기).

Geldbuße gegen juristische Personen und Personenvereinigungen OWiG 30 법인 및 비법인단체에 대한 질서위반금.
(1) Hat jemand (als Organe und Vertreter: Vgl Nr.1-5) eine Straftat oder Ordnungswidrigkeit begangen, durch die Pflichten, welche die juristische Person oder die Personenvereinigung treffen, verletzt worden sind oder die juristische Person oder die Personenvereinigung bereichert worden ist oder werden sollte, so kann gegen diese eine Geldbuße festgesetzt werden.
다음 각호(기관 및 대표자 → Organe und Vertreter)에 해당하는 자가 범죄행위 또는 질서위반행위를 함으로써 법인 또는 비법인단체의 의무를 위반하거나 또는 법인 또는 비법인단체가 이득을 얻거나 이득을 얻게 되는 경우에는 당해 법인 또는 비법인단체에 대하여 질서위반금을 확정할 수 있다.

Gelddarlehen StGB 265b 금전대부.
→ Kredit (신용대부).

Geldfälschung StGB 146 통화위조죄.
→ Fälschung.
(1) Mit Freiheitsstrafe nicht unter einem Jahr wird bestraft, wer
1. Geld in der Absicht nachmacht, daß es als echt in Verkehr gebracht oder daß ein solches Inverkehrbringen ermöglicht werde, oder Geld in dieser Absicht so verfälscht, daß der Anschein eines höheren Wertes hervorgerufen wird,
2. falsches Geld in dieser Absicht sich verschafft oder feilhält oder
3. falsches Geld, das er unter den Voraussetzungen der Nummern 1 oder 2 nachgemacht, verfälscht oder sich verschafft hat, als echt in Verkehr bringt.

1. 통화를 진정하게 유통하게 하거나 그러한 유통을 가능하게 할 목적으로 위조하거나, 또는 보다 높은 가치의 외관을 갖게 할 목적으로 변조하거나,
2. 이러한 목적으로 통화를 취득하거나 또는 매물에 놓거나
3. 제1·2호의 요건하에 위조, 변조 또는 취득한 통화를 진정한 것으로 유통하게 한 자는 1년 이상의 자유형에 처한다.

Geldforderung BGB 772, ZPO 829 금전채권. → Arrestatorium (지급금지효).

Geldmarktinstrumente WpHG 2(1a) 현금성 자산.
(1a) Geldmarktinstrumente im Sinne dieses Gesetzes sind alle Gattungen von Forderungen, die nicht unter Absatz 1 fallen und die üblicherweise auf dem Geldmarkt gehandelt werden, mit Ausnahme von Zahlungsinstrumenten.
본법의 현금성 자산(화폐자산, 단기금융상품)(money market instrument)이란 (증권거래법 제2조) 제1항(유가증권)에 해당하지 않는 모든 채권 및 지급수단에 의하지 않는 기타 금융시장에서 거래되는 상품을 말한다.

Geldrente BGB 843 정기금; SHG 8 보험금.
(1) Wird infolge einer Verletzung des Körpers oder der Gesundheit die Erwerbsfähigkeit des Verletzten aufgehoben oder gemindert oder tritt eine Vermehrung seiner Bedürfnisse ein, so ist dem Verletzten durch Entrichtung einer Geldrente Schadensersatz zu leisten.
신체 또는 건강의 침해로 인하여 피해자의 생업능력이 소멸 또는 감소하거나 그 필요성이 증대된 때에는 피해자에 대하여 정기금의 지불에 의하여 손해의 배상을 하여야 한다.
(2) Die Geldrente ist monatlich im voraus zu entrichten. Dem Geschädigten gebührt der volle Betrag auch für den Zahlungszeitabschnitt, dessen Ende er nicht mehr erlebt.

보험금은 매일 미리 지급되어야 한다. 피해자가 지급시기의 끝까지 살지 못하는 경우에도 전액이 지급된다.

Geldsortenschuld BGB 245 금종채무.
Ist eine Geldschuld in einer bestimmten Münzsorte zu zahlen, die sich zur Zeit der Zahlung nicht mehr im Umlauf befindet, so ist die Zahlung so zu leisten, wie wenn die Münzsorte nicht bestimmt wäre.
금전채무가 지불시기에 이미 유통하지 아니하는 특정의 화폐로써 지불되어야 하는 때에는 화폐의 종류가 특정되지 아니한 것으로 하여 지불하여야 한다.

Geldstrafe StGB 40 벌금형; BGB 342 벌금(위약금의 ~).
Wird als Strafe eine andere Leistung als die Zahlung einer Geldsumme versprochen, so finden die Vorschriften der §§ 339 bis 341 Anwendung.
금액지급 이외의 급부를 벌금으로 약정한 때에는 민법 제339조 내지 제341조의 규정 (Vertragsstrafe: 위약벌)을 준용한다.

Geldstrafe neben Freiheitsstrafe
StGB 41 자유형에 병과되는 벌금형.
Hat der Täter sich durch die Tat bereichert oder zu bereichern versucht, so kann neben einer Freiheitsstrafe eine sonst nicht oder nur wahlweise angedrohte Geldstrafe verhängt werden, wenn dies auch unter Berücksichtigung der persönlichen und wirtschaftlichen Verhältnisse des Täters angebracht ist.
행위자가 범죄행위로 인하여 부당이득을 얻었거나 이를 얻고자 한 경우 달리 정하여지지 않거나 선택형으로만 정하여진 벌금형은 자유형에 병과될 수 있다. 단, 이것은 행위자의 일신적, 경제적 사정에 비추어 적당한 경우이어야 한다.
여기서 Geld는 지폐와 화폐를 포함한다 (Papier- und Metallgeld).
→ Unterbleiben der Vollstreckung einer Geldstrafe (벌금형 집행의 중지).

Geldwäsche; Verschleierung unrecht-

mäßig erlangter Vermögenswerte
StGB 261 자금세탁; 불법취득재산의 위장죄.
(1) Wer einen Gegenstand, der aus einer in Satz 2 genannten rechtswidrigen Tat herrührt, verbirgt, dessen Herkunft verschleiert oder die Ermittlung der Herkunft, das Auffinden, den Verfall, die Einziehung oder die Sicherstellung eines solchen Gegenstandes vereitelt oder gefährdet, wird mit Freiheitsstrafe von drei Monaten bis zu fünf Jahren bestraft.
제2문(중죄 및 중요한 경죄)에 기재된 위법행위로 인하여 생긴 대상물을 은닉하거나 그 출처를 은닉하거나 그 출처를 위장하거나 출처의 수사, 그 대상물의 발견, 박탈, 몰수 또는 압류를 방해하거나 위태화한 자는 5년 이하의 자유형 또는 벌금형에 처한다.

Geldwäschegesetz (Gesetz über das Aufspüren von Gewinnen aus schweren Straftaten) GwG 자금세탁방지법 (2008.8.13) (BGBl. I S. 1690).
→ Terrorismusfinanzierung (테러자금지원).

Geldzahlung → Nebenfolgen, die zu Geldzahlung verpflichten (금전납부를 의무로 하는 부대효과).

Gelegenheitsgesetz 임시법.
; Ad-hoc-Gesetz (특별법).

Gelegenheitsverbrecher (Augenblicksverbrecher) 기회범(인).
~ ist ein Mensch, der sich durch eine äußere Veranlassung, durch momentane Erregung, unter dem Einfluß drückender Notlage zu einer strafbaren Handlung hat hinreißen lassen.
~는 급박한 긴급상황의 상태에서 외적 유인 및 순간적 자극에 의하여 가벌적 행위에 빠지는 자를 말한다.

Gelten entsprechend 준용하다.
Für Verfall, Einziehung und Unbrauchbarmachung gelten die Absätze 1 bis 4 entsprechend.
제1항 내지 제4항의 규정은 박탈, 몰수 및

사용불능에 관하여 이를 준용한다.

Geltendmachung im Nachverfahren
→ Nachverfahren (사후절차).

Geltendmachung vermögensrechtlicher Ansprüche StPO 403 재산권적 청구권의 주장.
Der Verletzte oder sein Erbe kann gegen den Beschuldigten einen aus der Straftat erwachsenen vermögensrechtlichen Anspruch, der zur Zuständigkeit der ordentlichen Gerichte gehört und noch nicht anderweit gerichtlich anhängig gemacht ist, im Strafverfahren geltend machen, im Verfahren vor dem Amtsgericht ohne Rücksicht auf den Wert des Streitgegenstandes.
피해자 또는 그의 상속인은 피의자에게 그 범죄행위로 야기된 재산법상의 청구권이 통상법원의 관할에 속하고 아직 별도로 다른 법원에 계속되지 아니한 경우 형사소송절차에서 이를 주장할 수 있으며, 구법원의 절차에 있어서는 소송물의 가액을 고려하지 않는다.

Gemeinde GemO 1 (기초)자치단체.
(1) Die Gemeinde ist Grundlage und Glied des demokratischen Staates.
~는 민주국가의 기초이며 지체이다.
(2) Die Gemeinde fördert in bürgerschaftlicher Selbstverwaltung das gemeinsame Wohl ihrer Einwohner und erfüllt die ihr von Land und Bund zugewiesenen Aufgaben.
~는 주민의 자치행정에서 그 주민의 공공복지를 촉진하며 연방과 주로부터 위임받은 임무를 수행한다.
→ Regierungsbezirk (행정관구).

Gemeindeordnung GemO BW (기초자치단체) 지방자치법 (~ für Baden Württemberg) (2000.7.24) (GBl. S. 581, ber. S. 698).

Gemeinderat GemO 24 지방(기초자치단체)의회.

(1) Der Gemeinderat ist die Vertretung der Bürger und das Hauptorgan der Gemeinde. Er legt die Grundsätze für die Verwaltung der Gemeinde fest und entscheidet über alle Angelegenheiten der Gemeinde, soweit nicht der Bürgermeister kraft Gesetzes zuständig ist oder ihm der Gemeinderat bestimmte Angelegenheiten überträgt.
~는 시민의 대표기관이며 (기초)자치단체의 본기관이다. 지방의회는 (기초)자치단체 행정의 제원칙을 정하며, 특정한 사무가 법률에 의해서 또는 지방의회의 결정으로 그에게 위임되어 있지 아니하는 한 지방의회는 (기초)자치단체의 모든 사무를 관할한다.

Gemeindeverband (기초)자치단체연합.
Ein Gemeindeverband ist eine als Körperschaft öffentlichen Rechts organisierter Träger von Aufgaben kommunaler Selbstverwaltung auf einer Ebene oberhalb der Gemeinde.
Der Gemeindeverband ist abzugrenzen insbesondere von solchen Formen der Zusammenarbeit von Gemeinden, denen als solche keine eigene Rechtspersonlichkeit zukommt.
~은 공법상의 법인으로 조직된, (기초)자치단체의 상부의 영역에 있는 지방자치행정의 과제의 수행자이다.
이는 특히 독자적인 법인격을 가지지 않는 (기초)자치단체의 협력형태와는 구별된다.
→ Gemeindeverwaltungsverband (기초)자치단체행정연합.

Gemeindeverwaltungsverband GemO 59 지방자치단체행정연합.
→ Verwaltungsgemeinschaft (행정공동체).

Gemeindliche Aufgabe → Übertragung gemeindlicher Aufgaben ((기초)자치단체 업무의 위탁).

Gemeiner Wert BewG 9(2) 공정가격(일반가격).
(2) Der gemeine Wert wird durch den Preis bestimmt, der im gewöhnlichen Ge-

schäftsverkehr nach der Beschaffenheit des Wirtschaftsgutes bei einer Veräußerung zu erzielen wäre.
공정가격은 통상적인 사업거래에 있어서 경제재의 성상에 따라 양도시에 목표로 되는 가격을 통하여 결정된다.

Gemeines Recht 독일보통법 = 협의의 보통법.
보통법(Gemeines Recht)은 원래 특별법과는 반대되는 말이다. 그 때문에 이미 고대와 중세의 초기에는 라틴어로 ius commune 라고 하였으며, 중세 전성기의 Sachsen 법전 (Spiegel)에서도 특별지역법 (Dorfrecht)과는 구별되었다. 그러나 협의로는 독일에서 (이하 보통법: Allgemeines Recht과 구별을 위하여 독일보통법이라고 한다) 그 당시에 로마법계수(Rezeption)를 한 법을 말한다. 이러한 의미의 사용은 1945년 이미 라이히 궁정재판소법(Reichskammergerichtsordnung)에 의해 이루어지고 있다; 독일보통법은 대부분은 개별적인 특별법을 보충하는 효력을 가진다. 그러나 점차적으로 북부 이탈리아에서는 특별법을 협의로 해석하게 되었으며 17c에는 로마법이 스스로 효력의 추정을 가지기 시작한다.

Gemeingefährliche Straftaten 공공위험죄 (형법 제28장 이하).

Gemeingefährliche Vergiftung
StGB 314 공공위험의 독물혼입죄.
(1) Mit Freiheitsstrafe von einem Jahr bis zu zehn Jahren wird bestraft, wer
1. Wasser in gefaßten Quellen, in Brunnen, Leitungen oder Trinkwasserspeichern oder
2. Gegenstände, die zum öffentlichen Verkauf oder Verbrauch bestimmt sind,
vergiftet oder ihnen gesundheitsschädliche Stoffe beimischt oder vergiftete oder mit gesundheitsschädlichen Stoffen vermischte Gegenstände im Sinne der Nummer 2 verkauft, feilhält oder sonst in den Verkehr bringt.
1. 약수터, 도관 또는 정수장의 물,
2. 공공 판매나 소비에 공하는 물건 등에

독물을 투입하거나 또는 여기에 건강에 해로운 물질을 혼입하거나 또는 건강을 해하는 물질을 혼합한 제2호의 물건을 판매하거나, 매물로 내놓거나 기타 유통시킨 자는 1년 이상 10년 이하의 자유형에 처한다.

Gemeinlästige 공공폐해자.
→ Belästigung.
기숙 생활을 하고 사소한 잘못을 반복하여 저지르지만 사회에 특별한 위험은 없다. 그러나 사회에 계속적으로 짐이 되는 자이다.

Gemeinnützige Arbeit
사회봉사명령제도 (공익근로).
→ Gemeinnützige Leistung (공익을 위한 급부).
→ Arbeitsleistung zu erbringen (근로제공의 이행).

Gemeinnützige Leistung
StGB 56b(2) Nr.3 공익을 위한 급부.
(병원, 양로원 등의 보조근무)(준수사항).

Gemeinsame Unterbringung
StVollzG 172 공동수용
Eine gemeinsame Unterbringung während der Arbeit, Freizeit und Ruhezeit (§§ 17 und 18) ist nur mit Einwilligung des Gefangenen zulässig.
작업, 자유시간 및 휴식시간(제17조 및 제18조)중의 공동수용은 수형자의 동의에 의하여만 허용된다.

Gemeinsamer Ausschuß GG 53a, 115e
합동위원회.
(1) Der Gemeinsame Ausschuß besteht zu zwei Dritteln aus Abgeordneten des Bundestages, zu einem Drittel aus Mitgliedern des Bundesrates.
합동위원회의 3분의 2는 연방하원으로, 3분의 1은 연방상원으로 구성된다.
(2) Die Bundesregierung hat den Gemeinsamen Ausschuß über ihre Planungen für den Verteidigungsfall zu unterrichten.
연방정부는 합동위원회에 긴급방위사태에 대한 정부의 계획을 보고하여야 한다.
(1) Stellt der Gemeinsame Ausschuß im

Verteidigungsfalle mit einer Mehrheit von zwei Dritteln der abgegebenen Stimmen, mindestens mit der Mehrheit seiner Mitglieder fest, daß dem rechtzeitigen Zusammentritt des Bundestages unüberwindliche Hindernisse entgegenstehen oder daß dieser nicht beschlußfähig ist, so hat der Gemeinsame Ausschuß die Stellung von Bundestag und Bundesrat und nimmt deren Rechte einheitlich wahr (115e).
긴급방위사태에 임하여 합동위원회가 3분의 2의 다수, 적어도 그 구성원 재적과반수의 찬성으로 연방하원이 극복할 수 없는 장애로 인하여 적시의 집회가 방해를 받고 있거나 의결불능을 확인하게 되는 경우에는 합동위원회는 연방하원과 연방상원의 지위를 가지며 그들의 권한을 통일적으로 수행한다.

Gemeinschädliche Sachbeschädigung
StGB 304 공공위험의 손괴죄.
(1) Wer rechtswidrig Gegenstände der Verehrung einer im Staat bestehenden Religionsgesellschaft oder Sachen, die dem Gottesdienst gewidmet sind, oder Grabmäler, öffentliche Denkmäler, Naturdenkmäler, Gegenstände der Kunst, der Wissenschaft oder des Gewerbes, welche in öffentlichen Sammlungen aufbewahrt werden oder öffentlich aufgestellt sind, oder Gegenstände, welche zum öffentlichen Nutzen oder zur Verschönerung öffentlicher Wege, Plätze oder Anlagen dienen, beschädigt oder zerstört, wird mit Freiheitsstrafe bis zu drei Jahren oder mit Geldstrafe bestraft.
국내 종교단체의 숭배물이나 예배에 공하는 물건 또는 묘비, 공공기념물, 천연기념물, 공공 박물관에 보관중이거나 공개 전시된 예술품·학술품·산업품 또는 공공도로·광장·시설의 미화에 공하는 물건을 손괴 또는 파괴한 자는 3년 이하의 자유형 또는 벌금형에 처한다.

Gemeinschaft nach Bruchteilen
BGB 741 지분적 공동.
Steht ein Recht mehreren gemeinschaftlich zu, so finden, sofern sich nicht aus dem Gesetz ein anderes ergibt, die Vorschriften der §§ 742 bis 758 Anwendung (Gemeinschaft nach Bruchteilen).
권리가 수인에게 공동으로 귀속하는 때에는 법률에서 달리 해석되지 아니하는 한 제742조 내지 제758조가 적용된다.

Gemeinschaftliche Körperverletzung
StGB 224(1) Nr.4 공동상해.
Wer die Körperverletzung
4. mit einem anderen Beteiligten gemeinschaftlich
begeht, wird mit Freiheitsstrafe von sechs Monaten bis zu zehn Jahren.
다른 참여자와 공동하여 상해를 범한 자는 6개월 이상 10년 이하의 자유형에 처한다.
→ Gefährliche Körperverletzung (위험한 상해죄 (특수상해)).

Gemeinschaftliche Unterbringung
StVollzG 18 혼거수용 (공동수용).
(1) Gefangene werden während der Ruhezeit allein in ihren Hafträumen untergebracht. Eine gemeinsame Unterbringung ist zulässig, sofern ein Gefangener hilfsbedürftig ist oder eine Gefahr für Leben oder Gesundheit eines Gefangenen besteht
수형자는 휴식시간 중 자기의 호실에 수용한다. 혼거수용은 수형자가 도움을 필요로 하거나 또는 생명이나 건강에 위험이 존재하는 경우에 한해서 허용된다.

Gemeinschaftliches oberes Gericht
StPO 14 공통상급법원.
→ Gericht höherer Ordnung (상급법원).

Gemeinschaftliches Testament
BGB 2265 공동유언.
Ein gemeinschaftliches Testament kann nur von Ehegatten errichtet werden.
공동유언은 부부만이 할 수 있다.

Gemeinschaftsaufgabe GG 91a 공동업무.
(1) Der Bund wirkt auf folgenden Gebieten bei der Erfüllung von Aufgaben der Länder mit, wenn diese Aufgaben für die

Gesamtheit bedeutsam sind und die Mitwirkung des Bundes zur Verbesserung der Lebensverhältnisse erforderlich ist (Gemeinschaftsaufgaben):
1. Verbesserung der regionalen Wirtschaftsstruktur,
2. Verbesserung der Agrarstruktur und des Küstenschutzes.
연방은 주의 업무수행에 있어서 그 업무가 국가전체로 보아 주요한 것이며, 생활관계의 개선을 위하여 연방의 협조가 필요한 경우에 있어서는 다음 각호의 분야에 관하여 협력한다(공동업무).
1. 지역경제구조의 개선
3. 농업구조 및 해안보호의 개선.

Gemeinschaftsrecht 공동체법.
Das Recht der Europäischen Gemeinschaft (früher Europäische Wirtschaftsgemeinschaft) wird meist als Gemeinschaftsrecht bezeichnet.
유럽공동체(구 유럽경제공동체)의 법은 대개 공동체법을 가르킨다.
→ Europarecht (유럽법).

Gemeinschaftsschule GG 7(5) 공동학교 (früher Simultanschule: 구 종파혼합학교).
(5) Eine private Volksschule ist nur zuzulassen, wenn die Unterrichtsverwaltung ein besonderes pädagogisches Interesse anerkennt oder, auf Antrag von Erziehungsberechtigten, wenn sie als Gemeinschaftsschule, als Bekenntnis- oder Weltanschauungsschule errichtet werden soll und eine öffentliche Volksschule dieser Art in der Gemeinde nicht besteht.
사립초등학교는 교육행정상 특별한 교육학적 이익이 인정되거나 교육권자의 신청에 의하여 공동학교, 종파학교, 세계관학교로서 설립되는 경우에 또한 그러한 종류의 공립 초등학교가 (기초)자치단체에 없는 경우에만 그 설립이 인가된다.

Gemeinschaftswaren ZK 4 Nr.7 공동체 물품 (역내물품).
- Waren, die unter den in Artikel 23 genannten Voraussetzungen vollständig im Zollgebiet der Gemeinschaft gewonnen oder hergestellt worden sind, ohne daß ihnen aus nicht zum Zollgebiet der Gemeinschaft gehörenden Ländern oder Gebieten eingeführte Waren hinzugefügt wurden;
(EU 관세법) 제23조(원산지 판정기준)의 조건하에 공동체관세영역에서 완전하게 취득되거나 또는 생산된 물품으로 공동체 관세영역에 속하지 않는 국가 또는 지역으로부터 수입된 물품이 아니어야 한다.
- aus nicht zum Zollgebiet der Gemeinschaft gehörenden Ländern oder Gebieten eingeführte Waren, die in den zollrechtlich freien Verkehr übergeführt worden sind;
공동체 관세영역에 속하지 않는 국가나 지역으로부터 수입된 물품으로 관세법상 자유유통을 위하여 통관된 물품.
- Waren, die im Zollgebiet der Gemeinschaft entweder ausschließlich unter Verwendung von nach dem zweiten Gedankenstrich bezeichneten Waren oder unter Verwendung von nach den ersten beiden Gedankenstrichen bezeichneten Waren gewonnen oder hergestellt worden sind;
공동체의 관세영역내에서 전적으로 두 번째의 대시(-)에서 기재된 물품을 사용하거나 또는 첫 번째의 대시(-)에 기재된 물품을 사용하여 취득 또는 생산된 물품.
→ Nichtgemeinschaftswaren (비공동체물품: 역외물품).

Gemischte Finanzholding-Gesellschaft KWG 1(3a) 혼합금융지주회사.
S. 2 Gemischte Finanzholding-Gesellschaften sind Mutterunternehmen, die keine beaufsichtigten Finanzkonglomeratsunternehmen sind, und die zusammen mit ihren Tochterunternehmen, von denen mindestens ein Unternehmen ein beaufsichtigtes Finanzkonglomeratsunternehmen mit Sitz im Inland oder einem anderen Staat des Europäischen Wirtschaftsraums ist, und anderen Unternehmen ein Finanzkonglomerat bilden.
혼합금융지주회사는 모기업이 규제를 받지 않는 금융복합기업으로, 그 자회사와 함께, 적어도 자회사에 의하여 한 기업이 내국 또는 유럽 경제지역의 다른 국가에 주소를 가지고 규제를 받는 금융복합기업이 되며, 다른 기업에 금융복합을 형성한다.
→ Finanzholding-Gesellschaft (금융지주회사).

Genehmigtes Kapital AktG 202 수권자본.
Die Satzung kann den Vorstand für höchstens fünf Jahre nach Eintragung der Gesellschaft ermächtigen, das Grundkapital bis zu einem bestimmten Nennbetrag (genehmigtes Kapital) durch Ausgabe neuer Aktien gegen Einlagen zu erhöhen.
정관으로 이사회에 대하여 회사의 등기후 최고 5년간 일정한 액면액(수권자본)까지 출자에 의한 신주발행을 통하여 자본을 증가할 권한을 부여할 수 있다.

Genehmigung BImSchG 4 인가.
(1) Die Errichtung und der Betrieb von Anlagen, die auf Grund ihrer Beschaffenheit oder ihres Betriebs in besonderem Maße geeignet sind, schädliche Umwelteinwirkungen hervorzurufen oder in anderer Weise die Allgemeinheit oder die Nachbarschaft zu gefährden, erheblich zu benachteiligen oder erheblich zu belästigen, sowie von ortsfesten Abfallentsorgungsanlagen zur Lagerung oder Behandlung von Abfällen bedürfen einer Genehmigung
그 성질이나 경영상 특별한 기준에서 유해한 환경영향을 야기할 수 있거나 다른 방법으로 공공 또는 이웃에 대하여 위험, 현저한 불이익 또는 현저한 폐해를 야기할 수 있는 시설 및 폐기물의 저장이나 처리를 위한 정착된 폐기물처리시설의 경영에는 인가를 받아야 한다.
→ Rückwirkung der Genehmigung (추인의 소급효).

Genehmigung des Vertrags
BGB 109 계약의 추인.
→ Widerrufsrecht des anderen Teils.

Generalbundesanwalt StPO 153, 169

연방검찰총장; 검찰총장의 수사권한(169) → Bundesanwälte.

Generalermächtigung PVG 14 개괄(일반)수권조항.
(1) Die Polizeibehörden haben im Rahmen der geltenden Gesetze die nach pflichtmäßigem Ermessen notwendigen Maßnahmen zu treffen, um von der Allgemeinheit oder dem einzelnen Gefahren abzuwehren, durch die die öffentliche Sicherheit oder Ordnung bedroht wird.
경찰관청은 현행법의 범위내에서 공공의 안전이나 질서를 위협하는 위험으로부터 공공이나 개인을 보호하기 위하여 의무에 적합한 재량에 의한 필요한 조치를 취하여야 한다.

Generalprävention 일반예방.
Die relative Straftheorie ist präventiv orientiert und unterteilt sich in die Generalprävention und die Spezialprävention (Individualprävention).
Die Generalprävention zielt auf die Gesellschaft ab und unterteilt sich weiter in positive und negative Generalprävention.
Die positive Generalprävention soll das Vertrauen der Gesellschaft in die Rechtsordnung stärken.
Die negative Generalprävention soll die Gesellschaft von der Begehung einer Tat abschrecken, indem ins Bewusstsein gerufen wird, welche Strafen folgen konnen.
상대적 형벌이론은 예방을 지향하며, 이는 일반예방과 특별(개별)예방으로 분류된다. 일반예방은 다시 사회를 대상으로, 적극적 일반예방과 소극적 일반예방으로 분류된다. 적극적 일반예방은 법질서에 대한 사회의 신뢰를 강화하며, 소극적 예방은 형벌의 효과를 의식하도록 위하하여 사회를 범행으로부터 방지한다.
→ Spezialprävention (특별예방).

Generalstaatsanwalt OrgStA 1, 2 주검찰총장.
(1) Die Staatsanwaltschaften bestehen am Sitz der Oberlandesgerichte und der Land-

gerichte. Sie führen die Bezeichnung: "Generalstaatsanwaltschaft ...(Ortsbezeich-nung)", "Staatsanwaltschaft...(Ortsbezeich-nung)". (OrgStA 1)
검찰청은 주고등법원 및 주법원에 둔다. 그 명칭은 고등검찰청...(지역명), 검찰청...(지역명)을 사용한다.
(1) Die Leiterin oder der Leiter der Generalstaatsanwaltschaft führt die Be-zeichnung: "Die Generalstaatsanwältin in ... (Ortsbezeichnung)" oder "Der General-staatsanwalt in ... (Ortsbezeichnung)". (OrgStA 2)
검찰청의 장은 검찰청장...(지역명)의 명칭을 사용한다.
→ Leitender Oberstaatsanwalt (검사장).
→ Oberstaatsanwalt (고등검사).
→ Amtsanwalt (구검사).

Generelle Regelung 일반조항형식 (一般條項形式). → Kasuistische Regelung (개별규제형식).

GenG → Genossenschaftsgesetz (협동조합법).

Genossenschaft GenG 1 협동조합.
(1) Gesellschaften von nicht geschlossener Mitgliederzahl, deren Zweck darauf ge-richtet ist, den Erwerb oder die Wirt-schaft ihrer Mitglieder oder deren soziale oder kulturelle Belange durch gemein-schaftlichen Geschäftsbetrieb zu fördern (Genossenschaften), erwerben die Rechte einer "eingetragenen Genossenschaft" nach Maßgabe dieses Gesetzes.
구성원수가 개방되고 그 구성원의 소득이나 경제 또는 사회적, 문화적 욕구를 공동의 사업경영에 의하여 증진하는 것을 목적으로 하는 조합(협동조합)은 본법의 기준에 의하여 "등기된 협동조합"의 권리를 취득한다.

Genossenschaftsgesetz (Gesetz betreffend die Erwerbs- und Wirtschaftsgenossen-schaften) GenG 협동조합법 (2006.10.16) (BGBl. I S. 2230).

Genossenschaftsregister GenRegV 1 협동조합등기부.
Zuständigkeit und Verfahren bei der Füh-rung des Genossenschaftsregisters bestim-men sich, soweit nicht durch bundesrecht-liche Vorschriften oder die nachstehenden Vorschriften etwas anderes vorgeschrieben ist, nach den für das Handelsregister geltenden Vorschriften.
협종조합등기부의 기재에 관한 관할과 절차는 연방법의 규정이나 다음의 규정에서 달리 정하지 아니하는 한 상업등기부의 규정을 준용한다.

Genossenschaftsregisterverordnung (Verordnung über das Genossenschaftsre-gister) GenRegV 협동조합등기법 (2006.10.16)(BGBl. I S. 2268).

Genötigten → Erpressung (공갈죄).

Gentechnikgesetz (Gesetz zur Regelung der Gentechnik) GenTG 1 유전공학법 (1993.12.16) (BGBl. I S. 2066).
Zweck dieses Gesetzes ist,
1. unter Berücksichtigung ethischer Werte, Leben und Gesundheit von Menschen, die Umwelt in ihrem Wirkungsgefüge, Tiere, Pflanzen und Sachgüter vor schädlichen Auswirkungen gentechnischer Verfahren und Produkte zu schützen und Vorsorge gegen das Entstehen solcher Gefahren zu treffen.
본법의 목적은 1. 윤리적 가치를 고려하여 유전학적 과정과 생산물의 유해한 결과로부터 인간의 생명, 건강, 작용상의 환경, 동물, 식물, 물적 재화를 보호하고 그러한 위험의 발생에 대한 예방조치를 취하는 데에 있다.

Gentechnisch veränderter Organismus GenTG 3 Nr.3 유전자변형생물체 (유전공학적으로 변형된 생물체).
ein Organismus, mit Ausnahme des Menschen, dessen genetisches Material in einer Weise verändert worden ist, wie sie unter natürlichen Bedingungen durch Kreuzen oder natürliche Rekombination

nicht vorkommt;
인간을 제외한 생물체의 유전물질이 교차 또는 본래의 재결합을 통한 자연적인 조건 하에서 발생하지 않는 바와 같은 하나의 방식으로 변형된 생물체를 말한다.

Gentechnische Anlage GenTG 3 Nr.4
유전공학시설.
Einrichtung, in der gentechnische Arbeiten im Sinne der Nummer 2 im geschlossenen System durchgeführt werden und bei der spezifische Einschließungsmaßnahmen angewendet werden, um den Kontakt der verwendeten Organismen mit Menschen und der Umwelt zu begrenzen und ein dem Gefährdungspotenzial angemessenes Sicherheitsniveau zu gewährleisten,
유전공학시설은 폐쇄된 시스템에서 제2호의 유전공학작업이 실행되는 시설로서, 사용된 생물체의 인간 및 환경과의 접촉의 한계를 정하고, 잠재적 위험에 적절한 안전수준을 보장하기 위한 특수한 차단조치를 하여 사용된다.

Gentechnische Arbeit GenTG 3 Nr.2
유전공학작업.
2. gentechnische Arbeiten
a) die Erzeugung gentechnisch veränderter Organismen,
b) die Vermehrung, Lagerung, Zerstörung oder Entsorgung sowie der innerbetriebliche Transport gentechnisch veränderter Organismen sowie deren Verwendung in anderer Weise, soweit noch keine Genehmigung für die Freisetzung oder das Inverkehrbringen zum Zweck des späteren Ausbringens in die Umwelt erteilt wurde,
유전공학작업이란
a) 유전자변형생물의 생산,
b) 뒤에 환경에 널리 퍼뜨릴 목적을 위한 방출 또는 유통에 대한 승인이 아직 나지 않은 경우에 유전자변형생물의 증식, 저장, 파괴 또는 처리 및 내부운영에 의한 운송 및 기타 방법의 사용을 말한다.

GenTG → Gentechnikgesetz (유전공학법).
Genus proximum et differentia specifi-
ca 유개념과 종차 (nächste Gattung und eigentümlicher Unterschied, Artunterschied) 예를 들어 미필적 고의의 개념을 정의하려면 먼저 가장 가까운 類概念인 고의의 개념을 분명히 한 후, 그 가운데에서 미필적 고의라는 종개념의 특성, 즉 種差를 찾아내는 것이 논리적이다.

Geräte- und Produktsicherheitsgesetz
(Gesetz über technische Arbeitsmittel und Verbraucherprodukte) GPSG 1 장비 및 제조물안전법 (2004.1.6) (BGBl. I S. 2 (219))
(1) Dieses Gesetz gilt für das Inverkehrbringen und Ausstellen von Produkten, das selbständig im Rahmen einer wirtschaftlichen Unternehmung erfolgt.
본법은 경제적 기업의 범위에서 독자적으로 생산하는 제품의 유통 및 전시에 적용된다.

Gerechtigkeit 정의(正義).
Der Begriff der Gerechtigkeit wird zur Beschreibung von Handlungsnormen für die Gestaltung eines vernünftigen gesellschaftlichen Zusammenlebens verwendet.
~는 이성적인 공동체의 공동생활을 형성하기 위한 행위규범을 말한다.

Gericht des vorangehenden Rechtszuges
StPO 355 전심법원. → Verweisung der Sache an das zuständige Gericht.

Gericht gleicher Ordnung StPO 209a
동급법원.
동급심급의 형사사건 또는 소년법원의 관할을 결정하는 법원은 상급법원이다.
→ Gericht höherer Ordnung (상급법원).

Gericht höherer Ordnung StPO 5 상급법원.
공통상급법원은 das gemeinschaftliche obere Gericht (StPO 14), 상급법원으로의 이송은 Verweisung an ein höheres Gericht (270), 직근상급법원은 das zunächst obere Gericht (27)이다. 하급법원은 Gericht niederer Ordnung(269), 동급법원은 Gericht gleicher Ordnung(209a)이다.

Gerichtliche Auflösung AktG 396 법원에 의한 해산.

(1) Gefährdet eine Aktiengesellschaft oder Kommanditgesellschaft auf Aktien durch gesetzwidriges Verhalten ihrer Verwaltungsträger das Gemeinwohl und sorgen der Aufsichtsrat und die Hauptversammlung nicht für eine Abberufung der Verwaltungsträger, so kann die Gesellschaft auf Antrag der zuständigen obersten Landesbehörde des Landes, in dem die Gesellschaft ihren Sitz hat, durch Urteil aufgelöst werden.

주식회사 또는 주식합자회사가 그 임원의 위법행위에 의하여 공공복지를 위태롭게 하고 감사회 및 주주총회가 임원의 해임을 배려하지 아니하는 경우에는 회사의 주소가 있는 주의 관할 최고관청의 신청에 따라 판결에 의하여 회사를 해산할 수 있다.

Gerichtliche Entscheidung StPO 172(3), 458; StVollzG 109 재정, 법원의 재판, 사법재판.

(3) Der Antrag auf gerichtliche Entscheidung muß die Tatsachen, welche die Erhebung der öffentlichen Klage begründen sollen, und die Beweismittel angeben.

재정신청은 공소제기의 이유가 되는 사실과 증거방법을 제시하여야 한다.

(1) Wenn über die Auslegung eines Strafurteils oder über die Berechnung der erkannten Strafe Zweifel entstehen oder wenn Einwendungen gegen die Zulässigkeit der Strafvollstreckung erhoben werden, so ist die Entscheidung des Gerichts herbeizuführen. (458)

유죄판결의 해석 또는 선고된 형의 산정에 관하여 의문이 발생한 경우 또는 형집행의 허가에 대하여 이의가 제기된 경우에는 법원의 재판을 구할 수 있다.

(Gerichtliche Entscheidungen durch Beschluss StPO 462 결정에 의한 법원의 재판).

(1) Die nach § 450a Abs. 3 Satz 1 und den §§ 458 bis 461 notwendig werdenden gerichtlichen Entscheidungen trifft das Gericht ohne mündliche Verhandlung durch Beschluß.

(1) 제450a조 제3항 제1문, 제458-461조에 의한 법원의 필요적 재판은 구두변론없이 결정으로 한다.

(1) Gegen eine Maßnahme zur Regelung einzelner Angelegenheiten auf dem Gebiet des Strafvollzuges kann gerichtliche Entscheidung beantragt werden (StVollzG 109).

개별적으로 업무를 규제하는 행형상의 처분에 대하여는 법원의(사법적) 재판을 신청할 수 있다.

Gerichtliche Termine StVollzG 36 법원의 기일.

(1) Der Anstaltsleiter kann einem Gefangenen zur Teilnahme an einem gerichtlichen Termin Ausgang oder Urlaub erteilen, wenn anzunehmen ist, daß er der Ladung folgt und keine Entweichungs- oder Mißbrauchsgefahr (§11 Abs.2) besteht.

행형시설의 장은 수형자가 그 소환을 준수하고, 도주 또는 남용의 위험(제11조 제2항)이 없다고 인정되는 경우 법원의 소환에 참석하도록 수형자에게 외출 또는 휴가를 허가할 수 있다.

Gerichtlicher Vergleich ZPO 278(6); VwGO 106 재판상 화해.

(6) Ein gerichtlicher Vergleich kann auch dadurch geschlossen werden, dass die Parteien dem Gericht einen schriftlichen Vergleichsvorschlag unterbreiten oder einen schriftlichen Vergleichsvorschlag des Gerichts durch Schriftsatz gegenüber dem Gericht annehmen.

재판상 화해는 당사자들이 법원에 서면에 의한 화해제의를 하거나 또는 서면에 의한 법원의 화해제의를 법원에 대하여 서면으로 수락함으로써 이루어질 수 있다.

Um den Rechtsstreit vollständig oder zum Teil zu erledigen, können die Beteiligten zur Niederschrift des Gerichts oder des beauftragten oder ersuchten Richters einen Vergleich schließen, soweit sie über den Gegenstand des Vergleichs verfügen können.

관계인이 화해의 대상물을 처분할 수 있는

경우에 법적 분쟁의 전부 또는 일부를 해결하기 위하여 법원 또는 수명법관 또는 수탁판사의 조서에 화해할 수 있다.
→ Prozeßvergleich (소송상 화해).

Gerichtliches Geständnis ZPO 288 재판상 자백.
(1) Die von einer Partei behaupteten Tatsachen bedürfen insoweit keines Beweises, als sie im Laufe des Rechtsstreits von dem Gegner bei einer mündlichen Verhandlung oder zum Protokoll eines beauftragten oder ersuchten Richters zugestanden sind.
당사자 일방이 주장한 사실이 소송의 진행 중 상대방에 의하여 구두변론에서 또는 수명법관이나 수탁판사의 조서에 자백된 경우에는 이에 대한 증명을 요하지 아니한다.

Gerichtsbarkeit GVG 12 재판권.
→ Ordentliches Gericht (통상법원).

Gerichtsbescheid VwGO 84 법원의 명령(결정).
(1) Das Gericht kann ohne mündliche Verhandlung durch Gerichtsbescheid entscheiden, wenn die Sache keine besonderen Schwierigkeiten tatsächlicher oder rechtlicher Art aufweist und der Sachverhalt geklärt ist.
법원은 사건이 사실상 또는 법률상의 어려움이 없거나 사안이 명백한 경우에는 구두변론없이 법원의 명령에 의하여 재판할 수 있다.

Gerichtsbesetzung → Besetzung des Gerichts (재판부 구성).

Gerichtshilfe StPO 160(3), 463d 사법보조; 법원부조; 사법부조.
(3) Die Ermittlungen der Staatsanwaltschaft sollen sich auch auf die Umstände erstrecken, die für die Bersimmung der Rechtsfolgen der Tat von Bedeutung sind. Dazu kann sie sich der Gerichtshilfe bedienen.
검사의 수사는 행위의 법적 효과의 특정에 중요한 사항에 미친다. 이를 위해 사법보조를 이용할 수 있다.
(Bedienung der Gerichtshilfe StPO 463d 사법보조의 이용)
Zur Vorbereitung der nach den §§ 453 bis 461 zu treffenden Entscheidungen kann sich das Gericht oder die Vollstreckungsbehörde der Gerichtshilfe bedienen.
제453-461조(사후적 재판, 잔여형의 집행의 유예, 보호관찰기간의 연장, 형집행의 정지, 중대한 불이익으로 인한 정지, 구인장 또는 구속영장의 발부, 형집행에 있어 법원의 재판, 벌금형의 집행, 병합형의 사후적 재판, 병원체류기간의 산입 등)의 규정에 의한 재판의 준비를 위하여 법원 또는 형집행관청은 사법보조를 이용할 수 있다.
→ Rechtshilfe. → Armenrecht.

Gerichtshof
→ Oberster Gerichtshof (최상급법원).

Gerichtskundige Tatsache
StPO 244 법원에 현저한 사실.
→ Offenkundige Tatsache (공지의 사실).

Gerichtsperson ZPO 41; StPO 21 법원직원 (법원근무자).
Von einer Ausschliessung spricht man bei Gerichtspersonen, wenn sie kraft Gesetzes wegen naher persönlicher Beziehungen zu einem Rechtsstreit von dessen Bearbeitung und Entscheidung ausgeschlossen werden.
~은 법률의 규정에 의하여 법적 분쟁이 있는 사건과 보다 가까운 인적 관계로 인하여 사건의 처리 및 재판에서 제척된다.
* 본장의 규정은 법관 이외의 기타 법원직원에게 준용된다(Entsprechende Anwendung der Vorschriften auf sonstige Gerichtspersonen). (StPO 31)

Gerichtsstand StPO 7 재판적.
Der Gerichtsstand ist bei dem Gericht begründet, in dessen Bezirk die Straftat begangen ist.
재판적(토지관할)은 범죄행위가 행하여진 지역의 법원에 귀속한다.

→ Allgemeiner Gerichtsstand (보통재판적).

Gerichtsstand bei zusammenhängenden Strafsachen StPO 13 관련형사사건의 재판적.
(1) Für zusammenhängende Strafsachen, die einzeln nach den Vorschriften der §§ 7 bis 11 zur Zuständigkeit verschiedener Gerichte gehören würden, ist ein Gerichtsstand bei jedem Gericht begründet, das für eine der Strafsachen zuständig ist.
형사소송법 제7조 내지 제11조의 규정에 따라 각각 다른 법원의 관할에 속하는 관련형사사건의 재판적은 이들 사건중의 하나를 관할하는 각 법원에 있다.

Gerichtsstandsvereinbarung ZPO 38 합의관할.
(3) Im Übrigen ist eine Gerichtsstandsvereinbarung nur zulässig, wenn sie ausdrücklich und schriftlich nach dem Entstehen der Streitigkeit.
기타의 경우, 재판적의 합의는 분쟁의 발생후에 합의가 행하여진 경우 명시적으생후또한 서면에 의한 경우에만 허용된다.

Gerichtstafel StPO 40 법원 게시판.
~에 게시하다(an der ~ anheften).

Gerichtsverfassungsgesetz GVG 1 법원조직법 (1975.3.9) (BGBl. I S. 1077).
Die richterliche Gewalt wird durch unabhängige, nur dem Gesetz unterworfene Gerichte ausgeübt.
사법권은 독립적이고 법률에만 복종하는 법원에 의해 행사된다.

Gerichtsverhandlung.
→ Verbotene Mitteilungen über Gerichtsverhandlung (법원심리의 공개죄).

Gerichtsvollzieher ZPO 753; StPO 38 집행관 (집달리).
Die Zwangsvollstreckung wird, soweit sie nicht den Gerichten zugewiesen ist, durch Gerichtsvollzieher durchgeführt, die sie im Auftrag des Gläubigers zu bewirken haben. (ZPO 753)
강제집행은 법원의 소관이 아닌 경우에 한하여 채권자의 위임을 받은 집행관이 실시한다.

Geringfügige Beschäftigung SGB 4 8 저소득취업.
(1) Eine geringfügige Beschäftigung liegt vor, wenn
1. das Arbeitsentgelt aus dieser Beschäftigung regelmäßig im Monat 400 Euro nicht übersteigt,
2. die Beschäftigung innerhalb eines Kalenderjahres auf längstens zwei Monate oder 50 Arbeitstage nach ihrer Eigenart begrenzt zu sein pflegt oder im Voraus vertraglich begrenzt ist, es sei denn, dass die Beschäftigung berufsmäßig ausgeübt wird und ihr Entgelt 400 Euro im Monat übersteigt.
저소득취업은 다음 각호에 해당하는 경우이다.
1. 취업으로 인한 급여가 월평균 400유로를 넘지 않아야 한다.
2. 취업은 연간 최장 2개월 또는 50일 이하로 취업의 성질상 흔히 한계가 있거나 계약에 의하여 미리 한계를 가진 경우이며, 취업이 직업적으로 행사되고 급여가 월평균 400유로를 넘지 않아야 한다.

Geringfügigkeit
→ Einstellung wegen Geringfügigkeit (경미함으로 인한 절차의 정지).

Geringwertige Sache StGB 243(2) 사소한 가치의 물건.

Gesamt Umrechtstatbestand 총체적 구성요건.
~은 범죄구성요소 중 가벌성의 객관적 조건과 책임표지를 제외하고 불법근거적 표지와 불법배제적 표지를 하나로 총괄한 구성요건개념이다. 동개념은 이른바 소극적 구성요건표지이론(Lehre von den negativen Tatbestandsmerkmalen) 에서 주장된 것으로, 고의를 조각하는 정당화적 행위상황에 대한 착오 이론의 기초를 제공하는데 유리

하다.

Gesamtdeckung HGrG 7 총액보전(예산
일치)(~의 원칙: Grundsatz der ~).
Alle Einnahmen dienen als Deckungsmittel
für alle Ausgaben. Auf die Verwendung
für bestimmte Zwecke dürfen Einnahmen
beschränkt werden, soweit dies durch
Gesetz vorgeschrieben oder im Haushaltsplan zugelassen ist.
모든 수입은 모든 지출의 보전자금(재원)으
로 사용한다. 수입은 또한 법률이 규정하거
나 예산안이 허용하는 범위내에서 특정한
목적에만 사용하도록 제한할 수 있다.

Gesamtgut BGB 1416 합유재산.
(1) Das Vermögen des Mannes und das
Vermögen der Frau werden durch die
Gütergemeinschaft gemeinschaftliches Vermögen beider Ehegatten (Gesamtgut).
Zu dem Gesamtgut gehört auch das Vermögen, das der Mann oder die Frau
während der Gütergemeinschaft erwirbt.
남자의 재산과 여자의 재산은 재산공동제에
의하여 배우자쌍방의 공동재산이 된다.
남자 또는 여자가 재산공동제중 취득한 재
산도 합유재산에 속한다.

Gesamthänderische Bindung BGB 719
합수적 구속.
(1) Ein Gesellschafter kann nicht über
seinen Anteil an dem Gesellschaftsvermögen und an den einzelnen dazu gehörenden Gegenständen verfügen; er ist
nicht berechtigt, Teilung zu verlangen.
조합원은 조합재산 및 이에 속한 개별 목적
물에 대한 자신의 지분을 처분할 수 없으며,
분할을 청구할 권리가 없다.

Gesamthandsgemeinschaft BGB 1419
합유 (Gemeinschaft zur gesamten Hand).
(1) Ein Ehegatte kann nicht über seinen
Anteil am Gesamtgut und an den einzelnen Gegenständen verfügen, die zum
Gesamtgut gehören; er ist nicht berechtigt, Teilung zu verlangen.
일방 배우자는 합유재산과 합유재산에 속하

는 개별대상물의 자기지분을 처분할 수 없
다. 일방 배우자가 분할을 요구할 권리는
없다.

Gesamthypothek BGB 1132 총괄저당.
(1) Besteht für die Forderung eine Hypothek an mehreren Grundstücken (Gesamthypothek), so haftet jedes Grundstück
für die ganze Forderung.
1개의 저당권이 동일한 채권을 위하여 수개
의 토지에 설정된 때에는 (총괄저당권) 각
토지는 전 채권에 관하여 책임을 진다.

Gesamtrechtsnachfolge BGB 1922;
AO 45 포괄승계.
Mit dem Tod einer Person (Erbfall) geht
deren Vermögen (Erbschaft) als Ganzes
auf eine oder mehrere andere Personen
(Erben) über. (1922)
피상속인의 사망과 더불어(상속개시) 그의
재산은 (상속) 전체로서 한 상속인 또는 수
인의 상속인들에게 이전된다.
(1) Bei Gesamtrechtsnachfolge gehen die
Forderungen und Schulden aus dem Steu-
erschuldverhältnis auf den Rechtsnachfolger über. (45)
포괄권리승계의 경우에는 조세채무관계로
발생하는 채권 및 채무가 권리승계인에게
이전한다.

Gesamtschuldner BGB 421 연대채무자.
↔ BGB 428 Gesamtgläubiger 연대채권자.
Mitangeklagte, gegen die in bezug auf
dieselbe Tat auf Strafe erkannt oder eine
Maßregel der Besserung und Sicherung
angeordnet wird, haften für die Auslagen
als Gesamtschuldner. (StPO 466)
(Gesamtschuldnerische Haftung der Mitangeklagten 공동피고인의 연대책임)
동일한 행위에 관하여 형이 선고되거나 개
선 및 보안처분이 명하여진 공동피고인은
경비에 대하여 연대채무자로서의 책임을 진
다.
(4) Mehrere Privatkläger haften als Gesamtschuldner.
수인의 사인기소인은 연대채무자로서 책임
을 진다. (StPO 471)

Gesamtstrafe StGB 53 전체형(병합형)
→ Einzelstrafe (개별형).

Gesamtstrafe und Strafaussetzung
StGB 58 병합형과 형의 연기.
(1) Hat jemand mehrere Straftaten begangen, so ist für die Strafaussetzung nach § 56 die Höhe der Gesamtstrafe maßgebend.
수개의 범죄행위가 행하여진 경우 제56조에 의한 형의 유예는 병합형의 크기를 그 기준으로 한다.

Gesamtstrafe und Verwarnung mit Strafvorbehalt StGB 59c 병합형과 형유보부경고.
(1) Hat jemand mehrere Straftaten begangen, so sind bei der Verwarnung mit Strafvorbehalt für die Bestimmung der Strafe die §§ 53 bis 55 entsprechend anzuwenden.
수개의 범죄행위에 대한 형유보부경고(선고유예)시 형을 정함에 있어서는 제53조 내지 제55조(경합범, 병합형의 형태, 사후적 병합형의 형태)를 준용한다.

Gesamtsummensystem 총액벌금제.
Vor der Einführung des Strafrechtsreformgesetzes von 1969 wurde die Geldstrafe gem. § 27 StGB (a.F.) in Form eines einheitlichen Betrages verhängt. Die Beträge unterschieden sich dabei gem. § 27 II StGB (a.F.) von 3 bis 10.000 DM.
1969년 형법개정법의 도입이전에 벌금형은 구규정 제27조에 따라 단일한 액수로 부과되었다. 그 액수는 구규정 제27조 제2항에 따라 3-10,000 마르크까지로 구분된다.
↔ Tagessatzsystem (일수벌금제).

Geschädigte SHG 2(4) 피해자.
(4) Haben Umstände, die der Geschädigte zu vertreten hat, den Schaden mitverursacht, so hängen die Verpflichtung zum Geldersatz und der Umfang des zu leistenden Ersatzes davon ab, inwieweit der Schaden vor wiegend von dem Geschädigten oder dem Träger verursacht worden ist.

피해자가 손해의 발생에 가공한 책임있는 사정이 있는 경우에 금전배상의 의무와 지급될 배상의 범위 여하는 피해발생의 원인이 어느 정도로 현저하게 피해자에게 또는 공권력 주체에게 있는가에 따른다.
↔ Schädiger 가해자.

Geschäfte des täglichen Lebens
BGB 105a 일상생활행위.
Tätigt ein volljähriger Geschäftsunfähiger ein Geschäft des täglichen Lebens, das mit geringwertigen Mitteln bewirkt werden kann, so gilt der von ihm geschlossene Vertrag in Ansehung von Leistung und, soweit vereinbart, Gegenleistung als wirksam, sobald Leistung und Gegenleistung bewirkt sind.
성년의 행위무능력자가 소액의 자금으로 실행가능한 일상생활행위를 한 경우 그가 체결한 계약은 급부 및 약정이 있으면 반대급부에 관하여 그 실행에서 효력이 있는 것으로 본다.

Geschäfte zur Deckung des Lebensbedarfs BGB 1357 일상가사대리권.
(1) Jeder Ehegatte ist berechtigt, Geschäfte zur angemessenen Deckung des Lebensbedarfs der Familie mit Wirkung auch für den anderen Ehegatten zu besorgen.
각 배우자는 가사의 일상가사 범위안에 속하는 사무를 처리할 수 있으며 그 효과는 타방 당사자에게도 미친다.

Geschäftliche Verleumdung UWG 15 (a.F.) 영업적 비방죄.
(1) Wer wider besseres Wissen über das Erwerbsgeschäft eines anderen, über die Person des Inhabers oder Leiters des Geschäfts, über die Waren oder gewerblichen Leistungen eines anderen Tatsachen der Wahrheit zuwider behauptet oder verbreitet, die geeignet sind, den Betrieb des Geschäfts zu schädigen, wird mit Freiheitsstrafe bis zu einem Jahre oder mit Geldstrafe bestraft.
양식에 반하여 다른 사람의 영업행위, 영업

의 소유자나 경영자의 인격, 다른 사람의
상품이나 영업적 급부에 관하여 영업을 해
치기에 적합한 사실을 주장하거나 유포하는
자는 1년 이하의 자유형 또는 벌금형에 처
한다.

Geschäftsähnliche Handlung 준법률행위.
Eine geschäftsähnliche Handlung ist eine
Erklärung, insbesondere Mitteilung oder
Aufforderung, die kraft Gesetzes eine
bestimmte Rechtsfolge herbeiführt. Die
geschäftsähnliche Handlung ist zu unterscheiden von der Willenserklärung und
dem Realakt.
~는 표현행위, 특히 법률에 의하여 특정한
법적 효과를 가져오는 통지나 최고 등의 행
위를 말한다. ~는 의사표시 및 사실행위와
는 구별된다.

Geschäftsanteil GmbHG 14 지분(유한회
사사원의 ~).
Der Geschäftsanteil jedes Gesellschafters
bestimmt sich nach dem Betrag der von
ihm übernommenen Stammeinlage.
각 사원의 지분은 그가 인수한 기본출자의
금액에 따라 정한다.

Geschäftsbesorgung BGB 675 사무처리.
→ Entgeltliche Geschäftsbesorgung.

Geschäftsbetrieb → Wirtschaftlicher Geschäftsbetrieb (경제적 사업).

Geschäftsfähiger BGB 8 행위능력자.
(Wohnsitz nicht voll Geschäftsfähiger; 불
완전 행위능력자의 주소)
(1) Wer geschäftsunfähig oder in der
Geschäftsfähigkeit beschränkt ist, kann
ohne den Willen seines gesetzlichen Vertreters einen Wohnsitz weder begründen
noch aufheben.
행위무능력이거나 또는 행위능력이 제한된
자는 그의 법정대리인의 의사없이 주소를
설정하거나 폐지할 수 없다.

Geschäftsführung BGB 27; AktG 77
업무집행.

(3) Auf die Geschäftsführung des Vorstands finden die für den Auftrag geltenden Vorschriften der §§ 664 bis 670 entsprechende Anwendung.
이사회의 업무집행에 관하여는 위임에 관한
제664조 내지 제670조의 규정이 준용된다.
Besteht der Vorstand aus mehreren Personen, so sind sämtliche Vorstandsmitglieder nur gemeinschaftlich zur Geschäftsführung befugt.
이사회가 수인으로 구성된 경우에는 이사회
구성원 전원은 공동으로만 회사업무집행의
권한을 가진다.

Geschäftsführung ohne Auftrag
BGB 677 사무관리.
Wer ein Geschäft für einen anderen besorgt, ohne von ihm beauftragt oder ihm
gegenüber sonst dazu berechtigt zu sein,
hat das Geschäft so zu führen, wie das
Interesse des Geschäftsherrn mit Rücksicht auf dessen wirklichen oder mutmaßlichen Willen es erfordert.
타인으로부터 위임을 받지 아니하고 또는
기타 타인에 대한 이러한 권한 없이 타인을
위하여 사무를 처리하는 자는 본인의 이익
이 요구하는 바에 따라 그 실제적 또는 추
정적 의사를 고려하여 사무를 관리하여야
한다.

Geschäftsgrundlage BGB 313 행위기초
(사정변경의 기초)(~ 원칙).
→ Störung der Geschäftsgrundlage (clausula rebus sic stantibus).

Geschäftsleitung AO 10 주된 사무(소)
(업무지휘).
Geschäftsleitung ist der Mittelpunkt der
geschäftlichen Oberleitung.
주된 사무(소)(업무지휘)는 업무상 지휘관리
의 주된 곳이다.

Geschäftsmäßige Straftat 직업범.
Geschäftmäßig handelt, wer bei der Tat
die Absicht hat, die Widerholung gleichartiger Taten zu einem dauernden oder
mindestens wiederkehrenden Bestandteil
seiner wirtschaftlichen oder beruflichen

Betätigung zu machen.
~은 동종의 범행을 반복하여 계속적인 또는 적어도 회귀적인 경제적 또는 직업적 활동을 구성하려는 의도를 가지고 행위하는 자. → Sammelstraftat (집합범).

Geschäftsordnung GG 40 의사규칙 (직무규정, 사무규칙).
(1) Der Bundestag wählt seinen Präsidenten, dessen Stellvertreter und die Schriftführer. Er gibt sich eine Geschäftsordnung.
연방하원은 의장, 부의장 및 사무총장을 선출한다. 연방하원은 의사규칙을 제정한다.
→ Plenum (합의부).

Geschäftsordnung des Bundesverfassungsgerichts BVerfGGO 1 연방헌법재판소사무규칙 (1986.12.15)(BGBl. I S.2529).
(1) Plenum und Präsident arbeiten zur Erfüllung der Aufgaben des Gerichts zusammen.
합의부(체)와 재판소장은 연방헌법재판소의 임무를 수행하기 위하여 상호 협력한다.

Geschäftsordnung des Deutschen Bundestages BTGO 1 연방의회의사규칙 (1980.6.25) (BGBl. I S. 1237).
(1) Der neugewählte Bundestag wird zu seiner ersten Sitzung vom bisherigen Präsidenten spätestens zum dreißigsten Tage nach der Wahl (Artikel 39 des Grundgesetzes) einberufen.
새로 선출된 연방하원의 첫 회의는 선거후 늦어도 30일 이내에(기본법 제39조) 전임 의장이 이를 소집한다.

Geschäftsraummiete BGB 580a(2) 영업용임대차.
(2) Bei einem Mietverhältnis über Geschäftsräume ist die ordentliche Kündigung spätestens am dritten Werktag eines Kalendervierteljahres zum Ablauf des nächsten Kalendervierteljahrs zulässig.
영업공간의 임대차에서 통상해지는 늦어도 사반역년의 제3 근무일에, 그 다음 사반역월이 경과하여야 허용된다.

→ Wohnraummiete (주거용(공간)임대차).

Geschäftsstelle GVG 153 사무국.
(1) Bei jedem Gericht und jeder Staatsanwaltschaft wird eine Geschäftsstelle eingerichtet, die mit der erforderlichen Zahl von Urkundsbeamten besetzt wird.
각 법원과 검찰청에는 필요한 수의 서기로 구성되는 사무국이 설치된다.

Geschäftsunfähigkeit BGB 104 행위무능력.
Geschäftsunfähig ist:
1. wer nicht das siebente Lebensjahr vollendet hat,
2. wer sich in einem die freie Willensbestimmung ausschließenden Zustand krankhafter Störung der Geistestätigkeit befindet, sofern nicht der Zustand seiner Natur nach ein vorübergehender ist.
무능력자는
1. 만 7세에 달하지 아니한 자,
2. 정신활동의 병적 장애로 인하여 자유로운 의사결정이 배제된 상태에 있는 자이다. 하지만 이 상태가 그의 성질상 일시적인 것이 아니어야 한다.

Geschäftsverteilung GVG 21e 업무분담, 사무분장 (법원 내부의).
(1) Das Präsidium bestimmt die Besetzung der Spruchkörper, bestellt die Ermittlungsrichter, regelt die Vertretung und verteilt die Geschäfte.
운영위원회는 재판부의 구성을 정하고 수사판사를 지정하며 대리를 규정하고 업무를 분담한다.

Geschäftswille 효과의사.
→ Willenserklärung 의사표시.
→ Erklärungswille 표시의사.

Geschlossene Anstalt (Anstalt des geschlossenen Vollzugs) StVollzG 13(4) 폐쇄시설 (교도소).
(4) Gefangenen, die sich für den offenen Vollzug eignen, aus besonderen Gründen aber in einer geschlossenen Anstalt un-

tergebracht sind, kann nach den für den offenen Vollzug geltenden Vorschriften Urlaub erteilt werden.

개방수용에 적합한 수형자가 특별한 이유로 폐쇄시설에 수용되어 있는 경우에는 개방수용에 적용되는 규정에 따라 휴가를 허가받을 수 있다.

Geschlossener Vollzug StVollzG 10(2), 141(2) 폐쇄집행.

(2) Im übrigen sind die Gefangenen im geschlossenen Vollzug unterzubringen. Ein Gefangener kann auch dann im geschlossenen Vollzug untergebracht oder dorthin zurückverlegt werden, wenn dies zu seiner Behandlung notwendig ist. (10)

그밖에는(독일 행형법 제10조 제1항의 개방집행의 요건이 갖추어지지 못한 경우) 수형자는 폐쇄시설에 수용할 수 있다. 수형자의 처우에 있어서 필요한 경우에는 수형자를 폐쇄시설에 수용하거나 그곳으로 재이송할 수 있다.

(2) Anstalten des geschlossenen Vollzuges sehen eine sichere Unterbringung vor, Anstalten des offenen Vollzuges keine oder nur verminderte Vorkehrungen gegen Entweichungen. (141)

폐쇄집행시설(교도소)은 안전한 수용을 대비하며, 개방집행시설은 도주방지책을 규정하지 아니하거나 최소한의 대응책만을 규정한다.

Geschmacksmuster GeschmMG 2 의장(意匠).

(1) Als Geschmacksmuster wird ein Muster geschützt, das neu ist und Eigenart hat.

신규의, 독창성을 가진 도안은 의장으로서 보호된다.

Geschmacksmustergesetz (Gesetz über den rechtlichen Schutz von Mustern und Modellen) GeschmMG 의장법 (2004.3.12) (BGBl. I S. 390).
→ Muster (도안, 의장).

Geschriebenes Recht (Lex scripta) 성문법.

Das positive Recht unterteilt sich in Gewohnheitsrecht und geschriebenes Recht. Geschriebenes Recht wird als gesatztes Recht bezeichnet, d. h. dass es von staatlichen Organen in einer bestimmten Form erlassen worden ist.

실정법은 관습법과 성문법으로 구분된다. 성문법은 국가기관이 특정한 형태로 제정한 성문의 법이다.
↔ Ungeschriebenes Recht (불문법).

Geschuldet → Nicht wie geschuldet erbrachte Leistung (채무에 좇지 아니한 급부).

Geschützte Werke UrhG 2 보호저작물.

(2) Werke im Sinne dieses Gesetzes sind nur persönliche geistige Schöpfungen.

본법상의 저작물은 인간의 정신적 창작물만을 말한다.

Geschworener (배심원)
→ Schwurgericht (배심법원).

Gesellschaft BGB 705 조합.

Durch den Gesellschaftsvertrag verpflichten sich die Gesellschafter gegenseitig, die Erreichung eines gemeinsamen Zweckes in der durch den Vertrag bestimmten Weise zu fördern, insbesondere die vereinbarten Beiträge zu leisten.

조합원은 조합계약에 의해 그 계약에 정한 방법으로 공동목적의 달성을 촉진하며 특히 약정의 출자를 할 의무를 상호간에 부담한다.

Gesellschaft mit beschränkter Haftung (GmbH) GmbHG 13 유한회사.

(1) Die Gesellschaft mit beschränkter Haftung als solche hat selbständig ihre Rechte und Pflichten; sie kann Eigentum und andere dingliche Rechte an Grundstücken erwerben, vor Gericht klagen und verklagt werden.

유한회사는 그 자체로서 독립하여 권리와 의무를 가진다. 유한회사는 토지에 대한 소유권과 기타 물권을 취득하고 법원에 제소하거나 피소될 수 있다.

Gesellschafter BGB 706(3) 조합원.
(3) Der Beitrag eines Gesellschafters kann auch in der Leistung von Diensten bestehen.
조합원의 출자는 노무의 급부에 의하여도 가능하다.

Gesellschaftsvermögen BGB 718 조합재산.
(1) Die Beiträge der Gesellschafter und die durch die Geschäftsführung für die Gesellschaft erworbenen Gegenstände werden gemeinschaftliches Vermögen der Gesellschafter (Gesellschaftsvermögen).
조합원의 출자 및 업무집행에 의하여 조합을 위하여 취득한 목적물은 조합원의 공동재산이 된다(조합재산).

Gesellschaftsvertrag 조합계약, 사회계약, 정관(유한회사·합명회사·합자회사의).
① BGB 705 조합계약. → Gesellschaft.
② Der Gesellschaftsvertrag 사회계약론.
③ (1) Der Gesellschaftsvertrag bedarf notarieller Form. Er ist von sämtlichen Gesellschaftern zu unterzeichnen (GmbHG 2).
정관은 공정증서의 방식을 필요로 한다. 정관은 모든 사원에 의하여 서명되어야 한다.
Das Rechtsverhältnis der Gesellschafter untereinander richtet sich zunächst nach dem Gesellschaftsvertrag (HGB 109).
사원상호간의 법률관계는 주로 정관에 의하여 이를 정한다.

Gesetz über die Angelegenheiten der freiwilligen Gerichtsbarkeit FGG 1
비송사건절차법 (Bundesgesetzblatt Teil III, Gliederungsnummer 315-1).
Für diejenigen Angelegenheiten der freiwilligen Gerichtsbarkeit, welche durch Reichsgesetz den Gerichten übertragen sind, gelten, soweit nicht ein anderes bestimmt ist, die nachstehenden allgemeinen Vorschriften.
제국법에 의하여 법원에 이전된 비송사건에 대하여는 다른 규정이 없는 한 다음의 총칙규정이 적용된다.

Gesetz über die Tätigkeit europäischer Rechtsanwälte in Deutschland
EuRAG 유럽변호사의 독일에서의 활동에 관한 법 (2000.3.9) (BGBl. I S. 182, 1349).
→ Europäischer Rechtsanwalt (유럽변호사).

Gesetzänderung StPO 354a 법률변경.
Das Revisionsgericht hat auch dann nach § 354 zu verfahren, wenn es das Urteil aufhebt, weil zur Zeit der Entscheidung des Revisionsgerichts ein anderes Gesetz gilt als zur Zeit des Erlasses der angefochtenen Entscheidung.
상고법원의 재판시에 원심재판의 선고시와는 다른 법률이 적용되기 때문에 상고법원이 판결을 파기하는 경우에도 제354(파기자판)조에 의한다.

Gesetzesbeschlüß
→ Verfahren bei Gesetzesbeschlüssen
GG 77 입법절차 (법률의결절차).

Gesetzeseinheit 법조단일(성).
→ Gesetzeskonkurrenz.

Gesetzeskonkurrenz 법조경합.
Im Strafrecht die Verletzung mehrerer Strafnormen durch eine strafbare Handlung, wobei die eine Strafnorm die andere ausschließt. Als Erscheinungsformen der ~ werden Spezialität, Konsumtion, Subsidiarität und mitbestrafte Vor- oder Nachtat unterschieden.
형법에서 하나의 가벌적 행위로 수개의 형벌규범을 침해하지만 하나의 형벌법규가 다른 형벌법규를 배척하는 경우. ~의 형태로 특별관계, 흡수관계, 보충관계, 불가벌적 사전 또는 사후행위가 구분된다.

Gesetzesvorlage GG 76 법률안.
(1) Gesetzesvorlagen werden beim Bundestage durch die Bundesregierung, aus der Mitte des Bundestages oder durch den Bundesrat eingebracht.
법률안은 연방정부, 연방하원의원 또는 연방상원의원에 의하여 연방하원에 제출된다.

Gesetzgebung GG 20(3) 입법; Legislative (입법부).
(3) Die Gesetzgebung ist an die verfassungsmäßige Ordnung, die vollziehende Gewalt und die Rechtsprechung sind an Gesetz und Recht gebunden.
입법은 헌법질서에 구속되고, 행정과 사법은 법률과 법에 구속된다.
＊입법권과 입법권한은 → Gesetzgebung des Bundes und der Länder.
→ Exekutive (집행부).

Gesetzgebung des Bundes und der Länder GG 70 연방과 주의 입법.
(1) Die Länder haben das Recht der Gesetzgebung, soweit dieses Grundgesetz nicht dem Bunde Gesetzgebungsbefugnisse verleiht.
주(州)는 이 기본법이 연방에 입법권한을 부여하지 않는 경우에는 입법권을 갖는다.

Gesetzgebungskompetenz (~ des Bundes) GG 105, 115c 입법권한 (연방의 ~).
(1) Der Bund hat die ausschließliche Gesetzgebung über die Zölle und Finanzmonopole.
연방은 관세와 전매에 관한 배타적 입법권을 가진다.
(Erweiterung der Gesetzgebungskompetenz des Bundes) (~의 확대: 115c)
(1) Der Bund hat für den Verteidigungsfall das Recht der konkurrierenden Gesetzgebung auch auf den Sachgebieten, die zur Gesetzgebungszuständigkeit der Länder gehören.
연방은 긴급방위사태에 대하여 그것이 주의 입법관할권에 속하는 사건분야에 관해서도 경합적 입법권을 가진다.

Gesetzgebungsnotstand GG 81 입법긴급상태.
(1) Wird im Fälle des Artikels 68 der Bundestag nicht aufgelöst, so kann der Bundespräsident auf Antrag der Bundesregierung mit Zustimmung des Bundesrates für eine Gesetzesvorlage den Gesetzgebungsnotstand erklären, wenn der Bundestag sie ablehnt, obwohl die Bundesregierung sie als dringlich bezeichnet hat.
연방하원이 해산되지 아니할 때(GG 68) 연방대통령은 연방정부가 법률안을 긴급한 것이라고 표시했음에도 불구하고 연방하원이 그 법률안을 거부했을 때에는 연방정부의 제의로 연방상원의 동의를 얻어 법률안에 관한 입법긴급사태를 선포 할 수 있다,

Gesetzgebungsorgan → Störung der Tätigkeit eines Gesetzgebungsorgans (입법기관의 활동 방해죄).
→ Verletzung der Hausordnung eines Gesetzgebungsorgans (입법기관의 자치규정 위반죄).

Gesetzliche Erbe 법정상속인.
Gesetzliche Erbe erster Ordnung
(1) Gesetzliche Erben der ersten Ordnung sind die Abkömmlinge des Erblassers.
BGB 1924 제1순위 법정상속인.
제1순위의 법정상속인은 피상속인의 직계비속이다.
Gesetzliche Erben zweiter Ordnung
(1) Gesetzliche Erben der zweiten Ordnung sind die Eltern des Erblassers und deren Abkömmlinge.
BGB 1925 제2순위 법정상속인.
제2순위 법정상속인은 피상속인의 부모와 그 직계비속이다.
Gesetzliche Erben dritter Ordnung
(1) Gesetzliche Erben der dritten Ordnung sind die Großeltern des Erblassers und deren Abkömmlinge.
BGB 1926 제3순위 법정상속인.
제3순위 법정상속인은 피상속인의 조부모 및 그의 직계비속이다.
Gesetzliche Erben vierter Ordnung
(1) Gesetzliche Erben der vierten Ordnung sind die Urgroßeltern des Erblassers und deren Abkömmlinge.
BGB 1928 제4순위 법정상속인.
제4순위 법정상속인은 피상속인의 조부모 및 그의 직계비속이다.

Gesetzliche Rücklage AktG 150 법정준

비금.
In der Bilanz des Jahresabschlusses ist eine gesetzliche Rücklage zu bilden.
법정준비금은 연말결산 대차대조표에 적립하여야 하다.

Gesetzliche Strafdrohung StGB 49(2) 법정형(gesetzliche angedrohte Strafe).
(절대적 법정형 absolut bestimmte Strafdrohungen).

Gesetzliche Vermutungen ZPO 292 법률상 추정.
Stellt das Gesetz für das Vorhandensein einer Tatsache eine Vermutung auf, so ist der Beweis des Gegenteils zulässig, sofern nicht das Gesetz ein anderes vorschreibt.
법률이 일정한 사실의 존재에 관해 추정을 한 때에는 법률에 다른 규정이 없는 한, 반대의 입증이 허용된다.

Gesetzlicher Forderungsübergang VVG 67 (a.F.) 보험자대위, 법정 청구권이전 (Surrogation) (Abtretung des Schadenersatzanspruchs des Versicherten).
(1) Steht dem Versicherungsnehmer ein Anspruch auf Ersatz des Schadens gegen einen Dritten zu, so geht der Anspruch auf den Versicherer über, soweit dieser dem Versicherungsnehmer den Schaden ersetzt.
보험계약자에게 제3자에 대한 손해배상청구권이 있는 경우에 보험자가 보험계약자에 손해를 보전한 때에는 그 청구권은 보험자에게 이전한다.

Gesetzlicher Richter (Das Recht auf den gesetzlichen (genauer: gesetzlich bestimmten) Richter) 법률이 정한 법관 (~에 의하여 재판을 받을 권리).
Jedermann hat Anspruch darauf, dass im Voraus nach allgemeinen Merkmalen bestimmt wird, dass im Voraus nach allgemeinen Merkmalen bestimmt wird, bei welchem Gericht und welchem Richter bzw. Spruchkörper innerhalb des Gerichts sein Gerichtsverfahren behandelt werden

wird. (vgl. GG 101(1) S. 2)
모든 사람은 어느 법원에서 또한 어느 법관 내지는 법원의 재판부에서 자신의 법정절차를 다루게 될지를 사전에 일반적 표지로 정하여지는 것에 대한 청구권을 갖는다.

Gesetzlicher Vertreter eines Beschuldigten StPO 298 피의자의 법정대리인.
(1) Der gesetzliche Vertreter eines Beschuldigten kann binnen der für den Beschuldigten laufenden Frist selbständig von den zulässigen Rechtsmitteln Gebrauch machen.
피의자의 법정대리인은 피의자의 상소기간 내에 허용된 상소를 독립적으로 할 수 있다.

Gesetzlicher Zinssatz BGB 246 법정이율.
Ist eine Schuld nach Gesetz oder Rechtsgeschäft zu verzinsen, so sind vier vom Hundert für das Jahr zu entrichten, sofern nicht ein anderes bestimmt ist.
법률 또는 법률행위에 의거하여 채무에 대한 이자를 지불하여야 하는 때에는 이율은 다르게 정하지 아니하는 한 연 4푼으로 한다.

Gesetzlichkeitsprinzip StGB 1 죄형법정주의, 법률주의, 제정법주의.
→ Nullum crimen sine lege.

Gesetzmäßige Bedingung 합법칙적 조건설 (die Lehre von der ~).
Die Lehre von der gesetzmäßigen Bedingung betrachtet eine Handlung dann als für den tatbestandsmäßigen Erfolg kausal, wenn dieser ihr zeitlich nachfolgt und mit ihr (natur-)gesetzlich oder nach dem Erfahrungswissen notwendig verbunden ist.
~에서는 구성요건적 결과가 시간적으로 행위에 뒤이어, (자연)법칙적으로 또는 경험과학에 의하여 행위와 필요적으로 결합되는 경우에는 행위를 구성요건적 결과에 대하여 인과적인 것으로 본다.

Gesonderte Feststellung von Besteuerungsgrundlagen AO 179 과세기초(표준)의 분리확인.
(1) Abweichend von § 157 Abs. 2 werden die Besteuerungsgrundlagen durch Feststellungsbescheid gesondert festgestellt, soweit dies in diesem Gesetz oder sonst in den Steuergesetzen bestimmt ist.
(조세기본법) 제157조 제2항과는 달리 이 법률에 또는 기타 조세법에 다른 규정이 없는 한 과세기초는 확인결정에 의하여 분리하여 확인된다.

Gesonderte Versammlung, Gesonderte Abstimmung AktG 138 특별(별도)총회, 특별(별도)표결.
In diesem Gesetz oder in der Satzung vorgeschriebene Sonderbeschlüsse gewisser Aktionäre sind entweder in einer gesonderten Versammlung dieser Aktionäre oder in einer gesonderten Abstimmung zu fassen, soweit das Gesetz nichts anderes bestimmt.
이 법 또는 정관에 규정된 일정한 주주의 특별결의는 법률에 달리 규정되지 아니하는 한 이를 주주의 특별총회 또는 특별표결에서 행하여야 한다. → Vorzug (우선권).

Gestaltungsklage 형성의 소.
Die Gestaltungsklage dient der unmittelbaren Änderung der Rechtslage durch ein Urteil
판결에 의하여 새로운 법률관계의 변화(창설)를 구하는 소. 이혼의 소가 여기에 해당한다.

Gestaltungsrecht 형성권.
Das Gestaltungsrecht muss dem anderen Teil gegenüber durch Gestaltungserklärung ausgeübt werden.
형성권은 타방에 대한 형성의 의사표시로써 행사되어야 한다.

Gestellung 출두, 제시
① StPO 276 출두.
wenn seine Gestellung vor das zuständige Gericht nicht ausführbar oder nicht ange-

messen erscheint.
피의자가 관할법원에 출두하는 것이 실행이 곤란하거나 적당하지 않다고 인정되는 경우. → Abwesenheit.
② ZK 40 제출 (세관～), 제시.
Waren, die nach Maßgabe des Artikels 38 Absatz 1 Buchstabe a) bei der Zollstelle oder an einem anderen von den Zollbehörden bezeichneten oder zugelassenen Ort eintreffen, sind von der Person zu gestellen, welche die Waren in das Zollgebiet der Gemeinschaft verbracht hat oder die gegebenenfalls die Beförderung der Waren nach dem Verbringen übernimmt.
세관 또는 관세청이 (EU 관세법) 제38조 제1항의 a)에 의하여 지정하거나 허용한 장소에 도착한 물품은 공동체 관세영역에 반입한 자 또는 반입후 물품운송을 인수한 자에 의하여 세관에 제시되어야 한다.

Gesundheitsbeschädigung → Körperverletzung.(상해죄)

Gesundheitsfürsorge StVollzG 56 위생보호.
Für die körperliche und geistige Gesundheit des Gefangenen ist zu sorgen.
수형자의 신체적, 정신적 건강은 보호되어야 한다.

Gesundheitsuntersuchung StVollzG 57 건강진단. (← 질병의 조기발견을 위한 조치: Maßnahmen zur Früherkennung von Krankheiten).
(1) Gefangene, die das fünfunddreißigste Lebensjahr vollendet haben, haben jedes zweite Jahr Anspruch auf eine ärztliche Gesundheitsuntersuchung zur Früherkennung von Krankheiten, insbesondere zur Früherkennung von Herz-Kreislauf- und Nierenerkrankungen sowie der Zuckerkrankheit.
수형자가 35세에 달한 경우 수형자는 질병 특히 심장병, 순환기병, 신장병 및 당뇨병의 조기발견을 위해 매 2년마다 의사의 건강진단을 청구할 권리를 가진다.

Gesundheitszeugnis 건강진단서.
→ Ausstellen unrichtiger Gesundheits-
zeugnisse.
→ Fälschung von Gesundheitszeugnissen.

Getötete StGB 216 피살자; SHG 9(2)
사망자.

Getrennte Unterbringung
StVollzG 103(1) Nr.5 격리수용.
→ Disziplinarmaßnahme (징계(징벌)처분).

Getrenntleben BGB 1567 별거.
(1) Die Ehegatten leben getrennt, wenn
zwischen ihnen keine häusliche Gemeinschaft besteht und ein Ehegatte sie
erkennbar nicht herstellen will, weil er die
eheliche Lebensgemeinschaft ablehnt. Die
häusliche Gemeinschaft besteht auch dann
nicht mehr, wenn die Ehegatten innerhalb
der ehelichen Wohnung getrennt leben.
부부사이에 가정공동생활이 존재하지 않으
며, 또한 부부의 일방이 혼인상의 공동생활
을 거부함으로써 가시적으로 그 공동생활을
회복하지 않을 때에도 부부는 별거중이다.
가정공동생활은 부부가 혼인상의 주거내에
서 별거하고 있는 때에도 존재하지 않는다.

Gewähren, Anbieten, Versprechen
공여, 제의, 약속 → Vorteilsgewährung (증
뢰죄).

Gewährleistung StGB 265b 담보제공
(Garanten und sonstigen ~: 보증 및 기타
~) → Kredit (신용대부).

Gewahrsam MEPolG 13 보호조치.
(1) Die Polizei kann eine Person in Gewahrsam nehmen, wenn
1. das zum Schutz der Person gegen eine
Gefahr für Leib oder Leben erforderlich
ist, insbesondere weil die Person sich
erkennbar in einem die frei Willensbestimmung ausschließenden Zustand oder
sonst in hilfloser Lage befindet oder
2. das unerläßlich ist, um die unmittelbar
bevorstehende Begehung oder Fortsetzng

einer Straftat oder einer Ordnungswidrigkeit von erheblicher Gefahr zu verhindern.
(2) Die Polizei kan Minderjährige, die sich
der Obhut der Sorgeberechtigten entzogen
haben, in Gewahrsam nehmen, um sie den
Sorgeberechtigten oder dem Jugendamt
zuzuführen.
(3) Die Polizei kann eine Person, die aus
Vollzug von Untersuchungshaft, Freiheitsstrafen oder freiheitsentziehenden Maßregeln der Besserung und Sicherung entwichen ist oder sich sonst ohne Erlaubnis
außerhalb der Justizvollzugsanstalt aufhält,
in Gewahrsam nehmen und in die Anstalt
zurückbringen.
경찰은 다음 각호의 경우 보호조치를 취할
수 있다.
(1) 특히 자유로운 의사결정이 배제되어 있
거나 또는 타인의 원조를 필요로 하는 상태
에 있는 자를 생명 또는 신체에 대한 위험
으로부터 보호하기 위하여 필요한 때,
2. 목전에 임박한 범죄행위 또는 중대한 위
험이 있는 질서위반행위나 또는 그러한 행
위의 계속을 방해하기 위하여 필요한 때.
(2) 경찰은 보호자의 보호에서 벗어난 미성
년자를 보호자 또는 소년국에 인계하기 위
하여 보호조치를 취할 수 있다.
(3) 미결구금, 자유형 또는 자유박탈적 보안
처분의 집행에서 벗어난 자 또는 기타 허가
없이 행형시설 밖에서 체류하는 자를 보호
조치하여 다시 그 시설로 인계할 수 있다.

Gewährung der Akteneinsicht
StPO 406e 기록열람의 허가.
(1) Für den Verletzten kann ein Rechtsanwalt die Akten, die dem Gericht vorliegen oder diesem im Falle der Erhebung
der öffentlichen Klage vorzulegen wären,
einsehen sowie amtlich verwahrte Beweisstücke besichtigen, soweit er hierfür
ein berechtigtes Interesse darlegt.
피해자를 위하여 변호사는 법원에 제출되어
있거나 공소제기시 제출할 기록을 열람할
수 있으며, 정당한 이익이 있는 한 관청에
보관된 증거서류를 열람할 수 있다.
→ Akteneinsicht (기록열람).
→ Vorbereitendes Verfahren (준비절차).

Gewalt 폭력; 폭행; 지배(→ Tatsächliche Gewalt), 실력.
mit Gewalt gegen eine Person oder unter Anwendung von Drohungen mit gegenwärtiger Gefahr für Leib oder Leben
사람에 대한 폭행 또는 신체나 생명에 대한 현재의 위험을 고지한 협박에 의하여(Raub StGB 249).
* Gewalt (der Freiheitsdelikte)(§§ 234 ff.) ist jedes Mittel, mit dem auf den Willen oder das Verhalten eines anderen durch ein gegenwärtiges empfindliches Übel eine Zwangswirkung ausgeübt wird.
제234조 이하의 자유범에 있어서 ~은 현재의 현저한 해약을 통하여 타인의 의사 또는 행태에 대한 강제적 작용을 행하는 모든 수단을 말한다.
→ Gewalttätigkeit (폭력행위, 폭행).

Gewaltdarstellung StGB 131 폭력문서 반포죄.
(1) Wer Schriften, die grausame oder sonst unmenschliche Gewalttätigkeiten gegen Menschen oder menschenähnliche Wesen in einer Art schildern, die eine Verherrlichung oder Verharmlosung solcher Gewalttätigkeiten ausdrückt oder die das Grausame oder Unmenschliche des Vorgangs in einer die Menschenwürde verletzenden Weise darstellt,
1. verbreitet,
2. öffentlich ausstellt, anschlägt, vorführt oder sonst zugänglich macht,
3. einer Person unter achtzehn Jahren anbietet, überläßt oder zugänglich macht oder
4. herstellt, bezieht, liefert, vorrätig hält, anbietet, ankündigt, anpreist, einzuführen oder auszuführen unternimmt, um sie oder aus ihnen gewonnene Stücke im Sinne der Nummern 1 bis 3 zu verwenden oder einem anderen eine solche Verwendung zu ermöglichen,
wird mit Freiheitsstrafe bis zu einem Jahr oder mit Geldstrafe bestraft.
인간이나 인간유사적 존재에 대한 잔인하거나 기타 비인간적인 폭력행위의 찬양이나 무해성을 표현하거나 그 과정의 잔인성과 비인간성을 인간의 존엄성을 침해하는 방법으로 표현된 문서를 기술한 자가 다음 각호에 해당하는 행위를 한 경우 1년 이하의 자유형 또는 벌금형에 처한다.
1. 반포행위, 2. 공연히 전시, 게시, 상영하거나 기타 접근하게 하는 행위,
3. 18세 미만자에게 제공, 양여하거나 접근하게 하는 행위,
4. 위의 문서나 이를 통하여 취득한 문서부분을 제1호 내지 제3호의 방법으로 사용하거나 또는 타인의 사용을 가능하게 하기 위하여 제작, 취득, 인도, 보관, 공여, 광고, 선전하거나 수입 또는 수출을 기도하는 행위.

Gewaltenteilung 권력분립.
Das Grundgesetz sichert die Gewaltenteilung, d.h. die Aufteilung der staatlichen Macht in drei Gewalten.
기본법은 권력분립, 즉 국가권력을 3개의 권력으로 분리하는 것을 보장하고 있다.
→ Exekutive (집행부).

Gewaltherrschaft → Ausschluß jeder Gewaltherrschaft und Willkürherrschaft (전제정치(專制政治)와 독재정치의 배제).

Gewaltkriminalität 폭력범죄.
In Deutschland werden polizeilich die Gewaltdelikte Mord (§ 211 StGB), Totschlag (§ 212 StGB), Tötung auf Verlangen (§ 216 StGB), gefährliche und schwere Körperverletzung (§§ 224, 226 StGB), Körperverletzung mit Todesfolge (§ 226 StGB), Beteiligung an einer Schlägerei (§ 231 StGB), Vergewaltigung und schwere sexuelle Nötigung (§§ 177, 178 StGB), Raubdelikte (§§ 249-252, 255, 316a StGB), erpresserischer Menschenraub (§ 239a StGB), Angriff auf den See- und Luftverkehr sowie Geiselnahme (§ 239b StGB) unter dem Begriff Gewaltkriminalität zusammengefasst.
독일에서 경찰상 폭력범죄로는 모살, 고살, 촉탁살인, 위험한 상해, 중상해, 상해치사, 강간, 중성적강요, 강도범, 약취공갈, 해상 및 항공교통에 대한 공격 및 인질 등이 포

함된다.

Gewalttätigkeit (인간에 대한) 폭력행위; (사람 또는 물건에 대한) 폭행.
Gewaltdarstellung (폭력문서반포죄 StGB 131)에서는 die grausame oder sonst unmenschliche Gewalttätigkeiten gegen Menschen oder menschenähnliche Wesen(인간이나 인간유사적 존재에 대한 잔인하거나 기타 비인간적인 폭력행위).
 Landfriedensbruch (소요죄; StGB 125), Gefangenenmeuterei (피구금자폭동죄 121(2)), Schwerer Hausfriedensbruch(중주거침입죄 StGB 124)에서는 begehen Gewalttätigkeiten gegen Menschen oder Sachen (사람 또는 물건에 대한 폭행),
Widerstand gegen Vollstreckungsbeamte (공무집행공무원에 대한 저항죄 StGB 113 (2))에서는 eine Gewalttätigkeit den Angegriffenen (피공격자에 대한 폭행),
Verbreitung gewalt- oder tierpornographischer Schriften (폭력음란문서반포죄 StGB 184a)에서는 pornographische Schriften, die Gewalttätigkeiten oder sexuelle Handlungen von Menschen mit Tieren zum Gegenstand haben (동물에 의한 인간의 폭력행위나 성적 행위를 대상으로 하는 음란 문서).
* Gewalttätigkeit (§125) ist nicht ein Zwangsmittel i.e.S., sondern schlechthin den Angriff auf Personen oder Sachen in ihrer körperlichen Existenz durch physische Kraftentfaltung.
제125조의 ~은 협의의 강제수단이 아니라, 물리적 힘의 행사에 의한 사람 또는 물건의 그 육체적 존재에 대한 공격만을 말한다.
→ Gewalt (폭력, 폭행).
→ Tätlichkeit (가벼운) (폭행).

Gewässer StGB 330d 수자원, 수질, 물.
1. ein Gewässer: ein oberirdisches Gewässer, das Grundwasser und das Meer; 독일형법의 환경범죄(Straftaten gegen die Umwelt)에 관한 규정에서
1. 수자원은 지표수와 지하수 및 해양을 포함한다.
→ Grundwasser (지하수).

→ Küstengewässer (해안수).
→ Oberirdische Gewässer (지표수).

Gewerbesteuergesetz GewStG 1 영업세법.
Die Gemeinden erheben eine Gewerbesteuer als Gemeindesteuer.
(기초)자치단체는 지방세(기초자치단체세)로서 영업세를 징수한다.

Gewerbliche Berufsgenossenschaft SGB 7 121 산업직종조합.
(1) Die gewerblichen Berufsgenossenschaften sind für alle Unternehmen (Betriebe, Verwaltungen, Einrichtungen, Tätigkeiten) zuständig, soweit sich nicht aus dem Zweiten und Dritten Unterabschnitt eine Zuständigkeit der landwirtschaftlichen Berufsgenossenschaften oder der Unfallversicherungsträger der öffentlichen Hand ergibt.
산업직종조합은 모든 사업(사업, 관리, 시설, 활동)에 대해 관할권을 갖는다. 단 제2절과 제3절에서 농업직종조합 또는 공공부분 산재보험운영기관이 관할권에 명시되어 있지 않아야 한다.

Gewerbliche Weitervermietung BGB 565 영업적 전대차.
(1) Soll der Mieter nach dem Mietvertrag den gemieteten Wohnraum gewerblich einem Dritten zu Wohnzwecken weitervermieten, so tritt der Vermieter bei der Beendigung des Mietverhältnisses in die Rechte und Pflichten aus dem Mietverhältnis zwischen dem Mieter und dem Dritten ein.
임차인이 임대차계약에 의하여 임차주거공간을 영업적으로 제3자에게 주거목적으로 전대한 경우에는 임대인은 임대차계약의 종료시에 임차인과 제3자 사이의 임대차관계로부터 발생하는 권리와 의무를 승계한다.
→ Weitervermietung.

Gewerblicher Rechtsschutz GG 73 Nr.9, 96 산업상의 권리보호, 산업재산권.
Der Bund hat die ausschließliche Gesetz-

gebung über: (73)
9. den gewerblichen Rechtsschutz, das Urheberrecht und das Verlagsrecht.
연방은 9. 산업상의 권리보호, 저작권, 출판권에 대한 전속적 입법권을 가진다.
(1) Der Bund kann für Angelegenheiten des gewerblichen Rechtsschutzes ein Bundesgericht errichten. (96)
연방은 산업상의 권리보호사건을 위한 연방재판소를 설치할 수 있다.

Gewerbsmäßige Bandenhehlerei

StGB 260a 영업적 범죄단체장물죄.
(1) Mit Freiheitsstrafe von einem Jahr bis zu zehn Jahren wird bestraft, wer die Hehlerei als Mitglied einer Bande, die sich zur fortgesetzten Begehung von Raub, Diebstahl oder Hehlerei verbunden hat, gewerbsmäßig begeht.
강도, 절도 또는 장물취득 등의 계속적 수행을 목적으로 조직된 범죄단체의 구성원으로서 장물취득 등을 영업적으로 행한 자는 1년 이상 10년 이하의 자유형에 처한다.

Gewerbsmäßige Hehlerei

StGB 260 Nr.1 영업적 장물죄.
(1) Mit Freiheitsstrafe von sechs Monaten bis zu zehn Jahren wird bestraft, wer die Hehlerei
1. gewerbsmäßig begeht.
2. als Mitglied einer Bande, die sich zur fortgesetzten Begehung von Raub, Diebstahl oder Hehlerei verbunden hat, begeht.
1. 장물취득 등을 영업적으로 행한 자,
2. 장물취득 등을 강도, 절도 또는 장물취득 등의 계속적 수행을 목적으로 조직된 범죄단체의 구성원으로서 행한 자는 6개월 이상 10년 이하의 자유형에 처한다.

Gewerbsmäßige Straftat 영업범.

~ handelt, wem es darauf ankommt, sich aus wiederholter Begehung eine fortlaufende haupt- oder auch nur Nebeneinnahmequelle von einiger Dauer und einigem Umfang zu schaffen.
~은 반복적 범행으로 일정 기간 및 범위에서 계속적인 주 또는 부수입원을 생성하는 경우를 말한다. → Sammelstraftat (집합범).

Gewerbsmäßiger Diebstahl

StGB 243(1) Nr. 3 영업적 절도.
→ Besonders schwerer Fall des Diebstahls (특히 중한 절도).

Gewerkschaft TVG 2 노동조합.

→ Tarifvertragspartei (단체협약당사자).

Gewinn- und Verlustrechnung

HGB 275 손익계산서.
(1) Die Gewinn- und Verlustrechnung ist in Staffelform nach dem Gesamtkostenverfahren oder dem Umsatzkostenverfahren aufzustellen.
손익계산서는 보고식으로 총원가법 또는 매출원가법에 의하여 작성하여야 한다.
→ Unterlagen(자료).

Gewinnabführungsvertrag (이익지급계약)

→ Unternehmensvertrag (기업계약).

Gewinnabschöpfung StGB 73; UWG 10

수익박탈, 이익환수.
(1) Wer dem §3 vorsätzlich zuwiderhandelt und hierdurch zu Lasten einer Vielzahl von Abnehmern einen Gewinn erzielt, kann von den gemäß § 8 Abs. 3 Nr. 2 bis 4 zur Geltendmachung eines Unterlassungsanspruchs Berechtigten auf Herausgabe dieses Gewinns an den Bundeshaushalt in Anspruch genommen werden. (UWG 10)
제8조(Beseitigung und Unterlassung: 제거 또는 부작위) 제3항 제2호 내지 제4호에 의한 부작위청구권을 주장하는 권리자는 고의에 의한 제3조 위반행위로 인하여 다수 수요자부담으로 이익을 본 자에 대하여 연방정부재정으로 그 이익의 반환을 청구할 수 있다.

Gewinnrücklage HGB 272(3) 이익준비금.

(3) Als Gewinnrücklagen dürfen nur Beträge ausgewiesen werden, die im Geschäftsjahr oder in einem früheren

Geschäftsjahr aus dem Ergebnis gebildet worden sind.
당해 영업연도 또는 전영업연도에서 이익으로 형성된 금액만을 이익준비금으로 명시할 수 있다. → Eigenkapital (자기자본금)

Gewinnschuldverschreibung AtkG 221
이익배당부사채.
→ Wandelschuldverschreibung (전환사채).

Gewinnsucht StGB 283a 이욕.
Gewinnsucht ist Steigerug des Erwerbssinns auf ein ungewöhliches ungesundes, sittlich anstößes Maß.
이욕은 영리목적을 비정상적이고, 비건강한 또한 문화적으로 자극적인 정도로 강화시키는 것이다.
→ § 283a Besonders schwerer Fall des Bankrotts (파산죄의 특히 중한 경우).

Gewinnverteilung AktG 60; 58(4) 이익배당.
(1) Die Anteile der Aktionäre am Gewinn bestimmen sich nach ihren Anteilen am Grundkapital. (AktG 60)
이익에 대한 주주의 지분은 기본자본에 대한 지분에 의하여 정한다.
(4) Die Aktionäre haben Anspruch auf den Bilanzgewinn, soweit er nicht nach Gesetz oder Satzung, durch Hauptversammlungsbeschluß nach Absatz 3 oder als zusätzlicher Aufwand auf Grund des Gewinnverwendungsbeschlusses von der Verteilung unter die Aktionäre ausgeschlossen ist. (AktG 58)
법률이나 정관에 의하여 (주식법 제58조) 제3항에 의한 주주총회의 결의를 통하여 또는 이익처분결의에 의한 추가비용으로서 대차대조표이익이 주주배당에서 제외되지 아니하는 한 주주는 대차대조표이익에 대한 청구권을 가진다.

Gewinnvortrag/Verlustvortrag HGB 68
이월이익금/이월결손금.
(1) Die Bilanz darf auch unter Berücksichtigung der vollständigen oder teilweisen Verwendung des Jahresergebnisses aufgestellt werden. Wird die Bilanz unter Berücksichtigung der teilweisen Verwendung des Jahresergebnisses aufgestellt, so tritt an die Stelle der Posten "Jahresüberschuß/Jahresfehlbetrag" und "Gewinnvortrag/Verlustvortrag" der Posten "Bilanzgewinn/Bilanzverlust".
대차대조표는 연도이익의 전부 또는 일부의 처분을 고려하여서 작성될 수도 있다. 대차대조표가 연도처분의 일부분의 처분을 고려하여 작성되는 경우에는 연도잉여금/연도결손금 및 이월이익금/이월결손금 항목에 갈음하여 대자대조표이익/대차대조표손실 항목이 사용된다.
→ Eigenkapital (자기자본금).

Gewissenstäter 양심범.
Das Unrechtsbewußtsein würde dem Gewissenstäter nicht fehlen, da i.d.R. weiß, daß er gegen das Recht handelt. Hält hingegen ein sogenannter Überzeugungstäter eine Vorschrift für verfassungswidrig und daher für nichtig, soll er im Verbotsirrtum sein (Gültigkeitsirrtum).
양심범은 법에 위반하여 행위한다는 것을 알고 있으므로 양심범에게 불법의식이 결여된 것은 아니다. 반면에 확신범은 하나의 규정이 위헌적이고 따라서 무효라고 생각하기 때문에 확신범에게는 금지착오가 적용된다 (효력의 착오).
→ Kriegsdienstverweigerung aus Gewissensgründen (양심적 병역거부).

Gewohnheitsmäßige Straftat 상습범.
Täters, der eine strafbare Handlung aufgrund eines durch wiederholte Begehung erzeugten Hanges begeht.
반복된 범행으로 인하여 형성된 성벽에 의하여 가벌적 행위를 행하는 범죄자.
→ Sammelstraftat (집합범).

Gewohnheitsrecht 관습법.
~ ist ungeschriebenes Recht, das aufgrund langer tatsächlicher Übung und durch allgemeine Anerkennung seiner Verbindlichkeit im Sinne einer Überzeugung von der rechtlichen Notwendigkeit der

Übung entstanden ist.
~은 장기간에 사실상의 관행을 근거로, 관행의 법적 필요성에 대한 확신이라는 구속성의 일반적 인정을 통하여 발생하는 불문법이다.

Gewohnheitsrechtsverbot (lex scripta = geschriebenes Gesetz: Nulla poena sine lege scripta) (Verbot gewohnheitsrechtlicher Strafbegründung/-schärfung zu Lasten des Täters) 관습법의 금지.
Es kann nur Unrecht bestraft werden, das in einem geschriebenen Gesetz genau festgehalten ist
성문법에 명확한 규정이 있는 경우에만 불법으로 처벌할 수 있다.

Gewöhnlicher Aufenthaltsort

EGBGB 5(2) 상거소(尚居所); 주된 거소.
(2) Ist eine Person staatenlos oder kann ihre Staatsangehörigkeit nicht festgestellt werden, so ist das Recht des Staates anzuwenden, in dem sie ihren gewöhnlichen Aufenthalt oder, mangels eines solchen, ihren Aufenthalt hat.
어떤 자가 무국적자이거나 또는 그의 국적이 확인될 수 없는 경우에는 그가 상거소를 가진 국가의 법 또는 상거소가 없는 경우에는 그의 거소를 가진 국가의 법이 적용된다.
→ Ständiger Aufenthalt (상주지).
→ Wohnsitz oder gewöhnlicher Aufenthaltsort (주소지나 주된 거소).

Gezeichnetes Kapital HGB 272 청약자본금(출자~).
(1) Gezeichnetes Kapital ist das Kapital, auf das die Haftung der Gesellschafter für die Verbindlichkeiten der Kapitalgesellschaft gegenüber den Gläubigern beschränkt ist.
청약(출자)자본금(subscribed capital)은 자본회사의 채권자에 대한 채무에 관하여 사원의 채무이행책임이 한정되어 있는 자본금이다. → Eigenkapital (자기자본금).

Gezogener Wechsel WG 1 환어음

(Tratte) (~ 기재사항)
Der gezogene Wechsel enthält:
1. die Bezeichnung als Wechsel im Text der Urkunde, und zwar in der Sprache, in der sie ausgestellt ist;
2. die unbedingte Anweisung, eine bestimmte Geldsumme zu zahlen;
3. den Namen dessen, der zahlen soll (Bezogener);
4. die Angabe der Verfallzeit;
5. die Angabe des Zahlungsorts;
6. den Namen dessen, an den oder an dessen Order gezahlt werden soll;
7. die Angabe des Tages und des Ortes der Ausstellung;
8. die Unterschrift des Ausstellers.
환어음에는 다음의 사항이 기재되어야 한다.
1. 증권의 본문중에 그 증권이 발행되는 언어로 어음임을 표시하는 문자 2. 일정한 금액을 지급할 뜻의 무조건의 위탁 3. 지급인의 명칭, 4. 만기 5. 지급지의 기재, 6. 지급을 받을 자 또는 지급을 받을 자를 지시할 자의 명칭 7. 발행일과 발행지 8. 발행인의 서명.

GG → Grundgesetz für die Bundesrepublik Deutschland (독일연방공화국 기본법).

Girovertrag BGB 676f 지로계약.
Durch den Girovertrag wird das Kreditinstitut verpflichtet, für den Kunden ein Konto einzurichten, eingehende Zahlungen auf dem Konto gutzuschreiben und abgeschlossene Überweisungsverträge zu Lasten dieses Kontos abzuwickeln.
금융기관은 지로계약에 의하여 고객을 위해 계좌를 개설하고 입금된 금액을 그 계좌에 기재하며, 체결된 이체계약을 그 계좌의 부담으로 처리할 의무를 진다.

Glaubensfreiheit GG 4 신앙의 자유.
(Glaubens-, Gewissens- und Bekenntnisfreiheit) (신앙·양심·신조의 자유).
(1) Die Freiheit des Glaubens, des Gewissens und die Freiheit des religiösen und weltanschaulichen Bekenntnisses sind

unverletzlich.
신앙과 양심 및 종교적·세계관적 신조의 자유는 불가침이다.
(2) Die ungestörte Religionsausübung wird gewährleistet.
평온한 종교적행사는 보장된다.

Glaubhaftmachung StPO 45(2) 소명.
(2) Die Tatsachen zur Begründung des Antrags sind glaubhaft zu machen.
(원상회복) 신청사유에 대한 사실은 소명되어야 한다.

Glaubhaftmachung des Zeugnisverweigerungsgrundes StPO 56
증언거부사유의 소명.
Die Tatsache, auf die der Zeuge die Verweigerung des Zeugnisses in den Fällen der §§ 52, 53 und 55 stützt, ist auf Verlangen glaubhaft zu machen. Es genügt die eidliche Versicherung des Zeugen.
증인은 제52, 53, 55조의 경우, 요구가 있는 때에는 증언거부의 사유를 소명하여야 한다. 소명은 증인의 선서에 의한 보증으로 충분하다.

Gläubigeranfechtung AnfG 3 채권자취소권 (Vorsätzliche Benachteiligung: 고의적 가해행위)
(1) Anfechtbar ist eine Rechtshandlung, die der Schuldner in den letzten zehn Jahren vor der Anfechtung mit dem Vorsatz, seine Gläubiger zu benachteiligen, vorgenommen hat, wenn der andere Teil zur Zeit der Handlung den Vorsatz des Schuldners kannte.
취소이전 직전 10년간 채무자가 고의로 채권자에게 해를 입힌 법적 행위는 상대방이 그 행위이전에 채무자의 고의를 알 수 있었던 경우에는 이를 취소할 수 있다.

Gläubigerbegünstigung StGB 283c 채권자 비호죄.
(1) Wer in Kenntnis seiner Zahlungsunfähigkeit einem Gläubiger eine Sicherheit oder Befriedigung gewährt, die dieser nicht oder nicht in der Art oder nicht zu der Zeit zu beanspruchen hat, und ihn dadurch absichtlich oder wissentlich vor den übrigen Gläubigern begünstigt, wird mit Freiheitsstrafe bis zu zwei Jahren oder mit Geldstrafe bestraft.
지급불능 사실을 알면서 채권자 1인에 대하여 그 채권자가 청구권이 없거나 그 채권의 종류나 시기상 청구할 수 없는 담보를 제공하거나 채무를 변제함으로써 의도적으로 또는 그 정을 알면서 다른 채권자에 앞서 그를 비호한 자는 2년 이하의 자유형 또는 벌금형에 처한다.

Gläubigerschutz AktG 225 채권자보호.
(1) Den Gläubigern, deren Forderungen begründet worden sind, bevor die Eintragung des Beschlusses bekanntgemacht worden ist, ist, wenn sie sich binnen sechs Monaten nach der Bekanntmachung zu diesem Zweck melden, Sicherheit zu leisten, soweit sie nicht Befriedigung verlangen können.
(자본감소) 결의의 등기의 공고전에 발생한 채권을 가진 채권자가 공고후 6개월 이내에 이러한 목적으로 신고한 때에는 그가 변제를 청구할 수 없는 경우 그에게 담보를 제공하여야 한다.

Gläubigerstreit ZPO 75 채권자소송.
Wird von dem verklagten Schuldner einem Dritten, der die geltend gemachte Forderung für sich in Anspruch nimmt, der Streit verkündet und tritt der Dritte in den Streit ein, so ist der Beklagte, wenn er den Betrag der Forderung zugunsten der streitenden Gläubiger unter Verzicht auf das Recht zur Rücknahme hinterlegt, auf seinen Antrag aus dem Rechtsstreit unter Verurteilung in die durch seinen unbegründeten Widerspruch veranlassten Kosten zu entlassen und der Rechtsstreit über die Berechtigung an der Forderung zwischen den streitenden Gläubigern allein fortzusetzen.
피고인 채무자가 자신을 위하여 채권을 청구하는 제삼자에 대해서 소송을 고지하고 그 제삼자가 소송에 참가한 경우에, 피고가 다툼이 있는 채권자들을 위하여 회수할 권리를 포기하고 채권액을 공탁한 때에는 피고의 신청으로 이유없는 이의를 통하여 발생된 비용의 판결을 명하고 피고를 소송으로부터 탈퇴시키며, 채권의 귀속에 관한 소송은 다툼있는 채권자들 사이에서만 속행하여야 한다.

Gläubigerverzeichnis InsO 152 채권자목록.
(1) Der Insolvenzverwalter hat ein Verzeichnis aller Gläubiger des Schuldners aufzustellen, die ihm aus den Büchern und Geschäftspapieren des Schuldners, durch sonstige Angaben des Schuldners, durch die Anmeldung ihrer Forderungen oder auf andere Weise bekannt geworden sind.
도산관재인은 채무자의 장부 및 영업서류나 그밖의 채무자의 진술, 채권의 신고 또는 기타 다른 방법으로 채무자가 알고 있는 모든 채권자의 목록을 작성해야 한다.

Gläubigerverzug (mora creditoris) (채권자지체) → Annahmeverzug (수령지체).

Glaubwürdigkeit StPO 68a(4) 신빙성.
(4) Erforderlichenfalls sind dem Zeugen Fragen über solche Umstände, die seine Glaubwürdigkeit in der vorliegenden Sache betreffen, insbesondere über seine Beziehungen zu dem Beschuldigten oder dem Verletzten, vorzulegen.
(4) 해당사건에 있어서 증인의 신빙성에 관한 사실, 특히 증인과 피의자, 피해자와의 관계에 관하여 필요한 경우 증인에게 질문하여야 한다. → Bloßstellen von Zeugen. 증인에 대한 불명예 질문 (Fragen nach entehrenden Tatsachen und Vorstrafen).

Gleich nach der Geburt
→ Kindestötung (영아살해죄).

Gleichartige Wahlfeststellung StGB 1 동종류의 선택적 확정.
~ 는 피고인이 특정한 형법전을 침해하였지만, 복수의 법적으로 평가를 받는 행위 가운데 어느 것인지 불확실한 경우이다. 예를 들어 피고인이 피해자에게 이미 사격을 가하였는지 또는 그에 이어 칼로서 살해했는지 알 수 없는 경우이다. 이러한 순수한 사실적 택일의 경우에는 법윤리적·심리적인 비교가능성을 따로 심사할 필요는 없다.
→ Wahlfeststellung.

Gleichbehandlungsgesetz
→ Allgemeines Gleichbehandlungsgesetz. (일반평등법).

Gleichheitsgrundsatz GG 3 평등원칙.
Alle Menschen sind vor dem Gesetz gleich.
모든 인간은 법앞에 평등하다.

Gleichstellungsplan BGleiG 11 평등화계획.
(1) Der Gleichstellungsplan ist ein wesentliches Instrument der Personalplanung, insbesondere der Personalentwicklung, und zur Gleichstellung von Frauen und Männern. Seine Umsetzung ist besondere Verpflichtung der Personalverwaltung sowie jeder Funktionsträgerin und jedes Funktionsträgers mit Vorgesetzten- und Leitungsaufgaben.
평등화계획은 인사계획, 특히 인사발전과 남녀평등화를 위한 본질적 수단이다. 그 계획을 실행하는 것은 인사행정기관과 각 상관 및 관리의 임무를 가진 역할수행자의 특별한 의무이다.

Gleichzeitige Entscheidung über die Fortdauer der Untersuchungshaft StPO 268b 미결구금의 계속에 대한 동시재판.
Bei der Urteilsfällung ist zugleich von Amts wegen über die Fortdauer der Untersuchungshaft oder einstweiligen Unterbringung zu entscheiden. Der Beschluß ist mit dem Urteil zu verkünden.
판결을 내릴 때에는 미결구금의 계속 또는 가수용에 대하여 직권으로 동시에 재판하여야 한다. 이에 대한 결정은 판결과 함께 고지되어야 한다.

Gliederung HGB 265 항목분류.

(1) Die Form der Darstellung, insbesondere die Gliederung der aufeinanderfolgenden Bilanzen und Gewinn- und Verlustrechnungen, ist beizubehalten, soweit nicht in Ausnahmefällen wegen besonderer Umstände Abweichungen erforderlich sind. 작성형식, 특히 연속되는 대차대조표와 손익계산서의 항목분류는 예외적인 경우에 특별한 사정에 의하여 변경이 필요하지 아니하는 한, 유지되어야 한다.

Globalzession 포괄적 채권양도.
Unter einer Globalzession versteht man die Abtretung samtlicher gegenwartiger und zukunftiger Forderungen.
~ 는 현재와 미래의 전체 채권의 양도를 말한다.

Glossatoren 주석학파.
12-13c 중반, 이탈리아 Bologna에서 Irnerius, Azo, Accursius 등을 중심으로 로마법 대전의 주석(glossiert) 및 재해석(überarbeitet)을 가한 학파. ~는 14c에 Bartolus, Baldus 등에 의하여 체계적인 주해를 통하여 로마법을 체계화하고 실생활에 적용하려는 주해학파(Kommentatoren, Konsiliatoren Postglossatoren)로 발전되었다. 이들 학파의 법학방법을 습득한 Rechtsgelehrten(법학자, 학식법률가)에 의하여 로마법이 독일지역에 확산된 사건이 이른바 로마법의 계수 (Rezeption des römischen Rechts)이다.

Glücksspiel → Unerlabte Verantstellung eines Glücksspiels (불법도박개장죄).

GmbH → Gesellschaft mit beschränkter Haftung (유한회사); Gesetz betreffend die Gesellschaft mit beschränkter Haftung (~ 법: GmbHG).

GmbH & Co. (GmbH & Co. KG) 유한합자회사.
Die GmbH & Co. KG ist im deutschen Recht eine Sonderform der Kommanditgesellschaft (KG) und somit eine Personengesellschaft. Anders als bei einer typischen Kommanditgesellschaft ist der persönlich haftende Gesellschafter (Komplementär) keine natürliche Person, sondern eine Gesellschaft mit beschränkter Haftung (GmbH).
~는 합자회사의 특수형태로써 인적회사이다. 무한책임사원은 전형적인 유한회사에서와는 다르게 자연인이 아니라 유한책임회사이다.

GPSG → Geräte- und Produktsicherheitsgesetz (장비 및 제조물안전법).

Grad → Verwandte gerader Linie (직계혈족).

Grammatische Auslegung 문리해석.
문리해석은 입법자의 표현방법에서 시작하여 언어의 이해로부터 규범의 내용을 인식하고자 하는 해석이다 (예를 들어 "Muß"는 강제(필연)명령, "Soll"은 비구속적인 의무의 명령으로, "Kann"는 재량, "Darf"는 허용되지만 금지하지는 않고 있는 명령으로 본다). 이러한 해석은 일반적인 언어사용례, 통상의 법률용어나 표현방법에서 시작하는 방법이지만 기술적인 표현의 특수성도 고려하여야 한다.
(Muß-Vorschirft는 강제규정(필연), Soll-Vorschrift는 의무규정(당위), Kann-Vorschrift는 재량규정, Darf-Vorschrift는 허용규정).

Grenzenbezeichnung
→ Veränderung einer Grenzenbezeichnung (경계표변경죄).

GRH → Region Hannover (Gesetz über die ~) (하노버지역법).

Grob anstößig und belästigende Handlung OWiG 119 자극적인 부담행위 (현저하게 비속한 폐해행위). → Belästigung.
(1) Ordnungswidrig handelt, wer
1. öffentlich in einer Weise, die geeignet ist, andere zu belästigen, oder
2. in grob anstößiger Weise durch Verbreiten von Schriften, Ton- oder Bildträgern, Abbildungen oder Darstellungen

oder durch das öffentliche Zugänglich-
machen von Datenspeichern
Gelegenheit zu sexuellen Handlungen anbietet, ankündigt, anpreist oder Erklärungen solchen Inhalts bekanntgibt.
1. 공연히 타인을 부담시키기에(혐오감을 주
기에) 적합한 방법으로, 또는
2. 문서, 녹음·녹화기, 도화 또는 표현물의
반포나 데이터 저장장치의 공개적인 접근을
통해 아주 자극적인 방법으로
성적 행위를 위한 기회의 요구, 고지, 장려
를 하거나 이러한 내용의 의사를 표시한자
는 질서위반의 행위를 한 것이다.

Grob unverständlicher Versuch
→ Abergläubischer Versuch (미신범).

Grobe Fahrlässigkeit
중과실(Culpa lata)
↔ Leichte Fahrlässigkeit (경과실)(Culpa
levis).
Der Schenker hat nur Vorsatz und grobe
Fahrlässigkeit zu vertreten. (BGB 521)
증여자는 고의 및 중과실에 대하여만 책임
을 부담한다.

Grober Unverstand (aus Grobem Unver-
stand) 현저한 무지로.
→ Untauglicher Versuch (불능미수).

Große Anfrage BTGO 100 대질문.
1Große Anfragen an die Bundesregierung
(§ 75 Abs. 1 Buchstabe f) sind dem Präsidenten einzureichen; sie müssen kurz
und bestimmt gefaßt sein und können mit
einer kurzen Begründung versehen werden.
연방정부에 대한 대질문은(연방하원 의사규
칙 제75조 1항 f: 독립적 의안) 의장에게 제
출한다. 대질문은 간결하고 특정되어야 하며,
그에 대한 간단한 근거를 제시해야 한다.

Große (gemeinschaftliche) Haverei
HGB 700 공동해손.
(1) Alle Schäden, die dem Schiff oder der
Ladung oder beiden zum Zwecke der
Errettung beider aus einer gemeinsamen
Gefahr von dem Kapitän oder auf dessen

Geheiß vorsätzlich zugefügt werden, sowie
auch die durch solche Maßregeln ferner
verursachten Schäden, ingleichen die
Kosten, die zu demselben Zweck aufgewendet werden, sind große Haverei.
선박 및 적하를 공동위험에서 구조하기 위
하여 선장에 의하여 또는 선장의 명령으로
고의로 선박 또는 적하 또는 이 양자에 가
한 모든 손해 및 이러한 처분에서 야기된
손해와 동일한 목적을 위하여 지출된 비용
은 이를 공동해손으로 한다.

Große Kapitalgesellschaft HGB 267(3)
대(규모)자본회사.
(3) Große Kapitalgesellschaften sind solche, die mindestens zwei der drei in
Absatz 2 bezeichneten Merkmale überschreiten.
대(규모)자본회사란 적어도 (상법 제267조)
제2항(중규모 자본회사)에 규정된 3가지 표
지 중 2가지를 초과한 회사를 말한다.
→ Kleine Kapitalgesellschaft (소자본회사).
→ Mittelgroße Kapitalgesellschaft (중규모
자본회사).

Große Kreisstadt GemO 3(2) 대권역시.
(2) Gemeinden mit mehr als 20000 Einwohnern können auf ihren Antrag von der
Landesregierung zu Großen Kreisstädten
erklärt werden. Die Erklärung zur Großen
Kreisstadt ist im Gesetzblatt bekannt zu
machen.
인구 20,000 이상인 (기초)자치단체는 신청
에 의하여 주정부로부터 대권역시로 선언될
수 있다. 대권역시의 선언은 관보로 공고되
어야 한다.

Große Strafrechtskommission (GSK)
대형법(개정)위원회.
Nazi 후 형법의 전면개정의 필요성으로
1954년 Neumeyer를 위원장으로 각계의 법
무인사로 구성된 형법개정위원회. 이 위원
회의 활동으로, 1959년에 제1, 2차 초안(E
1959 I, II)이 나왔다. 1960년 연방법무부는
대형법위원회의 초안을 토대로 1960년 초안
을 준비하였고, 이를 심의·보완한 1962년 초
안을 마련하였다.

Größe und Gestaltung des Anstalten
StVollzG 143　교도소의 규모와 형태.
(1) Justizvollzugsanstalten sind so zu gestalten, daß eine auf die Bedürfnisse des einzelnen abgestellte Behandlung gewährleistet ist.
행형시설은 개개인에게 적합한 처우가 보장될 수 있을 정도의 형태를 갖추어야 한다.

Großer Senat für Strafsachen
GVG　132, 136, 137　대형사부. → Senat.

Großer Strafkammer　대형사부.
→ Strafkammer (형사부).

Grundbuch　BGB 891　부동산등기부.
(Gesetzliche Vermutung: 법률상 추정)
(1) Ist im Grundbuch für jemand ein Recht eingetragen, so wird vermutet, dass ihm das Recht zustehe.
부동산등기부에 어떤 사람의 권리가 등기되어 있는 때에는 그는 그 권리를 가지는 것으로 추정한다.
Eintragung in das Grundbuch　StPO 111f
부동산등기부에 등기.

Grundbuchamt　GBO 1　부동산등기소.
(1) Die Grundbücher, die auch als Loseblattgrundbuch geführt werden können, werden von den Amtsgerichten geführt (Grundbuchämter).
부동산등기부는 가제식으로 할 수 있으며, 구법원이 관할한다 (부동산등기소).

Grundbuchblatt　GBO 3　부동산등기부용지 (등기용지).
(1) Jedes Grundstück erhält im Grundbuch eine besondere Stelle (Grundbuchblatt).
Das Grundbuchblatt ist für das Grundstück als das Grundbuch im Sinne des Bürgerlichen Gesetzbuchs anzusehen.
각 부동산은 부동산등기부에 각각의 장소를 갖는다 (등기용지). 등기용지는 독일 민법상 부동산등기부로서 부동산을 말한다.

Grundbuchordnung　GBO　부동산등기법.
→ Grundbuchamt (부동산등기소) (1994.5.

26) (BGBl_I_94,1114).

Grunddienstbarkeit　BGB 1018; ZPO 7
지역권.
Ein Grundstück kann zugunsten des jeweiligen Eigentümers eines anderen Grundstücks in der Weise belastet werden, daß dieser das Grundstück in einzelnen Beziehungen benutzen darf oder daß auf dem Grundstück gewisse Handlungen nicht vorgenommen werden dürfen oder daß die Ausübung eines Rechts ausgeschlossen ist, das sich aus dem Eigentum an dem belasteten Grundstück dem anderen Grundstück gegenüber ergibt.
토지는 다른 토지의 당시 소유자를 위하여 그가 개별적 관계에 있어서 토지를 이용하거나 또는 토지에 일정한 행위가 금지되도록 하거나 또는 부담이 된 토지에 대한 소유권에서 다른 토지에 대하여 발생하는 권리의 행사가 배제되도록 하는 방법으로 부담이 될 수 있다.
Der Wert einer Grunddienstbarkeit wird durch den Wert, den sie für das herrschende Grundstück hat.
지역권의 가액은 요역지가 지역권으로 인해서 얻는 가액으로 정한다.

Gründer　AktG 46　발기인.
(Verantwortlichkeit der ~: ~의 책임).
Die Gründer sind der Gesellschaft als Gesamtschuldner verantwortlich.
발기인은 연대채무자로서 회사에 대하여 책임이 있다.

Grundfreibetrag　EStG 32a(1) Nr.1　기초공제액.
In Deutschland hat jeder Einkommensteuerpflichtige gemäß § 32a Abs. 1 Nr.1 EStG einen Anspruch auf einen Grundfreibetrag in Höhe von jährlich 7.664 Euro (Stand: 2008).
독일의 모든 소득세납세의무자는 소득세법 제32a조 제1항에 의하여 매년 7,664 유로에 해당하는 기초공제액을 청구할 권리를 가진다(2008년 기준).

Grundgesetz für die Bundesrepublik Deutschland GG 독일연방공화국 기본법 (헌법) (1949.5.23) (BGBl.49,1).
→ Präambel (前文).

Grundkapital AktG 6 (기본)자본.
Das Grundkapital muß auf einen Nennbetrag in Euro lauten.
기본자본은 액면을 유로로 표시하여야 한다.
* Als Stammkapital bezeichnet man die bei einer GmbH von den Gesellschaftern zu erbringende Kapitaleinlage. Es ist zu unterscheiden vom Grundkapital, das bei der Gründung einer Aktiengesellschaft aufzubringen ist.
유한회사의 사원이 기본출자하는 기본자본(Stammkapital)과 주식회사의 설립시 납부해야 하는 기본자본(Grundkapital)은 구분된다.

Grundlage der Besteuerung KStG 7
과세표준.
(1) Die Körperschaftsteuer bemisst sich nach dem zu versteuernden Einkommen.
법인세는 과세소득에 대하여 계산된다.
→ Besteuerungsgrundsatz (과세원칙).

Grundlagenvertrag (Grundvertrag) 기본조약 (동서독간 상호관계에 관한 ~).
Vertrag über die Grundlagen der Beziehungen zwischen der Bundesrepublik Deutschland und der Deutschen Demokratischen Republik
1. Die Bundesrepublik Deutschland und die Deutsche Demokratische Republik entwickeln normale gutnachbarliche Beziehungen zueinander auf der Grundlage der Gleichberechtigung.
독일연방공화국과 독일민주공화국은 호혜평등의 기초 위에서 정상적인 선린관계를 발전시킨다.

Grundlohn EStG 3b 기본임금 (기본급).
(2) Grundlohn ist der laufende Arbeitslohn, der dem Arbeitnehmer bei der für ihn maßgebenden regelmäßigen Arbeitszeit für den jeweiligen Lohnzahlungszeitraum zusteht; er ist in einen Stundenlohn umzurechnen und mit höchstens 50 Euro anzusetzen.
기본임금은 근로자에게 기준이 되는 정규 근로시간에서 각 임금지불시간에 대하여 근로자에게 속하는 현재의 노임이다. 기본급은 시간당 환산되며 최고 50유로로 평가된다. → Vergütungsstufe (보수등급).

Grundrecht GG 1(3) 기본권.
(3) Die Grundrechte binden Gesetzgebung, vollziehende Gewalt und Rechtsprechung als unmittelbar geltendes Recht (Grundrechtsbindung).
기본권은 직접 적용되는 법으로서 입법, 행정 및 사법을 구속한다(기본권의 구속).
→ Grundgesetz (기본법).
→ Verwirkung von Grundrechten (기본권의 상실).
→ Einschrankung von Grundrechten (기본권의 제한).

Grundrente BVG 31 기본연금.
(1) Beschädigte erhalten eine monatliche Grundrente bei einem Grad der Schädigungsfolge von 30 in Höhe von 120 Euro, Die Grundrente erhöht sich für Schwerbeschädigte, die das 65. Lebensjahr vollendet haben, bei einem Grad der Schädigungsfolgen von 50 und 60 um 24 Euro.
상해자는 매월 상해의 결과의 정도에 따라서 30부터 120유로의 기본연금을 받는다. 기본연금은 만 65세에 달한 중증장해자에 대하여는 상해의 결과의 정도에 따라 50 및 60에서부터 24유로정도 더 부여된다.

Grundschuld BGB 1191 토지채무.
(1) Ein Grundstück kann in der Weise belastet werden, dass an denjenigen, zu dessen Gunsten die Belastung erfolgt, eine bestimmte Geldsumme aus dem Grundstück zu zahlen ist.
토지는 토지채무권리자에게 토지로부터 일정한 금액이 지불되는 방법으로 토지채무의 권리가 설정될 수 있다.

Grundsicherung für Arbeitsuchende
SGB 2 1 구직자에 대한 기초보장.
(1) Die Grundsicherung für Arbeitsu-chende soll die Eigenverantwortung von erwerbsfähigen Hilfebedürftigen und Personen, die mit ihnen in einer Bedarfs-gemeinschaft leben, stärken und dazu beitragen, dass sie ihren Lebensunterhalt unabhängig von der Grundsicherung aus eigenen Mitteln und Kräften bestreiten können.
구직자에 대한 기초보장은 취업능력이 있는 요부조자 및 이들과 수요공동체로 생활하는 자의 자기책임을 강화하고 기초보장에 독립하여 자신의 수단과 자력으로 생계유지를 도맡을 수 있도록 기여한다.

Grundstück BGB 925 부동산; 토지.
Zur Übertragung des Eigentums an einem Grundstück, zur Belastung eines Grund-stücks mit einem Recht sowie zur Über-tragung oder Belastung eines solchen Rechts ist die Einigung des Berechtigten und des anderen Teils über den Eintritt der Rechtsänderung und die Eintragung der Rechtsänderung in das Grundbuch er-forderlich.
부동산소유권을 이전하거나 이에 물권을 설정하거나 또는 설정된 물권을 이전하거나 이에 물권을 설정함에는 권리변경에 관한 권리자와 상대방의 합의 및 부동산등기부에 권리변경의 등기를 필요로 한다.
↔ bewegliche Sache (동산).

Grundstückskarte SPV 3 지적도.
(1) In der Grundstückskarte sind die Gren-ze des Plangebietes sowie Grenzen und Bezeichnungen der Flurstücke nach den Vorschriften zur Führung des Liegen-schaftskatasters entsprechend den Anfor-derungen des § 8 Abs. 2 Satz 1 des Bo-densonderungsgesetzes grafisch darzustel-len.
지적도에는 계획지역의 경계 및 필지의 경계와 명칭이 토지대장 관리규정에 의하여 토지구획법 제8조 제2항 제1문에 상응하도록 그래픽으로 표현되어야 한다.

Grundstücksliste BoSoG 8(3); SPV 4
토지목록.
(3) Bei unvermessenem Eigentum sind die in der Grundstückskarte verzeichneten Grundstücke in einer Grundstücksliste unter Angabe der aus dem Grundbuch ersichtlichen oder bei dem Grundbuchamt sonst bekannten Eigentümer und, soweit bekannt, die bisherige Grundbuchstelle aufzuführen.
측량되지 아니한 소유권의 경우에 지적도에 표시된 토지는 부동산등기부상 명백하거나 그밖에 등기소에 알려진 소유자를 기재하여 토지목록에 기입하여야 하며, 후자의 경우 그 등기장소도 같이 기재되어야 한다.
(1) Die Grundstücksliste weist in einer Übersicht über den bisherigen Bestand
1. die bei Einleitung des Verfahrens vor-handenen Grundstücke,
2. deren Eigentümer und,
3. sofern diese festgestellt werden sollen, dingliche Nutzungsrechte und Gebäude-eigentum sowie deren Inhaber aus.
토지목록표에는 목록에 다음 각호의 해당하는 기존의 상황을 명시하여야 한다.
1. 절차의 개시시에 존재한 토지,
2. 토지의 소유자,
3. 이상이 확정된 경우 물적 이용권 및 건물소유권 및 그 점유자들.

Gründungsaufwand AktG 26(2)
설립비용.
(2) Der Gesamtaufwand, der zu Lasten der Gesellschaft an Aktionäre oder an andere Personen als Entschädigung oder als Belohnung für die Gründung oder ihre Vorbereitung gewährt wird, ist in der Satzung gesondert festzusetzen.
회사의 부담으로 주주 또는 기타의 자에 대하여 설립이나 그 준비에 대한 보상 또는 보수로서 부여되는 총비용은 정관에서 별도로 확정되어야 한다.

Gründungsbericht AktG 32 설립보고서.
Die Gründer haben einen schriftlichen Be-richt über den Hergang der Gründung zu erstatten.

발기인은 설립의 경과에 관하여 서면으로
보고하여야 한다.

Gründungsgesellschaft
→ Vorgesellschaft （설립중의 회사）.

Gründungsschwindel 설립사기.
Als gesetzlicher Straftatbestand umfasst
der Gründungsschwindel bestimmte falsche Angaben (oder das Verschweigen
erheblicher Umstände) bei der Anmeldung
einer neu errichteten AG oder GmbH zum
Handelsregister sowie in bestimmten Berichten, die im Zusammenhang mit der
Gründung von Kapitalgesellschaften erstattet werden.
법적 형벌구성요건으로 설립사기는 새로이
설립되는 주식회사나 유한회사의 상업장부
와 관련된 보고 및 자본회사의 설립과 관련
된 보고서에서 일정한 허위의 진술 (또는
중요한 사항의 침묵)을 포함한다.

Grundwasser WHG 1(1) Nr.2 지하수.
(1) Dieses Gesetz gilt für folgende Gewässer:
2. das unterirdische Wasser in der Sät-
tigungszone, das in unmittelbarer Berüh-
rung mit dem Boden oder dem Unter-
grund steht (Grundwasser).
본법은 다음 각호의 수자원에 적용된다.
지면이나 심토에 직접 접하고 있는 포화대
의 지하의 수 (지하수).
→ Gewässer （수자원）.

GS-Zeichen GPSG 7 GS 마크.
(1) Soweit Rechtsverordnungen nach § 3
nichts anderes bestimmen, dürfen technische Arbeitsmittel und verwendungs-
fertige Gebrauchsgegenstände mit dem
vom Bundesministerium für Wirtschaft
und Arbeit amtlich bekannt gemachten
Zeichen "GS = geprüfte Sicherheit" (GS-
Zeichen) versehen werden, wenn es von
einer GS-Stelle nach § 11 Abs. 2 auf Antrag des Herstellers oder seines Bevollmächtigten zuerkannt worden ist.
제3조에서 달리 규정하지 아니하는 한, 기

술적 작업도구 및 사용준비가 완료된 소비
물은 GS사무국이 제11조 제2항에 따라 제
조자 또는 그 대리인의 신청으로 이를 승인
하는 때에는 연방경제사회부가 공적으로 인
정한 표시인 "GS-안전검증"표시(GS 마크)
를 사용할 수 있다.

GüKG → Güterkraftverkehrsgesetz （화물
자동차운송법）.

Gültigkeitsdauer der Nottestamente
BGB 2252 긴급유언의 유효기간.
Ein nach § 2249, § 2250 oder § 2251
errichtetes Testament gilt als nicht
errichtet, wenn seit der Errichtung drei
Monate verstrichen sind und der Erblasser
noch lebt.
제2249조, 제2250조 또는 제2251조(긴급유
언)에 의하여 작성된 유언은 작성시로부터
3개월을 경과하고 또 피상속인이 생존할 때
에는 작성되지 아니한 것으로 본다

Gültigkeitsirrtum 효력의 착오.
→ Gewissenstäter （양심범）.

Günstigkeitsprinzip TVG 4(3) 유리한
조건 우선의 원칙.
(3) Abweichende Abmachungen sind nur
zulässig, soweit sie durch den Tarifvertrag gestattet sind oder eine Änderung
der Regelungen zugunsten des Arbeitnehmers enthalten.
일탈적 협정은 단체협약이 이를 허용하고
있거나 또는 규정의 변경이 근로자를 위한
경우에 허용된다.

Gutachten 감정(서).
Ein Gutachten ist die begründete Darstellung von Erfahrungssätzen und die
Ableitung von Schlussfolgerungen für die
tatsächliche Beurteilung eines Geschehens
oder Zustands durch einen oder mehrere
Sachverständige.
감정은 경험법칙에 관한 근거를 가진 기술
이며, 1인 또는 수인의 감정인에 의하여 사
건이나 상태의 사실적 판단에 대한 결론을
도출하는 것이다.

Gutachten bei Geld- oder Wertzeichen-fälschung StPO 92 → Verdacht einer Geld- oder Wertzeichenfälschung (통화 및 유가증표위조죄의 혐의).

Gutachten im Vorverfahren StPO 82 사전절차의 감정. Erstattung des Gutachtens im Vorverfahren(~의 허용).
Im Vorverfahren hängt es von der Anordnung des Richters ab, ob die Sachverständigen ihr Gutachten schriftlich oder mündlich zu erstatten haben.
사전절차에 있어서 감정인의 감정을 서면으로 할 것인지 또는 구술로 할 것인지의 여부는 법관의 명령에 의한다.

Gutachtenverweigerungsrecht → Verweigerungsrecht des Sachverständigen (감정거부권).

Gutachterausschuß BauGB 192, 193 (토지)감정평가위원회.
(1) Zur Ermittlung von Grundstückswerten und für sonstige Wertermittlungen werden selbständige, unabhängige Gutachterausschüsse gebildet. (102)
토지가격의 조사 및 기타 가격조사를 위하여 독자적이고, 독립적인 감정평가위원회를 설치한다.
(1) Der Gutachterausschuss erstattet Gutachten über den Verkehrswert von bebauten und unbebauten Grundstücken sowie Rechten an Grundstücken, wenn
1. die für den Vollzug dieses Gesetzbuchs zuständigen Behörden bei der Erfüllung der Aufgaben nach diesem Gesetzbuch. (193)
감정평가위원회는 다음 각호의 경우에 건축 또는 미건축된 토지의 거래가격 및 토지상의 권리에 대한 감정을 행한다.
1. 본법의 집행관할이 있는 관청이 본법에 따른 임무를 수행하는 경우 그 신청에 의하여.

Gutachterpflicht
→ Pflicht des Sachverständigen zur Erstattung des Gutachtens (감정인의 감정 실시의무).

Gute Sitte BGB 138; StGB 228 선량한 풍속.
(1) Ein Rechtsgeschäft, das gegen die guten Sitten verstößt, ist nichtig. (138)
선량한 풍속에 위반하는 법률행위는 무효로 한다. → Einwilligung des Verletzten.

Gütergemeinschaft BGB 1415 재산공동제.
Vereinbaren die Ehegatten durch Ehevertrag Gütergemeinschaft, so gelten die nachstehenden Vorschriften.
부부는 부부재산계약을 통해서 재산공동제에 합의하면 다음 규정이 적용된다. 즉, 합유재산(Gesamtgut 1416)의 규정이 적용되나 여기서 특유재산(Sondergut 1417)과 유보재산(Vorbehaltsgut 1418)은 배제된다.

Güterkraftverkehr GüKG 1 화물자동차운송.
(1) Güterkraftverkehr ist die geschäftsmäßige oder entgeltliche Beförderung von Gütern mit Kraftfahrzeugen, die einschließlich Anhänger ein höheres zulässiges Gesamtgewicht als 3,5 Tonnen haben.
화물자동차운송은 연결차량을 포함하여 허용 총중량이 3.5톤을 초과한 자동차에 의한 영업적 또는 유상의 화물 운송을 말한다.

Güterkraftverkehrsgesetz GüKG 화물자동차운송법 (1998.6.22)(BGBl. I S. 1485).

Güterstände BGB 1363 부부재산제.
부부재산의 법적 관계는 잉여공동제 (Zugewinngemeinschaft)와, 별산제(Gütertrennung) 그리고 재산공동제(Gütergemeinschaft)로 나누어진다.

Gütertrennung BGB 1414 별산제.
Schließen die Ehegatten den gesetzlichen Güterstand aus oder heben sie ihn auf, so tritt Gütertrennung ein, falls sich nicht aus dem Ehevertrag etwas anderes ergibt.
배우자가 (잉여청산의) 법정부부재산제를 배제하거나 중지하는 경우 부부재산계약에서 달리 해석되지 아니하는 한 별산제가 개시된다.

Güteverhandlung ZPO 278 화해변론.
Der mündlichen Verhandlung geht zum Zwecke der gütlichen Beilegung des Rechtsstreits eine Güteverhandlung voraus.
소송의 화해적 해결을 위하여 화해변론은 구두변론에 선행한다.
Das Gericht hat in der Güteverhandlung den Sach- und Streitstand mit den Parteien unter freier Würdigung aller Umstände zu erörtern.
화해변론에서 법원은 모든 사정을 자유로이 평가하여 사실 및 분쟁상태에 관하여 당사자들과 토론하여야 한다.

Gutgläubiger Erwerb BGB 932 선의취득.
(1) Durch eine nach § 929 erfolgte Veräußerung wird der Erwerber auch dann Eigentümer, wenn die Sache nicht dem Veräußerer gehört, es sei denn, daß er zu der Zeit, zu der er nach diesen Vorschriften das Eigentum erwerben würde, nicht in gutem Glauben ist.
제929조에 의한 양도에 의하여 물건이 양도인에게 속하지 아니한 때에도 취득자가 이 조에 의하여 소유권을 취득할 당시에 선의가 아니라고 볼 수 없는 한 소유자가 된다.

Gütliche Streitbeilegung ZPO 278 화해적 분쟁해결.
Das Gericht soll in jeder Lage des Verfahrens auf eine gütliche Beilegung des Rechtsstreits oder einzelner Streitpunkte bedacht sein.
법원은 절차의 모든 단계에서 소송이나 개별적 쟁점의 화해적인 해결을 위해 노력하여야 한다.

GVG → Gerichtsverfassungsgesetz (법원조직법).

GWB → Wettbewerbsbeschränkung (Gesetz gegen ～en) 경쟁제한(법).

GwG → Geldwäschegesetz (자금세탁방지법).

Haft StPO 112 구금, 구속.
~는 종래 구법상의 1일-6개월의 형벌을 말하나, 이는 자유형의 단일화로 폐지되고, 현재 ~는 구금, 구속의 의미이다.
→ Verhaftung (구속).

Haftbefehl 구속영장, 구금명령.

→ Aufhebung des Haftbefehls
 StPO 120 구속영장의 취소.
→ Aussetzung des Vollzugs des Haftbefehls StPO 116 구속영장 집행의
 유예.
→ Bekanntmachung des Haftbefehls
 StPO 114a 구속영장의 고지.
→ Erlaß des Haftbefehls StPO 114, 457
 구속영장의 발부.
→ Steckbrief (수배장).
→ Unterbringungsbefehl (수용영장).
→ Vorführungsbefehl (구인장).
→ Zuständigkeit für den Erlass des
 Haftbefehls StPO 125 구속영장의
 발부의 관할.

Haftbefehl vor Stellung eines Strafantrags StPO 130 고소이전의 구속영장(발부).
Wird wegen Verdachts einer Straftat, die nur auf Antrag verfolgbar ist, ein Haftbefehl erlassen, bevor der Antrag gestellt ist, so ist der Antragsberechtigte, von mehreren wenigstens einer, sofort von dem Erlaß des Haftbefehls in Kenntnis zu setzen und davon zu unterrichten, daß der Haftbefehl aufgehoben werden wird, wenn der Antrag nicht innerhalb einer vom Richter zu bestimmenden Frist, die eine Woche nicht überschreiten soll, gestellt wird.
고소가 제기되기 전, 고소에 의하여서만 소추될 수 있는 범죄행위의 혐의로 인하여

구속영장이 발부되는 경우에는 고소권자에게, 고소권자가 수인인 경우에는 적어도 그 중 한 사람에게 구속영장의 발부를 즉시 알려야 하며, 판사가 정하는 기간의 일주일 이내에 고소가 제기되지 아니하는 경우에는 구속영장이 취소된다는 사실도 알려야 한다.

Haftbeschwerde StPO 117(2) 구속항고.
(2) Neben dem Antrag auf Haftprüfung ist die Beschwerde unzulässig.
구속심사의 신청과 동시에 (구속에 관한) 항고는 할 수 없다.

Haftgrund StPO 112(2) 구속사유.
(2) Ein Haftgrund besteht, wenn auf Grund bestimmter Tatsachen
1. festgestellt wird, daß der Beschuldigte flüchtig ist oder sich verborgen hält,
2. bei Würdigung der Umstände des Einzelfalles die Gefahr besteht, daß der Beschuldigte sich dem Strafverfahren entziehen werde (Fluchtgefahr), oder
3. das Verhalten des Beschuldigten den dringenden Verdacht begründet, er werde
a) Beweismittel vernichten, verändern, beiseite schaffen, unterdrücken oder fälschen oder
b) auf Mitbeschuldigte, Zeugen oder Sachverständige in unlauterer Weise einwirken oder
c) andere zu solchem Verhalten veranlassen,
und wenn deshalb die Gefahr droht, daß die Ermittlung der Wahrheit erschwert werde (Verdunkelungsgefahr).
(2) 다음 각호의 사실을 근거로 구속사유가 사유가 존재한다.
1. 피의자가 도망중 또는 잠복중이라고 인정되는 때,
2. 개별사건의 정황을 판단하여 볼 때 피의자가 형사절차를 회피할 위험이 있는 때(도주의 우려),
3. 피의자의 태도에서 다음 행위에 대한 유력한 혐의가 인정되고 이로 인하여 진실 조사를 곤란하게 할 위험이 있는 때(증거인멸의 위험),
a. 증거방법의 인멸, 변조, 제거, 은닉 또는

위조
b. 공동피의자, 증인 또는 감정인에 대하여
부당한 방법으로 영향력을 행사하려 할 때,
c. 기타 위와 같은 행동의 사주할 때.

Haftgrund der Wiederholungsgefahr
재범의 위험성을 이유로 한 구속사유.
→ Sicherungshaft (보안구금).

Haftkostenbeitrag StVollzG 50 구금비용.
(1) Als Teil der Kosten der Vollstreckung der Rechtsfolgen einer Tat (§ 464a Abs. 1 Satz 2 der Strafprozessordnung) erhebt die Vollzugsanstalt von dem Gefangenen einen Haftkostenbeitrag.
범죄의 법적 효과의 집행비용의 일부로서(형사소송법 제464a조 제1항 제2단) 행형시설은 수형자로부터 구금비용을 걷을 수 있다.

Haftpflichtgesetz HaftPflG 1 책임(의무)법 (1978.1.4) (BGBl. I S. 145).
(1) Wird bei dem Betrieb einer Schienenbahn oder einer Schwebebahn ein Mensch getötet, der Körper oder die Gesundheit eines Menschen verletzt oder eine Sache beschädigt, so ist der Betriebsunternehmer dem Geschädigten zum Ersatz des daraus entstehenden Schadens verpflichtet.
궤도 또는 삭도철도를 운영하면서 사람을 사망하게 하거나 또는 사람의 신체나 건강을 해하게 하거나 또는 물건에 손상을 가한 경우에 운영사업자는 그로부터 발생한 손해를 피해자에게 배상할 책임을 진다.
(2) Die Ersatzpflicht ist ausgeschlossen, wenn der Unfall durch höhere Gewalt verursacht ist.
사고가 불가항력에 의한 경우에 배상책임은 배제된다.

Haftpflichtversicherung VVG 100 책임보험.
Bei der Haftpflichtversicherung ist der Versicherer verpflichtet, den Versicherungsnehmer von Ansprüchen freizustellen, die von einem Dritten auf Grund der Verantwortlichkeit des Versicherungsnehmers für eine während der Versicherungszeit eintretende Tatsache geltend gemacht werden, und unbegründete Ansprüche abzuwehren.
책임보험에 있어서는 보험자는 보험기간내에 발생한 사실에 대하여 보험계약자의 책임을 근거로 제삼자가 주장하는 급부를 보험계약자에 보전하고 근거없는 청구권을 방지할 의무를 진다.

Haftplätze StVollzG 141 구금장소.
→ Differenzierung der Anstalten (행형시설의 차별화).

Haftprüfung StPO 117 구속심사.
Solange der Beschuldigte in Untersuchungshaft ist, kann er jederzeit die gerichtliche Prüfung beantragen, ob der Haftbefehl aufzuheben oder dessen Vollzug nach §116 auszusetzen ist.
미결구금중에 피의자는 언제든지 법원에 대하여 구속영장의 취소와 제116조에 의한 구속영장 집행의 유예에 대하여 법원의 심사를 요청할 수 있다.

Haftprüfung durch das OLG StPO 122
주고등법원의 구속심사.
(1) In den Fällen des § 121 legt das zuständige Gericht die Akten durch Vermittlung der Staatsanwaltschaft dem Oberlandesgericht zur Entscheidung vor, wenn es die Fortdauer der Untersuchungshaft für erforderlich hält oder die Staatsanwaltschaft es beantragt.
(1) 제121조(미결구금의 시적 한계: 6개월)의 경우에 관할법원이 심리구금을 지속할 필요가 있다고 인정하거나 검사가 이를 신청한 때에는 관할법원은 재판을 위하여 소송기록을 검사를 통하여 상급지방법원에 제출한다.

Haftraum → Ausstattung des Haftraums
und sein persönlicher Besitz (거실장식과 개인소지물).

Haftung 책임, 부책 → Schuld.
죄책(罪責)에서 죄에 대한 비난성을 배제한

민사상 책임개념; 직무배상은 Amtshaftung (공무원의 배상책임 BGB 839(1)).

Haftung bei Amtspflichtverletzung
(Amtshaftung) GG 34; BGB 839 직무의 무위반으로 인한 (배상)책임 (직무배상).
Verletzt jemand in Ausübung eines ihm anvertrauten öffentlichen Amtes die ihm einem Dritten gegenüber obliegende Amtspflicht, so trifft die Verantwortlichkeit grundsätzlich den Staat oder die Körperschaft, in deren Dienst er steht. Bei Vorsatz oder grober Fahrlässigkeit bleibt der Rückgriff vorbehalten. Für den Anspruch auf Schadensersatz und für den Rückgriff darf der ordentliche Rechtsweg nicht ausgeschlossen werden. (GG 34)
위탁받은 공무집행에 당하여 제3자에 대하여 부과된 직무의무에 위반한 자에 대한 (배상)책임은 원칙으로 직무상 그를 사용하는 국가 또는 공공단체에 속한다. 고의 또는 중대한 과실에 대한 구상은 유보된다. 손해배상청구와 구상으로 인하여 통상적인 재판상의 방법이 배제되어서는 아니한다.
(1) Verletzt ein Beamter vorsätzlich oder fahrlässig die ihm einem Dritten gegenüber obliegende Amtspflicht, so hat er dem Dritten den daraus entstehenden Schaden zu ersetzen. Fällt dem Beamten nur Fahrlässigkeit zur Last, so kann er nur dann in Anspruch genommen werden, wenn der Verletzte nicht auf andere Weise Ersatz zu erlangen vermag. (BGB 839)
공무원은 고의 또는 과실로 제3자에 대한 직무의무를 위반한 경우 그로부터 발생한 손해를 배상하여야 한다. 공무원에게 과실만이 있는 경우에는 피해자가 다른 방법으로 배상을 받을 수 없는 때에만 공무원에 대하여 배상이 청구될 수 있다.

Haftung bei Herausgabepflicht
BGB 292 반환의무에 관한 책임.
(1) Hat der Schuldner einen bestimmten Gegenstand herauszugeben, so bestimmt sich von dem Eintritt der Rechtshängigkeit an der Anspruch des Gläubigers auf Schadensersatz wegen Verschlechterung, Untergangs oder einer aus einem anderen Grunde eintretenden Unmöglichkeit der Herausgabe nach den Vorschriften, welche für das Verhältnis zwischen dem Eigentümer und dem Besitzer von dem Eintritt der Rechtshängigkeit des Eigentumsanspruchs an gelten, soweit nicht aus dem Schuldverhältnis oder dem Verzug des Schuldners sich zugunsten des Gläubigers ein anderes ergibt.
채무자가 특정한 목적물을 반환하여야 하는 경우, 훼손, 멸실, 또는 기타의 사유로 인하여 발생하는 반환불능으로 인한 채권자의 손해배상청구권은 소유권에 의거한 청구권에 관한 소송계속이 발생한 때로부터 소유권자와 점유자와의 관계에 대하여 적용되는 규정에 따라서 이를 정한다. 단, 당해 채권관계나 채무자의 지체로 인하여 채권자의 이익을 위하여 달리 해석되지 아니하여야 한다.

Haftung des Ausstellers
ScheckG 12 발행인의 책임.
Der Aussteller haftet für die Zahlung des Schecks. Jeder Vermerk, durch den er diese Haftung ausschließt, gilt als nicht geschrieben.
발행인은 수표의 지급을 담보한다. 발행인이 지급을 담보하지 않는다는 뜻의 모든 기재는 이를 기재하지 않은 것으로 본다.

Haftung des Vereins für Organe
BGB 31 기관에 대한 사단의 책임.
Der Verein ist für den Schaden verantwortlich, den der Vorstand, ein Mitglied des Vorstands oder ein anderer verfassungsmäßig berufener Vertreter durch eine in Ausführung der ihm zustehenden Verrichtungen begangene, zum Schadensersatz verpflichtende Handlung einem Dritten zufügt.
사단은 이사회, 이사 또는 기타 기본규약에 의해 업무를 담당하게 된 대리인이 그의 권한에 있는 업무의 집행에서 발생한 손해배상의무 있는 행위로 인하여 제3자에게 가한 손해에 대하여 책임을 진다.

Haftung für den Verrichtungsgehilfen
BGB 831 사용자책임.
Wer einen anderen zu einer Verrichtung bestellt, ist zum Ersatz des Schadens verpflichtet, den der andere in Ausführung der Verrichtung einem Dritten widerrechtlich zufügt.
어느 사무에 관하여 타인을 사용한 자는 그 타인이 사무의 집행에 있어서 위법으로 제3자에게 가한 손해를 배상할 의무를 부담한다.

Haftung Mitverurteilter als Gesamtschuldner StPO 466 공동으로 형의 선고를 받은 자의 연대책임.
Mitangeklagte, gegen die in bezug auf dieselbe Tat auf Strafe erkannt oder eine Maßregel der Besserung und Sicherung angeordnet wird, haften für die Auslagen als Gesamtschuldner.
동일한 행위에 관하여 형이 선고되거나 개선 및 보안처분이 명하여진 공동피고인은 경비에 대하여 연대채무자로서의 책임을 진다.

Haftungsbescheid AO 191 책임결정.
(1) Wer kraft Gesetzes für eine Steuer haftet (Haftungsschuldner), kann durch Haftungsbescheid, wer kraft Gesetzes verpflichtet ist, die Vollstreckung zu dulden, kann durch Duldungsbescheid in Anspruch genommen werden.
법률에 의하여 조세에 대하여 책임을 지는 자(책임채무자)에 대하여는 책임결정에 의하여, 법률에 의하여 집행을 수인할 의무를 지는 자에 대하여는 수인결정에 의하여 청구할 수 있다.

Haftungsschuldner AO 191 책임채무자.
→ Haftungsbescheid (책임결정).

HAG → Heimarbeitsgesetz (가내근로법).

Halbes Jahr BGB 189 반년.
(1) Unter einem halben Jahr wird eine Frist von sechs Monaten, unter einem Vierteljahr eine Frist von drei Monaten, unter einem halben Monat eine Frist von 15 Tagen verstanden.
반년은 6개월의 기간, 4분의 1년은 3개월의 기간, 반월은 15일의 기간이다.

Halbleiterschutzgesetz (Gesetz über den Schutz der Topographien von mikroelektronischen Halbleitererzeugnissen)
HalblSchG 반도체보호법 (1987.10.22)
(BGBl. I S. 2294).

→ Topographie (회로).

Halbteilungsgrudsatz
→ Zugewinngemeinschaft (잉여공동제).

Halsgerichtsordnung 할스(중죄) 형사령 (형사재판규칙).
할스 형사령은 교수형의 형벌을 부과할 수 있는 법원의 재판규칙이다. 13세기 말 이래 할스 법원의 명칭은 15세기 후반부에 할스 형사령의 명칭으로 나타난다(Ellwagen 1466, Nürnwerg 1485, Radolfszell 1506, Bamberg 1507). 1532년 Karl V의 형사령(Peinliche Gerichtsordnug)이 유명하다.

Haltbarkeitsgarantie BGB 443 내구성보장.
(1) Übernimmt der Verkäufer oder ein Dritter eine Garantie für die Beschaffenheit der Sache oder dafür, dass die Sache für eine bestimmte Dauer eine bestimmte Beschaffenheit behält (Haltbarkeitsgarantie), so stehen dem Käufer im Garantiefall unbeschadet der gesetzlichen Ansprüche die Rechte aus der Garantie zu den in der Garantieerklärung und der einschlägigen Werbung angegebenen Bedingungen gegenüber demjenigen zu, der die Garantie eingeräumt hat.
매도인 또는 제3자가 물건의 성상에 대한 보장을 인수하거나 물건이 일정한 기간동안 일정한 성상을 보유한다는 보장(내구성보장)을 인수한 경우에, 매수인은 보장사례에서 법률상의 청구권에 관계없이 그 보장을 인정한 사람에 대하여 보장의 의사표시 및 해당광고의 내용에 따른 보장의 권리를 갖는다.

Halten StVO 12 정차.
(1) Das Halten ist unzulässig
1. an engen und an unübersichtlichen Straßenstellen,
2. im Bereich von scharfen Kurven,
3. auf Beschleunigungsstreifen und auf Verzögerungsstreifen,
1. 좁고 주위를 알 수 없는 도로지점, 2. 급커브지역, 3. 가속차선과 감속차선에서는 정차가 허용되지 않는다.

Halten gefährlicher Tiere OWiG 121 위험동물방치죄.
(1) Ordnungswidrig handelt, wer vorsätzlich oder fahrlässig
1. ein gefährliches Tier einer wildlebenden Art oder ein bösartiges Tier sich frei umherbewegen läßt oder
2. als Verantwortlicher für die Beaufsichtigung eines solchen Tieres es unterläßt, die nötigen Vorsichtsmaßnahmen zu treffen, um Schäden durch das Tier zu verhüten.
고의 또는 과실로 1. 위험한 야생 동물 또는 불량 동물을 자유롭게 방치하거나, 2. 이러한 동물의 감독책임자로서 그 동물에 의한 피해를 방지하기 위한 필요한 경계조치를 다하지 않은 자는 질서위반행위를 행한 것이다.

Halter eines Kraftfahrzeugs StVG 7 자동차보유자 (Fahrzeughalter).
(1) Wird bei dem Betrieb eines Kraftfahrzeugs oder eines Anhängers, der dazu bestimmt ist, von einem Kraftfahrzeug mitgeführt zu werden, ein Mensch getötet, der Körper oder die Gesundheit eines Menschen verletzt oder eine Sache beschädigt, so ist der Halter verpflichtet, dem Verletzten den daraus entstehenden Schaden zu ersetzen.
자동차의 운전이나 동승자의 운전중에 사람을 사망하게 하거나 사람의 신체 또는 건강에 대한 손상을 야기한 경우 또는 물건을 손상케 한 경우에 당해 자동차보유자는 피해자에게 발생한 손해를 배상할 책임을 진다.

Handeln auf Anordnung StVollzG 97 지시에 의한 행위 (교도관의 상관의 지시에 의한).
(1) Wird unmittelbarer Zwang von einem Vorgesetzten oder einer sonst befugten Person angeordnet, sind Vollzugsbedienstete verpflichtet, ihn anzuwenden, es sei denn, die Anordnung verletzt die Menschenwürde oder ist nicht zu dienstlichen Zwecken erteilt worden.
직접강제가 상관 또는 기타 권한있는 자에 의하여 지시된 경우 교도관은 그 지시가 인간의 존엄을 손상하거나 직무상의 목적으로 발해지지 아니한 경우를 제외하고는 그 지시에 복종할 의무가 있다.

Handeln für einen anderen StGB 14; OWiG 9 타인을 위한 행위.
(1) Handelt jemand
1. als vertretungsberechtigtes Organ einer juristischen Person oder als Mitglied eines solchen Organs,
2. als vertretungsberechtigter Gesellschafter einer rechtsfähigen Personengesellschaft oder
3. als gesetzlicher Vertreter eines anderen, so ist ein Gesetz, nach dem besondere persönliche Eigenschaften, Verhältnisse oder Umstände (besondere persönliche Merkmale) die Strafbarkeit begründen, auch auf den Vertreter anzuwenden, wenn diese Merkmale zwar nicht bei ihm, aber bei dem Vertretenen vorliegen.
다음 각호의 자격으로 행위한 경우 특별한 인적 성질·관계·상황(특별 인적 요소)이 가벌성의 근거로 된 법률은 그와 같은 요소가 대리인에게는 존재하지 아니하고 본인에게만 존재하는 경우에도 그 대리인에 대하여 이를 적용한다.
1. 법인의 대표기관 또는 동기관의 구성원,
2. 법인격 있는 인적회사의 대표권 있는 사원,
3. 타인의 법정대리인.

Handelsagent → Handelsvertreter (대리상).

Handelsflotte GG 27 상선단.
Alle deutschen Kauffahrteischiffe bilden eine einheitliche Handelsflotte.
모든 독일 상선은 통일 상선단을 구성한다.

Handelsgeschäft HGB 343 상행위.
(1) Handelsgeschäfte sind alle Geschäfte eines Kaufmanns, die zum Betrieb seines Handelsgewerbes gehören.
상행위는 상사영업의 경영에 속하는 상인의 일체의 행위를 말한다.

Handelsgesetzbuch HGB 상법(전)
(Bundesgesetzblatt Teil III, Gliederungs-nummer 4100-1) → Kaufmann (상인).

Handelsgewerbe HGB 1(2) 상사영업 (상업).
(2) Handelsgewerbe ist jeder Gewerbebe-trieb, es sei denn, daß das Unternehmen nach Art oder Umfang einen in kaufmän-nischer Weise eingerichteten Geschäfts-betrieb nicht erfordert.
상사영업은 그 방법 또는 범위에 있어서 상인적 방법으로 설비된 사업경영을 필요로 하지 않는 기업이 아닌 경우의 모든 영업경영이다.

Handelskauf HGB 373 상사매매.
(1) Ist der Käufer mit der Annahme der Ware im Verzug, so kann der Verkäufer die Ware auf Gefahr und Kosten des Käufers in einem öffentlichen Lagerhaus oder sonst in sicherer Weise hinterlegen.
매주(買主)가 상품의 수령을 지체하였을 때는 매주(賣主)는 매주(買主)의 위험 및 비용으로써 공설창고 또는 기타 안전한 방법으로서 상품을 공탁할 수 있다.

Handelsmakler BGB 93 중개인.
(1) Wer gewerbsmäßig für andere Per-sonen, ohne von ihnen auf Grund eines Vertragsverhältnisses ständig damit betraut zu sein, die Vermittlung von Verträgen über Anschaffung oder Veräußerung von Waren oder Wertpapieren, über Versiche-rungen, Güterbeförderungen, Schiffsmiete oder sonstige Gegenstände des Handels-verkehrs übernimmt, hat die Rechte und Pflichten eines Handelsmaklers.
계약관계에 기인하여 상시 위임된 것은 아니나 타인을 위하여 상품이나 유가증권의 공급 또는 양도, 보험, 물품운송, 선박임대 또는 기타 상거래의 목적물에 관한 계약의 매개를 인수하는 것을 영업으로 하는 자는 중개인의 권리와 의무를 가진다.

Handelsregister HGB 8; AktG 41 상업등기부.
(1) Das Handelsregister wird von den Gerichten elektronisch geführt. (8)
상업등기부는 법원에 의하여 전자적으로 행하여진다.
(2) Andere Datensammlungen dürfen nicht unter Verwendung oder Beifügung der Bezeichnung "Handelsregister" in den Verkehr gebracht werden. (8)
그 이외의 데이터자료는 "상업등기부"의 명칭을 사용하여 또는 이를 부가하여 거래에 유통되어서는 아니된다.
(1) Vor der Eintragung in das Handelsre-gister besteht die Aktiengesellschaft als solche nicht. (41)
상업등기부에 등기하기 전에는 주식회사는 성립하지 아니한다.

Handelsrichter GVG 109 상사판사.
(1) Zum ehrenamtlichen Richter kann ernannt werden, wer
1. Deutscher ist,
2. das dreißigste Lebensjahr vollendet hat und
3. als Kaufmann, Vorstandsmitglied oder Geschäftsführer einer juristischen Person oder als Prokurist in das Handelsregister oder das Genossenschaftsregister einge-tragen ist oder eingetragen war oder als Vorstandsmitglied einer juristischen Per-son des öffentlichen Rechts aufgrund einer gesetzlichen Sonderregelung für diese juristische Person nicht eintragen zu werden braucht.
다음 각호에 해당하는 자는 명예직 판사로 임명될 수 있다.

1. 독일인,
2. 만 30세 이상,
3. 상인, 법인의 이사 또는 업무집행자 또는
상업등기부나 협동조합등기부에 등기되거나
등기되었던 지배인 또는 공법상의 법인의
이사로서 동 법인에 대한 특별규정을 근거
로 등기되지 아니한 자.
→ Ehrenamtliche Richter (명예직 판사).
→ Industrie- und Handelskammer (상공회
의소).

Handelsvertreter (Handelsagent)
HGB 84 대리상.
(1) Handelsvertreter ist, wer als selbständiger Gewerbetreibender ständig damit
betraut ist, für einen anderen Unternehmer
(Unternehmer) Geschäfte zu vermitteln
oder in dessen Namen abzuschließen.
대리상은 독립적 사업자로서 상시 다른 사
업자(본인)를 위하여 거래를 중개하거나 본
인의 이름으로 거래를 체결하는 것을 위탁
받은 자를 말한다.
Selbständig ist, wer im wesentlichen frei
seine Tätigkeit gestalten und seine Arbeitszeit bestimmen kann.
독립적이라 함은 자기의 활동을 본질적으로
자유롭게 형성할 수 있고 자기의 근무시간
을 스스로 정할 수 있음을 말한다.

Handelswechsel (Warenwechsel) 상업어
음(상품어음) ↔ Kreditwechsel (Finanzwechsel, Finanzierungswechsel) 융통어음.

Handlungseinheit 행위단일.
Von einer Handlungseinheit spricht man,
wenn entweder eine Handlung im natürlichen Sinn, eine natürliche Handlungseinheit, oder eine juristische Handlungseinheit vorliegen.
행위단일은 하나의 행위가 자연적 의미의
행위 또는 법률적 의미의 단일을 전제로 하
는 경우를 말한다.
Ist eine Handlungseiheit gegeben, kommt
bei den Gesetzeskonkurrenzen Spezialität,
Subsidiarität oder Konsumption ein Betracht. Bei Handlungsmehrheit unterscheidet man zwischen mitbestrafter Vortat

und mitbestrafter Nachtat. Auch für die
Beurteilung von Tateinheit und Tatmehrheit hat die Frage, ob Handlungsmehrheit oder Handlungseinheit vorliege,
maßgebliche Bedeutung.
행위단일이 주어질 경우 법조경합에서는 특
별관계, 보충관계 또는 흡수관계가 고려된
다. 행위다수에서는 불가벌적 사전행위와
불가벌적 사후행위가 구분된다. 범죄행위단
일 및 범죄행위다수를 판단하는 경우에도
행위다수 또는 행위단일이 존재하는 지의
문제가 중요한 기준이 된다.
→ Rechtliche Handlungseinheit (법적 행위
단일: 포괄일죄).
→ Tateinheit (사건의 단일: 상상적 경합).
→ Tatmehrheit (Realkonkurrenz) (범죄행
위다수).

Handlungsgehilfe (Kaufmännischer Angestellter) HGB 59 상업사용인.
Wer in einem Handelsgewerbe zur Leistung kaufmännischer Dienste gegen Entgelt angestellt ist (Handlungsgehilfe), hat,
soweit nicht besondere Vereinbarungen
über die Art und den Umfang seiner
Dienstleistungen oder über die ihm zu-
kommende Vergütung getroffen sind, die
dem Ortsgebrauch entsprechenden Dienste
zu leisten sowie die dem Ortsgebrauch
entsprechende Vergütung zu beanspruchen.
상사영업에서 상인적 노무의 제공을 위해
보수로써 고용된 자(상업사용인)는 그 노무
의 종류 및 범위 또는 그의 보수에 관하여
특별한 합의가 없는 한 지방관습에 따른 노
무를 급부하고, 지방관습에 따른 보수를 청
구하여야 한다.

Handlungsvollmacht HGB 54 행위대리
권 (Vollmacht ohne Prokura: 지배권 없는
대리권).
(1) Ist jemand ohne Erteilung der Prokura
zum Betrieb eines Handelsgewerbes oder
zur Vornahme einer bestimmten zu einem
Handelsgewerbe gehörigen Art von
Geschäften oder zur Vornahme einzelner
zu einem Handelsgewerbe gehöriger
Geschäfte ermächtigt, so erstreckt sich die

Vollmacht (Handlungsvollmacht) auf alle Geschäfte und Rechtshandlungen, die der Betrieb eines derartigen Handelsgewerbes oder die Vornahme derartiger Geschäfte gewöhnlich mit sich bringt.
지배권의 수여 없이 상사영업 또는 특정한 상사영업에 속한 종류의 행위 또는 상사영업에 속한 개개의 행위를 위임한 경우에 대리권(행위대리권)은 그러한 상사영업 또는 그러한 행위의 경영에 통상적으로 수반되는 일체의 행위 및 법률적 행위에 미친다.

Hang zum Verbrechen 범죄성벽.
성벽(性癖)은 범죄행위를 반복하게 되는, 몸에 밴 내적인 상태로서 확고한 경향(fest eingeurzelte Neigung)이다. 성벽이 반드시 범죄행위에 대한 충동(Trieb oder Drang)을 필요로 하는 것은 아니지만 의사박약도 여기에 포함될 수 있다.
하지만 흔히 인용되는 법형식개념상의 누범, 상습범의 차이와 상기 개념의 범죄성벽도 실질적으로는 위험성에 대한 量的인 차이에 불과한 것으로 볼 수 있다.

Härteklausel (Härtevorschrift) StGB 73c; StPO 459f 가혹규정.
(1) Der Verfall wird nicht angeordnet, soweit er für den Betroffenen eine unbillige Härte wäre.
박탈이 그 처분대상자에 대하여 부당하게 가혹한 경우에는 이를 명할 수 없다.
(Unterbleiben der Vollstreckung der Ersatzfreiheitsstrafe) Das Gericht ordnet an, daß die Vollstreckung unterbleibt, wenn die Vollstreckung eine unbillige Härte wäre.
(대체자유형의) 집행이 형의 선고를 받은 자에게 부당하게 가혹한 경우에는 그 집행의 중지를 명한다.

Haßdelikt (hate crime) 증오범죄.
인종, 종교, 성적 경향, 국적 등에 대한 편파적 감정을 가지는 범죄.

Hauptaktionär AktG 327a 지배(주요)주주.
→ Übertragung von Aktien gegen Barab-

findung (현금일시금지급(보상)에 의한 주식양도).

Hauptausschuß für Mindestarbeitsbedingungen MiArbG 2, 3(2) 최저근로조건 본위원회.
(1) Das Bundesministerium für Arbeit und Soziales errichtet einen Hauptausschuß für Mindestarbeitsbedingungen(Hauptausschuß) 연방 노동·사회부는 최저근로조건 본위원회를 설치한다. (2)
(2) Der Hauptausschuß kann die Festsetzung von Mindestarbeitsbedingungen, deren Änderung oder Aufhebung vorschlagen.
본위원회는 최저근로조건의 결정과 그 변경 또는 폐지를 제안할 수 있다. (3)

Hauptberuflicher Notar BNotO 3 직업적 공증인.
(1) Die Notare werden zur hauptberuflichen Amtsausübung auf Lebenszeit bestellt.
공증인은 그 직업적 직무수행을 위하여 종신으로 임명된다.
→ Anwaltsnotar (변호사공증인).

Hauptbeweis 본증 ↔ Gegenbeweis (반증).
Der Hauptbeweis bezeichnet die Überzeugung eines Zivilgerichts von der Richtigkeit der Beweisbehauptung einer Partei.
~은 당사자의 증거주장의 정당성에 대한 민사법원의 확신을 말한다.

Hauptintervention ZPO 64 독립당사자참가.
Wer die Sache oder das Recht, worüber zwischen anderen Personen ein Rechtsstreit anhängig geworden ist, ganz oder teilweise für sich in Anspruch nimmt, ist bis zur rechtskräftigen Entscheidung dieses Rechtsstreits berechtigt, seinen Anspruch durch eine gegen beide Parteien gerichtete Klage bei dem Gericht geltend zu machen, vor dem der Rechtsstreit im ersten Rechtszug anhängig wurde.
타인간에 소송이 계속된 물건 또는 권리의

전부 또는 일부를 자신을 위하여 청구하는 자는 그 소송이 확정될 때까지 그 소송이 일심에서 계속되었던 법원에 있어서 당사자 쌍방에 대한 소로서 그 청구를 주장할 수 있다.

Hauptsache 주물. ↔ Zubehör (종물).

Haupttermin (주기일)
→ Konzentrationsprinzip (집중(심리)주의).

Hauptverhandlung StPO 199; 351 공판.
(1) Das für die Hauptverhandlung zuständige Gericht entscheidet darüber, ob das Hauptverfahren zu eröffnen oder das Verfahren vorläufig einzustellen ist.
공판의 관할법원은 공판절차를 개시할 것인지 또는 그 절차를 잠정적으로 중지할 것인지의 여부에 관하여 재판한다.
(1) Die Hauptverhandlung beginnt mit dem Vortrag eines Berichterstatters.
공판은 (공판)보고자의 낭독으로 시작된다.

Hauptverhandlung ohne den Angeklagten StPO 232 피고인 없는 공판.
(1) Die Hauptverhandlung kann ohne den Angeklagten durchgeführt werden, wenn er ordnungsgemäß geladen und in der Ladung darauf hingewiesen worden ist, daß in seiner Abwesenheit verhandelt werden kann, und wenn nur Geldstrafe bis zu einhundertachtzig Tagessätzen, Verwarnung mit Strafvorbehalt, Fahrverbot, Verfall, Einziehung, Vernichtung oder Unbrauchbarmachung, allein oder nebeneinander, zu erwarten ist.
피고인이 합법적으로 소환되고, 소환장에 그의 불출석하에서도 심리될 수 있다고 명시한 경우 그리고 180일수 이하의 벌금형만, 형유보부경고, 운전금지, 몰수, 박탈, 폐기, 사용불능이 단독 또는 병과하여 부과할 것이 예상되는 경우에는 공판은 피고인 없이도 행하여질 수 있다.

Hauptverhandlung ohne den Einziehungsbeteiligten StPO 436 몰수참가인이 없는 공판.
(1) Bleibt der Einziehungsbeteiligte in der Hauptverhandlung trotz ordnungsgemäßer Terminsnachricht aus, so kann ohne ihn verhandelt werden.
적법한 기일의 통지에도 불구하고 몰수참가인이 공판에 출석하지 아니한 경우에는 몰수참가인 없이 심리될 수 있다.

Hauptverhandlunghaft StPO 127b 공판구속.
(1) Die Staatsanwaltschaft und die atamten dStaPolizeidienstStasind zur vorläufigen FSttnahmeDie Staauf frischer Tat Betroffenen oder Verfolgten auch dann befugt, wenn
1. eine unverzügliche Entscheidung im beschleunigten Verfahren wahrscheinlich ist und
2. auf Grund bestimmter Tatsachen zu befürchten ist, daß der Festgenommene der Hauptverhandlung fernbleiben wird.
다음의 경우 현행범으로 체포 또는 추적당하는 자에 대하여 검사와 경찰직 공무원은 가체포권한을 갖는다.
1. 신속절차에서 즉각적인 판결의 개연성이 있는 경우,
2. 일정한 사실로 보아 피체포자가 공판에 출석하지 않을 우려가 있는 경우.

Hauptversammlung AktG 118 주주총회.
Die Aktionäre üben ihre Rechte in den Angelegenheiten der Gesellschaft in der Hauptversammlung aus, soweit das Gesetz nichts anderes bestimmt.
이 법률의 다른 규정이 없는 한 주주는 주주총회에서 회사의 업무에 관한 그의 권리를 행사한다.

Hausdiebstahl und Familiendiebstahl StGB 247 가정절도와 가족절도 (친족상도례; 친족간 범죄).
Ist durch einen Diebstahl oder eine Unterschlagung ein Angehöriger, der Vormund oder der Betreuer verletzt oder lebt der Verletzte mit dem Täter in häuslicher Gemeinschaft, so wird die Tat nur auf Antrag verfolgt.

절도나 횡령의 피해자가 친족, 후견인, 성년
후견인인 경우 또는 피해자가 가정공동체내
에서 행위자와 동거하고 있는 경우에는 고
소가 있어야만 형사소추할 수 있다.

Hausdurchsuchung zur Nachtzeit
StPO 104 야간가택수색.
(1) Zur Nachtzeit dürfen die Wohnung,
die Geschäftsräume und das befriedete
Besitztum nur bei Verfolgung auf frischer
Tat oder bei Gefahr im Verzug oder dann
durchsucht werden, wenn es sich um die
Wiederergreifung eines entwichenen
Gefangenen handelt.
(1) 주거, 사무실 또는 위요지에 대한 야간
수색은 현행법의 추적 또는 긴급한 경우 또
는 도주한 피의자를 체포하기 위한 경우에
만 허용된다.

Hausfriedensbruch StGB 123 주거침입
죄.
(1) Wer in die Wohnung, in die Geschäftsräume oder in das befriedete Besitztum eines anderen oder in abgeschlossene Räume, welche zum öffentlichen
Dienst oder Verkehr bestimmt sind,
widerrechtlich eindringt, oder wer, wenn
er ohne Befugnis darin verweilt, auf die
Aufforderung des Berechtigten sich nicht
entfernt, wird mit Freiheitsstrafe bis zu
einem Jahr oder mit Geldstrafe bestraft.
타인의 주거, 사무실, 경계표시된 토지, 또는
공공업무나 교통에 사용되는 폐쇄된 공간에
불법으로 침입한 자 또는 권한 없이 그 자
리에 머물면서 권리자의 요구를 받고도 퇴
거하지 아니한 자는 1년 이하의 자유형 또
는 벌금형에 처한다.

Hausgeld StVollzG 47 가계수당(부양가
족급부금).
(1) Der Gefangene darf von seinen in
diesem Gesetz geregelten Bezügen drei
Siebtel monatlich (Hausgeld) und das
Taschengeld (§ 46) für den Einkauf (§ 22
Abs. 1) oder anderweitig verwenden.
수형자는 이 법에 규정된 매월 보수의 3분
의 7(가계수당) 및 용돈(제46조)을 구입(제

22조 제1항) 또는 기타의 용도를 위해 사용
할 수 있다.

Hausgewerbetreibender HAG 2(2)
가내영업(가내공업운영)자.
(2) Hausgewerbetreibender im Sinne dieses Gesetzes ist, wer in eigener Arbeitsstätte (eigener Wohnung oder Betriebsstätte) mit nicht mehr als zwei fremden
Hilfskräften (Absatz 6) oder Heimarbeitern
(Absatz 1) im Auftrag von Gewerbetreibenden oder Zwischenmeistern Waren
herstellt, bearbeitet oder verpackt, wobei
er selbst wesentlich am Stück mitarbeitet,
jedoch die Verwertung der Arbeitsergebnisse dem unmittelbar oder mittelbar auftraggebenden Gewerbetreibenden überläßt.
본법(가내근로법)에서 가내영업자라 함은
자신의 작업장(자신의 주거 또는 사업장)에
서 2인 이하의 외래보조자(제6항)나 가내근
로자(제1항)와 함께 영업자나 중간상인의
위탁을 받아 제품을 제조, 가공, 포장하는
자로서 그 자신이 주요하게 일에 협력하고
있지만 노동결과에 대한 이용은 직접 또는
간접으로 위탁자인 영업자에게 위임한 자를
말한다. → Heimarbeiter (가내근로자).

Haushaltsführung BGB 1356 가사처리.
(1) Die Ehegatten regeln die Haushaltsführung im gegenseitigen Einvernehmen.
Ist die Haushaltsführung einem der Ehegatten überlassen, so leitet dieser den
Haushalt in eigener Verantwortung.
혼인당사자는 상호간의 합의에 의하여 가사
를 처리한다. 가사처리가 배우자의 일방에
게 위임된 때에는 배우자 일방은 자신의 책
임하에서 가사를 처리한다.

Haushaltsgrundsätzegesetz (Gesetz über
die Grundsätze des Haushaltsrechts des
Bundes und der Länder) HGrG 1 예산
기본법 (1969.8.19) (BGBl. I S. 1273).
Die Vorschriften dieses Teils enthalten
Grundsätze für die Gesetzgebung des
Bundes und der Länder. Bund und Länder sind verpflichtet, ihr Haushaltsrecht
nach diesen Grundsätzen zu regeln.

본장의 규정에는 연방과 주의 (예산)입법의
원칙을 정한다. 연방과 주는 이 법에 따라
해당 예산법을 제정할 의무가 있다.
→ Bundeshaushaltsordnung.(연방예산법).

Haushaltsplan GG 110; HGrG 2 예산(안).
(1) Alle Einnahmen und Ausgaben des
Bundes sind in den Haushaltsplan einzustellen; bei Bundesbetrieben und bei
Sondervermögen brauchen nur die Zu-
führungen oder die Ablieferungen eingestellt zu werden. Der Haushaltsplan ist in
Einnahme und Ausgabe auszugleichen.
연방의 모든 수입과 지출은 예산으로 편성
된다. 연방기업 및 특별재산에 대해서는 단
지 편입 또는 교부가 기재되면 족하다. 예
산은 수입과 지출이 균등하게 조정되어야
한다.
Der Haushaltsplan dient der Feststellung
und Deckung des Finanzbedarfs, der zur
Erfüllung der Aufgaben des Bundes oder
des Landes im Bewilligungszeitraum voraussichtlich notwendig ist.
Der Haushaltsplan ist die Grundlage für
die Haushalts- und Wirtschaftsführung.
Bei seiner Aufstellung und Ausführung ist
den Erfordernissen des gesamtwirtschaftlichen Gleichgewichts Rechnung zu tragen.
예산은 승인된 기간동안 연방과 주의 직무
수행을 위하여 필요하다고 예상되는 재정수
요를 확정하고 충당한다. 예산은 예산운용
및 경제운용의 기본이다. 그 작성과 집행에
있어서는 전체경제적 균형에 의한 요구사항
을 고려한다.

Haushaltswirtschaft GG 109 예산관
리.
(1) Bund und Länder sind in ihrer Haushaltswirtschaft selbständig und voneinander unabhängig.
연방과 주는 예산관리에서 독립적이며,
상호의존성이 없다.
→ Ausgabe vor Etatgenehmigung (예산승
인전 지출).
→ Ausgabeerhöhung (지출의 증가).
→ Haushaltsplan (예산안).
→ Überplanmäßige und außerplanmäßige

Ausgaben (예산초과 및 예산외지출).

Hausordnung StVollzG 161 교도소규칙.
(1) Der Anstaltsleiter erläßt eine Hausordnung. Sie bedarf der Zustimmung der
Aufsichtsbehörde.
시설의 장은 교도소의 규칙을 정한다. 이를
위해 감독관청의 동의를 얻어야 한다.

**Hausordnung eines Gesetzgebungsor-
gans** → Verletzung der Hausordnung
eines Gesetzgebungsorgans (입법기관의 자
치규정 위반죄).

Hausrecht und Polizeigewalt
GG 40(2) 가택권과 경찰권.
(2) Der Präsident übt das Hausrecht
und die Polizeigewalt im Gebäude des
Bundestages aus. Ohne seine Genehmigung darf in den Räumen des Bundestages keine Durchsuchung oder Beschlagnahme stattfinden.
의장은 연방하원의 건물 내에서 가택권과
경찰권을 행사한다. 의장의 허가없이는 연
방하원의 구내에서 수색이나 압수를 할 수
없다.

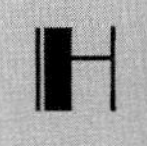

Haussuchung → Nächtliche Haussuchung
(야간가택수색).

Haustürgeschäft BGB 312 방문판매.
(1) Bei einem Vertrag zwischen einem
Unternehmer und einem Verbraucher, der
eine entgeltliche Leistung zum Gegenstand
hat und zu dessen Abschluss der Verbraucher durch mündliche Verhandlungen
an seinem Arbeitsplatz oder im Bereich
einer Privatwohnung,
bestimmt worden ist (Haustürgeschäft),
steht dem Verbraucher ein Widerrufsrecht
gemäß § 355 zu.
사업자와 소비자 사이에 유상급부를 대상으
로 하고 소비자가 직장 또는 사적 거주의
영역에서 구두교섭에 의하여 그 계약체결을
하게 된 경우에 제355조의 철회권은 소비자
에게 있다.

Haverei (Haverie) 해손 → Große (gemeinschaftliche) Haverei (공동해손).

Heberecht GrStG 1 징세권 (징수권).
(1) Die Gemeinde bestimmt, ob von dem in ihrem Gebiet liegenden Grundbesitz Grundsteuer zu erheben ist.
(기초)자치단체는 자신의 지역에 있는 부동산소유에 대한 부동산세의 징수여부를 결정한다.

Hebesatzrecht GG 28(2) (지방자치단체의) 징수율(세율)(조정)권 (조세산정율 조정권) → Kommunale Selbstverwaltung (지방자치).

Hehlerei StGB 259 장물죄.
(1) Wer eine Sache, die ein anderer gestohlen oder sonst durch eine gegen fremdes Vermögen gerichtete rechtswidrige Tat erlangt hat, ankauft oder sonst sich oder einem Dritten verschafft, sie absetzt oder absetzen hilft, um sich oder einen Dritten zu bereichern, wird mit Freiheitsstrafe bis zu fünf Jahren oder mit Geldstrafe bestraft.
타인이 절취한 물건 또는 기타 타인의 재산에 대하여 행한 위법행위로 인하여 영득한 물건을 자기 또는 제3자의 이익을 위해 구입하거나 자신 또는 제3자로 하여금 취득하게 하거나, 이를 매각 또는 매각에 조력하게 한 자는 5년 이하의 자유형 또는 벌금형에 처한다.

Heilbehandlung SGB 7 27 요양.
(1) Die Heilbehandlung umfaßt insbesondere
1. Erstversorgung,
2. ärztliche Behandlung,
3 zahnärztliche Behandlung einschließlich der Versorgung mit Zahnersatz,
4. Versorgung mit Arznei-, Verband-, Heil- und Hilfsmitteln,
5. häusliche Krankenpflege,
6 Behandlung in Krankenhäusern und Rehabilitationseinrichtungen,
7. Leistungen zur medizinischen Rehabilitation.
요양은 1. 1차적 처치 2. 의사의 처치 3. 의치수술을 포함한 치과의사의 처치 4. 의약품, 붕대, 치료수단 및 보조기구 5. 재가간병 6. 병원과 재활시설에서의 처치 7. 작업요법을 포함한 의학적 재활을 위한 조치들을 포함한다.

Heilung von Verfahrens- und Formfehlern VwVfG 45 절차 및 형식상의 하자의 치유.
(1) Eine Verletzung von Verfahrens- oder Formvorschriften, die nicht den Verwaltungsakt nach § 44 nichtig macht, ist unbeachtlich, wenn
1. der für den Erlass des Verwaltungsaktes erforderliche Antrag nachträglich gestellt wird;
2. die erforderliche Begründung nachträglich gegeben wird;
3. die erforderliche Anhörung eines Beteiligten nachgeholt wird;
4. der Beschluss eines Ausschusses, dessen Mitwirkung für den Erlass des Verwaltungsaktes erforderlich ist, nachträglich gefasst wird;
5. die erforderliche Mitwirkung einer anderen Behörde nachgeholt wird.
(1) 제44조의 규정에 따라 행정행위가 무효로 되지 않는 절차 또는 형식법규의 위반은 다음 각호에 해당될 때 이를 문제로 삼지 아니한다.
1. 행정행위의 발동에 필요한 신청이 사후에 제출된 경우,
2. 필요한 근거제시가 사후에 이루어진 경우,
3. 참가인의 필요한 의견청취가 사후에 보완된 경우
4. 행정행위의 발동에 그 참여가 필요한 위원회의 의결이 사후에 행하여진 경우,
5. 다른 행정청의 필요한 협력이 사후에 보완된 경우.

Heimarbeiter HAG 2 가내근로자.
(1) Heimarbeiter im Sinne dieses Gesetzes ist, wer in selbstgewählter Arbeitsstätte (eigener Wohnung oder selbstgewählter

Betriebsstätte) allein oder mit seinen Familienangehörigen (Absatz 5) im Auftrag von Gewerbetreibenden oder Zwischenmeistern erwerbsmäßig arbeitet, jedoch die Verwertung der Arbeitsergebnisse dem unmittelbar oder mittelbar auftraggebenden Gewerbetreibenden überläßt.
본법에서 가내근로자란 자신이 선정한 작업장(자신의 주거 또는 자신이 선정한 사업장)에서 독자적으로 또는 그의 가족구성원과 함께(제5항) 영업자나 중간상인의 위임을 받아 영업적으로 근로하는 자로서 그 노동결과에 대한 이용은 직접 또는 간접으로 위탁자인 영업자에게 위임한 자를 말한다.
→ Hausgewerbetreibender (가내영업자).

Heimarbeitsgesetz HAG 1 가내근로법 (Bundesgesetzblatt Teil III, Gliederungsnummer 804-1).
(1) In Heimarbeit Beschäftigte sind
a) die Heimarbeiter (§ 2 Abs. 1);
b) die Hausgewerbetreibenden (§ 2 Abs. 2).
가내근로에 종사하는 자는 a) 가내근로자 (제2조 제1항) b) 가내영업자를 말한다.

Heimatvertriebener BVFG 2 고향피추방자.
(1) Heimatvertriebener ist ein Vertriebener, der am 31. Dezember 1937 oder bereits einmal vorher seinen Wohnsitz in dem Gebiet desjenigen Staates hatte, aus dem er vertrieben worden ist (Vertreibungsgebiet), und dieses Gebiet vor dem 1. Januar 1993 verlassen hat.
고향피추방자라 함은 1937년 12월 31일에 또는 그 전에 자신이 추방되었던 국가의 지역에 자신의 주소를 가졌고(추방지역), 1993년 1월 1일 전에 이 지역을 떠난 자이다.

Heimliche Beihilfe
→ Einseitige Beihilfe (편면적 종범).

Heimtücke-Mörd StGB 211 간악살인.
Heimtückisch tötet, wer in feindlicher Willensrichtung die objektiv gegebene Arg- und Wehrlosigkeit seines Opfers bewußt zur Tötung ausnutzt.
(형법 211조의 모살요건) heimtückisch는 객관적으로 보아 악의없는, 무방비의 피해자를 적대적 의사를 가지고 의식적으로 살인에 이용하는 것을 말한다.

Heimwehverbrechen 향수범죄.
Fälle von Brandlegung und alle weiteren Taten, die Kurzschlußhndlungen verlaufen.
방화 기타 단락적 흥분행위가 진행되는 모든 범죄.

Heiratsbuch PersStdG 9 혼인부.
→ Personenstandsgesetz (호적법).
Jede Eheschließung ist im Beisein der Ehegatten zu beurkunden.
각 혼인은 혼인당사자의 면전에서 혼인부에 기록한다.

Heiratsvermittlung BGB 656 혼인중개.
(1) Durch das Versprechen eines Lohnes für den Nachweis der Gelegenheit zur Eingehung einer Ehe oder für die Vermittlung des Zustandekommens einer Ehe wird eine Verbindlichkeit nicht begründet.
혼인체결의 기회의 제공에 관하여 또는 혼인성립의 주선에 관하여 보수를 약속하여도 그에 대한 구속력은 발생하지 아니한다.

Hemmung der Rechtskraft des Urteils StPO 316, 343 확정력의 차단.
(1) Durch rechtzeitige Einlegung der Berufung(Revision) wird die Rechtskraft des Urteils, soweit es angefochten ist, gehemmt.
적시의 항소(상고)의 제기로 불복한 판결의 확정력은 차단된다.

Hemmung der Verjährung BGB 209
소멸시효의 정지(= Verjährungshemmung).
Der Zeitraum, während dessen die Verjährung gehemmt ist, wird in die Verjährungsfrist nicht eingerechnet.
소멸시효가 정지하는 동안의 시간은 소멸시효기간중에 산입하지 아니한다.

Heranwachsender 연장소년.

소년법원법(JGG) 제1조 (18-21세미만). →
Jugendiche.
연장소년에게 소년형법상의 제재가 부과되
기 위해서는 다음 2가지 요건이 충족되어야
한다.
1. die Gesamtwürdigung der Persönlichkeit
des Täters bei Berücksichtigung auch der
Umweltbedingungen ergibt, daß er zur
Zeit der Tat nach seiner sittlichen und
geistigen Entwicklung noch einem Jugendlichen gleichstand, oder
행위자의 환경과 인성을 종합적으로 평가할
때 행위당시에 행위자의 도덕적, 정신적 발
육상태가 소년과 동일한 경우.
2. es sich nach der Art, den Umständen
oder den Beweggründen der Tat um eine
Jugendverfehlung handelt.범행의 유형, 범
행사정, 범행동기를 고려할 때 소년비행에
해당하는 경우

Herausgabe des Ersatzes BGB 285
대상의 인도 (Surrogation: 대위).
(1) Erlangt der Schuldner infolge des Um-
stands, auf Grund dessen er die Leistung
nach § 275 Abs. 1 bis 3 nicht zu erbringen
braucht, für den geschuldeten Gegenstand
einen Ersatz oder einen Ersatzanspruch, so
kann der Gläubiger Herausgabe des als
Ersatz Empfangenen oder Abtretung des
Ersatzanspruchs verlangen.
채무자가 제275조 제1항 내지 제3항에 의한
급부불능의 사정으로 인하여 채무 목적물에
대한 배상 또는 배상청구권을 취득한 때에
는 채권자는 배상으로서 수령한 것의 인도
또는 배상청구권의 양도를 청구할 수 있다.

Herausgabe des Kindes BGB 1632
자의 인도청구.
(1) Die Personensorge umfasst das Recht,
die Herausgabe des Kindes von jedem zu
verlangen, der es den Eltern oder einem
Elternteil widerrechtlich vorenthält.
신상친권은 자를 부모 또는 그 일방으로부
터 불법으로 억류하는 모든 자에 대하여 그
의 인도를 청구할 권리를 포함한다.

Herausgabeanspruch BGB 931 반환청구

권; Abtretung des Herausgabeanspruchs
(반환청구권의 양도 Vindikationszession).
Ist ein Dritter im Besitz der Sache, so
kann die Übergabe dadurch ersetzt werden, dass der Eigentümer dem Erwerber
den Anspruch auf Herausgabe der Sache
abtritt.
제3자가 물건을 점유하고 있는 경우에는 소
유자가 취득자에게 물건의 반환청구권을 양
도함으로써 물건의 인도에 갈음할 수 있다.

**Herausgabeanspruch auf eine unbeweg-
liche Sache** ZPO 848 부동산인도청구권.
(1) Bei Pfändung eines Anspruchs, der
eine unbewegliche Sache betrifft, ist anzuordnen, dass die Sache an einen auf
Antrag des Gläubigers vom Amtsgericht
der belegenen Sache zu bestellenden
Sequester herauszugeben sei.
부동산에 관한 청구권의 압류에 대하여는
채권자의 신청에 의하여 부동산소재지의 구
법원이 선임하는 보관인에게 부동산을 인도
할 것을 명하여야 한다.

Herbeiführen einer Brandgefahr
StGB 306f 화재위험야기죄.
(1) Wer fremde
1. feuergefährdete Betriebe oder Anlagen,
2. Anlagen oder Betriebe der Land- oder
Ernährungswirtschaft, in denen sich deren
Erzeugnisse befinden,
3. Wälder, Heiden oder Moore oder
4. bestellte Felder oder leicht entzündliche
Erzeugnisse der Landwirtschaft, die auf
Feldern lagern,
durch Rauchen, durch offenes Feuer oder
Licht, durch Wegwerfen brennender oder
glimmender Gegenstände oder in sonstiger
Weise in Brandgefahr bringt, wird mit
Freiheitsstrafe bis zu drei Jahren oder mit
Geldstrafe bestraft.
타인의, 다음 각호의 1에 해당하는 대상물
에 대하여 연기에 의하거나 불이나 등불에
의하거나 또는 연소중이거나 소화중인 물건
을 방기하거나 기타의 방법에 의하여 화재
의 위험을 야기한 자는 3년 이하의 자유형
또는 벌금형에 처한다.

1. 화재위험이 있는 기업체 및 시설,
2. 농산물이나 식품을 보관중인 농업 또는 식품업 시설이나 기업,
3. 산림지, 관목지나 소택지,
4. 가는 경작지나 또는 경작지 위에 쉽게 점화되는 농산물.

Herbeiführen einer Explosion durch Kernenergie StGB 307

핵에너지에 의한 폭발야기죄.

(1) Wer es unternimmt, durch Freisetzen von Kernenergie eine Explosion herbeizuführen und dadurch Leib oder Leben eines anderen Menschen oder fremde Sachen von bedeutendem Wert zu gefährden, wird mit Freiheitsstrafe nicht unter fünf Jahren bestraft.

핵에너지를 방출함으로써 폭발을 야기하고, 이로 인하여 타인의 신체 또는 생명이나 중요한 가치가 있는 물건에 대하여 위험을 야기한 자는 5년 이상의 자유형에 처한다.

Herbeiführen einer Sprengstoffexplosion StGB 308

폭발물폭발야기죄.

(1) Wer anders als durch Freisetzen von Kernenergie, namentlich durch Sprengstoff, eine Explosion herbeiführt und dadurch Leib oder Leben eines anderen Menschen oder fremde Sachen von bedeutendem Wert gefährdet, wird mit Freiheitsstrafe nicht unter einem Jahr bestraft.

핵에너지 방출 이외의 방법으로, 특히 폭발물에 의하여 폭발을 야기하고, 이로 인하여 타인의 신체 또는 생명이나 중요한 가치가 있는 물건에 대한 위태화한 자는 1년 이상의 자유형에 처한다.

Herbeiführen einer Überschwemmung StGB 313

일수야기죄.

(1) Wer eine Überschwemmung herbeiführt und dadurch Leib oder Leben eines anderen Menschen oder fremde Sachen von bedeutendem Wert gefährdet, wird mit Freiheitsstrafe von einem Jahr bis zu zehn Jahren bestraft.

일수를 야기하고 이로 인하여 다른 사람의 신체 또는 생명이나 중요한 가치가 있는 물건을 위태화한 자는 1년 이상 10년 이하의 자유형에 처한다.

Herbeischaffung weiterer Beweismittel von Amts wegen StPO 221

직권에 의한 기타 증거방법의 제출.

Der Vorsitzende des Gerichts kann auch von Amts wegen die Herbeischaffung weiterer als Beweismittel dienender Gegenstände anordnen.

재판장은 기타 증거방법으로서 유용한 물건의 제출을 직권으로 명할 수 있다.

Hermeneutische Zirkel 해석학적 순환.

Das Bild des Hermeneutischen Zirkels charakterisiert in der Sprachphilosophie die Interpretation eines Textes als fortschreitende Annäherung an dessen Sinn: Ausgangspunkt für das Verständnis von Texten ist das eigene (Vor-)Wissen. Der eigentliche Verstehensprozess besteht aus der Bildung von Vorurteilen (Vorwegnahmen), der anschließenden Erarbeitung des Textes.

~의 형상은 언어철학에서 대상(텍스트)의 해석을 그 의미에 대한 전진적 접근으로 특징지운다. 즉, 대상의 이해에 대한 출발점은 자신의 (선)지식이다. 자신의 이해과정은 선판단(선취)의 형성, 그에 이은 대상의 획득으로 이루어진다.

Herrenlose Sache BGB 959; StGB 242

무주물.

Eine bewegliche Sache wird herrenlos, wenn der Eigentümer in der Absicht, auf das Eigentum zu verzichten, den Besitz der Sache aufgibt.

동산의 소유자가 소유권을 포기할 의사로써 점유를 포기한 때에는 그 동산은 무주물이 된다.

Herrschaftsdelikt 지배범.

all diejenigen, die keine eigenhändigen und auch keine Pflichtdelikte sind. Bei ihnen begründet die Tatherrschaft die Täterschaft.

자수범이 아니면서 의무범이 아닌 모든 범죄.

여기서 범행지배는 정범성의 근거가 된다.

Herrschaftsgewalt 통치권.
Im westlichen Modell wird die Herr-schaftsgewalt von einer gewählten Regie-rung ausgeübt, und die Gesetzgebung steht einem vom Volk gewählten Organ (Parlament) zu.
서구의 모델에서 통치권은 선출된 정부에 의하여 행사되며, 입법은 국민에 의하여 선출된 기관(의회)에 속한다.

Herrschendes Grundstück BGB 1019 요역지.
Eine Grunddienstbarkeit kann nur in einer Belastung bestehen, die für die Benutzung des Grundstücks des Berechtigten Vorteil bietet.
지역권은 권리자의 토지이용을 위하여 편의를 제공하는 부담으로만 존재할 수 있다.
↔ Belastetes Grundstück (승역지).

Herrschendes Unternehmen AktG 17 지배기업.
→ Abhängige Unternehmen (종속기업).

Herstellen oder Verbreiten von papier-geldähnlichen Drucksachen oder Abbil-dungen
OWiG 128 유사지폐 인쇄물 또는 모사물의 제조 또는 반포죄.
(1) Ordnungswidrig handelt, wer
1. Drucksachen oder Abbildungen herstellt oder verbreitet, die ihrer Art nach geeig-net sind,
a) im Zahlungsverkehr mit Papiergeld oder diesem gleichstehenden Wertpapie-ren(StGB §151) verwechselt zu werden oder
b) dazu verwendet zu werden, solche ver-wechslungsfähigen Papiere herzustellen, oder herstellt, sich oder einem anderen verschafft, feilhält, verwahrt, einem ande-ren überläßt, einführt oder ausführt.
1. 그 성질상 a) 지불거래에 있어서 지폐 또는 이와 동일하게 다루어지는 유가증권(형법 제151조)과 혼동되거나,

b) 그러한 혼동이 가능한 지편을 제작하기 위하여 사용되는 인쇄물 또는 모사물을 제조하여 자신이 또는 타인에게 이를 취득하게 하거나, 매물에 놓거나, 보관, 양여, 반입 또는 반출한 자는 질서위반행위를 한 것이다.

Herstellen oder Verwenden von Sachen, die zur Geld- oder Urkundenfälschung benutzt werden können
OWiG 127 통화 및 문서위조를 위한 물건의 제조 또는 사용죄.
(1) 관할 있는 부서 기타 권한을 가진 자의 서류상의 허가 없이
1. 그 성질상 다음의 제조에 적합한 인쇄판, 조판, 인쇄식자, 음판, 지형, 컴퓨터프로그램 또는 이와 유사한 장치, a) 통화, 통화와 동등하게 다루어지는 유가증권(형법 제151조), 공적 유가증표, 형법 제152조의 a 제4항에서 규정하는 지불카드 또는 제152조의 b 제4항의 수표, 어음, 지불보장카드 또는 유로수표용지, b) 공문서 또는 공증인장,
2. 공문서 또는 공증인장용지,
(Vordrucke für öffentliche Urkunden oder Beglaubigungszeichen)
3. 제1호, 제2호에서 규정하는 지면의 제조를 목적으로 하고 그 모조로부터 특히 보호되는 지면 또는 그와 혼동될 정도의 유사한 지면,
4. 제1호 a), b)에서 규정하고 있는 대상물을 위조로부터 방지하는 홀로그램 기타 구성부분을 제조하여 자신이 또는 타인에게 이를 취득하게 하거나, 매물에 놓거나, 보관, 양여, 수입 또는 수출한 자는 질서위반행위를 한 것이다.

Hersteller eines Tonträgers 음반제작자
→ Verwertungsrecht (이용권).

Herumfragen StPO 163 탐문.
"Herumfragen" ist eine informatorische, formlose Befragung zur Gewinnung eines groben Bildes, ob wirklich der Verdacht einer Straftat besteht und wer als Be-schuldigter oder als Zeuge in Betracht kommt.
탐문은 범죄혐의가 실제로 존재하는지, 누가 피의자 또는 증인으로서 고려되는지 윤

곽을 그리기 위한 정보적, 비형식적 설문이다.

HGB → Handelsgesetzbuch (상법(전)).

HGrG → Haushaltsgrundsätzegesetz (예산 기본법).

Hilfe bei der Aufnahme StVollzG 72 수용시 부조.
Bei der Aufnahme wird dem Gefangenen geholfen, die notwendigen Maßnahmen für hilfsbedürftige Angehörige zu veranlassen und seine Habe außerhalb der Anstalt sicherzustellen.
수용시에 수형자는 부조를 요하는 가족을 위한 필요한 조치를 취하고 교도소 외부의 재산을 안전하게 할 수 있도록 도움을 받는다.

Hilfe während des Vollzuges
StVollzG 73 집행중 부조.
Der Gefangene wird in dem Bemühen unterstützt, seine Rechte und Pflichten wahrzunehmen, namentlich sein Wahlrecht a u s z u ü b e n sowiowiowiUnterhaltsberechtigte zu sorgen und einen durch seine Straftat verursachten Schaden zu regeln.
수형자가 특히 선거권의 행사 및 피부양자의 보호와 범죄행위로 야기된 손해를 조정하는 권리와 의무에 대한 노력은 지원을 받는다.

Hilfeleistung für Verletzte MEPolG 38 부상자에 대한 구조.
Wird unmittelbarer Zwang angewendet, ist Verletzten, soweit es nötig ist und die Lage es zuläßt, Beistand zu leisten und ärztliche Hilfe zu verschaffen.
직접강제를 행하는 경우, 그것이 필요하고 사정이 이를 허락하는 때에는 부상자에 대하여 구조와 의사의 치료가 행하여져야 한다.

Hilfeleistung in Steuersachen
StBerG 1 세무대리.
(1) Dieses Gesetz ist anzuwenden auf die Hilfeleistung (in Steuersachen).
1. in Angelegenheiten, die durch Bundes-recht, Recht der Europäischen Gemein-schaften oder der Vertragsstaaten des Abkommens über den Europäischen Wirt-schaftsraum geregelte Steuern und Ver-gütungen betreffen, soweit diese durch Bundesfinanzbehörden oder durch Landes-finanzbehörden verwaltet werden,
2. in Angelegenheiten, die die Realsteuern oder die Grunderwerbsteuer betreffen,
3. in Angelegenheiten, die durch Landes-recht oder auf Grund einer landesrecht-lichen Ermächtigung geregelte Steuern betreffen,
4. in Monopolsachen,
5. in sonstigen von Bundesfinanzbehörden oder Landesfinanzbehörden verwalteten Angelegenheiten, soweit für diese durch Bundesgesetz oder Landesgesetz der Fi-nanzrechtsweg eröffnet ist.
본법은 다음 각호의 세무대리에 대하여 적용된다.
1. 연방재무관청 또는 주재무관청이 관할하는 사무로, 연방법과 유럽공동체법 또는 유럽경제공동체조약의 체약국법에 의하여 규정된 조세 및 환급금에 관한 사무,
2. 물세 또는 부동산취득세에 관한 사무,
3. 주법 또는 주법의 수권을 근거로 규정된 조세에 관한 사무,
4. 전매물품에 관한 사무,
5. 기타 연방재무관청 또는 주재무관청이 관할하는 사무로서 연방법 또는 주법에 의하여 재무에 관한 재판상의 방법이 열려있는 사무.

Hilflose StGB 221 요부조자.
요부조자 유기(hilflose person aussetzt); 사회적 요부조자인 누범행위자(Soziale hilf-lose Rückfälltäter).

Hilflosigkeit(~ eines anderen)
StGB 243(1) Nr. 6 (타인의) 곤궁, 무기력.
er die Hilflosigkeit eines anderen, einen Unglücksfall oder eine gemeine Gefahr ausnutzt.
타인의 곤궁, 재난 또는 공공의 위험을 이용하여 절취한 경우.
; 무기력은 → Erlernte Hilflosigkeit.

Hilfsbeamte der Staatsanwaltschaft
(검찰보좌관)
→ Ermittlungspersonen (수사보좌관).

Hilfsperson → Zeugnisverweigerungsrecht der Hilfspersonen (업무보조자의 증언거부권).

Hilfsschöffen GVG 49(2) 보조참심원.
→ Ergänzungsschöffen.
(2) Wird ein Hauptschöffe von der Schöffenliste gestrichen, so tritt der Hilfs-schöffe, der nach der Reihenfolge der Hilfsschöffenliste an nächster Stelle steht, unter seiner Streichung in der Hilfsschöf-fenliste an die Stelle des gestrichenen Hauptschöffen.
주참심원이 참심원명부로부터 삭제된 때에는 보조참심원명부의 순서에 따라 다음 자리에 있는 보조참심원이 보조참심원명부에서의 삭제하에 주참심원을 대신한다.

Hilfstätigkeit StVollzG 43 보조작업.
S.2 Er kann jährlich bis zu drei Monaten zu Hilfstätigkeiten in der Anstalt ver-pflichtet werden, mit seiner Zustimmung auch darüber hinaus.
수형자는 연 3개월까지 행형시설에서 보조작업을 하여야 하며, 그 이상의 기간에는 수형자의 동의를 필요로 한다.

Hinnahmetheorie 묵인설.
→ Abfindungstheorie.

Hinterbliebenenrenten
SGB 7 63(1) Nr.3 유족연금.
Hinterbliebene haben Anspruch auf Hin-terbliebenenrenten.
유족은 유족연금의 수급권을 갖는다.

Hinterbliebenenversorgung
StrRehaG 22 유족원호.
(1) Ist der Betroffene an den Folgen der Schädigung gestorben, erhalten die Hin-terbliebenen auf Antrag Versorgung in entsprechender Anwendung des Bundes-versorgungsgesetzes.

피해의 결과로 인하여 당사자가 사망한 경우 그의 유족은 신청에 의해 연방원호법에 따라 원호를 제공받는다.

Hinterlegte Sache BGB 378 공탁물.
Ist die Rücknahme der hinterlegten Sache ausgeschlossen, so wird der Schuldner durch die Hinterlegung von seiner Ver-bindlichkeit in gleicher Weise befreit, wie wenn er zur Zeit der Hinterlegung an den Gläubiger geleistet hätte.
(채무자의) 공탁물의 회수가 배제된 경우(→ Rücknahmerecht), 채무자는 공탁으로 인하여 공탁시에 채권자에게 급부한 것과 동일하게 채무를 면한다.

Hinterlegung BGB 372; StGB 176 공탁.
Geld, Wertpapiere und sonstige Urkunden sowie Kostbarkeiten kann der Schuldner bei einer dazu bestimmten öffentlichen Stelle für den Gläubiger hinterlegen, wenn der Gläubiger im Verzug der Annahme ist.
금전, 유가증권 및 기타 증서와 고가품에 관하여 채권자가 수령지체에 빠져있는 때에는 채무자는 채권자를 위하여 이를 공탁소에 공탁할 수 있다.
StPO 176 durch Hinterlegung in barem Geld (현금의 공탁으로).

Hinterlistiger Überfall StGB 224 교활한 급습으로 → Gefährliche Körperverletzung (위험한 상해죄).

Hinwegdenken 없다고 생각하다.
* Das Klimaanlage ist heute nicht mehr hinwegzudenken
에어콘이 없는 생활은 더 이상 생각하기 어렵다.
* Man kann nicht verhalten des A hin-wegdenken, ohne daß der Erfolg entfällt.
A의 행위가 없으면 결과가 탈락한다.
→ Condicio-Formel (조건설의 인과관계논리공식).

Hinweispflicht (Unterrichtungspflicht)
StPO 406h; ZPO 139(4), 156(2) Nr.1 지적

의무(교시의무, 시사의무).
(1) Der Verletzte ist auf seine Befugnisse nach den §§ 406d, 406e, 406f und 406g sowie auf seine Befugnis, sich der erhobenen öffentlichen Klage als Nebenkläger anzuschließen (§ 395) und die Bestellung oder Hinzuziehung eines Rechtsanwalts als Beistand zu beantragen (§ 397a), hinzuweisen. (StPO 406h).
피해자는 제406d, 406e, 406f, 406g조에 의한 자신의 권한 및 이미 제기된 공소에 공소참가인으로서 참가하고(제395조), 보조인으로 변호사의 선임과 참여를 신청할 수 있는 자신의 권한(제397a조)에 관하여 지적(교시)을 받아야 한다.
(4) Hinweise nach dieser Vorschrift sind so früh wie möglich zu erteilen und aktenkundig zu machen.
Ihre Erteilung kann nur durch den Inhalt der Akten bewiesen werden.
Gegen den Inhalt der Akten ist nur der Nachweis der Fälschung zulässig. (ZPO 139)
본 규정에 의한 지적은 가능한 한 조기에 행하여야 하며, 서면으로 기재되어야 한다. 지적은 서면의 내용에 의해서만 증명할 수 있다. 서면의 내용에 대해서는 위조의 증명만 허용된다.
→ Wiedereröffnung der Verhandlung (변론의 재개).
→ Beistand und Vertretung (조력과 대리).

Hinweispflicht auf die Veränderung des rechtlichen Gesichtspunktes StPO 265 법적 관점의 변경에 관한 지적의무.
(1) Der Angeklagte darf nicht auf Grund eines anderen als des in der gerichtlich zugelassenen Anklage angeführten Strafgesetzes verurteilt werden, ohne daß er zuvor auf die Veränderung des rechtlichen Gesichtspunktes besonders hingewiesen und ihm Gelegenheit zur Verteidigung gegeben worden ist.
피고인에 대하여 사전에 법적 견해의 변경을 특별히 지적하고 변호의 기회를 주지 않은 때에는 법원이 허용한 공소장에 기재된

형벌법규 이외의 다른 형법법규에 의하여 피고인에게 유죄를 선고할 수 없다.

Hochkriminalität
→ Schwerkriminalität (중범죄).

Hochschule HRG 58 대학.
(1) Die Hochschulen sind in der Regel Körperschaften des öffentlichen Rechts und zugleich staatliche Einrichtungen. Sie können auch in anderer Rechtsform errichtet werden. Sie haben das Recht der Selbstverwaltung im Rahmen der Gesetze.
대학은 원칙적으로 공법상의 단체이며 동시에 국가시설이다. 대학은 다른 법적 형태로 설립될 수 있다. 대학은 법률의 범위에서 자치행정권을 가진다.
(2) Die Hochschulen geben sich Grundordnungen, die der Genehmigung des Landes bedürfen. Die Voraussetzungen für eine Versagung der Genehmigung sind gesetzlich zu regeln.
대학은 학칙을 제정하고 주의 인가를 받는다. 인가거부의 요건은 법적으로 규제된다.

Hochschulrahmengesetz HRG 1 대학기본법 (1999.1.19) (BGBl. I S. 18)
Hochschulen im Sinne dieses Gesetzes sind die Universitäten, die Pädagogischen Hochschulen, die Kunsthochschulen, die Fachhochschulen und die sonstigen Einrichtungen des Bildungswesens, die nach Landesrecht staatliche Hochschulen sind.
본법의 대학은 교육대학, 예술대학, 전문대학 및 기타 주법에 의하여 주대학으로 인정된 교육시설을 말한다.

Höchstbetragshypothek BGB 1190 근저당권.
Eine Hypothek kann in der Weise bestellt werden, dass nur der Höchstbetrag, bis zu dem das Grundstück haften soll, bestimmt, im Übrigen die Feststellung der Forderung vorbehalten wird.
저당권은 토지가 담보할 최고액만을 정하며 기타 채권의 확정을 유보하여 이를 설정할 수 있다.

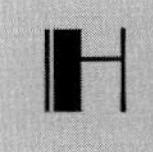

Der Höchstbetrag muss in das Grundbuch eingetragen werden.
최고액은 부동산등기부에 등기하여야 한다.

Höchstmaß StGB 38 최상한(최고상한; 상한) → Mindestmaß.

Höchstpersönliches Recht 일신전속권(전속적 권리).
Es gibt eine Reihe von Rechte, die ihrem Wesen nach so eng mit der Person des Berechtigten verbunden sind, daß sie nicht übertragen werden können.
권리자의 일신과 너무 밀접하여 양도될 수 없는 일련의 권리.

Hochverrat gegen den Bund StGB 81 연방내란죄.
(1) Wer es unternimmt, mit Gewalt oder durch Drohung mit Gewalt 1. den Bestand der Bundesrepublik Deutschland zu beeinträchtigen oder 2. die auf dem Grundgesetz der Bundesrepublik Deutschland beruhende verfassungsmäßige Ordnung zu ändern, wird mit lebenslanger Freiheitsstrafe oder mit Freiheitsstrafe nicht unter zehn Jahren bestraft.
폭행 또는 폭행을 고지한 협박에 의하여 다음 각호의 1에 해당하는 행위를 기도한 자는 무기 또는 10년 이상의 자유형에 처한다.
1. 독일연방공화국의 존립의 침해,
2. 독일연방공화국의 기본법에 기초한 헌법질서의 변혁.

Hochverrat gegen ein Land StGB 82 주내란죄.
(1) Wer es unternimmt, mit Gewalt oder durch Drohung mit Gewalt
1. das Gebiet eines Landes ganz oder zum Teil einem anderen Land der Bundesrepublik Deutschland einzuverleiben oder einen Teil eines Landes von diesem abzutrennen oder
2. die auf der Verfassung eines Landes beruhende verfassungsmäßige Ordnung zu ändern, wird mit Freiheitsstrafe von einem Jahr bis zu zehn Jahren bestraft.
폭행 또는 폭행을 고지한 협박에 의하여 다음 각호의 1에 해당하는 행위를 기도한 자는 1년 이상 10년 이하의 자유형에 처한다.
1. 주영토의 전부 또는 일부를 독일연방공화국의 다른 주에 합병하거나 주의 일부를 해당 주로부터 분리하는 행위,
2. 주헌법에 기초한 헌법질서의 변혁.

Hochverräterischen Unternehmen → Vorbereitung eines hochverräterischen Unternehmens (내란예비죄).

Höhe der Geldbuße OWiG 17 질서위반금의 크기.
(1) Die Geldbuße beträgt mindestens fünf Euro und, wenn das Gesetz nichts anderes bestimmt, höchstens eintausend Euro.
질서위반금은 법률에 달리 정하지 아니하는 한 최소 5유로, 최고 1000유로이다.

Hoheitsrecht 고권.
~ sind Befugnisse, die dem Staat zur Ausübung seiner inneren Souveränität und seiner äußeren Souveränität zustehen.
국가의 내적 주권 및 외적 주권의 행사의 권한.
→ Übertragung von Hoheitseinrichtungen (고권(기구)의 이양).

Hoheitszeichen → Verletzung von Flaggen und Hoheitszeichen ausländischer Staaten (외국 국기 및 국장 손상죄).

Höhere Gewalt ScheckG 48 불가항력.
(1) Steht der rechtzeitigen Vorlegung des Schecks oder der rechtzeitigen Erhebung des Protests oder der Vornahme einer gleichbedeutenden Feststellung ein unüberwindliches Hindernis entgegen (gesetzliche Vorschrift eines Staates oder ein anderer Fall höherer Gewalt), so werden die für diese Handlungen bestimmten Fristen verlängert.
피할 수 없는 장애(국가의 법률규정 기타 불가항력)가 법정기간내의 수표제시 또는

법정기간내의 거절증서작성 또는 이와 동일한 의미의 증명의 작성을 방해한 때에는 이러한 행위에 관하여 정하여진 기간을 연장한다.

Höherer Dienst BBG 19 고급근무.
(1) Für die Laufbahnen des höheren Dienstes sind zu fordern
1.ein nach § 15a Abs. 2 Satz 2 geeignetes, mindestens dreijähriges mit einer Prüfung abgeschlossenes Studium an einer Hochschule,
1. 제15a조 제2항 제2문에 따른 상당한, 최소 3년간 대학과정의 시험을 마친 자.
2.ein Vorbereitungsdienst von mindestens zwei Jahren und die Ablegung der Laufbahnprüfung oder einer die Befähigung für die Laufbahn vermittelnden zweiten Prüfung.
최소 2년간 수습근무를 하고, 경력심사를 마치거나 또는 2회의 경력자격 시험에 통과한 자. → Laufbahn (경력).

Höherer Rechtszug StPO 23 상급심.
→ Gericht höherer Ordnung. (상급법원).
→ Mitwirkung in früheren Verfahren (전심전차에의 참여).

Homosexuelle Handlung StGB 175
동성간의 성행위죄 (삭제).

Hörensagen (Zeugen vom ~) StPO 250
전문(증인).
Durch Hörensagen ist etwas bekannt, was man nicht persönlich erlebt, sondern nur berichtet bekommen hat.
전문은 본인이 직접 체험한 것이 아니라 들은 대로의 것으로 아는 것을 말한다.

Hörfunk und Fernsehen StVollzG 69
라디오와 텔레비전.
(1) Der Gefangene kann am Hörfunkprogramm der Anstalt sowie am gemeinschaftlichen Fernsehempfang teilnehmen.
Die Sendungen sind so auszuwählen, daß Wünsche und Bedürfnisse nach staatsbürgerlicher Information, Bildung und Unterhaltung angemessen berücksichtigt werden.
수형자는 시설의 라디오프로그램 및 공동의 텔레비전시청에 참여할 수 있다. 방송은 국민의 정보, 교양 및 오락에 대한 희망이나 필요성을 적절히 고려하여 선택하도록 한다.

Hypothek BGB 1113(2) 저당권.
Die Hypothek kann auch für eine künftige oder eine bedingte Forderung bestellt werden.
저당권은 장래의 채권 또는 조건부 채권을 위하여도 설정될 수 있다.

Hypothekenbrief BGB 1116; GBO 56
저당증권.
(1) Über die Hypothek wird ein Hypothekenbrief erteilt. (BGB 1116)
저당권에 관하여는 저당증권이 교부된다.
(1) Der Hypothekenbrief wird von dem Grundbuchamt erteilt. Er muß die Bezeichnung als Hypothekenbrief enthalten, den Geldbetrag der Hypothek und das belastete Grundstück bezeichnen sowie mit Unterschrift und Siegel oder Stempel versehen sein. (GBO 56)
저당증권은 등기소가 이를 발행, 교부한다. 저당증권에는 저당증권의 표시, 저당금액 및 권리설정한 부동산을 기재하고 서명 및 날인을 하여야 한다.

Hypothekenpfandbrief PfandBG 1 저당담보채권 (저당담보증권) → Pfandbriefgesetz (저당채권법).

Hypothetisches Eliminierungsverfahren
가설적 제거절차.
→ Hinwegdenken (없다고 생각하다).

I

i. V. = in Vollmacht, in Vertretung.
→ per procura = ppa. (대리로); i. A. =
im Auftrag.

Idealkonkurrenz 상상적 경합.
→ Tateinheit (사건의 단일).

Identifikationsfeststellung StPO 81g
인식검사.
(1) Ist der Beschuldigte einer Straftat von
erheblicher Bedeutung oder einer Straftat
gegen die sexuelle Selbstbestimmung verdächtig, dürfen ihm zur Identitätsfeststellung in künftigen Strafverfahren Körperzellen entnommen und zur Feststellung
des DNA-Identifizierungsmusters sowie
des Geschlechts molekulargenetisch untersucht werden,
피의자가 중요한 범죄행위 또는 성적 자기
결정에 대한 범죄의 혐의를 받는 경우에 피
의자에 대하여는 장래 형사절차에서의 신원
확인을 위해 그의 신체세포를 채취할 수 있
으며, 또한 DNA 인식샘플 및 성의 확인을
위해서 분자유전학적 조사를 할 수 있다.
wenn wegen der Art oder Ausführung der
Tat, der Persönlichkeit des Beschuldigten
oder sonstiger Erkenntnisse Grund zu der
Annahme besteht, dass gegen ihn künftig
Strafverfahren wegen einer Straftat von
erheblicher Bedeutung zu führen sind.
단 범죄나 범행, 피의자의 인격이나 인식상
황으로 보아 피의자에 대한 이후의 형사절
차가 범죄행위로 인하여 중요한 의미를 갖
는다고 인정할 만한 근거가 존재하여야 한
다.
Die wiederholte Begehung sonstiger Straftaten kann im Unrechtsgehalt einer Straftat von erheblicher Bedeutung gleichstehen.
기타 범죄는 반복된 범행이 있는 경우에 그
불법내용에서 중요한 의미가 있는 범죄와

같다.

**Identifikationsfeststellung bei Verdacht
auf eine Straftat** StGB 81h 범죄의 혐
의가 있을 때 인식검사.
(1) Begründen bestimmte Tatsachen den
Verdacht, dass ein Verbrechen gegen das
Leben, die körperliche Unversehrtheit, die
persönliche Freiheit oder die sexuelle
Selbstbestimmung begangen worden ist,
dürfen Personen, die bestimmte, auf den
Täter vermutlich zutreffende Prüfungsmerkmale erfüllen, mit ihrer schriftlichen
Einwilligung
일정한 사실에 근거하여 생명, 신체적 완전
성, 인격적 자유 또는 성적 자기결정에 대
하여 행하여진 범죄가 존재한다는 혐의가
인정될 경우, 행위자로 적절히 추정되는 특
정한 심사표지를 충족시키는 자에 대하여는
그 서면의 동의를 얻어 다음 각호의 1의 해
당하는 행위를 허용할 수 있다.
1. Körperzellen entnommen,
2. diese zur Feststellung des DNA-Identifizierungsmusters und des Geschlechts
molekulargenetisch untersucht und
3. die festgestellten DNA-Identifizierungsmuster mit den DNA-Identifizierungs-
mustern von Spurenmaterial automatisiert
abgeglichen werden,
1. 신체세포를 채취하는 일,
2. DNA 인식샘플과 성별 인식을 위해 분자
유전학적 조사를 하는 일,
3. 추적단서의 DNA 인식샘플로 확인된
DNA 인식샘플을 자동화하여 검량하는 일.
soweit dies zur Feststellung erforderlich
ist, ob das Spurenmaterial von diesen
Personen stammt, und die Maßnahme insbesondere im Hinblick auf die Anzahl der
von ihr betroffenen Personen nicht außer
Verhältnis zur Schwere der Tat steht.
단 추적재료가 추정된 범인의 것인지 또한
그 조치가 특히 그와 관계된 사람의 수를
고려할 때 범행의 크기와 현저히 비례관계
를 상실하고 있는 지에 관하여 확인이 필요
한 경우이어야 한다.

Identifizierung der Leiche StPO 88

사체의 신원확인.
(1) Vor der Leichenöffnung soll die Identität des Verstorbenen festgestellt werden. 사체해부전에 시체의 신원이 확인되어야 한다.

Identitätsfeststellung StPO 163b 신원확인.
(1) Ist jemand einer Straftat verdächtig, so können die Staatsanwaltschaft und die Beamten des Polizeidienstes die zur Feststellung seiner Identität erforderlichen Maßnahmen treffen. 누구든지 범죄의 혐의가 있는 때에는 검사 및 경찰임무를 담당하는 공무원은 그의 신원을 확인하기 위하여 필요한 조치를 할 수 있다.

Identitätsfeststellung und Prüfung von Berechtigungsschein MEPolG 9 신원확인과 신분증 심사.
(2) Die Polizei kann zur Feststellung der Indentität die erforderlichen Maßnahmen treffen. Sie kann den Betroffenen insbesondere anhalten, ihn nach seinen Personalien befragen und verlangen, daß er mitgeführte Ausweispapiere zur Prüfung aushändigt. 경찰은 신원확인을 위하여 필요한 조치를 할 수 있다. 특히 경찰은 관계인을 정지시켜, 그의 인적사항을 질문하고 그가 소지한 신분증을 심사를 위해 제시할 것을 요구할 수 있다.

Idiographisch 개별기술적 (정신과학 방법론) → Nomothetisch (법칙이론적).

Idiotie 백치(白痴).
Schwerste geistige Behinderung (auch schwerste Intelligenzminderung) (ICD-10 F73). Der Intelligenzquotient liegt unter 20. 가장 중한 정신장애(지체) (ICD-10 F73). 지능지수 20 미만을 말한다.
→ Schwachsinn (정신박약).

IfSG → Infektionsschutzgesetz (전염병예

방법).

Ignorantia legis non excusat (Unkenntnis des Gesetzes schutzt nicht vor Strafe) 법률의 부지는 용서받지 못한다.

Illegaler Geheimnisse → Verrat illegaler Geheimnisse (비국가기밀누설죄).

Imbezillität 치우(癡愚).
오늘날 중간정도의 정신장애와 중한 정신장애에 해당하는 과거의 개념.
Mittelgradige geistige Behinderung (auch mittelgradige Intelligenzminderung), (ICD-10 F71) Der Intelligenzquotient liegt zwischen 35 und 49. 중간정도의 정신장애(지체) (ICD-10 F71). 지능지수는 35-49를 말한다.
Schwere geistige Behinderung (auch schwere Intelligenzminderung Imbezillität) (ICD-10 F72). Der Intelligenzquotient liegt zwischen 20 und 34. 중한 정신장애(지체)(ICD-10 F72). 지능지수 20-34를 말한다.
→ Schwachsinn (정신박약).

Immaterialgut 무체재산; **Immaterialgüterrecht** 무체재산권.
Das unkörperliche, geistige Werk oder Gut. Solche Güter genießen trotz fehlender Verkörperung Rechtsschutz und besitzen einen selbständigen Vermögenswert. 무체의, 정신적 작품이나 재산. 이러한 재화는 형체가 없음에도 법적 보호를 받으며, 독자적인 재산가치를 가진다.

Immaterieller Schaden BGB 253 비재산적 (정신적) 손해.
(1) Wegen eines Schadens, der nicht Vermögensschaden ist, kann Entschädigung in Geld nur in den durch das Gesetz bestimmten Fällen gefordert werden. 비재산적 손해에 관하여는 법률로써 정한 경우에 한하여 금전에 의한 배상을 청구할 수 있다.

Immissionen BImSchG 3(2) 임미시온.

(2) Immissionen im Sinne dieses Gesetzes sind auf Menschen, Tiere und Pflanzen, den Boden, das Wasser, die Atmosphäre sowie Kultur- und sonstige Sachgüter einwirkende Luftverunreinigungen, Geräusche, Erschütterungen, Licht, Wärme, Strahlen und ähnliche Umwelteinwirkungen.
본법(연방임미시온보호법)에서 임미시온이라 함은 사람, 동식물, 토양, 물, 대기 및 문화재 기타 물건에 대하여 영향을 미치는 대기오염, 소음, 진동, 빛, 열, 방사선 및 이와 유사한 환경영향체로 한다.

Immunität der Abgeordneten GG 46(2); StPO 152a 국회의원의 불체포특권.
→ Indemnität der Abgeordneten.
(2) Wegen einer mit Strafe bedrohten Handlung darf ein Abgeordneter nur mit Genehmigung des Bundestages zur Verantwortung gezogen oder verhaftet werden, es sei denn, daß er bei Begehung der Tat oder im Laufe des folgenden Tages festgenommen wird.
의원은 연방하원의 허락이 있는 경우에만 범죄행위를 이유로 책임을 지거나 체포될 수 있다. 단, 현행범인 경우나 그 익일중에 체포되는 경우에는 그러하지 아니하다.

Impossibilium nulla est obligatio (Unmögliches kann nicht Inhalt eines Schuldverhältnisses sein).
불가능한 것은 채무가 아니다.

Imputation (Imputatio) (Zurechnung, Zuschreibung) 귀속.
Imputatio, im Recht für die subjektive Zurechnung von Kenntnissen, Handlungen und Kausalverläufen zu Personen
~ 법률상 사람에 대한 인식, 행위, 인과과정의 주관적 귀속으로.

In dubio mitius 의심스러운 때에는 경한 법으로 (Grundsatz, daß jemand im Zweifel nur nach dem milderen Gesetz bestraft werden darf).

In dubio pro libertate 의심스러운 때에는 자유의 이익으로; 형법통제를 포기하는 방향의 법해석 (Ausgangsvermutung zugunsten der Freiheit).

In dubio pro reo (im Zweifel für den Angekagten) 의심스러운 때에는 피고인을 위하여.

In flagranti (auf frischer Tat) 현행범으로.

In thesi (Theoretisch) 이론상.

Inanspruchnahme ArbnErfG 6, 7 인도청구.
(1) Der Arbeitgeber kann eine Diensterfindung unbeschränkt oder beschränkt in Anspruch nehmen.
사용자는 제한 없이 또는 제한을 가하여 직무발명을 인도청구할 수 있다. (6)
(1) Mit Zugang der Erklärung der unbeschränkten Inanspruchnahme gehen alle Rechte an der Diensterfindung auf den Arbeitgeber über.
제한없는 인도청구의 의사표시가 도달함과 동시에 직무발명의 모든 권리가 사용자에게 이전된다. (7)

Inanspruchnahme nicht verantwortlicher personen MEPolG 6 비책임자에 대한 조치.
(1) Die Polizei kann Maßnahme gegen andere Personen als die nach den §§ 4 oder 5 Verantwortlichen richten, wenn
1. eine gegenwärtige erhebliche Gefahr abzuwehren ist,
2. Maßnahme gegen die nach §§ 4 ode 5 Verantwortlichen nicht oder nicht rechtzeitig möglich sind oder keinen Erfolg versprechen,
3. die Polizei die Gefahr nicht oder nicht rechtzeitig selbst oder durch Beauftragte abwehren kann und
4. die Personen ohne erhebliche eigene Gefährdung und ohne Verletzung höherweriger Pflichten in Anspruch genonnen werden können.

(1) 경찰은 제4조 또는 제5조의 책임자 이외의 다른 자에 대해서도 다음 각호에 해당하는 경우에는 조치를 취할 수 있다.
1. 현재의 중대한 위험을 방지하여야 하는 경우,
2. 제4조 또는 제5조의 책임자에 대한 조치가 불가능하거나 또는 적시에 행하여질 수 없거나 또는 전혀 그 목적을 달성할 수 없는 경우,
3. 경찰이 스스로 또는 위임된 자에 의해 위험을 방지할 수 없거나 또는 적시에 방지할 수 없는 경우
4. 조치의 대상이 될 수 있는 자에 대하여 그에 대한 현저한 위험없이 그리고 보다 높은 가치의 의무를 해하지 않는 경우.

Inbegriff der Verhandlung StPO 261 변론의 전취지 (심리의 전체).
법원은 증거조사의 결과에 대하여 변론의 전취지에서 나오는 자유로운 심증(freien, aus dem Inbegriff der Verhandlung geschöpften Überzeugung)에 의하여 재판한다. → Freie Beweiswürdigung.

Inbegriff von Gegenständen BGB 260 집합(목적)물.
(1) Wer verpflichtet ist, einen Inbegriff von Gegenständen herauszugeben oder über den Bestand eines solchen Inbegriffs Auskunft zu erteilen, hat dem Berechtigten ein Verzeichnis des Bestands vorzulegen.
집합물의 인도나 또는 그 현상에 관하여 정보제공의 의무가 있는 자는 권리자에 대하여 현상목록을 제출하여야 한다.

Inbegriff von Sachen (집합물)
→ Versicheeeng für Inbegriff von Sachen (집합보험).

Indemnität GG 46 면책특권.
(1) Ein Abgeordneter darf zu keiner Zeit wegen seiner Abstimmung oder wegen einer Äußerung, die er im Bundestage oder in einem seiner Ausschüsse getan hat, gerichtlich oder dienstlich verfolgt oder sonst außerhalb des Bundestages zur Verantwortung gezogen werden. Dies gilt nicht für verleumderische Beleidigungen.
의원은 연방하원이나 그 위원회에서 행한 표결 또는 발언을 이유로 어떠한 경우에도 재판상 또는 직무상 소추를 받지 아니하며 연방하원의 외부에서 책임을 지지 아니한다. 이것은 허위사실에 의한 모욕의 경우에는 적용되지 아니한다.
→ Immunität der Abgeordneten (국회의원의 불체포특권).

Indexmiete BGB 557b 지수식 차임.
(1) Die Vertragsparteien können schriftlich vereinbaren, dass die Miete durch den vom Statistischen Bundesamt ermittelten Preisindex für die Lebenshaltung aller privaten Haushalte in Deutschland bestimmt wird (Indexmiete).
계약당사자는 차임을 연방통계청이 조사한 독일내의 가계물가지수에 의하여 정하는 것으로 하여 서면으로 약정할 수 있다(지수식 차임). → Mieterhöhung (차임인상).

Indikationslösung StGB 218a 적응방식.
독일의 통일 당시 구서독 지역은 의사의 확인없는 낙태를 모두 불법으로 처벌하는 낙태의 적응방식이 적용되고 있었고, 구동독 지역은 12주 이내의 낙태를 허용하는 기한부 방식(Fristenlösung)이 적용되고 있어 연방법의 적용이 문제된 바 있다.
→ Straflosigkeit des Schwangerschaftsabbruchs (낙태의 처벌면제).

Indiskretion StGB 202 사생활비밀침해 (§182 Entwurf 1962).

Individualprävention 개별예방
→ Spezialprävention (특별예방).

Individualverfassungsbeschwerde GG 93 4a; BVerfGG 90(1) 개인헌법소원.
→ Verfassungsbeschwerde (헌법소원).

Indizienbeweis = Anzeichenbeweis (Mittelbarer Beweis) 정황증거 (간접증거).
~는 간접적인 주요사실에 의하여 직접적으로 재판에 중요한 사실을 이끌어 내는 증거이다.

Indossament ScheckG 14 배서.
Der auf eine bestimmte Person zahlbar gestellte Scheck mit oder ohne den ausdrücklichen Vermerk "an Order" kann durch Indossament übertragen werden.
"지시"의 문자를 명시적으로 기재하거나 기재하지 않고 특정인에게 지급하는 것으로 발행된 수표는 배서에 의하여 이를 양도할 수 있다.

Indossament auf den Inhaber WG 12(3) ; ScheckG 15(4) 소지인출급식배서.
(3) Ein Indossament an den Inhaber gilt als Blankoindossament.
소지인출급의 배서는 백지식 배서와 같은 효력을 가진다.

Indossament nach Verfall WG 20 만기후배서.
(1) Ein Indossament nach Verfall hat dieselben Wirkungen wie ein Indossament vor Verfall.
Ist jedoch der Wechsel erst nach Erhebung des Protests mangels Zahlung oder nach Ablauf der hierfür bestimmten Frist indossiert worden, so hat das Indossament nur die Wirkungen einer gewöhnlichen Abtretung.
만기후의 배서는 만기전의 배서와 동일한 효력을 가진다.
그러나 어음이 미지급으로 인한 지급거절증서의 작성 후에 또는 그 작성기간의 경과 후에 비로소 배서된 경우에는 배서는 보통의 채권양도의 효력만을 가진다.
→ Nachindossament (기한후배서).

Indossament ohne Obligo WG 15 무담보배서.
(1) Der Indossant haftet mangels eines entgegenstehenden Vermerks für die Annahme und die Zahlung.
배서인은 반대의 기재(ohne Obligo)가 없으면 인수와 지급을 담보한다.

Indossant ScheckG 18 배서인.
Der Indossant haftet mangels eines entgegenstehenden Vermerks für die Zahlung.
배서인은 반대의 기재가 없는 한 지급을 담보한다.

Industrie- und Handelskammer GVG 108 상공회의소.
Die ehrenamtlichen Richter werden auf gutachtlichen Vorschlag der Industrie- und Handelskammern für die Dauer von fünf Jahren ernannt; eine wiederholte Ernennung ist nicht ausgeschlossen.
명예직 법관은 상공회의소의 추천에 의해서 5년간 임명된다. 재임명은 배제된다.
→ Einigungsstelle (조정기구; 노사공동위원회).
→ Verbandsklage (단체소송).

Infektionsschutzgesetz (Gesetz zur Verhütung und Bekämpfung von Infektionskrankheiten beim Menschen) IfSG 전염병예방법 (2000.7.7) (BGBl. I S. 1045).
본법으로 구연방전염병예방법 (Bundesseuchengesetz), 구 성병예방법(Gesetz zur Bekampfung der Geschlechtskrankheiten) 등이 통합되었다.

Ingerenz (ingerere: sich in etwas (eine fremde Sphäre) einmischen) 선행행위 (선행위험행위) (타인의 영역에 개입하는 것).
Ingerenz ist ein Verhalten, durch das eine Gefahr geschaffen wird und das zur Abwendung gerade dieser Gefahr verpflichtet. Die Ingerenz ist damit eine mögliche Begründung für das Bestehen einer Garantenpflicht.
~는 위험 발생의 원인이 되며, 바로 이러한 위험의 방지의무가 있는 행위. ~로 인해 보증의무의 존재가 성립할 수 있다.

Inhaber 관리자 → Zuziehung des Inhabers (관리자의 참여).

Inhaber des Wechsels WG 40 어음소지인.
(1) Der Inhaber des Wechsels ist nicht verpflichtet, die Zahlung vor Verfall anzunehmen.
어음의 소지인은 만기전에는 그 지급을 받

을 의무가 없다.

Inhaberaktie AktG 24 무기명주식.
Die Satzung kann bestimmen, daß auf Verlangen eines Aktionärs seine Inhaberaktie in eine Namensaktie oder seine Namensaktie in eine Inhaberaktie umzuwandeln ist.
정관은 주주의 청구에 의하여 무기명주식을 기명주식으로 또는 그의 기명주식을 무기명주식으로 전환할 것을 규정할 수 있다.

Inhaberklausel BGB 808 소지인출급약관(조항) (Namenspapiere mit ~: ~이 있는 기명증권)
(1) Wird eine Urkunde, in welcher der Gläubiger benannt ist, mit der Bestimmung ausgegeben, daß die in der Urkunde versprochene Leistung an jeden Inhaber bewirkt werden kann, so wird der Schuldner durch die Leistung an den Inhaber der Urkunde befreit.
(1) 채권자가 기명된 증서로 약속한 급부가 모든 소지인에게 행하여 질 수 있다는 증서가 발행된 경우, 채무자는 증서의 소지인에 대한 급부로 인하여 채무를 면한다.

Inhaberpapier 무기명(소지인출급식)증권.
Schuldverschreibung auf den Inhaber (무기명채권증권), Inhaberaktie (무기명주식), Inhaberlagerschein (무기명창고증권) 등.

Inhaberschuldverschreibung
(= → Schuldverschreibung auf den Inhaber) 무기명채권(증권).

Inhalt der Anklageschrift
→ Anklagesatz (공소문).

Inhibitorium ZPO 829 처분금지효.
(Pfändung einer Geldforderung: 금전채권의 압류)
(1) S.2 Zugleich hat das Gericht an den Schuldner das Gebot zu erlassen, sich jeder Verfügung über die Forderung, insbesondere ihrer Einziehung, zu enthalten.
동시에 법원은 채무자에 대하여 특히 추심을 포함한 채권에 관한 일체의 처분을 금하는 명령을 발하여야 한다.
→ Arrestatorium (지급금지효).

Inkassoindossament (추심배서) →
Vollmachtsindossament (대리배서).

Inkassounternehmer (채권추심업자)
→ Rechtsberatung.

Inkongruente Deckung InsO 131 비본지변제 (非本旨辨濟).
(1) Anfechtbar ist eine Rechtshandlung, die einem Insolvenzgläubiger eine Sicherung oder Befriedigung gewährt oder ermöglicht hat, die er nicht oder nicht in der Art oder nicht zu der Zeit zu beanspruchen hatte,
1. wenn die Handlung im letzten Monat vor dem Antrag auf Eröffnung des Insolvenzverfahrens oder nach diesem Antrag vorgenommen worden ist,
2. wenn die Handlung innerhalb des zweiten oder dritten Monats vor dem Eröffnungsantrag vorgenommen worden ist und der Schuldner zur Zeit der Handlung zahlungsunfähig war oder
3. wenn die Handlung innerhalb des zweiten oder dritten Monats vor dem Eröffnungsantrag vorgenommen worden ist und dem Gläubiger zur Zeit der Handlung bekannt war, daß sie die Insolvenzgläubiger benachteiligte.
도산채권자가 청구할 권한이 없거나 그러한 종류 또는 시기가 아님에도 불구하고 그에게 담보의 제공 또는 변제를 행하거나 이를 가능하게 한 법적 행위는 다음 각호에 해당하는 경우에 이를 취소할 수 있다.
1. 도산절차개시의 신청 직전월 또는 그 신청후의 행위,
2. 도산절차개시의 신청전 2-3개월 이내의 행위로서 채무자가 행위시 지급불능이었던 경우 또는
3. 도산절차개시의 신청전 2-3개월 이내의 행위로서 채권자가 행위시 도산채권자를 해하는 행위라는 것을 알았던 경우.
→ Kongruente Deckung (본지변제).

Inkrafttreten StVollzG 198 시행 (효력의 발생).
Dieses Gesetz tritt am 1. Januar 1977 in Kraft. 이 법률은 시행된다. 시행일(Tag des Inkrafttretens);
↔ außer Kraft treten.

Inlandstat StGB 3 국내범.
Das deutsche Strafrecht gilt für Taten, die im Inland begangen werden. 독일형법은 국내에서 행하여진 범죄에 대하여 적용한다.

Innungskrankenkasse SGB 5 157 수공업자의료보험조합.
(1) Eine oder mehrere Handwerksinnungen können für die Handwerksbetriebe ihrer Mitglieder, die in die Handwerksrolle eingetragen sind, eine Innungskrankenkasse errichten.
하나 또는 수개의 수공업조합은 수공업명부에 등록된, 조합원의 수공업사업장에 대하여 수공업자의료보험조합을 설치할 수 있다. → Krankenkasse (의료보험조합).

Inquisitionsprinzip (Inquisitionsmaxime) StPO 155(2) 직권(탐지)주의.
Untersuchungsgrundsatz (Untersuchungsmaxime, Amtsermittlungsgrundsatz 직권(심리, 조사)주의).
(2) Innerhalb dieser Grenzen sind die Gerichte zu einer selbständigen Tätigkeit berechtigt und verpflichtet; insbesondere sind sie bei Anwendung des Strafgesetzes an die gestellten Anträge nicht gebunden.
(2) 이 범위내에서 법원은 독자적으로 활동할 권한과 의무가 있다. 특히 법원은 형벌법규의 적용에 있어서 청구된 주장에 기속되지 않는다.
→ Parteiherrschaft (당사자주의).

Inquisitionsprozeß 규문소송(절차); 심문소송.
Mit ~ wird ein Strafprozess bezeichnet, bei dem die Strafverfolgung vor Gericht nicht durch den Verletzten sondern vom Behörde betrieben wird. Der ~ wird vom

Inquisitionsprinzip bestimmt. Der Begriff ~ hat vom Mittelalter her einen abwertenden Beiklang, weil in den auf Veranlassung der Kirche durchgeführten Strafverfahren gegen "Ketzer" in humane Vernehmungsmethoden angewandt wurden, um Geständnisse zu erreichen.
~는 형사소추가 법원에서 피해자가 아닌 관청에 의하여 행하여지는 소송절차를 말한다. ~는 직권주의로 특정된다. ~의 개념은 중세이래로 평가절하적 의미를 함축하고 있는 바, 그것은 교회가 "이단자"에 대한 자백을 얻어내기 위하여 비인간적 신문방법으로 시행한 형사절차가 적용되었기 때문이다.

Insasse 재소자 → Gefangene.

Insichgeschäft BGB 181 자기대리.
Ein Vertreter kann, soweit nicht ein anderes ihm gestattet ist, im Namen des Vertretenen mit sich im eigenen Namen oder als Vertreter eines Dritten ein Rechtsgeschäft nicht vornehmen.
대리인은 달리 허용되어 있지 아니하는 한 본인의 이름으로 자기와 법률행위를 체결하거나 또는 제3자의 대리인으로서 법률행위를 체결할 수 없다.

Insidergeschäft WpHG 14 내부자거래.
(1) Es ist verboten,
1. unter Verwendung einer Insiderinformation Insiderpapiere für eigene oder fremde Rechnung oder für einen anderen zu erwerben oder zu veräußern,
2. einem anderen eine Insiderinformation unbefugt mitzuteilen oder zugänglich zu machen,
3. einem anderen auf der Grundlage einer Insiderinformation den Erwerb oder die Veräußerung von Insiderpapieren zu empfehlen oder einen anderen auf sonstige Weise dazu zu verleiten.
다음 각호의 행위는 금지된다.
1. 내부자정보를 이용하여 내부자증권을 자기 또는 타인의 계산으로 또는 타인을 위하여 취득하거나 매각하는 행위,
2. 타인에게 내부자정보를 권한 없이 통지

하거나 접근가능하게 하는 행위,
3. 내부자정보를 근거로 타인에게 내부자증권의 취득이나 매각을 권유하거나 기타 다른 방법으로 이를 유도하는 행위.

Insiderinformation WpHG 13
내부자정보.
(1) Eine Insiderinformation ist eine konkrete Information über nicht öffentlich bekannte Umstände, die sich auf einen oder mehrere Emittenten von Insiderpapieren oder auf die Insiderpapiere selbst beziehen und die geeignet sind, im Falle ihres öffentlichen Bekanntwerdens den Börsen- oder Marktpreis der Insiderpapiere erheblich zu beeinflussen.
내부자정보는 내부자증권의 하나 또는 다수의 발행자에 관하거나 내부자증권 자체에 관한 비공개된 사정에 관하여 그것이 공개될 경우 내부자증권의 주가나 시장가에 현저한 영향을 주기에 적합한 구체적 정보를 말한다.

Insiderpapiere WpHG 12 내부자증권.
Insiderpapiere sind Finanzinstrumente,
1. die an einer inländischen Börse zum Handel zugelassen oder in den regulierten Markt oder in den Freiverkehr einbezogen sind,
2. die in einem anderen Mitgliedstaat der Europäischen Union oder einem anderen Vertragsstaat des Abkommens über den Europäischen Wirtschaftsraum zum Handel an einem organisierten Markt zugelassen sind oder
3. deren Preis unmittelbar oder mittelbar von Finanzinstrumenten nach Nummer 1 oder Nummer 2 abhängt.
내부자증권은 다음 각호에 해당하는 금융상품을 말한다.
1. 독일내 증권거래소에서 거래가 허용되거나 또는 정규시장이나 장외시장에 포함이 된 경우,
2. 다른 유럽연합국가 또는 다른 유럽경제지역협정 체결국가의 조직화된 시장에서 거래가 허용된 경우,
3. 제1호 또는 제2호에 따라 그 가격이 직접 또는 간접으로 금융상품에 의존하는 경우.

InsO → Insolvenzordnung (도산법).

Insolvenz BGB 42(1) 도산.
Der Verein wird durch die Eröffnung des Insolvenzverfahrens aufgelöst. 사단은 도산절차의 개시에 의하여 해산한다.
Die Eröffnung des Insolvenzverfahrens ist von Amts wegen einzutragen. (BGB 75) 도산절차의 개시는 직권으로 등기하여야 한다.

Insolvenzanfechtung InsO 129 부인권.
(1) Rechtshandlungen, die vor der Eröffnung des Insolvenzverfahrens vorgenommen worden sind und die Insolvenzgläubiger benachteiligen, kann der Insolvenzverwalter nach Maßgabe der §§ 130 bis 146 anfechten.
도산관재인은 판산절차개시전에 행하여진, 도산채권자를 해하는 법적 행위를 도산법 제130-146조에 의하여 취소할 수 있다.

Insolvenzdelikt (Konkursstraftat) 파산범죄.
Unter Insolvenzdelikten bzw. Insolvenzstraftaten versteht man Straftaten in Zusammenhang mit dem Insolvenzverfahren eines Unternehmens.
기업의 파산절차와 관련된 범죄.
→ Bankrott (파산죄).
→ Pflichtverletzung bei Verlust, Überschuldung oder Zahlungsunfähigkeit (손실, 채무초과 또는 지급불능시의 의무위반죄).

Insolvenzmasse InsO 35; StGB 283(1)
도산재단.
(1) Das Insolvenzverfahren erfaßt das gesamte Vermögen, das dem Schuldner zur Zeit der Eröffnung des Verfahrens gehört und das er während des Verfahrens erlangt (Insolvenzmasse).
도산절차는 도산절차의 개시 당시 채무자소유가 소유하고 있거나 또는 채무자가 도산절차의 진행중 취득한 전재산에 미친다.

Insolvenzordnung InsO 1 도산법.

(1994.10.5) (BGBl. I S. 2866).
Das Insolvenzverfahren dient dazu, die Gläubiger eines Schuldners gemeinschaftlich zu befriedigen, indem das Vermögen des Schuldners verwertet und der Erlös verteilt oder in einem Insolvenzplan eine abweichende Regelung insbesondere zum Erhalt des Unternehmens getroffen wird. Dem redlichen Schuldner wird Gelegenheit gegeben, sich von seinen restlichen Verbindlichkeiten zu befreien.
도산절차는 채무자의 재산을 환가하여 그 대금을 분배하거나 도산계획에서 특히 기업의 유지를 위하여 다른 규정을 정함으로써 채무자의 채권자를 공통적으로 만족시킬 것을 목적으로 한다. 성실하게 채무를 이행하는 채무자에 대하여는 면책의 기회가 부여된다.

Insolvenzverwalter InsO 56 도산관재인.
(1) Zum Insolvenzverwalter ist eine für den jeweiligen Einzelfall geeignete, insbesondere geschäftskundige und von den Gläubigern und dem Schuldner unabhängige natürliche Person zu bestellen, die aus dem Kreis aller zur Übernahme von Insolvenzverwaltungen bereiten Personen auszuwählen ist.
각각의 개별상황에 적합하고 특히 실무에 능하고 채권자나 채무자에 종속하지 아니하는 자연인을, 도산관리의 인수준비가 된 모든 범위의 사람들 중에서 선발하여 도산관재인으로 선임한다.

Instanz → Rechtszug (심급).

Instrumentum sceleris (zur Begehung einer Straftat gebrauchte Gegenstände/Instrumente) StGB 74 범죄의 수단물 (몰수의 대상).

Intensivtäter 집중범 (集中犯).
Personen mit intensiver Auffälligkeit seit einem Jahr als Vielfachtäter bezeichnet.
경력범죄자 가운데 다수의 범죄를 1년 이내에 다중적으로 행하는 경우.
→ Mehrfachtäter (다중범).

Inter omnes (unter allen) 모든 사람에게 (유효함) (Nicht nur für die beteiligen Parteien gultig, sondern für jedermann).

Inter partes (zwischen den Parteien) 당사자간에 (유효함) (Nicht allgemein, sondern nur zwischen den Parteien gultig).

Interessenausgleich über die Betriebsänderung, Sozialplan BetrVG 112 경영변동에 관한 이해조정 및 사회계획.
(1) Kommt zwischen Unternehmer und Betriebsrat ein Interessenausgleich über die geplante Betriebsänderung zustande, so ist dieser schriftlich niederzulegen und vom Unternehmer und Betriebsrat zu unterschreiben.
Das Gleiche gilt für eine Einigung über den Ausgleich oder die Milderung der wirtschaftlichen Nachteile, die den Arbeitnehmern infolge der geplanten Betriebsänderung entstehen (Sozialplan).
기업자와 사업장협의회 사이에 경영변동의 계획에 대한 이해조정이 이루어지면 합의사항은 서면으로 작성하고 기업자와 사업장협의회가 서명해야 한다.
고용주와 사업장협의회가 합의하는 경우 근로자가 경영변동으로 입게 될 경제적 불이익의 조정과 감소에 대한 합의가 이루어져도 이와 같다 (사회계획).

Interimsschein → Zwischenschein (가증권).

Internationale Rechtshilfe in Strafsachen (Gesetz über die ~) IRG 1 형사사법공조(법) (1994.6.27) (BGBl. I S. 1537).
(1) Der Rechtshilfeverkehr mit dem Ausland in strafrechtlichen Angelegenheiten richtet sich nach diesem Gesetz.
형사업무에 있어서 외국과의 법적 공조는 본법에 의한다.

Internationaler Strafgerichtshof (ICC) IStGHG 1 국제형사법원.
(1) Der Internationale Strafgerichtshof ergänzt die deutsche Strafgerichtsbarkeit. Die Bundesrepublik Deutschland arbeitet

nach diesem Gesetz und dem Römischen Statut des Internationalen Strafgerichtshofs (Römisches Statut) vom 17. Juli 1998 (BGBl. 2000 II S. 1393) mit dem Internationalen Strafgerichtshof zusammen.
국제형사법원은 독일 형사재판권을 보충한다. 독일연방공화국은 본 법률 및 1998.7.17. 국제형사법원의 로마규정에 따라서 국제형사법원과 협력한다.

Internationales Privatrecht (IPR) 국제사법.
→ Verweisungsvorschrift (지정규정: 指定規定).

Intoxicationspsychosen (Trunkenheit) 중독성 정신병 (알콜중독).
→ Exogeneer Pschose.

Inventar HGB 240 재산목록.
(1) Jeder Kaufmann hat zu Beginn seines Handelsgewerbes seine Grundstücke, seine Forderungen und Schulden, den Betrag seines baren Geldes sowie seine sonstigen Vermögensgegenstände genau zu verzeichnen und dabei den Wert der einzelnen Vermögensgegenstände und Schulden anzugeben.
모든 상인은 상사영업을 개시하면서 자신의 토지, 채권과 채무, 현금액 및 기타 재산상태를 정확히 표시하고 그 개별재산상태와 채무를 평가하여야 한다.

Inventarerrichtung BGB 1993 재산목록작성.
Der Erbe ist berechtigt, ein Verzeichnis des Nachlasses (Inventar) bei dem Nachlassgericht einzureichen (Inventarerrichtung).
상속인은 유산의 목록(재산목록)을 유산법원에 제출할 권리를 가진다(재산목록작성).

Inverkehrbringen von Falschgeld
StGB 147 위조통화유통죄. → Fälschung.
(1) Wer, abgesehen von den Fällen des § 146, falsches Geld als echt in Verkehr bringt, wird mit Freiheitsstrafe bis zu fünf Jahren oder mit Geldstrafe bestraft.

제146조(통화위조)의 경우를 제외하고 위조통화를 진정한 것으로 유통에 놓는 자는 5년 이하의 자유형 또는 벌금형에 처한다.

Inverkehrbringen von Mitteln zum Schwangerschaftsabbruch
StGB 219b(1) 낙태수단유통죄.
Wer in der Absicht, rechtswidrige Taten nach § 218 zu fördern, Mittel oder Gegenstände, die zum Schwangerschaftsabbruch geeignet sind, in den Verkehr bringt, wird mit Freiheitsstrafe bis zu zwei Jahren oder mit Geldstrafe bestraft.
형법 제218조에 의한 위법행위를 조장할 목적으로 낙태에 적합한 수단 또는 물건을 유통시킨 자는 2년 이하의 자유형 또는 벌금형에 처한다.

Investitionsvorrang InVorG 1 투자우선.
Grundstücke, Gebäude und Unternehmen, die Gegenstand von Rückübertragungsansprüchen nach dem Vermögensgesetz sind oder sein können, dürfen nach Maßgabe der nachfolgenden Vorschriften ganz oder teilweise für besondere Investitionszwecke verwendet werden. Der Berechtigte erhält in diesen Fällen einen Ausgleich nach Maßgabe dieses Gesetzes.
재산법에 의하여 반환청구의 대상이 되거나 될 수 있는 토지, 건물, 기업은 다음 규정의 기준에 따라 전체적 또는 부분적으로 특별한 투자목적을 위하여 사용될 수 있다. 이 경우 권리자는 본법의 기준에 의한 보상을 받는다.

Investitionsvorranggesetz (Gesetz über den Vorrang für Investitionen bei Rückübertragungsansprüchen nach dem Vermögensgesetz) InVorG 투자우선법 (1997.4.8) (BGBl. I S. 1996).

Investmentgesetz InvG 1 투자법 (2003 12.15) (BGBl. I S. 2676).
Dieses Gesetz ist anzuwenden auf
1. inländische Investmentvermögen, soweit diese in Form von Investmentfonds im Sinne des § 2 Abs. 1 oder Investment-

aktiengesellschaften im Sinne des § 2 Abs. 5 gebildet werden,
본법은 내국의 투자재산, 즉 이 재산이 제2조 제1항의 투자펀드나 제2조 제5항의 투자주식회사의 형태로 이루어진 경우에 적용된다.

InvG → Investmentgesetz (투자법).

Invitation ad offerendum 청약의 유인 (Einladung zur Abgabe eines Angebots; Anpreisung).

InVorG → Investitionsvorranggesetz (투자우선법).

Ionisierender Strahlen
→ Mißbrauch ionisierender Strahlen (방사선남용죄).
→ Freisetzung ionisierender Strahlen (방사선방출죄).

ipso jure = kraft Gesetzes (by the law itself) 법률상 당연히.

IRG → Internationale Rechtshilfe in Strafsachen (Gesetz über die ~) (형사사법공조(법)).

Irreführende Werbung UWG 5 오인유발광고.
(1) Unlauter im Sinne von § 3 handelt, wer irreführend wirbt.
오인을 유발하는 광고는 제3조(Verbot unlauteren Wettbewerbs)의 불공정한 행위를 한 것이다.

Irrtum in der Bezeichnung des Rechtsmittels StPO 300 상소의 표시에 있어서 착오.
Ein Irrtum in der Bezeichnung des zulässigen Rechtsmittels ist unschädlich.
적법한 상소의 표시에 있어 착오는 무해하다.

Irrtum über das Handlungsobjekt (error in persona vel obiecto) 객체의 착오.
Fehlvorstellung, die sich auf Identität oder sonstige Eigenschaften des Tatobjekts oder der betroffenen Person bezieht.
행위객체 또는 대상자의 동일성 또는 기타 특성에 관계된 착오.

Irrtum über Tatumstände StGB 16
구성요건적 착오(Tatbestandsirrtm); 사실의 착오 (Tatirrtum; Error facti; Irrtum über eine Tatsache)
Wer bei Begehung der Tat einen Umstand nicht kennt, der zum gesetzlichen Tatbestand gehört, handelt nicht vorsätzlich. Die Strafbarkeit wegen fahrlässiger Begehung bleibt unberührt.
범행시에 법정구성요건에 속하는 사정을 인식하지 못한 자는 고의로 행위한 것이 아니다. 과실의 범행에 대한 가벌성은 이와 관계없다.

IStGH-Gesetz (Gesetz über die Zusammenarbeit mit dem Internationalen Strafgerichtshof) IStGHG 국제형사법원 협력법 (2002.6.21) (BGBl. I S. 2144).
→ Internationaler Strafgerichtshof (국제형사법원).

Iudex a quo 수소법원(재판관).
Gericht, welches die Entscheidung erlassen hat (Prozeßgericht).

Iudex ad quem 상소법원(상소재판관).
Nächsthöheres Gericht; Bezeichnung des zuständigen Richters im Rechtsmittelrecht: der Richter, der über das Rechtsmittel zu entscheiden hat.
상급법원; 상소를 담당한 법원(재판관).

Iudex non calculat (Der Richter rechnet nicht) 재판관은 계산하지 않는다.
Offenbare Rechenfehler im Urteil nicht schaden und ohne weiteres berichtigt werden durfen.
판결에서 명백한 오산은 무해하며 바로 경정될 수 있다 (Vgl. § 319 ZPO)

Iura novit curia (Das Gericht kennt das Recht) 법은 법원이 안다.

Ius (Recht) 본서에서는 Jus로 쓰지 않고 Ius로 통일.
라틴문자 J는 중세에 라틴문자의 I가 변형되어 만들어진 것. 중세 라틴어에서 J는 어두(語頭) 문자로 사용된 이외에는 I와 구별하지 않고 사용되었으며, 17세기에서야 J가 자음자로 분리되어 사용되었다.

Ius aggratiandi → Begnadigungsrecht (사면권).

Ius canonicum 카논법.

Ius cogens (zwingendes Recht) 강행법.

Ius dispositivum (Nachgiebiges Recht) 임의법.

Ius est norma recti (The law is the rule of right) 법률은 정의의 규범이다.

Ius gentium (Das Recht (Ius) der Volker (gentes)) 만민법.

Ius naturale (Naturrecht) 자연법.

Ius poenale 형벌권 (vgl. Ius puniendi).

Ius primae noctis (Das Recht der ersten Nacht) 초야권.

Ius puniendi 형벌고권.
→ Ius poenale 형벌권.

Ius sanguinis (ius sanguis, Jus Sanguinis, Recht des Blutes) 혈통주의(Abstammungsprinzip).

Ius soli (Jus Soli, Recht des Bodens) 출생지주의 (Geburtsortprinzip).

Ius talionis → Talion (탈리오의 법칙).

Iustitia commutativa → Ausgleichende Gerechtigkeit (평균적 정의).

Iustitia distributiva → Austeilende Gerechtigkeit (배분적 정의).

J

Jagdwildrei StGB 292 밀렵죄.
Wer unter Verletzung fremden Jagdrechts oder Jagdausübungsrechts
1. dem Wild nachstellt, es fängt, erlegt oder sich oder einem Dritten zueignet oder
2. eine Sache, die dem Jagdrecht unterliegt, sich oder einem Dritten zueignet, beschädigt oder zerstört,
wird mit Freiheitsstrafe bis zu drei Jahren oder mit Geldstrafe bestraft.
타인의 수렵권이나 수렵시행권을 침해하여 야생동물을 1. 추적, 포획, 사살 또는 자기 또는 제3자를 위해 영득하거나 2. 수렵권에 속하는 재물을 자기 또는 제3자를 위해 영득, 손상, 파괴한 자는 3년 이하의 자유형 또는 벌금형에 처한다.

Jahresabschluß HGB 264(2) 연도(연말) 결산(서).
(2) Der Jahresabschluß der Kapitalgesellschaft hat unter Beachtung der Grundsätze ordnungsmäßiger Buchführung ein den tatsächlichen Verhältnissen entsprechendes Bild der Vermögens-, Finanz- und Ertragslage der Kapitalgesellschaft zu vermitteln.
자본회사의 연도결산서는 정규의 부기의 원칙을 준수하여 실제의 관계에 해당하는 자본회사의 재산·재무· 수익상태의 상황을 전달하여야 한다.

Jahresarbeitsverdienst SGB 7 82 연간근로소득.
(1) Der Jahresarbeitsverdienst ist der Gesamtbetrag der Arbeitsentgelte und Arbeitseinkommen des Versicherten in den zwölf Kalendermonaten vor dem Monat, in dem der Versicherungsfall eingetreten ist.
연간근로소득은 산재가 발생하기 전 12개월 동안 피보험자의 급여와 급여소득의 총액이다.

Jahresüberschuß AktG 58 연도잉여금.
(1) Die Satzung kann nur für den Fall, daß die Hauptversammlung den Jahresabschluß feststellt, bestimmen, daß Beträge aus dem Jahresüberschuß in andere Gewinnrücklagen einzustellen sind.
정관에는 주주총회가 연도결산서를 확정하는 경우에 한하여 연도잉여금액을 기타 이익준비금으로 적립할 것을 정할 수 있다.

JGG → Jugendgerichtsgesetz (소년법원법).

Judikative (Rechtsprechung) 사법부 (사법). → Exekutive (집행부).

Jugend JGG 1 소년법원법 적용 대상이 되는, 소년의 상위개념(14-20).
(1) Dieses Gesetz gilt, wenn ein Jugendlicher oder ein Heranwachsender eine Verfehlung begeht, die nach den allgemeinen Vorschriften mit Strafe bedroht ist.
본법은 청소년 또는 연장소년이 일반규정에 의하면 형벌이 부과되는 비행을 행할 경우에 적용된다.
(2) Jugendlicher ist, wer zur Zeit der Tat vierzehn, aber noch nicht achtzehn, Heranwachsender, wer zur Zeit der Tat achtzehn, aber noch nicht einundzwanzig Jahre alt ist.
청소년은 행위시 14세에서 아직 18세가 되지 아니한 경우, 연장소년은 18세에서 21세가 되지 아니한 소년을 말한다.
→ Junger mensch (사회법전 제8권의 적용을 받는 27세 미만의 소년).
→ Erwachsene (성년).

Jugendamt SGB 8 70 소년국 (소년보호국).
(1) Die Aufgaben des Jugendamts werden durch den Jugendhilfeausschuss und durch die Verwaltung des Jugendamts wahrgenommen.
소년국은 소년지원위원회 및 소년국의 운영을 통하여 그 임무를 수행한다.
* Das Jugendamt ist eine Organisations-

einheit innerhalb der Kommunalverwaltung. Nach dem Kinder- und Jugendhilfegesetz (KJHG) (Sozialgesetzbuch VIII (SGB VIII)) muss jeder Landkreis und jede kreisfreie Stadt ein Jugendamt einrichten.

소년국은 지방자치단체 관리내의 조직단위. 「아동 및 소년지원법」 (사회법전 제8권)에 의하여 모든 지방군(권역)과 자치시는 소년국을 설치하여야 한다.

Jugendarrest JGG 16 소년구금.

(1) Der Jugendarrest ist Freizeitarrest, Kurzarrest oder Dauerarrest.

~은 여가구금, 단기구금, 장기(계속)구금이다. ~은 소년형벌과는 다른 청소년에 대한 훈육(징계)처분으로 주간 여가시간의 여가구금, 소년의 교육과 직업훈련에 영향을 주지 않는 2일의 단기구금, 1-4주의 장기(계속)구금으로 분류된다.

Jugendgefährdende Prostitution

StGB 184e 미성년자 위해 매음죄.

Wer der Prostitution

1. in der Nähe einer Schule oder anderen Örtlichkeit, die zum Besuch durch Personen unter achtzehn Jahren bestimmt ist, oder
2. in einem Haus, in dem Personen unter achtzehn Jahren wohnen,

in einer Weise nachgeht, die diese Personen sittlich gefährdet, wird mit Freiheitsstrafe bis zu einem Jahr oder mit Geldstrafe bestraft.

다음 각호의 장소에서 도덕적으로 위태로운 방법으로 매음에 종사한 자는 1년 이하의 자유형 또는 벌금형에 처한다.

1. 학교인근 또는 기타 18세 미만자가 출입하는 지역,
2. 18세 미만자가 거주하는 주택내.

Jugendgefährdende Trägermedien

JuSchG 15 청소년유해 기록미디어.

(1) Trägermedien, deren Aufnahme in die Liste jugendgefährdender Medien nach § 24 Abs. 3 Satz 1 bekannt gemacht ist, dürfen nicht

1. einem Kind oder einer jugendlichen Person angeboten, überlassen oder sonst zugänglich gemacht werden,
2. an einem Ort, der Kindern oder Jugendlichen zugänglich ist oder von ihnen eingesehen werden kann, ausgestellt, angeschlagen, vorgeführt oder sonst zugänglich gemacht werden (Nr.3-7 생략).

(1) (청소년보호법) 제24조 제3항 제1호에 의하여 청소년유해 미디어목록에 수용된 것으로 고시된 매체물에 대하여 다음 각호의 행위는 허용되지 아니한다.

1. 아동이나 청소년에게 제공, 양도, 접근을 하게 하는 것,
2. 아동이나 청소년의 출입 가능한 지역이나 이들이 들여다볼 수 있는 장소에 전시, 게시, 상영 또는 그 밖의 접근을 하게 하는 것.

→ (Führung der) Liste jugendgefährdender Medien 청소년유해 미디어목록 (의 관리).

Jugendgerichtsgesetz JGG 소년법원법.

(1974.12.11) (BGBl. I S. 3427).

→ Jugend (소년).

Jugendgerichtshilfe (JGH) JGG 38 소년사법보호(보조)관 (소년조사관).

(1) Die Jugendgerichtshilfe wird von den Jugendämtern im Zusammenwirken mit den Vereinigungen für Jugendhilfe ausgeübt.

(2) Die Vertreter der Jugendgerichtshilfe bringen die erzieherischen, sozialen und fürsorgerischen Gesichtspunkte im Verfahren vor den Jugendgerichten zur Geltung. Sie unterstützen zu diesem Zweck die beteiligten Behörden durch Eseorschung der Persönlichkeit, der Entwicklung und der Umwelt des Beschuldigten und äußern sich zu den Maßnahmen, die zu ergreifen sind.

(1) 소년국은 소년부조 단체와 협력하여 소년사법보조의 업무를 행한다.

(2) 소년사법보호관의 대리인은 소년법원에 대하여 교육적, 사회적, 원호적 관점을 배려해야 한다. 소년사법보호관은 이러한 목적

을 위해 소년피의자의 인격조사와 발달, 환경조사를 통해 담당관청을 지원하고, 가능한 처분에 대한 의견을 제시한다.

Jugendhilfe SGB 8(3) 소년지원(부조).
(3) Jugendhilfe soll zur Verwirklichung des Rechts nach Absatz 1 insbesondere
1. junge Menschen in ihrer individuellen und sozialen Entwicklung fördern und dazu beitragen, Benachteiligungen zu vermeiden oder abzubauen.
소년지원은 제1항에 따른 권리의 실현을 위하여 특히
1. 소년에 대하여는 그 개인적 및 사회적 발전을 촉구하고, 불이익을 피하거나 제거하는 데 기여하여야 한다.
→ Junger Mensch (소년).

Jugendliche 청소년. → Jugend (소년).

Jugendlichen Alters StGB 221 年少(로 인하여: wegen ~). → Aussetzung.

Jugendschöffe JGG 35 소년부참심원.
(1) Die Schöffen der Jugendgerichte (Jugendschöffen) werden auf Vorschlag des Jugendhilfeausschusses für die Dauer von fünf Gnf Gäftsjahren von dem in § 40 des Gerichtsverfassungsgesetzes vorgesehenen Ausschuß gewählt. Dieser soll eine gleiche Anzahl von Männern und Frauen wählen.
소년법원의 참심원(소년부참심원)은 소년부조위원회의 추천으로 법원조직법 제40조 소정의 위원회에 의하여 5년의 근무연한으로 선발된다. 동위원회는 남녀 동수로 선발되어야 한다.
→ Ehrenamtlicher Richter (명예직 판사).

Jugendschutzgesetz JuSchG 1 청소년보호법 (2002.7.23) (BGBl. I S. 2730).
(1) Im Sinne dieses Gesetzes
1. sind Kinder Personen, die noch nicht 14 Jahre alt sind,
2. sind Jugendliche Personen, die 14, aber noch nicht 18 Jahre alt sind,
3. ist personensorgeberechtigte Person, wem allein oder gemeinsam mit einer anderen Person nach den Vorschriften des Bürgerlichen Gesetzbuchs die Personensorge zusteht,
4. ist erziehungsbeauftragte Person, jede Person über 18 Jahren, soweit sie auf Dauer oder zeitweise aufgrund einer Vereinbarung mit der personensorgeberechtigten Person Erziehungsaufgaben wahrnimmt oder soweit sie ein Kind oder eine jugendliche Person im Rahmen der Ausbildung oder der Jugendhilfe betreut.
본법에서
1. 아동은 14세 미만의 자,
2. 청소년은 14세 이상 18세미만의 자,
3. 민법의 규정에 의하여, 단독으로 또는 타인과 공동으로 신상친권을 가진 모든 자,
4. 양육권자는 계속적 또는 일시적으로 신상친권자와의 합의에 의하여 양육을 맡거나 또는 아동 또는 청소년을 교육 또는 청소년부조의 범위에서 아동 또는 청소년을 보호하는 18세 이상의 자를 말한다.

Jugendschutzkammer GVG 74b 소년보호부.
In Jugendschutzsachen ist neben der für allgemeine Strafsachen zuständigen Strafkammer auch die Jugendkammer als erkennendes Gericht des ersten Rechtszuges zuständig.
소년보호사건에서는 일반 형사사건에 대하여 관할있는 형사부 외에 소년부도 제1심 법원으로서 관할이 있다.

Jugendschutzsachen GVG 26 소년보호사건.
(1) Für Straftaten Erwachsener, durch die ein Kind oder ein Jugendlicher verletzt oder unmittelbar gefährdet wird, sowie für Verstöße Erwachsener gegen Vorschriften, die dem Jugendschutz oder der Jugenderziehung dienen, sind neben den für allgemeine Strafsachen zuständigen Gerichten auch die Jugendgerichte zuständig.
(1) 아동 또는 청소년을 침해하거나 직접적으로 위태화하는 성인의 범죄행위 및 소년보호 또는 소년교육에 기여하는 규정에 대한 성인의 위반에 대하여는 일반적 형사사

건을 관할하는 법원 이외에 소년법원도 관할이 있다.

(2) In Jugendschutzsachen soll der Staatsanwalt Anklage bei den Jugendgerichten nur erheben, wenn in dem Verfahren Kinder oder Jugendliche als Zeugen benötigt werden oder wenn aus sonstigen Gründen eine Verhandlung vor dem Jugendgericht zweckmäßig erscheint.

(2) 소년보호사건에 있어서 검찰은 그 절차에서 아동이나 청소년이 증인으로 필요하거나 또는 기타의 사유로 소년법원에서의 심리가 합목적적으로 보이는 경우에만 소년법원에 기소할 수 있다.

Jugendstrafanstalt StVollzG 176 소년원 (소년교도소).

(1) Übt ein Gefangener in einer Jugendstrafanstalt eine ihm zugewiesene Arbeit aus, so erhält er unbeschadet der Vorschriften des Jugendarbeitsschutzgesetzes über die Akkord- und Fließarbeit ein nach § 43 Abs. 2 und 3 zu bemessendes Arbeitsentgelt.

소년원에 있는 수형자가 그에게 할당된 작업을 수행하는 경우에는 수형자는 청부작업 및 일관작업에 관한 소년노동보호법의 규정에 관계없이 이 법 제43조 제1항 및 제2항에 의한 상당한 노임을 받는다.

Jugendstrafe JGG 17·18 소년형(벌).

(1) Die Jugendstrafe ist Freiheitsentzug in einer für ihren Vollzug vorgesehenen Einrichtung. (17)

(1) 소년형은 행형시설에서의 자유박탈이다.

(2) Der Richter verhängt Jugendstrafe, wenn wegen der schädlichen Neigungen des Jugendlichen, die in der Tat hervorgetreten sind, Erziehungsmaßregeln oder Zuchtmittel zur Erziehung nicht ausreichen oder wenn wegen der Schwere der Schuld Strafe erforderlich ist. (17)

(2) 판사는 행위시에 나타난 청소년의 해로운 경향으로 보아 교육처분이나 교육목적의 훈육(징계)처분이 충분하지 않거나 또는 책임의 크기로 보아 형벌이 필요한 경우에는 소년형을 부과한다.

(1) Das Mindestmaß der Jugendstrafe beträgt sechs Monate, das Höchstmaß fünf Jahre. (18)

(1) 소년형의 최소한은 6개월이며, 최고한도는 5년이다.

Handelt es sich bei der Tat um ein Verbrechen, für das nach dem allgemeinen Strafrecht eine Höchststrafe von mehr als zehn Jahren Freiheitsstrafe angedroht ist, so ist das Höchstmaß zehn Jahre. Die Strafrahmen des allgemeinen Strafrechts gelten nicht. (18)

행위가 일반형법에 의하면 최고형이 10년 이상의 자유형인 중죄의 경우에 그 최고한도는 10년이다. 일반형법의 형벌범위는 적용되지 않는다.

→ Erziehungsmaßregel (교육처분).

Jugendstrafrecht JGG 2 소년형법.

(1) Die Anwendung des Jugendstrafrechts soll vor allem erneuten Straftaten eines Jugendlichen oder Heranwachsenden entgegenwirken. Um dieses Ziel zu erreichen, sind die Rechtsfolgen und unter Beachtung des elterlichen Erziehungsrechts auch das Verfahren vorrangig am Erziehungsgedanken auszurichten.

청소년 또는 연장소년의 새로운 범죄에 대하여 소년형법이 적용된다. 이러한 목적을 달성하기 위하여 법적 효과와, 부모의 교육권을 고려하여 그 절차도 우선적으로 교육사상에서 행하여져야 한다.

Junger Mensch SGB 8 7 소년(최광의).

Ein junger Mensch ist in Deutschland im Kontext des Achten Buches Sozialgesetzbuch (SGB VIII), des so genannten Kinder- und Jugendhilfegesetzes (KJHG), „wer noch nicht 27 Jahre alt ist" (§ 7 Abs. 1 Nr. 4 SGB VIII).

독일에서 사회법전 제8권 (아동 및 소년지원법)의 (지원대상이 되는) ~는 "아직 27세가 되지 않는 자"를 말한다(동 제7조 제1항 제4호). ~는 Kind (아동) (~14), Jugendlicher (청소년) (14-18), junger Volljähriger (청년) (18-27)를 포함하는 개념이다.

→ Jugend (소년).

Junger Volljähriger SGB 8 7 Nr.3 청년.
Im Sinne dieses Buches ist
3. junger Volljähriger, wer 18, aber noch nicht 27 Jahre alt ist,
본법에서 청년은 3. 18세 이상 27세 미만의 자를 말한다.

Jungerwachsene 초기성년.
20-24세의 성년의 초기; Vollerwachesene (완전성년)은 25세 이상 → Jugend.

Junktim-klausel 결부(결합)조항, 부대조항, 불가분조항 (von lat. iunctum : verbunden); Junktimierung의 예로 흔히 GG 14(3) S.2를 든다.

Jurisprudenz 법해석학, 법률학, 법학.
법해석학은 18세기에 라틴어 iurisprudentia 에서 나온 법학(Rechtswissenschaft)의 차입어(借入語: Lehnwort)이다. 라틴어의 prudentia는 "지식, 학문"이라는 말 이외에도 "총명"이라는 의미도 포함하고 있지만 이 말은 prudentia 이상의 "본다(sehen)", "보았다(gesehen haben = wissen)"라는 의미에 그 뿌리를 둔 학문과 같은 의미로 보인다.

Juristentag 법률인대회
Rechtspraktiker(법실무자)와 Rechtswissenschaftler(법학자)를 포함, 2년에 대학도시를 돌며 개최된다.

Jus → Ius (Recht).

JuSchG → Jugendschutzgesetz (청소년보호법).

Justizgewährungsanspruch GG 19(4) 사법행위청구권.
* Verfassungsrechtlicher Anspruch des Einzelnen, zur Wahrung seiner Rechte die staatlichen Gerichte in Anspruch nehmen zu können und von diesen eine Entscheidung in der Sache treffen zu lassen (Artikel 19 Absatz 4 GG).
자신의 권리를 수호하기 위하여 국가의 법원에 청구하고 사건의 재판을 받는 개인의 청구권.

Justizvergütungs- u. -entschädigungsgesetz JVEG 1 사법보수 및 보상법.
(2004.5.5) (BGBl. I S. 718, 776)
Dieses Gesetz regelt
1. die Vergütung der Sachverständigen, Dolmetscherinnen, Dolmetscher, Übersetzerinnen und Übersetzer, die von dem Gericht, der Staatsanwaltschaft, der Finanzbehörde in den Fällen, in denen diese das Ermittlungsverfahren selbstständig durchführt, der Verwaltungsbehörde im Verfahren nach dem Gesetz über Ordnungswidrigkeiten oder dem Gerichtsvollzieher herangezogen werden.
본법은 1. 법원, 검찰, 수사절차가 독립적으로 행하여지는 경우에 재무관청, 질서위반법에 대한 절차에서 행정관청 또는 법집행관에 의하여 참여한 감정인, 통역인, 번역인의 보수를 정한다.

Justizverwaltung 법무(사법행정)(기관).
→ Landesjustizverwaltung (주법무).

Justizvollzugsanstalt = JVA
StVollzG 139 행형시설, 교도소.
Die Freiheitsstrafe sowie die Unterbringung in der Sicherungsverwahrung werden in Anstalten der Landesjustizverwaltungen (Justizvollzugsanstalten) vollzogen.
자유형과 보안감호의 수용은 주법무부 행형시설(교도소)에서 집행된다.
→ Landesjustizverwaltung (주법무).

Justizwachtmeister 법정경찰관.
Justizwachtmeister sind bei Gerichten und Staatsanwaltschaften tätige Beamte des einfachen Dienstes oder mit diesen Aufgaben betraute Angestellte.
~은 법원과 검찰에서 근무하는 단순근무직 공무원 또는 그러한 임무를 지닌 직원.

JVEG → Justizvergütungs- u. -entschädigungsgesetz (사법보수 및 보상법).

Kabinettsjustiz 내각사법.
Kabinettsjustiz als Teil des Kabinett-systems bezeichnet die im Absolutismus üblichen Eingriffe des Landesherrn in Entscheidungen von Gerichten und den Ablauf des Rechtssystems.
내각체제의 일부로 ~은 절대주의하에 영방 군주의 법원의 결정 및 법체계의 과정에 대한 통상적인 개입을 말한다.

Kaduzierung GmbHG 21 실권.
(1) Im Fall verzögerter Einzahlung kann an den säumigen Gesellschafter eine erneute Aufforderung zur Zahlung binnen einer zu bestimmenden Nachfrist unter Androhung seines Ausschlusses mit dem Geschäftsanteil, auf welchen die Zahlung zu erfolgen hat, erlassen werden.
납입이 지체된 경우에는 해태한 사원에 대하여 납입이 되어야 할 지분에 관한 권리가 상실된다는 예고를 하고 일정한 유예기간내의 납입을 위한 새로운 최고를 할 수 있다.

Kammer → Senat.

Kann(Können)-**Vorschrift** 재량규정.
→ Grammatische Auslegung (문리해석).

Kanzlei BRAO 27 변호사사무소.
(1) Der Rechtsanwalt muss im Bezirk der Rechtsanwaltskammer, deren Mitglied er ist, eine Kanzlei einrichten und unterhalten.
변호사는 그 구성원으로 있는 변호사회의 관할지역에서 변호사사무실을 개설하고 유지하여야 한다.

Kapitalabfindung BGB 843(3) (원금)일시금배상 (Abfindung in Kapital).
(3) Statt der Rente kann der Verletzte eine Abfindung in Kapital verlangen, wenn ein wichtiger Grund vorliegt.
피해자는 중대한 사유가 있는 때에는 정기금에 갈음하여 일시금배상을 청구할 수 있다.
→ Kapitalentschädigung (원금배상).

Kapitalanlagebetrug StGB 264a 투자사기죄
1. dem Vertrieb von Wertpapieren, Bezugsrechten oder von Anteilen, die eine Beteiligung an dem Ergebnis eines Unternehmens gewähren sollen, oder
2. dem Angebot, die Einlage auf solche Anteile zu erhöhen,
in Prospekten oder in Darstellungen oder Übersichten über den Vermögensstand hinsichtlich der für die Entscheidung über den Erwerb oder die Erhöhung erheblichen Umstände gegenüber einem größeren Kreis von Personen unrichtige vorteilhafte Angaben macht oder nachteilige Tatsachen verschweigt, wird mit Freiheitsstrafe bis zu drei Jahren oder mit Geldstrafe bestraft.
1. 유가증권, 신주인수권 또는 참여에 의해 기업이윤을 보장하는 지분의 판매,
2. 그러한 지분의 출자증대의 제안과 관련하여
재산상태를 전망, 설명 또는 개관함에 있어 매입이나 투자 증대의 결정에 중요한 상황에 관하여 다수의 사람들에게 허위의 유리한 보고를 하거나 불리한 사실을 묵비한 자는 3년 이하의 자유형 또는 벌금형에 처한다.

Kapitalanlagegesellschaft (KAG)
InvG 6 자본투자회사.
(1) Kapitalanlagegesellschaften sind Unternehmen, deren Geschäftsbereich darauf gerichtet ist, inländische Investmentvermögen im Sinne des § 1 Satz 1 Nr. 1 zu verwalten und Dienstleistungen oder Nebendienstleistungen nach § 7 Abs. 2 zu erbringen. Kapitalanlagegesellschaften dürfen nur in der Rechtsform der Aktiengesellschaft oder der Gesellschaft mit beschränkter Haftung betrieben werden.

투자자본회사는 (투자법) 제1조 제1문 제1호의 (투자펀드 등 내국의) 투자재산을 관리하고 제7조 제2항에 따른 서비스 또는 부대서비스(개인자산관리 등)를 제공하는 기업을 말한다. 자본투자회사는 주식회사 또는 유한회사의 형태로 운영되어야 한다.

Kapitalanleger-Musterverfahrensgesetz
(Gesetz über Musterverfahren in kapitalmarktrechtlichen Streitigkeiten) KapMuG 투자자대표소송법 (2005.8.16) (BGBl. I S. 2437).
→ Musterfeststellungsantrag (대표(소송) (표준, 집단)확인신청).

Kapitalentschädigung StRehaG 17 원금배상.
(1) Die Kapitalentschädigung beträgt 306, 78 Euro für jeden angefangenen Kalendermonat einer mit wesentlichen Grundsätzen einer freiheitlichen rechtsstaatlichen Ordnung unvereinbaren Freiheitsentziehung.
원금배상은 자유법치국가질서의 본질적 원칙에 위배되는 자유박탈의 각 1개월에 대하여 306.78 유로로 한다.

Kapitalerhöhung gegen Einlagen
AktG 182 출자에 의한 자본증가(증자).
(1) Eine Erhöhung des Grundkapitals gegen Einlagen kann nur mit einer Mehrheit beschlossen werden, die mindestens drei Viertel des bei der Beschlußfassung vertretenen Grundkapitals umfaßt.
출자에 의한 자본의 증가는 결의에서 대표된 자본의 적어도 4분의 3을 포함한 다수결로서만 결의할 수 있다.
→ Bedingte Kapitalerhöhung 조건부 증자 (자본증가).

Kapitalgesellschaft HGB 264 ff. 물적회사 (자본회사). ↔ Personengesellschaft (인적회사).
사원의 자격 및 회사에 대한 권리가 출자된 자본에 의해 정해진 회사 (주식회사, 주식합자회사, 유한회사).

Kapitalherabsetzung AktG 222 자본감소 (감자).
(1) Eine Herabsetzung des Grundkapitals kann nur mit einer Mehrheit beschlossen werden, die mindestens drei Viertel des bei der Beschlußfassung vertretenen Grundkapitals umfaßt (Ordentliche Kapitalherabsetzung).
자본감소는 적어도 결의시에 대표된 자본의 4분의 3이상을 포함하는 다수결로써만 결의할 수 있다.

Kapitalrücklage HGB 272(2) 자본준비금.
(2) Als Kapitalrücklage sind auszuweisen folgende Beträge:
다음 각호는 자본준비금으로서 명시하여야 한다.
1. der Betrag, der bei der Ausgabe von Anteilen einschließlich von Bezugsanteilen über den Nennbetrag oder, falls ein Nennbetrag nicht vorhanden ist, über den rechnerischen Wert hinaus erzielt wird;
신주인수 지분을 포함하여 액면금액 이상의 지분을 발행하는 경우에 또는 액면금액이 존재하지 않는 경우에 회계상의 금액을 초과하여 취득한 금액.
→ Eigenkapital (자기자본금).

Kapitalverbrechen 중대범죄.
~ ist ein historisch begründeter, mittlerweile nur noch umgangssprachlicher Begriff für eine besondere schwere Straftat, beispielsweise für Mord, Vergewaltigung oder Verschwörung. Ursprünglich bezeichnete der Begriff mit dem Verlust des Lebens zu ahndende Straftaten.
~는 역사적인, 아직도 일상용어상의 개념으로 사용되는 살인, 강간 또는 반역 등의 중대한 범죄행위를 가리키는 말. 원래는 생명을 박탈하는 범죄를 말한다.

Kapitalversicherung VVG 180 (a.F.) 일시금보험.
Ist als Leistung des Versicherers die Zahlung eines Kapitals vereinbart, so gelten die Vorschriften der §§ 166 bis 168.
보험자의 급부로서 일시금의 지불을 약정한 때에는 제166조 내지 제168조(보험수익자의 지정 등)의 규정을 적용한다.

Kapitän (Schiffer) HGB 511 선장.
Der Führer des Schiffes (Kapitän, Schiffer) ist verpflichtet, bei allen Dienstverrichtungen, namentlich bei der Erfüllung der von ihm auszuführenden Verträge, die Sorgfalt eines ordentlichen Kapitäns anzuwenden.
선박의 지휘자(선장)는 일체의 직무수행, 특히 그 실행할 계약의 이행에 있어서 통상적인 선장의 주의를 하여야한다.

Kapitel 편(篇) → Abschnitt 장(章).

KapMuG → Kapitalanleger-Musterverfahrensgesetz (투자자대표소송법).

Kappungsgrenze BGB 558(3) 상한 (한계)(선).
(3) Bei Erhöhungen nach Absatz 1 darf sich die Miete innerhalb von drei Jahren, von Erhöhungen nach den §§ 559 bis 560 abgesehen, nicht um mehr als 20 vom Hundert erhöhen (Kappungsgrenze).
(제558조) 제1항에 의한 차임인상은 제559조 내지 제560조에 의한 인상을 제외하고, 3년 동안 20% 이상이어서는 안된다.

Karriereverbrecher 경력범죄자.
범죄에 대한 장기간에 걸친 연속적 경력을 가진 범죄자.
→ Intensivtäter (집중범).

Kartellbehörde GWB 48 카르텔관청.
(1) Kartellbehörden sind das Bundeskartellamt, das Bundesministerium für Wirtschaft und Technologie und die nach Landesrecht zuständigen obersten Landesbehörden.
카르텔관청은 연방카르텔청, 연방경제부 및 주법에 따라서 관할권을 갖는 주최고관청이다.

Kartellverbot 카르텔금지. → Verbot wettbewerbsbeschränkender Vereinbarung (경쟁제한적 합의의 금지).

Kassatorische Klausel
→ Verwirkungsklausel (실권약관).

Kasse → Abgabenüberhebung (공과금과다징수죄).

Kassenverein
→ Wertpapiersammelbank (유가증권혼장은행).
→ Clearstream International S.A. (클리어스트림社).

Kasuistische Regelung 개별규제형식.
형법각칙의 입법기술형식으로서는 개별규제형식 이외에도 일반규제형식(Generelle Regelung)과 독일형법 제243조의 규정예시형식(Regelbeispiel: 특히 중한 사례의 예시형식)을 들 수 있다. 후자의 동규정은 구성요건적 성질을 갖는 것이 아니라 단순히 양형을 위한 규정의 의미를 가진다.

Katastrophenhilfe GG 35 재해구조.
(3) Gefährdet die Naturkatastrophe oder der Unglücksfall das Gebiet mehr als eines Landes, so kann die Bundesregierung, soweit es zur wirksamen Bekämpfung erforderlich ist, den Landesregierungen die Weisung erteilen, Polizeikräfte anderen Ländern zur Verfügung zu stellen, sowie Einheiten des Bundesgrenzschutzes und der Streitkräfte zur Unterstützung der Polizeikräfte einsetzen.
자연재해 또는 재난사고가 1개 이상의 주영역에 위험을 미칠 경우에는 연방정부는 이에 유효하게 대처하는 데 필요한 경우 주정부에 대해 다른 주를 위하여 경찰력을 사용할 것을 지시할 수 있고 또한 경찰력을 지원하기 위해 연방국경수비대 및 군대의 부대를 출동시킬 수 있다.

Katastrophennotstand GG 35(2) 재해긴급사태.
(2) S.2 Zur Hilfe bei einer Naturkatastrophe oder bei einem besonders schweren Unglücksfall kann ein Land Polizeikräfte anderer Länder, Kräfte und Einrichtungen anderer Verwaltungen sowie des Bundes-

grenzschutzes und der Streitkräfte anfordern.
자연재해 또는 특별히 중대한 재난사고의 경우에 구조를 받기 위해 주는 다른 주에 다른 행정관청 및 연방국경경비대와 군대의 힘과 시설을 요청할 수 있다.

Kauf auf Probe BGB 454 시험매매.
(1) Bei einem Kauf auf Probe oder auf Besichtigung steht die Billigung des gekauften Gegenstandes im Belieben des Käufers.
Der Kauf ist im Zweifel unter der aufschiebenden Bedingung der Billigung geschlossen.
시험매매 또는 점검매매(sales by inspection) 에 있어서는 매매된 목적물의 승인은 매수인 의 임의에 속한다. 매매가 의심스러운 경우 승인을 정지조건으로 체결한 것으로 한다(승 인매매).

Kaufmann HGB 1 상인.
(1) Kaufmann im Sinne dieses Gesetzbuchs ist, wer ein Handelsgewerbe betreibt.
본법에서 상인이라함은 상사영업을 경영하 는 자를 말한다.

Kaufmännischer Angestellter
(= → Handlungsgehilfe 상업사용인).

Kaufpreissammlung BauGB 195 매매 가격선례집.
(1) Zur Führung der Kaufpreissammlung ist jeder Vertrag, durch den sich jemand verpflichtet, Eigentum an einem Grundstück gegen Entgelt, auch im Wege des Tausches, zu übertragen oder ein Erbbaurecht zu begründen, von der beurkundenden Stelle in Abschrift dem Gutachterausschuss zu übersenden.
모든 계약에는 매매가격선례집을 작성하여 야 하며, 그 계약을 통하여 토지에 대한 소 유권을 유상으로, 또한 교환의 방법으로도 양도하거나 지상권을 성립시키는 자는 사본 으로 이를 등기소에 의하여 감정평가위원회 에 송부할 의무가 있다.

Kaufrecht BGB 651 매매법.
→ Werklieferungsvertrag (제작물공급계약).

Kaufvertrag BGB 433 매매계약.
(1) Durch den Kaufvertrag wird der Verkäufer einer Sache verpflichtet, dem Käufer die Sache zu übergeben und das Eigentum an der Sache zu verschaffen.
매매계약으로 인하여 물건의 매도인은 매수 인에게 물건을 인도하며 또한 물건의 소유 권을 이전할 의무를 부담한다.

Kausales Rechtsgeschäft (Kausalgeschäft) 유인행위 (원인행위).
~, die von dem Rechtsgrund (causa), dem Zweck, der mit einer Zuwendung verfolgt wird, abhängig sind.
출연이 따르게 되는 원인, 목적에 의존하는 행위.
↔ Abstraktes Rechtsgeschäft (무인행위).

Kausalität → Ursächlichkeit (인과관계 : 법적 의미).

Kavaliersdelikt 기사범죄.
Als Kavaliersdelikt bezeichnete man früher Vergehen von Adligen, die nicht zum Ehrverlust und bei diesen damit verbunden zur Aberkennung des persönlichen Adels führten, der Täter blieb "Kavalier".
Das Kavaliersdelikt ist Teil der Delikte, die keinen immanenten Unrechtsgehalt haben, sondern einfach gesetzlich verboten sind. Kavaliersdelikte werden häufig mit Bagatelldelikten gleichgesetzt (Schwarzfahren, Ladendiebstahl, Verstöße gegen die Straßenverkehrsordnung u.ä.).
Der Begriff Kavaliersdelikt wird sehr gerne negiert gebraucht, beispielsweise „Umweltverschmutzung ist kein Kavaliersdelikt"; „Urheberrechtsverletzung ist kein Kavaliersdelikt
불명예의 정도는 아니지만 그와 관련하여 신분상 귀족의 박탈에 이르고 행위자는 "기 사"로 남아 있는 과거 귀족의 경죄.
(오늘날) ~는 본래 불법은 아니지만 단순 히 법적으로 금지된 행위를 말하며 경미범

죄와 동일시되기도 한다(무난운전, 상점절도, 도로교통법 위반).
~의 의미는 아주 부정적으로 사용되기도 한다; 환경오염은 기사범죄가 아니다; 저작권침해는 기사범죄가 아니다.

KDVG → Kriegsdienstverweigerungsgesetz (양심적 병역거부법).

Keimbahnzelle ESchG 8(3) 생식세포계열. → Künstliche Veränderung menschlicher Keimbahnzellen.
(3) Keimbahnzellen im Sinne dieses Gesetzes sind alle Zellen, die in einer Zell-Linie von der befruchteten Eizelle bis zu den Ei- und Samenzellen des aus ihr hervorgegangenen Menschen führen, ferner die Eizelle vom Einbringen oder Eindringen der Samenzelle an bis zu der mit der Kernverschmelzung abgeschlossenen Befruchtung.
이 법에서 생식세포계열이라 함은 수정된 난자의 세포선에서 그로부터 발생한 난자 및 정자에 이르는 모든 세포를 말하여 또한 핵융합(분열)이 된 수정에 정자의 투입이나 침투가 이루어진 난자를 말한다.

Keine Ahndung ohne Gesezt OWiG 3 법률 없이 처벌 없다.
Eine Handlung kann als Ordnungswidrigkeit nur geahndet werden, wenn die Möglichkeit der Ahndung gesetzlich bestimmt war, bevor die Handlung begangen wurde.
질서위반행위의 처벌은 그 행위가 행하여지기 이전에 처벌의 가능성이 법률로써 규정되어 있는 경우에만 할 수 있다.

Keine Bindung an Anträge der Staatsanwaltschaft StPO 206 검사의 청구에 대한 불기속 (← Freiheit des Gerichts).
Das Gericht ist bei Beschußfassung an die Anträge der Staatsanwaltschaft nicht gebunden.
법원은 (공판개시) 결정에 있어서 검사의 청구에 제한을 받지 아니한다.

Keine Hemmung der Vollstreckung des Urteils StPO 360 판결의 집행부정지.
→ Keine Vollzugshemmung (집행부정지의 원칙).

Keine Unzuständigkeitserklärung 관할위반의 선고금지.
→ Keine Verweisung an Gericht niederer Ordnung (하급법원에로의 이송금지).

Keine Verweisung an Gericht niederer Ordnung StPO 269 하급법원에로의 이송금지 (Keine Unzuständigkeitserklärung)
Das Gericht darf sich nicht für unzuständig erklären, weil die Sache vor ein Gericht niederer Ordnung gehöre; → Gericht höherer Ordnung.
법원은 하급법원에 속한다는 이유로 관할위반의 선고를 할 수 없다.

Keine Vollzugshemmung (Vollstrekkungshemmung) StPO 47, 307, 360 집행부정지의 원칙(Keine vollzugshemmende Wirkung)
(1) Durch den Antrag auf Wiedereinsetzung in den vorigen Stand wird die Vollstreckung einer gerichtlichen Entscheidung nicht gehemmt. (47)
원상회복의 신청으로 인하여 재판의 집행은 정지되지 아니한다.
(1) Durch Einlegung der Beschwerde wird der Vollzug der angefochtenen Entscheidung nicht gehemmt.
항고가 제기되어도 불복된 결정의 집행은 정지하지 않는다. (307)
(Keine Hemmung der Vollstreckung des Urteils).
(1) Durch den Antrag auf Wiederaufnahme des Verfahrens wird die Vollstreckung des Urteils nicht gehemmt.
재심의 청구에 의하여 판결의 집행이 방해되지 아니한다. (360)

Kenntlichmachung beschlagnahmter Gegenstände StPO 109 압수물의 표시.
Die in Verwahrung oder in Beschlag genommenen Gegenstände sind genau zu verzeichnen und zur Verhütung von

Verwechslungen durch amtliche Siegel oder in sonst geeigneter Weise kenntlich zu machen.
보관 또는 압수된 물건은 상세하게 목록을 작성하여야 하며, 혼동을 방지하기 위하여 관인으로 또는 기타의 적당한 방법으로 식별할 수 있게 하여야 한다.

Kenntnisse StVollzG 34 지득사항 (知得事項).
~의 이용: Verwertung von Kenntnissen; (전문적) 지식.

Kennzeichen verfassungswidriger Organisationen StGB 86a 위헌조직표지 (~ 의 사용죄) (→ Verwendung von ~).

Kennzeichenrecht MarkenG 1 표식권.
Nach diesem Gesetz werden geschützt:
1. Marken,
2. geschäftliche Bezeichnungen,
3. geographische Herkunftsangaben.
1. 상표, 2. 영업표지, 3. 지리적 출처표시는 본법(상표법)에 의하여 보호된다.

Kernanlage AtG 25 핵시설.
(Haftung für Kernanlagen 핵시설보유자의 책임)
(1) Beruht ein Schaden auf einem von einer Kernanlage ausgehenden nuklearen Ereignis, so gelten für die Haftung des Inhabers der Kernanlage ergänzend zu den Bestimmungen des Pariser Übereinkommens und des Gemeinsamen Protokolls die Vorschriften dieses Gesetzes. Das Pariser Übereinkommen ist unabhängig von seiner völkerrechtlichen Verbindlichkeit für die Bundesrepublik Deutschland innerstaatlich anzuwenden, soweit nicht seine Regeln eine durch das Inkrafttreten des Übereinkommens bewirkte Gegenseitigkeit voraussetzen.
제25조]
손해가 핵시설에 기한 핵사고로 발생한 경우에 본법의 규정은 핵시설보유자의 책임에 관하여 파리협약의 규정에 보충적으로 적용된다. 파리협약은 독일연방공화국에 대한

국제법상의 의무와는 상관없이 국내에 적용된다. 단 그 규정이 협약의 효력발생으로 인한 상호주의를 전제로 하지 않아야 한다.

Kernbrennstoffen → Unerlaubter Umgang mit Kernbrennstoffen (핵연료불법사용죄) StGB 328 (a.F.).

Kernenergie → Herbeiführen einer Explosion durch Kernenergie (핵에너지에 의한 폭발야기죄).

Kerntechnischen Anlage → Fehlerhafte Herstellung einer kerntechnischen Anlage. (핵기술시설의 부실시공죄).

Kinder- und Jugendhilfegesetz (Gesetz zur Neuordnung des Kinder- und Jugendhilferechts) KJHG 아동청소년지원법.
* 동법내용의 상당부분을 Sozialgesetzbuch 8 (Kinder- und Jugendhilfe) (사회법전 제8권) (아동 및 청소년지원)으로 대체.

Kinderhandel StGB 236 아동매매죄.
(1) Wer sein noch nicht achtzehn Jahre altes Kind oder seinen noch nicht achtzehn Jahre alten Mündel oder Pflegling unter grober Vernachlässigung der Fürsorge- oder Erziehungspflicht einem anderen auf Dauer überlässt und dabei gegen Entgelt oder in der Absicht handelt, sich oder einen Dritten zu bereichern, wird mit Freiheitsstrafe bis zu fünf Jahren oder mit Geldstrafe bestraft.
18세 미만의 아동이나 또는 18세 미만인 자기의 피후견인 또는 피양육자에 대한 보호 또는 교육의무를 현저히 무시하고 이들을 무기간으로 타인에게 인도하여, 이로부터 대가를 받거나 자기 또는 제3자에게 이득을 갖게 할 목적으로 매매한 자는 5년 이하의 자유형이나 벌금형에 처한다.

Kindestötung StGB 217 a.F. 영아살해죄 (삭제됨).
(1) Eine Mutter, welcher ihr nichteheliches Kind in oder gleich nach der Geburt tötet, wird mit Freiheitsstrafe nicht unter drei

Jahren bestraft.
분만 중 또는 분만 즉후에 혼인외의 자를 살해한 모는 3년 이상의 자유형에 처한다.

Kindschaftssachen ZPO 640 친자사건.
1. die Feststellung des Bestehens oder Nichtbestehens eines Eltern-Kindes-Verhältnisses; hierunter fällt auch die Feststellung der Wirksamkeit oder Unwirksamkeit einer Anerkennung der Vaterschaft, 친자관계존부의 확인, 여기에 인지의 유무효의 확인도 포함된다.
2. die Anfechtung der Vaterschaft oder 인지의 취소,
3. die Feststellung des Bestehens oder Nichtbestehens der elterlichen Sorge der einen Partei für die andere. 당사자일방의 타방당사자에 대한 친권의 존부확인.

Kirchendiebstahl StGB 243(1) Nr.4 교회절도. → Besonders schwerer Fall des Diebstahls (특히 중한 절도).

KJHG → Kinder- und Jugendhilfegesetz (아동청소년지원법).

Klage auf Erteilung der Vollstreckungsklausel ZPO 797 집행문부여의 소.
Für Klagen auf Erteilung der Vollstreckungsklausel ist das Gericht, bei dem der Schuldner im Inland seinen allgemeinen Gerichtsstand hat, zuständig. 집행문부여의 소는 채무자가 국내에 그 보통재판적이 있는 지의 법원이 관할한다.

Klageänderung ZPO 263; VwGO 91 소의 변경.
Nach dem Eintritt der Rechtshängigkeit ist eine Änderung der Klage zulässig, wenn der Beklagte einwilligt oder das Gericht sie für sachdienlich erachtet. 소의 변경은 소송계속의 발생후에 피고의 동의가 있거나 법원이 이를 적절하다고 인정한 때에 허용된다.
(1) Eine Änderung der Klage ist zulässig, wenn die übrigen Beteiligten einwilligen

oder das Gericht die Änderung für sachdienlich hält. 소의 변경은 기타관계인이 동의하거나 법원이 그 변경을 적절하다고 인정하는 경우에 허용된다.

Klageantrag ZPO 253, 256(2) 청구취지, 소의 신청.
* Klageantrag und -grund grenzen den Streitgegenstand ab und können im Verlaufe des Rechtsstreits geändert werden. 청구취지 및 청구원인은 소송물의 범위를 특정하고 소송중 변경될 수 있다.
→ Klageschrift (소장).

Klagebefugnis VwGO 42(2) 원고적격 (standing to bring suit).
(2) Soweit gesetzlich nichts anderes bestimmt ist, ist die Klage nur zulässig, wenn der Kläger geltend macht, durch den Verwaltungsakt oder seine Ablehnung oder Unterlassung in seinen Rechten verletzt zu sein. 법률에 달리 정함이 없는 한 소송은 원고가 행정행위에 의하여 또는 그 거부 및 부작위에 의하여 자신의 권리가 침해된 경우에 한하여 허용된다.

Klagebegehren VwGO 88 소의 청구범위(요청).
Das Gericht darf über das Klagebegehren nicht hinausgehen, ist aber an die Fassung der Anträge nicht gebunden. 법원은 소의 청구범위를 넘어서는 아니되며, 신청의 표현양식에는 기속되지 아니한다.

Klageerhebung StPO 381 소의 제기 (사인기소).
Die Erhebung der Klage geschieht zu Protokoll der Geschäftsstelle oder durch Einreichung einer Anklageschrift. 소의 제기는 법원사무국의 조서에 또는 소장의 제출에 의해 이루어진다.

Klageerzwingungsverfahren StPO 172 기소강제절차 (준기소, 재정신청)
(1) Ist der Antragsteller zugleich der Ver-

letzte, so steht ihm gegen den Bescheid nach § 171 binnen zwei Wochen nach der Bekanntmachung die Beschwerde an den vorgesetzten Beamten der Staatsanwaltschaft zu.

고소인이 동시에 피해자인 경우에는 고소인은 제171조에 의한 불기소(중지) 통지에 대하여 통지를 받은 후 2주일 이내에 그 검사의 상급자에게 항고할 수 있다.
→ Vorschaltbeschwerde (전치항고).

Gegen den ablehnenden Bescheid des vorgesetzten Beamten der Staatsanwaltschaft kann der Antragsteller binnen einem Monat nach der Bekanntmachung gerichtliche Entscheidung beantragen.

검사의 상급자에 의한 기각결정에 대하여 고소인은 통지를 받은 후 1개월 이내에 법원의 결정을 청구할 수 있다.

Erachtet das Gericht nach Anhörung des Beschuldigten den Antrag für begründet, so beschließt es die Erhebung der öffentlichen Klage. Die Durchführung dieses Beschlusses liegt der Staatsanwaltschaft ob.

(StPO 175) 법원은 피의자의 진술청취 후 그 청구가 이유있다고 인정하는 경우에는 공소의 제기를 결정한다. 이 결정의 실행은 검사가 한다.

Klagefrist ZPO 958 출소기간.
(1) Die Anfechtungsklage ist binnen der Notfrist eines Monats zu erheben. Die Frist beginnt mit dem Tag, an dem der Kläger Kenntnis von dem Ausschlussurteil erhalten hat,

취소소송은 1개월의 불변기간내에 제기하여야 한다. 이 기간은 원고가 제권판결이 있었음을 안 날로부터 기산한다.

Klagegrund → Anspruchsgrund (청구원인).

Klagehäufung VwGO 44 소의 병합.
Mehrere Klagebegehren können vom Kläger in einer Klage zusammen verfolgt werden, wenn sie sich gegen denselben Beklagten richten, im Zusammenhang ste-

hen und dasselbe Gericht zuständig ist.

수개의 제소는 그것이 동일한 피고에 대하여 서로 관련되어 있고, 동일한 법원에 관할권이 있는 경우에는 원고에 의하여 1개의 소로 병합되어 소추될 수 있다.

Klagemitteilung an Beschuldigten
StPO 382 피의자에 대한 소의 통지.
Ist die Klage vorschriftsmäßig erhoben, so teilt das Gericht sie dem Beschuldigten unter Bestimmung einer Frist zur Erklärung mit.

규정에 따라 소가 제기된 경우에는 법원은 진술에 관한 기일을 정하여 피의자에게 소를 통지한다.

Kläger 원고. ↔ Beklagten (피고).

Klagerücknahme StPO 156; 391; ZPO 269 소취하.
① 공소취하금지: Unzulässigkeit der Klagerücknahme.
Die öffentliche Klage kann nach Eröffnung des Hauptverfahrens nicht zurückgenommen werden. (StPO 156)
공소는 공판이 개시된 이후에는 취하할 수 없다.
② 사인기소의 취하(Zurücknahme der Privatklage)(StPO 391)
Die Privatklage kann in jeder Lage des Verfahrens zurückgenommen werden.
사인기소는 절차의 어느 단계에서나 취하될 수 있다.
③ 원고의 소취하(ZPO 269)
Die Klage kann ohne Einwilligung des Beklagten nur bis zum Beginn der mündlichen Verhandlung des Beklagten zur Hauptsache zurückgenommen werden.

소는, 피고가 본안에 관한 구두변론을 개시할 때까지는 피고의 동의없이도 취하될 수 있다.

Klageschrift ZPO 253 소장.
(1) Die Erhebung der Klage erfolgt durch Zustellung eines Schriftsatzes. (Klageschrift)

(2) Die Klageschrift muss enthalten:
1. die Bezeichnung der Parteien und des Gerichts;
2. die bestimmte Angabe des Gegenstandes und des Grundes des erhobenen Anspruchs, sowie einen bestimmten Antrag.
(1) 소의 제기는 서면(소장)의 송달로써 행한다.
(2) 소장에는 다음의 사항이 포함되어야 한다.
1. 당사자 및 법원의 표시,
2. 청구대상 및 원인의 특정된 진술 및 신청.

Klammerwirkung StGB 52
→ Verklammerungsprinzip (연결원리).

Kleidung StVollzG 20; 132 복장. 수의 (Anstaltskleidung).
(1) Der Gefangene trägt Anstaltskleidung. Für die Freizeit erhält er eine besondere Oberbekleidung.
수형자는 수의를 착용한다. 자유시간을 위하여 수형자는 특별한 상의를 지급받는다.

Kleidung, Wäsche und Bettzug
StVollzG 169, 173 의류, 세탁물, 침구.
Der Gefangene darf eigene Kleidung, Wäsche und eigenes Bettzeug benutzen, wenn Gründe der Sicherheit nicht entgegenstehen und der Gefangene für Reinigung, Instandsetzung und regelmäßigen Wechsel auf eigene Kosten sorgt.
수형자는 안전상의 이유에 반하지 아니하고 수형자의 자비부담으로 세탁, 수선 및 규칙적으로 옷을 갈아입고자 하는 경우에는 자신의 의류, 세탁물 및 자신의 침구를 사용할 수 있다.

Kleine Anfrage BTGO 104 소질문.
(1) In Kleinen Anfragen (§ 75 Abs. 3) kann von der Bundesregierung Auskunft über bestimmt bezeichnete Bereiche verlangt werden. Die Fragen sind dem Präsidenten einzureichen; sie dürfen keine unsachlichen Feststellungen oder Wertungen enthalten. Eine kurze Begründung kann angefügt werden.
소질문(연방하원 의사규칙 제75조 제3항)에

서 연방정부에 대하여 특정된 범위의 정보를 요구할 수 있다. 질문사항은 의장에게 제출하며, 사실에 부합되지 않는 확인이나 평가가 포함되어서는 안된다. 간단한 근거는 추가하여 제시될 수 있다.

Kleine Kapitalgesellschaft HGB 267
소(규모)자본회사.
(1) Kleine Kapitalgesellschaften sind solche, die mindestens zwei der drei nachstehenden Merkmale nicht überschreiten:
1. 4.015.000 Euro Bilanzsumme nach Abzug eines auf der Aktivseite ausgewiesenen Fehlbetrags (§ 268 Abs. 3).
8.030.000 Euro Umsatzerlöse in den zwölf Monaten vor dem Abschlußstichtag.
3. Im Jahresdurchschnitt fünfzig Arbeitnehmer.
소(소규모)자본회사란 다음 3가지 표지중 적어도 2가지를 초과하지 않는 회사를 말한다.
1. 차변에 표시된 결손액을 공제한 후의 대차대조표합계액이 4,015,000 유로,
2. 결산일전 12개월간 매출액이 8,030,000 유로,
3. 연평균 근로자수가 50명.
→ Pflicht zur Prüfung (감사의무).
→ Große Kapitalgesellschaft (대자본회사).
→ Mittelgroße Kapitalgesellschaft (중규모자본회사).

Kleinkriminalität 소액범죄.
Der Kleinkriminelle begeht rechtlich weniger schwerwiegende Straftaten, eben „Bagatelldelikte". Als Beispiele können Verstöße gegen die Straßenverkehrsordnung und Urheberrechtsverletzungen gelten.
~는 법적으로 중하지 않은 범죄로 "경미범죄"와 같다. 그 예로 도로교통법위반이나 저작권법위반이 이에 해당한다.

Klinische Prüfung AMG 40(1) Nr.2 임상시험.
2. die vorhersehbaren Risiken und Nachteile gegenüber dem Nutzen für die Person, bei der sie durchgeführt werden soll (betroffene Person), und der voraussichtlichen Bedeutung des Arzneimittels

für die Heilkunde ärztlich vertretbar sind, 사람에 대한 의약품의 임상시험은 다음 각 호의 경우에 시행될 수 있다.
2. 그 예견가능한 위험(리스크)과 단점이 임상시험이 시행되어야 하는 사람(피시험자)에 대한 이용 및 치료를 위하여 예상되는 의약품의 중요성에 대하여 의료적으로 대체가능한 경우.

Klonen ESchG 6 클로닝 (동질체).
(1) Wer künstlich bewirkt, daß ein menschlicher Embryo mit der gleichen Erbinformation wie ein anderer Embryo, ein Foetus, ein Mensch oder ein Verstorbener entsteht, wird mit Freiheitsstrafe bis zu fünf Jahren oder mit Geldstrafe bestraft.
다른 배아, 태아, 살아있는 사람 또는 사망한 사람과 똑같은 인간의 배아가 생기도록 인공적으로 작용한 자는 5년 이하의 자유형 또는 벌금형으로 벌한다.

Knappschaft-Bahn-See
→ Deutsche Rentenversicherung Knappschaft-Bahn-See SGB 5 167 독일 광산-철도-해운 연금보험.

Koalitionsfreiheit (Koalitionsrecht)
GG 9(3) 단결의 자유 (단결권).
(3) Das Recht, zur Wahrung und Förderung der Arbeits- und Wirtschaftsbedingungen Vereinigungen zu bilden, ist für jedermann und für alle Berufe gewährleistet.
노동조건과 경제조건의 유지와 개선을 위하여 단체를 결성한 권리는 누구에게나 그리고 모든 직업에 대하여 이를 보장한다.

Koalitionsregierung 연립정부.
Koalitionsregierungen werden in der Regel dann gebildet, wenn keine einzelne Partei stark genug ist, die Stimmenmehrheit zu bekommen. Die entstehende Regierung verteilt die Regierungsämter gewöhnlich an Vertreter aller Koalitionsparteien.
연립정부는 각 당이 다수를 얻기에 충분하지 않은 경우에 성립된다. 통상 연립당의

대표자에게 정부의 직무가 부여된다.

Kodifikation 법전편찬.
~ ist die systematische Zusammenfassung des für einen bestimmten Lebensbereich geltenden Rechts in einem zusammenhängenden Gesetzeswerk (Gesetzbuch). Ist die Zusammenstellung nicht systematisch geordnet, so spricht man von einer „Kompilation".
특정 생활영역에 적용되는 법을 하나의 관련 법전으로 체계화하는 작업. 또는 그 과정(Kodifizierung)이나 결과(Kodex). 체계화가 이루어지지 않은 경우에는 "편찬(편집)"이 된다.

Kohort (cohort: age-group) 동년배의 불량소년집단.
특정한 기간 중에 동일한 사건(주로 출생)을 경험한 ~을 말한다.

Kollegiale Fachbehörde StPO 256(2)
합의제 전문관청.
(2) Ist das Gutachten einer kollegialen Fachbehörde eingeholt worden, so kann das Gericht die Behörde ersuchen, eines ihrer Mitglieder mit der Vertretung des Gutachtens in der Hauptverhandlung zu beauftragen und dem Gericht zu bezeichnen.
법원이 합의제 전문관청의 감정을 구한 경우에는 그 관청이 그 구성원중의 한사람으로 하여금 공판에서의 감정을 위임하게 하고 이 자를 법원에 통고할 것을 그 관청에 의뢰할 수 있다.

Kollegialgericht 합의제법원.
→ Einzelrichter (단독판사).

Kollektivdelikt → Sammelstraftat (집합범).

Kollektive Sicherheit → System gegenseitiger kollektiver Sicherheit (상호집단안전보장체제).

Kombinationsprinzip 결합주의.
→ Kumulationsprinzip (병과주의).

Kommanditgesellschaft (KG) HGB 161
합자회사.
(1) Eine Gesellschaft, deren Zweck auf
den Betrieb eines Handelsgewerbes unter
ge- meinschaftlicher Firma gerichtet ist,
ist eine Kommanditgesellschaft, wenn bei
einem oder bei einigen von den Gesellschaftern die Haftung gegenüber den
Gesellschaftsgläubigern auf den Betrag
einer bestimmten Vermögenseinlage beschränkt ist (Kommanditisten), während
bei dem anderen Teil der Gesellschafter
eine Beschränkung der Haftung nicht
stattfindet (persönlich haftende Gesellschafter).
공동의 상호를 사용하며 상사영업의 경영을
목적으로 하는 회사로서 그 사원중 일인 또
는 수인은 회사채권자에 대하여 일정한 재
산출자의 가격을 한도로 하는 책임을 지며
(유한책임사원), 다른 사원에 관하여는 그
책임의 제한이 없는 (무한책임사원) 것은
이를 합자회사로 한다.

Kommanditgesellschaft auf Aktien
(KGaA) AktG 278 주식합자회사.
(1) Die Kommanditgesellschaft auf Aktien
ist eine Gesellschaft mit eigener Rechtspersönlichkeit, bei der mindestens ein
Gesellschafter den Gesellschaftsgläubigern
unbeschränkt haftet (persönlich haftender
Gesellschafter) und die übrigen an dem in
Aktien zerlegten Grundkapital beteiligt
sind, ohne persönlich für die Verbindlichkeiten der Gesellschaft zu haften (Kom-
manditaktionäre).
주식합자회사는 고유한 법인격을 가진 회사
로서 1인 이상의 사원이 회사채권자에 대하
여 무한으로 책임을 지고(무한책임사원), 그
밖의 사원이 주식으로 분할된 자본에 출자
로써 참가하고 회사의 채무에 대하여 인적
으로 책임을 지지 아니하는(주주) 회사이다.

Kommanditisten 유한책임사원.
→ Kommanditgesellschaft (합자회사).

Kommandogewalt → Befehls- und Kommandogewalt über die Streitkräfte (군대의

명령권과 지휘권).

Kommentatoren (Konsiliatoren) 주해학파.
Postglossatoren 후기주석학파).
→ Glossatoren (주석학파).

Kommissarische Vernehmung
StPO 223 위탁신문.
질병(krankheit), 신체허약(Gebrechlichkeit)
기타 제거할 수 없는 사유(nict zu beseitigende Hindernisse)로 인한 ~.
→ Vereidigung bei kommissarischer Vernehmung (위탁신문에서의 선서).

Kommissionsgeschäft HGB 383 위탁매
매업.
(1) Kommissionär ist, wer es gewerbsmäßig übernimmt, Waren oder Wertpapiere für Rechnung eines anderen (des
Kommittenten) in eigenem Namen zu
kaufen oder zu verkaufen.
위탁매매인은 자기의 명의로 타인(위탁자)
의 계산으로 상품 또는 유가증권의 매입 또
는 판매를 하는 것을 업으로 하는 자를 말
한다.

Kommissionswechsel WG 3(3) 위탁어
음.
(3) Er kann für Rechnung eines Dritten
gezogen werden.
어음은 제3자의 계산으로 발행할 수 있다.

Kommunale Selbstverwaltung
GG 28(2) 지방자치.
(2) Den Gemeinden muß das Recht gewährleistet sein, alle Angelegenheiten der
örtlichen Gemeinschaft im Rahmen der Gesetze in eigener Verantwortung zu regeln.
Auch die Gemeindeverbände haben im
Rahmen ihres gesetzlichen Aufgabenbe-
reiches nach Maßgabe der Gesetze das
Recht der Selbstverwaltung.
Die Gewährleistung der Selbstverwaltung
umfaßt auch die Grundlagen der finan-
ziellen Eigenverantwortung; zu diesen
Grundlagen gehört eine den Gemeinden
mit Hebesatzrecht zustehende wirtschafts-

kraftbezogene Steuerquelle.
(기초)자치단체에 대하여 지방공공단체의 모든 사항을 법률의 범위에서 자기의 책임 하에 규정할 수 권리가 보장되어야 한다. (기초)자치단체연합도 그의 법률상 임무의 범위내에서 법률의 기준에 따라 자치권을 갖는다.
자치권의 보장에는 재정적 자기책임의 기초도 포함된다. (기초)자치단체의 권한인 징수율(조정)권의 경제력관련 세원은 여기에 속한다.

Kommunalverfassungsbeschwerde

GG 93 4b　자치단체헌법소원.

Das Bundesverfassungsgericht entscheidet über Verfassungsbeschwerden von Gemeinden und Gemeindeverbänden wegen Verletzung des Rechts auf Selbstverwaltung nach Artikel 28 durch ein Gesetz, bei Landesgesetzen jedoch nur, soweit nicht Beschwerde beim Landesverfassungsgericht erhoben werden kann.
연방헌법재판소는 제28조의 자치행정권이 법률이나 주헌법재판소에 소원이 제기될 수 없는 주법률에 의해 침해되었음을 이유로 (기초)자치단체와 (기초)자치단체연합이 제기하는 헌법소원에 대하여 재판한다.
→ Verfassungsbeschwerde (헌법소원).

Kommutative Gerechtigkeit → Ausgleichende Gerechtigkeit (평균적 정의).

Kompensation (Retorsion)　상쇄, 상계, 보상.

경상해(a.F.) 또는 모욕을 당한 상대방이 즉석에서 모욕 또는 경상해(a.F.)로 응수한 경우, 법원은 일방 또는 그 쌍방에게 형을 감경하거나 또는 형을 면제할 수 있다(형법 제233조(a.F.), 199조).

Kompetenzverteilung zwischen Bund und Ländern　GG 30　연방과 주의 권한분배.

Die Ausübung der staatlichen Befugnisse und die Erfüllung der staatlichen Aufgaben ist Sache der Länder, soweit dieses Grundgesetz keine andere Regelung trifft oder zuläßt.

국가의 권한행사와 임무수행은 기본법이 다른 규정을 두고 있거나 허용하는 경우가 아닌 한, 주의 책무이다.

Kondiktion (condictio) (부당이득의) 반환청구(권) (kondizieren ∼하다).

Kondiktion ist der Oberbegriff für die Anspruche aus ungerechtfertigter Bereicherung. Von kondizieren spricht man, wenn etwas wegen ungerechtfertigter Bereicherung herausverlangt wird. Bei der Kondiktion unterscheidet man zwischen: Leistungskondiktion, Eingriffskondiktion, Aufwendungskondiktion, Rückgriffskondiktion.
반환청구는 부당한 이득청구권의 상위개념이다. kondizieren은 일반적으로 부당한 이득으로 인하여 반환을 요구하는 경우에 사용된다. Kondiktion은 급부부당이득, 침해부당이득, 비용부당이득, 구상부당이득으로 구분하기도 한다.

Konfusion → Vereinigung (혼동).

Kongruente Deckung　InsO 130　본지변제 (本旨辨濟).

(1) Anfechtbar ist eine Rechtshandlung, die einem Insolvenzgläubiger eine Sicherung oder Befriedigung gewährt oder ermöglicht hat,
1. wenn sie in den letzten drei Monaten vor dem Antrag auf Eröffnung des Insolvenzverfahrens vorgenommen worden ist, wenn zur Zeit der Handlung der Schuldner zahlungsunfähig war und wenn der Gläubiger zu dieser Zeit die Zahlungsunfähigkeit kannte oder
2. wenn sie nach dem Eröffnungsantrag vorgenommen worden ist und wenn der Gläubiger zur Zeit der Handlung die Zahlungsunfähigkeit oder den Eröffnungsantrag kannte.
다음 각호에 해당하는 경우에 도산채권자에게 담보를 제공 또는 변제를 행하거나 이를 가능하게 한 법적 행위는 취소할 수 있다.
1. 도산절차의 개시신청 직전 3개월 이내에 행하여진 것으로서 채무자가 행위시 지급불

능이 이었고 채권자가 그 사실을 알았던 경우 또는
2. 개시신청후에 행하여진 것으로서 채권자가 행위시 지급불능의 사실 또는 도산절차 개시의 신청을 알았던 경우.
→ Inkongruente Deckung (비본지변제).

Konjunkturausgleichsrücklage

GG 109(4); StabG 7 경기조절적립금.
(4) Zur Abwehr einer Störung des gesamtwirtschaftlichen Gleichgewichts können durch Bundesgesetz, das der Zustimmung des Bundesrates bedarf, Vorschriften über
1. Höchstbeträge, Bedingungen und Zeitfolge der Aufnahme von Krediten durch Gebietskörperschaften und Zweckverbände und
2. eine Verpflichtung von Bund und Ländern, unverzinsliche Guthaben bei der Deutschen Bundesbank zu unterhalten (Konjunkturausgleichsrücklagen),
erlassen werden.
전경제적 균형의 혼란을 방지하기 위하여 연방상원의 동의를 요하는 연방법률에 의하여 다음 각호의 명령을 발할 수 있다.
1. 지역적 사단 및 목적단체에 의한 신용대부의 허용의 최고액, 조건 및 인수순서.
2. 독일연방은행의 무이자대출을 유지하기 위한 연방 및 주의 의무(경지조절준비금)
(1) Die Konjunkturausgleichsrücklage ist bei der Deutschen Bundesbank anzusammeln. Mittel der Konjunkturausgleichsrücklage dürfen nur zur Deckung zusätzlicher Ausgaben gemäß § 5 Abs. 3 und § 6 Abs. 2 verwendet werden.
경기조절적립금은 독일연방은행에 적립될 수 있다. 경기조절적립금은 (경제안정성장촉진법) 제5조 제3항과 제6조 제2항에 따라서 추가지출의 보전을 위하여서만 사용될 수 있다.

Konjunkturrat StabG 18 경기심의회.

(1) Bei der Bundesregierung wird ein Konjunkturrat für die öffentliche Hand gebildet. Dem Rat gehören an:
1. die Bundesminister für Wirtschaft und Technologie und der Finanzen,
2. je ein Vertreter eines jeden Landes,
3. vier Vertreter der Gemeinden und der Gemeindeverbände, die vom Bundesrat auf Vorschlag der kommunalen Spitzenverbände bestimmt werden.
연방정부에 공적 관리(공공의 손)를 위하여 경기심의회가 구성된다.
1. 연방경제·기술부 장관과 연방재정부 장관.
2. 각주의 1인의 대표자
3. 지역 상급단체의 제안으로 연방상원이 지정한 (기초)자치단체와 (기초)자치단체연합의 4인 대표자.

Konkordanz → Praktische Konkordanz (실천적 조화).

Konkubinat StPO 52 내연관계.

→ Eheähliche Gemeinschaft (혼인유사공동체).

Konkurrenzlehre 경합론; 죄수론.

Ausgangspunkt der Konkurrenzlehre ist die Unterscheidung von Handlungseinheit und Handlungsmehrheit, weil darauf die Differenzierung der Rechtsfolen in den §§ 52 und 53 aufbaut.
형법 제52조와 제53조의 법효과와 차별화되어 있으므로 경합론은 행위단일과 행위다수를 구분하는 데에서 시작한다.

Konkurrierende Gesetzgebung GG 72, 74 경합적 입법.

Im Bereich der konkurrierenden Gesetzgebung haben die Länder die Befugnis zur Gesetzgebung, solange und soweit der Bund von seiner Gesetzgebungszuständigkeit nicht durch Gesetz Gebrauch gemacht hat. ↔ Ausschließliche Gesetzgebung.
경합적 입법영역에 있어서 연방이 법률로써 입법권한을 행사하지 않는 경우에는 그 한도내에서 州가 입법권을 갖는다.

Konkursstraftat

→ Insolvenzdelikt (파산범죄).

Konnossement HGB 656, 642 선하증권.
(1) Das Konnossement ist für das Rechts-verhältnis zwischen dem Verfrachter und dem Empfänger der Güter maßgebend.
선하증권은 해상물품운송인과 수하인과 사이의 법률관계를 정한다. (656)
(2) Das Konnossement begründet insbesondere die Vermutung, daß der Verfrachter die Güter so übernommen hat, wie sie nach § 643 Nr. 8 und § 660 beschrieben sind.
선하증권에 의하여 특히 해상운송인은 물품을 제643조 제8호 및 제660조에 의하여 기재한 바에 따라 수령하였다고 추정된다. (656)
(1) Der Verfrachter hat, sobald die Güter an Bord genommen sind, dem Ablader unverzüglich gegen Rückgabe des etwa bei der Annahme der Güter erteilten vor-läufigen Empfangsscheins oder Übernah-mekonnossements (Absatz 5) ein Konnos-sement in so vielen Ausfertigungen aus-zustellen, als der Ablader verlangt (Bord-konnossement). (642)
해상운송인은 물품의 선적후 지체없이 물품의 수령에 있어 교부한 가수령증과, 또는 수령선하증권(제5항)에 있으면 그와 상환으로 선적인이 요구하는 수만큼 선하증권(선적선하증권)의 복본을 선적인에게 작성하여야 한다.

Konsolidation BGB 889 혼동.
(Ausschluss der Konsolidation bei ding-lichen Rechten: 물권에 있어서의 혼동배제).
Ein Recht an einem fremden Grundstück erlischt nicht dadurch, dass der Eigen-tümer des Grundstücks das Recht oder der Berechtigte das Eigentum an dem Grundstück erwirbt.
타인의 부동산에 대한 권리는 부동산 소유자가 그 권리를 취득하거나 권리자가 부동산 소유권을 취득함으로 인하여 소멸하지 아니한다. → Vereinigung (혼동).

Konstitut (재계약) → Besitzkonstitut (점유개정).

Konstitutionalismus 입헌주의.

~ beschreibt eine Staatsform, in der die Rechte und Pflichten der Staatsgewalt (be-sonders des Monarchen) und der Bürger in einer Verfassung festgelegt sind.
~는 국가권력(특히 군주) 및 시민의 권리와 의무가 헌법에 규정된 국가형태를 말한다.

Konstruktives Mißtrauensvotum
건설적 불신임투표.
Das konstruktive Mißtrauensvotum er-möglicht es einem Parlament, den amtie-ren Regierungschef abzuwählen. "Kon-struktiv" bedeutet in diesem Fall, dass die Wahl nur durchgeführt werden darf, wenn gleichzeitig ein Nachfolger bestimmt wird. Das unterscheidet das Verfahren vom destruktiven Mißtrauenvotum der Wei-marer Republik, bei dem der Kanzler lediglich abgewählt und nicht sogleich durch einen Nachfolger ersetzt wurde.
건설적 불신임투표에서는 의회가 현직 정부의 수반을 선거에 의하여 해임을 할 수 있다. 여기서 "건설적"이라는 말은 후계자가 결정되었을 때에만 선거가 시행된다는 의미이다. 이 제도는 수상이 오로지 해임되고 후계자가 없는 바이마르 공화국의 파괴적 불신임투표와는 구분된다.

Konsumtion 흡수관계.
Das Strafrecht versteht unter Konsumtion den Fall, dass die Erfüllung eines Straf-tatbestandes nicht notwendig (dann Spe-zialität), aber regelmäßig die Verwirk-lichung eines anderen Tatbestandes um-fasst. Sie ist eine Form der Gesetzes-einheit.
형법에서 ~는 형벌구성요건의 이행이 필요한 것은 아니지만 (이 경우는 특별관계) 일반적으로 다른 구성요건의 실현을 포함하는 경우로 법조단일의 형태.

Kontenwahrheit AO 154 계정진실성.
(1) Niemand darf auf einen falschen oder erdichteten Namen für sich oder einen Dritten ein Konto errichten oder Bu-chungen vornehmen lassen, Wertsachen (Geld, Wertpapiere, Kostbarkeiten) in Ver-

wahrung geben oder verpfänden oder sich ein Schließfach geben lassen.

누구도 허위 또는 가공의 명의로 자기 또는 제3자를 위하여 계정을 만들거나 또는 기장을 하거나 유가물(금전, 유가증권, 귀중품)을 보관, 담보로 하거나 또는 사서함을 만들어서는 안된다.

Kontokorrent → Laufende Rechnung (상호계산).

Kontrahierungszwang (Abschlusszwang) 체약강제.

* Mit ~ wird die gesetzliche Pflicht bezeichnet, ein Vertragsangebot annehmen zu müssen. Der Kontrahierungszwang ist eine Ausnahme von der Vertragsfreiheit, (z.B. § 10 (Beförderungspflicht) des Allgemeinen Eisenbahngesetzes. (AEG 10)

체약강제는 계약의 청약을 승낙하여야 하는 법적 의무를 말한다. 체약강제는 계약자유의 예외가 된다 (예: 철도법 제10조 운송의무).

Kontrolle
→ Polizeiliche Kontrolle (경찰검문).

Kontrollstelle StPO 111 검문소.
(1) Begründen bestimmte Tatsachen den Verdacht, daß eine Straftat nach § 129a, auch in Verbindung mit § 129b Abs. 1, des Strafgesetzbuches, eine der in dieser Vorschrift bezeichneten Straftaten oder eine Straftat nach § 250 Abs. 1 Nr. 1 des Strafgesetzbuches begangen worden ist, so können geseösfentlichen Straßen ues Plätzen ues an gnderen ösfentlich zugänglichen Orte Plätzrollstelle ues gern ist, werden, wen uTatsachen die Annahme rechtfertigen, daß diese Maßnahme zur Ergreifung des Täters oder zur Sicherstellung von Beweismitteln führen kann, die der Aufklärung der Straftat dienen können.

일정한 사실에 근거하여 형법 제129a조(테러단체조직죄) 및 제129b조 제1항과 관련된 범죄(외국에서의 범죄 및 테러단체조직죄), 이 조에 나열된 범죄 또는 형법 제250조 제1항 제1호(중강도죄)에 의한 범죄를 행하였다는 혐의가 인정되는 경우에는, 공공도로 또는 공공장소 및 기타 공개적으로 접근가능한 장소에 검문소를 세울 수 있다. 단, 이러한 조치가 제반 사실로 미루어 범인의 체포를 위하여 또는 범죄규명에 기여할 수 있는 증거방법의 확보를 위하여 정당화될 수 있다고 생각되는 경우이어야 한다.

An einer Kontrollstelle ist jedermann verpflichtet, seine Identität feststellen und sich sowie mitgeführte Sachen durchsuchen zu lassen.

검문소에서는 누구든지 그 신원의 확인과 그가 소지한 물건의 수색에 응하여야 한다.

Konzentrationsprinzip (Konzentrationsmaxime, Konzentrationsgrundsatz) ZPO 272; StPO 229 집중(심리)주의.
(1) Der Rechtsstreit ist in der Regel in einem umfassend vorbereiteten Termin zur mündlichen Verhandlung (Haupttermin) zu erledigen. (ZPO 272).

소송은 원칙적으로 구두변론을 위하여 포괄적으로 준비된 기일(주기일)에 이를 종결하여야 한다.
→ Dauer der Unterbrechung (중단기간).

Konzern und Konzernunternehmen
AktG 18 콘체른 및 콘체른기업.
(1) Sind ein herrschendes und ein oder mehrere abhängige Unternehmen unter der einheitlichen Leitung des herrschenden Unternehmens zusammengefaßt, so bilden sie einen Konzern; die einzelnen Unternehmen sind Konzernunternehmen.

지배적인 기업과 하나 또는 다수의 종속된 기업이 지배적 기업의 통일적 지휘하에 함께 통합되었다면 이들은 콘체른을 형성한다; 여기서 개별기업은 콘체른기업이다.
→ Eingliederungskonzern (편입콘체른).
→ Vertragskonzern (계약콘체른).
→ Faktischer Konzern (사실상의 콘체른).

Konzernabschluß und Konzernlagebericht
HGB 290 콘체른결산서 및 콘체른영업보고서.
(1) Stehen in einem Konzern die Unter-

nehmen unter der einheitlichen Leitung einer Kapitalgesellschaft (Mutterunternehmen) mit Sitz im Inland und gehört dem Mutterunternehmen eine Beteiligung nach § 271 Abs.1 an dem oder den anderen unter der einheitlichen Leitung stehenden Unternehmen (Tochterunternehmen), so haben die gesetzlichen Vertreter des Mutterunternehmens in den ersten fünf Monaten des Konzerngeschäftsjahrs für das vergangene Konzerngeschäftsjahr einen Konzernabschluß und einen Konzernlagebericht aufzustellen.

콘체른내에 국내에 주소를 둔 자본회사(모회사)의 통일적 지휘에 따르는 기업이 존재하고 이 통일적 지휘에 따르는 하나 또는 복수의 기업(자회사)에 대한 제271조 제1항에 의한 자본참가가 모기업에 속하고 있는 경우에는 모기업의 대표자는 콘체른영업년도의 첫 5개월 이내에 前콘체른영업연도에 관하여 콘체른결산서 및 콘체른상황보고서를 작성하여야 한다.

Konzernbetriebsrat BetrVG 54 콘체른 사업장협의회.

(1) Für einen Konzern (§ 18 Abs. 1 des Aktiengesetzes) kann durch Beschlüsse der einzelnen Gesamtbetriebsräte ein Konzernbetriebsrat errichtet werden.

콘체른(주식법 제18조 제1항)은 각 사업장 협의회의 결의에 의하여 콘체른사업장협의회를 설치할 수 있다.

Konzession (von lat.: concedere = zugestehen, erlauben) (Verleihung) 특허, 인허, 공무위탁.

Personen- und/oder sachbezogene behordliche Erlaubnis zum Betrieb eines nicht vollig erlaubnisfreien Gewerbes.

완전한 허가면제가 아닌 영업에 대한 관청의 인적, 물적 허가.

Kooperationsvertrag WoFG 14 협력계약.

(1) Gemeinden, Gemeindeverbände und sonstige öffentliche Stellen können mit Eigentümern oder sonstigen Verfügungsberechtigten von Wohnraum Vereinba-

rungen über Angelegenheiten der örtlichen Wohnraumversorgung treffen (Kooperationsverträge), insbesondere zur Unterstützung von Maßnahmen der sozialen Wohnraumversorgung einschließlich der Verbesserung der Wohnverhältnisse sowie der Schaffung oder Erhaltung sozial stabiler Bewohnerstrukturen.

(기초)자치단체, (기초)자치단체연합과 기타의 공적 기관들은 특히 주거상황의 개선 및 사회적으로 안정적인 주거구조의 창출과 유지를 포함한 사회적 주거공간조달의 조치를 지원하기 위하여 주택의 소유자 또는 기타 주택의 처분권자들과 공적인 주거공간조달을 위한 사무의 협약을 체결할 수 있다(협력계약).

Körperliche Bestrafung BGB 1631(2) 체벌.

(2) Kinder haben ein Recht auf gewaltfreie Erziehung. Körperliche Bestrafungen, seelische Verletzungen und andere entwürdigende Maßnahmen sind unzulässig.

자는 폭력없는 교육을 받을 권리를 가진다. 체벌, 정신적 손상, 기타 품위를 손상시키는 처분은 허용되지 아니한다.

→ Personensorge (신상친권).

→ Züchtigungsrecht (체벌권).

Körperliche Mißhandlung

→ Körperverletzung (상해죄).

Körperliche Sachen ZPO 808 유체동산.

(1) Die Pfändung der im Gewahrsam des Schuldners befindlichen körperlichen Sachen wird dadurch bewirkt, dass der Gerichtsvollzieher sie in Besitz nimmt.

채무자가 소지하고 있는 유체동산의 압류는 집행관이 그 물건을 점유함으로써 효력이 생긴다.

Körperliche Untersuchung StPO 81a 신체검사(~ des Beschuldigten 피의자의 ~).

(1) Eine körperliche Untersuchung des Beschuldigten darf zur Feststellung von Tatsachen angeordnet werden, die für das Verfahren von Bedeutung sind.

절차상 중요한 사실의 확인을 위하여 피의
자의 신체검사를 명할 수 있다.
→ 신체수색은 Durchsuchung der Person
(StPO 102).

Körperliche Untersuchung einer Frau
StPO 81d 여자의 신체검사.
(1) Kann die körperliche Untersuchung das
Schamgefühl verletzen, so wird sie von
einer Person gleichen Geschlechts oder von
einer Ärztin oder einem Arzt vorgenommen.
Bei berechtigtem Interesse soll dem
Wunsch, die Untersuchung einer Person
oder einem Arzt bestimmten Geschlechts
zu übertragen, entsprochen werden.
부녀에 대한 신체검사가 수치감을 줄 수 있
는 경우에는 동성의 다른 사람이나 여의사
또는 의사에 의하여 행하여질 수 있다.
다른 사람 또는 의사에게 특정한 성의 검사
를 위탁하고자 하는 경우 정당한 이익이 있
는 경우에는 이에 따라야 한다.

Körperlichkeitstheorie 실체설.
문서작성의 실체적 활동에 의하여 문서성립
의 진정성을 논하는 학설.
→ Geistigkeitstheorie (정신설).

Körperschaft des öffentlichen Rechts
공법상의 사단 (공공조합).
Eine Körperschaft des öffentlichen Rechts
(K.d.ö.R., KdöR, KöR, K.ö.R) ist eine mit-
gliedschaftlich verfasste und unabhängig
vom Wechsel der Mitglieder bestehende
Organisation, die ihre Rechtssubjektivität
nicht der Privatautonomie, sondern einem
Hoheitsakt verdankt.
~은 그 권리주체가 사적자치가 아닌 고권
작용에 의하여 사원으로 구성된, 사원의 교
체와는 독립적으로 존속하는 기관.

Körperschaftsteuer KStG 1 법인세.
→ Unbeschränkte Steuerpflicht (무제한적
납세의무).

Körperschaftsteuergesetz KStG 법인세
법 (2002.10.15) (BGBl. I S. 4144).

Körperschaftswald BWaldG 3(2) 공유림.
(2) Körperschaftswald im Sinne dieses Gesetzes ist Wald, der im Alleineigentum der
Gemeinden, der Gemeindeverbände, der
Zweckverbände sowie sonstiger Körperschaften, Anstalten und Stiftungen des
öffentlichen Rechts steht;
본법(연방산림법)에서 공유림이란 (기초)자
치단체, (기초)자치단체연합, 목적연합 및
기타 공법상의 영조물, 재단이 단독으로 소
유하는 산림을 말한다.
→ Privatwald (사유림).
→ Staatswald (국유림).

Körperverletzung StGB 223 상해죄.
(1) Wer eine andere Person körperlich mißhandelt oder an der Gesundheit schädigt,
wird mit Freiheitsstrafe bis zu fünf Jahren oder mit Geldstrafe bestraft.
타인을 신체적으로 학대하거나 그 건강을
훼한 자는 3년 이하의 자유형 또는 벌금형
에 처한다.
Körperliche Mißhandlung은 신체적 건재(健
在)나 신체적 완전성(Unversehrtheit)에 대
하여 사소하다라고만 볼 수 없는(nicht nur
unerheblich) 침해가 이루어지는 해악의, 부
적절한 행위를 말한다.
Gesundheitsbeschädigung은 신체적 기능의
정상적인 상태와는 다른 (병리학적) 상태의
야기 내지 상승으로, 피해자가 고통을 느끼
는지의 여부와는 관계가 없다.

Körperverletzung gegenüber Aszendenten
StGB 223(2) a.F. 존속상해죄.
(Körperverletzung gegen Verwandte auf-
steigender Linie).

Körperverletzung im Amt StGB 340
직무상해죄.
(1) Ein Amtsträger, der während der Ausübung seines Dienstes oder in Beziehung
auf seinen Dienst eine Körperverletzung
begeht oder begehen läßt, wird mit Freiheitsstrafe von drei Monaten bis zu fünf
Jahren bestraft.
직무 수행중 또는 직무와 관련하여 상해를
가하거나 가하도록 한 공무수행자는 3개월

이상 5년 이하의 자유형에 처한다.

Körperverletzung mit Todesfolge

StGB 227 상해치사죄.

(1) Verursacht der Täter durch die Körperverletzung (§§ 223 bis 226) den Tod der verletzten Person, so ist die Strafe Freiheitsstrafe nicht unter drei Jahren.

상해(제223조 내지 제226조)에 의하여 피해자를 사망에 이르게 한 자는 3년 이상의 자유형에 처한다.

Korrespondentreeder HGB 492, 493

선박관리인.

(1) Durch Beschluß der Mehrheit kann für den Reedereibetrieb ein Korrespondentreeder (Schiffsdirektor, Schiffsdisponent) bestellt werden. Zur Bestellung eines Korrespondentreeders, der nicht zu den Mitreedern gehört, ist ein einstimmiger Beschluß erforderlich.

선박공유의 경영을 위하여 다수결에 의하여 선박관리인을 선임할 수 있다. 선박공유자에 속하지 않는 자를 선박관리인으로 선임하기 위해서는 전원일치의 결의가 있어야한다. (492)

(1) Im Verhältnis zu Dritten ist der Korrespondentreeder kraft seiner Bestellung befugt, alle Geschäfte und Rechtshandlungen vorzunehmen, die der Geschäftsbetrieb einer Reederei gewöhnlich mit sich bringt.

선박관리인은 그 선임으로서 제삼자에 대한 관계에 있어서 선박공유의 업무에 통상적으로 수반되는 일체의 행위 및 법적 행위를 하는 권한을 가진다. (493)

Kosten des Verfahrens StPO 464a

소송비용.

(1) Kosten des Verfahrens sind die Gebühren und Auslagen der Staatskasse.

Zu den Kosten gehören auch die durch die Vorbereitung der öffentlichen Klage entstandenen sowie die Kosten der Vollstreckung einer Rechtsfolge der Tat.

소송비용은 국고의 수수료 및 체당금이다. 공판의 준비로 인하여 발생한 비용 및 범죄

행위의 법적 효과에 대한 집행비용도 소송비용에 속한다.

Kosten eines zurückgenommenen oder erfolglos eingelegten Rechtsmittels

StPO 473 취하되거나 패소한 상소의 비용.

Die Kosten eines zurückgenommenen oder erfolglos eingelegten Rechtsmittels treffen den, der es eingelegt hat.

취하되거나 패소한 상소의 비용은 이를 제기한 자의 부담으로 한다.

Kosten und Auslagen (Festsetzung der Höhe der ~) StPO 464b 비용의 확정.

Die Höhe der Kosten und Auslagen, die ein Beteiligter einem anderen Beteiligten zu erstatten hat, wird auf Antrag eines Beteiligten durch das Gericht des ersten Rechtszuges festgesetzt.

어떤 소송관계인이 다른 자에게 지불하여야 하는 소송경비 및 필요적 경비의 수액은 소송관계인의 신청에 대하여 제1심 법원이 정한다.

Kostenentscheidung StPO 464; VwKostG 14 비용재판(결정).

(1) Jedes Urteil, jeder Strafbefehl und jede eine Untersuchung einstellende Entscheidung muß darüber Bestimmung treffen, von wem die Kosten des Verfahrens zu tragen sind. (464)

모든 판결, 약식명령 및 심리를 정지하는 재판은 소송비용을 부담하여야할 자를 결정하여야 한다.

(1) Die Kosten werden von Amts wegen festgesetzt. Die Entscheidung über die Kosten soll, soweit möglich, zusammen mit der Sachentscheidung ergehen. Aus der Kostenentscheidung müssen mindestens hervorgehen

1. die kostenerhebende Behörde,

2. der Kostenschuldner,

3. die kostenpflichtige Amtshandlung,

4. die als Gebühren und Auslagen zu zahlenden Beträge sowie

5. wo, wann und wie die Gebühren und die Auslagen zu zahlen sind.

비용은 직권으로 확정한다. 비용결정은 가능한 한 본안결정과 동시에 한다. 본안결정으로 다음 각호를 알 수 있어야 한다. 1. 비용징수관청, 2, 비용채무자, 3. 비용의무 있는 직무행위, 4. 수수료 및 체당금으로 납부해야 할 금액, 5. 수수료와 체당금을 납부할 장소, 시기 및 방법.

Kostenentscheidung bei Straffreierklärung StPO 468 면제판결시 비용부담.

Bei wechselseitigen Beleidigungen wird die Verurteilung eines oder beider Teile in die Kosten dadurch nicht ausgeschlossen, daß einer oder beide für straffrei erklärt werden.

쌍방모욕의 경우에 있어서는 당사자의 일방 또는 쌍방에 면제의 판결이 내려져도 당사자의 일방 또는 쌍방에 대한 비용의 부담이 배제되지 아니한다.

Kostenerhebende Behörde VwKostG 14
(1) Nr.1 비용징수관청.
→ Kostenentscheidung (비용재판).

Kostengläubiger VwKostG 12 비용채권자.

Kostengläubiger ist der Rechtsträger, dessen Behörde eine kostenpflichtige Amtshandlung vornimmt.

비용채권자는 그 관청이 비용의무 있는 직무행위를 행하는 권리주체이다.

Kostenschuldner VwKostG 13 비용채무자.
(1) Zur Zahlung der Kosten ist verpflichtet, wer die Amtshandlung veranlaßt oder zu wessen Gunsten sie vorgenommen wird,

직무행위를 야기한 자 또는 직무행위가 그의 이익이 되는 자는 비용을 납부할 의무가 있다.

Kostentragung bei der Nebenklage
StPO 472 공소참가시의 비용부담.
(1) Die dem Nebenkläger erwachsenen notwendigen Auslagen sind dem Angeklagten aufzuerlegen, wenn er wegen einer Tat verurteilt wird, die den Nebenkläger betrifft.

공소참가인에게 발생한 필요적 경비는 공소참가인과 관계된 범죄행위로 인하여 피고인이 유죄판결을 받는 경우 피고인이 부담한다.

Kostentragung bei Freispruch (← Kosten und Auslagen bei Nichtverurteilung)
StPO 467 무죄판결시의 비용부담.
(1) Soweit der Angeschuldigte freigesprochen, die Eröffnung des Hauptverfahrens gegen ihn abgelehnt oder das Verfahren gegen ihn eingestellt wird, fallen die Auslagen der Staatskasse und die notwendigen Auslagen des Angeschuldigten der Staatskasse zur Last.

공소피의자가 무죄판결을 받거나 그에 대한 공판의 개시신청이 각하되거나 공판이 정지된 경우에는 체당금 및 필요적 경비는 국고의 부담으로 한다.

Kostentragung bei Klagerücknahme und Einstellung StPO 467a 소취하와 중지시 비용부담.
(1) Nimmt die Staatsanwaltschaft die öffentliche Klage zurück und stellt sie das Verfahren ein, so hat das Gericht, bei dem die öffentliche Klage erhoben war, auf Antrag der Staatsanwaltschaft oder des Angeschuldigten die diesem erwachsenen notwendigen Auslagen der Staatskasse aufzuerlegen.

검사가 공소를 취하하고 그 절차를 중지하는 경우에는 공소가 제기되었던 법원은 검사 또는 공소피의자의 신청에 의하여 이에 발생한 필요적 경비를 국고에 부담시켜야 한다.

Kostentragung bei Nebenfolgen
StPO 472b 부대효과시 비용부담.
(1) Wird der Verfall, die Einziehung, der Vorbehalt der Einziehung, die Vernichtung, Unbrauchbarmachung oder Beseitigung eines gesetzwidrigen Zustandes angeordnet, so können dem Nebenbeteiligten die durch seine Beteiligung erwachsenen besonderen Kosten auferlegt werden.

박탈, 몰수, 몰수의 유보, 폐기처분, 사용불능 또는 위법상태의 제거가 명하여진 경우

에는 보조참가인에게 그들의 참가로 인하여 발생한 특별경비를 부담하게 할 수 있다.

Kostentragung bei Zurücknahme des Strafantrags
StPO 470 고소의 취소(취하)시 비용부담.

Wird das Verfahren wegen Zurücknahme des Antrags, durch den es bedingt war, eingestellt, so hat der Antragsteller die Kosten sowie die dem Beschuldigten und einem Nebenbeteiligten (§ 431 Abs. 1 Satz 1, §§ 442, 444 Abs. 1 Satz 1) erwachsenen notwendigen Auslagen zu tragen.

고소 조건의 절차가 고소의 취하로 중지된 경우에는 고소인이 비용 및 피의자와 보조참가인 (제431조 제1항 제1문, 제442조, 제444조 제1항 제1문)에게 발생한 필요경비를 부담하여야 한다.

Kostentragung im Privatklageverfahren
StPO 471 사인기소절차에 있어서의 비용부담.

(1) In einem Verfahren auf erhobene Privatklage hat der Verurteilte auch die dem Privatkläger erwachsenen notwendigen Auslagen zu erstatten.

사인기소절차에서 형의 선고를 받은 자는 사인기소인에게 발생한 필요적 경비도 부담하여야 한다.

Kostentragungspflicht des Angeklagten
StPO 465 피고인의 비용부담의무.

Die Kosten des Verfahrens hat der Angeklagte insoweit zu tragen, als sie durch das Verfahren wegen einer Tat entstanden sind, wegen derer er verurteilt oder eine Maßregel der Besserung und Sicherung gegen ihn angeordnet wird.

피고인은 그가 형을 선고받거나 개선 및 보안처분의 이유가 된 행위에 관한 절차에 있어서 발생된 절차상 비용에 대해서는 이를 부담하여야 한다.

Kostentragungspflicht des Anzeigenden
StPO 469 고발자의 비용부담의무.

(1) Ist ein, wenn auch nur außergerichtliches Verfahren durch eine vorsätzlich oder leichtfertig erstattete unwahre Anzeige veranlaßt worden, so hat das Gericht dem Anzeigenden, nachdem er gehört worden ist, die Kosten des Verfahrens und die dem Beschuldigten erwachsenen notwendigen Auslagen aufzuerlegen.

단지 법정외의 절차인 경우라 할지라도 고의로 또는 경솔하게 행한 허위의 고발에 의하여 개시된 경우 법원은 고발인의 의견을 청취한 후 절차의 비용 및 피의자에게 발생한 필요적 경비를 고발인에게 부과하여야 한다.

Kraftfahrzeuge
StVG 1(2) 자동차.

(2) Als Kraftfahrzeuge im Sinne dieses Gesetzes gelten Landfahrzeuge, die durch Maschinenkraft bewegt werden, ohne an Bahngleise gebunden zu sein.

이 법에서 자동차라 함은 궤도없이 기계력에 의하여 움직이는 육상교통수단으로 한다.

Kraftfahrzeughilfe
SGB 7 40 차량(자동차)보조.

(1) Kraftfahrzeughilfe wird erbracht, wenn die Versicherten infolge Art oder Schwere des Gesundheitsschadens nicht nur vorübergehend auf die Benutzung eines Kraftfahrzeugs angewiesen sind, um die Teilhabe am Arbeitsleben oder am Leben in der Gemeinschaft zu ermöglichen.

피보험자가 건강상해의 종류 또는 크기로 인하여 직업재활 또는 사회재활을 하기 위한 자동차의 이용이 일시적 이상으로 요구될 때 차량보조가 지급된다.

Krankenbehandlung
StVollzG 58 진료.

Gefangene haben Anspruch auf Krankenbehandlung, wenn sie notwendig ist, um eine Krankheit zu erkennen, zu heilen, ihre Verschlimmerung zu verhüten oder Krankheitsbeschwerden zu lindern.

수형자는 질병을 인식, 치료하고, 그 악화를 방지하고 질병의 고통을 완화하기 위해 필요한 경우에는 진료청구권을 가진다.

Krankenbehandlung im Urlaub
StVollzG 60 휴가중 진료

Während eines Urlaubs oder Ausgangs hat der Gefangene gegen die Vollzugsbehörde nur einen Anspruch auf Krankenbehandlung in der für ihn zuständigen Vollzugsanstalt.
휴가 또는 외출 중에는 수형자는 행형당국에 대하여 관할 행형시설에서의 진료청구권만을 갖는다.

Krankenkasse SGB 5 2, 4 의료보험조합.
(1) Die Krankenkassen stellen den Versicherten die im Dritten Kapitel genannten Leistungen unter Beachtung des Wirtschaftlichkeitsgebots (§12) zur Verfügung, soweit diese Leistungen nicht der Eigenverantwortung der Versicherten zugerechnet werden (SGB 5 2)
의료보험조합은 경제성의 요구(사회법 제5권 제12조)를 고려하여 피보험자에게 제3장에 규정된 바의 급여를 피보험자의 자기책임에 귀속시키지 않는 한도에서 제공한다.
(1) Die Krankenkassen sind rechtsfähige Körperschaften des öffentlichen Rechts mit Selbstverwaltung. (SGB 5 4)
의료보험조합은 자치운영되는 공법인이다.
(2) Die Krankenversicherung ist in folgende Kassenarten gegliedert:
의료보험조합은 다음과 같이 분류된다.
Allgemeine Ortskrankenkassen (일반지역의료보험조합),
Betriebskrankenkassen (직장의료보험조합),
Innungskrankenkassen (수공업자의료보험조합),
Landwirtschaftliche Krankenkassen (농업의료보험조합),
die Deutsche Rentenversicherung Knappschaft-Bahn-See als Träger der Krankenversicherung (Deutsche Rentenversicherung Knappschaft-Bahn-See)(독일 광산-철도-해운 연금보험),
Ersatzkassen (보충조합).

Krankenpflege StVollzG 58, 158 간호.
(2) Die Pflege der Kranken soll von Personen ausgeübt werden, die eine Erlaubnis nach dem Krankenpflegegesetz besitzen.

Solange Personen im Sinne von S. 1 nicht zur Verfügung Verhen, können auch BedienVerte des allgemeineVerollzugsdien Verseingesetzt werden, die eine sonVeige Ausbildung in der Krankenpflege erfahreVehaben.
환자의 간호는 간호법에 의하여 허용되는 사람에 의하여 하여야 한다. 제1문의 사람에게 맡길 수 없는 경우에는 기타 간호의 직업훈련을 받은 일반 교도관도 투입될 수 있다.

Krankenversicherung SGB 5 1 의료보험.
Die Krankenversicherung als Solidargemeinschaft hat die Aufgabe, die Gesundheit der Versicherten zu erhalten, wiederherzustellen oder ihren Gesundheitszustand zu bessern. Die Versicherten sind für ihre Gesundheit mitverantwortlich;
연대공동체로서 의료보험은 피보험자의 건강을 유지, 회복하거나 또는 건상상태의 향상을 과제로 한다. 피보험자는 자기의 건강에 공동책임이 있다.

Krankhafte Seelische Störung StGB 20 병적 정신장애.
Eine krankhafte seelische Störung ist eine Störung auf intellektuellem oder emotionalem Gebiet, die nicht mehr im Rahmen verstehbarer Erlebniszusammenhänge liegt und auf einer Verletzung oder Erkrankung des Gehirns beruht.
~는 이해가능한 경험관계의 범위를 벗어난 지적 또는 정서적 영역 및 뇌의 손상 또는 질병에 근거한 장애.

Krausauer Kreis 크라우자우 회의.
→ Rechtsschänder (법모독죄).

Kredit StGB 265b(3) Nr.2 신용대부.
(Kreditgeber StGB 265b 신용대부인; Kreditnehmer StGB 265b 신용임차인).
(3) Im Sinne des Absatzes 1 sind
1. Betriebe und Unternehmen unabhängig von ihrem Gegenstand solche, die nach Art und Umfang einen in kaufmännischer

Weise eingerichteten Geschäftsbetrieb erfordern;
2. Kredite Gelddarlehen aller Art, Akzeptkredite, der entgeltliche Erwerb und
die Stundung von Geldforderungen, die
Diskontierung von Wechseln und Scheks
und die Übernahme von Bürgschaften,
Garantien und sonstigen Gewährleistungen.
제1항(신용사기)의 전제가 되는 신용대부는
1. 사업체 및 기업은 그 대상물과 독립하여
종류나 규모에 있어 상인적 방법으로 이루
어진 영업활동을 요하는 것을 말한다.
2. 모든 종류의 금전대부, 인수신용, 유상취
득, 금전채권의 지급기일의 유예, 어음과 수
표의 할인 및 보증의 인수, 신용보증 및 기
타의 담보제공.
→ Kreditbetrug (신용사기죄).

Kreditbeschaffung GG 115 신용조달.
(1) Die Aufnahme von Krediten sowie die
Übernahme von Bürgschaften, Garantien
oder sonstigen Gewährleistungen, die zu
Ausgaben in künftigen Rechnungsjahren
führen können (R), bedürfen einer der
Höhe nach bestimmten oder bestimmbaren
Ermächtigung durch Bundesgesetz.
장래의 회계연도 지출에 사용될 수 있는
신용의 수용 및 담보의 인수, 보증 및 특수
보증은 연방법률에 의하여 한정된 또는 한
정할 수 있는 수권에 따른 한도를 필요로
한다.

Kreditbetrug StGB 265b 신용사기죄.
(1) Wer einem Betrieb oder Unternehmen
im Zusammenhang mit einem Antrag auf
Gewährung, Belassung oder Veränderung
der Bedingungen eines Kredits für einen
Betrieb oder ein Unternehmen oder einen
vorgetäuschten Betrieb oder ein vorge-
täuschtes Unternehmen
사업체나 기업 또는 피기망 사업체나 기업
을 위한 신용대출의 허가, 기간연기 또는
조건변경의 신청과 관련하여 사업체나 기업
에 대하여 다음 각호에 해당하는 행위를 한
자는 3년 이하의 자유형 또는 벌금형에 처
한다.
1. über wirtschaftliche Verhältnisse

a) unrichtige oder unvollständige Unterlagen, namentlich Bilanzen, Gewinn- und
Verlustrechnungen, Vermögensübersichten
oder Gutachten vorlegt oder
b) schriftlich unrichtige oder unvollständige Angaben macht,
die für den Kreditnehmer vorteilhaft und
für die Entscheidung über einen solchen
Antrag erheblich sind, oder
1. 신용수신자에게 유리하고 대출신청에 관
한 결정에 중요한 경제상황과 관련된 다음
a) 또는 b)의 행위,
a) 부정확하거나 불충분한 문서 특히 대차
대조표, 손익계산서, 재산명세서 또는 평가
서의 제출,
b) 부정확하거나 불충분한 서면진술,
2. solche Verschlechterungen der in den
Unterlagen oder Angaben dargestellten
wirtschaftlichen Verhältnisse bei der Vorlage nicht mitteilt, die für die Entscheidung über einen solchen Antrag erheblich
sind,
wird mit Freiheitsstrafe bis zu drei Jahren
oder mit Geldstrafe bestraft.
2. 제1호의 자료 또는 보고에 기재되어 있
는 대출신청의 결정에 중요한 경제상황의
악화사실을 제출 당시 고지하지 아니하는
행위.

Kreditgeschäft KWG 1 Nr.2 대출업무
↔ Einlagengeschäft (예금업무).
2. Bankgeschäfte sind die Gewährung von
Gelddarlehen und Akzeptkrediten 금융대
출 및 인수신용의 제공.

Kreditinstitut KWG 1 금융기관.
(1) Kreditinstitute sind Unternehmen, die
Bankgeschäfte gewerbsmäßig oder in einem Umfang betreiben, der einen in kaufmännischer Weise eingerichteten Geschäftsbetrieb erfordert. 금융기관이란 은행업무를
영업적으로 또는 상인적 방법으로 조직된
업무경경이 요구하는 범위에서 이를 영위하
는 기업을 말한다.

Kreditwechsel (Finanzierungswechsel,
Finanzwechsel) 융통어음.

↔ Handelswechsel (Warenwechsel) (상업어음).

Kreditwesengesetz (Gesetz über das Kreditwesen) KWG 은행법 (1998.9.9) (BGBl. I S. 2776).
→ Kreditinstitut (금융기관).

Kreditwucher 신용폭리.
→ Wucher (.부당이득죄).

Kreis 군(권역).
→ Regierungsbezirk (행정관구; 도).

Kreisfreie Stadt 군(Kreis)에 속하지 않는 자치시로 Baden-Württemberg주에서는 Stadtkreis(시권역, 시군)라고도 한다.
Eine kreisfreie Stadt ist eine kommunale Gebietskörperschaft.
자치시는 지방의 지역단체이다.

Kreislaufwirtschaft (Grundsätze der ~) KrW-/AbfG 4 순환관리(경제)(~ 의 원칙)
(1) Abfälle sind
1. in erster Linie zu vermeiden, insbesondere durch die Verminderung ihrer Menge und Schädlichkeit,
2. in zweiter Linie
a) stofflich zu verwerten oder
b) zur Gewinnung von Energie zu nutzen (energetische Verwertung).
폐기물은
1. 제1차적으로 폐기물은 양과 유해성을 줄이는 방법에 의하여 그 발생이 억제되어야 한다.
2. 제2차적으로 a) 물질적으로 이용되거나 또는 b) 에너지를 얻기 위한 목적으로 이용되어야 한다 (에너지 이용).

Kreislaufwirtschafts- und Abfallgesetz (Gesetz zur Förderung der Kreislaufwirtschaft und Sicherung der umweltverträglichen Beseitigung von Abfällen) KrW-/AbfG 1 순환관리(경제)(재활용) 및 폐기물처리법 (1994.9.27) (BGBl. I S. 2705).
Zweck des Gesetzes ist die Förderung der Kreislaufwirtschaft zur Schonung der natürlichen Ressourcen und die Sicherung der umweltverträglichen Beseitigung von Abfällen.
본법의 목적은 순환관리의 촉진을 통해 천연자원을 보호하고 폐기물의 환경친화적 제거를 확보하는 데에 있다.

Kreuzverhör StPO 239 상호신문.
→ Recht zur Vernehmung (신문권).

Kriegsdienst mit der Waffe GG 3; 12a(2) 집총병역.
Niemand darf gegen sein Gewissen zum Kriegsdienst mit der Waffe gezwungen werden. (GG 3)
아무도 양심에 반하여 집총병역을 강제받지 아니한다.
Wer aus Gewissensgründen den Kriegsdienst mit der Waffe verweigert, kann zu einem Ersatzdienst verpflichtet werden. (GG 12a(2)).
양심상 이유로 집총병역을 거부하는 자에게는 대체복무의 의무를 지울 수 있다.

Kriegsdienstverweigerung aus Gewissensgründen KDVG 5 양심적 병역거부.
Die Antragstellerin ist als Kriegsdienstverweigerin und der Antragsteller ist als Kriegsdienstverweigerer anzuerkennen, wenn
1. der Antrag vollständig ist (§ 2 Abs. 2),
2. die dargelegten Beweggründe das Recht auf Kriegsdienstverweigerung zu begründen geeignet sind und
3. das tatsächliche Gesamtvorbringen und die dem Bundesamt bekannten sonstigen Tatsachen keine Zweifel an der Wahrheit der Angaben der Antragstellerin oder des Antragstellers begründen oder die Zweifel aufgrund einer Anhörung nach § 6 nicht mehr bestehen.
신청자는 다음과 같은 경우에 병역거부권자로서 인정된다.
1. 신청의 하자가 없는 경우(§2 Abs.2)
2. 병역거부의 권리를 증명할 동기가 적합한 경우
3. 사실상의 전체 제출사유 및 연방국에 알

려진 그 밖의 사실들이 신청자의 신청의 진실성에 대한 의심을 전혀 불러일으키지 않거나 또는 제6조에 의한 청문을 근거로 한 의심이 더 이상 존재하지 않아야 한다.
→ Zivildienst (병역대체근무).

Kriegsdienstverweigerungsgesetz

(Gesetz über die Verweigerung des Kriegsdienstes mit der Waffe aus Gewissensgründen) KDVG 1 양심적 병역거부법 (2003.8.9) (BGBl. I S. 1593).
(1) Wer aus Gewissensgründen unter Berufung auf das Grundrecht der Kriegsdienstverweigerung im Sinne des Artikels 4 Abs. 3 Satz 1 des Grundgesetzes den Kriegsdienst mit der Waffe verweigert, wird nach den Vorschriften dieses Gesetzes als Kriegsdienstverweigerin oder Kriegsdienstverweigerer anerkannt.
양심상의 이유로 기본법 제4조 제3항 제1문의 병역근무거부의 기본권을 주장하여 집총병역근무를 거부하는 자는 본법의 규정에 의하여 병역거부자로 인정된다.

Kriegsfolgelasten GG 120 전쟁부담채.

(1) Der Bund trägt die Aufwendungen für Besatzungskosten und die sonstigen inneren und äußeren Kriegsfolgelasten nach näherer Bestimmung von Bundesgesetzen.
연방은 점령비 및 기타 내외전쟁부담채에 대한 비용을 연방법률에 의하여 부담한다.

Kriegsverbrechen 전쟁범죄 (국제형법 제2장).

→ Kriegsverbrechen gegen Personen (사람에 대한 전쟁범죄).
→ Kriegsverbrechen gegen Eigentum und sonstige Rechte (소유권 등에 관한 전쟁범죄).
→ Kriegsverbrechen gegen humanitäre Operationen und Embleme (인도주의적 작전과 표장에 대한 전쟁범죄).
→ Kriegsverbrechen des Einsatzes verbotener Methoden der Kriegsführung (금지된 전쟁수행의 방법에 의한 전쟁범죄).
→ Kriegsverbrechen des Einsatzes verbotener Mittel der Kriegsführung (금지된 전쟁수행의 수단에 의한 전쟁범죄).

Kriegsverbrechen des Einsatzes verbotener Methoden der Kriegsführung

VStGB 11 금지된 전쟁수행의 방법에 의한 전쟁범죄.
(1) Wer im Zusammenhang mit einem internationalen oder nichtinternationalen bewaffneten Konflikt
1. mit militärischen Mitteln einen Angriff gegen die Zivilbevölkerung als solche oder gegen einzelne Zivilpersonen richtet, die an den Feindseligkeiten nicht unmittelbar teilnehmen,
wird mit Freiheitsstrafe nicht unter drei Jahren bestraft
국제적, 비국제적 투쟁과 관련하여
1. 더 이상 적대관계에 직접적으로 참여하지 않는 일반시민 그 자체 또는 개별 민간인에 대하여 군사적 수단으로 공격을 한 자는 3년 이상의 자유형에 처한다.

Kriegsverbrechen des Einsatzes verbotener Mittel der Kriegsführung

VStGB 12 금지된 전쟁수행의 수단에 의한 전쟁범죄.
(1) Wer im Zusammenhang mit einem internationalen oder nichtinternationalen bewaffneten Konflikt
1. Gift oder vergiftete Waffen verwendet,
2. biologische oder chemische Waffen verwendet
wird mit Freiheitsstrafe nicht unter drei Jahren bestraft.
국제적, 비국제적 투쟁과 관련하여
1. 독이나 독약이 있는 무기를 사용한 자, 생물학적 또는 화학적 무기를 사용한 자는 3년 이상의 자유형에 처한다.

Kriegsverbrechen gegen Eigentum und sonstige Rechte VStGB 9 소유권 등에 관한 전쟁범죄.

(1) Wer im Zusammenhang mit einem internationalen oder nichtinternationalen bewaffneten Konflikt plündert oder, ohne

dass dies durch die Erfordernisse des bewaffneten Konflikts geboten ist, sonst in erheblichem Umfang völkerrechtswidrig Sachen der gegnerischen Partei, die der Gewalt der eigenen Partei unterliegen, zerstört, sich aneignet oder beschlagnahmt, wird mit Freiheitsstrafe von einem Jahr bis zu zehn Jahren bestraft.

국제적, 비국제적 무장투쟁과 연계하여 또는 무장투쟁의 필요사항도 아닌, 기타 상당한 범위에서 국제법에 위반하여 자신들의 힘에 복종하는 상대편의 재물을 약탈하거나 또는 파괴, 착복하거나 압류하는 자는 1년 이상 10년 이하의 자유형에 처한다.

Kriegsverbrechen gegen humanitäre Operationen und Embleme VStGB 10

인도주의적 작전과 표장에 대한 전쟁범죄.

(1) Wer im Zusammenhang mit einem internationalen oder nichtinternationalen bewaffneten Konflikt

1. einen Angriff gegen Personen, Einrichtungen, Material, Einheiten oder Fahrzeuge richtet, die an einer humanitären Hilfsmission oder an einer friedenserhaltenden Mission in Übereinstimmung mit der Charta der Vereinten Nationen beteiligt sind, solange sie Anspruch auf den Schutz haben, der Zivilpersonen oder zivilen Objekten nach dem humanitären Völkerrecht gewährt wird, oder

2. einen Angriff gegen Personen, Gebäude, Material, Sanitätseinheiten oder Sanitätstransportmittel richtet, die in Übereinstimmung mit dem humanitären Völkerrecht mit den Schutzzeichen der Genfer Abkommen gekennzeichnet sind,

wird mit Freiheitsstrafe nicht unter drei Jahren bestraft.

국제적 또는 비국제적 투쟁과 관련하여 다음 각호의 행위를 한 자는 3년 이상의 자유형에 처한다.

1. 인도주의적 국제법에 따라 민간인 또는 민간대상에 허용하는 보호청구권을 가진 인도주의적 구조단 또는 평화유지단에 국제연합헌장에 의거, 참여하는 사람, 시설, 장비, 부대, 차량을 공격하는 행위,

2. 인도주의적 국제법에 의거 제네바 협정의 보호표지를 한 사람, 건물, 자비, 위생부대 또는 위생수송기관에 대하여 공격하는 행위.

Kriegsverbrechen gegen Personen

VStGB 8 사람에 대한 전쟁범죄.

(1) Wer im Zusammenhang mit einem internationalen oder nichtinternationalen bewaffneten Konflikt

1.eine nach dem humanitären Völkerrecht zu schützende Person tötet,

2. eine nach dem humanitären Völkerrecht zu schützende Person als Geisel nimmt,

3. eine nach dem humanitären Völkerrecht zu schützende Person grausam oder unmenschlich behandelt, indem er ihr erhebliche körperliche oder seelische Schäden oder Leiden zufügt, insbesondere sie foltert oder verstümmelt,

4. eine nach dem humanitären Völkerrecht zu schützende Person sexuell nötigt oder vergewaltigt, sie zur Prostitution nötigt, der Fortpflanzungsfähigkeit beraubt oder in der Absicht, die ethnische Zusammensetzung einer Bevölkerung zu beeinflussen, eine unter Anwendung von Zwang geschwängerte Frau gefangen hält,

5. Kinder unter 15 Jahren für Streitkräfte zwangsverpflichtet oder in Streitkräfte oder bewaffnete Gruppen eingliedert oder sie zur aktiven Teilnahme an Feindseligkeiten verwendet,

wird in den Fällen der Nummer 1 mit lebenslanger Freiheitsstrafe, in den Fällen der Nummer 2 mit Freiheitsstrafe nicht unter fünf Jahren, in den Fällen der Nummern 3 bis 5 mit Freiheitsstrafe nicht unter drei Jahren bestraft.

국제적 또는 비국제적인 무장충돌과 관련하여 다음 각호 (Nr.1-9)의 행위를 한 자는 제1호는 무기형, 제2호는 5년 이상, 제3-5호는 3년 이상의 자유형에 처한다 (제6-9호는 생략).

1. 인도적인 국제법에 따라 보호되어야 할 사람을 살해한 행위,

2. 인도주의적 국제법에 따라 보호되어야

할 사람을 인질로 삼은 행위,
3. 인도주의적 국제법에 따라 보호되어야
할 사람을 중대한 신체적 또는 정신적 손상
또는 손해를 가하고, 특히 고문이나 절단으
로 잔인한 또는 비인간적인 처우.
4. 인도주의적 국제법에 따라 보호되어야
할 사람을 성적으로 강요하거나 또는 강간
하여 그에게 매음을 강요하고, 생식능력을
박탈하거나 또는 시민의 인종적 구성에 영
향을 줄 목적으로 강제를 사용하여 임신한
부녀를 납치하는 행위,
5. 15세 미만의 아동을 군대에 강제의무하
게 하거나 또는 군대나 무장집단에 편입하
거나 또는 적대행위에 능동적으로 참여하게
하는 행위.

Kriminalamt → Bundeskriminalamt (연방
범죄수사국).

Kriminalistik 범죄수사학.
수사전략: Kriminal strategie, 수사기술:
Kriminaltatik, 수사증거법: Kriminaltechnik.
수사전략(Kriminalstrategie)은 계획적으로
조정된, 범죄방지를 위한 경찰력의 협력을
말한다. 수사기술(Kriminaltatik)은 기술적,
심리학적, 소송경제적으로 가벌적 행위의
발견과 해결 그리고 범죄행위자의 신분을
수사하기 위한 합목적적인 처리이론이다.
따라서 이른바 수법수사(Modus-operandi-
System), 카드나 데이터 처리에 의해 저장
된 특정한 범죄행위와 범죄행위자 표지를
가진 행위자의 신분확인과 유죄입증도 이에
속한다.
이에 반하여 수사증거법(Kriminaltechnik)은
사태연구의 모든 학문적 방법을 대상으로
하는 실질적 증거수단에 대한 이론이다. 왜
냐하면 범죄수사학의 전문가(Kriminalist)는
범죄요소를 입증하고 검증할 징표나 증거방
법을 찾아야 하기 때문이다.

Kriminalität 범죄 (집합개념으로서 범죄
(현상)). → Verbrechen.

Kriminalpolizei 사법(수사)경찰.
→ Schutzpolizei (행정경찰).

Kriminalprognose 범죄예측.

~ sind (Wahrscheinlichkeits-) Aussagen
über künftige kriminelle Handlungen,
Ereignisse oder Entwicklungen.
~은 장래의 범죄적 행위, 사건 또는 발전
에 대한 (개연성의) 예측을 말한다.

Kriminelle 형사범.
↔ Nichtkriminelle (비형사범).

Kriminelle Karriere 범죄경력.
→ Karriereverbrecher (경력범죄자).

**Kriminelle und terroristische Vereini-
gungen im Ausland** StGB 129b 외국에
서의 범죄 및 테러단체조직.
(1) Die §§ 129 und 129a gelten auch für
Vereinigungen im Ausland.
제129조(범죄단체조직죄)와 제129조a(테러단
체조직죄)는 외국에서의 단체에도 적용된다.
Bezieht sich die Tat auf eine Vereinigung
außerhalb der Mitgliedstaaten der Europäischen Union, so gilt dies nur, wenn sie
durch eine im räumlichen Geltungsbereich
dieses Gesetzes ausgeübte Tätigkeit begangen wird oder wenn der Täter oder
das Opfer Deutscher ist oder sich im
Inland befindet.
범죄행위가 EU의 구성국가 이외의 지역에
서의 단체와 관련이 있는 경우에는 범죄의
수행이 형법의 지역적 적용범위를 통해서
행하여지거나 또는 행위자 또는 피해자가
독일인인 경우나 내국에 있는 경우에만 적
용된다.

Kriminelle Vereinigung → Bildung krimineller Vereinigungen (범죄단체조직죄).

Kriminologie der Befreiung 해방범죄학.
Der Begriff "Kriminologie der Befreiung",
der sich an den der "Philosophie der
Befreiung" und der "Theologie der
Befreiung" anlehnt, steht für eine kritische
kriminolgische Bewegung, die sich in
Opposition zur traditionell etablierten
klinischen Kriminolgie seit den 70er
Jahren in einigen Ländern (Mittel- und
Südamerika) entwickelt hat.

~은 "해방철학" 및 "해방신학"에 근거하여, 전통적인 임상범제학에 반대한 70년대 이후 중남미의 몇 개 국가에서 발전된 비판범죄학운동을 표방한다.

Kriminolgischer Dienst StVollzG 166 범죄학 연구부서.
(1) Dem kriminologischen Dienst obliegt es, in Zusammenarbeit mit den Einrichtungen der Forschung den Vollzug, namentlich die Behandlungsmethoden, wissenschaftlich fortzuentwickeln und seine Ergebnisse für Zwecke der Strafrechtspflege nutzbar zu machen.
범죄학 연구부서에게는 연구조직과 협력하여 행형, 특히 처우방법을 학문적으로 계속 발전시키고, 형사사법의 목적을 위하여 그 결과를 이용할 수 있도록 할 의무가 있다.

Kronzeuge StGBuaÄndG 1 공범증인.
Offenbart der Täter oder Teilnehmer einer Straftat nach § 129a des Strafgesetzbuches oder einer mit dieser Tat zusammenhängenden Straftat selbst oder durch Vermittlung eines Dritten gegenüber einer Strafverfolgungsbehörde sein Wissen über Tatsachen, deren Kenntnis geeignet ist,
1. die Begehung einer solchen Straftat zu verhindern,
2. die Aufklärung einer solchen Straftat, falls er daran beteiligt war, über seinen eigenen Tatbeitrag hinaus zu fördern oder
3. zur Ergreifung eines Täters oder Teilnehmers einer solchen Straftat zu führen,
so kann der Generalbundesanwalt mit Zustimmung eines Strafsenats des Bundesgerichtshofes von der Verfolgung absehen, wenn die Bedeutung dessen, was der Täter oder Teilnehmer offenbart hat, insbesondere im Hinblick auf die Verhinderung künftiger Straftaten, dies im Verhältnis zu der eigenen Tat rechtfertigt.
형법 제129a조(테러단체조직)의 죄 또는 이와 관련있는 죄의 정범이나 공범이 스스로 또는 제삼자를 통해 형사소추기관에 범죄사실에 대하여 알고 있는 것을 진술하고, 그 지식이 다음 각호에 적합한 경우에 정범 또는 공범이 진술한 의미가 특히 장래의 범죄를 방지한다는 관점에서 자신의 범죄와 관련하여 이를 정당화할 수 있는 때에는 연방검찰총장은 연방대법원 형사부의 동의를 얻어 형사소추를 면제할 수 있다.
1. 그러한 범죄의 실행의 방지
2. 자신의 범죄부분 이상으로 참여한 경우 그러한 범죄 규명의 촉진,
3. 그러한 범죄의 정범이나 공범의 체포.

Kronzeugengesetz (Gesetz zur Änderung des Strafgesetzbuches, der Strafprozeßordnung und des Versammlungsgesetzes und zur Einführung einer Kronzeugenregelung bei terroristischen Straftaten) StGBuaÄndG 공범증인법 (1989.6.9)(BGBl. I S. 1059).

KrW-/AbfG → Kreislaufwirtschafts- und Abfallgesetz (순환관리 및 폐기물처리법).

KSchG → Kündigungsschutzgesetz (해고제한법).

KStG → Körperschaftsteuergesetz (법인세법).

Kumulationsprinzip 병과주의.
Wenn mehrere Gesetzesverletzungen zusammentreffen, erhebt sich die Frage, ob die Rechtsfolgen gesondert bemessen und dann addiert werden sollen (Kumulationsprinzip). In Betracht kommen dafür die Verschärfung der schwersten Strafen (Asperationsprinzip), die Straffestsetzung allein nach dem schwersten der verletzten Gesetze (Absorptionsprinzip), die Verknüpfung der Strafdrohungen der verschieden verletzten Gesetze zu einer gemeinsamen Strafdrohung (Kombinationsprinzip).
수개의 법률침해가 경합되는 때에는 법적 효과를 별도로 정하여 부가하여야 할 것인지(병과주의)가 문제된다. 이에 대하여 가장 무거운 형을 가중하는 경우(가중주의), 침해된 법률의 가장 중한 형으로만 형을 정하는 경우(흡수주의), 침해된 상이한 법률의 형벌

규정을 하나의 공통된 형벌로 결합하는 경
우가(결합주의) 있다.

Kundenwerbung → Progressive Kundenwerbung (다단계판매).

Kündigung 해고, 해지, 해약.

Kündigung in Arbeitskämpfen
KSchG 25 노동쟁의로 인한 해고.
Die Vorschriften dieses Gesetzes finden
keine Anwendung auf Kündigungen und
Entlassungen, die lediglich als Maßnahmen
in wirtschaftlichen Kämpfen zwischen
Arbeitgebern und Arbeitnehmern vorgenommen werden.
해고제한법(본 법률의 규정)은 단지 사용자
와 근로자간 이익분쟁과정에서 발생한 처분
으로서 전제된 해고에 대해서는 적용되지
않는다.

**Kündigungsfristen bei Arbeitsverhält-
nissen** BGB 622 근로관계에서의 해지기
간.
(1) Das Arbeitsverhältnis eines Arbeiters
oder eines Angestellten (Arbeitnehmers)
kann mit einer Frist von vier Wochen
zum Fünfzehnten oder zum Ende eines
Kalendermonats gekündigt werden.
노동자 또는 사무원("근로자")의 근로관계에
대하여는 4주의 해지기간을 두고 역월의 15
일 또는 그 월말로 해지를 할 수 있다.

Kündigungsrecht BGB 489 해지권;
VGG 11(2) 해약권.
(1) Der Darlehensnehmer kann einen Darlehensvertrag, bei dem für einen bestimmten Zeitraum ein fester Zinssatz vereinbart
ist, ganz oder teilweise kündigen (Ordentliches Kündigungsrecht des Darlehensneh-
mers) (BGB 489).
차주는 일정한 기간에 대하여 확정이자가
약정된 소비대차계약을 전부 또는 일부 해
지할 수 있다 (소비대차계약에서 차주의 통
상적 해지권).
(2) Ist ein Versicherungsverhältnis auf
unbestimmte Zeit eingegangen, kann es

von beiden Vertragsparteien nur für den
Schluss der laufenden Versicherungspe-
riode gekündigt werden. Auf das Kündigungsrecht können sie einvernehmlich
bis zur Dauer von zwei Jahren verzichten
(VGG 11).
보험계약이 기간을 정하지 아니하고 체결된
때에는 양당사자는 해당 보험시기의 종기에
이를 해약할 수 있다. 양당사자는 합의에
의하여 2년내에 해약권을 포기할 수 있다.

Kündigungsschutzgesetz KSchG 해고
제한법(해고보호법) (1969.8.25) (BGBl. I S.
1317).
→ Sozial ungerechtfertigte Kündigung.
(사회적으로 부당한 해고).

Künstliche Befruchtung nach dem Tode
ESchG 4(1) Nr.3 사망후 인공수정죄.
(1) Mit Freiheitsstrafe bis zu drei Jahren
oder mit Geldstrafe wird bestraft, wer
3. wissentlich eine Eizelle mit dem Samen
eines Mannes nach dessen Tode künstlich
befruchtet.
그 정을 알면서 사망한 남성의 정액으로 난
자를 인공적으로 수정시킨 자는 3년 이하의
자유형 또는 벌금형에 처한다.

**Künstliche Veränderung menschlicher
Keimbahnzellen** ESchG 5 인간생식계열
세포 인공적 변경죄.
(1) Wer die Erbinformation einer menschlichen Keimbahnzelle künstlich verändert,
wird mit Freiheitsstrafe bis zu fünf
Jahren oder mit Geldstrafe bestraft.
인간의 생식계열(germ-line)세포의 유전정
보를 인공적으로 변경하는 자는 5년 이하의
자유형 또는 벌금형에 처한다.
(2) Ebenso wird bestraft, wer eine menschliche Keimzelle mit künstlich veränderter
Erbinformation zur Befruchtung verwendet.
인공적으로 변경된 유전정보를 가진 인간의
생식세포를 사용한 자도 전항과 같은 형에
처한다.

Kunsturhebergesetz (Gesetz betreffend
das Urheberrecht an Werken der bildenden

Künste und der Photographie)
KunstUrhG 미술저작권법 (Bundesgesetzblatt Teil III, Gliederungsnummer 440-3).

KunstUrhG → Kunsturhebergesetz.

Kupiertes Erfolgsdelikt 단절된 결과범.
Der beabsichtigte Erfolg soll ohne eine
solche Zweithandlung eintreten (z.B.:
Absicht der Befriedigungsverteilung bei §
288 StGB).
의도된 결과가 그러한 제2의 행위없이 발생
하는 경우 (제288조의 채권실현의 목적).
→ Absichtsdelikt (목적범).

Kuppelei StGB 181 음행매개.
→ Zuhälterei (매음매개죄).

Kupplerische Zuhälterei StGB 181a
매음중개죄 → Zuhälterei (매음매개죄).

Kurzarbeit KSchG 19 조업단축.
(1) Ist der Arbeitgeber nicht in der Lage,
die Arbeitnehmer bis zu dem in § 18 Abs.
1 und 2 bezeichneten Zeitpunkt voll zu
beschäftigen, so kann die Bundesagentur
für Arbeit zulassen, daß der Arbeitgeber
für die Zwischenzeit Kurzarbeit einführt.
사용자가 근로자를 해고제한법 제18조 제1
항 및 제2항에서 표시한 시점까지 완전히
고용할 수 있는 상황이 아니라면 연방노동
사무소는 사용자가 그 기간동안 조업단축을
도입하도록 허용할 수 있다.

Kurzarbeitergeld SGB 3 169 조업단축
수당.
Arbeitnehmer haben Anspruch auf Kurzarbeitergeld, wenn
1. ein erheblicher Arbeitsausfall mit Ent-
geltausfall vorliegt,
2. die betrieblichen Voraussetzungen erfüllt sind,
3. die persönlichen Voraussetzungen erfüllt
sind und
4. der Arbeitsausfall der Agentur für Arbeit angezeigt worden ist.
근로자는 다음 각호의 경우에 조업단축수당

청구권을 가진다.
1. 급여중단이 있는 중대한 조업중단,
2. 경영상의 요건이 충족된 경우,
3. 개인적 요건이 충족된 경우,
4. 조업중단이 노동사무소에 게시된 경우.

Kurzarrest JGG 16(3) 단기구금.
(3) Der Kurzarrest wird statt des Frei-
zeitarrestes verhängt, wenn der zusammenhängende Vollzug aus Gründen der
Erziehung zweckmäßig erscheint und
weder die Ausbildung noch die Arbeit des
Jugendlichen beeinträchtigt werden. Dabei
stehen zwei Tage Kurzarrest einer Freizeit
gleich.
단기구금은 관련 집행이 교육상 합목적적이
며, 소년의 직업훈련이나 근로를 침해하지
아니하는 경우에 여가구금에 대신하여 행하
여진다. 여기서 2일의 단기구금은 여가시간
과 같다. → Jugendarrest (소년구금).

Kurze Freiheitsstrafe StGB 47 단기자
유형.
Eine Freiheitsstrafe unter sechs Monaten
verhängt das Gericht nur, wenn besondere
Umstände, die in der Tat oder der Persönlichkeit des Täters liegen, die Verhängung einer Freiheitsstrafe zur Einwirkung
auf den Täter oder zur Verteidigung der
Rechtsordnung unerläßlich machen.
법원은 범죄행위 또는 행위자의 인격에 나
타난 특별한 사정에 비추어 자유형의 부과
가 행위자에 대한 영향이나 법질서의 방위
를 위하여 불가피한 경우에 한하여 6개월
이하의 단기자유형을 선고할 수 있다.

Kürzung der Dienstbezüge BDG 8
감봉.
(1) Die Kürzung der Dienstbezüge ist die
bruchteilmäßige Verminderung der monatlichen Dienstbezüge des Beamten um
höchstens ein Fünftel auf längstens drei
Jahre.
감봉은 최고 5분의 1, 최장 3년에 이르는
공무원의 매월 급여의의 부분적 감소를 말
한다.
→ Disziplinarmaßnahme (징계(징벌)처분).

Küstengewässer WHG 1(1) Nr.1a 해안
수(연안수).
Dieses Gesetz gilt für folgende Gewässer:
1a. das Meer zwischen der Küstenlinie bei
mittlerem Hochwasser oder der seewärtigen Begrenzung der oberirdischen Gewässer und der seewärtigen Begrenzung
des Küstenmeeres (Küstengewässer).
본법은 다음 각호의 수자원에 적용된다.
1a. 만조 중간시점의 해안선이나 지표수의
바다방향경계선과 해수의 바다방향 경계선
에 위치하는 바닷물(해안수).
→ Gewässer (수자원).

KWG → Kreditwesengesetz (은행법).

L

Ladendiebsahl StGB 242, 248a 상점절도.
상점절도는 단순절도로서 백화점, 매점, 셀프서비스가게에서 판매원이 아닌 행위자가 물건을 몸에 감추거나 물건을 가지고 매점의 해당구역을 떠났을 때 성립한다.
상점절도는 이른바 Massen- oder Bagatellkriminalität의 전형적 사례이다. 물건의 가격이 30-50 DM 이하이고 §248a StGB의 사소한 가치의 물건절도에 해당하면 행위자에 대한 형사소추는 피해자의 고소에 의하여 또는 검사가 공적 이해관계를 긍정함으로써 이루어진다. 배상이 이루어진 경우에는 §153 또는 §153a StPO에 따라 소송절차를 정지하게 된다.

Ladenschlußgesetz (Gesetz über den Ladenschluß) LadSchlG 1 폐점법 (2003.6.2) (BGBl. I S. 744).
(1) Verkaufsstellen im Sinne dieses Gesetzes sind
1. Ladengeschäfte aller Art, Apotheken, Tankstellen und Bahnhofsverkaufsstellen,
본법의 판매소는 1. 모든 종류의 상점, 약국, 주유소, 역전매표소를 말한다.

Ladenschlußzeit LadSchlG 3 폐점시간 (Allgemeine ~).
Verkaufsstellen müssen zu folgenden Zeiten für den geschäftlichen Verkehr mit den Kunden geschlossen sein:
1. an Sonn- und Feiertagen,
2. montags bis samstags bis 6 Uhr und ab 20 Uhr,
3. am 24. Dezember, wenn dieser Tag auf einen Werktag fällt, bis 6 Uhr und ab 14 Uhr.
판매소는 고객과의 업무거래에 대하여 다음의 시간에는 폐점을 해야 한다.
1. 일요일과 공휴일,
2. 월요일과 토요일까지는 20시부터 6시까지

3. 12.24.일이 평일에 해당하는 경우 14시부터 6시까지.

Ladeschein HGB 444 화물상환증.
(1) Über die Verpflichtung zur Ablieferung des Gutes kann von dem Frachtführer ein Ladeschein ausgestellt werden, der die in § 408 Abs. 1 genannten Angaben enthalten soll.
운송인은 운송물의 인도의무에 관하여 화물상환증을 발행할 수 있으며, 여기에는 제408조 제1항의 기재사항이 포함되어야 한다.

LadSchlG → Ladenschlußgesetz (폐점법).

Ladung StPO 214, 323 소환(장).
(1) Die zur Hauptverhandlung erforderlichen Ladungen ordnet der Vorsitzende an. Die Geschäftsstelle sorgt dafür, daß die Ladungen bewirkt werden.
공판에 필요한 소환은 재판장이 명한다. 법원사무국은 이 소환의 실시를 담당한다.
(1) In der Ladung ist der Angeklagte auf die Folgen des Ausbleibens ausdrücklich hinzuweisen.
소환장에는 피고인에게 불출석의 결과를 명시하여야 한다.

Ladung des Angeklagten StPO 216
피고인의 소환 (Form und Inhalt der Ladung des Angeklagten).
(1) Die Ladung eines auf freiem Fuß befindlichen Angeklagten geschieht schriftlich unter der Warnung, daß im Falle seines unentschuldigten Ausbleibens seine Verhaftung oder Vorführung erfolgen werde.
자유로운 피고인의 소환은 면책사유 없는 불출석의 경우에 구속 또는 구인을 경고하는 서면으로 행하여진다;
(2) Der nicht auf freiem Fuß befindliche Angeklagte wird durch Bekte wmtchung des Termins zur Hauptverhandlung gemäß § 35 geladen
부자유스러운 피고인은 제35조의 공판기일의 고지에 의하여 소환이 이루어진다.

Ladung des bestellten und gewählten Verteidigers StPO 218 국선변호인 및 사선변호인의 소환.
Neben dem Angeklagten ist der bestellte Verteidiger stets, der gewählte Verteidiger dann zu laden, wenn die Wahl dem Gericht angezeigt worden ist.
피고인 이외에 국선변호인은 항상, 사선변호인은 변호인은 그 선임이 법원에 신고된 때에 소환될 수 있다.

Ladung durch den Angeklagten StPO 220 피고인에 의한 소환.
Lehnt der Vorsitzende den Antrag auf Ladung einer Person ab, so kann der Angeklagte sie unmittelbar laden lassen.
재판장이 어떤 자의 소환신청을 각하하는 경우에 피고인은 직접 그를 소환할 수 있다.

Ladungsfrist StPO 418(2) 소환기간.
Die Ladungsfrist beträgt vierundzwanzig Stunden.
소환기간은 24시간이다 (신속절차).

Ladungstüchtigkeit HGB 559 감하능력.
→ Seetüchtigkeit.

Lagebericht HGB 289 영업(상황)보고서.
(1) Im Lagebericht sind der Geschäftsverlauf einschließlich des Geschäftsergebnisses und die Lage der Kapitalgesellschaft so darzustellen, dass ein den tatsächlichen Verhältnissen entsprechendes Bild vermittelt wird.
영업보고서에는 실제적 관계에 상응하는 상황을 전달하기 위하여 자본회사의 영업결과를 포함한 영업경과 및 상황이 기술되어야 한다.

Lagergeschäft HGB 467 창고업.
(1) Durch den Lagervertrag wird der Lagerhalter verpflichtet, das Gut zu lagern und aufzubewahren.
창고계약에 의하여 창고업자는 물건을 창고에 임치하고 보관할 의무를 가진다.

Lagerschein HGB 475c 창고증권.

(1) Über die Verpflichtung zur Auslieferung des Gutes kann von dem Lagerhalter, nachdem er das Gut erhalten hat, ein Lagerschein ausgestellt werden.
창고업자는 물품의 수령후 물품의 인도의무에 관하여 창고증권을 발생할 수 있다.

Lagertheorie StGB 263 지위설 → 사기죄.

Laienrichter DRiG 비전문(소인)판사 (독일법관법).
비전문(소인)판사는 직업판사와 같이 판례에 대한 완전한 투표권과 물적 독립성을 가지는 명예직 판사에 대한 대중적인 표현이다. 협의로 비전문판사는 명예직판사로서 특별한 전문적 지식이 아니라 단지 서민의 대표자로서 활동하여야 한다.
→ Ehrenamtlicher Richter (명예직 판사).

Landesarbeitsgericht ArbGG 33 주(고등)노동법원.
In den Ländern werden Landesarbeitsgerichte errichtet.
주노동법원은 주(州)에 설치된다.
→ Arbeitsgericht ((지방)노동법원).
→ Bundesarbeitsgericht (연방노동법원).

Landesexekutive GG 83 주행정부.
(Grundsatz der Landesexekutive)
Die Länder führen die Bundesgesetze als eigene Angelegenheit aus, soweit dieses Grundgesetz nichts anderes bestimmt oder zuläßt.
주는 이 기본법이 달리 규정하거나 허용하고 있지 아니하는 한 고유한 사무로서 연방법률을 집행한다.

Landesjustizverwaltung StVollzG 151 ; GVG 147 Nr.2 주법무(사법행정)(기관).
(1) Die Landesjustizverwaltungen führen die Aufsicht über die Justizvollzugsanstalten. Sie können Aufsichtsbefugnisse auf Justizvollzugsämter übertragen.
주법무부는 행형시설에 관하여 감독한다.
주교정국에 감독권한을 위임할 수 있다.
2. Das Recht der Aufsicht und Leitung steht zu der Landesjustizverwaltung hin-

sichtlich aller staatsanwaltschaftlichen Beamten des betreffenden Landes.
감독 및 지휘권은 해당 주의 모든 검찰공무원에 대하여는 주법무부에 있다.
StVollzG 139 Anstalt der Landesjustizverwaltungen → Justizvollzugsanstalt.

Landeskriminalamt BKAG 1(2) 주범죄수사국.
(2) Die Länder unterhalten für ihr Gebiet zentrale Dienststellen der Kriminalpolizei (Landeskriminalämter) zur Sicherung der Zusammenarbeit des Bundes und der Länder.
주는 자신의 지역에 연방과 주의 협력을 위하여 사법경찰 중앙부서(주범죄수사국)를 설치한다.
→ Bundeskriminalamt (연방범죄수사국).

Landespressegesetz (Baden-Württemberg) (Gesetz ü¹ber die Presse) PrG BW 1 주출판법 (바덴-뷔르템베르그). (1964.1.14) (GBl. S. 11)
(1) Die Presse ist frei. Sie dient der freiheitlichen demokratischen Grundordnung.
언론출판은 자유이다. 언론출판은 자유민주적 기본질서에 기여한다.

Landesrecht 州法.
Bundesrecht bricht Landesrecht (연방법은 주법에 우선한다).

Landesverrat StGB 94 국가기밀누설반역죄 (국가배반죄, 간첩죄).
(1) Wer ein Staatsgeheimnis
1. einer fremden Macht oder einem ihrer Mittelsmänner mitteilt oder
2. sonst an einen Unbefugten gelangen läßt oder öffentlich bekanntmacht, um die Bundesrepublik Deutschland zu benachteiligen oder eine fremde Macht zu begünstigen,
und dadurch die Gefahr eines schweren Nachteils für die äußere Sicherheit der Bundesrepublik Deutschland herbeiführt, wird mit Freiheitsstrafe nicht unter einem Jahr bestraft.

국가기밀을
1. 타국 또는 그 대리인에게 알리거나,
2. 독일연방공화국에 대하여 불이익을 초래하거나 타국에 이익을 제공하기 위하여 기타 권한 없는 자에게 알리게 하거나 또는 공표하여, 독일연방공화국의 외적 안전에 중대한 불이익의 위험을 초래한 자는 1년 이상의 자유형에 처한다.
 Landesverrat의 원뜻은 반역의 의미를 가지나 내란죄(Hochverrat 81, 82)는 따로 있으며, 국가배반죄는 우리의 어감에 전혀 맞지 않고, 그 내용은 우리의 간첩죄의 범위에 일치하지 않는다. 독일 형법은 각칙 제2장에서 국가의 기밀누설과 정보수집의 범위와 정도에 따른 다양한 구성요건을 순차적으로 설정하고 있다.
반역에 해당하는 <국가기밀누설반역죄>
(Landesverrat 94),
관청의 <국가기밀누설죄> (Offenbaren von Staatsgeheimnissen 95),
국가기밀누설반역 목적의 <반역적 국가기밀탐지죄>(Landesverräterische Ausspähung 96(1)),
관청의 <국가기밀수집죄>(Auskundschaften von Staatsgeheimnissen 96(2)),
관청의 비밀을 과실로 누설하는 <과실기밀누설죄>(Preisgabe von Staatsgeheimnissen 97),
<비국가기밀누설죄> (Verrat illegaler Geheimnisse 97a),
<착오로 인한 비국가기밀누설죄>
(Verrat in irriger Annahme eines illegalen Geheimnisses 97b),
반역적 기밀누설과 반역적 국가기밀탐지에 해당하지 않는 정도의 <반역적 정보수집죄>(Landesverräterische Agententätigkeit 98) , 첩보기관에 대한 <첩보기관정보수집죄>
(Geheimdienstliche Agententätigkeit 99),
반역적 위조정보제공의 <반역적 정보위조죄> (Landesverräterische Fälschung 100a) 가 있다.

Landesverräterische Agententätigkeit
StGB 98 반역적 정보수집죄.
(1) Wer 1. für eine fremde Macht eine Tätigkeit ausübt, die auf die Erlangung oder

Mitteilung von Staatsgeheimnissen gerichtet ist, oder 2. gegen über einer fremden Macht oder einem ihrer Mittelsmänner sich zu einer solchen Tätigkeit bereit erklärt,
wird mit Freiheitsstrafe bis zu fünf Jahren oder mit Geldstrafe bestraft, wenn die Tat nicht in § 94 oder § 96 Abs. 1 mit Strafe bedroht ist.
다음 각호의 1에 해당하는 자는 그 행위가 제94조 또는 제 96조 제1항(국가기밀누설반역죄, 반역적 국가기밀탐지죄)에서 그 처벌을 규정하고 있지 아니한 경우 5년 이하의 자유형 또는 벌금형에 처한다. 1. 타국을 위하여 국가기밀의 수집 또는 전달을 목적으로 하는 활동을 수행한 자, 2. 타국 또는 그 대리인에 대하여 그러한 활동을 할 의사표시를 한 자.

Landesverräterische Ausspähung

StGB 96 반역적 국가기밀탐지죄.
(1) Wer sich ein Staatsgeheimnis verschafft, um es zu verraten (§ 94), wird mit Freiheitsstrafe von einem Jahr bis zu zehn Jahren bestraft.
국가기밀누설반역을 목적(제94조)으로 국가기밀을 수집한 자는 1년 이상 10년 이하의 자유형에 처한다.
* ~는 제94조 국가기밀누설반역죄의 독자적 예비행위이다.

Landesverräterische Fälschung

StGB 100a 반역적 정보위조죄.
(1) Wer wider besseres Wissen gefälschte oder verfälschte Gegenstände, Nachrichten darüber oder unwahre Behauptungen tatsächlicher Art, die im Falle ihrer Echtheit oder Wahrheit für die äußere Sicherheit oder die Beziehungen der Bundesrepublik Deutschland zu einer fremden Macht von Bedeutung wären, an einen anderen gelangen läßt oder öffentlich bekanntmacht,
독일연방공화국의 외적 안전이나 타국과의 관계에 그 진정성이나 진실성이 있는 경우 중요한 영향을 미치게 될 그러한 종류의 위조 또는 변조된 물건, 그에 관한 정보 또는 허위사실의 주장을 그 양식에 반하여 타인에게 전달하거나 또는 공연히 공표하고,
um einer fremden Macht vorzutäuschen,
daß es sich um echte Gegenstände oder um Tatsachen handele, und dadurch die Gefahr eines schweren Nachteils für die äußere Sicherheit oder die Beziehungen der Bundesrepublik Deutschland zu einer fremden Macht herbeiführt, wird mit Freiheitsstrafe von sechs Monaten bis zu fünf Jahren bestraft.
그것이 진정한 물건이나 사실인 것처럼 타국을 기망하여 이로 인하여 독일연방공화국의 외적 안전이나 타국과의 관계에 중대한 불이익의 위험을 야기한 자는 6개월 이상 5년 이하의 자유형에 처한다.

Landfriedensbruch

StGB 125 소요죄.
(치안교란죄).
(구)집단반항죄(Aufruhr: §115 a.F.)와 (구)소요죄(Landfriedensbruch: §125 a.F.)는 제3차 형법개정(1970.5.20)과 형법시행법(EG-StGB: 1974.3.2)을 통해 현행 소요죄(Landfriedensbruch: §125 StGB)로 통합되었으며, 다중불해산죄(Auflauf: §116 a.F.)는 「불법집합죄」(Unerlaubte Ansammlung)로 질서위반법(OWiG) §113에 편입되었다.
(1) Wer sich an
1. Gewalttätigkeiten gegen Menschen oder Sachen oder
2. Bedrohungen von Menschen mit einer Gewalttätigkeit,
die aus einer Menschenmenge in einer die öffentliche Sicherheit gefährdenden Weise mit vereinten Kräften begangen werden, als Täter oder Teilnehmer beteiligt oder wer auf die Menschenmenge einwirkt, um ihre Bereitschaft zu solchen Handlungen zu fördern, wird mit Freiheitsstrafe bis zu drei Jahren oder mit Geldstrafe bestraft, wenn die Tat nicht in anderen Vorschriften mit schwererer Strafe bedroht ist.
공공의 안전을 위태롭게 할 수 있는 방법으로 다중이 집합하여 합동력에 의해 다음 각호의 행위를 범하고 이에 정범 또는 공범으로서 가담한 자 또는 그 준비행위를 원조할 목적으로 다중에 영향력을 가한 자는 더 중한 형의 다른 규정이 없는 한 3년 이하의 자유형 또는 벌금형에 처한다.

1. 사람이나 물건에 대한 폭행 2. 사람에 대한 폭행을 고지한 협박.

Landgericht GVG 59 주법원; 지방법원.
→ Ordentliche Gericht (통상법원).
Die Landgerichte werden mit einem Präsidenten sowie mit Vorsitzenden Richtern und weiteren Richtern besetzt.
주법원은 법원장 및 재판장과 그 이외의 판사로 구성된다. (GVG 59)
Bei den Landgerichten werden Zivil- und Strafkammern gebildet.
주법원은 민사부와 형사부로 구성된다 (§60 GVG). 주법원의 형사부에는 대형사부와 소형사부가 있다.
→ Spruchkörper → Schwurgericht.

Landrecht 란트법.
Landrecht bricht Gemeines Recht.
란트법은 보통법에 우선한다.

Landwirtschaftliche Krankenkasse SGB 5 166 농업의료보험조합.
Träger der Krankenversicherung der Landwirte sind die in § 17 des Zweiten Gesetzes über die Krankenversicherung der Landwirte vorgesehenen Krankenkassen.
농민의료보험의 주체는 제2차 농민의료보험법 제17조에 규정된 의료보험조합이다.
→ Krankenkasse (의료보험조합).

Landzwang StGB 126 (a.F.) 국가강요죄 (공적 불법압박죄).
Nach dem deutschen Recht wurde der Landzwang des ehemaligen § 126 StGB in "Störung des öffentlichen Friedens durch Androhung von Straftaten" (§ 126 StGB) umbenannt, um neben den gemeingefährlichen Straftaten weitere Verbrechen hinzuzufügen.
독일법상 구규정 제126조의 국가강요죄는 현행형법 126조의 범죄위협에 의한 공공평화교란죄로 명칭이 변경되었으며, 공공에 위험한 범죄 이외에 다수의 범죄가 추가되었다.
→ Störung der öffentlichen Friedens durch Androhung von Straftaten (범죄위협에 의한 공공평화교란죄).

Längerfristige Observation StPO 163f 장기관찰.
(1) Liegen zureichende tatsächliche Anhaltspunkte dafür vor, dass eine Straftat von erheblicher Bedeutung begangen worden ist, so darf eine planmäßig angelegte Beobachtung des Beschuldigten angeordnet werden, die
1. durchgehend länger als 24 Stunden dauern oder
2. an mehr als zwei Tagen stattfinden soll (längerfristige Observation).
중대한 범죄행위가 행하여졌다는 사실상 충분한 근거가 있는 때에는 피의자에 대한 다음 각호의 계획적인 감시를 명할 수 있다.
1. 24시간 이상 직통으로 계속된 감시,
2. 2일 이상 허용되어야 할 감시.

Last 죄책을 지우다 (zur Last legen).
dem Beschuldigten ein Verbrechen zur Last gelegt wird. 피의자에게 중죄의 죄책을 지우다. → Belastend.

Laufbahn (der Beamten) BBG 15 경력 (공무원의 ~).
(1) Die Bundesregierung wird ermächtigt, durch Rechtsverordnung ohne Zustimmung des Bundesrates nach Maßgabe der §§ 15a bis 25
1. die allgemeinen Vorschriften über die Laufbahnen der Beamten,
2. die besonderen Vorschriften für die einzelnen Laufbahnen (Laufbahn-, Ausbildungs- und Prüfungsordnungen)
zu erlassen.
연방정부는 제15a-25조의 기준에 따라 연방상원의 동의 없이 다음 각호에 대한 법규의 수권을 갖는다.
1. 공무원 경력에 관한 일반규정.
2. 개별경력에 관한 특별규정(경력·교육훈련·시험령).
공무원경력의 분류는 Einfacher Dienst (단순근무), Mittlerer Dienst (중등근무), Gehobener Dienst (상급근무), Höherer Dienst (고급근무)로 나누어진다.

Laufende Prämien (계속보험료)
→ Prämie.

Laufende Rechnung (Kontokorrent)
HGB 355 상호계산.
(1) Steht jemand mit einem Kaufmann derart in Geschäftsverbindung, daß die aus der Verbindung entspringenden beiderseitigen Ansprüche und Leistungen nebst Zinsen in Rechnung gestellt und in regelmäßigen Zeitabschnitten durch Verrechnung und Feststellung des für den einen oder anderen Teil sich ergebenden Übersn esses ausgeglichen werden (laufende Rechnung, Kontokorrent), so kann derjenige, welchem bei dem Rechnungsabschluß ein Überschuß gebührt, von dem Tag des Abschlusses an Zinsen von dem Überschuß verlangen, auch soweit in der Rechnung Zinsen enthalten sind.
상인과의 거래관계부터 생기는 상호의 청구권 및 급부를 이자를 포함하여 계산하고, 당사자의 일방 또는 타방을 위하여 생긴 잉여금을 계산 및 확정함으로써 정시기에 이를 조정하는 방법(상호계산)으로 상인과 거래관계가 있는 경우에 결산시에 잉여금을 받을 자에 대하여는 결산일부터 잉여금에 관한 이자를 청구할 수 있으며, 이는 계산서에 이자가 포함된 경우에도 해당한다.

Laufende Versicherung VVG 53 예정보험.
Wird ein Vertrag in der Weise geschlossen, dass das versicherte Interesse bei Vertragsschluss nur der Gattung nach bezeichnet und erst nach seiner Entstehung dem Versicherer einzeln aufgegeben wird (laufende Versicherung), ist der Versicherungsnehmer verpflichtet, entweder die versicherten Risiken einzeln oder, wenn der Versicherer darauf verzichtet hat, die vereinbarte Prämiengrundlage unverzüglich anzumelden oder, wenn dies vereinbart ist, jeweils Deckungszusage zu beantragen.
계약체결당시 피보험이익이 종류로만 기재되고 피보험이익의 발생이후에 비로소 보험자가 세부적으로 부담하는 방법으로 계약을 체결한 경우에는(예정보험) 보험계약자는 피보험위험을 세부적으로 또는 보험자가 이를 포기한 때에는 합의된 보험료기초상황을 지체없이 보고하거나 또는 이를 합의한 때에는 당시의 전보약속을 신청할 의무가 있다.

Laufzeitgeldstrafe StGB 40 정기(장기분할)벌금형.
정기벌금형은 벌금액을 일시에 완납하는 것을 허용하지 않고 장기간에 걸쳐 피고인의 수입으로부터 일정한 액수를 공제하여 그의 생활기준을 일정기간 제한하기 위하여 벌금을 일, 주 또는 월을 기준으로 분납하도록 강제하는 제도.
하지만 동제도는 사회복귀의 형사정책적 이념에 부합되지 않는 측면이 있다.

Lauschangriff 도청.
Großen Lauschangriff (주거도청),
Kleine Lauschangriff (주거외 도청).
→ Akustische Überwachung (감청),

Lebenden → unter Lebenden (생전(행위)의).

Lebensgemeinschaft → Eheliche Lebensgemeinschaft (혼인생활공동체).

Lebenslange Freiheitsstrafe StGB 38 무기자유형.

Lebensmittel- und Futtermittelgesetzbuch LFGB 1 식료품 및 사료법 (Lebensmittel-, Bedarfsgegen- stände- und Futtermittelgesetzbuch) (2006.4.26) (BGBl. I S. 945)
(1) Zweck des Gesetzes ist es,
1. bei Lebensmitteln, Futtermitteln, kosmetischen Mitteln und Bedarfsgegenständen den Schutz der Verbraucherinnen und Verbraucher durch Vorbeugung gegen eine oder Abwehr einer Gefahr für die menschliche Gesundheit sicherzustellen,
본법의 목적은 식료품, 사료, 화장품 및 생활필수품에 있어서 인간의 건강에 대한 위험의 예방 또는 방지를 통하여 소비자의 보호를 확보하는 데에 있다.

Lebenspartnerschaft LPartG 1 생활동반자관계; ～sgesetz(～법) (2001.2.16.) (BGBl. I S. 266).
(1) Zwei Personen gleichen Geschlechts begründen eine Lebenspartnerschaft, wenn sie gegenseitig persönlich und bei gleichzeitiger Anwesenheit erklären, miteinander eine Partnerschaft auf Lebenszeit führen zu wollen (Lebenspartnerinnen oder Lebenspartner).
2인의 동성이 상호간 직접 그리고 동시에 출두해서 (관할관청에) 평생동안 같이 동반자관계로 지낼 것을 의사로 표시하는 경우에는 생활동반자관계를 이룬다 (상대생활동반자와 생활동반자).

Lebensvermutung VerschG 10 생존추정.
Solange ein Verschollener nicht für tot erklärt ist, wird vermutet, daß er bis zu dem in § 9 Abs. 3, 4 genannten Zeitpunkt weiter lebt oder gelebt hat.
실종자가 사망선고를 받지 아니하는 동안은 제9조(사망의 추정) 제3, 4항에 열거된 시점까지 실종자가 계속하여 생존하고 있거나 또는 생존하였다고 추정된다.

Legalbewährung 법적 보호.
청소년의 통제에서는 법적 보호에 대신하여 생활보호(Lebensbewährung)가 처분법의 근거로 자리잡고 있다.

Legalität (Gesetzmäßigkeit) 합법성 (법적 합성).
Bindung der Staatsbürger und der Staatsgewalt an geltendes Recht.
시민과 국가권력의 현행법에의 기속.

Legalitätsprinzip StPO 152(2) 기소법정주의.
(2) Sie ist verpflichtet, wegen aller verfolgbaren Straftaten einzuschreiten, sofern zureichende tatsächliche Anhaltspunkte vorliegen.
검사는 사실에 관한 증거가 충분히 존재하는 경우에 소추할 수 있는 모든 범죄행위에 대하여 공소를 제기할 의무가 있다.

Legende StPO 110a(2) 변화된 신분(비밀수사관의 ～).
(2) → Verdeckte Ermittler sind Beamte des Polizeidienstes, die unter einer ihnen verliehenen, auf Dauer angelegten, veränderten Identität (Legende) ermitteln.
비밀수사관은 경찰직에 종사하는 공무원으로서 이들에게 부여된 무기간의, 변화된 신분으로 수사한다.
StPO 110c Verdeckte Ermittler dürfen unter Verwendung ihrer Legende eine Wohnung mit dem Einverständnis des Berechtigten betreten.
비밀수사관은 자신의 변화된 신분을 사용하여 권리자의 양해를 얻어 주거에 출입할 수 있다.

Legislative (Gesetzgebung) 입법부 (입법).
→ Exekutive (집행부).

Legitimationswirkung (자격수여적 효력) → Wechselvermutung WG 16 어음추정 (어음소지인의 권리의 추정);

Lehre → Freiheit der Lehre (교수의 자유).

Leibesfrucht BGB 1912 태아.
(1) Eine Leibesfrucht erhält zur Wahrung ihrer künftigen Rechte, soweit diese einer Fürsorge bedürfen, einen Pfleger.
태아의 장래의 권리를 보호할 필요가 있는 때에는 그의 보호를 위하여 보호인을 둔다.
→ Nasciturus.

Leiblicher Verwandte aufsteigender Linie StGB 173(2) 존속친혈족.
Wer mit einem leiblichen Verwandten aufsteigender Linie den Beischlaf vollzieht, wird mit Freiheitsstrafe bis zu zwei Jahren oder mit Geldstrafe bestraft (Beischlaf zwischen Verwandten)
존속의 친혈족과 성교한 자는 2년 이하의 자유형 또는 벌금형에 처한다(근친상간죄).

Leibrente BGB 759 종신정기금.
Wer zur Gewährung einer Leibrente verpflichtet ist, hat die Rente im Zweifel für die Lebensdauer des Gläubigers zu entrichten.
종신정기금을 제공할 의무를 부담하는 자는 의문이 있을 때에는 채권자의 종신간 이를 지불하여야 한다.

Leichenöffnung StPO 87, 89 사체해부.
(2) Die Leichenöffnung wird von zwei Ärzten vorgenommen. Einer der Ärzte voß Gerichtsarzt oder Leiter eines öffentlichen gerichtsmedizinischen oder pathologischen Instituts oder ein von diesem beauftragter Arzt des Instituts mit gerichtsmedizinischen Fachkenntnissen sein.
사체해부는 2인의 의사가 행한다. 의사중 1인은 법정의(court doctor) 또는 법의학 또는 병리학 연구소의 지도관이거나 법의학의 전문지식을 가진 동연구소 촉탁의(囑託醫)이어야 한다.
Die Leichenöffnung muß sich, soweit der Zustand der Leiche dies gestattet, stets auf die Öffnung der Kopf-, Brust- und Bauchhöhle erstrecken.
사체해부는 시체의 상태가 이를 허용하는 한 언제나 두부, 흉부 및 복부에 미쳐야 한다.

Leichenöffnung eines neugeborenen Kindes StPO 90 신생아해부.
Bei Öffnung der Leiche eines neugeborenen Kindes ist die Untersuchung insbesondere auch darauf zu richten, ob es nach oder während der Geburt gelebt hat und ob es reif oder wenigstens fähig gewesen ist, das Leben außerhalb des Mutterleibes fortzusetzen.
신생아의 사체를 해부할 때에는 특히 분만 후 또는 분만직후 그 생사와, 적어도 모체 밖에서 생존의 지속여부에 대한 검사가 이루어져야 한다.

Leichenschau StPO 87 검시(檢屍).
(1) Die Leichenschau wird von der Staatsanwaltschaft, auf Antrag der Staatsanwaltschaft auch vom Richter, unter Zuziehung eines Arztes vorgenommen.
검사는 의사 1인의 참여하에 검시를 행하되 검사의 신청이 있는 때에는 법관도 이를 행한다.

Leichte Fahrlässigkeit (Culpa levis) 경과실. ↔ Grobe Fahrlässigkeit (Culpa lata) 중과실.

Leichtfertige Steuerverkürzung
AO 378 중과실조세감면행위.
(1) Ordnungswidrig handelt, wer als Steuerpflichtiger oder bei Wahrnehmung der Angelegenheiten eines Steuerpflichtigen eine der in § 370 Abs. 1 bezeichneten Taten leichtfertig begeht.
납세의무자로서 또는 납세의무자의 사무를 행함에 있어 제370조(탈세범죄) 제1항에 규정한 행위중 하나를 중과실에 의하여 범한 자는 질서위반행위를 범한 것이다.

Leichtfertigkeit StGB 15, 176(4), 193, 251, 264, 330 경솔(함), 중과실.
* Leichfertig handelt, wer die gebotene Sorgfalt in ungewöhnlich hohem Maße verletzt.
형법상 경솔하다는 것은 필요한 주의를 아주 비정상적으로 침해한 것으로 과실의 중대한 정도를 말한다.
이는 객관적으로는 민법의 중과실(groben Fahrlässigkeit)에 해당하며, 주관적으로는 행위자의 개인적 능력과 지식에 기초한다.
; 적어도 경솔하게 wenigstens leichtfertig (StGB 178).

Leiharbeitnehmer AÜG 1 파견근로자.
(1) Arbeitgeber (Verleiher), die als Verleiher Dritten (Entleihern) Arbeitnehmer (Leiharbeitnehmer) gewerbsmäßig zur Arbeitsleistung überlassen wollen, bedürfen der Erlaubnis.
사용자(파견자)가 파견자로서 제3자(사용사업주)에게 영업을 목적으로 근로자(파견근로자)를 파견하고자 하는 경우에는 허가를 받아야 한다.

Leihe BGB 598 사용대차.
Durch den Leihvertrag wird der Verleiher einer Sache verpflichtet, dem Entleiher den Gebrauch der Sache unentgeltlich zu gestatten.
사용대차계약으로 물건의 대주는 무상으로 차주에게 물건의 사용을 허용할 의무를 진다.

Leistung an Hinterbliebene (Leistungen bei Tod) SGB 7 63 유족급여.
(1) Hinterbliebene haben Anspruch auf
1. Sterbegeld,
2. Erstattung der Kosten der Überführung an den Ort der Bestattung,
3. Hinterbliebenenrenten,
4. Beihilfe.
(사망시 급여로서) 유족은
1. 장의비,
2. 장지까지의 운구비용의 상환,
3. 유족연금,
4. 보조금의 수급권을 갖는다.

Leistung nach Treu und Glauben BGB 242 신의성실에 의한 급부.
Der Schuldner ist verpflichtet, die Leistung so zu bewirken, wie Treu und Glauben mit Rücksicht auf die Verkehrssitte es erfordern.
채무자는 거래관습을 고려하여 신의성실이 요구하는 바에 따라 급부할 의무가 있다.

Leistung zur Krankenbehandlung StVollzG 61 진료급부.
Für die Art der Gesundheitsuntersuchungen und medizinischen Vorsorgeleistungen sowie für den Umfang dieser Leistungen und der Leistungen zur Krankenbehandlung einschließlich der Versorgung mit Hilfsmitteln gelten die entsprechenden Vorschriften des Sozialgesetzbuchs und die auf Grund dieser Vorschriften getroffenen Regelungen.
건강진단과 의학적 예방조치의 종류 및 이들 급부와 보조물 조치를 포함한 진료급부의 범위에 대하여는 사회법의 규정이 준용되며, 이를 규정을 근거로 하여 이루어진 규칙을 적용한다.

Leistung zur medizinischen Rehabilitation SGB 9 26 의학적 재활급부.
(1) Zur medizinischen Rehabilitation behinderter und von Behinderung bedrohter Menschen werden die erforderlichen Leistungen erbracht, um 1. Behinderungen einschließlich chronischer Krankheiten abzuwenden, zu beseitigen, zu mindern, auszugleichen, eine Verschlimmerung zu verhüten.
장애인 및 장애의 현존하는 위험이 있는 자의 의학적 재활을 위해 1. 만성질환을 포함하여 장애의 예방, 제거, 감소, 상쇄 및 장애의 악화방지를 위해 필요한 급부가 지급된다.

Leistung zur Teilhabe SGB 9 4 참여급부.
(1) Die Leistungen zur Teilhabe umfassen die notwendigen Sozialleistungen, um unabhängig von der Ursache der Behinderung 1. die Behinderung abzuwenden, zu beseitigen, zu mindern, ihre Verschlimmerung zu verhüten oder ihre Folgen zu mildern,
참여급부에는 장애의 원인에 관계없이 1. 장애의 예방, 제거, 감소, 장애의 악화방지 또는 그 후유증 감소를 위해 필수적인 사회보장급부가 모두 포함된다.

Leistung zur Teilhabe am Arbeitsleben SGB 7 35(4) 직업재활급부.
Während einer auf Grund eines Gesetzes angeordneten Freiheitsentziehung werden Leistungen zur Teilhabe am Arbeitsleben erbracht, soweit Belange des Vollzugs nicht entgegenstehen.
법에 의한 자유형이 집행되는 동안에는 법 집행절차에 반대되지 아니하는 한 직업재활급부가 지급된다.

Leistung zur Teilhabe am Leben in der Gemeinschaft und ergänzende Leistung SGB 7 39 사회적 재활급부와 보충급부.
(1) Neben den in § 44 Abs. 1 Nr. 2 bis 6 und Abs. 2 sowie in den §§ 53 und 54 des Neunten Buches genannten Leistungen

umfassen die Leistungen zur Teilhabe am Leben in der Gemeinschaft und die ergänzenden Leistungen
1. Kraftfahrzeughilfe,
2. sonstige Leistungen zur Erreichung und zur Sicherstellung des Erfolges der Leistungen zur medizinischen Rehabilitation und zur Teilhabe.
사회법전 제9편 제44조 제1항 제2-6호 및 제53조, 54조의 급부 이외에 사회적 재활급부와 보충급부는 다음을 포함한다. 1. 차량보조 2. 의학적 재활과 재활급부의 성공의 달성과 보장을 위한 기타 급부.

Leistungsangebot BGB 294 ff. 급부의 제공.
Der Schuldner muss dem Gläubiger die Leistung anbieten. Die hat grundsätzlich durch ein tatsächliches Angebot zu erfolgen, d.h. so wie die Leistung zu bewirken ist. (Vgl. BGB 294)
채무자는 채권자에게 급부를 제공하여야 한다. 급부는 원칙적으로 현실제공 즉, 급부의무의 내용에 따른 것이어야 한다.

Leistungsbestimmungsrecht
BGB 315 급부지정권.
(1) Soll die Leistung durch einen der Vertragschließenden bestimmt werden, so ist im Zweifel anzunehmen, dass die Bestimmung nach billigem Ermessen zu treffen ist.
급부가 계약체결자의 일방에 의하여 지정되는 경우, 의심스러운 경우에 그 지정은 합리적 재량에 의하여 행하여져야 한다.

Leistungserbringen StPO 153a 급부의 제공 (제출).
Als Auflagen oder Weisungen kommen insbesondere in Betracht,
1. zur Wiedergutmachung des durch die Tat verursachten Schadens eine bestimmte Leistung zu erbringen.
부담 또는 지시사항으로서 다음 각호가 고려된다.
1. 범죄로 인하여 야기된 손해의 원상복구를 위한 특정한 급부의 제공.

Leistungserschleichung = Erschleichen von Leistungen StGB 265a 자판기, 통신망, 운송, 입장 등의 급부사취.

Leistungsfähigkeit StVollzVergO 1 작업수행능력과 숙련도.
Leistungsfähigkeit oder Geschicklichkeit - 보수등급규정 제1조 기본급(Grundlohn).

Leistungshindernis bei Vertragsschluss BGB 311a 계약체결시의 급부장애.
(1) Der Wirksamkeit eines Vertrags steht es nicht entgegen, dass der Schuldner nach § 275 Abs. 1 bis 3 nicht zu leisten braucht und das Leistungshindernis schon bei Vertragsschluss vorliegt (311a).
채무자가 제275조(급부의무의 배제) 제1항 내지 제3항에 의하여 급부할 필요가 없고 또 급부장애가 이미 계약체결시에 존재하고 있었다는 사정은 계약의 유효성과 관계없다.
(2) Der Gläubiger kann nach seiner Wahl Schadensersatz statt der Leistung oder Ersatz seiner Aufwendungen in dem in § 284 bestimmten Umfang verlangen.
Dies gilt nicht, wenn der Schuldner das Leistungshindernis bei Vertragsschluss nicht kannte und seine Unkenntnis auch nicht zu vertreten hat.
채권자는 자신의 선택에 좇아 급부에 갈음하는 손해배상손해배상제284조에84정하여진 범위에84자신이상손출한 비용을 청구할 수 있다.
이 경우 채무자가 계약체결시에 급부장애를 알지 못하였고 또 자신의 부지에 대하여 책임이 없는 때에는 이를 적용하지 아니한다.

Leistungsklage VwGO 43(2) 급부소송.
(2) Die Feststellung kann nicht begehrt werden, soweit der Kläger seine Rechte durch Gestaltungs- oder Leistungsklage verfolgen kann oder hätte verfolgen können.
원고가 그의 권리를 형성소송 또는 급부소송에 의하여 수행하거나 또는 할 수 있었던 경우에는 확인(소송)을 구할 수 없다.
→ Verpflichtungsklage (의무화소송).

→ Allgemeine Leistungsklage (일반적 급부소송).

Leistungskürzung StGB 353(2) 급부감축죄.
(2) Ebenso wird bestraft, wer als Amtsträger bei amtlichen Ausgaben an Geld oder Naturalien dem Empfänger rechtswidrig Abzüge macht und die Ausgaben als vollständig geleistet in Rechnung stellt.
공무수행자로서 현금 또는 현물의 공무상 지급과정에서 수령자에게 위법하게 감액지급하고 이를 완전한 급부의 이행으로 계산한자도 전항(공과금과다징수죄)과 동일한 형으로 처벌한다.

Leistungspflicht BGB 275 급부의무.
(Ausschluss der ~: ~의 배제) (Objektive Unmoglichkeit 객관적 불능).
(1) Der Anspruch auf Leistung ist ausgeschlossen, soweit diese für den Schuldner oder für jedermann unmöglich ist.
급부가 채무자 또는 모든 사람에게 불가능한 경우에는 그 청구권은 배제된다.
→ Ursprüngliche Unmöglichkeit (원시적 불능).
→ Nachträgliche Unmöglichkeit (후발적 불능).

Leitender Angestellter BetrVG 5(3) 간부사원.
(3) S.2 Leitender Angestellter ist, wer nach Arbeitsvertrag und Stellung im Unternehmen oder im Betrieb
간부사원은 근로계약과 기업 또는 사업장에서의 지위에 의한 다음 각호의 자를 말한다.
1. zur selbständigen Einstellung und Entlassung von im Betrieb oder in der Betriebsabteilung beschäftigten Arbeitnehmern berechtigt ist oder
1. 사업장이나 사업장내 각분과내에서 종사하는 근로자의 독자적인 채용 및 해고의 권한을 가지는 자, 또는
2. Generalvollmacht oder Prokura hat und die Prokura auch im Verhältnis zum

Arbeitgeber nicht unbedeutend ist oder
2. 포괄적 대리권 또는 지배권을 가지는 자 및 그 지배권이 근로자와 사용자와의 내부적 관계에서 중요하지 않다고 볼 수 없는 자, 또는
3. regelmäßig sonstige Aufgaben wahrnimmt, die für den Bestand und die Entwicklung des Unternehmens oder eines Betriebs von Bedeutung sind und deren Erfüllung besondere Erfahrungen und Kenntnisse voraussetzt, wenn er dabei entweder die Entscheidungen im Wesentlichen frei von Weisungen trifft oder sie maßgeblich beeinflusst; dies kann auch bei Vorgaben insbesondere aufgrund von Rechtsvorschriften, Plänen oder Richtlinien sowie bei Zusammenarbeit mit anderen leitenden Angestellten gegeben sein.
3. 통상적으로 그 밖의 임무를 맡고 있으나, 그 임무가 기업이나 사업의 존립과 발전에 의미가 있고, 그 수행에 특별한 경험과 지식이 전제로 되는 자로서 본질적으로 지시에 관계없이 결정을 하거나 또는 기준이 되는 영향력을 행사하는 자이다.

Leitender Oberstaatsanwalt
OrgStA 2(2) 검사장.
(2) Die Leiterin oder der Leiter der Staatsanwaltschaft führt die Bezeichnung: "Die Leitende Oberstaatsanwältin in ... (Ortsbezeichnung)" oder "Der Leitende Oberstaatsanwalt in ... (Ortsbezeichnung)".
검찰의 장은 검사장(...지역명)의 명칭을 사용한다.

Leitung der Sachverständigentätigkeit
StPO 78 감정인 활동의 지휘.
Der Richter hat, soweit ihm dies erforderlich erscheint, die Tätigkeit der Sachverständigen zu leiten.
판사는 필요하다고 인정하는 경우, 감정인의 활동을 지휘하여야 한다.

Leitungsmacht AktG 308 지휘권.
(1) Besteht ein Beherrschungsvertrag, so ist das herrschende Unternehmen berechtigt, dem Vorstand der Gesellschaft hin-

sichtlich der Leitung der Gesellschaft Weisungen zu erteilen.
지배계약이 존재하는 경우 지배기업은 회사의 지휘를 포함하여 회사의 이사회에 지시할 권리를 가진다.

Lerntheorie 학습이론.
Lerntheorien sind Modelle und Hypothesen, die versuchen paradigmatisch Lernen psychologisch zu beschreiben und zu erklären.
학습의 심리학적 기술과 설명을 패러다임으로 시도하는 모델과 가설.

Lesestoff → Beschränkung des Lesestoffs (독서물의 제한).

Lex certa (sicheres/bestimmtes Gesetz) → Bestimmtheitsgebot (확정성의 요구).

Lex commissoria → Verwirkungsklausel (Kassatorische Klausel) 실권약관.

Lex domicilii (Das Recht des Wohnsitzstaates) 주소지법.

Lex ferenda → De lege ferenda (입법론).

Lex fori (Das am (jeweiligen) Gerichtsort geltende Recht) 법정지법 (소송지법).

Lex lata → De lege lata (해석론).

Lex loci actus (Recht Handlungsortes) 행위지법.

Lex loci delicti (commissi) (Recht des Deliktsortes) 불법행위지법.

Lex patriae (Heimatrecht) 본국법.

Lex posterior derogat legi priori (Jüngeres Recht bricht älteres Recht) 후법은 전법을 폐한다.

Lex praevia (vorangehendes Gesetz:

Rückwirkungsverbot) (소급효의 금지).

Lex prospicit, non respicit
(Das Gesetz blickt voraus, nicht zurück) 법은 앞을 보고, 뒤를 보지 않는다.
→ Rückwirkungsverbot.

Lex rei sitae (Das Gesetz der gelegenen Sache: Das Recht des Ortes, an dem sich die Sache befindet) (물건의) 소재지법.

Lex scripta (geschriebenes Gesetz) (성문법) → Gewohnheitsrechtsverbot (관습법의 금지).

Lex specialis derogat legi generali
(Das speziellere Gesetz verdrängt das allgemeinere).
특별법은 일반법에 우선한다.

Lex stricta (strenges Gesetz)
→ Analogieverbot (유추(해석)금지).

LFGB → Lebensmittel- und Futtermittelgesetzbuch (식료품 및 사료법).

Lichtbilder und Fingerabdrücke
StPO 81b 사진촬영과 지문.
Soweit es für die Zwecke der Durchführung des Strafverfahrens oder für die Zwecke des Erkennungsdienstes notwendig ist, dürfen Lichtbilder und Fingerabdrücke des Beschuldigten auch gegen seinen Willen aufgenommen und Messungen und ähnliche Maßnahmen an ihm vorgenommen werden.
형사절차 또는 감식업무 수행의 목적상 필요한 경우 피의자의 사진촬영과 지문은 피의자의 의사에 반하여 채취될 수 있으며, 측정 및 유사한 조치도 취할 수 있다.

Liebesparagraphen
→ Unterlassene Hilfeleistung.

Lieferungswerke UrhG 67 추가공급(분책) 저작물.
Bei Werken, die in inhaltlich nicht abge-

schlossenen Teilen (Lieferungen) veröffentlicht werden, berechnet sich im Falle
des § 66 Abs. 1 Satz 1 die Schutzfrist
einer jeden Lieferung gesondert ab dem
Zeitpunkt ihrer Veröffentlichung.
내용상 완결되지 않은 부분(추가공급분)이
공표된 저작물에서는 제66조 제1항의 경우
(익명 또는 가명저작물) 각 추가공급분의
보호기간은 별개로 그들의 공표시점으로부
터 한다.

Liegenschaftskataster GBO 2 토지대장.
(2) Die Grundstücke werden im Grundbuch nach den in den Ländern eingerichteten amtlichen Verzeichnissen benannt
(Liegenschaftskataster).
토지는 주에 비치된 공무상 (토지)목록표에
따라 등기부에 이를 기재한다 (토지대장).

Liquidation BGB 47 청산 (인적회사의 ~).
Fällt das Vereinsvermögen nicht an den
Fiskus, so muss eine Liquidation stattfinden, sofern nicht über das Vermögen
des Vereins das Insolvenzverfahren eröffnet ist.
사단재산이 국고에 귀속하지 아니하는 때에
는 도산절차가 개시되지 아니하는 한 청산
을 하여야 한다.
→ Abwicklung (물적회사의) 청산.

Liquidator BGB 48 청산인.
Die Liquidation erfolgt durch den Vorstand. Zu Liquidatoren können auch andere Personen bestellt werden.
청산은 이사회가 행한다. 기타의 자도 청산
인으로 선임될 수 있다.
→ Abwickler (물적회사의) 청산인.

Liquidität KWG 11 유동성.
(1) Die Institute müssen ihre Mittel so
anlegen, dass jederzeit eine ausreichende
Zahlungsbereitschaft gewährleistet ist.
금융기관은 그 자금을 운용함에 있어 항상
충분한 지불준비가 보장되도록 하여야 한다.

List StGB 234 위계.
Wer sich einer anderen Person durch List

bemächtigt (타인을 위계에 의하여 약취한
자) → Menschenraub (약취죄).

Liste jugendgefährdender Medien
JuSchG 18 청소년유해 미디어목록.
(1) Träger- und Telemedien, die geeignet
sind, die Entwicklung von Kindern oder
Jugendlichen oder ihre Erziehung zu einer
eigenverantwortlichen und gemeinschafts-
fähigen Persönlichkeit zu gefährden, sind
von der Bundesprüfstelle für jugendgefährdende Medien in eine Liste jugendgefährdender Medien aufzunehmen
(청소년보호법상) 기록미디어(매체) 및 텔레
미디어는 아동 및 청소년의 발달과 이들의
자기책임적 및 사회적 능력을 갖추기 위한
인격을 위해하기에 적합한 매체로서 연방
청소년유해미디어 심의위원회(BPjM)에 의
하여 등재된 것을 말한다.
→ Öffentliche Liste der Trägermedien (공
개적 기록미디어목록).
→ Öffentliche Liste der Trägermedien mit
absolutem Verbreitungsverbot (절대적 배
포금지대상이 되는 공개적 기록미디어목록).
→ Nichtöffentliche Liste der Medien (비
공개적 미디어목록).
→ Nichtöffentliche Liste der Medien mit
absolutem Verbreitungsverbot (절대적 배
포금지대상이 되는 비공개적 미디어목록).

Listenwahl 명부선거.
→ Verhältniswahl 비례선거(비례대표제).
→ Mehrheitswahl (Persönlichkeitswahl)
다수결선거(다수대표제) (인물선거).

Lizenz PatG 15 실시(권).
(1) Das Recht auf das Patent, der Anspruch auf Erteilung des Patents und das
Recht aus dem Patent gehen auf die Erben über. Sie können beschränkt oder unbeschränkt auf andere übertragen werden.
(1) 특허에 대한 권리, 특허부여청구권 및
특허에 의하여 발생한 권리는 상속인에게
이전된다. 이들 권리는 제한되거나 제한되
지 아니하고 타인에게 이전될 수 있다.
(2) Die Rechte nach Absatz 1 können
ganz oder teilweise Gegenstand von aus-

schließlichen oder nicht ausschließlichen Lizenzen für den Geltungsbereich dieses Gesetzes oder einen Teil desselben sein. Soweit ein Lizenznehmer gegen eine Beschränkung seiner Lizenz nach Satz 1 verstößt, kann das Recht aus dem Patent gegen ihn geltend gemacht werden.
이들 권리는 전부 또는 일부를 본법의 적용 범위 또는 그 일부에 대하여 배타적 실시 또는 비배타적 실시의 대상이 될 수 있다.
(3) Ein Rechtsübergang oder die Erteilung einer Lizenz berührt nicht Lizenzen, die Dritten vorher erteilt worden sind.
실시권의 양도 또는 수여는 이전에 제3자 에게 수여된 실시권에 영향을 미치지 아니 한다.

Lockerung des Vollzugs StVollzG 11, 12 집행의 완화.
1. 외부노역 (Außenbeschäftigung)
2. 자유작업 (Freigang)
3. 동반외출 (Ausführung)
4. 단독외출 (Ausgang).

Lockspitzel (provozierender Strohmann) → Agent Provocateur.

Locus regit actum (der Ort ist bestimmend für die Handlung)
장소를 행위를 지배한다.

Lohn 임금 (der Lohn eines Arbeiters) (주로 생산직, 시간제 노임)
→ Arbeitsentgelt (급여).

Longa manu traditio BGB 854(2) 장수 인도(長手引渡: Übergabe von langer Hand).
(2) Die Einigung des bisherigen Besitzers und des Erwerbers genügt zum Erwerb, wenn der Erwerber in der Lage ist, die Gewalt über die Sache auszuüben.
점유취득자가 물건의 지배를 행사할 수 있 는 상태에 있는 때에는 이전 점유자와 점유 취득자의 합의만으로 점유를 취득할 수 있 다. → Brevi manu traditio (간이인도)

Löschungsanspruch (~ bei fremden

Rechten) BGB 1179a 말소청구권 (타인의 권리의 ~).
(1) Der Gläubiger einer Hypothek kann von dem Eigentümer verlangen, dass dieser eine vorrangige oder gleichrangige Hypothek löschen lässt, wenn sie im Zeitpunkt der Eintragung der Hypothek des Gläubigers mit dem Eigentum in einer Person vereinigt ist oder eine solche Vereinigung später eintritt.
저당채권자는 채권자의 저당권 등기시점에 선순위 또는 동순위의 저당권이 소유권과 혼동하거나 그 후에 혼동이 발생하는 경우 에 소유자에 대하여 선순위 또는 동순위 저 당권의 말소를 청구할 수 있다.

Löschungsvormerkung BGB 1179 말소 가등기.
Verpflichtet sich der Eigentümer einem anderen gegenüber, die Hypothek löschen zu lassen, wenn sie sich mit dem Eigentum in einer Person vereinigt, so kann zur Sicherung des Anspruchs auf Löschung eine Vormerkung in das Grundbuch eingetragen werden, wenn demjenigen, zu dessen Gunsten die Eintragung vorgenommen werden soll,
1. ein anderes gleichrangiges oder nachrangiges Recht als eine Hypothek, Grundschuld oder Rentenschuld am Grundstück zusteht oder
2. ein Anspruch auf Einräumung eines solchen anderen Rechts oder auf Übertragung des Eigentums am Grundstück zusteht; der Anspruch kann auch ein künftiger oder bedingter sein.
소유자가 다른 자에 대하여 저당권을 말소 할 의무를 지는 경우에 저당권이 소유권과 동일인에게 혼동한 때에는 말소청구권의 보 전을 위하여 부동산등기부에 가등기를 할 수 있다. 이 경우 그의 이익으로 등기할 자 에게 다음 각호의 권리가 있어야 한다.
1. 토지에 대한 저당권, 토지채무 또는 정기 토지채무와는 다른, 동순위 또는 후순위의 권리,
2. 이러한 다른 권리의 설정 또는 토지소유 권이전청구권. 이 청구권은 장래의 또는 조

건부일 수도 있다.

Lotterie- und Ausspielvertrag

BGB 763 복권계약 및 경품계약.

Ein Lotterievertrag oder ein Ausspielvertrag ist verbindlich, wenn die Lotterie oder die Ausspielung staatlich genehmigt ist.

복권계약 또는 경품계약은 복권 또는 경품이 국가의 인가를 얻은 경우에는 구속력이 있다.

→ Unerlaubte Veranstaltung einer Lotterie und einer Ausspielung (불법 복권 및 경품권 발매죄).

Loyalitätspflicht → Treuepflicht (충실의무).

LPartG → Lebenspartnerschaft(~sgesetz) (생활동반자관계(법)).

Luftfrachtführer LuftVG 45 항공운송인.

(1) Wird ein Fluggast durch einen Unfall an Bord eines Luftfahrzeugs oder beim Ein- oder Aussteigen getötet, körperlich verletzt oder gesundheitlich geschädigt, ist der Luftfrachtführer verpflichtet, den daraus entstehenden Schaden zu ersetzen.

여객이 항공기 기내에서 또는 탑승중 또는 하기중에 사망하거나 상해를 입거나 또는 건강상 해를 입은 경우에는 항공운송인은 그로부터 발생하는 손해를 배상할 책임이 있다.

Lufts- und Seeverkehr → Angriff auf den Lufts- und Seeverkehr (항공교통과 해상교통에 대한 공격죄).

Luftverkehrsgesetz LuftVG 1 항공법 (2007.5.10) (BGBl. I S. 698).

(1) Die Benutzung des Luftraums durch Luftfahrzeuge ist frei, soweit sie nicht durch dieses Gesetz, durch die zu seiner Durchführung erlassenen Rechtsvorschriften, durch im Inland anwendbares internationales Recht, durch Verordnungen des Rates der Europäischen Union und die zu deren Durchführung erlassenen Rechtsvorschriften beschränkt wird.

대기공간은 항공기로 자유로이 운행할 수 있다. 단 본법에 의하여, 그 시행을 위하여 발한 법규명령에 의하여, 내국에서 적용가능한 국제법에 의하여, 유럽연합의 운임명령 및 그 시행을 위하여 발하는 법규명령에 의하여 제한되지 아니하여야 한다.

Luftverunreinigung StGB 325 대기오염죄.

(1) Wer beim Betrieb einer Anlage, insbesondere einer Betriebsstätte oder Maschine, unter Verletzung verwaltungsrechtlicher Pflichten Veränderungen der Luft verursacht, die geeignet sind, außerhalb des zur Anlage gehörenden Bereichs die Gesundheit eines anderen, Tiere, Pflanzen oder andere Sachen von bedeutendem Wert zu schädigen, wird mit Freiheitsstrafe bis zu fünf Jahren oder mit Geldstrafe bestraft.

시설, 특히 사업장 또는 기계의 운영과정에서 행정법상의 의무에 위반하여 그 시설지역 이외의 지역에서 타인의 건강, 동물, 식물, 기타 중요한 물건을 해하기에 적합한 대기의 변화를 야기한 자는 5년 이하의 자유형 또는 벌금형에 처한다.

LuftVG → Luftverkehrsgesetz (항공법).

Lügendetektor (Polygraph) 거짓말탐지기.

Die Verwendung von ~ ist nach §§ 136a, 69(3) StPO verboten, weil sie die Willensentschließung und -betätigung unzulässig beeinträchtigt.

~의 사용은 의사결정 및 의사활동을 불법하게 침해하므로 형사소송법 제136a조(부적법한 신문방법), 69조 제3항(증인신문)에 의하여 금지된다.

→ Unzulässige Vernehmungsmethoden (부적법한 신문방법).

Lustmord 쾌락살인 (음락살인)

쾌락살인은 가해자의 성적 쾌감을 만족시키는 살인으로 흔히 말하여지나 쾌락살인이 반드시 강간만을 목적으로 한 것이 아니다. 이를 '육욕(Lust)으로부터의 살인'이라는 의

미보다 '즐거움으로부터의 살인'으로 보는
견해도 있다.

Luxuria → Bewußte Fahrlässigkeit (인식
있는 과실).

Machtvollkommenheit GG 104(2)
절대권력.
(2) S.3 Die Polizei darf aus eigener Machtvollkommenheit niemanden länger als bis zum Ende des Tages nach dem Ergreifen in eigenem Gewahrsam halten.
경찰은 자기의 절대적 권력으로 누구도 체포의 익일을 초과하여 구치할 수 없다.

Mahnbescheid (Zahlungsbefehl) 독촉결정, 지급명령) → Mahnverfahren.

Mahnverfahren ZPO 688 독촉(최고)절차.
(1) Wegen eines Anspruchs, der die Zahlung einer bestimmten Geldsumme in Euro zum Gegenstand hat, ist auf Antrag des Antragstellers ein Mahnbescheid zu erlassen.
일정한 금액을 유로로 지급하는 청구권에 기하여 신청으로 지급명령(독촉결정)을 발할 수 있다.

Mäklerlohn → Mäklervertrag (중개계약).

Mäklervertrag BGB 652 중개계약.
Wer für den Nachweis der Gelegenheit zum Abschluss eines Vertrags oder für die Vermittlung eines Vertrags einen Mäklerlohn verspricht, ist zur Entrichtung des Lohnes nur verpflichtet, wenn der Vertrag infolge des Nachweises oder infolge der Vermittlung des Mäklers zustande kommt.
계약의 체결을 위한 경우의 지시 또는 계약의 매개에 관하여 중개료를 약속한 자는 중개인의 지시 또는 매개로 계약이 성립하는 경우에만 중개료를 지불할 의무를 부담한다.

Mala fides superveniens non nocet
(Schlechter Glaube, der sich nachträglich einstellt, schadet einer begonnenene Ersitzung nicht)
후발적 악의는 해로 되지 아니한다(취득시효를 방해하지 않는다).

Mancipatio 장악행위(악취행위).
Die mancipatio (eingedeutscht "Manzipation") ist eine Form der Übereignung des Römischen Rechts. Der Begriff leitet sich von den lateinischen Worten manus (Hand) und capere (ergreifen) ab.
~ 는 로마법상 (소유권)양도의 한 방법. 그 개념은 라틴어 manus와 capere에서 유래한다.

Mangel der Ernstlichkeit BGB 118
진지성의 결여 (Scherzgeschäft 희언행위).
Eine nicht ernstlich gemeinte Willenserklärung, die in der Erwartung abgegeben wird, der Mangel der Ernstlichkeit werde nicht verkannt werden, ist nichtig.
진지성이 결여되어 있음을 오인하지 아니한 기대하에 행하여진 진지성이 없다고 인정되는 의사표시는 무효로 한다.

Mangel der Vollmacht ZPO 88
대리권의 흠결.
Der Mangel der Vollmacht kann von dem Gegner in jeder Lage des Rechtsstreits gerügt werden.
상대방은 소송의 모든 단계에서 대리권의 흠결을 책문할 수 있다.

Mängelbeseitigungsanspruch BGB 633
하자제거청구권.
(1) Der Unternehmer hat dem Besteller das Werk frei von Sach- und Rechtsmängeln zu verschaffen.
수급인은 도급인에게 물건하자 및 권리하자가 없도록 일을 완성해 주어야 한다.
→ Sachmangel (물건하자).

Mängelhaftung BGB 600 하자(담보)책임.
Verschweigt der Verleiher arglistig einen Mangel im Recht oder einen Fehler der verliehenen Sache, so ist er verpflichtet, dem Entleiher den daraus entstehenden Schaden zu ersetzen.

대주가 권리의 하자 또는 대여물건의 결함을 교묘히 묵비하는 때에는 이로 인하여 발생하는 손해를 차주에 대하여 배상할 의무를 부담한다.

Mankolieferung (verdeckte Mankolieferung) BGB 434(3) (숨은) 수량부족.
(3) Einem Sachmangel steht es gleich, wenn der Verkäufer eine andere Sache oder eine zu geringe Menge liefert.
매도인이 다른 물건이나 과소한 수량을 제공한 경우에는 물건의 하자가 있는 경우와 같다.
→ Teillieferung (offene Mankolieferung) 일부제공 (인식있는 수량부족).

Mantelgesetz → Rahmengesetz (대강법).

Mare Librum 자유로운 바다(공해).
→ Freiheit der Meeres (공해의 자유);

Marke MarkenG 3 상표.
(1) Als Marke können alle Zeichen, insbesondere Wörter einschließlich Personennamen, Abbildungen, Buchstaben, Zahlen, Hörzeichen, dreidimensionale Gestaltungen einschließlich der Form einer Ware oder ihrer Verpackung sowie sonstige Aufmachungen einschließlich Farben und Farbzusammenstellungen geschützt werden, die geeignet sind, Waren oder Dienstleistungen eines Unternehmens von denjenigen anderer Unternehmen zu unterscheiden.
동조 제1항에 의하면 모든 표지, 특히 개인의 성명을 포함한 언어, 모사물, 문자, 숫자, 소리표지, 상품의 형태 또는 그 포장의 형태를 포함하는 입체적 형상, 및 색채 및 색채의 결합을 포함하는 기타 외장은 어떤 기업의 상품 또는 서비스를 다른 기업의 그것과 식별할 수 있을 때에는 상표로서 보호된다.

Markengesetz MarkenG 상표법.
Gesetz über den Schutz von Marken und sonstigen Kennzeichen.
(1994.10.25) (BGBl. I S. 3082, (1995, 156)).
→ Kennzeichenrecht (표식권).

Marktbeherrschende Stellung GWB 19 시장지배적 지위.
(1) Die missbräuchliche Ausnutzung einer marktbeherrschenden Stellung durch ein oder mehrere Unternehmen ist verboten.
(2) Ein Unternehmen ist marktbeherrschend, soweit es als Anbieter oder Nachfrager einer bestimmten Art von Waren oder gewerblichen Leistungen auf dem sachlich und räumlich relevanten Markt
1. ohne Wettbewerber ist oder keinem wesentlichen Wettbewerb ausgesetzt ist oder
2. eine im Verhältnis zu seinen Wettbewerbern überragende Marktstellung hat.
어떤 기업이 물적, 공간적으로 관계된 시장에서 일정한 종류의 상품 또는 용역의 공급자 또는 수요자로서 다음의 각호에 해당하는 경우에는 시장지배적이다.
1. 경쟁자가 없거나 실질적 경쟁이 존재하지 않는 경우,
2. 경쟁자에 비하여 우월한 시장지위를 가진 경우.

Masse 군중.
Le Bon wurde mit seinem berühmtesten Buch Psychologie der Massen (Psychologie des foules, 1895) zum Begründer der Massenpsychologie.
르봉은 그의 유명한 책 "군중의 심리"를 통해 군중심리학의 창시자가 되었다.
→ Menge (군집).

Massenkriminalität 대중범죄.
현대 사회의 교통형법범의 증가, 경미범죄의 대중범죄화 등과 같은 대중적 특징을 가짐 → Schwerkriminalität (중범죄).

Maßgebender Straffall StPO 5 형사사건의 기준.
Für die Dauer der Verbindung ist der Straffall, der zur Zuständigkeit des Gerichts höherer Ordnung gehört, für das Verfahren maßgebend.
상급법원의 관할에 속하는 형사사건이 병합관할되어 있는 경우에는 상급법원의 절차가 기준이 된다.

Maßnahme StGB 11(1) Nr.8 처분.
8. Maßnahme: jede Maßregel der Besserung und Sicherung, der Verfall, die Einziehung und die Unbrauchbarmachung;
처분이란 모든 개선보안처분, 박탈, 몰수, 사
용불능을 말한다.

Maßregeln der Besserung und Sicherung
StGB 61 보안처분; 개선·보안처분.
1. die Unterbringung in einem psychiatrischen Krankenhaus,
2. die Unterbringung in einer Entziehungsanstalt,
3. die Unterbringung in der Sicherungsverwahrung,
4. die Führungsaufsicht,
5. die Entziehung der Fahrerlaubnis,
6. das Berufsverbot.
정신병원수용, 금단시설수용, 보안감호수용,
행장감독, 운전면허박탈, 직업금지.

Maßregelungsverbot BGB 612a 불이익
처분금지.
Der Arbeitgeber darf einen Arbeitnehmer
bei einer Vereinbarung oder einer Maßnahme nicht benachteiligen, weil der
Arbeitnehmer in zulässiger Weise seine
Rechte ausübt.
사용자는 합의 또는 조치에서 근로자가 허
용된 방법으로 자기의 권리를 행사하는 것
을 이유로 근로자에게 불이익을 주어서는
아니된다.

Materielle Prozessleitung ZPO 139
실체적 소송지휘.
Das Gericht hat das Sach- und Streit-
verhältnis, soweit erforderlich, mit den
Parteien nach der tatsächlichen und rechtlichen Seite zu erörtern und Fragen zu
stellen.
법원은 사실 및 분쟁관계에 관하여 필요한
경우 사실상 및 법률상의 측면에서 당사자
와 토론하고 질문하여야 한다.

Materielle Rechtskraft ZPO 322
기판력; 실체적 확정력.
Urteile sind der Rechtskraft nur insoweit

fähig, als über den durch die Klage oder
durch die Widerklage erhobenen Anspruch
entschieden ist.
판결은 소 또는 반소로써 제기한 청구에 관
하여 재판한 부분에 한하여 확정력을 갖는다.

Materielle Rückfallklausel StGB 48 a.F.
실질적 누범조항.
범죄행위의 종류와 사정과 관련하여 행위자
가 以前의 형의 선고를 경고로 삼지 아니하
였음이 비난의 대상이 된다고 하는 규정.

Materielle Wahrheitsfindung 실체적 진
실발견. → formellen Wahrheitsfindung.

Mautgebührenerhebung FStrPrivFinG 2
통행료징수.
(1) Die Landesregierungen werden ermächtigt, einen Privaten, der sich vertraglich zur Übernahme von Aufgaben
nach § 1 Abs. 2 für ein in der Rechtsverordnung nach § 3 Abs. 1 Satz 2 festgelegtes Fernstraßenprojekt verpflichtet,
durch Rechtsverordnung mit den Be-
fugnissen, die für den Bau, den Betrieb
und die Unterhaltung des nach § 3 Abs. 1
Satz 2 bestimmten Bundesfernstraßenab-
schnitts erforderlich sind, insbesondere mit
dem Recht zur Erhebung einer Maut-
gebühr und dem Betreiben der Verkehrs-
zeichen und Verkehrseinrichtungen nach
Maßgabe der Absätze 3 bis 5, zu beleihen.
주정부는 (원거리도로건설 사인재정충당법)
제1조 제2항의 위임의 인수를 위하여, 계약
상 법규명령으로 제3조 제1항 제2문에서 확
정된 원거리프로젝트에 대한 계약상 의무가
있는 사인에게 법규명령으로 제3조 제1항
제2문에서 정한 연방원거리교통편의 건설,
운영, 유지를 할 권한, 특히 통행료의 징수
권 및 제3항 내지 제5항의 기준에 의한 교
통표지와 교통시설의 운영을 부여할 권한이
있다.

Mediendienstestaatsvertrag (Staatsvertrag über Mediendienste) MDStV 미디어
서비스국가협약.
→ Telemediengesetz (텔레미디어법).

Medizinische Vorsorgeleistung
StVollzG 57(2) 의학적 예방조치.
(2) Gefangene haben höchstens einmal jährlich Anspruch auf eine Untersuchung zur Früherkennung von Krebserkrankungen, Frauen frühestens vom Beginn des zwanzigsten Lebensjahres an, Männer frühestens vom Beginn des fünfundvierzigsten Lebensjahres an.
수형자는 여자의 경우에는 20세, 남성의 경우에는 45세의 시작부터 최고 1년에 한번 암의 조기발견을 위한 검진을 청구할 권리가 있다.

Meer → Umweltkriminalität auf dem Meer (해상에서의 환경범죄).

Mehre Staatsanwalte und Verteidiger
StPO 227 수인의 검사 및 변호사.
Es können mehrere Beamte der Staatsanwaltschaft und mehrere Verteidiger in der Hauptverhandlung mitwirken und ihre Verrichtungen unter sich teilen.
수인의 검사와 변호인은 공판에 협력하고 그들의 업무를 서로 분배할 수 있다.

Mehrere klageberechtigte Personen
StPO 375 수인의 기소권자.
(1) Sind wegen derselben Straftat mehrere Personen zur Privatklage berechtigt, so ist bei Ausübung dieses Rechts ein jeder von dem anderen unabhängig.
동일한 범죄행위에 대하여 수인이 사인기소를 할 권리를 가진 경우에는 이 권리를 행사함에 있어서 각 권리자는 다른 권리자로부터 독립된다.

Mehrere Staatsangehörigkeiten
StAG 26 다중국적.
(1) Ein Deutscher kann auf seine Staatsangehörigkeit verzichten, wenn er mehrere Staatsangehörigkeiten besitzt. Der Verzicht ist schriftlich zu erklären.
다중국적을 가진 독일인은 독일 국적을 포기할 수 없다. 그러나 포기는 서면으로 하여야 한다.

Mehrere zuständige Gerichte StPO 12
수개의 관할법원. ← Vorzug bei mehreren Gerichtsständen.
(1) Unter mehreren nach den Vorschriften der §§ 7 bis 11 zuständigen Gerichten gebührt dem der Vorzug, das die Untersuchung zuerst eröffnet hat.
형사소송법 제7조 내지 제11조의 규정에 의한 수개의 관할법원중에서 최초로 심리를 개시한 법원이 우선권을 가진다.
(2) Jedoch kann die Untersuchung und Entscheidung einem anderen der zuständigen Gerichte durch das gemeinschaftliche obere Gericht übertragen werden.
그러나 공동상급법원은 심리와 재판을 다른 관할법원에 이전할 수 있다.

Mehrerlöse → Abführung und Rückerstattung des Mehrerlöses (차익의 유치 및 반환).

Mehrfache Anordnung der Maßregel
StGB 67f 처분에 대한 수회의 명령.
Ordnet das Gericht die Unterbringung in einer Entziehungsanstalt an, so ist eine frühere Anordnung der Maßregel erledigt.
법원이 금단시설수용을 명한 경우에 그 처분에 대한 이전의 명령은 종료된다.

Mehrfachtäter 다중범 (2회 이상의 전과).
Einfachtäter (단일범: 1회의 범법), Intensivtäter (경력범죄자 가운데 다수의 범죄를 1년 이내에 다중적으로 행하는 경우), Vielfachtäter (극다중범: 7회 이상의 전과를 가진 범죄행위자로 볼 수 있다. 그러나 극다중범의 구분기준이 반드시 분명한 것은 아니다.

Mehrfachversicherung VVG 78 중복보험; ← Doppelversicherung (a.F.)
(1) Ist bei mehreren Versicherern ein Interesse gegen dieselbe Gefahr versichert und übersteigen die Versicherungssummen zusammen den Versicherungswert oder übersteigt aus anderen Gründen die Summe der Entschädigungen, die von jedem Versicherer ohne Bestehen der anderen

Versicherung zu zahlen wären, den Gesamtschaden (Mehrfachversicherung), haften die Versicherer in der Weise als Gesamtschuldner, daß jeder Versicherer den von ihm nach dem Vertrag zu leistenden Betrag zu zahlen hat, der Versicherungsnehmer aber insgesamt nicht mehr als den Betrag des Schadens verlangen kann.
수인의 보험자에게서 1개의 이익이 동일한 위험에 대하여 보험되고 그 보험금액의 총액이 보험가액을 초과하는 경우 또는 기타 사유에서 각 보험자가 다른 보험 없이 지급하게 될 보상액이 전체손해를 초과하는 경우에는 (중복보험) 수인의 보험자는 각 보험자가 보험계약자에 대하여 자기의 계약에 의하여 지급할 액에 대하여 지급을 하여야 하지만, 보험계약자가 총액에 있어서 손해액이상으로 청구할 수 없는 방법으로 연대채무자로서 책임을 부담한다.

Mehrfachverteidigung (Verbot der ~) StPO 146 이중변호(~의 금지).
(Ausschluss der gleichzeitigen Verteidigung mehrerer Beschuldigter)
Ein Verteidiger kann nicht gleichzeitig mehrere derselben Tat Beschuldigte verteidigen.
1인의 변호인이 동시에 동일한 범죄행위의 수인의 피의자를 변호할 수 없다.

Mehrheit GG 121 다수.
Mehrheit der Mitglieder des Bundestages und der Bundesversammlung im Sinne dieses Grundgesetzes ist die Mehrheit ihrer gesetzlichen Mitgliederzahl.
기본법에서 연방하원 및 연방회의의 의원의 다수는 그 법률이 정하는 의원정수의 다수를 말한다.

Mehrheit der abgegebenen Stimmen
GG 42(2) 투표의 과반수; 다수결 (einfache Stimmenmehrheit).
(2) Zu einem Beschlusse des Bundestages ist die Mehrheit der abgegebenen Stimmen erforderlich, soweit dieses Grundgesetz nichts anderes bestimmt.

연방하원의 의결에는 이 기본법에 다른 규정이 없는 한 투표의 과반수가 필요하다.
(1) Die Beschlüsse der Hauptversammlung bedürfen der Mehrheit der abgegebenen Stimmen (einfache Stimmenmehrheit), soweit nicht Gesetz oder Satzung eine größere Mehrheit oder weitere Erfordernisse bestimmen. (AktG 133)
주주총회의 결의는 법률 또는 정관이 보다 많은 다수 또는 기타의 요건을 정하지 아니한 때에는 행사된 투표(의결권)의 다수(단순다수결)를 요한다.

Mehrheitsbeteiligung AktG 16 다수참가 (과반수출자).
(1) Gehört die Mehrheit der Anteile eines rechtlich selbständigen Unternehmens einem anderen Unternehmen oder steht einem anderen Unternehmen die Mehrheit der Stimmrechte zu (Mehrheitsbeteiligung), so ist das Unternehmen ein in Mehrheitsbesitz stehendes Unternehmen, das andere Unternehmen ein an ihm mit Mehrheit beteiligtes Unternehmen.
법률상 독립된 기업의 지분의 과반수가 다른 기업에 속하거나 또는 의결권의 과반수가 다른 기업에 속하여 있는 경우(다수참가) 그 기업은 다수가 점유된 기업이며 그 다른 기업은 다수가 참가한 기업이다.

Mehrheitsprinzip GG 42(2) 다수결원칙.
→ Mehrheit der abgegebenen Stimmen (투표의 과반수; 다수결).

Mehrheitswahl (Persönlichkeitswahl) 다수결선거(다수대표제) (인물선거).
↔ Verhältniswahl (Listenwahl) 비례선거 (비례대표제) (명부선거).

Meineid StGB 154 선서위반죄; 허위선서죄; 위증죄.
Wer vor Gericht oder vor einer anderen zur Abnahme von Eiden zuständigen Stelle falsch schwört, wird mit Freiheitsstrafe nicht unter einem Jahr bestraft.
법원 기타 선서받을 권한이 있는 기관의 면전에서 허위로 선서한 자는 1년 이상의 자

유형에 처한다.
(독일형법은 선서위반죄 외에 선서없는 허위진술죄 (Falsche uneidliche Aussage § 153), 선서에 갈음한 허위보증죄(Falsche Versichering an Eides Staat §156)를 별도로 규정하고 허위진술 유도죄(Verleitung zur Falschaussage §160)에서는 이들을 전부 포함하는 개념을 사용하고 있다).
→ Aussagedelikt 진술범 (위증범).

Meinungsfreiheit GG 5 표현의 자유(의사표명의 자유).

Jeder hat das Recht, seine Meinung in Wort, Schrift und Bild frei zu äußern und zu verbreiten und sich aus allgemein zugänglichen Quellen ungehindert zu unterrichten. Die Pressefreiheit und die Freiheit der Berichterstattung durch Rundfunk und Film werden gewährleistet. Eine Zensur findet nicht statt.
누구든지 자유로이 의견을 언어, 문서 및 도화로서 발표, 유포하며 일반적으로 입수가능한 정보원으로부터 방해를 받지 않고 알 권리를 가진다. 출판의 자유와 라디오 및 영화를 통한 보도의 자유는 보장된다. 검열은 행하여지지 아니한다.

Meistbegünstigungsbehandlung
→ Ausschluß der Meistbegünstigungsbehandlung (최혜국대우의 배제).

Meistbietende ZPO 817 최고가경매인.
→ Zuschlag (경락).

Meldepflicht MRRG 11 신고의무 (전·출입).
(1) Wer eine Wohnung bezieht, hat sich bei der Meldebehörde anzumelden.
이사를 하는 자는 (신고)관청에 신고를 하여야 한다.

Melderechtsrahmengesetz MRRG 1 신고법 (주민등록법) (2002.4.19) (BGBl. I S. 1342).
(1) Die für das Meldewesen zuständigen Behörden der Länder (Meldebehörden) haben die in ihrem Zuständigkeitsbereich wohnhaften Personen (Einwohner) zu registrieren, um deren Identität und Wohnungen feststellen und nachweisen zu können.
신고제도를 관할하는 주관청(신고관청)은 그 관할지역에 거주하는 사람(주민)의 신분과 주거를 확인하고 이를 증명할 수 있도록 등록해야 한다.

Menge 군집(群集), 다중.
Die Menge hat nur das objektive Merkmal der Masse. Sie ist eine Masse ohne Psyche. Menge ist ein quantitaver Begriff. Man kann sagen, daß die Menge eine Vorstufe der Masse ist.
군집은 군중의 객관적 표지만을 가진다. ~은 심리 없는 군중이다. ~은 양적 개념이다. ~은 군중의 전단계라고 말할 수 있다.
→ Masse (군중).

Menschenhandel zum Zweck der Ausbeutung der Arbeitskraft StGB 233
노동력 착취 목적의 인신매매죄.
(1) Wer eine andere Person unter Ausnutzung einer Zwangslage oder der Hilflosigkeit, die mit ihrem Aufenthalt in einem fremden Land verbunden ist, in Sklaverei, Leibeigenschaft oder Schuldknechtschaft oder zur Aufnahme oder Fortsetzung einer Beschäftigung bei ihm oder einem Dritten zu Arbeitsbedingungen, die in einem auffälligen Missverhältnis zu den Arbeitsbedingungen anderer Arbeitnehmerinnen oder Arbeitnehmer stehen, welche die gleiche oder eine vergleichbare Tätigkeit ausüben, bringt, wird mit Freiheitsstrafe von sechs Monaten bis zu zehn Jahren bestraft.
외국에 체류하는 타인의 궁박상태 또는 요부조상태를 이용하여 타인을 노예, 농노 또는 빚노예의 상태에서 타인과는 동일하거나 비교가능한 활동을 수행하는 노동자와 현저한 불균형에 있는 근로조건으로 자신 또는 제3자를 위하여 고용의 시작 또는 존속을 하는 자는 6개월 이상 10년 이하의 자유형에 처한다.

Menschenhandel zum Zweck der sexuellen Ausbeutung StGB 232 성적 착취 목적의 인신매매죄.
(1) Wer eine andere Person unter Ausnutzung einer Zwangslage oder der Hilflosigkeit, die mit ihrem Aufenthalt in einem fremden Land verbunden ist, zur Aufnahme oder Fortsetzung der Prostitution oder dazu bringt, sexuelle Handlungen, durch die sie ausgebeutet wird, an oder vor dem Täter oder einem Dritten vorzunehmen oder von dem Täter oder einem Dritten an sich vornehmen zu lassen, wird mit Freiheitsstrafe von sechs Monaten bis zu zehn Jahren bestraft.
타인의 외국 체류와 관련된 궁박상태 또는 요부조상태를 이용하여 그에게 매음을 시작 또는 속행하게 하거나 또는 착취되는 성행위를 그나 제3자에게 또는 그나 제3자의 면전에서 하게 하거나 또는 그나 제3자로 하여금 자신에게 행하게 한 자는 6개월 이상 10년 이하의 자유형에 처한다.

Menschenmenge StGB 124, 125 다중.
→ Schwerer Hausfriedensbruch (중주거침입죄: 특수주거침입).
→ Landfriedensbruch (소요죄).

Menschenraub StGB 234 (인신)약취죄 (略取罪).
(1) Wer sich einer anderen Person mit Gewalt, durch Drohung mit einem empfindlichen Übel oder durch List bemächtigt, um sie in hilfloser Lage auszusetzen oder dem Dienst in einer militärischen oder militärähnlichen Einrichtung im Ausland zuzuführen, wird mit Freiheitsstrafe von einem Jahr bis zu zehn Jahren bestraft.
사람을 보호 없는 상태에 유기하거나 외국의 군사적 또는 준군사적 시설에서의 근무에 제공하기 위하여 사람을 폭행, 현저한 해악의 고지에 의한 협박, 또는 위계에 의하여 약취한 자는 1년 이상의 자유형에 처한다.

Menschenwürde GG 1 인간의 존엄성.
Die Würde des Menschen ist unantastbar. Sie zu achten und zu schützen ist Verpflichtung aller staatlichen Gewalt.
인간의 존엄성은 불가침이다. 이를 존중하고 보호하는 것이 모든 국가권력의 책무이다.

Mentalreservation
→ Geheimer Vorbehalt (심리유보).

MEPolG → Mustenwurf eines einheitlichen Polizeigesetzes des Bundes und der Länder (연방과 주의 통일경찰법 모범안).

Meuchelmord (Attentat) 암살.
Ein Meuchelmord ist eine vorsätzliche, auf heimliche, hinterhältige Weise verübte Tötung eines Menschen, auch durch mittelbare Täterschaft.
~은 고의적인, 비밀의, 음험한 방법으로 행하여지는 인간살인, 간접정범으로도 행하여진다.

Meuterei → Gefangenenmeuterei (피구금 자폭동죄).

MiArbG → Mindestarbeitsbedingungen-Gesetz (최저근로조건결정법).

Mieter BGB 535(2) 임차인.
(2) Der Mieter ist verpflichtet, dem Vermieter die vereinbarte Miete zu entrichten.
임차인은 임대인에게 약정된 차임을 지급할 의무가 있다. ↔ Vermieter (임대인).

Mieterhöhung BGB 557 차임인상.
(1) Während des Mietverhältnisses können die Parteien eine Erhöhung der Miete vereinbaren.
임대차관계가 존속하는 동안 당사자는 차임의 인상에 대한 약정을 할 수 있다.
→ Indexmiete (지수식 차임).
→ Ortsübliche Vergleichsmiete (지역관례적 비교차임).
→ Staffelmiete (계단식 차임).

Mieterhöhung bei Modernisierung
BGB 559 리모델링(개량)으로 인한 차임

인상.

(1) Hat der Vermieter bauliche Maßnahmen durchgeführt, die den Gebrauchswert der Mietsache nachhaltig erhöhen, die allgemeinen Wohnverhältnisse auf Dauer verbessern oder nachhaltig Einsparungen von Energie oder Wasser bewirken (Modernisierung), oder hat er andere bauliche Maßnahmen auf Grund von Umständen durchgeführt, die er nicht zu vertreten hat, so kann er die jährliche Miete um 11 vom Hundert der für die Wohnung aufgewendeten Kosten erhöhen.

임대인이 임차물의 이용가치를 지속적으로 증가시키거나 일반적 주거상황을 장기적으로 개선하거나 또는 에너지나 물의 지속적인 절약에 영향을 줄 수 있는 건축상의 조치를 행한 경우(리모델링) 또는 임대인에게 책임 없는 사정으로 다른 건축상의 조치를 행한 경우에는 그는 주거에 지출된 비용의 11%만큼 연간차임의 인상을 할 수 있다.
→ Modernisierung.

Mietsicherheit BGB 551 임대차보증금 (Kaution).

(1) Hat der Mieter dem Vermieter für die Erfüllung seiner Pflichten Sicherheit zu leisten, so darf diese vorbehaltlich des Absatzes 3 Satz 4 höchstens das Dreifache der auf einen Monat entfallenden Miete ohne die als Pauschale oder als Vorauszahlung ausgewiesenen Betriebskosten betragen.

주거의 임대차관계에 있어서 임차인이 임대인에게 자기의 의무이행을 위하여 보증(담보)을 제공하여야 하는 경우에 이 보증금은 제3항 제4문의 규정을 유보하고 총액 또는 선급으로 밝혀진 관리비를 제외한 1개월분에 해당하는 차임액의 최고 3배를 허용한다.

Mietspiegel BGB 558c 표준차임표(표준임대료표, 차임일람표).

(1) Ein Mietspiegel ist eine Übersicht über die ortsübliche Vergleichsmiete, soweit die Übersicht von der Gemeinde oder von Interessenvertretern der Vermieter und der Mieter gemeinsam erstellt oder

anerkannt worden ist.

표준차임표는 (기초)자치단체 또는 임대인 및 임차인의 이익대표에 의하여 공동으로 작성되거나 승인된 지역관례적 비교차임표 일람을 말한다.

Mietvertrag BGB 535 사용임대차.

(1) Durch den Mietvertrag wird der Vermieter verpflichtet, dem Mieter den Gebrauch der Mietsache während der Mietzeit zu gewähren. Der Vermieter hat die Mietsache dem Mieter in einem zum vertragsgemäßen Gebrauch geeigneten Zustand zu überlassen und sie während der Mietzeit in diesem Zustand zu erhalten.

사용임대차계약으로 인하여 임대인은 임대차기간 중 임차인에게 임대물의 사용을 제공할 의무를 부담한다. 임대인은 임차인에게 임대물을 약정된 사용에 적합한 상태로써 임차인에게 넘겨주어야 하며 임대차기간 동안 이를 그 상태로 유지하여야 한다.

Mietwucher 임대폭리 → Wucher (부당이득죄).

Milderung nach Ermessen StGB 49(2) 작량감경.

(2) Darf das Gericht nach einem Gesetz, das auf diese Vorschrift verweist, die Strafe nach seinem Ermessen mildern, so kann es bis zum gesetzlichen Mindestmaß der angedrohten Strafe herabgehen oder statt auf Freiheitsstrafe auf Geldstrafe erkennen.

법원은 이 조항을 원용하는 법률에 의하여 형을 재량에 의하여 감경할 수 있는 경우에는 정하여진 형의 법정 최하한까지 감경하거나 자유형 대신 벌금형을 선고할 수 있다.

Militärgerichtsbarkeit WRV 106 군법회의.

Die Militärgerichtsbarkeit ist aufzuheben, außer für Kriegszeiten und an Bord der Kriegsschiffe.

군법회의는 전시 및 군함내에 있는 것을 제외하고는 이를 폐지한다.

Minder schwerer Fall des Totschlags
StGB 213 고살의 보다 덜 중한 경우.
War der Totschläger ohne eigene Schuld durch eine ihm oder einem Angehörigen zugefügte Mißhandlung oder schwere Beleidigung von dem getöteten Menschen zum Zorn gereizt und hierdurch auf der Stelle zur Tat hingerissen worden oder liegt sonst ein minder schwerer Fall vor, so ist die Strafe Freiheitsstrafe von einem Jahr bis zu zehn Jahren.
고살자가 그의 책임없이 피살자가 행한 자신이나 친족에 대한 학대나 심한 모욕에 분노하여 즉석에서 범행에 빠진 경우 또는 기타 보다 덜 중한 경우에는 1년 이상 10년 이하의 자유형에 처한다.
본조는 고살에 대한 양형규정으로 그 감경사유는 Reizung zum Zorn (Provokation)으로 보고 있다.

Minderheitsaktionär → Übertragung von Aktien gegen Barabfindung (Ausschluß von Minderheitsaktionären 소수주주의 축출).

Minderheitsrecht GmbHG 50; AktG 50 소수주주(사원)권.
(1) Gesellschafter, deren Geschäftsanteile zusammen mindestens dem zehnten Teil des Stammkapitals entsprechen, sind berechtigt, unter Angabe des Zwecks und der Gründe die Berufung der Versammlung zu verlangen. (GmbHG 50)
그 지분이 최소 기본자본의 10분의 1 이상에 해당하는 사원은 그 목적과 사유를 기재하여 총회의 소집을 청구할 수 있다.
Die Gesellschaft kann auf Ersatzansprüche gegen die Gründer, die neben diesen haftenden Personen und gegen die Mitglieder des Vorstands und des Aufsichtsrats (§§ 46 bis 48) erst drei Jahre nach der Eintragung der Gesellschaft in das Handelsregister und nur dann verzichten oder sich über sie vergleichen, wenn die Hauptversammlung zustimmt und nicht eine Minderheit, deren Anteile zusammen den zehnten Teil des Grundkapitals erreichen, zur Niederschrift Widerspruch erhebt.

(AktG 50)
회사는 회사의 상업등기부상 등기후 3년이 지난 후에 비로소 발기인, 발기인과 함께 책임을 지는 자 및 이사와 감사에 대한 배상청구권(제46조 내지 제48조)을 포기하거나 이에 관하여 화해를 할 수 있다. 단 주주총회가 이에 동의하고 그 지분이 기본자본의 10분의 1에 달하는 소수주주가 의사록에 대하여 이의를 제기하지 아니하여야 한다.

Minderjähriger BGB 107 미성년자.
→ Einwilligung des gesetzlichen Vertreters.

Mindest (ein Jahr) oder nicht unter einem Jahr 이상의 (일년).
Mehr als는 1년을 불포함 (~ 넘는).
darüber도 ~을 상회하는.
Verbrechen(중죄)은 im Mindestmaß mit Freiheitsstrafe von einem Jahr oder darüber bedroht sind (최소 1년이나 그를 상회하는 자유형).

Mindestarbeitsbedingung
MiArbG 1(2) 최저근로조건.
(2) Mindestarbeitsbedingungen können zur Regelung von Entgelten und sonstigen Arbeitsbedingungen festgesetzt werden, wenn
최저근로조건은 다음의 경우에 임금 및 기타 근로조건의 규정으로 인정될 수 있다.
a) Gewerkschaften oder Vereinigungen von Arbeitgebern für den Wirtschaftszweig oder die Beschäftigungsart nicht bestehen oder nur eine Minderheit der Arbeitnehmer oder der Arbeitgeber umfassen und
b) die Festsetzung von Mindestarbeitsbedingungen zur Befriedigung der notwendigen sozialen und wirtschaftlichen Bedürfnisse der Arbeitnehmer erforderlich erscheint und
c) eine Regelung von Entgelten oder sonstigen Arbeitsbedingungen durch Allgemeinverbindlicherklärung eines Tarifvertrags nicht erfolgt ist.
a) 노동조합 또는 사용자단체가 해당 사업분야 또는 고용종류에 대하여 존재하지 않는 경우 또는 소수의 근로자나 사용자를 가

진 경우,
b) 최저근로조건의 인정이 근로자의 필수적인 사회, 경제적 욕구를 충족시키기 위해 필요하다고 판단되는 경우,
c) 임금 및 기타 근로조건에 대한 규정이 단체협약의 일반적 구속력 적용에 포함되지 않을 경우.

Mindestarbeitsbedingungen-Gesetz
(Gesetz über die Festsetzung von Mindestarbeitsbedingungen) MiArbG 1 최저근로조건결정법 (Bundesgesetzblatt Teil III, Gliederungsnummer 802-2).
(1) Die Regelung von Entgelten und sonstigen Arbeitsbedingungen erfolgt grundsätzlich in freier Vereinbarung zwischen den Tarifvertragsparteien durch Tarifverträge.
급여 및 기타 근로조건 규정은 근본적으로 협약 당사자가 단체협약을 통해 자유롭게 합의한 협정에 의한다.

Mindestgebot ZPO 817a; AO 300 최저경매가격.
(1) Der Zuschlag darf nur auf ein Gebot erteilt werden, das mindestens die Hälfte des gewöhnlichen Verkaufswertes der Sache erreicht (Mindestgebot).
경락은 최소한도 물건의 통상가액의 반액에 달하는 경매신청에 대하여만 허용된다.

Mindestmaß oder Mindeststrafe
StGB 38 최하한(최저하한; 하한).
→ Höchstmaß.

Mißbrauch der Befugnis zur Vernehmung StPO 241 신문권한의 남용.
(1) Dem, welcher im Falle des § 239 Abs. 1 die Befugnis der Vernehmung mißbraucht, kann sie von dem Vorsitzenden entzogen werden.
제239조(신문권) 제1항의 경우에 신문의 권한을 남용하는 자에 대하여는 재판장이 그 권한을 박탈할 수 있다.

Mißbrauch des Ablehnungsrechts
StPO 26a 기피권의 남용. →

Verwerfung der Ablehnung als unzulässig.

Mißbrauch ionisierender Strahlen
StGB 309 방사선남용죄.
(1) Wer in der Absicht, die Gesundheit eines anderen Menschen zu schädigen, es unternimmt, ihn einer ionisierenden Strahlung auszusetzen, die dessen Gesundheit zu schädigen geeignet ist, wird mit Freiheitsstrafe von einem Jahr bis zu zehn Jahren bestraft.
타인의 건강을 해할 목적으로 타인을 그 건강을 해하기에 적합한 방사선에 노출시킨 자는 1년 이상 10년 이하의 자유형에 처한다.

Mißbrauch von Ausweispapieren
StGB 281 증명서부정행사죄.
(1) Wer ein Ausweispapier, das für einen anderen ausgestellt ist, zur Täuschung im Rechtsverkehr gebraucht, oder wer zur Täuschung im Rechtsverkehr einem anderen ein Ausweispapier überläßt, das nicht für diesen ausgestellt ist, wird mit Freiheitsstrafe bis zu einem Jahr oder mit Geldstrafe bestraft.
타인에게 작성한 증명서를 법적 거래시 기망을 위해 행사한 자 또는 작성대상자 이외의 타인에게 이를 양여한 자는 1년 이하의 자유형 또는 벌금형에 처한다.

Mißbrauch von Berufstrachten oder Berufsabzeichen OWiG 126 작업복 또는 직업표식 남용죄.
(1) Ordnungswidrig handelt, wer unbefugt
1. eine Berufstracht oder ein Berufsabzeichen für eine Tätigkeit in der Kranken- oder Wohlfahrtspflege trägt, die im Inland staatlich anerkannt oder genehmigt sind, oder
2. eine Berufstracht oder ein Berufsabzeichen einer religiösen Vereinigung trägt, die von einer Kirche oder einer anderen Religionsgesellschaft des öffentlichen Rechts anerkannt ist.
(1) 권한 없이 1. 국내에서 국가적으로 공인 또는 인가되고 있는 환자간호나 복지사업의 활동을 위한 직업복 또는 직업표식을 착용

하거나, 2. 교회 기타 공법상의 종교단체에 의하여 인정된 종교단체의 직업복 또는 직업표식을 착용한 자는 질서위반행위를 한 것이다.

Mißbrauch von Notrufen StGB 145 비상경보 남용죄.
(1) Wer absichtlich oder wissentlich
1. Notrufe oder Notzeichen mißbraucht
2. vortäuscht, daß wegen eines Unglücks-
falles oder wegen gemeiner Gefahr oder
Not die Hilfe anderer erforderlich sei,
wird mit Freiheitsstrafe bis zu einem Jahr
oder mit Geldstrafe bestraft.
의도적으로 또는 그 정을 알면서 다음 각호의 1에 해당하는 행위를 한 자는 1년 이하의 자유형 또는 벌금형에 처한다.
1. 비상경보 또는 비상표지의 부정사용,
2. 재난, 공공의 위험 또는 긴급상황을 이유로 타인의 구조가 필요한 것으로 기망하는 행위.

**Missbrauch von rechtlichen Gestaltungs-
möglichkeiten** AO 42 법(법적 행위)형성(구성)가능성의 남용.
(1) Durch Missbrauch von Gestaltungsmöglichkeiten des Rechts kann das Steu-
ergesetz nicht umgangen werden.
법형성가능성의 남용에 의하여 조세법률을 회피할 수 없다.
* Bürgerlich-rechtliche Gestaltungen sind
für die Besteuerung unbeachtlich, wenn
Steuerersparnis durch außergewöhnliche
Gestaltung einziger Zweck. Besteuert wird
nach der angemessenen Gestaltung.
비통상적인 형성에 의한 조세절약이 유일한 목적인 경우 민법상의 제 형성(가능성, 방법)은 조세부과와 관계없다. 조세부과는 적절한 형성에 따른다.

Mißbrauch von Scheck- und Kreditkarten
StGB 266b 수표카드와 신용카드 남용죄.
(1) Wer die ihm durch die Überlassung
einer Scheckkarte oder einer Kreditkarte
eingeräumte Möglichkeit, den Aussteller
zu einer Zahlung zu veranlassen, mißbraucht und diesen dadurch schädigt, wird

mit Freiheitsstrafe bis zu drei Jahren oder
mit Geldstrafe bestraft.
수표보증카드 또는 신용카드의 발급에 의하여 인정된 권한을 남용하여 발급자로 하여금 대금을 지불하게 함으로써 발급자에게 손해를 가한 자는 3년 이하의 자유형 또는 벌금형에 처한다.

**Mißbrauch von Titeln, Berufsbezeich-
nungen und Abzeichen**
StGB 132a 칭호·직명·휘장 등 모용죄.
권한 없이(Wer unbefugt) 다음 각호에 해당하는 행위를 한 자는 1년 이하의 자유형 또는 벌금형에 처한다.
1. inländische oder ausländische Amts- oder
Dienstbezeichnungen, akademische Grade,
Titel oder öffentliche Würden führt,
내국 또는 외국의 관청명, 직명, 학위, 칭호, 공적 직위의 사용,
2. die Berufsbezeichnung Arzt, Zahnarzt,
Psychologischer Psychotherapeut, Kinder-
und Jugendlichenpsychotherapeut, Psychotherapeut, Tierarzt, Apotheker, Rechtsanwalt, Patentanwalt, Wirtschaftsprüfer,
vereidigter Buchprüfer, Steuerberater oder
Steuerbevollmächtigter führt,
의사, 치과의사, 심리치료사, 아동·청소년 심리치료사, 수의사, 약사, 변호사, 변리사, 공인회계사, 선서회계사(장부검사사), 세무사, 세무대리사의 직업명칭의 사용,
3. die Bezeichnung öffentlich bestellter
Sachverständiger führt oder
공적으로 임용된 감정인 명칭의 사용,
4. inländische oder ausländische Unifor-
men, Amtskleidungen oder Amtsabzeichen
trägt, 내·외국의 제복, 관복, 관청휘장의 착용.

**Mißbräuchliche Anwendung von Fort-
pflanzungstechniken**
ESchG 1 생식기술의 부정이용죄.
(1) Mit Freiheitsstrafe bis zu drei Jahren
oder mit Geldstrafe wird bestraft, wer
1. auf eine Frau eine fremde unbefruchtete
Eizelle überträgt,
2. es unternimmt, eine Eizelle zu einem
anderen Zweck künstlich zu befruchten,

als eine Schwangerschaft der Frau herbeizuführen, von der die Eizelle stammt,
3. es unternimmt, innerhalb eines Zyklus
mehr als drei Embryonen auf eine Frau
zu übertragen,
4. es unternimmt, durch intratubaren
Gametentransfer innerhalb eines Zyklus
mehr als drei Eizellen zu befruchten,
5. es unternimmt, mehr Eizellen einer
Frau zu befruchten, als ihr innerhalb eines
Zyklus übertragen werden sollen,
6. einer Frau einen Embryo vor Abschluß
seiner Einnistung in der Gebärmutter
entnimmt, um diesen auf eine andere Frau
zu übertragen oder ihn für einen nicht
seiner Erhaltung dienenden Zweck zu
verwenden, oder
7. es unternimmt, bei einer Frau, welche
bereit ist, ihr Kind nach der Geburt
Dritten auf Dauer zu überlassen (Ersatzmutter), eine künstliche Befruchtung
durchzuführen oder auf sie einen menschlichen Embryo zu übertragen.
다음 각호의 행위를 한 자는 3년 이하의 자
유형이나 벌금형에 처한다.
1. 여성에게 수정 안 된 타인의 난자(세포)
를 이식한 자,
2. 난자의 근원이 된 여성의 회임 이외의
목적으로 난자를 인공적으로 수정시키는 자,
3. 한 주기 내에 3개 보다 많은(4개 이상의)
배아를 한 여성에게 이식하는 자,
4. 자궁간 접합자 이식에 의해 한 주기 내
에 4이상의 난자를 수정시킨 자,
5. 여성에게 한 주기 내에 이식되어야 할
것보다 많은 수의 그 여성의 난자를 수정시
킨 자,
6. 배아가 자궁 내에 착상을 완료하기 전에
다른 여성에게 이식하거나 배아의 유지 이
외의 목적으로 사용하기 위해 배아를 여성
에게서 추출한 자,
7. 자를 출생 후에 제3자에게 무기간으로
인도하고자 준비하는 여성(대리모)에게 인
공수정을 행하거나, 그 여성에게 사람의 배
아를 이식하는 자.

**Mißbräuchliche Verwendung menschlicher
Embryonen** ESchG 2 인간배아 부정이용죄.

(1) Wer einen extrakorporal erzeugten
oder einer Frau vor Abschluß seiner Einnistung in der Gebärmutter entnommenen
menschlichen Embryo veräußert oder zu
einem nicht seiner Erhaltung dienenden
Zweck abgibt, erwirbt oder verwendet,
wird mit Freiheitsstrafe bis zu drei Jahren
oder mit Geldstrafe bestraft.
체외에서 생산되거나 또는 자궁내에서 착상
이 완료되기 이전에 여성으로부터 채취된
인간배아를 양도하거나 또는 배아의 유지
이외의 목적을 위해 제공, 획득하거나 이용
한 자는 3년 이하의 자유형 또는 벌금형에
처한다.

Mißbrauchstatbestand → Untreu (배임죄).

Missetat (고대 사법적 형법관에 의한)
죄악 (罪惡).

Mißhandlung StGB 223 학대.
Mißhandlung ist jede erhebliche Beeinträchtigung der körperlichen Unversehrtheit oder des körperlichen Wohlbefindens.
학대는 신체적 완전성 또는 신체적 건재에
대한 중대한 침해를 말한다.

Mißhandlung von Schutzbefohlenen
StGB 225 피보호자학대죄.
(1) Wer eine Person unter achtzehn Jahren oder eine wegen Gebrechlichkeit oder
Krankheit wehrlose Person, die
1. seiner Fürsorge oder Obhut untersteht,
2. seinem Hausstand angehört,
3. von dem Fürsorgepflichtigen seiner
Gewalt überlassen worden oder
4. ihm im Rahmen eines Dienst- oder
Arbeitsverhältnisses untergeordnet ist,
quält oder roh mißhandelt, oder wer durch
böswillige Vernachlässigung seiner Pflicht,
für sie zu sorgen, sie an der Gesundheit
schädigt, wird mit Freiheitsstrafe von
sechs Monaten bis zu zehn Jahren bestraft.
18세 미만의 자 또는 신체허약이나 질병으
로 인하여 항거불능인 자로서
1. 배려 또는 보호에 놓인 자,

2. 자기의 세대에 속해 있는 자,
3. 보호의무자로부터 지배에 놓인 자,
4. 업무 또는 근무관계의 종속적 범위에 있는 자에 대하여 가해행위를 하거나 거칠게 학대한 자 또는 악의로 보호의무를 태만히 하여 그 건강을 해친 자는 6개월 이상 10년 미만의 자유형에 처한다.
여기서 Quälen은 보다 장기적인 또는 반복된 중요한 육체적, 정신적 고통을 가하는 것이며, Roh mißhandeln은 냉혹한(gefühllos), 타인의 고통을 무시하는 심정에서 나오는 행위로서, 지속적 성격을 가질 필요는 없다. 분노가 크다고 거친 것(조폭한 것)은 아니다(→ Roheitsdelikte).

Mißtrauensantrag gegen den Bundeskanzler BTGO 97 연방수상에 대한 불신임동의.
(1) Der Bundestag kann auf Antrag gemäß Artikel 67 Abs. 1 des Grundgesetzes dem Bundeskanzler das Mißtrauen aussprechen. Der Antrag ist von einem Viertel der Mitglieder des Bundestages oder einer Fraktion, die mindestens ein Viertel der Mitglieder des Bundestages umfaßt, zu unterzeichnen und in der Weise zu stellen, daß dem Bundestag ein namentlich benannter Kandidat als Nachfolger zur Wahl vorgeschlagen wird. Anträge, die diesen Voraussetzungen nicht entsprechen, dürfen nicht auf die Tagesordnung gesetzt werden.
연방하원은 기본법 제67조(불신임투표) 제1항에 의한 동의에 따라 연방수상에 대한 불신임을 제기할 수 있다. 불신임동의는 연방하원의원 4분의 1 또는 적어도 연방하원의원의 4분의 1을 포함하는 교섭단체가 서명하고, 연방하원에 지명된 후보자를 후계자로 추천하는 방법으로 한다. 이상의 요건과 일치하지 않는 동의는 의사일정에 기재되어서는 안된다.

Mißtrauensvotum GG 67 불신임투표.
Der Bundestag kann dem Bundeskanzler das Mißtrauen nur dadurch aussprechen, daß er mit der Mehrheit seiner Mitglieder einen Nachfolger wählt und den Bundespräsidenten ersucht, den Bundeskanzler zu entlassen.
연방하원은 그 재적의원의 과반수로 후임자를 선출하고 연방대통령에게 연방수상의 해임을 요청하는 방법으로서만 연방수상에 대한 불신임을 표명할 수 있다.
→ Konstruktives Mißtrauensvotum (건설적 불신임투표).
→ Vertrauensfrage (신임(결의)안).

Mit Geldbuße bedrohte Handlung OWiG 1(2) 질서위반금이 규정된 행위.
(2) Eine mit Geldbuße bedrohte Handlung ist eine rechtswidrige Handlung, die den Tatbestand eines Gesetzes im Sinne des Absatzes 1 verwirklicht, auch wenn sie nicht vorwerfbar begangen ist.
질서위반금이 과해지는 행위란 그 행위가 유책성 여부를 불문하고 제1항에 의한 법률의 구성요건을 실현하는 위법한 행위를 말한다; 질서위반법 제116조 질서위반행위의 공연한 선동죄(Öffentliche Aufforderung zu Ordnungswidrigkeiten)와 제122조의 명정질서위반죄(Vollrausch)에 그 규정이 있다.

Mitangeklagter StPO 257, 357 공동피고인.
→ Erklärung des Angeklagten (피고인의 진술).
→ Revisionserstreckung (상고확장).

Mitbesitz BGB 866 공동점유.
Besitzen mehrere eine Sache gemeinschaftlich, so findet in ihrem Verhältnis zueinander ein Besitzschutz insoweit nicht statt, als es sich um die Grenzen des den einzelnen zustehenden Gebrauchs handelt.
수인이 공동으로 하나의 물건을 점유하는 경우에는 각자에게 속하는 사용범위에서는 그 관계상 상호간 점유보호가 인정되지 않는다.

Mitbestimmung bei personellen Einzelmaßnahmen BetrVG 99 개별적 인사조치에서의 공동결정권.
(1) In Unternehmen mit in der Regel mehr als zwanzig wahlberechtigten Arbeitneh-

mern hat der Arbeitgeber den Betriebsrat vor jeder Einstellung, Eingruppierung, Umgruppierung und Versetzung zu unterrichten, ihm die erforderlichen Bewerbungsunterlagen vorzulegen und Auskunft über die Person der Beteiligten zu geben. 통상 20인 이상의 선거권 있는 근로자로 구성된 기업에서는 사용자는 사업장협의회에 대하여 각각 고용이나 분류, 재배치 및 전근이 행하여지기 전에 필요한 구인자료를 제출하고, 관계자의 신원에 대한 정보를 보고하여야 한다.

Mitbestimmungsrecht BetrVG 87 공동결정권.
(1) Der Betriebsrat hat, soweit eine gesetzliche oder tarifliche Regelung nicht besteht, in folgenden Angelegenheiten mitzubestimmen:
1. Fragen der Ordnung des Betriebs und des Verhaltens der Arbeitnehmer im Betrieb;
2. Beginn und Ende der täglichen Arbeitszeit einschließlich der Pausen sowie Verteilung der Arbeitszeit auf die einzelnen Wochentage;
3. vorübergehende Verkürzung oder Verlängerung der betriebsüblichen Arbeitszeit;
4. Zeit, Ort und Art der Auszahlung der Arbeitsentgelte;
5. Aufstellung allgemeiner Urlaubsgrundsätze und des Urlaubsplans sowie die Festsetzung der zeitlichen Lage des Urlaubs für einzelne Arbeitnehmer, wenn zwischen dem Arbeitgeber und den beteiligten Arbeitnehmern kein Einverständnis erzielt wird;
6. Einführung und Anwendung von technischen Einrichtungen, die dazu bestimmt sind, das Verhalten oder die Leistung der Arbeitnehmer zu überwachen;
7. Regelungen über die Verhütung von Arbeitsunfällen und Berufskrankheiten sowie über den Gesundheitsschutz im Rahmen der gesetzlichen Vorschriften oder der Unfallverhütungsvorschriften;
8. Form, Ausgestaltung und Verwaltung von Sozialeinrichtungen, deren Wirkungsbereich auf den Betrieb, das Unternehmen oder den Konzern beschränkt ist;
9. Zuweisung und Kündigung von Wohnräumen, die den Arbeitnehmern mit Rücksicht auf das Bestehen eines Arbeitsverhältnisses vermietet werden, sowie die allgemeine Festlegung der Nutzungsbedingungen;
10. Fragen der betrieblichen Lohngestaltung, insbesondere die Aufstellung von Entlohnungsgrundsätzen und die Einführung und Anwendung von neuen Entlohnungsmethoden sowie deren Änderung;
11. Festsetzung der Akkord- und Prämiensätze und vergleichbarer leistungsbezogener Entgelte, einschließlich der Geldfaktoren;
12. Grundsätze über das betriebliche Vorschlagswesen;
13. Grundsätze über die Durchführung von Gruppenarbeit; Gruppenarbeit im Sinne dieser Vorschrift liegt vor, wenn im Rahmen des betrieblichen Arbeitsablaufs eine Gruppe von Arbeitnehmern eine ihr übertragene Gesamtaufgabe im Wesentlichen eigenverantwortlich erledigt.
사업장협의회는 법률 또는 단체협약의 규정이 없는 한 다음 각호의 사항을 공동결정한다.
1. 사업장내의 질서와 근로자의 행동문제,
2. 휴식시간을 포함한 일일 근로시간의 시작과 종료 및 매주 평일근로시간의 배분,
3. 사업장 근로시간의 일시적 단축 또는 연장,
4. 급여지급의 시기, 장소와 방법,
5. 휴가의 원칙과 계획의 수립 및 사용자와 해당근로자 사이에 합의가 이루어지지 않는 경우에 개별 근로자의 휴가시간의 확정,
6. 근로자의 행동이나 성과를 감시하기 위한 기술장비의 도입과 사용,
7. 산업재해와 직업질병의 예방 및 법률규정 또는 재해예방규정의 범위내에서의 건강보호,
8. 그 작용영역이 사업장, 기업 또는 콘체른에 제한된 사회시설의 형태, 완성 및 관리,
9. 근로관계의 존재를 고려하여 근로자에게 임대된 근로자 숙소의 제공, 반환 및 이용

약관의 확정,
10. 사업장 임금형성, 특히 임금지금원칙의
수립과 새로운 임금지급방식 및 그 변경의
문제,
11. 성과·초과수당율 및 화폐변수를 포함한
비교가능한 성과관련보수의 결정,
12. 사업장의 제안제도의 원칙,
13. 공동작업의 시행원칙; 본 규정의 공동작
업은 사업장의 작업과정 내에서 하나의 근
로자 집단이 그들에게 위탁된 전작업을 본
질적으로 자신의 책임하에 수행하는 경우를
말한다.
→ Mitwirkungsrecht (공동협력권).

Mitbestrafte (straflose) **Vor- und Nachtat** 불가벌적 사전·사후행위.

Von einer mitbestraften Tat spricht man,
wenn ein Täter zwei Taten verwirklicht,
von denen eine, wenn sie im Zusammenhang mit der anderen begangen wird,
keinen eigenen Unrechtsgehalt hat.
~는 행위자가 2개의 행위를 실현하는 때에
그 하나의 행위가 다른 행위와 관련하여 행
하여지지만 더 이상의 독자적인 불법내용을
형성하지 않는 경우를 말한다.
→ Durchgangsdelikt (경과범죄).

Mitbürgschaft BGB 769 공동보증.
Verbürgen sich mehrere für dieselbe Verbindlichkeit, so haften sie als Gesamtschuldner, auch wenn sie die Bürgschaft
nicht gemeinschaftlich übernehmen.
수인이 동일한 채무에 관하여 보증을 한 때
에는 보증을 공동으로 인수하지 아니한 경
우라도 연대채무자의 책임을 진다.

Miteigentum BGB 1008 공유.
(~nach Bruchteilen 지분에 의한 공유).
Steht das Eigentum an einer Sache mehreren nach Bruchteilen zu, so gelten die
Vorschriften der §§ 1009 bis 1011.
1개의 물건이 지분에 의하여 수인에게 속하
는 경우에는 민법 제1009조 내지 제1011조
의 규정을 적용한다.

Mitgliederversammlung BGB 36 사원
총회.

Die Mitgliederversammlung ist in den
durch die Satzung bestimmten Fällen sowie dann zu berufen, wenn das Interesse
des Vereins es erfordert.
사원총회는 정관으로 정한 경우 및 사단의
이해관계에 필요한 경우에는 소집될 수 있다.

Mitgliedschaft BGB 38 사원권.
Die Mitgliedschaft ist nicht übertragbar
und nicht vererblich.
사원의 지위는 이를 양도 및 상속할 수 없다.

Mitreeder HGB 503 선박공유자.
(1) Jeder Mitreeder kann seine Schiffspart
jederzeit und ohne Einwilligung der
übrigen Mitreeder ganz oder teilweise
veräußern.
각 선박공유자는 언제든지 또한 다른 선박
공유자의 동의를 얻지 않고 자기의 선박지
분의 전부 또는 일부를 양도할 수 있다.

Mittäter StGB 25(2) 공동정범.
(2) Begehen mehrere die Straftat gemeinschaftlich, so wird jeder als Täter bestraft.
수인이 범죄행위를 공동으로 한 경우에는
각자가 정범으로 처벌된다.

Mitteilung StPO 350 통지.
(1) S.2 Ist die Mitteilung an den Angeklagten nicht ausführbar, so genügt die
Benachrichtigung des Verteidigers.
피고인에게 (공판기일의) 통지가 이행될 수
없는 경우에는 변호인에 대한 통지로도 충
분하다.
Mitteilung에 비해 Benachrichtung은 사실
보고의 의미를, Bekanntgabe는 고지로서 알
게 하는 의미를 갖고 있다.
→ Terminsnachricht (기일의 통지).

Mitteilung der Anklageschrift
StPO 201 공소장의 송달.
(1) Der Vorsitzende des Gerichts teilt die
Anklageschrift dem Angeschuldigten mit
und fordert ihn zugleich auf, innerhalb
einer zu bestimmenden Frist zu erklären,
ob er die Vornahme einzelner Beweiser-

hebungen vor der Entscheidung über die Eröffnung des Hauptverfahrens beantragen oder Einwendungen gegen die Eröffnung des Hauptverfahrens vorbringen wolle.

재판장은 공소장을 공소피의자에게 송달하여야 하며, 동시에 정해진 기간내에 공소피의자에게 공판절차의 개시에 관한 재판전에 개개의 증거조사의 신청 또는 공판절차의 개시에 대한 이의제기의 여부에 관한 의사표시를 하도록 최고하여야 한다.

Mitteilung der Gerichtsbesetzung

StPO 222a 재판부 구성의 통지.

(1) Findet die Hauptverhandlung im ersten Rechtszug vor dem Landgericht oder dem Oberlandesgericht statt, so ist spätestens zu Beginn der Hauptverhandlung die Besetzung des Gerichts unter Hervorhebung des Vorsitzenden und hinzuezogener Ergänzungsrichter und Ergänzungsschöffen mitzuteilen.

제1심 공판이 주법원이나 주고등법원에서 행하여지는 경우에는 늦어도 공판이 개시될 때까지 재판장, 보충판사 및 보충참심원을 명시하여 재판부의 구성을 통지하여야 한다.

Mitteilung der Staatsanwaltschaft an die Polizeibehörde

StPO 482 경찰관청에 대한 검사의 통지.

(1) Die Staatsanwaltschaft teilt der Polizeibehörde, die mit der Angelegenheit befasst war, ihr Aktenzeichen mit.

검사는 업무와 관련된 경찰관청에 기록번호를 통지한다.

Mitteilung des Verfahrensausgangs an den Verletzten

StPO 406d 피해자에 소송결과의 통지.

(1) Dem Verletzten sind auf Antrag die Einstellung des Verfahrens und der Ausgang des gerichtlichen Verfahrens mitzuteilen, soweit es ihn betrifft.

피해자에게는 그 신청에 의해 그에 관계되는 절차의 정지 및 법원의 절차의 경과에 관하여 통지를 하여야 한다.

Mittelbare Benachteiligung

AGG 3(2) 간접차별.

(2) Eine mittelbare Benachteiligung liegt vor, wenn dem Anschein nach neutrale Vorschriften, Kriterien oder Verfahren Personen wegen eines in § 1 genannten Grundes gegenüber anderen Personen in besonderer Weise benachteiligen können, es sei denn, die betreffenden Vorschriften, Kriterien oder Verfahren sind durch ein rechtmäßiges Ziel sachlich gerechtfertigt und die Mittel sind zur Erreichung dieses Ziels angemessen und erforderlich.

간접적 차별은 외관상으로는 중립적인 규정, 기준 또는 절차가 제1항에 기재된 사유로 인하여 다른 사람에 대하여 특별한 방식으로 사람들을 차별할 수 있는 경우를 말한다. 다만 해당규정, 기준 또는 절차가 합법적인 목적에 의해 객관적으로 정당하거나 그 수단이 목적을 달성을 위하여 적절하며 필요한 경우가 아니어야 한다.

Mittelbare Demokratie 간접민주제.

→ Repräsentative Demokratie (대의민주제).

Mittelbare Falschbeurkundung

StGB 271 간접문서위조죄 (공정증서원본등부실기재죄).

(1) Wer bewirkt, daß Erklärungen, Verhandlungen oder Tatsachen, welche für Rechte oder Rechtsverhältnisse von Erheblichkeit sind, in öffen- heblicUrkunden, Büeblrn, Dateien oder Registern als abgegeben oder geschehen beurkundet oder gespeichert werden,

권리나 권리관계에 중요한 의사표시, 거래 또는 사실이 의사표시, 거래 또는 사실이 공문서, 공공장부, 공공데이터저장장치나 공공등기부에 행하여지거나 발생한 것으로 문서를 작성 또는 저장한 자는 3년 이하의 자유형이나 벌금형에 처한다.

während sie überhaupt nicht oder in anderer Weise oder von einer Person in einer ihr nicht zustehenden Eigenschaft oder von einer anderen Person abgegeben oder geschehen sind,

wird mit Freiheitsstrafe bis zu drei Jahren oder mit Geldstrafe bestraft.

반면에 이와 같은 사실이 전혀 행하여지지 아니하거나, 다른 방법으로 행하여지거나 또는 그 자격이 없는 사람에 의하여 또는 제3자에 의하여 행하여지거나 발생한 것이어야 한다.

Mittelbarer Besitz BGB 868, 870 간접점유.

Besitzt jemand eine Sache als Nießbraucher, Pfandgläubiger, Pächter, Mieter, Verwahrer oder in einem ähnlichen Verhältnis, vermöge dessen er einem anderen gegenüber auf Zeit zum Besitz berechtigt oder verpflichtet ist, so ist auch der andere Besitzer (mittelbarer Besitz).

어떤 자가 용익권자, 질권자, 용익임차인, 사용임차인, 수치인으로서 또는 이와 유사한 관계에서 물건을 점유하는 경우에 그로 인하여 타인에 대하여 일시적으로 점유할 권리를 가지거나 의무를 가지는 때에는 그 타인도 점유자이다(간접점유).

Der mittelbare Besitz kann dadurch auf einen anderen übertragen werden, dass diesem der Anspruch auf Herausgabe der Sache abgetreten wird.

간접점유는 물건의 반환청구권의 양도로 인하여 타인에게 이전될 수 있다.

Mittelbarer Geschädigter → Anspruch mittelbar Geschädigter (간접피해자의 청구권).

Mittelbarer Täter StGB 25 간접정범.
(1) Als Täter wird bestraft, wer die Straftat durch einen anderen begeht.
범죄행위를 타인을 통하여 실행한 자는 정범으로 처벌한다.

Mittelgroße Kapitalgesellschaft
HGB 267(2) 중규모 자본회사.
(2) Mittelgroße Kapitalgesellschaften sind solche, die mindestens zwei der drei in Absatz
1 bezeichneten Merkmale überschreiten und jeweils mindestens zwei der drei nachstehenden Merkmale nicht überschreiten:

1. 16.060.000 Euro Bilanzsumme nach Abzug eines auf der Aktivseite ausgewiesenen Fehlbetrags (§ 268 Abs. 3).
2. 32.120.000 Euro Umsatzerlöse in den zwölf Monaten vor dem Abschlußstichtag.
3. Im Jahresdurchschnitt zweihundertfünfzig Arbeitnehmer.

중규모자본회사란 적어도 (상법 267조) 제1항(소규모 자본회사)에 규정된 3가지 표지 중 2가지를 초과하고, 다음 3가지 표지중 적어도 2가지를 초과하지 않은 회사를 말한다.
1. 차변에 표시된 결손액(제268조 제3항)을 공제한 후의 대차대조표합계액이 16,060,000 유로,
2. 결산일전 12개월간 매출액이 32,120,000 유로,
3 연평균 근로자수가 250명.
→ Kleine Kapitalgesellschaft (소자본회사).

Mittelstandskartell GWB 3 중소기업(중간)카르텔
(1) Vereinbarungen zwischen miteinander im Wettbewerb stehenden Unternehmen und Beschlüsse von Unternehmensvereinigungen, die die Rationalisierung wirtschaftlicher Vorgänge durch zwischenbetriebliche Zusammenarbeit zum Gegenstand haben, erfüllen die Voraussetzungen des § 2 Abs. 1, wenn
1. dadurch der Wettbewerb auf dem Markt nicht wesentlich beeinträchtigt wird und
2. die Vereinbarung oder der Beschluss dazu dient, die Wettbewerbsfähigkeit kleiner oder mittlerer Unternehmen zu verbessern.

상호 경쟁관계에 있는 기업과 사업자단체의 결의 사이에 합의가 기업간의 협력을 통한 경제적 활동의 합리화를 대상으로 하는 경우에는 다음 각호의 경우에 해당하는 때에는 제2조 제1항(카르텔금지의 제외사유)의 요건을 충족한다.
1. 이를 통해 시장에서의 경쟁을 본질적으로 침해하지 아니하고,
2. 그 합의 또는 결의로 인해 중소기업의 경쟁력을 향상시키는 데 기여하는 경우.

Mittlerer Dienst BBG 17 중등근무.
Für die Laufbahnen des mittleren Dienstes sind mindestens zu fordern
1. der Abschluß einer Realschule oder der erfolgreiche Besuch einer Hauptschule und eine förderliche abgeschlossene Berufsausbildung oder eine Ausbildung in einem öffentlich-rechtlichen Ausbildungsverhältnis oder ein als gleichwertig anerkannter Bildungsstand,
2. ein Vorbereitungsdienst von einem Jahr,
3. die Ablegung der Laufbahnprüfung.
중등근무의 경력에는 최소한 다음 각호가 요구된다.
1. 실업학교 또는 주요학교의 졸업 및 직업 훈련교육이나 공법적 교육훈련관계에서 교육의 종료 또는 동가치의 인정된 교육상태
2. 1년 이상의 수습근무.
3. 경력심사의 통과.
→ Laufbahn (경력).

Miturheber UrhG 8 공동저작자.
(1) Haben mehrere ein Werk gemeinsam geschaffen, ohne daß sich ihre Anteile gesondert verwerten lassen, so sind sie Miturheber des Werkes.
수인이 자신들의 지분을 따로 사용하게 하지 않고 한 저작물을 공동으로 창작하였다면 그들은 그 저작물의 공동저작자이다.

Mitverschulden BGB 254 공동귀책사유 (공동과실, 기여과실, 과실상계).
(1) Hat bei der Entstehung des Schadens ein Verschulden des Beschädigten mitgewirkt, so hängt die Verpflichtung zum Ersatz sowie der Umfang des zu leistenden Ersatzes von den Umständen, insbesondere davon ab, inwieweit der Schaden vorwiegend von dem einen oder dem anderen Teil verursacht worden ist.
피해자의 귀책사유가 같이 작용한 손해의 발생시 배상의 의무 및 배상의 이행범위는 제반사정 특히 손해의 어느 범위까지 그 손해가 주로 어떤 일방에 의하여 야기되었는지를 그 기준으로 한다.

Mitverurteilter → Haftung Mitverurteil-

ter als Gesamtschuldner (공동으로 형의 선고를 받은 자의 연대책임).

Mitwirkung des Staatsanwalts im Privatklageverfahren StPO 377 사인기소절차에서 검사의 협력.
(1) Im Privatklageverfahren ist der Staatsanwalt zu einer Mitwirkung nicht verpflichtet.
사인기소절차에 있어서 검사는 참여할 의무가 없다.
(2) Auch kann die Staatsanwaltschaft in jeder Lage der Sache bis zum Eintritt der Rechtskraft des Urteils durch eine ausdrückliche Erklärung die Verfolgung übernehmen.
검사도 사건의 어느 단계에서나 판결의 확정력의 발생시까지 명시적 의사표시에 의하여 소추를 인수할 수 있다.

Mitwirkung in früheren Verfahren StPO 23 전심절차에의 참여.
(1) Ein Richter, der bei einer durch ein Rechtsmittel angefochtenen Entscheidung mitgewirkt hat, ist von der Mitwirkung bei der Entscheidung in einem höheren Rechtszug kraft Gesetzes ausgeschlossen.
상소가 제기된 재판에 참여하였던 판사는 법률에 의하여 상급심재판의 참여가 배제(제척)된다.
(2) Ist die angefochtene Entscheidung in einem höheren Rechtszug ergangen, so ist auch der Richter ausgeschlossen, der an der ihr zugrunde liegenden Entscheidung in einem unteren Rechtszug mitgewirkt hat.
불복재판이 상급심에서 이루어지는 경우 하급심에서 재판의 기초가 되는 결정에 참여하였던 판사도 배제된다.

Mitwirkungsrecht SprAuG 30 공동협력권.
Der Arbeitgeber hat den Sprecherausschuß rechtzeitig in folgenden Angelegenheiten der leitenden Angestellten zu unterrichten:
1. Änderungen der Gehaltsgestaltung und

sonstiger allgemeiner Arbeitsbedingungen;
2. Einführung oder Änderung allgemeiner Beurteilungsgrundsätze.
Er hat die vorgesehenen Maßnahmen mit dem Sprecherausschuß zu beraten.
사용자는 다음의 간부사원의 업무에서 대표자협의회에 적시에 보고하여야 한다.
1. 급여형태의 변경 및 그 밖의 일반적인 근로조건,
2. 일반적인 평가원칙의 도입 또는 변경,
사용자는 (대표자위원회법에) 규정된 조치에 대하여 대표자협의회와 상담하여야 한다. → Mitbestimmungsrecht (공동결정권).

Mobile personenbezogene Speicher- und Verarbeitungsmedien sind Datenträger
BDSG 3(10) 이동성 개인데이터 저장 및 처리매체.
(10) Mobile personenbezogene Speicher- und Verarbeitungsmedien sind Datenträger,
1. die an den Betroffenen ausgegeben werden,
2. auf denen personenbezogene Daten über die Speicherung hinaus durch die ausgebende oder eine andere Stelle automatisiert verarbeitet werden können und
3. bei denen der Betroffene diese Verarbeitung nur durch den Gebrauch des Mediums beeinflussen kann.
이동성 개인데이터 저장 및 처리매체는 다음 각호의 데이터처리기를 말한다.
1. 관련인에게 개인데이터를 전달하거나
2. 개인정보의 저장을 뛰어넘어 전송자 또는 다른 기관을 통하여 자동적으로 개인정보를 처리할 수 있거나
3. 이러한 처리가 관련자에게 단지 매체의 사용을 통하여만 영향을 줄 수 있는 개인정보처리기를 말한다.

Mobilia sequuntur personam
(Die bewegliche Habe folgt der Person)
동산은 사람에 따른다.

Modernisierung WoFG 16(3) 리모델링.
(3) Modernisierung sind bauliche Maßnahmen, die

1. den Gebrauchswert des Wohnraums oder des Wohngebäudes nachhaltig erhöhen,
2. die allgemeinen Wohnverhältnisse auf Dauer verbessern oder
3. nachhaltig Einsparungen von Energie oder Wasser bewirken.
Instandsetzungen, die durch Maßnahmen der Modernisierung verursacht werden, fallen unter die Modernisierung.
리모델링이란 다음 각호의 건축상의 조치를 말한다.
1. 주거공간 또는 주거용 건물의 이용가치를 추가적으로 증대시키는 경우,
2. 일반적인 주거상황을 장기적 관점에서 개선하는 경우,
3. 에너지와 물의 절약에 지속적으로 기여하는 경우,
리모델링 조치에 의하여 야기된 보수는 리모델링에 포함된다.
→ Mieterhöhung bei Modernisierung (리모델링으로 인한 차임인상).

Modus operandi system StPO 163d.
→ Rasterfahndung.(수법수배).

Modus vivendi (Art (mit etwas) zu leben; die Weise, miteinander auszukommen).
잠정협정, 생활방식.
Völkerrechtlich bezeichnet der Begriff die vorläufige Verständigung zwischen Völkerrechtssubjekten, die später durch eine endgültige Abmachung abgelöst werden soll.
~는 국제법상 국제법주체간의 잠정적 양해로 추후에 종국적 협정에 의하여 체결되어야 한다.

Möglicher Wortsinn 문언상의 가능한 의미.
Die Grenze zwischen extensiver Auslegung und Analogie bildet der mögliche Wortsinn.
가능한 의미는 확장해석과 유추의 한계를 형성한다.

Molekuargenetische Untersuchung StPO 81e 분자유전학적 검사.

(1) An dem durch Maßnahmen nach § 81a Abs.1 erlangten Material dürfen auch molekulargenetische Untersuchungen durchgeführt werden, soweit sie zur Feststellung der Abstammung oder der Tatsache, ob aufgefundenes Spurenmaterial von dem Beschuldigten oder dem Verletzten stammt, erforderlich sind.
제81조a 제1항의 처분을 통해 얻은 시료에 대하여는 혈통의 확인을 위하여 또는 발견된 추적단서가 피의자나 피해자에게서 나오는 것인지를 가려내기 위하여 필요한 경우에 한하여 분자유전학적 검사를 실시하는 것이 허용된다.

Monopolkommission GWB 44 독점위원회.
(1) Die Monopolkommission erstellt alle zwei Jahre ein Gutachten, in dem sie den Stand und die absehbare Entwicklung der Unternehmenskonzentration in der Bundesrepublik Deutschland beurteilt, die Anwendung der Vorschriften über die Zusammenschlusskontrolle würdigt sowie zu sonstigen aktuellen wettbewerbspolitischen Fragen Stellung nimmt.
독점위원회는 매2년 마다 독일연방공화국에서의 기업집중의 상황과 장래의 전망을 판단하고, 기업결합규제에 관한 규정의 적용을 평가하고, 기타 현실적인 경쟁정책상의 문제에 관하여 의견을 제시하는 보고서를 작성한다.

Montagefehler BGB 434(2) 설치(조립)하자.
(2) Ein Sachmangel ist auch dann gegeben, wenn die vereinbarte Montage durch den Verkäufer oder dessen Erfüllungsgehilfen unsachgemäß durchgeführt worden ist.
물건하자는 약정된 설치를 매도인 또는 그의 이행보조자가 부적절하게 행한 경우에도 인정된다.

Mora accipiendi
→ Annahmeverzug (수령지체).

Mora creditoris → Gläubigerverzug (채권자지체).

Mord StGB 211 모살(죄).
(1) Der Mörder wird mit lebenslanger Freiheitsstrafe bestraft.
(2) Mörder ist, wer
aus Mordlust, zur Befriedigung des Geschlechtstriebs, aus Habgier oder sonst aus niedrigen Beweggründen,
heimtückisch oder grausam oder mit gemeingefährlichen Mitteln oder um eine andere Straftat zu ermöglichen oder zu verdecken, einen Menschen tötet.
(1) 모살자는 무기 자유형에 처한다.
(2) 모살자는 살인욕구, 성적 충동의 만족, 탐욕, 기타 비열한 동기에 의하여, 간악하거나 잔인하게 또는 공공에 위험한 수단에 의하여 또는 다른 범죄를 실행하거나 이를 은폐할 목적으로 사람을 살해한 자를 말한다.
(2) Verbrechen nach § 211 verjähren nicht. (§ 78)
모살에 대해서는 공소시효가 적용되지 아니한다.
형벌범위는 모살은 무기, 고살은 5년 이상, 고살의 보다 덜 중한 경우는 1년 이상 10년 이하, 촉탁살인은 6개월 이상 5년 이하에 해당한다.

MRRG → Melderechtsrahmengesetz (신고법; 주민등록법)

Mündel BGB 1793 피후견인.
(1) Der Vormund hat das Recht und die Pflicht, für die Person und das Vermögen des Mündels zu sorgen, insbesondere den Mündel zu vertreten.
후견인은 피후견인의 인신 및 재산을 배려하고 피후견인을 대리할 권리와 의무를 가진다.

Mündelgeld BGB 1806 피후견인의 금전.
Der Vormund hat das zum Vermögen des Mündels gehörende Geld verzinslich anzulegen, soweit es nicht zur Bestreitung von Ausgaben bereitzuhalten ist.
후견인은 비용의 지출에 대비할 것을 제외

하고 피후견인의 재산에 속하는 금전을 이
식부로서 투자하여야 한다.

Mündliche Anhörung StPO 406a(2) 구
두의 진술청취.
S.3 Ist das zulässige Rechtsmittel die
Berufung, findet auf Antrag des Angeklagten oder des Antragstellers eine mündliche Anhörung der Beteiligten statt.
허용된 상소가 항소인 경우 고소인 또는 신
청자의 신청에 의하여 관계인에 대한 구두의
진술청취를 행한다.

Mündliche Mitteilung StPO 268(2)
구두고지.
(2) Das Urteil wird durch Verlesung der
Urteilsformel und Eröffnung der Urteilsgründe verkündet. Die Eröffnung der Urteilsgründe geschieht durch Verlesung
oder durch mündliche Mitteilung ihres
wesentlichen Inhalts.
판결의 선고는 판결주문의 낭독과 판결이유
의 고지를 통하여 이루어진다. 판결이유는
그 주요내용의 낭독이나 구두통지에 의하여
고지된다.

Mündliche Verhandlung StPO 118, 118a
구두변론; 구두변론주의 (Grundsatz der
mündlichen Verhandlung).
(1) Bei der Haftprüfung wird auf Antrag
des Beschuldigten oder nach dem Ermessen des Gerichts von Amts wegen
nach mündlicher Verhandlung entschieden.
구속심사시에는 신청 또는 법원의 재량에
의하여 직권으로 구두변론에 따라 재판한
다.
(1) Von Ort und Zeit der mündlichen Verhandlung sind die Staatsanwaltschaft sowie
der Beschuldigte und der Verteidiger zu
benachrichtigen (StPO 118a).
구두변론의 장소와 시기는 검사, 피의자 및
변호인에게 통지되어야 한다.

Mündlichkeit 구두주의.
Der in den Verfahrensordnungen vorgesehene Grundsatz, dass vor Gericht mündlich verhandelt werden muss und nur das

Verhandelte der Entscheidung zugrunde
gelegt wird.
법원에서 구두로 심리된 것만이 재판의 기
초로 된다는 절차법상의 원칙.

Mundraub StGB 242 음식물절도 (삭제);
구법 370(1).

Muß-Vorschrift Muß규정 (강제규정)(필연).
Müssen이 규정되어 있는 강제규정으로서
이에 반하는 것은 무효이다.
→ Grammatische Auslegung(문리해석).

**Mustenwurf eines einheitlichen Polizei-
gesetzes des Bundes und der Länder**
MEPolG 연방과 주의 통일경찰법 모범안
(1977.11.25 내무장관회의 결의).

Muster GeschmMG 1 도안, 의장.
Im Sinne dieses Gesetzes
1. ist ein Muster die zweidimensionale
oder dreidimensionale Erscheinungsform
eines ganzen Erzeugnisses oder eines
Teils davon, die sich insbesondere aus den
Merkmalen der Linien, Konturen, Farben, der Gestalt, Oberflächenstruktur oder
der Werkstoffe des Erzeugnisses selbst
oder seiner Verzierung ergibt;
도안은 제작물의 전체 또는 부분의 2차원
또는 3차원의 형상으로 특히 선, 윤곽, 색채,
형태, 표면구조 또는 제작물 재료 자체 또
는 그 장식의 표지로 구성된다.

Musterentscheid KapMuG 14 대표(표
준)결정.
(1) Das Oberlandesgericht erlässt aufgrund mündlicher Verhandlung den Musterentscheid durch Beschluss. Die Beigeladenen müssen nicht im Rubrum des
Musterentscheids bezeichnet werden. Der
Musterentscheid wird dem Musterkläger
und dem Musterbeklagten zugestellt; den
Beigeladenen wird er formlos mitgeteilt.
주고등법원은 구두변론으로 결정으로 대표
결정을 내린다. 참가자가 대표결정의 판결
문서두에 기재되어서는 안된다. 대표결정은
대표원고와 대표피고에게 송달된다. 참가자

에게는 무형식으로 통지된다.

Musterfeststellungsantrag KapMuG 1 대표(소송)(표준, 집단)확인신청.
(1) Durch Musterfeststellungsantrag kann in einem erstinstanzlichen Verfahren, in dem
1. ein Schadensersatzanspruch wegen falscher, irreführender oder unterlassener öffentlicher Kapitalmarktinformation oder
2. ein Erfüllungsanspruch aus Vertrag, der auf einem Angebot nach dem Wertpapiererwerbs- und Übernahmegesetz beruht, geltend gemacht wird, die Feststellung des Vorliegens oder Nichtvorliegens anspruchsbegründender oder anspruchsausschließender Voraussetzungen oder die Klärung von Rechtsfragen begehrt werden (Feststellungsziel), wenn die Entscheidung des Rechtsstreits hiervon abhängt.
대표확인신청에 의하여 다음 각호가 주장되는 제1심 절차에서 소송의 재판이 청구권성립 또는 배제요건의 존재 또는 비존재나 법적 문제에 의존하는 때에는 그에 관한 확인이나 해명을 구할 수 있다(확인목적).
1. 허위, 오인유발, 또는 부작위의 공개된 투자정보 또는
2. 유가증권취득 및 기업인수법에 따른 공급에 기초한 계약상의 이행청구권.

Musterkläger KapMuG 8(2) 대표원고.
(2) Das Oberlandesgericht bestimmt nach billigem Ermessen durch Beschluss den Musterkläger aus den Klägern bei dem Gericht, das den Musterentscheid einholt.
주고등법원은 합리적 재량으로 결정에 의하여 대표결정을 받는 법원에 원고들로 구성된 대표원고를 정한다.

Musterverfahren VwGO 93a; KapMuG 6 Nr.1 대표절차 (Musterprozeß 대표소송).
(1) Ist die Rechtmäßigkeit einer behördlichen Maßnahme Gegenstand von mehr als zwanzig Verfahren, kann das Gericht eines oder mehrere geeignete Verfahren vorab durchführen (Musterverfahren) und die übrigen Verfahren aussetzen. (VwGO

93a)
관청의 조치의 적법성이 20개 이상의 절차의 대상이 되는 경우 법원은 하나 또는 수개의 적당한 절차를 미리 시행할 수 있으며 (대표절차(소송)), 기타 절차는 유예할 수 있다.
Nach Eingang des Vorlagebeschlusses macht das Oberlandesgericht im Klageregister öffentlich bekannt:
1. die namentliche Bezeichnung des Musterklägers und seines gesetzlichen Vertreters (§ 8 Abs. 1 Nr. 1) (KapMuG 6 Nr.l).
제청결정이 있는 후에 주고등법원은 소송등록부에 다음 각호의 사항을 공지한다.
1. 대표원고 및 그의 법정대리인의 기명.

Mutatis mutandis (m. m.) (nach Änderung des zu Ändernden) 형태를 바꾸어 말하면.

Mutmaßliche Einwilligung 추정적 승낙.
Die ~ ist nach der herrschenden Meinung ein eigenständiger, gewohnheitsrechtlich anerkannter Rechtfertigungsgrund. Eine mutmaßliche Einwilligung kommt dann in Betracht, wenn eine Einwilligung rechtlich zulässig wäre, tatsächlich aber nicht vorliegt
통설에 의하면 ~은 독자적인, 관습법적으로 인정된 정당화사유이다. ~은 승낙이 실제로 존재하지 않지만 승낙이 법적으로 허용될 것으로 보는 경우를 말한다.

Mutterschaft BGB 1591 모성.
Mutter eines Kindes ist die Frau, die es geboren hat.
자의 모는 자를 출생시킨 여자이다.

Mutterschaftshilfe StVollzG 76, 80 모권보호.
(1) Bei einer Schwangeren oder einer Gefangenenm, die unlängst entbunden hat, ist auf ihren Zustand Rücksicht zu nehmen. (76)
임산부 또는 최근 출산한 여자수형자에 대하여는 그녀의 신체상태가 고려되어야 한다.
(1) Ist das Kind einer Gefangenen noch

nicht schulpflichtig, so kann es mit Zustimmung des Inhabers des Aufenthaltsbestimmungsrechts in der Vollzugsanstalt untergebracht werden, in der sich seine Mutter befindet, wenn dies seinem Wohl entspricht. (80)
수형자의 자녀가 아직 의무교육연령에 달하지 아니한 경우 자녀의 복지를 위해 체류결정권자의 동의를 얻어 그의 모가 있는 행형시설에 수용하도록 할 수 있다.

Mutterunternehmen (모기업) ↔ (Tochterunternehmen: 자기업) → Konzernabschluß und Konzernlagebericht HGB 290 콘체른결산서 및 콘체른상황보고서.

Nachbarrecht BGB 924 상린법(관계).
Unverjährbarkeit nachbarrechtlicher Ansprüche 상린관계에 기한 청구권 소멸시효의 불성립.
Die Ansprüche unterliegen nicht der Verjährung 이 청구권은 소멸시효에 걸리지 아니한다.

Nacherbe BGB 2100 후순위상속인.
Der Erblasser kann einen Erben in der Weise einsetzen, dass dieser erst Erbe wird, nachdem zunächst ein anderer Erbe geworden ist (Nacherbe).
피상속인은 첫 번째의 상속인과 다음에 다른 자가 상속인이 되는 방식으로 상속인을 지정할 수 있다.

Nacherfüllung BGB 439 추완;
~sanspruch (~청구권) (BGB 218).
(1) Der Käufer kann als Nacherfüllung nach seiner Wahl die Beseitigung des Mangels oder die Lieferung einer mangelfreien Sache verlangen.
매수인은 추완으로서 자신의 선택에 따라 하자의 제거나 하자 없는 물건의 인도를 요구할 수 있다.

Nachfrist BGB 676b(3); StPO 77(2)
유예기간.
(3) S.3 Mit dem Erstattungsverlangen des Überweisenden und dem Ablauf der Nachfrist gilt der Überweisungsvertrag als gekündigt. (BGB 676b)
이체자의 상환청구와 유예기간의 경과에 의해 이체계약은 해지된 것으로 본다.
(2) Der Festsetzung des Ordnungsgeldes muß eine Androhung unter Setzung einer Nachfrist vorausgehen. (StPO 77)
질서금의 확정은 유예기간을 두고 그 부과가 경고되어야 한다.

Nachgehende Betreuung StVollzG 126
사후적 보호.
Die Zahl der Fachkräfte für die sozialtherapeutische Anstalt ist so zu bemessen, daß auch eine nachgehende Betreuung der Gefangenen gewährleistet ist.
사회치료시설을 위한 전문가의 숫자는 수형자의 사후적 보호가 보장될 수 있도록 정해야 한다.

Nachgelassenes Werk UrhG 71 사후저작권.
(1) Wer ein nicht erschienenes Werk nach Erlöschen des Urheberrechts erlaubterweise erstmals erscheinen läßt oder erstmals öffentlich wiedergibt, hat das ausschließliche Recht, das Werk zu verwerten.
저작권의 소멸후 미발생 저작물을 허락된 방법으로 처음 발행하거나 또는 처음으로 공개재현한 자는 저작물을 이용할 배타적인 권리를 가진다.

Nachgiebige Vorschrift (dispositive, abdingbare ~) BGB 40 임의규정.
↔ Zwingende Vorschrift (강행규정).

Nachgründung AktG 52 사후설립.
(1) Verträge der Gesellschaft mit Gründern oder mit mehr als 10 vom Hundert des Grundkapitals an der Gesellschaft beteiligten Aktionären, nach denen sie vorhandene oder herzustellende Anlagen oder andere Vermögensgegenstände für eine den zehnten Teil des Grundkapitals übersteigende Vergütung erwerben soll, und die in den ersten zwei Jahren seit der Eintragung der Gesellschaft in das Handelsregister geschlossen werden, werden nur mit Zustimmung der Hauptversammlung und durch Eintragung in das Handelsregister wirksam.
회사가 체결하는 설립자 또는 기본자본의 100분 10 이상 회사에 출자한 주주와의 계약이 현존하거나 설치될 시설 또는 다른 재산을 기본자본의 10분의 1 이상의 대가로 취득하는 것을 그 내용으로 하고, 그 계약이 상업등기부상의 회사의 등기후 2년 내에 체결되는 경우에는 주주총회의 동의와 상업 증기상의 등기가 있어야만 효력을 가진다.

Nachholen des Hauptschulabschlusses StVollzG 38 기초학력의 보완.
(1) Für geeignete Gefangene, die den Abschluß der Hauptschule nicht erreicht haben, soll Unterricht in den zum Hauptschulabschluß führenden Fächern oder ein der Sonderschule entsprechender Unterricht vorgesehen werden.
중등학교를 졸업하지 못한 능력있는 수형자를 위하여 중등학교 졸업에 중요한 과목의 강의 또는 특수학교에 준하는 강의를 마련하여야 한다.

Nachholung der Anhörung StPO 33a, 311a 진술청취의 보완 (사후의 진술청취).
← Nachholen (Nachholung) des rechtlichen Gehörs.
Hat das Gericht in einem Beschluss den Anspruch eines Beteiligten auf rechtliches Gehör in entscheidungserheblicher Weise verletzt und steht ihm gegen den Beschluss keine Beschwerde und kein anderer Rechtsbehelf zu, versetzt es, sofern der Beteiligte dadurch noch beschwert ist, von Amts wegen oder auf Antrag insoweit das Verfahren durch Beschluss in die Lage zurück, die vor dem Erlass der Entscheidung bestand.
법원이 관계인의 법률상 청문권을 재판에 중요한 방법으로 침해하였지만 관계인이 항고 및 기타 다른 법률상의 구제수단이 없는 경우, 그로 인해 관계인이 불리하다면 직권 또는 신청에 의해 결정으로 절차를 재판의 선고 이전의 상태로 복귀시킨다.
→ Außerordentlicher Rechtsbehelf (법률상의 비상구제).
→ Anhörung der Beteiligten (관계인의 진술청취).
→ Nachträgliche Anhörung des Beschwerdegegners (피항고인의 추가의 진술청취).

Nachholung der versäumten Handlung StPO 45 해태행위의 추완.

(2) Innerhalb der Antragsfrist ist die versäumte Handlung nachzuholen.
신청기간내의 해태행위는 추완된 것으로 한다.

Nachindossament ScheckG 24 기한후배서 (Indossament nach Protest oder Fristablauf 거절증서작성후 배서).
(1) Ein Indossament, das nach Erhebung des Protests oder nach Vornahme einer gleichbedeutenden Feststellung oder nach Ablauf der Vorlegungsfrist auf den Scheck gesetzt wird, hat nur die Wirkungen einer gewöhnlichen Abtretung.
거절증서의 작성후 또는 이와 동일한 의미의 증명을 행한 후 또는 제시기간의 경과후에 수표에 행하여지는 배서는 보통의 채권 양도의 효력만을 가진다.
→ Indossament nach Verfall (만기후배서).

Nachlaß ① OWiG 101 유산에 대한 집행 (Vollstreckung in den ~).
In der Nachlaß des Betroffen darf eine Geldbuße nicht vollstreckt werden. 해당자의 유산에 대한 질서위반금은 이를 집행하지 못한다.
② 할인액 → Zuschläge (할증액).

Nachlaßverbindlichkeit BGB 1967 유산채무.
(1) Der Erbe haftet für die Nachlassverbindlichkeiten.
상속인은 유산채무에 관하여 그 책임을 진다.

Nachlaßverwalter BGB 1985 유산관리인.
(1) Der Nachlassverwalter hat den Nachlass zu verwalten und die Nachlassverbindlichkeiten aus dem Nachlass zu berichtigen.
유산관리인은 유산을 관리하며 유산으로부터 유산채무를 정리하여야 한다.

Nachlaßverwaltung (유산관리)
→ Beschränkung der Haftung des Erben (상속인의 한정책임).

Nachrede → Üble Nachrede (명예훼손죄).

Nachrichtendienst → Sicherheitsgefährden der Nachrichtendienst (반국방정보활동죄).

Nachrücken GemO BW 31 승계.
(2) Tritt eine gewählte Person nicht in den Gemeinderat ein, scheidet sie im Laufe der Amtszeit aus oder wird festgestellt, dass sie nicht wählbar war, rückt die als nächste Ersatzperson festgestellte Person nach.
선출된 자가 지방(기초자치단체)의회에 진출하지 않거나 그 임기중 퇴임하거나 또는 그의 피선거자격이 없음이 밝혀진 경우 그의 차순위 보충인으로서 확인된 후보자가 그 직을 승계한다.

Nachschußpflicht GmbHG 26 추가출자의무.
(1) Im Gesellschaftsvertrag kann bestimmt werden, daß die Gesellschafter über den Betrag der Stammeinlagen hinaus die Einforderung von weiteren Einzahlungen (Nachschüssen) beschließen können.
정관에서 사원은 기본출자의 금액을 초과하여 추가적인 납입금(추가출자)의 징수를 결의할 수 있다고 정할 수 있다.

Nachstellung StGB 238 스토킹.
(Beharrliche ~)
(1) Wer einem Menschen unbefugt nachstellt, indem er beharrlich
1. seine räumliche Nähe aufsucht,
2. unter Verwendung von Telekommunikationsmitteln der sonstigen Mitteln der Kommunikation oder über Dritte Kontakt zu ihm herzustellen versucht,
3. unter missbräuchlicher Verwendung von dessen personenbezogenen Daten Bestellungen von Waren oder Dienstleistungen für ihn aufgibt oder Dritte veranlasst, mit diesem Kontakt aufzunehmen,
4. ihn mit der Verletzung von Leben, körperlicher Unversehrtheit, Gesundheit oder Freiheit seiner selbst oder einer ihm nahe

stehenden Person bedroht oder
5. eine andere vergleichbare Handlung vornimmt und dadurch seine Lebensgestaltung schwerwiegend beeinträchtigt,
wird mit Freiheitsstrafe bis zu drei Jahren oder mit Geldstrafe bestraft.
권한 없이 사람의 뒤를 따라가 집요하게
1. 그 인근지역을 방문하고,
2. 기타 통화의 수단인 통신수단을 사용하거나 또는 그에 대한 제3자의 접촉을 만들기를 시도하거나,
3. 그 개인데이터를 남용하여 그에 대한 상품의 주문이나 서비스이행을 포기하게 하거나 제3자로 하여금 이러한 접촉을 수용하게 하거나,
4. 본인이나 그와 가까운 자에 대한 생명, 신체적 완전성, 건강 또는 자유를 침해에 의해 협박하거나,
5. 기타 비교가능한 행위를 기도하고 이로 인하여 생활형상을 중하게 침해한 자는 3년 이하의 자유형 또는 벌금형에 처한다.
(2) Auf Freiheitsstrafe von drei Monaten bis zu fünf Jahren ist zu erkennen, wenn der Täter das Opfer, einen Angehörigen des Opfers oder eine andere dem Opfer nahe stehende Person durch die Tat in die Gefahr des Todes oder einer schweren Gesundheitsschädigung bringt.
행위자가 피해자, 피해자의 친족, 기타 피해자와 가까운 사람을 그 행위로 인하여 사망 또는 중한 건강상해의 위험에 빠뜨린 경우에는 3개월 이상 5년 이하의 자유형을 선고한다.
(3) Verursacht der Täter durch die Tat den Tod des Opfers, eines Angehörigen des Opfers oder einer anderen dem Opfer nahe stehenden Person, so ist die Strafe Freiheitsstrafe von einem Jahr bis zu zehn Jahren.
행위자가 피해자, 피해자의 친족, 기타 피해자와 가까운 사람을 그 행위로 인하여 사망을 야기한 경우에는 1년 이상 10년 이하의 자유형을 선고한다.
(4) In den Fällen des Absatzes 1 wird die Tat nur auf Antrag verfolgt, es sei denn, dass die Strafverfolgungsbehörde wegen des besonderen öffentlichen Interesses an

der Strafverfolgung ein Einschreiten von Amts wegen für geboten hält.
제1항의 경우에는 고소가 있어야 소추할 수 있다. 다만, 형사소추관청이 형사소추에 대한 특별한 공적 관심으로 인하여 직권으로 개입이 필요하다고 인정하는 경우에는 그러하지 아니하다.

Nachtarbeit und Schichtarbeit
ArbZG 6 야간근무와 교대근무.
(1) Die Arbeitszeit der Nacht- und Schichtarbeitnehmer ist nach den gesicherten arbeitswissenschaftlichen Erkenntnissen über die menschengerechte Gestaltung der Arbeit festzulegen.
야간근로자와 교대근로자의 근로시간은 인간다운 노동의 형성에 대한 노동과학적 인식의 보장에 근거하여 책정되어야 한다.
(2) Die werktägliche Arbeitszeit der Nachtarbeitnehmer darf acht Stunden nicht überschreiten.
야간근로자의 평일 근로시간은 8시간을 초과해서는 안된다.

Nächtliche Haussuchung → Hausdurchsuchung zur Nachtzeit (야간가택수색).

Nachträgliche Anhörung des Beschwerdegegners StPO 311a 피항고인의 추가적 청취.
Hat das Beschwerdegericht einer Beschwerde ohne Anhörung des Gegners des Beschwerdeführers stattgegeben, so hat es diesen, sofern der ihm dadurch entstandene Nachteil noch besteht, von Amts wegen oder auf Antrag nachträglich zu hören.
항고법원이 피항고인의 청취없이 항고를 인용하였으나, 청취의 부존재로 인한 불이익이 계속 존재하는 경우에는 직권 또는 신청에 의해서 추가로 진술을 청취할 수 있다.
→ Anhörung der Beteiligten (관계자의 진술청취).
→ Gehör (청문).

Nachträgliche Anordnung der Unterbringung in der Sicherungsverwahrung

StGB 66b 사후적 보안감호명령.
(1) Werden nach einer Verurteilung wegen eines Verbrechens gegen das Leben, die körperliche Unversehrtheit, die persönliche Freiheit oder die sexuelle Selbstbestimmung oder eines Verbrechens nach den §§ 250, 251, auch in Verbindung mit den §§ 252, 255, oder wegen eines der in § 66 Abs.3 Satz 1 genannten Vergehen vor Ende des Vollzugs dieser Freiheitsstrafe Tatsachen erkennbar, die auf eine erhebliche Gefährlichkeit des Verurteilten für die Allgemeinheit hinweisen, so kann das Gericht die Unterbringung in der Sicherungsverwahrung nachträglich anordnen, wenn die Gesamtwürdigung des Verurteilten, seiner Taten und ergänzend seiner Entwicklung während des Strafvollzugs ergibt, dass er mit hoher Wahrscheinlichkeit erhebliche Straftaten begehen wird, durch welche die Opfer seelisch oder körperlich schwer geschädigt werden, und wenn im Zeitpunkt der Entscheidung über die nachträgliche Anordnung der Sicherungsverwahrung die übrigen Voraussetzungen des § 66 erfüllt sind.
생명, 신체의 완전성, 신체의 자유 또는 성적 자기결정권 또는 제250, 251조, 또한 제252, 255조와 관련된 범죄 또는 제66조 제3항 제1단에 열거된 경죄로 인하여 형의 선고를 받은 자가 그 자유형의 집행종료전에 공공에 대한 중대한 위험성을 지적하는 범죄사실을 알 수 있게 되는 경우에, 행위자와 그의 행위 및 보충적으로는 행형경과를 종합적으로 평가하여 그가 중대한 범죄를 행할 고도의 개연성이 있으며, 이로 인하여 피해자가 정신적 또는 육체적으로 현저한 손상을 받게 되고, 사후적 보안감호명령에 관한 재판시점에 기타 제66조의 요건이 충족된다고 생각되는 때에는 법원은 보안감호수용을 사후적으로 명령할 수 있다.

Nachträgliche Anordnung von Verfall oder Einziehung StGB 76 사후적 박탈 또는 몰수명령.
Ist die Anordnung des Verfalls oder der Einziehung eines Gegenstandes nicht aus-

führbar oder unzureichend, weil nach der Anordnung eine der in §§ 73a, 73d Abs. 2 oder § 74c bezeichneten Voraussetzungen eingetreten oder bekanntgeworden ist, so kann das Gericht den Verfall oder die Einziehung des Wertersatzes nachträglich anordnen.

물건의 박탈 또는 몰수의 명령이 그 명령 이후에 §73a, 73d(2), 74c에 기재된 요건중 의 하나가 충족되거나 알려지게 되어 물건 의 박탈이나 몰수명령이 집행될 수 없거나 불충분하게 된 때에는 법원은 사후적으로 대가의 박탈 또는 몰수를 명할 수 있다.

Nachträgliche Entscheidung StGB 56e, 68d, StPO 453 사후적 재판.

Das Gericht kann Entscheidungen nach den §§ 56b bis 56d auch nachträglich treffen, ändern oder aufheben (56e).

법원은 제56조b 내지 제56조d (준수사항, 지시사항, 보호관찰부조)에 의한 재판을 사 후에 행하거나 변경하거나 취소할 수 있다. (1) Die nachträglichen Entscheidungen, die sich auf eine Strafaussetzung zur Bewährung oder eine Verwarnung mit Strafvorbehalt beziehen (§§ 56a bis 56g, 58, 59a, 59b des Strafgesetzbuches), trifft das Gericht ohne mündliche Verhandlung durch Beschluß. (453)

(1) 보호관찰을 위한 형의 유예 또는 형유 보부경고와 관련하여 인정되는 사후적 재판 은 법원이 구두변론없이 결정으로 한다.

Nachträgliche Entscheidung auf eine Gesamtstrafe StPO 460 병합형에 대한 사후적 재판.

Ist jemand durch verschiedene rechtskräftige Urteile zu Strafen verurteilt worden und sind dabei die Vorschriften über die Zuerkennung einer Gesamtstrafe (§ 55 des Strafgesetzbuches) außer Betracht geblieben, so sind die erkannten Strafen durch eine nachträgliche gerichtliche Entscheidung auf eine Gesamtstrafe zurückzuführen.

수개의 확정판결에 의하여 형의 선고를 받 은 자에게 병합형의 선고에 관한 규정(형법

제55조)이 고려되지 아니한 경우에는 선고 된 수개의 형은 법원의 사후적 재판에 의하 여 1개의 병합형으로 귀일시켜야 한다.

Nachträgliche Gesamtstrafe StGB 55 사후적 병합형.

(1) Die §§ 53 und 54 sind auch anzuwenden, wenn ein rechtskräftig Verurteilter, bevor die gegen ihn erkannte Strafe vollstreckt, verjährt oder erlassen ist, wegen einer anderen Straftat verurteilt wird, die er vor der früheren Verurteilung begangen hat.

제53조(수개의 행위)와 제54조(병합형의 형 성)는 유죄의 확정판결을 받은 자가 그에게 선고된 형벌이 집행되거나, 시효가 완성되 거나 또는 면제되기 이전에 다른 범죄행위 로 인하여 유죄판결을 받은 경우에도 적용 된다.

StPO §460에서는 사후적 병합형에 관하여 §55 StGB의 병합형이 고려되지 않은 경우 에 이를 하나의 병합형으로 귀일시켜야 한 다고 규정하여 §55 StGB의 병합형 형성의 부작위를 보완하고 있다.

Nachträgliche Unmöglichkeit BGB 275, 326, 283, 280 후발적 불능.

Bei nachträglicher Unmoglichkeit wird der Schuldner von seiner Leistungspflicht gemäß §275 BGB frei. Die Gegenleistung entfällt gemaß §326 Abs. 1 BGB. Hat der Schuldner die Unmöglichkeit zu vertreten, hat der Gläubiger gemäß §§283, 280 Abs. 1 BGB einen Anspruch auf Schadensersatz statt der Leistung.

후발적 불능의 경우에 민법 제275조에 의하 여 채무자는 자신의 급부의무에서 해방되며, 민법 제326조 제1항에 의하여 반대급부는 탈락한다. 채무자가 그 불능에 책임이 있는 경우 채권자는 민법 제283, 280조에 의하여 급부에 갈음한 손해배상청구권을 가진다.

→ Ursprüngliche Unmöglichkeit (원시적 불능).

Nachtragsanklage StPO 266 추가기소.

(1) Erstreckt der Staatsanwalt in der Hauptverhandlung die Anklage auf weitere

Straftaten des Angeklagten, so ten das Gericht sie durch Beschluß in das Verfaerin dasbeziehen, wenn ds für sie zun, sändig ist und der Angeklagte zustimmt.
검사가 공판중에 피고인의 다른 범죄행위에 대하여 공소를 확장하는 경우에는, 법원이 그 행위에 관한 관할권을 가지며 피고인이 동의한 경우에만 법원은 결정으로 그 행위를 절차에 포함시킬 수 있다.

Nachtwächterstaat 야경국가.
Der Nachtwächterstaat ist eine polemische Bezeichnung für einen liberalen Staat, der ausschließlich für innere und äußere Sicherheit zuständig ist - in Anspielung auf die Aufgabe eines Nachtwächters.
~는 오로지 내적, 외적 안전만을 책임지는 자유국가에 대한 논쟁적 개념으로 야경꾼의 임무를 빗댄 것이다.

Nachverfahren StPO 439 사후절차 (몰수확정의 부당성에 대한).
← Geltendmachung im Nachverfahren.
(1) Ist die Einziehung eines Gegenstandes rechtskräftig angeordnet worden und macht jemand glaubhaft, daß er
물건의 몰수가 확정된 경우에 다음 각호의 사실을 소명한 자는
1. zur Zeit der Rechtskraft der Entscheidung ein Recht an dem Gegenstand gehabt hat, das infolge der Entscheidung beeinträchtigt ist oder nicht mehr besteht, und
그가 판결의 확정시에 판결에 의하여 침해되었거나 더 이상 존재할 수 없게 된 물건에 대한 권리를 가지고 있었다는 사실
2. ohne sein Verschulden weder im Verfahren des ersten Rechtszuges noch im Berufungsverfahren die Rechte des Einziehungsbeteiligten hat wahrnehmen können,
그가 그의 과실없이 제1심 절차와 항소심절차에서 몰수참가인의 권리를 행사할 수 없었다는 사실.
so kann er in einem Nachverfahren geltend machen, daß die Einziehung ihm gegenüber nicht gerechtfertigt sei.

그에 대한 몰수가 부당하다고 항변할 수 있다.

Nachwahl BWO 82 연기된 선거.
(1) Sobald feststeht, dass die Wahl wegen Todes eines Wahlkreisbewerbers, infolge höherer Gewalt oder aus sonstigem Grunde nicht durchgeführt werden kann, sagt der Kreiswahlleiter die Wahl ab und macht öffentlich bekannt, dass eine Nachwahl stattfinden wird.
선거구후보자가 사망하거나 불가항력적인 사고 또는 그 외의 사유로 선거가 실시될 수 없음이 확정된 후에는 바로, 선거구선거위원장은 그 선거를 취소하고 연기된 선거의 실시를 공고한다.

Nachwirkung 추급효, 여후효(餘後效).
~ des Zeitgesetzes (StGB 2 추급효) → Zeitgesetz (한시법).
~ von Tarifverträgen (단체협약의 추급효).
Gilt für einen Vertrag Nachwirkung, dann gelten die im Vertrag getroffenen Regelungen auch nach Ablauf oder Kündigung des Vertrages.
계약의 추급효는 계약의 해지후에도 계약상의 규정이 적용되는 것을 말한다.
(5) Nach Ablauf des Tarifvertrags gelten seine eine snormen weiter, bis sieinurch eine andere Abmachung ersetzt werden (TVG 4)
단체협약의 규정은 단체협약의 종료후에도 단체협약이 다른 협정으로 대체될 때까지 계속 적용된다.

Namensaktie AktG 24 기명주식.
↔ Inhaberaktie (무기명주식).

Namensrecht BGB 12 성명권.
Wird das Recht zum Gebrauch eines Namens dem Berechtigten von einem anderen bestritten oder wird das Interesse des Berechtigten dadurch verletzt, dass ein anderer unbefugt den gleichen Namen gebraucht, so kann der Berechtigte von dem anderen Beseitigung der Beeinträchtigung verlangen.
성명사용권에 관하여 타인이 권리자에게 이

를 다투거나 또는 타인이 권한 없이 동일한 성명을 사용함으로써 권리자의 이익이 침해되는 때에는 권리자는 그 타인에 대하여 침해의 제거를 요구할 수 있다.

Namhaftmachung der geladenen Zeugen und Sachverständigen StPO 222 소환된 증인 및 감정인의 기명(통지).
(1) Das Gericht hat die geladenen Zeugen und Sachverständigen der Staatsanwaltschaft und dem Angeklagten rechtzeitig namhaft zu machen und ihren Wohn- oder Aufenthaltsort anzugeben.
법원은 소환된 증인 및 감정인의 성명을 검사 및 피고인에게 적시에 밝혀야 하며 그들의 주소나 거소를 명시하여야 한다.

Nämlichkeitssicherung ZK 72; ZollVG 8 동일성보증.
(1) Die Zollbehörden treffen die geeigneten Maßnahmen, um die Nämlichkeit der Waren zu sichern, wenn eine solche Nämlichkeitssicherung erforderlich ist, um die Einhaltung der Voraussetzungen des Zollverfahrens zu gewährleisten, zu dem die Waren angemeldet worden sind. (ZK 72)
관세청은 신고된 물품의 관세절차의 요건을 준수하기 위하여 필요한 물품동일성의 증명이 요구되는 경우에는 물품의 동일성을 확인하는 데 필요한 조치를 취해야 한다.
Soweit die Sicherung der Nämlichkeit (Artikel 72 des Zollkodex) erforderlich ist, hat der Beteiligte Räume, Beförderungsmittel und Behältnisse, die zollamtlich verschlossen werden sollen, auf seine Kosten zollsicher herzurichten. (ZollVG 8)
동일성보증이 필요한 경우(EU 관세법 제72조) 관계인은 세관에 의하여 봉인되는 공간, 운반수단, 용기를 자기의 비용으로 관세상 안정하게 시설하여야 한다.

Nasciturus (ungeborener Mensch) 태아.
Der Begriff Leibesfrucht bezeichnet: den Embryo von Lebewesen, den Nasciturus (ungeborener Mensch) als Träger von Rechten.
태아는 생명체로서 배아, 권리의 주체로서

태아를 의미한다.

Nasciturus pro iam nato habetur, quotiens de commodis eius agitur.
(Die Leibesfrucht wird dem bereits Geborenen gleichgestellt, insofern es seinem Vorteil dient)
태아는 그 이익에 관한 한 이미 출생한 것으로 본다.

Natur der Sache 사물의 본성.
Die Rechtsphilosophie bemüht sich, die Maßstäbe aufzustellen, nach denen der Dogmatiker beurteilen kann, ob die Sätze des geltenden Rechts mit den natürlichen Gegebenheiten der Sozialordnung (Natur der Sache) und den leitenden Wertideen der Sozialethik (Naturrecht) vereinbar sind, wie sie ausgelgt oder in welcher Weise sie gegebenfalls umgestalt werden müssen.
법철학에서 이론가는 현행법문이 사회질서의 자연적 소여 (사물의 본성) 및 사회윤리의 지도적 가치이념 (자연법)과 일치할 수 있는지, 즉 현행법문이 어떻게 해석되어야 하고 경우에 따라서는 어떤 방법으로 변형되어야 하는지에 관한 판단기준을 설정하려고 한다.

Naturalien StGB 353(2) 현물 (an Geld oder ~ 현금이나 ~로); Geld- und Naturalleistung ZPO 850e Nr.3 금전 및 현물급부.

Naturalistischer Fehlschluß (naturalistic fallacy) 자연주의적 오류.
These, dass aus dem Sein kein Sollen abgeleitet werden kann.
존재로부터 당위가 도출될 수 없다는 테제.

Ne bis in idem (Nicht zweimal gegen dasselbe) GG 103(3) 일사부재리의 원칙(→ Sperrwirkung).
(3) Niemand darf wegen derselben Tat auf Grund der allgemeinen Strafgesetze mehrmals bestraft werden.
누구든지 동일행위를 이유로 일반형법에 의

거하여 거듭 처벌되지 아니한다.
Verbot der Doppelbestrafung → Straf-klageverbrauch (형사소(刑事訴)의 확정; 기판력).

Ne ultra petita (Ne eat iudex ultra petita partium) (Ein Urteil darf nie über die Anträge der Parteien hinausgehen)
주장된 이상으로 판결을 선고해서는 안된다.

Nebenbestimmung zum Verwaltungsakt VwVfG 36 행정행위의 부관.
(1) Ein Verwaltungsakt, auf den ein Anspruch besteht, darf mit einer Neben-bestimmung nur versehen werden, wenn sie durch Rechtsvorschrift zugelassen ist oder wenn sie sicherstellen soll, dass die gesetzlichen Voraussetzungen des Verwaltungsaktes erfüllt werden.
행정행위는 이를 청구할 수 있는 경우에 법규에 부관이 허용되어 있거나 행정행위의 법률상 요건의 충족이 부관으로 확보되어야 할 경우에만 부관을 붙일 수 있다.

Nebenbeteiligte StPO 467a 보조참가인.
(압수와 관련된 제3자 등과 같은 절차참가인(Verfahrensbeteiligte).
→ Einziehungsbeteiligten (몰수참가인).
(2) Die einem Nebenbeteiligten (431 Abs.1 Satz 1, 442, 444 Abs.1 Satz 1) erwachse-nen notwendigen Auslagen kann das Gericht in den Fällen des Absatzes 1 Satz 1 auf Antrag der Staatsanwaltschaft oder des Nebenbeteiligten der Staatskasse oder einem anderen Beteiligten auferlegen.
법원은 제1항 제1문(bei Klagerücknahme und Einstellung 검사의 소취하 또는 중지 시)의 경우에는 검사 또는 보조적 참가인의 신청에 의하여 보조참가인에게 발생된 필요적 경비를 국고 또는 다른 참가인에게 부과할 수 있다.

Nebenfolge StGB 45 부대효과(101, 101a, 108c, 109i, 358); 중죄의 경우 자동적 부대효과(automatische Nebenfolgen) 즉, → Amtsfähigkeit, Wählbarkeit, Stimmrecht (공무담임자격, 피선거권, 투표권)의 상실 등이

발생한다.

Nebenfolgen, die zu Geldzahlung ver-pflichten OWiG 99 금전납부를 의무로 하는 부대효과 (~의 집행)(Vollstreckung von ~).

Nebenintervention ZPO 66 보조참가.
Wer ein rechtliches Interesse daran hat, dass in einem zwischen anderen Personen anhängigen Rechtsstreit die eine Partei obsiege, kann dieser Partei zum Zwecke ihrer Unterstützung beitreten.
타인간에 계속중인 소송에 있어서 그 한 당사자의 승소에 법률적인 이해관계를 가지는 자는 그 당사자를 보조하기 위해서 소송에 참가할 수 있다.

Nebenklage StPO 395 공소참가.
(1) Der erhobenen öffentlichen Klage oder dem Antrag im Sicherungsverfahren kann sich mit der Nebenklage anschließen, wer
1. durch eine rechtswidrige Tat
a) nach den §§ 174 bis 174c, 176 bis 181a und 182 des Strafgesetzbuches,
b) nach den §§ 185 bis 189 des Straf-gesetzbuches,
c) nach den §§ 221, 223 bis 226 und 340 des Strafgesetzbuches,
d) nach den §§ 232 bis 233a, 234 bis 235 und 239 Abs. 3 und den §§ 239a und 239b des Strafgesetzbuches,
e) nach § 238 des Strafgesetzbuches und § 4 des Gewaltschutzgesetzes,
2. durch eine versuchte rechtswidrige Tat nach den §§ 211 und 212 des Strafgesetz-buches verletzt ist
oder
3. durch einen Antrag auf gerichtliche Entscheidung (§ 172) die Erhebung der öffentlichen Klage herbeigeführt hat.
다음에 해당하는 자는 제기된 공소 또는 보안절차의 신청에 공소참가할 수 있다.
1. 위법행위
a) 형법 제174-174c, 176-181a, 182조,
b) 형법 제185-189조,
c) 형법 제221, 223-226, 340조,

d) 형법 제232-233a조, 제234-235조, 제239조 제3항, 제239a, 239b조,
e) 제238조, 폭력방지법 제4조.
2. 형법 제211조와 제212조의 위법행위의 미수에 의해 피해를 입은 자 또는
3. 재정신청(제172조)을 통하여 공소가 제기되도록 한 자.

Nebenklägerrecht StPO 397 공소참가권.
(1) Der Nebenkläger ist nach erfolgtem Anschluß, auch wenn er als Zeuge vernommen werden soll, zur Anwesenheit in der Hauptverhandlung berechtigt.
공소참가인은 참가이후 증인으로서 신문을 받았다고 할지라도 공판에 참석할 권리를 갖는다.

Nebenstrafe StGB 44 부가형.
→ Hauptstrafe (주형).

Nebenstrafrecht 주변(부대:부수)형법.
→ Kernstrafrecht (핵심형법).

Nebenstraftat (여죄).
→ Nicht beträchtlich ins Gewicht fallende Nebenstraftaten (중요하지 않은 여죄).

Nebentäterschaft 동시범.
Von Nebentäterschaft spricht man in Abgrenzung zur Mittäterschaft, wenn mehrere Personen unabhängig von einander einen tatbestandlichen Erfolg herbeiführen.
동시범은 다수인이 서로 독립하여 구성요건적 결과를 야기한 경우로 공동정범과는 구별된다.

Necessitas non habet legem (Die Notwendigkeit hat [kennt] kein Gesetz)
긴급에는 법이 없다.

Negativer Zuständigkeitsstreit
StPO 19 소극적 관할쟁의.
→ Aussprache der Unzuständigkeit durch mehrere Gerichte (수개의 법원에 의한 관할위반의 선언).

Negatorischer Anspruch 방해배제·정지

(부작위)청구권; 부인청구권 (Anspruch der auf etwas "Negatives" d.h. auf eine Unterlassung gerichtet ist).
→ Eigentumsfreiheitsklage (소유물방해배제·정지(부작위)청구권).

Nemo iudex in sua causa (niemand sei Richter in eigener Sache)
누구도 자신의 사건에 재판관이 될 수는 없다.

Nemo plus iuris transferre potest quam ipse habet (Niemand kann mehr Recht übertragen, als er selbst hat).
누구도 자기가 가지고 있는 이상의 권리를 양도할 수 없다.

Nemo pro parte testatus pro parte intestatus decedere potest
(Niemand kann so sterben, dass er über einen Teil testamentarisch, über den anderen Teil nicht testamentarisch verfügt)
누구도 일부(재산)에 관하여는 유언하고, 일부에 관하여는 유언 없이 사망할 수 없다.

Nemo tenetur ad impossibile (Niemand ist zu(m) Unmöglichem gehalten [verpflichtet])
누구도 불능에 구속되지 아니한다.

Nemo tenetur se ipsum accusare
(Niemand ist verpflichtet, sich selbst anzuklagen).
어느 누구도 자신을 고소할 의무는 없다.

Nennbetragsaktie AktG 8(2) 액면주식.
(2) Nennbetragsaktien müssen auf mindestens einen Euro lauten. Aktien über einen geringeren Nennbetrag sind nichtig. Für den Schaden aus der Ausgabe sind die Ausgeber den Inhabern als Gesamtschuldner verantwortlich. Höhere Aktiennennbeträge müssen auf volle Euro lauten.
액면주식은 최소 1유로 이상이어야 한다. 이 보다 적은 액면액의 주식은 무효이다. 발행인은 그 발행으로 인한 손실에 대하여 소지자에 대하여 연대채무자로서 책임을 진

다. 고액면주식은 정수의 유로로 한다.

Nennung des Erfinders PatG 63 발명자명명(Recht auf Erfindernennung ~권).
(1) Auf der Offenlegungsschrift (§ 32 Abs. 2), auf der Patentschrift (§ 32 Abs. 3) sowie in der Veröffentlichung der Erteilung des Patents (§ 58 Abs. 1) ist der Erfinder zu nennen, sofern er bereits benannt worden ist. Die Nennung ist in der Rolle (§ 30 Abs. 1) zu vermerken.
발명자가 이미 지정된 경우에 발명자는 특허공개서류(제32조 제2항), 특허명세서(제32조 제3항) 및 특허부여의 공표물(제58조 제1항)에서 명명할 수 있다. 명명은 특허원부에 기재하여야 한다.

Netzfahndung StPO 163d 망수배(網手配); 컴퓨터에 의한 수배처분.
이를 Schleppnetzfahndung(저인망수배) 또는 검문수배(Kontrollfahndung)라고도 한다. 본 조항은 §111 등의 범죄혐의가 있다고 생각되는 경우에 신원확인 자료의 데이터 저장과 이용에 관해서 규정하고 있다.

Neubeginn der Verjährung
BGB 212 소멸시효의 재개 (사유).
(1) Die Verjährung beginnt erneut, wenn
1. der Schuldner dem Gläubiger gegenüber den Anspruch durch Abschlagszahlung, Zinszahlung, Sicherheitsleistung oder in anderer Weise anerkennt.
2. eine gerichtliche oder behördliche Vollstreckungshandlung vorgenommen oder beantragt wird.
(1) 소멸시효는 다음 각호의 경우에 재개된다.
1. 채무자의 분할지급(일부변제), 이자지급, 담보제공이나 기타의 방법에 의한 채권자에 대한 청구권의 승인.
2. 법원 또는 관청에 강제집행이 집행되거나 신청된 경우.

Neugeborenes Kind → Leichenöffnung eines neugeborenen Kindes (신생아해부).

Neugliederung der Länder Badens und Württembergs GG 118 바덴주 및 뷔르템베르크주의 재편성.
Die Neugliederung in dem die Länder Baden, Württemberg-Baden und Württemberg-Hohenzollern umfassenden Gebiete kann abweichend von den Vorschriften des Artikels 29 durch Vereinbarung der beteiligten Länder erfolgen.
바덴, 뷔르템베르크·바덴 및 뷔르템베르크·호엔쫄레른의 주를 포함하는 영역의 재편성은 제29조의 규정에도 불구하고 관계주들의 협정에 의하여 이를 행할 수 있다.

Nicht auf freiem Fuß StPO 138a, 148, 369 신체구속을 당한 (피의자) (Der Beschuldigte, der sich nicht auf freiem Fuß befindet).

Nicht beträchtlich ins Gewicht fallende Nebenstraftaten StPO 154 중요하지 않은 여죄.
(1) Die Staatsanwaltschaft kann von der Verfolgung einer Tat absehen,
(1) 검사는 다음 각호의 1에 해당하는 때에는 그 행위에 대하여 소추하지 아니할 수 있다.
1. wenn die Strafe oder die Maßregel der Besserung und Sicherung, zu der die Verfolgung führen kann, neben einer Strafe oder Maßregel der Besserung und Sicherung, die gegen den Beschuldigten wegen einer anderen Tat rechtskräftig verhängt worden ist oder die er wegen einer anderen Tat zu erwarten hat, nicht beträchtlich ins Gewicht fällt oder
1. 어떤 다른 행위를 이유로 하여 피의자에게 내려진 확정판결이나 어떤 다른 행위를 이유로 하여 피의자가 예견할 수 있는 형벌 또는 개선·보안처분 이외에 소추가능한 형벌 또는 개선·보안처분이 중하지 아니한 때,
2. darüber hinaus, wenn ein Urteil wegen dieser Tat in angemessener Frist nicht zu erwarten ist und wenn eine Strafe oder Maßregel der Besserung und Sicherung, die gegen den Beschuldigten rechtskräftig verhängt worden ist oder die er wegen einer anderen Tat zu erwarten hat, zun

Einwinkung auf den Täter und zun Ver-
teidig den BesRechtsordnung ausreitrafe
egelheint.
2. 그밖에 적절한 기간내에 이 행위에 대한
판결을 기대할 수 없는 경우와 피의자에게
내려진 확정판결, 피의자에게 다른 행위로
인하여 예견되는 형벌 또는 개선·보안처분
이 범인의 감화 및 법질서의 보호를 위하여
충분하다고 인정되는 경우.

Nicht mehr (als ein em Jahr) oder bis zu ein Jahr

1년 이하; 제47조는 darüber nicht.

Nicht nur

~라고만 볼 수 없는, ~ 이상의.
; nicht nur unerheblich (geringfügig) 사소
하다라고만 볼 수 없는 (→ Unlauterer
Wettbewerb); nicht nur dessen Durchsetzbarkeit 실행가능성 이상의(→ Einwendung); nicht nur vorübergehend 일시적 이
상의(→ Kraftfahrzeughilfe).

Nicht rechtsfähiger Verein

BGB 54 권리능력없는 사단.
Auf Vereine, die nicht rechtsfähig sind,
finden die Vorschriften über die Gesellschaft Anwendung. Aus einem Rechtsgeschäft, das im Namen eines solchen
Vereins einem Dritten gegenüber vorgenommen wird, haftet der Handelnde
persönlich; handeln mehrere, so haften sie
als Gesamtschuldner.
권리능력없는 사단에 대하여는 조합의 규정
이 적용된다. 행위자가 그러한 사단의 이름
으로 제3자에 대하여 행한 법률행위에 대하
여는 행위자 개인이 책임을 진다. 행위자가
수인인 경우 이들 행위자는 연대채무자로서
책임을 진다.

Nicht übertragbare Forderungen

ZPO 851 양도할 수 없는 채권.
(1) Eine Forderung ist in Ermangelung
besonderer Vorschriften der Pfändung nur
insoweit unterworfen, als sie übertragbar
ist.
특별한 규정이 없을 때에는 채권은 양도할
수 있는 한도에서만 압류할 수 있다.

Nicht vertretbare Handlung

ZPO 888 비대체적 행위.
(1) Kann eine Handlung durch einen
Dritten nicht vorgenommen werden, so ist,
wenn sie ausschließlich von dem Willen
des Schuldners abhängt, auf Antrag von
dem Prozessgericht des ersten Rechtszuges zu erkennen, daß der Schuldner zur
Vornahme der Handlung durch Zwangsgeld und für den Fall, daß dieses nicht
beigetrieben werden kann, durch Zwangshaft oder durch Zwangshaft anzuhalten
sei.
행위가 제3자에 의해서는 실행될 수 없고
오직 채무자의 의사에만 의존하는 때에는
제1심 수소법원은 신청에 의하여 강제금에
의하여 또한 강제금을 징수할 수 없는 경우
에는 강제구금에 의하거나, 또는 강제구금
으로 채무자에게 행위(작위)를 할 수 있도
록 명하여야 한다.

Nicht wie geschuldet erbrachte Leistung

BGB 281 채무에 좇지 아니한 급부.
(1) Soweit der Schuldner die fällige Leistung nicht oder nicht wie geschuldet erbringt, kann der Gläubiger unter den Voraussetzungen des § 280 Abs. 1 Schadensersatz statt der Leistung verlangen, wenn
er dem Schuldner erfolglos eine angemessene Frist zur Leistung oder Nacherfüllung bestimmt hat.
채무자가 이행기가 도래한 급부를 실행하지
아니하거나 또는 채무에 좇아 급부를 이행
하지 아니한 경우에 채권자가 채무자에 대
하여 급부 또는 추완을 위한 상당한 기간을
정하였으나 그 성과가 없는 때에는 그는 제
280조 제1항의 요건하에 급부에 갈음하는
손해배상을 청구할 수 있다.

Nichtanzeige geplanter Straftaten

StGB 138 범죄불고지죄.
(1) Wer von dem Vorhaben oder der Ausführung einer Vorbereitung eines Angriffskrieges (§ 80)(Nr.1), zu einer Zeit, zu der
die Ausführung oder der Erfolg noch
abgewendet werden kann, glaubhaft erfährt
und es unterläßt, der Behörde oder dem

Bedrohten rechtzeitig Anzeige zu machen, wird mit Freiheitsstrafe bis zu fünf Jahren oder mit Geldstrafe bestraft.
침략전쟁의 예비, 내란죄 등(Nr.1-8)에 해당하는 범죄의 예비 또는 실행에 관하여 신뢰할 수 있는 정보를 지득하고 그 실행 및 결과발생을 방지할 수 있었던 시기에 관청이나 피해자에게 이를 고지하지 아니한 자는 5년 이하의 자유형 또는 벌금형에 처한다.

Nichteheliches Kind　혼인외의 자.
Nichteheliches Kind ist das von einer unverheirateten Frau geborenes Kind oder das zuvor eheliche Kind, dessen Ehelichkeit zuvor erfolgreich angefochten worden ist.
~는 미혼인 부녀로부터 태어난 자 또는 그 혼인의 효과가 이전에 취소된 이전의 혼인 중의 자.

Nichteröffnung　(비개시).
→ Beschluß über die Ablehnung der Eröffnung (개시기각결정).

Nichterscheinen des Angeklagten
StPO 329, 412　피고인의 불출석.
(1) Ist bei Beginn einer Hauptverhandlung weder der Angeklagte noch in den Fällen, in denen dies zulässig ist, ein Vertreter des Angeklagten erschienen und das Ausbleiben nicht genügend entschuldigt, so hat das Gericht eine Berufung des Angeklagten ohne Verhandlung zur Sache zu verwerfen.
공판의 개시에 있어 피고인 또는 출석이 허용된 경우에 피고인의 대리인이 출석하지 아니하고 불출석에 대한 충분한 해명이 이루어지지 아니한 경우에는 법원은 본안심리 없이 피고인의 항소를 기각하여야 한다.

Nichterscheinen eines ordnungsgemäß geladenen Zeugen　StPO 51　적법하게 소환된 증인의 불출석.
Einem ordnungsgemäß geladenen Zeugen, der nicht erscheint, werden die durch das Ausbleiben verursachten Kosten auferlegt.
적법하게 소환된 증인이 출석하지 아니한 때에는 증인은 그 불출석으로 인한 비용을 부담한다.

Nichtförmlichkeit des Verwaltungsverfahrens　VwVfG 10　행정절차의 비형식성.
Das Verwaltungsverfahren ist an bestimmte Formen nicht gebunden, soweit keine besonderen Rechtsvorschriften für die Form des Verfahrens bestehen.
행정절차는 특정한 형식에 구속되지 아니한다. 다만 절차의 형식에 관한 특별한 법규가 존재하는 경우에는 그러하지 아니하다.

Nichtgemeinschaftswaren　ZK 4 Nr.8　비공동체물품 (역외물품).
Nichtgemeinschaftswaren: andere als die unter Nummer 7 genannten Waren.
Unbeschadet der Artikel 163 und 164 verlieren Gemeinschaftswaren ihren zollrechtlichen Status mit dem tatsächlichen Verbringen aus dem Zollgebiet der Gemeinschaft;
비공동체물품은 제7호에 기재된 상품 이외의 것이다.
제163조, 제164조의 규정(역외통과에 관한 규정)에 관계없이 비공동체물품은 공동체 관세영역으로부터 현실적으로 이탈된 때에는 관세법상 지위를 상실한다.
→ Gemeinschaftswaren (공동체물품: 역내물품).

Nichtigkeit　(절대적) 무효.
↔ Unwirksamkeit (상대적) 무효.

Nichtigkeit der Willenserklärung
BGB 105　의사표시의 무효.
(1) Die Willenserklärung eines Geschäftsunfähigen ist nichtig.
행위무능력자의 의사표시는 무효이다.
(2) Nichtig ist auch eine Willenserklärung, die im Zustand der Bewusstlosigkeit oder vorübergehender Störung der Geistestätigkeit abgegeben wird.
의식상실의 상태 또는 정신활동의 일시적 장애상태에서 행한 의사표시도 무효이다.

Nichtigkeit des Verwaltungsaktes

VwVfG 44　행정행위의 무효
Ein Verwaltungsakt ist nichtig, soweit er an einem besonders schwerwiegenden Fehler leidet und dies bei verständiger Würdigung aller in Betracht kommenden Umstände offensichtlich ist.
행정행위가 특별히 중대한 하자가 있고, 또한 그 하자가 관련한 제반사정으로 판단하여 명백한 경우에는 무효이다.

Nichtigkeit von Hauptversammlungsbeschlüssen AktG 241　주주총회결의무효; Klage auf Feststellung des Hauptversammlungsbeschlusses (~ 확인의 소).
Ein Beschluß der Hauptversammlung ist nur dann nichtig, wenn er
1. in einer Hauptversammlung gefaßt worden ist, die unter Verstoß gegen § 121 Abs. 2 und 3 oder 4 einberufen war,
주주총회의 결의가 1. 제121조 제2항 및 제3항 또는 제4항에 의하여 소집되지 아니한 주주총회에서 결의된 때에는 무효이다.

Nichtigkeitsklage ZPO 579　무효의 소.
(1) Die Nichtigkeitsklage findet statt:
1. wenn das erkennende Gericht nicht vorschriftsmäßig besetzt war;
2. wenn ein Richter bei der Entscheidung mitgewirkt hat, der von der Ausduung des Richteramts kraft Gesetzes ausgeschlossen war, sofern nicht dieses Hindernis mittels eines Ablehnungsgesuchs oder eines Rechtsmittels ohne Erfolg geltend gemacht ist;
3. wenn bei der Entscheidung ein Richter mitgewirkt hat, obgleich er wegen Besorgnis der Befangenheit abgelehnt und das Ablehnungsgesuch für begründet erklärt war;
4. wenn eine Partei in dem Verfahren nicht nach Vorschrift der Gesetze vertreten war, sofern sie nicht die Prozessführung ausdrücklich oder stillschweigend genehmigt hat.
다음 각호의 경우에는 무효의 소를 제기할 수 있다.
1. 법률에 의하여 본법원이 구성되지 아니한 때,
2. 법률에 의해 직무행사에서 배제된 법관이 그 재판에 관여한 때. 단 이 장애가 기피신청 또는 상소의 주장에 대하여 인용되지 아니한 경우는 예외로 한다.
3. 불공평의 우려로 기피되고 또 기피신청이 이유 있는 것으로 선언되었음에도 불구하고 법관이 재판에 관여한 때,
4. 당사자 일방이 명시적 또는 묵시적으로 소송수행을 승인하지 아니한 경우, 그가 소송절차에서 법률규정에 의해 대리되지 아니한 때.

Nichtöffentliche Liste der Medien JuSchG 18 Nr.3　비공개적 미디어목록.
3. in Teil C (Nichtöffentliche Liste der Medien) sind diejenigen Trägermedien aufzunehmen,
die nur deshalb nicht in Teil A aufzunehmen sind, weil bei ihnen von einer Bekanntmachung der Aufnahme in die Liste gemäß § 24 Abs. 3 Satz 2 abzusehen ist, sowie alle Telemedien, soweit sie nicht Teil D zuzuordnen sind;
C 등급은 "비공개적 미디어목록"으로 제24조 제3항 제2문에 따라 목록등재의 공고로부터 제외됨으로 하여 A등급으로 기재되지 않는 기록미디어 및 D 등급에 해당하지 않는 모든 텔레미디어가 이에 해당한다.

Nichtöffentliche Liste der Medien mit absolutem Verbreitungsverbot JuSchG 18 Nr.4　절대적 배포금지대상이 되는 비공개적 미디어목록.
4. in Teil D (Nichtöffentliche Liste der Medien mit absolutem Verbreitungsverbot) sind diejenigen Trägermedien, die nur deshalb nicht in Teil B aufzunehmen sind, weil bei ihnen von einer Bekanntmachung der Aufnahme in die Liste gemäß § 24 Abs. 3 Satz 2 abzusehen ist, sowie diejenigen Telemedien aufzunehmen, die nach Einschätzung der Bundesprüfstelle für jugendgefährdende Medien einen in § 86, § 130, § 130a, § 131, § 184a oder § 184b des Strafgesetzbuches bezeichneten Inhalt haben.

D 등급은 "절대적 배포금지대상이 되는 비공개적 미디어목록"으로 제24조 제3항 제2문에 따라 목록기재의 공고로부터 제외됨으로 하여 B 등급에 등재되지 않은 기록미디어 및 연방 청소년유해 미디어 심의위원회의 판단에 의해 형법 제86조, 제130조, 제130a조, 제131조 또는 제184조 제3항 또는 4항에서 기재된 내용을 가지는 텔레미디어가 이에 해당한다.

Nichtrechtsfähige Verein
→ Nicht rechtsfähiger Verein (권리능력없는 사단).

Nichtvereidigung StPO 60 선서면제.
← Absehen von Vereidigung.
Von der Vereidigung ist abzusehen
1. bei Personen, die zur Zeit der Vernehmung das sechzehnte Lebensjahr noch nicht vollendet haben oder die wegen mangelnder Verstandesreife oder wegen einer psychischen Krankheit oder einer geistigen oder seelischen Behinderung vom Wesen und der Bedeutung des Eides keine genügende Vorstellung haben;
신문당시 만 16세에 미만인 자 또는 정신기능의 미성숙이나 저능으로 인하여 선서의 의미나 본질을 충분히 이해하지 못하는 자,
2. bei Personen die der Tat, welche den Gegenstand der Untersuchung bildet, oder der Beteiligung an ihr oder der Begünstigung, Strafvereitelung oder Hehlerei verdächtig oder deswegen bereits verurteilt sind.
신문의 대상이 되는 범죄, 이의 공범 또는 범죄비호죄, 은닉죄 또는 장물죄의 혐의가 있거나 이로 인하여 이미 유죄판결의 선고를 받은 자는 선서를 하지 아니한다.

Nichtvereidigung nach Ermessen
StPO 61 재량에 의한 선서면제 (Eidesverweigerungsrecht).
Die in § 52 Abs. 1 bezeichneten Angehörigen des Beschuldigten haben das Recht, die Beeidigung des Zeugnisses zu verweigern; darüber sind sie zu belehren.
제52조 제1항에 규정된 피의자의 친족은 증인으로서의 선서를 거부할 권리를 가지며 이에 관하여 친족에게 고지하여야 한다.
구규정 제61조 제3호의 Unwesentliche Aussage 등은 삭제되었다.

Nichtverfolgung von Straftaten außerhalb des räumlichen Geltungsbereichs dieses Gesetzes
StPO 153c 외국에서의 범행에 관한 불기소.
(1) Die Staatsanwaltschaft kann von der Verfolgung von Straftaten absehen,
1. die außerhalb des räumlichen Geltungsbereichs dieses Gesetzes begangen sind oder die ein Teilnehmer an einer außerhalb des räumlichen Geltungsbereichs dieses Gesetzes begangenen Handlung in diesem Bereich begangen hat,
2. die ein Ausländer im Inland auf einem ausländischen Schiff oder Luftfahrzeug begangen hat,
3. wenn in den Fällen der §§ 129 und 129a, jeweils auch in Verbindung mit § 129b Abs. 1, des Strafgesetzbuches die Vereinigung nicht oder nicht überwiegend im Inland besteht und die im Inland begangenen Beteiligungshandlungen von untergeordneter Bedeutung sind oder sich auf die bloße Mitgliedschaft beschränken.
검사는 다음 각호의 경우 범죄행위의 소추를 면제할 수 있다.
1. 이 법의 지역적 적용범위 이외에서 행하여진 범죄행위 또는 이 법의 지역적 적용범위 이외에서 행하여진 행위의 공범자가 이 법의 적용범위내에서 행한 범죄행위,
2. 국내에 있는 외국인이 외국의 선박이나 항공기에서 행한 범죄행위,
3. 제129조와 제129조a의 경우에, 각기 형법 제129조b와 관련하여서도 그 단체가 내국에 전혀 또는 주로 있지 않고 내국에서 행하여진 공범의 행위가 종속적 의미에 불과하거나 또는 단순한 단체의 자격으로 제한된 경우.

Nichtvermögensschaden SHG 7(1)
비재산상 손해.
Bei einer Verletzung der körperlichen Unversehrtheit, der Gesundheit, der Freiheit oder einer schweren Verletzung der Per-

sönlichkeit ist der Schaden, der nicht Vermögensschaden ist, unter Berücksichtigung von § 2 Abs. 4 angemessen in Geld zu ersetzen.
신체적 불가침성·건강·자유의 침해 또는 인격의 중대한 침해의 경우에 비재산상 손해는 제2조 제4항의 고려 하에 적절하게 금전으로 배상되어야 한다.

Nichtverurteilung (bei ~) 형의 선고가 없는 경우; 무죄판결시.
Kosten und Auslagen bei Nichtverurteilung.→ Kostentragung bei Freispruch (무죄판결시의 비용부담).

Nichtwirtschaftlicher Verein
BGB 21 비영리사단.
Ein Verein, dessen Zweck nicht auf einen wirtschaftlichen Geschäftsbetrieb gerichtet ist, erlangt Rechtsfähigkeit durch Eintragung in das Vereinsregister des zuständigen Amtsgerichts.
영리사업을 목적으로 하지 않는 사단은 관할구법원의 사단등기부에 기재함으로써 권리능력을 취득한다.

Nichtzulassungsbeschwerde ZPO 544; VwGO 133 불허가항고(불허가에 대한 항고).
(1) Die Nichtzulassung der Revision durch das Berufungsgericht unterliegt der Beschwerde (Nichtzulassungsbeschwerde).
항소법원에 의한 상고의 불허가는 항고로써 한다. (544)
(1) Die Nichtzulassung der Revision kann durch Beschwerde angefochten werden. (133)
상고의 불허가는 항고로서 다툴 수 있다.
→ Zulassungsrevision (상고허가).

Nidation 배자착상 → Einnistung (착상).

Niedergelassener europäischer Rechtsanwalt EuRAG 2 정주하는 유럽변호사.
(1) Wer als europäischer Rechtsanwalt auf Antrag in die für den Ort seiner Niederlassung zuständige Rechtsanwaltskammer aufgenommen wurde, ist berechtigt, in

Deutschland unter der Berufsbezeichnung des Herkunftsstaates die Tätigkeit eines Rechtsanwalts gemäß §§ 1 bis 3 der Bundesrechtsanwaltsordnung auszuüben.
유럽변호사로서 신청에 의하여 정주지를 관할하는 변호사회에의 가입이 허가된 자는 독일에서 출신국의 직업명칭하에 연방변호사규정 제1조 내지 제3조에 따라 변호사의 활동을 수행할 권리가 있다.
→ Europäischer Rechtsanwalt (유럽변호사).

Niederlassung BGB 7; HGB 29
거주, 영업소.
① Wohnsitz (주소): sich an einem Ort ständig niederlässt. 한 장소에 정주하다. (BGB 7)
② Handelsniederlassung 영업소.
Jeder Kaufmann ist verpflichtet, seine Firma und den Ort seiner Handelsniederlassung bei dem Gericht, in dessen Bezirk sich die Niederlassung befindet, zur Eintragung in das Handelsregister anzumelden. (HGB 29)
각 상인은 상호 및 영업소의 장소에 관하여 그 관할에 영업소소재지가 있는 법원에 상업등기부의 등기신청을 할 의무가 있다.
Besonderer Gerichtsstand der Niederlassung 영업소의 특별재판적. (ZPO 21)

Niederlassungserlaubnis AufenthG 9
정주허가 (영주허가, 체재허가).
(1) Die Niederlassungserlaubnis ist ein unbefristeter Aufenthaltstitel. Sie berechtigt zur Ausübung einer Erwerbstätigkeit und kann nur in den durch dieses Gesetz ausdrücklich zugelassenen Fällen mit einer Nebenbestimmung versehen werden.
정주허가는 무기한부 체류의 명칭이다. 정주허가는 직업활동의 수행을 위한 자격을 부여하며, 본법에 의하여 명시된 경우에서만 부대규정으로 정할 수 있다.
(2) Einem Ausländer ist die Niederlassungserlaubnis zu erteilen, wenn
1. er seit fünf Jahren die Aufenthaltserlaubnis besitzt,
2. sein Lebensunterhalt gesichert ist,
5. ihm die Beschäftigung erlaubt ist, so-

fern er Arbeitnehmer ist,
6. er im Besitz der sonstigen für eine dauernde Ausübung seiner Erwerbstätigkeit erforderlichen Erlaubnisse ist,
외국인에게는 다음 각호의 경우에 정주허가가 부여된다.
1. 5년 동안 체류허가를 가진 경우,
2. 생계수단이 확실한 경우,
5. 근로자로서 취업이 허가된 경우,
6. 기타 직업활동의 계속적인 수행을 위하여 필요한 허가조건을 가지고 있는 경우.

Niederschriften = Nds. = Ndschr. 의사록. 대형법개정위원회의 의사록.
Niederschriften über die Sitzungen der Großen Strafrechtskommission, 14 Bände (Bonn 1956 bis 1960).
Jeder Beschluß der Hauptversammlung ist durch eine über die Verhandlung notariell aufgenommene Niederschrift zu beurkunden. (AktG 130)
주주총회의 결의는 의사에 관하여 공증인이 작성한 의사록에 의하여 공증되어야 한다.

Niederschriften der Staatsanwaltschaft StPO 168b 검사의 기록(조서).
→ Protokollierung staatsanwaltschaftlicher Untersuchungshandlungen (검사의 조사에 대한 조서작성).

Nießbrauch (Nutznießung, lat. Ususfructus) 용익권.
Das dingliche Recht nicht allein auf die unmittelbare Benutzung einer fremden Sache, sondern auch auf den Bezug aller Erzeugnisse und Nutzungen derselben.
타인의 물건에 대한 직접적 이용 및 그 산출물과 수익물을 채취하는 물권.

Nießbrauch an Rechten BGB 1068 권리용익권.
Gegenstand des Nießbrauchs kann auch ein Recht sein.
권리도 용익권의 목적으로 할 수 있다.

Nießbrauch an Sachen BGB 1030 물건용익권.

(1) Eine Sache kann in der Weise belastet werden, daß derjenige, zu dessen Gunsten die Belastung erfolgt, berechtigt ist, die Nutzungen der Sache zu ziehen. (Nießbrauch)
물건은 용익권자가 그 물건의 수익을 수취할 권한을 가지는 방법으로 용익권이 설정될 수 있다.

Nießbraucher BGB 1036 용익권자.
Der Nießbraucher ist zum Besitz der Sache berechtigt.
용익권자는 물건을 점유할 권리를 가진다.

Nomothetisch 법칙이론적.
법칙성의 발견, 일반 법칙의 설정을 목적으로 하는 → idiographisch (개별기술적).

Non decipitur, qui scit se decipi (Es wird nicht getauscht, wer weiß, dass er getauscht wird).
알고 속은 것은 속은 것이 아니다.

Non liquet 증거불충분.
es ist nicht deutlich; auch nach Beweisaufnahme ist Sachverhalt nicht aufgeklart.
불명확한 것; 증거조사에 의하여도 사안이 해명되지 못하는 경우.

Normalität des Verbrechens 범죄의 정상성.
1. Empirisch besagt der Satz: "Kriminalität ist normal", daß Kriminalität eine Massenerscheinung in jeder Gesellschaft ist.
2. "Krimininalität ist normal" wird sodann dahin verstanden, daß Kriminalität eine gesellschaftliche Funktion ausübt.
3. Vom Täter aus gesehen beinhaltet der Satz die Meinung, daß die unter die Kriminalität eingereihte Tat eine "natürliche" Reaktion der so gestalten Persönlichkeit auf die von der Gesellschaft aufgebauaten Mauern ist.
4. Schließlich wird Kriminalität als ein Mittel der gesellschaftlichen Umwandlung angesehen.

1. "범죄가 정상적이다"라는 말은 경험적으로 범죄는 모든 사회에 나타나는 대중적 현상이라는 것이고,
2. 범죄도 하나의 사회적 기능을 하고 있으며,
3. 행위자의 입장에서는 범죄가 되는 행위는 사회가 쌓은 장벽으로 형성된 인격의 〃당연한〃 반응이며,
4. 사회변동의 수단이라는 것이다.

Normenkontrolle GG 100; VwGO 47(2) 규범통제.
(1) Hält ein Gericht ein Gesetz, auf dessen Gültigkeit es bei der Entscheidung ankommt, für verfassungswidrig, so ist das Verfahren auszusetzen und, wenn es sich um die Verletzung der Verfassung eines Landes handelt, die Entscheidung des für Verfassungsstreitigkeiten zuständigen Gerichtes des Landes, wenn es sich um die Verletzung dieses Grundgesetzes handelt, die Entscheidung des Bundesverfassungsgerichtes einzuholen. (GG 100)
재판소가 재판에서 그 효력이 문제되는 법률을 위헌이라 생각할 때에는 절차를 중지해야 하며, 또 주헌법의 침해가 문제될 때에는 그 주의 헌법쟁의에 관해 관할권을 갖는 재판소의 판결을, 이 기본법의 침해가 문제될 때에는 연방헌법재판소의 판결을 구해야 한다.
(2) Den Antrag kann jede natürliche oder juristische Person, die geltend macht, durch die Rechtsvorschrift oder deren Anwendung in ihren Rechten verletzt zu sein oder in absehbarer Zeit verletzt zu werden, stellen. (VwGO 47)
(주법률의 하위법규의 유효성에 대해) 법규 또는 그 적용에 의하여 권리가 침해를 받거나 또는 가까운 장래에 침해를 받을 것이 예상되는 모든 자연인 또는 법인은 (규범통제의) 신청을 할 수 있다.

Notanwalt ZPO 78b 임시변호사.
(1) Insoweit eine Vertretung durch Anwälte geboten ist, hat das Prozessgericht einer Partei auf ihren Antrag durch Beschluß für den Rechtszug einen Rechts-

anwalt zur Wahrnehmung ihrer Rechte beizuordnen, wenn sie einen zu ihrer Vertretung bereiten Rechtsanwalt nicht findet und die Rechtsverfolgung oder Rechtsverteidigung nicht mutwillig oder aussichtslos erscheint. ·
변호사의 대리가 필요한 경우에, 수소법원은 당사자가 자신을 대리할 변호사를 발견하지 못하고, 또한 그 권리의 주장 또는 방어가 자의적이거나 승소의 가능성이 없다고 보이지 아니하는 때에는, 당사자의 신청으로 그 심급을 위한 결정에 의하여 당사자의 권리를 수호할 변호사를 붙여야 한다.

Notar BNotO 1 공증인.
Als unabhängige Träger eines öffentlichen Amtes werden für die Beurkundung von Rechtsvorgängen und andere Aufgaben auf dem Gebiet der vorsorgenden Rechtspflege in den Ländern Notare bestellt.
공무를 독립적으로 수행하는 자로서 법률과 정의 공증 및 각 주의 예방사법의 영역에서 기타 업무를 처리하기 위하여 공증인이 임명된다.

Notariat GG 138 공증인제도.
Änderungen der Einrichtungen des jetzt bestehenden Notariats bedürfen der Zustimmung der Regierungen dieser Länder.
현존 공증인제도의 변경은 각각 주정부의 동의를 요한다.

Notariatsverwalter BNotO 56 공증인직무대리인 (관리공증인).
(1) Ist das Amt eines zur hauptberuflichen Amtsausübung bestellten Notars erloschen oder ist sein Amtssitz verlegt worden oder übt im Fall des § 8 Abs. 1 Satz 2 ein zur hauptberuflichen Amtsausübung bestellter Notar sein Amt nicht persönlich aus, so soll in der Regel an seiner Stelle ein Notarassessor oder eine sonstige zum Amt eines Notars befähigte Person damit betraut werden, das Amt des Notars vorübergehend wahrzunehmen (Notariatsverwalter).
공증인의 직업적 직무수행을 위하여 임명된

공증인의 직무가 효력을 상실하였거나 그의 직무지가 이전되었거나 또는 제8조 제1항의 (부차적 직무)경우에 직업적인 직무수행을 위하여 임명된 공증인이 자신의 직무를 수행하지 않을 경우 통상 그를 대신에 공증인시보 또는 공증인의 직무를 수행할 능력이 있는 사람에게 공증인의 직무를 잠정적으로 수행하도록 위임하여야 한다.

Notarielle Beurkundung BGB 128 공정증서.
Ist durch Gesetz notarielle Beurkundung eines Vertrags vorgeschrieben, so genügt es, wenn zunächst der Antrag und sodann die Annahme des Antrags von einem Notar beurkundet wird.
법률이 계약에 대한 공정증서의 작성을 규정한 경우에는 먼저 청약을, 그 다음에는 청약의 승낙을 공증인이 서면으로 작성함으로써 족하다.

Notarvertreter BNotO 39 공증인대리인 (대리공증인).
(1) Die Aufsichtsbehörde kann dem Notar auf seinen Antrag für die Zeit seiner Abwesenheit oder Verhinderung einen Vertreter bestellen; die Bestellung kann auch von vornherein für die während eines Kalenderjahres eintretenden Behinderungsfälle ausgesprochen werden (ständiger Vertreter)
감독관청은 공증인의 신청에 의하여 그의 부재시 또는 장애기간동안 1명의 대리인을 임명할 수 있다. 임명은 처음부터 1역년 동안 발생할 장애에 대하여도 임명될 수 있다 (상주대리인).

Notbeweisaufnahme 긴급증거조사.
→ Antrag des Beschuldigten zur Erhebung von Entlastungsbeweisen (피의자의 면책 증거조사의 신청).

Notdelikt 곤궁범 (절도죄, 강도죄 등).
↔ Nutzdelikt (이욕범: 사기죄 등)

Notfrist ZPO 233 불변기간.
Eine Notfrist ist im deutschen Zivil-

prozessrecht eine gesetzlich bestimmte Frist, die vom Gericht nicht verlängert werden kann. Wird sie schuldlos versäumt, kann Wiedereinsetzung in den vorigen Stand gewährt werden..
민사소송법에서 불변기간은 법원이 연장할 수 없는 법적으로 특정된 기간을 말한다. 불변기간이 책임없는 사유로 해태된 경우 원상회복을 허가할 수 있다.

Nötigung StGB 240 강요죄.
(1) Wer einen Menschen rechtswidrig mit Gewalt oder durch Drohung mit einem empfindlichen Übel zu einer Handlung, Duldung oder Unterlassung nötigt, wird mit Freiheitsstrafe bis zu drei Jahren oder mit Geldstrafe bestraft.
폭력 또는 현저한 해악에 의한 협박을 통해서 타인에게 위법하게 행위, 수인, 부작위를 강요한 자는 3년 이하의 자유형이나 벌금형에 처한다.

Nötigung des Bundespräsidenten und von Mitgliedern eines Verfassungsorgans StGB 106 연방대통령과 헌법기관구성원에 대한 강요죄.
(1) Wer
1. den Bundespräsidenten oder
2. ein Mitglied
a) eines Gesetzgebungsorgans des Bundes oder eines Landes,
b) der Bundesversammlung oder
c) der Regierung oder des Verfassungsgerichts des Bundes oder eines Landes rechtswidrig mit Gewalt oder durch Drohung mit einem empfindlichen Übel nötigt, seine Befugnisse nicht oder in einem bestimmten Sinne auszuüben, wird mit Freiheitsstrafe von drei Monaten bis zu fünf Jahren bestraft.
다음 각호에 해당하는 자에 대하여 폭행 또는 상당한 해악을 고지한 협박에 의하여 그 권한을 행사하지 아니하도록 강요하거나 이를 특정한 의미로 행사하도록 강요한 자는 3개월 이상 5년 이하의 자유형에 처한다.
1. 연방대통령 2. 다음 각 기관의 구성원 a) 연방 또는 주의 입법기관 b) 연방회의 c)

연방이나 주의 정부 또는 헌법재판소.

Nötigung von Verfassungsorganen StGB 105 헌법기관 강요죄.
(1) Wer
1. ein Gesetzgebungsorgan des Bundes oder eines Landes oder einen seiner Ausschüsse,
2. die Bundesversammlung oder einen ihrer Ausschüsse oder
3. die Regierung oder das Verfassungsgericht des Bundes oder eines Landes rechtswidrig mit Gewalt oder durch Drohung mit Gewalt nötigt, ihre Befugnisse nicht oder in einem bestimmten Sinne auszuüben, wird mit Freiheitsstrafe von einem Jahr bis zu zehn Jahren bestraft.
다음 각호에 해당하는 기관에 대하여 폭행 또는 폭행을 고지한 협박으로 그 권한을 행사하지 아니하게 하거나 또는 이를 특정한 의미로 행사하도록 강요한 자는 1년 이상 10년 이하의 자유형에 처한다.
1. 연방이나 주의 입법기관 또는 그 위원회,
2. 연방회의 또는 그 위원회, 3. 연방이나 주의 정부 또는 헌법재판소.

Notrufen → Mißbrauch von Notrufen (비상경보 남용죄).

Notstaatsanwalt StPO 165 긴급(임시)검찰(행위). → Richterliche Untersuchungshandlung ohne Antrag (신청없는 판사의 조사행위).

Notstand 긴급피난.
→ Angriffsnotstand (공격적 긴급피난).
→ Verteidigungsnotstand (방어적 긴급피난).
→ Entschuldigender Notstand (면책적 긴급피난).
→ Rechtfertigender Notstand (정당화적 긴급피난).

Nottestament BGB 2249 긴급유언.
(1) Ist zu besorgen, dass der Erblasser früher sterben werde, als die Errichtung eines Testaments vor einem Notar möglich ist, so kann er das Testament zur

Niederschrift des Bürgermeisters der Gemeinde, in der er sich aufhält, errichten.
피상속인이 공증인의 면전에 유언작성을 할 수 있기 이전에 사망할 우려가 있는 때에는 그가 체류하는 (기초)자치단체의 장의 서면 (조서)에 의하여 유언작성을 할 수 있다.

Notveräußerung StPO 1111 긴급매각.
(1) Vermögenswerte, die nach § 111c beschlagnahmt oder aufgrund eines Arrestes (§ 111d) gepfändet worden sind, dürfen vor der Rechtskraft des Urteils veräußert werden, wenn ihr Verderb oder eine wesentliche Minderung ihres Wertes droht oder ihre Aufbewahrung, Pflege oder Erhaltung mit unverhältnismäßigen Kosten oder Schwierigkeiten verbunden ist.
제111c조에 의하여 압수된 물건 및 제111d조에 의하여 압류된 물건은 판결의 확정전이라도 물건의 파손 및 본질적인 가치감소의 위험이 있거나 또는 그 보관, 관리 및 유지에 과다한 비용이 들거나 어려움이 있는 때에는 이를 매각할 수 있다.

Notwegrecht BGB 917 주위토지통행권.
(1) Fehlt einem Grundstück die zur ordnungsmäßigen Benutzung notwendige Verbindung mit einem öffentlichen Weg, so kann der Eigentümer von den Nachbarn verlangen, dass sie bis zur Hebung des Mangels die Benutzung ihrer Grundstücke zur Herstellung der erforderlichen Verbindung dulden.
어떤 토지가 통상적인 이용에 필요한 공로와의 통로가 없는 경우에는 토지소유자는 그 이웃에 대하여 하자를 제거할 때까지 필요한 통로의 개설을 위하여 그 토지의 이용을 수인할 것을 요구할 수 있다.

Notwehr StGB 32 정당방위.
(1) Wer eine Tat begeht, die durch Notwehr geboten ist, handelt nicht rechtswidrig.
(2) Notwehr ist die Verteidigung, die erforderlich ist, um einen gegenwärtigen rechtswidrigen Angriff von sich oder einem anderen abzuwenden.

정당방위의 요구를 충족한 행위를 한 자는 위법하게 행위한 것이 아니다. 정당방위는 자기 또는 타인에 대한 현재의 위법한 공격을 회피하는 데 필요한 방위행위이다.
여기서 "요구성"(Gebotenheit)은 규범적, 사회윤리적인 비교형량에 의한 것인 데에 반해, "필요성"(Erforderlichkeit)은 오로지 주어진 사실상황, 특히 침해의 강도에 의하여 결정된다.

Notwehrexzess → Notwehrüberschreitung.

Notwehrüberschreitung → Überschreitung der Notwehr (과잉방위).

Notwendige Streitgenossenschaft
ZPO 62 필요적 공동소송.
Kann das streitige Rechtsverhältnis allen Streitgenossen gegenüber nur einheitlich festgestellt werden oder ist die Streitgenossenschaft aus einem sonstigen Grund eine notwendige, so werden, wenn ein Termin oder eine Frist nur von einzelnen Streitgenossen versäumt wird, die säumigen Streitgenossen als durch die nicht säumigen vertreten angesehen.
다툼있는 권리관계가 모든 공동소송인에 대해서 합일적으로만 확정될 수 있을 때 또는 공동소송이 다른 이유로 필요적인 경우, 어느 한 공동소송인이 기일이나 기간을 해태한 때에는 해태한 공동소송인은 해태하지 아니한 공동소송인에 의해서 대리된 것으로 본다.

Notwendige Verteidigung StPO 140
필요적 변호.
(1) Die Mitwirkung eines Verteidigers ist notwendig, wenn
1. die Hauptverhandlung im ersten Rechtszug vor dem Oberlandesgericht oder dem Landgericht stattfindet;
2. dem Beschuldigten ein Verbrechen zur Last gelegt wird;
3. das Verfahren zu einem Berufsverbot führen kann; 4. (aufgehoben)
5. der Beschuldigte sich mindestens drei Monate in einer Anstalt befunden hat und

nicht mindestens zwei Wochen vor Beginn der Hauptverhandlung entlassen wird;
6. zur Vorbereitung eines Gutachtens über den psychischen Zustand des Beschuldigten seine Unterbringung nach §81 in Frage kommt;
7. ein Sicherungsverfahren durchgeführt wird;
8. der bisherige Verteidiger durch eine Entscheidung von der Mitwirkung in dem Verfahren ausgeschlossen ist.
(1) 다음 각호에 해당하는 경우에는 변호인의 참여가 반드시 필요하다.
1. 제1심의 공판이 주고등법원이나 주법원에서 행하여지는 경우,
2. 피의자에게 중죄의 죄책을 지우는 경우,
3. 직업금지가 선고될 수 있는 소송절차,
4. (피의자가 농자 또는 아자인 경우) (폐지),
5. 피의자가 법관의 명령에 의하여 또는 법관의 승인으로 어떤 시설에 3개월 이상 수용되었고 적어도 공판개시의 2주일까지 석방되지 아니한 때,
6. 피의자의 정신상태에 관한 감정준비를 위하여 제81조의 수용이 문제되는 경우,
7. 보안절차가 행해지는 경우,
8. 지금까지의 변호인이 재판에 의하여 소송절차에서 제척된 경우.

Notzucht → Vergewaltigung (강간죄).

Notzuständigkeit StPO 21 긴급관할.
(Untersuchungshandlungen eines unzuständigen Gerichts bei Gefahr im Verzug 긴급한 경우에 관할 없는 법원의 심리행위).
Ein unzuständiges Gericht hat sich den innerhalb seines Bezirks vorzunehmenden Untersuchungshandlungen zu unterziehen, bei denen Gefahr im Verzug ist.
긴급한 경우에는 관할권이 없는 법원도 관할지역내에서 할 수 있는 심리절차를 수행하여야 한다.

Noxa caput sequitur; Actio noxalis caput sequatur
(noxa=Schaden, caput=Kopf, Haupt, sequor =folgen) Die Klage (Actio noxalis) richtete

sich stets gegen den jeweiligen Herrn.
가해책임(가해소권)은 가해물의 주인에 따른
다.

**Nullum crimen sine lege, nulla poena
eine lege** StGB 1 죄형법정주의(nullum-
crimen-Satz). → Gesetzlichkeitsprinzip.
법률 없으면 형벌 없다(Keine Strafe ohne
Gesetz:)
(2) Eine Tat kann nur bestraft werden,
wenn die Strafbarkeit gesetzlich bestimmt
war, bevor die Tat begangen wurde. (GG
103)
범죄행위는 그 행위가 행하여지기 이전에
그 가벌성이 법률로 정하여져 있는 때에만
할 수 있다.

Numerus clausus 한정된 수 (수의 제한)
(Numerus 는 Zahl, clausus는 geschlossen
의 의미; System des ~ der Sachenrechte
물권법정(한정)주의.

Nummer StPO 260(4) 호(號)
→ Paragraph (조: §).

Nutzdelikt 이욕범 (사기죄 등).
↔ Notdelikt 곤궁범 (절도죄, 강도죄 등).

Nutznießer StGB 289 용익권자.
→ Nießbraucher (용익권자)의 관용적 표현
(vgl. den noch gebräuchlichen Ausdruck
„Nutznießer").

Nutznießung → Nießbrauch (용익권).

Nutzung BGB 100 수익.
Nutzungen sind die Früchte einer Sache
oder eines Rechts sowie die Vorteile,
welche der Gebrauch der Sache oder des
Rechts gewährt.
수익이라 함은 물건 또는 권리의 과실 및
물건 또는 권리의 사용에 의해 취득하게 되
는 이익을 말한다.

Nutzungsbeeinträchtigung StGB 330(2)
이용침해.
중대한 환경의 침해로서 오랜 시간 동안 이

용불능할 정도의 이용침해.

Nutzungspfand BGB 1213 용익질권.
(1) Das Pfandrecht kann in der Weise
bestellt werden, dass der Pfandgläubiger
berechtigt ist, die Nutzungen des Pfandes
zu ziehen.
질권은 질권자가 질물의 수익을 수취할 권
리를 가질 방법으로 설정할 수 있다.

Nutzungsrecht UrhG 31; BGB 1036(2)
이용권 (사용권, 용익권); 수익권.
(1) Der Urheber kann einem anderen das
Recht einräumen, das Werk auf einzelne
oder alle Nutzungsarten zu nutzen. (UrhG
31)
저작자는 타인에게 개별적 또는 모든 이용
형태로 저작물을 이용할 권리를 부여할 수
있다.
(2) Er (Nießbraucher) hat bei der Ausübung des Nutzungsrechts die bisherige
wirtschaftliche Bestimmung der Sache
aufrechtzuerhalten und nach den Regeln
einer ordnungsmäßigen Wirtschaft zu
verfahren. (BGB 1036)
용익권자는 수익권을 행사함에 있어서 물건
의 종래의 경제적 용도를 유지하고 통상적
인 경제용법에 따라서 처리하여야 한다.
→ Verwertungsrecht (저작재산권).

Obdachlose (Wohnungslosigkeit) 노숙자, 부랑자.
Obdachlosigkeit wird definiert als Zustand, in dem Menschen über keinen festen Wohnsitz verfügen und im öffentlichen Raum, im Freien oder in Notunterkünften übernachten.
고정된 주거가 없이 공공지역, 야외, 긴급구호소에서 숙박하는 사람.

Oberirdische Gewässer WHG 1(1) Nr.1 지표수.
(1) Dieses Gesetz gilt für folgende Gewässer:
1. das ständig oder zeitweilig in Betten fließende oder stehende oder aus Quellen wild abfließende Wasser (oberirdische Gewässer).
본법에서 다음 각호의 수자원에 적용된다.
1. 상시 또는 수시로 하상에 흐르거나, 정지하고 있거나 또는 수원에서 용출하는 수자원 (지표수). → Gewässer (수자원).

Oberlandesgericht GVG 115 ff. 주고등법원. → Ordentliches Gericht (통상법원).
주고등법원은 법원장(Präsidenten) 및 재판장(Vorsitzenden Richtern), 그 이외의 판사(weiteren Richtern)로서 구성된다(GVG 115). 주고등법원은 제1심의 형사사건에서 StGB 80, 81-83, 94-100a, 102, 105-106, 129a, 138a, 220a 등의 범죄에 대한 관할을 가진다(§120). 이들 범죄에 대하여는 수사판사(Ermittlungsrichter)가 임명된다(§116). 나아가 주고등법원은 상고심으로서 관할도 가진다(§121).
→ Ordentliche Gericht (통상법원).

Oberstaatsanwalt 고등검사(부장검사, 수석검사).
Oberstaatsanwalt ist meist als Abteilungsleiter bei einer Staatsanwaltschaft oder Dezernent bei einer Generalstaatsanwaltschaft tätig.
고등검사는 검찰청에서는 대개가 부장검사로, 고등검찰청에서는 전담검사로 활동한다.
→ Leitender Oberstaatsanwalt (검사장).

Oberster Gerichtshof GG 95 (연방의) 최상급법원.
Für die Gebiete der ordentlichen, der Verwaltungs-, der Finanz-, der Arbeits- und der Sozialgerichtsbarkeit errichtet der Bund als oberste Gerichtshöfe den Bundesgerichtshof, das Bundesverwaltungsgericht, den Bundesfinanzhof, das Bundesarbeitsgericht und das Bundessozialgericht.
연방은 일반, 행정, 재정, 노동 및 사회재판의 영역에 최상급법원으로서 연방대법원, 연방행정법원, 연방재정법원, 연방노동법원 및 연방사회법원을 설치한다.

Obiter dictum (plural obiter dicta) 방론, 부언, 덧붙여 말하는 것.
eine Entscheidung nicht tragende, nebenbei geäußerte Rechtsansicht.
결정이 아닌, 부수적으로 표현된 법적 관점.

Objektive Bedingung der Strafbarkeit 가벌성의 객관적 조건.
~은 구성요건의 부속물(Tatestandsannex)로서 가벌성의 실체적 요건에 해당하며 구성요건고의의 대상이 되지 않는다. ~은 '유죄이지만 형면제 판결이 내려지는 사유'가 아니라 ~이 결여된 경우는 무죄가 된다.
~의 예로 명예훼손죄 (→ Üble Nachrede §186 StGB)에 있어 사실의 증명불가능 (Nichterweislichkeit der Tatsache), 격투참여죄(→ Beteiligung an einer Schlägerei §231 StGB)에 있어 중한 결과의 발생, 명정죄(→ Vollrausch §323a StGB)에 있어 위법한 행위의 발생, 파산죄(→ Bankrott §283 StGB)에 있어 지불중지, 도산재단의 결여로 인한 도산개시신청의 기각 등이 있다 → Strafbarkeitsbedingung (가벌조건).

Obliegenheit StGB 11(1) Nr.4 책무.
→ Besonders Verpflichter (특별한 공무의 무자).

Obligatorischer Einzelrichter
ZPO 348a 의무적 단독판사.
원시적 단독판사의 관할사건이 아닌 경우 합의사건을 단독판사로 이전하는 경우이다.
↔ Originärer Einzelrichter (원시적 단독판사).

Obsiegender ZPO 75 승소자.
Dem Obsiegenden ist der hinterlegte Betrag zuzusprechen und der Unterliegende auch zur Erstattung der dem Beklagten entstandenen, nicht durch dessen unbegründeten Widerspruch veranlassten Kosten, einschließlich der Kosten der Hinterlegung, zu verurteilen.
승소자에게는 공탁액의 귀속을 명하고, 패소자에게는 공탁비용을 포함한 피고에게 발생한 그 이유없는 이의로 인해서 발생한 것 이외의 비용의 상환을 명하여야 한다.

OEG → Opferentschädigungsgesetz (범죄피해자보상법).

Offenbare Unrichtigkeiten im Verwaltungsakt VwVfG 42 행정행위에 있어 명백한 오류.
Die Behörde kann Schreibfehler, Rechenfehler und ähnliche offenbare Unrichtigkeiten in einem Verwaltungsakt jederzeit berichtigen. Bei berechtigtem Interesse des Beteiligten ist zu berichtigen.
행정청은 행정행위에 있어서 기재오류, 계산오류 및 이와 유사한 명백한 오류를 언제든지 정정할 수 있다. 참가인에게 정당한 이익이 있는 때에는 정정하여야 한다.

Offenbaren von Staatsgeheimnissen
StGB 95 국가기밀누설죄.
(1) Wer ein Staatsgeheimnis, das von einer amtlichen Stelle oder auf deren Veranlassung geheimgehalten wird, an einen Unbefugten gelangen läßt oder öffentlich bekanntmacht und dadurch die Gefahr eines schweren Nachteils für die äußere Sicherheit der Bundesrepublik Deutschland herbeiführt, wird mit Freiheitsstrafe von sechs Monaten bis zu fünf Jahren bestraft, wenn die Tat nicht in § 94 mit Strafe bedroht ist.
관청에 의하여 또는 그 권고에 따라 비밀로 하고 있는 국가기밀을 권한 없는 자에게 전달하거나 공연히 공표하고, 이로 인하여 독일연방공화국의 외적 안전에 중대한 불이익을 초래할 위험을 야기한 자는 그 행위가 제94조에 의하여 처벌되지 아니하는 경우에는 6개월 이상 5년 이하의 자유형에 처한다.

Offene Handelsgesellschaft (OHG)
HGB 105 합명회사.
(1) Eine Gesellschaft, deren Zweck auf den Betrieb eines Handelsgewerbes unter gemeinschaftlicher Firma gerichtet ist, ist eine offene Handelsgesellschaft, wenn bei keinem der Gesellschafter die Haftung gegenüber den Gesellschaftsgläubigern beschränkt ist.
공동의 상호로써 상사영업의 경영을 목적으로 하며 어떤 경우에도 각 사원이 회사채권자에 대하여 그 책임을 제한하지 않는 회사는 합명회사이다.

Offener Einigungsmangel BGB 154
공연한 불합의.
(1) Solange nicht die Parteien sich über alle Punkte eines Vertrags geeinigt haben, über die nach der Erklärung auch nur einer Partei eine Vereinbarung getroffen werden soll, ist im Zweifel der Vertrag nicht geschlossen.
양당사자가 계약의 모든 점에서 합의에 이르지 아니하는 한, 당사자 일방만의 의사표시에 의하여 합의가 이루어져야 하는 경우에는 계약은 체결되지 아니한 것으로 한다.
→ Versteckter Einigungsmangel (숨겨진 불합의).

Offener Vollzug StVollzG 10 개방집행.
(1) Ein Gefangener soll mit seiner Zustimmung in einer Anstalt oder Abteilung des offenen Vollzuges untergebracht werden, wenn er den besonderen Anforderungen des offenen Vollzuges genügt und namentlich nicht zu befürchten ist, daß er sich dem Vollzug der Freiheitsstrafe ent-

ziehen oder die Möglichkeiten des offenen Vollzuges zu Straftaten mißbrauchen werde.
수형자가 개방시설에의 수용을 위한 특별요건을 충족하고 특히 수형자가 자유형의 집행을 면하려 하거나 또는 개방시설에서의 수용을 범죄행위로 이용할 염려가 없는 경우에는 수형자는 자신의 동의에 의하여 개방시설이나 개방교정국에 수용한다.
즉, Keine Flucht- oder Missbrauchsgefahr, Eignung für den offenen Vollzug, Zustimmung des Gefangenen의 3요건이 충족되어야 한다.

Offenes Depot DepotG 1(2) 개봉예탁.
(2) Verwahrer im Sinne dieses Gesetzes ist, wem im Betrieb seines Gewerbes Wertpapiere unverschlossen zur Verwahrung anvertraut werden.
본법의 수탁자는 자신의 영업으로 유가증권을 개봉하여 예탁받은 사람이다.

Offenkundige Tatsache ZPO 291; StPO 244(3) 공지의 사실.
Tatsachen, die bei dem Gericht offenkundig sind, bedürfen keines Beweises. (ZPO 291)
법원에 현저한 사실은 증명을 요하지 아니한다.
(3) Im übrigen darf ein Beweisantrag nur abgelehnt werden, wenn eine Beweiserhebung wegen Offenkundigkeit überflüssig ist, (StPO 244)
기타 증거조사가 공지의 사실로 인해 불필요하게 된 경우에만 증거신청은 각하될 수 있다.
이에는 Allgemeinkundige Tatsache(공공에 현저한 사실), Gerichtskundige Tatsache(법원에 현저한 사실)가 있다.

Offenlegungsschrift → Patentoffenlegungsschrift (특허공개서류).

Öffentlich-rechtlichen Amtsverhältnis StGB 11(1) Nr.2 공법상의 근무관계.
→ Amtsträger (공무수행자).

Öffentlich-rechtlicher Vertrag VwVfG 54 공법상의 계약.
Ein Rechtsverhältnis auf dem Gebiet des öffentlichen Rechts kann durch Vertrag begründet, geändert oder aufgehoben werden (öffentlich-rechtlicher Vertrag), soweit Rechtsvorschriften nicht entgegenstehen.
공법영역에 있어서의 법률관계는 법규에 위반되지 아니하는 한 계약에 의하여 발생, 변경 또는 취소될 수 있다.

Öffentliche Ärgerniss
→ Erregung öffentlichen Ärgernisses (공분야기죄).

Öffentliche Aufforderung zu Ordnungswidrigkeiten OWiG 116 질서위반행위 선동죄.
(1) Ordnungswidrig handelt, wer öffentlich, in einer Versammlung oder durch Verbreiten von Schriften, Ton- oder Bildträgern, Datenspeichern, Abbildungen oder Darstellungen zu einer mit Geldbuße bedrohten Handlung auffordert.
공연히 집회에서 또는 문서의 배포, 녹음·녹화기, 데이터저장장치, 도화 또는 표현물을 통하여 질서위반금이 규정된 행위를 선동한 자는 질서위반행위를 행한 것이다.

Öffentliche Aufforderung zu Straftaten StGB 111 범죄행위선동죄.
(1) Wer öffentlich, in einer Versammlung oder durch Verbreiten von Schriften zu einer rechtswidrigen Tat auffordert, wird wie ein Anstifter (§ 26) bestraft.
집회나 문서의 반포에 의하여 위법행위를 하도록 공연히 선동한 자는 교사자(제26조)와 동일하게 처벌된다.
(2) Bleibt die Aufforderung ohne Erfolg, so ist die Strafe Freiheitsstrafe bis zu fünf Jahren oder Geldstrafe.
선동이 결과를 발생하지 아니한 경우에는 5년 이하의 자유형 또는 벌금형에 처한다.

Öffentliche Aufforderung zum Erscheinen StPO 288 출석의 공시최고.
Der Abwesende, dessen Aufenthalt un-

bekannt ist, kann in einem oder mehreren öffentlichen Blättern zum Erscheinen vor Gericht oder zur Anzeige seines Aufenthaltsortes aufgefordert werden.
거소를 알지 못하는 부재자에게는 1종 또는 수종의 공간 신문을 통하여 법원에의 출석 또는 그의 거소 신고를 최고할 수 있다.

Öffentliche Ausschreibung BHO 55 고시.
(1) Dem Abschluß von Verträgen über Lieferungen und Leistungen muß eine öffentliche Ausschreibung vorausgehen, sofern nicht die Natur des Geschäfts oder besondere Umstände eine Ausnahme rechtfertigen.
조달과 급부에 관한 계약의 체결에 대하여는 업무의 성질상 또는 특별한 상황으로 인한 예외적인 경우가 아니라면 사전에 고시가 선행되어야 한다.

Öffentliche Beglaubigung BGB 129 공적 인증.
(1) Ist durch Gesetz für eine Erklärung öffentliche Beglaubigung vorgeschrieben, so muß die Erklärung schriftlich abgefasst und die Unterschrift des Erklärenden von einem Notar beglaubigt werden.
법률로서 의사표시에 대하여 공적 인증을 규정한 경우에 그 의사표시는 서면으로 작성되어야 하며, 표의자의 서명은 공증인에 의하여 인증되어야 한다.

Öffentliche Gewalt GG 19(4) 공권력.
(Rechtsschutz gegenüber der öffentlichen Gewalt: 공권력에 대한 법적 보호)
(4) Wird jemand durch die öffentliche Gewalt in seinen Rechten verletzt, so steht ihm der Rechtsweg offen (GG 19).
공권력에 의하여 그 권리를 침해당한 자에게는 소송의 길이 열려있다.

Öffentliche Kasse → Abgabenüberhebung (공과금 과다징수죄).

Öffentliche Klage StPO 376 공소.
Die öffentliche Klage wird wegen der in § 374 bezeichneten Straftaten von der

Staatsanwaltschaft nur dann erhoben, wenn dies im öffentlichen Interesse liegt.
제374조(사인기소)에 규정된 범죄행위에 대하여 검사는 공익이 있는 경우에만 공소를 제기한다.
→ **Anklageerhebung oder Verfahrenseinstellung** (공소의 제기 및 절차의 정지)

Öffentliche Liste der Trägermedien JuSchG 18(2) Nr.1 공개적 기록미디어목록.
(2) Die Liste ist in vier Teilen zu führen.
1. In Teil A (Öffentliche Liste der Trägermedien) sind alle Trägermedien aufzunehmen, soweit sie nicht den Teilen B, C oder D zuzuordnen sind;
A 등급(부문)은 "공개적 기록미디어목록"으로 B, C, D 등급에 속하지 않는 기록미디어가 이에 해당한다.

Öffentliche Liste der Trägermedien mit absolutem Verbreitungsverbot JuSchG 18(2) Nr.2 절대적 배포금지대상이 되는 공개적 기록미디어목록.
(2) 2. in Teil B (Öffentliche Liste der Trägermedien mit absolutem Verbreitungsverbot) sind,
soweit sie nicht Teil D zuzuordnen sind, Trägermedien aufzunehmen, die nach Einschätzung der Bundesprüfstelle für jugendgefährdende Medien einen in §86, §130, §130a, §131, §184a oder §184b des Strafgesetzbuches bezeichneten Inhalt haben;
B 등급은 "절대적 배포금지대상이 되는 공개적 기록미디어목록"으로 D 등급에 해당되지 않는 기록미디어가 이에 해당하며, 연방청소년유해미디어 심의위원회의 판단에 의해 형법 제86조, 제130조, 제130a조, 제131조 또는 제184조 제3항 또는 4항에 기재된 내용을 가진다.

Öffentliche Rede UrhG 48 공개연설.
(1) Zulässig ist
1. die Vervielfältigung und Verbreitung von Reden über Tagesfragen in Zeitungen, Zeitschriften sowie in anderen Druckschriften oder sonstigen Datenträgern, die

im Wesentlichen den Tagesinteressen Rechnung tragen, wenn die Reden bei öffentlichen Versammlungen gehalten oder durch öffentliche Wiedergabe im Sinne von § 19a oder § 20 veröffentlicht worden sind, sowie die öffentliche Wiedergabe solcher Reden,
2. die Vervielfältigung, Verbreitung und öffentliche Wiedergabe von Reden, die bei öffentlichen Verhandlungen vor staatlichen, kommunalen oder kirchlichen Organen gehalten worden sind.
1. 공개연설이 공공집회에서 행하여지거나 제19a조(공개접근권) 또는 제20조(방송권)의 공개재현을 통하여 이루어진 경우에는 신문, 잡지 및 기타 다른 인쇄물이나 주로 일상 관심사를 다루는 일일 정보지에서 시사연설의 복제와 배포, 2. 국가, 지방자치기관 또는 교회기관의 공개행사과정에서 행하여진 연설의 복제, 배포와 공개재현은 허용된다.

Öffentliche Sachen 공물 (公物).
~ (i.w.S.) sind alle Sache, die der öffentlcihen Verwaltung unmittelbar oder mittelbar zur Erüllung ihrer Aufgaben dienen. 공물은(광의) 직접 또는 간접으로 공행정의 임무의 수행을 위하여 그에 이바지하는 모든 물건.

Öffentliche Schule 공립학교, 국·공립학교. → Religionsunterricht (종교교육).

Öffentliche Stelle BDSG 2 공공부문.
(1) Öffentliche Stellen des Bundes sind die Behörden, die Organe der Rechtspflege und andere öffentlich-rechtlich organisierte Einrichtungen des Bundes, der bundesunmittelbaren Körperschaften, Anstalten und Stiftungen des öffentlichen Rechts sowie deren Vereinigungen ungeachtet ihrer Rechtsform. 연방의 공공부문은 연방관청, 사법기관과 기타 공법상 구성된 연방이나 연방직할기관의 시설물, 공법상의 영조물이나 재단 및 법형식을 불문한 그들의 구성된 단체이다. Als öffentliche Stellen gelten die aus dem

Sondervermögen Deutsche Bundespost durch Gesetz hervorgegangenen Unternehmen, solange ihnen ein ausschließliches Recht nach dem Postgesetz zusteht. 특별재산인 독일연방우체국에서 법률에 의하여 유래하는 기업은 우편법에 따라 독점적 권한이 있는 경우 공공부문으로 간주된다. → Deutsche Bundespost (독일연방우체국).

Öffentliche Wiedergabe UrhG 52 공개재현.
(1) Zulässig ist die öffentliche Wiedergabe eines veröffentlichten Werkes, wenn die Wiedergabe keinem Erwerbszweck des Veranstalters dient, die Teilnehmer ohne Entgelt zugelassen werden und im Falle des Vortrags oder der Aufführung des Werkes keiner der ausübenden Künstler (§ 73) eine besondere Vergütung erhält. 발행된 저작물의 재현이 개최자의 영리를 목적으로 하지 않고 참가자에게 대가 없이 입장이 허용되며, 저작물의 구술 또는 공연에 있어서는 실연예술가(제73조)의 누구도 별도의 보상을 받지 아니하는 경우에는 공개재현이 허용된다.

Öffentliche Zustellung ZPO 185 공시송달.
Die Zustellung kann durch öffentliche Bekanntmachung (öffentliche Zustellung) erfolgen, wenn der Aufenthaltsort einer Person unbekannt und eine Zustellung an einen Vertreter oder Zustellungsbevollmächtigten nicht möglich ist, 당사자 일방의 거소가 분명하지 않으며 대리인이나 송달대리인에 대한 송달이 불가능할 때에는 송달을 공고에 의해서 할 수 있다.

Öffentlichen Friedens → Störung der öffentlichen Friedens durch Androhung von Straf (범죄위협에 의한 공공평화교란죄).

Öffentlicher Beamte StPO 96 공무원.
→ Amtsträger (공무수행자) → Beamter (공무원).

Öffentlicher Betriebe
→ Störung öffentlicher Betriebe (공공경영

교란죄).

Öffentlicher Dienst 공무
→ Für den öffentlichen Dienst besonders Verpflichteter (특별한 공무의무자).

Öffentlicher Glaube des Grundbuchs
BGB 892 부동산등기부의 공신력.
(1) Zugunsten desjenigen, welcher ein Recht an einem Grundstück oder ein Recht an einem solchen Recht durch Rechtsgeschäft erwirbt, gilt der Inhalt des Grundbuchs als richtig, es sei denn, dass ein Widerspruch gegen die Richtigkeit eingetragen oder die Unrichtigkeit dem Erwerber bekannt ist.
부동산물권 또는 그러한 권리에 대한 권리를 법률행위에 의하여 취득한 사람을 위하여 부동산등기부의 내용은 정당한 것으로 본다. 그러나 그 정당함에 대한 이의가 등기되어 있거나 또는 취득자에게 부당함이 알려진 경우에는 그러하지 아니하다.

Öffentliches Testament BGB 2232
공적 유언.
Zur Niederschrift eines Notars wird ein Testament errichtet, indem der Erblasser dem Notar seinen letzten Willen erklärt oder ihm eine Schrift mit der Erklärung übergibt, dass die Schrift seinen letzten Willen enthalte.
공증인의 서면에 의한 유언은 피상속인이 공증인에게 최후유언의 의사를 표시하거나 또는 그에게 자신의 최후유언의 의사를 포함한 유언장을 교부함으로써 작성된다.
→ Testament (유언).

Öffentlichkeit GVG 169 공개주의.
Die Verhandlung vor dem erkennenden Gericht einschließlich der Verkündung der Urteile und Beschlüsse ist öffentlich.
Ton- und Fernseh-Rundfunkaufnahmen sowie Ton- und Filmaufnahmen zum Zwecke der öffentlichen Vorführung oder Veröffentlichung ihres Inhalts sind unzulässig.
판결과 결정의 선고를 포함한 본법원에서의 심리는 공개된다. 공중에의 상영이나 그 내용의 공표를 목적으로 하는 라디오·텔레비전 방송녹취 및 녹음과 촬영은 허가되지 않는다.

Öffentlichkeit der Sitzung GG 42
회의의 공개.
(1) S.1 Der Bundestag verhandelt öffentlich. 연방하원은 공개로 심의한다.

Öffentlichkeitsfahndung StPO 131a
공개수배.
(1) Die Ausschreibung zur Aufenthaltsermittlung eines Beschuldigten oder eines Zeugen darf angeordnet werden, wenn sein Aufenthalt nicht bekannt ist.
피의자나 증인의 소재가 불명한 때에는 소재지수사를 위한 수배공고가 명해질 수 있다.
(3) Auf Grund einer Ausschreibung zur Aufenthaltsermittlung eines Beschuldigten oder Zeugen darf bei einer Straftat von erheblicher Bedeutung auch eine Öffentlichkeitsfahndung angeordnet werden, wenn der Beschuldigte der Begehung der Straftat dringend verdächtig ist und die Aufenthaltsermittlung auf andere Weise erheblich weniger Erfolg versprechend oder wesentlich erschwert wäre.
피의자나 증인의 소재지수사를 위한 수배공고를 근거로 중대한 범죄인 경우에는 피의자가 범죄의 유력한 혐의를 받고 있고 소재지수사가가 다른 방법으로는 성공의 가능성이 거의 없거나 본질적으로 어려운 경우에는 공개수배도 명할 수 있다.

Offizialdelikt StPO 389 비친고죄.
공소의 제기에 고소나 고발을 필요로 하지 않는 범죄.
→ Einstellung durch Urteil (판결에 의한 정지).
→ Antragsdelikt (친고죄).

Offizialprinzip (Offizialmaxime) StPO 152
국가소추주의.
소추는 시민 개인이 아닌, 국가의 (법공동체를 위한) 의무이며, 예외는 사인소추(Privatklageverfahren); → Anklageerhebung(공소의 제기); → Parteiherrschaft (당사자주의); 직권주의 → Inquisitionsprinzip (직권(탐지)주의).

Offizialverteidiger → Pflichtverteidiger
StPO 140, 141 국선변호인.
→ Ladung des bestellten und gewählten Verteidigers (국선변호인 및 사선변호인의 소환).

OHG → Offene Handelsgesellschaft (합명회사).

Omni modo facturus (alias facturus)
모든 정황을 알고 범행하는 자(Jemand, der unter allen Umständen eine Tat ausfuhren will).
이미 범행을 결의한 자에 대한 교사는 정신적 방조가 가능하다.

Opferentschädigung OEG 1 피해자보상.
(1) Wer im Geltungsbereich dieses Gesetzes oder auf einem deutschen Schiff oder Luftfahrzeug infolge eines vorsätzlichen, rechtswidrigen tätlichen Angriffs gegen seine oder eine andere Person oder durch dessen rechtmäßige Abwehr eine gesundheitliche Schädigung erlitten hat, erhält wegen der gesundheitlichen und wirtschaftlichen Folgen auf Antrag Versorgung in entsprechender Anwendung der Vorschriften des Bundesversorgungsgesetzes
본법의 적용범위에서 또는 독일 선박이나 항공기에서 자기 또는 타인에 대한 고의적이고 위법한 사실상의 공격으로 인하여 또는 그에 대한 적법한 방어로 인하여 건강상의 상해를 입은 자는 신청에 의하여 건강상 및 경제적 결과에 대한 연방보훈법의 규정의 상응하는 배려를 받는다.

Opferentschädigungsgesetz (Gesetz über die Entschädigung für Opfer von Gewalttaten) OEG 범죄피해자보상법 (1985.1.7) (BGBl. I S. 1).

Opportunitätsprinzip bei Vergehen
StPO 153 경죄의 경우에 기소편의주의.

→ Absehen von der Strafverfolgung (기소유예).

Ordentliche Hauptversammlung
AktG 175(1) 정기주주총회.
S.2 Die Hauptversammlung hat in den ersten acht Monaten des Geschäftsjahrs stattzufinden.
주주총회는 당해 영업년도의 최초의 8월내에 개최되어야 한다.

Ordentliche Kündigung (des Vermieters)
BGB 573 통상해지 (임대인의 ~).
(1) Der Vermieter kann nur kündigen, wenn er ein berechtigtes Interesse an der Beendigung des Mietverhältnisses hat. Die Kündigung zum Zwecke der Mieterhöhung ist ausgeschlossen.
임대인은 임대차관계의 종료에 정당한 이익을 가지는 때에만 해지할 수 있다. 차임인상 목적의 해지는 배제된다.
(Fristen der ordentlichen Kündigung)
(1) Die Kündigung ist spätestens am dritten Werktag eines Kalendermonats zum Ablauf des übernächsten Monats zulässig (BGB 573c).
해지는 늦어도 역월의 제3평일에, 그 다음달이 경과하여야 할 수 있다.

Ordentliches Gericht GVG 12; 13 통상법원.
Die ordentliche streitige Gerichtsbarkeit wird durch Amtsgerichte, Landgerichte, Oberlandesgerichte und durch den Bundesgerichtshof (den obersten Gerichtshof des Bundes für das Gebiet der ordentlichen Gerichtsbarkeit) ausgeübt. (12)
통상의 분쟁의 재판권은 구법원, 주법원(지방법원), 주고등법원 및 연방대법원(통상 재판권의 영역에 대한 연방최고법원)에 의해 행사된다.
Vor die ordentlichen Gerichte gehören alle bürgerlichen Rechtsstreitigkeiten und Strafsachen, für die nicht entweder die Zuständigkeit von Verwaltungsbehörden oder Verwaltungsgerichten begründet ist oder auf Grund von Vorschriften des Bundes-

rechts besondere Gerichte bestellt oder zugelassen sind. (13)
행정관청이나 행정법원의 관할로 되어 있지 않거나 또는 연방법으로 특별법원이 설치되거나 허용되어 있지 아니한 모든 민사분쟁과 형사사건은 통상법원의 관할에 속한다.

Ordentliches Testament BGB 2231
보통의 유언방식.
Ein Testament kann in ordentlicher Form errichtet werden
1. zur Niederschrift eines Notars,
2. durch eine vom Erblasser nach § 2247 abgegebene Erklärung.
보통방식에 있어서의 유언은 다음에 의하여 작성될 수 있다.
1. 공증인의 서면에 의하여,
2. 제2247조에 의한 피상속인의 의사표시에 의하여.
→ Testament (유언).

Orderpapier 지시증권.
Orderpapiere sind solche Wertpapiere, die eine namentlich bezeichnete Person als berechtigt ausweisen, das im Papier verbriefte Recht geltend zu machen.
~은 특히 지정된 자에게 증권상의 권리를 주장할 자격이 부여된 유가증권.

Orderschuldverschreibung 지시채권증권.
Schuldverschreibung, die auf den Namen einer bestimmten Person lautet.
특정인의 이름이 기재된 채권증권.

Ordnungsgeld oder Zwangsgeld
EGStGB 6 질서금 또는 강제금.
(1) Droht das Bundesgesetz Ordnungsgeld oder Zwangsgeld an, ohne dessen Mindest- oder Höchstmaß zu bestimmen, so beträgt das Mindestmaß fünf, das Höchstmaß tausend Euro.
연방법이 그 최소 또는 최고한도를 정하지 않고 질서금이나 강제금을 부과하는 경우 최저는 5유로, 최고는 1000유로로 한다.

Ordnungsgeld und Ordnungshaft
StPO 70 질서금과 질서구금.

(Grundlose Verweigerung der Zeugnis- oder Eidesleistung 이유없는 증언 및 선서의 거부).
(1) Wird das Zeugnis oder die Eidesleistung ohne gesetzlichen Grund verweigert, so werden dem Zeugen die durch die Weigerung verursachten Kosten auferlegt.
Zugleich wird gegen ihn ein Ordnungsgeld und für den Fall, daß dieses nicht beigetrieben werden kann, Ordnungshaft festgesetzt.
증인은 법적 사유없이 증언이나 선서이행을 거부하는 경우에는 그 거부로 인하여 발생한 소송비용을 부담한다. 동시에 그에게 질서금을 부과하며 이를 징수할 수 없는 경우에는 질서구금에 처한다.

Ordnungshaft ZPO 390; EGStGB 6(2)
질서구금.
(1) Wird das Zeugnis oder die Eidesleistung ohne Angabe eines Grundes oder aus einem rechtskräftig für unerheblich erklärten Grund verweigert, so werden dem Zeugen, ohne dass es eines Antrages bedarf, die durch die Weigerung verursachten Kosten auferlegt. Zugleich wird gegen ihn ein Ordnungsgeld und für den Fall, dass dieses nicht beigetrieben werden kann, Ordnungshaft festgesetzt. (390)
이유의 적시없이 또는 중요하지 않은 것으로 확정적으로 인정된 이유로 증언 또는 선서이행을 거부한 증인은 신청에 의하지 않고 증언거부로 인하여 발생한 비용을 부담한다. 동시에 증인에 대하여 질서금을, 이를 징수할 수 없는 경우에는 질서구금에 처한다.
(2) Droht das Gesetz Ordnungshaft an, ohne das Mindest- oder Höchstmaß zu bestimmen, so beträgt das Mindestmaß einen Tag, das Höchstmaß sechs Wochen (6(2)).
법률이 질서구금의 최저 또는 최고한도를 정하지 않으면 그 최저는 1일, 최고는 6주이다.

Ordnungswidrigkeit OWiG 1 질서위반행위; Gesetz über ~en (질서위반법) (1987

.2.19) (BGBl. I S. 602).
Eine Ordnungswidrigkeit ist eine rechtswidrige und vorwerfbare Handlung, die
den Tatbestand eines Gesetzes verwirklicht, das die Ahndung mit einer Geldbuße
zuläßt.
질서위반행위는 위법하고 비난가능한 행위
로서 질서위반금에 의해 처벌을 허용하는
법률의 구성요건을 실현한 것이다.

Organ und Vertreter StGB 75 기관 및
대표자.
→ Personenvereinigung (비법인단체).
→ Geldbuße gegen juristische Personen
und Personenvereinigungen OWiG 30 법
인 및 비법인단체에 대한 질서위반금.
1. als vertretungsberechtigtes Organ einer
juristischen Person oder als Mitglied eines
solchen Organs, 법인의 대표기관 또는 동
기관의 구성원,
2. als Vorstand eines nicht rechtsfähigen
Vereins oder als Mitglied eines solchen
Vorstandes, 권리능력없는 사단의 이사회
또는 그 이사,
3. als vertretungsberechtigter Gesellschafter einer rechtsfähigen Personengesellschaft, 법인격 있는 인적회사의 대표권 있
는 사원,
4. als Generalbevollmächtigter oder in leitender Stellung als Prokurist oder Hand-
lungsbevollmächtigter einer juristischen
Person oder einer in Nummer 2 oder 3
genannten Personenvereinigung oder
법인 또는 제2호나 제3호에 기재된 비법인
단체의 총대리인, 또는 주도적 지위의 지배
인이나 행위대리인,
5. als sonstige Person, die für die Leitung
des Betriebs oder Unternehmens einer
juristischen Person oder einer in Nummer
2 oder 3 genannten Personenvereinigung
verantwortlich handelt, wozu auch die
Überwachung der Geschäftsführung oder
die sonstige Ausübung von Kontrollbe-
fugnissen in leitender Stellung gehört,
기타 법인 또는 제2호 및 제3호에서 규정하
는 비법인단체의 사업체 또는 기업의 경영

지휘에 있어서 책임을 지는 자로서 업무집
행의 감독이나 기타 주도적 지위에서 통제
권한의 수행 등을 행하는 자.

**Organ und Vertreter ausländischer
Staaten** → Angriff gegen Organe und
Vertreter ausländischer Staaten (외국기관
및 사절에 대한 공격죄).

Organbehandel (Organ- und Gewebehan-
del) TPG 17, 18 장기매매(죄).
(1) Es ist verboten, mit Organen oder
Geweben, die einer Heilbehandlung eines
anderen zu dienen bestimmt sind, Handel
zu treiben (TPG 17)
타인의 치료행위에 기여하는 장기의 거래는
금지된다.
(2) Ebenso ist verboten, Organe oder Gewebe, die nach Absatz 1 Satz 1 Gegenstand verbotenen Handeltreibens sind, zu
entnehmen, auf einen anderen Menschen
zu übertragen oder sich übertragen zu
lassen. (TPG 17)
제1항 제1문에 의하여 거래금지의 대상인
장기의 적출, 타인에 대한 이식, 자신에 대
한 이식은 금지된다.
(1) Wer entgegen § 17 Abs. 1 Satz 1 mit
einem Organ oder Gewebe Handel treibt
oder entgegen § 17 Abs. 2 ein Organ oder
Gewebe entnimmt, überträgt oder sich
übertragen lässt, wird mit Freiheitsstrafe
bis zu fünf Jahren oder mit Geldstrafe
bestraft. (TPG 18)
제17조 제1항 제1문에 반하여 장기를 거래
하거나 또는 제17조 제2항에 반하여 장기를
적출, 이식 또는 자신에게 이식한 자는 5년
이하의 자유형 또는 벌금형에 처한다.

Organgesellschaft KStG 14 기관회사
(연결개별회사).
(1) Verpflichtet sich eine Europäische Gesellschaft, Aktiengesellschaft oder Kommanditgesellschaft auf Aktien mit Geschäftsleitung und Sitz im Inland (Organgesellschaft) durch einen Gewinnabführungsvertrag im Sinne des § 291 Abs. 1
des Aktiengesetzes, ihren ganzen Gewinn

an ein einziges anderes gewerbliches Unternehmen abzuführen, so ist das Einkommen der Organgesellschaft, soweit sich aus § 16 nichts anderes ergibt, dem Träger des Unternehmens (Organträger) zuzurechnen.
국내에 주된 사무소 또는 주소를 두고 있는 유럽회사, 주식회사 또는 주식합자회사(기관회사)가 주식법 제191조 제1항에서 의미하는 이익송출계약을 통하여 그의 전체이익을 다른 국내기업에게 송출할 의무가 있는 경우 (법인세법) 제16조에서 달리 해석되지 아니하는 한 그 기관회사의 이익은 그 기업의 중심기업(모회사: 연결중심기업)에 합산되어야 한다.

Organisation und Dienstbetrieb der Staatsanwaltschaft (Anordnung über ~) OrgStA 검찰조직 및 운영(규정).
→ Generalstaatsanwalt (주검찰총장).

Organisierter Markt WpÜG 2(7) 조직화된 시장.
(7) Organisierter Markt sind der regulierte Markt an einer Börse im Inland und der geregelte Markt im Sinne des Artikels 4 Abs. 1 Nr. 14 der Richtlinie 2004/39/EG des Europäischen Parlaments und des Rates vom 21. April 2004 über Märkte für Finanzinstrumente, zur Änderung der Richtlinien 85/611/EWG und 93/6/EWG des Rates und der Richtlinie 2000/12/EG des Europäischen Parlaments und des Rates und zur Aufhebung der Richtlinie 93/22/EWG des Rates (ABl. EU Nr. L 145 S. 1) in einem anderen Staat des Europäischen Wirtschaftsraums.
조직화된 시장은 국내 증권거래소에서의 정규시장과 유럽의회 및 금융상품시장에 관한 2004.4.21 이사회의 지침(2004/39/EG) 제4조 2 제1항 제14호의 규제시장을 말한다.

Organspender (Organ- oder Gewebespender) TPG 3 장기기증자.
(1) Die Entnahme von Organen oder Geweben ist, soweit in § 4 oder § 4a nichts Abweichendes bestimmt ist, nur zulässig, wenn
1. der Organ- oder Gewebespender in die Entnahme eingewilligt hatte,
2. der Tod des Organ- oder Gewebespenders nach Regeln, die dem Stand der Erkenntnisse der medizinischen Wissenschaft entsprechen, festgestellt ist und
3. der Eingriff durch einen Arzt vorgenommen wird.
장기의 적출은 (장기이식법) 제4조(타인의 동의에 의한 장기적출) 또는 제4a조(사망한 태아의 장기적출)에서 달리 규정하지 아니하는 한 다음 각호의 경우에만 허용된다.
1. 장기기증자가 적출에 동의한 때
2. 장기기증자의 사망이 의학이 인식수준에 상응한 규칙에 따라 확정된 때
3. 시술이 의사에 의하여 행하여진 때.

Organstreitigkeit GG 93(1) Nr.5; BVerfGG 13 Nr.5 기관쟁송 (권한쟁의).
Das Bundesverfassungsgericht entscheidet über die Auslegung des Grundgesetzes aus Anlaß von Streitigkeiten über den Umfang der Rechte und Pflichten eines obersten Bundesorgans oder anderer Beteiligter, die durch das Grundgesetz oder in der Geschäftsordnung eines obersten Bundesorgans mit eigenen Rechten ausgestattet sind.
연방헌법재판소는 연방최고기관의 권리, 의무의 범위 또는 기본법이나 연방최고기관의 사무규칙에 의하여 고유의 권리를 부여받은 기타 관계기관의 권리, 의무의 범위에 관하여 야기되는 기본법의 해석문제를 결정한다.

Organträger → Organgesellschaft (기관회사).

Organübertragung TPG 9 장기이식.
(1) Die Übertragung von Herz, Niere, Leber, Lunge, Bauchspeicheldrüse und Darm darf nur in dafür zugelassenen Transplantationszentren (§ 10) vorgenommen werden.
심장, 신장, 간장, 폐, 췌장 및 장의 이식은 이식의 허가를 받은 이식기관(장기이식법 제10조)에서만 행하여져야 한다.

OrgStA → Organisation und Dienstbetrieb der Staatsanwaltschaft (Anordnung über ~) 검찰조직 및 운영(규정).

Originale von Werken UrhG 114 저작물원본 (Orginalwerk 원저작물).
(1) Gegen den Urheber ist die Zwangsvollstreckung wegen Geldforderungen in die ihm gehörenden Originale seiner Werke nur mit seiner Einwilligung zulässig. Die Einwilligung kann nicht durch den gesetzlichen Vertreter erteilt werden.
저작자에 대한 금전채권으로 인한, 저작자에게 귀속된 그의 저작물 원본에 대한 강제집행은 그의 동의가 있어야만 허용된다. 그 동의는 법정대리인에 의해 부여될 수 없다.

Originärer Einzelrichter ZPO 348 원시적 단독판사.
처음부터 주법원의 단독판사의 관할로 합의부에 의한 이송재판의 필요가 없다. 민사부는 그 구성원의 1인이 단독판사로서 재판한다(Die Zivilkammer entscheidet durch eines ihrer Mitglieder als Einzelrichter).
↔ Obligatorischer Einzelrichter (의무적 단독판사).

Ort der Ergreifung StPO 9 체포지.
Der Gerichtsstand ist auch bei dem Gericht begründet, in dessen Bezirk der Beschuldigte ergriffen worden ist.
재판적은 피의자가 체포된 지역을 관할하는 법원에도 있다.

Ort der Tat (Tatort, Handlungsort) StGB 9 범죄의 장소 (범죄지, 행위지).
Eine Tat ist an jedem Ort begangen, an dem der Täter gehandelt hat oder im Falle des Unterlassens hätte handeln müssen oder an dem der zum Tatbestand gehörende Erfolg eingetreten ist oder nach der Vorstellung des Täters eintreten sollte.
범죄는 행위자가 실행하였거나 부작위의 경우에는 행위를 행하였어야 할 장소 또는 구성요건적 결과가 발생하였거나 행위자의 표상에 의해 그 결과가 발생하였어야 할 장소

에서 행하여진다.
→ Tatort 범죄지 (재판적).

Örtliche Zuständigkeit StPO 16 토지관할.
→ Einwand der Unzuständigkeit (관할위반의 이의).

Ortskrankenkasse SGB 5 143 지역의료보험조합. (Allgemeine ~: 일반 ~).
(1) Ortskrankenkassen bestehen für abgegrenzte Regionen.
지역의료보험조합은 지역의 구분에 따른다.
→ Krankenkasse (의료보험조합).

Ortsübliche Vergleichsmiete BGB 558 지역관례적(유사) 비교차임.
(1) Der Vermieter kann die Zustimmung zu einer Erhöhung der Miete bis zur ortsüblichen Vergleichsmiete verlangen, wenn die Miete in dem Zeitpunkt, zu dem die Erhöhung eintreten soll, seit 15 Monaten unverändert ist.
차임의 인상시기부터 15개월 동안 차임이 변동되지 아니한 경우에는 임대인은 그 지역의 관례적인 비교차임까지 차임을 인상하는 것에 대한 동의를 요구할 수 있다.
(2) Die ortsübliche Vergleichsmiete wird gebildet aus den üblichen Entgelten, die in der Gemeinde oder einer vergleichbaren Gemeinde für Wohnraum vergleichbarer Art, Größe, Ausstattung, Beschaffenheit und Lage in den letzten vier Jahren vereinbart oder, von Erhöhungen nach § 560 abgesehen, geändert worden sind.
지역관례적 비교차임은 당해 지방자치단체 또는 비교가능한 (기초)자치단체에서 비교가능한 종류, 크기, 설비, 성상 및 위치의 주거공간에 대하여, 지난 4년 동안 합의되었거나 또는 제560조에 의한 인상은 제외하고 변경된 관례적인 대가로 이루어진다.
→ Mieterhöhung (차임인상).

OWiG → Gesetz über Ordnungswidrigkeiten (질서위반법).

P

Pächter 용익임차인 ↔ Verpächter 용익임대인.

Pachtvertrag BGB 581 용익임대차(계약).
(1) Durch den Pachtvertrag wird der Verpächter verpflichtet, dem Pächter den Gebrauch des verpachteten Gegenstands und den Genuss der Früchte, soweit sie nach den Regeln einer ordnungsmäßigen Wirtschaft als Ertrag anzusehen sind, während der Pachtzeit zu gewähren.
Der Pächter ist verpflichtet, dem Verpächter die vereinbarte Pacht zu entrichten.
용익임대차계약으로 인하여 용익임대인은 임대차기간 중 용익임차인에게 용익임대물의 사용을 제공하며 또한 정상의 경영법칙에 따라 수익으로서 인정될 수 있는 한도에서 과실의 향유를 제공할 의무를 부담한다.
용익임차인은 용익임대인에 대하여 약정된 차임을 지불할 의무를 부담한다.

Pacta sunt servanda (Verträge sind einzuhalten) 약속은 지켜야 한다.

Pactum de quota litis 소송물의 분할합의 → Erfolgshonorar (성공보수).

Pakete StVollzG 33(2) 소포.
(2) S.1 Pakete sind in Gegenwart des Gefangenen zu öffnen.
소포는 수형자의 면전에서 개봉되어야 한다.

Papiergeldähnlichen Drucksachen oder Abbildungen OWiG 128 유사지폐 인쇄물 또는 모사물. → Herstellen oder Verbreiten von ~.

Par in parem non habet imperium (Ein Gleicher hat unter Gleichen keine Entscheidungsgewalt).
동등자는 동등자에 대하여 명령권을 갖지 않는다.

Paragraph StPO 260(5) 조(條: §).
(5) Nach der Urteilsformel werden die angewendeten Vorschriften nach Paragraph, Absatz, Nummer, Buchstabe und mit der Bezeichnung des Gesetzes aufgeführt.
판결주문의 다음에는 적용된 규정의 조, 항, 호, 자모(알파벳) 및 법률의 명칭이 기재된다. → Satz는 문(단).

Pariser Übereinkommen 파리협약.
→ Kernanlage (핵시설).

Parlamentarische Äußerung StGB 36 의회에서의 발언.
Mitglieder des Bundestages, der Bundesversammlung oder eines Gesetzgebungsorgans eines Landes dürfen zu keiner Zeit wegen ihrer Abstimmung oder wegen einer Äußerung, die sie in der Körperschaft oder in einem ihrer Ausschüsse getan haben, außerhalb der Körperschaft zur Verantwortung gezogen werden.
연방하원, 연방회의 또는 주입법기관의 의원은 이러한 (입법)단체나 그 위원회내에서 행한 표결 또는 발언으로 인하여 이러한 단체 이외에서는 책임을 지지 아니한다.
Dies gilt nicht für verleumderische Beleidigungen.
이는 허위사실적시에 의한 모욕행위에 대하여는 적용되지 아니한다.

Parlamentarische Oppositon
→ Recht auf die Bildung und Ausübung einer Parlamentarischen Oppositon (의회에서 야당의 조직 및 그 활동에 관한 권리).

Parlamentarischer Bericht StGB 37 의회에서의 보고.
Wahrheitsgetreue Berichte über die öffentlichen Sitzungen der in § 36 bezeichneten Körperschaften oder ihrer Ausschüsse bleiben von jeder Verantwortlich-

keit frei.
제36조에 규정된 (입법)단체 또는 그 위원회의 공개회의에 관한 진실에 부합되는 보고에 대하여는 모든 책임을 면제한다.

Parlamentarisches Regierungssystem 의원내각제.
~ bedeutet die verfassungsmäßige Vertrauen des Parlaments, das ein gewisses Übergewicht gegenüber der vollziehenden Gewalt besitzt.
의원내각제는 집행부에 대하여 어느 정도의 우위를 가지는 의회에 대한 헌법적 신뢰를 의미한다.
↔ Präsidialsystem (Präsidentielles Regierungssystem, 대통령제).

Partei GG 21 정당.
(1) Die Parteien wirken bei der politischen Willensbildung des Volkes mit. Ihre Gründung ist frei.
정당은 국민의 정치적 의사형성에 협력한다. 정당의 설립은 자유이다.

Parteiengesetz PartG 정당법.
Gesetz über die politischen Parteien (1994 .1.31) (BGBl. I S. 149).

Parteifähigkeit ZPO 50(1)(2) 당사자능력.
(1) Parteifähig ist, wer rechtsfähig ist
권리능력있는 자는 당사자능력이 있다.
(2) Ein Verein, der nicht rechtsfähig ist, kann verklagt werden; in dem Rechtsstreit hat der Verein die Stellung eines rechtsfähigen Vereins.
권리능력없는 사단은 제소당할 수 있다. 그 소송에 있어서 권리능력없는 사단은 권리능력있는 사단의 지위를 가진다.

Parteiherrschaft 당사자주의(지배).
~ besteht, wenn die Parteien darüber bestimmen können, ob ein Prozeß beginnt und wie er verläuft.
~는 당사자가 절차의 개시와 진행을 결정하는 경우에 성립한다. ~는 당사자진행주의(Parteibetrieb), 변론주의(Verhandlungsgrundsatz), 처분권주의(Verfügungsgrund-satz)의 원칙을 포함한다. → Offizialprinzip.

Parteiprozeß ZPO 79 당사자(본인)소송.
Insoweit eine Vertretung durch Anwälte nicht geboten ist, können die Parteien den Rechtsstreit selbst oder durch jede prozessfähige Person als Bevollmächtigten führen.
변호사에 의한 대리를 요하지 않는 경우에 당사자는 본인이나 소송능력있는 대리인으로 하여금 소송을 수행할 수 있다.

Parteispende 정당기부금 → Spende.

Parteitag PartG 9 전당대회.
(1) Die Mitglieder- oder Vertreterversammlung (Parteitag, Hauptversammlung) ist das oberste Organ des jeweiligen Gebietsverbandes.
Sie führt bei Gebietsverbänden höherer Stufen die Bezeichnung "Parteitag", bei Gebietsverbänden der untersten Stufe die Bezeichnung "Hauptversammlung";
당원총회 또는 대의원회는 (전당대회, 총회) 각 지구당의 최고기관이다.
당원총회 또는 대의원회의는 상위지구당인 경우에는 "전당대회" 최하위지구당의 경우에는 "총회"라고 한다.

Parteivernehmung ZPO 613 당사자신문.
Das Gericht soll das persönliche Erscheinen der Ehegatten anordnen und sie anhören; es kann sie als Parteien vernehmen.
법원은 혼인당사자본인의 출석을 명하여 심문하여야 한다. 법원은 혼인당사자에 대하여 당사자신문을 할 수 있다.

Parteiverrat StGB 356 당사자(변호)배반죄 (=Prävarikation).
(1) Ein Anwalt oder ein anderer Rechtsbeistand, welcher bei den ihm in dieser Eigenschaft anvertrauten Angelegenheiten in derselben Rechtssache beiden Parteien durch Rat oder Beistand pflichtwidrig dient, wird mit Freiheitsstrafe von drei Monaten bis zu fünf Jahren bestraft.

변호사, 기타 법률보조인이 그 자격으로 위
탁받은 동일 소송사건의 사무를 통해 그 의
무에 위반하여 양 당사자 쌍방에 대하여 상
담 또는 보조를 통하여 기여한 때에는 3개
월 이상 5년 이하의 자유형에 처한다.

PartG → Parteiengesetz (정당법).

PartGG → Partnerschaftsgesellschaftsgesetz (동업회사법).

Partikular Strafgesetz 독일보통법에 대
한 각 지방의 지방특별형법.

Partnerschaftsgesellschaft PartGG 1
동업(파트너쉽)회사.
(1) Die Partnerschaft ist eine Gesellschaft,
in der sich Angehörige Freier Berufe zur
Ausübung ihrer Berufe zusammenschlie-
ßen. Sie übt kein Handelsgewerbe aus.
Angehörige einer Partnerschaft können
nur natürliche Personen sein.
동업회사는 자유직업의 종사자가 그 직업의
행사를 위해 결합하는 회사이다. 동업회사
는 상사영업을 행하지 않는다. 동업회사의
종업원은 자연인만이 가능하다.

Partnerschaftsgesellschaftsgesetz
(Gesetz über Partnerschaftsgesellschaften
Angehöriger Freier Berufe) PartGG 동업
회사법 (1994.7.25) (BGBl. I S. 1744).

Partnerschaftsregister FGG 160b 동업
등기부.
(1) Für die Führung des Partnerschafts-
registers sind die Amtsgerichte zuständig.
동업등기부의 작성은 구법원이 관할한다.

Paßgesetz PaßG 여권법 (1986.4.19)
(BGBl. I S. 537).
→ Passpflicht (여권의무).

Passive Veredelung ZK 145 수동적 가
공(무역)(역외가공).
(1) Im passiven Veredelungsverkehr können unbeschadet der in den Artikeln 154
bis 159 enthaltenen besonderen Vor-

schriften über den Standardaustausch und
unbeschadet des Artikels 123 Gemeinschaftswaren zur Durchführung von Veredelungsvorgängen vorübergehend aus
dem Zollgebiet der Gemeinschaft ausgeführt und die aus diesen Veredelungsvorgängen entstandenen Erzeugnisse unter
vollständiger oder teilweiser Befreiung
von den Einfuhrabgaben in den zollrechtlich freien Verkehr übergeführt werden.
수동적 가공무역(역외관세제도)에서는 (EU
관세법) 제154-159조에 포함된 표준교환에
관한 특별규정과 제123조와 관계없이 가공
과정의 실행을 위한 공동체상품이 공동체관
세영역으로부터 일시적으로 수출되고, 이
가공과정에서 발생한 생산물이 전부 또는
부분적으로 면세되어 관세법상 자유유통을
위하여 통관될 수 있다.

Passiver Personalgrundsatz StGB 7
수동적 속인주의.
(1) Das deutsche Strafrecht gilt für Taten,
die im Ausland gegen einen Deutschen
begangen werden, wenn die Tat am
Tatort mit Strafe bedroht ist oder der
Tatort keiner Strafgewalt unterliegt.
독일형법은 국외에서 행하여진 독일인에 대
한 범죄에 대하여 행위지에서 그 범죄에 관
한 처벌규정을 두고 있거나 행위지에 어떠
한 형벌권도 미치지 아니한 경우에는 이를
적용한다.

Passivlegitimation BGB 1600e 피고적격
↔ Aktivlegitimation (원고적격).
실체적 권리자나 실체적 권리에 의한 의무
를 지는 자에 대한 적격을 나타내며, 소송
수행상의 의미는 고려되지 않는다.

Passivseite HGB 266(3) 대변.
A. Eigenkapital: 자기자본
B. Rückstellungen: 충당금
C. Verbindlichkeiten: 채무
D. Rechnungsabgrenzungsposten: 계산한계
항목.

Passivvertretung BGB 28 수동적(수령)
대표.

(2) Ist eine Willenserklärung dem Verein gegenüber abzugeben, so genügt die Abgabe gegenüber einem Mitglied des Vorstands.
사단에 대한 의사표시는 이사 1인 대하여 행하여짐으로써 족하다.

Passpflicht PaßG 1   여권의무.
(1) Deutsche im Sinne des Artikels 116 Abs. 1 des Grundgesetzes, die aus dem Geltungsbereich mitzuführen und sich damit über ihre Person auszuweisen.
기본법 제116조 제1항에 따라 이 법의 적용지역 내외로 여행하고자 하는 독일인은 유효한 여권을 소지하고 그것으로 자신의 신분을 증명하여야 한다.

PatAnwO → Patentanwaltsordnung (변리사법).

Patent PatG 1   특허.
(1) Patente werden für Erfindungen erteilt, die neu sind, auf einer erfinderischen Tätigkeit beruhen und gewerblich anwendbar sind.
특허는 발명적 활동에 기초하고 산업상 이용할 수 있는 신규의 발명에 대하여 부여된다.

Patentamt PatG 32   특허청
(1) Das Patentamt veröffentlicht
1. die Offenlegungsschriften,
2. die Patentschriften und
3. das Patentblatt.
특허청은 다음 각호의 사항을 공표한다.
1. 특허공개서류.
2. 특허명세서
3. 특허공보.

Patentanmeldung PatG 34   특허출원.
(1) Eine Erfindung ist zur Erteilung eines Patents beim Patentamt anzumelden.
특허의 부여를 구하는 발명은 특허청에 출원하여야 한다.

Patentanwalt PatAnwO 5(2)   변리사.
(2) Die Befähigung für den Beruf des Patentanwalts hat erlangt, wer die techni-

sche Befähigung (§ 6) erworben und danach die Prüfung über die erforderlichen Rechtskenntnisse (§ 8) bestanden hat und mindestens ein halbes Jahr bei einem Patentanwalt tätig gewesen ist.
변리사직의 자격이 있는 자는 (변리사법) 제6조의 기술적 자격을 취득하고 제8조의 필요한 법적 지식에 관한 시험에 합격한 후 최소 반년이상 변리사사무실에서 활동한 자이다.

Patentanwaltsordnung PatAnwO 1
변리사법 (1966.9.7) (BGBl. I S. 557).
Der Patentanwalt ist in dem ihm durch dieses Gesetz zugewiesenen Aufgabenbereich ein unabhängiges Organ der Rechtspflege.
변리사는 본법에 의하여 부여된 업무영역에서 독립된 사법기관이다.

Patenterteilungsanspruch (Anspruch auf Erteilung des Patents) PatG 7   특허부여청구권.
(1) Damit die sachliche Prüfung der Patentanmeldung durch die Feststellung des Erfinders nicht verzögert wird, gilt im Verfahren vor dem Patentamt der Anmelder als berechtigt, die Erteilung des Patents zu verlangen.
특허출원의 실질적 심사가 발명자의 확정으로 지연되지 않도록 특허청에 대한 절차에 있어서는 출원인은 특허부여를 청구할 권리를 가진 것으로 본다.

Patentgericht PatG 65   특허법원.
(1) Für die Entscheidungen über Beschwerden gegen Beschlüsse der Prüfungsstellen oder Patentabteilungen des Patentamts sowie über Klagen auf Erklärung der Nichtigkeit von Patenten und in Zwangslizenzverfahren (§§ 81, 85) wird das Patentgericht als selbständiges und unabhängiges Bundesgericht errichtet. Es hat seinen Sitz am Sitz des Patentamts. Es führt die Bezeichnung "Bundespatentgericht".
특허법원은 특허청의 심사기관이나 특허국

의 결정에 대한 항고 및 특허무효의 소에
대한 재판, 강제실시절차(제81조, 제85조)에
서의 재판에 대한 독자적이고 독립적인 연
방법원으로 설립된다. 그 주소는 특허청의
소재지에 두며, "연방특허법원"이라 한다.

Patentgesetz PatG 특허법 (1980.12.16)
(BGBl. 1981 I S. 1). → Patent (특허).

Patentinhaber PatG 9 특허권소유자.
Das Patent hat die Wirkung, dass allein
der Patentinhaber befugt ist, die paten-
tierte Erfindung zu benutzen.
특허권은 오로지 특허권 소유자만이 특허로
보호된 발명을 이용할 수 있는 권한을 부여
한다.

Patentoffenlegungsschrift PatG 32(2)
특허공개서류.
(2) Die Offenlegungsschrift enthält die
nach § 31 Abs. 2 jedermann zur Einsicht
freistehenden Unterlagen der Anmeldung
und die Zusammenfassung (§ 36) in der
ursprünglich eingereichten oder vom Patentamt zur Veröffentlichung zugelassenen
geänderten Form.
특허공개서류는 제31조 제2항에 따라 모든
사람에게 열람이 자유로운 출원자료 및 처
음 제출된 또는 특허청에 의하여 공표가 허
락된 형태의 요약문(제36조)을 포함한다.

Patentschrift PatG 32(3) 특허명세서.
(3) Die Patentschrift enthält die Patent-
ansprüche, die Beschreibung und die
Zeichnungen, auf Grund deren das Patent
erteilt worden ist. Außerdem sind in der
Patentschrift die Druckschriften anzugeben, die das Patentamt für die Beurteilung
der Patentfähigkeit der angemeldeten Erfindung in Betracht gezogen hat (§ 43
Abs. 1). Ist die Zusammenfassung (§ 36)
noch nicht veröffentlicht worden, so ist
sie in die Patentschrift aufzunehmen.
특허명세서에는 특허청구권, 특허가 부여되
게 된 기술면, 표지가 포함된다. 그 외에 특
허청이 출원된 발명의 특허능력을 판단한
(제43조) 인쇄면이 있어야 한다. 요약문(제

36조)이 아직 공표되지 아니한 경우에 요약
문은 특허명세서에 기록될 수 있다.

PatG → Patentgesetz (특허법).

**Pauschalierung von Schadensersatzan-
sprüchen** BGB 309 Nr.4 손해배상청구권
의 일괄약정.
die Vereinbarung eines pauschalierten Anspruchs des Verwenders auf Schadensersatz oder Ersatz einer Wertminderung,
약관사용자의 손해배상 또는 가치감소배상
에 관한 일괄된 청구권 약정.

Pauschgebühr VwKostG 5; RVG 42
일괄수수료(보수).
Zur Abgeltung mehrfacher gleichartiger
Amtshandlungen für denselben Gebührenschuldner können Pauschgebühren vorgesehen werden.
동일한 수수료 부담자를 위한 반복적이고
동일한 종류의 직무행위를 변제하기 위하여
일괄수수료를 정할 수 있다.
(1) In Strafsachen, gerichtlichen Bußgeld-
sachen, Verfahren nach dem Gesetz über
die internationale Rechtshilfe in Strafsachen und in Verfahren nach dem
IStGH-Gesetz stellt das Oberlandesgericht,
zu dessen Bezirk das Gericht des ersten
Rechtszugs gehört, auf Antrag des
Rechtsanwalts eine Pauschgebühr für das
ganze Verfahren oder für einzelne Ver-
fahrensabschnitte durch unanfechtbaren
Beschluss fest, wenn die in den Teilen 4
bis 6 des Vergütungsverzeichnisses bestimmten Gebühren eines Wahlanwalts
wegen des besonderen Umfangs oder der
besonderen Schwierigkeit nicht zumutbar
sind.
형사사건, 법원의 질서위반금사건, 형사사법
공조법 및 국제형사법원협력법에 따른 절차
에서 제1심 법원을 관할하는 주고등법원은
특별한 범위나 어려움으로 인하여 보수표의
제4-6편에 규정된 선임변호인의 보수를 기
대할 수 없는 때에는 변호사의 신청에 의하
여 전체 절차에 대한 일괄보수를 확정한다.

Peinliche Gerichtsordnung Kaiser Karls

V. → Constitutio Criminalis Carolina (카
롤리나 형사법전).

Per procura = ppa. 대리로.
i. A. = im Auftrag
i. V. = in Vollmacht, in Vertretung.

Perpetuierungstheorie
= Aufrechterhaltungstheorie
StGB 259 유지설 (장물죄의).

Person → Freiheit der Person (신체의 자유).

Person seines Vertrauen (Vertrauensperson) StPO 406f(3) ; StVollzG 65 신
뢰인.
(3) Wird der Verletzte als Zeuge vernommen, so ist, wenn er dies beantragt,
einer Person seines Vertrauens die Anwesenheit zu gestatten, es sei denn, die
Anwesenheit könnte den Untersuchungszweck gefährden.
피해자가 증인으로서 신문받는 경우, 그의
신청이 있으면 조사의 목적을 위태롭게 하
지 않는 때에는 신뢰인의 참석을 허용할 수
있다.

Personal-Service-Agentur (PSA)
SGB 3 37c 인력서비스사무소.
(1) Die Agentur für Arbeit kann erlaubt
tätige Verleiher mit der Einrichtung und
dem Betrieb von Personal-Service-Agenturen beauftragen.
Aufgabe der Personal-Service-Agenturen
ist insbesondere, eine Arbeitnehmerüberlassung zur Vermittlung von Arbeitslosen
in Arbeit durchzuführen sowie ihre
Beschäftigten in verleihfreien Zeiten bei
der beruflichen Eingliederung zu unterstützen und weiterzubilden.
노동사무소는 인력서비스사무소의 설치와
경영을 허가받은 파견업자에게 위임할 수
있다.
인력서비스사무소의 임무는 특히 실직자의
직업알선을 목적으로 근로에서 근로자파견
을 실행하고, 근로자파견이 없는 시간에 그
취업자의 직업적 편입을 지지하고 계속 형

성하게 하는 데에 있다.

Personalbeweis StPO 250 인적 증거.
= Persönliches Beweismittel; 물적 증거는
Sachbeweis = Sachliches Beweismittel →
Beweismittel.
Der Unmittelbarkeitsgrundsatz bedeutet den
Vorrang des Personalbeweises vor dem Ur-
kundenbeweis.
직접신문주의는 인적 증거가 서류증거보다
우월하다는 것을 말한다.

Personale Handlungslehre 인격적 행위론.
Die personale Handlungslehre sieht jede
Äußerung menschlicher Persönlichkeit als
Handlung an. Die personale Handlungslehre wird als zu undifferenziert und als
konturenlos kritisiert.
~은 인간의 모든 인격표현을 행위로 본다.
~은 차별화가 어렵고, 윤곽이 없다는 비판
을 받고 있다.

Personale Verhältnisse StPO 243(2)
인적 관계(사항)
(2) Die Zeugen verlassen den Sitzungssaal. Der Vorsitzende vernimmt den Angeklagten über seine persönlichen Verhältnisse.
증인은 법정에서 퇴정한다. 재판장은 피고
인의 인적 사항에 대하여 신문한다.

Personalhoheitsgewalt 대인고권.
→ Gebietshoheitsgewalt (영토고권).

Personalien StPO 68 인적 사항.
→ Vernehmung zur Person (인정신문).

Personalplanung BetrVG 92 인사계획.
(1) Der Arbeitgeber hat den Betriebsrat
über die Personalplanung, insbesondere
über den gegenwärtigen und künftigen
Personalbedarf sowie über die sich daraus
ergebenden personellen Maßnahmen und
Maßnahmen der Berufsbildung anhand
von Unterlagen rechtzeitig und umfassend
zu unterrichten.
사용자는 인사계획, 특히 현재와 장래의 인

력수요 및 그로부터 발생하는 인사조치와 직업훈련조치를 자료에 의거하여 적시에 그리고 포괄적으로 사업장협의회에 보고해야 한다.

Personalprinzip StGB 3 속인주의.
= Personalgrundsatz = Personalitätsprinzip
Staatsangehörigkeitsprinzip
→ Territorialitätsprinzip (속지주의).

Personalrat → Personalvertretungsrecht (직원대표권).

Personalstatut EGBGB 5 속인법.
(1) Wird auf das Recht des Staates verwiesen, dem eine Person angehört, und gehört sie mehreren Staaten an, so ist das Recht desjenigen dieser Staaten anzuwenden, mit dem die Person am engsten verbunden ist, insbesondere durch ihren gewöhnlichen Aufenthalt oder durch den Verlauf ihres Lebens. Ist die Person auch Deutscher, so geht diese Rechtsstellung vor.
어떤 자가 속하고 있는 국가의 법이 지정되고 그 자가 여러 개의 국가에 속하고 있는 경우에는, 이 국가들 중 특히 그의 주된 거소(상거소)를 통하여 또는 그의 생활의 영위를 통하여 그 자와 가장 밀접한 관련을 가진 국가의 법이 적용된다. 그 자가 독일인인 경우에도 이 법적 지위가 우선한다.

Personalvertretung BPersVG 1 직원대표.
In den Verwaltungen des Bundes und der bundesunmittelbaren Körperschaften, Anstalten und Stiftungen des öffentlichen Rechts sowie in den Gerichten des Bundes werden Personalvertretungen gebildet. Zu den Verwaltungen im Sinne dieses Gesetzes gehören auch die Betriebsverwaltungen.
연방 및 연방직할법인, 공법상의 영조물 및 재단의 행정기관 및 연방법원에는 직원대표를 둔다. 본법(직원대표법)의 행정기관에는 기업행정기관도 포함된다.

Personalvertretungsrecht
StGB 203(2) Nr.3 직원대표권.
연방, 주 등의 직원이익을 대표하는 기관으로 직원협의회(Personalrat)가 있다.
Person, die Aufgaben oder Befugnisse nach dem Personalvertretungsrecht wahrnimmt.
직원대표권에 의해 그 임무나 권한을 가진 자.

Personenbedingte Kündigung
KSchG 1(2) 일신상의 사유에 의한 해고.
(2) Sozial ungerechtfertigt ist die Kündigung, wenn sie nicht durch Gründe, die in der Person oder in dem Verhalten des Arbeitnehmers liegen, oder durch dringende betriebliche Erfordernisse, die einer Weiterbeschäftigung des Arbeitnehmers in diesem Betrieb entgegenstehen, bedingt ist.
해고가 근로자 개인의 일신상의 사유에 의한 것이거나 또는 행태에 의한 사유이거나 또는 근로자를 계속 고용하지 못할 정도로 긴박한 경영상의 계속적인 필요에 의해서 발생된 것이 아니라면 해고는 사회적으로 정당한 이유가 없다.
→ Betriebsbedingte Kündigung (경영상의 사유에 의한 해고).
→ Verhaltensbedingte Kündigung (행태상의 사유에 의한 해고).

Personenbeförderung StVG 8a 여객운송.
Im Fall einer entgeltlichen, geschäftsmäßigen Personenbeförderung darf die Verpflichtung des Halters, wegen Tötung oder Verletzung beförderter Personen Schadensersatz nach § 7 zu leisten, weder ausgeschlossen noch beschränkt werden.
유료여객운송인 경우에 여객의 사망 또는 상해로 인한 손해배상의 의무는 도로교통법 제7조(→Fahrzeughalter 자동차보유자의 책임)에 따라 배제되거나 제한되지 아니한다.

Personenbezogene Daten BDSG 3, 4 개인데이터(정보)(신상정보).
(1) Personenbezogene Daten sind Einzelangaben über persönliche oder sachliche

Verhältnisse einer bestimmten oder bestimmbaren natürlichen Person (Betroffener). (BDSG 3)
개인데이터(정보)는 특정한 또는 특정가능한 자연인의 인적 또는 물적 관계에 대한 개별명세를 말한다 (관련당사자).
(1) Die Erhebung, Verarbeitung und Nutzung personenbezogener Daten sind nur zulässig, soweit dieses Gesetz oder eine andere Rechtsvorschrift dies erlaubt oder anordnet oder der Betroffene eingewilligt hat. (BDSG 4)
개인데이터의 수집, 처리 및 이용은 이 법률 또는 다른 법규정이 이를 허용하거나 명하고 있거나 또는 관련당사자가 이에 동의를 했을 때에만 가능하다.
→ Besondere Arten personenbezogener Daten (특별한 개인데이터).

Personengesellschaft
StGB 14(1) Nr.2; 75 Nr.3 인적회사.
자연인의 결합에 의해 만들어진 조합 및 회사.
Gesellschafter einer rechtsfähigen Personengesellschaft (법인격 있는 인적 회사의 사원).
↔ Kapitalgesellschaft (물적회사).
→ Personenvereinigung (비법인단체).

Personenhandelsgesellschaft
StGB 14(1) Nr.2 인적상사회사.
~의 대표권 있는 사원으로서(als vertretungsberechtigter Gesellschafter einer Personenhandelsgesellschaft) 행위는 타인을 위한 행위가 된다.
인적상사회사는 OHG(합명회사), Kommanditgesellschaft(합자회사)나 GmbH und Co-KG (유한합자회사)의 GmbH의 업무집행자(이사)도 이에 해당하나, BGB-Gesellschaft (민법상의 조합)와 Nichtrechtsfähige Verein (법인격 없는 사단)은 이에 속하지 않는다.

Personennahverkehr
GG 106a 근거리여객교통. (Finanzausgleich für den ~).
Den Ländern steht ab 1. Januar 1996 für den öffentlichen Personennahverkehr ein Betrag aus dem Steueraufkommen des Bundes zu.
1996년 1월 1일부터 공공의 근거리여객교통에 대한 연방의 일정의 조세수입은 주의 권한에 속한다.

Personensorge
BGB 1631 신상(인적)친권(배려).
(1) Die Personensorge umfasst insbesondere die Pflicht und das Recht, das Kind zu pflegen, zu erziehen, zu beaufsichtigen und seinen Aufenthalt zu bestimmen.
신상친권(배려)은 특히 자를 양육, 교육, 감독하고 그 거주지를 정하는 의무와 권리를 포함한다.
→ Elterliche Sorge (친권(배려)).
→ Körperliche Bestrafungen (체벌).

Personenstand
PersStdG 1 신분, 호적.
(1) Die Beurkundung des Personenstandes liegt dem Standesbeamten ob.
개인신분의 공증은 호적공무원이 한다.

Personenstandsaufnahme
AO 134 신분등록.
(1) Zur Erfassung von Personen und Unternehmen, die der Besteuerung unterliegen, können die Gemeinden für die Finanzbehörden eine Personenstands- und Betriebsaufnahme durchführen.
과세의 기초가 되는 개인 및 사업을 파악하기 위하여 (기초)자치단체는 재무관청을 대신하여 신분등록 및 사업등록을 실시할 수 있다.

Personenstandsfälschung
StGB 169 호적허위신고죄.
(1) Wer ein Kind unterschiebt oder den Personenstand eines anderen gegenüber einer zur Führung von Personenstandsbüchern oder zur Feststellung des Personenstands zuständigen Behörde falsch angibt oder unterdrückt, wird mit Freiheitsstrafe bis zu zwei Jahren oder mit Geldstrafe bestraft.
호적부 등재 및 호적확정의 권한이 있는 관청에 대하여 아동을 바꾸어 또는 타인의 신분으로 허위 신고하거나 이를 은폐한 자는

2년 이하의 자유형 또는 벌금형에 처한다.

Personstandsgesetz PersStdG 1 호적법
(Bundesgesetzblatt Teil III, Gliederungsnummer 211-1).
(2) Der Standesbeamte führt ein Heiratsbuch, ein Familienbuch, ein Geburtenbuch
und ein Sterbebuch(Personenstandsbücher).
호적공무원은 혼인부, 가족부, 출생부, 사망
부(호적부)를 관장한다.

Personenstandsurkunde PersStdG 61a
신분증서.
Der Standesbeamte stellt auf Grund seiner
Personenstandsbücher folgende Personen-
standsurkunden aus:
1. beglaubigte Abschriften,
2. Geburtsscheine,
3. Geburts-, Heirats- und Sterbeurkunden,
3a. Abstammungsurkunden,
4. Auszüge aus dem Familienbuch.
호적공무원은 신분등기부를 바탕으로 다음
과 같은 신분증서를 발급할 수 있다.
1. 등본, 2. 출생증명서, 3. 출생증서, 혼인증
서, 사망증서, 3a 혈통증서, 4. 가족부초본.

Personenstandswesen GG 74 4. 호적제도.

Personenvereinigung OWiG 30 비법인
단체.
비법인 단체는 전혀 법인의 성격을 가지지
않는 총괄적인 집합개념이다. 하지만 어떤
의미에서는 법인의 개념도 포함되어 사용된
다. 예를 들어 OWiG 30에서 질서위반금은
대표기관, 이사회 또는 대표권이 있는 사원
의 범죄행위나 질서위반행위에 대하여 부과
될 수 있는 데, 비법인단체의 의무위반이
있어야 한다. 이런 의미에서 비법인단체는
인적 상사회사 (→ Personenhandelsgesellschaften) 및 비법인 사단이다.
→ Organe und Vertreter (기관 및 대표자).
→ Geldbuße gegen juristische Personen
und Personenvereinigungen (법인 및 비법
인단체에 대한 질서위반금).

Personenwahl BWahlG 1 후보자선거.
(1) S.2 Sie (Abgeordneten) werden in

allgemeiner, unmittelbarer, freier, gleicher
und geheimer Wahl von den wahlberechtigten Deutschen nach den Grundsätzen einer mit der Personenwahl verbundenen Verhältniswahl gewählt.
의원은 선거권이 있는 독일인에 의하여 후
보자선거와 결합된 비례선거의 원칙에 따라
보통, 직접, 자유, 평등 및 비밀선거에 의하
여 선출된다.

Persönlich haftende Gesellschafter
HGB 161 무한책임사원.
→ Kommanditgesellschaft (합자회사).

Persönliche Dienstbarkeiten →
Beschränkte persönliche Dienstbarkeiten
(제한적 인역권).

Persönliche Erscheinen der Ehegatten
(혼인당사자 본인의 출석)
→ Parteivernehmung (당사자신문).

Persönliche Vernehmung (Grundsatz der
~) StPO 250 직접신문주의 → 직접주의.
Beruht der Beweis einer Tatsache auf der
Wahrnehmung einer Person, so ist diese
in der Hauptverhandlung zu vernehmen.
Die Vernehmung darf nicht durch Verlesung des über eine frühere Vernehmung
aufgenommenen Protokolls oder einer
schriftlichen Erklärung ersetzt werden.
사실의 증명이 어떤 사람의 지각에 의존하
는 경우에는 공판에서는 그를 신문하여야
한다.
신문은 전에 행한 신문에 관하여 작성된 조
서 또는 진술서를 낭독함으로써 이를 대신
할 수 없다.

Persönlicher Sicherheitsarrest AO 326
인적 보전가압류.
(1) Auf Antrag der für die Steuerfestsetzung zuständigen Finanzbehörde kann
das Amtsgericht einen persönlichen Sicherheitsarrest anordnen, wenn er erforderlich ist, um die gefährdete Vollstrek-
kung in das Vermögen des Pflichtigen zu
sichern.

조세확정에 대하여 관할권이 있는 재무관청의 신청에 의하여 지방법원은 의무자의 재산에 대한 집행을 보전할 필요가 있는 때에는 인적 보전가압류를 명할 수 있다.

Persönliches Beweismittel
→ Personalbeweis (인적 증거).

Persönliches Erscheinen StPO 236
본인출석(Anordnung und Erzwingung des persönlichen Erscheinens: ~의 명령과 강제).
Das Gericht ist stets befugt, das persönliche Erscheinen des Angeklagten anzuordnen und durch einen Vorführungsbefehl oder Haftbefehl zu erzwingen.
법원은 항상 피고인 본인의 출석을 명하고, 구인장이나 구속영장에 의해 이를 강제할 권한을 갖는다.

Persönliches Freiheitsrecht GG 2
인격적 자유권.
(1) Jeder hat das Recht auf die freie Entfaltung seiner Persönlichkeit, soweit er nicht die Rechte anderer verletzt und nicht gegen die verfassungsmäßige Ordnung oder das Sittengesetz verstößt.
누구든지 타인의 권리를 침해하지 않고 헌법질서나 도덕률에 반하지 아니하는 한, 자신의 인격을 자유로이 발현할 권리를 갖는다.

Persönlichkeitsäußerung 인격표현.
→ Pesonale Hanlungslehre (인격적 행위론).

Persönlichkeitsrecht (인격권)
→ Allgemeines Persönlichkeitsrecht (일반적 인격권).
→ Persönliches Freiheitsrecht (인격적 자유권).

Persönlichkeitswahl 인물선거.
→ Mehrheitswahl (다수대표제).

PersStdG → Personstandsgesetz (호적법).

Petitionsausschuß GG 45c 청원(진정)위원회.
(1) Der Bundestag bestellt einen Peti-

tionsausschuß, dem die Behandlung der nach Artikel 17 an den Bundestag gerichteten Bitten und Beschwerden obliegt.
연방하원은 제17조(청원권)에 의하여 연방하원에 대한 청원 및 소원을 처리하는 것을 그 임무로 하는 청원위원회를 설치한다.

Petitionsrecht GG 17a 청원권.
청원과 소원(Bitten oder Beschwerden) → Beschwerderecht.
Jedermann hat das Recht, sich einzeln oder in Gemeinschaft mit anderen schriftlich mit Bitten oder Beschwerden an die zuständigen Stellen und an die Volksvertretung zu wenden.
누구든지 단독으로 또는 다른 사람과 공동으로 문서로써 관할기관과 의회에 청원 또는 소원을 할 권리를 가진다.

Petitorischer Anspruch 본권상의 청구권
(v. lat.: petitio = Forderung, Ersuchen).
↔ Possessorischer Anspruch (점유에 의한 청구권).

Pfand BGB 1210 질물.
(1) Das Pfand haftet für die Forderung in deren jeweiligem Bestand, insbesondere auch für Zinsen und Vertragsstrafen.
질물은 당시 상태에서의 채권에 대하여, 특히 이자 및 위약금에 관하여도 책임을 진다.

PfandBG → Pfandbriefgesetz (저당채권법).

Pfandbrief (Hypothekenpfandbrief)
저당채권 (담보증권).
저당은행(Pfandbriefbank)이 저당권을 담보로 해서 발행한, 저당은행을 채무자로 하는 금전채권의 유가증권.

Pfandbriefgesetz PfandBG 1 저당채권법
(2005.5.22) (BGBl. I S. 1373).
(1) Pfandbriefbanken sind Kreditinstitute, deren Geschäftsbetrieb das Pfandbriefgeschäft umfasst. Pfandbriefgeschäft ist
1. die Ausgabe gedeckter Schuldverschreibungen auf Grund erworbener Hypotheken unter der Bezeichnung Pfand-

briefe oder Hypothekenpfandbriefe (im Folgenden: Hypothekenpfandbriefe),
저당은행은 그 업무운영이 저당채권업무를 포함하는 금융기관이다.
저당채권업무는 1. 저당채권 또는 저당담보채권(저당담보증권)의 명칭하에 획득된 저당권을 근거로 한 담보부 채권증서의 발행 (이하 저당담보채권).

Pfandgläubiger BGB 1215 질권자.
Der Pfandgläubiger ist zur Verwahrung des Pfandes verpflichtet.
질권자는 질물을 보관할 의무를 진다.
↔ Verpfänder (질권설정자).

Pfandindossament WG 19 입질배서.
Enthält das Indossament den Vermerk "Wert zur Sicherheit", "Wert zum Pfand" oder einen anderen eine Verpfändung ausdrückenden Vermerk, so kann der Inhaber alle Rechte aus dem Wechsel geltend machen.
배서에 "담보를 위하여", "입질을 위하여" 또는 기타 질권설정을 나타내는 기재가 있는 경우에 소지인은 어음으로부터 생기는 모든 권리를 주장할 수 있다.

Pfandkehr StGB 289 질물취거죄.
(1) Wer seine eigene bewegliche Sache oder eine fremde bewegliche Sache zugunsten des Eigentümers derselben dem Nutznießer, Pfandgläubiger oder demjenigen, welchem an der Sache ein Gebrauchs- oder Zurückbehaltungsrecht zusteht, in rechtswidriger Absicht wegnimmt, wird mit Freiheitsstrafe bis zu drei Jahren oder mit Geldstrafe bestraft.
소유권자를 위하여 위법한 목적으로 자기 또는 타인의 동산을 그 동산의 용익권자, 질권자 또는 사용권 또는 유치권을 가지는 자에게서 취거한 자는 3년 이하의 자유형 또는 벌금형에 처한다.

Pfandrecht BGB 1205 질권.
(1) Zur Bestellung des Pfandrechts ist erforderlich, dass der Eigentümer die Sache dem Gläubiger übergibt und beide darüber einig sind, dass dem Gläubiger das Pfandrecht zustehen soll.
질권의 설정에는 소유자가 물건을 채권자에게 인도하고 질권은 채권자에게 속한다는 것을 양당사자가 합의할 것을 요한다.

Pfandrecht an beweglichen Sachen BGB 1204 동산질권.
(1) Eine bewegliche Sache kann zur Sicherung einer Forderung in der Weise belastet werden, dass der Gläubiger berechtigt ist, Befriedigung aus der Sache zu suchen (Pfandrecht).
동산은 채권자가 물건에서 변제를 구하는 권리를 가지는 방법으로 채권의 담보를 위하여 질권의 목적으로 할 수 있다.

Pfandrecht an Rechten BGB 1273 권리질권.
Gegenstand des Pfandrechts kann auch ein Recht sein. Auf das Pfandrecht an Rechten finden die Vorschriften über das Pfandrecht an beweglichen Sachen entsprechende Anwendung.
권리도 질권의 목적으로 할 수 있다. 권리질권에는 동산질권에 관한 규정을 준용한다.

Pfandsachen → Unbefugter Gebrauch von Pfandsachen (질물의 불법사용죄).

Pfändung BGB 400 압류.
Eine Forderung kann nicht abgetreten werden, soweit sie der Pfändung nicht unterworfen ist (Ausschluss bei unpfändbaren Forderungen).
채권은 이를 압류할 수 없는 범위내에서는 양도할 수 없다 (압류할 수 없는 채권의 양도불가).

Pfandverkauf BGB 1228 질물의 매각.
Die Befriedigung des Pfandgläubigers aus dem Pfand erfolgt durch Verkauf.
질권자의 질물로부터 변제는 질물의 매각에 의한다.

Pflege SGB 7 44 수발 (간병).
(1) Solange Versicherte infolge des Ver-

sicherungsfalls so hilflos sind, daß sie für die gewöhnlichen und regelmäßig wiederkehrenden Verrichtungen im Ablauf des täglichen Lebens in erheblichem Umfang der Hilfe bedürfen, wird Pflegegeld gezahlt, eine Pflegekraft gestellt oder Heimpflege gewährt.
피보험자가 보험사고로 인하여 무력해져서 통상적이고 규칙적으로 반복되는 일상생활의 영위를 위하여 타인의 도움을 현저히 필요로 하게 되는 경우 수발비가 지급되며, 수발인을 두거나 시설에서 수발을 받게 된다.

Pflegebedürftigkeit SGB 11 14 수발필요성.
(1) Pflegebedürftig im Sinne dieses Buches sind Personen, die wegen einer körperlichen, geistigen oder seelischen Krankheit oder Behinderung für die gewöhnlichen und regelmäßig wiederkehrenden Verrichtungen im Ablauf des täglichen Lebens auf Dauer, voraussichtlich für mindestens sechs Monate, in erheblichem oder höherem Maße (§ 15) der Hilfe bedürfen.
본권에서 요양필요자란 신체적, 정신적 질병이나 장애로 인하여 통상적이고 규칙적으로 반복되는 일상생활의 영위를 위하여 영속적으로 또는 최소한 6개월 이상 타인의 도움을 절실히(제15조) 필요로 하는 것으로 볼 수 있는 사람을 말한다.

Pflegeeltern und Pflegekinder
StGB 11(1) Nr.1 양부모와 양자.
→ Angehöriger (친족).

Pflegekasse SGB 11 12 수발(요양)보험조합.
(1) Die Pflegekassen sind für die Sicherstellung der pflegerischen Versorgung ihrer Versicherten verantwortlich.
수발보험조합은 피보험자의 요양을 유지할 책임을 진다.

Pflegeversicherung SGB 11 1 수발보험 (간병보험, 개호보험, 장기요양보험).
(1) Zur sozialen Absicherung des Risikos der Pflegebedürftigkeit wird als neuer eigenständiger Zweig der Sozialversicherung eine soziale Pflegeversicherung geschaffen.
수발필요성의 위험에 대한 사회적 안전장치를 위하여 사회보험의 새로운 독자적 부문으로 사회수발보험을 둔다.

Pflegschaft BGB 1909 보호(관계).
(1) Wer unter elterlicher Sorge oder unter Vormundschaft steht, erhält für Angelegenheiten, an deren Besorgung die Eltern oder der Vormund verhindert sind, einen Pfleger.
친권(배려) 또는 후견하에 있는 자는 부모 또는 후견인의 친권 또는 후견의 행사에 장해가 있는 업무에 대하여 보호인을 유지한다.

Pflicht des Sachverständigen zur Erstattung des Gutachtens StPO 75 감정인의 감정실시의무.
(1) Der zum Sachverständigen Ernannte hat der Ernennung Folge zu leisten, wenn er zur Erstattung von Gutachten der erforderten Art öffentlich bestellt ist oder wenn er die Wissenschaft, die Kunst oder das Gewerbe, deren Kenntnis Voraussetzung der Begutachtung ist, öffentlich zum Erwerb ausübt oder wenn er zu ihrer Ausübung öffentlich bestellt oder ermächtigt ist.
감정인으로 선임된 자는 그가 어떤 종류의 감정에 관하여 공적으로 임명된 경우 또는 그 지식이 감정의 전제가 되는 학문, 예술, 지식을 공적인 직업으로서 수행하거나 그에 종사하기 위하여 공적으로 임명되었거나 위임된 경우에는 그 선임에 따라야 한다.

Pflicht zur Prüfung HGB 316 감사의무.
(1) Der Jahresabschluß und der Lagebericht von Kapitalgesellschaften, die nicht kleine im Sinne des § 267 Abs. 1 sind, sind durch einen Abschlußprüfer zu prüfen. Hat keine Prüfung stattgefunden, so kann der Jahresabschluß nicht festgestellt werden.
제268조 제1항의 소자본회사가 아닌 경우에

연도결산서 및 영업보고서는 결산감사인이 감사하여야 한다. 감사가 행하여지지 아니한 경우에는 연도결산서를 확정할 수 없다.

Pflichtgemäßes Ermessen MEPolG 3; StPO 241a(2) 기속재량 (의무적합적) 재량.
(1) Die Polizei trifft ihre Maßnahme nach pflichtgemäßem Ermessen.
경찰은 의무적합적 재량에 따라 그의 조치를 행한다.
(2) S.2 Der Vorsitzende kann diesen Personen eine unmittelbare Befragung der Zeugen gestatten, wenn nach pflichtgemäßem Ermessen ein Nachteil für das Wohl der Zeugen nicht zu befürchten ist.
기속재량에 의하여 증인의 안녕을 해할 우려가 없다고 인정하면 재판장은 그들에게 (아동)증인에 대한 직접 질문을 허용할 수 있다.

Pflichtteil BGB 2303 유류분.
(1) Ist ein Abkömmling des Erblassers durch Verfügung von Todes wegen von der Erbfolge ausgeschlossen, so kann er von dem Erben den Pflichtteil verlangen.
Der Pflichtteil besteht in der Hälfte des Wertes des gesetzlichen Erbteils.
피상속인의 사인처분(死因處分)에서 제외된 비속은 유산에서 유류분을 요구할 수 있다.
유류분은 법정 상속분 가액의 2분의 1이다.

Pflichtverletzung bei Verlust, Überschuldung oder Zahlungsunfähigkeit
AktG 401; GmbHG 84 손실, 채무초과 또는 지급불능시의 의무위반죄.
(1) Mit Freiheitsstrafe bis zu drei Jahren oder mit Geldstrafe wird bestraft, wer es
1. als Mitglied des Vorstands entgegen § 92 Abs. 1 unterläßt, bei einem Verlust in Höhe der Hälfte des Grundkapitals die Hauptversammlung einzuberufen und ihr dies anzuzeigen, oder
2. als Mitglied des Vorstands entgegen § 92 Abs. 2 oder als Abwickler entgegen § 268 Abs.2 Satz 1 unterläßt, bei Zahlungsunfähigkeit oder Überschuldung die Eröffnung des Insolvenzverfahrens zu bean-

tragen. (AktG 401)
다음 각호에 해당하는 자는 3년 이하의 자유형 또는 벌금형에 처한다.
1. 제92조 제1항에 위반하여 자본의 반액에 달하는 손실이 발생한 경우에 주주총회의 소집 또는 주주총회에 이를 보고하지 아니한 자,
2. 이사로서 제92조 제2항에 위반하여 또는 청산인으로서 제268조 제2항 제1문에 위반하여 지급불능 또는 채무초과시 도산절차의 개시신청을 하지 아니한 자.

Pflichtverletzung von Verwaltungsangehörigen BVFG 99 관리직원의 의무위반죄.
Mit Freiheitsstrafe bis zu fünf Jahren oder mit Geldstrafe wird bestraft, wer als Verwaltungsangehöriger bei der Durchführung dieses Gesetzes Bescheinigungen für Personen ausstellt, von denen er weiß, dass sie kein Recht auf Erteilung der Bescheinigung haben.
이 법률(피추방자 및 탈주자의 업무에 관한 법률)을 집행하는 관리직원으로서 증서를 발급받을 권리가 없는 자임을 알면서도 그를 위하여 증서를 발급한 자는 5년 이하의 자유형 또는 벌금형에 처한다.

Pflichtversicherungsgesetz (Gesetz über die Pflichtversicherung für Kraftfahrzeughalter) PflVG 1 (자동차) 의무보험법.
Der Halter eines Kraftfahrzeugs oder Anhängers mit regelmäßigem Standort im Inland ist verpflichtet, für sich, den Eigentümer und den Fahrer eine Haftpflichtversicherung zur Deckung der durch den Gebrauch des Fahrzeugs verursachten Personenschäden, Sachschäden und sonstigen Vermögensschäden nach den folgenden Vorschriften abzuschließen und aufrechtzuerhalten, wenn das Fahrzeug auf öffentlichen Wegen oder Plätzen (§ 1 des Straßenverkehrsgesetzes) verwendet wird.
국내에서 정규적인 자리를 가진 자동차 또는 연결차량의 보유자가 (도로교통법 제1조) 공로상 또는 공공장소에서 운전하는 때

에는 차량의 사용으로 인하여 야기된 인적 손해, 물적 손해, 기타 재산상의 손해를 보전하기 위하여 다음의 규정에 따라 자신과, 소유자, 운전자에 대한 책임의무보험을 체결하고 유지할 의무가 있다.

Pflichtverteidiger (Offizialverteidiger) StPO 140, 141　국선변호인.
(1) In den Fällen des § 140 Abs. 1 und 2 wird dem Angeschuldigten, der noch keinen Verteidiger hat, ein Verteidiger bestellt, sobald er gemäß § 201 zur Erklärung über die Anklageschrift aufgefordert worden ist.
제140조 제1항 및 제2항의 경우(필요적 변호), 아직 변호인을 선임하지 아니한 공소피의자가 제201조(공소피의자에 대한 공소장 통지)에 의하여 공소장에 관한 의사표시를 최고받은 즉시 변호인이 임명된다.

Pharmazeutische Ausbildung　AAppO 1 약학교육.
(1) Die pharmazeutische Ausbildung umfaßt
1. ein Studium der Pharmazie von vier Jahren an einer Universität;
2. eine Famulatur von acht Wochen;
3. eine praktische Ausbildung von zwölf Monaten;
4. die Pharmazeutische Prüfung, die in drei Prüfungsabschnitten abzulegen ist.
약학교육에는 다음 각호가 포함된다.
1. 대학에서 4년간의 약학과정.
2. 8주간의 임상실습.
3. 12개월간의 실습교육.
4. 3 단계 시험으로 치러지는 약학시험.

Planfeststellungsverfahren
VwVfG 74　계획확정절차.
(1) Die Planfeststellungsbehörde stellt den Plan fest (Planfeststellungsbeschluss). Die Vorschriften über die Entscheidung und die Anfechtung der Entscheidung im förmlichen Verwaltungsverfahren (§§ 69 und 70) sind anzuwenden.
계획확정행정청은 계획을 확정한다(계획확정결정). 이 경우에는 정식행정절차에서의

결정과 결정(연방행정절차법 제69조 및 제70조)에 대한 불복신청에 관한 규정을 적용한다.

Planungsgewinn　개발이익.
Vorteile, die ihm durch eine planungsbedingte Steigerung der Nutzbarkeit des Restgrundstücks zufließen.
개발계획에 의한 잔여토지의 이용가치 상승으로 당사자에게 흘러들어가는 이익.

Platzverweisung　MEPolG 12　퇴거명령.
Die Polizei kann zur Abwehr einer Gefahr eine Person vorübergehend das Betreten eines Ortes verbieten.
Die Platzverweisung kann ferner gegen Personen angeordnet werden, die den Einsatz der Feuerwehr oder von Hilfs- oder Rettungsdiensten behindern.
경찰은 위험방지를 위해 장소의 출입을 잠정적으로 금지할 수 있다.
또한 퇴거명령은 소방 또는 응급구조 활동을 방해하는 자에 대해서도 동일한 조치가 행해질 수 있다.

Platzwechsel　동지어음.
↔ Distanzwechsel (이지어음, 원거리어음).

Plea bargaining　유죄협상.
Um Linderung zu schaffen, werden in den Vereinigten Staaten Plea Bargains angewandt. Dabei schlägt der Staatsanwalt im Austausch für ein Geständnis eine geringere Bestrafung vor, als im Gerichtsverfahren abzusehen ist.
미국에서는 감형을 위하여 유죄협상이 이용된다. 여기서 검사는 자백에 대한 거래로 재판에서 예상되는 형보다 적은 형을 구형한다.

Plenarentscheidung　합의부의 결정.
→ Plenum (합의부).

Plenarprotokoll　BTGO 116　회의록(의회).
(1) Über jede Sitzung wird ein Stenographischer Bericht (Plenarprotokoll) angefer-

tigt.
각 회의에 관하여는 속기록(회의록)이 작성
된다.

Plenum BVerfGG 1(3); 16 합의부(체).
(3) Das Bundesverfassungsgericht gibt sich
eine Geschäftsordnung, die das Plenum beschließt.
연방헌법재판소는 합의부를 구성하는 사무
규칙을 제정한다.
(1) Will ein Senat in einer Rechtsfrage
von der in einer Entscheidung des anderen Senats enthaltenen Rechtsauffassung
abweichen, so entscheidet darüber das
Plenum des Bundesverfassungsgerichts.
(2) Es ist beschlußfähig, wenn von jedem
Senat zwei Drittel seiner Richter anwesend sind. (16)
(1) 부가 어떠한 법적 문제에 있어서 다른
부의 결정에 내포된 법적 견해와 달리하고
자 하는 경우에는 연방헌법재판소의 합의부
(체)가 이를 결정한다.
(2) 이 합의부는 각부 재판관의 각 3분의2
이상의 출석으로 결정한다.
→ Spruchkörper (재판부).

Politische Verdächtung StGB 241a
정치적 무고죄.
(1) Wer einen anderen durch eine Anzeige
oder eine Verdächtigung der Gefahr aussetzt, aus politischen Gründen verfolgt zu
werden und hierbei im Widerspruch zu
rechtsstaatlichen Grundsätzen durch Ge-
walt- oder Willkürmaßnahmen Schaden an
Leib oder Leben zu erleiden, der Freiheit
beraubt oder in seiner beruflichen oder
wirtschaftlichen Stellung empfindlich beeinträchtigt zu werden, wird mit Freiheitsstrafe bis zu fünf Jahren oder mit
Geldstrafe bestraft.
고발이나 무고에 의해 정치적 사유로 소추
될 위험에 놓이게 하여 법치국가적 원칙에
반한 폭력이나 자의적 조치에 의해 생명,
신체적 고통을 당하게 하거나, 자유가 박탈
되거나 직업적, 경제적 지위가 현저히 침해
될 위험에 처하게 한 자는 5년 이하의 자유
형 또는 벌금형에 처한다.

그 외에 정치인에 대한 규정으로는 Üble
Nachrede gegen Personen des politische
Lebens(StGB 188), Nichtverfolgung von
politischen Straftaten(StPO 153d).

Polizeiaufsicht EGStGB 14 경찰감독.
Soweit Vorschriften die Polizeiaufsicht zulassen, treten sie außer Kraft.
경찰감독을 허용하는 규정은 효력이 없다.
~은 과거(1975.1.1폐지) 특정범죄에 대한
자유형이외의 처분. 오늘날 행장감독으로
대체되었다.

Polizeiliche Beobachtung StPO 163e
경찰감시. → Ausschreibung zur polizeilichen Beobachtung (경찰감시를 위한 수배
공고).

Polizeiliche Kontrolle StPO 163e 경찰
검문. → Ausschreibung zur polizeilichen
Beobachtung (경찰감시를 위한 수배공고).

Popularklage 민중소송.
Als Popularklage bezeichnet man im
Rechtswesen eine Klage, die von jemandem erhoben wird, der nicht unmittelbar
betroffen ist.
~은 직접 관계되지 않은 모든 사람이 제기
하는 소송.

Pornographischer Schriften → Verbreitung pornographischer Schriften (음란문서
반포죄).

Positive Maßnahme AGG 5 적극적 조
치.
Ungeachtet der in den §§ 8 bis 10 sowie
in § 20 benannten Gründe ist eine unter-
schiedliche Behandlung auch zulässig,
wenn durch geeignete und angemessene
Maßnahmen bestehende Nachteile wegen
eines in § 1 genannten Grundes verhindert oder ausgeglichen werden sollen.
제8조 내지 제10조 및 제20조에 기재된 사
유에도 불구하고, 적절한 조치를 통하여 제
1항의 기재된 자유로 인한 차별을 방지하거
나 조정하는 경우에는 차별적 처우가 허용

된다.

Positives Recht (ius positivum) 실정법.
Positives Recht ist vom Menschen ge-
machtes und damit veränderliches Recht
- es entspringt einem Gesetzgebungs-
verfahen. Positives Recht gilt (im Gegensatz zum überpositiven bzw. Naturrecht)
zu bestimmten Zeiten und an bestimmten
Orten.
~은 인간에 의하여 만들어진, 가변적인 법
으로 입법절차에 의한다. ~(반대의 개념은
초실정법 내지 자연법)은 특정시기 및 특정
장소에만 타당하다.

Possessorischer Anspruch 점유에 의한
청구권 (v. lat.: possessio = Besitz bzw.
possessor = Besitzer).
↔ Petitorischer Anspruch (본권상의 청구
권).

Post und Telekommunikation
→ Bundesanstalt für Post und Telekommunikation (연방우편통신공사).

**Post- und Telekommunikationsverwal-
tung** GG 87f 우편·통신행정.
(1) Nach Maßgabe eines Bundesgesetzes,
das der Zustimmung des Bundesrates
bedarf, gewährleistet der Bund im Bereich
des Postwesens und der Telekommunikation flächendeckend angemessene und
ausreichende Dienstleistungen .
연방상원의 동의를 요하는 연방법률에 의하
여 연방은 우편제도와 통신분야에 전영토에
걸쳐 적절하고 충분한 서비스를 보장한다.
(2) Dienstleistungen im Sinne des Absatzes 1 werden als privatwirtschaftliche
Tätigkeiten durch die aus dem Sondervermögen Deutsche Bundespost hervorgegangenen Unternehmen und durch andere private Anbieter erbracht.
Hoheitsaufgaben im Bereich des Postwesens und der Telekommunikation werden
in bundeseigener Verwaltung ausgeführt.
제1항의 서비스는 특별재산인 독일연방우체
국에서 유래하는 기업 및 기타 사적인 제공

자에 의해 사경제활동으로서 수행한다. 우
편제도와 통신분야의 영역에서 고권적 임무
는 연방고유의 행정으로 수행된다.
→ Deutsche Bundespost (독일연방우체국).

Postbeschlagnahme StPO 99 우편물압수.
Ebenso ist eine Beschlagnahme von Postsendungen und Telegrammen zulässig, bei
denen aus vorliegenden Tatsachen zu
schließen ist, daß sie von dem Beschuldigten herrühren oder für ihn bestimmt
sind und daß ihr Inhalt für die Untersuchung Bedeutung hat.
우편물 및 전보가 피의자로부터 또는 피의
자에 대한 것으로 그 내용이 심리에 중요한
의미를 갖는 사실들을 추측할 수 있는 경우
에는 이를 압수할 있다.

Postglossatoren 후기주석학파.
→ Glossatoren (주석학파).

Postpendenzwahlfeststellung StGB 1
사후불확실한 선택적 확정.
~은 一義的으로 확정된 사건의 형법적인
평가가 이전 사건의, 의심의 여지가 있는
사실의 증명에 의존하는 경우이다. 가령 피
고인이 이전의 위법한 사전행위(절도)에 참
가했다면 범인비호·은닉죄와 장물죄등은 배
제된다. 그러므로 사전행위에의 참가불확실
성은 가벌적인 사후행위의 존재에 "구성요
건적으로 중요"하다.

Potestativbedingung 수의조건(隨意條件).
~ liegt vor, wenn bei einem Rechtsgeschäft der Bedingungseintritt und damit
die Wirksamkeit ausschließlich im freien
Belieben der anderen Seite steht, (vgl. §
495 I BGB)
법률행위에 있어 조건의 발생 및 그 효과가
절대적으로 타방의 임의적 의사에 의존하는
경우.

Präambel GG 前文 (Vorspruch).
Im Bewußtsein seiner Verantwortung vor
Gott und den Menschen, von dem Willen
beseelt, als gleichberechtigtes Glied in
einem vereinten Europa dem Frieden der

Welt zu dienen, hat sich das Deutsche Volk kraft seiner verfassungsgebenden Gewalt dieses Grundgesetz gegeben.
독일국민은 신과 인류에 대한 책임을 인식하고 통합유럽의 동등한 일원으로 세계평화에 기여할 것을 다짐하며 헌법제정권력에 근거하여 이 기본법을 제정하였다.
Die Deutschen in den Ländern (Baden-Württemberg, Bayern, Berlin, Brandenburg, Bremen, Hamburg, Hessen, Mecklenburg-Vorpommern, Niedersachsen, Nordrhein-Westfalen, Rheinland-Pfalz, Saarland, Sachsen, Sachsen-Anhalt, Schleswig-Holstein und Thüringen) haben in freier Selbstbestimmung die Einheit und Freiheit Deutschlands vollendet. Damit gilt dieses Grundgesetz für das gesamte Deutsche Volk.
각 주(주명생략)의 독일 국민은 자유로운 자기결정으로 독일의 통일과 자유를 성취하였다. 이로써 이 기본법은 전체 독일국민에게 적용된다.

Praeter legem (am Recht vorüber, neben dem Gesetz) 법률의 문언을 넘은, 법률이외의.

Praktische Konkordanz 실천적(실제적) 조화 (실질적 일치).
In engem Zusammenhang damit steht das Prinzip praktischer Konkordanz: verfassungsrechtliche geschüzte Rechtsgüter müssen in der Problemlösung einander so zugeordnet werde, daß jedes von ihnen Wirklichkeit gewinnt.
협의의 의미에서 ~의 원칙은 헌법적으로 보호된 법익들은 문제해결에서 그들 각각이 현실성을 가지도록 상호 귀속되어야 한다는 원칙을 말한다.

Prämie VVG 33; 74(2) 보험료.
(1) Der Versicherungsnehmer hat eine einmalige Prämie oder, wenn laufende Prämien vereinbart sind, die erste Prämie unverzüglich nach Ablauf von zwei Wochen nach Zugang des Versicherungsscheins zu zahlen. (33)

보험계약자는 제1회 보험료 또는 계속보험료를 약정한 때에는 보험증권의 도달후 2주 경과후 지체없이 제1회 보험료를 지불해야 한다.
(2) S.2 Dem Versicherer steht die Prämie bis zu dem Zeitpunkt zu, zu dem er von den die Nichtigkeit begründenden Umständen Kenntnis erlangt (Teilbakeit der Prämie) (74)
보험자가 보험계약이 무효가 되는 상황을 안 시점까지의 보험료는 보험자에게 귀속된다 (보험료의 가분성).

Pranger 주형 (柱刑)(~의 기둥).
Der Pranger, Schandpfahl oder Kaak war ein Strafwerkzeug in Form einer Säule, einer Plattform oder eines Holzpfostens, an denen der Bestrafte gefesselt und öffentlich vorgeführt wurde.
주형의 기둥이나 형틀은 원주, 평면 또는 나무지주의 형태로 범죄인에게 포승을 채우고 공개적으로 처벌하는 형벌도구이다.

Präsente Beweismittel StPO 245 현출한 증거방법 (증거조사의 의무).
→ Erstreckung der Beweisaufnahme (증거조사의 범위).

Präsident des Bundesverfassungsgerichts BVerfGG 9; 10 연방헌법재판소 소장.
(1) Bundestag und Bundesrat wählen im Wechsel den Präsidenten des Bundesverfassungsgerichts und den Vizepräsidenten. (BVerfGG 9)
연방하원과 연방상원은 교대로 연방헌법재판소의 소장과 부소장을 선출한다.
Der Bundespräsident ernennt die Gewählten. (BVerfGG 10)
연방대통령은 당선자를 임명한다.

Präsidialrat BVerfGGO 12, 62 재판장보좌관.
(1) Jedem Senat wird ein Beamter mit der Befähigung zum Richteramt als Präsidialrat zugeteilt. (12)
(2) Der Präsidialrat unterstützt insbesondere den Vorsitzenden des Senats bei der

Erledigung der Senatsgeschäfte. (12)
(1) 각부에는 판사직의 자격이 있는 공무원을 재판장보좌관으로 배당한다.
(2) 재판장보좌관은 특히 부의 사건의 처리에서 부의 재판장을 보좌한다.
(1) Für das Allgemeine Register ist ein Präsidialrat verantwortlich. (62)
일반사건등기부는 재판장보좌관에게 책임이 있다.

Präsidialsystem (Präsidentielles Regierungssystem, 대통령제); Präsidialdemokratie (대통령제적 민주주의).
↔ Parlamentarisches Regierungssystem (의원내각제).

Präsidium 운영위원회, 의장단.
(1) Bei jedem Gericht wird ein Präsidium gebildet (GVG 21a).
각 법원에 운영위원회를 둔다.
(1) Das Präsidium bestimmt die Besetzung der Spruchkörper, bestellt die Ermittlungsrichter, regelt die Vertretung und verteilt die Geschäfte (GVG 21e).
운영위원회는 재판부(합의체)를 징하여 수사판사를 지정하고, 대리를 규정하며, 업무분담을 정한다.
Der Präsident und die stellvertretenden Präsidenten bilden das Präsidium (BTGO 5).
의장과 부의장은 의장단을 구성한다.
→ Spruchkörper → Senat.

Prävarikation → Parteiverrat (당사자배반죄).

Prävention 예방.
Die Strafe sucht künftigen Straftaten vorzubeugen durch abschreckende Wirkung auf andere (Generalprävention) oder Schutz der Gesellschaft vor einem bestimmten Verbrecher durch erzieherische Einwirkung oder Sicherung (Spezialprävention).
형벌은 다른 사람에 대한 위하적 작용(일반예방), 또는 특정한 범죄자로부터 교육적 작용이나 보안에 의한 사회의 보호를 통하여

(특별예방) 장래의 범죄에 대한 예방을 한다.

Preisausschreiben BGB 661 현상모집광고.
(1) Eine Auslobung, die eine Preisbewerbung zum Gegenstand hat, ist nur gültig, wenn in der Bekanntmachung eine Frist für die Bewerbung bestimmt wird.
현상모집을 목적으로 하는 현상광고는 광고 중 응모기간을 정하는 경우에만 유효하다.

Preisgabe von Staatsgeheimnissen StGB 97 과실국가기밀누설죄.
(1) Wer ein Staatsgeheimnis, das von einer amtlichen Stelle oder auf deren Veranlassung geheimgehalten wird, an einen Unbefugten gelangen läßt oder öffentlich bekanntmacht und dadurch fahrlässig die Gefahr eines schweren Nachteils für die äußere Sicherheit der Bundesrepublik Deutschland verursacht, wird mit Freiheitsstrafe bis zu fünf Jahren oder mit Geldstrafe bestraft.
관청에 의하여 또는 그 권고에 따라 비밀로 하고 있는 국가기밀을 권한 없는 자에게 전달하거나 공연히 공표하고, 이로 인하여 독일연방공화국의 외적 안전에 중한 불이익을 초래할 위험을 과실에 의하여 야기한 자는 5년 이하의 자유형 또는 벌금형에 처한다.

Preisnachlaß RabattG 1 가격할인(구 리베이트법).
(1) Werden im geschäftlichen Verkehr Waren des täglichen Bedarfs im Einzelverkauf an den letzten Verbraucher veräußert oder gewerbliche Leistungen des täglichen Bedarfs für den letzten Verbraucher ausgeführt, so dürfen zu Zwecken des Wettbewerbs Preisnachlässe (Rabatte) nur nach Maßgabe der nachfolgenden Vorschriften angekündigt oder gewährt werden.
영업상의 거래에서 일상수요의 상품을 소매로 최종소비자에게 판매하거나 또는 일상수요의 영업적 급부를 최종소비자를 위하여 제공하는 경우에는 다음의 규정에 따라서만 경쟁의 목적으로 가격할인(리베이트)을 광고하거나 이를 허용할 수 있다.

→ Zugabeverbot (경품금지).

Pressefreiheit GG 5 출판의 자유.
→ Meinungsfreiheit (표현의 자유, 의사표
명의 자유).

Preußisches Polizeiverwaltungsgesetz
PVG 프로이센 경찰행정법 (1974.11.13)
(Amtsbl. S. 1011).

PrG BW → Gesetz über die Presse (Landespressegesetz [Baden-Württemberg]) (바
덴-뷔르템베르그주 출판법).

Prima-facie-Beweis → Beweis des ersten
Anscheins (일응의 증명).

Primärrecht 제1차법.
Das Primärrecht bildet die zentrale Rechtsquelle des Europarechts im engeren Sinne.
Es besteht aus den zwischen den Mitgliedstaaten geschlossenen Verträgen. Die
Mitgliedstaaten haben weiterhin die „ver-
fassungsgebende Gewalt" und werden daher
als „Herren der Verträge" bezeichnet.
~은 협의의 유럽법의 중심적 법원을 형성한
다. ~은 회원국간에 결정한 조약으로 이루어
진다. 회원국은 "제정적 권력"를 가지고 있으
며, "조약의 주재자"가 된다.
→ Sekundärrecht (제2차법).

Primogenitur 장자상속제.
Die Primogenitur ist ein Erbfolgeprinzip, bei
dem nur der Erstgeborene das Erbe antritt
und sämtliche Geschwister ausgeschlossen
bleiben. Ihr Gegenteil ist die Ultimogenitur
(der Letztgeborene erbt.)
~는 제1출생자만이 상속을 개시하고 자매는
제외되는 상속원칙. 반대어는 말자상속.

Princeps legibus solutus est
(der Herrscher steht über dem Recht)
황제는 법위에 있다.

Prior tempore, potior jure (früher in der
Zeit, stärker im Recht)
시간에서 앞설수록 권리에서 더 강하다.

→ Prioritätsprinzip (우선주의).

Prioritätsprinzip (Prioritätsgrundsatz)
BGB 1209 우선주의.
Für den Rang des Pfandrechts ist die Zeit
der Bestellung auch dann maßgebend,
wenn es für eine künftige oder eine
bedingte Forderung bestellt ist.
질권의 순위에 관하여는 장래의 채권 또는
조건부채권을 위하여 설정한 때에도 설정의
시기를 표준으로 한다.
→ Prior tempore, potior jure.

Private Schule (Schule in freier Trägerschaft) GG 7(4) 사립학교 (자유 주체성
을 가진 학교).
(4) Das Recht zur Errichtung von privaten Schulen wird gewährleistet .
Private Schulen als Ersatz für öffentliche
Schulen bedürfen der Genehmigung des
Staates und unterstehen den Landesgesetzen.
Die Genehmigung ist zu erteilen, wenn die
privaten Schulen in ih di Leh zielen und
Einrichtungen sowie in der wissenschaftlichen Ausbildung ih dr Leh kräfte nicht
hinter den öffentlichen Schulen zurück-
stehen und eine Sonderung der Schüler
nach den Besitzverhältnissen der Eltern
nicht gefördert wird.
사립학교를 설립할 권리는 보장된다.
사립학교는 공립학교의 대체로서 국가의 인
가가 필요하고 주법률에 종속함을 요한다.
사립학교의 교육목적과 시설 및 교사의 학문
적 교양이 공립학교에 뒤지지 않고 학생들을
학부모의 재산상황에 따라 대우하지 않는 경
우에 사립학교의 인가를 행할 수 있다.
사립학교는 공립학교와 유사한 대용학교
(Ersatzschule)와 공립학교에 대한 대용목적
과 관계없는 보충학교(Ergänzungschule)로
구분된다.

Privates Rechnungslegungsgremium
HGB 342 민간회계위원회.
(1) Das Bundesministerium der Justiz
kann eine privatrechtlich organisierte Einrichtung durch Vertrag anerkennen und

ihr folgende Aufgaben übertragen:
1. Entwicklung von Empfehlungen zur Anwendung der Grundsätze über die Konzernrechnungslegung,
2. Beratung des Bundesministeriums der Justiz bei Gesetzgebungsvorhaben zu Rechnungslegungsvorschriften und
3. Vertretung der Bundesrepublik Deutschland in internationalen Standardisierungsgremien.
연방법무부는 계약에 의하여 사법적으로 조직된 기구를 승인하고 다음의 임무를 이전할 수 있다.
1. 콘체른회계원칙의 적용을 위한 추천사항의 계발,
2. 회계규정에 대한 입법행위시 법무부의 상담,
3. 국제표준화위원회에서 연방독일의 대표.

Privatgeheimnis → Verletzung von Privatgeheimnissen (사적 비밀침해죄).

Privatklage StPO 374 사인기소 (私人起訴).
(1) Im Wege der Privatklage können vom Verletzten verfolgt werden, ohne daß es einer vorgängigen Anrufung der Staatsanwaltschaft bedarf,
1. ein Hausfriedensbruch (§ 123 StGB),
2. eine Beleidigung (§§ 185 bis 189 StGB), wenn sie nicht gegen eine der in § 194 Abs. 4 StGB genannten politischen Körperschaften gerichtet ist,
3. eine Verletzung des Briefgeheimnisses (§ 202 StGB),
4. eine Körperverletzung (§§ 223 und 229 StGB),
5. eine Nachstellung (§ 238 Abs. 1 StGB) oder eine Bedrohung (§ 241 StGB),
5a. eine Bestechlichkeit oder Bestechung im geschäftlichen Verkehr (§ 299 StGB),
6. eine Sachbeschädigung (§ 303 StGB),
6a. eine Straftat nach § 323a StGB, wenn die im Rausch begangene Tat ein in den Nummern 1 bis 6 genanntes Vergehen ist,
7. eine Straftat nach den §§ 16 bis 19 des Gesetzes gegen den unlauteren Wettbe-

werb,
8. eine Straftat nach § 142 Abs. 1 des Patentgesetzes, § 25 Abs. 1 des Gebrauchsmustergesetzes, § 10 Abs. 1 des Halbleiterschutzgesetzes, § 39 Abs. 1 des Sortenschutzgesetzes, § 143 Abs. 1, § 143a Abs. 1 und § 144 Abs. 1 und 2 des Markengesetzes, § 51 Abs. 1 und § 65 Abs. 1 des Geschmacksmustergesetzes, den §§ 106 bis 108 sowie § 108b Abs. 1 und 2 des Urheberrechtsgesetzes und § 33 des Gesetzes betreffend das Urheberrecht an Werken der bildenden Künste und der Photographie.
다음 각호의 범죄행위에 대하여 피해자는 검사에 대한 사전 고소 없이 가해자를 소추할 수 있다.
1. 주거침입 2. 모욕 3. 신서비밀침해 4. 상해 5. 스토킹 또는 협박 5a. 영업거래에서의 가중수뢰와 가중증뢰 6. 손괴 6a. 명정죄 (명정에서 행하여진 행위가 제1-6호의 경죄인 경우) 7. 부정경쟁방지법 제16-19조에 의한 범죄행위.
8. 특허법 제142조 제1항, 실용신안법 제25조 제1항, 반도체보호법 제10조 제1항, 품종보호법 제39조 제1항, 상표법 제143조 제1항, 제143a조 제1항 및 제144조 제1,2항, 의장법 제51조 제1항 및 제65조 제1항, 저자권법 제106-108조 및 제108b조 제1,2항, 조형미술과 사진작품의 저작권관련법 제33조에 의한 범죄행위.

Privaturkunde (Beweiskraft von ~n) ZPO 416 사문서 (~의 증명력).
Privaturkunden begründen, sofern sie von den Ausstellern unterschrieben oder mittels notariell beglaubigten Handzeichens unterzeichnet sind, vollen Beweis dafür, dass die in ihnen enthaltenen Erklärungen von den Ausstellern abgegeben sind.
사문서는 작성자에 의하여 서명되거나 또는 공증으로 인증된 수기가 있는 경우, 그 사문서에 포함된 의사표시는 작성자에 의해 이루어진 것이라는 것에 대하여 완전한 증명력을 갖는다.

Privatwald BWaldG 3(3) 사유림.

(3) Privatwald im Sinne dieses Gesetzes ist Wald, der weder Staatswald noch Körperschaftswald ist.
본법(연방산림법)에서 사유림은 국유림 및 공유림을 제외한 산림을 말한다.

Privilegierter Tatbestand 감경적 구성요건. → Qualifizierter Tatbestand (가중적 구성요건).

ProdHaftG → Produkthaftungsgesetz (제조물책임법).

Productum sceleris (Aus einer Straftat hervorgebrachte "Früchte") StGB 74 범죄의 산물 (몰수의 대상).

Produkthaftung ProdHaftG 1 제조물책임 (생산물책임).
(1) Wird durch den Fehler eines Produkts jemand getötet, sein Körper oder seine Gesundheit verletzt oder eine Sache beschädigt, so ist der Hersteller des Produkts verpflichtet, dem Geschädigten den daraus entstehenden Schaden zu ersetzen.
제조물의 결함으로 인하여 사람이 사망하거나 신체 또는 건강이 상해를 입는 경우 또는 재물이 손괴된 경우, 제조자는 피해자에게 그로부터 발생한 손해를 배상할 의무가 있다.

Produkthaftungsgesetz ProdHaftG
제조물책임법.
Gesetz über die Haftung für fehlerhafte Produkte (1989.12.19). (BGBl. I S. 2198)

Profil 프로필 (Sozial~: 사회프로필).
Personality profile (인격프로필, 성격소묘표).

Progressive Kundenwerbung UWG 6c (a.F.) 다단계판매; Schneeballsystem (다단계체계).
Wer es im geschäftlichen Verkehr selbst oder durch andere unternimmt, Nichtkaufleute zur Abnahme von Waren, gewerblichen Leistungen oder Rechten durch das Versprechen zu veranlassen, sie

würden entweder von dem Veranlasser selbst oder von einem Dritten besondere Vorteile erlangen, wenn sie andere zum Abschluss gleichartiger Geschäfte veranlassen, die ihrerseits nach der Art dieser Werbung derartige Vorteile für eine entsprechende Werbung weiterer Abnehmer erlangen sollen, wird mit Freiheitsstrafe bis zu zwei Jahren oder mit Geldstrafe bestraft.
업무거래에 있어 자기나 다른 사람을 상품의 판매, 영업상의 급부나 권리를 위하여 非商人을, 다른 사람을 동종류의 업무계약을 하게 하면 특별한 이익을 제공하고 이러한 모집방법에 의하여 더 많은 판매자의 모집에는 같은 종류의 이익이 제공된다고 약속하여, 유혹한 자 2년 이하의 자유형이나 벌금형에 처한다.

Prokura HGB 49 지배권.
(1) Die Prokura ermächtigt zu allen Arten von gerichtlichen und außergerichtlichen Geschäften und Rechtshandlungen, die der Betrieb eines Handelsgewerbes mit sich bringt.
지배권은 재판상 및 재판외의 각종 행위와 아울러 영업에 수반하는 각종의 법률적 행위를 할 권한이 있다.

Promille-Grenze (0,5 Promille-Grenze 한계법칙) → BAK.

Propagandamitteln verfassungswidriger Organisationen StGB 86
→ Verbreiten von Propagandamitteln verfassungswidriger Organisationen (위헌조직 선전물 반포죄).

Prostitution
→ Ausübung der verboten Prostitution (상습 매음행사죄).
→ Ausbeutung von Prostituierten (매음자 착취죄).
→ Jugendgefährdende Prostitution (미성년자 위해 매음죄).
→ Verbotene Ausübung der Prostitution (매음금지위반죄).

→ Werbung für Prostitution (매음권유죄).

Protest WG 44; ScheckG 41   거절증서.
(1) Die Verweigerung der Annahme oder der Zahlung muß durch eine öffentliche Urkunde (Protest mangels Annahme oder mangels Zahlung) festgestellt werden.
인수 또는 지급의 거절은 공문서(인수거절증서 또는 지급거절증서)에 의하여 이를 증명하여야 한다.
(1) Der Protest oder die gleichbedeutende Feststellung muß vor Ablauf der Vorlegungsfrist vorgenommen werden.
거절증서 또는 이와 동일한 의미의 증명은 제시기간 경과전에 이를 작성하여야 한다.

Protokoll 조서, 의정서.
Zusatzprotokoll zum Vertrag über die Grundlagen der Beziehungen zwischen der Bundesrepublik Deutschland und der Deutschen Demokratischen Republik
(동서독기본조약에 대한 추가의정서).

Protokoll über die Hauptverhandlung
→ Verhandlungsprotokoll (공판조서).

Protokoll über Vollstreckungshandlung
ZPO 762   집행조서.
(1) Der Gerichtsvollzieher hat über jede Vollstreckungshandlung ein Protokoll aufzunehmen.
집행관은 집행조서를 작성하여야 한다.

Protokollführer StPO 31   조서작성자.
(기타 ~로서 관여한 자: andere als ~ zugezogene Personen).

Protokollführung StPO 168   조서작성.
Über jede richterliche Untersuchungshandlung ist ein Protokoll aufzunehmen. Für die Protokollführung ist ein Urkundsbeamter der Geschäftsstelle zuzuziehen.
판사의 조사행위는 조서에 작성된다. 사무국 서기관은 조서작성에 관여하여야 한다.

Protokollierung StPO 168a, 255   조서조서작성, 조서기재(Erwähnung der Verlesung im Protokoll).
In den Fällen der §§ 253 und 254 ist die Verlesung und ihr Grund auf Antrag der Staatsanwaltschaft oder des Angeklagten im Protoll zu erwähnen.
제253, 254조의 경우에 검사 또는 피고인의 신청에 의하여 낭독내용 및 낭독의 이유를 조서에 기재하여야 한다. (§255)
→ Art der Protokollierung (조서작성의 방법).

Protokollierung der Hauptverhandlung
StPO 273   공판조서작성.
(Zusätzliche inhaltliche Anforderungen: 공판조서의 추가적 기재사항)
(1) Das Protokoll muß den Gang und die Ergebnisse der Hauptverhandlung im wesentlichen wiedergeben und die Beobachtung aller wesentlichen Förmlichkeiten ersichtlich machen, auch die Bezeichnung der verlesenen Schriftstücke oder derjenigen, von deren Verlesung nach §249 Abs. 2 abgesehen worden ist, sowie die im Laufe der Verhandlung gestellten Anträge, die ergangenen Entscheidungen und die Urteilsformel enthalten.
공판조서에는 공판의 경과 및 결과의 요점을 기록하고 모든 주요한 형식을 준수하였음을 명백히 하고 낭독된 서류 또는 제249조 제2항의 규정에 의하여 낭독이 제외된 서류의 명칭 및 심리중에 제기된 신청, 진행된 재판 및 판결주문이 포함되어야 한다.

Protokollierung der Nichtvereidigung
(선서면제의 조서기재).
→ Eidesform (선서의 방식).

Protokollierung staatsanwaltschaftlicher Untersuchungshandlungen StGB 168b
검사의 조사에 대한 조서작성.
(1) Das Ergebnis staatsanwaltschaftlicher Untersuchungshandlungen ist aktenkundig zu machen.
검사의 신문행위의 결과는 조서로 작성되어야 한다.

Protokollinhalt StPO 272   공판조서의 내용.
1. den Ort und den Tag der Verhandlung;

심리의 장소와 일자,
2. die Namen der Richter und Schöffen, des Beamten der Staatsanwaltschaft, des Urkundsbeamten der Geschäftsstelle und des zugezogenen Dolmetschers;
판사, 참심원, 검찰공무원, 사무국 서기관 및 통역의 이름,
3. die Bezeichnung der Straftat nach der Anklage; 공소장에 의한 범죄행위의 명칭,
4. die Namen der Angeklagten, ihrer Verteidiger, der Privatkläger, Nebenkläger, Verletzten, die Ansprüche aus der Straftat geltend machen, der sonstigen Nebenbeteiligten, gesetzlichen Vertreter, Bevollmächtigten und Beistände;
피고인과 변호인, 사인소추인, 공소참가원고, 범죄행위로부터 발생한 청구권을 주장하는 피해자 기타 보조참가인, 법정대리인, 대리인, 보조인의 이름,
5. die Angabe, daß öffentlich verhandelt oder die Öffentlichkeit ausgeschlossen ist.
변론의 공개와 비공개에 관한 기재.

Protokollverlesung StPO 252, 253 조서낭독.
(Unzulässige Protokollverlesung StPO 252 부적법한 조서낭독).
Die Aussage eines vor der Hauptverhandlung vernommenen Zeugen, der erst in der Hauptverhandlung von seinem Recht, das Zeugnis zu verweigern, Gebrauch macht, darf nicht verlesen werden.
공판전에 신문된 증인의 증언이 공판에서 비로소 거부권이 행사된 경우에 이러한 진술은 낭독될 수 없다.
Protokollverlesung zur Gedächtnisunterstützung StPO 253 기억을 돕기 위한 조서낭독.
(1) Erklärt ein Zeuge oder Sachverständiger, daß er sich einer Tatsache nicht mehr erinnere, so kann der hierauf bezügliche Teil des Protokolls über seine frühere Vernehmung zur Unterstützung seines Gedächtnisses verlesen werden.
증인 또는 감정인이 이미 어떤 사실을 기억하지 못한다고 진술하는 경우에는 기억을 돕기 위하여 이전의 신문조서중 그에 관한

부분을 낭독할 수 있다.

Protokollvermerk StPO 64 (비선서의 경우에) 조서의 기재.
Unterbleibt die Vereidigung eines Zeugens, so ist der Grund dafür im Protokoll anzugeben.
증인이 선서가 행하여지지 아니하는 경우에는 그 이유를 조서에 명시하여야 한다.

Prozeßagent ZPO 157 소송대변인.
소송대변인은 변호사가 아니면서 타인의 소송대리인 또는 소송보조인이 되는 것을 업무로 하는 자를 말한다. 특히 허가를 받은 자는 직업상 법률보조인(→Rechtsbeistand)라고 한다. 이들은 제1항의 예외인 제3항에 의하여 구법원에서 구두변론이 허용된다.
(1) Mit Ausnahme der Rechtsanwälte sind Personen, die die Besorgung fremder Rechtsangelegenheiten vor Gericht geschäftsmäßig betreiben, als Bevollmächtigte und Beistände in der Verhandlung ausgeschlossen.
변호사를 제외하고는 누구도 법원에서 타인의 법률사건의 처리를 업무로 하여 구두변론에 있어서의 소송대리인 및 보조인으로서 활동할 수 없다.
(3) Die Vorschrift des Absatzes 1 ist auf Personen, denen das mündliche Verhandeln vor Gericht durch Anordnung der Justizverwaltung gestattet ist, nicht anzuwenden.
제1항의 규정은 법무부의 명령에 의해서 법원에서 구두변론할 것을 허용받은 자에 대해서는 적용하지 아니한다.

Prozeßbetrug 소송사기.
Prozessbetrug ist rechtlich das vorsätzliche Vorbringen einer falschen Aussage durch eine Partei in einem Gerichtsprozess. Es ist dabei unerheblich, in welcher Gerichtsbarkeit der Prozess stattfindet.
~는 법원의 소송에서 당사자가 법적으로 고의적인 허위진술을 행하는 것. 여기서 소송이 어느 법원에 재판권이 있는지는 중요하지 않다.

Prozeßentscheidung (형식재판).
→ Sachentscheidung (본안재판).

Prozeßfähigkeit ZPO 52 소송능력.
(1) Eine Person ist insoweit prozessfähig, als sie sich durch Verträge verpflichten kann.
사람은 계약에 의해서 의무를 부담할 수 있는 한도에서 소송능력을 가진다.

Prozeßgericht (Iudex a quo) ZPO 355
수소법원.
Die Beweisaufnahme erfolgt vor dem Prozessgericht (Unmittelbarkeit der Beweisaufnahme).
증거조사는 수소법원에서 한다 (증거조사의 직접성).

Prozeßhindernde Einrede ArbGG 102
본안전 항변(소송저지의 항변).
(1) Wird das Arbeitsgericht wegen einer Rechtsstreitigkeit angerufen, für die die Parteien des Tarifvertrages einen Schiedsvertrag geschlossen haben, so hat das Gericht die Klage als unzulässig abzuweisen, wenn sich der Beklagte auf den Schiedsvertrag beruft.
단체협약의 당사자가 중재계약을 체결한 분쟁으로 노동법원에 제소된 경우 피고인이 중재계약을 주장한 때에는 법원은 소송을 부적법한 것으로 각하해야 한다.

Prozeßkostenhilfe ZPO 114; StGB 379, 397a; StVollzG 121 소송비용구조.
Eine Partei, die nach ihren persönlichen und wirtschaftlichen Verhältnissen die Kosten der Prozessführung nicht, nur zum Teil oder nur in Raten aufbringen kann, erhält auf Antrag Prozesskostenhilfe, wenn die beabsichtigte Rechtsverfolgung oder Rechtsverteidigung hinreichende Aussicht auf Erfolg bietet und nicht mutwillig erscheint. (ZPO 114)
자신의 개인적 및 경제적 사정이 소송비용을 지급할 수 없거나 부분적 또는 분할로만 조달할 수 있는 경우에 일방 당사자는 그 권리주장이나 권리방어의 의도가 충분히 성

공할 가능성이 있고 또한 자의성(남소)이 보이지 않는 때에는 신청에 의해서 소송비용구조를 받을 수 있다.
(2) Liegen die Voraussetzungen für eine Bestellung nach Absatz 1 nicht vor, so ist dem Nebenkläger für die Hinzuziehung eines Rechtsanwalts auf Antrag Prozeßkostenhilfe nach denselben Vorschriften wie in bürgerlichen Rechtsstreitigkeiten zu bewilligen, wenn die Sach- oder Rechtslage schwierig ist, der Verletzte seine Interessen selbst nicht ausreichend wahrnehmen kann oder ihm dies nicht zuzumuten ist (StPO 397a).
(2) 제1항에 따른 (국선변호인) 임명이 전제되지 않는 경우에 사실상황과 법률상황이 난해하고 피해자가 스스로 자신의 이익을 충분히 주장할 수 없거나 그에게 기대할 수 없는 경우, 신청변호인의 참여를 위해 민사소송에서와 동일한 규정에 의해 사인기소인에 대한 소송비용구조를 승인할 수 있다.

Prozeßkostenvorschuß in einer Unterhaltssache ZPO 127a 부양사건에 있어서 소송비용의 예납.
(1) In einer Unterhaltssache kann das Prozessgericht auf Antrag einer Partei durch einstweilige Anordnung die Verpflichtung zur Leistung eines Prozesskostenvorschusses für diesen Rechtsstreit unter den Parteien regeln.
부양사건에 있어서 수소법원은 당사자 일방의 신청에 의하여 가명령으로 당사자간의 소송에 대한 소송비용예납의 급부의무를 명할 수 있다.

Prozeßpfleger ZPO 57 소송대행인 (특별대리인).
(1) Soll eine nicht prozessfähige Partei verklagt werden, die ohne gesetzlichen Vertreter ist, so hat ihr der Vorsitzende des Prozessgerichts, falls mit dem Verzug Gefahr verbunden ist, auf Antrag bis zu dem Eintritt des gesetzlichen Vertreters einen besonderen Vertreter zu bestellen.
법정대리인없는 소송무능력자가 제소 당하였으나 긴급한 경우에는 수소법원의 재판장

은 신청에 의해서 법정대리인이 선임될 때
까지 소송대행인을 선임하여야 한다.

Prozeßvergleich ZPO 160(3), 794 소송
상 화해.
* Prozeßvergleich ist ein Vergleich, der
vor einem Gericht in einem Rechtsstret zu
dessen voller oder teilweiser Erledigung
abgeschlossen wird. Er ist zugleich Pro-
zeßhandlung und Rechtsgeschäft und ist
in das Verhandlungsprotokoll aufzunehmen.
소송상 화해는 법원앞에서 법적 분쟁의 전
부 또는 일부의 종료를 위해 행하여진다.
소송상 화해는 소송행위이자 법률행위이며,
조서에 기재되어야 한다.
(1) Die Zwangsvollstreckung findet ferner
statt:
1. aus Vergleichen, die zwischen den
Parteien oder zwischen einer Partei und
einem Dritten zur Beilegung des Rechtsstreits seinem ganzen Umfang nach oder
in Betreff eines Teiles des Streitgegenstandes vor einem deutschen Gericht oder
vor einer durch die Landesjustizverwaltung eingerichteten oder anerkannten Gü-
testelle abgeschlossen sind, sowie aus
Vergleichen, die gemäß §118 Abs.1 Satz 3
oder § 492 Abs.3 zu richterlichem Protokoll genommen sind. (794)
강제집행은 다음 각호에 의해 허용된다.
1. 당사자사이 또는 당사자와 제3자사이의
법적 분쟁을 해결하기 위하여 그 전부에 대
하여 또는 소송물의 일부에 관하여 독일법
원에서 체결된 화해 또는 주법무부가 설치
또는 인가한 중재소에서 체결된 화해 및 제
118조 제1항 제3문 또는 제492조 제3항에
따라 법관의 조서에 기재된 화해.
→ Gerichtlicher Vergleich (재판상 화해).

Prozeßverschleppung StPO 244(3) 소송
지연.
(3) Ein Beweisantrag ist abzulehnen,
wenn der Antrag zum Zweck der Prozeßverschleppung gestellt ist
소송지연이 그 목적인 증거신청은 이를 각
하할 수 있다.

Prozeßvollmacht ZPO 80 소송대리권.
Der Bevollmächtigte hat die Bevollmächtigung durch eine schriftliche Vollmacht
nachzuweisen und diese zu den Gerichts-
akten abzugeben.
대리인은 대리권을 위임장에 의해 증명하고
이를 법원의 기록에 첨부하여야 한다.

Prozeßvoraussetzung (Verfahrensvoraussetzung) 소송조건.
~en sind wesentliche objektive Bedingungen, die vorliegen mussen, damit ein
Verfahren vor einem deutschen Gericht
durchgeführt werden darf.
독일법원에서 절차를 진행하기 위한 필수적,
본질적인 객관적 조건.

Prozeßzinsen BGB 291 소송이자.
Eine Geldschuld hat der Schuldner von
dem Eintritt der Rechtshängigkeit an zu
verzinsen, auch wenn er nicht im Verzug
ist; wird die Schuld erst später fällig, so
ist sie von der Fälligkeit an zu verzinsen.
채무자가 지체중에 있지 아니한 때에도 소
송계속이 발생된 이후로부터 금전채무에 대
한 이자를 지불하여야 한다. 채무가 후에
이르러 비로소 변제기에 달하는 때에는 그
변제기로부터 이자를 지불하여야 한다.

**Prüfung der sachlichen Zuständigkeit
von Amts wegen** StPO 6 사물관할에
대한 법원의 직권조사.
Das Gericht hat seine sachliche Zuständigkeit in jeder Lage des Verfahrens von
Amts wegen zu prüfen.
법원은 절차의 모든 단계에서 법원의 사물
관할을 직권조사 하여야 한다.

Prüfungsbericht HGB 321 감사보고서.
(1) Der Abschlußprüfer hat über Art und
Umfang sowie über das Ergebnis der
Prüfung schriftlich und mit der gebotenen
Klarheit zu berichten.
In dem Bericht ist vorweg zu der Beur-
teilung der Lage des Unternehmens oder
Konzerns durch die gesetzlichen Vertreter
Stellung zu nehmen, wobei insbesondere

auf die Beurteilung des Fortbestandes und der künftigen Entwicklung des Unternehmens unter Berücksichtigen des Lageberichts und bei der Prüfung des Konzernabschlurnes von MLaterunternehmen auch des Konzerns unter Berücksichtigung des Konzernlageberichts einzugehen ist, soweit die geprüften Unterlagen und der Lagebericht oder der Konzernlagebericht eine solche Beurteilung erlauben.
결산감사인은 감사의 종류, 범위 및 그 결과에 관하여 서면으로 필요한 설명에 의해 보고하여야 한다.
감사보고서에는 기업 또는 콘체른상황의 판단에 대한 법정대표자의 관점이 미리 기재되어야 하며, 특히 상황보고서를 고려한 기업의 계속과 장래의 발전 및 모기업의 콘체른결산심사시 콘체른상황보고서를 고려한 콘체른에 관한 판단도 기재되어야 한다. 단 심사자료, 상황보고서 또는 콘체른상황보고서가 그러한 판단을 허용하고 있어야 한다.
→ Pflicht zur Prüfung (감사의무).

Prüfungsumfang des Gerichts StPO 327, 352 법원의 심사; 심판의 범위.
Der Prüfung des Gerichts unterliegt das Urteil nur, soweit es angefochten ist.(327) 판결은 그 불복된 범위내에서만 법원의 심사대상이 된다.
(1) Der Prüfung des Revisionsgerichts unterliegen nur die gestellten Revisionsanträge und, soweit die Revision auf Mängel des Verfahrens gestützt wird, nur die Tatsachen, die bei Anbringung der Revisionsanträge bezeichnet worden sind. (352) 제출된 상고신청만이 상고법원의 심사대상이며 절차의 하자를 이유로 하는 때에는 상고신청시에 적시된 사실만이 심사대상이다.

Prügelstrafe 태형.
Bestrafung mit Peitschen-, Stock- oder Rutenhieben; als Kriminalstrafe eine der ältesten Leibesstrafen, Die Prügelstrafe an Schulen (Züchtigungsrecht) wurde in Großbritannien erst 1996 verboten.
채찍, 막대기, 매에 의한 처벌; 형사벌로서 가장 오래된 신체형의 하나. 영국에서는

1996년에서야 비로소 학교에서의 태형(체벌권)이 금지되었다.
→ Züchtigungsrecht (Die Prügelstrafe an Schulen) (체벌권).

Pseudonymes Werk → Anonymes und pseudonymes Werk (익명 또는 가명저작물).

Pseudonymisieren BDSG 6a 가명화.
Pseudonymisieren ist das Ersetzen des Namens und anderer Identifikationsmerkmale durch ein Kennzeichen zu dem Zweck, die Bestimmung des Betroffenen auszuschließen oder wesentlich zu erschweren.
가명화는 관련인의 특정을 배제하거나 본질적으로 어렵게 만들 목적으로 특정한 표식을 통하여 그 이름이나 기타 동일화표지를 대체하는 것을 말한다.

Psychopath 사이코패스; 정신병질자.
Das Konzept der Psychopathie umfasst spezifische Personlichkeitszüge und antisoziale Verhaltensweisen, wohingegen die antisoziale Persönlichkeitsstörung nur letztere beinhaltet.
사이코패시는 특수한 인격특성과 반사회적 행태를 포함한다. 이에 비하여 반사회적 인격장애는 후자만을 가지고 있다.

Publizitätsprinzip 공시주의(원칙).
Ein Grundsatz im Sachenrecht. Die dingliche Rechtlage soll für alle Beteiligten offenkundig sein.
모든 참여자에게 물권적 권리상황이 공개되어야 한다는 물권법의 원칙.

Punctum saliens (der springende Punkt; der Kern einer Aussage) 요점 (태동점, 눈에 띄는 점).

Punitive damages (Strafschadensersatz) (exemplary damages im englischen Recht) 징벌적 손해배상.

Punktstrafe StGB 46 유일점 형벌이론.
Die Theorie der Punktstrafe als der ein-

zigen schuldamgemessenen Strafe für die konkrete Tat.
구체적 범죄행위에 대한 유일하고 책임에 적절한 형벌로서 ~.

Punktsystem StVG 4 점수제.
(1) Zum Schutz vor Gefahren, die von wiederholt gegen Verkehrsvorschriften verstoßenden Fahrzeugführern und - haltern ausgehen, hat die Fahrerlaubnisbehörde die in Ab.3 genannten Maßnahmen (Punktsystem) zu ergreifen.
반복적으로 교통법규에 위반하는 차량운전자와 보유자로부터 시작된 위험의 보호를 위하여 운전면허청은 제3항에 기재된 처분(점수제)을 발하여야 한다.

Putativnotwehr (lat. putare: glauben) 오상방위.
Der Täter geht lediglich irrig davon aus, dass die tatsächlichen Voraussetzungen der Notwehr bei dem vermeintlichen Angriff gegeben seien. Irrt der Täter dazu noch über die rechtlichen Grenzen der Notwehr, so spricht man vom Putativnotwehrexzess.
행위자가 정당방위의 사실적 전제에서 추정적 공격이 있다고 오인한 경우이다. 여기서 행위자가 정당방위의 법적 한계를 오인한 경우가 오상과잉방위이다.

PVG → Preußisches Polizeiverwaltungsgesetz (프로이센 경찰행정법).

Quaestio facti 사실문제.
↔ quaestio juris (법률문제).

Quälen StPO 225 → Mißhandlung von Schutzbefohlenen (피보호자학대죄).

Qualifikationsloses doloses Werkzeug
신분(자격) 없는 고의 있는 도구.
Benutzt der qualifizierte Hintermann zur Ausführung eines echten Sonderdelikts ein "qualifikationsloses Werkzeug", so kann dieses schon nach zutreffender herrschender Ansicht nicht als Täter strafbar sein.
신분있는 배후자가 진정신분범의 수행을 위하여 "신분없는 도구"를 이용할 경우, ~는 이미 통설에 의하면 정범으로서 불가벌적이다.

Qualifizierte elektronische Signatur
SigG 2 Nr.3 공인전자서명.
Im Sinne dieses Gesetzes sind
3. "qualifizierte elektronische Signaturen" elektronische Signaturen nach Nummer 2, die
a) auf einem zum Zeitpunkt ihrer Erzeugung gültigen qualifizierten Zertifikat beruhen und
b) mit einer sicheren Signaturerstellungseinheit erzeugt werden,
공인전자서명은 전자서명법 제2조 제2호(→ fortgeschrittene elektronische Signaturen 고급전자서명)의 전자서명으로서 a) 생성시에 효력이 있는 공인인증서를 기반으로 할 것, b) 안전한 전자서명생성장치로 만들어진 전자서명이다.

Qualifizierter Mietspiegel BGB 558d
특별표준차임표 (특별차임일람표).
(1) Ein qualifizierter Mietspiegel ist ein Mietspiegel, der nach anerkannten wissenschaftlichen Grundsätzen erstellt und von der Gemeinde oder von Interessenvertretern der Vermieter und der Mieter anerkannt worden ist.
특별표준차임표는 일반적으로 승인된 전문적 원칙에 따라 작성되고 (기초)사치단체나 임대인 및 임차인의 이익대표에 의하여 승인된 표준차임표를 말한다.

Qualifizierter Tatbestand 가중적 구성요건. → Privilegierter Tatbestand.

Qualifizierter Versuch 가중적 미수.
Ist im Deliktsversuch eine bereits vollendete Straftat enthalten, wie etwa eine Körperverletzung in einem Tötungs- oder Raubversuch, so bleibt diese vollentete Tat trotz des Rücktritts strafbar.
살인미수 또는 강도미수에서의 상해죄와 같이 범죄의 미수에 이미 기수가 된 범죄행위가 포함되어 있는 경우에 그 기수로 된 행위는 중지미수에도 불구하고 가벌적이다.

Qualifizierter Zeitstempel SigG 2 Nr.14
공인타임스탬프.
Im Sinne dieses Gesetzes sind
14. "qualifizierte Zeitstempel" elektronische Bescheinigungen eines Zertifizierungsdiensteanbieters, der mindestens die Anforderungen nach den §§ 4 bis 14 sowie § 17 oder § 23 dieses Gesetzes und der sich darauf beziehenden Vorschriften der Rechtsverordnung nach §24 erfüllt, darüber, dass ihm bestimmte elektronische Daten zu einem bestimmten Zeitpunkt vorgelegen haben,
본법에서 14. 공인 타임스탬프"는 적어도 본법 제4조 내지 제14조 및 제17조 또는 제23조, 그리고 그와 관련하여 제24조에 따른 법규명령의 규정을 충족하고, 특정한 시점의 특정한 전자적 데이터를 제시한 인증기관의 전자적 확인서를 말한다.

Qualifiziertes Zertifikat SigG 2 Nr.7
공인인증서.
Im Sinne dieses Gesetzes sind
7. "qualifizierte Zertifikate" elektronische

Bescheinigungen nach Nummer 6 für natürliche Personen, die die Voraussetzungen des § 7 erfüllen und von Zertifizierungsdiensteanbietern ausgestellt werden, die mindestens die Anforderungen nach den §§ 4 bis 14 oder § 23 dieses Gesetzes und der sich darauf beziehenden Vorschriften der Rechtsverordnung nach § 24 erfüllen,
공인인증서는 전자서명법 제7조(공인인증서의 내용)의 요건을 충족하고 그리고 적어도 이 법 제4조(인증서비스제공자의 일반요건) 내지 제14조(개인정보의 보호) 또는 제23조(외국 전자서명 및 전자서명용 제품)에 따른 요구와 이 법 제24조(시행령)에 따른 전자서명법 시행령을 충족시키는 공인인증기관에 의하여 교부된 자연인에 대한 전자적 증명서를 말한다.

Quantifizierung 계량화, 限量化.
das Quantifizieren, das Quantifiziertwerden.; mathematisch beschreibbar machen, in meßbaren Größen dartellen.
수학적으로, 계산가능한 크기에 의하여 표현하는 것.

Qui facit per alium facit per se
(Wer durch einen andern handelt, handelt selbst)
타인을 통하여 행위하는 자는 스스로 행위를 한 자이다.

Qui iure suo utitur, neminem laedit.
자신의 권리를 행사하는 자는 누구도 해치는 것이 아니다.

Qui per alium facit, per se ipse facere videtur (Wer etwas durch einen anderen tut [tun lässt] wird (an)gesehen, (als) habe er es (durch) sich selbst getan).
타인에 의하여 한 자는 스스로 한 것으로 본다.

Qui tacet consentire non videtur.
(Wer schweigt, scheint nicht zuzustimmen)
침묵하는 자는 동의하지 않는 것으로 본다.

Quittung BGB 368 영수증.
Der Gläubiger hat gegen Empfang der Leistung auf Verlangen ein schriftliches Empfangsbekenntnis (Quittung) zu erteilen.
채권자는 청구에 의하여 급부를 수령한데 대하여 서면에 의한 수령증서(영수증)를 교부하여야 한다.

Quorum 정족수.
Unter Quorum (lateinisch für "von denen", Plural "Quoren") versteht man die Anzahl der Stimmberechtigten, die bei einer Abstimmung anwesend sein oder sich an einer Abstimmung beteiligen muss, damit diese gultig ist.
~는 투표를 유효하게 하기 위하여 투표시 출석하거나 투표에 참여해야 하는 투표권자의 수를 말한다.

Quota litis BRAO 49b(2) 소송물의 비율, 이익의 비율.
→ Pactum de quota litis (소송물의 분할합의).

Quotenaktie (비례주) → Stückaktie (무액면주).

Rabatt (리베이트)
→ Preisnachlaß (가격할인).
* Gesetz über Preisnachlässe (Rabatt-gesetz)는 2001.6.29 폐지.

Rahmengebühren RVG 14 개괄보수.
(1) Bei Rahmengebühren bestimmt der Rechtsanwalt die Gebühr im Einzelfall unter Berücksichtigung aller Umstände, vor allem des Umfangs und der Schwierigkeit der anwaltlichen Tätigkeit, der Bedeutung der Angelegenheit sowie der Einkommens- und Vermögensverhältnisse des Auftraggebers, nach billigem Ermessen.
개괄보수에서 변호사는 각 사건에 있어서 모든 사정, 특히 변호사 활동의 범위, 난이도, 사건의 중요성, 의뢰인의 수입 및 재산상태를 고려하여 합리적 재량에 따라 보수를 정한다.

Rahmengesetz (Mantelgesetz) BRRG 1 대강법 (외곽법, 원칙법. 개괄법).
Die Vorschriften dieses Kapitels sind Rahmenvorschriften für die Landesgesetzgebung. Die Länder sind verpflichtet, ihr Beamtenrecht bis zum 31. Dezember 1963 nach diesen Vorschriften unter Berücksichtigung der hergebrachten Grundsätze des Berufsbeamtentums und der gemeinsamen Interessen von Bund und Ländern zu regeln.
본장의 규정은 주입법을 위한 대강규정이다. 각주는 1963.12.31.까지 본 규정에 의하여 직업공무원의 원칙 및 연방과 주의 공동의 이익을 고려하여 공무원법을 규정한다.
* Nach deutschem Recht waren Rahmengesetze Bundesgesetze, die nur die wesentlichen Grundzüge regelten und die Detailregelungen — die Ausfüllung des Rahmens — der Gesetzgebung der einzel-nen Länder überließen.
독일법에서 대강법은 연방법으로 여기에서는 중요한 기본적 사항만을 규정하고 세부사항, 즉 대강의 수행은 개별 주의 입법에 위임한다.

Rangänderung (zugunsten des Verletzten bei Sicherungshypothek) StPO 111h
보전저당권의 경우에 피해자를 위한 순위변경.
(1) Betreibt der Verletzte wegen eines aus der Straftat erwachsenen Anspruches die Zwangsvollstreckung oder vollzieht er einen Arrest in ein Grundstück, in welches ein Arrest nach § 111d vollzogen ist, so kann er verlangen, daß die durch den Vollzug dieses Arrestes begründete Sicherungshypothek hinter seinem Recht im Rang zurücktritt.
피해자는 범죄행위로 인하여 발생한 청구권에 기하여 강제집행을 행하거나 또는 제111조의 d에 의하여 압류가 행하여진 부동산에 대하여 압류를 집행하는 때에는 압류 집행의 근거가 되는 보전저당권을 그의 권리의 후순위로 할 것을 요구할 수 있다.

Rasterfahndung StPO 163d 수법수배.
= Modus operandi system.

Rat oder Empfehlung BGB 675(2)
조언 또는 추천.
(2) Wer einem anderen einen Rat oder eine Empfehlung erteilt, ist, unbeschadet der sich aus einem Vertragsverhältnis, einer unerlaubten Handlung oder einer sonstigen gesetzlichen Bestimmung ergebenden Verantwortlichkeit, zum Ersatz des aus der Befolgung des Rates oder der Empfehlung entstehenden Schadens nicht verpflichtet.
타인에게 조언 또는 추천을 하는 사람은 계약관계, 불법행위 또는 다른 법률규정에 기하여 발생하는 책임과는 관계없이 그 조언 또는 추천을 따름으로써 발생하는 손해를 배상할 의무가 없다.

Ratenlieferungsvertrag BGB 505 분할

공급계약.

(1) Dem Verbraucher steht vorbehaltlich des Satzes 2 bei Verträgen mit einem Unternehmer, in denen die Willenserklärung des Verbrauchers auf den Abschluss eines Vertrags gerichtet ist, der

1. die Lieferung mehrerer als zusammengehörend verkaufter Sachen in Teilleistungen zum Gegenstand hat und bei dem das Entgelt für die Gesamtheit der Sachen in Teilzahlungen zu entrichten ist oder

2. die regelmäßige Lieferung von Sachen gleicher Art zum Gegenstand hat oder

3. die Verpflichtung zum wiederkehrenden Erwerb oder Bezug von Sachen zum Gegenstand hat,

ein Widerrufsrecht gemäß § 355 zu.

소비자가 사업자와의 계약에 있어서 다음 각호의 계약에 대한 의사표시를 하는 경우 제2문을 제외하고 (민법) 제355조의 철회권은 소비자에게 속한다.

1. 전체로 매도된 다수의 물건을 분할급부로 공급하기로 하고 물건전체에 대한 대가를 분할지급하는 계약,

2. 동종 물건의 정기적 공급을 목적으로 하는 계약, 또는

3. 물건의 회귀적 취득이나 구입에 대한 의무를 발생시키는 계약.

Ratio cognoscendi (Grund des Erkennens) 인식의 근거.

Ratio essendi (Grund des Seins) 존재의 근거.

Ratio legis (Sinn des Gesetzes) 법률의 취지, 입법의 취지.

Rationalisierungskartell GWB 5 (a.F.) 합리화카르텔 (구).

(1) Vereinbarungen und Beschlüsse, die der Rationalisierung wirtschaftlicher Vorgänge dienen, können vom Verbot des § 1 freigestellt werden, wenn sie geeignet sind, die Leistungsfähigkeit oder Wirtschaftlichkeit der beteiligten Unternehmen in technischer, betriebswirtschaftlicher oder organisatorischer Beziehung wesentlich zu heben und dadurch die Befriedigung des Bedarfs zu verbessern.

경제적 활동의 합리화에 기여하는 합의 및 결의가 당해 기업의 생산성 또는 경제성을 기술적, 경영적 또는 조직적 관계에서 현저히 향상시키고 그로 인하여 수요의 충족을 개선하는데 적합한 수단인 경우 (경쟁제한법) 제1조의 (카르텔)금지에서 제외될 수 있다.

Raub StGB 249 강도죄.

(1) Wer mit Gewalt gegen eine Person oder unter Anwendung von Drohungen mit gegenwärtiger Gefahr für Leib oder Leben eine fremde bewegliche Sache einem anderen in der Absicht wegnimmt, die Sache sich oder einem Dritten rechtswidrig zuzueignen, wird mit Freiheitsstrafe nicht unter einem Jahr bestraft.

사람에 대한 폭행이나 생명, 신체에 대한 현존하는 위험에의 협박을 사용하여 타인의 동산을 불법영득의 의사로 강취한 자는 1년 이상의 자유형에 처한다.

Raub mit Todesfolge StGB 251 강도치사죄.

Verursacht der Täter durch den Raub (§§ 249 und 250) wenigstens leichtfertig den Tod eines anderen Menschen, so ist die Strafe lebenslange Freiheitsstrafe oder Freiheitsstrafe nicht unter zehn Jahren.

행위자가 강도(강도, 중강도)에 의하여 경솔하게 타인의 사망을 야기한 때에는 무기 또는 10년 이상의 자유형에 처한다.

Räuberische Erpressung StGB 255 강도적 공갈죄.

Wird die Erpressung durch Gewalt gegen eine Person oder unter Anwendung von Drohungen mit gegenwärtiger Gefahr für Leib oder Leben begangen, so ist der Täter gleich einem Räuber zu strafen.

사람에 대한 폭력 또는 신체나 생명에 대한 현존하는 위험으로 협박하여 공갈한 경우에는 강도와 동일하게 처벌한다.

Räuberischer Angriff auf Kraftfahrer
StGB 316a　자동차운전자에 대한 강도적 공격죄.
(1) Wer zur Begehung eines Raubes (§§ 249 oder 250), eines räuberischen Diebstahls (§ 252) oder einer räuberischen Erpressung (§ 255) einen Angriff auf Leib oder Leben oder die Entschlußfreiheit des Führers eines Kraftfahrzeugs oder eines Mitfahrers verübt und dabei die besonderen Verhältnisse des Straßenverkehrs ausnutzt, wird mit Freiheitsstrafe nicht unter fünf Jahren bestraft.
강도(제249조 또는 제250조), 준강도(제252조) 또는 강도적 공갈(제255조)의 실행을 위하여 도로교통의 특별한 상황을 이용하여 자동차운전자나 그 동승자의 신체·생명에 대한 공격을 기도하거나 의사결정의 자유를 침해한 자는 5년 이상의 자유형에 처한다.

Räuberischer Diebstahl　StGB 252
준강도죄, 강도적 절도죄.
Wer, bei einem Diebstahl auf frischer Tat betroffen, gegen eine Person Gewalt verübt oder Drohungen mit gegenwärtiger Gefahr für Leib oder Leben anwendet, um sich im Besitz des gestohlenen Gutes zu erhalten, ist gleich einem Räuber zu bestrafen.
절도가 현행범으로 체포되어 도품의 점유를 유지하기 위하여 사람에게 폭력을 행사하거나 또는 생명, 신체에 대한 현존하는 위험에의 협박을 한 자는 강도와 동일하게 처벌한다.
본조는 독자적인 Räubähnlichen Tatbestand으로 폭력과 협박이 취거의 수단이 아니라 점유의 취득을 확보·완성하기 위한 것이라는 점에서 강도와 구분된다.

Raumordnungsgesetz　ROG 1　국토계획법 (1997.8.18) (BGBl. I S. 2081, 2102).
Der Gesamtraum der Bundesrepublik Deutschland und sein Teilräume sind durch zusammenfassende, übergeordnete Raumordnungspläne und durch Abstimmrdneraumbedeutsamer Planungen und Maßnahmen zu entwickeln, zu ordnen und zu sichern.
독일 연방공화국의 전체 및 부분공간은 총괄적인, 상위의 국토공간계획 및 공간에 중요한 계획과 조치를 통하여 발전, 정리, 보존되어야 한다.

Räumungsklage　ZPO 93b　명도소송.
(1) Wird einer Klage auf Räumung von Wohnraum mit Rücksicht darauf stattgegeben, dass ein Verlangen des Beklagten auf Fortsetzung des Mietverhältnisses auf Grund der §§ 574 bis 574b des Bürgerlichen Gesetzbuchs wegen der berechtigten Interessen des Klägers nicht gerechtfertigt ist, so kann das Gericht die Kosten ganz oder teilweise dem Kläger auferlegen, wenn der Beklagte die Fortsetzung des Mietverhältnisses unter Angabe von Gründen verlangt hatte und der Kläger aus Gründen obsiegt, die erst nachträglich entstanden sind (§ 574 Abs. 3 des Bürgerlichen Gesetzbuchs).
민법 제574조 내지 제574b조를 근거로 한 피고의 임대차관계존속의 요구가 원고에게 정당한 이익이 있음을 이유로 받아들여지지 않고 주거의 명도를 구하는 소가 인용된 경우에 피고가 임대차관계의 계속을 근거를 가지고 요구하였고, 원고가 사후에 비로소 발생한 사유에 의하여(민법 제574조 제3항) 승소한 때에는 법원은 비용의 전부 또는 일부를 원고의 부담으로 할 수 있다.

Razzia　StPO 163　일제단속.
Razzia ist die Bezeichnung für eine überraschende, groß angelegte Durchsuchungsaktion der Polizei.
경찰의 기습적인, 대규모의 수색행위.

RBerG　→　Rechtsberatungsgesetz (법률상담법).

Realakt (Tathandlung)　사실행위, 사싱상의 행위.
Ein Realakt ist eine rein faktisch wirkende Handlung, die eine Rechtsfolge kraft Gesetzes hervorrufen kann, also unabhängig vom Willen des Handelnden.

~는 법률에 의하여 법적 효과를 가지는, 순수하게 사실적 작용을 하는 행위로 행위자의 의사와는 관계없다.

Realkonkurrenz StGB 53 실체적 경합.
→ Tatmehrheit (범죄행위다수, 범행다수, 행위다수, 수개의 사건).

Reallast BGB 1105 물적 부담.
(1) Ein Grundstück kann in der Weise belastet werden, dass an denjenigen, zu dessen Gunsten die Belastung erfolgt, wiederkehrende Leistungen aus dem Grundstück zu entrichten sind.
토지는 물적 부담의 권리자가 토지로부터 반복적 급부의 지급을 받을 권리를 가지는 방법으로 물적 부담의 목적으로 할 수 있다.

Realprinzip (Schutzprinzip) StGB 5 실질주의 (보호주의).
→ Auslandstat gegen inländische Rechtgüter (국내의 법익에 대한 국외범죄).

Realsteuer AO 3(2) 물세(物稅).
(2) Realsteuern sind die Grundsteuer und die Gewerbesteuer.
물세는 토지세와 영업세이다.

Rechenschaftsbericht PartG 24 회계검사보고.
(1) Der Rechenschaftsbericht besteht aus einer Ergebnisrechnung auf der Grundlage einer den Vorschriften dieses Gesetzes entsprechenden Einnahmen- und Ausgabenrechnung, einer damit verbundenen Vermögensbilanz sowie einem Erläuterungsteil.
회계검사보고는 본법 규정에 해당하는 수입과 지출예산에 의한 결산회계, 재산의 대차대조표 및 설명부분으로 구성된다.

Rechenschaftspflicht BGB 259 경과보고의무.
(1) Wer verpflichtet ist, über eine mit Einnahmen oder Ausgaben verbundene Verwaltung Rechenschaft abzulegen, hat dem Berechtigten eine die geordnete Zusammenstellung der Einnahmen oder der Ausgaben enthaltende Rechnung mitzuteilen und, soweit Belege erteilt zu werden pflegen, Belege vorzulegen.
수입 또는 지출의 관리에 관한 경과보고의 의무가 있는 자는 권리자에 대하여 수입 또는 지출에 관한 정리된 대조표를 포함하는 계산을 보고하여야 하며 또한 통상적으로 증거자료가 교부되는 때에는 이를 제시하여야 한다.

Recherche nach öffentlichen Druckschriften GebrMG 7 공공인쇄물에 대한 조사 (특허청의).
(1) das Patentamt ermittelt auf Antrag die öffentlichen Druckschriften, die für die Beurteilung der Schutzfähigkeit des Gegenstandes der Gebrauchsmusteranmeldung oder des Gebrauchsmusters in Betracht zu ziehen sind.
특허청은 신청에 따라 실용신안신고의 대상의 보호자격이나 실용신안을 판단하기 위하여 고려해야 할 공공인쇄물을 조사한다.

Rechnung oder gleichwertigen Zahlungsaufstellung BGB 286(3) 계산서나 그와 동가치적 의미의 지급(계산)내력서.
(3) Der Schuldner einer Entgeltforderung kommt spätestens in Verzug, wenn er nicht innerhalb von 30 Tagen nach Fälligkeit und Zugang einer Rechnung oder gleichwertigen Zahlungsaufstellung leistet.
유상채권의 채무자는 만기후 또는 계산서나 그와 동가치적 의미의 지급내력서가 도달한 후 늦어도 30일 이후에 지체에 빠진다.

Rechnungshof HGrG 42 회계검사원.
(1) Die gesamte Haushalts- und Wirtschaftsführung des Bundes und der Länder einschließlich ihrer Sondervermögen und Betriebe wird von Rechnungshöfen geprüft.
특별재산과 기업을 포함한 연방과 주의 전체예산 및 경제운용에 대해서는 회계검사원이 검사한다.

Rechnungslegungsgremium → Privates Rechnungslegungsgremium (민간회계위원회).

Recht am eigenen Bild KunstUrhG 22 초상권.
Bildnisse dürfen nur mit Einwilligung des Abgebildeten verbreitet oder öffentlich zur Schau gestellt werden.
초상은 피초상자의 승낙이 있어야만 배포 또는 공연히 전시될 수 있다.

Recht auf Besuch StVollzG 24 접견권.
Der Gefangene darf regelmäßig Besuch empfangen.
수형자는 정기적으로 접견을 받을 수 있다.

Recht auf die Bildung und Ausübung einer Parlamentarischen Oppositon
StGB 92(2) Nr.3 의회에서 야당의 조직 및 그 활동에 관한 권리.
→ Verfassungsgrundsätze(헌법상의 제원칙).

Recht auf Schriftwechsel StVollzG 28 문서수발권.
Der Gefangene hat das Recht, unbeschränkt Schreiben abzusenden und zu empfangen.
수형자는 제한 없이 문서를 수발할 권리가 있다.

Recht aus der Anweisung BGB 783 지시에 기한 권리.
Händigt jemand eine Urkunde, in der er einen anderen anweist, Geld, Wertpapiere oder andere vertretbare Sachen an einen Dritten zu leisten, dem Dritten aus, so ist dieser ermächtigt, die Leistung bei dem Angewiesenen im eigenen Namen zu erheben.
어떤 사람이 타인에게 금전, 유가증권 또는 기타의 대체물을 제3자에게 급부할 것을 지시하는 증서를 제3자에게 교부한 때에는 제3자는 피지시인에게 있어서 자신의 이름으로 급부를 추심할 권한이 있다.

Recht der öffentlichen Zugänglichmachung UrhG 19a 공개접근권.
Das Recht der öffentlichen Zugänglichmachung ist das Recht, das Werk drahtgebunden oder drahtlos der Öffentlichkeit in einer Weise zugänglich zu machen, dass es Mitgliedern der Öffentlichkeit von Orten und zu Zeiten ihrer Wahl zugänglich ist.
공개접근권은 유선 또는 무선으로 공중의 구성원들이 그 선택시간과 장소에서 접근가능한 방법으로 저작물을 공중에 접근하게 하는 권리이다.

Recht der unmittelbaren Ladung
StPO 38, 214(3), 220, 386(2) 직접소환권.
(3) Der Staatsanwaltschaft steht das Recht der unmittelbaren Ladung weiterer Personen zu. (214)
검사는 다른 사람들에 대한 직접 소환권을 가진다.
(2) Dem Privatkläger wie dem Angeklagten steht das Recht der unmittelbaren Ladung zu. (386)
직접소환권은 사인기소인 및 피고인에게 있다.
→ Unmittelbare Ladung der Beteiligten StPO 38 관계인의 직접소환.
→ Unmittelbare Ladung durch den Angeklagten StPO 220 피고인에 의한 직접소환.

Recht der Wiedergabe durch Bild- oder Tonträger UrhG 21 녹음·녹화기 재현권.
Wiedergabe durch Bild- oder Tonträger ist das Recht, Vorträge oder Aufführungen des Werkes mittels Bild- oder Tonträger öffentlich wahrnehmbar zu machen. 2§ 19 Abs. 3 gilt entsprechend.
녹음·녹화기 재현권은 저작물의 구술 또는 공연을 녹음·녹화기를 통해 공연히 지각할 수 있도록 하는 권리이다.

Recht des Beschwerdegerichts
StPO 308 항고법원의 조치.
Das Beschwerdegericht darf die angefochtene Entscheidung nicht zum Nachteil des Gegners des Beschwerdeführers ändern, ohne daß diesem die Beschwerde zur Gegenerklärung mitgeteilt worden ist.
항고법원은 불복된 재판을 항고인의 상대방

에게 반대의 답변을 고지하지 않고서는 그
에게 불리하게 재판을 변경할 수 없다.

Recht des Erfinders (Erfinderrecht)
PatG 6 발명자의 권리 (발명자권).
Das Recht auf das Patent hat der Erfinder
oder sein Rechtsnachfolger.
발명자 또는 그의 권리승계인은 특허를 받
을 권리를 가진다.

**Recht und Zuständigkeit der Aufsichts-
stellen** StPO 463a 보호관찰소의 권한과 관할.
(1) Die Aufsichtsstellen (§68a des Strafgesetzbuches) können zur Überwachung
des Verhaltens des Verurteilten und der
Erfüllung von Weisungen von allen
öffentlichen Behörden Auskunft verlangen
und Ermittlungen jeder Art, mit Ausschluß eidlicher Vernehmungen, entweder
selbst vornehmen oder durch andere
Behörden im Rahmen ihrer Zuständigkeit
vornehmen lassen.
감독기관(형법 제68조의 a)은 형의 선고를
받은 자의 행상 및 지시사항이행을 감독하기
위하여 모든 공공관청에 정보를 요구할 수
있고, 신문의 선서 없이 모든 종류의 조사를
스스로 하거나 그 관할범위 내에 있는 다른
관청으로 하여금 이를 하게 할 수 있다.

Recht zum Besitz BGB 986 점유할 권리.
(1) Der Besitzer kann die Herausgabe der
Sache verweigern, wenn er oder der mittelbare Besitzer, von dem er sein Recht
zum Besitz ableitet, dem Eigentümer
gegenüber zum Besitz berechtigt ist.
점유자 또는 점유자가 점유할 권리를 도출
하는 간접점유자가 소유자에 대하여 점유할
권리가 있는 경우에 점유자는 물건의 반환
을 거절할 수 있다. → Besitz 점유(권).

Recht zum letzten Wort StPO 258, 326
최후진술권 (Schlußvorträge).
(1) Nach dem Schluß der Beweisaufnahme
erhalten der Staatsanwalt und sodann der
Angeklagte zu ihren Ausführungen und
Anträgen das Wort.
(2) Dem Staatsanwalt steht das Recht der

Erwiderung zu; dem Angeklagten gebührt
das letzte Wort.
증거조사 후 검사와 그 다음에는 피고인이
부연 및 신청에 대한 발언을 한다.
검사는 이에 대하여 대응할 권리를 가지며,
피고인은 최후진술권을 가진다.

Recht zur Befragung StPO 240 질문권
(구문권) (Fragerecht).
(1) Der Vorsitzende hat den beisitzenden
Richtern auf Verlangen zu gestatten, Fragen an den Angeklagten, die Zeugen und
die Sachverständigen zu stellen.
재판장은 요구가 있는 때에는 피고인, 증인
및 감정인에게 질문하는 것을 배석판사에게
허용하여야 한다.

Recht zur Ladung StPO 386 소환권.
(← Ladung der Beweispersononen: 증거인
의 소환).
(1) Der Vorsitzende des Gerichts bestimmt, welche Personen als Zeugen oder
Sachverständige zur Hauptverhandlung
geladen werden sollen.
재판장은 증인 또는 감정인으로서 공판에
소환할 인물을 정한다.
→ Recht der unmittelbaren Ladung (직접
소환권).

Recht zur Vernehmung StPO 239 신문
권 (← Kreuzverhör).
(1) Die Vernehmung der von der Staatsanwaltschaft und dem Angeklagten benannten Zeugen und Sachverständigen ist
der Staatsanwaltschaft und dem Verteidiger auf deren übereinstimmenden Antrag von dem Vorsitzenden zu überlassen.
검사와 피고인이 지정한 증인과 감정인의
신문은 검사와 변호인의 일치된 신청이 있
는 때에는 재판장으로부터 검사와 변호인에
게 위임되어야 한다.

Recht zur Vorbereitung des Gutachtens
StPO 80 감정준비권.
(1) Dem Sachverständigen kann auf sein
Verlangen zur Vorbereitung des Gutachtens durch Vernehmung von Zeugen oder

des Beschuldigten weitere Aufklärung verschafft werden.
감정인에게는 감정의 준비를 위하여 그 요청으로 증인 또는 피의자의 신문에 의한 진상규명이 재차 이루어질 수 있다.
(2) Zu demselben Zweck kann ihm gestattet werden, die Akten einzusehen, der Vernehmung von Zeugen oder des Beschuldigten beizuwohnen und an sie unmittelbar Fragen zu stellen.
이러한 목적을 위하여 감정인에게 기록을 열람하고 증인이나 피의자의 신문에 임석하여 직접 질문하게 할 수 있다.

Rechtfertigender Notstand StGB 34
정당화적 긴급피난.

Wer in einer gegenwärtigen, nicht anders abwendbaren Gefahr für Leben, Leib, Freiheit, Ehre, Eigentum oder ein anderes Rechtsgut eine Tat begeht, um die Gefahr von sich oder einem anderen abzuwenden, handelt nicht rechtswidrig, wenn bei Abwägung der widerstreitenden Interessen, namentlich der betroffenen Rechtsgüter und des Grades der ihnen drohenden Gefahren, das geschützte Interesse das beeinträchtigte wesentlich überwiegt.
생명, 신체, 명예, 재산 또는 기타의 법익에 대한 현재의, 달리는 회피할 수 없는 위험에서 자기 또는 타인의 위험을 회피하기 위하여 행위를 한 자는 대립되는 이익, 즉 당해 법익과 절박한 위험을 형량하여 볼 때 보호되는 이익이 침해되는 이익을 본질적으로 침해하는 경우에는 위법하게 행위한 것이 아니다.
→ Entschuldigender Notstand (면책적 긴급피난).

Rechtfertigung der Berufung StPO 320
항소이유서.
이유서 제출기간 만료후에(nach Ablauf der Frist zur Rechtfertigung); 이유의 인정여부와 관계없이(ohne Rücksicht darauf, ob eine Rechtfertigung staatfunden hat oder nicht).

Rechtliche (juristische) Handlungseinheit
법적 행위단일 (포괄일죄).
Eine Handlung liegt vor, wenn mehrere natürliche Handlungen (oder Handlungseinheiten) aus Rechtsgründen eine Bewertungseinheit, eine sog. rechtliche Handlungseinheit, bilden.
다수의 자연적 행위(또는 행위단일)가 법적 이유에서 평가상의 단일, 이른바 법적 행위단일을 형성하는 경우에는 하나의 행위가 존재한다.

Rechtlicher Gesichtspunkt
→ Veränderung des rechtlichen Gesichtspunkts (법적 관점의 변경).

Rechtliches Gehör GG 103 법적 청문(권) (Anspruch auf ~).
(1) Vor Gericht hat jedermann Anspruch auf rechtliches Gehör.
누구든지 법원에서 법적 청문을 구할 권리를 가진다;
→ Anhörung der Beteiligten (관계인의 진술청취).
→ Anhörungsverfahren (청문절차: 진술청취절차).
→ Nachträgliche Anhörung des Beschwerdegegners (피항고인의 추가의 진술청취).

Rechtmäßigkeit 적법성.
Rechtmäßigkeit ist die Übereinstimmung eines Aktes mit geltendem Recht.
~은 현행법과의 행위의 일치를 말한다.
→ Widerspruch (이의신청).

Rechtsakt 법적 행위.
Ein Rechtsakt ist ein Vorgang, der auf die Erzeugung einer Rechtsfolge abzielt.
Privatrechtliche Rechtsakte werden meist als Rechtsgeschäft bezeichnet. Gegensatz des Rechtsakts ist der Realakt.
~는 법률효과의 발생을 목표로 하는 행위과정. 사법상 법적 행위는 대개 법률행위라고 한다. ~의 반대개념은 사실행위이다.
→ Rechtshandlung (법률적 행위, 법적 행위).

Rechtsanwalt BRAO 2 변호사.
(1) Der Rechtsanwalt übt einen freien Be-

ruf aus.
(2) Seine Tätigkeit ist kein Gewerbe.
(1) 변호사는 자유직업이다.
(2) 그 활동은 영업이 아니다.

→ Anwaltsgericht (변호사법원).
→ Anwaltsprozess (변호사소송).
→ Anwaltssozietät (변호사합동사무소).
→ Anwaltszwang (변호사강제).
→ Kanzlei (변호사사무소).
→ Rechtsanwaltsgesellschaft (변호사회사).
→ Zustellung von Anwalt zu Anwalt (변호사간 송달).

Rechtsanwaltsgesellschaft BRAO 59c
변호사회사.
(1) Die Firma der Gesellschaft muß den Namen wenigstens eines Gesellschafters, der Rechtsanwalt ist, und die Bezeichnung "Rechtsanwaltsgesellschaft" enthalten.
회사의 상호는 최소한 변호사인 사원의 이름과 "변호사회사"라는 명칭을 포함하여야 한다. → Rechtsanwaltskammer (변호사회).

Rechtsanwaltskammer BRAO 60
(지방) 변호사회.
변호사회는 변호사자치를 목적으로 법률에서 위임된 행정적 임무를 수행하는 공법인이다.
(1) Die Rechtsanwaltskammer ist für den Bezirk des Oberlandesgerichts gebildet.
Mitglieder sind die Rechtsanwälte, die von ihr zugelassen oder aufgenommen worden sind, und Rechtsanwaltsgesellschaften, die im Bezirk des Oberlandesgerichts ihren Sitz haben.
(지방) 변호사회는 주고등법원의 관할내에서 구성된다. 변호사회의 구성원은 인가를 받은 변호사와 주고등법원의 관할에 그 주소를 가진 변호사회사이다.
변호사와 변호사회사의 지방변호사회의 가입은 강제된다(Zwangsmitgliedschaft).
→ Rechtsanwaltsgesellschaft (변호사회사).

Rechtsanwaltsvergütungsgesetz (Gesetz über die Vergütung der Rechtsanwältinnen und Rechtsanwälte) RVG 1 변호사

보수법(2004.5.5) (BGBl. I S. 718, 788).
Die Vergütung (Gebühren und Auslagen) für anwaltliche Tätigkeiten der Rechtsanwältinnen und Rechtsanwälte bemisst sich nach diesem Gesetz.
변호사의 변호활동에 대한 보수는 본법에 따라 정한다.

Rechtsaufsicht GemO BW 118, 119
법적 감독(법규감독).
(1) Die Aufsicht in weisungsfreien Angelegenheiten beschränkt sich darauf, die Gesetzmäßigkeit der Verwaltung sicherzustellen, soweit gesetzlich nichts anderes bestimmt ist (Rechtsaufsicht). (118)
지시로부터 자유로운 사무에 대한 감독은 법률에서 달리 정함이 없는 한. 행정의 법률적합성의 보장에 한정된다(법적 감독).
Rechtsaufsichtsbehörde ist das Landratsamt als untere Verwaltungsbehörde, für Stadtkreise und Große Kreisstädte das Regierungspräsidium. Obere Rechtsaufsichtsbehörde ist für alle Gemeinden das Regierungspräsidium. Oberste Rechtsaufsichtsbehörde ist das Innenministerium. (119)
법적 감독관청은 하부행정관청으로서 권역행정청(군청)이, 시권역과 대권역시의 경우에는 광역행정청이 된다. 상부의 법적 감독관청은 모든 (기초)자치단체의 광역행정청이 된다. 최상급 법적 감독관청은 내무장관이 된다.

Rechtsbehelf 법률상의 구제(수단).
관청의 결정이나 재판소의 재판을 다투는 절차상의 방법으로 동일심급의 구제수단을 포함한다(→ Rechtsmittel). 실체법상 인정되는 구제수단을 포함하는 경우도 있다.
(Widerstand gegen Vollstreckungsbeamte : 공무집행공무원에 대한 저항죄 StGB 113)
(4) Konnte der Täter den Irrtum nicht vermeiden und war ihm nach den ihm bekannten Umständen auch nicht zuzumuten, sich mit Rechtsbehelfen gegen die vermeintlich rechtswidrige Diensthandlung zu wehren, so ist die Tat nicht nach dieser Vorschrift strafbar.

행위자가 그 착오를 회피할 수 없었고 그가 인식한 정황에 비추어 법률상 구제수단을 통해 추정상의 위법한 직무행위로부터 보호받을 수 있을 것으로 기대할 수 없는 경우에는 동조에 의하여 처벌할 수 없다.

Rechtsbehelf gegen Verwaltungsakte
VwVfG 79 행정행위에 대한 법률상의 구제.
Für förmliche Rechtsbehelfe gegen Verwaltungsakte gelten die Verwaltungsgerichtsordnung und die zu ihrer Ausführung ergangenen Rechtsvorschriften, soweit nicht durch Gesetz etwas anderes bestimmt ist.
특별한 규정이 없는 한, 행정행위에 대한 공식적인 법률상의 구제로서 행정법원법과 동법의 시행을 위하여 제정된 법규를 적용한다.

Rechtsbeistand StGB 356 법률보조인.
변호사는 아니지만, 법률상담을 행하고 소송에 있어서 소송보조인 또는 대리인이 될 수 있다. 소송보조인 또는 소송대리인으로서는 → Prozeßagent(소송대변인)라고도 한다. 허가권자는 지방법원장 또는 구재판장이다.

Rechtsberatung RBerG 1 법률상담.
(1) Die Besorgung fremder Rechtsangelegenheiten, einschließlich der Rechtsberatung und der Einziehung fremder oder zu Einziehungszwecken abgetretener orderungen, darf geschäftsmäßig – ohne Unterschied zwischen haupt- und nebenberuflicher oder entgeltlicher und unentgeltlicher Tätigkeit – nur von Personen betrieben werden, denen dazu von der zuständigen Behörde die Erlaub- nis erteilt ist.
법률상담 및 타인의 채권의 추심 또는 추심목적의 양도된 채권의 추심을 포함한 타인의 법적 문제의 상담은 그것이 주업, 부업적 활동이든 또는 유상, 무상의 활동이든 관계없이 관할권이 있는 관청에 의하여 허가받은 자들에 의하여서만 상담될 수 있다.
Die Erlaubnis wird jeweils für einen Sachbereich erteilt:

다음의 자에게 각각의 사항별로 허가된다.
1. Rentenberatern,
2. Versicherungsberater,
3. Frachtprüfern,
4. vereidigten Versteigerern,
5. Inkassounternehmern,
6. Rechtskundigen in einem ausländischen Recht.
1. 연금상담사, 2. 운임감정사, 3. 보험상담사, 4. 선서경매사, 5. 채권추심업자, 6. 외국법전문가.

Rechtsberatungsgesetz RBerG 법률상담법 (Bundesgesetzblatt Teil III, Gliederungsnummer 303-12).

Rechtsbeschwerde StVollzG 116 법률항고: 법의 위반을 이유로 하는 항고.
(1) Gegen die gerichtliche Entscheidung der Strafvollstreckungskammer ist die Rechtsrafvschwerde zulässig, wenn es geboten ist, die Nachprüfung zur st,tbildung des Rechtssrafvschr Sicherung einer einheitlichen Rechtsprechung zu ermöglichen.
형집행부의 법원의 재판에 대하여 권리의 보완 또는 판결의 통일성을 보장하기 위한 재검사의 조건이 있는 경우에는 법률항고가 허용된다.

Rechtsbeugung StGB 339 법왜곡죄.
Ein Richter, ein anderer Amtsträger oder ein Schiedsrichter, welcher sich bei der Leitung oder Entscheidung einer Rechtssache zugunsten oder zum Nachteil einer Partei einer Beugung des Rechts schuldig macht, wird mit Freiheitsstrafe von einem Jahr bis zu fünf Jahren bestraft.
소송사건의 지휘나 재판에 있어서 일방 당사자에게 유리 또는 불리하게 법의 왜곡에 책임이 있는 재판관, 기타 공무수행자 또는 중재인은 1년 이상 5년 이하의 자유형에 처한다.

Rechtsetzung durch Verwaltung
GG 80 행정입법.
→ Rechtsverordnung (법규명령).

Rechtsfähigkeit BGB 1 권리능력.
Die Rechtsfähigkeit des Menschen beginnt
mit der Vollendung der Geburt.
사람의 권리능력은 출생의 완료로써 개시된다.

Rechtsfahren StVO 2(2) 우측통행.
(2) Es ist möglichst weit rechts zu
fahren, nicht nur bei Gegenverkehr, beim
Überholtwerden, an Kuppen, in Kurven
oder bei Unübersichtlichkeit.
교차통행시, 추월시, 고갯마루, 커브길, 시야
가 가린 때에는 가능한 한 오른쪽으로 운전
하여야 한다.

Rechtsfindung 법발견 → Topoi (문제장소).

Rechtsfolge 법률효과.
Die Rechtsfolge ist gesetzestechnisch Bestandteil einer Norm und gibt an, was
gilt, wenn der Tatbestand der Norm
erfüllt ist, d.h. wenn ein Sachverhalt die
Tatbestandsmerkmale ausfüllt.
~는 규범의 법기술적 구성부분으로 규범의
구성요건이 실현될 때, 즉 사태가 구성요건
표지를 충족할 때에 그 효력을 정한다.

Rechtsfortbildung (richterliche Rechtsfortbildung) 법형성.
Regelmäßig wird die Rechtsfortbildung
von Gerichten vorgenommen, daher ist der
Begriff der Rechtsfortbildung eng mit dem
des Richterrechts verknüpft.
일반적으로 법형성은 법원에 의하여 기도되
는 바, 이에 동개념은 법관법과 밀접한 관
련을 가지게 된다.

Rechtsfrage BVerfGG 81 법적 문제.
Das Bundesverfassungsgericht entscheidet
nur über die Rechtsfrage.
연방헌법재판소는 법적 문제만을 판단한다.

Rechtsfreier Raum 법으로부터 자유로운
영역.
Es gibt ein Drittes: einen rechtsfreien
Raum, in dem der Gesetzgeber sich einer
Bewertung enthält und das Verhalten des
einzeln seiner persönlichen Gewissens-

entcheidung überläßt. (etwa die Not-
standsindikationen des StGB 218a (a.F.),
Kollision gleichwertiger Handlungspflich-
ten).
입법자가 평가를 보류하고, 개인의 행위를
자신의 개인적 양심결정에 위임한 제3의 영
역(형법 제218a조(구)의 긴급적응, 동가치간
행위의무의 충돌 등).

Rechtsgarantien bei Freiheitsentziehung
GG 104 자유박탈의 경우에 권리보장.
(1) Die Freiheit der Person kann nur auf
Grund eines förmlichen Gesetzes und nur
unter Beachtung der darin vorgeschriebenen Formen beschränkt werden.
신체의 자유는 형식적 법률에 의거해서만
그리고 거기에 규정된 방식에 따라서만 제
한될 수 있다.
(2) Über die Zulässigkeit und Fortdauer
einer Freiheitsentziehung hat nur der
Richter zu entscheiden.
자유박탈의 계속과 허용은 판사만이 결정해
야 한다.
Bei jeder nicht auf richterliche Anordnung
beruhenden Freiheitsentziehung ist unverzüglich eine richterliche Entscheidung herbeizuführen.
판사의 지시에 의하지 않은 모든 자유박탈
은 지체없이 판사의 결정을 받아야 한다.

Rechtsgeschäft StGB 266 법률행위.
→ Untreu (배임죄).
법률, 관청의 위임, ~ 또는 신임관계(Treue-
verhältnis)에 의한 타인의 이익을 옹호할 의
무 → Gute Sitte (선량한 풍속).

Rechtshandlung (juristische Handlung)
법적 행위 (법률적 행위).
* Jedes erlaubte rechtswirksame Handeln,
an das sich Rechtsfolgen knüpfen. Unter ~
im engeren Sinne werden nur Handlungen
verstanden, bei denen der rechtliche Erfolg
ohne Rücksicht auf den erklärten Willen
eintritt; man unterscheidet (rechts-) geschäftsähnliche eund reine Tathandlungen.
법률효과로 연결되는 모든 허용된 법적 효
과를 가지는 행위. 협의로는 표현된 의사와

는 관계없이 법적 효과가 발생하는 행위로
준법률행위와 순수한 사실행위를 말한다.
(3) Die Absätze 1 und 2 sind auch dann
anzuwenden, wenn die Rechtshandlung,
welche die Vertretungsbefugnis oder das
Auftragsverhältnis begründen sollte, unwirksam ist. (StGB 14)
제14조(타인을 위한 행위) 제1항 및 제2항
은 대리권 또는 위임관계에 기초하여 이루
어진 법적 행위가 무효로 된 경우에도 적용
된다.
→ Rechtsakt (법적 행위).

**Rechtshandlung gegenüber dem bishe-
rigen Gläubiger** BGB 407 양도인에 대
한 법적 행위.
(1) Der neue Gläubiger muss eine Leistung, die der Schuldner nach der Abtretung an den bisherigen Gläubiger bewirkt,
sowie jedes Rechtsgeschäft, das nach der
Abtretung zwischen dem Schuldner und
dem bisherigen Gläubiger in Ansehung
der Forderung vorgenommen wird, gegen
sich gelten lassen, es sei denn, dass der
Schuldner die Abtretung bei der Leistung
oder der Vornahme des Rechtsgeschäfts
kennt.
양수인(신채권자)은 채무자가 양도 후에 양
도인(종전의 채권자)에 대하여 행한 급부
및 양도 후에 채무자와 양도인과의 사이에
그 채권의 형태로 행한 모든 법률행위를 자
기에 대하여 효력을 인정하여야 한다. 그러
나 채무자가 급부나 법률행위를 할 당시 양
도를 안 때에는 예외로 한다.

Rechtshängige Sachen
→ Verbindung und Trennung Rechtshängiger Sachen (계속사건의 병합, 분리).

Rechtshängigkeit ZPO 261; GVG 17 소
송계속.
Durch die Erhebung der Klage wird die
Rechtshängigkeit der Streitsache begründet. (ZPO 261)
소송사건의 소송계속은 소의 제기에 의해
발생한다.
Die Zulässigkeit des beschrittenen Rechts-

weges wird durch eine nach Rechtshängigkeit eintretende Veränderung der sie
begründenden Umstände nicht berührt.
(GVG 17)
소송계속은 그 이후에 나타난 근거상황의
변경에 의하여 영향을 받지 아니한다.
→ Rechtshängige Sachen (계속사건).

Rechtshilfe GVG 156 사법공조; 법률원조.
Die Gerichte haben sich in bürgerlichen
Rechtsstreitigkeiten und in Strafsachen
Rechtshilfe zu leisten.
법원은 민사쟁송과 형사사건에서 사법공조
를 행하여야 한다.
국가내적인 사법공조는 예를 들어 주거지의
증인신문과 같이 다른 법원을 통하여 개별
적으로 행하여지는 법률상의 원조행위이다.
모든 법원은 그 관할에서 사법공조를 할 의
무가 있다.
국가간의 사법공조는 외국관청(특히 법원과
영사관)에 의해 협정 또는 그 없이도 이루
어진다. 예를 들어 형사사건에 대한 인도계
약과 형사사법공조법(z.B. IRG)등이 바로
그것이다. 수탁은 대개 외교적인 방법에 의
하여 이루어진다.
→ Gerichtshilfe (사법보조).
→ Amtshilfe (행정공조).

Rechtshilfeersuchen ZRHO 5 Nr.3
사법공조촉탁.
Sie sind auf Vornahme einer Beweisaufnahme oder einer anderen gerichtlichen
Handlung gerichtet, z. B. Vernehmung
von Zeugen, Sachverständigen oder
Parteien, Einnahme eines Augenscheins,
Aufnahme eines Urkundenbeweises oder
Prüfung von Urkunden, Abnahme von
Eiden, Vornahme eines Sühneversuchs.
~은 증거조사 기타 법원의 행위를 하기 위
한 목적을 갖는다. 예컨대 증인, 감정인, 당
사자의 신문, 검증의 채용, 서증의 채용, 문
서의 조사, 선서의 시행, 화해의 시도 등.

Rechtshilfeordnung für Zivilsachen
ZRHO 1 민사사법공조규칙.
Die Rechtshilfeordnung für Zivilsachen
(ZRHO) enthält die allgemeinen Richt-

linien für den Rechtshilfeverkehr der deutschen Justizbehörden mit dem Ausland im Bereich der Verfahrensgegenstände des Zivil- oder Handelsrechts, wobei es unerheblich ist, ob es sich um Angelegenheiten der streitigen oder freiwilligen Gerichtsbarkeit handelt (bürgerliche Rechtsangelegenheiten).
민사에 관한 사법공조규칙(ZRHO)은 소송사건 또는 비송사건의 여부에 불문하고 민사 및 상사법의 절차적 대상의 영역에서(민사법적 사안) 독일의 사법관청과 외국간의 사법공조거래에 관한 일반적 지침을 그 내용으로 한다.

Rechtsinformatik 법전산학.
Die Rechtsinformatik befasst sich als interdisziplinäre wissenschaftliche Disziplin mit den Querbezügen von Rechtswissenschaft, Rechtsanwendung und Informatik.
~은 법학, 법적용, 정보학의 횡적 관계를 가진 학제간, 학문적 부문이다.

Rechtskraft OWiG 84(2) 확정력.
(2) Das rechtskräftige Urteil über die Tat als Ordnungswidrigkeit steht auch ihrer Verfolgung als Straftat entgegen.
질서위반행위로서 그 행위에 대하여 확정력을 가지는 판결은 그 행위에 대한 범죄행위로서의 소추도 방해한다.

Rechtskraft durch Beschluß StPO 34a
결정의 확정력. (Eintritt der Rechtskraft der angefochtenen Entscheidung).
Führt nach rechtzeitiger Einlegung eines Rechtsmittels ein Beschluß unmittelbar die Rechtskraft der angefochtenen Entscheidung herbei, so gilt die Rechtskraft als mit Ablauf des Tages der Beschlußfassung eingetreten.
적시에 상소제기된 이후 결정이 불복신청된 재판의 확정력을 직접 발생시키는 경우 확정력은 그 결정일의 경과와 함께 발생한다.

Rechtskreistheorie StPO 53 권리영역이론 (증인의 권리영역 내부에서만 증언거부).
Die Rechtskreistheorie ist ein rechts-

wissenschaftlicher Maßstab im Strafverfahrensrecht. Er besagt, dass ein Angeklagter eine Revision wegen Verletzung von Verfahrensvorschriften nur auf solche Verfahrensvorschriften stützen kann, deren Schutzzweck seinen Rechtsinteressen dient
~은 형사절차법상의 학문적 기준으로 ~에 의하면 피고인이 절차규정의 침해로 인한 상고를 그 보호목적이 법적 이익에 기여하는 절차규정하에서만 주장할 수 있다.

Rechtskundiger Richter PatG 65(2) 법률판사. → Technischer Richter (기술판사).

Rechtsmangel BGB 435 권리하자.
Die Sache ist frei von Rechtsmängeln, wenn Dritte in Bezug auf die Sache keine oder nur die im Kaufvertrag übernommenen Rechte gegen den Käufer geltend machen können.
제3자가 물건에 관련하여 매수인에게 권리를 전혀 주장할 수 없거나 매매계약에서 인수된 권리만을 행사할 수 있는 경우에는 물건에 권리하자가 없다.

Rechtsmedizin
→ Forensische Medizin (법의학).

Rechtsmißbrauch 권리남용.
Die Ausübung eines subjektiven Rechts ist mißbräuchlich, wenn sie zwar formell dem Gesetz entspricht, die Geltendmachung jedoch wegen der besonderen Umstände des Einzelfalls treuwidrig ist. Besondere Fälle des Rechtsmißbrauch sind das Schikaneverbot.
~는 주관적 권리의 행사가 형식적으로는 법률에 상응하지만 개별사례의 특수한 사정으로 인하여 신뢰에 반하는 주장을 하는 경우를 말한다. 권리남용의 특수한 경우가 시카네금지이다.

Rechtsmittel 상소 (상급심을 통한 구제의 법적 수단); 재판상의 방법(VwVG 18) → Rechtsbehelf (법률상의 구제수단).
StPO 406a Rechtsmittel des Antragstellers (신청자의 상소)

(1) Gegen den Beschluss, mit dem nach § 406 Abs. 5 Satz 2 von einer Entscheidung über den Antrag abgesehen wird, ist sofortige Beschwerde zulässig, wenn der Antrag vor Beginn der Hauptverhandlung gestellt worden und solange keine den Rechtszug abschließende Entscheidung ergangen ist
법원이 제406조 제5항 제2단에 의하여 (피해자의 배상) 신청에 대한 재판을 하지 아니한 결정에 대하여는 그 신청이 공판전에 행하여지고 심급을 종결하는 재판이 행하여지지 아니하는 한 즉시항고가 허용된다.
StPO 28   Rechtsmittel gegen den Entschluss (기피) 결정에 대한 상소.
Der Beschluß, durch den die Ablehnung für begründet erklärt wird, ist nicth anfechtbar.
기피를 이유 있다고 선고한 결정은 이를 다툴 수 없다.

Rechtsmittel der Staatsanwaltschaft
StPO 301   검사의 상소.
→ Von der Staatsanwaltschaft eingelegte Rechtsmittel (검사가 제기한 상소).

Rechtsmittel des Nebenklägers
StPO 401   공소참가인의 상소.
(1) Der Rechtsmittel kann sich der Nebenkläger unabhängig von der Staatsanwaltschaft bedienen. Geschieht der Anschluß nach ergangenem Urteil zur Einlegung eines Rechtsmittels, so ist dem Nebenkläger das angefochtene Urteil sofort zuzustellen.
공소참가인은 검사로부터 독립하여 상소권을 행사할 수 있다. 공소참가가 판결의 선고후 상소제기를 목적으로 이루어진 경우에는 공소참가인에게 불복된 판결을 즉시 송달하여야 한다.

Rechtsmittel des Privatsklägers
StPO 390   사인기소인의 상소 (Dem Privatkläger zustehende Rechtsmittel)
(1) Dem Privatkläger stehen die Rechtsmittel zu, die in dem Verfahren auf erhobene öffentliche Klage der Staatsan-

waltschaft zustehen.
공소제기의 절차에서 검사에게 속한 상소권은 사인기소인에게 있다.

Rechtsmittel gegen die Beschlüsse
StPO 210   결정에 대한 상소.
Der Beschluß, durch den das Hauptverfahren eröffnet worden ist, kann von dem Angeklagten nicht angefochten werden.
피고인은 공판절차를 개시한 결정에 대하여 불복할 수 없다.

Rechtsmittelbelehrung   StPO 35a   상소의 교시.
Bei der Bekanntmachung einer Entscheidung, die durch ein befristetes Rechtsmittel angefochten werden kann, ist der Betroffene über die Möglichkeiten der Anfechtung und die dafür vorgeschriebenen Fristen und Formen zu belehren.
기한부의 상소로서 다툴 수 있는 재판을 고지할 때에는 당사자에게 불복의 방법과 그 기간 및 형식에 관하여 교시하여야 한다.

Rechtsmittelberechtigte   StPO 296
상소권자.
(1) Die zulässigen Rechtsmittel gegen gerichtliche Entscheidungen stehen sowohl der Staatsanwaltschaft als dem Beschuldigten zu.
법원의 재판에 대한 적법한 상소는 검사와 피의자에게 있다.

Rechtsmitteleinlegung durch verhafteten Beschuldigten   StPO 299   구금중인 피의자의 상소제기.
(1) Der nicht auf freiem Fuß befindliche Beschuldigte kann die Erklärungen, die sich auf Rechtsmittel beziehen, zu Protokoll der Geschäftsstelle des Amtsgerichts geben, in dessen Bezirk die Anstalt liegt, wo er auf behördliche Anordnung verwahrt wird.
신체구속중인 피의자는 당해 관청의 명령에 의하여 구금된 시설을 관할하는 구법원의 사무국의 조서에 (상소의) 의사표시를 할 수 있다.

Rechtsmittelverfahren StPO 437 상소절차(~ 에서의 심사) (몰수참가인에 대한 몰수의 심사)(Prüfungsumfang im Rechtsmittelverfahren).
(1) Im Rechtsmittelverfahren erstreckt sich die Prüfung, ob die Einziehung dem Einziehungsbeteiligten gegenüber gerechtfertigt ist, auf den Schuldspruch des angefochtenen Urteils nur, wenn der Einziehungsbeteiligte insoweit Einwendungen vorbringt und im vorausgegangenen Verfahren ohne sein Verschulden zum Schuldspruch nicht gehört worden ist.
상소절차에서 몰수가 몰수참가인에게 정당한지의 여부에 대한 심사는 몰수참가인이 이의를 제기한 경우와 전심절차에서 그의 과실없이 진술할 기회를 부여받지 못한 경우에만 원심판결의 유죄선고에 미친다.

Rechtsnachfolge von Todes wegen EGBGB 25 사망에 의한 권리승계.
Die Rechtsnachfolge von Todes wegen unterliegt dem Recht des Staates, dem der Erblasser im Zeitpunkt seines Todes angehörte.
사망에 의한 권리승계는 피상속인이 사망당시 속하고 있었던 국가의 법에 따른다.

Rechtsnorm 법규(법규범).
Eine rechtliche Sollensanforderung, die grundsätzlich an jeden gerichtet ist (auch als Rechtssatz bezeichnet). Sie besteht im Prinzip aus Tatbestand und Rechtsfolge.
원칙적으로 모든 사람에 대하여 요구되는 법적 당위(법규의 다른 표현)로서 요건사실과 법적 효과의 원리로 구성된다.
→ Rechtssatz (법규).

Rechtsnormen zugunsten des Angeklagten StPO 339 피고인을 위한 법규.
Die Verletzung von Rechtsnormen, die lediglich zugunsten des Angeklagten gegeben sind, kann von der Staatsanwaltschaft nicht zu dem Zweck geltend gemacht werden, um eine Aufhebung des Urteils zum Nachteil des Angeklagten herbeizuführen.

오로지 피고인을 위한 규정의 위반이 있을 때 검사는 판결을 파기할 목적으로 피고인에게 불리하게 이를 주장할 수 없다.

Rechtsordnung 법질서.
Recht im objektiven Sinne ist die Rechtsordnung, d.h. die Gesamtheit der Rechtsvorschriften, durch die das Verhältnis einer Gruppe von Menschen zueinander oder zu den übergeordneten Hoheitsträgern oder zwischen diesen geregelt ist.
객관적 의미의 법은 법질서 즉, 인간집단의 관계가 상호간 또는 상위의 고권수행자에게 또는 이들 사이에서 규율되는 법규정의 총체이다.

Rechtspfleger RPflG 9, 22 사법보좌관 (법무관).
Der Rechtspfleger ist sachlich unabhängig und nur an Recht und Gesetz gebunden.
사법보좌관은 독립적이며 단지 법과 법률에만 구속된다.
Von den gerichtlichen Geschäften in Straf- und Bußgeldverfahren werden dem Rechtspfleger übertragen.
사법보좌관은 형사절차와 질서위반금절차에서 법원의 업무로부터 그에게 위임된 업무를 행한다.

Rechtspflegergesetz RPflG 1 사법보좌관법 (1969.11.5) (BGBl. I S. 2065).
Der Rechtspfleger nimmt die ihm durch dieses Gesetz übertragenen Aufgaben der Rechtspflege wahr.
~은 본법에 의하여 부여된 사법보좌관의 임무를 수행한다.

Rechtsprechende Gewalt GG 92 사법권.
Die rechtsprechende Gewalt ist den Richtern anvertraut; sie wird durch das Bundesverfassungsgericht, durch die in diesem Grundgesetze vorgesehenen Bundesgerichte und durch die Gerichte der Länder ausgeübt.
사법권은 재판관에게 맡긴다. 사법권은 연방헌법재판소, 기본법에 규정된 연방법원 및 주의 법원에 의해 행사된다.

Rechtsprechung 사법; Judikative (사법부).
→ Gesetzgebung (입법); Legislative (입법부); → Exekutive (집행부).

Rechtsquelle 법원(法源).
Die Rechtsquelle bezeichnet nach der modernen Auffassung den ″Erkenntnisgrund für etwas als Recht″.
~은 근대적 관점에 의하면 "법(으로서) 대상에 대한 인식근거"를 말한다.

Rechtsreflex 반사적 이익.
Von einem Rechtsreflex spricht man, wenn dem Bürger durch staatliches Handeln zwar ein tatsächlicher Vorteil entsteht, der Bürger aber keinen rechtlich durchsetzbaren Anspruch auf Erfüllung dieser Staatspflicht hat.
~은 시민에게 국가의 의무이행에 대한 법적 청구권이 없음에도 국가의 행위로부터 사실상의 이익이 발생하는 경우를 말한다.
→ Subjektiv-öffentliches Recht (주관적 공권).

Rechtssache ZPO 511(4); StGB 339
소송사건 (Sache, die gerichtlich verhandelt wird).
→ Rechtsbeugung (법왜곡죄).
→ Zulassungsberufung (항소허가).

Rechtssatz 법규.
Rechtsnorm의 다른 표현으로 특히 실질적 의미의 법률과 행정규칙을 대비하면서 사용된다.
Der Inhalt des Gesetzes ist ein Rechtssatz oder ein Komplex von Rechtssätzen.
법률의 내용은 1개의 법규 또는 법규의 복합체이다.

Rechtssicherheit 법적 안정성.
Rechtssicherheit ist Element des Rechtsstaatsprinzips. Verfassungsrang kommt der Rechtssicherheit mit Art. 20 GG zu.
~은 법치국가원리의 요소이다. ~의 헌법적 순위는 기본법 제20조에 의한다.

Rechtsstaat 법치국가; Rechtsstaatsprinzip (법치주의; 법치국가원칙); rechtsstaat-liche Grundsätze (법치국가적 원칙) GG 16(2);
Grundsätzen des republikanischen, demokratischen und sozialen Rechtsstaates (공화적, 민주적, 사회적 법치국가의 원칙) GG 28(1);
Rechtsstaatsgefährdung
→ 민주적 법치국가의 위태화 Gefährdung des demokratischen Rechtsstaates (§§84-86, 87-90, 90a(3), §90b StGB).

Rechtsstreitkeit 분쟁.
이에 비해 Rechtsstreit(StPO 406)는 소송 (법적 쟁점)으로 볼 수 있다.

Rechtsverordnung 법규명령, 시행령.
(1) Durch Gesetz können die Bundesregierung, ein Bundesminister oder die Landesregierungen ermächtigt werden, Rechtsverordnungen zu erlassen. (GG 80)
연방정부, 연방장관 또는 州정부는 법률에 의해서 법규명령을 발할 권한을 위임받을 수 있다.

Rechtsverordnung Nähres
StVollzG 144(2) 세부시행령.

Rechtsvorgänger GmbHG 22 전(前)권리자.
(1) Wegen des von dem ausgeschlossenen Gesellschafter nicht bezahlten Betrags der Stammeinlage ist der Gesellschaft der letzte und jeder frühere, bei der Gesellschaft angemeldete Rechtsvorgänger des Ausgeschlossenen verhaftet.
실권사원이 납임을 하지 아니한 기본출자의 금액에 관하여 마지막인 각 직전 권리자와 신고된 실권사원의 전권리자는 회사에 책임을 진다.

Rechtsvorschrift 법(법률)규정.
Eine Rechtsnorm ist eine Rechtsvorschrift mit Außenwirkung, wohingegen eine Verwaltungsvorschrift eine Rechtsvorschrift ohne Außenwirkung ist.
법규(법)가 외부적 효과를 가지는 법규정이라는 것과 달리 행정규칙은 외부적 효과를 가지지 않는다.

→ Rechtssatz (법규).

Rechtswahl EGBGB 42 법선택(사후적).
Nach Eintritt des Ereignisses, durch das ein außervertragliches Schuldverhältnis entstanden ist, können die Parteien das Recht wählen, dem es unterliegen soll. Rechte Dritter bleiben unberührt.
비계약적 채무관계를 성립시키는 사안이 발생한 후에 당사자들은 그 준거법을 선택할 수 있다. 이 경우 제3자의 권리는 영향을 받지 않는다.

Rechtsweg GG 19(4); MEPolG 51 재판상의 방법 (권리보호를 위한); 소송, 쟁송, 불복.
Rechtsweg는 재판권에서 법적 보호를 찾을 수 있는 방법이다.
(4) Wird jemand durch die öffentliche Gewalt in seinen Rechten verletzt, so steht ihm der Rechtsweg offen.
Soweit eine andere Zuständigkeit nicht begründet ist, ist der ordentliche Rechtsweg gegeben.
누구든지 공권력에 의하여 그 권리를 침해당한 자에게는 재판상의 방법이 허용된다. 다른 관할의 근거가 없는 한, 통상적인 재판상의 방법(통상법원)이 주어진다.
MEPolG 51 (Rechtsweg)
Für Ansprüche auf Schadensausgleich ist der ordentlicher Rechtsweg, für die Ansprüche auf Erstattung und Ersatz von Aufwendungen nach dn §§ 49 Abs.3 oder 50 der Verwaltungsrechtsweg gegeben
손해보상청구권에 관하여는 통상적인 재판상의 방법으로, 제49조 제3항 또는 제50조에 따른 상환 및 배상청구권에 대하여는 행정재판상의 방법에 의한다.→ Rechtsbehelf.

Rechtswidrige Tat StGB 11(1) Nr.5 위법행위.
5. rechtswidrige Tat: nur eine solche, die den Tatbestand eines Strafgesetzes verwirklicht.
위법행위라 함은 형법상의 구성요건을 실현하는 행위만을 말한다.

Rechtszug (Instanz) StPO 319 심급
(das Gericht des ersten ~es; 제1심 법원).

Reeder HGB 484, 485 선박소유자.
Reeder ist der Eigentümer eines ihm zum Erwerb durch die Seefahrt dienenden Schiffes.
선박소유자라 함은 항해로 의하여 이익을 얻을 목적에 이바지하는 선박의 소유자를 말한다.
Der Reeder ist für den Schaden verantwortlich, den eine Person der Schiffsbesatzung oder ein an Bord tätiger Lotse einem Dritten in Ausführung von Dienstverrichtungen schuldhaft zufügt.
선박소유자는 해원의 일원 또는 갑판상의 도선사가 그 직무를 함에 당하여 유책하게 제삼자에 가한 손해에 대하여 책임을 진다.

Reederei HGB 489 선박공유.
(1) Wird von mehreren Personen ein ihnen gemeinschaftlich zustehendes Schiff zum Erwerb durch die Seefahrt für gemeinschaftliche Rechnung verwendet, so besteht eine Reederei.
수인이 그 공유에 속하는 선박을 공동의 계산에서 항해에 의하여 이익을 얻을 목적으로 이용할 때에는 선박공유가 발생된다.

Referendar StPO 139; GVG 10 사법관시보.
Der als Verteidiger gewählte Rechtsanwalt kann die Verteidigung einem Rechtskundigen übertragen.
변호인으로 선임된 변호사는 제1차 사법시험에 합격하고, 1년 3개월 이상 사법실무에 종사한 사법관시보에게 변호를 위임할 수 있다.
Unter Aufsicht des Richters können Referendare Rechtshilfeersuchen erledigen und außer in Strafsachen Verfahrensbeteiligte anhören, Beweise erheben und die mündliche Verhandlung leiten. Referendare sind nicht befugt, eine Beeidigung anzuordnen oder einen Eid abzunehmen. (GVG 10)
판사의 감독하에 사법관시보는 사법공조의 요청을 처리할 수 있고, 형사사건을 제외하

고 소송당사자의 진술을 들을 수 있으며,
증거를 조사하고 또 구두심리를 지휘할 수
있다. 사법관시보는 선서를 하도록 명하거
나 선서를 들을 수 없다.

Referendarexamen DRiG 5　제1차 국가
시험 (사법관시보시험).　→ Richteramt (판
사직).

Reformatio in peius (Schlechterstellung)
StPO 331, 358(2)　불이익변경의 금지
(Verbot der ～).
(2) Das angefochtene Urteil darf in Art
und Höhe der Rechtsfolgen der Tat nicht
zum Nachteil des Angeklagten geändert
werden, wenn lediglich der Angeklagte, zu
seinen Gunsten die Staatsanwaltschaft
oder sein gesetzlicher Vertreter Revision
eingelegt hat.
불복이 제기된 판결은 피고인만이 또는 피
고인의 이익을 위하여 검사나 피고인의 법
정대리인이 상고를 제기한 경우에는 행위의
법적 효과의 종류와 크기에 있어서 피고인
에게 불리하게 변경할 수 없다.

Regelbeispiel　규정예시형식 (특히 중한 사
례의 예시형식).　→ Kasuistische Regelung (개별규제형식).

Regelmäßige Verjährungsfrist
BGB 195　일반(보통)소멸시효.
Die regelmäßige Verjährungsfrist beträgt
dreißig Jahre.
일반(보통의)소멸시효기간은 30년으로 한다.

Regierungsakt　통치행위.
Gerichtsfreier Hoheitsakt.
법원의 판단대상이 되지 않는 고권행위.

Regierungsbezirk　행정관구(도).
In Deutschland ist ein Regierungsbezirk
der Bezirk einer allgemeinen Landesmit-
telbehorde, in der ressortverschiedene Aufgaben gebündelt werden.
독일에서 ～는 다양한 임무의 관할로 묶여
있는 일반적인 주중급관청의 구역.
* 전체 Bundesländer (연방주)에는 13개의

Flächenland (지역주)와 별개의 독립한 지위
를 가지는 Stadtstaat (도시주)가 있으며, 주
행정단위의 밑으로는 Regierungsbezirk (행
정관구; 도), Kreis (군, 권역), Kreisfreie
Stadt (자치시), Gemeinde (기초자치단체)가
있다.

Region Hannover　(Gesetz über die Region Hannover GRH 1　하노버지역(법).
(1) Aus den Gemeinden des Landkreises
Hannover und der Landeshauptstadt Hannover wird als neuer Gemeindeverband
die Gebietskörperschaft Region Hannover
gebildet. Zugleich werden der Landkreis
Hannover und der Kommunalverband
Großraum Hannover aufgelöst.
하노버 지방군 및 하노버 지방수도의 (기
초)자치단체로부터 새로운 (기초)자치단체
연합으로서 하노버 지역의 지역단체를 이룬
다. 동시에 하노버 지방군 및 광역 하노버
지방자치단체연합은 폐지된다.

Regreßverbot　소급금지.
Lehre vom Regressverbot vertrat, der
Kausalverlauf werde dadurch unterbrochen, dass ein Dritter einen eigenen frei-
verantwortlichen Entschluss zu einer sich
selbst oder Dritte schädigenden Handlung
fasse.
～론에 의하면 제3자가 자기 또는 제3자에
유해한 행위를 자기책임적으로 결의하여 행
한 경우 인과관계는 중단된다.

Rehabilitation　(Rehabilitierung)　재활, 사
회복귀.
Rehabilitation bezeichnet die Bestrebung
oder deren Erfolg, einen Menschen wieder
in einen vormals existierenden körperlichen Zustand beziehungsweise eine soziale oder juristische Position hincinzuver-
setzen.
～은 이전의 신체적 상태로 내지 사회적 또
는 법률적 지위로 복귀시키려는 노력이나
그 결과를 말한다.

Rehabilitationsdienst und -einrichtung
SGB 9 19　재활서비스와 재활시설.

(1) Die Rehabilitationsträger wirken gemeinsam unter Beteiligung der Bundesregierung und der Landesregierungen darauf hin, dass die fachlich und regional erforderlichen Rehabilitationsdienste und -einrichtungen in ausreichender Zahl und Qualität zur Verfügung stehen.
재활기관은 연방정부 및 연방주정부의 참여 하에 전문적, 지역적으로 필요한 재활서비 스와 재활시설이 질적 및 양적으로 충분히 제공될 수 있도록 공동의 노력을 경주한다.

Rehabilitationsträger SGB 9 6 재활기 관. Träger der Leistungen zur Teilhabe (참여급부의 재활기관).

Rehabilitierung StRehaG 1 복권.
(1) Die strafrechtliche Entscheidung eines staatlichen deutschen Gerichts in dem in Artikel 3 des Einigungsvertrages genannten Gebiet (Beitrittsgebiet) aus der Zeit vom 8. Mai 1945 bis zum 2. Oktober 1990 ist auf Antrag für rechtsstaatswidrig zu erklären und aufzuheben (Rehabilitierung), soweit sie mit wesentlichen Grundsätzen einer freiheitlichen rechtsstaatlichen Ordnung unvereinbar ist.
통일조약 제3조에 명기된 가입(편입)지역 (1945.5.8.-1990.10.2)에서 행하여진 독일국가 법원에 의한 형사재판은 자유법치국가질서 의 기본원칙과 일치하지 아니하는 경우 그 재판은 신청에 의하여 법치국가에 반하는 것으로 선고하고 이를 취소한다(복권).

Rehabilitierungsentscheidung
StRehaG 12 복권재판.
(1) Das Gericht entscheidet durch Beschluss. Die Entscheidung ergeht im schriftlichen Verfahren, wenn nicht die Voraussetzungen einer Verkündung nach § 35 Abs.1 der Strafprozessordnung vorliegen.
복권재판은 결정으로 행하여진다. 이 결정은 서면절차로 한다. 단 형사소송법 제35조 제1 항 (Bekanntmachung durch Verkündung)에 의한 선고의 요건이 존재하지 않아야 한다.

Reichstagsbrandverordnung 의회방화령

(비상사태법).
Die Verordnung des Reichspräsidenten zum Schutz von Volk und Staat vom 28. Februar 1933, auch als Reichstagsbrandverordnung bezeichnet, setzte die Bürgerrechte der Weimarer Verfassung außer Kraft.
(제국의회의 방화로 인한) 1933.2.28. 「의회방 화령」 이라고도 하는 「민족 및 국가의 보호 를 위한 제국대통령령」 은 바이마르헌법의 시 민권의 효력을 정지시켰다.
→ Ermächtigungsgesetz (수권법).

Reihenfolge der Vollstreckung
StGB 67 집행의 순서.
(1) Wird die Unterbringung in einer Anstalt nach den §§ 63 und 64 neben einer Freiheitsstrafe angeordnet, so wird die Maßregel vor der Strafe vollzogen.
제63조 및 제64조에 의해 시설수용처분이 자유형에 병과하여 명하여진 경우에는 이 처분은 자유형에 우선하여 집행한다.
→ Vikariierendes System (대체주의).

Reine Tatsachenalternativität StGB 1
순수한 사실적 택일.
적용법규는 확정되어 있으나 행위자가 어느 행위로 인하여 그 법규를 침해하였는지가 불명확한 경우이다.

Reisegepäck LuftVG 47 수하물.
(1) Wird aufgegebenes Reisegepäck, das sich an Bord eines Luftfahrzeugs oder sonst in der Obhut des Luftfrachtführers befindet, zerstört oder beschädigt oder geht es verloren, ist der Luftfrachtführer verpflichtet, den daraus entstehenden Schaden zu ersetzen.
항공운송인은 기내 또는 기타 항공운송인의 보호하에 있는 탁송수하물이 파괴, 손괴, 또 는 분실된 경우에는 그로부터 발생한 손해 를 배상할 책임이 있다.

Reisenkosten StVollzG 75 귀주여비(歸 住旅費)(~를 위한 보조금청구).
Der Anspruch auf Beihilfe zu den Reisenkosten.

Reisepaß PaßG 5 여행여권.
(1) Der Reisepass, der Dienstpass und der Diplomatenpass sind zehn Jahre gültig.
여행여권, 직장여권, 외교관여권의 유효기간은 10년이다.

Reiseveranstalter (여행주최자)
→ Reisevertrag (여행계약).

Reisevertrag BGB 651a 여행계약.
(1) Durch den Reisevertrag wird der Reiseveranstalter verpflichtet, dem Reisenden eine Gesamtheit von Reiseleistungen (Reise) zu erbringen. Der Reisende ist verpflichtet, dem Reiseveranstalter den vereinbarten Reisepreis zu zahlen.
여행계약에 의해 여행주최자는 여행자에게 여행급부(여행)의 일체를 이행할 의무가 있다. 여행자는 여행주최자에게 약정된 여행비용을 지불할 의무가 있다.

Rektaindossament WG 15 배서금지배서.
(2) Er kann untersagen, daß der Wechsel weiter indossiert wird; in diesem Fall haftet er denen nicht, an die der Wechsel weiter indossiert wird.
배서인은 어음이 다시 배서되는 것을 금지할 수 있다. 이 경우에 배서인은 어음을 다시 배서받은 자에 대하여 책임을 지지 않는다.

Relativismus 상대주의.
Relativismus ist eine philosophische Denkrichtung, in der davon ausgegangen wird, dass die Wahrheit von Aussagen stets bedingt ist.
진실은 언명에 대하여 항상 조건적이라는 철학적 사고의 흐름.

Relevanztheorie 중요설 (인과관계).
Kausal ist, was hinreichende Bedeutung hat und nicht hinweg gedacht werden kann, ohne dass der Erfolg entfiele.
인과관계에서 충분한 중요성이 없으면 결과가 탈락한다.

Religionsausübung
→ Störung der Religionsausübung (종교행사방해죄).

Religionsgesellschaft
Die Freiheit der Vereinigung zu Religionsgesellschaften wird gewährleistet (WRV 137 (2)) 종교단체설립의 자유는 보장된다.
→ Beschimpfung von Bekenntnissen, Religionsgesellschaften und Weltanschauungsvereinigungen (신조, 종교단체 및 세계관적 단체의 모독죄).

Religionsunterricht GG 7(3) 종교교육.
(3) Der Religionsunterricht ist in den öffentlichen Schulen mit Ausnahmhen Scbekenntnisfreien Schulen ordentliches Lehrfach.
종교교육은 공립(국·공립)학교에 있어서 신앙자유의 학교를 제외하고는 정상교과이다.

Religiöse Veranstaltung StVollzG 54 종교행사.
Der Gefangene hat das Recht, am Gottesdienst und an anderen religiösen Veranstaltungen seines Bekenntnisses teilzunehmen.
수형자는 예배 및 그의 종파의 기타 종교행사에 참가할 권리가 있다.

Rente SGB 7 72 연금.
(1) Renten an Versicherte werden von dem Tag an gezahlt, der auf den Tag folgt, an dem
1. der Anspruch auf Verletztengeld endet,
2. der Versicherungsfall eingetreten ist, wenn kein Anspruch auf Verletztengeld entstanden ist.
피보험자에게 지급되는 연금은
1. 휴일급여의 수급권이 종결되는 날,
2. 휴업급여의 수급권이 발생하지 않았을 경우 산재가 발생한 날의 익일부터 지급된다. → Geldrente (정기금, 보험금).

Rentenanwartschaft SGB 6 8 연금기대권.
(1) Versichert sind auch Personen,
1. die nachversichert sind oder
2. für die aufgrund eines Versorgungsausgleichs oder eines Rentensplittings

Rentenanwartschaften übertragen oder begründet sind.
1. 추가보험자, 2. 부조조정청구나 연금분할
로 인하여 연금기대권을 이양받거나 연금기
대권이 성립된 자도 피보험자이다.

Rentenschuld BGB 1199 정기토지채무.
(1) Eine Grundschuld kann in der Weise
bestellt werden, daß in regelmäßig wiederkehrenden Terminen eine bestimmte Geldsumme aus dem Grundstück zu zahlen ist.
일정한 금액을 토지로부터 정기적으로 지불
할 토지채무를 설정할 수 있다.
(2) Bei der Bestellung der Rentenschuld
muss der Betrag bestimmt werden, durch
dessen Zahlung die Rentenschuld abgelöst
werden kann. Die Ablösungssumme muss
im Grundbuch angegeben werden.
정기토지채무의 설정에는 그 지급으로 인하
여 정기토지채무를 상각시킬 수 있는 금액
을 정하여야 한다. 상각액은 부동산등기부
에 기재하여야 한다.

Repräsentationsrecht 대습상속권.
Repräsentationsrecht ist das Recht eines
Descendenten, die Stelle seines Ascen-
denten einzunehmen und dessen Erbtheil
zu erlangen, wenn dieser vor dem
Erblasser gestorben ist.
~은 존속이 피상속인보다 먼저 사망한 경
우 존속의 자리를 대신하여 그 상속분을 취
득하는 비속의 권리를 말한다.

Repräsentative Demokratie 대의민주제;
간접민주제 (Mittelbare Demokratie).
In der Repräsentativen Demokratie werden
politische Sachentscheidungen im Gegensatz zur direkten Demokratie nicht durch
das Volk selbst, sondern ausschließlich
durch Volksvertreter getroffen.
대의민주제에서는 정치적 사안결정이 직접
민주제와는 달리 국민자신에 의하는 것이
아니라 전적으로 국민대표자에 의하여 이루
어진다.

Res extra commercium (Sachen außerhalb des Privatrechtsverkehrs) 불융통물.

Res in transitu (Sache auf der Durchreise) 이동중인 물건.

Res inter alios acta (Dinge getan zwischen Anderen) 타인간의 일.
~ aliis nec nocet nec prodest (~에 대하여
는 우리를 해하지도 이롭게 하지도 아니한
다).

Res judicata (Abgeurteilte Sache; rechtskräftiges Urteil) 기판력 → Strafklageverbrauch (형사소(刑事訴)의 확정).

Res mancipi 수중물(手中物), 장악(악취)
물.
Gegenstand der mancipatio können nur
bestimmte Gegenstände, die sogenannten
res mancipi sein.
장악행위의 대상은 이른바 수중물인 특정한
대상만이 가능하다.
↔ (res nec mancipi) (비수중물).

Reservatio mentalis
→ Geheimer Vorbehalt (심리유보).

Resolutivbedingung
→ auflösende Bedingung (해제조건).

Resozialisierung 재사회화.
Definition Mit dem Begriff Resozialisierung werden die Bemühungen, einen
Straftäter zu bessern und ihn wieder in
die Gesellschaft einzugliedern, bezeichnet.
Resozialisierung ist das Ziel des Strafvollzugs.
~는 범죄자를 개선하고 사회복귀하려는 노
력. ~는 행형의 목적이다. → Vollzugsziel
(행형목적).

Restitutio in integrum 원상회복, 이전상
태에로 복귀. → Wiedereinsetzung in den
vorherigen Stand.

Restitutionsklage ZPO 580 원상회복의소.
Die Restitutionsklage findet statt:
1. wenn der Gegner durch Beeidigung
einer Aussage, auf die das Urteil ge-

gründet ist, sich einer vorsätzlichen oder fahrlässigen Verletzung der Eidespflicht schuldig gemacht hat;
2. wenn eine Urkunde, auf die das Urteil gegründet ist, fälschlich angefertigt oder verfälscht war;
다음 각호의 경우에는 원상회복의 소를 제기할 수 있다.
1. 상대방이 판결의 기초된 진술의 선서에 의하여 고의 또는 과실에 의한 선서의무에 유책하게 위반한 때,
2. 판결의 기초된 문서가 위조 또는 변조된 때.

Restitutionsvereitelungstheorie

StGB 259 추구권설.
Die Restitutionsvereitelungstheorie besagt, dass der Täter einer sachlichen Begünstigung durch seine Hilfeleistung die Wiederherstellung (Restitution) der Rechtsordnung verhindert (vereitelt).
~은 물적 원조(범죄비호)의 행위자가 자신의 조력에 의하여 법질서의 회복(복구)을 방해(무효화)하는 것을 말한다.

Restschuldbefreiung InsO 287 잔여채무면책.

(2) Dem Antrag ist die Erklärung beizufügen, daß der Schuldner seine pfändbaren Forderungen auf Bezüge aus einem Dienstverhältnis oder an deren Stelle tretende laufende Bezüge für die Zeit von sechs Jahren nach der Eröffnung des Insolvenzverfahrens an einen vom Gericht zu bestimmenden Treuhänder abtritt.
(잔여채무면책의) 신청(서)에는 채무자가 도산절차의 종결후 7년의 기간동안 고용관계로 인한 수입 또는 그러한 지위를 대신한 계속적인 수입에 관하여 압류가능한 채권을 법원이 정한 수탁자에게 양도한다는 의사표시가 첨부되어야 한다.

Reugeld BGB 336(2) 해약금.

(2) Die Draufgabe gilt im Zweifel nicht als Reugeld.
계약금은 의심스러운 때에는 해약금으로 보지 아니한다.

Revision StPO 333 상고.

Gegen die Urteile der Strafkammern und der Schwurgerichte sowie gegen die im ersten Rechtszug ergangenen Urteile der Oberlandesgerichte ist Revision zulässig.
형사부 또는 배심법원의 판결 및 주고등법원이 제1심으로 행한 판결에 대하여는 상고할 수 있다.

Revision und Antrag auf Wiedereinsetzung in den vorigen Stand StPO 342

상고와 원상회복신청.
(1) Der Beginn der Frist zur Einlegung der Revision wird dadurch nicht ausgeschlossen, daß gegen ein auf Ausbleiben des Angeklagten ergangenes Urteil eine Wiedereinsetzung in den vorigen Stand nachgesucht werden kann.
피고인의 불출석하에 행하여진 판결에 대하여 원상회복이 청구될 수 있다고 하여 상고기간의 진행이 배제되는 것은 아니다.

Revisionsanträge und ihre Begründung

StPO 345 상고신청서 및 그 이유서.
→ Begründungsfrist (상고이유서 제출기간).

Revisionsbegründung StPO 344 상고이유서.

Der Beschwerdeführer hat die Erklärung abzugeben, inwieweit er das Urteil anfechte und dessen Aufhebung beantrage (Revisionsanträge), und die Anträge zu begründen.
상고인은 판결에 대한 불복과, 파기신청(상고신청)을 설명하고 그 이유를 제시하여야 한다.

Revisionseinlegung StPO 341 상고의 제기 (기간과 방식).

(1) Die Revision muß bei dem Gericht, dessen Urteil angefochten wird, binnen einer Woche nach Verkündung des Urteils zu Protokoll der Geschäftsstelle oder schriftlich eingelegt werden.
상고는 판결의 선고후 1주일 이내에 원심법원에 법원사무국의 조서로 또는 서면으로 제기하여야 한다.

Revisionserstreckung (~ auf Mitange-klagte) StPO 357 상고확장 (공동피고인에게의 ~).
Erfolgt zugunsten eines Angeklagten die Aufhebung des Urteils wegen Gesetzes-verletzung bei Anwendung des Strafge-setzes und erstreckt sich das Urteil, soweit es aufgehoben wird, noch auf andere Angeklagte, die nicht Revision eingelegt haben, so ist zu erkennen, als ob sie gleichfalls Revision eingelegt hätten.
판결의 파기가 한 피고인의 이익을 위하여 형법적용시의 법률위반으로 인하여 이루어지고, 파기된 판결이 상고를 제기하지 아니한 다른 피고인에게도 효력이 미치는 경우에는 다른 피고인들도 상고를 제기하였던 것과 같이 선고하여야 한다.

Revisionsgrund StPO 337 상고이유.
Die Revision kann nur auf darauf gestützt werden, daß das Urteil auf einer Ver-letzung des Gesetzes beruhe.
상고는 판결이 법률에 위반된 경우에 한한다.

Revisionsschrift StPO 347 상고장.
(1) Ist die Revision rechtzeitig eingelegt und sind die Revisionsanträge rechtzeitig und in der vorgeschriebenen Form ange-bracht, so ist die Revisionsschrift dem Gegner des Beschwerdeführers zuzustellen.
상고가 적시에 제기되었고 상고신청서가 적시에 규정된 방식으로 제출된 경우에 상고장은 피상고인에게 송달되어야 한다.

Rezeption 계수 → Glossatoren (주석학파).

Rezidivist (recidivist) 재범.
Person, die nach früheren rechtskräftigen Verurteilung erneut straffällig geworden ist.
이전에 확정력있는 유죄판결을 받은 후 다시 범죄행위를 행한 자. → Rückfall(누범).

RGebStV → Rundfunkgebührenstaatsver-trag (방송수신료국가협약).

Richter StGB 11(1) Nr.3 판사.
판사라 함은 독일법상 직업판사(Berufsrich-ter) 또는 명예직판사(ehrenamtlicher Richter)를 말한다. 예비판사는 견습판사(Ein Richter auf Probe)이다. → Schöffengericht.

Richteramt DRiG 5 판사직.
(Befähigung zum ~ : ~자격).
(1) Die Befähigung zum Richteramt er-wirbt, wer ein rechtswissenschaftliches Studium an einer Universität mit der ersten Prüfung und einen anschließenden Vorbereitungsdienst mit der zweiten Staatsprüfung abschließt; die erste Prü-fung besteht aus einer universitären Schwerpunktbereichsprüfung und einer staatlichen Pflichtfachprüfung.
판사직을 가질 수 있는 자격은 대학에서의 법학교육을 제1차 국가시험(Referendarexa-men)을 통해 마치고, 이어서 예비시보(Re-ferendar)근무를 거쳐 제2차 국가시험(As-sessorexamen)을 통해 마친 자가 가진다.

Richterliche Unabhängigkeit GG 97 법관의 독립.
(1) Die Richter sind unabhängig und nur dem Gesetze unterworfen.
법관은 독립적이며, 법률에만 따른다.
(2) Die hauptamtlich und planmäßig end-gültig angestellten Richter können wider ihren Willen nur kraft richterlicher Ent-scheidung und nur aus Gründen und unter den Formen, welche die Gesetze bestim-men, vor Ablauf ihrer Amtszeit entlassen oder dauernd oder zeitweise ihres Amtes enthoben oder an eine andere Stelle oder in den Ruhestand versetzt werden.
전임적, 계획적 및 종국적으로 임명된 법관은 법관의 재판과 법률이 정하는 이유 및 형식에 의하여서만 임기의 만료전에 그의 의사에 반하여 해직되거나 면직, 정직, 전직 또는 퇴직을 명할 수 있다.

Richterliche Untersuchungshandlung ohne Antrag StPO 165 신청없는 판사의 조사행위 (긴급검찰: Notstaatsanwalt).
Bei Gefahr im Verzug kann der Richter

die erforderlichen Untersuchungshandlungen auch ohne Antrag vornehmen, wenn ein Staatsanwalt nicht erreichbar ist.
판사는 검사가 할 수 없는 경우에 긴급한 경우에는 신청 없이도 필요한 조사행위를 할 수 있다.

Richterrecht 법관법 (재판관법).
→ Rechtsfortbildung (법형성).

Richtervorlage (법관의 제청) → Vorlagebeschluß (제청결정).

Richterwahlausschuß RiWG 1, 2 법관선발위원회.
(1) Die Richter der obersten Gerichtshöfe des Bundes werden von dem zuständigen Bundesminister gemeinsam mit dem Richterwahlausschuß berufen und vom Bundespräsidenten ernannt. (RiWG 1)
연방최고법원의 판사는 그 관할권을 갖는 연방의 장관과 법관선발위원회에 의하여 공동으로 추천하며 연방대통령에 의하여 임명된다.
Der Richterwahlausschuß besteht aus den Mitgliedern kraft Amtes und einer gleichen Zahl von Mitgliedern kraft Wahl. (RiWG 2)
연방노동법원법관선발위원회는 당연직 위원과 선출직 위원이 각각 동수로 구성된다.

Richterwahlgesetz RiWG 법관선발법 (Bundesgesetzblatt Teil III, Gliederungsnummer 301-2).

Richtiges Recht 正法, 정당한 법.
Ein richtiges Recht ist ein besonders geartetes Recht. Es ist positives Recht, also mit bedingtem Inhalte versehen; und es entsteht in geschichtlich bestimmtem Prozesse, im Kreislaufe des sozialen Lebens (R. Stammler, Rechtsphilosophie, 1922, S. 211)
정당한 법은 특별한 종류의 법이다. 그것은 실정법이며 조건부 내용을 갖고 있다. 정당한 법은 역사적으로 특정된 과정에서, 사회적 생활의 순환에서 발생한다.

Richtlinie 96/9/EG des Europäischen Parlaments und des Rates vom 11. März 1996 über den rechtlichen Schutz von Datenbanken
→ Datenbankrichtlinie (데이터베이스지침).

RiWG → Richterwahlgesetz (법관선발법).

Roh mißhandeln → Mißhandlung von Schutzbefohlenen (피보호자학대죄).

Roheitsdelikt 조폭범(粗暴犯).
폭력의 행사를 수반하는 범죄는 폭력범으로서 강도, 폭행, 상해 등이 이에 해당한다. 여기서 폭력이라는 것은 폭행 또는 상해와 그 위력을 포함하는 말이다. 다만 폭력행사의 원인이 일시적인 흥분 또는 반사적 충동에 불과한 경우가 조폭범이다. 조폭범은 폭력범 가운데 흉악범을 제외한 개념이 된다.

Rosenbergische Formel
→ Beweisführungslast (증거제출책임).

Roten Kreuzes oder Schweizer Wappens
→ Benutzen des ~ (적십자 또는 스위스 문장사용죄).

RPflG → Rechtspflegergesetz (사법보좌관법).

RStV → Rundfunkstaatsvertrag (방송국가협약).

Rubrum (Urteilskopf)(lat., Rotes) StPO 275(3) 판결문 서두.
과거에는 붉은 글씨로 당사자, 소송대리인 등이 적혀 있었다.
→ Sitzung (개정).

Rückfall 누범 StGB 48 (a.F.)
; Rückfälligkeit 누범관계; Rückfallkriminalität 누범범죄: 다중범죄의 형사정책적인 응용사례.
(1) Begeht jemand, nachdem er
1. schon mindestens zweimal in räumlichen Geltungsbereich dieses Gesetzes wegen einer vorsätzlichen Straftat zu

Strafe verurteilt worden ist und
2. wegen einer oder mehrerer dieser Taten für die Zeit von mindestens drei Monaten Freiheitsstrafe verbüßt hat, eine vorsätzliche Straftat und ist ihm im Hinblick auf Art und Umstände der Straftaten vorzuwerfen, daß er sich die früheren Verurteilungen nicht hat zur Warnung dienen lassen, so ist die Mindeststrafe Freiheitsstrafe von sechs Monaten, wenn die Tat nicht ohnehin mit einer höheren Mindeststrafe bedroht ist. Das Höchstmaß der angedrohten Freiheitsstrafe bleibt unberührt.
행위자가
1. 본법의 지역적 적용범위에서 고의적 범죄행위로 인하여 적어도 2회 이상 형의 선고를 받고,
2. 하나 또는 수개의 행위로 최소 3개월의 기간동안 자유형을 복역한 후, 고의적 범죄행위를 행하고 또한 범죄행위의 종류 및 상황을 고려하여 볼 때 행위자에게 이전의 유죄판결을 경고로 삼지 아니하였다고 비난할 수 있는 경우에는 그 행위에 보다 높은 최소형이 규정되어 있지 아니한 때에는 그 최소형은 6개월이다. 자유형의 최고한도는 이에 영향을 받지 아니한다.

Rückgabe BGB 697 반환.
Die Rückgabe der hinterlegten Sache hat an dem Ort zu erfolgen, an welchem die Sache aufzubewahren war.
수취물의 반환은 물건을 보관하였던 장소에서 하여야 한다.

Rückgabe von Gegenständen an Verletzte
StPO 111k 피해자에 대한 (압수, 보존된) 동산의 환부.
Wird eine bewegliche Sache, die nach § 94 beschlagnahmt oder sonst sichergestellt oder nach §111c Abs. 1 beschlagnahmt worden ist, für Zwecke des Strafverfahrens nicht mehr benötigt, so soll sie dem Verletzten, dem sie durch die Straftat entzogen worden ist, herausgegeben werden, wenn er bekannt ist und Ansprüche Dritter nicht entgegenstehen.

제94조에 의하여 압수 기타 보전된, 또는 제111c조 제1항에 의하여 압수된 동산이 형사절차의 목적상 더 이상 필요하지 않다고 인정되는 경우에는 이 동산은 제3자의 권리와 충돌되지 아니하는 한, 범죄행위로 인하여 박탈된 피해자에게 환부해야 한다.

Rückgriff ScheckG 40 소구.
Der Inhaber kann gegen die Indossanten, den Aussteller und die anderen Scheckverpflichteten Rückgriff nehmen, wenn der rechtzeitig vorgelegte Scheck nicht eingelöst und die Verweigerung der Zahlung festgestellt worden ist.
소지인은 적법한 기간내에 제시한 수표에 대하여 지급받지 못하고 그 지급의 거절이 증명된 때에는 배서인, 발행인 기타의 수표채무자에 대하여 소구할 수 있다.

Rückgriff gegen den Verantwortlichen
MEPolG 49 (경찰) 책임자에 대한 구상.
(1) Die nach §49 ausgleichspflichtige Körperschaft kann von den nach den §§ 4 oder 5 Verantwortlichen Ersatz ihrer Aufwendungen verlangen, wenn sie aufgrund des §45 Abs.1 oder Abs.2 einen Ausgleich gewährt hat.
통일경찰법 모범안 제49조에 따라 손해전보의무가 있는 단체가 동법 제45조 제1, 2항에 따른 손해전보가 허용된 경우에는 동법 제4조 또는 제5조에 의하여 경찰책임자에 대하여 그 비용의 배상을 행사할 수 있다.

Rückgriffsanspruch ScheckG 52 소구청구권 (소구권).
(1) Die Rückgriffsansprüche des Inhabers gegen die Indossanten, den Aussteller und die anderen Scheckverpflichteten verjähren in sechs Monaten vom Ablauf der Vorlegungsfrist.
소지인의 배서인, 발행인 및 기타의 수표채무자에 대한 소구청구권은 제시기간 경과로부터 6개월이 경과하면 시효로 소멸한다.

Rückkopplung (Rückkoppelung oder Feedback) 피드백.

Rücklage → Gesetzliche Rücklage (법정준비금).

Rücknahme 취소.
Widerruf (철회)와 구별되나, 입법에서 실제로 명확히 구분되어 규정되어 있지는 않다.
→ Anfectung; Aufhebung.

Rücknahme eines rechtswidrigen Verwaltungsaktes VwVfG 48 위법한 행정행위의 취소.
Ein rechtswidriger Verwaltungsakt kann, auch nachdem er unanfechtbar geworden ist, ganz oder teilweise mit Wirkung für die Zukunft oder für die Vergangenheit zurückgenommen werden.
위법한 행정행위는 불가쟁력이 발생한 후에도 장래를 향한 또는 소급적인 효력으로 그 전부 또는 일부를 취소할 수 있다.

Rücknahmerecht BGB 376 회수권.
(1) Der Schuldner hat das Recht, die hinterlegte Sache zurückzunehmen.
채무자는 공탁물을 회수할 권리가 있다.
(2) Die Rücknahme ist ausgeschlossen wenn der Gläubiger der Hinterlegungsstelle die Annahme erklärt.
채권자가 공탁소에 대하여 수령의 의사표시를 한 때에는 회수는 배제된다.

Rückstellung HGB 249 충당금.
(1) Rückstellungen sind für ungewisse Verbindlichkeiten und für drohende Verluste aus schwebenden Geschäften zu bilden.
미해결의 거래로 인한 불확실한 채무 및 급박한 위험에 대비하기 위하여 충당금을 둔다.

Rücktritt 중지미수, 해제.
① StGB 24 중지미수.
Wegen Versuchs wird nicht bestraft, wer freiwillig die weitere Ausführung der Tat aufgibt oder deren Vollendung verhindert.
Wird die Tat ohne Zutun des Zurücktretenden nicht vollendet, so wird er straflos, wenn er sich freiwillig und ernst bemüht, die Vollendung zu verhindern.

자의로 더 이상의 범죄의 실행을 포기하거나(unbeendeter Versuch) 그 실행의 완성을 방지한(beendeter Versuch) 자는 미수로 벌하지 아니한다.
범행이 중지자의 협력이 없다면 완성되지 않는 경우에 중지자가 자의로 진지하게 그 완성을 방지하려고 노력한 때에는 벌하지 아니한다.
② BGB 349, 346 해제.
Der Rücktritt erfolgt durch Erklärung gegenüber dem anderen Teil. (349)
해제는 상대방에 대한 의사표시로써 행한다. (Wirkungen des Rücktritts: 해제의 효과)
(1) Hat sich eine Vertragspartei vertraglich den Rücktritt vorbehalten oder steht ihr ein gesetzliches Rücktrittsrecht zu, so sind im Falle des Rücktritts die empfangenen Leistungen zurückzugewähren und die gezogenen Nutzungen herauszugeben. (346)
(1) 계약당사자 일방이 계약에 의하여 해제를 유보하거나 또는 그 일방에게 법정해제권이 있는 경우에 해제가 행하여지는 때에는 수령한 급부는 반환하고, 수취한 수익은 인도하여야 한다.

Rücktritt beim beendigten Versuch 실행중지.
Der strafbefreinde Rücktritt vom beendigten Versuch erfordert, der Täter freiwillig die Vollendung der Tat verhindert.
불가벌적 실행중지를 위해서는 행위자가 자의적으로 행위의 완성을 방해할 것이 필요로 한다.

Rücktritt beim unbeendigten Versuch 착수중지.
Der strafbefreinde Rücktritt vom unbeendigten Versuch erfordert, daß der Täter in einem Zeitpunkt, in dem er noch nicht alles zur Vollendung det Tat Erforderliche getan zu haben glaubt, freiwillig die weitere Ausführung det Tat aufgibt.
불가벌적 착수중지를 위해서는 행위자가 아직 행위의 완성을 위하여 요구되는 모든 것을 하였다고 생각하지 않은 시점에 자의적으로 그 이후의 행위의 수행을 포기할 것을

필요로 한다.

Rücktritt vom Versuch der Beteiligung
StGB 31 참여의 중지미수.
(1) Nach § 30 wird nicht bestraft, wer freiwillig
1. den Versuch aufgibt, einen anderen zu einem Verbrechen zu bestimmen, und eine etwa bestehende Gefahr, daß der andere die Tat begeht, abwendet,
2. nachdem er sich zu einem Verbrechen bereit erklärt hatte, sein Vorhaben aufgibt oder,
3. nachdem er ein Verbrechen verabredet oder das Erbieten eines anderen zu einem Verbrechen angenommen hatte, die Tat verhindert.
자의로
1. 타인의 중죄결의에 대한 시도를 포기하고 그 타인의 현존하는 위험을 회피하게 한 자(Anstiftungsversuch),
2. 중죄의사를 미리 표명한 후 그 계획을 포기한 자(Bereitschaftserklärung),
3. 중죄를 약속하거나 중죄에 대한 타인의 제의를 수락한 후 범행을 방지시킨 자는 제30조(참여의 미수)에 따라 벌하지 아니한다.

Rücktrittsrecht (gesetzliche ～)
BGB 323 해제권 (법정～).
(Rücktritt wegen nicht oder nicht vertragsgemäß erbrachter Leistung: 급부의 불이행 또는 계약에 좇지 아니한 이행으로 인한 해제)
(1) Erbringt bei einem gegenseitigen Vertrag der Schuldner eine fällige Leistung nicht oder nicht vertragsgemäß, so kann der Gläubiger, wenn er dem Schuldner erfolglos eine angemessene Frist zur Leistung oder Nacherfüllung bestimmt hat, vom Vertrag zurücktreten.
쌍무계약에서 채무자가 이행기가 도래한 급부를 실행하지 아니하거나 계약에 좇아 실행하지 아니한 경우에 채권자는 채무자에 대하여 급부 또는 추완을 위한 상당한 기간을 설정했으나 (효과없이) 그 기간이 도과된 때에는 계약을 해제할 수 있다.

Rückübertragung von Vermögenswerten VermG 1, 3 재산의 반환.
(1) Dieses Gesetz regelt vermögensrechtliche Ansprüche an Vermögenswerten, die
a) entschädigungslos enteignet und in Volkseigentum überführt wurden;
(1) Vermögenswerte, die den Maßnahmen im Sinne des § 1 unterlagen und in Volkseigentum überführt oder an Dritte veräußert wurden, sind auf Antrag an die Berechtigten zurückzuübertragen, soweit dies nicht nach diesem Gesetz ausgeschlossen ist.
(1) 이 법은 다음 각호의 재산가치에 대한 재산법상의 청구권을 규율한다.
a) 무보상수용으로 인민소유가 된 재산
(1) 제1조의 조치에 따라 인민소유재산이 되거나 또는 제3자에게 양도된 재산은 신청이 있는 경우에 청구권자에게 반환된다. 단 본법에 의하여 (반환이) 배제되지 않아야 한다.

Rückversicherung VVG 209 재보험.
Die Vorschriften dieses Gesetzes sind auf die Rückversicherung und die Versicherung gegen die Gefahren der Seeschifffahrt (Seeversicherung) nicht anzuwenden.
본법(보험계약법)의 규정은 해상보험 및 재보험에 이를 적용하지 아니한다.

Rückverweisung EGBGB 4 반정(反定).
Wird auf das Recht eines anderen Staates verwiesen, so ist auch dessen Internationales Privatrecht anzuwenden, sofern dies nicht dem Sinn der Verweisung widerspricht.
타국의 법이 지정된 때에는 그것이 지정의 의미에 반하지 아니하는 한 타국의 국제사법도 적용된다.
Verweist das Recht des anderen Staates auf deutsches Recht zurück, so sind die deutschen Sachvorschriften anzuwenden.
그 타국의 법이 독일법으로 반정하는 때에는 독일의 실질규정이 적용된다.

Rückwärtsversicherung VVG 2 소급보험.
(1) Der Versicherungsvertrag kann vor-

sehen, dass der Versicherungsschutz vor dem Zeitpunkt des Vertragsschlusses beginnt.
보험은 그 보험보호가 계약체결의 시기 이전에 개시하는 방법으로 규정될 수 있다.

Rückwechsel WG 52 역어음.
(1) Wer zum Rückgriff berechtigt ist, kann mangels eines entgegenstehenden Vermerks den Rückgriff dadurch nehmen, daß er auf einen seiner Vormänner einen neuen Wechsel (Rückwechsel) zieht, der auf Sicht lautet und am Wohnort dieses Vormanns zahlbar ist.
소구권이 있는 자는 어음에 반대문언의 기재가 없으면 그 전자의 1인에 대하여 일람출급으로 그 주소지에서 지급할 새로운 어음(역어음)을 발행함으로써 소구할 수 있다.

Rückwirkung der Genehmigung BGB 184 추인의 소급효.
Die nachträgliche Zustimmung (Genehmigung) wirkt auf den Zeitpunkt der Vornahme des Rechtsgeschäfts zurück, soweit nicht ein anderes bestimmt ist.
사후의 동의(추인)는 다르게 규정하지 아니하는 한 법률행위의 체결시에 소급하여 효력을 발생한다.

Rückwirkungsverbot (ex-post-facto-Verbot; lex praevia) (소급효의 금지).
→ Lex prospicit, non respicit
Strafgesetze dürfen nicht zurückwirken (Rückwirkungsverbot im Strafrecht (nulla poena sine lege)(죄형법정주의)
Rückwirkungsverbot im öffentlichen Recht (auch Steuerrecht - nullum tributum sine lege: 조세법률주의).

Rügen StGB 193 (정당한 이익을 옹호하기 위한 상관의) 질책.

Rügenrecht 책문권.
→ Verfahrensrügen (절차책문).

Ruhen der Verjährung StGB 78b(1), 79a 시효의 정지.

(1) Die Verjährung ruht
1. bis zur Vollendung des achtzehnten Lebensjahres des Opfers bei Straftaten nach den §§ 174 bis 174c und 176 bis 179,
2. solange nach dem Gesetz die Verfolgung nicht begonnen oder nicht fortgesetzt werden kann; dies gilt nicht, wenn die Tat nur deshalb nicht verfolgt werden kann, weil Antrag, Ermächtigung oder Strafverlangen fehlen.
1. 제174~174c조 그리고 제176조~179조(성적 자기결정에 관한 죄; Straftaten gegen die sexuelle Selbstbestimmung)에 의한 범죄행위의 경우에 피해자가 만 18세에 달할 때까지의 기간,
2. 법률에 의하여 형사소추가 개시될 수 없거나 속행될 수 없는 기간은 공소시효의 진행이 정지된다. 다만, 범죄행위가 고소, 수권(고소권위임) 또는 처벌요구의 흠결을 이유로 처벌할 수 없는 때에는 그러하지 아니하다.

Ruhestandsbeamte BBG 6(4) 퇴직공무원.
(4) Das Beamtenverhältnis endet ferner durch Eintritt in den Ruhestand unter Berücksichtigung der die beamtenrechtliche Stellung der Ruhestandsbeamten regelnden Vorschriften.
공무원관계는 그 이외에 퇴직공무원의 공무원법상 지위를 규율하는 규정의 고려하에 퇴직에 의하여 종료된다.

Ruhezeit ArbZG 5 휴식시간.
(1) Die Arbeitnehmer müssen nach Beendigung der täglichen Arbeitszeit eine ununterbrochene Ruhezeit von mindestens elf Stunden haben.
근로자는 일일 근로시간이 종료된 후 적어도 11시간 동안의 계속된 휴식시간을 가져야 한다.

Rundfunk RStV 2 방송.
(1) Rundfunk ist die für die Allgemeinheit bestimmte Veranstaltung und Verbreitung von Darbietungen aller Art in Wort, in Ton und in Bild unter Benutzung elektromagnetischer Schwingungen ohne Ver-

bindungsleitung oder längs oder mittels eines Leiters.
방송이란 중계선 없이 전자진동을 이용하거나 또는 도체의 도움으로 공중을 위하여 단어와 음향, 그리고 영상으로 나타난 모든 표현물의 기획과 전파를 의미한다.

Rundfunkempfangsgerät RGebStV 1
방송수신기.
(1) Rundfunkempfangsgeräte im Sinne dieses Staatsvertrages sind technische Einrichtungen, die zur drahtlosen oder drahtgebundenen, nicht zeitversetzten Hör- oder Sichtbarmachung oder Aufzeichnung von Rundfunkdarbietungen (Hörfunk und Fernsehen) geeignet sind.
본 (방송수신료) 국가협약에서 의미하는 방송수신기는 유선이나 무선으로 시간이 지연됨이 없이 청취 또는 시청가능하게 하거나 또는 방송표현물(라디오와 텔레비전)의 기록에 적합한 기술적 설비를 의미한다.

Rundfunkfreiheit GG 5 방송의 자유.
Die Rundfunkfreiheit ist in Art.5 Abs. 1 S. 2 GG garantiert und schützt alle mit der Rundfunkveranstaltung verbundenen Tätigkeiten.
방송의 자유는 기본법 제5조 제1항 제2문에서 방송시설과 관련된 모든 활동을 보장하고 보호한다.
→ Meinungsfreiheit (표현의 자유).

Rundfunkgebühr RGebStV 2 방송수신료.
(1) Die Rundfunkgebühr besteht aus der Grundgebühr und der Fernsehgebühr. Ihre Höhe wird durch den Rundfunkfinanzierungsstaatsvertrag festgesetzt.
방송수신료는 기본요금과 텔레비전요금으로 구성되어 있다. 방송수신료의 액수는 방송재정국가협약에 의하여 확정된다.

Rundfunkgebührenstaatsvertrag
RGebStV 방송수신료국가협약 (1991.12.16)
(HmbGVBl. S. 425)
→ Rundfunkempfangsgerät (방송수신기).

Rundfunkkommentare → Zeitungsartikel und Rundfunkkommentare (신문기사 및 방송해설).

Rundfunkstaatsvertrag (Staatsvertrag für Rundfunk und Telemedien) RStV 1
방송국가협약 (.2007.12.19. 제10차 개정)
(GBl. 2008, S. 237).
(1) Dieser Staatsvertrag gilt für die Veranstaltung und Verbreitung von Rundfunk in Deutschland in einem dualen Rundfunksystem.
본 방송국가협약은 이원방송체계인 독일의 방송행사와 방송의 전파에 적용된다.

RVG → Rechtsanwaltsvergütungsgesetz (변호사보수법).

Saalverhaftung StPO 268b 법정구속.
Bei der Urteilsfällung ist zugleich von Amts wegen über die Fortdauer der Untersuchungshaft oder einstweiligen Unterbringung zu entscheiden.
판결을 내림과 동시에 직권으로 미결구금의 계속 또는 가수용에 대하여 재판하여야 한다.

Sabotagehandlung StGB 87(2) 태업행위.
(2) Sabotagehandlungen im Sinne des Abs. 1 sind
1. Handlungen, die den Tatbestand der §§ 109e, 305, 306 bis 306c, 307 bis 309, 313, 315, 315b, 316b, 316c Abs. 1 Nr. 2, der §§ 317 oder 318 verwirklichen, und
2. andere Handlungen, durch die der Betrieb eines für die Landesverteidigung, den Schutz der Zivilbevölkerung gegen Kriegsgefahren oder für die Gesamtwirtschaft wichtigen Unternehmens
dadurch verhindert oder gestört wird, daß eine dem Betrieb dienende Sache zerstört, beschädigt, beseitigt, verändert oder unbrauchbar gemacht oder daß die für den Betrieb bestimmte Energie entzogen wird.
형법 제87조 제1항의 태업행위는 다음 각호의 행위를 말한다.
1. 제109조의 e, 제305조, 제306조, 제308조, 제310조의 b 내지 제311조의 a, 제312조, 제313조, 제315조, 제315조의 b, 제316조의 b, 제316조의 c 제1항 제2호, 제317조 또는 제318조의 구성요건을 실현하는 행위
2. 국가방위, 전쟁위험으로부터 일반국민의 보호 또는 전체경제에 중요한 기업의 경영을 통하여, 그 경영에 공하는 물건을 파괴, 손상, 제거, 변경 또는 사용불능하게 하거나 그 경영을 위하여 지정된 에너지를 탈취함으로써 방해 또는 교란하는 기타 행위.

Sabotagehandlungen an Verteidungsmitteln StGB 109e 방위수단에 대한 태업행위죄.
Wer ein Wehrmittel oder eine Einrichtung oder Anlage, die ganz oder vorwiegend der Landesverteidigung oder dem Schutz der Zivilbevölkerung gegen Kriegsgefahren dient, unbefugt zerstört, beschädigt, verändert, unbrauchbar macht oder beseitigt und dadurch die Sicherheit der Bundesrepublik Deutschland, die Schlagkraft der Truppe oder Menschenleben gefährdet, wird mit Freiheitsstrafe von drei Monaten bis zu fünf Jahren bestraft.
국가방위나 전쟁위험으로부터의 국민보호에 제공하는 방위수단, 설비, 시설을 권한 없이 전부 또는 그 주요부분을 파괴, 손상, 변경 또는 사용불능하게 하거나 제거하고, 이로 인하여 독일연방화국의 안전, 군대의 전투력, 인명을 위태화한 자는 3개월 이상 5년 이하의 자유형에 처한다.

Sabotagezweck
→ Agententätigkeit zu Sabotagezwecken (태업목적 첩보활동죄).

Sachbeschädigung StGB 303 손괴죄.
(1) Wer rechtswidrig eine fremde Sache beschädigt oder zerstört, wird mit Freiheitsstrafe bis zu zwei Jahren oder mit Geldstrafe bestraft.
위법하게 타인의 물건을 손괴하거나 파괴한 자는 2년 이하의 자유형 또는 벌금형에 처한다.
손괴미수는 처벌한다(2). 손괴죄는 원칙적으로 친고죄이지만 특별한 공공의 이익이 있을 때에는 직권에 의한 개입이 예외적으로 가능하다(§303c).

Sachbeweis (Sachliches Beweismittel) StPO 250 물적 증거. → Beweismittel.

Sachbezug 현물급여.
Als Sachbezug bezeichnet man im Arbeits-, Sozialversicherungs- und Steuerrecht solche Einnahmen aus dem Arbeitsverhältnis, die nicht in Geld bestehen.

Zu den Einnahmen zählen grundsätzlich alle Güter, die in Geld oder Geldeswert bestehen nach § 8 Absatz 1 EStG. Damit gehört der Wert eines Sachbezugs bei einem Arbeitnehmer zum steuerpflichtigen Arbeitslohn.
노동법, 사회보험법, 조세법에서 ~는 노동관계에서 나오는 비현금인 모든 수입을 말한다. 소득세법 제8조 제1항에 의하여 현금 또는 현금가치의 모든 재화는 원칙적으로 수입으로 본다. 따라서 근로자에게서 현물급여의 가치는 조세의무있는 노임에 속한다.

Sachdarlehensvertrag BGB 607 물건소비대차.
(1) Durch den Sachdarlehensvertrag wird der Darlehensgeber verpflichtet, dem Darlehensnehmer eine vereinbarte vertretbare Sache zu überlassen.
Der Darlehensnehmer ist zur Zahlung eines Darlehensentgelts und bei Fälligkeit zur Rückerstattung von Sachen gleicher Art, Güte und Menge verpflichtet.
(1) 물건소비대차로 인하여 대주는 약정된 대체물을 인도할 의무를 진다.
차주는 차임을 지급하고 만기시에 동종류, 품등 및 수량의 물건으로서 반환할 의무를 부담한다.

Sache 물건, 사건, 본안, 현물.
① BGB 90 물건.
Sachen im Sinne des Gesetzes sind nur körperliche Gegenstände.
이 법(민법)에서 물건은 유체물만을 말한다.
② → Abgabe der Sache (사건의 이송).
③ → Sachentscheidung (본안재판).
④ → Sacheinlage (현물출자).

Sacheinlage AktG 27 현물출자.
Sollen Aktionäre Einlagen machen, die nicht durch Einzahlung des Ausgabebetrags der Aktien zu leisten sind, so müssen in der Satzung festgesetzt werden der Gegenstand der Sacheinlage.
주주가 주식의 발행가액의 납입에 의하지 아니하고 출자를 하는 경우에는 정관에 현물출자의 목적물을 정하여야 한다.

Sachenrecht BGB 854 ff. 물권법, 물권.

Sachentscheidung StPO 309(2) 본안재판 (실체재판). → Prozeßentscheidung (형식재판).
(2) Wird die Beschwerde für begründet erachtet, so erläßt das Beschwerdegericht zugleich die in der Sache erforderliche Entscheidung.
항고가 이유있다고 인정하면 항고법원은 본안(실체)재판을 허용한다.

Sachhaftung AO 76 물상책임(物上責任).
(1) Verbrauchsteuerpflichtige Waren und einfuhr- und ausfuhrabgabenpflichtige Waren dienen ohne Rücksicht auf die Rechte Dritter als Sicherheit für die darauf ruhenden Steuern (Sachhaftung).
소비세과세물품 및 관세과세물품은 제3자의 권리에 관계없이 당해 물품에 근거한 조세에 대한 담보가 된다.

Sachkundige Person → Vernehmung sachkundiger Personen (전문가신문).

Sachleitung → Beanstandungsrecht (이의제기권).

Sachliche Zuständigkeit StPO 1 사물관할.
Die sachliche Zuständigkeit der Gerichte wird durch das Gesetz über die Gerichtsverfassung bestimmt.
법원의 사물관할은 법원조직법으로 정한다.

Sachliches Beweismittel → Sachbeweis (물적증거).

Sachmangel BGB 434 물건하자; 하자담보책임 (Sachmängelhaftung).
(1) Die Sache ist frei von Sachmängeln, wenn sie bei Gefahrübergang die vereinbarte Beschaffenheit hat.
위험이전시에 물건이 합의된 성상을 갖추면 그에는 물건하자가 없다.

Sachübernahmen AktG 27 재산인수.

Soll die Gesellschaft vorhandene oder herzustellende Anlagen oder andere Vermögensgegenstände übernehmen, so müssen in der Satzung festgesetzt werden der Gegenstand der Sachübernahme.
회사가 현존하거나 창설될 시설 기타의 재산을 인수할 때에는 정관에 재산인수의 목적물을 정하여야 한다.

Sachverhalt 사안, 사태.
In der Rechtswissenschaft ist ein Sachverhalt die Gesamtheit aller juristisch relevanten Tatsachen.
법학에서 ~은 법률적으로 중요한 사실의 총체를 말한다.

Sachverständigeneid StPO 79 감정인 선서.
(1) Der Sachverständige kann nach dem Ermessen des Gerichts vereidigt werden.
감정인은 법원의 재량에 의하여 선서하게 할 수 있다.

Sachverständiger 감정인.
→ Gutachtc (감정서).
→ Leitung der Sachverständigentätigkeit (감정인의 활동 지휘).
→ Pflicht des Sachverständigen zur Erstattung des Gutachtens (감정인의 감정실시의무).
→ Recht zur Vorbereitung des Gutachtens (감정준비권).
→ Sachverständigeneid (감정인 선서).
→ Sachverständiger Zeuge (감정증인).
→ Verweigerungsrecht des Sachverständigen (Gutachtenverweigerungsrecht) (감정거부권).
→ Vorbereitung des Gutachtens (감정의 준비).

Sachverständiger Zeuge StPO 85 감정증인. → Vernehmung sachkundiger Personen (전문가신문).

Sachwehr 대물방위 → Verteidigungsnotstand (방어적 긴급피난).

Sachwerttheorie StGB 242 가치설(영득의사의 객체). → 물질설(Substanztheorie).

Salus populi (publica) suprema lex (esto) (Das öffentliche Wohl ist oberstes Gesetz) 국민의 복지가 최고의 법.

Sammelstraftat (Kollektivdelikt) 집합범.
Als rechtliche Handlungseinheit kannte die frühere Rechtsprechung die sog. Sammelstraftat (gewerbsmäßige, gewohnheitsmäßig, geschäftsmäßige Stafttat), zu einer rechtlichen Handlungseinheit zusammengefaßt wurde. Heute wird der Fortsetzungszusammenhang für Sammelstraftaten abgelehnt.
구판례는 집합범(영업범, 상습범, 직업범)에 대하여 법적 행위단일(포괄일죄)을 인정했으나 오늘날 집합범에서 연속성은 부인된다.

Sammelverwahrung DepotG 5 혼장예탁.
(1) Der Verwahrer darf vertretbare Wertpapiere, die zur Sammelverwahrung durch eine Wertpapiersammelbank zugelassen sind, dieser zur Sammelverwahrung anvertrauen, es sei denn, der Hinterleger hat nach § 2 Satz 1 die gesonderte Aufbewahrung der Wertpapiere verlangt.
수탁자는 유가증권혼장은행을 통하여 혼장예탁이 허용된 대체가능한 유가증권을 혼장예탁을 위하여 위탁할 수 있다. 단 위탁자가 제2조 제1문에 의하여 유가증권의 분리보관을 요구하지 않아야 한다.
→ Clearstream International S.A.(클리어스트림社).

Sammelwerk UrhG 4 편집저작물.
(1) Sammlungen von Werken, Daten oder anderen unabhängigen Elementen, die aufgrund der Auswahl oder Anordnung der Elemente eine persönliche geistige Schöpfung sind (Sammelwerke), werden, unbeschadet eines an den einzelnen Elementen gegebenenfalls bestehenden Urheberrechts oder verwandten Schutzrechts, wie selbständige Werke geschützt.
요소들의 선택 또는 배열에 의한 인간의 정

신적인 창작물인 저작물, 데이터 또는 기타
독립적 요소들의 편집물(편집저작물)은 경
우에 따라서는 개별요소에 존재하는 저작권
또는 인접보호권의 손상 없이 독자적인 저
작물로서 보호된다.

Sanierungsgebiet BauGB 142 정비(재
개발)지역.
(1) Die Gemeinde kann ein Gebiet, in dem
eine städtebauliche Sanierungsmaßnahme
durchgeführt werden soll, durch Beschluss
förmlich als Sanierungsgebiet festlegen
(förmlich festgelegtes Sanierungsgebiet).
(기초)자치단체는 도시건설 정비조치가 시
행되어야 할 지역을 결정에 의하여 형식적
정비지역으로 확정할 수 있다.

Satz (S.) 문 (단), Halbsatz (후문, 후단).
erster Halbsatz는 전문(단); zweiter Halbsatz oder Halbsatz 2는 후문(단) (§ 258
Abs. 2 Halbsatz 2: 제258조 제2항 후단).
→ Paragraph (조: §).

Satzung 정관, 헌장, 당헌, 조례.
① BGB 25 정관 → Sollinhalt der Vereinssatzung.
Die Verfassung eines rechtsfähigen Vereins
wird, soweit sie nicht auf den nachfolgenden Vorschriften beruht, durch die
Vereinssatzung bestimmt.
권리능력있는 사단의 조직은 다음의 규정에
의하지 아니하는 한 사단정관으로써 정한다.
② Änderungen der Satzung der UNO 국
제연합헌장의 변경.
③ 당헌 → Satzung und Programm.
④ GemO BW 4 조례.
(1) Die Gemeinden können die weisungsfreien Angelegenheiten durch Satzung regeln, soweit die Gesetze keine Vorschriften enthalten.
(기초)자치단체는 법률이 다른 규정을 두고
있지 아니하는 한, 그 지시에 의하지 않은
임무를 조례로 규율할 수 있다.

Satzung und Programm PartG 6 당헌
과 정강.
(1) Die Partei muß eine schriftliche Satzung

und ein schriftliches Programm haben. Die
Gebietsverbände regeln ihre Angelegenheiten
durch eigene Satzungen,
정당은 성문화된 당헌과 정강을 가져야 한다.
지구당은 그 업무를 당헌에 따라 처리한다.

Schadensausgleich (손해전보).
→ Zum Schadensausgleich verpflichtende
Tatbestände (손해보상(전보)의무의 요건).

Schadensausgleich in Geld SHG 2
금전보상.
(1) Der Träger hat den Schaden in Geld
zu ersetzen. Der Geldersatz entfällt,
wenn die Pflichtverletzung auch bei Beachtung der bei der Ausübung öffentlicher
Gewalt den Umständen nach gebotenen
Sorgfalt nicht hätte vermieden werden
können
공권력주체는 금전으로 손해를 배상하여야
한다. 공권력행사에 있어서 당해 사정하에
요구되는 주의를 다하여도 의무위반이 불
가피하였을 경우에는 금전배상을 하지 아
니한다.

Schadensersatz BGB 249 손해배상.
Wer zum Schadensersatz verpflichtet ist,
hat den Zustand herzustellen, der bestehen
würde, wenn der zum Ersatz verpflichtende Umstand nicht eingetreten wäre.
손해배상의 의무가 있는 자는 배상의무를
발생하게 할 사정이 없었더라면 존재하였을
상태를 회복해야 한다.

**Schadensersatz in Geld nach Fristset-
zung** BGB 250 기간설정후 금전배상.
Der Gläubiger kann dem Ersatzpflichtigen
zur Herstellung eine angemessene Frist
mit der Erklärung bestimmen, dass er die
Herstellung nach dem Ablauf der Frist
ablehne.
채권자는 배상의무자에 대하여 원상회복을
위한 상당한 기간을 설정하고 이 기간의 경
과후에는 원상회복을 거절할 뜻을 표시할
수 있다.

Schadensersatz in Geld ohne Fristset-

zung BGB 251 기간설정없는 금전배상.
(1) Soweit die Herstellung nicht möglich oder zur Entschädigung des Gläubigers nicht genügend ist, hat der Ersatzpflichtige den Gläubiger in Geld zu entschädigen.
원상회복이 불가능하거나 또는 채권자의 배상이 불충분한 범위에서는 배상의무자는 채권자에 대하여 금전으로 배상하여야 한다.

Schadensersatz wegen Pflichtverletzung BGB 280 의무위반으로 인한 손해배상.
(1) Verletzt der Schuldner eine Pflicht aus dem Schuldverhältnis, so kann der Gläubiger Ersatz des hierdurch entstehenden Schadens verlangen. Dies gilt nicht, wenn der Schuldner die Pflichtverletzung nicht zu vertreten hat.
채무자가 채권관계상의 의무를 위반한 경우 채권자는 이로 인하여 발생한 손해를 청구할 수 있다. 채무자가 그 의무위반에 대한 책임이 없는 때에는 그러하지 아니하다.

Schadenswiedergutmachung (손해회복)
→ Auflage der Schadenswiedergutmachung (~을 위한 준수사항).

Schädiger 가해자. ↔ Geschädigter 피해자.

Schändung StGB 179 준강간죄.
→ Sexueller Mißbrauch widerstandsunfähiger Personen (저항불능자에 대한 성적 남용죄).

Schattenprojektion 그림자투사법 (음영투사법).
내적 불만과 자신의 약점을 다른 사람과 대상에 미루는 투사에 의해 자기 자신의 그림자를 타인에게 분리하여 맡기는 것.
→ Sündenbocktheorie (속죄양이론).

Schatz BGB 984 매장물; Schatzfund (매장물발견)
eine Sache, die so lange verborgen gelegen hat, dass der Eigentümer nicht mehr zu ermitteln ist (Schatz).

장기간 매몰되었기 때문에 그 소유자를 알 수 없게 된 물건(매장물).

Schätzklausel StGB 40(3) 사정(일수평가)규정.
(3) Die Einkünfte des Täters, sein Vermögen und andere Grundlagen für die Bemessung eines Tagessatzes können geschätzt werden.
일수의 산정을 위하여 행위자의 수입, 재산, 기타 기초사실 등을 사정할 수 있다.

Scheck ScheckG 1 수표(~의 요건: Bestandteile des ~).
1. die Bezeichnung als Scheck im Text der Urkunde, und zwar in der Sprache, in der sie ausgestellt ist;
2. die unbedingte Anweisung, eine bestimmte Geldsumme zu zahlen;
3. den Namen dessen, der zahlen soll (Bezogener);
4. die Angabe des Zahlungsorts;
5. die Angabe des Tages und des Ortes der Ausstellung;
6. die Unterschrift des Ausstellers.
1. 증권의 본문중에 그 증권이 발행되는 언어로 수표임을 표시하는 문자, 2. 특정금액을 지급할 뜻의 무조건 위탁, 3. 지급인의 명칭, 4. 지급지의 기재 5. 발행일과 발행지의 기재, 6. 발행인의 서명.

Scheck- und Kreditkarten → Mißbrauch von Scheck- und Kreditkarten (수표카드와 신용카드 남용죄).

ScheckG → Scheckgesetz.

Scheckgesetz ScheckG 수표법 (1933.8. 14) (RGBl I 33, 597).

Scheidung (Recht, das maßgebend ist) EGBGB 17 이혼 (준거법).
(1) Die Scheidung unterliegt dem Recht, das im Zeitpunkt des Eintritts der Rechtshängigkeit des Scheidungsantrags für die allgemeinen Wirkungen der Ehe maßgebend ist.

이혼은 이혼신청소송의 계속이 개시된 시점에 있어서의 혼인의 일반적 효력의 준거법에 따른다.

Scheidung (Ehescheidung) **durch Urteil**
BGB 1564 재판상 이혼.
Eine Ehe kann nur durch gerichtliches Urteil auf Antrag eines oder beider Ehegatten geschieden werden. Die Ehe ist mit der Rechtskraft des Urteils aufgelöst.
혼인은 부부의 일방 또는 쌍방의 신청에 의하여 법원의 판결을 통해서만 해소될 수 있다. 혼인은 판결의 확정에 의하여 해소된다.
→ Einverständliche Scheidung (합의이혼).

Scheingeschäft BGB 117; AO 41(2)
가장행위.
(1) Wird eine Willenserklärung, die einem anderen gegenüber abzugeben ist, mit dessen Einverständnis nur zum Schein abgegeben, so ist sie nichtig. (BGB 117)
상대방에 대하여 하여야 하는 의사표시는 상대방의 동의하에 가장을 위하여서만 행하여지는 때에는 이를 무효로 한다.
(2) Scheingeschäfte und Scheinhandlungen sind für die Besteuerung unerheblich.
Wird durch ein Scheingeschäft ein anderes Rechtsgeschäft verdeckt, so ist das verdeckte Rechtsgeschäft für die Besteuerung maßgebend. (AO 41)
가장행위 및 가장거래는 과세에 영향을 미치지 못한다. 가장행위에 의하여 다른 법률행위가 은닉되는 경우는 은닉된 법률행위가 과세의 기준이 된다.

Scheitern der Ehe BGB 1565 파탄주의
(Zerrüttungsprinzip).
(1) Eine Ehe kann geschieden werden, wenn sie gescheitert ist.
Die Ehe ist gescheitert, wenn die Lebensgemeinschaft der Ehegatten nicht mehr besteht und nicht erwartet werden kann, dass die Ehegatten sie wiederherstellen.
혼인이 파탄된 때에는 이혼할 수 있다.
부부의 공동생활이 더 이상 존속할 수 없어 공동생활의 회복을 기대할 수 없을 때에는 혼인은 파탄된 것으로 본다.

(2) Leben die Ehegatten noch nicht ein Jahr getrennt, so kann die Ehe nur geschieden werden, wenn die Fortsetzung der Ehe für den Antragsteller aus Gründen, die in der Person des anderen Ehegatten liegen, eine unzumutbare Härte darstellen würde.
(2) 부부의 별거가 1년 미만일 때에는 혼인을 계속하는 것이 타방 당사자의 신상에 존재하는 이유로 인하여 신청인에게 수인한도 이상으로 가혹한 경우에 한하여 이혼할 수 있다.
→ Vermutung für das Scheitern (파탄의 추정).

Schengener Abkommen (Schengener Übereinkommen) 솅겐조약.
Im Übereinkommen von Schengen, besser bekannt als Schengener Abkommen, vereinbarten fünf europäische Staaten, auf Kontrollen des Personenverkehrs an ihren gemeinsamen Grenzen zu verzichten. Das Abkommen ist nach dem luxemburgischen Moselort Schengen benannt, wo es 1985 unterzeichnet wurde
솅겐조약은 5개의 유럽국에 의하여 체결된, 그들의 공동국경에서 인적 통행에 대한 통제를 포기하는 조약. 이 조약의 명칭은 룩셈부르그의 모젤강에 있는 솅겐의 이름을 따온 것으로 1985년 서명되었다.

Schenkung BGB 516 증여.
Eine Zuwendung, durch die jemand aus seinem Vermögen einen anderen bereichert, ist Schenkung, wenn beide Teile darüber einig sind, dass die Zuwendung unentgeltlich erfolgt.
자기의 재산으로 타인에게 이득을 주는 출연을 무상으로 할 것을 양 당사자가 합의한 때에는 이를 증여로 한다.

Scherzgeschäft (희언행위) → Mangel der Ernstlichkeit (진지성의 결여).

Schichtarbeit (교대근무)
→ Nachtarbeit (야간근무).

Schiedsfähigkeit ZPO 1030 중재능력.
(1) Jeder vermögensrechtliche Anspruch kann Gegenstand einer Schiedsvereinbarung sein.
모든 재산상의 청구는 중재합의의 대상이 될 수 있다.
Eine Schiedsvereinbarung über nichtvermögensrechtliche Ansprüche hat insoweit rechtliche Wirkung, als die Parteien berechtigt sind, über den Gegenstand des Streites einen Vergleich zu schließen.
비재산권에 대한 중재합의는 당사자가 계쟁물에 관하여 화해를 할 권리를 가지는 한 법률상의 효력을 가진다.

Schiedsgutachtenvertrag 중재감정계약.
~ ist der privatrechtliche Vertrag, durch den die Partein vereinbaren, daß ein Schiedsgutachter bestimmte Tatsachen, rechtliche Vorfragen oder sonstige Elemente binded festzustellen hat.
~ 양 당사자가 중재감정인의 특정한 사실, 법적 선결문제 기타 요인 등에 관한 확정에 기속된다는 것을 합의하는 사법상의 계약.

Schiedsrichterliches Verfahren
ZPO 1025 중재절차.
(1) Die Vorschriften dieses Buches sind anzuwenden, wenn der Ort des schiedsrichterlichen Verfahrens im Sinne des § 1043 Abs. 1 in Deutschland liegt.
(제10편)의 규정은 민사소송법 제1043조 제1항(장소합의)에 따라 중재절차의 장소가 독일에 있는 경우에 적용된다.

Schiedsrichtervergütung StGB 337
중재인의 보수.
Die Vergütung eines Schiedsrichters ist nur dann ein Vorteil im Sinne der §§ 331 bis 335, wenn der Schiedsrichter sie von einer Partei hinter dem Rücken der anderen fordert, sich versprechen läßt oder annimmt oder wenn sie ihm eine Partei hinter dem Rücken der anderen anbietet, verspricht oder gewährt.
중재인의 보수가 제331조 내지 제334조(뇌물죄)의 이익에 해당하는 경우는 중재인이

타방 당사자 몰래 당사자 일방에 대하여 이익을 요구, 약속, 수수한 경우 또는 당사자 일방이 타방 당사자 몰래 이익을 제안, 약속, 공여한 경우에 한한다.

Schiedsspruch ArbGG 108 중재판정.
(1) Der Schiedsspruch ergeht mit einfacher Mehrheit der Stimmen der Mitglieder des Schiedsgerichts, falls der Schiedsvertrag nichts anderes bestimmt.
중재판정은 중재계약이 달리 규정하지 않는 한 중재법원 구성원의 단순 과반수의 동의로 행한다.

Schienenbahn im Straßenverkehr
StGB 315d 도로교통상의 궤도.
Soweit Schienenbahnen am Straßenverkehr teilnehmen, sind nur die Vorschriften zum Schutz des Straßenverkehrs (§§ 315b und 315c) anzuwenden.
궤도가 도로교통과 연결되어 있는 경우에는 도로교통의 보호를 위한 규정(제315b조 및 제315c조) 만을 적용한다.

Schiffen oder Luftfahrzeugen
→ Straftaten auf deutschen Schiffen oder Luftfahrzeugen (선박 또는 항공기내에서의 범죄).

Schiffer HGB 511 선장 → Kapitän.

Schiffsbesatzung HGB 481 선박승조원.
Zur Schiffsbesatzung werden gerechnet der Kapitän, die Schiffsoffiziere, die Schiffsmannschaft sowie alle übrigen auf dem Schiff angestellten Personen.
선박승조원(乘組員)이라함은 선장, 선박직원(고등해원), 보통해원 및 기타 선박에 고용된 모든 자를 말한다.

Schiffsdirektor (Schiffsdisponent)
→ Korrespondentreeder (선박관리인).

Schiffsgefährdung durch Bannware →
Gefährdung von Schiffen, Kraft- und Luftfahrzeugen durch Bannware.

Schiffsgläubiger HGB 754 선박채권자.
(1) Folgende Forderungen gewähren die Rechte eines Schiffsgläubigers:
1. Heuerforderungen des Kapitäns und der übrigen Personen der Schiffsbesatzung;
2. öffentliche Schiffs-, Schiffahrts- und Hafenabgaben sowie Lotsgelder;
3. Schadensersatzforderungen wegen der Tötung oder Verletzung von Menschen sowie wegen des Verlusts oder der Beschädigung von Sachen, sofern diese Forderungen aus der Verwendung des Schiffes entstanden sind; ausgenommen sind jedoch Forderungen wegen des Verlusts oder der Beschädigung von Sachen, die aus einem Vertrag hergeleitet werden oder auch aus einem Vertrag hergeleitet werden können;
4. Forderungen auf Bergelohn oder auf Sondervergütung einschließlich Bergungskosten; Beiträge des Schiffes und der Fracht zur großen Haverei; Forderungen wegen der Beseitigung des Wracks;
5. Forderungen der Träger der Sozialversicherung einschließlich der Arbeitslosenversicherung gegen den Reeder.
제754조 다음의 청구권은 선박채권자의 권리이다(선박우선특권).
1. 선장 및 다른 승조원의 급료청구권,
2. 공공의 선박세, 항해세, 항세 및 도선료,
3. 사람의 사망 또는 상해 및 물건의 멸실 또는 훼손으로 인한 손해배상청구권. 단; 이러한 청구권은 선박의 사용에서 발생한 청구권이어야 하며, 계약상 발생하는 또는 발생할 수 있는 물건의 멸실 또는 훼손으로 인한 청구권은 예외이다.
4. 구조임금 또는 구조비용을 포함한 특별보수에 관한 청구권; 선박 및 화물의 공동해손에 대한 분담액; 난파제거를 위한 청구권,
5. 선박소유자에 대한 실업보험을 포함한 사회보험자의 청구권.

Schikaneverbot BGB 226 시카네 금지.
Die Ausübung eines Rechts ist unzulässig, wenn sie nur den Zweck haben kann, einem anderen Schaden zuzufügen.
권리의 행사가 타인에게 손해를 가하는 것

만을 목적으로 하는 경우에는 이는 허용되지 아니한다.
→ Rechtsmißbrauch (권리남용).

SchKG → Schwangerschaftskonfliktgesetz (임신갈등법).

Schlägerei → Beteiligung an einer Schlägerei (격투참여죄).

Schlechterstellung → Reformatio in peius (불이익변경: 금지) (Verbot der ~).

Schlußantrag, Schlußvortrag
StPO 258, 326 최후진술(신청).
→ Recht zum letzten Wort.

Schlußbesprechung AO 201; BpO 11
종결협의.
(1) Über das Ergebnis der Außenprüfung ist eine Besprechung abzuhalten (Schlußbesprechung), es sei denn, dass sich nach dem Ergebnis der Außenprüfung keine Änderung der Besteuerungsgrundlagen ergibt oder dass der Steuerpflichtige auf die Besprechung verzichtet. (AO 201)
임장조사의 결과에 대하여는 협의를 한다(종결협의). 다만 임장조사의 결과에 의하여 과세기초의 변경이 없거나 납세의무자가 협의를 포기한 경우에는 그러하지 아니하다.
(1) Findet eine Schlußbesprechung statt, so sind die Besprechungspunkte und der Termin der Schlußbesprechung dem Steuerpflichtigen angemessene Zeit vor der Besprechung bekanntzugeben.(BpO 11)
종결협의가 행하여지는 경우에는 협의이전의 상당한 시간에 납세의무자에 대하여 협의의 논점 및 기일을 고지하여야 한다.

Schlüssigkeit 충분한 이유.
Nur bei Schlüssigkeit wird über bestrittene Tatsachen Beweis angeordnet.
충분한 이유를 전제로 하는 때에는 소나 신청에 의하여 주장된 사실을 다투지 않고서도 정당화될 수 있다.
따라서 반대당사자가 주장된 사실을 다투지 않고 스스로 새로운 사실을 주장하지 않고

이의를 제기하지 않는다면 충분한 이유가 있는 소의 제기나 신청은 항상 이유가 있다. 충분한 이유가 없는 때에 (Unschlüssigkeit) 최후의 구두변론 종결시까지 그 하자있는 사실이 여전히 제출되지 않는다면 소나 신청은 기각될 수 있다.

Schmerzensgeld BGB 847 (a.F.)
위자료.
Im Falle der Verletzung des Körpers oder der Gesundheit sowie im Falle der Freiheitsentziehung kann der Verletzte auch wegen des Schadens, der nicht Vermögensschaden ist, eine billige Entschädigung in Geld verlangen.
신체 또는 건강침해의 경우 및 자유침탈의 경우에는 피해자는 재산적 손해가 아닌 손해에 있어서도 금전에 의한 상당한 배상을 청구할 수 있다.

Schneeballsystem → Progressive Kundewerbung (다단계판매).

Schöffe GVG 30 참심원.
(1) Insoweit das Gesetz nicht Ausnahmen bestimmt, üben die Schöffen während der Hauptverhandlung das Richteramt in vollem Umfang und mit gleichem Stimmrecht wie die Richter beim Amtsgericht aus und nehmen auch an den im Laufe einer Hauptverhandlung zu erlassenden Entscheidungen teil, die in keiner Beziehung zu der Urteilsfällung stehen und die auch ohne mündliche Verhandlung erlassen werden können.
(1) 법률이 예외를 정하지 아니하는 한, 참심원은 공판에서 구법원판사와 전적으로 동일한 표결권으로 판사직을 수행하며, 공판 도중에 발하여져야 하는 판결에도 참여하나 이는 판결내용의 확정과는 관계가 없으며, 또한 구두심리 없이도 내려질 수 있는 판결이다.
→ Schwurgericht (배심법원).
→ Ehrenamtliche Richter (명예직 판사).

Schöffengericht GVG 28, 29 참심법원.
Das Schöffengericht besteht aus dem Richter beim Amtsgericht als Vorsitzenden und zwei Schöffen. Ein Richter auf Probe darf im ersten Jahr nach seiner Ernennung nicht Vorsitzender sein. (GVG 29)
참심법원은 재판장인 구법원의 판사와 2명의 참심원으로 구성된다. 임명후 1년 이내의 예비판사는 재판장이 될 수 없다.
Für die Verhandlung und Entscheidung der zur Zuständigkeit der Amtsgerichte gehörenden Strafsachen werden, soweit nicht der Strafrichter entscheidet, bei den Amtsgerichten Schöffengerichte gebildet.
구법원의 관할에 속하는 형사사건의 심리와 재판에 대하여 형사판사가 재판하지 않는 경우에 구법원은 참심법원이다. (GVG 28)

Schrecken (경악) → Überschreitung der Notwehr (과잉방위).

Schreiben → Anhalten von Schreiben (서신의 압류).

Schrift StGB 11(3) 문서, 서면.
(3) Den Schriften stehen Ton- und Bildträger, Datenspeicher, Abbildungen und andere Darstellungen in denjenigen Vorschriften gleich, die auf diesen Absatz verweisen.
녹음·녹화기, 데이터저장장치, 도화 및 기타 표현물은 본항이 지시하는 문서와 동일하다.

Schriftform BGB 126 서면방식 (서식).
(1) Ist durch Gesetz schriftliche Form vorgeschrieben, so muß die Urkunde von dem Aussteller eigenhändig durch Namensunterschrift oder mittels notariell beglaubigten Handzeichens unterzeichnet werden.
서면방식이 법률로써 규정된 경우에 문서발행자는 자필로 서명하거나 또는 공증된 서명기호로써 서명하여야 한다.

Schriftliche Anträge und Anregungen StPO 257a 서면신청과 서면제의.
Das Gericht kann den Verfahrensbeteiligten aufgeben, Anträge und Anregungen zu

Verfahrensfragen schriftlich zu stellen.
법원은 소송관계인에게 절차에 관한 질문의 신청과 제의(건의)를 서면으로 할 것을 부과할 수 있다.

Schriftliche Erklärung StPO 250 서면진술(서); Schriftlich sich äußern StPO 163a 서면진술하다.

Schriftliche Ladung des Beschuldigten StPO 133 피의자의 서면소환.
(1) Der Beschuldigte ist zur Vernehmung schriftlich zu laden.
피의자는 신문을 위해 서면으로 소환된다.

Schriftliche Urteil (Urteilsschrift)
→ Urteilsniederschrift (판결문).

Schriftsatz 서면.
→ Vorbereitender Schriftsatz (준비서면).

Schriftstücke StGB 133 서류.
직무상 보관된 서류(Schriftstücke, die sich in dienstlicher Verwahrung befinden); StPO 249에서는 문서와 기타 증거방법으로 사용되는 서류(Urkunden und andere als Beweismittel dienende Schriftstücke); → StGB 11(3)의 문서(Schrift) 참조.

Schriftstücke im Ämtern StPO 96 공적 서류.
Die Vorlegung oder Auslieferung von Akten oder anderen in amtlicher Verwahrung befindlichen Schriftstücken durch Behörden und öffentliche Beamte darf nicht gefordert werden, wenn deren oberste Dienstbehörde erklärt, daß das Bekanntwerden des Inhalts dieser Akten oder Schriftstücke dem Wohl des Bundes oder eines deutschen Landes Nachteile bereiten würde.
관청과 공무원에 의해 공적으로 보관하고 있는 기록, 기타 서류의 제출과 인도에 대하여는 최고상급관청이 이러한 기록이나 서류의 내용이 알려짐으로 인해 연방이나 주의 안전에 불이익을 가져올 수 있는 경우라고 확인한 경우에는 이를 거절할 수 있다.

Schriftvergleichung StPO 93 서류비교.
← Gutachten über Schriftstücke (문서감정).
Zur Ermittlung der Echtheit oder Unechtheit eines Schriftstücks sowie zur Ermittlung seines Urhebers kann eine Schriftvergleichung unter Zuziehung von Sachverständigen vorgenommen werden.
서류의 진정성 또는 부진정성 및 그 작성자를 조사하기 위하여 감정인의 참여하에 서류의 비교대조를 행할 수 있다.

Schriftwechsel
→ Recht auf Schriftwechsel (문서수발권).
→ Überwachung des Schriftwechsels (서신교류의 검열).

Schuld 책임.
형법상의 죄책(罪責)은 Schuld (schuldhaft: 유책한), 민법상의 부책(負責)은 Haftung, 일반적·정책적 의미의 유책성·귀책성(歸責性)은 Verantwortlichkeit; 특히 예방적 처벌 필요성의 관점에서 Verantwortlichkeit를 벌책성(罰責性), 답책성(答責性)으로 번역하기도 한다.

Schuldanerkenntnis BGB 781 채무승인.
Zur Gültigkeit eines Vertrags, durch den das Bestehen eines Schuldverhältnisses anerkannt wird (Schuldanerkenntnis), ist schriftliche Erteilung der Anerkennungserklärung erforderlich.
채권관계의 존재가 승인되는 계약(채무승인)이 유효하기 위해서는 서면에 의한 승인의 의사표시가 필요하다.

Schuldenbereinigungsplan InsO 305 채무정리계획.
(1) Mit dem schriftlich einzureichenden Antrag auf Eröffnung des Insolvenzverfahrens (§ 311) oder unverzüglich nach diesem Antrag hat der Schuldner vorzulegen:
4. einen Schuldenbereinigungsplan; dieser kann alle Regelungen enthalten, die unter Berücksichtigung der Gläubigerinteressen sowie der Vermögens-, Einkommens- und

Familienverhältnisse des Schuldners geeignet sind, zu einer angemessenen Schuldenbereinigung zu führen; in den Plan ist aufzunehmen, ob und inwieweit Bürgschaften, Pfandrechte und andere Sicherheiten der Gläubiger vom Plan berührt werden sollen.
채무자는 도산절차개시의 신청(파산법 제311조)과 함께 또는 신청후 지체없이 다음 각호의 사항을 제출하여야 한다.
4. 채무정리계획: 이 계획에는 채권자의 이익 및 채무자의 재산, 수입 및 가족관계를 고려하여 적절한 채무정리에 적합한 모든 사항이 포함될 수 있다. 이 계획에는 보증, 질권 및 기타 채권자의 담보가 동계획에 의하여 영향을 받게 되는지의 여부 및 정도를 기재하여야 한다.
→ Verbraucherinsolvenzverfahren (소비자 도산절차).

Schuldgrund AO 260 채무원인.
Im Vollstreckungsauftrag oder in der Pfändungsverfügung ist für die beizutreibenden Geldbeträge der Schuldgrund anzugeben.
집행위탁서 또는 압류처분서에는 징수할 금액의 채무원인을 기재한다.

Schuldinterlokut 책임분리.
→ Zweiteilung (절차이분론).

Schuldnerbegünstigung StGB 283d 채무자 비호죄.
(1) Mit Freiheitsstrafe bis zu fünf Jahren oder mit Geldstrafe wird bestraft, wer
1. in Kenntnis der einem anderen drohenden Zahlungsunfähigkeit oder
2. nach Zahlungseinstellung, in einem Insolvenzverfahren oder in einem Verfahren zur Herbeiführung der Entscheidung über die Eröffnung des Insolvenzverfahrens eines anderen
Bestandteile des Vermögens eines anderen, die im Falle der Eröffnung des Insolvenzverfahrens zur Insolvenzmasse gehören, mit dessen Einwilligung oder zu dessen Gunsten beiseite schafft oder verheimlicht

oder in einer den Anforderungen einer ordnungsgemäßen Wirtschaft widersprechenden Weise zerstört, beschädigt oder unbrauchbar macht.
1. 타인의 지급불능이 임박한 사실을 알면서,
2. 지급정지후 타인의 도산절차 또는 도산절차의 개시결정절차에서
도산절차가 개시될 경우 도산재단에 속하게 될 타인의 재산의 구성부분을 그의 동의를 받거나 그를 위하여 제거, 은닉하거나 합법적인 경제요청에 반하는 방법으로 파괴, 손상 또는 사용불능하게 한 자는 5년 이하의 자유형이나 벌금형에 처한다.

Schuldnerverzug (Verzug des Schuldners) BGB 286 채무자지체.
(1) Leistet der Schuldner auf eine Mahnung des Gläubigers nicht, die nach dem Eintritt der Fälligkeit erfolgt, so kommt er durch die Mahnung in Verzug.
채권자가 변제기의 도래후에 최고를 하여도 채무자가 급부를 하지 아니하는 때에는 채무자는 최고로 인하여 지체에 빠진다.
↔ Gläubigerverzug (채권자지체).

Schuldprinzip StGB 46 책임원칙.
(1) Die Schuld des Täters ist Grundlage für die Zumessung der Strafe.
형의 양정은 행위자의 책임을 기초로 한다.

Schuldrecht 채권법(채무법); 채무관계법 (Recht der Schuldverhältnisse).

Schuldspruch StPO 260(4) 유죄판결.
(4) Die Urteilsformel gibt die rechtliche Bezeichnung der Tat an, deren der Angeklagte schuldig gesprochen wird.
Hat ein Straftatbestand eine gesetzliche Überschrift, so soll diese zur rechtlichen Bezeichnung der Tat verwendet werden.
Wird eine Geldstrafe verhängt, so sind Zahl und Höhe der Tagessätze in die Urteilsformel aufzunehmen.
판결주문에는 피고인의 유죄가 선고된 행위에 대하여 법률적 판단을 명시한다.
구성요건에 법적 표제가 있는 경우에는 행위의 법적 명칭에 이를 사용해야 한다.

벌금형이 선고되는 경우에는 판결주문에 일
수 및 그 액수가 명시되어야 한다.

Schuldtitel (Vollstreckungstitel) ZPO 794
집행권원 (채무명의, 집행명의).

Schuldübernahme BGB 415 채무인수.
Wird die Schuldübernahme von dem Dritten mit dem Schuldner vereinbart, so
hängt ihre Wirksamkeit von der Genehmigung des Gläubigers ab.
제3자가 채무자와 채무인수의 합의를 하는
때에는 그 유효성은 채권자의 추인에 의존
한다.

Schuldunfähigkeit des Kindes StGB 19
아동의 책임무능력.
Schuldunfähig ist, wer bei Begehung der
Tat noch nicht vierzehn Jahre alt ist. 행
위 당시 아직 14세 미만인 자는 책임능력이
없다.

**Schuldunfähigkeit wegen seelischer
Störungen** StGB 20 정신장애로 인한 책
임무능력.
Ohne Schuld handelt, wer bei Begehung
der Tat wegen einer krankhaften seelischen Störung, wegen einer tiefgreifenden Bewußtseinsstörung oder wegen
Schwachsinns oder einer schweren anderen seelischen Abartigkeit unfähig ist, das
Unrecht der Tat einzusehen oder nach
dieser Einsicht zu handeln.
행위시 병적 정신장애, 심한 의식장애 또는
정신박약, 기타 중한 정신적 변종(變種)으로
행위의 불법을 변별하지 못하거나 이러한
변별에 따라 행위할 능력이 없는 자는 책임
없이 행위한 것이다.

Schuldverhältnis BGB 241 채권(채무)
관계.
(2) Das Schuldverhältnis kann nach
seinem Inhalt jeden Teil zur Rücksicht
auf die Rechte, Rechtsgüter und Interessen des anderen Teils verpflichten.
채권관계는 각 당사자에게 그 내용에 좇아
상대방의 권리, 법익 및 이익을 배려할 의

무를 지울 수 있다.
→ Forderung.

Schuldverschreibung 채권증권, 사채.
→ Gewinnschuldverschreibung (이익배당부
사채).
→ Orderschuldverschreibung (지시채권증
권).
→ Wandelschuldverschreibung (전환사채).

Schuldverschreibung auf den Inhaber
(= Inhaberschuldverschreibung) BGB 793
무기명채권증권.
(1) Hat jemand eine Urkunde ausgestellt,
in der er dem Inhaber der Urkunde eine
Leistung verspricht (Schuldverschreibung
auf den Inhaber), so kann der Inhaber von
ihm die Leistung nach Maßgabe des
Versprechens verlangen, es sei denn, dass
er zur Verfügung über die Urkunde nicht
berechtigt ist.
증서의 소지인에게 급부를 약속하는 증서
(무기명채권증권)를 발행한 자에 대하여
그 소지인은 약속에 좇은 급부를 청구할 수
있다. 다만 소지인이 증서를 처분할 권리를
가지지 아니한 때에는 그러하지 아니하다.

Schuldversprechen BGB 780 채무약속.
Zur Gültigkeit eines Vertrags, durch den
eine Leistung in der Weise versprochen
wird, dass das Versprechen die Verpflichtung selbständig begründen soll (Schuldversprechen), ist, soweit nicht eine andere
Form vorgeschrieben ist, schriftliche Erteilung des Versprechens erforderlich.
어떤 급부의 약속이 독자적으로 의무를 발
생시킨다는 내용의 계약(채무약속)이 유효
하기 위하여는 다른 방식이 정하여지지 아
니하는 한 서면에 의한 약속의 의사표시가
필요하다.

Schulpflicht WRV 145 취학의무.
Es besteht allgemeine Schulpflicht.
취학의무는 일반의 의무이다.

Schulwesen GG 7 교육제도.
Das gesamte Schulwesen steht unter der

Aufsicht des Staates.
모든 교육제도는 국가의 감독을 받는다.

Schußwaffengebrauch StVollzG 99; 100
총기사용.
(1) Schußwaffen dürfen nur gebraucht werden, wenn andere Maßnahmen des unmittelbaren Zwanges bereits erfolglos waren oder keinen Erfolg versprechen.
총기는 직접강제의 다른 조치가 이미 효력을 상실하였거나 아무런 효과도 기대할 수 없는 경우에만 사용될 수 있다. (일반규정)
(1) Gegen Gefangene dürfen Schußwaffen gebraucht werden,
1. wenn sie eine Waffe oder ein anderes gefährliches Werkzeug trotz wiederholter Aufforderung nicht ablegen,
2. wenn sie eine Meuterei (StGB § 121) unternehmen oder
3. um ihre Flucht zu vereiteln oder um sie wiederzuergreifen.
수형자에 대하여 다음 각호의 경우 총기가 사용될 수 있다.
1. 수형자가 반복된 권유에도 불구하고 무기 또는 기타 위험한 도구를 버리지 아니하는 경우,
2. 수형자가 피구금자폭동죄(형법 제121조)를 기도하는 경우,
3. 수형자의 도주를 방지하거나 수형자를 재체포하기 위한 경우 (특별규정).

Schußwaffengebrauch beim Vollzug
StVollzG 178(3) 형집행에 있어서의 총기사용.
(3) Beim Vollzug des Jugendarrestes, des Strafarrestes sowie der Ordnungs-, Sicherungs-, Zwangs- und Erzwingungshaft dürfen zur Vereitelung einer Flucht oder zur Wiederergreifung (§100 Abs.1 Nr.3) keine Schußwaffen gebraucht werden.
소년구금, 징벌구금 및 질서구금, 보호구금, 강제구금, 강제를 위한 구금의 집행에 있어서는 도주의 방지 또는 재체포(제100조 제1항 3호)를 위하여 총포가 사용될 수 없다.

Schußwaffengebrauch gegen Personen in einer Menschenmenge MEPolG 43
다중속에 있는 사람에 대한 총기사용.
(1) Der Schußwaffengebrauch gegen Personen in einer Menschenmenge ist unzulässig, wenn für den Polizeibeamten erkennar Unbeteiligte mit hoher Wahrscheinlichkeit gefährdet werde.
비관여자가 위험에 처할 고도의 개연성이 있다는 것을 경찰공무원이 인식할 수 있는 경우에는 다중속에 있는 사람에 대한 총기사용은 허용되지 아니한다.

Schutz der natürlichen Lebensgrundlagen GG 20a 자연의 생활기반보호.
Der Staat schützt auch in Verantwortung für die künftigen Generationen die natürlichen Lebensgrundlagen und die Tiere im Rahmen der verfassungsmäßigen Ordnung durch die Gesetzgebung und nach Maßgabe von Gesetz und Recht durch die vollziehende Gewalt und die Rechtsprechung.
국가는 장래 세대에 대한 책임으로도 헌법적 질서의 범위내에서 입법에 의하여 그리고 법률과 권리에 따른 행정과 판결을 통하여 자연의 생활기반과 동물을 보호한다.

Schutzbedürftiges Gebiet
→ Gefährdung schutzbedürftiger Gebiete (보호지역 위태화죄).

Schutzbefohlenen
→ Mißhandlung von Schutzbefohlenen (피보호자학대죄).
→ Sexueller Mißbrauch von Schutzbefohlenen (피보호자에 대한 성적 남용죄).

Schutzpolizei (SchuPo) 치안경찰, 행정경찰, 방범경찰.
→ 사법(수사)경찰 (Kriminalpolizei).

Schutzprinzip → Realprinzip (실질주의).

Schutzrecht ArbnErfG 13 보호권.
(1) Der Arbeitgeber ist verpflichtet und allein berechtigt, eine gemeldete Diensterfindung im Inland zur Erteilung eines Schutzrechts anzumelden.
사용자는 보호권의 발부를 위하여 국내에서

신고된 직무발명을 신고할 의무와 유일한 권한이 있다.

Schutzrecht sui generis (= sui generis right) DBRL 7, 10 데이터베이스권 (독자권).
(1) Die Mitgliedstaaten sehen für den Hersteller einer Datenbank, bei der für die Beschaffung, die Überprüfung oder die Darstellung ihres Inhalts eine in qualitativer oder quantitativer Hinsicht wesentliche Investition erforderlich ist, das Recht vor, die Entnahme und/oder die Weiterverwendung der Gesamtheit oder eines in qualitativer oder quantitativer Hinsicht wesentlichen Teils des Inhalts dieser Datenbank zu untersagen. (7)
회원국은 데이터베이스 내용물의 획득, 검증, 표현에 질적, 양적으로 보아 실질적인 투자를 필요로 하는 데이터베이스의 제작자가 데이터베이스의 전체 또는 질적, 양적으로 보아 실질적인 부분의 추출, 재사용을 거부할 권리를 규정하여야 한다.
(1) Das in Artikel 7 vorgesehene Recht entsteht mit dem Zeitpunkt des Abschlusses der Herstellung der Datenbank. Es erlischt 15 Jahre nach dem 1. Januar des auf den Tag des Abschlusses der Herstellung folgenden Jahres. (10)
제7조에 규정된 권리는 데이터베이스 제작을 완료한 시점에 발생한다. 이 권리는 제작 완료일 다음해의 1월 1일부터 15년 이후에는 그 효력을 상실한다.

Schutzvorrichtung → Verschlossenes Behältnis oder andere Schutzvorrichtung (시정된 용기나 기타 보호장치).

Schutzwald BWaldG 12 보호림.
(1) Wald kann zu Schutzwald erklärt werden, wenn es zur Abwehr oder Verhütung von Gefahren, erheblichen Nachteilen oder erheblichen Belästigungen für die Allgemeinheit notwendig ist, bestimmte forstliche Maßnahmen durchzuführen oder zu unterlassen.
공공의 막대한 손실이나 현저한 폐해의 예방 또는 방지를 위하여 특정한 임업적 조치를 취하거나 또는 금하는 것이 필요할 경우에는 산림을 보호림으로 지정할 수 있다.

Schwachsinn StGB 20 정신박약.
Medizinisch Schwachsinn (bei angeborenen Formen wurde der Begriff Oligophrenie synonym gebraucht) galt früher als zusammenfassende Bezeichnung (Oberbegriff) für Debilität, Imbezillität und Idiotie als abgestufte Grade einer Intelligenzminderung. In der psychiatrischen Diagnose entsprach Schwachsinn einer schweren Intelligenzminderung, also einem IQ unter 70. Der Begriff wird heutzutage allerdings nicht mehr verwendet und gilt als veraltet und diskriminierend. Heute spricht man auch nicht mehr von Schwachsinnigen, sondern von „Menschen mit mentaler Beeinträchtigung" oder „Menschen mit geistiger Behinderung". Die Diagnose „(angeborener) Schwachsinn" wird heutzutage nicht mehr verwendet, zumal häufig Ursachen (z. B. genetische Veränderungen - Stichwort „fragiles X-Syndrom" o.ä.) bekannt sind. In der juristischen Verwendung ist aufgrund der Tatsache, dass die Gesetzgebung sich nur mit Verzögerung dem medizinischen Wissen oder der Umgangssprache anpasst, das Wort noch in Verwendung.
의학적으로 정신박약(선천성 정신박약의 개념으로는 Oligophrenie)은 과거에는 정신지체의 단계적 구분인 노둔, 치우, 백치를 포괄하여 지칭하였다(상위개념). 심리학적 진단에 정신박약도 IQ 70 이하를 말하나 이러한 개념은 오늘날 사용되지 않고 "정신적 침해" 또는 "정신적 장애를 가진 자"로 표현한다. (선천적) 정신박약의 진단은 오늘날 사용되지 않고 그 진단은 대개 원인별로 이루어진다 (예를 들어 유전적 변이의 핵심어인 취약 x-증후군). 입법이 의학적 지식 또는 일상용어의 변화에 뒤늦음으로 인하여 정신박약의 개념은 여전히 법률에서 사용되고 있다.
→ Schuldunfähigkeit wegen seelischer Störungen (정신장애로 인한 책임무능력).

Schwägerschaft BGB 1590; StGB 11(1) Nr.1, StPO 22 인척관계 → Angehöriger.
(1) Die Verwandten eines Ehegatten sind mit dem anderen Ehegatten verschwägert.
배우자의 일방혈족은 타방 배우자의 인척이다.

Schwangerschaftsabbruch StGB 218 낙태죄.
(1) Wer eine Schwangerschaft abbricht, wird mit Freiheitsstrafe bis zu drei Jahren oder mit Geldstrafe bestraft.
낙태한 자는 3년 이하의 자유형 또는 벌금형에 처한다.
Handlungen, deren Wirkung vor Abschluß der Einnistung des befruchteten Eies in der Gebärmutter eintritt, gelten nicht als Schwangerschaftsabbruch im Sinne dieses Gesetzes.
수정란의 자궁내 착상 완료 이전에 그 효과가 발생한 행위는 본법의 낙태로 보지 아니한다.
→ Straflosigkeit des Schwangerschaftsabbruchs.

Schwangerschaftsabbruch ohne ärztliche Feststellung StGB 218b 의사의 확인 없는 낙태죄.
(1) Wer in den Fällen des § 218a Abs. 2 oder 3 eine Schwangerschaft abbricht, ohne daß ihm die schriftliche Feststellung eines Arztes, der nicht selbst den Schwangerschaftsabbruch vornimmt, darüber vorgelegen hat, ob die Voraussetzungen des § 218a Abs. 2 oder 3 gegeben sind, wird mit Freiheitsstrafe bis zu einem Jahr oder mit Geldstrafe bestraft, wenn die Tat nicht in § 218 mit Strafe bedroht ist.
제218조의a 제2항 또는 제3항의 경우(임부의 생명에 대한 위험 또는 범죄행위 등에 의한 낙태죄의 처벌면제사유) 각 조항의 요건 충족 여부에 관하여 직접 낙태시술을 행하지 아니한 의사의 확인서를 제출받지 아니하고 낙태한 자는 그 행위가 제218조(낙태죄)에 의하여 처벌되지 아니하는 때에는 1년 이하의 자유형 또는 벌금형에 처한다.
→ Unrichtige ärztliche Feststellung (의사의 부정한 확인죄).

Schwangerschaftskonfliktgesetz
(Gesetz zur Vermeidung und Bewaltigung von Schwangerschaftskonflikten)
SchKG 임신갈등법 (1992.7.27) (BGBl. 1 S. 1398).
Die Beratung hat nach dem Schwangerschaftskonfliktgesetz durch eine anerkannte Schwangerschaftskonfliktberatungsstelle zu erfolgen.
상담은 임신갈등법에 따라 관인 상담소가 한다.
Die Beratungsstelle hat der Schwangeren nach Abschluß der Beratung hierüber eine mit dem Datum des letzten Beratungsgesprächs und dem Namen der Schwangeren versehene Bescheinigung nach Maßgabe des Schwangerschaftskonfliktgesetzes auszustellen.
상담소는 상담이 종료한 후 임부에게 최종 상담일자와 임부의 성명이 기재된 확인서를 임신갈등법의 규준에 의거 발급하여야 한다.

Schwarzfahrt StVG 7(2) 무단운전.
(3) Benutzt jemand das Fahrzeug ohne Wissen und Willen des Fahrzeughalters, so ist er anstelle des Halters zum Ersatz des Schadens verpflichtet.
누구든지 차량보유자의 의사에 관계없이 차량을 이용한 때에는 그에 갈음하여 배상책임을 진다.

Schwebende Unwirksamkeit BGB 108 유동적(불확정적, 부동적) 무효.
Vorübergehende Unwirksamkeit (auch: schwebende Unwirksamkeit) liegt vor allem dann vor, wenn der Rechtsakt deshalb unwirksam ist, weil er eine bestimmte Voraussetzung nicht erfüllt, die aber noch herbeigeführt werden kann.
~ 법적 행위가 특정한 요건을 이행하지는 못했지만 수반될 수 있기 때문에 법적 행위가 무효인 경우를 말한다.

Schwerbehinderte SGB 9 71 중증장애인.

Private und öffentliche Arbeitgeber (Arbeitgeber) mit jahresdurchschnittlich monatlich
mindestens 20 Arbeitsplätzen haben auf
wenigstens 5 Prozent der Arbeitsplätze
schwerbehinderte Menschen zu beschäftigen.
적어도 연평균 매월 20개 이상의 사업장을
가지는 사적 및 공적 사업자는 사업장의 5%
에 해당하는 중증장애인을 고용할 의무가 있
다. → Behinderte (장애인).

Schwere Brandstiftung StGB 306a
중방화죄.
(1) Mit Freiheitsstrafe nicht unter einem
Jahr wird bestraft, wer
1. ein Gebäude, ein Schiff, eine Hütte oder
eine andere Räumlichkeit, die der Wohnung von Menschen dient,
2. eine Kirche oder ein anderes der Religionsausübung dienendes Gebäude oder
3. eine Räumlichkeit, die zeitweise dem
Aufenthalt von Menschen dient, zu einer
Zeit, in der Menschen sich dort aufzu-
halten pflegen,
in Brand setzt oder durch eine Brandlegung ganz oder teilweise zerstört.
다음 각호에 불을 놓거나 불을 놓아 전부
또는 일부를 파괴한 자는 1년 이상의 자유
형에 처한다.
1. 사람의 주거에 사용되는 건조물, 선박,
가건물 또는 기타 방실에 방화하거나,
2. 교회나 기타 종교행사에 사용되는 건물,
3. 때로는 사람의 체제에 사용되는 방실에,
사람이 그곳에 체재하기도 하는 시간에 불
을 놓거나 또는 불을 놓아 전부나 일부를
파괴한 경우

**Schwere Gefährdung durch Freisetzen
von Giften** StGB 330a 독물방출에 의한
중한 위태화죄
(1) Wer Stoffe, die Gifte enthalten oder
hervorbringen können, verbreitet oder
freisetzt und dadurch die Gefahr des
Todes oder einer schweren Gesundheitsschädigung eines anderen Menschen oder
die Gefahr einer Gesundheitsschädigung
einer großen Zahl von Menschen verursacht, wird mit Freiheitsstrafe von

einem Jahr bis zu zehn Jahren bestraft.
독물이 함유되거나 배출될 수 있는 물질을
유포 또는 방출함으로써 타인의 사망 또는
중한 건강훼손의 위험이나 수인에 대한 건
강훼손의 위험을 야기한 자는 1년 이상 10
년 이하의 자유형에 처한다.

Schwere Körperverletzung StGB 226
중상해죄.
(1) Hat die Körperverletzung zur Folge,
daß die verletzte Person
1. das Sehvermögen auf einem Auge oder
beiden Augen, das Gehör, das Sprech-
vermögen oder die Fortpflanzungsfähigkeit
verliert,
2. ein wichtiges Glied des Körpers verliert
oder dauernd nicht mehr gebrauchen kann
oder
3. in erheblicher Weise dauernd entstellt
wird oder in Siechtum, Lähmung oder
geistige Krankheit oder Behinderung verfällt,
so ist die Strafe Freiheitsstrafe von einem
Jahr bis zu zehn Jahren.
상해에 의하여 1. 피해자의 한쪽 또는 양쪽
의 시력·청력, 언어능력, 생식능력을 상실
케 하는 행위 2. 신체의 주요관절을 상실
하게 하거나 더 이상 계속적으로 사용불능
하게 한 행위, 3. 계속되는 심한 흉상(凶
狀)이나 숙환, 신체마비나 정신병이나 장애
로의 결과를 야기한 경우에는 1년 이상 10
년 이하의 자유형에 처한다.

Schwere seelische Abartigkeit
StGB 20 중한 정신적 변종(變種); 정신병
질, 신경쇠약, 충동장애 등.
→ Schuldunfähigkeit wegen seelischer
Störungen (정신장애로 인한 책임무능력).

Schwerer Bandendiebstahl StGB 244a
중범죄단체(구성)절도죄.
§ 244a Schwerer Bandendiebstahl
(1) Mit Freiheitsstrafe von einem Jahr bis
zu zehn Jahren wird bestraft, wer den
Diebstahl unter den in § 243 Abs. 1 Satz
2 genannten Voraussetzungen oder in den
Fällen des § 244 Abs. 1 Nr. 1 oder 3 als

Mitglied einer Bande, die sich zur fortgesetzten Begehung von Raub oder Diebstahl verbunden hat, unter Mitwirkung eines anderen Bandenmitglieds begeht.
제243조 제1항 제2문의 요건(절도의 중한 경우)하에서 절도하거나 제244조 제1항 제1호 또는 제2호(무기휴대절도, 단체절도)의 요건하에서 절도하거나 제244조 제1항 제1호 또는 3호의 경우에 강도 또는 절도의 계속적 수행을 목적으로 조직된 범죄단체의 구성원으로서 다른 구성원과 협력하에 절도한 자는 1년 이상 10년 이하의 자유형에 처한다.

Schwerer Hausfriedensbruch

StGB 124 중주거침입죄 (특수주거침입).
Wenn sich eine Menschenmenge öffentlich zusammenrottet und in der Absicht, Gewalttätigkeiten gegen Personen oder Sachen mit vereinten Kräften zu begehen, in die Wohnung, in die Geschäftsräume oder in das befriedete Besitztum eines anderen oder in abgeschlossene Räume, welche zum öffentlichen Dienst bestimmt sind, widerrechtlich eindringt, so wird jeder, welcher an diesen Handlungen teilnimmt, mit Freiheitsstrafe bis zu zwei Jahren oder mit Geldstrafe bestraft.
다중이 공연히 도당을 이루어 합동력에 의하여 사람 또는 물건에 대하여 폭행을 가할 목적으로 타인의 주거, 사무실, 경계표시된 토지 또는 공공의 업무 및 교통에 공하는 폐쇄된 건조물에 침입한 경우에는 그 행위에 참여한 모든 자를 2년 이하의 자유형 또는 벌금형에 처한다.

Schwerer Raub StGB 250 중강도죄.

(1) Auf Freiheitsstrafe nicht unter drei Jahren ist zu erkennen, wenn
1. der Täter oder ein anderer Beteiligter am Raub
a) eine Waffe oder ein anderes gefährliches Werkzeug bei sich führt,
b) sonst ein Werkzeug oder Mittel bei sich führt, um den Widerstand einer anderen Person durch Gewalt oder Drohung mit Gewalt zu verhindern oder zu überwinden,
c) eine andere Person durch die Tat in die Gefahr einer schweren Gesundheitsschädigung bringt oder
2. der Täter den Raub als Mitglied einer Bande, die sich zur fortgesetzten Begehung von Raub oder Diebstahl verbunden hat, unter Mitwirkung eines anderen Bandenmitglieds begeht.
다음 각호에 해당하는 경우에는 3년 이상의 자유형에 처한다.
1. 행위자 또는 다른 범죄참여자가 총기를 휴대하여 강도한 경우,
a) 행위자 또는 다른 범죄참여자가 위험한 도구를 휴대한 경우,
b) 행위자 또는 다른 범죄참여자가 폭행 또는 폭행을 고지한 협박에 의하여 타인의 항거를 방해하거나 제압하기 위하여 흉기 또는 기타 도구나 수단을 휴대한 경우,
c) 행위자 또는 다른 범죄가담자가 강도로 인하여 타인을 중한 건강상해의 위험에 빠뜨리게 한 경우,
4. 행위자가 강도 또는 절도의 계속적 수행을 목적으로 조직된 범죄단체의 구성원으로서 다른 구성원과 협력하여 강도한 경우.

Schwerer sexueller Mißbrauch von Kindern StGB 176a 중아동성학대죄.

(1) Der sexuelle Missbrauch von Kindern wird in den Fällen des § 176 Abs. 1 und 2 mit Freiheitsstrafe nicht unter einem Jahr bestraft, wenn der Täter innerhalb der letzten fünf Jahre wegen einer solchen Straftat rechtskräftig verurteilt worden ist.
제176조 제1, 2항의 경우에 행위자가 최근 5년 이내에 그러한 범죄행위로 인하여 확정력을 가진 유죄판결을 받은 경우에는 아동성학대는 1년 이상의 자유형에 처한다.

Schwerere Strafe bei besonderen Tatfolgen → Erfolgsqualifiziertes Delikt (결과적 가중범).

Schwerkriminalität (Hochkriminalität)

Krim 중범죄; 살인, 강도, 강간, 인질 등.
→ Massenkriminalität (대중범죄).

Schwerpunktstaatsanwaltschaft
GVG 143(4)　중점(특별)검사.
(4) Den Beamten einer Staatsanwaltschaft kann für die Bezirke mehrerer Land- oder Oberlandesgerichte die Zuständigkeit für die Verfolgung bestimmter Arten von Strafsachen, die Strafvollstreckung in diesen Sachen sowie die Bearbeitung von Rechtshilfeersuchen von Stellen außerhalb des räumlichen Geltungsbereichs dieses Gesetzes zugewiesen werden, sofern dies für eine sachdienliche Förderung oder schnellere Erledigung der Verfahren zweckmäßig ist.
검찰공무원은 수개의 주법원 또는 주고등법원의 관할구역의 경우에 절차의 적절한 촉진이나 신속한 처리에 적합한 때에는 특정한 종류의 소추, 그 집행 및 본법의 지역적 적용범위 이외의 사법공조요청의 처리에 대한 관할을 배정 받을 수 있다.

Schwurgericht　GVG 74(2); StPO 384(5)　배심법원.
(2) Für die Verbrechen (Nr.1-26) ist eine Strafkammer als Schwurgericht zuständig.
GVG 74(2)에 규정된 26가지의 중죄에 대한 재판을 하기 위해 제1심 형사부를 배심법원이라고 한다.
(5) Vor dem Schwurgericht kann eine Privatklagesache nicht gleichzeitig mit einer auf öffentliche Klage anhängig gemachten Sache verhandelt werden. (StPO 384)
배심법원에서는 공소가 계속된 사건과 사인기소사건이 동시에 심리될 수 없다.
* 구 배심법원의 Geschworener(배심원)는 오늘날 Schöffen(참심원)으로 바뀌었다.

Scuola positiva (di diritto penale) (Positiven Schule der Kriminologie)　이탈리아의 실증학파.
Die Positive Schule verstand sich selbst als Reaktion auf die Klassische Schule der Kriminologie
~는 고전학파에 대한 반작용으로 등장하였다.

Secundum legem (gemäß dem Gesetz)

법률에 따라서, 법률적으로.

Sedes materiae (Sitz des Gegenstandes, Gesetzesstelle, vulgo "Anwendbares Recht")　대상물, 법률 등 소재의 소재지, 통상 준거법.

Seelisches Quälen
→ Aussageerpressung (진술강요죄).

Seelsorge　StVollzG 53, 157　사제.
(1) Dem Gefangenen darf religiöse Betreuung durch einen Seelsorger seiner Religionsgemeinschaft nicht versagt werden.
수형자에게 종교단체의 사제를 통한 종교적인 보호는 거부되어서는 안된다.
(1) Seelsorger werden im Einvernehmen mit der jeweiligen Religionsgemeinschaft im Hauptamt bestellt oder vertraglich verpflichtet.
사제는 각 종교공동체와의 협의로 중앙부서에 임명되거나 계약에 의하여 의무를 부담한다.

Seetüchtigkeit　HGB 559　감항(堪航)능력.
(1) Bei jeder Art von Frachtvertrag hat der Verfrachter dafür zu sorgen, daß das Schiff in seetüchtigem Stand, gehörig eingerichtet, ausgerüstet, bemannt und mit genügenden Vorräten versehen ist (Seetüchtigkeit) sowie daß sich die Laderäume einschließlich der Kühl- und Gefrierräume in dem für die Aufnahme, Beförderung und Erhaltung der Güter erforderlichen Zustand befinden (Ladungstüchtigkeit).
각종의 (해상물건) 운송계약에 있어 해상운송인은 선박이 항해에 견딜 수 있는 상태로, 적당한 설비, 의장(艤裝), 선원의 승선과 충분한 저장품을 준비하고(감항능력) 또한 선창(냉방 및 빙실을 포함)이 화물의 수취, 운송, 보존에 필요한 상태를 갖도록(감하능력)(堪荷) 배려하여야 한다.

Seeversicherung　VVG 209　해상보험.
→ Rückversicherung (재보험).

Seitenlinie　StPO 52(1) Nr.3　방계.
방계혈족은 Verwandte in der Seitenlinie.;

직계혈족은 Verwandte gerader Linie
StGB 11(1) Nr.1 → Angehöriger.

Sekundäre Viktimisierung 제2차 피해자
화.
제2차 피해자화는 피해자가 피해로 인하여
직접 입게 되는 손해뿐만이 아니라 2번째로
입게 되는 수사, 형사절차상의 피해를 말한
다. 따라서 경찰이나 검사는 피해자를 가능
한 보호할 수 있도록 조치를 취하여야 한다
(심문시 감정의 고려, 손해회복등).

Sekundärrecht EGV 249 제2차법.
Zur Erfüllung ihrer Aufgaben und nach
Maßgabe dieses Vertrags erlassen das
Europäische Parlament und der Rat
gemeinsam, der Rat und die Kommission
Verordnungen, Richtlinien und Entscheidungen, sprechen Empfehlungen aus oder
geben Stellungnahmen ab.
(2차 공동체법의 형식으로서) 본(EG)조약의
과제의 이행을 위하여 그리고 그 기준에 따
라 유럽의회, 이사회와 공동으로, 이사회,
위원회는 명령, 준칙, 결정 그리고 권고를
하며, 의견을 표명한다.
* Das Sekundärrecht sind die auf Grundlage des Primärrechts von den Organen
der Europäischen Gemeinschaft erlassenen
Rechtsakte.
~은 제1차법을 근거로 유럽공동체 기관이
발한 법률적 행위이다.

Selbstablehnung StPO 30; ZPO 48
회피. → Anzeige eines Richters (판사의
신고).

Selbstabtreibung 자낙태
↔ Drittabtreibung (타낙태).

Selbständige Anordnung OWiG 27(1)
독립몰수명령; StGB 71(1) 독립명령 (법원
의 정신병원이나 금단시설수용의 ~).
(1) Kann wegen der Ordnungswidrigkeit
aus tatsächlichen Gründen keine bestimmte Person verfolgt oder eine Geldbuße
gegeneine bestimmte Person nicht fest-

gesetzt werden, so kann die Einziehung
des Gegenstandes oder des Wertersatzes
selbständig. (OWiG 27)
질서위반행위가 사실상의 이유로 특정인을
소추하거나 그에 대하여 질서위반금을 확
정하는 것이 불가능한 때에는 대상물 또는
그 대가의 몰수가 독립적으로 명하여질 수
있다.
(1) Die Unterbringung in einem psychiatrischen Krankenhaus oder in einer Entziehungsanstalt kann das Gericht auch
selbständig anordnen, wenn das Strafverfahren wegen Schuldunfähigkeit oder
Verhandlungsunfähigkeit des Täters un-
durchführbar ist. (StGB 71)
법원은 행위자의 책임무능력 또는 공판무능
력으로 인하여 형사소송절차를 진행할 수
없는 때에도 정신병원 또는 금단시설수용을
독립적으로 명할 수 있다.

**Selbständige Anordnung aus tatsäch-
lichen Gründen** StGB 76a 독립몰수명령
(사실상의 이유로 소추불가능한 경우에 ~).
(1) Kann wegen der Straftat aus tatsächlichen Gründen keine bestimmte Person
verfolgt oder verurteilt werden, so muß
oder kann auf Verfall oder Einziehung des
Gegenstandes oder des Wertersatzes oder
auf Unbrauchbarmachung selbständig erkannt werden, wenn die Voraussetzungen,
unter denen die Maßnahme vorgeschrieben
oder zugelassen ist, im übrigen vorliegen.
사실상의 이유에 의하여 범죄행위로 인한
특정인의 형사소추나 그에 대한 형의 선고
가 불가능한 경우에 물건 또는 그 가액의
박탈이나 몰수 또는 사용불능을 규정하거나
허용하는 기타의 요건이 충족된 때에는 독
립적으로 이를 선고하여야 하거나 또는 선
고할 수 있다.

Selbständige Strafbarkeit des Beteiligten
StGB 29 참여자의 독자적 가벌성; 제한적
종속형식의 원칙의 선언.
Jeder Beteiligte wird ohne Rücksicht auf
die Schuld des anderen nach seiner Schuld
bestraft.
모든 참여자는 타인의 책임과 관계없이 자

기의 책임에 따라 벌한다.

Selbständiges Beweisverfahren
ZPO 485　독립(증거)절차.
(1) Während oder außerhalb eines Streitverfahrens kann auf Antrag einer Partei die Einnahme des Augenscheins, die Vernehmung von Zeugen oder die Begutachtung durch einen Sachverständigen angeordnet werden, wenn der Gegner zustimmt oder zu besorgen ist, dass das Beweismittel verloren geht oder seine Benutzung erschwert wird.
소송절차중 또는 소송절차 외에서 상대방의 동의가 있거나 증거방법이 상실될 또는 그 사용이 곤란할 우려가 있는 때에는 당사자 일방의 신청에 의하여 검증, 증인 및 감정인의 신문을 명할 수 있다.

Selbständiges Einziehungsverfarhen
StPO 440　독립몰수절차.
(1) Die Staatsanwaltschaft und der Privatkläger können den Antrag stellen, die Einziehung selbständig anzuordnen, wenn dies gesetzlich zulässig und die Anordnung nach dem Ergebnis der Ermittlungen zu erwarten ist.
검사 및 사인기소인은 독립몰수의 명령이 법률적으로 허용하고 수사의 결과에 의하여 그것이 기대될 수 있는 경우에는 독립몰수의 명령을 신청할 수 있다.

Selbstanzeige
StPO 30　① 자기신고 → Anzeige eines Richters　② 범행의 자수 (Selbstanzeige einer Straftat).
AO 371　Selbstanzeige bei Steuerhinterziehung　탈세의 자수.
(1) Wer in den Fällen des § 370 unrichtige oder unvollständige Angaben bei der Finanzbehörde berichtigt oder ergänzt oder unterlassene Angaben nachholt, wird insoweit straffrei.
(조세기본법) 제370조의 경우에 재무관청에 대하여 부정 또는 불완전한 신고를 정정, 보충하거나 또는 신고의 부작위를 보완한 자는 그 범위에서 벌하지 아니한다.

Selbstbeschaffte Leistung
SGB 9 15　자체조달급부.
(1) Kann über den Antrag auf Leistungen zur Teilhabe nicht innerhalb der in §14 Abs.2 genannten Fristen entschieden werden, teilt der Rehabilitationsträger dies den Leistungsberechtigten unter Darlegung der Gründe rechtzeitig mit.
참여급부의 신청에 대해 사회법전 제9편 제14조 제2항에 명시된 기한 내에 결정이 내려질 수 없을 경우에는 재활기관이 수급권자에게 그 근거와 함께 적절한 시기에 통보해주어야 한다.

Selbstbeschäftigung
StVollzG 39(2), 50(4), 133(1)　자기노역(자발적 작업).
(2) Dem Gefangenen kann gestattet werden, sich selbst zu beschäftigen.
수형자는 자기노역에 종사할 수 있다.
(4) Die Selbstbeschäftigung (§ 39 Abs.2) kann davon abhängig gemacht werden, dass der Gefangene einen Haftkostenbeitrag bis zur Höhe des in Abs. 2 genannten Satzes monatlich im Voraus entrichtet.
자기노역은 수형자가 제2항에서 말하는 비율의 크기에 이르기까지 매월 사전에 지급되는 것에 따라서 행하여진다.
(1) Dem Untergebrachten wird gestattet, sich gegen Entgelt selbst zu beschäftigen, wenn dies dem Ziel dient, Fähigkeiten für eine Erwerbstätigkeit nach der Entlassung zu vermitteln, zu erhalten oder zu fördern.
수용자가 석방 후에 취업을 위한 능력을 주선, 유지 또는 증진할 목적에 기여하는 경우에는 보수를 받고 자기노역을 할 수 있다.

Selbsthilfe
BGB 229　자력구제, 자구행위, 자립.
Wer zum Zwecke der Selbsthilfe eine Sache wegnimmt, zerstört oder beschädigt oder wer zum Zwecke der Selbsthilfe einen Verpflichteten, welcher der Flucht verdächtig ist, festnimmt oder den Widerstand des Verpflichteten gegen eine Handlung, die dieser zu dulden verpflichtet ist, beseitigt, handelt nicht widerrechtlich, wenn obrigkeitliche Hilfe nicht rechtzeitig

zu erlangen ist und ohne sofortiges Eingreifen die Gefahr besteht, dass die Verwirklichung des Anspruchs vereitelt oder wesentlich erschwert werde.
자력구제의 목적으로 물건을 수거(취거), 파괴 또는 훼손하는 자 또는 자력구제의 목적으로 도주의 우려가 있는 의무자를 체포하는 자 또는 수인의 의무있는 행위에 대한 의무자의 저항을 배제하는 자는 관계당국의 구제가 적시에 이루어질 수 없고 또한 이러한 즉각적인 침해행위에 의하지 아니하고는 청구권이 실현이 무효화되거나 또는 심히 곤란하게 될 위험이 있는 때에는 위법하게 행위한 것이 아니다.
→ Förderung der Selbsthilfe (자립지원).

Selbsthilfe des Besitzers BGB 859
점유자의 자력구제.
Der Besitzer darf sich verbotener Eigenmacht mit Gewalt erwehren.
점유자는 불법한 사력에 대하여 실력으로써 방어할 수 있다.

Selbstmord (Selbsttötung) StGB 211
자살.
독일에서 자살에 관하여는 보증인적 의무에서 자살을 방해하지 않은 자에 대한 §211 (Mord) ff. StGB, 그렇지 않은 경우의 "구조의 부작위"를 처벌한 §323c의 해석론이 주를 이룬다.
合意에死(Doppelselbsttötung)의 경우는 생잔자(生殘者)가 행위지배를 한 경우 §216에 의해 처벌된다. 특히 자살의사의 존중을 가져오는 자살은 자유사(→ Freitod)라고 한다.

Selbstschuldner BGB 773 연대보증인.
(1) Die Einrede der Vorausklage ist ausgeschlossen wenn der Bürge auf die Einrede verzichtet, insbesondere wenn er sich als Selbstschuldner verbürgt hat,
보증인이 항변권을 포기한 때에, 특히 연대보증인으로서 보증한 때에는 선소의 항변권은 배제된다.

Selbstverwaltung 자치행정. → Kommunale Selbstverwaltung (지방자치).

Selbstverwaltungsorgan SGB 3 371
자치운영기구.
(1) Als Selbstverwaltungsorgane der Bundesagentur werden der Verwaltungsrat und die Verwaltungsausschüsse bei den Agenturen für Arbeit gebildet.
연방고용사무소의 자치운영기구는 관리(행정)평의회, 이사회, (주)노동사무소의 운영위원회로 구성된다.

Selbstvornahme BGB 637 자구조치.
(1) Der Besteller kann wegen eines Mangels des Werkes nach erfolglosem Ablauf einer von ihm zur Nacherfüllung bestimmten angemessenen Frist den Mangel selbst beseitigen und Ersatz der erforderlichen Aufwendungen verlangen, wenn nicht der Unternehmer die Nacherfüllung zu Recht verweigert.
도급인은 일의 하자로 인해 수급인이 적법하게 추완을 거절할 것이 아닌 때에는 추완을 위하여 정한 상당한 기간이 경과한 후에는 하자를 스스로 제거할 수 있고 그에 필요한 비용의 상환을 청구할 수 있다.

Semantik (Sematiken Methode) 의미론.
→ Topoi.

Senat GVG 116, 122, 132, 136, 137
주고등법원과 연방대법원의 재판부. 주법원의 부는 Kammer이며, 구법원에서는 Abteilung이라고 한다.
연방헌법재판소도 2개의 재판부로 구성되며, 각 재판부에는 8명의 법관이 선출된다. 그 중 3명은 연방대법관이다(BVerfGG 2).

Senderecht UrhG 20 방송권.
Das Senderecht ist das Recht, das Werk durch Funk, wie Ton- und Fernsehrundfunk, Satellitenrundfunk, Kabelfunk oder ähnliche technische Mittel, der Öffentlichkeit zugänglich zu machen.
방송권은 저작물을 라디오 및 텔레비전 방송, 위성방송, 유선방송 또는 이와 유사한 기술장치를 통하여 공중에 접근가능하도록 하는 권리이다.

Servitus (Dienstbarkeit) 역권(役權).
Servitus in faciendo consistere nequit
(Eine Dienstbarkeit kann nicht in einem
Tun bestehen).
역권은 작위를 목적으로 존재하지 않는다.

Sexuelle Handlung StGB 184f 성행위.
Im Sinne dieses Gesetzes sind
1. sexuelle Handlungen
nur solche, die im Hinblick auf das jeweils
geschützte Rechtsgut von einiger Erheblichkeit sind,
2. sexuelle Handlungen vor einem anderen
nur solche, die vor einem anderen vorgenommen werden, der den Vorgang wahrnimmt.
본법(형법)에서 1. 성행위란 각 보호법익에
대하여 어느 정도 중요한 행위만을 말한다.
2.타인 면전에서의 성행위란 행위과정을 지
각하는 타인의 면전에서 이루어지는 행위만
을 말한다.

Sexuelle Nötigung StGB 178 성적 강
요죄.
(1) Wer eine andere Person
1. mit Gewalt,
2. durch Drohung mit gegenwärtiger
Gefahr für Leib oder Leben oder
3. unter Ausnutzung einer Lage, in der
das Opfer der Einwirkung des Täters
schutzlos ausgeliefert ist,
nötigt, sexuelle Handlungen des Täters
oder eines Dritten an sich zu dulden oder
an dem Täter oder einem Dritten vorzunehmen, wird mit Freiheitsstrafe nicht
unter einem Jahr bestraft.
다른 사람을 1.폭행 2. 신체·생명에 대한
현재의 위험을 고지한 협박 3. 피해자가
행위자의 영향하에 무방비로 놓여있는 상태
를 이용하여 행위자 또는 제3자의 성행위를
수인하게 하거나 행위자 또는 제3자에게 할
것을 강요한 자는 1년 이하의 자유형에 처
한다.
＊ 행위객체가 사람이며 우리 형법의 강제추
행(성교에 준하는 강제추행은 제외), 준강
간, 강간미수의 개념도 포함되어 있다.

**Sexuelle Nötigung und Vergewaltigung
mit Todesfolge** StGB 178 성적 강요 및
강간치사.
Verursacht der Täter durch die sexuelle
Nötigung oder Vergewaltigung (§177) wenigstens leichtfertig den Tod des Opfers,
so ist die Strafe lebenslange Freiheitsstrafe oder Freiheitsstrafe nicht unter
zehn Jahren.
살인을 동반한 성적 강요와 강간을 통해
적어도 경솔하게 (중과실로) 피해자의 사망
을 야기한 경우에 그 형벌을 피해자가 죽게
되었을 때에는 10년 이상의 징역에 처한다.

**Sexueller Mißbrauch unter Ausnutzung
einer Amtsstellung**
StGB 174b 직위이용 성적 남용죄.
(1) Wer als Amtsträger, der zur Mitwirkung an einem Strafverfahren oder an
einem Verfahren zur Anordnung einer
freiheitsentziehenden Maßregel der Besserung und Sicherung oder einer behördlichen Verwahrung berufen ist, unter
Mißbrauch der durch das Verfahren begründeten Abhängigkeit sexuelle Handlungen an demjenigen, gegen den sich das
Verfahren richtet, vornimmt oder an sich
von dem anderen vornehmen läßt, wird
mit Freiheitsstrafe von drei Monaten bis
zu fünf Jahren bestraft.
형사소송절차, 자유박탈적 보안처분의 명령
절차 또는 관청의 (수용)유치명령절차에 참
여하는 공무수행자로서 그 절차에 근거한
종속관계를 이용하여 그 절차의 대상자에
대하여 성행위를 하거나 그 대상자로 하여
금 자기에 대하여 성행위를 하게 한 자는 3
개월 이상 5년 이하의 자유형에 처한다.

**Sexueller Mißbrauch unter Ausnutzung
eines Beratungs-, Behandlungs- oder
Betreuungsverhältnisses** StGB 174c 상
담, 치료, 보호관계를 이용한 성적 남용죄.
(1) Wer sexuelle Handlungen an einer
Person, die ihm wegen einer geistigen oder
seelischen Krankheit oder Behinderung
einschließlich einer Suchtkrankheit oder
wegen einer körperlichen Krankheit oder

Behinderung zur Beratung, Behandlung oder Betreuung anvertraut ist, unter Mißbrauch des Beratungs-, Behandlungs- oder Betreuungsverhältnisses vornimmt oder an sich von ihr vornehmen läßt, wird mit Freiheitsstrafe von drei Monaten bis zu fünf Jahren bestraft.

중독증을 포함한 정신적 질병이나 장애로 인하여 또는 신체적 질병이나 장애로 인하여 상담, 치료, 보호를 위탁받은 자에 대하여 그 상담, 치료, 보호관계를 남용하여 성적 행위를 하거나 그들로 하여금 자기에게 성적 행위를 하게 한 자는 3개월 이상 5년 이하의 자유형에 처한다.

Sexueller Mißbrauch von Gefangenen, behördlich Verwahrten oder Kranken und Hilfsbedürftigen in Einrichtungen

StGB 174a 피구금자, 관청의 피감호자, 시설의 환자와 요부조자에 대한 성적 남용죄.

(1) Wer sexuelle Handlungen an einer gefangenen oder auf behördliche Anordnung verwahrten Person, die ihm zur Erziehung, Ausbildung, Beaufsichtigung oder Betreuung anvertraut ist, unter Mißbrauch seiner Stellung vornimmt oder an sich von der gefangenen oder verwahrten Person vornehmen läßt, wird mit Freiheitsstrafe von drei Monaten bis zu fünf Jahren bestraft.

피구금자 또는 관청의 명령으로 교육, 직업교육, 감독이나 보호를 목적으로 위탁받은 자에 대하여 그 지위를 이용하여 성행위를 하는 경우 또는 피구금자 또는 피감호자로 하여금 자기에 대하여 성행위를 하게 한 자는 5년 이하의 자유형 또는 벌금형에 처한다.

Sexueller Mißbrauch von Jugendlichen

StGB 182 소년에 대한 성적 남용죄.

← Verführung (a.F.) (위계에 의한 소녀간음죄).

(1) Eine Person über achtzehn Jahre, die eine Person unter sechzehn Jahren dadurch mißbraucht, daß sie

1. unter Ausnutzung einer Zwangslage oder gegen Entgelt sexuelle Handlungen an ihr vornimmt oder an sich von ihr vornehmen läßt oder

2. diese unter Ausnutzung einer Zwangslage dazu bestimmt, sexuelle Handlungen an einem Dritten vorzunehmen oder von einem Dritten an sich vornehmen zu lassen,

wird mit Freiheitsstrafe bis zu fünf Jahren oder mit Geldstrafe bestraft.

18세 이상의 자가 16세 미만자에 대하여 다음 각호의 행위를 한 경우 5년 이하의 자유형 또는 벌금형에 처한다.

1. 궁박한 상태를 이용하거나 또는 대가를 지급하고 16세 미만자에 대하여 성행위를 하거나 그로 하여금 자신에 대하여 성행위를 하게 하는 행위

2. 궁박한 상태를 이용하여 16세 미만자로 하여금 제3자에 대하여 성행위를 하도록 하거나 그에 대한 제3자의 성행위를 하게 하는 행위.

Sexueller Mißbrauch von Kindern

StGB 176 아동성학대죄(14세 미만).

(1) Wer sexuelle Handlungen an einer Person unter vierzehn Jahren (Kind) vornimmt oder an sich von dem Kind vornehmen läßt, wird mit Freiheitsstrafe von sechs Monaten bis zu zehn Jahren bestraft.

14세 미만자(아동)에 대하여 성행위를 하거나 아동으로 하여금 자기에 대하여 성행위를 하게 한 자는 6개월 이상 10년 이하의 자유형에 처한다.

Sexueller Mißbrauch von Kindern mit Todesfolge

StGB 176b 아동성학대치사죄.

Verursacht der Täter durch den sexuellen Mißbrauch (§§ 176 und 176a) wenigstens leichtfertig den Tod des Kindes, so ist die Strafe lebenslange Freiheitsstrafe oder Freiheitsstrafe nicht unter zehn Jahren.

행위자가 아동성학대(제176조 및 제176조a)로 인하여 적어도 경솔하게 아동의 죽음을 야기한 경우는 무기 자유형 또는 10년 이상의 자유형에 처한다.

Sexueller Mißbrauch von Schutzbefoh-lenen StGB 174 피보호자에 대한 성적 남용죄.

(1) Wer sexuelle Handlungen Nr. 1, 2, 3 vornimmt oder an sich von dem Schutz-befohlenen vornehmen läßt, wird mit Freiheitsstrafe von drei Monaten bis zu fünf Jahren bestraft.

다음 각호의 1에 해당하는 피보호자(위탁받은 16세 미만자, 종속된 지위에 있는 18세 미만자, 18세 미만의 친자와 양자)에 대하여 성행위를 하거나 피보호자로 하여금 자기에 대하여 성행위를 하게 한 자는 5년 이하의 자유형 또는 벌금형에 처한다.

피보호자의 면전에서 이루어지는 성행위는 (sexuelle Handlungen vor dem Schutzbe-fohlenen) 제(2)항 각호 1.2에 따로 규정이 되어 있다.

Sexueller Mißbrauch widerstandsunfähi-ger Personen StGB 179 저항불능자에 대한 성적 남용죄. (Schändung)

(1) Wer eine andere Person, die

1. wegen einer geistigen oder seelischen Krankheit oder Behinderung einschließlich einer Suchtkrankheit oder wegen einer tiefgreifenden Bewußtseinsstörung oder

2. körperlich zum Widerstand unfähig ist, dadurch mißbraucht, daß er unter Aus-nutzung der Widerstandsunfähigkeit se-xuelle Handlungen an ihr vornimmt oder an sich von ihr vornehmen läßt, wird mit Freiheitsstrafe von sechs Monaten bis zu zehn Jahren bestraft.

저항불능상태를 이용하여 다음 각호에 해당하는 자에 대하여 성행위를 하거나 그로 하여금 자기에 대하여 성행위를 하게 한 자는 5년 이하의 자유형 또는 벌금형에 처한다.

1. 정신적 질병 또는 중독증을 포함한 장애 또는 심한 의식장애로 인하여 저항불능 상태에 있는 자,

2. 신체적으로 저항불능 상태에 있는 자.

SGB → Sozialgesetzbuch (사회법(전)).

SGG → Sozialgerichtsgesetz (사회법원법).

SHG → Staatshaftungsgesetz (국가배상(책임)법).

Sich-bereit-erklären StGB 30(2) 용의 표명 (미리 자신의 의사를 표명함).

Ebenso wird bestraft, wer sich bereit erklärt, wer das Erbieten eines anderen annimmt oder wer mit einem anderen verabredet, ein Verbrechen zu begehen oder zu ihm anzustiften.

중죄의 수행이나 교사에 대하여 용의를 표명한 자, 타인의 제의를 수락한 자 또는 타인과 이를 약속한 자도 제1항(참여의 미수)과 같다.

Sichere Unterbringung StVollzG 85 안전수용.

Ein Gefangener kann in eine Anstalt verlegt werden, die zu seiner sicheren Unterbringung besser geeignet ist, wenn in erhöhtem Maß Fluchtgefahr gegeben ist oder sonst sein Verhalten oder sein Zustand eine Gefahr für die Sicherheit oder Ordnung der Anstalt darstellt.

수형자가 상당한 도주위험이 있거나 기타 그의 행동 또는 그의 상태가 시설의 안전이나 질서에 위험이 되는 경우에는 그의 안전수용에 보다 적정한 시설로 이송될 수 있다.

Sicheres Geleit StPO 295 미결구금면제의 보증 (= freies Geleit).

(1) Das Gericht kann einem abwesenden Beschuldigten sicheres Geleit erteilen.

법원은 부재피의자에게 미결구금면제의 보증(자유호송)을 부여할 수 있다.

(2) Das sichere Geleit gewährt Befreiung von der Untersuchungshaft, jedoch nur wegen der Straftat, für die es erteilt ist.

미결구금면제의 보증은 미결구금의 면제를 보증한다. 다만 미결구금면제의 보증이 부여된 범죄행위에 한한다.

(3) Es erlischt, wenn ein auf Freiheits-strafe lautendes Urteil ergeht oder wenn der Beschuldigte Anstalten zur Flucht trifft oder wenn er die Bedingungen nicht erfüllt, unter denen ihm das sichere Geleit erteilt worden ist.

자유형을 선고하는 판결이 행하여지거나 피의자가 시설에서 도주를 행하려 하거나 또는 피의자가 미결구금면제의 보증이 부여되는 조건을 이행하지 아니하는 경우에는 미결구금면제의 보증은 그 효력을 상실한다.

Sicherheit und Ordnung StVollzG 81 안전 및 질서.
Das Verantwortungsbewußtsein des Gefangenen für ein geordnetes Zusammenleben in der Anstalt ist zu wecken und zu fördern.
교도소에서의 질서 있는 공동생활을 위하여 수형자의 책임의식을 고양, 증진하여야 한다.

Sicherheitsarrest → Persönlicher Sicherheitsarrest (인적 보전가압류).

Sicherheitsgefährdender Nachrichtendienst StGB 109f 반국방정보활동죄 (안전을 위태롭게 하는 정보근무죄; 국방정보수집).
(1) Wer für eine Dienststelle, eine Partei oder eine andere Vereinigung außerhalb des räumlichen Geltungsbereichs dieses Gesetzes, für eine verbotene Vereinigung oder für einen ihrer Mittelsmänner.
1. Nachrichten über Angelegenheiten der Landesverteidigung sammelt,
2. einen Nachrichtendienst betreibt, der Angelegenheiten der Landesverteidigung zum Gegenstand hat, oder
3. für eine dieser Tätigkeiten anwirbt oder sie unterstützt
und dadurch Bestrebungen dient, die gegen die Sicherheit der Bundesrepublik Deutschland oder die Schlagkraft der Truppe gerichtet sind, wird mit Freiheitsstrafe bis zu fünf Jahren oder mit Geldstrafe bestraft, wenn die Tat nicht in anderen Vorschriften mit schwererer Strafe bedroht ist.
이 법의 장소적 적용범위 외의 기관, 정당이나 기타 단체를 위하여 또는 결사가 금지된 단체나 그 대리인을 위하여 다음 각호의 행위를 하고, 이로 인하여 독일연방공화국

의 안전 또는 군대의 전투력에 반하는 시도를 한 자는 그 행위가 다른 형법규정에서 더 중한 형을 규정하고 있지 아니한 때에는 5년 이하의 자유형 또는 벌금형에 처한다.
1. 국방업무에 관한 정보수집, 2. 국방업무를 대상으로 하는 정보기관의 운영, 3. 제1호, 제2호의 활동에 대한 모집 또는 지원.

Sicherheitsgefährdendes Abbilden StGB 109g 군사시설 등 모사죄.
(1) Wer von einem Wehrmittel, einer militärischen Einrichtung oder Anlage oder einem militärischen Vorgang eine Abbildung oder Beschreibung anfertigt oder eine solche Abbildung oder Beschreibung an einen anderen gelangen läßt und dadurch wissentlich die Sicherheit der Bundesrepublik Deutschland oder die Schlagkraft der Truppe gefährdet, wird mit Freiheitsstrafe bis zu fünf Jahren oder mit Geldstrafe bestraft.
방위수단, 군사시설이나 설비 또는 군사적 진행과정에 관하여 이를 모사 또는 기술하거나 그와 같은 모사 또는 기술을 타인에게 전달하고, 이로 인하여 그 정을 알면서 독일연방공화국의 외적 안전 또는 군대의 전투력을 위태화한 자는 5년 이하의 자유형 또는 벌금형에 처한다.

Sicherheitsgurte StVO 21a 안전벨트.
(1) Vorgeschriebene Sicherheitsgurte müssen während der Fahrt angelegt sein. Das gilt nicht für 1. Taxifahrer und Mietwagenfahrer bei der Fahrgastbeförderung,
운행중에는 규정안전벨트를 착용하여야 한다. 다만 1. 승객운송시의 택시운전자와 렌트카운전자에게는 적용하지 않는다.

Sicherheitsleistung StPO 116a; 379 담보의 제공.
(1) Die Sicherheit ist durch Hinterlegung in barem Geld, in Wertpapieren, durch Pfandbestellung oder durch Bürgschaft geeigneter Personen zu leisten. (116a)
(1) (구속영장 집행의 유예를 위한) 담보제공은 현금, 유가증권의 공탁, 담보설정 또는 적당한 인물의 보증에 의하여 할 수 있다.

(1) Der Privatkläger hat für die dem Beschuldigten voraussichtlich erwachsenden Kosten unter denselben Voraussetzungen Sicherheit zu leisten, unter denen in bürgerlichen Rechtsstreitigkeiten der Kläger auf Verlangen des Beklagten Sicherheit wegen der Prozeßkosten zu leisten hat. (379)

사인기소인은 민사소송에서 원고가 피고의 청구에 의하여 소송비용에 대한 담보를 제공하는 것과 동일한 요건하에 피의자에게 발생할 것이 예견되는 비용에 대하여 담보를 제공하여야 한다.

Sicherheitsleistung und Zustellungsbevollmächtigter StPO 132 담보제공과 송달대리권자. ← Sonstige Maßnahme zur Sicherheit der Strafverfolgung (형사소추와 형집행의 확보를 위한 기타의 조치).

(1) Hat der Beschuldigte, der einer Straftat dringend verdächtig ist, im Geltungsbereich dieses Gesetzes keinen festen Wohnsitz oder Aufenthalt, liegen aber die Voraussetzungen eines Haftbefehls nicht vor, so kann, um die Durchführung des Strafverfahrens sicherzustellen, angeordnet werden, daß der Beschuldigte
1. eine angemessene Sicherheit für die zu erwartende Geldstrafe und die Kosten des Verfahrens leistet und
2. eine im Bezirk des zuständigen Gerichts wohnende Person zum Empfang von Zustellungen bevollmächtigt.

유력한 범죄혐의를 받고 있는 피의자가 이 법의 적용영역 내에서 분명한 주소나 거소가 없거나 구속영장의 요건의 존재하고 있지 않은 경우에는 절차의 확보를 위하여 피의자에게 다음을 명할 수 있다.
1. 예상되는 벌금형 및 절차의 비용에 대한 적절한 담보의 이행.
2. 관할법원의 구역내에 거주하는 자에게 송달 수령의 위임.

Sicherheitstechnische Prüfung BImSchG 29a 안전기술검사.

(1) Die zuständige Behörde kann anordnen, dass der Betreiber einer genehmi-

gungsbedürftigen Anlage einen der von der nach Landesrecht zuständigen Behörde bekannt gegebenen Sachverständigen mit der Durchführung bestimmter sicherheitstechnischer Prüfungen sowie Prüfungen von sicherheitstechnischen Unterlagen beauftragt.

관할관청은 인가를 요하는 시설의 운영자가 주법에 의한 관할관청으로부터 고지받은 전문가에게 일정한 안전기술검사 및 안전기술상의 기초자료 검사의 실행을 위탁할 것을 명령할 수 있다.

Sicherheitsverfall (Verfall der Sicherheit) → Verfall einer noch nicht frei gewordenen Sicherheit (해제되지 아니한 담보의 귀속).

Sicherstellung MEPolG 21 영치.

Die Polizei kann eine Sache sicherstellen.
1. um eine gegenwärige Gefahr abzuwehren,
2. um den Eigentümer oder den rechtmäßigen Inhaber der tatsächlichen Gewalt vor Verlust oder Beschädigung einer Sache zu schützen, oder
3. wenn sie von einer Person mitgeführt wird, die nach diesem Gesetz oder anderen Rechtsvorschriften festgehalten wird, und die Sache verwendet werden kann, um
a) sich zu töten oder zu verletzten,
b) Leben oder Gesundheit anderer zu schädigen,
c) fremde Sachen zu beschädigen oder
d) die Flucht zu ermöglichen oder zu erleichtern.

경찰은 다음 각호의 경우에 물건을 영치할 수 있다.
1. 현재의 위험을 방지하기 위하여,
2. 소유권자 또는 적법한 점유자를 물건의 망실 또는 훼손으로부터 보호하기 위하여,
3. 이 법률 또는 다른 법규에 의하여 구금된 자가 휴대하고 있는 물건이 다음의 목적으로 사용될 수 있을 때, 즉
a) 자살이나 자상,
b) 타인의 생명 또는 건강의 훼손,

c) 타인의 물건에 대한 손상,
d) 도주의 가능 내지 용이.

Sicherstellung von Gegenständen Gründe

(Gründe für die ~) StPO 111b 물건의 보
전(사유).
(1) Gegenstände können durch Beschlagnahme nach §111c sichergestellt werden,
wenn Gründe für die Annahme vorhanden
sind, daß die Voraussetzungen für ihren
Verfall oder ihre Einziehung vorliegen.
그 박탈이나 몰수의 요건이 있다고 믿을 만
한 사유가 있는 때에는 물건은 §111c(→
Beschlagnahme einer beweglichen Sache 동
산압수)에 따라 압수를 통해서 이를 보전할
수 있다.

Sicherungsgeber 담보제공자

→ Sicherungsübereignung (양도담보).

Sicherungshaft StPO 112a 보안구금.

(Zusätzliche Haftgründe: 추가구속사유)
(1) Ein Haftgrund besteht auch, wenn der
Beschuldigte dringend verdächtig ist,
1. eine Straftat nach den §§ 174, 174a, 176
bis 179 oder nach § 238 Abs. 2 und 3 des
Strafgesetzbuches oder
2. wiederholt oder fortgesetzt eine die
Rechtsordnung schwerwiegend beeinträch-
tigende Straftat nach § 125a, nach den §§
224 bis 227, nach den §§ 243, 244, 249 bis
255, 260, nach § 263, nach den §§ 306 bis
306c oder §316a des Strafgesetzbuches oder
nach § 29 Abs.1 Nr.1, 4, 10 oder Abs.3,
§ 29a Abs.1, § 30 Abs.1, § 30a Abs.1 des
Betäubungsmittelgesetzes
begangen zu haben, und bestimmte Tatsachen die Gefahr begründen, daß er vor
rechtskräftiger Aburteilung weitere erhebliche Straftaten gleicher Art begehen oder
die Straftat fortsetzen werde, die Haft zur
Abwendung der drohenden Gefahr erforderlich und in den Fällen der Nummer 2
eine Freiheitsstrafe von mehr als einem
Jahr zu erwarten ist.
피의자에게 다음 각호의 범죄를 행하였다는
유력한 혐의가 있고 피의자가 확정판결 전

에 동종이 범죄행위를 반복 또는 계속할 위
험이 인정되며, 이러한 위험을 방지하기 위
하여 구금이 필요한 때 또는 제2호의 경우
에 1년 이상의 자유형이 예상되는 때에 구
금사유가 존재한다.
1. 형법 제174조, 제174a조, 제176조 내지
제179조(성적 자기결정권에 대한 범죄) 또
는 제238조 제2항 및 3항에 의한 범죄행위,
2. 반복적 또는 계속적으로 형법 제125a조,
제224-227조, 제243, 244, 249-255, 260조,
제263조, 제306-306c조 또는 제316a조 또는
마약법 제29조 제1항 제1, 4, 10호 또는 제3
항, 제29a조 제1항, 제30조 제1항, 제30a조
제1항에 규정된 법질서를 중대하게 해치는
범죄행위.

Sicherungshaftbefehl → Vorläufiger

Maßnahmen im Widerrufsverfahren (철회
절차에 있어서의 가조치).

Sicherungshypothek BGB 1184 보전저

당권.
(1) Eine Hypothek kann in der Weise
bestellt werden, dass das Recht des
Gläubigers aus der Hypothek sich nur
nach der Forderung bestimmt und der
Gläubiger sich zum Beweis der Forderung
nicht auf die Eintragung berufen kann
(Sicherungshypothek).
저당권은 저당권에 기한 채권자의 권리가
채권에 의하여만 정하여지고, 채권자가 채
권의 증명에 등기를 원용할 수 없는 방법으
로 설정될 수 있다(보전저당권).
→ Rangänderung (zugunsten des Verletzten bei Sicherungshypothek). (보전저당
권의 경우에 피해자를 위한) 순위변경.

Sicherungsmaßregel 보안처분. → Maß-

regeln der Besserung und Sicherung.

Sicherungsübereignung 양도담보.

Der Kreditnehmer (Sicherungsgeber: Ze-
dent) überträgt das Eigentum einer ihm
gehörenden beweglichen Sache an den
Kreditgeber (Sicherungsnehmer: Zessio-
när). Die Übereignung erfolgt durch Einigung (§ 929 S.1 BGB) über den Eigen-

tumsübergang und Vereinbarung eines Besitzkonstituts (§ 930 BGB). Der Kreditnehmer bleibt unmittelbarer Besitzer der Sache, vermittelt aber dem Kreditgeber mittelbaren Besitz.

채무자(담보제공자: 양도인)는 자기의 동산 소유권을 채권자(담보수령자: 피양도인, 양도담보권자)에게 양도한다. 이러한 소유권의 양도는 소유권이전에 대한 합의(민법 제929조)와 점유개정의 합의(민법 제930조)에 의하여 이루어진다. 채무자는 직접 물건의 점유자가 되지만, 채권자는 간접점유를 가진다.

Sicherungsverfahren StPO 413, 414 보안(처분)절차.

Führt die Staatsanwaltschaft das Strafverfahren wegen Schuldunfähigkeit oder Verhandlungsunfähigkeit des Täters nicht durch, so kann sie den Antrag stellen, Maßregeln der Besserung und Sicherung selbständig anzuordnen, wenn dies gesetzlich zulässig ist und die Anordnung nach dem Ergebnis der Ermittlungen zu erwarten ist (Sicherungsverfahren).

검사가 행위자의 책임무능력 또는 변론무능력을 이유로 형사절차를 수행하기 어려운 경우에 개선·보안처분의 절차가 법적으로 허용되고 있고 수사의 결과에 의하여 그 명령을 기대할 수 있는 때에는 검사는 독립하여 개선·보안처분명령을 신청할 수 있다.

(1) Für das Sicherungsverfahren gelten sinngemäß die Vorschriften über das Strafverfahren, soweit nichts anderes bestimmt ist.

보안절차는 달리 규정되지 아니하는 한, 형사절차에 관한 규정을 준용한다.

Sicherungsverwahrung StVollzG 129 보안감호.

Der Sicherungsverwahrte wird zum Schutz der Allgemeinheit sicher untergebracht.
Ihm soll geholfen werden, sich in das Leben in Freiheit einzugliedern.

보안감호자는 일반공중의 보호를 위하여 안전하게 수용되어야 한다. 그 수용은 보안감호자가 자유생활에로의 복귀에 도움이 되도록 하여야 한다.
→ Unterbringung in der ~ (보안감호수용).

Sichtwechsel WG 76(2) 일람출급어음.
→ Eigener Wechsel (약속어음).
→ Bei Sicht zahlbar (일람출급).
→ Verfallzeit (auf sicht) (만기).

Siegelbruch StGB 136 봉인파괴죄.
(2) Ebenso wird bestraft, wer ein dienstliches Siegel beschädigt, ablöst oder unkenntlich macht, das angelegt ist, um Sachen in Beschlag zu nehmen, dienstlich zu verschließen oder zu bezeichnen, oder wer den durch ein solches Siegel bewirkten Verschluß ganz oder zum Teil unwirksam macht.

압류하거나 직무상 폐쇄하거나 또는 표시하기 위해 놓인 봉인된 물건을 손상, 개피 또는 식별불능하게 하거나 그러한 봉인된 폐쇄를 전부 또는 부분적으로 무효화하는 자도 전항(Verstrickungsbruch: 압류표시파괴죄)과 동일한 형으로 처벌한다.

Siegelung InsO 150 봉인.
Der Insolvenzverwalter kann zur Sicherung der Sachen, die zur Insolvenzmasse gehören, durch den Gerichtsvollzieher oder eine andere dazu gesetzlich ermächtigte Person Siegel anbringen lassen.

도산관재인은 도산재단에 속하는 물건을 보전하기 위하여 집행관 또는 법적으로 그와 동일한 권한을 수여받은 자에게 봉인하게 할 수 있다.

SigG → Signaturgesetz.

Signaturgesetz SigG 1 전자서명법.
Gesetz über Rahmenbedingungen für elektronische Signaturen (2001.5.16) (BGBl. I S. 876).
(1) Zweck des Gesetzes ist es, Rahmenbedingungen für elektronische Signaturen zu schaffen.

본법은 전자서명의 기본조건을 설정하기 위한 목적을 가진다.

Signaturprüfschlüssel SigG 2 Nr.5
서명검증키.
Im Sinne dieses Gesetzes sind
5. ″Signaturprüfschlüssel″ elektronische
Daten wie öffentliche kryptographische
Schlüssel, die zur Überprüfung einer elektronischen Signatur verwendet werden,
전자서명검증키는 전자서명의 검증을 위하
여 사용되는 공적 암호문서의 키와 같은 전
자적 데이터를 말한다.

Signaturschlüssel SigG 2 Nr.4 (전자)
서명키.
Im Sinne dieses Gesetzes sind
4. ″Signaturschlüssel″ einmalige elektronische Daten wie private kryptographische
Schlüssel, die zur Erstellung einer elektronischen Signatur verwendet werden,
(전자)서명키는 전자서명의 생성을 위하여
사용되는 사적 암호문서의 키와 같은 1회의
전자적 데이터를 말한다.

Signaturschlüssel-Inhaber SigG 2 Nr.2
서명키 소유자. → Fortgeschrittene elektronische Signatur (고급전자서명).

Simultangrundung (Einheitsgründung,
Übernahmegründung) AktG 29 발기설립.
Mit der Übernahme aller Aktien durch die
Gründer ist die Gesellschaft errichtet.
발기인에 의한 총주식의 인수로서 회사는
설립된다.

Simultanschule 종파혼합학교.
Schulform, die Schuler verschiedener Bekenntnisse vereinigt
다양한 종파의 학생이 모여 있는 학교형태.
→ Gemeinschaftsschule (공동학교).

Singularia non sunt extenda 예외규정
은 확대적용할 수 없다.
Ausnahmeregelungen sind eng auszulegen
und nicht analogiefähig
예외규정은 협의로 해석해야 하며, 유추할
수 없다.

Sinngemäße Anwendung für die Vollstrek-
kung von Maßregeln der Besserung und
Sicherung StPO 463 보안처분의 형집행규정
준용.
(1) Die Vorschriften über die Strafvollstreckung gelten für die Vollstreckung von
Maßregeln der Besserung und Sicherung
sinngemäß, soweit nichts anderes bestimmt
ist.
달리 규정되지 아니한 한, 개선·보안처분의
집행에 대하여는 형집행에 관한 규정을 준
용한다.

Sitte 관습, 풍속.
→ 선량한 풍속 (Gute Sitte).

Sitz BGB 24 주소, 소재지.
Als Sitz eines Vereins gilt, wenn nicht
ein anderes bestimmt ist, der Ort, an
welchem die Verwaltung geführt wird.
사단의 주소는 다른 규정이 없는 한 업무의
집행지이다.

Sitzung StPO 275(3) 개정.
(Rubrum: Urteilskopf 판결문 서두)
(3) Die Bezeichnung des Tages der Sitzung sowie die Namen der Richter, der
Schöffen, des Beamten der Staatsanwaltschaft, des Verteidigers und des Urkundsbeamten der Geschäftsstelle, die an der
Sitzung teilgenommen haben, sind in das
Urteil aufzunehmen.
개정일 및 공판에 참여한 판사, 참심원, 검
찰공무원, 변호인 및 사무국 서기관의 성명
은 판결서에 기록되어야 한다.

Sitzungspolizei GVG 176; StGB 113
법정경찰(권).
Die Aufrechterhaltung der Ordnung in der
Sitzung obliegt dem Vorsitzenden. 법정에
서 질서의 유지는 재판장의 의무이다.

Sitzungsprotokoll (Verhandlungsprotokoll)
StPO 271 공판조서.

Sitzungsvorstand BTGO 8 간부회의.
(1) In den Sitzungen des Bundestages
bilden der amtierende Präsident und zwei

Schriftführer den Sitzungsvorstand.
사회의장과 2명의 서기가 연방하원에서 간
부회의를 구성한다.

Sitzungszimmer; Gerichtsstelle
StPO 247, 248 법정.

Sofortige Beschwerde StPO 28, 311(2),
372 즉시항고.
(2) Die Beschwerde ist binnen einer
Woche einzulegen; die Frist beginnt mit
der Bekanntmachung (§ 35) der Entscheidung. (311)
항고는 1주일내에 제기되어야 한다. 기간은
재판의 고지(제35조)로부터 기산된다.
Alle Entscheidungen, die aus Anlaß eines
Antrags auf Wiederaufnahme des Verfahrens von dem Gericht im ersten Rechtszug erlassen werden, können mit sofortiger Beschwerde angefochten werden.
(372)
재심청구에 의하여 제1심 법원이 행한 모든
재판에 대하여는 즉시항고로서 이를 다툴
수 있다.

Sofortiger Vollzug VwVG 6 즉시집행.
(2) Der Verwaltungszwang kann ohne
vorausgehenden Verwaltungsakt angewendet werden, wenn der sofortige Vollzug
zur Verhinderung einer rechtswidrigen
Tat die einen Straf- oder Bußgeldtatbe-
stand verwirklicht, oder zur Abwendung
einer drohenden Gefahr notwendig ist und
die Behörde hierbei innerhalb ihrer gesetzlichen Befugnisse handelt.
즉시집행이 형벌구성요건이나 질서위반금구
성요건의 실현시에 위법행위를 방지하기 위
하여 또는 급박한 위험을 회피하기 위하여
필요하고 또한 당해 관청이 자신의 법적 권
한내에서 행위한 때에는 행정강제는 선행하
는 행정행위없이 이를 적용할 수 있다.

Sofortiges Anerkenntnis ZPO 93 즉시
인락.
Hat der Beklagte nicht durch sein Verhalten zur Erhebung der Klage Veranlassung gegeben, so fallen dem Kläger die
Prozesskosten zur Last, wenn der Be-

klagte den Anspruch sofort anerkennt.
피고가 자신의 행동으로 인해서 소의 제기
를 유발하지 아니한 경우에 피고가 청구를
즉시 인락한 때에는 소송비용은 원고의 부
담으로 한다.

Soll-Vorschrift 의무규정 (당위); Sollen
은 규정되어 있는 비구속적인 명령으로 이
에 반한다고 반드시 무효인 것은 아니다 →
Grammatische Auslegung(문리해석).

Sollinhalt der Vereinssatzung
BGB 58 사단정관의 의무내용.
Die Satzung soll Bestimmungen enthalten:
1. über den Eintritt und Austritt der
Mitglieder,
2. darüber, ob und welche Beiträge von
den Mitgliedern zu leisten sind,
3. über die Bildung des Vorstandes,
4. über die Voraussetzungen, unter denen
die Mitgliederversammlung zu berufen ist,
über die Form der Berufung und über die
Beurkundung der Beschlüsse.
정관에는 다음 각호의 사항에 관하여 규정
하여야 한다.
1. 사원의 입사 및 퇴사,
2. 사원의 출자의 여부 및 그 액수,
3. 이사회의 구성,
4. 사원총회의 소집요건·소집방법 및 의사
록의 작성.

Sonderbeschluß AktG 138 특별결의.
→ Gesonderte Versammlung, Gesonderte
Abstimmung (특별(별도)총회, 특별(별도)표
결).

Sonderdelikt 신분범.
Als Sonderdelikt bezeichnet man in der
Strafrechtswissenschaft einen Tatbestand,
der nur durch einen bestimmten Täter-
kreis verwirklicht werden kann, also beim
Täter ein besonderes persönliches Merkmal voraussetzt.
형법학에서 특정한 행위자범주의 사람들에
의하여서만 실현될 수 있는 구성요건으로
행위자의 특별한 인적 표지를 전제로 한다.

Sondergut BGB 1417 특유재산.
(1) Vom Gesamtgut ist das Sondergut ausgeschlossen.
(2) Sondergut sind die Gegenstände, die nicht durch Rechtsgeschäft übertragen werden können.
(3) Jeder Ehegatte verwaltet sein Sondergut selbständig.
(1) 특유재산은 합유재산에서 배제된다.
(2) 특유재산은 법률행위를 통해서 양도할 수 없는 대상물이다.
(3) 각 배우자는 자신의 특유재산을 독립적으로 관리한다.

Sonderprüfer AktG 258 특별검사인.
(1) Besteht Anlaß für die Annahme, daß
1. in einem festgestellten Jahresabschluß bestimmte Posten nicht unwesentlich unterbewertet sind (§ 256 Abs. 5 Satz 3) oder
2. der Anhang die vorgeschriebenen Angaben nicht oder nicht vollständig enthält und der Vorstand in der Hauptversammlung die fehlenden Angaben, obwohl nach ihnen gefragt worden ist, nicht gemacht hat und die Aufnahme der Frage in die Niederschrift verlangt worden ist,
so hat das Gericht auf Antrag Sonderprüfer zu bestellen.
다음 각호를 인정할 사유가 있다고 인정되는 경우에 법원은 신청에 의하여 특별검사인을 임명하여야 한다.
1. 확정된 연도결산서에 규정된 항목이 중대하다고 보지 않을 수 없을 정도로 과소평가되어 있는 경우,
2. 부속명세서가 규정된 기재사항을 포함하지 아니하거나 불완전하게 포함하고 있고, 이사회가 주주총회에서 기재사항의 흠결에 관한 질문을 받았음에도 불구하고 그 기재를 하지 아니하고 있고 의사록에 그 질문의 수록이 요구되어 있는 경우.

Sonderrecht BGB 35 고유권.
Sonderrechte eines Mitglieds können nicht ohne dessen Zustimmung durch Beschluss der Mitgliederversammlung beeinträchtigt werden.
사원의 고유권은 본인의 동의 없이는 사원총회의 결정에 의하여 침해될 수 없다.

Sonderrechtsverhältnis 특별법관계.
Als Sonderrechtsverhältnis bezeichnet man in der deutschen Rechtswissenschaft einen Zustand der gesteigerten Bindung des Bürgers an den Staat, welche in ihrer Intensität über die normale Bindung des Bürgers an den Staat (allgemeines Gewaltverhältnis) hinausgeht. Die Bezeichnung als besonderes Gewaltverhältnis wird heute meist vermieden,
특별법관계는 시민의 국가에 대한 정상적인 구속의 정도(일바권력관계)를 벗어나는 강화된 구속의 상태를 말한다. 특별권력관계라는 명칭은 오늘날 거의 사용되지 않는다.

Sonderung → Bodensonderung (토지구획).

Sonderungsplanverordnung SPV 1
구획계획령.
(1) Die Grenze des nach § 6 Abs. 2 des Bodensonderungsgesetzes zu bestimmenden Plangebietes muß vermessungstechnisch nach den Vorschriften des Landesrechts über Katastervermessungen bestimmt sein. Diese Voraussetzung ist dem Grundbuchamt durch eine Bescheinigung der für die Führung des Liegenschaftskatasters zuständigen Behörde nachzuweisen.
토지구획법 제6조 제2항에서 규정되는 구획지역의 경계는 측량기술상 토지대장측량에 대한 주법규정에 따라서 규정된다.

Sonderurlaub zur Vorbereitung der Entlassung StVollzG 124 석방의 준비를 위한 특별휴가.
(1) Der Anstaltsleiter kann dem Gefangenen zur Vorbereitung der Entlassung Sonderurlaub bis zu sechs Monaten gewähren.
교도소장은 수형자에게 석방준비를 위하여 6개월 이내의 특별휴가를 허용할 수 있다.

Sondervermögen GG 143b; BGB 310
특별재산.

동일인에 속하는 재산으로 독립법인이 되는 것은 아니지만 다른 재산과 구별되어 법률상 특별한 취급을 받는 재산으로 일반 사법적 원리의 제한을 받는다(BGB 310, 489(4), 648a(6), 1259) (대표적인 예로는 재산공동제의 합유재산, 특유재산, 유보재산 등); 이에 비해 공법상의 대표적인 특별재산인 독일연방우체국(→ Deutsche Bundespost)에 관하여는 기본법에서 이를 정하고 있다.
→ Öffentliche Stelle (공공부문).
→ Post- und Telekommunikationsverwaltung (우편·통신행정).

Sonderverwahrung DepotG 2 분리예탁.

Der Verwahrer ist verpflichtet, die Wertpapiere unter äußerlich erkennbarer Bezeichnung jedes Hinterlegers gesondert von seinen eigenen Beständen und von denen Dritter aufzubewahren, wenn es sich um Wertpapiere handelt, die nicht zur Sammelverwahrung durch eine Wertpapiersammelbank zugelassen sind, oder wenn der Hinterleger die gesonderte Aufbewahrung verlangt.
수탁인은 유가증권에 관하여 유가증권혼장은행이 혼장예탁을 허용하지 아니하거나 위탁자가 분리보관을 요구하는 경우가 아니한, 개개의 예탁자별로 외견상 식별할 수 있는 표지를 사용하여 자신의 소유에 속하는 유가증권과 제3자의 소유에 속하는 유가증권을 각각 분리하여 보관할 의무가 있다.

Sondervorschriften für Jugendliche und Heranwachsende StGB 10 청소년과 연장소년에 대한 특별규정.

Für Taten von Jugendlichen und Heranwachsenden gilt dieses Gesetz nur, soweit im Jugendgerichtsgesetz nichts anderes bestimmt ist.
청소년 및 연장소년에 대하여는 소년법원법에서 달리 규정하지 않는 경우에만 형법을 적용한다.

Sondervorteil AktG 26 특별이익.

(1) Jeder einem einzelnen Aktionär oder einem Dritten eingeräumte besondere Vorteil muß in der Satzung unter Bezeich-

nung des Berechtigten festgesetzt werden.
각 주주 또는 제3자에게 부여된 특별이익은 정관에 그 권리자를 표시하여 확정하여야 한다.

Sonstige Maßnahme zur Sicherheit der Strafverfolgung StPO 132 형사소추와 형집행의 확보를 위한 기타의 조치.

→ Sicherheitsleistung und Zustellungsbevollmächtigter (담보제공과 송달대리권자).

Sorgfalt in eigenen Angelegenheiten (diligentia quam in suis)
BGB 277 자기의 사무에 관한 주의.
Wer nur für diejenige Sorgfalt einzustehen hat, welche er in eigenen Angelegenheiten anzuwenden pflegt, ist von der Haftung wegen grober Fahrlässigkeit nicht befreit.
자기의 사무에 관하여 통상 적용되는 주의에 관하여서만 책임을 져야 하는 자도 중과실로 인한 책임을 면할 수 없다.

Sorgfaltspflicht 주의의무.

Pflicht, sich umsichtig und achtsam zu verhalten bzw. der im Verkehr erforderlichen Sorgfalt Genüge zu tun: Zweck der Sorgfaltspflicht ist die Vermeidung von unnötigen Risiken und Schäden für andere. Der Maßstab der anzuwendenden Sorgfalt ist jeweils konkreten Situation festzumachen.
주의의무는 신중하고 주의깊게 행위하거나 거래상 요구되는 주의를 만족시켜야 할 의무를 말한다. 주의의무의 목적은 타인에 대한 불필요한 위험과 손해를 회피하는 데에 있다. 주의를 적용하는 기준은 구체적 상황에 따라 정해진다.
(Verantwortlichkeit des Schuldners 채무자의 유책성 BGB 276).
(2) Fahrlässig handelt, wer die im Verkehr erforderliche Sorgfalt außer Acht lässt.
거래상 요구되는 주의(사회생활상, 보통의, 통상의 주의, 선관의무)를 부주의한 사람은 과실로 행위한 것이다.

Sorgfaltspflicht von Kaufleuten

HGB 347 상인의 주의의무.
(1) Wer aus einem Geschäft, das auf seiner Seite ein Handelsgeschäft ist, einem anderen zur Sorgfalt verpflichtet ist, hat für die Sorgfalt eines ordentlichen Kaufmanns einzustehen.
자신의 편에서 상행위인 행위로 인하여 타인에 대하여 주의의무를 부담하는 자는 보통의 상인의 주의를 다하여야한다.

Sowjetzonenflüchtling BVFG 3 소련 점령지탈주자.

(1) Sowjetzonenflüchtling ist ein deutscher Staatsangehöriger oder deutscher Volkszugehöriger, der seinen Wohnsitz in der sowjetischen Besatzungszone oder im sowjetisch besetzten Sektor von Berlin hat oder gehabt hat und von dort vor dem 1. Juli 1990 geflüchtet ist, um sich einer von ihm nicht zu vertretenden und durch die politischen Verhältnisse bedingten besonderen Zwangslage zu entziehen.
소련점령지탈주자는 소련점령지역이나 소련점령 베를린구역에 자신의 주소를 갖거나 또는 주소를 가졌었고, 1990년 7월 1일 이전에 그곳을 탈출하여 자신의 책임이 아닌, 정치적인 관계에 의한 조건의 특수한 강제적 상황을 면하게 된 독일국적인이나 독일민족에 속하는 자이다.

Sozial ungerechtfertigte Kündigung

KSchG 1 사회적으로 부당한 해고.
(1) Die Kündigung des Arbeitsverhältnisses gegenüber einem Arbeitnehmer, dessen Arbeitsverhältnis in demselben Betrieb oder Unternehmen ohne Unterbrechung länger als sechs Monate bestanden hat, ist rechtsunwirksam, wenn sie sozial ungerechtfertigt ist.
동일한 공장이나 기업에서 근로관계의 중단없이 6개월 이상 근로한 근로자에 대한 근로관계의 해지는 그것이 사회적으로 정당한 사유가 없다면 법률상 효력이 없다.
제2항에서는 개인의 귀책사유나 고용상의 절박한 필요가 없는 해고 등 여러 경우가 상세히 규정되어 있다.

Sozialdaten SGB 10 67 사회데이터.

(1) Sozialdaten sind Einzelangaben über persönliche oder sachliche Verhältnisse einer bestimmten oder bestimmbaren natürlichen Person (Betroffener), die von einer in § 35 des Ersten Buches genannten Stelle im Hinblick auf ihre Aufgaben nach diesem Gesetzbuch erhoben, verarbeitet oder genutzt werden.
사회데이터는 (사회법전) 제1권 제35조에 기재된 기관에 의하여 본법에 의한 임무를 고려하여 수집, 처리, 또는 이용되는 특정되거나 특정가능한 자연인(관계인)의 인적 또는 물적 관계에 대한 개별명세서를 말한다.
→ Sozialgeheimnis (사회비밀).

Soziale Ausgleichsleistung

StRehaG 16 사회적 조정급부.
(1) Die Rehabilitierung begründet einen Anspruch auf soziale Ausgleichsleistungen für Nachteile, die dem Betroffenen durch eine Freiheitsentziehung entstanden sind.
복권으로 인해 당사자에게는 자유박탈로 인하여 발생한 여러 손실에 대한 사회적 조정급부의 청구권이 부여된다.
(3) 사회적 조정급부에는 원금배상(Kapitalentschädigung 17-19)과 원호(Beschädigtenversorgung 21- 24)가 따른다.

Soziale Hilfe StVollzG 71 사회적 부조.

Der Gefangene kann die soziale Hilfe der Anstalt in Anspruch nehmen, um seine persönlichen Schwierigkeiten zu lösen.
수형자는 그의 개인적 어려움을 해결하기 위하여 교도소에 사회적 부조를 청구할 수 있다. → Sozialhilfe (사회부조).

Soziale Wohnraumförderung WoFG 1 사회적 주거공간지원.

(1) Dieses Gesetz regelt die Förderung des Wohnungsbaus und anderer Maßnahmen zur Unterstützung von Haushalten bei der Versorgung mit Mietwohnraum, einschließlich genossenschaftlich genutzten Wohnraums, und bei der Bildung von selbst genutztem Wohneigentum.
이 법률은 주택건설의 촉진과 단체사용의

주거공간을 포함한 임대주거공간의 공급 및
자기 사용의 소유주택건설에서 가계의 지원
을 위한 기타의 조치를 규정한다.

Soziales Recht SGB 1 2 사회권.
(1) Der Erfüllung der in § 1 genannten
Aufgaben dienen die nachfolgenden sozialen Rechte.
Aus ihnen können Ansprüche nur insoweit
geltend gemacht oder hergeleitet werden,
als deren Voraussetzungen und Inhalt
durch die Vorschriften der besonderen
Teile dieses Gesetzbuchs im einzelnen
bestimmt sind.
다음의 사회권은 (사회법전 제1권) 제1조의
의무의 수행에 기여한다.
사회권에 의한 청구권은 그 요건과 내용이
본법의 각론의 규정에 의하여 개별적으로
규정되는 경우에만 주장하거나 그 근거로
할 수 있다.

Sozialgeheimnis SGB 1 35 사회비밀.
(1) Jeder hat Anspruch darauf, daß die
ihn betreffenden Sozialdaten (§ 67 Abs. 1
Zehntes Buch) von den Leistungsträgern
nicht unbefugt erhoben, verarbeitet oder
genutzt werden (Sozialgeheimnis).
모든 사람은 그와 관련된 사회데이터(제10
권 제67조 제1항)가 급부수행자로부터 권한
없이 수집, 처리, 또는 이용되지 않도록 할
청구권이 있다.
→ Sozialdaten (사회데이터).

Sozialgericht SGG 1, 51(1) Nr.1 사회법
원.
Die Sozialgerichtsbarkeit wird durch unabhängige, von den Verwaltungsbehörden
getrennte, besondere Verwaltungsgerichte
ausgeübt. (SGG 1)
사회법원의 재판적은 독자적인, 행정관청과
분리된 특별행정법원에 의하여 행사된다.
(1) Die Gerichte der Sozialgerichtsbarkeit
entscheiden über öffentlich-rechtliche Streitigkeiten (SGG 51)
1. in Angelegenheiten der gesetzlichen Rentenversicherung einschließlich der Alterssi-
cherung der Landwirte,

사회법원은 1. 농민의 노인보험을 포함한
법정 연금보험의 업무에 관한 공법상의 분
쟁에 대하여 재판한다.

Sozialgerichtsgesetz SGG 사회법원법
(1975.9.23) (BGBl. I S. 2535).

Sozialgesetzbuch SGB 1 1 사회법(전).
(1) Das Recht des Sozialgesetzbuchs soll
zur Verwirklichung sozialer Gerechtigkeit
und sozialer Sicherheit Sozialleistungen
einschließlich sozialer und erzieherischer
Hilfen gestalten.
사회법전의 권리에는 사회정의와 사회보장
을 실현하기 위하여 사회부조 그리고 교육
부조를 포함한 사회급부가 구성되어야 한다.
사회법전은 공적인 사회급부에 관련된 모든
개별법전의 통합법전으로 2008년 8월 현재,
그 구성은 다음과 같다.
제1권 총칙 (Allgemeiner Teil)
제2권 구직자에 대한 기초보장 (Grundsicherung für Arbeitsuchende)
제3권 고용촉진 (Arbeitsförderung)
제4권 사회보험 공동규정 (Gemeinsame
Vorschriften für die Sozialversicherung)
제5권 법정의료보험 (Gesetzliche Krankenversicherung)
제6권 법정연금보험 (Gesetzliche Rentenversicherung)
제7권 산업재해보험 (Gesetzliche Unfallversicherung)
제8권 아동 및 청소년지원 (Kinder- und
Jugendhilfe)
제9권 재활 및 장애자의 참여 (Rehabilitation und Teilhabe behinderter Menschen)
제10권 사회운영절차 및 사회데이터보호
(Sozialverwaltungsverfahren und Sozialda-
tenschutz)
제11권 공공수발보험 (Soziale Pflegeversicherung)
제12권 사회부조 (Sozialhilfe).

Sozialhilfe SGB 1 9 사회부조.
Wer nicht in der Lage ist, aus eigenen
Kräften seinen Lebensunterhalt zu bestreiten oder in besonderen Lebenslagen
sich selbst zu helfen, und auch von

anderer Seite keine ausreichende Hilfe erhält, hat ein Recht auf persönliche und wirtschaftliche Hilfe, die seinem besonderen Bedarf entspricht, ihn zur Selbsthilfe befähigt, die Teilnahme am Leben in der Gemeinschaft ermöglicht und die Führung eines menschenwürdigen Lebens sichert.
자신의 힘으로 생계를 세우지 못하거나 자신을 돌볼 수 없는 특수한 상황에 있고 또한 다른 방법으로도 충분한 도움을 받지 못하는 자는 자신의 특수한 수요에 상응하게 자신을 자조하고 공동체생활에 참여하여 인간다운 생활을 영위할 수 있도록 보장하는 개인적, 경제적인 부조에 대한 권리를 갖는다.

Sozialistengesetz 사회주의자(탄압)법.
Das ~ („Gesetz gegen die gemeingefährlichen Bestrebungen der Sozial demokratie") - wegen seiner verschiedenen Einzelbestimmungen in 30 Paragraphen, der jährlichen Neuvorlage und kleinen Modifizierungen auch oft im Plural als Sozialistengesetze bezeichnet - wurde am 19. Oktober 1878 mit der Stimmenmehrheit der konservativen und der meisten nationalliberalen Abgeordneten im Reichstag des Deutschen Kaiserreichs verabschiedet.
~ (공공에 위험한 사회민주주의운동법)은 30개의 개별조문으로 되어 있는 데 매년 새로운 제안과 개정으로 복수형으로(Sozialistengesetze)로도 쓰인다. ~은 1878.10. 19. 독일제국의 제국의회의 보수적이며 대개는 국민주의적 자유주의 의원들의 다수 동의에 의하여 가결되었다.

Sozialklausel BGB 574 사회조항.
(1) Der Mieter kann der Kündigung des Vermieters widersprechen und von ihm die Fortsetzung des Mietverhältnisses verlangen, wenn die Beendigung des Mietverhältnisses für den Mieter, seine Familie oder einen anderen Angehörigen seines Haushalts eine Härte bedeuten würde, die auch unter Würdigung der berechtigten Interessen des Vermieters nicht zu rechtfertigen ist.
임대차관계의 종료가 임차인, 그의 가족, 또는 그의 세대의 다른 구성원에게 가혹하여 임대인의 정당한 이익을 형량하더라도 이를 정당화할 수 없는 경우에는 임차인은 임대인의 해지에 대하여 이의를 제기하고 임대인에게 임대차관계의 계속을 청구할 수 있다.

Sozialplan InsO 123 사회계획 (근로자보호제도).
(1) In einem Sozialplan, der nach der Eröffnung des Insolvenzverfahrens aufgestellt wird, kann für den Ausgleich oder die Milderung der wirtschaftlichen Nachteile, die den Arbeitnehmern infolge der geplanten Betriebsänderung entstehen, ein Gesamtbetrag von bis zu zweieinhalb Monatsverdiensten (§ 10 Abs. 3 des Kündigungsschutzgesetzes) der von einer Entlassung betroffenen Arbeitnehmer vorgesehen werden.
도산절차개시후 작성하는 사회계획에서는 경영변동으로 인한 근로자의 경제적 손실의 조정 또는 축소를 위하여 퇴직근로자의 2개월 반분의 임금총액 (해고제한법 제10조 제3항)을 미리 정할 수 있다.
→ Interessenausgleich über die Betriebsänderung, Sozialplan (경영변동에 관한 이해조정 및 사회계획).

Sozialrichter SGG 13 사회판사.
(1) Die ehrenamtlichen Richter werden von der nach Landesrecht zuständigen Stelle aufgrund von Vorschlagslisten (§ 14) für fünf Jahre berufen; sie sind in angemessenem Verhältnis unter billiger Berücksichtigung der Minderheiten aus den Vorschlagslisten zu entnehmen. 2Die zuständige Stelle kann eine Ergänzung der Vorschlagslisten verlangen.
명예법관(사회법관)은 추천명부에 근거하여 (사회법원법 제14조) 주법상 관할기관이 5년간 임명을 한다. 명예법관은 추천명부의 소수의 권리를 합리적으로 고려하여 적절히 비례로 정한다. 관할기관은 추천명부의 보충을 요구할 수 있다.

Sozialversicherung SGB 1 4 사회보험.

⑴ Jeder hat im Rahmen dieses Gesetzbuchs ein Recht auf Zugang zur Sozialversicherung.
모든 사람은 사회법전의 범위에서 사회보험
에 가입할 권리가 있다.
⑵ Wer in der Sozialversicherung versichert ist, hat im Rahmen der gesetzlichen
Kranken-, Pflege-, Unfall- und Rentenversicherung einschließlich der Alterssi-
cherung der Landwirte ein Recht auf
1. die notwendigen Maßnahmen zum
Schutz, zur Erhaltung, zur Besserung und
zur Wiederherstellung der Gesundheit und
der Leistungsfähigkeit und
2. wirtschaftliche Sicherung bei Krankheit,
Mutterschaft, Minderung der Erwerbsfähigkeit und Alter.
Ein Recht auf wirtschaftliche Sicherung
haben auch die Hinterbliebenen eines
Versicherten.
사회보험의 가입자는 농민노령부조를 포함
한 법정의 의료, 간병, 재해 및 연금보험의
범위내에서 다음 각호의 권리를 갖는다.
1. 건강과 근로능력의 보호, 유지, 향상 및
회복에 필요한 조치,
2. 질병, 출산, 능력감소 그리고 노령의 경
우 경제적 보장.
피보험자의 유가족도 경제적 보장에 대한
권리를 갖는다.

Soziopath 반사회병질자: 반사회적 이상성
격자.
Soziopathie ist eine veraltete Bezeichnung
für eine psychiatrische Störung, vor allem
des Sozialverhaltens der erkrankten Person. Am ehesten ist Soziopathie mit dem
modernen Begriff der dissozialen Persönlichkeitsstörung gleichzusetzen.
~은 특히 병질자의 사회행태의 정신적 장
애를 가리키는 구개념. 오늘날 반사회적 인
격장애와 동시된다.

Spaltung von Gesellschaften (회사분할)
→ Aufspaltung (소멸분할), Abspaltung (존
속분할), Ausgliederung (자산분리).

Spannungsfall GG 80a 긴장사태.

⑴ Ist in diesem Grundgesetz oder in
einem Bundesgesetz über die Verteidigung
einschließlich des Schutzes der Zivilbevölkerung bestimmt, daß Rechtsvorschriften nur nach Maßgabe dieses Artikels
angewandt werden dürfen, so ist die
Anwendung außer im Verteidigungsfalle
nur zulässig, wenn der Bundestag den
Eintritt des Spannungsfalles festgestellt
oder wenn er der Anwendung besonders
zugestimmt hat.
Die Feststellung des Spannungsfalles und
die besondere Zustimmung in den Fällen
des Artikels 12a Abs.5 Satz 1 und Abs.6
Satz 2 bedürfen einer Mehrheit von zwei
Dritteln der abgegebenen Stimmen.
기본법 또는 민간인의 보호를 포함한 방위
에 관한 연방법률에서 본조의 기준에 따라
서만 법규정이 적용된다고 정한 경우에 그
적용은 방위사태의 경우를 제외하고는 연방
하원이 긴장사태의 발생을 확인한 경우 또
는 그 적용에 특별히 동의한 때에만 허용된
다. 긴장사태의 확인과 제12a조 제5항 1문
및 제6항 2문의 경우의 특별동의에는 3분의
2의 다수의 표결을 필요로 한다.

Spätaussiedler BVFG 4; StAG 7 후기
정착민(후기강제이주자).
⑴ Spätaussiedler ist in der Regel ein
deutscher Volkszugehöriger, der die Re-
publiken der ehemaligen Sowjetunion nach
dem 31. Dezember 1992 im Wege des
Aufnahmeverfahrens verlassen und innerhalb von sechs Monaten im Geltungsbereich des Gesetzes seinen ständigen
Aufenthalt genommen hat, wenn er (zuvor
1. seit dem 8. Mai 1945) seinen Wohnsitz
in den Aussiedlungsgebieten hatte.
후기정착민은 독일민족에 속하고 (각호 1.
1945년 5월 8일 이래로) 정착민지역에 자신
의 주소지를 가진 자로서 1992년 12월 31일
이후에 수용절차의 방법으로 소련연방공화
국을 떠나 6개월 내에 이 법률의 적용지역
내에 상주했던 자이다.
Spätaussiedler und die in den Aufnahmebescheid einbezogenen Familienangehörigen
erwerben mit der Ausstellung der Beschei-

nigung gemäß § 15 Abs.1 oder Abs.2 des Bundesvertriebenengesetzes die deutsche Staatsangehörigkeit.
후기정착민과 수용결정에 포함된 가족구성원은 연방피추방자법 제15조 제1항 내지 제2항에 의한 증명서발급과 함께 독일 국적을 취득한다.

Späterer Beginn der Unterbringung
StGB 67c 수용의 사후개시.
(1) Wird eine Freiheitsstrafe vor einer zugleich angeordneten Unterbringung vollzogen, so prüft das Gericht vor dem Ende des Vollzugs der Strafe, ob der Zweck der Maßregel die Unterbringung noch erfordert.
자유형이 그와 동시에 명령된 수용에 우선하여 집행되는 경우 법원은 형집행 종료 이전에 그 처분의 목적상 수용이 계속 필요한지의 여부를 심사한다.

Spätkriminalität 후발성 범죄
→ Frühverbrechen (조발성 범죄).

Speditionsgeschäft HGB 453 운송주선업.
(1) Durch den Speditionsvertrag wird der Spediteur verpflichtet, die Versendung des Gutes zu besorgen.
운송주선계약에 의하여 운송주선인은 물건의 운송을 주선할 의무를 가진다.

Speicherung in gemeinsamen Dateien
StPO 486 공동 데이터저장장치에의 저장.
(1) Die personenbezogenen Daten können für die in den §§ 483 bis 485 genannten Stellen in gemeinsamen Dateien gespeichert werden.
개인데이터는 제483-485조에 기재된 장소에 공동 데이터저장장치에 저장된다.

Speicherung, Veränderung und Nutzung von Daten für künftige Strafverfahren
StPO 484 장래의 형사절차를 위한 데이터 저장, 변경, 이용.
(1) Strafverfolgungsbehörden dürfen für Zwecke künftiger Strafverfahren
1 .die Personendaten des Beschuldigten und, soweit erforderlich, andere zur Identifizierung geeignete Merkmale,
2. die zuständige Stelle und das Aktenzeichen, in Dateien speichern, verändern und nutzen.
형사집행관청은 장래의 형사절차를 위해 다음 각호를 데이터저장장치에 저장, 변경 및 이용할 수 있다.
1. 피의자의 인적 데이터 및 필요한 경우 기타 신원확인에 적합한 표지,
2. 관할관서와 서류번호.

Speicherung, Veränderung und Nutzung von Daten für Strafverfahren (oder Vorgangsverwaltun) StPO 483, (485)
형사절차(경과관리)를 위한 데이터의 저장, 변경, 이용.
(1) Gerichte, Strafverfolgungsbehörden einschließlich Vollstreckungsbehörden, Bewährungshelfer, Aufsichtsstellen bei Führungsaufsicht und die Gerichtshilfe dürfen personenbezogene Daten in Dateien speichern, verändern und nutzen, soweit dies für Zwecke des Strafverfahrens (oder Vorgangsverwaltun) erforderlich ist.
법원, 형집행관청을 포함한 형사소추관청, 보호관찰관, 행장감독의 보호관찰소 및 사법보조는 형사절차(또는 경과관리)의 목적을 위하여 필요한 경우 개인데이터를 데이터저장장치에 저장, 변경, 이용할 수 있다.

Spende PartG 25 기부금.
(1) Parteien sind berechtigt, Spenden anzunehmen. Bis zu einem Betrag von 1000 Euro kann eine Spende mittels Bargeld erfolgen.
정당은 기부금을 받을 자격이 있다. 기부금은 1000유로의 금액까지 현찰로 받을 수 있다.
(3) S.2 Spenden, die im Einzelfall die Höhe von 50.000 Euro übersteigen, sind dem Präsidenten des Deutschen Bundestages unverzüglich anzuzeigen.
개별적으로 50,000 유로가 넘는 기부금은 독일연방 하원의장에게 지체없이 신고하여야 한다.

Spendenbetrug (Bettelbetrug) StGB 263 기부(寄附)사기.
Ein Spendenbetrug liegt vor, wenn mit Hilfe von Spenden ein Gewinn erzielt wird, der in die eigene Tasche gewirtschaftet oder für andere Zwecke verwendet wird. Der Spendenbetrug ist gem. § 263 zu bestrafen.
~는 기부금으로 착복하거나 다른 목적으로 사용하여 이윤을 창출하는 경우를 말한다.
~는 형법 제263조에 의하여 처벌된다.

Sperre für die Erteilung einer Fahrerlaubnis StGB 69a 운전면허의 부여금지.
(1) Entzieht das Gericht die Fahrerlaubnis, so bestimmt es zugleich, daß für die Dauer von sechs Monaten bis zu fünf Jahren keine neue Fahrerlaubnis erteilt werden darf (Sperre).
법원이 운전면허를 박탈한 때에는 6개월 이상 5년 이하의 기간 중 새로운 운전면허를 부여하여서는 안된다.

Sperrjahr BGB 51 금지연한.
Das Vermögen darf den Anfallberechtigten nicht vor dem Ablauf eines Jahres nach der Bekanntmachung der Auflösung des Vereins oder der Entziehung der Rechtsfähigkeit ausgeantwortet werden.
재산은 사단의 해산 또는 권리능력의 박탈의 공고 후 1년이 경과하기 전에는 귀속권리자에게 인도될 수 없다.

Sperrklauel (봉쇄, 저지조항)
→ Fünf-Prozent-Klausel (5% 조항).

Sperrwirkung StGB 51, 70 차단효과(~ des milderen Tatbestands: 경한 구성요건의 ~); → Ne bis in idem.

Spezialisierungskartell GWB 3 (a.F.) 전문화카르텔 (구).
Vereinbarungen und Beschlüsse, die die Rationalisierung wirtschaftlicher Vorgänge durch Spezialisierung zum Gegenstand haben, können vom Verbot des § 1 freigestellt werden, wenn die Wettbewerbsbeschränkung nicht zur Entstehung oder Verstärkung einer marktbeherrschenden Stellung führt.
전문화를 통한 경제적 활동의 합리화를 대상으로 하는 합의 및 결의는 경쟁제한으로 시장지배적 지위의 형성 또는 강화가 초래되지 아니하는 한 제1조의 (카르텔)금지에서 제외될 수 있다.

Spezialität 특별관계.
Das spezielle Gesetz, das einen schon von einem anderen Gesetz allgemein erfaßten Sachverhalt besonders regelt, geht dem allgemeinen vor.
이미 다른 법률에 의하여 일반적으로 규정된 사안을 특히 규정하는 특별법은 그 일반법에 우선한다.

Spezialprävention (Individualprävention) StGB 46(1) S.2 특별예방.
S.2 Die Wirkungen, die von der Strafe für das künftige Leben des Täters in der Gesellschaft zu erwarten sind, sind zu berücksichtigen.
장래 행위자의 사회내 생활에 관하여 형을 통하여 기대할 수 있는 효과는 이를 고려하여야 한다.
→ Generalprävention (일반예방).

Spiel, Wette BGB 762 도박, 내기.
Durch Spiel oder durch Wette wird eine Verbindlichkeit nicht begründet.
채무는 도박 또는 내기로 인하여 발생하지 아니한다.

Spielraumtheorie 판단여지설.
Danach ist die schuldangemessene Strafe keine punktförmige Größe, sondern "es besteht hier eine Spielraum, der nach unten durch die schon schuldangemessene Strafe und nach oben durch die noch schuldangemessene Strafe begrenzt wird". (BGH 7, 28 [32]).
~에 의하면 책임에 적절한 형벌은 점형태를 갖춘 크기가 아니라 "하한으로는 이미 책임에 적절한 형벌과 상한으로는 아직 책임에 적절한 형벌이 구분의 한계가 되는 판

단어지가 있다"고 한다.

Spitzenbetrag AktG 305(3); 320b(1) S.4 단주액 (端株額).
(3) Werden als Abfindung Aktien einer anderen Gesellschaft gewährt, so ist die Abfindung als angemessen anzusehen, wenn die Aktien in dem Verhältnis gewährt werden, in dem bei einer Verschmelzung auf eine Aktie der Gesellschaft Aktien der anderen Gesellschaft zu gewähren wären, wobei Spitzenbeträge durch bare Zuzahlungen ausgeglichen werden können.
일시금(취득)보상으로서 다른 회사의 주식을 부여한 경우에 합병시 회사의 주식에 대한 다른 회사의 주식 부여의 비율에 따라 주식이 부여된 때에는 그 보상은 적당한 것으로 본다. 이 때 단주액은 현금으로 조정될 수 있다.

Spitzenorganisation TVG 2(2), 12 상급단체.
(2) Zusammenschlüsse von Gewerkschaften und von Vereinigungen von Arbeitgebern (Spitzenorganisationen) können im Namen der ihnen angeschlossenen Verbände Tarifverträge abschließen, wenn sie eine entsprechende Vollmacht haben (TVG 2)
노동조합 및 사용자단체(상급단체)의 연합체는 상응하는 전권을 부여받은 경우 자신에게 가입된 단체의 이름으로 단체협약을 체결할 수 있다.
Spitzenorganisationen im Sinne dieses Gesetzes sind – unbeschadet der Regelung in §2 – diejenigen Zusammenschlüsse von Gewerkschaften oder von Arbeitgebervereinigungen, die für die Vertretung der Arbeitnehmer- oder der Arbeitgeberinteressen im Arbeitsleben des Bundesgebiets wesentliche Bedeutung haben (TVG 12)
본법의 상급단체는 단체협약법 제2조의 규정과 관계없이 연방영역의 노동생활에서 근로자 또는 사용자의 이해관계를 대변하는 노동조합 또는 사용자단체의 연합체를 말한다.

SprAuG → Sprecherausschußgesetz.

Sprecherausschuß SprAuG 1 대표자위원회.
(1) In Betrieben mit in der Regel mindestens zehn leitenden Angestellten (§ 5 Abs. 3 des Betriebsverfassungsgesetzes) werden Sprecherausschüsse der leitenden Angestellten gewählt.
일반적으로 최소한 10인 이상의 간부사원을 고용한 사업장에는 대표자위원회를 선출한다.

Sprecherausschußgesetz
(Gesetz über Sprecherausschüsse der leitenden Angestellten) SprAuG 대표자위원회법 (1988.12.20)(BGBl. I S. 2312, 2316).

Sprengstoffexplosion
→ Herbeiführen einer Sprengstoffexplosion (폭발물폭발야기죄).

Spruchkörper GVG 21e, 재판부; 합의체 (~의 구성: Besetzung der ~).
Das Präsidium bestimmt die Besetzung der Spruchkörper.
운영위원회는 재판부의 구성을 정한다.
Der Präsident bestimmt, welche richterlichen Aufgaben er wahrnimmt. Jeder Richter kann mehreren Spruchkörpern angehören.
법원장은 판사직 임무를 맡을 자를 정한다. 각 판사는 여러 재판부에 속할 수 있다.
→ Plenum (합의부).
→ Senat (부).

Sprungrevision StPO 335 비약상고.
Ein Urteil, gegen das Berufung zulässig ist, kann statt mit Berufung mit Revision angefocten werden.
항소가 허용된 판결은 항소 대신에 상고로서 다툴 수 있다.

SPV → Sonderungsplanverordnung (구획계획령).

Staatliche Einheit StGB 92.
→ Bestand der Bundesrepublik (독일연방공화국의 존립).

Staatliche Finanzierung PartG 18 국고
보조.
(1) Die Parteien erhalten Mittel als Teil-
finanzierung der allgemein ihnen nach
dem Grundgesetz obliegenden Tätigkeit.
정당은 일반적으로 기본법상 의무에 따른
활동에 대한 부분적 보조로서 자금을 지원
받는다.
(2) Das jährliche Gesamtvolumen staatlicher Mittel, das allen Parteien höchstens
ausgezahlt werden darf, beträgt 133
Millionen Euro (absolute Obergrenze).
모든 정당에게 지급될 수 있는 국고보조자
금의 총액은 연간 1억 3300만 유로(절대적
최대한도)이다.
(5) Die Höhe der staatlichen Teilfinan-
zierung darf bei einer Partei die Summe
der Einnahmen nach § 24 Abs. 4 Nr. 1
bis 7 nicht überschreiten (relative Obergrenze). Die Summe der Finanzierung
aller Parteien darf die absolute Obergrenze
nicht überschreiten.
국고보조금액은 한 정당의 제24조 제4항 제
1-7호에 의한 수입을 초과해서는 안된다(상
대적 최고금액). 모든 정당의 보조금 합계는
절대적 최대한도를 초과할 수 없다.

Staatsangehörigkeit StAG 1; 4 국적.
Deutscher ist, wer die deutsche Staatsangehörigkeit besitzt (§ 1)
독일인은 독일국적을 소지한 자이다.
(1) Durch die Geburt erwirbt ein Kind die
deutsche Staatsangehörigkeit, wenn ein
Elternteil die deutsche Staatsangehörigkeit besitzt.
부모일방이 독일국적을 가지는 경우 출생에
의하여 독일 국적을 취득한다. (4).

Staatsangehörigkeitsentzug
→ Ausbürgerung.(공민권박탈).

Staatsangehörigkeitsgesetz StAG
국적법 (Bundesgesetzblatt Teil III, Gliederungsnummer 102-1).

Staatsanwalt(schaft) (StA) 검사(검찰).
Eine Staatsanwaltschaft (StA) ist die Be-

hörde, die für die Strafverfolgung und
-vollstreckung zuständig ist und als solche ein Teil der Justiz ist. Sie wird auch
mit dem Begriff Anklagebehörde bezeichnet.
~는 형사소추 및 형의 집행을 관할하는 관
청으로 그 자체 사법의 일부가 된다. ~는
기소관청이라고도 한다.

**Staatsanwaltschaftliche Vernehmung von
Zeugen und Sachverständigen**
StPO 161a 증인 또는 감정인에 대한 검사
의 신문.
(1) Zeugen und Sachverständige sind verpflichtet, auf Ladung vor der Staatsanwaltschaft zu erscheinen und zur Sache
auszusagen oder ihr Gutachten zu erstatten.
증인과 감정인은 검사의 소환에 출두하여
사건에 관하여 진술하거나 감정을 행할 의
무가 있다.

Staatsaufsicht 국가감독.
Unter Staatsaufsicht stehen alle juristischen Personen des öffentlichen Rechts,
die öffentliche Verwaltungsaufgaben wahrnehmen (mittelbare Staatsverwaltung).
공행정의 임무를 수행하는 모든 공법상의
법인은 국가감독하에 있다(간접국가행정).

Staatsbürgerliche Rechte und Pflichten
GG 33 국민의 권리와 의무.
(1) Jeder Deutsche hat in jedem Lande
die gleichen staatsbürgerlichen Rechte und
Pflichten.
모든 독일인은 각주에 있어서 국민으로서의
동일한 권한을 가지며 의무가 있다.

Staatsgeheimnisse StGB 93 국가기밀.
(1) Staatsgeheimnisse sind Tatsachen, Gegenstände oder Erkenntnisse, die nur einem
begrenzten Personenkreis zugänglich sind
und vor einer fremden Macht geheimgehalten werden müssen, um die Gefahr
eines schweren Nachteils für die äußere
Sicherheit der Bundesrepublik Deutschland
abzuwenden.

독일의 외적 안전에 중대한 불이익의 위험을
피하기 위해 제한된 인적 범위의 사람만이
접근이 가능한, 타국에 비밀로 해야 될 사실,
대상이나 지식.
(2) Tatsachen, die gegen die freiheitliche
demokratische Grundordnung oder unter
Geheimhaltung gegenüber den Vertrags-
partnern der Bundesrepublik Deutschland
gegen zwischenstaatlich vereinbarte Rü-
stungsbeschränkungen verstoßen, sind keine
Staatsgeheimnisse.
자유민주적 기본질서에 위반되는 사실 또는
독일연방공화국의 조약당사국에 대하여 비
밀로 하면서 국가간에 합의된 군비축소협정
에 위반되는 사실은 국가기밀에 해당하지
아니한다.

Staatshaftungsgesetz SHG 1 국가배상
(책임)법 (1981,6.26)(BGBl. I, S. 554).
(1) Verletzt die öffentliche Gewalt eine
Pflicht des öffentlichen Rechts, die ihr
einem anderen gegenüber obliegt, so
haftet ihr Träger dem anderen für den
daraus entstehenden Schaden nach diesem
Gesetz.
공권력이 타인에 대하여 부담하는 공법상의
무를 위반하는 때에는 공권력의 주체는 본
법이 정하는 바에 따라 그 타인에 대하여
그로 인하여 생기는 손해의 책임을 진다.

Staatshaftungsstreitigkeit
SHG 19 국가책임사건.
(1) Soweit für Staatshaftungsstreitigkeiten
der Rechtsweg zu den ordentlichen Gerichten gegeben ist, sind die Landgerichte
ohne Rücksicht auf den Wert des Streitgegenstandes ausschließlich zuständig.
국가책임사건의 소송이 통상법원의 관할로
되는 경우에는 소송물가격의 여하를 불문하
고 주법원의 전속관할로 한다.

Staatskirche WRV 137(1) 국교.
Es besteht keine Staatskirche.
국교는 존재하지 아니한다.

Staatsprüfung (국가시험).
→ Richteramt (판사직).

Staatsrecht 국가법.
~ ist der Zweig des öffentlichen Rechts,
der sich mit der rechtlichen Gestaltung
des Staates befaßt.
~ 은 국가의 법적 형상을 다루는 공법의
한 분야.

Staatsschutzdelikt StGB 80; StPO 138b
국사범.
독일형법 제80조 이하에서 규정, 이들 구성
요건의 법익은 국가의 외적, 내적 안전과
그 헌법적 질서이다. 이들의 범죄는 국가보
호부(국사부)(Staatsschutzkammer)에서 다
룬다.

Staatsschutzkammer GVG 74a(1)
국가보호부 (국사부).
Bei den Landgerichten, in deren Bezirk
ein Oberlandesgericht seinen Sitz hat, ist
eine Strafkammer für den Bezirk dieses
Oberlandesgerichts als erkennendes Gericht des ersten Rechtszuges zuständig für
Straftaten
그 관할구역에 주고등법원이 소재하는 주법
원의 경우, 그 주고등법원의 관할구역을 담
당하는 형사부가 다음 각호의 형사사건에
대하여 제1심 본법원으로서 관할이 있다.
1 침략전쟁 선동죄 (Aufstacheln zum Angriffskrieg § 80a StGB)의 평화배반(Friedensverrat).
2. 민주적 법치국가의 위태화 Gefährdung
des demokratischen Rechtsstaates (§§84-
86, 87-90, 90a(3), §90b StGB).
3. 국방의 위험 Gefährdung der Landesverteidigung (§§109d-109g StGB).
4. 결사금지위반 der Zuwiderhandlung gegen ein Vereinigungsverbot (§129와 그리
고 §129b(1)와 관련하여 (StGB) 또한 § 20
(1) S.1 Nr.1-4 (Vereinsgesetz).
5. 정치적 약취·유인죄 Verschleppung (§
234a StGB).
6. 정치적 무고죄 politischen Verdächtigung (§241a StGB).

Staatswald BWaldG 3 국유림.
(1) Staatswald im Sinne dieses Gesetzes
ist Wald, der im Alleineigentum des

Bundes oder eines Landes steht, sowie Wald im Miteigentum eines Landes, soweit er nach landesrechtlichen Vorschriften als Staatswald angesehen wird.
본법에서 국유림이란 연방, 또는 주가 단독소유하는 산림 및 주 법규정에 의하여 국유림으로 간주되는 주가 공동소유하는 산림을 말한다.
→ Körperschaftswald (공유림);
→ Privatwald (사유림).

StabG → Stabilitäts- und Wachstumsgesetz.

Stabilitäts- und Wachstumsgesetz
(Gesetz zur Förderung der Stabilität und des Wachstums der Wirtschaft) StabG 1 경제안정성장촉진법 (1967.6.8)(BGBl. I S. 582).
Bund und Länder haben bei ihren wirtschafts- und finanzpolitischen Maßnahmen die Erfordernisse des gesamtwirtschaftlichen Gleichgewichts zu beachten.
Die Maßnahmen sind so zu treffen, daß sie im Rahmen der marktwirtschaftlichen Ordnung gleichzeitig zur Stabilität des Preisniveaus, zu einem hohen Beschäftigungsstand und außenwirtschaftlichem Gleichgewicht bei stetigem und angemessenem Wirtschaftswachstum beitragen.
연방과 주는 전경제적 균형의 요구를 고려하여 경제·재정정책적 조치를 취하여야 한다. 이 조치는 시장경제질서내에서 물가수준의 안정 및, 항구적이고 적절한 경제성장에 의한 높은 취업률과 대외경제적 균형에 기여하여야 한다.

Städtebauliche Entwicklungsmaßnahme
BauGB 165 도시개발조치.
(1) Städtebauliche Entwicklungsmaßnahmen in Stadt und Land, deren einheitliche Vorbereitung und zügige Durchführung im öffentlichen Interesse liegen, werden nach den Vorschriften dieses Teils vorbereitet und durchgeführt.
도시개발조치는 그 체계적인 준비와 신속한 집행이라는 공익이 존재하는 도시와 주에서 본장의 규정하에 준비되고 실행된다.

Stadtkreis (kreisfreie Stadt) GemO 3 시권역 (시군) (자유시).
(1) Durch Gesetz können Gemeinden auf ihren Antrag zu Stadtkreisen erklärt werden.
(기초)자치단체는 법률로 그 신청에 의하여 시권역으로 선언될 수 있다.

Stadtstaat 도시주.
Ein Stadtstaat (Berlin, Hamburg, Bremen) ist im Gegensatz zum Flächenstaat ein Staat, der nur das Gebiet einer Stadt umfasst.
~(베를린, 함부르크, 브레멘)는 지역주(→ Flächenstaat)와는 달리 도시 지역만을 포함한다.

Staffelmiete BGB 557a 계단식(연차) 차임.
(1) Die Miete kann für bestimmte Zeiträume in unterschiedlicher Höhe schriftlich vereinbart werden; in der Vereinbarung ist die jeweilige Miete oder die jeweilige Erhöhung in einem Geldbetrag auszuweisen (Staffelmiete).
차임은 일정한 기간을 각기 다르게 하여 서면으로 약정될 수 있다. 그 약정에는 각 기간에 대한 차임 또는 인상분이 금액으로 표시되어야 한다 (계단식 차임).
→ Mieterhöhung (차임인상).

StAG → Staatsangehörigkeitsgesetz (국적법).

Stammaktie 보통주 (기본주).
↔ Vorzugsaktie (우선주).

Stammeinlage GmbHG 3(1) Nr.4 기본출자.
4. den Betrag der von jedem Gesellschafter auf das Stammkapital zu leistenden Einlage (Stammeinlage).
각 사원이 기본자본에 대하여 이행하여야 할 출자(기본출자)의 액.

Stammkapital GmbHG 5 기본자본.

(1) Das Stammkapital der Gesellschaft muß mindestens fünfundzwanzigtausend Euro, die Stammeinlage jedes Gesellschafters muß mindestens hundert Euro betragen.
(유한)회사의 기본자본은 최소 25000유로, 각 사원의 기본투자액은 최소 100유로 이상 이어야 한다. → Grundkapital (기본)자본.

Stammzelle StZG 3 Nr.1 줄기세포.
Im Sinne dieses Gesetzes
1. sind Stammzellen alle menschlichen Zellen, die die Fähigkeit besitzen, in entsprechender Umgebung sich selbst durch Zellteilung zu vermehren, und die sich selbst oder deren Tochterzellen sich unter geeigneten Bedingungen zu Zellen unterschiedlicher Spezialisierung, jedoch nicht zu einem Individuum zu entwickeln vermögen (pluripotente Stammzellen),
줄기세포란 해당 환경에서 세포분열을 통하여 자가증식할 수 있는 능력을 보유하고 있으며, 스스로 또는 그 자세포가 적정한 조건 하에서 다양한 특정세포로는 발전할 수 있으나 하나의 인간개체로는 발전할 수 없는 모든 인간세포를 말한다(다능성 줄기세포).

Stammzellgesetz (Gesetz zur Sicherstellung des Embryonenschutzes im Zusammenhang mit Einfuhr und Verwendung menschlicher embryonaler Stammzellen) StZG 1 줄기세포법 (2002.6.28) (BGBl. I S. 2277).
Zweck dieses Gesetzes ist es, im Hinblick auf die staatliche Verpflichtung, die Menschenwürde und das Recht auf Leben zu achten und zu schützen und die Freiheit der Forschung zu gewährleisten,
1. die Einfuhr und die Verwendung embryonaler Stammzellen grundsätzlich zu verbieten,
2. zu vermeiden, dass von Deutschland aus eine Gewinnung embryonaler Stammzellen oder eine Erzeugung von Embryonen zur Gewinnung embryonaler Stammzellen veranlasst wird, und
3. die Voraussetzungen zu bestimmen, unter denen die Einfuhr und die Verwendung embryonaler Stammzellen ausnahmsweise zu Forschungszwecken zugelassen sind.
본법은 인간의 존엄 및 생명권을 존중, 보호하고 연구의 자유를 보장하는 국가적 의무를 고려하여 다음 각호에 그 목적을 둔다.
1. 배아줄기세포의 수입과 사용의 원칙적인 금지,
2. 독일에 의한 배아줄기세포의 획득이나 배아발생으로부터 배아줄기세포의 획득권유의 금지,
3. 예외적으로 연구목적의 배아줄기세포의 수입과 사용이 허용되는 전제조건들의 결정.

Standardaustausch ZK 154 표준교환(제도).
(1) Im Verfahren des Standardaustauschs kann eine eingeführte Ware - nachstehend Ersatzerzeugnis genannt - unter den in diesem Abschnitt IV ergänzend zu den vorhergehenden Bestimmungen enthaltenen Vorschriften an die Stelle eines Veredelungs- erzeugnisses treten.
표준교환절차(제도)에서는 수입된 상품은 - 이후 대체생산품 - 본 제4장의 이전규정을 보충한 규정하에서 가공생산품을 대신할 수 있다.

Standesbeamte PersStdG 1 호적공무원.
→ Personenstandsgesetz (호적법).

Standgericht WRV 105 약식군법회의 (독일제국헌법).
S.3 Die gesetzlichen Bestimmungen über Kriegsgerichte und Standgerichte werden hiervon nicht berührt. Die militärischen Ehrengerichte sind aufgehoben.
전시법원과 약식군법회에 대한 법원의 결정은 이와(예외법원) 관계없다. 군사명예법원은 폐지된다.
* 예전에 전시나 비상시에 특정종류의 범죄에 대하여 약식절차에 의하여 재판을 하는 군사법원을 말한다. 여기서는 형의 집행이 즉시로 이루어진다 (이른바 즉결총살).

Ständiger Aufenthalt 상주지.
→ Allgemeine Wehrpflicht (일반적 병역의무).
→ Gewöhnlicher Aufenthaltsort (상거소;
주된 거소).

**Ständiger Ausschuß und Sonderaus-
schuß** BTGO 54 상설위원회 및 특별위
원회.
(1) Zur Vorbereitung der Verhandlungen
setzt der Bundestag ständige Ausschüsse
ein. Für einzelne Angelegenheiten kann er
Sonderausschüsse einsetzen.
의사의 준비를 위해 연방하원은 상설위원회
를 설치한다. 개별적인 문제를 위해 연방하
원은 특별위원회를 설치할 수 있다.

Ständiger Vertreter AO 13 고정대리인.
Ständiger Vertreter ist eine Person, die
nachhaltig die Geschäfte eines Unternehmens besorgt und dabei dessen Sach-
weisungen unterliegt.
Ständiger Vertreter ist insbesondere eine
Person, die für ein Unternehmen nachhaltig
1. Verträge abschließt oder vermittelt oder
Aufträge einholt oder
2. einen Bestand von Gütern oder Waren
unterhält und davon Auslieferungen vornimmt.
고정대리인은 지속적으로 기업의 업무를 관
리하고 그의 본지시에 따른다. 고정대리인
은 특히 기업을 위하여 다음 각호의 사항을
지속하여 행한다.
1. 계약의 체결, 중개 또는 주문의 시행.
2. 재화 또는 상품재고의 관리와 그 인도.

Standort BGB 9 주둔지.
(1) Ein Soldat hat seinen Wohnsitz am
Standort.
군인은 주둔지에 주소를 가진다.

Stare decisis (bei früheren Entscheidungen bleiben) 선례구속(~성의 원칙 : das
Prinzip des "~").

Stationäre Behandlung 시설내 처우.
→ Ambulant Behandlung(시설외 처우).

Status quo 현상 (현재의 법적 상태).
der (gegenwartige) Rechtszustand.

StBerG → Steuerberatungsgesetz (세무사법).

Steckbrief StPO 131(4) 지명수배장.
(4) Der Beschuldigte ist möglichst genau
zu bezeichnen und soweit erforderlich zu
beschreiben; eine Abbildung darf beigefügt
werden.
(수배장에는) 피의자가 최대한 정확히 표시
되어야 하며, 필요한 경우 그의 인상이 묘
사되어야 한다. 삽화도 허용된다.
Die Tat, derer er verdächtig ist, Ort und
Zeit ihrer Begehung sowie Umstände, die
für die Ergreifung von Bedeutung sein
können, können angegeben werden.
범죄혐의사실, 범행장소 및 시간, 그리고 체
포에 중요한 기타 정황이 기술되어야 한다.

Steckbriefliche Ermittlung
StPO 131 지명수배수사.
(1) Auf Grund eines Haftbefehls oder
eines Unterbringungsbefehls können der
Richter oder die Staatsanwaltschaft und,
wenn Gefahr im Verzug ist, ihre Ermittlungspersonen die Ausschreibung zur
Festnahme veranlassen.
긴급을 요하는 경우 검사나 판사는 구속영
장이나 수용영장에 근거하여 수사보좌관으
로 하여금 체포를 위한 수배공고를 하게 할
수 있다.

Stelle 관청, 관서, 기관, 부서, 자리.
① Amtliche Stelle (StGB 95) 직무관청;
Dienststelle (BPersVG 6; StGB 87(3)) 기
관; Zentral Stelle (StVollzG 153) 중앙관서
(부서).
② 모욕이 즉석에서 응수되는 경우. Wenn
eine Beleidigung auf der Stelle erwidert
wird, ~(StGB 199).
③ 매각대금은 물건에 대신한다. Der Erlös
tritt an die Stelle der Gegenstände (StPO
1111).

Stellenwerttheorie (Stufentheorie)
위가설(단계설).

Eine strenge Trennung der Schuld- und Präventionsgesichtspunkt nimmt die "Stellwert"- oder "Stufentheorie" vor.
위가설 또는 단계설에서는 책임과 예방의 관점에 대한 엄격한 분리를 시도한다.

Stellung des Antrags auf Wiedereinsetzung in den vorigen Stand StPO 45
(Antragsfristen) 원상회복의 신청(기간).
(1) Der Antrag auf Wiedereinsetzung in den vorigen Stand ist binnen einer Woche nach Wegfall des Hindernisses bei dem Gericht zu stellen, bei dem die Frist wahrzunehmen gewesen wäre.
원상회복신청은 방해가 제거된 후 1주일 이내에 그 기간이 준수되었어야 할 법원에 할 수 있다.

Stellung des Gefangenen StVollzG 4
수형자의 태도.
Der Gefangene wirkt an der Gestaltung seiner Behandlung und and der Erreichung des Vollzugszieles.
수형자는 처우의 구체화와 집행목적의 달성을 위해 협력한다.

Stellung des Privatklägers StPO 385
사인기소인의 지위
(1) Soweit in dem Verfahren auf erhobene öffentliche Klage die Staatsanwaltschaft zuzuziehen und zu hören ist, wird in dem Verfahren auf erhobene Privatklage der Privatkläger zugezogen und gehört.
공소 제기의 절차에서 검사를 참여시켜 그 의견을 듣는 경우에는 사인기소 제기의 절차에서도 사인기소인을 참여하게 하고 그 의견을 듣는다.

Stellung im Hauptverfahren (공판절차의 지위: 몰수참가인의 ~). → Befugnisse des Einziehungsbeteiligten.

Stellvertretende Strafrechtspflege
StGB 7(2) Nr.2 대리적 형사사법(Grundsatz der ~).
(2) Für andere Taten, die im Ausland begangen werden, gilt das deutsche Strafrecht, wenn die Tat am Tatort mit Strafe bedroht ist oder der Tatort keiner Strafgewalt unterliegt und
외국에서 행하여진 기타 범죄행위에 대하여 범죄행위가 행위지에서 형벌로 처벌하고 있거나 또는 행위지에 어떠한 형벌권도 미치지 않고,
wenn der Täter zur Zeit der Tat Ausländer war, im Inland betroffen und, obwohl das Auslieferungsgesetz seine Auslieferung nach der Art der Tat zuließe, nicht ausgeliefert wird, weil ein Auslieferungsersuchen innerhalb angemessener Frist nicht gestellt oder abgelehnt wird oder die Auslieferung nicht ausführbar ist.
행위자가 행위시에 외국인으로서 국내에서 체포되었고 범죄행위의 성격상 범죄인인도법이 그 인도를 허용하고 있지만, 인도요청이 적절한 기한내에 이루어지지 않거나 또는 거부되거나 또는 인도가 실행될 수 없다는 이유로 행위자가 인도되지 아니한 경우에는 독일형법이 적용된다.

Sterbebuch PersStdG 32 사망부.
→ Personenstandsgesetz (호적법).
Der Tod eines Menschen muß dem Standesbeamten, in dessen Bezirk er gestorben ist, spätestens am folgenden Werktage angezeigt werden.
사망사실은 그 사람의 사망지역 호적공무원에게 늦어도 그 다음 업무일가지 신고해야 한다.

Sterbehilfe StGB 211, 216 안락사.
Sterbehilfe는 주로 협의의 안락사(Euthanasie)의 문제로 다루어지나 용어상 부정확한 면이 있다.

Steuer AO 3 조세.
(1) Steuern sind Geldleistungen, die nicht eine Gegenleistung für eine besondere Leistung darstellen und von einem öffentlich-rechtlichen Gemeinwesen zur Erzielung von Einnahmen allen auferlegt werden, bei denen der Tatbestand zutrifft, an den das Gesetz die Leistungspflicht knüpft; die Erzielung von Einnahmen kann Neben-

zweck sein.
조세는 특별급부에 대한 반대급부가 아니며, 공법상의 공동체가 수입을 얻기 위하여 법률이 급부의무를 정한 요건사실에 관계된 모든 자에 대하여 부과하는 금전급부를 말한다. 수입은 부수적 목적일 수 있다.

Steuerabzugsbetrag 원천징수세액(공제세액). → Gefährdung der Abzugsteuern (원천징수세 위해행위).

Steueranmeldung AO 167 납세신고.
(1) Ist eine Steuer auf Grund gesetzlicher Verpflichtung anzumelden (§ 150 Abs. 1 Satz 3), so ist eine Festsetzung der Steuer nach § 155 nur erforderlich, wenn die Festsetzung zu einer abweichenden Steuer führt oder der Steuer- oder Haftungsschuldner die Steueranmeldung nicht abgibt.
법률상의 의무에 근거하여 납세신고를 하여야 하는 경우에는(제150조 1항 3문) 확정에 의하여 세액이 다르게 되거나 또는 조세채무자나 책임채무자가 납세신고를 하지 아니하는 때에만 제155조의 규정에 의한 조세의 확정이 필요하다.
Satz 1 gilt sinngemäß, wenn die Steuer auf Grund gesetzlicher Verpflichtung durch Verwendung von Steuerzeichen oder Steuerstemplern zu entrichten ist.
법률상의 의무를 근거로 조세가 수입인지 또는 수입증지의 사용에 의하여 납부하는 때에는 제1문의 규정을 준용한다.
→ Steuererklärung (조세신고(서)).

Steueraufkommen GG 106 조세수입.
(Verteilung des ~s: ~의 분배).
(1) Der Ertrag der Finanzmonopole und das Aufkommen der folgenden Steuern stehen dem Bund zu:
1. die Zölle,
2. die Verbrauchsteuern, soweit sie nicht nach Abs.2 den Ländern, nach Abs.3 Bund und Ländern gemeinsam oder nach Abs. 6 den Gemeinden zustehen,
3. die Straßengüterverkehrsteuer,
4. die Kapitalverkehrsteuern, die Versicherungsteuer und die Wechselsteuer,
5. die einmaligen Vermögensabgaben und die zur Durchführung des Lastenausgleichs erhobenen Ausgleichsabgaben,
6. die Ergänzungsabgabe zur Einkommensteuer und zur Körperschaftsteuer,
7. Abgaben im Rahmen der Europäischen Gemeinschaften.
재정전매와 다음 각호의 조세의 수입은 연방의 권한에 속한다.
1. 관세,
2. 제2항에 의하여 주의 권한에 속하지 아니하거나 제3항에 의하여 연방 및 주에 공동의 권한에 속하지 아니하거나 또는 제6항에 의하여 (기초)자치단체의 권한에 속하지 아니하는 소비세,
3. 도로화물교통세,
4. 자본유통세, 보험세, 환거래세,
5. 1회 한도의 재산세 및 부담조정을 위한 조정과세,
6. 소득세 및 법인세에 대한 부가세,
7. 유럽공동체의 범위내에서의 과세.

Steuerbegünstigte Zwecke AO 51 조세우대목적.
Gewährt das Gesetz eine Steuervergünstigung, weil eine Körperschaft ausschließlich und unmittelbar gemeinnützige, mildtätige oder kirchliche Zwecke (steuerbegünstigte Zwecke) verfolgt, so gelten die folgenden Vorschriften.
법률이 조세우대를 인정하는 경우는 단체가 전적으로 또는 직접적으로 단체의 공익목적, 자선목적 또는 종교목적(조세우대목적)을 추구하는 때이다. 이하 다음의 제규정을 적용한다.

Steuerberater StBerG 33 세무사.
Steuerberater, Steuerbevollmächtigte und Steuerberatungsgesellschaften haben die Aufgabe, im Rahmen ihres Auftrags ihre Auftraggeber in Steuersachen zu beraten, sie zu vertreten und ihnen bei der Bearbeitung ihrer Steuerangelegenheiten und bei der Erfüllung ihrer steuerlichen Pflichten Hilfe zu leisten.

세무사, 세무대리사 및 세무법인은 위임의 범위내에서 위임인의 세무사무를 상담하고 위임인을 대리하며 세무사무의 처리 및 세법상의 의무이행에 노려하여야 한다.

Steuerberatungsgesellschaft StBerG 49 세무법인.
(1) Aktiengesellschaften, Kommanditgesellschaften auf Aktien, Gesellschaften mit beschränkter Haftung, Offene Handelsgesellschaften, Kommanditgesellschaften und Partnerschaftsgesellschaften können nach Maßgabe dieses Gesetzes als Steuerberatungsgesellschaften anerkannt werden.
주식회사, 주식합자회사, 유한회사, 합명회사, 합자회사 및 동업회사는 본법이 정하는 바에 따라 세무법인으로 인가를 받을 수 있다.

Steuerberatungsgesetz StBerG 세무사법.
→ Hilfeleistung in Steuersachen (세무대리).

Steuerbevollmächtigter StBerG 42 세무대리사.
Steuerbevollmächtigter ist, wer nach den Vorschriften dieses Gesetzes als solcher bestellt ist. Die Vorschriften für die Bestellung als Steuerberater sind bei der Bestellung als Steuerbevollmächtigter sinngemäß anzuwenden.
세무대리사는 본법(세무사법)에 의거하여 세무대리사 면허를 받은 자이다. 세무대리사 면허규정은 세무사면허규정을 준용한다.

Steuererklärung AO 149, 150 조세신고 (서).
(1) Die Steuergesetze bestimmen, wer zur Abgabe einer Steuererklärung verpflichtet ist. (149)
조세법률은 조세신고서를 제출할 의무를 지는 자를 정한다.
(1) S.3 Der Steuerpflichtige hat in der Steuererklärung die Steuer selbst zu berechnen, soweit dies gesetzlich vorgeschrieben ist (Steueranmeldung). (150)
조세의무자는 법률로 정한 경우 한하여 조세신고서에 스스로 세액을 산정해야 한다 (납세신고).

Steuererstattung AO 37(2) 조세환급.
(2) Ist eine Steuer, eine Steuervergütung, ein Haftungsbetrag oder eine steuerliche Nebenleistung ohne rechtlichen Grund gezahlt oder zurückgezahlt worden, so hat derjenige, auf dessen Rechnung die Zahlung bewirkt worden ist, an den Leistungsempfänger einen Anspruch auf Erstattung des gezahlten oder zurückgezahlten Betrags.
조세, 조세상환, 책임액 또는 조세부대급부가 법률상 원인없이 지급되거나 반환되는 경우에 자신의 계산으로 지급된 자는 그 급부수령자에 대하여 지급되거나 환급된 금액의 환급청구권을 가진다. → Erstattung.

Steuerfahndung (Zollfahndung) AO 208 조세사찰 (관세사찰).
(1) Aufgabe der Steuerfahndung (Zollfahndung) ist
1. die Erforschung von Steuerstraftaten und Steuerordnungswidrigkeiten,
2. die Ermittlung der Besteuerungsgrundlagen in den in Nummer 1 bezeichneten Fällen,
3. die Aufdeckung und Ermittlung unbekannter Steuerfälle.
조세사찰(관세사찰)의 임무는 다음과 같다.
1. 조세범죄 및 조세질서위반행위의 조사.
2. 제1호에 규정된 사례의 과세기초의 조사
3. 알려지지 않은 조세사안의 적발 및 조사.

Steuerfestsetzung AO 155 조세확정.
(1) Die Steuern werden, soweit nichts anderes vorgeschrieben ist, von der Finanzbehörde durch Steuerbescheid festgesetzt.
Steuerbescheid ist der nach § 122 Abs. 1 bekannt gegebene Verwaltungsakt.
조세는 다른 규정이 없는 한 조세관청의 조세결정으로 확정된다.
조세결정은 제122조 제1항의 규정에 의한 고지된 행정행위이다.

Steuerfreie Einnahme EStG 3 Nr.1 a) 비과세수입.

Steuerfrei sind Leistungen aus einer Krankenversicherung, aus einer Pflegeversicherung und aus der gesetzlichen Unfallversicherung,
의료보험, 수발보험, 법정 재해보험에서 발생한 급부는 비과세이다.

Steuergefährdung AO 379 조세위해행위.
(1) Ordnungswidrig handelt, wer vorsätzlich oder leichtfertig
1. Belege ausstellt, die in tatsächlicher Hinsicht unrichtig sind,
2. Belege gegen Entgelt in den Verkehr bringt oder
3. nach Gesetz buchungs- oder aufzeichnungspflichtige Geschäftsvorfälle oder Betriebsvorgänge nicht oder in tatsächlicher Hinsicht unrichtig verbucht oder verbuchen lässt
und dadurch ermöglicht, Steuern zu verkürzen oder nicht gerechtfertigte Steuervorteile zu erlangen.
고의 또는 중과실에 의해 다음 각호의 행위를 함으로써 조세를 감면하거나 부당한 조세이익을 획득한 자는 질서위반행위를 한 것이다.
1. 사실에 관하여 부정한 증서를 작성하는 행위
2. 증거자료를 유상으로 거래에 유통시킨 행위,
2. 법률상 기장 또는 기록작성의무가 있는 거래나 또는 사업경과에 대하여 이를 기재하지 않거나 사실에 관하여 부정한 기록을 하거나 이를 하도록 한 행위.

Steuergeheimnis AO 30 조세비밀.
(1) Amtsträger haben das Steuergeheimnis zu wahren.
공무수행자는 조세비밀을 지켜야 한다.
→ Verletzung des Steuergeheimnisses(조세비밀의 침해죄).

Steuerhehlerei AO 374 조세장물범
(1) Wer Erzeugnisse oder Waren, hinsichtlich deren Verbrauchsteuern oder Einfuhr- und Ausfuhrabgaben im Sinne des Artikels 4 Nr. 10 und 11 des Zollkodexes hinterzogen oder Bannbruch nach § 372 Abs. 2, § 373 begangen worden ist, ankauft oder sonst sich oder einem Dritten verschafft, sie absetzt oder abzusetzen hilft, um sich oder einen Dritten zu bereichern, wird mit Freiheitsstrafe bis zu fünf Jahren oder mit Geldstrafe bestraft.
소비세나 관세법 제4조 제10호 및 제11호의 수입·수출세에 대하여 탈세가 있거나 조세기본법 제372조 제2항 및 제373조에서 정한 금지위반이 있었던 생산물 또는 물품을 자기 또는 제3자의 이득을 위하여 이를 구입하거나, 또는 기타 자기 또는 제3자가 취득하게 하거나, 매각 또는 매각을 보조하는 자는 5년 이하의 자유형 또는 벌금형에 처한다.

Steuerhinterziehung AO 370 탈세(범죄).
(1) Mit Freiheitsstrafe bis zu fünf Jahren oder mit Geldstrafe wird bestraft, wer
1. den Finanzbehörden oder anderen Behörden über steuerlich erhebliche Tatsachen unrichtige oder unvollständige Angaben macht,
2. die Finanzbehörden pflichtwidrig über steuerlich erhebliche Tatsachen in Unkenntnis lässt oder
3. pflichtwidrig die Verwendung von Steuerzeichen oder Steuerstemplern unterlässt
und dadurch Steuern verkürzt oder für sich oder einen anderen nicht gerechtfertigte Steuervorteile erlangt.
다음의 경우에 해당하는 행위를 한 자는 5년 이하의 자유형 또는 벌금형에 처한다.
1. 재무관청 또는 그 밖의 관청에 대하여 과세상 중요한 사실을 부정하거나 또는 불완전하게 진술을 하는 행위,
2. 재무관청에 대하여 의무에 위반하여 과세상 중요한 사실을 알리지 않은 행위,
3. 의무에 위반하여 수입인지 또는 수입증지를 사용하지 않고 이러한 행위를 통하여 조세를 경감하거나 또는 자신 또는 타인이 부당한 조세이익을 얻도록 한 행위.

Steuerliche Nebenleistung AO 3(4) 조세부대급부.

(4) Steuerliche Nebenleistungen sind Verspätungszuschläge (§ 152), Zuschläge gemäß § 162 Abs.4, Zinsen (§§ 233 bis 237), Säumniszuschläge (§ 240), Zwangsgelder (§ 329) und Kosten (§§ 89, 178, 178a und §§ 337 bis 345) sowie Zinsen im Sinne des Zollkodexes.
조세부대급부는 지연가산금(제152조), 제162조 제4항에 의한 가산금, 이자(제233조 내지 제237조), 연체가산금(제240조), 강제금(제329조), 비용 (제89조, 제178조, 제178a조 및 제337조 내지 제2345조) 및 관세법상 이자를 말한다.

Steuermeßbetrag AO 184 기준(산정)
세액 (영업세나 토지세의 세액결정의 기초가 되는 금액).
(1) Steuermessbeträge, die nach den Steuergesetzen zu ermitteln sind, werden durch Steuermessbescheid festgesetzt.
조세법률에 의하여 산출된 기준세액은 기준세액결정에 의하여 확정한다.

Steuermeßzahl 기본세율 (조세표준율).
* Finanzamt setz durch Anwendung der Steuermeßbezahl auf den Einheitswert den Steuremeßbetrag fest. Die Gemeinde bestimmt den Hebsatz und erläßt den Grundsteuerbescheid. (GrStG 13-15, 25)
세무서는 (토지의) 통일가에 기본세율을 적용하여 기준세액을 확정한다. (기초)자치단체는 (자치단체별) 징수율을 정하고 토지세 결정을 한다.

Steuerordnungswidrigkeit AO 377
조세질서위반행위.
(1) Steuerordnungswidrigkeiten (Zollordnungswidrigkeiten) sind Zuwiderhandlungen, die nach den Steuergesetzen mit Geldbuße geahndet werden können.
조세질서위반행위(관세질서위반행위)는 조세법률에 의하여 질서위반금이 부과될 수 있는 위반행위를 말한다.

Steuerpflichtiger AO 33 조세의무자.
(1) Steuerpflichtiger ist, wer eine Steuer schuldet, für eine Steuer haftet, eine Steuer für Rechnung eines Dritten einzubehalten und abzuführen hat, wer eine Steuererklärung abzugeben, Sicherheit zu leisten, Bücher und Aufzeichnungen zu führen oder andere ihm durch die Steuergesetze auferlegte Verpflichtungen zu erfüllen hat.
조세채무를 부담하는 자, 조세에 대하여 책임을 지는 자, 제3자의 계산에서 조세를 유보하고 이를 납부해야 하는 자, 조세신고서를 제출하고, 담보를 제공하고, 기장 및 기록작성을 해야 하는 자 또는 기타 조세법률에 의하여 그에게 부과된 의무를 이행하여야 하는 자는 조세의무자이다.

Steuersätze UStG 12 세율.
(1) Die Steuer beträgt für jeden steuerpflichtigen Umsatz 19 Prozent der Bemessungsgrundlage.
모든 과세대상 매출에 대한 세율(부가가치세)은 과세표준의 19%이다.

Steuerstraftat AO 369 조세범죄.
(1) Steuerstraftaten (Zollstraftaten) sind:
1. Taten, die nach den Steuergesetzen strafbar sind,
2. der Bannbruch,
3. die Wertzeichenfälschung und deren Vorbereitung, soweit die Tat Steuerzeichen betrifft,
4. die Begünstigung einer Person, die eine Tat nach den Nummern 1 bis 3 begangen hat.
조세범죄(관세범죄)란 다음 각호에 해당하는 행위를 말한다.
1. 조세법에 의하여 가벌적인 행위,
2. 금제위반,
3. 수입인지에 관련된 유가증표위조 및 그 예비,
4. 제1호 내지 제3호에 의한 범죄를 행한 자에 대한 비호.

Steuerumgehung 조세회피.
→ Missbrauch von rechtlichen Gestaltungsmöglichkeiten (법형성가능성의 남용).

Steuerungsfähigkeit StGB 20 조종능력.

책임능력의 심리적인 요소로서 행위자가 불법의식을 가질 수 없는 때에는 통찰능력(Einsichtsfähigkeit)이 없다. 또한 불법통찰이 가능하지만 그 자신이 저항력의 전력을 다하여도 그 의사를 이성적인 고려로 결정할 수 없는 때에는 조종능력(Steuerungsfähigkeit)이 없다고 본다. 책임능력자는 2가지 책임능력을 다 가지고 있어야 한다.

Steuervergütung AO 1 조세상환.
(1) Dieses Gesetz gilt für alle Steuern einschließlich der Steuervergütungen, die durch Bundesrecht oder Recht der Europäischen Gemeinschaften geregelt sind, soweit sie durch Bundesfinanzbehörden oder durch Landesfinanzbehörden verwaltet werden.
이 법률은 연방재무관청 또는 주재무관청에 의하여 관리되는 조세에 관하여 연방법 또는 유럽공동체법에 의하여 규제되는, 조세상환을 포함한 일체의 조세에 적용된다.

Steuerverkürzung
→ Leichtfertige Steuerverkürzung (중과실 조세감면행위).

StGB → Strafgesetzbuch (형법전).

StGBuaÄndG → Kronzeugengesetz (공범 증인법).

Stiftung BGB 80 재단.
Zur Entstehung einer rechtsfähigen Stiftung sind das Stiftungsgeschäft und die Anerkennung durch die zuständige Behörde des Landes erforderlich, in dem die Stiftung ihren Sitz haben soll.
권리능력있는 재단이 성립하기 위하여 재단기부행위 이외에 재단이 소재지가 될 주의 허가를 요한다.

Stiftung öffentlichen Rechts 공법상의 재단.
Die Stiftung im öffentlichen Recht ist eine vom Staat einem öffentlichen Zweck gewidmete Vermögensmasse.

~은 국가에 의하여 공적 목적에 기여하는 재산 전체.

Stiftungsgeschäft BGB 81 기부행위.
Das Stiftungsgeschäft unter Lebenden bedarf der schriftlichen
생전처분에 의한 기부행위는 서면으로 하여야 한다.

Stigmatisierung 낙인(화).
Stigmatisierung bezeichnet die zu sozialer Diskriminierung führende Charakterisierung einer Person oder Gruppe durch die Zuschreibung gesellschaftlich oder gruppenspezifisch negativ bewerteter Merkmale.
~는 사회적으로 또는 집단에 특수하게 부정적으로 평가된 표지의 귀속을 통하여 사람이나 집단에 대한 사회적 차별화의 특징지음.

Stille Gesellschaft HGB 230 익명조합.
(1) Wer sich als stiller Gesellschafter an dem Handelsgewerbe, das ein anderer betreibt, mit einer Vermögenseinlage beteiligt, hat die Einlage so zu leisten, daß sie in das Vermögen des Inhabers des Handelsgeschäfts übergeht.
익명조합원으로서 타인의 상사영업에 재산출자로써 관여하는 자는 그 출자를 영업자의 재산에 이전하여야 한다.

Stimmabgabe 투표행위 (bei der ~).

Stimmberechtigte 선거권자, 유권자.
ein Zehntel der Stimmberechtigten 선거유권자의 10분의 1.

Stimmen 투표하다; BWahlG 4; 투표권 (Stimmrecht).
① Das Gericht kann dem Verurteilten für die Dauer von zwei bis zu fünf Jahren das Recht, in öffentlichen Angelegenheiten zu wählen oder zu stimmen, aberkennen, soweit das Gesetz es besonders vorsieht (StGB 45(5)).
법원은 법률에 특별한 규정이 있는 때에는

형의 선고를 받은 자에 대하여 2년 이상 5
년 이하의 기간내에서 공법상의 업무에 관
한 피선거권 또는 투표권을 박탈할 수 있다.
② Jeder Wähler hat zwei Stimmen, eine
Erststimme für die Wahl eines Wahlkreis-
abgeordneten, eine Zweitstimme für die
Wahl einer Landesliste.
모든 선거권자는 2개의 투표권을 가진다.
제1표는 선거구의원의 선거를 위하여 제2표
는 주명부의 선출을 위하여 행사된다.

Stimmengleichheit WRV 58 가부동수.
Bei Stimmengleichheit entscheidet die
Stimme des Vorsitzenden.
가부동수일 경우에는 의장이 이를 결정한다.

Stimmenmehrheit 다수결투표.
→ Mehrheit der abgegebenen Stimmen
(투표의 과반수; 다수결).

Stimmrecht StGB 45(5) 투표권(선거권);
AktG 12; GG 51(2) 의결권. → Stimmen.
Jede Aktie gewährt das Stimmrecht.(1)
Mehrstimmrechte sind unzulässig.(2)
각 주식은 의결권이 있다. 복수의결권은 인
정되지 아니한다. (AktG 12)
(2) Jedes Land hat mindestens drei Stimmen. (GG 51)
각 州는 최소한 3개의 의결권을 가진다.

Stimmrechtsvertreter AktG 134 의결권
대리인.
(3) Das Stimmrecht kann durch einen
Bevollmächtigten ausgeübt werden. Für
die Vollmacht gilt die schriftliche Form,
wenn die Satzung keine Erleichterung
bestimmt. Werden von der Gesellschaft
benannte Stimmrechtsvertreter bevollmächtigt, so ist die Vollmachtserklärung
von der Gesellschaft drei Jahre nach-
prüfbar festzuhalten.
의결권은 대리인을 통하여 행사될 수 있다.
정관에 다른 완화규정에 없는 한 대리는 서
면의 양식으로 한다. 회사가 지명한 의결권
대리인이 대리권을 수여받으면, 회사는 대
리권수여의 의사표시를 3년간 검사가 가능
하도록 보존하여야 한다.

Störfallbeauftragter BImSchG 58a
사고담당자.
(1) Betreiber genehmigungsbedürftiger Anlagen haben einen oder mehrere Störfall-
beauftragte zu bestellen, sofern dies im
Hinblick auf die Art und Größe der Anlage
wegen der bei einer Störung des bestimmungsgemäßen Betriebs auftretenden
Gefahren für die Allgemeinheit und die
Nachbarschaft erforderlich ist.
인가를 요하는 시설의 운영자는 시설의 종
류와 규모를 감안하여 볼 때 그 목적에 따
른 운영의 사고시에 발생하는 공공과 이웃
에 대한 위험을 이유로 필요한 범위에서 1
인 또는 다수의 사고담당자를 임명하여야
한다.

Störpropaganda gegen die Bundeswehr
StGB 109d 연방군 교란선전죄.
(1) Wer unwahre oder gröblich entstellte
Behauptungen tatsächlicher Art, deren
Verbreitung geeignet ist, die Tätigkeit der
Bundeswehr zu stören, wider besseres
Wissen zum Zwecke der Verbreitung aufstellt oder solche Behauptungen in Kenntnis ihrer Unwahrheit verbreitet, um die
Bundeswehr in der Erfüllung ihrer Aufgabe der Landesverteidigung zu behindern,
wird mit Freiheitsstrafe bis zu fünf
Jahren oder mit Geldstrafe bestraft.
연방군의 활동을 교란하기에 적합한 종류의
허위이거나 현저히 왜곡된 주장을 그 양식
에 반하여 유포의 목적으로 내세우거나 또
는 그러한 주장이 허위가 아님을 인식하면
서 유포하여 연방군의 국방임무수행을 방해
한 자는 5년 이하의 징역 또는 벌금형에 처
한다.

Störung der Geschäftsgrundlage
BGB 313 행위기초의 교란.
die Lehre von der Geschäftsgrundlage =
die Lehre von der Wegfall der Geschäftsgrundlage (행위기초상실론; 사정변경이론
clausula rebus sic stantibus).
(1) Haben sich Umstände, die zur Grundlage des Vertrags geworden sind, nach
Vertragsschluss schwerwiegend verändert

und hätten die Parteien den Vertrag nicht oder mit anderem Inhalt geschlossen, wenn sie diese Veränderung vorausgesehen hätten, so kann Anpassung des Vertrags verlangt werden, soweit einem Teil unter Berücksichtigung aller Umstände des Einzelfalls, insbesondere der vertraglichen oder gesetzlichen Risikoverteilung, das Festhalten am unveränderten Vertrag nicht zugemutet werden kann.

계약의 기초가 된 사정이 계약체결후에 현저히 변경되고, 당사자들이 이러한 변경을 예견할 수 있었다면 그 계약을 체결하지 아니하였거나 다른 내용으로 계약을 체결하였을 경우에, 개별적인 경우의 모든 사정, 특히 계약상 또는 법률상의 위험분배를 고려하여 당사자 일방에게 계약의 불변을 기대할 수 없는 때에는 계약의 적용을 요구할 수 있다.

Störung der öffentlichen Friedens durch Androhung von Straftaten StGB 126

범죄위협에 의한 공공평화교란죄.

(1) Wer in einer Weise, die geeignet ist, den öffentlichen Frieden zu stören, 1. einen der in § 125a Satz 2 Nr. 1 bis 4 bezeichneten Fälle des Landfriedensbruchs, 2. einen Mord (§211), Totschlag (§212) oder Völkermord (VStGB §6) oder ein Verbrechen gegen die Menschlichkeit (VStGB §7) oder ein Kriegsverbrechen (VStGB §§ 8·9·10·11·12), androht, wird mit Freiheitsstrafe bis zu drei Jahren oder mit Geldstrafe bestraft.

공공의 평온을 교란하기에 적합한 방법으로 1. 제125a조 제2문 제1호 내지 제4호의 소요죄 2. 모살, 고살, 민족학살, 인류에 대한 범죄, 전쟁범죄(제3-7호 생략)에 해당하는 범죄행위를 위협한 자는 3년 이하의 자유형 또는 벌금형에 처한다.

→ Landzwang (국가강요죄: 구규정).

→ Anleitung zu Straftaten (범죄위협에 의한 공공평화교란죄의) 범죄행위지도는 별개의 구성요건이다.

Störung der Religionsausübung

StGB 167 종교행사방해죄.

(1) Wer

1. den Gottesdienst oder eine gottesdienstliche Handlung einer im Inland bestehenden Kirche oder anderen Religionsgesellschaft absichtlich und in grober Weise stört oder

2. an einem Ort, der dem Gottesdienst einer solchen Religionsgesellschaft gewidmet ist, beschimpfenden Unfug verübt, wird mit Freiheitsstrafe bis zu drei Jahren oder mit Geldstrafe bestraft.

1. 국내의 교회나 기타 종교단체의 예배 또는 종교행위를 의도적으로 현저히 방해한 자 2. 제1호에 의한 종교단체의 예배를 봉하는 장소에서 모욕적 행패를 부린 자는 3년 이하의 자유형 또는 벌금형에 처한다.

Störung der Tätigkeit eines Gesetzgebungsorgans StGB 106b 입법기관의 활동 방해죄.

(1) Wer gegen Anordnungen verstößt, die ein Gesetzgebungsorgan des Bundes oder eines Landes oder sein Präsident über die Sicherheit und Ordnung im Gebäude des Gesetzgebungsorgans oder auf dem dazugehörenden Grundstück allgemein oder im Einzelfall erläßt, und dadurch die Tätigkeit des Gesetzgebungsorgans hindert oder stört, wird mit Freiheitsstrafe bis zu einem Jahr oder mit Geldstrafe bestraft.

연방이나 주의 입법기관 또는 그 의장이 입법기관의 건물 또는 그 부속 부동산의 안전과 질서유지를 위하여 제정한 일반적·개별적 명령을 위반하고 이로 인하여 입법기관의 활동을 방해하거나 교란한 자는 1년 이하의 자유형 또는 벌금형에 처한다.

Störung der Todenruhe StGB 168 사자안식방해죄.

(1) Wer unbefugt aus dem Gewahrsam des Berechtigten den Körper oder Teile des Körpers eines verstorbenen Menschen, eine tote Leibesfrucht, Teile einer solchen oder die Asche eines verstorbenen Menschen wegnimmt oder wer daran beschimpfenden Unfug verübt, wird mit Freiheitsstrafe bis zu drei Jahren oder mit

Geldstrafe bestraft.
권한 없이 사체, 사체의 일부, 사망한 태아, 사망한 태아의 일부, 유골을 권리자의 점유로부터 탈취한 자, 또는 묘지에서 모욕적 행패를 부린 자는 3년 이하의 자유형 또는 벌금형에 처한다.

Störung einer Bestattungsfeier
StGB 167a 장례행사방해죄.
Wer eine Bestattungsfeier absichtlich oder wissentlich stört, wird mit Freiheitsstrafe bis zu drei Jahren oder mit Geldstrafe bestraft.
장례행사를 의도적 또는 고의적으로 방해한 자는 3년 이하의 자유형 또는 벌금형에 처한다.

Störung öffentlicher Betriebe
StGB 316b 공공경영교란죄.
(1) Wer den Betrieb
1. von Unternehmen oder Anlagen, die der öffentlichen Versorgung mit Postdienstleistungen oder dem öffentlichen Verkehr dienen,
2. einer der öffentlichen Versorgung mit Wasser, Licht, Wärme oder Kraft dienenden Anlage oder eines für die Versorgung der Bevölkerung lebenswichtigen Unternehmens oder
3. einer der öffentlichen Ordnung oder Sicherheit dienenden Einrichtung oder Anlage
dadurch verhindert oder stört, daß er eine dem Betrieb dienende Sache zerstört, beschädigt, beseitigt, verändert oder unbrauchbar macht oder die für den Betrieb bestimmte elektrische Kraft entzieht, wird mit Freiheitsstrafe bis zu fünf Jahren oder mit Geldstrafe bestraft.
다음 각호에 해당하는 기업이나 시설의 경영에 기여하는 물건을 파괴, 손상, 제거, 변경 또는 사용불능하게 하거나 그 경영 용도의 전력을 탈취함으로써 그러한 기업이나 시설의 경영을 방해하거나 교란한 자는 5년 이하의 자유형 또는 벌금형에 처한다.
1. 우편서비스 또는 공공교통의 공적 공급에 공하는 기업이나 시설,

2. 수도, 전기, 난방, 전력 등의 공적 공급에 공하는 시설 또는 국민생활필수품 공급기업,
3. 공공의 질서 또는 안전에 공하는 설비나 시설.

Störung von Telekommunikationsanlagen
StGB 317 통신시설교란죄 ← Störung von Fernmeldeanlagen a.F. (통신장비방해)
공공목적에 공하는 통신시설의 운영(den Betrieb einer öffentlichen Zwecken dienenden Telekommunikationsanlage)에 사용하는 물건을 파괴, 손상, 제거, 변경 또는 사용 불능하게 하거나 그 운영용도로 정하여진 전력을 탈취함으로써(die für den Betrieb bestimmte elektrische Kraft entzieht) 통신시설의 운영을 방해하거나 위태롭게 한 자는 5년 이하의 자유형 또는 벌금형에 처한다.

StPO → Strafprozeßordnung (형사소송법).

Strafantrag 고소.
Ein Strafantrag ist das Verlangen einer Person, dass jemand wegen einer bestimmten Tat strafrechtlich verfolgt wird. Geregelt ist der Strafantrag in Deutschland in den §§ 77 ff. Strafgesetzbuch (StGB) und § 158 Strafprozessordnung (StPO). Der Strafantrag ist kein Tatbestandsmerkmal, sondern nur Prozessvoraussetzung (Strafverfolgungsvoraussetzung). Die Tat ist daher auch dann rechtswidrig, wenn kein Strafantrag gestellt wird.
~는 누군가를 형법상의 특정한 범죄에 대하여 소추하여 달라는 요구. 독일 형법은 제77조 이하, 형사소송법 제158조 이하에서 이를 규정하고 있다. ~은 구성요건표지가 아니라 소송요건이다(형사소추요건). 따라서 ~가 행하여지지 않아도 범죄행위는 위법하다.
→ Antragsdelikt und vorläufige Festnahme (친고죄와 가체포).
→ Offizialdelikt (비친고죄).
→ Strafanzeige und Strafantrag (고발과 고소).

Strafantrag bei vorsätzlicher Körperverletzung und fahrlässiger Körperverletzung StGB 230 상해죄와 과실치상죄에 있

어서의 고소.

(1) Die vorsätzliche Körperverletzung nach § 223 und die fahrlässige Körperverletzung nach § 229 werden nur auf Antrag verfolgt, es sei denn, daß die Strafverfolgungsbehörde wegen des besonderen öffentlichen Interesses an der Strafverfolgung ein Einschreiten von Amts wegen für geboten hält.

제223조의 상해죄 및 제230조의 과실치상죄는 고소가 있어야만 형사소추할 수 있다. 단, 형사소추기관이 형사소추에 관한 특별한 공익을 이유로 직권에 의한 개입이 필요하지 않아야 한다.

Strafanzeige und Strafantrag StPO 158 고발과 고소.

Die Anzeige einer Straftat und der Strafantrag können bei der Staatsanwaltschaft, den Behörden und Beamten des Polizeidienstes und den Amtsgerichten mündlich oder schriftlich angebracht werden.

범죄행위에 대한 고발이나 고소는 검사, 경찰직 공무원과 그 기관 및 구법원에 대하여 구두 또는 서면으로 가능하다.

Strafarrest (Arrest) StVollzG 103(1),Nr.9, 167 징벌구금 (교도소내 4주 이내의 징벌처분).

→ Disziplinarmaßnahme (징계(징벌)처분).

Strafaussetzung StGB 56 형의 유예.

(1) Bei der Verurteilung zu Freiheitsstrafe von nicht mehr als einem Jahr setzt das Gericht die Vollstreckung der Strafe zur Bewährung aus, wenn zu erwarten ist, daß der Verurteilte sich schon die Verurteilung zur Warnung dienen lassen und künftig auch ohne die Einwirkung des Strafvollzugs keine Straftaten mehr begehen wird.

법원은 1년 이하의 자유형을 선고하는 경우 형의 선고를 받은 자가 이미 경고의 선고를 받았고 장차 행형의 작용 없이도 더 이상 재범하지 아니할 것으로 인정될 수 있는 때에는 보호관찰을 조건으로 형의 집행을 유예한다.

우리의 집행유예와 비슷하나 요건에 차이가 있다.

Strafbare Werbung UWG 16 가벌적 광고죄.

(1) Wer in der Absicht, den Anschein eines besonders günstigen Angebots hervorzurufen, in öffentlichen Bekanntmachungen oder in Mitteilungen, die für einen größeren Kreis von Personen bestimmt sind, durch unwahre Angaben irreführend wirbt, wird mit Freiheitsstrafe bis zu zwei Jahren oder mit Geldstrafe bestraft.

특별하게 유리한 공급의 외관을 유발할 목적으로 광범위한 사람에 대한 공고 또는 통지에서 허위기재에 의해 오인광고를 한 자는 2년 이하의 자유형 또는 벌금형에 처한다.

Strafbarer Eigennutz StGB 284 ff. 가벌적 사욕.

가벌적 사욕으로서 독일형법 제25장은 불법도박개장죄 (Unerlaubte Veranstaltung eines Glücksspiels 284), 불법도박참여죄(Beteiligung am unerlaubten Glücksspiel 285), 불법복표 및 경품권발매죄 (Unerlaubte Veranstaltung einer Lotterie oder einer Ausspielung 287), 강제집행면탈죄 (Vereiteln der Zwangsvollstreckung 288), 질물취거죄 (Pfandkehr 289), 질물불법사용죄 (Unbefugter Gebrauch von Pfandsachen 290), 부당이득죄(Wucher 291), 밀렵죄(Jagdwilderei 292), 밀어죄(Fischwilderei 293) 등을 규정하고 있다.

밀렵죄와 밀어죄가 친족이나 또는 제한된 범위의 수렵 또는 어로가 허가된 지역에서 행하여진 때에는 친고죄이다. (294)

Strafbarkeit des Versuchs StGB 23 미수의 가벌성.

Der Versuch eines Verbrechens ist stets strafbar, der Versuch eines Vergehens nur dann, wenn das Gesetz es ausdrücklich bestimmt.

중죄의 미수는 언제나, 경죄의 미수는 법률이 이를 명시한 경우에 한하여 이를 벌한다.

Strafbarkeitsbedingung 가벌조건(요건).

~은 가벌성의 객관적 조건 (→ Objektive Bedingungen der Strafbarkeit)과 특별한 신분이 있는 범죄 관여자에게만 효력을 갖는 인적처벌조각사유(persönale Strafausschlieβungsgründen)와 인적 처벌소멸사유(personale Strafaufhebungsgründen)로 나누는 것이 보통이다.

Strafbefehl StPO 407 과형명령 (약식명령) (~절차: Verfahren bei Strafbefehlen = Strafbefehlsverfahren).

(1) Im Verfahren vor dem Strafrichter und im Verfahren, das zur Zuständigkeit des Schöffengerichts gehört, können bei Vergehen auf schriftlichen Antrag der Staatsanwaltschaft die Rechtsfolgen der Tat durch schriftlichen Strafbefehl ohne Hauptverhandlung festgesetzt werden.
형사판사의 절차(단독형사절차) 및 참심법원의 관할에 속하는 절차에서 경죄의 경우에 검사가 서면으로 과형명령을 신청한 때에는 공판을 경유하지 않고 서면의 과형명령에 의하여 형을 확정할 수 있다.

(2) Durch Strafbefehl dürfen nur die folgenden Rechtsfolgen der Tat, allein oder nebeneinander, festgesetzt werden:
1. Geldstrafe, Verwarnung mit Strafvorbehalt, Fahrverbot, Verfall, Einziehung, Vernichtung, Unbrauchbarmachung, Bekanntgabe der Verurteilung und Geldbuße gegen eine juristische Person oder Personenvereinigung,
2. Entziehung der Fahrerlaubnis, bei der die Sperre nicht mehr als zwei Jahre beträgt, sowie
3. Absehen von Strafe.
다음 각호의 행위의 법적 효과는 과형명령에 의하여 단독으로 또는 병과하여 확정될 수 있다.
1. 벌금형, 형유보부경고, 운전금지, 박탈, 몰수, 폐기, 사용불능, 유죄판결의 고지 및 법인이나 비법인단체에 대한 질서위반금,
2. 금지기간이 2년을 초과하지 않는 운전면허의 취소,
3. 형의 면제.

Strafbefehl nach Eröffnung des Haupt- **verfahren** StPO 408a 공판절차의 개시 후에 행하는 과형명령.

(Antrag nach Eröffnung des Hauptverfahrens).
(1) Ist das Hauptverfahren bereits eröffnet, so kann im Verfahren vor dem Strafrichter und dem Schöffengericht die Staatsanwaltschaft einen Strafbefehlsantrag stellen, wenn die Voraussetzungen des §407 Abs.1 Satz 1 und 2 vorliegen und wenn der Durchführung einer Hauptverhandlung das Ausbleiben oder die Abwesenheit des Angeklagten oder ein anderer wichtiger Grund entgegensteht.
공판절차가 이미 개시된 경우, 제407조 제1항과형명령) 제1·2문의 요건이 존재하고 피고인의 불출석, 부재 또는 기타 중요한 사유로 인하여 공판의 진행에 장애가 있는 때에는 검사는 형사판사와 참심법원의 절차에서 과형명령을 신청할 수 있다.

Strafbefehlsinhalt StPO 409 과형명령의 내용.

1. die Angaben zur Person des Angeklagten und etwaiger Nebenbeteiligter
피고인의 인적사항 및 공소참가인이 있는 경우 그 인적사항.
2. den Namen des Verteidigers
변호인의 성명.
3. die Bezeichnung der Tat, die dem Angeklagten zur Last gelegt wird, Zeit und Ort ihrer Begehung und die Bezeichnung der gesetzlichen Merkmale der Straftat
피의자의 죄책이 되는 행위, 범행시간과 장소 및 범죄행위의 법적 표지의 명시.
4. die angewendeten Vorschriften nach Paragraph, Absatz, Nummer, Buchstabe und mit der Bezeichnung des Gesetzes
조, 항, 호, 자모(알파벳)의 적용규정과 법률명칭.
5. die Beweismittel 증거방법.
6. die Festsetzung der Rechtsfolgen
법적 효과의 확정.
7. die Belehrung über die Möglichkeit des Einspruchs und die dafür vorgeschriebene Frist und Form sowie den Hinweis, daß der Strafbefehl rechtskräftig und

vollstreckbar wird, soweit gegen ihn kein Einspruch nach § 410 eingelegt wird.
이의제기의 가능성, 그 기간과 형식의 교시 및 제410조의 이의신청이 행하여지지 않을 경우 과형명령의 확정과 집행가능성의 지적.

Strafentlassene 출소자. → Gefangene.

Straferlaß StGB 56g 형면제 (법원이 형의 유예를 철회하지 않는 경우의 형의 유예의 효과).
(1) Widerruft das Gericht die Strafaussetzung nicht, so erläßt es die Strafe nach Ablauf der Bewährungszeit.
법원이 형의 유예를 철회하지 않는 경우에는 보호관찰기간이 경과한 후에 형면제를 한다.
(2) Das Gericht kann den Straferlaß widerrufen, wenn der Verurteilte im räumlichen Geltungsbereich dieses Gesetzes wegen einer in der Bewährungszeit begangenen vorsätzlichen Straftat zu Freiheitsstrafe von mindestens sechs Monaten verurteilt wird.
법원은 형의 선고를 받은 자가 이 법의 지역적 적용범위내에서 보호관찰기간중 행한 고의범죄를 이유로 6개월 이상의 자유형을 선고받은 때에는 형면제를 취소할 수 있다.
→ Absehen von Strafe (형의 면제 StGB 60).

Straffälligkeit; die Straffällige 형사처벌(대상자), 범죄행위(자), 수형자.
→ Gefangene.

Straffreierklärung StPO 468 면제판결.
형법 제60조 형의 면제(Absehen von Strafe)와 형법 제199조의 쌍방 모욕이나 쌍방 상해에 해당하는 경우에는 면제의 판결을 한다. 형의 면제의 경우에 비용부담은 의무적이나 쌍방재판(Beide Entscheidungen sog. Kompensation)의 경우에는 임의적이다 (§465(1),2, 468). 명시적 규정이 있는 우리의 면소판결과는 차이가 있다.
→ Kostenentscheidung bei Straffreierklärung (면제판결시 비용부담).

Straffreiheit StrFrhG 1970 3 형면제 (Auswirkungen der ~: ~의 효과).
Strafen, die beim Inkrafttreten dieses Gesetzes rechtskräftig verhängt sind, werden erlassen, soweit sie noch nicht vollstreckt sind. Anhängige Verfahren werden eingestellt, neue nicht eingeleitet.
본법의 시행시 확정된 형이 아직 집행되지 아니한 경우에 그 형은 면제된다. 계류중인 절차는 정지되며 새로이 진행되지 않는다.
→ Amnestie (일반사면).

Straffreiheitsgesetz 1970 (Gesetz über Straffreiheit) StrFrhG 1970 1 형면제법. (1970.5.20) (BGBl. I S. 509).
Wegen Straftaten nach Vorschriften, die durch das Dritte Gesetz zur Reform des Strafrechts aufgehoben oder ersetzt werden (§ 2 Abs. 1), sowie wegen Straftaten, die in der Zeit vom 1. Januar 1965 bis zum 31. Dezember 1969 durch Demonstrationen oder im Zusammenhang hiermit begangen worden sind (§ 2 Abs. 2), wird nach Maßgabe der folgenden Bestimmungen Straffreiheit gewährt.
제3차 형법개정법에 의하여 폐지되거나 또는 대체된 (제2조 제1항) 범죄 및 1965.1.1-1969.12.31의 시간에 시위 또는 그와 관련하여 행하여진 범죄는 다음의 규정에 따라 형면제를 한다.

Strafgefangene → Gefangene.

Strafgesetz StPO 263(2) 형벌법규, 형법.
(2) Die Schuldfrage umfaßt auch solche vom Strafgesetz besonders vorgesehene Umstände, welche die Strafbarkeit ausschließen, vermindern oder erhöhen.
책임문제는 형벌법규에 특별히 규정된, 가벌성을 조각하거나 감경하거나 가중하는 사정을 포함한다.

Strafgesetzbuch StGB 형법전 (1998.11. 13) (BGBl. I S. 3322),

Strafgewalt 형벌권. → Strafrecht (형법).

Strafkammer = StrK GVG 74, 76
(주법원의) 형사부.
(1) Die Strafkammern sind als erkennende Gerichte des ersten Rechtszuges zuständig für alle Verbrechen, die nicht zur
Zuständigkeit des Amtsgerichts oder des
Oberlandesgerichts gehören. (74)
형사부는 제1심법원의 본법원으로 구법원
이나 주고등법원의 관할에 속하지 아니한
모든 범죄에 대한 관할권이 있다.
(1) Die Strafkammern sind mit drei
Richtern einschließlich des Vorsitzenden
und zwei Schöffen (große Strafkammer),
in Verfahren über Berufungen gegen ein
Urteil des Strafrichters oder des Schöffengerichts mit dem Vorsitzenden und
zwei Schöffen (kleine Strafkammer) besetzt. Bei Entscheidungen außerhalb der
Hauptverhandlung wirken die Schöffen
nicht mit. (76)
형사부는 재판장을 포함한 3명의 판사와 2
명의 참심원으로 구성되며 (대형사부), 형사
부판사의 판결에 대한 항소심절차에서는 재
판장(1명의 판사)과 2명의 참심원으로 구성
된다 (소형사부). 공판이외의 결정에서 참심
원은 참여하지 않는다.
→ Spruchkörper (재판부; 합의체).

**Strafkammer mit besonderer Zustän-
digkeit** StPO 209a 특별관할을 가지는
형사부; 특별형사부.
이 형사소송법 제4조 제2항, 제209조 및 제
210조 제2항의 의미에 있어서 다음 각호의
법원은 상급법원으로 본다.
1. die → besonderen Strafkammern nach
§74 Abs.2 sowie den §§74a und 74c des
Gerichtsverfassungsgesetzes für ihren Bezirk gegenüber den allgemeinen Strafkammern und untereinander in der in §74e
des Gerichtsverfassungsgesetzes bezeichneten Rangfolge.
법원조직법 제74조 제2항, 제74조의 a, 제74
조의 c에 의해 관할지역에 있어 일반형사부
에 대한 특별형사부, 법원조직법 제74조의 e
에 의해 그 우선이 인정된 특별형사부.

Strafklage → Umgestaltung der Strafklage

(공소(사실)의 변경; 소인의 변경).

Strafklageverbrauch 형사소(刑事訴)의 확
정; 공소권소멸; 기판력(Res judicata).
~ Bezeichnung für die negative Sperrwirkung eines materiell rechtskräftigen
(Rechtskräft) Sachurteils, wonach eine
erneute Strafverfolgung gegen denselben
Täter wegen derselben Straftat unzulässig
ist. Dieser Grundsatz der Einmaligkeit der
Strafverfolgung ist durch Artikel 103 Absatz 3 GG verfassungsrechtlich abgesi-
chert.
~ 실체적 확정력을 가진 본안판결의 소극
적 차단효과로, 동일한 범죄행위자에 대한
동일한 범죄행위의 소추는 허용되지 않는다.
형사소추 1회성의 원칙은 기본법 제103조
제3항에 의하여 헌법적으로 보장된다.
Der Verbrauch der Strafklage ist die wich-
tigste Wirkung der materiellen Rechtskraft. Er tritt erst ein, wenn das Verfahren wegen der Tat, die den Gegenstand des Verfahrens bildet, vollständig
abgeschlosschen ist.
Nur eine Sachentscheidung des Strafrichters verbraucht die Strafklage, nicht
eine prozeßentscheidng. Spätere Ergän-
zungs- oder Vervollständigungsklage ist
nicht zulässig.
~은 실체적 확정력의 가장 중요한 효과이
다. 이는 절차의 대상이 되는 행위에 대하
여 절차가 완전히 종료된 경우에 발생한다.
따라서 ~을 형성하는 것은 본안재판이며,
형식재판은 아니다. 그 예외인 보충소송은
허용되지 않는다.

Sträfling 죄수 (罪囚) → Gefangene.

Straflist StPO 249 범죄기록부(범죄인등
록부, 형벌기록부).
~는 연방중앙기록부(Bundeszentralregister)
와 교육기록부(Erziehungsregister) 및 교통
중앙기록부(Verkehrszentralregister)를 포함
하는 개념이다.

Straflose Vor- und Nachtat
→ Mitbestrafte Vor- und Nachtat (불가벌

적 사전·사후행위).

Straflosigkeit der Nichtanzeige geplannter Straftaten StGB 139 계획된 범죄행위의 불고지에 대한 면책.
(1) Ist in den Fällen des § 138 die Tat nicht versucht worden, so kann von Strafe abgesehen werden.
제138조(Nichtanzeige geplanter Straftaten: 범죄불고지죄)의 경우 그 범죄행위가 착수되지 아니한 때에는 그 형을 면제한다.

Straflosigkeit des Schwangerschaftsabbruchs StGB 218a 낙태의 처벌면제 (사유).
(1) Der Tatbestand des § 218 ist nicht verwirklicht, wenn
1. die Schwangere den Schwangerschaftsabbruch verlangt und dem Arzt durch eine Bescheinigung nach § 219 Abs.2 Satz 2 nachgewiesen hat, daß sie sich mindestens drei Tage vor dem Eingriff hat beraten lassen,
2. der Schwangerschaftsabbruch von einem Arzt vorgenommen wird und
3. seit der Empfängnis nicht mehr als zwölf Wochen vergangen sind.
1. 임부가 낙태를 촉탁하고 제219조 제2항 제2문의 확인서에 의하여 최소한 시술 3일 이전에 상담을 받았다는 사실을 의사에게 입증할 것,
2. 낙태가 의사에 의하여 행하여질 것,
3. 수정후 12주 이상이 경과하지 아니하였을 것.
→ Schwangerschaftsabbruch (낙태죄).

Strafmakel JGG 97; BZRG 13 형벌오점.
(1) Hat der Jugendrichter die Überzeugung erlangt, daß sich ein zu Jugendstrafe verurteilter Jugendlicher durch einwandfreie Führung als rechtschaffener Mensch erwiesen hat, so erklärt er von Amts wegen oder auf Antrag des Verurteilten, des Erziehungsberechtigten oder des gesetzlichen Vertreters den Strafmakel als beseitigt. (JGG 97)
소년재판관은 소년형에 처해질 소년이 이의 여지 없는 품행으로 정직한 인간이 되었다

는 확신을 가진 때에는 직권 또는 당사자, 교육권자, 법정대리인의 신청에 의하여 형벌오점의 제거를 선언한다.

Strafprozeßordnung StPO 형사소송법 (1987.4.7) (BGBl. I S. 1074, 1319).

Strafrecht (Kriminalrecht, früher peinliches Recht) 형법.
Strafrecht im objektiven Sinn der Inbegriff der Rechtsnormen über strafbare Verbrechen; im subjektiven Sinn die Befugnis, wegen verübten Unrechts Strafe zu verhängen (Strafgewalt, Strafzwang, Jus puniendi).
객관적 의미의 형법은 가벌적 범죄에 대한 법규범의 총체이며, 주관적 의미의 형법은 행하여진 불법에 대하여 형벌을 부과하는 권한(형벌권)을 말한다.

Strafrechtliches Rehabilitierungsgesetz StRehaG 형사복권법.
Gesetz über die Rehabilitierung und Entschädigung von Opfern (1999.12.17) (BGBl. I S. 2664).
→ Rehabilitierung (복권).

Strafrest → Aussetzung des Strafrestes (bei lebenslanger Freiheitsstrafe, bei zeitiger Freiheitsstrafe) (무기자유형, 유기자유형에 있어서 잔여형의 연기).

Strafrichter GVG 25 형사판사.
구법원(區法院) 판사는 형사판사로서 다음 경죄의 경우에 재판한다.
1. wenn sie im Wege der Privatklage verfolgt werden oder
사인기소의 방법으로 소추되는 경우,
2. wenn eine höhere Strafe als Freiheitsstrafe von zwei Jahren nicht zu erwarten ist.
2년의 자유형보다 무거운 형벌이 예상되지 않는 경우.
→ Einzelrichter (단독판사).

Strafsache EGStPO 3 형사사건.
(1) Die Strafprozeßordnung findet auf alle

Strafsachen Anwendung, welche vor die ordentlichen Gerichte gehören.
형사소송법은 통상법원에 속하는 모든 형사사건에 적용된다.

Strafschadensersatz → Punitive damages (징벌적 손해배상).

Straftaten auf deutschen Schiffen oder Luftfahrzeugen StPO 10
선박 또는 항공기내에서의 범죄(~에 대한 재판적). → Bezirk des Heimathafens (선적항의 관할).

Straftaten gegen die Umwelt
StPO 10a 환경에 대한 범죄.
→ Umweltkriminalität auf dem Meer (해상에서의 환경범죄).

Strafurteil StPO 267(3) 형사판결.
(3) Die Gründe des Strafurteils müssen ferner das zur Anwendung gebrachte Strafgesetz bezeichnen und die Umstände anführen, die für die Zumessung der Strafe bestimmend gewesen sind.
형사판결의 이유에는 적용된 형벌법규를 기재하고 형의 양정에 중요한 사정을 밝혀야 한다.

Strafvereitelung StGB 258 범인은닉죄.
(sog. persönliche Begünstigung) (소위 인적 비호행위); 형벌무효죄, 처벌방해죄.
(1) Wer absichtlich oder wissentlich ganz oder zum Teil vereitelt, daß ein anderer dem Strafgesetz gemäß wegen einer rechtswidrigen Tat bestraft oder einer Maßnahme (§11 Abs.1 Nr.8) unterworfen wird, wird mit Freiheitsstrafe bis zu fünf Jahren oder mit Geldstrafe bestraft.
의도적으로 또는 그 정을 알면서 타인이 형벌법규에 따라 위법행위로 인하여 형벌 또는 처분(제11조 제1항 제8호)을 받게 되는 것을 그 전부 또는 일부를 무효화시킨 자는 5년 이하의 자유형 또는 벌금형에 처한다.
→ Begünstigung (범죄비호죄).

Strafvereitelung im Amt StGB 258a 직무상 범인은닉죄 (공무상 처벌방해죄).
(1) Ist in den Fällen des §258 Abs.1 der Täter als Amtsträger zur Mitwirkung bei dem Strafverfahren oder dem Verfahren zur Anordnung der Maßnahme(§11 Abs.1 Nr.8) oder ist er in den Fällen des §258 Abs.2 als Amtsträger zur Mitwirkung bei der Vollstreckung der Strafe oder Maßnahme berufen, so ist die Strafe Freiheitsstrafe von sechs Monaten bis zu fünf Jahren, in minder schweren Fällen Freiheitsstrafe bis zu drei Jahren oder Geldstrafe.
행위자가 §258(1)의 형사소송절차 또는 처분명령절차에 참여하는 공무수행자이거나 §258(2)의 형 또는 처분의 집행에 참여하는 공무수행자인 때에는 6개월 이상 5년 이하의 자유형에 처하고, 그 행위가 덜 중한 경우에는 3년 이하의 자유형 또는 벌금형에 처한다.

Strafverfolgungsentschädigungsgesetz
(Gesetz über die Entschädigung für Strafverfolgungsmaßnahmen) StrEG 형사보상법 (.형사소추처분에 대한 보상).
→ Entschädigung für Strafverfolgungsmaßnahmen.

Strafverlangen StGB 77e, 104a 처벌요구.
§104a에 의하면 이 장에 의한 범죄행위는 외국정부의 처벌요구가 있는 경우에만 소추되며, §77e에 의하면 범죄가 처벌요구에 의하여만 소추되는 경우에는 고소와 고소의 취소의 규정을 준용한다.

Strafversprechen für Nichterfüllung
BGB 340 불이행에 대한 위약벌의 약정.
(1) Hat der Schuldner die Strafe für den Fall versprochen, dass er seine Verbindlichkeit nicht erfüllt, so kann der Gläubiger die verwirkte Strafe statt der Erfüllung verlangen.
채무자가 자기의 의무를 이행하지 아니하는 경우에 대해 위약벌을 약정한 때에는 채권자는 이행에 갈음한 (위약)벌을 청구할 수 있다.

Strafvollstreckung StPO 449 형의 집행. 형의 집행(~)은 확정력이 있는 유죄판결에 의하여 확정된 형벌을 강제적으로 집행하기 위한 모든 처분을 말한다. 광의의 형의 집행은 확정력이 있는 부대효과 및 보안처분의 집행을 포함한다.
이에 비해 자유형의 집행(Vollzug)은 형의 집행과 구분되는바 벌금형의 집행을 포함하지 않으며 자유형만을 고려한다.
형의 집행에 대한 법적인 근거로는 형사소송법 제449조 이하, 형집행법(Strafvollstrek-kungsordnung StVollstrO 1956.2.15)과 청구 및 징수법 (Einforderung- und Beitrei-bungsordnung: EBAO: 1974.11. 20)이 있다. 특별규정은 소년형사절차에도 적용된다.
→ Vollstreckbarkeit von Strafurteilen (형사판결의 집행력).

Strafvollstreckungskammer GVG 78a; StPO 451 형집행부.
(1) Bei den Landgerichten werden, soweit in ihrem Bezirk für Erwachsene Anstalten unterhalten werden, in denen Freiheits-strafe oder freiheitsentziehende Maßregeln der Besserung und Sicherung vollzogen werden, oder soweit in ihrem Bezirk andere Vollzugsbehörden ihren Sitz haben, Strafvollstreckungskammern gebildet (GVG 78a).
관할구역에 자유형 또는 자유박탈 보안처분이 집행되는 성인시설이나 다른 행형관청이 소재한 주법원에 형집행부가 설치된다.
(1) Die Strafvollstreckungskammern sind besetzt
1. in Verfahren über die Aussetzung der Vollstreckung des Restes einer lebens-langen Freiheitsstrafe oder die Aussetzung der Vollstreckung der Unterbringung in einem psychiatrischen Krankenhaus oder in der Sicherungsverwahrung mit drei Richtern unter Einschluß des Vorsitzenden (GVG § 78b).
형집행부는 1. 무기자유형의 잔여형의 연기 또는 정신병원수용이나 보안감호에서 형집행의 유예에 관한 절차에서는 재판장을 포함한 3인의 판사,
2. in den sonstigen Fällen mit einem Richter. 기타의 경우에는 1인의 판사로 구성된다.
Über den Antrag entscheidet die Straf-vollstreckungskammer, in deren Bezirk die beteiligte Vollzugsbehörde ihren Sitz hat (StVollzG 110, StPO 462a).
그 관할에 해당 행형관청이 있는 형집행부가 (사법재판의) 신청에 관하여 결정한다.
→ Zuständigkeit der Strafvollstreckungs-kammer (형집행부의 관할).

Strafvollzug StVollzG 1 행형; 특히 자유형의 집행. → Strafvollstreckung (형의 집행).

Strafvollzugsgesetz (Gesetz über den Vollzug der Freiheitsstrafe und der frei-heitsentziehenden Maßregeln der Besse-rung und Sicherung) StVollzG 행형법 (1976.3.16) (BGBl. I S. 581, 2088).

Strafvollzugsvergütungsordnung StVollzVergO 행형보수등급규칙.
Verordnung über die Vergütungsstufen des Arbeisentgelts und der Ausbildungsbeihilfe nach dem Strafvollzugsgesetz. (Verordnung über die Vergütungsstufen des Arbeitsent-gelts und Ausbildungsbeihilfe nach dem Strafvollzugsgesetz)
행형법 제48조에 의거한 노임 및 직업훈련기간중 특별부양수당의 보수등급에 관한 규칙 (BGBl IS 57: BGBl III 312-9-1-1, 1977.1.11).

Strafwürdigkeit 당벌성 (當罰性).
Die Straftat ist strafwürdiges Unrecht. Die Stafbedürftigkeit jedoch setzt die Strafwürdigkeit voraus.
범죄행위는 당벌적 불법이다. 하지만 형벌필요성은 당벌성을 전제로 한다.

Strafzumessung (Grundsatz der ~)
StGB 46 양형의 원칙.
(1) Die Schuld des Täters ist Grundlage für die Zumessung der Strafe. Die Wir-kungen, die von der Strafe für das künf-tige Leben des Täters in der Gesellschaft zu erwarten sind, sind zu berücksichtigen.

형의 양정은 행위자의 책임을 기초로 한다. 형을 통하여 장래 행위자의 사회내 생활에 관하여 기대할 수 있는 효과는 이를 고려하여야 한다.

Strafzumessungsschuld 양형책임.

책임개념의 기능은 책임의 실체적 구조에 대한 초실정법적 규제로서 책임이념(Schuld-idee), 책임의 체계관련적인 개념인 형벌근거책임(Strafbegründungsschuld) 그리고 양형책임(Strafzumessungsschuld)으로 분류된다.

여기서 형벌근거책임과 양형책임은 형벌의 "존재(Ob)"와 "방법(Wie)"에 관련된 책임이다. 특히 양형책임은 '책임의 정도에 따른 형벌'의 특징을 가지고 있다. 이러한 책임의 개념은 책임이념의 단계에서처럼 입법에 관련된 것이 아니라 직접 법적용의 문제가 된다. 하지만 양형책임도 책임원칙을 그 한계적 요소로 하여 규범적 책임, 양형불법책임, 예방책임이 체계실천적 요소로 고려되지 않으면 안된다.

Strafzwecktheorie 형벌목적이론.

Die Strafzwecktheorien beschäftigen sich mit der Legitimation und dem Sinn und Zweck (staatlichen) Strafens.

Die absolute Theorie sucht nach keinem Strafzweck und ist deshalb absolut.

Die relative Straftheorie hingegen ist präventiv orientiert und unterteilt sich in die Generalprävention und die Spezial-prävention.

~에서는 (국가) 형벌의 정당성, 의미, 목적을 다룬다. 절대설은 형벌목적이 없어 그 때문에 절대적이다.

이에 비해 상대적 형벌이론은 예방지향적이며, 일반예방과 특별예방으로 분류된다.

Strangulation 목조름 (목을 옭아 죽임).

In der Rechtsmedizin und Kriminalistik ist diese Unterscheidung wichtig, da Erhängen in den meisten Fällen auf einen Suizid zurückzuführen ist, während bei Erdrosseln und Erwürgen häufig Fremd-einwirkung vorliegt.

법의학 및 수사학에서 이들 구별(의사, 액살, 교살)은 중요하다. 의사는 대개의 경우 자살, 교살과 액살은 흔히 타살을 전제로 한다.

Straßenkriminalität 노상범죄.

~ beinhaltet eine definierte Zusammen-fassung von Staftaten, bei denen ihres kriminologischen Erscheinungsbildes davon ausgegangen werden kann, dass sie über-wiegend auf Straßen, Wegen oder Plätzen begangen werden.

~는 주로 도로, 길 또는 광장에서 행하여지는 범죄행위에 대한 범죄학적 현상의 정의.

Straßenverkehr

→ Gefährliche Eingriffe in den Straßen-verkehr (도로교통에 있어서 위험한 공격죄).

→ Gefährdung des Straßenverkehrs (도로교통의 위태화죄).

Straßenverkehrs-Ordnung StVO 1

도로교통령 (1970.11.16) (BGBl. I S. 1565).

(1) Die Teilnahme am Straßenverkehr er-fordert ständige Vorsicht und gegenseitige Rücksicht.

도로교통의 참여자는 항상 주의하고 서로 상대방을 고려하여야 한다.

Straßenverkehrs-Zulassungs-Ordnung

StVZO 16 도로교통허가령 (1988.9.28) (BGBl. I S. 1793).

(1) Zum Verkehr auf öffentlichen Straßen sind alle Fahrzeuge zugelassen, die den Vorschriften dieser Verordnung und der Straßenverkehrs-Ordnung entsprechen, so-weit nicht für die Zulassung einzelner Fahrzeugarten ein Erlaubnisverfahren vor-geschrieben ist.

개개의 차종의 허가에 대하어 허가절차가 규정되어 있는 경우는 제외하고 본령 및 도로교통령의 규정에 일치하는 모든 차에게 공공도로에서의 운행이 허가된다.

Straßenverkehrsgefährdung

→ Gefährdung des Straßenverkehrs (도로교통의 위태화죄).

Straßenverkehrsgesetz StVG 1 도로교통법 (2003.3.5) (BGBl. I S. 310, 919).
(1) Kraftfahrzeuge und ihre Anhänger, die auf öffentlichen Straßen in Betrieb gesetzt werden sollen, müssen von der zuständigen Behörde (Zulassungsbehörde) zum Verkehr zugelassen sein.
공로상에서 운행되는 자동차와 그 연결차량은 관할관청(허가관청)이 이를 허가한다.

StrEG → Strafverfolgungsentschädigungsgesetz (형사보상법) (.형사소추처분에 대한 보상).

Streit über die Zuständigkeit (Zuständigkeitsstreit) StPO 14 관할쟁의.
Besteht zwischen mehreren Gerichten Streit über die Zuständigkeit, so bestimmt das gemeinschaftliche obere Gericht das Gericht, das sich der Untersuchung und Entscheidung zu unterziehen hat.
수개의 법원간에 관할에 관한 분쟁이 발생하는 경우에는 공통상급법원이 심판(심리와 재판)을 맡아야 할 법원을 지정한다.

Streitgegenstand ZPO 3 소송물, 계쟁물.
Der Wert (des Streitgegenstandes) wird von dem Gericht nach freiem Ermessen festgesetzt.
소송물의 가액은 법원의 자유로운 재량에 의해서 정해진다.
→ Einstweilige Verfügung bezüglich Streitgegenstand (계쟁물에 관한 가처분).

Streitgenossen 공동소송인.
→ Streitgenossenschaft (진정한) 공동소송.

Streitgenossenschaft ZPO 59 (진정한) 공동소송.
Mehrere Personen können als Streitgenossen gemeinschaftlich klagen oder verklagt werden, wenn sie hinsichtlich des Streitgegenstandes in Rechtsgemeinschaft stehen oder wenn sie aus demselben tatsächlichen und rechtlichen Grund berechtigt oder verpflichtet sind.
수인이 소송물에 관해서 권리공통의 지위에 있는 때 또는 동일한 사실상 및 법률상 원인에 기해서 권리를 가지고 의무를 부담하는 때에는 공동소송인으로서 함께 제소하거나 또는 제소당할 수 있다.

Streitgenössische Nebenintervention ZPO 69 공동소송적보조참가.
Insofern nach den Vorschriften des bürgerlichen Rechts die Rechtskraft der in dem Hauptprozess erlassenen Entscheidung auf das Rechtsverhältnis des Nebenintervenienten zu dem Gegner von Wirksamkeit ist, gilt der Nebenintervenient im Sinne des § 61 als Streitgenosse der Hauptpartei.
민법의 규정에 의해 주된 소송에서 내려진 재판이 보조참가인의 상대방에 대한 법률관계에서 기판력을 가지는 때에는 보조참가인은 제61조의 의미에 있어서 이를 주된 당사자의 공동소송인으로 본다.

Streitkräfte GG 87a 군대.
(1) Der Bund stellt Streitkräfte zur Verteidigung auf .
Ihre zahlenmäßige Stärke und die Grundzüge ihrer Organisation müssen sich aus dem Haushaltsplan ergeben.
연방은 방위를 위한 군대를 설치한다.
그 수적 크기 및 조직의 개요는 예산에 표명되어야 한다.

Streitsache ZPO 265 계쟁물(소송사건).
(1) Die Rechtshängigkeit schließt das Recht der einen oder der anderen Partei nicht aus, die in Streit befangene Sache zu veräußern oder den geltend gemachten Anspruch abzutreten.
소송계속은 당사자의 일방 또는 타방이 계쟁중인 물건을 양도하거나 또는 주장된 청구권을 이전하는 권리를 방해하지 아니한다. → Rechtshängigkeit (소송계속).

Streitverkündung ZPO 72 소송고지.
; Streitverkündungsschrift (소송고지서).
(1) Eine Partei, die für den Fall des ihr ungünstigen Ausganges des Rechtsstreits einen Anspruch auf Gewährleistung oder

Schadloshaltung gegen einen Dritten erheben zu können glaubt oder den Anspruch eines Dritten besorgt, kann bis zur rechtskräftigen Entscheidung des Rechtsstreits dem Dritten gerichtlich den Streit verkünden.
소송의 결과가 자신에게 불이익하게 될 경우에 제삼자에 대해서 담보 또는 배상을 청구할 수 있다고 믿는 당사자 또는 위 경우에 제삼자의 청구를 우려하는 당사자는 그 소송이 확정되기까지 제삼자에 대해서 재판상 소송을 고지할 수 있다.

Strengbeweis StPO 244 엄격한 증명.
Strengbeweis ist das Beweisverfahren nach §§ 244 bis 256 unter Beachtung der Grundsätze der Mündlichkeit (§261) und Öffentlichkeit der Verhandlung.
엄격한 증명은 구두주의(§261)와 공개주의(§169 GVG)하에 이루어지는 §244-256에 따른 증거절차이다.

StrFrhG 1970 → Straffreiheitsgesetz 1970 (형면제법).

StrK → Strafkammer (주법원의) 형사부.

StrRehaG → Strafrechtliches Rehabilitierungsgesetz (형사복권법).

Stückaktie AktG 8(1)(3) 무액면주 (Quotenaktie: 비례주).
(1) Die Aktien können entweder als Nennbetragsaktien oder als Stückaktien begründet werden.
주식은 액면주식 또는 무액면주식으로 발행될 수 있다.
(3) Stückaktien lauten auf keinen Nennbetrag. Die Stückaktien einer Gesellschaft sind am Grundkapital in gleichem Umfang beteiligt. Der auf die einzelne Aktie entfallende anteilige Betrag des Grundkapitals darf einen Euro nicht unterschreiten.
Absatz 2 Satz 2 und 3 findet entsprechende Anwendung.
무액면주는 액면가를 표시하지 않는다. 회사의 무액면주는 기본자본의 범위에서 분할된다. 개별주에 해당하는 기본자본의 분할액은 1유로를 하회해서는 안된다. 제2항(액면주식) 제2문 및 제3문은 적용하지 않는다.

Stufengründung (Zeichnungsgründung, Sukzessivgründung) 모집설립.
↔ Simultangrundung (발기설립).

Stufenklage ZPO 254 단계적 소.
Wird mit der Klage auf Rechnungslegung oder auf Vorlegung eines Vermögensverzeichnisses oder auf Abgabe einer eidesstattlichen Versicherung die Klage auf Herausgabe desjenigen verbunden, was der Beklagte aus dem zugrunde liegenden Rechtsverhältnis schuldet, so kann die bestimmte Angabe der Leistungen, die der Kläger beansprucht, vorbehalten werden, bis die Rechnung mitgeteilt, das Vermögensverzeichnis vorgelegt oder die eidesstattliche Versicherung abgegeben ist.
계산서의 작성, 재산명세서의 제출 또는 선서에 갈음하는 보증의 이행을 구하는 소와, 피고가 그 원인인 법률관계에 기하여 채무를 부담하고 있는 것의 인도를 구하는 소를 병합할 때는, 원고가 청구하는 급부의 일정한 지급은 계산서가 교부되고 재산명세서가 제출되거나 선서에 갈음하는 보증이 이행될 때까지 이를 유보할 수 있다.

Stufentheorie → Stellenwerttheorie (위가설).

Stumme 아자 (啞者).
농아자는 Taubstumme.

Stundung StGB 265b 지급기일의 연기.
금전채권의 ~ (die ~ von Geldforderungen) → Kredite.

StVG → Straßenverkehrsgesetz (도로교통법).

StVO → Straßenverkehrs-Ordnung (도로교통령).

StVollzG → Strafvollzugsgesetz (행형법).

StVollzVergO → Strafvollzugsvergütungs-ordnung (행형보수등급규칙).

StVZO → Straßenverkehrs-Zulassungs-Ordnung. (도로교통허가령).

StZG → Stammzellgesetz (줄기세포법).

Subjektiv-öffentliches Recht 주관적 공권.
Die Klagebefugnis nach § 42 Abs. 2 VwGO setzt die Verletzung von sub-jektivöffentlichen Rechten voraus. Das subjektiv-öffentliche Recht ist die dem Einzelnen kraft öffentlichen Rechts ver-liehene Rechtsmacht, vom Staat zur Ver-folgung eigener Interessen ein bestimmtes Verhalten zu verlangen.
행정법원법 제42조 제2항에 의한 원고적격은 주관적 공권의 침해를 전제로 한다. 주관적 공권은 개인이 자신의 이익추구를 위해 국가에 특정한 행위를 요구할 수 있는 공법상 부여된 법적 힘을 말한다.
→ Rechtsreflex (반사적 이익).

Subpignus (Pignus pignoris)
→ Afterpfand (전질).

Subsidiarität 보충관계.
Subsidiarität bedeutet, dass ein Straf-tatbestand für den Fall keine Geltung beansprucht, dass ein anderer Tatbestand ebenfalls erfüllt ist. In diesem Fall wird der Täter also nicht wegen zwei ver-schiedener Delikte bestraft, sondern nur wegen des nicht subsidiären Delikts.
~는 하나의 형벌구성요건이 다른 구성요건이 실행되는 경우에는 그 효력을 주장할 수 없는 경우를 말한다. 여기서 행위자는 2개의 다른 범죄로 처벌되는 것이 아니라 비보충적인 범죄로 인하여만 처벌된다.

Substitutionsrecht GVG 145 직무이전의 권한; Beauftragung eines anderen StA
→ Devolutionsrecht (직무승계의 권한).

Subventionsbetrug StGB 264

보조금사기죄.
(1) Mit Freiheitsstrafe bis zu fünf Jahren oder mit Geldstrafe wird bestraft, wer 1. einer für die Bewilligung einer Subvention zuständigen Behörde oder einer anderen in das Subventionsverfahren eingeschalteten Stelle oder Person (Subventionsgeber) über subventionserhebliche Tatsachen für sich oder einen anderen unrichtige oder unvollständige Angaben macht, die für ihn oder den anderen vorteilhaft sind,
1. 보조금승인 관할관청 또는 기타 보조금 지급절차 관여부서나 사람(보조금지급자)에게 보조금지급에 중요한 사실에 관하여 자기 또는 타인을 위하여 부정확하거나 불충분한 진술을 한 자는 5년 이하의 자유형 또는 벌금형에 처한다.

Sucht 기벽 (嗜癖).
Alkohlsucht (알콜기벽), Giftsucht (독물기벽).

Suggestive Behandlung 암시요법.
Bei den suggestiven Verfahren werden die emotionalen Tiefen des Patienten bewusst oder unbewusst beeinflusst. Der Plazebo-Effekt beruht bespielweise auf Suggestion.
암시요법의 과정에서는 환자의 정서적 깊이가 의식 또는 무의식적으로 영향을 미친다. 플라시보 효과는 예를 들어 암시에 근거하고 있다.

Suggestivfrage 유도신문.
Unzulässig sind Suggestivfragen, mit denen eine Aussage in bestimmter Rich-ung nahegelegt wird, wenn sie auf eine Täuschung mit dem Risiko der Verur-sachung einer falschen Aussage hinaus-laufen.
~이 특정방향의 진술을 암시하고, 허위진술을 야기할 위험의 기망에 이르게 되는 경우에는 금지된다.

Sühneversuch StPO 380 화해의 시도.
(1) Wegen Hausfriedensbruchs, Beleidi-gung, Verletzung des Briefgeheimnisses, Körperverletzung (§§ 223 und 229 des

Strafgesetzbuches), Bedrohung und Sachbeschädigung ist die Erhebung der Klage
erst zulässig, nachdem von einer durch
die Landesjustizverwaltung zu bezeichnen-
den Vergleichsbehörde die Sühne erfolglos
versucht worden ist.
주거침입죄, 모욕죄, 신서비밀침해죄, 상해죄
(형법 제223, 230조), 협박죄 및 손괴죄에
대하여는 주법무부가 지정한 화해관청이 화
해를 시도하였으나 화해가 이루어지지 아니
한 후에야 비로소 기소할 수 있다.

Sui generis (eigener Art) 독자적인, 독특한.
→ Schutzrecht sui generis (데이터베이스
권(독자권)).

Sukzessive Mittäterschaft 승계적 공동
정범.
Sukzessive Mittäterschaft liegt vor, wenn
sich die Person erst nach Beginn der
Ausführungshandlung zwecks gemeinsamer Tatausführung mit dem anderem
Täter verbindet und mit ihm im wech-
selseitigem Einverständnis weiter handelt.
～은 실행행위의 착수후에 공동의 행위수행
을 목적으로 비로소 다른 정범과 연결하여
그와 상호양해하에 행위한 경우를 말한다.

Sukzessivgründung
→ Stufengründung (모집설립).

Summarische Anmeldung ZK 43 개괄
신고.
Die summarische Anmeldung ist abzugeben, sobald die Waren gestellt worden
sind. Die Zollbehörden können jedoch für
die Abgabe dieser Anmeldung eine Frist
einräumen, die spätestens am ersten
Arbeitstag nach dem Tag der Gestellung
der Waren endet.
개괄신고는 물품이 세관에 제출되는 즉시
행하여져야 한다. 관세청은 이러한 신고에
대하여 늦어도 물품이 제출된 다음의 첫
근무일로 종료되는 기간을 인정할 수 있다.

Summum ius, summa iniuria (Höchstes
Recht (ist oft) höchstes Unrech)
법의 극치는 불법의 극치 (최고의 법은 최
고의 불법).

Sündenbocktheorie 속죄양이론.
속죄양의 개념은 이미 구약성서에서 나타나
고 있다. 모세 제3편 제16장 3절 이하에서
는 Aaron이 숫염소에게 모든 이스라엘의
책임을 지우고, 이 숫염소를 "황야로" 보내
고 있다. 말 그대로 타인의 죄를 짊어지는
속죄양이다. 속죄양의 현상은 그림자투사
(Schattenprojektion)의 심리학적 현상에 해
당한다. 투사는 내적인 불쾌감정과 자신의
약점을 다른 사람, 대상 자체에 미루는 것
을 의미한다. 투사는 개인에게는 그림자의
현존을 통하여 자기의 책임감정에서 벗어나
기 위한 보조수단이기도 하다. 속죄양을 통
해 자신의 나쁜 점을 투사하고, 소인을 찍
는 것이다. 따라서 우리 자신의 그림자를
십분 구현하는 속죄양은 우리의 대리인일
수도 있다. 우리는 속죄양을 추구하고 처벌
하지만 간접적으로는 자신의 혼을 빼앗기는
것이다. 타인비하와 저주가 존경과 자기이
상화(Selbstidealisierung)의 또 다른 면이
되는 것이다.

Superficies solo cedit (Der Überbau folgt
dem Boden) 지상물은 토지에 속한다.

Surrogation BGB 285 대위.
→ Gesetzlicher Forderungsübergang (보험
자의 대위).
→ Herausgabe des Ersatzes (대상의 인도).

**System gegenseitiger kollektiver Si-
cherheit** GG 24 상호집단안전보장체제.
Der Bund kann sich zur Wahrung des
Friedens einem System gegenseitiger
kollektiver Sicherheit einordnen.
연방은 평화의 유지를 위해 집단안전보장체
제에 가입할 수 있다.

ㅌ

Tabularersitzung
→ Buchersitzung (등기부취득시효).

Tagesfrist StPO 42 일(日)로 정한 기간.
Bei der Berechnung einer Frist, die nach Tagen bestimmt ist, wird der Tag nicht mitgerechnet, auf den der Zeitpunkt oder das Ereignis fällt, nach dem der Anfang der Frist sich richten soll.
일로 정하여진 기간의 산정에 있어서는 기간계산의 시작이 되는 시점이나 사건이 발생한 당일은 기간에 산입하지 아니한다.

Tagesordnung AktG 124 의사일정.
Bekanntmachung der Tagesordnung.
~의 공고.
(1) Die Tagesordnung der Hauptversammlung ist bei der Einberufung in den Gesellschaftsblättern bekanntzumachen.
주주총회를 소집하는 경우 의사일정은 회사 홍보지에 공고하여야 한다.

Tagessatzsystem StGB 40 일수벌금제.
→ Verhängung in Tagessätzen (일수의 부과).
→ Gesamtsummensystem (총액벌금제).

Tägliches Leben → Geschäfte des täglichen Lebens (일상생활행위).

Tagwechsel WG 33 확정일출급어음
(auf einen bestimmten Tag) → Verfallzeit
(만기).

Talion (ius talionis) (Talionsprinzip)
탈리오의 법칙.
Unter ~ versteht man eine Rechtsfigur, nach der zwischen dem Schaden, der einem Opfer zugefügt wurde, und dem Schaden, der dem Täter zugefügt werden soll, ein Gleichgewicht angestrebt wird.
~는 한 피해자에게 가해진 손해와 행위자

에게 가해진 손해가 균등하게 되어야 한다는 법적 형상을 말한다.

Tarifgebundenheit TVG 3 단체협약의 구속력.
(1) Tarifgebunden sind die Mitglieder der Tarifvertragsparteien und der Arbeitgeber, der selbst Partei des Tarifvertrags ist.
단체협약의 구속력은 단체협약 당사자의 구성원(노동조합원)과 단체협약의 당사자 자신인 사용자 모두에게 적용된다.

Tarifregister TVG 6 단체협약 등기부.
Bei dem Bundesministerium für Arbeit und Soziales wird ein Tarifregister geführt, in das der Abschluß, die Änderung und die Aufhebung der Tarifverträge sowie der Beginn und die Beendigung der Allgemeinverbindlichkeit eingetragen werden.
연방노동사회부에는 단체협약등기부가 작성되며 여기에 단체협약의 체결, 변경 및 폐지와 일반적 구속력의 시작 및 종결이 기록된다.

Tarifvertrag TVG 1 단체협약.
(1) Der Tarifvertrag regelt die Rechte und Pflichten der Tarifvertragsparteien und enthält Rechtsnormen, die den Inhalt, den Abschluß und die Beendigung von Arbeitsverhältnissen sowie betriebliche und betriebsverfassungsrechtliche Fragen ordnen können.
단체협약은 협약당사자의 권리와 의무를 규정하며, 고용관계의 내용, 체결과 종결, 경영상 및 경영조직법상(사업장 및 사업장공동결정법상) 관련문제를 조정할 수 있는 법규를 포함한다.

Tarifvertragsgesetz TVG 단체협약법.
(1969.8.25) (BGBl. I S. 1323).

Tarifvertragspartei TVG 2 단체협약당사자.
(1) Tarifvertragsparteien sind Gewerkschaften, einzelne Arbeitgeber sowie Vereinigungen von Arbeitgebern.
단체협약 당사자는 노동조합, 개별사용자

및 사용자단체이다.

Taschengeld StVollzG 46 용돈.
Wenn ein Gefangener ohne sein Verschulden kein Arbeitsentgelt und keine
Ausbildungsbeihilfe erhält, wird ihm ein
angemessenes Taschengeld gewährt, falls
er bedürftig ist.
수형자가 그의 귀책사유 없이 급료(작업수
당)와 직업교육보조금을 받지 못할 경우, 수
형자의 필요에 의해 적절한 용돈을 지급한
다. → Eigengeld (자기자금).

**Tat auf deutschen Schiffen und Luft-
fahrzeugen** StGB 4 독일선박과 항공기
내에서의 범죄.
Das deutsche Strafrecht gilt, unabhängig
vom Recht des Tatorts, für Taten, die auf
einem Schiff oder in einem Luftfahrzeug
begangen werden, das berechtigt ist, die
Bundesflagge oder das Staatszugehörigkeitszeichen der Bundesrepublik Deutschland zu führen.
독일연방공화국의 연방국기 또는 국적표지
를 게양할 권한이 있는 선박이나 항공기내
에서 행하여진 범죄에 대하여는 행위지법에
독립하여 독일 형법이 적용된다.

Tat im prozessualen Sinn
형사소송법 제264조에서 의미하는 사건
(Tat)은 피의자에 대한 심판의 대상으로서
공소장에 기재된 행위를 말하며, 형법 제52
조 이하의 범죄행위(Tat)개념과는 다르다.
→ Tateinheit (Idealkonkurrenz) 범죄행위
단일 (상상적 경합).

Tatbeitrag StGB 24 행위분담(기여).
~, wenn sie unabhängig von seinem
frühreren Tatbeitrag begangen wird.
범행이 중지자의 이전의 행위분담과 관계없
이 수행되는 경우.

Tatbestand 구성요건, 요건사실.
① StGB 11 Nr.5. 구성요건.
Rechtswidrige Tat: nur eine solche, die
den Tatbestand eines Strafgesetzes verwirklicht.

위법행위라 함은 형법상의 구성요건을 실현
하는 행위만을 말한다.
② ZPO 314 (법률)요건사실 (판결에 기재
된 사실).
Der Tatbestand des Urteils liefert Beweis
für das mündliche Parteivorbringen.
판결의 법률요건사실은 당사자의 구두진술
의 증거로 된다.

Tatbestandsirrtum → Irrtum über Tatumstände (구성요건적 착오).

Tatbestandsmäßigkeit 구성요건해당성.
Eine Handlung ist strafbar, wenn sie tat-
bestandsmäßig, rechtswidrig und schuldhaft ist. Die Tatbestandsmäßigkeit ist gegeben, wenn die Voraussetzungen einer
gesetzlichen Strafrechtsnorm erfüllt sind
(sog. Tatbestandsmerkmale).
행위가 구성요건에 해당하고 위법하고 유책
한 경우에는 가벌적이다. ~은 형법적 규범
의 요건이 충족될 때를 말한다 (이른바 구
성요건표지).

Tateinheit (Idealkonkurrenz) StGB 52
범죄행위단일 (범행, 행위, 사건의 단일) (상
상적 경합).
(1) Verletzt dieselbe Handlung mehrere
Strafgesetze oder dasselbe Strafgesetz
mehrmals, so wird nur auf eine Strafe
erkannt.
동일한 행위가 수개의 형법법규를 위반하거
나 또는 동일한 형법법규를 수회 위반한 경
우에는 1개의 형만을 선고한다.
* Zu beachten ist, daß der materielle Ta-
tbegriff in §§ 52, 53 StGB mit dem ver-
fahrens-und verfassungsrechtlichen Begriff
der "Tat" i.S. der §§ 155, 264 StPO sowie
des Art. 103 III GG nicht übereinstimmt;
letzterer umfaßt neben dem tatsächlichen
Geschen, wie eis die Anklage beschreibt,
das gesamte Verhalten des Angeklagten,
soweit es mit diesem Vorkommmnis einen
einheiltlichen Lebensvorgang bildet.
형법 제52조, 제53조의 실체적 (범죄)행위
개념은 형사소송법 제155조 제264조 및 기
본법 제103조 제3항의 절차법적, 헌법적 개

넘과 일치하지 않는다. 후자는 공소장에기 재된 사실적 사건 이외에 그러한 과정과 더 불어 통일적 생활과정을 형성하는 피고인의 전체 행위를 포함한다.
→ Handlungseinheit (행위단일).
→ Rechtliche Handlungseinheit (법적 행위단일: 포괄일죄).
→ Tatmehrheit (Realkonkurrenz) (범죄행위다수).

Täter-Opfer-Ausgleich, Schadenswiedergutmachung StGB 46a 행위자-피해자-화해, 손해회복.
Hat der Täter
1. in dem Bemühen, einen Ausgleich mit dem Verletzten zu erreichen (Täter-Opfer-Ausgleich), seine Tat ganz oder zum überwiegenden Teil wiedergutgemacht oder deren Wiedergutmachung ernsthaft erstrebt oder
2. in einem Fall, in welchem die Schadenswiedergutmachung von ihm erhebliche persönliche Leistungen oder persönlichen Verzicht erfordert hat, das Opfer ganz oder zum überwiegenden Teil entschädigt,
so kann das Gericht die Strafe nach § 49 Abs. 1 mildern oder, wenn keine höhere Strafe als Freiheitsstrafe bis zu einem Jahr oder Geldstrafe bis zu dreihundertsechzig Tagessätzen verwirkt ist, von Strafe absehen.
다음 각호에 해당하고 자유형이 1년 이하, 벌금형이 360일수 이하인 경우 §49(1)에 의하여 형을 감경하거나 면제할 수 있다.
1. 행위자가 피해자와 화해하기 위하여 노력하여 그 행위의 전부 또는 주요부분을 회복시켰거나 회복을 위해 진지하게 노력한 경우(행위자-피해자-화해),
2. 손해회복이 행위자의 상당한 개인적 급부 또는 개인적 권리포기를 요한 경우, 행위자가 피해의 전부 또는 주요 부분을 배상한 경우.

Täterschaft StGB 25 정범.
Als Täter wird bestraft, wer die Straftat selbst oder durch einen anderen begeht.

정범은 스스로 또는 타인을 통하여 범행한 자이다.

Tatfolge → Schwerere Strafe bei besonderen Tatfolgen (행위의 특별한 결과에 대한 가중형).

Tatgericht StPO 346 (a.F.) 사실심 법원, 원심법원.
→ Verspätete oder formwidrige Revisionseinlegung (상고제기의 지체와 형식위반).

Tathandlung → Realakt (사실행위, 사실상의 행위).

Tatherrschaft 행위(범행)지배.
Tatherrschaft tritt bei dem unmittelbar Tätigwerdenden als "Handlungsherrschaft", bei der mitterbaren Täterschaft als "Willensherrschaft" des Hintermannes oder als Herrschaft kraft überlegenen Wissens und bei der Mittäterschaft als "funktionelle Tatherrschaft" der arbeitsteilig handelnden Mittäter in Erscheinung.
~는 직접 행위자에게서는 "행위지배"로, 간접정범에게는 배후자의 "의사지배" 또는 우월적 지식에 의한 지배로, 공동정범에게서는 분업적으로 행위하는 공동정범자의 "기능적 행위지배"로 나타난다.

Tätige Reue StGB 83a 능동적 후회.
(1) In den Fällen der §§ 81 und 82 kann das Gericht die Strafe nach seinem Ermessen mildern (§49 Abs.2) oder von einer Bestrafung nach diesen Vorschriften absehen, wenn der Täter freiwillig die weitere Ausführung der Tat aufgibt und eine von ihm erkannte Gefahr, daß andere das Unternehmen weiter ausführen, abwendet oder wesentlich mindert oder wenn er freiwillig die Vollendung der Tat verhindert.
제81조 및 제82조의 경우 행위자가 자의로 범행의 계속적 실행을 포기하고 타인이 계속하여 그 범죄를 실행할 위험을 인식하여 이를 방지하거나 본질적으로 감소시킨 때 또는 그 범죄의 완성을 방지한 때에는 본규

정에 의해 형을 작량감경(제49조 제2항)하거나 면제할 수 있다.

Tätigkeitsdelikt 거동범.
Tätigkeitsdelikte sind Straftaten, bei denen allein die Handlung des Täters eine Strafbarkeit begründet, ohne dass ein zusätzlicher Erfolg eintreten muss.
~은 추가적 결과의 발생없이 행위자의 행위만으로 가벌성을 성립시키는 범죄행위.

Tatinterlokut 행위분리.
→ Zweiteilung (절차이분론).

Tatirrtum (Error facti) 사실의 착오.
→ Irrtum über Tatumstände (구성요건적 착오).

Tätlicher Angriff StGB 113, 123, 121(1) Nr.1; OEG 1(2) 사실상(현실적)의 공격.
* ~ ist die in feindseliger Willensrichtung unmittelbar auf den Körper eines anderen zielende Einwirkung ohne Rücksicht auf ihren Erfolg.
~은 적대적인 의사를 가지고 타인의 신체에 대한 직접적인 작용을 가하는 것으로 그 성공여부를 불문한다.
(2) Einem tätlichen Angriff im Sinne des Absatzes 1 stehen gleich (OEG 1)
1. die vorsätzliche Beibringung von Gift,
2. die wenigstens fahrlässige Herbeiführung einer Gefahr für Leib und Leben eines anderen durch ein mit gemeingefährlichen Mitteln begangenes Verbrechen.
다음 각호는 제1항의 사실상의 공격에 해당한다.
1. 고의적인 독물의 제공,
2. 공공에 위험한 수단으로 행하여진 범죄에 의하여 최소한 과실로 인한 타인의 생명 및 신체에 대한 위험의 야기.

Tätlichkeit StGB 185 (가벼운) 폭행.
wenn die Beleidigung mittels einer Tätlichkeit begangen wird (tätliche Beleidigung 폭행에 의한 모욕).
→ Beleidigung (모욕죄).
* Eine Tätlichkeit ist eine vorsätzliche

Einwirkung auf den Körper oder die Gesundheit eines anderen Menschen ohne schädigende Folgen. (leichte Ohrfeigen, Bart- oder Zopfabschneiden) (Artikel 126 SchweizStGB).
~은 상해의 결과없이 타인의 신체나 건강에 고의적인 영향력을 가하는 것을 말한다 (가벼운 뺨때리기, 모발절단)(스위스형법 제126조).
→ Gewalttätigkeit (폭력행위, 폭행).
→ Gewaltt (폭행, 폭력).

Tatmehrheit (Realkonkurrenz) StGB 53 범죄행위다수 (범행다수, 행위다수, 수개의 사건) (실체적 경합).
Hat jemand mehrere Straftaten begangen, die gleichzeitig abgeurteilt werden, und dadurch mehrere Freiheitsstrafen oder mehrere Geldstrafen verwirkt, so wird auf eine Gesammtstrafe erkannt.
동시에 유죄판결이 선고될 수개의 범죄행위를 행하고 그로 인하여 수개의 자유형이나 수개의 벌금형을 받은 때에는 하나의 병합형을 선고한다.

Tatort StPO 7 범죄지.
(1) Der Gerichtsstand ist bei dem Gericht begründet, in dessen Bezirk die Straftat begangen ist.
재판적(토지관할)은 범죄행위가 행하여진 지역의 법원에 귀속한다.
→ Ort der Tat (범죄의 장소).

Tatsachen hervorheben StPO 389 사실의 적시 → Einstellungsurteil bei Offizialdelikt (비친고죄의 경우 절차의 정지).

Tatsächliche Gewalt 사실상의 지배.
→ Besitz 점유(권).

Tatsächliches Angebot BGB 294 현실제공.
Die Leistung muss dem Gläubiger so, wie sie zu bewirken ist, tatsächlich angeboten werden.
급부는 그 내용대로 채권자에게 현실적으로 제공되어야 한다.

Tatzeit → Zeit der Tat (범죄의 시기; 행위시).

Täuschung (~ falscher Tatsachen) StGB 263 기망 (허위사실의 ~).

Täuschung im Rechtsverkehr bei Datenverarbeitung StGB 270 데이터 처리시에 법적 거래의 기망.
Der Täuschung im Rechtsverkehr steht die fälschliche Beeinflussung einer Datenverarbeitung im Rechtsverkehr gleich.
법적 거래시의 데이터 처리(과정)에 허위로 영향을 미치게 하는 행위는 법적 거래시의 기망으로 본다.

Täuschung oder Drohung → Anfechtbarkeit wegen Täuschung oder Drohung. (사기 또는 강박으로 인한 취소).

Taxe VVG 76; BGB 632 협정보험가액, 협정가액, 공정가액, 평가가격.
Der Versicherungswert kann durch Vereinbarung auf einen bestimmten Betrag (Taxe) festgesetzt werden.
Die Taxe gilt auch als der Wert, den das versicherte Interesse bei Eintritt des Versicherungsfalles hat, es sei denn, sie übersteigt den wirklichen Versicherungswert zu diesem Zeitpunkt erheblich. (VVG 76)
보험가액은 합의에 의하여 특정한 가액(협정보험가액)으로 정할 수 있다.
보험사고발생시에 피보험이익이 가지는 가격도 협정보험가격으로 적용된다. 다만 협정보험가액이 당시의 실제 보험가액을 현저하게 초과하는 때에는 예외로 한다.
(2) Ist die Höhe der Vergütung nicht bestimmt, so ist bei dem Bestehen einer Taxe die taxmäßige Vergütung, in Ermangelung einer Taxe die übliche Vergütung als vereinbart anzusehen. (BGB 632)
보수액이 정하지 아니한 경우에 협정(보수)가액이 있는 때에는 그에 의한 보수를, 협정가액이 없는 때에는 통상의 보수를 약정한 것으로 본다.

Technische Aufzeichnung StGB 268(2) 기술매체기록.
(2) Technische Aufzeichnung ist eine Darstellung von Daten, Meß- oder Rechenwerten, Zuständen oder Geschehensabläufen, die durch ein technisches Gerät ganz oder zum Teil selbsttätig bewirkt wird, den Gegenstand der Aufzeichnung allgemein oder für Eingeweihte erkennen läßt und zum Beweis einer rechtlich erheblichen Tatsache bestimmt ist, gleichviel ob ihr die Bestimmung schon bei der Herstellung oder erst später gegeben wird.
제268조 제1항(기술매체기록위조죄)에서 기술매체기록이란 기술적 장치에 의하여 그 전부 또는 일부가 자동적으로 기록되어 일반인이나 전문가가 그 기록 대상물을 인식할 수 있고 법적으로 중요한 사실의 증거로 사용되는 데이터, 측량치, 계산치, 정황 또는 사건경과에 관한 표현물로서, 그 작성이 이미 제조시에 이루어졌는지 아니면 그 이후에 이루어졌는지의 여부는 불문한다.
→ Fälschung technischer Aufzeichnungen (기술매체기록위조죄).

Technischer Richter PatG 65(2), 26(2) 기술판사.
(2) Das Patentgericht besteht aus einem Präsidenten, den Vorsitzenden Richtern und weiteren Richtern. Sie müssen die Befähigung zum Richteramt nach dem Deutschen Richtergesetz besitzen (rechtskundige Mitglieder) oder in einem Zweig der Technik sachverständig sein (technische Mitglieder). (PatG 65)
특허법원은 법원장, 재판장 및 그 외의 판사로 구성된다. 이들은 독일법관법에 따른 법관의 자격을 보유하거나(법률판사) 또는 어느 한 기술분야에서 전문가이어야(기술판사) 한다.
(2) Als technisches Mitglied soll in der Regel nur angestellt werden, wer im Inland an einer Universität, einer technischen oder landwirtschaftlichen Hochschule oder einer Bergakademie in einem technischen oder naturwissenschaftlichen Fach eine staatliche oder akademische

Abschlussprüfung bestanden hat, danach mindestens fünf Jahre im Bereich der Naturwissenschaften oder Technik beruflich tätig war und im Besitz der erforderlichen Rechtskenntnisse ist. (PatG 65)
기술구성원(판사)의 경우 내국의 기술대학 또는 농업대학 또는 광산대학의 기술 또는 자연과학의 국가시험이나 졸업시험에 합격하고, 그 후 최소 5년 이상 자연과학이나 기술분야에서 직업적인 활동을 하여야 하며, 필요한 법적 지식을 갖추고 있어야 한다.

Technischer Verbesserungsvorschlag
ArbnErfG 3 기술적 창안.
Technische Verbesserungsvorschläge im Sinne dieses Gesetzes sind Vorschläge für sonstige technische Neuerungen, die nicht patent- oder gebrauchsmusterfähig sind.
이 법률(근로자발명에 관한 법률)의 취지상 기술적인 창안이라 함은 특허나 실용실안으로서 보호받지 아니하는 기타 기술적인 혁신을 말한다.

TEHG → Treibhausgas-Emissionshandelsgesetz (온실가스배출법).

Teilausschlagung BGB 1950 (상속의) 일부포기.
Die Annahme und die Ausschlagung können nicht auf einen Teil der Erbschaft beschränkt werden.
승인 및 포기는 상속재산의 일부에 한정하여 할 수 없다.

Teilbare Leistung BGB 420 가분급부.
Schulden mehrere eine teilbare Leistung oder haben mehrere eine teilbare Leistung zu fordern, so ist im Zweifel jeder Schuldner nur zu einem gleichen Anteil verpflichtet, jeder Gläubiger nur zu einem gleichen Anteil berechtigt.
수인이 가분급부를 부담하거나 또는 수인이 가분급부를 청구할 수 있는 경우에 의심스러운 때에는 각 채무자는 균등한 비율로써만 의무를 부담하며, 각채권자는 균등한 비율로써만 권리를 가진다.

Teilbeträgen → Verrechnung von Teilbeträgen (분납액의 충당).

Teilklage 일부청구.
→ Teilungsklage (분할의 소).

Teilleistung BGB 266 일부급부.
Der Schuldner ist zu Teilleistungen nicht berechtigt.
채무자는 일부급부를 할 권리가 없다.

Teillieferung (offene Mankolieferung) 일부제공 (인식있는 수량부족).
BGB 266, 281(1) S.2 (Teilleistung)에 의한 일부급부의 제공.
→ Mankolieferung (verdeckte Mankolieferung) 수량부족 (숨은 수량부족).

Teilnahme am richterlichen Augenschein
StPO 168d 판사의 검증에의 참여.
→ Anwesenheit bei der Einnahme richterlichen Augenscheins (판사의 검증시 출석).

Teilnahme an der unerlaubten Handlung
(Gemeinschaftlich begangene unerlaubte Handlung) BGB 830 공동불법행위.
→ Unerlaubte Handlung (불법행위).

Teilnahme der Bundesregieung GG 53
연방정부의 참가.
Die Mitglieder der Bundesregierung haben das Recht und auf Verlangen die Pflicht, an den Verhandlungen des Bundesrates und seiner Ausschüsse teilzunehmen. Sie müssen jederzeit gehört werden. Der Bundesrat ist von der Bundesregierung über die Führung der Geschäfte auf dem laufenden zu halten.
연방정부의 구성원은 연방상원이나 그 위원회에 참가할 권리를 가지며 또한 요구가 있으면 참가할 의무를 진다. 연방정부의 구성원의 의견은 언제든지 청취되어야 한다. 연방상원은 연방정부로부터 그 업무수행에 관하여 상시 보고를 받는다.

Teilnehmer 공범. → Beteiligte (참여자).

Teilnichtigkeit BGB 139 일부무효.
Ist ein Teil eines Rechtsgeschäfts nichtig, so ist das ganze Rechtsgeschäft nichtig, wenn nicht anzunehmen ist, dass es auch ohne den nichtigen Teil vorgenommen sein würde.
법률행위의 일부가 무효인 경우에 그 무효의 부분이 없어도 그 행위가 행하여졌으리라고 인정되지 아니하는 때에는 법률행위는 이를 무효로 한다.

Teilungsklage BGB 749 분할의 소.
→ Aufhebungsanspruch (해소청구권).
→ Teilklage (일부청구).

Teilweises Obsiegen ZPO 92 일부승소.
(1) Wenn jede Partei teils obsiegt, teils unterliegt, so sind die Kosten gegeneinander aufzuheben oder verhältnismäßig zu teilen. Sind die Kosten gegeneinander aufgehoben, so fallen die Gerichtskosten jeder Partei zur Hälfte zur Last.
각 당사자가 일부는 승소하고 일부는 패소한 때에는 그 비용은 상호 공제하든지 또는 비율에 따라서 이를 정한다. 그 비용을 상호 공제하는 경우에 각 당사자의 재판비용은 절반씩 부담으로 한다.

Teilzahlungsgeschäft BGB 499(2), 502 할부(지급)거래.
(2) Für Finanzierungsleasingverträge und Verträge, die die Lieferung einer bestimmten Sache oder die Erbringung einer bestimmten anderen Leistung gegen Teilzahlungen zum Gegenstand haben (Teilzahlungsgeschäfte), gelten vorbehaltlich des Absatzes 3 die in den §§ 500 bis 504 geregelten Besonderheiten.
금융리스계약, 할부금의 지급과 상환하여 일정한 물건의 인도나 기타 일정한 급부의 제공을 대상으로 하는 계약(할부거래)에는 제3항 이외에 제500-504조에서 규정한 특칙이 적용된다.
(1) Die vom Verbraucher zu unterzeichnende Vertragserklärung muss bei Teilzahlungsgeschäften angeben
1. den Barzahlungspreis,
2. den Teilzahlungspreis
3. Betrag, Zahl und Fälligkeit der einzelnen Teilzahlungen,
4. den effektiven Jahreszins,
5. die Kosten einer Versicherung, die im Zusammenhang mit dem Teilzahlungsgeschäft abgeschlossen wird,
6. die Vereinbarung eines Eigentumsvorbehalts oder einer anderen zu bestellenden Sicherheit.
할부거래에서 소비자가 서명할 계약의 표시에는 1. 현금지급가격, 2. 할부지급가격, 3. 개별할부금액, 회수 및 만기, 4. 실제 연이자, 5. 할부거래와 관련하여 체결된 보험비용, 6. 소유권유보 또는 기타 담보설정의 합의가 기재되어야 한다.

Teilzeit- und Befristungsgesetz TzBfG 단시간 및 기간제 근로계약법.
Gesetz über Teilzeitarbeit und befristete Arbeitsverträge (2000.12.21) (BGBl. I S. 1966).

Teilzeit-Wohnrechtevertrag BGB 481 일시적 주거권계약.
(1) Teilzeit-Wohnrechteverträge sind Verträge, durch die ein Unternehmer einem Verbraucher gegen Zahlung eines Gesamtpreises das Recht verschafft oder zu verschaffen verspricht, für die Dauer von mindestens drei Jahren ein Wohngebäude jeweils für einen bestimmten oder zu bestimmenden Zeitraum des Jahres zu Erholungs- oder Wohnzwecken zu nutzen.
일시적 주거권계약이란 사업자가 소비자에 대하여 대금 전액을 지급으로 하여 최소한 3년의 기간동안 휴양 또는 주거의 목적으로 한해의 특정된 또는 특정할 시간에 하나의 주거용 건물을 사용할 권리를 부여하거나 이를 약속하는 계약을 말한다.

Teilzeitarbeitsplatz TzBfG 7 단시간 일자리(직무, 근로).
(1) Der Arbeitgeber hat einen Arbeitsplatz, den er öffentlich oder innerhalb des Betriebes ausschreibt, auch als Teilzeitarbeitsplatz auszuschreiben, wenn sich der

Arbeitsplatz hierfür eignet.
사용자가 공개적으로 또는 사업장내에 일자리(직무) 모집공고를 내는 경우 그 일자리가 단시간 일자리에 적합한 경우에는 단시간 일자리로도 모집공고를 내야 한다.

Teilzeitbeschäftigter Arbeitnehmer
TzBfG 2 단시간 근로자.
(1) Teilzeitbeschäftigt ist ein Arbeitnehmer, dessen regelmäßige Wochenarbeitszeit kürzer ist als die eines vergleichbaren vollzeitbeschäftigten Arbeitnehmers.
단시간 근로자라 함은 통상적인 주간근로시간이 비교가능한 전시간 근로자의 주간근로시간에 비하여 짧은 근로자를 말한다.
→ Vergleichbarer unbefristet beschäftigter Arbeitnehmer (비교가능한 무기간제 근로자).

Teledienst TDG 2(a.F.) 텔레(전자)서비스.
(1) Die nachfolgenden Vorschriften gelten für alle elektronischen Informations- und Kommunikationsdienste, die für eine individuelle Nutzung von kombinierbaren Daten wie Zeichen, Bilder oder Töne bestimmt sind und denen eine Übermittlung mittels Telekommunikation zugrunde liegt.
(1) 아래의 조항은 부호, 영상 또는 음향과 같은 조합할 수 있는 데이터의 개인적인 이용을 위하여 그리고 그 전송이 전자통신에 기초를 두고 있는 모든 전자적인 정보서비스 및 통신서비스에 적용된다.
→ Telemediengesetz (텔레미디어법).

Telekommunikationsgesetz TKG 1
통신법 (2004.6.22) (BGBl. I S. 1190).
Zweck dieses Gesetzes ist es, durch technologieneutrale Regulierung den Wettbewerb im Bereich der Telekommunikation und leistungsfähige Telekommunikationsinfrastrukturen zu fördern und flächendeckend angemessene und ausreichende Dienstleistungen zu gewährleisten.
본법은 기술중립적인 규제를 통해 전기통신 영역에서의 경쟁 및 생산력있는 전기통신 인프라를 촉진하고 전국에 걸쳐 적절하고 충분한 서비스의 제공을 보장하는 데에 그 목적이 있다.

Telemedien TMG 1 텔레미디어.
(1) Dieses Gesetz gilt für alle elektronischen Informations- und Kommunikationsdienste, soweit sie nicht Telekommunikationsdienste nach § 3 Nr. 24 des Telekommunikationsgesetzes, die ganz in der Übertragung von Signalen über Telekommunikationsnetze bestehen, telekommunikationsgestützte Dienste nach § 3 Nr. 25 des Telekommunikationsgesetzes oder Rundfunk nach § 2 des Rundfunkstaatsvertrages sind (Telemedien).
본법(텔레미디어법)은 통신법 제3조 24항에 의한 통신망 기호의 전송에 의한 통신서비스, 동 제3조 제25호에 의한 통신지원서비스, 방송국가협약 제2조에 의해 방송으로 규정하지 않은 모든 전자적 정보 및 커뮤니케이션서비스에 적용된다(텔레미디어).

Telemediengesetz TMG 텔레미디어법.
(2007.2.26) (BGBl. I S. 179).
기존의 텔레서비스법(Teledienstgesetz TDG)과, 16개 주정부가 제정한 미디어서비스 국가협약 (Staatsvertrag über Mediendienste M DStV)은 Elektronischer-Geschäftsverkehr-Vereinheitlichungsgesetz(전자거래통합법)에 의하여 본법으로 통합되었다.

Tendenzbetrieb BetrVG§ 118 경향사업.
(1) Auf Unternehmen und Betriebe, die unmittelbar und überwiegend
1. politischen, koalitionspolitischen, konfessionellen, karitativen, erzieherischen, wissenschaftlichen oder künstlerischen Bestimmungen oder
2. Zwecken der Berichterstattung oder Meinungsäußerung, auf die Artikel 5 Abs. 1 Satz 2 des Grundgesetzes Anwendung findet,
dienen, finden die Vorschriften dieses Gesetzes keine Anwendung, soweit die Eigenart des Unternehmens oder des Betriebs dem entgegensteht.
직접 및 주로
1. 정치적, 연합정책적, 종파적, 자선적, 교육적, 학문적, 예술적 규정 또는

2. 기본법 제5조 제1항 제2문이 적용되는 보도나 표현의 목적에 기여하는 기업 또는 사업장 (경향사업)의 경우 당해 기업 또는 사업장의 특성과 배치되면 본법(경영조직법)의 규정이 적용되지 않는다.

Tendenzdelikt (Delikt mit intensivierter innentendenz) 경향범 (강화된 내적 경향을 가진 범죄).
Das Kennzeichen ist, daß die Tathandlung durch eine Willensrichtung des Täters beherrscht wird, die ihr erst da eigentliche Gepräge oder die besondere Gefährlichkeit für das geschützte Rechtsgut verleiht.
~에서는 보호법익의 고유한 특징이나 특별한 위험성을 부여하는 행위자의 의사방향을 통하여 범행이 지배된다.

Terminsanberaumung
→ Terminsbestimmung (기일지정).

Terminsbestimmung (Terminsanberaumung) StPO 213 기일지정.
Der Termin zur Hauptverhandlung wird von dem Vorsitzenden des Gerichts anberaumt. 공판기일은 재판장이 정한다.

Terminsmitteilung StPO 350 기일의 통지(공판기일 및 장소).
(1) Dem Angeklagten und dem Verteidiger sind Ort und Zeit der Hauptverhandlung mitzuteilen.
피고인 및 변호인에게 공판기일 및 장소를 통지하여야 한다.

Terminsnachricht StPO 224, 225, 435 기일의 통지 (Benachrichtigung).
(1) Von den zum Zweck dieser Vernehmung anberaumten Terminen sind die Staatsanwaltschaft, der Angeklagte und der Verteidiger vorher zu benachrichtigen; ihrer Anwesenheit bei der Vernehmung bedarf es nicht.
(1) 이러한 신문의 목적을 위하여 지정된 기일은 검사, 피고인 및 변호인에게 사전 통지되어야 하며 신문시에 이들의 출석은 필요하지 아니한다.

(1) Dem Einziehungsbeteiligten wird der Termin zur Hauptverhandlung durch Zustellung bekanntgemacht (StPO 435)
몰수참가인에게는 공판기일을 송달에 의하여 고지한다.

Territorialitätsprinzip (Gebietsgrundsatz) StGB 3 속지주의
Das deutsche Strafrecht gilt für Taten, die im Inland begangen werden. 독일 형법은 국내에서 행하여진 범죄에 대하여 이를 적용한다. → Personalprinzip (속인주의).

Terrorismusfinanzierung GwG 1(2) 테러자금지원.
(2) Terrorismusfinanzierung im Sinne dieses Gesetzes ist die Bereitstellung oder Sammlung finanzieller Mittel in Kenntnis dessen, dass sie ganz oder teilweise dazu verwendet werden oder verwendet werden sollen,
1. eine Tat nach § 129a, auch in Verbindung mit § 129b des Strafgesetzbuches, oder
2. eine andere der in Artikel 1 bis 3 des Rahmenbeschlusses 2002/475/JI des Rates vom 13. Juni 2002 zur Terrorismusbekämpfung (ABl. EG Nr. L 164 S. 3) umschriebenen Straftaten
zu begehen oder zu einer solchen Tat anzustiften oder Beihilfe zu leisten.
본법의 테러자금지원은 다음 각호의 행위에 대하여 테러지원자금의 전부 또는 일부가 사용되거나 사용될 것을 인식하고 지원자금을 모집하거나 준비하는 것을 말한다.
1. 형법 제128a조 및 제129b조와 관련된 행위,
2. 그 외 2002.6.13. 테러투쟁 (ABl. EG Nr. L 164 S. 3)에 대한 EG 이사회의 범위결정(2002 /475/JI) 제1-3호에 기재된 범죄행위를 행하거나 그러한 범죄를 교사 또는 방조하는 행위.

Terroristische Vereinigung
→ Bildung terroristischer Vereinigunge (테러단체조직죄).

Testament BGB 2064 유언.

(Persönliche Errichtung)
Der Erblasser kann ein Testament nur persönlich errichten.
피상속인은 스스로만 유언을 할 수 있다.
→ Öffentliches Testament (공적 유언).
→ Ordentliches Testament (보통의 유언방식).

Testamentsvollstrecker BGB 2197 유언집행자.
(1) Der Erblasser kann durch Testament einen oder mehrere Testamentsvollstrecker ernennen.
피상속인은 유언에 의하여 1인 또는 수인의 유언집행자를 지정할 수 있다.

Testis non est iudicare (Der Zeuge hat nicht zu urteilen)
증인은 판단하지 않는다(er hat lediglich seine Wahrnehmungen mitzuteilen 증인은 다만 자신의 인지만을 보고해야 하다).

Testis unus, testis nullus
(Ein Zeuge (ist) kein Zeuge)
1인의 증인은 무증인.

Textform BGB 126b 문면(텍스트)방식.
Ist durch Gesetz Textform vorgeschrieben, so muss die Erklärung in einer Urkunde oder auf andere zur dauerhaften Wiedergabe in Schriftzeichen geeignete Weise abgegeben, die Person des Erklärenden genannt und der Abschluss der Erklärung durch Nachbildung der Namensunterschrift oder anders erkennbar gemacht werden.
문면방식이 법률로 규정된 경우에 의사표시는 문서로 또는 기타 지속적인 문자의 재생에 적합한 방법으로 행하여져야 하고, 표의자가 표시되어야 하며, 또한 의사표시의 종결이 서명의 모사나 다른 방법으로 인식될 수 있어야 한다.

Tiefgreifende Bewußtseinsstörung
StGB 20 심한 의식장애.
Eine tiefgreifende Bewusstseinsstörung ist eine grundsätzlich nicht krankhafte Trübung oder Einengung des Bewusstseins.

~는 원칙적으로 의식의 병적 혼탁이나 협착이 아닌 경우를 말한다.

Tierhalter BGB 833 동물보유자.
Wird durch ein Tier ein Mensch getötet oder der Körper oder die Gesundheit eines Menschen verletzt oder eine Sache beschädigt, so ist derjenige, welcher das Tier hält, verpflichtet, dem Verletzten den daraus entstehenden Schaden zu ersetzen. Die Ersatzpflicht tritt nicht ein, wenn der Schaden durch ein Haustier verursacht wird, das dem Beruf, der Erwerbstätigkeit oder dem Unterhalt des Tierhalters zu dienen bestimmt ist, und entweder der Tierhalter bei der Beaufsichtigung des Tieres die im Verkehr erforderliche Sorgfalt beobachtet oder der Schaden auch bei Anwendung dieser Sorgfalt entstanden sein würde.
동물로 인하여 사람이 살해되거나 사람의 신체 또는 건강이 침해되거나 물건이 훼손된 경우, 동물보유자는 피해자에 대하여 그로부터 발생한 손해를 배상할 의무를 부담한다. 손해가 동물보유자의 직업·영리활동 또는 생계에 제공되는 가축에 의하여 가하여지고 또한 동물보유자가 동물을 감독함에 거래상 필요한 주의를 다 하였거나 이 주의를 다하여도 역시 손해를 발생하게 되는 경우에는 배상의무가 발생하지 아니한다.

TierSchG → Tierschutzgesetz.

Tierschutzgesetz TierSchG 1 동물보호법 (2006.5.18) (BGBl. I S. 1206, 1313).
Zweck dieses Gesetzes ist es, aus der Verantwortung des Menschen für das Tier als Mitgeschöpf dessen Leben und Wohlbefinden zu schützen.
본법의 목적은 동류로서 동물에 대한 인간의 책임을 바탕으로 동물의 생명과 건강을 보호하는 데에 있다.

Tierversuch TierSchG 7 동물실험.
(1) Tierversuche im Sinne dieses Gesetzes sind Eingriffe oder Behandlungen zu Versuchszwecken

1. an Tieren, wenn sie mit Schmerzen, Leiden oder Schäden für diese Tiere oder
2. am Erbgut von Tieren, wenn sie mit Schmerzen, Leiden oder Schäden für die erbgutveränderten Tiere oder deren Trägertiere verbunden sein können.
이 법(동물보호법)의 동물실험이라 함은 연구목적을 위한 다음 각호의 시술 및 처치를 의미한다.
1. 동물들에게 고통, 질환 및 상해를 야기할 수 있는 경우,
2. 유전자변형이 된 동물이나 유전자를 보유한 동물들에게 고통, 질환 및 상해를 야기할 수 있는 경우.

Tilgung 소멸, 상환, 제거.
① Tilgung der ganzen Schuld 전체채무의 소멸.
eine zur ~ nicht ausreichende Leistung (전체채무를 소멸하기에 충분하지 않은 급부). → Anrechnung der Leistung auf mehrere Forderungen (수개의 채무에 대한 변제충당).
② Tilgungsausgabe (상환지출금).
 → Bruttoveranschlagung (총괄계상).
③ → Tilgung des Schuldspruchs

Tilgung des Schuldspruchs JGG 30
유죄판결의 제거.
(1) Stellt sich vor allem durch schlechte Führung des Jugendlichen während der Bewährungszeit heraus, daß die in dem Schuldspruch mißbilligte Tat auf schädliche Neigungen von einem Umfang zurückzuführen ist, daß eine Jugendstrafe erforderlich ist, so erkennt der Richter auf die Strafe, die er im Zeitpunkt des Schuldspruchs bei sicherer Beurteilung der schädlichen Neigungen des Jugendlichen ausgesprochen hätte.
보호관찰기간중 특히 소년의 나쁜 행장을 통해 유죄판결에서 용인되지 않는 행위가 소년형이 필요할 정도로 해로운 경향에 근거한다고 할 수 있는 경우에 판사는 유죄판결시 소년에게 위험한 경향이 있다는 확신이 있었을 때에 선고하였을 형벌을 선고하여야 한다.

(2) Liegen die Voraussetzungen des Absatzes 1 nach Ablauf der Bewährungszeit nicht vor, so wird der Schuldspruch getilgt.
제1항의 요건이 보호관찰기간의 경과후에 존재하지 않는다면 유죄판결은 제거된다.

TKG → Telekommunikationsgesetz (통신법).

TMG → Telemediengesetz (텔레미디어법).

Tochterunternehmen (자기업) ↔ Mutterunternehmen (모기업) → Konzernabschluß und Konzernlagebericht (콘체른결산서 및 콘체른상황보고서).

Tod des Privatklägers StPO 393
사인기소인의 사망.
(1) Der Tod des Privatklägers hat die Einstellung des Verfahrens zur Folge.
사인기소인의 사망으로 절차는 정지된다.

Todenruhe → Störung der Todenruhe (사자안식방해죄).

Todeserklärung VerschG 2; PersStdG 40
사망선고.
Ein Verschollener kann unter den Voraussetzungen der §§ 3 bis 7 im Aufgebotsverfahren für tot erklärt werden.
실종자는 제3조 내지 제7조(보통실종, 전쟁실종, 해상실종, 항고실종, 위난실종)의 요건을 구비하는 때에는 공시최고절차에 의하여 사망선고를 할 수 있다.
(1) Todeserklärungen und gerichtliche Feststellungen der Todeszeit werden von dem Standesbeamten des Standesamts I in Berlin (West) in ein besonderes Buch für Todeserklärungen eingetragen.
사망선고와 법률상 사망시간의 확정은 베를린 호적관청 I의 호적공무원이 다른 사망선고 기록부에 기록한다.

Todesstrafe GG 102 사형.
Die Todesstrafe ist abgeschafft.
사형은 폐지된다.

Todesvermutung VerschG 9 사망추정.
(1) Die Todeserklärung begründet die Vermutung, daß der Verschollene in dem im Beschluß festgestellten Zeitpunkt gestorben ist.
사망선고는 실종자가 결정에서 확정된 시기에 사망하였다는 추정의 근거가 된다.

Toleranzgebot 관용의 요구.
Schutzgut des § 166 StGB sollte das sich aus Artikel 4 Abs. 2 GG ergebende allgemeine Toleranzgebot sein, das religiöse und weltanschauliche Bekenntnis Dritter zu achten.
형법 제166조의 보호법익은 기본법 제4조 제2항에서 나오는, 제3자의 종교적, 세계관적 신조를 존중하려는 일반적인 관용의 요구를 가져야 한다.
→ Beschimpfung von Bekenntnissen, Religionsgesellschaften und Weltanschauungsvereinigungen (신조, 종교단체 및 세계관적 단체의 모독죄).
→ Glaubensfreiheit (신앙의 자유).

Tonträger, Bildträger, Abbildungen und Darstellungen
→ Schrift (문서, 서면).

Topische Methode 문제장소적 방법; 문제변증적(問題辨證的) 방법 → Topoi.

Topographie HalblSchG 1 회로.
(1) Dreidimensionale Strukturen von mikroelektronischen Halbleitererzeugnissen (Topographien) werden nach Maßgabe dieses Gesetzes geschützt, wenn und soweit sie Eigenart aufweisen.
미세전자식 반도체제품의 3차원적 구조(회로)가 독자성을 나타내는 때에는 이 법률의 기준에 따라 보호를 받는다.

Topoi 문제장소.
일반적인 학문적 인식론에서 나오는 법발견의 방법(Methoden der Rechtsfindung)은 다양하다. 전통적으로는 체계적, 연역적, 역사적, 발생적 방법을 들고 있다. 법률적용(Gesetzsanwendung)서는 첫째, 법률적용사례에

대한 법률규정의 해석의 학문적 절차인 Hermeneutik(해석학) 안에서 문언의 가능한 의미로부터 어의를 추론해 내는 Semantik (의미론)이 있다. 이에 대해 둘째, 문제장소적 방법(topische Methode)은 개별구성요건에 적용될 수 있는 법규범에 대한 의미를 탐구함으로써 보다 협의의 법영역에서 문제된 규정을 심사하려고 하는 방법이다. 모든 법적 규정은 그 "장소"(griech. = topos)를 가지고 있다. 그것은 사안에 관련된 법규를 법문제의 해결을 위한 방법으로 끌어오는 방법이다. 그러한 점에서 문제장소적 사고방법(Die topische Denkweise)은 체계적 방법(systematiken Methode)과는 어느 정도 반대된 입장을 지닌다. 후자는 전체적으로 그리고 문제를 체계전체로부터 해결하는 방법이다. 이에 비하여 전자는 문제의 내용을 그 출발점으로 하여 그 해결에 가능한 관점(topoi)을 이끌어 내고 기준되는 관점이 서로 상위인가 동위인가의 여부에 대한 문제해결의 효력을 확정한다. 그리고 문제된 해결방법을 모아 선택을 하는 것이다.

Töten von Tieren TierSchG 4
동물의 살해.
(1) Ein Wirbeltier darf nur unter Betäubung oder sonst, soweit nach den gegebenen Umständen zumutbar, nur unter Vermeidung von Schmerzen getötet werden.
척추동물은 마취의 상태이거나 또는 그 외 주어진 상황에 따라 고통을 피할 수 있는 상황에서만 살해할 수 있다.

Totschlag StGB 212 고살(죄).
(1) Wer einen Menschen tötet, ohne Mörder zu sein, wird als Tötschläger mit Freiheitsstrafe nicht unter fünf Jahren bestraft.
모살자가 아니면서 사람을 살해한 자는 5년 이상의 자유형에 처한다.
(2) In besonders schweren Fällen ist auf lebenslange Freiheitsstrafe zu erkennen.
특히 중한 경우에는 무기자유형을 선고한다. 여기서 특히 중한 경우란 행위상황이 단순히 §211(2)의 모살의 표지와 가깝다는 것 말고도 모살에 대한 부족을 조정할 수 있는

책임가중적 요소가 있어야 한다.

Tötung auf Verlangen StGB 216
촉탁살인죄.
Ist jemand durch das ausdrückliche und ernstliche Verlangen des Getöteten zur Tötung bestimmt worden, so ist auf Freiheitsstrafe von sechs monaten bis zu fünf Jahren zu erkennen.
피살자의 명시적이고 진지한 요구에 의하여 살인을 결의하게 된 자는 6개월이상 5년 이하의 자유형에 처한다.

TPG → Transplantationsgesetz (장기이식법).

Traditio (einer Sache) 인도.
→ Brevi manu traditio (간이인도)
→ Traditio longa manu (장수인도: 長手引渡).

Traditionsprinzip BGB 929 인도주의;
Tradition (von lat. tradere "hinubergeben" bzw. traditio "Übergabe, Auslieferung, Überlieferung")
Zur Übertragung des Eigentums an einer beweglichen Sache ist erforderlich, dass der Eigentümer die Sache dem Erwerber übergibt und beide darüber einig sind, dass das Eigentum übergehen soll.
동산소유권의 양도에는 소유자가 물건을 취득자에게 인도하고, 양자가 소유권의 이전되어야 한다는 점에 합의하는 것이 필요하다.

Transaktionswert ZK 29 거래가격.
→ Zollwert (관세평가).

Transplantationsgesetz (Gesetz über die Spende, Entnahme und Übertragung von Organen und Geweben) TPG 1 장기이식법 (2007.9.4) (BGBl. I S. 2206).
(1) Dieses Gesetz gilt für die Spende und die Entnahme von menschlichen Organen oder Geweben zum Zwecke der Übertragung sowie für die Übertragung der Organe oder der Gewebe einschließlich der Vorbereitung dieser Maßnahmen.
본 법률은 인간의 장기(장기 또는 조직)이식의 준비과정을 포함한, 장기이식의 목적

및 장기이식을 위한 장기의 기증, 적출에 적용된다.

Trassiert eigener Wechsel WG 3(2) 자기앞어음.
(2) Er kann auf den Aussteller selbst gezogen werden.
어음은 발행인 자신을 지급인으로 하여 발행할 수 있다.

Tratte → Gezogener Wechsel (환어음).

Treibhausgas TEHG 3(2) 온실가스.
(2) Treibhausgase im Sinne dieses Gesetzes sind Kohlendioxid (CO_2), Methan (CH_4), Distickstoffoxid (N_2O), Fluorkohlenwasserstoffe (FKW), perfluorierte Kohlenwasserstoffe und Schwefelhexafluorid (SF_6).
본법의 온실가스는 이산화탄소, 메탄, 아산화질소, 불소탄화수소, 과불화탄화수소 및 육불화황을 말한다.

Treibhausgas-Emissionshandelsgesetz (Gesetz über den Handel mit Berechtigungen zur Emission von Treibhausgasen) TEHG 1 온실가스배출법 (2004.7.8) (BGBl. I S. 1578),
Zweck dieses Gesetzes ist es, für Tätigkeiten, durch die in besonderem Maße Treibhausgase emittiert werden, die Grundlagen für den Handel mit Berechtigungen zur Emission von Treibhausgasen in einem gemeinschaftsweiten Emissionshandelssystem zu schaffen, um damit durch eine kosteneffiziente Verringerung von Treibhausgasen zum weltweiten Klimaschutz beizutragen.
본법의 목적은 특별한 정도의 온실가스를 배출하는 활동에 대하여 공동체 전체의 배출거래체계에서 온실가스 배출권리자에 대한 거래의 기초를 제공함으로써 비용효율력적인 온실가스의 감소를 통한 세계의 기후보호에 기여하는 데에 있다.

Trennung des Vollzugs StVollzG 140
집행의 분리.

Die Unterbringung in der Sicherungsverwahrung wird in getrennten Anstalten
vollzogen.
보안감호의 수용은 분리된 교도소에서 집행
된다.

Treu und Glauben → Leistung nach ~
(신의성실에 의한 급부).

Treubruchstatbestand → Untreu (배임죄).

Treuepflicht (Loyalitätspflicht) 충실의무.
~ des Arbeitnehmers besteht auf Grund
des Arbeitsverhältnisses; sie entsprecht
der Fürsogepflicht des Arbeitsgebers.
근로자의 충실의무는 근로관계에서 존재하
며, 이는 사용자의 배려의무에 대응하는 것
이다.

Treuhand-Aktiengesellschaft
TreuhG 7 신탁주식회사.
(1) Die Treuhandanstalt kann ihre Aufgaben in dezentraler Organisationsstruktur
über Treuhand-Aktiengesellschaften verwirklichen, die nach Anzahl und Zweckbestimmung mit den Aufgaben der Treuhandanstalt die Privatisierung und Verwertung des volkseigenen Vermögens nach
unternehmerischen Grundsätzen sichern.
신탁청은 그 임무의 범위와 목적규정에 의
해 기업경영의 원칙에 따른 국유재산의 사
유화 및 매각을 보장하는 신탁주식회사에
대한 분권 조직구조로 그 임무를 수행한다.

Treuhandanstalt TreuhG 2 신탁청.
(1) Die Treuhandanstalt ist eine rechtsfähige bundesunmittelbare Anstalt des öffentlichen Rechts. Sie dient der Privatisierung und Verwertung volkseigenen
Vermögens nach den Prinzipien der
sozialen Marktwirtschaft
신탁청은 권리능력있는 연방직할의 영조물
이다. 신탁청은 사회적 시장경제원칙에 따
라 국유재산의 사유화 및 매각임무를 수행
한다.

Treuhandgeschäft (fiduziarisches Rechtsgeschäft) 신탁적 법률행위.

Treuhand: Ausübung oder Verwaltung
fremder Rechte (Treugut) durch eine Person (Treuhänder, Treunehmer) im eigenen
Namen, aber in schuldrechtlicher Bindung
gegenüber demjenigen, dem die Rechte an
sich zustehen (Treugeber). Das Treuhand-
verhältnis ist gesetzlich nicht geregelt. Die
Treuhand wird durch Rechtsgeschäft
(Treuhandgeschäft, fiduziarisches Rechtsgeschäft) begründet
신탁은 어떤 사람(수탁자)이 자기의 이름으
로 행하지만 그 권리가 자신에게 속한 사람
(신탁자)에 대하여 채권법적 구속을 가지는,
타인의 권리(신탁재산)에 대한 행사나 관리.
신탁관계는 법적으로 규정된 개념은 아니
다. 신탁이 법률행위에 의하는 경우가 신탁
적 법률행위이다.

Treuhandgesetz TreuhG 신탁법.
Gesetz zur Privatisierung und Reorgani-
sation des volkseigenen Vermögens (Juni
1990.6.17) (GBl. DDR 1990 I S. 300).
→ Volkseigenes Vermögen (국유재산).

Trickdiebstahl StGB 242 위장(책략)절
도.
절도범의 수공업자, 전기측정기사 등으로의
위장.

Trunkenheit im Verkehr StGB 316
명정운전죄 (음주등 운전죄).
(1) Wer im Verkehr (§§ 315 bis 315d) ein
Fahrzeug führt, obwohl er infolge des
Genusses alkoholischer Getränke oder
anderer berauschender Mittel nicht in der
Lage ist, das Fahrzeug sicher zu führen,
wird mit Freiheitsstrafe bis zu einem Jahr
oder mit Geldstrafe bestraft, wenn die Tat
nicht in § 315a oder § 315c mit Strafe
bedroht ist.
제315 내지 제315d조의 교통에서 알코올음
료나 기타 흥분제의 복용으로 인해 승용물
을 안전하게 운전할 수 있는 상태에 있지
아니함에도 불구하고 차량을 운전한 자는
그 행위가 제315a조 또는 제315c조에 해당
하지 않는 경우에는 1년 이하의 자유형 또

는 벌금형에 처한다(추상적 위험범).
이에 비해 알코올음료나 기타 흥분제의 복
용으로 인하여 궤도, 선박 및 항공교통을
위태화한 경우와 도로교통을 위태화하여 타
인의 신체나 생명 또는 중요한 가치가 있는
타인의 물건을 위태롭게 한 경우에는 각각
「궤도, 선박 및 항공교통의 위태화죄」(§315a),
「도로교통의 위태화죄」(§315c(1) Nr.1 a)(구
체적 위험범)의 적용을 받는다. 따라서
§315c나 §316의 경우가 경죄인 경우에는 원
칙적으로 운전면허의 취소나 운전금지가 명
하여진다(§§ 69(2), 44(1) 2 StGB).
그 외에도 StVG §24a의 0,5 Promille-
Grenze(한계법칙)는 0.5%이상의 혈중알코올
농도(→ BAK)와 0,25 mg/l 이상의 흡입공
기중알코올농도, 그리고 이러한 체내알코올
양을 몸속에 가지고 차량을 운전한 경우를
규정하고 있다. 물론 음주등 운전이 (교통)
범죄로서 고의, 과실로 인하여 알코올음료
나 기타 흥분제를 복용하여 스스로 책임이
없는 명정상태를 일으킨 경우 §323a의 명정
죄(Vollrausch), 그 명정을 비난할 수 없는
경우에는 OWiG §122의 명정질서위반죄
(Vollrausch)의 적용을 받는다.

Turpis causa (sittenwidriger Zweck)
부도덕한(풍속위반의, 치욕적인) 원인(목적).

TVG → Tarifvertragsgesetz (단체협약법).

TzBfG → Teilzeit- und Befristungsgesetz
(단시간 및 기간제 근로계약법).

Übel　해악.
Androhung des Übels (해악의 고지 StGB 253).

Überbau　BGB 912　경계유월건축.
(1) Hat der Eigentümer eines Grundstücks bei der Errichtung eines Gebäudes über die Grenze gebaut, ohne dass ihm Vorsatz oder grobe Fahrlässigkeit zur Last fällt, so hat der Nachbar den Überbau zu dulden, es sei denn, daß er vor oder sofort nach der Grenzüberschreitung Widerspruch erhoben hat.
토지소유자가 고의 또는 중대한 과실없이 경계선을 넘어 건축한 경우, 그 이웃이 경계유월의 전후에 즉시 이의를 제기하지 아니하였다면 이를 인용하여야 한다.

Überbelegung (Verbot der ~)
StVollzG 146　과밀수용(~의 금지).
Hafträume dürfen nicht mit mehr Personen als zugelassen belegt werden.
구금시설에는 허용된 수 이상의 사람이 수용되어서는 안된다.

Überbrückungsgeld　StVollzG 51　갱생보조금.
(1) Aus den in diesem Gesetz geregelten Bezügen und aus den Bezügen der Gefangenen, die in einem freien Beschäftigungsverhältnis stehen (§39 Abs.1) oder denen gestattet ist, sich selbst zu beschäftigen (§39 Abs.2), ist ein Überbrückungsgeld zu bilden, das den notwendigen Lebensunterhalt des Gefangenen und seiner Unterhaltsberechtigten für die ersten vier Wochen nach seiner Entlassung sichern soll.
이 법에 규정된 보수 및 임의적 근로조건에 있거나(제39조 제1항) 또는 자기노역을 할 수 있도록(제39조 제2항) 허가받은 수형자의 보수에서 수형자의 석방 후 처음 4주간 동안 수형자 및 그의 피부양자의 기본적인 생활부조를 보장할 수 있는 갱생보조금을 적립하여야 한다.

Übereignung　소유권의 양도 (Eigentumsübertragung).
→ Auflassung (부동산소유권이전합의).

Überfall　낙과(落果); 급습.
① Früchte, die von einem Baum oder einem Strauche auf ein Nachbargrundstück hinüberfallen, gelten als Früchte dieses Grundstücks. (BGB 911)
수목 또는 관목으로부터 인접지에 떨어진 과실은 그 토지의 과실로 본다.
② → Hinterlistiger Überfall (교활한 급습).

Überführung in den zollrechtlich freien Verkehr　ZK 79　관세법상 자유유통을 위한 통관.
Durch die Überführung in den zollrechtlich freien Verkehr erhält eine Nichtgemeinschaftsware den zollrechtlichen Status einer Gemeinschaftsware.
비공동체상품은 관세법상 자유유통을 위한 통관에 의하여 공동체상품의 관세법상 지위를 갖는다.
Die Überführung in den zollrechtlich freien Verkehr umfasst die Anwendung der handelspolitischen Maßnahmen, die Erfüllung der übrigen für die Ware geltenden Einfuhrmöglichkeiten sowie die Erhebung der gesetzlich geschuldeten Abgaben.
관세법상 자유유통을 위한 통관에는 통상정책적 조치의 적용, 기타 물품에 적용되는 수입절차의 이행 및 법적 채무가 있는 조세의 징수가 포함된다.

Überführung von Waren in ein Zollverfahren　ZK 59　통관절차에서 물품의 통관.
(1) Alle Waren, die in ein Zollverfahren übergeführt werden sollen, sind zu dem betreffenden Verfahren anzumelden.
통관절차를 요하는 모든 물품은 해당 절차를 위한 신고를 해야 한다.

Übergabe kurzer Hand (brevi manu traditio) BGB 929 S.2 간이인도.
Ist der Erwerber im Besitz der Sache, so genügt die Einigung über den Übergang des Eigentums.
취득자가 물건을 점유하고 있는 경우에는 소유권 이전의 합의만으로도 충분하다.

Übergang in das Strafverfahren
StPO 416 형사절차에로의 이행.
(1) Ergibt sich im Sicherungsverfahren nach Eröffnung des Hauptverfahrens die Schuldfähigkeit des Beschuldigten und ist das Gericht für das Strafverfahren nicht zuständig, so spricht es durch Beschluß seine Unzuständigkeit aus und verweist die Sache an das zuständige Gericht.
공판절차의 개시후 보안처분절차에 있어서 피의자의 책임능력이 밝혀지고 법원이 형사절차에 관하여 관할권이 없는 경우, 법원은 결정에 의하여 자신의 관할권이 없음을 선언하고 사건을 관할법원에 이송한다.

Übergang von Bußgeldverfahren zum Strafverfarhen OWiG 81 질서위반금절차의 형사절차에로의 이행.
(1) Das Gericht ist im Bußgeldverfahren an die Beurteilung der Tat als Ordnungswidrigkeit nicht gebunden.
법원은 질서위반금절차에 있어서 당해 행위에 대한 질서위반행위로서의 평가에 구속되지는 않는다.

Übergangsbestimmung (Übergangsregelung) 경과규정.

Übergangsfassung StVollzG 199 경과문.
(1) Bis zum Inkrafttreten des besonderen Bundesgesetzes nach § 198 Abs. 3 gilt folgendes:
1. § 46 - Taschengeld - erhält folgende Fassung:
(행형법) 제198조 제3항에 의하여 특별연방법이 효력을 발할 때까지 다음과 같이 적용된다.
1. 제46조 (용돈) - 에는 다음의 문언이 포함된다.

Übergangsgeld BVerfGG 100 퇴직금; SGB 7 49 전환급여.
(1) Endet das Amt eines Richters des Bundesverfassungsgerichts nach § 12, so erhält er, wenn er sein Amts wenigstens zwei Jahre bekleidet hat, für die Dauer eines Jahres ein Übergangsgeld in Höhe seiner Bezüge nach Maßgabe des Gesetzes über das Amtsgehalt der Mitglieder des Bundesverfassungsgerichts.
제12조에 따라서 연방헌법재판소 재판관의 직무가 종료하면 재판관은 그가 2년 이상 근무하였을 경우 연방헌법재판소의 구성원의 급여에 관한 법률 기준에 따라 1년의 기간에 대한 퇴직금을 받는다.
Übergangsgeld wird erbracht, wenn Versicherte infolge des Versicherungsfalls Leistungen zur Teilhabe am Arbeitsleben erhalten.
전환급여는 피보험자가 산재로 인하여 직업재활급부를 수령한 때 지급된다.

Übergegangener Anspruch ZPO 94 이전된(받은) 청구권.
Macht der Kläger einen auf ihn übergangenen Anspruch geltend, ohne dass er vor der Erhebung der Klage dem Beklagten den Übergang mitgeteilt und auf Verlangen nachgewiesen hat, so fallen ihm die Prozesskosten insoweit zur Last, als sie dadurch entstanden sind, dass der Beklagte durch die Unterlassung der Mitteilung oder des Nachweises veranlasst worden ist, den Anspruch zu bestreiten.
원고가 이전받은 청구권에 관해서 소제기전에 피고에게 그 이전을 통지하지 않고 또는 청구에 의한 증명 없이 그 청구권을 주장한 경우에 피고가 통지 또는 증명의 부작위로 인하여 그 청구권을 다투게 됨으로써 발생된 소송비용은 원고의 부담으로 한다.

Übergreifend 포섭적(抱涉的)인.
포괄적, 간학문적으로 관계된(fach~: 전공 포섭적인).

Überhaft 중복구금.
Unter Überhaft versteht man die Situation, dass sich jemand, gegen den ein Haftbefehl erlassen wurde, bereits aus anderen Grunden (in anderer Sache) in Haft befindet.
중복구금은 구속영장이 발부된 자가 이미 다른 사유로 (다른 사건으로) 구금이 되어 있는 경우를 말한다.
→ Doppelhaft (이중구속).

Überhang BGB 910 경계유월.
(1) Der Eigentümer eines Grundstücks kann Wurzeln eines Baumes oder eines Strauches, die von einem Nachbargrundstück eingedrungen sind, abschneiden und behalten.
토지소유자는 인접지로부터 수목 또는 관목의 뿌리가 경계를 넘는 때에는 이를 제거하거나 보존할 수 있다.

Überholen StVO 5 추월.
(1) Es ist links zu überholen.
추월은 왼쪽으로 하여야 한다.
(2) Überholen darf nur, wer übersehen kann, daß während des ganzen Überholvorgangs jede Behinderung des Gegenverkehrs ausgeschlossen ist. Überholen darf ferner nur, wer mit wesentlich höherer Geschwindigkeit als der zu Überholende fährt.
전체 추월하는 과정에 역방향교통에 전혀 방해가 되지 않는다고 예측이 가능한 경우에만 추월이 허용된다. 또한 추월하는 자는 추월당하는 자보다 훨씬 빠른 속도로 운전하여야 한다.

Überlebende Ehegatte BGB 1931 생존배우자.
(1) Der überlebende Ehegatte des Erblassers ist neben Verwandten der ersten Ordnung zu einem Viertel, neben Verwandten der zweiten Ordnung oder neben Großeltern zur Hälfte der Erbschaft als gesetzlicher Erbe berufen.
피상속인의 생존배우자는 제1순위 직계친족과는 유산의 4분의1, 제2순위 직계친족 또는 조부모와는 유산의 2분의 1에 관하여 법정상속인으로 된다.

Übermaßverbot 과잉금지.
→ Verhältnismäßigkeitsgrundsatz (비례의 원칙).

Übermitteln BDSG 3(4) Nr.3 전송.
(4) 3. Übermitteln das Bekanntgeben gespeicherter oder durch Datenverarbeitung gewonnener personenbezogener Daten an einen Dritten in der Weise, dass
a) die Daten an den Dritten weitergegeben werden oder
b) der Dritte zur Einsicht oder zum Abruf bereitgehaltene Daten einsieht oder abruft,
전송이라 함은 저장된 또는 데이터처리를 통하여 획득한 개인데이터를 다음 각호의 방법으로 제3자에게 고지하는 것을 말한다.
a) 데이터를 제3자에게 교부하거나
b) 제3자에게 열람 또는 검색을 위한 준비된 데이터의 열람 또는 검색.

Übermittlung im automatisierten Verfahren StPO 488 자동화된 절차에서의 전송.
(1) Die Einrichtung eines automatisierten Abrufverfahrens oder eines automatisierten Anfrage- und Auskunftsverfahrens ist für Übermittlungen nach § 487 Abs. 1 zwischen den in § 483 Abs. 1 genannten Stellen zulässig, soweit diese Form der Datenübermittlung unter Berücksichtigung der schutzwürdigen Interessen der Betroffenen wegen der Vielzahl der Übermittlungen oder wegen ihrer besonderen Eilbedürftigkeit angemessen ist.
자동화된 검색절차 또는 자동화된 조회 및 정보제공절차 시설은 제487조 제1항에 의한 전송에 대하여 이러한 데이터전송의 형태가 관계자의 보호가치가 있는 이익을 고려하여 볼 때 많은 수의 전송으로 또는 그 특별한 신속의 필요성으로 인하여 적당하다고 인정되는 경우에만 제483조 제1항 사이의 관서에서 허용된다.
→ Automatisiertes Verfahren (Abruf) (자동화된 절차)(검색).

Übermittlung personenbezogener Informationen zu Forschungszwecken
StPO 476 연구목적 개인정보의 전송.
(1) Die Übermittlung personenbezogener Daten in Akten an Hochschulen, andere Einrichtungen, die wissenschaftliche Forschung betreiben, und öffentliche Stellen ist zulässig, soweit
1. dies für die Durchführung bestimmter wissenschaftlicher Forschungsarbeiten erforderlich ist,
2. eine Nutzung anonymisierter Informationen zu diesem Zweck nicht möglich oder die Anonymisierung mit einem unverhältnismäßigen Aufwand verbunden ist und
3. das öffentliche Interesse an der Forschungsarbeit das schutzwürdige Interesse des Betroffenen an dem Ausschluss der Übermittlung erheblich überwiegt.
소송기록의 개인데이터를 대학교, 기타 연구업무를 행하는 조직, 관공서에 전송하는 것은 다음 각호의 경우에 허용된다.
1. 특정 연구업무작업의 수행을 위하여 필요한 경우,
2. 익명의 정보를 이러한 목적을 위하여 이용하는 것이 가능하지 않거나 그 익명에 과다한 비용이 관련되어 있는 경우,
3. 연구작업의 공공의 이익이 전달배제에 있어 관계자의 보호가치있는 이익 보다 현저히 추월하는 경우.

Übermittlung personenbezogener Informationen zur Strafverfolgung
StPO 479 형사소추를 위한 개인정보의 전송.
(1) Von Amts wegen dürfen personenbezogene Daten aus Strafverfahren Strafverfolgungsbehörden und Strafgerichten für Zwecke der Strafverfolgung sowie den zuständigen Behörden und Gerichten für Zwecke der Verfolgung von Ordnungswidrigkeiten übermittelt werden, soweit diese Daten aus der Sicht der übermittelnden Stelle hierfür erforderlich sind.
형사절차의 개인데이터는 전송부서의 관점

에서 보아 필요하다고 생각하는 경우에는 직권으로 형사소추의 목적을 위하여는 형사소추관청 및 형사법원에, 또한 질서위반행위의 소추목적을 위하여는 해당 관청이나 법원에 전송될 수 있다.

Übermittlung von Daten StPO 487
데이터전송.
(1) Die nach den §§ 483 bis 485 gespeicherten Daten dürfen den zuständigen Stellen übermittelt werden, soweit dies für die in diesen Vorschriften genannten Zwecke, für Zwecke eines Gnadenverfahrens oder der internationalen Rechtshilfe in Strafsachen erforderlich ist.
제483-485조에 의하여 저장된 데이터는 관할관서가 이 규정에 기재된 목적을 위하여, 사면절차의 목적을 위하여 또는 국제적 사법공조를 위하여 필요한 경우라고 인정하는 경우에는 그에 전송된다.

Übernahme durch die Staatsanwaltschaft
OWiG 42 검사의 질서위반행위 소추의 인수.
Die Staatsanwaltschaft kann bis zu Erlaß des Bußgeldbescheides die Verfolgung der Ordnungswidrigkeit übernehmen.
검사는 질서위반금결정이 확정될 때까지는 질서위반행위의 소추를 인수할 수 있다.

Übernahme von Bürgschaften
StGB 265b 보증의 인수. → Kredit (신용대부).

Übernahmegründung
→ Simultangrundung (발기설립).

Überplanmäßige und außerplanmäßige Ausgaben GG 112 예산초과 및 예산외 지출.
Überplanmäßige und außerplanmäßige Ausgaben bedürfen der Zustimmung des Bundesministers der Finanzen.
예산초과 및 예산외 지출은 연방재무장관의 동의를 필요로 한다.

Überraschende Klausel BGB 305c
기습조항 (의외조항).

(1) Bestimmungen in Allgemeinen Geschäftsbedingungen, die nach den Umständen, insbesondere nach dem äußeren Erscheinungsbild des Vertrags, so ungewöhnlich sind, dass der Vertragspartner des Verwenders mit ihnen nicht zu rechnen braucht, werden nicht Vertragsbestandteil.
제반 사정, 특히 계약의 외적 현상에 의하면 통례를 벗어나 약관사용자의 계약상대방이 고려할 필요가 없는 약관조항은 계약의 구성부분이 되지 아니한다.

Überschreitung der Notwehr StGB 33 과잉방위 (Notwehrüberschreitung, Notwehrexzess).
Überschreitet der Täter die Grenzen der Notwehr aus Verwirrung, Furcht oder Schrecken, so wird er nicht bestraft.
행위자가 당황, 공포, 경악으로 인하여 정당방위의 한계를 초월하는 때에는 벌하지 아니한다.

Überschrift StPO 260(4) 표제.
→ Verkündung des Urteils (판결의 선고).

Überschuldung InsO 19 채무초과.
(1) Bei einer juristischen Person ist auch die Überschuldung Eröffnungsgrund.
법인의 경우에는 채무초과도 (도산절차의) 개시원인이다.
(2) Überschuldung liegt vor, wenn das Vermögen des Schuldners die bestehenden Verbindlichkeiten nicht mehr deckt.
Bei der Bewertung des Vermögens des Schuldners ist jedoch die Fortführung des Unternehmens zugrunde zu legen, wenn diese nach den Umständen überwiegend wahrscheinlich ist.
채무초과는 채무자의 재산으로 현재의 채무를 더 이상 변제하지 못하는 경우를 말한다. 채무자의 재산을 평가하는 경우에 사정에 따라 기업계속의 상당한 개연성이 있는 때에는 이를 기초로 하여야 한다.

Überschuß → Jahresüberschuß (연도잉여금).

Überschwemmung → Herbeiführen einer

Überschwemmung. (일수야기죄).

Übersendung der Akten
→ Aktenübersendung (소송기록의 송부).

Überstellung StVollzG 8(2) 인도.
(2) Der Gefangene darf aus wichtigem Grund in eine andere Vollzugsanstalt überstellt werden.
수형자는 중대한 사유가 있으면 다른 교도소에 인도할 수 있다.

Übertragene Gewalt SHG 12 위임된 권력.
Ist der Träger keine juristische Person des öffentlichen Rechts, so haftet die juristische Person des öffentlichen Rechts, die die hoheitliche Befugnis übertragen hat.
공권력주체가 공법인이 아닌 경우에는 고권적 권능을 위임한 공법인이 배상책임을 진다.

Übertragung 이전, 양도, 이양, 위임.

Übertragung der Zuständigkeit des Gerichts StPO 12(2), 15, 19 관할의 이전.
→ Mehrere zuständige Gerichte (수개의 관할법원).
→ Verhinderung des an sich zuständigen Gerichts (관할법원의 장애).
→ Aussprache der Unzuständigkeit durch mehrere Gerichte (수개의 법원에 의한 관할위반의 선언).

Übertragung einer Forderung BGB 398 채권양도.
Eine Forderung kann von dem Gläubiger durch Vertrag mit einem anderen auf diesen übertragen werden (Abtretung) Mit dem Abschluss des Vertrags tritt der neue Gläubiger an die Stelle des bisherigen Gläubigers.
채권은 채권자와 어떤 다른 자와의 계약에 의하여 다른 자에게 양도할 수 있다. 계약의 체결로써 새로운 채권자(양수인)는 종전의 채권자(양도인)에 갈음한다.

Übertragung eines Tonbandmitschnitts

einer Vernehmung StPO 323(2) 실황녹음의 중계.

(2) Sofern es erforderlich erscheint, ordnet das Berufungsgericht die Übertragung eines Tonbandmitschnitts einer Vernehmung gemäß § 273 Abs.2 Satz 2 in ein schriftliches Protokoll an.

(항소법원은 제1심에서의 소환이) 필요하다고 생각하는 경우에는 제273조 제2항 제1단에 의하여 실황녹음의 중계를 명한다.

Übertragung gemeindlicher Aufgaben VwVfG 94 지방자치단체 업무의 위탁.

Die Landesregierungen können durch Rechtsverordnung die den Gemeinden obliegenden Aufgaben auf eine andere kommunale Gebietskörperschaft oder eine Verwaltungsgemeinschaft übertragen.

주정부는 법규명령으로 (기초)자치단체에서 수행할 책임이 있는 업무를 다른 지역적 기관 또는 행정단체에 위임할 수 있다.

Übertragung von Aktien gegen Barabfindung (Ausschluß von Minderheitsaktionären 소수주주의 축출) AktG 327a 현금일시금지급(보상)에 의한 주식양도.

(1) Die Hauptversammlung einer Aktiengesellschaft oder einer Kommanditgesellschaft auf Aktien kann auf Verlangen eines Aktionärs, dem Aktien der Gesellschaft in Höhe von 95 vom Hundert des Grundkapitals gehören (Hauptaktionär), die Übertragung der Aktien der übrigen Aktionäre (Minderheitsaktionäre) auf den Hauptaktionär gegen Gewährung einer angemessenen Barabfindung beschließen.

주식회사 또는 주식합자회사의 주주총회는 회사의 주식이 기본자본의 95%에 속하는 주주(지배주주)의 청구에 의하여 적절한 현금일시금을 지급하고 지배주주에 대하여 기타의 주주(소수주주)의 주식을 양도할 것을 결의할 수 있다.

Übertragung von Hoheitseinrichtungen GG 24 고권의 이양.

(1) Der Bund kann durch Gesetz Hoheitsrechte auf zwischenstaatliche Einrich-

tungen übertragen.

연방은 법률로써 국제적 기구에 고권을 이양할 수 있다.

Übertretung (Aufhoben durch EGStGB), StGB 360-370 위경죄. 삭제됨.

Überversicherung VVG 74 초과보험.

(1) Übersteigt die Versicherungssumme den Wert des versicherten Interesses (Versicherungswert) erheblich, kann jede Vertragspartei verlangen, dass die Versicherungssumme zur Beseitigung der Überversicherung unter verhältnismäßiger Minderung der Prämie mit sofortiger Wirkung herabgesetzt wird.

보험금액이 피보험이익의 가격(보험가)을 현저히 초과하는 때에는 각 계약당사자는 그 초과보험을 제거하기 위하여 즉각적인 효력으로 그 비율에 응하는 보험금액의 감액을 청구할 수 있다.

Überwachung der Besuche StVollzG 27 접견의 감시.

Die Besuche dürfen aus Gründen der Behandlung oder der Sicherheit oder Ordnung der Anstalt überwacht werden, es sei denn, es liegen im Einzelfall Erkenntnisse dafür vor, daß es der Überwachung nicht bedarf

접견은 교도소의 처우, 안전, 질서를 이유로 감시될 수 있다. 단 개별사례에서 그러한 감시가 필요하다는 인식이 있어야 한다.

Überwachung der Lebensführung während der Bewährungszeit StPO 453b 보호관찰기간중 행상의 감시.

(1) Das Gericht überwacht während der Bewährungszeit die Lebensführung des Verurteilten, namentlich die Erfüllung von Auflagen und Weisungen sowie von Anerbieten und Zusagen.

법원은 보호관찰기간동안 형의 선고를 받은 자의 행상, 특히 준수사항과 지시사항 및 급부제안과 확언의 이행을 감독한다.

Überwachung des Schriftwechsels

StVollzG 29 서신교류의 검열.
(1) Der Schriftwechsel des Gefangenen mit seinem Verteidiger wird nicht überwacht.
수형자는 변호인과의 서신교류를 검열을 받지 아니한다.

Überwachung und Aufzeichung des Fernmeldeverkehrs StPO 100a 감청(통신의 감시와 녹음) (Fernmeldeverkehrüberwachung).
(1) Auch ohne Wissen der Betroffen darf die Telekommunikation überwacht und aufgezeichnet werden, wenn
1. bestimmte Tatsachen den Verdacht begründen, dass jemand als Täter oder Teilnehmer eine in Absatz 2 bezeichnete schwere Straftat begangen, in Fällen, in denen der Versuch strafbar ist, zu begehen versucht, oder durch eine Straftat vorbereitet hat,
2. die Tat auch im Einzelfall schwerwiegt und
3. die Erforschung des Sachverhalts oder die Ermittlung des Aufenthaltsortes des Beschuldigten auf andere Weise wesentlich erschwert oder aussichtslos wäre.
당사자가 모르는 감청(전신전화의 감시와 녹음)은 다음 각호의 경우에 행하여질 수 있다.
1. 일정한 사실에 근거하여 정범 또는 공범이 제2항의 중대한 범죄를 행하였다고 인정할만한 혐의가 있고 그 미수가 가벌적인 경우 미수를 행하거나 또는 범죄행위를 예비한 경우.
2. 범죄가 개별사건에서도 중한 경우,
3. 사안의 조사 또는 소재지수사가 다른 방법으로는 근본적으로 어렵거나 가망이 없는 경우.

Überweisung ZPO 835 이부 (~ einer Geldforderung 금전채권의 ~)
(1) Die gepfändete Geldforderung ist dem Gläubiger nach seiner Wahl zur Einziehung oder an Zahlungs statt zum Nennwert zu überweisen.
압류된 금전채권은 채권자의 선택에 따라 추심을 위하여(Überweisungsbeschluss zur Einziehung 추심명령) 또는 명목가치로 지급에 갈음하여(Überweisungsbeschluss an Zahlungsstatt 전부명령) 채권자에게 이부된다.

Überweisung in den Vollzug einer anderen Maßregel StGB 67a 다른 처분 집행에로의 이행.
(1) Ist die Unterbringung in einem psychiatrischen Krankenhaus oder einer Entziehungsanstalt angeordnet worden, so kann das Gericht die untergebrachte Person nachträglich in den Vollzug der anderen Maßregel überweisen, wenn ihre Resozialisierung dadurch besser gefördert werden kann.
정신병원이나 금단시설수용명령이 내려진 경우 행위자의 사회복귀 촉진에 보다 유리하다고 판단되는 때에는 법원은 수용된 행위자를 사후적으로 다른 처분의 집행에로 이행시킬 수 있다.

Überweisungsbeschluß an Zahlungsstatt ZPO 835(2) 전부명령.
(2) Im letzteren Fall geht die Forderung auf den Gläubiger mit der Wirkung über, dass er, soweit die Forderung besteht, wegen seiner Forderung an den Schuldner als befriedigt anzusehen ist.
후자(전부명령)의 경우에 채권은 채권자에게 이전되고, 채권자는 자신의 채권이 존재하고 있는 한 채무자에 대한 자신의 채권이 변제된 것으로 간주한다.
→ Überweisung (이부).

Überweisungsbeschluß zur Einziehung ZPO 836, 842 추심명령.
(1) Die Überweisung ersetzt die förmlichen Erklärungen des Schuldners, von denen nach den Vorschriften des bürgerlichen Rechts die Berechtigung zur Einziehung der Forderung abhängig ist. (836)
이부는 민법의 규정에 따라 채권의 추심권한이 채무자의 요식의 의사표시에 의하여야 할 경우에 그 의사표시에 갈음한다.
Der Gläubiger, der die Beitreibung einer ihm zur Einziehung überwiesenen For-

derung verzögert, haftet dem Schuldner für den daraus entstehenden Schaden. (842)
추심을 위하여 이부된 채권의 추심을 지체한 채권자는 지체에 의하며 발생된 손해에 대하여 채무자에게 책임을 진다.
→ Überweisung (이부).

Überweisungsvertrag BGB 676a (자금)이체계약.
(1) Durch den Überweisungsvertrag wird das Kreditinstitut (überweisendes Kreditinstitut) gegenüber demjenigen, der die Überweisung veranlasst (Überweisender), verpflichtet, dem Begünstigten einen bestimmten Geldbetrag zur Gutschrift auf dessen Konto beim überweisenden Kreditinstitut zur Verfügung zu stellen (Überweisung) sowie Angaben zur Person des Überweisenden und einen angegebenen Verwendungszweck, soweit üblich, mitzuteilen.
(1) 이체계약에 의해 금융기관은 (이체금융기관) 이체를 하는 사람(이체자)에 대하여 특정 금액을 이체금융기관의 수익자의 계정으로 이체처리할 의무를 진다(이체). 또한 이체자의 신분기재와 그 사용목적에 대하여도 통상적인 것인 한, 통지할 의무도 진다.

Überwindungsmodell 극복모델 (누범가중근거에 대한).
극복모델은 새로운 범행시에 나타난 극복, 즉 경고를 무시함으로써 초과된 내적 한계에 대한 강한 극복을 목표로 하고 있다. 비난할 수 있는 것은 억제동기의 결여가 아니라 강한 억제동기의 극복 때문이라고 하고 이러한 극복이 특별한 책임의 표현이 된다고 한다.

Überzeugungstäter 확신범.
→ Gewissenstäter (양심범).

Überziehungskredit BGB 493 당좌대월여신.
(1) Verbraucherdarlehensverträge, bei denen ein Kreditinstitut einem Darlehensnehmer das Recht einräumt, sein laufendes Konto in bestimmter Höhe zu überziehen,
금융기관이 차주에게 현재의 계좌에서 일정한 금액의 초과인출을 인정하는 권리를 부여하는 소비자소비대차계약.

Ubi ius, ibi remedium (wo ein Mittel ist, ist ein Recht) 권리가 존재하는 곳에 구제가 있다.

Ubi societas ibi ius (where there is society, there is law) 사회가 있는 곳에 법이 있다.

Üble Nachrede StGB 186 명예훼손죄 (비방죄).
Wer in Beziehung auf einen anderen eine Tatsache behauptet oder verbreitet, welche denselben verächtlich zu machen oder in der öffentlichen Meinung herabzuwürdigen geeignet ist, wird, wenn nicht diese Tatsache erweislich wahr ist, mit Freiheitsstrafe bis zu einem Jahr oder mit Geldstrafe und, wenn die Tat öffentlich oder durch Verbreiten von Schriften begangen ist, mit Freiheitsstrafe bis zu zwei Jahren oder mit Geldstrafe bestraft.
타인을 경멸하거나 여론에서 비하하기에 적합한 타인과 관련된 사실을 주장하거나 또는 유포한 자는 그러한 사실이 진실이라고 입증할 수 없는 경우 1년 이하의 자유형 또는 벌금형에 처한다. 또한 이러한 행위가 공연히 또는 서류의 유포를 통해서 행하여진 경우에는 2년 이하의 자유형 또는 벌금형에 처한다.
여기서 통상 wenn nicht diese Tatsache erweislich wahr ist 즉, Nichterweislichkeit der Tatsache(사실의 증명)는 가벌성의 객관적 조건으로 설명된다.
→ Verleumdung (허위사실적시에 의한 명예훼손죄) (중상죄).

Üble Nachrede gegen Personen des politische Lebens StGB 188 정치인 명예훼손죄.
(1) Wird gegen eine im politischen Leben des Volkes stehende Person öffentlich, in einer Versammlung oder durch Verbreiten

von Schriften eine üble Nachrede (§186) aus Beweggründen begangen, die mit der Stellung des Beleidigten im öffentlichen Leben zusammenhängen, und ist die Tat geeignet, sein öffentliches Wirken erheblich zu erschweren, so ist die Strafe Freiheitsstrafe von drei Monaten bis zu fünf Jahren.
국민의 정치적 생활에 존재하는 자(정치인)에 대하여 공연히, 집회에서 또는 문서의 반포를 통하여 피해자의 공적 생활상의 지위와 관련된 동기로 명예를 훼손하고(제186조) 그러한 행위가 공적 활동을 현저히 저해하기에 적합한 경우에는 3개월 이상 5년 이하의 자유형에 처한다.
→ 정치인에 대한 허위사실적시의 명예훼손죄(제2항: Verleumdung gegen Personen des politische Lebens).

UIG → Umweltinformationsgesetz (환경정보법).

UKlaG → Unterlassungsklagengesetz (부작위(청구)소송법).

Ultima Ratio (letzte (ultimative) Lösung) 최후의 수단.

Ultimogenitur 말자상속제.
→ Primogenitur (장자상속제).

Ultra posse nemo obligatur (Niemand ist verpflichtet, mehr zu leisten, als er kann) 가능하지 않는 것에 대한 의무는 없다.

Ultra vires (in Überschreitung der Befugnisse) 권한외 (능력외)(목적외)(월권).

Umdeutung des nichtigen Rechtsgeschäfts BGB 140 무효행위의 전환.
Entspricht ein nichtiges Rechtsgeschäft den Erfordernissen eines anderen Rechtsgeschäfts, so gilt das letztere, wenn anzunehmen ist, dass dessen Geltung bei Kenntnis der Nichtigkeit gewollt sein würde.
무효인 법률행위가 다른 법률행위의 요건을 구비하는 경우에는 당사자가 그의 무효를 알았더라면 다른 법률행위의 효력을 원하였으리라고 인정되는 때에는 그 다른 법률행위가 효력을 발생한다.

Umdeutung eines fehlerhaften Verwaltungsaktes VwVfG 47 하자있는 행정행위의 전환.
(1) Ein fehlerhafter Verwaltungsakt kann in einen anderen Verwaltungsakt umgedeutet werden, wenn er auf das gleiche Ziel gerichtet ist, von der erlassenden Behörde in der geschehenen Verfahrensweise und Form rechtmäßig hätte erlassen werden können und wenn die Voraussetzungen für dessen Erlass erfüllt sind.
하자있는 행정행위는 동일한 목표를 지향하고 있고, 처분청에 의하여 이미 이루어진 절차상의 방법과 형식으로도 적법하게 발동될 수 있었고 행정행위의 발동을 위한 요건이 충족되어 있는 경우에는 다른 행정행위로 전환될 수 있다.

Umfang der Prüfung StPO 352 심사의 범위.
Der Prüfung des Revisionsgerichts unterliegen nur die gestellten Revisionsanträge.
상고법원의 심사는 제출된 상고청구만이 상고법원의 심사대상이다.

Umgangsrecht BGB 1684 면접교섭권.
(1) Das Kind hat das Recht auf Umgang mit jedem Elternteil; jeder Elternteil ist zum Umgang mit dem Kind verpflichtet und berechtigt.
자는 각 부모와 면접교섭할 권리를 갖는다. 각 부모는 자와 면접교섭할 의무와 권리가 있다.
(3) Das Familiengericht kann über den Umfang des Umgangsrechts entscheiden und seine Ausübung, auch gegenüber Dritten, näher regeln.
가정법원은 면접교섭권의 범위를 결정하고, 그 행사를, 제3자에 대하여도 상세히 규제할 수 있다.

Umgehungsgeschäft AktG 71a 탈법(회

피)행위.
(1) Ein Rechtsgeschäft, das die Gewährung eines Vorschusses oder eines Darlehens oder die Leistung einer Sicherheit durch die Gesellschaft an einen anderen zum Zweck des Erwerbs von Aktien dieser Gesellschaft zum Gegenstand hat, ist nichtig.
회사의 주식을 취득할 목적으로 타인에게 회사를 통한 선급금이나 대출금 또는 담보의 제공을 대상으로 하는 법률행위는 무효이다.

Umgehungsverbot BGB 306a 탈법행위의 금지.
Die Vorschriften dieses Abschnitts finden auch Anwendung, wenn sie durch anderweitige Gestaltungen umgangen werden.
본장의 규정은 다른 형태로 이를 회피한 경우에도 적용된다.

Umgestaltung der Strafklage
StPO 264(2), 265 공소(사실)의 변경; 소인의 변경.
(2) Das Gericht ist an die Beurteilung der Tat, die dem Beschluß über die Eröffnung des Hauptverfahrens zugrunde liegt, nicht gebunden.
법원은 공판절차의 개시에 관한 결정의 기초가 된 행위에 관한 판단에 기속되지 아니한다.
따라서 법원은 공소장에 기재되지 않는 형벌규정을 적용할 수 있다.

Umkehrschluß oder Gegenschluß (lat. argumentum e contrario); 반대(반전)해석.
반대해석은 구성요건적 전제가 다르다는 데에서 상이한 법률효과를 추론해 내는 법학방법론의 논증이다. 그것은 법적 규제의 의미와 목적을 보아 해당 법규범의 구성요건에서 "…만"이라는 문언이 있는 경우에 항상 적용이 가능하다. 그러나 이는 결과적으로 가치평가적 결정의 조건이며 따라서 형식논리의 문제는 아니다.

Umlaufvermögen HGB 266(2) B; AktG 270(3) 유동자산.

→ Anlagevermögen (고정자산).

Umlegung BauGB 45 환지.
Zur Erschließung oder Neugestaltung von Gebieten können bebaute und unbebaute Grundstücke durch Umlegung in der Weise neu geordnet werden, dass nach Lage, Form und Größe für die bauliche oder sonstige Nutzung zweckmäßig gestaltete Grundstücke entstehen.
제45조 환지의 목적
지역의 개발 또는 새로운 조성을 위하여 건축되거나 건축되지 않은 토지는 위치, 형식, 면적에 따라 건축이나 기타 이용에 합목적적으로 조성된 토지를 생성시키는 방식으로, 새롭게 정리될 수 있다.

Umsatzerlös HGB 277 매출수익(액).
(1) Als Umsatzerlöse sind die Erlöse aus dem Verkauf und der Vermietung oder Verpachtung von für die gewöhnliche Geschäftstätigkeit der Kapitalgesellschaft typischen Erzeugnissen und Waren sowie aus von für die gewöhnliche Geschäftstätigkeit der Kapitalgesellschaft typischen Dienstleistungen nach Abzug von Erlösschmälerungen und der Umsatzsteuer auszuweisen.
매출수입은 자본회사의 통상적 영업활동에 고유한 제품과 상품의 판매, 사용대차 또는 용익임대에 의한 수익 및 자본회사의 통상적 영업활동에 고유한 서비스에 의한 수익에서 매출감액과 매상세를 공제한 후의 금액을 매출수입으로 표시하여야 한다.

Umsatzsteuer UStG 1 부가가치세(매상세).
(1) Der Umsatzsteuer unterliegen die folgenden Umsätze: 1. die Lieferungen und sonstigen Leistungen, die ein Unternehmer im Inland gegen Entgelt im Rahmen seines Unternehmens ausführt.
부가가치세의 과세대상: 1. 사업자가 국내에서 자신의 사업범위 내에서 대가를 받고 행하는 공급과 기타의 용역.

Umsatzsteuergesetz UStG 부가가치세

법 (2005.2.21) (BGBl. I S. 386).

Umschreibung im Aktienbuch
HGB 68(3) (a.F.) 명의개서.

Umschulung → Berufsausbildung (직업훈
련(교육)).

Umtauschrecht AtkG 192, 221 전환(청
구)권.
→ Bedingte Kapitalerhöhung (조건부 자본
증가).
→ Wandelschuldverschreibung (전환사채).

Umwandlung UmwG 1 기업재편.
(1) Rechtsträger mit Sitz im Inland können umgewandelt werden
1. durch Verschmelzung;
2. durch Spaltung (Aufspaltung, Abspaltung, Ausgliederung);
3. durch Vermögensübertragung;
4. durch Formwechsel.
국내에 주소를 둔 권리주체는 다음 각호의
방법에 의하여 재편될 수 있다.
1. 합병,
2. 분할 (소멸분할, 존속분할, 자산분리),
3. 재산양도,
4. 조직변경.

Umwandlungsgesetz UmwG 기업재편
법 (1994.10.28) (BGBl. I S. 3210, (1995,
428)).

UmwG → Umwandlungsgesetz (기업재
편법).

Umweltgefährdende Abfallbeseitigung
(환경위해적 폐기물제거죄) → Unerlaubter
Umgang mit gefährlichen Abfällen (무권한
폐기물제거죄).

Umweltinformation (Anspruch auf Zugang zu ~en) UIG 3 환경정보(~청구
권).
(1) Jede Person hat nach Maßgabe dieses
Gesetzes Anspruch auf freien Zugang zu
Umweltinformationen, über die eine

informationspflichtige Stelle im Sinne des
§ 2 Abs. 1 verfügt, ohne ein rechtliches
Interesse darlegen zu müssen. 2Daneben
bleiben andere Ansprüche auf Zugang zu
Informationen unberührt.
누구든지 법적 이해관계에 관계없이 본법의
기준에 따라 법 제2조 제1항의 정보의무기
관이 처리하는 환경정보에 자유로이 접근할
권리를 갖는다.

Umweltinformationsgesetz UIG 1 환경
정보법 (2004.12.22) (BGBl. I S. 3704).
(1) Zweck dieses Gesetzes ist es, den
rechtlichen Rahmen für den freien Zugang
zu Umweltinformationen bei informations-
pflichtigen Stellen sowie für die Verbreitung dieser Umweltinformationen zu
schaffen.
본법의 목적은 정보제공의무가 있는 기관에
서 또한 환경정보의 전파를 위하여 환경정
보의 자유로운 접근에 대한 법적 범위를 제
공하는 데에 있다.

Umweltkriminalität auf dem Meer
StPO 10a 해상에서의 환경범죄(~의 재판
적).
Ist für eine Straftat, die außerhalb des
Geltungsbereichs dieses Gesetzes im Bereich des Meeres begangen wird, ein Gerichtsstand nicht begründet, so ist Hamburg Gerichtsstand; zuständiges Amtsgericht ist das Amtsgericht Hamburg.
이 법의 적용지역 외의 해상에서 범죄가 행
하여졌고 그 재판적이 없는 경우에는 함부
르크가 재판적이며, 관할구법원은 함부르크
구법원이다.

Umweltverträglichkeitsprüfung
UVPG 2 환경적합성심사 (환경영향평가);
Gesetz über ~ (~ 법) (2005.6.25) (BGBl.
I S. 1757, 2797).
(1) Die Umweltverträglichkeitsprüfung ist
ein unselbständiger Teil verwaltungsbe-
hördlicher Verfahren, die der Entscheidung
über die Zulässigkeit von Vorhaben dienen.
Die Umweltverträglichkeitsprüfung umfaßt

die Ermittlung, Beschreibung und Bewertung der unmittelbaren und mittelbaren Auswirkungen eines Vorhabens auf
1. Menschen, einschließlich der menschlichen Gesundheit, Tiere, Phanzen und die biologische Vielfalt,
2. Boden, Wasser, Luft, Klima und Landschaft,
3. Kulturgüter und sonstige Sachgüter sowie
4. die Wechselwirkung zwischen den vorgenannten Schutzgütern.
환경적합성심사는 비독자적 부분의 행정관청의 절차로서 사업의 허용여부에 관한 결정에 기여한다.
환경적합성심사는 다음 각호에 대한 사업의 직접적, 간접적인 영향을 조사, 기술 및 평가하는 것을 포함한다.
1. 인간의 건강, 동물과 식물 및 생물학적 다양성을 포함한 인간,
2. 토지, 수질, 대기, 기후 및 경관
3. 문화재와 그 밖의 유형재산.
4. 기술한 보호재 사이의 상호작용.

Unabdingbarkeit ProdHaftG 14; BGB 619
강행규정성 (합의배제규정).
Die Ersatzpflicht des Herstellers nach diesem Gesetz darf im voraus weder ausgeschlossen noch beschränkt werden. Entgegenstehende Vereinbarungen sind nichtig
본법에 의한 제조자의 배상의무는 사전에 배제하거나 제한할 수 없다. 이를 위반하는 합의는 무효로 한다.

Unabhängigkeit der Gerichte StGB 92
법원의 독립. → Verfassungsgrundsätze (헌법상의 제원칙).

Unanfechtbarkeit 불복불가능, 불가쟁력.
① Eine Anfechtung der Entscheidung, daß eine Änderung der Klage nicht vorliege oder daß die Änderung zuzulassen sei, findet nicht statt. (ZPO 268 Unanfechtbarkeit der Entscheidung)
소의 변경이 없다는 취지 또는 소의 변경이 허용된다는 취지의 재판에 대하여는 불복을

신청할 수 없다.
② nachdem er unanfechtbar geworden ist (불가쟁력이 발생한 후에도) → Begünstigender Verwaltungsakt (수익적 행정행위).

Unaufschiebare Amtshandlung
StPO 29 긴급한 직무행위.
(1) Ein abgelehnter Richter hat vor Erledigung des Ablehnungsgesuchs nur solche Handlungen vorzunehmen, die keinen Aufschub gestatten.
기피당한 판사는 기피신청 처리전에는 긴급한 행위만을 할 수 있다.

Unbeendeten Versuch StGB 22 착수미수: 실행행위 미종료미수.
→ Rücktritt (중지미수).

Unbefristet beschäftigter Arbeitnehmer
→ Vergleichbarer unbefristet beschäftigter Arbeitnehmer (비교가능한 무기간제 근로자).

Unbefugter Gebrauch eines Fahrzeugs
StGB 248b 차량불법사용죄.
(1) Wer ein Kraftfahrzeug oder ein Fahrrad gegen den Willen des Berechtigten in Gebrauch nimmt, wird mit Freiheitsstrafe bis zu drei Jahren oder mit Geldstrafe bestraft, wenn die Tat nicht in anderen Vorschriften mit schwererer Strafe bedroht ist.
자동차 또는 자전거를 권리자의 의사에 반하여 사용한 자는 3년 이하의 자유형 또는 벌금형에 처한다. (3) 친고죄이다.

Unbefugter Gebrauch von Pfandsachen
StGB 290 질물불법사용죄.
Öffentliche Pfandleiher, welche die von ihnen in Pfand genommenen Gegenstände unbefugt in Gebrauch nehmen, werden mit Freiheitsstrafe bis zu einem Jahr oder mit Geldstrafe bestraft.
질물을 권한 없이 사용한 공공 전당포영업자는 1년 이하의 자유형 또는 벌금형에 처한다.

Unbeschränkte Nachschußpflicht
GmbHG 27 무한추가출자의무.

(1) Ist die Nachschußpflicht nicht auf einen bestimmten Betrag beschränkt, so hat jeder Gesellschafter, falls er die Stammeinlage vollständig eingezahlt hat, das Recht, sich von der Zahlung des auf den Geschäftsanteil eingeforderten Nachschusses dadurch zu befreien, daß er innerhalb eines Monats nach der Aufforderung zur Einzahlung den Geschäftsanteil der Gesellschaft zur Befriedigung aus demselben zur Verfügung stellt.
추가출자의무가 일정한 금액으로 제한되지 아니한 경우에 각 사원은 기본출자의 납입을 완료한 때에는 지분에 따른 추가출자의 최고후 1개월 이내에 회사에 대한 그 지분의 처분을 통하여 추가출자의 납입을 면할 권리를 가진다. → Abandon (위부).

Unbeschränkte Steuerpflicht KStG 1
무제한적 납세의무.
(1) Unbeschränkt körperschaftsteuerpflichtig sind die folgenden Körperschaften, Personenvereinigungen und Vermögensmassen, die ihre Geschäftsleitung oder ihren Sitz im Inland haben.
국내에 주된 사무소나 또는 주소를 가진 다음의 법인, 비법인단체, 재단은 법인세의 무제한적 납세의무가 있다.

Unbestellte Leistung BGB 241a 주문하지 아니한 급부.
(1) Durch die Lieferung unbestellter Sachen oder durch die Erbringung unbestellter sonstiger Leistungen durch einen Unternehmer an einen Verbraucher wird ein Anspruch gegen diesen nicht begründet.
사업자의 소비자에 대한 주문하지 아니한 물건의 인도 또는 기타 주문하지 아니한 급부의 제공에 의하여 소비자에 대한 청구권은 발생하지 아니한다.

Unbrauchbarmachung StGB 74d 사용불능; 폐기처분은 → Vernichtung.

Uneheliche Kinder GG 6(5) 사생아.
(5) Den unehelichen Kindern sind durch die Gesetzgebung die gleichen Bedingungen für ihre leibliche und seelische Entwicklung und ihre Stellung in der Gesellschaft zu schaffen wie den ehelichen Kindern.
사생아의 육체적 및 정신적 성장과 사회적 지위에 관해서는 입법을 통하여 적자의 그것과 동일한 조건이 마련되어야 한다.

Unehre (불명예).
→ Bloßstellen von Zeugen (증인에 대한 불명예 질문) (Fragen nach entehrenden Tatsachen und Vorstrafen).

Unentgeltliche Verwahrung BGB 690
무상임치.
Wird die Aufbewahrung unentgeltlich übernommen, so hat der Verwahrer nur für diejenige Sorgfalt einzustehen, welche er in eigenen Angelegenheiten anzuwenden pflegt.
무상으로 보관을 인수하는 경우, 수취인은 자기의 사무에 있어서 상용하는 주의에 관하여만 책임을 진다. (Haftung bei unentgeltlicher Verwahrung: 무상임치시의 책임)

Unerfahrenheit StGB 302a 무경험.
→ Wucher (부당이득죄).

Unerlaubte Ansammlung OWiG 113
불법집합죄.
(1) Ordnungswidrig handelt, wer sich einer öffentlichen Ansammlung anschließt oder sich nicht aus ihr entfernt, obwohl ein Träger von Hoheitsbefugnissen die Menge dreimal rechtmäßig aufgefordert hat, auseinanderzugehen.
고권수행자가 다중에 대하여 그 해산을 3회에 걸쳐 적법하게 요구하였음에도 불구하고 공개된 집합에 가담하거나 이로부터 퇴거하지 않는 자는 질서위반행위를 행한 것이다.
종래 소요죄(→Landfriedensbruch)와 집시법의 기능을 인수한 것. 집합은 집회(Versammlung)를 포함한다.

Unerlaubte Handlung BGB 830 불법행위 (Mittäter und Beteiligte: 공동행위자 및 관여자).

(1) Haben mehrere durch eine gemeinschaftlich begangene unerlaubte Handlung einen Schaden verursacht, so ist jeder für den Schaden verantwortlich

Das Gleiche gilt, wenn sich nicht ermitteln lässt, wer von mehreren Beteiligten den Schaden durch seine Handlung verursacht hat.

수인이 공동으로 한 불법행위로 인하여 손해를 가한 때에는 각자 그 손해에 관하여 책임을 진다 .

수인의 관여자중 누가 자신의 행위로 손해를 야기하였는지를 알 수 없는 때에도 또한 같다.

Unerlaubte Veranstaltung einer Lotterie oder einer Ausspielung StGB 287 불법복권 및 경품권발매죄.

(1) Wer ohne behördliche Erlaubnis öffentliche Lotterien oder Ausspielungen beweglicher oder unbeweglicher Sachen veranstaltet, namentlich den Abschluß von Spielverträgen für eine öffentliche Lotterie oder Ausspielung anbietet oder auf den Abschluß solcher Spielverträge gerichtete Angebote annimmt, wird mit Freiheitsstrafe bis zu zwei Jahren oder mit Geldstrafe bestraft.

관청의 허가없이 공연히 복권이나 또는 동산이나 부동산에 대한 경품권을 발매한 자, 특히 공연한 복표나 경품권을 위한 사행계약의 체결을 제공한 자 또는 그러한 사행계약의 체결에 대한 제공을 받아들인 자는 는 2년 이하의 자유형 또는 벌금형에 처한다.

Unerlaubte Verantstellung eines Glücksspiels StGB 284 불법도박개장죄.

(1) Wer ohne behördliche Erlaubnis öffentlich ein Glücksspiel veranstaltet oder hält oder die Einrichtungen hierzu bereitstellt, wird mit Freiheitsstrafe bis zu zwei Jahren oder mit Geldstrafe bestraft.

관청의 허가없이 공연히 도박을 개장 또는 유지하거나 이를 위하여 시설을 제공한 자는 2년 이하의 자유형 또는 벌금형에 처한다.

(2) Als öffentlich veranstaltet gelten auch Glücksspiele in Vereinen oder geschlossenen Gesellschaften, in denen Glücksspiele gewohnheitsmäßig veranstaltet werden.

상습적으로 도박을 개장하는 단체 또는 폐쇄된 회사내에서 행하여진 도박도 공연한 도박의 개장에 해당한다.

Unerlaubter Umgang mit gefährlichen Abfällen StGB 326 위험폐기물 불법처리죄.

Wer unbefugt Abfälle, die

1. Gifte oder Erreger von auf Menschen oder Tiere übertragbaren gemeingefährlichen Krankheiten enthalten oder hervorbringen können,

2. für den Menschen krebserzeugend, fruchtschädigend oder erbgutverändernd sind,

3. explosionsgefährlich, selbstentzündlich oder nicht nur geringfügig radioaktiv sind oder

4. nach Art, Beschaffenheit oder Menge geeignet sind,

a) nachhaltig ein Gewässer, die Luft oder den Boden zu verunreinigen oder sonst nachteilig zu verändern oder

b) einen Bestand von Tieren oder Pflanzen zu gefährden,

außerhalb einer dafür zugelassenen Anlage oder unter wesentlicher Abweichung von einem vorgeschriebenen oder zugelassenen Verfahren behandelt, lagert, ablagert, abläßt oder sonst beseitigt, wird mit Freiheitsstrafe bis zu fünf Jahren oder mit Geldstrafe bestraft.

권한 없이 허가받은 시설 이외의 시설에서 또는 법률에 규정되거나 허가받은 절차와 현저히 다른 방법으로 다음 각호에 해당하는 폐기물을 처리, 저장, 보관, 방출, 기타 제거한 자는 5년 이하의 자유형 또는 벌금형에 처한다.

1. 독물 또는 사람이나 동물에 감염가능한 공공에 위험한 병원체를 함유하거나 배출할 수 있는 폐기물,

2. 사람에 대하여 암, 불임 또는 유전자변형을 야기할 수 있는 폐기물,

3. 폭발위험, 자연발화위험 또는 경미한 것으로만 볼 수 없는 방사성을 띠고 있는 폐

기물,
4. 종류, 성분 또는 양에 비추어 볼 때
a) 수자원, 대기, 토양을 오염시키거나 기타 유해하게 변경시킬 수 있는 폐기물,
b) 동물, 식물의 생존을 위태롭게 할 폐기물.

Unerlaubter Umgang mit radioaktiven Stoffen und anderen gefährlichen Stoffen und Gütern StGB 328 방사성물질 기타 위험물질 등의 불법처리죄.
← Unerlaubter Umgang mit Kernbrennstoffen(핵연료불법사용죄) StGB 328 (a.F.).
(1) Mit Freiheitsstrafe bis zu fünf Jahren oder mit Geldstrafe wird bestraft,
1. wer ohne die erforderliche Genehmigung oder entgegen einer vollziehbaren Untersagung Kernbrennstoffe oder
2. wer grob pflichtwidrig ohne die erforderliche Genehmigung oder wer entgegen einer vollziehbaren Untersagung sonstige radioaktive Stoffe, die nach Art, Beschaffenheit oder Menge geeignet sind, durch ionisierende Strahlen den Tod oder eine schwere Gesundheitsschädigung eines anderen herbeizuführen,
aufbewahrt, befördert, bearbeitet, verarbeitet oder sonst verwendet, einführt oder ausführt.
다음 각호에 해당하는 자는 5년 이하의 자유형 또는 벌금형에 처한다.
1. 필요한 허가없이 또는 집행가능한 금지에 위반하여 핵연료물질 또는
2. 필요한 허가없이 의무에 현저히 위반하여 또는 집행가능한 금지에 위반하여 종류·성질·양에 비추어 방사선으로 인하여 타인의 사망 또는 중한 건강훼손을 야기하기에 적합한 기타의 방사성물질을 보관, 운송, 처리, 가공, 기타 사용하거나 반입 또는 반출한 자.
(2) Ebenso wird bestraft, wer
1. Kernbrennstoffe, zu deren Ablieferung er auf Grund des Atomgesetzes verpflichtet ist, nicht unverzüglich abliefert,
2. Kernbrennstoffe oder die in Absatz 1 Nr.2 bezeichneten Stoffe an Unberechtigte abgibt oder die Abgabe an Unberechtigte vermittelt,

3. eine nukleare Explosion verursacht oder
4. einen anderen zu einer in Nummer 3 bezeichneten Handlung verleitet oder eine solche Handlung fördert.
다음 각호에 해당하는 자는 5년 이하의 자유형 또는 벌금형에 처한다.
1. 원자력법에 의하여 인도의무가 있는 핵연료물질을 신속히 인도하지 아니한 자
2. 핵연료물질 또는 제1항 제2호에 기재한 물질(방사선물질)을 권한 없는 자에게 인도하거나 이를 알선한 자
3. 핵폭발을 야기한 자.
4. 기타 제3호에 기재된 행위를 유도하거나 또는 그러한 행위를 촉구한 자.
(3) Mit Freiheitsstrafe bis zu fünf Jahren oder mit Geldstrafe wird bestraft, wer unter grober Verletzung verwaltungsrechtlicher Pflichten
1. beim Betrieb einer Anlage, insbesondere einer Betriebsstätte oder technischen Einrichtung, radioaktive Stoffe oder Gefahrstoffe im Sinne des Chemikaliengesetzes lagert, bearbeitet, verarbeitet oder sonst verwendet oder
2. gefährliche Güter befördert, versendet, verpackt oder auspackt, verlädt oder entlädt, entgegennimmt oder anderen überläßt und dadurch die Gesundheit eine anderen, ihm nicht gehörende Tiere oder fremde Sachen von bedeutendem Wert gefährdet.
행정법상의 의무에 현저히 위반하여 다음 각호에 해당하는 행위를 함으로써 타인의 건강, 동물 또는 중요한 가치가 있는 물건을 위태화한 자는 5년 이하의 자유형 또는 벌금형에 처한다.
1. 시설, 특히 사업장이나 기술설비의 운영 과정에서 화학법상의 방사성물질 또는 위험물질을 보관, 처리, 가공, 기타 사용하는 행위
2. 위험물질을 운송, 발송, 포장, 개피, 선적, 하적, 수령 또는 타인에게 양여하는 행위.

Unerlaubtes Betreiben von Anlagen StGB 327 시설물 불법운영죄.
(1) Wer ohne die erforderliche Genehmigung oder entgegen einer vollziehbaren Untersagung

1. eine kerntechnische Anlage betreibt, eine betriebsbereite oder stillgelegte kerntechnische Anlage innehat oder ganz oder teilweise abbaut oder eine solche Anlage oder ihren Betrieb wesentlich ändert oder
2. eine Betriebsstätte, in der Kernbrennstoffe verwendet werden, oder deren Lage wesentlich ändert,
wird mit Freiheitsstrafe bis zu fünf Jahren oder mit Geldstrafe bestraft.
필요한 허가없이 또는 집행가능한 금지명령에 위반하여 다음 각호에 해당하는 행위를 한 자는 5년 이하의 자유형 또는 벌금형에 처한다.
1. 핵공업시설물을 운영하거나 조업준비중 또는 휴업중인 핵기술시설물을 점유하거나 그 전부 또는 일부를 해체하거나 그와 같은 시설물이나 그 운영을 본질적으로 변경시키는 행위
2. 핵연료물질을 사용하는 사업장 또는 그 운영상태를 본질적으로 변경시키는 행위.

(2) Mit Freiheitsstrafe bis zu drei Jahren oder mit Geldstrafe wird bestraft, wer
1. eine genehmigungsbedürftige Anlage oder eine sonstige Anlage im Sinne des Bundes-Immissionsschutzgesetzes, deren Betrieb zum Schutz vor Gefahren untersagt worden ist,
2. eine genehmigungsbedürftige oder anzeigepflichtige Rohrleitungsanlage zum Befördern wassergefährdender Stoffe im Sinne des Wasserhaushaltsgesetzes oder
3. eine Abfallentsorgungsanlage im Sinne des Kreislaufwirtschafts- und Abfallgesetzes
ohne die nach dem jeweiligen Gesetz erforderliche Genehmigung oder Planfeststellung oder entgegen einer auf dem jeweiligen Gesetz beruhenden vollziehbaren Untersagung betreibt.
해당 법률에 의하여 요구되는 허가나 계획확정없이 또는 해당 법률에 근거한 집행가능한 금지에 위반하여 다음 각호에 해당하는 시설을 운영한 자는 3년 이하의 자유형 또는 벌금형에 처한다.
1. 허가를 요하는 시설 또는 기타 위험예방

을 위하여 그 운영이 금지된 연방임미시온법상의 시설,
2. 수질에 해로운 물질의 수송을 위하여 수질관리법상 허가를 요하거나 신고의무 있는 수송관 시설,
3. 순환관리 및 폐기물법상의 폐기물처리시설.

Unerlaubtes Entfernen vom Unfallort StGB 142 사고장소 불법이탈죄.
(1) Ein Unfallbeteiligter, der sich nach einem Unfall im Straßenverkehr vom Unfallort entfernt, bevor er
1. zugunsten der anderen Unfallbeteiligten und der Geschädigten die Feststellung seiner Person, seines Fahrzeugs und der Art seiner Beteiligung durch seine Anwesenheit und durch die Angabe, daß er an dem Unfall beteiligt ist, ermöglicht hat oder
2. eine nach den Umständen angemessene Zeit gewartet hat, ohne daß jemand bereit war, die Feststellungen zu treffen,
wird mit Freiheitsstrafe bis zu drei Jahren oder mit Geldstrafe bestraft.
도로교통에서 사고 후 다음 각호의 행위를 취하기 이전에 사고지를 이탈한 사고관계자는 3년 이하의 자유형 또는 벌금형에 처한다.
1. 다른 사고관계자와 피해자를 위하여 현장에 있음으로써 그리고 자신이 사고에 관계되었다고 진술함으로써 자신의 신원, 차량 및 사고관계의 경위에 대한 확인을 가능하게 하는 행위,
2. 누군가의 확인조치가 준비되지 않은 상태에서 정황에 비추어 적정한 시간을 대기하는 행위.

Unfallbeteiligter StGB 142(5) 사고관여자.
(5) Unfallbeteiligter ist jeder, dessen Verhalten nach den Umständen zur Verursachung des Unfalls beigetragen haben kann.
사고관여자는 그의 행동이 사정상 사고의 야기에 기여할 수 있었던 자이다.

Unfallverhütungs- und Nothilfemitteln
→ Beeinträchtigung von Unfallverhütungs-

und Nothilfemitteln (사고예방 및 비상구조수단 침해죄).

Unfallversicherung VVG 178 상해보험.
(1) Bei der Unfallversicherung ist der Versicherer verpflichtet, bei einem Unfall der versicherten Person oder einem vertraglich dem Unfall gleichgestellten Ereignis die vereinbarten Leistungen zu erbringen.
상해보험에서는 보험자가 피보험자의 상해 시 또는 계약상 상해와 동일한 사고의 발생 시 합의된 급부를 제공할 의무를 진다.
(2) Ein Unfall liegt vor, wenn die versicherte Person durch ein plötzlich von außen auf ihren Körper wirkendes Ereignis unfreiwillig eine Gesundheitsschädigung erleidet. Die Unfreiwilligkeit wird bis zum Beweis des Gegenteils vermutet.
상해는 피보험자가 외부로부터 돌발적으로, 본의 아니게 신체에 작용한 사고에 의하여 건강손상을 입을 때에 존재한다. 여기서 '본의 아니게'라 함은 그 반대의 증명이 있을 때까지 추정된다.

Unfallversicherungsgesetz SGB 7
산재(재해)보험법.
Siebtes Buch Sozialgesetzbuch - Gesetzliche Unfallversicherung (Artikel 1 des Gesetzes vom 7. August 1996), BGBl. I S. 1254).

Unfug (Beschimpfender ~, Groben ~)
StGB 90a, 168 행패(모욕적, 심한).
→ Belästigung.
모욕적 행패는 (§§ 90a, 167 StGB) 종교적인 감정을 침해하기에 적당한, 현저하게 폐해를 끼친, 야만적인 경멸행위이다. 한편, 구법 §360 Nr.11의 심한 행패(Groben Unfug)는 §118 OWiG의 행패죄 (Belästigung der Allgemeinheit)로 대치되었다.
→ Belästigung der Allgemeinheit (행패죄).

Ungehörige Handlung
→ Belästigung der Allgemeinheit (행패죄).

Ungerechtfertigte Bereicherung

BGB 812 부당이득. → Wucher (부당이득죄). Wer durch die Leistung eines anderen oder in sonstiger Weise auf dessen Kosten etwas ohne rechtlichen Grund erlangt, ist ihm zur Herausgabe verpflichtet. § 812 Herausgabeanspruch
타인의 급부 또는 기타의 방법으로 타인의 비용에 의해 법률상의 이유없이 이득을 얻은 자는 이를 그 타인에게 반환할 의무를 부담한다.

Ungeschriebenes Recht 불문법.
↔ Geschriebenes Recht (성문법).

Ungleichartige Wahlfeststellung
이종류의 선택적 확정.
~는 첫째, 다수의 범행양식과 범죄, 예를 들어 살인의 다양한 범행형태를 고찰한다. 그 것은 이미 법률자체에 의해 동일한 가치를 가짐으로써 비교가 가능하다. 둘째, 상이한 법률적 구성요건 사이에서는 ~이 판례에 이미 발전된 요건, 특히 법윤리적, 심리적 비교가능성이 존재하는 경우에만 가능하다 → Wahlfeststellung.

Universaldienstleistung TKG 78 보편적 서비스.
(1) Universaldienstleistungen sind ein Mindestangebot an Diensten für die Öffentlichkeit, für die eine bestimmte Qualität festgelegt ist und zu denen alle Endnutzer unabhängig von ihrem Wohn- oder Geschäftsort zu einem erschwinglichen Preis Zugang haben müssen und deren Erbringung für die Öffentlichkeit als Grundversorgung unabdingbar geworden ist.
보편적 서비스는 정하여진 일정한 품질로 모든 최종이용자가 주거지나 업무장소에 관계없이 저렴한 요금으로 접속할 수 있어야 하며, 그 서비스의 제공이 기본적 배려로서 조건없이 이루어지는 공중에 대한 최소한의 서비스 공급을 말한다.

Unlauterer Wettbewerb UWG 3 부정경쟁; Gesetz gegen den Unlaueren Wettbewerb (부정경쟁방지법): (2004.7.3) (BGBl

.I S. 1414) (Verbot unlauteren Wettbewerbs: ~의 금지).
Unlautere Wettbewerbshandlungen, die geeignet sind, den Wettbewerb zum Nachteil
der Mitbewerber, der Verbraucher oder der
sonstigen Marktteilnehmer nicht nur unerheblich zu beeinträchtigen, sind unzulässig.
경쟁자, 소비자 또는 기타 시장참가자에 불
리하게, 사소한 것으로만 볼 수 없는 행위는
허용되지 아니한다.
(1) Wer dem §3 zuwiderhandelt, kann auf
Be- seitigung und bei Wiederholungsgefahr
auf Unterlassung in Anspruch genommen
werden (Beseitigung und Unterlassung).
(UWG 8).
제3조에 위반하여 행위한 자에 대하여는 그
제거와 함께 반복의 우려가 있는 경우 부작
위를 청구할 수 있다.

**Unmittelbare Ausführung einer Maßnah-
me** MEPolG 5a 조치의 직접시행.
(1) Die Polizei kann eine Maßnahme selbst
oder durch einen Beauftragten unmittelbar
ausführen, wenn der Zweck der Maßnahme
durch Inanspruchnahme der nach den §§ 4
oder 5 Verantwortlichen nicht oder nicht
rechtzeitig erreicht werden kann. Die von
der Maßnahme Betroffene ist unverzüglich
zu unterrichten.
경찰은 그 조치의 목적이 제4조 또는 제5조
에 따른 책임자에 대한 조치에 의하여서는
달성될 수 없거나 적시에 달성될 수 없는
경우에는 스스로 또는 위임된 자를 통하여
그 조치를 직접시행할 수 있다. 그 조치의
관계인에게는 지체없이 통지하여야 한다.

Unmittelbare Ladung der Beteiligten
StPO 38 관계인의 직접소환.
→ Befugnis zur unmittelbaren Ladung.
Die bei dem Strafverfahren beteiligten
Personen, denen die Befugnis beigelegt ist,
Zeugen und Sachverständige unmittelbar
zu laden, haben mit der Zustellung der
Ladung den Gerichtsvollzieher zu beauf-
tragen.
증인과 감정인을 직접 소환할 수 있는 형사
소송절차에서 관계자는 소환장의 송달을 집

행관에게 위임하여야 한다.
→ Recht der unmittelbaren Ladung (직접
소환권).

Unmittelbarer Zwang VwVG 12; UZwG
2; StVollzG 94; 95 직접강제.
Führt die Ersatzvornahme oder das
Zwangsgeld nicht zum Ziel oder sind sie
untunlich, so kann die Vollzugsbehörde
den Pflichtigen zur Handlung, Duldung
oder Unterlassung zwingen oder die
Handlung selbst vornehmen.
대집행 또는 강제금이 목적을 달성하지 못
하거나 부적합한 경우에 집행청은 의무자에
게 행위, 수인 또는 부작위를 강제하거나
동행위를 스스로 할 수 있다(VwVG 12).
(1) Unmittelbarer Zwang ist die Einwirkung auf Personen oder Sachen durch
körperliche Gewalt, ihre Hilfsmittel und
durch Waffen.
직접강제는 신체적인 힘, 그 보조수단 또는
무기를 사용한 사람 또는 물건에 대한 작용
을 말한다 (UZwG 2; StVollzG 95).
(1) Bedienstete der Justizvollzugsanstalten
dürfen unmittelbaren Zwang anwenden,
wenn sie Vollzugs- und Sicherungsmaßnahmen rechtmäßig durchführen und der
damit verfolgte Zweck auf keine andere
Weise erreicht werden kann.
행형시설의 교도관은 집행 및 안전조치를
합법적으로 실시하고 다른 방법으로 그러한
목적을 달성할 수 없는 경우 직접강제를 사
용할 수 있다. (StVollzG 94)

**Unmittelbarer Zwang bei Ausübung öf-
fentlicher Gewalt durch Vollzugsbeamte
des Bundes** (Gesetz über den unmittelbaren ~) UZwG 1 연방공무원의 직접강
제(~에 관한 법) (Bundesgesetzblatt Teil
III, Gliederungsnummer 201-5).
(1) Die Vollzugsbeamten des Bundes
haben bei der in rechtmäßiger Ausübung
ihres Dienstes zulässigen Anwendung
unmittelbaren Zwanges nach den Vorschriften dieses Gesetzes zu verfahren.
연방공무원은 직무의 적법한 행사에 있어
본법의 규정에 따라 허용된 직접강제를 행

사하여야 한다.

Unmittelbarkeitsgrundsatz 직접주의.
Das Unmittelbarkeitsprinzip ist eine Prozessmaxime, die besagt, dass die entscheidungsrelevanten Tatsachen möglichst unmittelbar in die Urteile der Gerichte einfließen sollen.
Im deutschen Recht ist das Unmittelbarkeitsprinzip für die Zivilgerichtsbarkeit in den §§ 128, 309 und 355 ZPO, für die Verwaltungsgerichtsbarkeit in den §§ 96 und 101 VwGO und für die Strafprozesse in den §§ 244, 250 und 261 StPO kodifiziert.
~는 재판에 중요한 사실은 가능한 한 직접 법원의 판결에서 다루어야 하는 것을 말한다. 독일 법에서 민사재판에 관한 ~는 민소법 제128조, 제309조, 제355조, 행정재판에 관한 ~는 행정법원법 제96조, 제101조, 형사소송에 관한 ~는 제244조, 제250조, 제261조에서 다루어지고 있다.

Unnatürlicher Tod (a.F.) StPO 159 변사 (變死). → Verdacht des nicht natürlichen Todes (변사의 혐의).

Unpfändbarkeit BGB 377, 1059b 압류금지, 압류불가능성.
(1) Das Recht zur Rücknahme ist der Pfändung nicht unterworfen.
회수권은 압류할 수 없다.
Ein Nießbrauch kann auf Grund der Vorschrift des § 1059a weder gepfändet noch verpfändet noch mit einem Nießbrauch belastet werden.
용익권은 제1059a조(법인의 용익권의 양도)에 의하여 압류하거나 담보로 하거나 또는 다른 용익권을 설정할 수 없다.

Unrechtseinsichtsfähigkeit StGB 21 불법통찰능력.
Die Einsichtsfähigkeit fehlt, wenn det Täter nicht zum Unrechtseinsicht durchdringen kann, die Steuerungsfähigkeit, wenn er trotz Unrechtseinsicht auch bei Aufbietung aller ihm eigenen Wider-

standskräfte seinen Willen nicht durch vernünftige Erwägungen bestimmen kann.
~은 행위자가 불법을 통찰할 수 없는 경우에, 조종능력은 불법통찰에도 불구하고 자신의 저항력을 다하였지만 자신의 의사를 이성적인 고려에 의하여 정할 수 없는 경우에 결여된다.

Unrichtige ärztliche Feststellung
StGB 218b 의사의 부정한 확인죄.
Wer als Arzt wider besseres Wissen eine unrichtige Feststellung über die Voraussetzungen des § 218a Abs. 2 oder 3 zur Vorlage nach Satz 1 trifft, wird mit Freiheitsstrafe bis zu zwei Jahren oder mit Geldstrafe bestraft, wenn die Tat nicht in § 218 mit Strafe bedroht ist.
의사로서 그 양식에 반하여 제1문의 제시를 위하여 §218a 제2, 3항의 요건에 관하여 부정한 확인을 한 자는 그 행위가 §218에 의하여 형을 과하도록 되어 있지 않은 때에는 2년 이하의 자유형 또는 벌금형에 처한다.
→ Schwangerschaftsabbruch ohne ärztliche Feststellung (의사의 확인없는 낙태죄).

Unrichtige Darstellung AktG 400; HGB 331 부정기술죄.
(1) Mit Freiheitsstrafe bis zu drei Jahren oder mit Geldstrafe wird bestraft, wer als Mitglied des Vorstands oder des Aufsichtsrats oder als Abwickler
1. die Verhältnisse der Gesellschaft einschließlich ihrer Beziehungen zu verbundenen Unternehmen in Darstellungen oder Übersichten über den Vermögensstand, in Vorträgen oder Auskünften in der Hauptversammlung unrichtig wiedergibt oder verschleiert, wenn die Tat nicht in § 331 Nr. 1 oder 1a des Handelsgesetzbuchs mit Strafe bedroht ist, oder
2. in Aufklärungen oder Nachweisen, die nach den Vorschriften dieses Gesetzes einem Prüfer der Gesellschaft oder eines verbundenen Unternehmens zu geben sind, falsche Angaben macht oder die Verhältnisse der Gesellschaft unrichtig wiedergibt oder verschleiert, wenn die Tat

nicht in § 331 Nr.4 des Handelsgesetzbuchs mit Strafe bedroht ist. (AktG 400)
이사나 감사 또는 검사인으로서 다음 각
호의 경우에 해당하는 경우에는 3년 이하
의 자유형 또는 벌금형에 처한다.
1. 재산상태를 설명 또는 개관하고, 주주
총회에서의 보고나 정보를 제공함에 있어
결합기업과의 관계를 포함하여 회사의 사
정을 부정하게 재현 또는 위장한 자로서
그 행위가 상법 제331조 제1호에서 형벌
에 처하도록 규정되어 있지 아니한 경우,
2. 이 법의 규정에 의하여 회사 또는 결합
기업의 결산검사인에게 제공하여야 할 설
명이나 증명에서 허위기재를 하거나 회사
의 사정을 부정하게 재현 또는 위장한 자
로서 그 행위자 상법 제331조 제4호에서
형벌에 처하도록 규정되어 있지 아니한
경우.
Mit Freiheitsstrafe bis zu drei Jahren oder
mit Geldstrafe wird bestraft, wer
1. als Mitglied des vertretungsberechtigten
Organs oder des Aufsichtsrats einer Kapitalgesellschaft die Verhältnisse der Kapitalgesellschaft in der Eröffnungsbilanz,
im Jahresabschluß, im Lagebericht oder
im Zwischenabschluß nach § 340a Abs. 3
unrichtig wiedergibt oder verschleiert
(HGB 331).
1. 대표권이 있는 기관이나 감사회의 구성
원으로서 자본회사의 내용을 개업대차대조
표 또는 연도결산서 또는 영업보고서 또는
(상법) 제340a조 제3항에 의한 중간결산서
를 부정하게 재현 또는 위장한 자는 3년 이
하의 자유형 또는 벌금형에 처한다(상법 제
331조 제2호 이하 생략).

Unschuldiger
→ Verfolgung Unschuldiger.
→ Vollstreckung gegen Unschuldige.

Unschuldsvermutung   EMRK 6(2)   무죄
추정.
(2) Jede Person, die einer Straftat ange-
klagt ist, gilt bis zum gesetzlichen Beweis
ihrer Schuld als unschuldig.
모든 피고인은 유죄의 법률적 증명이 이루
어지기 전까지 무죄로 추정된다.

Unsicherheitseinrede   BGB 321   불안의
항변권.
(1) Wer aus einem gegenseitigen Vertrag
vorzuleisten verpflichtet ist, kann die ihm
obliegende Leistung verweigern, wenn
nach Abschluss des Vertrags erkennbar
wird, dass sein Anspruch auf die Gegenleistung durch mangelnde Leistungsfähigkeit des anderen Teils gefährdet wird.
쌍무계약에서 선이행의 의무가 있는 자가
계약체결후에 자신의 반대급부청구권이 상
대방의 급부능력흠결로 인하여 위험에 빠진
다는 것을 알 수 있는 때에는 자신의 의무
인 급부를 거절할 수 있다.

Untätigkeitsklage   VwGO 42(1)   부작위
소송 (불행위소송) (부작위에 대한 소송).
→   Unterlassungsklage   (부작위청구소송:
(부작위를 구하는 소송).

Untauglicher Versuch   StGB 23(3)
불능미수.
(3) Hat der Täter aus grobem Unverstand
verkannt, daß der Versuch nach der Art
des Gegenstandes, an dem, oder des Mittels, mit dem die Tat begangen werden
sollte, überhaupt nicht zur Vollendung
führen konnte, so kann das Gericht von
Strafe absehen oder die Strafe nach
seinem Ermessen mildern (§ 49 Abs. 2).
행위자가 현저한 무지로 인하여 범죄실행의
대상이나 수단의 성격상 미수가 기수에 이
를 수 없음을 인식하지 못한 때에는 법원은
형을 면제하거나 작량감경(제49조 제2항)할
수 있다.

Untauglichkeit zur Vormundschaft
BGB 1781   후견부적격.
Zum Vormund soll nicht bestellt werden:
다음에 규정한 자는 후견인으로 선임하지
못한다.
1. wer minderjährig ist,
2. derjenige, für den ein Betreuer bestellt
ist.
1. 미성년자. 2. 성년후견인으로 임명된 자.

Unteilbare Leistung   BGB 431   불가분급부.

Schulden mehrere eine unteilbare Leistung,
so haften sie als Gesamtschuldner.
수인이 불가분급부를 부담하는 때에는 연대
채무자로서 책임을 진다.

**Unter Aufhebung des Urteils in der
Sache selbst erkennen** StPO 328
파기자판하다.
→ Eigene Sachentscheidung (자판).

Unter Lebenden BGB 81, 1638 생전(행
위)의.
Das Stiftungsgeschäft unter Lebenden
(생전처분행위에 의한 기부행위, 81).
das Vermögen, welches ihm unter Lebenden unentgeltlich zugewendet wird (생전
행위로 무상으로 출연받은 재산, 1638).

Unterabschnitt 절(節) → Abschnitt 장
(章) → Buch (Kapitel) 편(編).

Unterausschuß BTGO 55 소위원회.
(1) Zur Vorbereitung seiner Arbeiten kann
jeder Ausschuß aus seiner Mitte Unter-
ausschüsse mit bestimmten Aufträgen
einsetzen, es sei denn, daß ein Drittel
seiner Mitglieder widerspricht.
각위원회는 업무의 준비를 위해 소속의원의
3분의 1의 반대가 없으면 위원회중에 일정
한 임무를 가진 소위원회를 설치할 수 있다.

**Unterbleiben der Vollstreckung einer
Geldstrafe** StPO 459d 벌금형 집행의 중지.
(1) Das Gericht kann anordnen, daß die
Vollstreckung der Geldstrafe ganz oder
zum Teil unterbleibt, wenn
1. in demselben Verfahren Freiheitsstrafe
vollstreckt oder zur Bewährung ausgesetzt
worden ist oder
2. in einem anderen Verfahren Freiheitsstrafe verhängt ist und die Voraussetzungen des §55 des Strafgesetzbuches nicht
vorliegen
und die Vollstreckung der Geldstrafe die
Wiedereingliederung des Verurteilten erschweren kann.
법원은 다음 각호의 경우에 벌금형의 집행

이 형의 선고를 받은 자의 사회복귀를 어렵
게 할 수 있는 때에는 벌금형 집행의 전부
또는 일부를 중지할 수 있다.
1. 동일한 절차에서 자유형이 집행되거나
보호관찰을 위하여 유예된 경우,
2. 다른 절차에서 자유형이 선고되었거나,
형법 제55조의 요건이 존재하지 아니하는
경우.

Unterbrechung der Verfolgunsverjährung
StGB 78c 공소시효의 중단사유.
→ Aussetzung und Unterbrechung.
(1) Die Verjährung wird unterbrochen
durch 1. die erste Vernehmung des Beschuldigten, die Bekanntgabe, daß gegen
ihn das Ermittlungsverfahren eingeleitet
ist, oder die Anordnung dieser Vernehmung oder Bekanntgabe,
공소시효는 1. 피의자에 대한 최초신문, 수
사절차의 개시에 관한 고지, 또는 그와 같은
신문이나 고지의 명령이 있을 때 중단된다.

Unterbrechung der Verjährung
BGB 217(a.F.) 소멸시효의 중단; StGB 78c
공소시효의 중단.
Wird die Verjährung unterbrochen, so
kommt die bis zur Unterbrechung verstrichene Zeit nicht in Betracht; eine neue
Verjährung kann erst nach der Beendigung der Unterbrechung beginnen.
소멸시효가 중단되는 때에는 중단까지에 경
과한 시간은 고려되지 아니하며 새로운 소
멸시효는 중단이 종료한 후에 비로소 진행
을 개시한다.
민법상 동규정은 소멸시효의 재개(→ Neu-
beginn der Verjährung BGB 212)로 바뀌
었다.

Unterbringung des Verhafteten
StPO 119 피구금자의 수용.
(1) Der Verhaftete darf nicht mit anderen
Gefangenen in demselben Raum untergebracht werden. Er ist auch sonst von
Strafgefangenen, soweit möglich, getrennt
zu halten.
(1) 구속된 자는 다른 구금자와 동일한 방
에 수감하지 못한다. 그는 가능한 한, 그 밖

의 수형자와도 분리되어야 한다.

(2) Mit anderen Untersuchungsgefangenen darf er in demselben Raum untergebracht werden, wenn er es ausdrücklich schriftlich beantragt.

구속된 자가 명백히 서면으로 신청한 경우에는 다른 미결구금자와 동일한 방에 수용될 수 있다.

Unterbringung in der Sicherungsverwahrung StGB 66 보안감호수용.

(1) Wird jemand wegen einer vorsätzlichen Straftat zu Freiheitsstrafe von mindestens zwei Jahren verurteilt, so ordnet das Gericht neben der Strafe die Sicherungsverwahrung an, wenn

1. der Täter wegen vorsätzlicher Straftaten, die er vor der neuen Tat begangen hat, schon zweimal jeweils zu einer Freiheitsstrafe von mindestens einem Jahr verurteilt worden ist,

2. er wegen einer oder mehrerer dieser Taten vor der neuen Tat für die Zeit von mindestens zwei Jahren Freiheits- strafe verbüßt oder sich im Vollzug einer freiheitsentziehenden Maßregel der Besserung und Sicherung befunden hat und

3. die Gesamtwürdigung des Täters und seiner Taten ergibt, daß er infolge eines Hanges zu erheblichen Straftaten, namentlich zu solchen, durch welche die Opfer seelisch oder körperlich schwer geschädigt werden oder schwerer wirtschaftlicher Schaden angerichtet wird, für die Allgemeinheit gefährlich ist.

법원은 고의범죄를 이유로 적어도 2년 이상의 자유형을 선고받는 경우에 다음 각호에 해당하는 때에는 형에 부가하여 보안감호를 명한다.

1. 행위자가 새로운 범죄 이전에 범한 고의범죄로 인하여 이미 각 1년 이상의 자유형을 2회 선고받은 경우,

2. 행위자가 새로운 범죄 이전에 범한 1개 또는 수개의 범죄행위로 인하여 2년 이상의 자유형의 형기를 종료하였거나 또는 자유박탈적 보안처분의 집행중에 있는 경우,

3. 행위자 및 그의 범죄행위를 종합적으로

평가할 때 특히 피해자가 정신적 또는 신체적으로 중대한 손해를 입거나 중대한 경제적 손해가 야기되는 그러한 중대한 범죄행위의 성벽으로 인하여 행위자가 공공에 위험하다고 인정된 경우.

Unterbringung in einem psychiatrischen Krankenhaus StGB 63, StVollzG 136 정신병원수용.

Hat jemand eine rechtswidrige Tat im Zustand der Schuldunfähigkeit (§20) oder der verminderten Schuldfähigkeit (§21) begangen, so ordnet das Gericht die Unterbringung in einem psychiatrischen Krankenhaus an, wenn die Gesamtwürdigung des Täters und seiner Tat ergibt, daß von ihm infolge seines Zustandes erhebliche rechtswidrige Taten zu erwarten sind und er deshalb für die Allgemeinheit gefährlich ist.

책임무능력(§20)이나 한정책임능력(§21)상태에서 위법행위를 한 경우 법원은 행위자와 그 위법행위를 전체평가할 때 행위자의 상태로 보아 중대한 위법행위가 예견되고, 그로 인하여 공공의 안전을 해할 우려가 있다고 인정되는 경우에는 정신병원수용을 명한다.

Die Behandlung des Untergebrachten in einem psychiatrischen Krankenhaus richtet sich nach ärztlichen Gesichtspunkten.

정신병원 수용자의 처우는 의사의 관점에 따른다.

Unterbringung in einer Entziehungsanstalt StVollzG 137 금단시설수용.

Hat eine Person den Hang, alkoholische Getränke oder andere berauschende Mittel im Übermaß zu sich zu nehmen, und wird sie wegen einer rechtswidrigen Tat, die sie im Rausch begangen hat oder die auf ihren Hang zurückgeht, verurteilt oder nur deshalb nicht verurteilt, weil ihre Schuldunfähigkeit erwiesen oder nicht auszuschließen ist, so soll das Gericht die Unterbringung in einer Entziehungsanstalt anordnen, wenn die Gefahr besteht, daß sie infolge ihres Hanges erhebliche rechtswidrige Taten begehen wird.

알코올음료 또는 기타 각성제를 과도하게

복용하는 성벽이 있어, 명정상태에서 행하였거나 그러한 성벽에 기인한 위법행위로 인하여 유죄판결을 선고받았거나 또는 그 책임무능력이 입증되거나 책임무능력을 배제할 수 없다는 이유만으로 형을 선고받지 아니한 경우, 법원은 그러한 성벽으로 인하여 행위자에게 중대한 위법행의 위험이 있는 때에는 금단시설수용을 명한다.
Ziel der Behandlung des Untergebrachten in einer Entziehungsanstalt ist es, ihn von seinem Hang zu heilen und die zugrunde liegende Fehlhaltung zu beheben.
금단시설에서 수용자처우의 목적은 수용자의 성벽을 치료하고 그의 잘못된 태도를 바로 잡는 데에 있다.

Unterbringung während der Arbeit und Freizeit StVollzG 17 작업시간 및 자유시간 중의 수용.
(1) Die Gefangenen arbeiten gemeinsam.
수형자들은 공동으로 작업한다.
(2) Während der Freizeit können die Gefangenen sich in der Gemeinschaft mit den anderen aufhalten.
자유시간 중에 수형자는 다른 수형자들과 같이 지낼 수 있다.

Unterbringung während der Ruhezeit StVollzG 18 휴식시간중의 수용.
(1) Gefangene werden während der Ruhezeit allein in ihren Hafträumen untergebracht.
수형자는 휴식시간 중에는 그의 거실 안에서만 수용된다.

Unterbringung zur Beobachtung StPO 81 피의자 관찰을 위한 수용.
(1) Zur Vorbereitung eines Gutachtens über den psychischen Zustand des Beschuldigten kann das Gericht nach Anhörung eines Sachverständigen und des Verteidigers anordnen, daß der Beschuldigte in ein öffentliches psychiatrisches Krankenhaus gebracht und dort beobachtet wird.
피의자의 심리상태에 대한 감정을 준비하기 위하여 법원은 감정인과 변호인의 의견을 들은 후에 피의자를 공적인 정신병원에 수용하여 관찰할 것을 명할 수 있다.

Unterbringungsbefehl StPO 126a; (시설)수용영장.
→ Steckbriefliche Ermittlungen (지명수배).

Unterdrückung StGB 263, 274 은폐, 은닉. durch Entstellung oder Unterdrückung wahrer Tatsachen(진실한 사실의 왜곡이나 은폐를 통한); Urkundenunterdrückung(문서은닉죄).

Unterer Rechtszug StPO 23 하급심.
→ Mitwirkung in früheren Verfahren (전심전차에의 참여).

Untergang 멸실.
→ Verschlechterung, Untergangs oder einer aus einem anderen Grunde eintretenden Unmöglichkeit der Herausgabe.
→ Versicherungsmißbrauch (보험남용죄).

Unterhaltsanspruch BGB 1573 부양청구권.
(1) Soweit ein geschiedener Ehegatte keinen Unterhaltsanspruch nach den §§ 1570 bis 1572 hat, kann er gleichwohl Unterhalt verlangen, solange und soweit er nach der Scheidung keine angemessene Erwerbstätigkeit zu finden vermag.
이혼한 배우자가 제1570조 내지 제1572조의 규정(아동, 연령, 질병이나 신체허약)에 의한 부양청구권을 갖지 않는 경우에도 그가 이혼후 어떠한 적절한 영업활동능력을 찾을 수 없는 때에는 그 한도내에서, 역시 부양을 청구할 수 있다.

Unterhaltspflicht EGBGB 18(7) 부양의무.
① (7) Bei der Bemessung des Unterhaltsbetrags sind die Bedürfnisse des Berechtigten und die wirtschaftlichen Verhältnisse des Unterhaltsverpflichteten zu berücksichtigen, selbst wenn das anzuwendende Recht etwas anderes bestimmt.
부양료의 산정에 있어서는 준거법이 달리 규정하고 있더라도 권리자의 필요와 부양의

무자의 경제적 사정을 고려하여야 한다.
② → Verletzung der Unterhaltspflicht (부양의무 위반죄).

Unterhaltsverpflichtete BGB 1601 부양의무자.
Verwandte in gerader Linie sind verpflichtet, einander Unterhalt zu gewähren
직계혈족은 상호간에 부양할 의무를 진다.

Unterhaltungsbeitrag StVollzG 49 부양보조금 (zukünftig in Kraft).
(1) Auf Antrag des Gefangenen ist zur erfüllung einer gesetzlichen Unterhaltpflicht aus sein Bezügen an den Berechtigten oder einen Dritten ein Unterhaltsbeitrag zu zahlen.
수형자의 신청으로 법적 부양의무의 이행을 위하여 그의 보수에서 피부양권자나 제3자에게 부양보조금을 지급할 수 있다.

Unterlassen der Diensthandlung
StGB 336 직무행위의 부작위(불이행).
Der Vornahme einer Diensthandlung oder einer richterlichen Handlung im Sinne der §§ 331 bis 335 steht das Unterlassen der Handlung gleich.
직무행위의 부작위는 제331조 내지 제334조 (뇌물죄)에 의한 직무행위나 재판행위의 수행으로 본다.

Unterlassene Hilfeleistung StGB 323c
구조의 부작위죄.
종래의 Liebesparagraphen (사랑조항: §360 I, Nr.10 a.F.)에 해당한다.
Wer Unglücksfallen, gemeiner Gefahr oder Not nicht Hilfe leistet, obwohl dies erforderlich und ihm den Umständen nach zuzumuten, insbesondere ohne erhebliche eigene Gefahr und ohne Verletzung anderer wichtiger Pflichten möglich ist, wird mit Freiheitsstrafe bis zu einem Jahr oder mit Gedlstrafe bestarft.
재난, 공공의 위험이나 긴급시에 그 구조가 필요하고, 제반사정에 비추어 특히 자신에 대한 현저한 위험이 없으며 기타 중요한 의무의 위반이 없이도 구조를 기대할 수 있음

에도 불구하고 이를 행하지 아니한 자는 1년 이하의 자유형 또는 벌금형에 처한다.

Unterlassungsdelikt (Delictum omissivum) 부작위범.
→ Begehen durch Unterlassung (부작위에 의한 범죄).

Unterlassungsklage BGB 1134 부작위 (청구)소송 (부작위를 구하는 소송).
(1) Wirkt der Eigentümer oder ein Dritter auf das Grundstück in solcher Weise ein, dass eine die Sicherheit der Hypothek gefährdende Verschlechterung des Grundstücks zu besorgen ist, so kann der Gläubiger auf Unterlassung klagen.
소유자 또는 제3자가 토지에 간섭한 경우, 이로 인하여 저당권의 보전을 위태롭게 하는 토지 훼손의 우려가 있는 때에는 채권자는 부작위를 소구할 수 있다.
→ Untätigkeitsklage 부작위소송 (부작위에 대한 소송).

Unterlassungsklagengesetz
(Gesetz über Unterlassungsklagen bei Verbraucherrechts- und anderen Verstößen)
UKlaG 1 부작위소송법 (2002.8.27) (BGBl. I S. 3422, 4346).
Wer in Allgemeinen Geschäftsbedingungen Bestimmungen, die nach den §§ 307 bis 309 des Bürgerlichen Gesetzbuchs unwirksam sind, verwendet oder für den rechtsgeschäftlichen Verkehr empfiehlt, kann auf Unterlassung und im Fall des Empfehlens auch auf Widerruf in Anspruch genommen werden.
민법 제307조 내지 제309조에 의하여 무효인 약관을 사용하거나 이를 법률행위에 의한 거래에서 추천한 자는 부작위 및 추천의 경우에 철회를 청구할 수 있다.

Unterliegender ZPO 75 패소자.
→ Obsiegender (승소자).

Unternehmensdelikt StGB 81 기도범 (企圖犯) (Wer es unternimmt ~을 기도한 자, 예; §81, 82, 316a, 316c, 323c, 357).

기도(Unternehmen einer Tat)는 미수와 기
수를 포함한다(§11(1) Nr.6).

Unternehmensverbindung (Unterneh-
menszusammenschluss) 기업결합.
~ bezeichnet eine enge Zusammenarbeit
bzw. Vereinigung verschiedener Unternehmen zu einer größeren Wirtschaftseinheit
~는 상이한 기업을 대규모의 경제통일체로
서 밀접하게 협력 내지는 합일하는 것을 말
한다.

Unternehmensvertrag AktG 291 기업계약.
(1) Unternehmensverträge sind Verträge,
durch die eine Aktiengesellschaft oder
Kommanditgesellschaft auf Aktien die
Leitung ihrer Gesellschaft einem anderen
Unternehmen unterstellt (Beherrschungsvertrag) oder sich verpflichtet, ihren ganzen Gewinn an ein anderes Unternehmen
abzuführen (Gewinnabführungsvertrag).
기업계약이란 주식회사 또는 주식합자회사
가 그 회사의 지휘를 다른 기업에 종속시키
는 계약(지배계약) 또는 그 회사의 전이익
을 다른 기업에게 지급할 의무를 지는 계약
(이익지급계약)을 말한다.

Unternehmer BGB 14 사업자; BGB 633
수급인.
(1) Unternehmer ist eine natürliche oder
juristische Person oder eine rechtsfähige
Personengesellschaft, die bei Abschluß eines
Rechtsgeschäfts in Ausübung ihrer gewerblichen oder selbständigen beruflichen
Tätigkeit handelt.
사업자는 법률행위의 체결을 자신의 영업상
또는 독립적 직업활동의 행사로 행위하는
자연인 또는 법인 또는 권리능력있는 인적
회사를 말한다.
(1) Der Unternehmer hat dem Besteller
das Werk frei von Sach- und Rechtsmängeln zu verschaffen.
수급인은 도급인에게 물건 및 권리의 하자
가 없이 일을 완성해 주어야 한다.

Unterrichtungspflicht
→ Hinweispflicht (교시의무).

Untersagung (vollziehbar ~) StGB 327,
328, 329 금지명령 (집행가능한 ~).
Die Untersagung stellt ein Verbot dar,
welches durch die Aufsichtsbehörde ausgesprochen wird. Dabei wird sie oft auch
öffentlich bekannt gemacht. Das Verbot
selbst wird ausgesprochen für die Tätigkeit einzelner Personen oder Unternehmen.
~는 감독관청이 발하는 금지를 말한다.
~은 흔히 공고에 의하여 각 개인 또는
기업의 활동에 대하여 발하여진다.
→ Unerlaubtes Betreiben von Anlagen
(시설물 불법운영죄).

Untersagung der Ausreise
PaßG 10 출국금지.
(1) Die für die polizeiliche Kontrolle des
grenzüberschreitenden Verkehrs zuständigen Behörden haben einem Deutschen,
dem nach §7 Abs.1 ein Paß versagt oder
nach §8 ein Paß entzogen worden ist oder
gegen den eine Anordnung nach §2 Abs.
2 des Gesetzes über Personalausweise
ergangen ist, die Ausreise in das Ausland
zu untersagen.
국경통과교통을 경찰검문하는 관할관청은
제7조 제1항에 의하여 여권이 거절되거나
제8조에 의하여 박탈된 독일인 또는 신원증
명에 관한 법률 제2조 제2항에 따라 명령이
선고된 독일인에게 외국으로의 출국을 금지
할 수 있다.

Unterschlagung StGB 246 횡령죄.
(1) Wer eine fremde bewegliche Sache sich
oder einem Dritten rechtswidrig zueignet,
wird mit Freiheitsstrafe bis zu drei Jahren
oder mit Geldstrafe bestraft, wenn die Tat
nicht in anderen Vorschriften mit schwererer Strafe bedroht ist.
타인의 동산을 불법영득한 자는 이에 대한
다른 규정이 없는 경우, 3년 이하의 자유형
또는 벌금형에 처한다.
(2) Ist in den Fällen des Absatzes 1 die
Sache dem Täter anvertraut, so ist die
Strafe Freiheitsstrafe bis zu fünf Jahren
oder Geldstrafe.
제1항의 경우, 그 재물이 행위자에게 위탁

중인 경우에는 5년 이하의 자유형 또는 벌금형에 처한다.

Unterschreiben StPO 168a 서명.
(4) Das Protokoll ist von dem Richter sowie dem Protokollführer zu unterschreiben.
조서에는 판사 및 조서담당자의 서명이 있어야 한다.

Unterstellungszeit StGB 56f(2) Nr.2 복종기간(감독·지도기간)
(2) Das Gericht sieht jedoch von dem Widerruf ab, wenn es ausreicht, 2. die Bewährungs- oder Unterstellungszeit zu verlängern.
법원은 2. 보호관찰기간 또는 복종기간의 연장으로써 충분한 경우에는 집행유예를 철회하지 아니한다.

Unterstützungsleistung StRehaG 18 원조급부.
(1) Berechtigte nach §17 Abs.1, die in ihrer wirtschaftlichen Lage besonders beeinträchtigt sind, erhalten Unterstützungsleistungen, wenn die Dauer der mit wesentlichen Grundsätzen einer freiheitlichen rechtsstaatlichen Ordnung unvereinbaren Freiheitsentziehung insgesamt weniger als sechs Monate betragen hat.
형사복권법 제17조 제1항(Kapitalentschädigung 원금배상)에 따른 권리를 갖게 된 자가 그 경제적 지위를 특히 침해받은 경우 자유법치국가질서의 본질적 원칙에 위배되는 자유박탈의 기간이 총 6개월 이하에 해당하는 경우에는 원조급부를 제공받는다.

Untersuchung StPO 148 심리(조사).
→ Verkehr mit den Verteidiger (변호인과의 교통).

Untersuchung anderer Personen
StPO 81c (피의자 외) 제3자 조사.
(1) Andere Personen als Beschuldigte dürfen, wenn sie als Zeugen in Betracht kommen, ohne ihre Einwilligung nur untersucht werden, soweit zur Erforschung der Wahrheit festgestellt werden muß, ob sich an ihrem Körper eine bestimmte Spur oder Folge einer Straftat befindet.
피의자 이외의 자를 증인으로 고려할 때에는 실체진실의 발견을 위하여 그의 신체에서 죄가 되는 행위의 특정 흔적이나 범행결과가 있는지를 반드시 밝혀야만 하는 경우에 한하여 본인의 동의없이 조사할 수 있다.

Untersuchung und Entscheidung
StPO 155 심판 (심리와 재판).
Die Untersuchung und Entscheidung erstreckt sich nur auf die in der Klage bezeichnete Tat und auf die durch die Klage beschuldigten Personen.
심리와 재판은 공소장에 기재된 범죄사실과 피고인에게만 미친다.
→ Streit über die Zuständigkeit (관할쟁의).

Untersuchungsausschuß GG 44 조사위원회 (증거).
Der Bundestag hat das Recht und auf Antrag eines Viertels seiner Mitglieder die Pflicht, einen Untersuchungsausschuß einzusetzen, der in öffentlicher Verhandlung die erforderlichen Beweise erhebt. Die Öffentlichkeit kann ausgeschlossen werden.
연방하원은 공개심의로 필요한 증거를 조사하기 위한 조사위원회를 설립할 권한을 가지고 있으며, 의원의 1/4의 제의가 있으면 이를 설치하여야 한다. 공개는 배제될 수 있다.
Die Beschlüsse der Untersuchungsausschüsse sind der richterlichen Erörterung entzogen.
조사위원회의 의결은 사법적 심의의 대상이 되지 아니한다.
→ Enquete-Kommission (입법정책) 조사위원회.

Untersuchungsgefangene StVollzG 177 미결수용자. → Gefangene.
Übt der Untersuchungsgefangene eine ihm zugewiesene Arbeit, Beschäftigung oder Hilfstätigkeit aus, so erhält er ein nach § 43 Abs.2 bis 5 zu bemessendes und bekannt zu gebendes Arbeitsentgelt.
미결수형자가 그에게 할당된 작업, 노역이

나 보조작업을 수행하는 경우에는 그는 제
43조 제2-5항에 따라 산정되고 고지된 급료
(작업수당)를 받는다.

Untersuchungsgrundsatz (Untersuchungs-
maxime, Amtsermittlungsgrundsatz)
→ Inquisitionsmaxime (직권(심리)주의).
→ Verhandlungsgrundsatz (변론주의).

Untersuchungshaft StPO 112 미결구금
(구속).
(1) Die Untersuchungshaft darf gegen den
Beschuldigten angeordnet werden, wenn er
der Tat dringend verdächtig ist und ein
Haftgrund besteht.
미결구금은 피의자에게 유력한 범죄혐의가
있고, 구금사유가 존재하는 경우에 명할 수
있다.

**Untersuchungshandlung eines unzu-
ständigen Gerichts**
StPO 20 관할권이 없는 경우의 개개의 심
리행위의 효력.
Die einzelnen Untersuchungshandlungen
eines unzuständigen Gerichts sind nicht
schon dieser Unzuständigkeit wegen ungültig.
관할권이 없는 법원이 한 개개의 심리행위
는 그 관할위반으로 인하여 효력에 이미 영
향을 받지 아니한다.

Unterversicherung VVG 75 일부보험.
Ist die Versicherungssumme erheblich
niedriger als der Versicherungswert zur
Zeit des Eintrittes des Versicherungsfalles,
ist der Versicherer nur verpflichtet, die
Leistung nach dem Verhältnis der
Versicherungssumme zu diesem Wert zu
erbringen.
보험금액이 보험사고 발생시 보험가액에 현
저히 미치지 못할 때에는 (일부보험) 보험
자는 그 가액에 대한 보험금액의 비율로서
만 급부를 제공할 의무를 진다.

Untreu StGB 266 배임죄.
(1) Wer die ihm durch Gesetz, behördlichen Auftrag oder Rechtsgeschäft einge-

räumte Befugnis, über fremdes Vermögen
zu verfügen oder einen anderen zu verpflichten, mißbraucht oder die ihm kraft
Gesetzes, behördlichen Auftrags, Rechtsgeschäfts oder eines Treueverhältnisses
obliegende Pflicht, fremde Vermögensinteressen wahrzunehmen, verletzt und
dadurch dem, dessen Vermögensinteressen
er zu betreuen hat, Nachteil zufügt, wird
mit Freiheitsstrafe bis zu fünf Jahren oder
mit Geldstrafe bestraft.
법률, 관청의 위임 또는 법률행위에 근거한
타인 재산의 처분이나 의무 부과의 권한을
남용하거나 또는 법률, 관청의 위임, 법률행
위 또는 신뢰관계에 의하여 부과되는 타인
의 재산상 이익을 옹호해야 할 의무를 위반
함으로써 재산상 이익을 보호하여야 할 자
에게 손해를 가한 자는 5년 이하의 자유형
또는 벌금형에 처한다.
독일형법은 배임죄의 구성요건을 남용구성
요건과 배신구성요건으로 구분하고 있다.
즉, 행위자에게 인용된 권한을 남용하는 경
우(eingeräumten Befugnismißbraucht =
Mißbrauchstatbestand)와, 법률, 관청의 위
임, 법률행위 또는 신뢰관계(Treueverhält-
nis)에 의해 타인의 재산상 이익을 옹호해야
할 의무(Pflicht, fremde Vermögensinteressen wahrzunehmen = Treubruchstatbestand)를 침해하는 경우이다.

Unüberwindliches Hindernis → höherer
Gewalt (불가항력).

Ununterbrochene Gegenwart StPO 226
상시임석 (常時臨席)(Verhandlungseinehit).
Die Hauptverhandlung erfolgt in ununter-
brocherer Gegenwart der zur Urteilsfindung berufenen Personen.
공판에서는 판결을 행할 자, 검사 및 사무
국 시기가 상시 임석하여야 한다.

**Ununterbrochene Reihe von Indossa-
menten** WG 16 배서의 연속.
→ Wechselvermutung WG 16 어음추정
(어음소지인의 권리의 추정).

Unvereinbarerklärung VerfGG 31(2)

헌법불합치(결정).
(2) In den Fällen des § 13 Nr. 6, 6a, 11, 12 und 14 hat die Entscheidung des Bundesverfassungsgerichts Gesetzeskraft. Das gilt auch in den Fällen des § 13 Nr. 8a, wenn das Bundesverfassungsgericht ein Gesetz als mit dem Grundgesetz vereinbar oder unvereinbar oder für nichtig erklärt.
(헌법재판소법) 제13조 6, 11, 12호의 경우에 연방헌법재판소의 결정은 법률적 효력을 갖는다. 이것은 연방헌법재판소가 법률을 기본법에 합치하거나 또는 불합치하거나 또는 무효로 선언한 때에는 제13소 제8a(헌법소원의 관할)의 경우에도 적용된다.

Unverfügbarkeit (자연법의 속성으로서) 자의금지(恣意禁止의 原則).

Ein vernünftiger, aus der Natur der Sache sich ergebender oder sonstwie sachlich einleuchtender Grund sich nicht finden läßt, wenn also für eine am Gerechtigkeitsgedanken orientierte Betrachtungsweise die Regelung als willkürlich bezeichnet werden muß.
정의적 사고를 지향하는 고찰방법에 의하여 자의적인 규정이 분명한 경우에는 이성적인, 사물의 본성에서 나오는 또는 기타 물적으로 명료한 사유는 없다.

Unverjährbarkeit VStGB 5 시효배제.

Die Verfolgung von Verbrechen nach diesem Gesetz und die Vollstreckung der wegen ihnen verhängten Strafen verjähren nicht.
본법의 중죄에 대한 소추와 그로 인하여 부과된 형벌의 집행에는 시효가 없다.

Unverletztlichkeit der Wohnung GG 13 주거의 불가침.

Die Wohnung ist unverletzlich. Durchsuchungen dürfen nur durch den Richter angeordnet werden.
주거는 불가침이다. 수색은 판사에 의해서만 행하여진다.

Unvermessenes Eigentum BoSoG 2 측량되지 아니한 소유권.

(1) Die Reichweite unvermessenen Eigentums bestimmt sich nach dem Ergebnis einer Einigung der betroffenen Grundeigentümer.
측량되지 아니한 소유권의 범위는 해당 토지소유자와의 합의결과에 의하여 규정된다.

Unversehrtheit
→ Freiheit der Person (신체의 자유).

Unverstand → Grober Unverstand (aus Grobem Unverstand) (현저한 무지로).

Unvollkommen zweiaktes Delikt 불완전한 이행위범.

Der beabsichtigte Erfolg soll erst durch eine weitere Handlung herbeigeführt werden (z.B.: Absicht der Täuschung im Rechtsverkehr bei § 267 StGB).
의도된 결과가 이후의 행위를 통해서만 비로소 야기되는 경우 (예: 제267조의 법률상의 거래에 있어서 기망의 목적).
→ Absichtsdelikt (목적범).

Unwesentliche Nebenstraftaten
→ Nicht beträchtlich ins Gewicht fallende Nebenstraftaten (중요하지 않은 여죄).

Unwirksamkeit 무효 (상대적).
↔ Nichtigkeit (절대적) 무효.
Ein einseitiges Rechtsgeschäft, das der Minderjährige ohne die erforderliche Einwilligung des gesetzlichen Vertreters vornimmt, ist unwirksam. (BGB 111)
미성년자가 법정대리인의 필요한 동의없이 행하는 단독행위는 무효로 한다.

Unwirksamkeit von Verfügungen während der Schwebezeit BGB 161 조건의 성부 미정시 처분의 무효.

(1) Hat jemand unter einer aufschiebenden Bedingung über einen Gegenstand verfügt, so ist jede weitere Verfügung, die er während der Schwebezeit über den Gegenstand trifft, im Falle des Eintritts der Bedingung insoweit unwirksam, als sie die von der Bedingung abhängige Wirkung vereiteln oder beeinträchtigen würde.

어떤 자가 정지조건부의 목적물을 처분한 때, 조건의 성부미정시에 그 목적물에 관하여 행하여지는 기타 모든 처분은, 그가 정지 조건부 효과를 멸실 또는 훼손하는 경우에는 그 조건의 성취시에 효력을 발생하지 않는다.

Unzucht StGB 184c 음란.
성적 행위(sexuellen Handlung)는 구법의 음란(Unzucht)과 음란한 행위(Unzüchtige Handlung)를 포함한다.

Unzüchtigkeit StGB 184c 음란성; 음란은 Unzucht의 역어.

Unzulässige Ablehnung StPO 26a
부적법한 기피.
→ Verwerfung der Ablehnung als unzulässig (부적법한 기피신청의 각하).

Unzulässige Vernehmungsmethoden
StPO 136a 부적법한 신문방법.
(1) Die Freiheit der Willensentschließung und der Willensbetätigung des Beschuldigten darf nicht beeinträchtigt werden durch Mißhandlung, durch Ermüdung, durch körperlichen Eingriff, durch Verabreichung von Mitteln, durch Quälerei, durch Täuschung oder durch Hypnose. Zwang darf nur angewandt werden, soweit das Strafverfahrensrecht dies zuläßt. Die Drohung mit einer nach seinen Vorschriften unzulässigen Maßnahme und das Versprechen eines gesetzlich nicht vorgesehenen Vorteils sind verboten.
(1) 피의자의 의사결정 및 의사활동의 자유는 학대, 피로, 신체상의 침해, 투약, 강요, 고통, 기망 또는 최면에 의하여 침해되어서는 안된다.
강제는 형사소송법이 허용하는 경우에 한하여 사용될 수 있다.
형사소송법상의 제규정에 의하여 허용되지 아니하는 처분에 의한 협박 및 법률상 규정되지 아니한 이익의 약속은 금지된다.

Unzulässiger Erwerb von Steuererstattungs- und Vergütungsansprüchen

AO 383 조세환급 및 상환청구권의 불법취득행위.
(1) Ordnungswidrig handelt, wer entgegen § 46 Abs. 4 Satz 1 Erstattungs- oder Vergütungsansprüche erwirbt.
제46조 4항 제1문에 반하여 환급청구권 또는 상환청구권을 취득한 자는 질서위반행위를 한 것이다.
(4) Der geschäftsmäßige Erwerb von Erstattungs- oder Vergütungsansprüchen zum Zweck der Einziehung oder sonstigen Verwertung auf eigene Rechnung ist nicht zulässig(AO 46).
자기의 계산으로 추징 기타 환가를 위한 환급청구권 또는 상환청구권의 업무상 취득은 허용되지 않는다.

Unzulässiger Lärm OWiG 117 불법소음죄.
(1) Ordnungswidrig handelt, wer ohne berechtigten Anlaß oder in einem unzulässigen oder nach den Umständen vermeidbaren Ausmaß Lärm erregt, der geeignet ist, die Allgemeinheit oder die Nachbarschaft erheblich zu belästigen oder die Gesundheit eines anderen zu schädigen.
정당한 이유없이, 또는 주위의 정황으로 보아 한계에 이를 정도로 일반공중이나 이웃에게 현저한 폐해를 끼치거나 또는 타인의 건강을 해할만한 소음을 야기한 자는 질서위반행위를 한 것으로 본다.

Unzulässigkeit der Wiederaufnahme
StPO 363 재심의 불허용. (Beschluss bei ~: ~ 결정)
Eine Wiederaufnahme zu dem Zweck, eine andere Strafzumessung auf Grund desselben Strafgesetzes herbeizuführen, ist unzulässig.
동일한 형벌법규에서 상이한 양정을 하기 위한 재심은 허용되지 아니한다.

Unzulässigkeit des Revisionsgerichts
StPO 348 상고심의 관할위반.
(1) Findet das Gericht, an das die Akten gesandt sind, daß die Verhandlung und

Entscheidung über das Rechtsmittel zur Zuständigkeit eines anderen Gerichts gehört, so hat es durch Beschluß seine Unzuständigkeit auszusprechen.
서류를 송부받은 법원이 상소에 관한 심리와 재판을 타법원의 관할에 속한다고 인정할 때에는 결정으로 관할위반을 선고하여야 한다.

Unzumutbare Belästigung UWG 7
수인한도 이상의 부담행위.
광고수령자가 원하지 않거나 소비자의 동의 없는 전화·팩스 광고, 발송주소가 없는 광고 등 (요구해서는 안되는 것들).
(1) Unlauter im Sinne von § 3 handelt, wer einen Marktteilnehmer in unzumutbarer Weise belästigt.
수인한도를 넘어 거래참가자에게 부담을 준 자는 제3조(Verbot unlauteren Wettbewerbs)의 불공정행위를 행한 것에 해당한다.

Unzuständigkeitserklärung StPO 269
관할위반의 선고.
→ Keine Verweisung an Gericht niederer Ordnung (하급법원에로의 이송금지).

Urheber UrhG 1, 7 저작자.
Die Urheber von Werken der Literatur, Wissenschaft und Kunst genießen für ihre Werke Schutz nach Maßgabe dieses Gesetzes. (1)
문학, 학술 및 예술저작물의 저작자는 자신의 저작물에 관하여 본법이 정하는 바에 따라 보호를 받는다.
Urheber ist der Schöpfer des Werkes. (7)
저작자는 저작물의 창작자이다.

Urheber verbundener Werke UrhG 9
결합저작물.
Haben mehrere Urheber ihre Werke zu gemeinsamer Verwertung miteinander verbunden, so kann jeder vom anderen die Einwilligung zur Veröffentlichung, Verwertung und Änderung der verbundenen Werke verlangen, wenn die Einwilligung dem anderen nach Treu und Glauben zuzumuten ist.

수인의 저작자가 자신들의 저작물을 공동으로 사용하기 위하여 서로 결합시킨 경우에 각 저작자는 다른 저작자로부터 결합저작물의 공표, 이용 및 변경을 위한 동의를 요구할 수 있으며, 그 동의는 다른 저작자에게 신의성실을 기대할 수 있는 것이어야 한다.

Urheberpersönlichkeitsrecht UrhG 12 ff. 저작인격권.
Zu diesen Rechten gehören: Das Veröffentlichungsrecht nach § 12, das Recht auf Anerkennung seiner Urheberschaft nach § 13, das Recht, eine Entstellung des Werkes nach § 14 zu verbieten.
저작인격권의 내용으로는 (저작권법) 제12조의 공표권, 제13조의 저작성을 인정하는 권리, 제14조의 저작물의 왜곡을 금지하는 권리가 있다.

Urheberrecht UrhG 11 저작권.
Das Urheberrecht schützt den Urheber in seinen geistigen und persönlichen Beziehungen zum Werk und in der Nutzung des Werkes. Es dient zugleich der Sicherung einer angemessenen Vergütung für die Nutzung des Werkes.
저작권은 저작물에 관한 저작자의 정신적, 인격적 관계 및 저작물의 이용에 있어서 저작자를 보호한다. 또한 저작권은 저작물의 이용에 관한 상당한 보상을 보장한다.

Urheberrechtsgesetz UrhG 저작권법.
Gesetz über Urheberrecht und verwandte Schutzrechte (1965.9.9) (BGBl. I S. 1273).

UrhG → Urheberrechtsgesetz.

Urkunde StGB 267 문서.
Im materiellen Strafrecht wird die Urkunde als verkörperte Gedankenerklärung definiert, die zum Beweis im Rechtsverkehr geeignet und bestimmt ist und einen Aussteller erkennen lässt.
Urkunde im prozessualen Sinn ist jede in Schriftzeichen verkörperte Gedankenäußerung, die zum Beweis im Rechtsverkehr geeignet und bestimmt ist und eines

Aussteller erkennen lässt.
실체적 형법에서 문서는 법적 거래의 증명에 적합하고 그러한 용도로 사용되며 작성자를 알 수 있는, 체화된 사상의 표현으로 정의된다.
소송상 문서는 법적 거래의 증명에 적합하고 그러한 용도로 사용되며 작성자를 알 수 있는, 문자로 체화된 모든 사상의 표현으로 정의된다.
→ Schrift (문서, 서면).

Urkundenbeweis StPO 249 서증.

(1) Urkunden und andere als Beweismittel dienende Schriftstücke werden in der Hauptverhandlung verlesen.
문서와 기타 증거방법으로 사용되는 서류는 공판에서 낭독된다.

Urkundenbeweis mit Protokolle →

Verlesung der Niederschrift über frühere richterliche Vernehmung (판사의 이전에 행한 신문기록(조서)의 낭독).

Urkundenfälschung StGB 267 문서위조죄.

Wer zur Täuschung im Rechtsverkehr eine unechte Urkunde herstellt, eine echte Urkunde verfälscht oder eine unechte oder verfälschte Urkunde gebraucht, wird mit Freiheitsstrafe bis zu fünf Jahre oder mit Geldstrafe bestraft.
법률상의 거래에 있어 기망하기 위하여 부진정한 문서를 작성(위조)하거나 진정한 문서를 변조하거나 부진정 작성 또는 변조된 문서를 사용한 자는 5년 이하의 자유형 또는 벌금형에 처한다.
→ Fälschung (위조).

Urkundenprozess ZPO 592 증서소송.

Ein Anspruch, welcher die Zahlung einer bestimmten Geldsumme oder die Leistung einer bestimmten Menge anderer vertretbarer Sachen oder Wertpapiere zum Gegenstand hat, kann im Urkundenprozess geltend gemacht werden, wenn die sämtlichen zur Begründung des Anspruchs erforderlichen Tatsachen durch Urkunden bewiesen werden können.

일정금액의 지급이나 기타 대체물 또는 유가증권의 일정수량의 급부를 목적으로 하는 청구는 청구를 이유있게 하는 데에 필요한 모든 사실을 증서로서 증명할 수 있는 때는 증서소송에 의해 주장할 수 있다

Urkundenunterdrückung StGB 274

문서은닉죄.
(1) Mit Freiheitsstrafe bis zu fünf Jahren oder mit Geldstrafe wird bestraft, wer
1. eine Urkunde oder eine technische Aufzeichnung, welche ihm entweder überhaupt nicht oder nicht ausschließlich gehört, in der Absicht, einem anderen Nachteil zuzufügen, vernichtet, beschädigt oder unterdrückt,
2. beweiserhebliche Daten (§ 202a Abs.2), über die er nicht oder nicht ausschließlich verfügen darf, in der Absicht, einem anderen Nachteil zuzufügen, löscht, unterdrückt, unbrauchbar macht oder verändert
oder
다음 각호에 해당하는 자는 5년 이하의 자유형 또는 벌금형에 처한다.
1. 타인에게 불이익을 가할 목적으로 자기에게 속하지 아니하거나 단독으로 소유하지 아니한 문서 또는 기술매체기록을 폐기, 손상 또는 은닉한 자.
2. 타인에게 불이익을 가할 목적으로 처분권한이 없거나 단독으로 처분할 수 없는 증명에 중요한 데이터(데이터탐지죄)를 소거, 은닉 또는 사용불능하게 하거나 변작한 자

Urkundsbeamte der Geschäftsstelle

GVG 153(2) 사무국 서기관, 문서공무원.
(2) Mit den Aufgaben eines Urkundsbeamten der Geschäftsstelle kann betraut werden, wer einen Vorbereitungsdienst von zwei Jahren abgeleistet und die Prüfung für den mittleren Justizdienst oder für den mittleren Dienst bei der Arbeitsgerichtsbarkeit bestanden hat.
사무국 서기관의 임무는 2년간의 준비복무를 하고 중급의 사법직위에 관한 시험 또는 노동재판권에서의 중급의 직위에 관한 시험에 합격한 사람에게 맡겨진다.

Urlaub aus der Haft StVollzG 13 구금
중 휴가.
Ein Gefanger kann bis zu einundzwanzig
Kalendertagen in einem Jahr aus der Haft
beurlaubt werden.
수형자는 1년 중 21일 한도내에서 구금중
휴가를 받을 수 있다.

**Urlaub, Ausgang und Ausführung aus
wichtigem Anlaß**
StVollzG 35 휴가, 외출 및 중요한 사유에
의한 동반외출.
(1) Aus wichtigem Anlaß kann der Anstaltsleiter dem Gefangenen Ausgang gewähren oder ihn bis zu sieben Tagen
beurlauben; der Urlaub aus anderem
wichtigen Anlaß als wegen einer lebensgefährlichen Erkrankung oder wegen des
Todes eines Angehörigen darf sieben
Tage im Jahr nicht übersteigen.
중요한 사유가 있는 경우 교도소장은 수형
자에게 외출을 허가하거나 7일의 휴가를 허
가할 수 있다. 그러나 생명에 위험한 질병
을 사유로 하거나 친족의 사망을 사유로 하
는 것 이외에 다른 중요한 사유에 의한 휴
가는 연 7일을 초과할 수 없다.

Ursächlichkeit 인과관계 (법적 의미).
법적 의미의 인과관계는 자연과학적 의미의
인과관계(Kausalität)와는 다르다.
Kausalität는 부작위범의 경우 ursächliche
Zusammenhang을 인정하기 어렵기 때문이다.

Urschrift WG 68 원본.
(1) In der Abschrift ist der Verwahrer der
Urschrift zu bezeichnen.
Dieser ist verpflichtet, die Urschrift dem
rechtmäßigen Inhaber der Abschrift aus-
zuhändigen.
등본에는 원본의 보지자가 기재되어야 한
다. 원본의 보지자는 등본의 정당한 소지인
에 대하여 원본을 교부할 의무가 있다.

Ursprüngliche Unmöglichkeit (Anfängliche Unmöglichkeit) BGB 275, 311a
원시적 불능 .
Bei anfänglicher Unmöglichkeit wird der

Schuldner gemäß § 275 BGB frei. Die
Gegenleistung entfällt gemäß § 326 BGB.
Gemäß § 311a BGB besteht ein Schadensersatzanspruch, es sei denn der
Schuldner kannte die Unmöglichkeit nicht
und hatte die Unkenntnis auch nicht zu
vertreten.
원시적 불능의 경우에 민법 제275조에 의하
여 채무자는 해방되며, 민법 제326조에 의
하여 반대급부는 탈락한다. 민법 제311a조
에 의하여 손해배상청구권은 채무자가 그
불능을 알지 못하거나 그 부지에 책임이 없
을 때가 아닌 경우에 존재한다.
↔ Nachträgliche Unmöglichkeit (후발적 불능).

Urteil → Verkündung des Urteils (판결의
선고).

Urteilsbekanntmachung StPO 463c
유죄판결의 공고.
→ Bekanntmachung der Verurteilung.

Urteilsfeststellung StPO 353(2) 판결의
사실확정.
(2) Gleichzeitig sind die dem Urteil zugrunde liegenden Feststellungen aufzuheben, sofern sie durch die Gesetzesverletzung betroffen werden, wegen deren das
Urteil aufgehoben wird.
판결의 기초가 된 사실확정이 법률에 위배
되어 그로 인해 판결을 파기할 경우에는 그
사실확정도 동시에 파기하여야 한다.

Urteilsfindung StPO 226, 264 판결의 도
출(도달)(Beratung eines Urteils); 심판.
(1) Die Hauptverhandlung erfolgt in un-
unterbrochener Gegenwart der zur Urteilsfindung berufenen Personen sowie der
Staatsanwaltschaft und eines Urkundsbeamten der Geschäftsstelle.
공판은 판결을 행할 자, 검사 및 사무국 서
기관의 상시임석하에 진행한다.
→ Finanzrichter (재정판사).
→ Gegenstand der Urteilsfindung (심판의
대상).
→ Urteilsfällung (판결을 내림) → Erkennendes Gericht (본법원).

Urteilsformel StPO 260(4) 판결주문 (= Urteilstenor).
(4) Die Utreilsformel gibt die rechtliche Bezeichnung der Tat an, deren der Angeklagte schuldig gesprochen wird.
Hat ein Straftatbestand eine gesetzliche Überschrift, so soll diese zur rechtlichen Bezeichnung der Tat verwendet werden.
판결주문에는 유책을 인정한 행위에 대한 법적 명칭을 기재한다.
범죄구성요건에 법적 표제가 있는 경우에는 그 표제를 행위의 법적 명칭으로 사용해야 한다.

Urteilsgründe StPO 267 판결이유.
(1) Wird der Angeklagte verurteilt, so müssen die Urteilsgründe die für erwiesen erachteten Tatsachen angeben, in denen die gesetzlichen Merkmale der Straftat gefunden werden.
피고인에게 유죄를 선고하는 경우에는 범죄행위의 법률상 표지를 나타난 사실이 증명되어 인정되었다는 점을 판결이유에 명시하여야 한다.

Urteilskopf (Rubrum) StPO 275(3) 판결문 서두 → Sitzung (개정).

Urteilsniederschrift StPO 275 판결문.
(Urteilsschrift, Schriftliche Urteil)
Die Urteilsniederschrift besteht aus dem Urteilskopf(Rubrum), der Urteilsformel und den Urteilsgründen.
판결문은 서두, 주문, 판결사유로 구성된다.
(1) Ist das Urteil mit den Gründen nicht bereits vollständig in das Protokoll aufgenommen worden, so ist es unverzüglich zu den Akten zu bringen.
판결 및 그 이유가 아직 완전히 조서에 기록되지 아니한 경우에는 즉시 이를 기록으로 작성하여야 한다.

Urteilsschrift (Schriftliche Urteil) (판결문) → Urteilsniederschrift.

Urteilstenor VwGO 113 판결주문 (= → Urteilsformel).

(1) Soweit der Verwaltungsakt rechtswidrig und der Kläger dadurch in seinen Rechten verletzt ist, hebt das Gericht den Verwaltungsakt und den etwaigen Widerspruchsbescheid auf.
행정행위가 위법하고 그로 인하여 원고가 권리의 침해를 받은 경우에 법원은 그 행정행위 및 이의결정이 있는 경우 그 이의결정을 취소한다.

Urteilsverkündung → Verkündung des Urteils (판결의 선고).

UStG → Umsatzsteuergesetz (부가가치세법).

Usucapio (possessio als usus) 사용취득.
Eigenthumserwerb durch fortgesetzten Besitz des römischen Rechts.
로마법상의 점유의 계속으로 인한 소유권취득.

Ususfructus → Nießbrauch (용익권).

Ut infra (wie unten (erwähnt))
아래와 같이, 다음에 언급하는 것처럼.

Ut supra (Wie oben (erwähnt))
위와 같이, 상술한 바와 같이.

Uti possidetis (wie ihr besitzt)
소유한 대로 (Prinzip der starren Grenzen im Völkerrecht).
독립시에 "소유한 대로"(as you possess) 영토를 서로 인정하고 종전하자는 국제법상의 현상유지의 원칙.

UVPG → Umweltverträglichkeitsprüfung (환경적합성심사; 환경영향평가) (Gesetz über ~ (~ 법).

UZwG → Unmittelbarer Zwang bei Ausübung öffentlicher Gewalt durch Vollzugsbeamte des Bundes (연방공무원의 직접강제(~에 관한 법) Gesetz über den unmittelbaren ~).

V

V-mann = Vertrauensmann StPO 163
비밀연락원.
V-Mann은 수시로 또는 장기간에 걸쳐 경찰이나 정보기관에 수사에 도움되는 정보를 제공하는 이른바 연락원(V-person: Vertrauensperson)으로 이들의 투입은 경찰기관(위험방지와 형사소추를 위한)과 정보기관(인적자료 수집을 위한)의 비밀처분으로 볼 수 있다.
이들은 비밀공작원(Under-Cover-Agent)과 달리 경찰이나 정보기관의 소속원이 아니며 공무와는 관계가 없다.
정보원, 비밀수사관(→ Verdeckter Ermittler)과 구별.

VAG → Versicherungsaufsichtsgesetz (보험감독법).

Variante (Var.) 행위태양(유형), 변형.

Vaterschaft BGB 1592 부성 (父性: 부자관계).
Vater eines Kindes ist der Mann,
1. der zum Zeitpunkt der Geburt mit der Mutter des Kindes verheiratet ist,
(Vaterschaftsvermutung)
2. der die Vaterschaft anerkannt hat oder
(Anerkenntnisvermutung)
3. dessen Vaterschaft nach § 1600d oder § 640h Abs. 2 der Zivilprozessordnung gerichtlich festgestellt ist.
(Ehelichkeitsvermutung)
자의 부는 다음 각호의 경우에 해당하는 남자이다.
1. 출생시에 자의 모와 혼인한 남자. (부성추정)
2. 부성이 인지된 남자. (인지추정)
3. 그 부성이 민사소송법 제1600d조 또는 제640h조 제2에 의하여 확인된 남자. (적출추정).

Vaterschaftsanfechtung (Anfechtung der Vaterschaft) 친생부인 (부성취소).
* Mit Vaterschaftsanfechtung wird im deutschen Familienrecht eine Gestaltungsklage vor dem Familiengericht bezeichnet, mit deren Erhebung der Kläger begehrt, dass festgestellt werde, dass der Kläger nicht Vater des Kindes sei und das bisherige Vater-Kind-Verhältnis aufgehoben werde. Sie ist gesetzlich im Abschnitt „Vaterschaft" des BGB (§ § 1600 ff.), im ab 1. April 2008 neu eingefügten § 1598a BGB und im Abschnitt "Verfahren in Kindschaftssachen" der Zivilprozeßordnung (§ § 640 ff.) geregelt.
~은 독일 가족법에서 원고가 가정법원에 대하여 원고가 자의 부가 아니며 종전의 부자관계는 폐지된다는 소를 구하는 형성의 소에 의한다. ~은 민법 제1600조 이하의 "부성"의 장, 2008.4.1. 새로 규정된 제1598a조 및 민사소송법 제640조 이하의 "친자사건"에서 다루어지고 있다.

Vaterschaftsvermutung BGB 1592 Nr. 1600c 부성추정.
* Die Vermutung, dass der Ehe-Mann Vater eines bestimmten Kindes ist. Unter die allgemeine Vaterschaftsvermutung fallen auch die besonderen Fälle der Ehelichkeits- und der Anerkenntnisvermutung, auf die § 1600c BGB Bezug nimmt.
남편이 특정 자의 부라는 추정. 일반적인 부성추정에는 민법 제1600c조와 관련된 적출추정 및 인지추정의 특수한 경우도 포함된다.

Vekehrsrecht StVollzG 23 교통권.
Der Gefangene hat das Recht, mit Personen außerhalb der Anstalt im Rahmen der Vorschriften dieses Gesetzes zu verkehren. Der Verkehr mit Personen außerhalb der Anstalt ist zu fördern.
수형자는 이 법의 규정 범위내에서 교도소 외부의 사람들과 교통할 권리가 있다. 교도소 외부의 사람들과의 교통은 조장되어야 한다.

Venire contra factum proprium
(Zuwiderhandlung gegen das eigene frühere Verhalten) 선행행위에 대한 위배(~의 법원리).

Verändern von amtlichen Ausweisen
StGB 273 공증명서변경죄.
(1) Wer zur Täuschung im Rechtsverkehr
1. eine Eintragung in einem amtlichen Ausweis entfernt, unkenntlich macht, überdeckt oder unterdrückt oder eine einzelne Seite aus einem amtlichen Ausweis entfernt oder
2. einen derart veränderten amtlichen Ausweis gebraucht,
wird mit Freiheitsstrafe bis zu drei Jahren oder mit Geldstrafe bestraft, wenn die Tat nicht in §267 oder § 274 mit Strafe bedroht ist.
법적 거래의 기망을 위하여 1. 공증명서에의 기재를 제거, 식별불능, 위장 또는 은폐하거나 또는 공적 증명서의 각장을 제거하거나 또는
2. 그러한 변경된 공증명서를 사용한 자는 3년 이하의 자유형 또는 벌금형에 처한다. 단 그 행위가 제267조 또는 제274조에 의하여 처벌되지 않는 것이어야 한다.

Veränderung des rechtlichen Gesichtspunkts StPO 265 법적 관점의 변경.
→ Hinweispflicht auf die Veränderung des rechtlichen Gesichtspunktes (~에 대한 지적의무).

Veränderung einer Grenzenbezeichnung
StGB 274 경계표변경죄.
(1) Mit Freiheitsstrafe bis zu fünf Jahren oder mit Geldstrafe wird bestraft, wer
3. einen Grenzstein oder ein anderes zur Bezeichnung einer Grenze oder eines Wasserstandes bestimmtes Merkmal in der Absicht, einem anderen Nachteil zuzufügen, wegnimmt, vernichtet, unkenntlich macht, verrückt oder fälschlich setzt.
다음 각호에 해당하는 자는 5년 이하의 자유형 또는 벌금형에 처한다.
3. 타인에게 불이익을 가할 목적으로 경계

석 또는 기타 경계나 수위를 정하는 표지를 취거, 파기 또는 인식불능하게 하거나 그 위치를 허위로 변경한 자.

Veranlagung von Ehegatten EStG 26
부부의 사정(과세).
(1) Ehegatten, die beide unbeschränkt einkommensteuerpflichtig im Sinne des § 1 Abs. 1 oder 2 oder des § 1a sind und nicht dauernd getrennt leben und bei denen diese Voraussetzungen zu Beginn des Veranlagungszeitraums vorgelegen haben oder im Laufe des Veranlagungszeitraums eingetreten sind, können zwischen getrennter Veranlagung (§ 26a) und Zusammenveranlagung (§ 26b) wählen;
제1조 제1항이나 제2항 또는 제1a조의 무제한적 납세의무를 가진 부부가 비계속적으로 별거하여 생활하고 있고, 과세기간의 초기에 이들 요건이 발생하거나 과세기간중 발생한 경우에는 분리과세(제26a조)와 합산과세(제26b조)중 선택한다.

Verantwortliche Stelle BDSG 3(7)
(데이터) 책임자.
(7) Verantwortliche Stelle ist jede Person oder Stelle, die personenbezogene Daten für sich selbst erhebt, verarbeitet oder nutzt oder dies durch andere im Auftrag vornehmen lässt.
(데이터) 책임자는 개인데이터를 자체적으로 수집, 처리 또는 이용 또는 이것을 다른 사람을 통하여 위임의 방법으로 처리케 하는 모든 사람과 기관을 말한다.

Verantwortlichkeit 귀책성, 책임, 유책성.
→ Schuld.
Nicht vorwerfbar handelt, wer bei Begehung einer Handlung noch nicht vierzehn Jahre alt ist. (OWiG 12)
14세 미만의 자에 대한 행위는 비난할 수 없다.

Verantwortlichkeit des Schuldners
BGB 276 채무자의 유책성.
(1) Der Schuldner hat Vorsatz und Fahrlässigkeit zu vertreten, wenn eine stren-

gere oder mildere Haftung weder bestimmt noch aus dem sonstigen Inhalt des Schuldverhältnisses, insbesondere aus der Übernahme einer Garantie oder eines Beschaffungsrisikos zu entnehmen ist.
(1) 보다 엄격하거나 또는 보다 완화된 책임이 정하여지지 않고 다른 채권관계의 내용, 특히 보장이나 조달위험의 인수로부터 인정되지 아니하는 경우에는 채무자는 고의나 과실에 대한 책임을 부담한다.

Verantwortlichkeit des Schuldners für Dritte BGB 278 제3자를 위한 채무자의 책임.
Der Schuldner hat ein Verschulden seines gesetzlichen Vertreters und der Personen, deren er sich zur Erfüllung seiner Verbindlichkeit bedient, in gleichem Umfang zu vertreten wie eigenes Verschulden.
채무자는 자신의 책임과 동일하게 자신의 법정대리인 및 자신의 의무이행을 위하여 사용하는 자의 귀책사유에 관한 대리책임(vertretenmüssen)을 져야 한다.

Verantwortlichkeit für das Verhalten von Personen MEPolG 4 행위책임.
(1) Verursacht eine Person eine Gefahr, so sind die Maßnahmen gegen zu richten.
어떤 사람이 위험을 야기한 경우에는 그에게 조취가 취해져야 한다.

Verantwortlichkeit für den Zustand von Sachen MEPolG 5 상태책임.
Geht von einer Sache eine Gefahr aus, so sind die Maßnahme gegen den Inhaber der tatsächlichen Gewalt zu richten.
물건으로부터 위험이 발생한 경우에는 그 물건에 대한 사실상의 지배권자에게 조치가 취해져야 한다.

Verarbeitung BGB 950 가공.
Wer durch Verarbeitung oder Umbildung eines oder mehrerer Stoffe eine neue bewegliche Sache herstellt, erwirbt das Eigentum an der neuen Sache, sofern nicht der Wert der Verarbeitung oder der Umbildung erheblich geringer ist als der Wert des Stoffes.
1개 또는 수개의 재료를 가공 또는 개조하여 새로운 동산을 제작한 자는 가공 또는 개조의 가격이 재료의 가격보다 소액인 경우를 제외하고 새로운 물건의 소유권을 취득한다.

Veräußerungsverbot BGB 135 양도금지 (Gesetzliches ~: 법률에 의한 ~).
(1) Verstößt die Verfügung über einen Gegenstand gegen ein gesetzliches Veräußerungsverbot, das nur den Schutz bestimmter Personen bezweckt, so ist sie nur diesen Personen gegenüber unwirksam.
어떤 목적물에 대한 처분이 특정인의 보호만을 목적으로 하는 법률의 양도금지규정에 위반한 경우 위 처분행위는 그에 대하여는 무효이다.

Verbandsklage UKlaG 3 단체소송.
(1) Die in den §§ 1 und 2 bezeichneten Ansprüche auf Unterlassung und auf Widerruf stehen zu:
(부작위소송법) 제1조 및 제2조에 의한 부작위 및 철회청구권은 다음 각호의 단체에 속한다.
1. qualifizierten Einrichtungen, die nachweisen, dass sie in die Liste qualifizierter Einrichtungen nach § 4 oder in dem Verzeichnis der Kommission der Europäischen Gemeinschaften nach Artikel 4 der Richtlinie 98/27/EG in der jeweils geltenden Fassung eingetragen sind,
2. rechtsfähigen Verbänden zur Förderung gewerblicher oder selbständiger beruflicher Interessen
3. den Industrie- und Handelskammern oder den Handwerkskammern.
1. 법 제4조에 의한 자격있는 조직의 리스트나 또는 EG 지침(98/27/EG) 제4조에 기한 유럽공동체 리스트에 각 등재되었음이 증명된 단체.
2. 영업적이거나 또는 독립적인 직업상의 이익증진을 목적으로 하는 권리능력있는 단체.
3. 상공회의소 및 수공업회의소.

Verbescheidungsurteil
→ Bescheidungsurteil (결정이행판결).

Verbesserungsvorschlag
→ Technischer Verbesserungsvorschlag

Verbindlichkeit 채무, 의무, 구속(성).
Verbindlichkeit bezeichnet im Schuldrecht
die Verpflichtung eines Schuldners gegenüber dem Gläubiger.
채권법에서 Verbindlichkeit는 채권자에 대
한 채무자의 의무부담을 말한다.
↔ Forderung
Ist die Verbindlichkeit noch nicht fällig, so
kann ihm der Ersatzpflichtige, statt ihn zu
befreien, Sicherheit leisten. (BGB 257 S.2)
채무가 아직 변제기에 달하지 아니한 때에
는 배상의무자는 면책에 갈음하여 담보를
제공할 수 있다.
(2) Eine rechtsfähige Personengesellschaft
ist eine Personengesellschaft, die mit der
Fähigkeit ausgestattet ist, Rechte zu erwerben und Verbindlichkeiten einzugehen.
권리능력있는 인적회사는 권리취득과 의무
부담의 능력을 갖춘 인적 회사이다. (BGB
14)

**Verbindung mehrerer anhängiger Straf-
sachen** StPO 237 수개의 계속된 형사사
건의 병합.
Das Gericht kann im Falle eines Zusammenhangs zwischen mehreren bei ihm
anhängigen Strafsachen ihre Verbindung
zum Zwecke gleichzeitiger Verhandlung
anordnen, auch wenn dieser Zusammenhang nicht der in § 3 bezeichnete ist.
법원은 계속되어 있는 수개의 형사사건 사
이에 관련이 있는 경우에는 이러한 관련이
제3조(관련의 해석)에 해당되는 것이 아닌
때에도 동시에 심리할 목적으로 이들 사건
의 병합을 명할 수 있다.

Verbindung mit einem Grundstück
BGB 946 부동산과의 부합.
Wird eine bewegliche Sache mit einem
Grundstück dergestalt verbunden, dass sie
wesentlicher Bestandteil des Grundstücks

wird, so erstreckt sich das Eigentum an
dem Grundstück auf diese Sache.
동산이 부동산과 부합하여 그 부동산의 본
질적인 구성부분이 되는 경우에는 부동산소
유권은 그 동산에 미친다.

**Verbindung oder Trennung nach Er-
öffnung des Hauptverfahrens** StPO 4
공판절차 개시후의 사건의 병합, 분리.
Eine Verbindung zusammenhängender, oder
eine Trennung verbundener Strafsachen
kann auch nach Eröffnung des Hauptverfahrens auf Antrag der Staatsanwaltschaft oder des Angeklagten oder von
Amts wegen durch gerichtlichen Beschluß
angeordnet werden.
관련 형사사건의 병합 또는 병합된 수개의
형사사건의 분리는 공판절차가 개시된 후에
도 검사나 피고인이 신청 또는 직권에 의하
여 법원의 결정으로 이를 할 수 있다.

**Verbindung und Trennung Rechtshän-
giger Sachen** StPO 4 계속사건의 병합,
분리. → Verbindung oder Trennung nach
Eröffnung des Hauptverfahrens.

Verbindung von Maßregeln StGB 72
처분의 병합.
(1) Sind die Voraussetzungen für mehrere
Maßregeln erfüllt, ist aber der erstrebte
Zweck durch einzelne von ihnen zu erreichen, so werden nur sie angeordnet.
Dabei ist unter mehreren geeigneten Maßregeln denen der Vorzug zu geben, die
den Täter am wenigsten beschweren.
수개의 처분의 요건을 충족하나 그 중 1개
의 처분만으로도 그 목적을 달성할 수 있는
때에는 그 1개의 처분만을 명한다. 이 경우
적정한 수개의 처분중에서 행위자에 대한
부담이 가장 경한 보안처분에게 우선권이
주어진다.

**Verbot der Doppelverwertung bei Straf-
milderungsgründen** StGB 50.
→ Doppelverwertung.

Verbot von Arbeitszwang und Zwangs-

arbeit GG 12(2)(3) 강제노역의 금지.
→ Arbeitszwang → Zwangsarbeit.

**Verbot wettbewerbsbeschränkender
Vereinbarung** GWB 1 경쟁제한적 합의
의 금지 (← Kartellverbot 카르텔금지).
Vereinbarungen zwischen Unternehmen,
Beschlüsse von Unternehmensvereinigungen und aufeinander abgestimmte Verhaltensweisen, die eine Verhinderung, Einschränkung oder Verfälschung des Wettbewerbs bezwecken oder bewirken, sind
verboten.
경쟁의 방해, 제한 또는 왜곡을 목적으로
하거나 그러한 효과를 가져오는 기업간의
합의, 사업자단체의 결의 및 동조행위는 금
지된다.

Verbotene Ausübung der Prostitution
OWiG 120(1) Nr.1 매음금지위반죄.
1. Ordnungswidrig handelt, wer einem
durch Rechtsverordnung erlassenen Verbot,
der Prostitution an bestimmten Orten
überhaupt oder zu bestimmten Tageszeiten
nachzugehen, zuwiderhandelt.
주로 특정한 장소에서 또는 특정한 시간에
매음을 금지한 법규명령에 위반하는 자는
질서위반행위를 한 것이다.
본조항 제2호는 → Werbung für Prostitution (매음권유죄).
형법상의 매음금지명령에 대한 집요한 위반
죄는 → Ausübung der verboten Prostitution (상습 매음행사죄).

Verbotene Eigenmacht BGB 858
금지된 사력(私力).
(1) Wer dem Besitzer ohne dessen Willen
den Besitz entzieht oder ihn im Besitz
stört, handelt, sofern nicht das Gesetz die
Entziehung oder die Störung gestattet,
widerrechtlich (verbotene Eigenmacht).
점유자의 의사에 의하지 아니하고 그의 점
유를 침탈하거나 방해하는 자는 법률이 그
침탈 또는 방해를 허용하지 아니하는 한 위
법하게 행위한 것이다 (금지된 사력).

Verbotene Geschlechtswahl ESchG 3
성선별죄.
Wer es unternimmt, eine menschliche Eizelle mit einer Samenzelle künstlich zu
befruchten, die nach dem in ihr enthaltenen Geschlechtschromosom ausgewählt
worden ist, wird mit Freiheitsstrafe bis zu
einem Jahr oder mit Geldstrafe bestraft.
내재하는 성염색체로 선별하여 인간의 난자
세포를 정자세포에 의해 인공적으로 수정시
키는 자는 1년 이하의 자유형 또는 벌금형
에 처한다.

**Verbotene Mitteilungen über Gerichts-
verhandlungen** StGB 353d 법원심리의
공개죄.
Mit Freiheitsstrafe bis zu einem Jahr oder
mit Geldstrafe wird bestraft, wer
1. entgegen einem gesetzlichen Verbot
über eine Gerichtsverhandlung, bei der die
Öffentlichkeit ausgeschlossen war, oder
über den Inhalt eines die Sache betreffenden amtlichen Schriftstücks öffentlich eine
Mitteilung macht,
2. entgegen einer vom Gericht auf Grund
eines Gesetzes auferlegten Schweigepflicht
Tatsachen unbefugt offenbart, die durch
eine nichtöffentliche Gerichtsverhandlung
oder durch ein die Sache betreffendes
amtliches Schriftstück zu seiner Kenntnis
gelangt sind, oder
3. die Anklageschrift oder andere amtliche
Schriftstücke eines Strafverfahrens, eines
Bußgeldverfahrens oder eines Disziplinar-
verfahrens, ganz oder in wesentlichen Teilen, im Wortlaut öffentlich mitteilt, bevor
sie in öffentlicher Verhandlung erörtert
worden sind oder das Verfahren abgeschlossen ist.
다음 각호에 해당하는 자는 1년 이하의 자
유형 또는 벌금형에 처한다.
1. 법률상 법원심리의 공개금지에 위반하여
또는 사건 관련의 공적 서류의 내용을 공연
히 공개한 자,
2. 법률에 의해 법원이 부과한 비밀유지의
무에 위반하여 비공개적인 법원의 심리 또
는 사실관련의 공적 서류를 통하여 자신이
지득한 사실을 권한 없이 누설한 자,

3. 공소장, 기타 형사소송절차 · 질서위반금
절차· 또는 징계절차에 관한 공적 서류의
전부 또는 주요부분을 공판에서의 심리되거
나 또는 소송절차종료 이전에 공연히 공개
한 자.

Verbotsirrtum StGB 17 금지착오; 법률
의 착오 (Error iuris, Rechtsirrtum).
Fehlt dem Täter bei Begehung der Tat
die Einsicht, Unrecht zu tun, so handelt
er ohne Schuld, wenn er diesen Irrtum
nicht vermeiden konnte. Konnte der Täter
den Irrtum vermeiden, so kann die Strafe
nach §49 Abs.1 gemildert werden.
범행시에 불법을 행한다는 통찰이 결여되어
있는 경우에 행위자가 그 착오를 회피할 수
없었던 때에는 책임없이 행위한 것이다. 행
위자가 그 착오를 회피할 수 있었던 경우에
는 §49(1)에 따라 그 형을 감경할 수 있다.

Verbrauch der Strafklage → Strafklageverbrauch (형사소(刑事訴)의 확정; 기판력
(Res judicata).

Verbrauchbare Sachen BGB 92 소비물.
(1) Verbrauchbare Sachen im Sinne des
Gesetzes sind bewegliche Sachen, deren
bestimmungsmäßiger Gebrauch in dem
Verbrauch oder in der Veräußerung besteht.
이 법에서 소비물이라 함은 그의 용도에 적
합한 사용으로 소비 또는 양도되는 동산을
말한다.

Verbraucher BGB 13 소비자.
Verbraucher ist jede natürliche Person, die
ein Rechtsgeschäft zu einem Zwecke abschließt, der weder ihrer gewerblichen noch
ihrer selbständigen beruflichen Tätigkeit
zugerechnet werden kann.
소비자는 자신의 영업상 또는 독립적 직업
활동에 속하지 아니하는 목적으로 법률행위
를 하는 모든 자연인이다.

Verbraucherinformation (Anspruch auf
Zugang zu Informationen) VIG 1 소비자
정보(~청구권).

(1) Jeder hat nach Maßgabe dieses Gesetzes Anspruch auf freien Zugang zu
allen Daten über
1. Verstöße gegen das Lebensmittel- und
Futtermittelgesetzbuch, gegen die auf
Grund des Lebensmittel- und Futtermittelgesetzbuches erlassenen Rechtsverordnungen und gegen unmittelbar geltende
Rechtsakte der Europäischen Gemeinschaft
im Anwendungsbereich des Lebensmittel-
und Futtermittelgesetzbuches sowie Maßnahmen und Entscheidungen, die im
Zusammenhang mit solchen Verstößen
getroffen worden sind,
모든 사람은 본법의 기준에 따라 다음 각호
의 모든 정보에 대한 (자유로운 접근) 청구
권을 가진다.
1. "식료품 및 사료법"의 적용영역에서 "식
료품 및 사료법"의 위반과 그 법에 근거하
여 제정된 법규명령의 위반과 본 영역에 직
접 적용되는 유럽공동체의 법률행위의 위반
및 이들 위반에 관련된 조치와 결정.

Verbraucherinformationsgesetz (Gesetz
zur Verbesserung der gesundheitsbezoge-
nen Verbraucherinformation) VIG 소비
자정보법 (2007.11.5) (BGBl. I S. 2558).

Verbraucherinsolvenzverfahren
InsO 304 소비자도산절차.
(1) Ist der Schuldner eine natürliche
Person, die keine selbständige wirtschaftliche Tätigkeit ausübt oder ausgeübt hat,
so gelten für das Verfahren die allgemeinen Vorschriften, soweit in diesem
Teil nichts anderes bestimmt ist.
채무자가 독자적인 경제활동만을 수행하지
아니하거나 수행하지 아니하였던 자연인인
경우, 도산절차에 관한 일반규정은 이 편(도
산법의 소비자도산절차편)에서 특별한 정함
이 없는 경우에만 적용된다.
→ Schuldenbereinigungsplan (채무정리계
획).

Verbrauchervertrag BGB 310(3) 소비
자계약.
(3) Bei Verträgen zwischen einem Unter-

nehmer und einem Verbraucher (Verbraucherverträge) finden die Vorschriften dieses Abschnitts mit folgenden Maßgaben Anwendung:
1. Allgemeine Geschäftsbedingungen gelten als vom Unternehmer gestellt, es sei denn, dass sie durch den Verbraucher in den Vertrag eingeführt wurden;
사업자와 소비자간의 계약(소비자계약)에는 본장의 다음기준이 적용된다.
1. 약관은 사업자가 제시한 것으로 간주한다. 단, 약관은 소비자에 의하여 계약에 편입되지 않아야 한다.

Verbrauchsgüterkauf BGB 474 소비재매매.
(1) Kauft ein Verbraucher von einem Unternehmer eine bewegliche Sache (Verbrauchsgüterkauf), gelten ergänzend die folgenden Vorschriften.
소비자가 사업자로부터 동산을 매수한 경우 (소비재매매)에 대하여는 이하의 규정이 보충적으로 적용된다.

Verbrauchsteuergefährdung AO 381 소비세위해행위.
(1) Ordnungswidrig handelt, wer vorsätzlich oder leichtfertig Vorschriften der Verbrauchsteuergesetze oder der dazu erlassenen Rechtsverordnungen
1. über die zur Vorbereitung, Sicherung oder Nachprüfung der Besteuerung auferlegten Pflichten,
2. über Verpackung und Kennzeichnung verbrauchsteuerpflichtiger Erzeugnisse oder Waren, die solche Erzeugnisse enthalten, oder über Verkehrs- oder Verwendungsbeschränkungen für solche Erzeugnisse oder Waren oder
3. über den Verbrauch unversteuerter Waren in den Freihäfen
zuwiderhandelt, soweit die Verbrauchsteuergesetze oder die dazu erlassenen Rechtsverordnungen für einen bestimmten Tatbestand auf diese Bußgeldvorschrift verweisen.
다음 각호에 규정된 사항에 과한 소비세법률 또는 그와 관련하여 발하여진 법규명령에 고의 또는 중과실에 의해 위반한 자는 소비세 또는 그와 관련하여 발하여진 법규명령이 특정한 요건사실에 대하여 질서위반금규정을 원용하는 경우에는 질서위반행위를 한 것이다.
1. 과세의 준비, 확보, 또는 사후검사를 위하여 부과된 의무,
2. 소비세납부의무가 있는 생산물 또는 그러한 생산물을 포함한 물품의 포장 및 표시 또는 그러한 생산물이나 물품에 대한 거래나 사용제한,
3. 자유항에 있어서 비과세물품의 소비.

Verbrechen 중죄; 범죄 또는 개별현상으로서의 범죄.
Verbrechen은 독일형법상 중죄로 경죄 (Vergehen)와 구별되나, 범죄학상으로는 범죄 또는 개별현상으로서의 범죄라는 의미를 가지고 있다. 반면에 Kriminalität는 집합개념으로서 범죄현상을 말한다. 이에 비해 Delikt는 (개별)범의 의미를 가진다. 또한 Kriminelle와 Nichtkriminelle는 형사범과 비형사범, Straffällige는 형사처벌자 (대상자)로서 당벌성의 의미를 가진다.

Verbrechen gegen die Menschlichkeit VStGB 7 인류에 대한 범죄.
(1) Wer im Rahmen eines ausgedehnten oder systematischen Angriffs gegen eine Zivilbevölkerung
1. einen Menschen tötet,
2. in der Absicht, eine Bevölkerung ganz oder teilweise zu zerstören, diese oder Teile hiervon unter Lebensbedingungen stellt, die geeignet sind, deren Zerstörung ganz oder teilweise herbeizuführen,
wird in den Fällen der Nummern 1 und 2 mit lebenslanger Freiheitsstrafe bestraft.
민간인에 대한 확대된 또는 체계적 공격의 범위에서
1. 사람을 살해하거나,
2. 시민을 전체 또는 부분적으로 파괴하려는 의도에서 시민 또는 그 일부에 대한 파괴를 전체 또는 부분적으로 야기하기에 적합한 생활조건에 놓게 한 자는 제1호 및 제2호의 경우에는 무기자유형에 처한다.

Verbrechen und Vergehen StGB 12
중죄와 경죄.
(1) Verbrechen sind rechtswidrige Taten, die im Mindestmaß mit Freiheitsstrafe von einem Jahr oder darüber bedroht sind.
중죄는 자유형의 하한이 1년 이상의 (1년이나 그를 상회하는) 자유형으로 규정되어 있는 위법행위를 말한다.
(2) Vergehen sind rechtswidrige Taten, die im Mindestmaß mit einer geringeren Freiheitsstrafe oder die mit Geldstrafe bedroht sind.
경죄는 자유형의 하한이 이것보다 적거나 또는 벌금형으로 규정되어 있는 위법행위를 말한다.
(3) Schärfungen oder Milderungen, die nach den Vorschriften des Allgemeinen Teils oder für besonders schwere oder minder schwere Fälle vorgesehen sind, bleiben für die Einteilung außer Betracht.
총칙규정이나 또는 특히 중하거나 덜 중하게 규정된 형의 가중이나 감경사유는 이 구분에 고려되지 않는다.
→ Verbrechen.

Verbreiten von Propagandamitteln verfassungswidriger Organisationen

StGB 86 위헌조직 선전물 반포죄.
(1) Wer Propagandamittel
1. einer vom Bundesverfassungsgericht für verfassungswidrig erklärten Partei oder einer Partei oder Vereinigung, von der unanfechtbar festgestellt ist, daß sie Ersatzorganisation einer solchen Partei ist,
2. einer Vereinigung, die unanfechtbar verboten ist, weil sie sich gegen die verfassungsmäßige Ordnung oder gegen den Gedanken der Völkerverständigung richtet, oder von der unanfechtbar festgestellt ist, daß sie Ersatzorganisation einer solchen verbotenen Vereinigung ist,
3. einer Regierung, Vereinigung oder Einrichtung außerhalb des räumlichen Geltungsbereichs dieses Gesetzes, die für die Zwecke einer der in den Nummern 1 und 2 bezeichneten Parteien oder Vereinigungen tätig ist, oder

4. Propagandamittel, die nach ihrem Inhalt dazu bestimmt sind, Bestrebungen einer ehemaligen nationalsozialistischen Organisation fortzusetzen,
im Inland verbreitet oder zur Verbreitung im Inland oder Ausland herstellt, vorrätig hält, einführt oder ausführt oder in Datenspeichern öffentlich zugänglich macht, wird mit Freiheitsstrafe bis zu drei Jahren oder mit Geldstrafe bestraft.
(1) 다음 각호에 해당하는 선전물을 국내에 반포하거나, 반포할 목적으로 국내 또는 국외에서 제조, 보관, 반입 또는 반출하거나 데이터저장물에 공개적으로 그 접근을 용이하게 한 자는 3년 이하의 자유형 또는 벌금형에 처한다.
1. 연방헌법재판소에 의하여 위헌으로 선언된 정당 또는 그와 같은 정당의 대체조직임이 확정된 정당이나 단체의 선전물,
2. 헌법질서 또는 국제적 이해와 합의에 반하는 이유로 금지된 단체 또는 그와 같은 금지된 단체의 대체조직임이 확정된 단체의 선전물,
3. 제1호 및 제2호에 기재한 정당이나 단체의 목적을 위하여 활동하고 있는 이 법의 장소적 적용범위 외의 정부, 단체 또는 기관의 선전물,
4. 과거 국가사회주의 조직의 목표를 계속 추구할 것을 내용으로 하는 선전물.

Verbreitung, Erwerb und Besitz kinderpornographischer Schriften

StGB 184b 아동음란물 반포, 취득, 소지죄.
(1) Wer pornographische Schriften, die den sexuellen Missbrauch von Kindern (§§ 176 bis 176b) zum Gegenstand haben (kinderpornographische Schriften), verbreitet (Nr. 1-3), wird mit Freiheitsstrafe von drei Monaten bis zu fünf Jahren bestraft.
아동에 대한 성적 남용(제176-176b조)을 대상으로 하는 음란문서(아동음란문서)에 대하여 다음 각호의 행위를 한 자는 3개월 이상 5년 이하의 자유형 또는 벌금형에 처한다. 다음 각호(Nr.1-3)의 행위는 폭력음란문서반포죄(erbreitung gewalt- oder tierpornographischer Schriften 184a)의 구성요건과 같다.

Verbreitung gewalt- oder tierpornographischer Schriften

StGB 184a 폭력음란문서반포죄.

Wer pornographische Schriften (§11 Abs. 3), die Gewalttätigkeiten oder sexuelle Handlungen von Menschen mit Tieren zum Gegenstand haben,

1. verbreitet,
2. öffentlich ausstellt, anschlägt, vorführt oder sonst zugänglich macht oder
3. herstellt, bezieht, liefert, vorrätig hält, anbietet, ankündigt, anpreist, einzuführen oder auszuführen unternimmt, um sie oder aus ihnen gewonnene Stücke im Sinne der Nr. 1 oder Nr. 2 zu verwenden oder einem anderen eine solche Verwendung zu ermöglichen,

wird mit Freiheitsstrafe bis zu drei Jahren oder mit Geldstrafe bestraft.

동물에 의한 인간의 폭력행위나 성적 행위를 대상으로 하는 음란 문서에 대하여 다음 각호의 행위를 한 자는 3년 이하의 자유형 또는 벌금형에 처한다.

1. 반포행위,
2. 공연히 전시, 게시, 상영하거나 기타 접근하게 하는 행위,
3. 제1호 내지 제2호에서 말하는 문서나 이를 통하여 취득한 문서부분을 사용하거나 또는 타인의 그러한 사용을 가능하게 하기 위하여 제작, 취득, 인도, 보관, 공여, 광고, 선전하거나 수입 또는 수출을 기도하는 행위.

Verbreitung pornographischer Darbietungen durch Rundfunk, Medien- oder Teledienste StGB 184c

방송, 미디어서비스와 텔레(전자)서비스에 의한 음란표현물 반포죄.

Nach den §§ 184 bis 184b wird auch bestraft, wer eine pornographische Darbietung durch Rundfunk, Medien- oder Teledienste verbreitet.

방송, 미디어서비스 또는 텔레서비스에 의하여 음란표현물을 반포한 자는 제184-184b조(음란문서반포, 폭력음란문서반포, 아동음란물 반포·취득·소지)에 의하여 처벌된다.

→ Telemediengesetz(텔레미디어법).

Verbreitung pornographischer Schriften

StGB 184 음란문서반포죄.

(1) Wer pornographische Schriften (§ 11 Abs. 3)

1. einer Person unter achtzehn Jahren anbietet, überläßt oder zugänglich macht,
2. an einem Ort, der Personen unter achtzehn Jahren zugänglich ist oder von ihnen eingesehen werden kann, ausstellt, anschlägt, vorführt oder sonst zugänglich macht,
3. im Einzelhandel außerhalb von Geschäftsräumen, in Kiosken oder anderen Verkaufsstellen, die der Kunde nicht zu betreten pflegt, im Versandhandel oder in gewerblichen Leihbüchereien oder Lesezirkeln einem anderen anbietet oder überläßt,
3a. im Wege gewerblicher Vermietung oder vergleichbarer gewerblicher Gewährung des Gebrauchs, ausgenommen in Ladengeschäften, die Personen unter achtzehn Jahren nicht zugänglich sind und von ihnen nicht eingesehen werden können, einem anderen anbietet oder überläßt,
4. im Wege des Versandhandels einzuführen unternimmt,
5. öffentlich an einem Ort, der Personen unter achtzehn Jahren zugänglich ist oder von ihnen eingesehen werden kann, oder durch Verbreiten von Schriften außerhalb des Geschäftsverkehrs mit dem einschlägigen Handel anbietet, ankündigt oder anpreist,
6. an einen anderen gelangen läßt, ohne von diesem hierzu aufgefordert zu sein,
7. in einer öffentlichen Filmvorführung gegen ein Entgelt zeigt, das ganz oder überwiegend für diese Vorführung verlangt wird,
8. herstellt, bezieht, liefert, vorrätig hält oder einzuführen unternimmt, um sie oder aus ihnen gewonnene Stücke im Sinne der Nummern 1 bis 7 zu verwenden oder einem anderen eine solche Verwendung zu ermöglichen, oder

9. auszuführen unternimmt, um sie oder aus ihnen gewonnene Stücke im Ausland unter Verstoß gegen die dort geltenden Strafvorschriften zu verbreiten oder öffentlich zugänglich zu machen oder eine solche Verwendung zu ermöglichen,
wird mit Freiheitsstrafe bis zu einem Jahr oder mit Geldstrafe bestraft.
음란문서에 관하여 다음 각호에 해당하는 행위를 한 자는 1년 이하의 자유형 또는 벌금형에 처한다.
1. 18세미만의 자에게 제공, 양여, 접근을 용이하게 하는 행위,
2. 18세 미만의 자가 접근하거나 열람이 가능한 장소에 전시, 게시, 상영하거나 기타 그 접근을 용이하게 하는 행위,
3. 영업외의 장소에서 소매로, 매점 또는 고객이 자주 출입하지 않는 기타 판매소에서 통신판매에 의하여 또는 영업적 도서대여점이나 독서회에서 제공, 양여하는 행위
3a. 영업적 임대나 이와 유사한 영업적 사용보장에 의하여 제공 또는 양여하게 하는 행위,
4. 통신판매의 방법으로 반입을 기도하는 행위,
5. 18세 미만자가 출입·열람이 가능한 장소에서 공연히 또는 해당 상점과의 영업거래 외에서 문서의 반포를 통하여 양여, 광고, 선전하는 행위,
6. 타인의 요청없이 타인에게 송부하는 행위,
7. 전부 또는 주요부분을 대가를 받고 공개 상연하는 행위,
8. 음란문서나 그로부터 발생한 부분을 제1-7호의 방법으로 사용하거나 사용가능하게 하기 위해 제조, 취득, 인도, 보관 또는 수입하는 행위,
9. 해당국가의 형벌규정에 위반하여 음란문서 또는 이로부터 발생한 부분을 국외에 반포하거나 공연히 전달하거나 또는 그와 같은 사용을 가능하게 하기 위하여 이를 수출하는 행위.

Verbreitungsrecht UrhG 17 배포권.
(1) Das Verbreitungsrecht ist das Recht, das Original oder Vervielfältigungsstücke des Werkes der Öffentlichkeit anzubieten oder in Verkehr zu bringen.
배포권이란 저작물의 원본 또는 복제본을 공공에 제공하거나 유통에 놓는 권리이다.

Verbundene Unternehmen AktG 15 결합기업.
Verbundene Unternehmen sind rechtlich selbständige Unternehmen, die im Verhältnis zueinander in Mehrheitsbesitz stehende Unternehmen und mit Mehrheit beteiligte Unternehmen (§ 16), abhängige und herrschende Unternehmen (§ 17), Konzernunternehmen (§ 18), wechselseitig beteiligte Unternehmen (§ 19) oder Vertragsteile eines Unternehmensvertrags (§§ 291, 292) sind.
결합기업은 법률상 독립된 기업으로서 상호간에 다수점유된 기업(피다수참가기업)과 다수가 참가한 기업(다수참가기업)(제16조), 종속기업과 지배기업(제17조), 콘체른기업(제18조), 상호출자기업(제19조) 또는 기업계약(제291조, 제292조)의 계약당사자인 관계에 있는 기업이다.

Verbundenes Werk (결합저작물).
→ Urheber verbundener Werkener Werke.

Verbußung StGB 57 복역; 형기를 마침.

Verdacht des nicht natürlichen Todes StPO 159 변사의 혐의.
(1) Sind Anhaltspunkte dafür vorhanden, daß jemand eines nicht natürlichen Todes gestorben ist, oder wird der Leichnam eines Unbekannten gefunden, so sind die Polizei- und Gemeindebehörden zur sofortigen Anzeige an die Staatsanwaltschaft oder an das Amtsgericht verpflichtet.
어떤 자가 변사하였다고 할 만한 근거가 있거나 신원불명의 사체가 발견되는 경우 경찰 또는 (기초)자치단체의 관청은 즉시 검사 또는 지방법원에 이를 알릴 의무가 있다.

Verdacht einer Geld-oder Wertzeichenfälschung StPO 92 통화 및 유가증표위조죄의 혐의.
(1) Liegt der Verdacht einer Geld-oder

Wertzeichenfälschung vor, so sind das Geld oder die Wertzeichen erforderlichenfalls der Behörde vorzulegen, von der echtes Geld oder echte Wertzeichen dieser Art in Umlauf gesetzt werden.
(1) 통화 또는 유가증표위조의 의혹이 있는 경우, 필요한 때에는 통화 또는 유가증표는 진품의 통화 또는 유가증표를 유통시키는 기관에 제출해야 한다.

Verdächtige StPO 102 범죄혐의자
→ Durchsuchung beim Verdächtigen (~의 수색).

Verdeckter Ermittler StPO 110a 비밀수사관(잠입, 신분위장 수사관)(정보원, 비밀연락원과 구별). (→ V-mann).
범죄현장을 포착하기 위해 특히 선택, 배치된 경찰공무원. 이 때 비밀수사관의 변화된 신분(→ Legende)은 형사절차에서 보장된다 (StPO §110a 이하 참조).
(1) Verdeckte Ermittler dürfen zur Aufklärung von Straftaten eingesetzt werden, wenn zureichende tatsächliche Anhaltspunkte dafür vorliegen, daß eine Straftat von erheblicher Bedeutung begangen worden ist.
(다음에 기술하는) 중대한 범죄를 행하였다는 충분한 근거가 있는 경우 그 범죄행위의 진상규명을 위하여 비밀수사관을 투입할 수 있다. 여기서 중대한 범죄는 마약, 무기거래, 통화위조, 유가증표위조 (Wertzeichenfälschung), 국사범(Staatsschutzdelikte), 영업·상습범, 조직범죄를 말한다.
중죄(Verbrechen)에 대하여도 범죄반복의 위험성이 존재한다는 특정한 사실을 근거로 하여 투입될 수 있다. 이 투입은 다른 방법으로 진상규명이 불가능해 보이거나 본질적으로 그 실현이 어려울 경우에 인정된다.

Verdunkelungsgefahr StPO 112(2) 증거인멸의 위험. → Ein Haftgrund (구속사유).

Veredelungsverkehr 가공무역.
→ Aktive Veredelung 적극적 가공(역내가공)(무역).
→ Passive Veredelung 수동적 가공(무역)

(역외가공).

Vereidigter Buchprüfer WiPrO 129
선서회계사(장부검사사).
(1) Vereidigte Buchprüfer haben die berufliche Aufgabe, Prüfungen auf dem Gebiet des betrieblichen Rechnungswesens, insbesondere Buch- und Bilanzprüfungen, durchzuführen.
~는 그 업무로서 기업의 회계제도의 영역, 특히 장부검사 및 대차대조표검사를 실시한다.
(2) Vereidigte Buchprüfer sind befugt, ihre Auftraggeber in steuerlichen Angelegenheiten nach Maßgabe der bestehenden Vorschriften zu beraten und zu vertreten.
~는 조세업무에서 그 업무위탁자에 대하여 규정의 기준에 따라 자문하고 대리한다. (Wirtschaftsprüferordnung 128 ff.).
독일에서 공인회계사(→Wirtschaftsprüfer)는 기업경영 전체를 심사한다.

Vereidigung bei kommissarischer Vernehmung StPO 63 위탁신문에서의 선서.
(Vereidigung bei Vernehmung durch beauftragten oder ersuchten Richter).
Wird ein Zeuge durch einen beauftragten oder ersuchten Richter vernommen, muss die Vereidigung, soweit sie zulässig ist, erfolgen, wenn es in dem Auftrag oder in dem Ersuchen des Gerichts verlangt wird.
증인이 수명법관이나 수탁판사에 의하여 신문되는 경우에는 법원의 위임이나 의뢰에 의하여 선서가 요구되는 때에는 선서가 허용되는 한 선서하게 하여야 한다.

Vereidigung der Zeugen StPO 59
증인의 선서.
(1) Zeugen werden nur vereidigt, wenn es das Gericht wegen der ausschlaggebenden Bedeutung der Aussage oder zur Herbeiführung einer wahren Aussage nach seinem Ermessen für notwendig hält.
증인은 법원이 증언의 결정적 중요성으로 인하여 또는 진실한 증언을 위하여 그 재량에 의해 필요하다고 생각하는 경우에만 선

서한다.

Vereidigung hör- oder sprachbehinderter Personen StPO 66 청각·언어장애자의 선서.
(1) Eine hör- oder sprachbehinderte Person leistet den Eid nach ihrer Wahl mittels Nachsprechens der Eidesformel, mittels Abschreibens und Unterschreibens der Eidesformel oder mit Hilfe einer die Verständigung ermöglichenden Person, die vom Gericht hinzuzuziehen ist.
청각·언어 장애자는 선택에 의해 선서양식의 복창, 선서양식의 필사와 서명 또는 법원이 소환한 이해보조인의 도움을 얻어 선서한다.

Vereidigung im vorbereitenden Verfahren StPO 62 준비절차에서의 선서.
Im vorbereitenden Verfahren ist die Vereidigung zulässig, wenn
1. Gefahr im Verzug ist oder
2. der Zeuge voraussichtlich am Erscheinen in der Hauptverhandlung verhindert sein wird und die Voraussetzungen des § 59 Abs. 1 vorliegen.
준비절차에서는 다음 각호의 경우에만 선서가 허용된다.
1. 긴급을 요하는 경우 2. 증인의 공판 출두가 방해될 것이 예견된 경우.

Vereidigungsverbote (Zwingende ~).
→ Nichtvereidigung (선서면제).

Verein BGB 21 사단. → Nichtwirtschaftlicher Verein (비영리사단).

Vereinbarte Form BGB 127 임의(합의) 방식.
(1) Die Vorschriften des § 126, des § 126a oder des § 126b gelten im Zweifel auch für die durch Rechtsgeschäft bestimmte Form.
의심스러운 때에는 법률행위로 정한 방식도 제126조 (서면방식), 제126a조 (전자방식), 제126b조 (문면(텍스트)방식)의 규정을 적용한다.

Vereinbarung GG 118 S.2 협정.
Kommt eine Vereinbarung nicht zustande, so wird die Neugliederung durch Bundesgesetz geregelt, das eine Volksbefragung vorsehen muß.
협정이 성립되지 아니하는 경우의 재편성은 연방법률로 이를 규정하며, 여기에는 주민 문의가 규정되어 있어야 한다.

Vereinfachte Art der Beweisaufnahme OWiG 77a 간이증거조사.
(1) Die Vernehmung eines Zeugen, Sachverständigen oder Mitbetroffenen darf durch Verlesung von Niederschriften über eine frühere Vernehmung sowie von Urkunden, die eine von ihnen stammende schriftliche Äußerung enthalten, ersetzt werden.
증인, 감정인 또는 공동당사자의 신문은 이전의 신문에 관한 조서 및 그로부터 유래하는 서면에 의한 진술을 포함하는 문서의 낭독에 의하여 대체될 수 있다.

Vereinfachtes Gesetzgebungsverfahren GG 115d 긴급입법절차.
(2) Gesetzesvorlagen der Bundesregierung, die sie als dringlich bezeichnet, sind gleichzeitig mit der Einbringung beim Bundestage dem Bundesrate zuzuleiten.
긴급을 요하는 연방정부의 법률안은 연방상원에 제출됨과 동시에 연방상원에 송부되어야 한다.

Vereinigung BG 429 혼동 (Konfusion).
(2) Vereinigen sich Forderung und Schuld in der Person eines Gesamtgläubigers, so erlöschen die Rechte der übrigen Gläubiger gegen den Schuldner.
채권과 채무가 연대채권자의 1인에게 혼동한 때에는 채무자에 대한 잔여채권자의 권리는 소멸한다.
→ Konsolidation bei dinglichen Rechten (물권에 있어서의 혼동).

Vereinigung von Arbeitgebern TVG 2 사용자단체. → Tarifvertragspartei (단체협약당사자).

Vereinigungsfreiheit GG 9 결사의 자유.
(1) Alle Deutschen haben das Recht, Vereine und Gesellschaften zu bilden.
모든 독일인은 단체와 조합을 결성할 권리를 가진다.

Vereinigungsverbot → Verstoß gegen ein Vereinigungsverbot (결사금지위반죄).

Vereiteln der Zwangsvollstreckung StGB 288 강제집행면탈죄.
(1) Wer bei einer ihm drohenden Zwangsvollstreckung in der Absicht, die Befriedigung des Gläubigers zu vereiteln, Bestandteile seines Vermögens veräußert oder beiseite schafft, wird mit Freiheitsstrafe bis zu zwei Jahren oder mit Geldstrafe bestraft.
강제집행에 임박하여 채권자의 채권실현을 방해할 목적으로 그 재산의 구성부분을 매각 또는 제거한 자는 2년 이하의 자유형 또는 벌금형에 처한다.

Vererblichkeit des Ausschlagungsrechts BGB 1952 상속포기권의 상속성.
(1) Das Recht des Erben, die Erbschaft auszuschlagen, ist vererblich.
상속을 포기할 수 있는 상속인의 권리는 상속의 목적이 된다.

Verfahren bei Berufung durch gesetzlichen Vertreter StPO 330 법정대리인의 항소시 절차.
(1) Ist von dem gesetzlichen Vertreter die Berufung eingelegt worden, so hat das Gericht auch den Angeklagten zu der Hauptverhandlung vorzuladen und kann ihn bei seinem Ausbleiben zwangsweise vorführen lassen.
법정대리인이 항소를 제기한 경우에는 법원은 피고인을 공판에 소환하고 불출석시는 강제로 구인하게 할 수 있다.

Verfahren bei Gesetzesbeschlüssen GG 77 입법절차 (법률의결절차).
(1) Die Bundesgesetze werden vom Bundestage beschlossen. Sie sind nach ihrer Annahme durch den Präsidenten des Bundestages unverzüglich dem Bundesrate zuzuleiten.
연방법률은 연방하원이 의결한다. 연방법률은 그 통과후 연방하원의장에 의하여 즉시 연방상원에 송부된다.
(2) Der Bundesrat kann binnen drei Wochen nach Eingang des Gesetzesbeschlusses verlangen, daß ein aus Mitgliedern des Bundestages und des Bundesrates für die gemeinsame Beratung von Vorlagen gebildeter Ausschuß einberufen wird.
연방상원은 법률의 의결을 접수한 후 2주일 이내에 의안의 공동심의를 위하여 연방하원 의원 및 연방상원 의원으로서 조직되는 위원회의 소집을 요구할 수 있다.

Verfahren nach Anklageerhebung StPO 294 공소제기후 절차.
(1) Für das nach Erhebung der öffentlichen Klage eintretende Verfahren gelten im übrigen die Vorschriften über die Eröffnung des Hauptverfahrens entsprechend.
그밖에 공소제기후에 발생하는 절차에 관하여는 공판개시에 관한 규정을 준용한다.

Verfahrenseinstellung auf Grund Gesetzesänderung StPO 206b 법률개정으로 인한 절차의 정지.
Wird ein Strafgesetz, das bei Beendigung der Tat gilt, vor der Entscheidung geändert und hat ein gerichtlich anhängiges Strafverfahren eine Tat zum Gegenstand, die nach dem bisherigen Recht strafbar war, nach dem neuen Recht aber nicht mehr strafbar ist, so stellt das Gericht außerhalb der Hauptverhandlung das Verfahren durch Beschluß ein.
행위의 종료시에 유효했던 형법이 재판전에 개정되어 법원에 계속중인 형사소송절차가 지금까지는 처벌이 가능했지만 새로운 법에 의하여는 더 이상 처벌될 수 없는 행위를 대상으로 하는 경우에는 법원은 공판외의 결정으로 당해 절차를 정지한다.

**Verfahrenseinstellung bei Erfüllung von

Auflagen und Weisungen StPO 153a
준수사항 및 지시사항의 이행에 의한 절차의
정지 (경죄의 경우).
(1) Mit Zustimmung des für die Eröffnung des Hauptverfahrens zuständigen
Gerichts und des Beschuldigten kann die
Staatsanwaltschaft bei einem Vergehen
vorläufig von der Erhebung der öffentlichen Klage absehen und zugleich dem
Beschuldigten Auflagen und Weisungen
erteilen, wenn diese geeignet sind, das
öffentliche Interesse an der Strafverfolgung zu beseitigen, und die Schwere der
Schuld nicht entgegensteht.
검사는 경죄의 경우에 공판개시에 관한 관
할법원 및 피의자의 동의를 얻어 잠정적으
로 공소를 제기하지 아니할 수 있으며, 동
시에 피의자에게 준수명령 및 지시사항을
부과할 수 있다. 단 이 경우 형사소추의 공
익을 제거하기에 적합하고 책임의 크기에
반대되지 않아야 한다.

Verfahrensfehler und Formfehler
VwVfG 46 절차상의 하자 및 형식상의 하
자.
Die Aufhebung eines Verwaltungsaktes,
der nicht nach § 44 nichtig ist, kann nicht
allein deshalb beansprucht werden, weil er
unter Verletzung von Vorschriften über
das Verfahren, die Form oder die örtliche
Zuständigkeit zustande gekommen ist,
wenn offensichtlich ist, dass die Verletzung die Entscheidung in der Sache
nicht beeinflusst hat.
제44조의 규정에 따라 무효로 되지 아니하
는 행정행위에 있어 그 위반이 본안 결정에
있어 명백히 영향을 미치지 아니한 때에는
행정행위가 형식, 절차 또는 토지관할에 관
한 규정에 위반하여 성립되었다는 사실만으
로는 그 취소를 청구할 수 없다.

**Verfahrenshindernis nach Eröffnung des
Hauptverfahrens** StPO 206a 공판절차개
시후의 절차장애사유.
(1) Stellt sich nach Eröffnung des Hauptverfahrens ein Verfahrenshindernis heraus,
so kann das Gericht außerhalb der Haupt-

verhandlung das Verfahren durch Beschluß
einstellen.
공판절차의 개시후 절차상의 장애가 존재하
는 경우에는 법원은 공판외의 결정으로 당
해 절차를 정지할 수 있다.

Verfahrensregister StPO 492;
BVerfGGO 61(2) 소송등록(사건)부.
(1) Das Bundesamt für Justiz (Registerbehörde) führt ein zentrales staatsan-
waltschaftliches Verfahrensregister. (492)
(2) In das Register sind
1. die Personendaten des Beschuldigten
und, soweit erforderlich, andere zur Identifizierung geeignete Merkmale,
2. die zuständige Stelle und das Aktenzeichen,
3. die nähere Bezeichnung der Straftaten,
insbesondere die Tatzeiten, die Tatorte
und die Höhe etwaiger Schäden,
4. die Tatvorwürfe durch Angabe der gesetzlichen Vorschriften,
5. Die Einleitung des Verfahrens sowie die
Verfahrenserledigungen bei der Staatsanwaltschaft und bei Gericht nebst Angabe
der gesetzlichen Vorschriften einzutragen.
(1) 연방사법국(등록관청)은 중앙검찰의 소
송등록부를 지휘한다.
(2) 등록부에는 다음 각호가 기재되어야 하
다.
1. 피의자의 신상데이터 및 필요한 경우 기
타 신원확인에 적절한 표지,
2. 관할관서 및 기록번호,
3. 범죄행위의 구체적 명칭; 특히 범행시기,
범행장소 및 손해가 있는 경우 그 정도,
4. 법률규정의 기재에 의한 행위비난,
5. 검사와 법원에 있어서 절차의 개시, 절차
의 종료 이외에 법률규정의 기재.
(2) Ein gemäß § 60 Abs. 2 Buchstabe a
im Allgemeinen Register eingetragener
Vorgang ist in das Verfahrensregister zu
übertragen, wenn der Einsender nach
Unterrichtung über die Rechtslage eine
richterliche Entscheidung begehrt.
(BVerfGGO 61)
제60조 제2항 a)에 따라 일반사건등록부에
기대된 사건은 신청자가 법적 상황에 관한

통지를 받은 후 법원의 재판을 구하는 경우
에는 소송등록부로 이전된다.

Verfahrensrügen ZPO 295 절차책문.

Die Verletzung einer die Form einer Pro-
zesshandlung betreffenden Vorschrift kann
nicht mehr gerügt werden, wenn die Partei
bei der mündlichen Verhandlung den Mangel nicht gerügt hat, obgleich sie erschienen und ihr der Mangel bekannt war oder
bekannt sein musste.
소송행위의 방식에 관한 규정위반에 관하여
는 구두변론에서 당사자가 출석하여 그 흠
결을 알았거나 또는 알 수 있었음에도 불구
하고 그 흠결에 대한 책문을 하지 아니한
경우에는 다시 이를 책문할 수 없다.

Verfahrensvereinfachung OWiG 78
절차의 간소화.
S.2   Haben der Betroffene, der Verteidiger und der in der Hauptverhandlung
anwesende Vertreter der Staatsanwaltschaft von dem Wortlaut des Schriftstücks Kenntnis genommen oder dazu
Gelegenheit gehabt, so genügt es, die
Feststellung hierüber in das Protokoll
aufzunehmen.
당사자, 변호인 및 공판에 출석하고 있는
검찰의 대리인이 서면의 문언을 알고 있거
나 그러한(알 수 있는) 기회를 가졌던 경우
에는 조서에 그 확인을 기재하는 것으로 충
분하다.

Verfahrensvoraussetzung
→ Prozeßvoraussetzung. (소송조건).

Verfall (취득)박탈(추징), 귀속. 유질, 만기.
① 독일 형법상 몰수(Einziehung)에는 위법
행위에 제공된 물건의 몰수와 그 물건에 대
한 대가의 몰수(§74c)가 포함되어 있고,
Verfall은 정범 또는 공범이 위법행위를 통
하여 취득한 모든 물건(etwas)이나 이익을
박탈하며, 대가의 박탈(§73a)도 인정된다.
이러한 의미에서 우리 형법상 제3의 제재형
식의 개념인 <추탈>의 개념설정이 바람직
하다는 견해도 있다.
(1) Ist eine rechtswidrige Tat begangen

worden und hat der Täter oder Teilnehmer für die Tat oder aus ihr etwas erlangt, so ordnet das Gericht dessen Verfall an (StGB 73)
법원은 위법행위가 발생하였고 정범 또는
공범이 그 위법행위를 위하여 또는 그 위법
행위로 인하여 물건을 취득한 때에는 그 박
탈을 명한다.
(2) Die Anordnung des Verfalls erstreckt
sich auf die gezogenen Nutzungen (StGB
73).
박탈의 명령은 취득한 이익에 대하여 미친다.
② 담보의 귀속→ Verfall einer noch nicht
frei gewordenen Sicherheit (StPO 124)
③ 유질 → Verfallvereinbarung BGB 1229
유질계약.
④ 만기 → Verfallzeit WG 33.

Verfall des Wertersatzes StGB 73a
대가의 박탈.
Soweit der Verfall eines bestimmten Gegenstandes wegen der Beschaffenheit des
Erlangten oder aus einem anderen Grunde
nicht möglich ist oder von dem Verfall
eines Ersatzgegenstandes nach § 73 Abs.
2 Satz 2 abgesehen wird, ordnet das
Gericht den Verfall eines Geldbetrags an,
der dem Wert des Erlangten ent- spricht.
법원은 그 취득물의 성질이나 기타의 사유
로 인하여 특정한 물건의 박탈이 불가능하
거나 또는 § 73(2) S.2에 의한 대체물의 박
탈이 배제되는 때에는 취득물의 가치에 상
당하는 금액의 박탈을 명한다.

**Verfall einer noch nicht frei gewordenen
Sicherheit** StPO 124 해제되지 아니한 담
보의 귀속. ← Sicherheitsverfall (Verfall
der Sicherheit).
Wenn für den Beschuldigten Sicherheit
geleistet hat (피의자를 위하여 담보가 제공
된 경우),
(1) Eine noch nicht frei gewordene Sicherheit verfällt der Staatskasse, wenn der
Beschuldigte sich der Untersuchung oder
dem Antritt der erkannten Freiheitsstrafe
oder freiheitsentziehenden Maßregel der
Besserung und Sicherung entzieht.

피의자가 조사나 또는 선고된 자유형이나 자유박탈적 보안처분의 집행개시로부터 도피하는 경우에는 아직 해제되지 아니한 담보는 국고로 귀속된다.

Verfall eines Ersatzgegenstandes
StGB 73(2) S.2 대체물의 박탈.
(2) S.2 (Die Anordnung des Verfalls) Sie kann sich auch auf die Gegenstände erstrecken, die der Täter oder Teilnehmer durch die Veräußerung eines erlangten Gegenstandes oder als Ersatz für dessen Zerstörung, Beschädigung oder Entziehung oder auf Grund eines erlangten Rechts erworben hat.
박탈의 명령은 정범 또는 공범이 취득물의 매각을 통하여 또는 그 파괴, 손상, 탈취의 대가로서 또는 취득한 권리에 근거하여 획득한 물건에 대하여도 미친다.

Verfall, Vernichtung, Unbrauchbarmachung und Beseitigung StPO 442
박탈, 폐기처분, 사용불능 및 위법한 상태의 제거 (←Einziehung gleichstehende Rechtsfolgen 몰수와 동등한 법률효과).
(1) Verfall, Vernichtung, Unbrauchbarmachung und Beseitigung eines gesetzwidrigen Zustandes stehen im Sinne der §§ 439 bis 441 der Einziehung gleich.
박탈, 폐기처분, 사용불능 및 위법한 상태의 제거는 제430조 내지 제441조의 규정에 의한 몰수와 같다.

Verfallvereinbarung BGB 1229 유질계약(~의 금지: Verbot der ~).
Eine vor dem Eintritt der Verkaufsberechtigung getroffene Vereinbarung, nach welcher dem Pfandgläubiger, falls er nicht oder nicht rechtzeitig befriedigt wird, das Eigentum an der Sache zufallen oder übertragen werden soll, ist nichtig.
질권자가 변제를 받지 아니하거나 또는 적시에 변제를 받지 아니할 경우 질물의 소유권이 질권자에게 귀속하거나 또는 질권자에게 이전할 뜻의 합의가 매각의 권리 발생전에 이루어진 때에는 이를 무효로 한다.

Verfallzeit WG 33 만기.
Ein Wechsel kann gezogen werden 어음은 다음 방식으로 발행될 수 있다 (어음발행방식).
auf Sicht 일람출급 (Sichtwechsel),
auf eine bestimmte Zeit nach Sicht 일람후정기출급 (Nachsichtwechsel),
auf eine bestimmte Zeit nach der Ausstellung 발행일자후정기출급 (Datowechsel),
auf einen bestimmten Tag 확정일출급 (Tagwechsel).

Verfälschen → Fälschung (위조).

Verfassung 헌법; BGB 25 기본조직.
① Grundgesetz für die Bun- desrepublik Deutschland (독일연방공화국 기본법).
② Die Verfassung eines rechtsfähigen Vereins wird, soweit sie nicht auf den nachfolgenden Vorschriften beruht, durch die Vereinssatzung bestimmt.
권리능력있는 사단의 기본조직은 다음의 제규정에 의거하지 아니하는 한 사단정관으로써 정한다.

Verfassung der Länder GG 28 주헌법.
Die verfassungsmäßige Ordnung in den Ländern muß den Grundsätzen des republikanischen, demokratischen und sozialen Rechtsstaates im Sinne dieses Grundgesetzes entsprechen.
주헌법질서는 기본법이 의미하는 공화적, 민주적 및 사회적 법치국가의 제원리에 합치하여야 한다.

Verfassung des Deutschen Reichs
→ Weimarer Reichsverfassung (바이마르 제국헌법).

Verfassungsänderung 헌법개정.
→ Änderung des Grundgesetzes (기본법의 변경).

Verfassungsändernde Gewalt (pouvoir constitué) 헌법개정권력.
↔ Verfassunggebende Gewalt (pouvoir constituant) (헌법제정권력).

Verfassungsbeschwerde GG 93 4a;
BVerfGG 90(1) 헌법소원.
Jedermann kann mit der Behauptung,
durch die öffentliche Gewalt in einem
seiner Grundrechte oder in einem seiner
in Artikel 20 Abs. 4, Artikel 33, 38, 101,
103 und 104 des Grundgesetzes enthaltenen Rechte verletzt zu sein, die Verfassungsbeschwerde zum Bundesverfassungsgericht erheben.
공권력에 의하여 그 기본권 또는 제20조4항,
33조, 38조, 101조, 103조 및 104조에 규정된
권리(저항권, 독일인의 국민적 동등지위, 선
거, 예외법원의 금지, 소급효금지, 일사부재
리, 자유박탈의 경우의 권리보장)가 침해되
었다고 주장하는 모든 사람은 헌법재판소에
헌법소원을 제기할 수 있다 (Individualverfassungsbeschwerde 개인헌법소원).
→ Kommunalverfassungsbeschwerde (자치
단체헌법소원).

**Verfassungsfeindliche Einwirkung auf
Bundeswehr und öffentliche Sicherheitsorgan** StGB 89 연방군과 공적 보안기관
에 대한 헌법적대적 작용죄.
(1) Wer auf Angehörige der Bundeswehr
oder eines öffentlichen Sicherheitsorgans
planmäßig einwirkt, um deren pflichtmä-
ßige Bereitschaft zum Schutz der Sicherheit der Bundesrepublik Deutschland oder
der verfassungsmäßigen Ordnung zu
untergraben, und sich dadurch absichtlich
für Bestrebungen gegen den Bestand oder
die Sicherheit der Bundesrepublik Deutschland oder gegen Verfassungsgrundsätze
einsetzt, wird mit Freiheitsstrafe bis zu
fünf Jahren oder mit Geldstrafe bestraft.
독일연방공화국의 안전이나 헌법질서의 수
호를 위한 연방군 또는 공안기관의 비상대
기상황을 허물기 위하여 연방군 또는 공안
기관의 소속원에 계획적인 작용을 가하고
이로 인하여 고의로 독일 연방공화국의 존
립 내지 안전 또는 헌법상의 제원칙에 반한
시도를 한 자는 5년 이하의 자유형 또는 벌
금형에 처한다.

Verfassungsfeindliche Sabotage
StGB 88 헌법적대적 태업죄.

(1) Wer als Rädelsführer oder Hintermann
einer Gruppe oder, ohne mit einer Gruppe
oder für eine solche zu handeln, als einzelner absichtlich bewirkt, daß im räumlichen Geltungsbereich dieses Gesetzes
durch Störhandlungen
1. Unternehmen oder Anlagen, die der
öffentlichen Versorgung mit Postdienstleistungen oder dem öffentlichen Verkehr
dienen,
2. Telekommunikationsanlagen, die öffentlichen Zwecken dienen,
3. Unternehmen oder Anlagen, die der öffentlichen Versorgung mit Wasser, Licht,
Wärme oder Kraft dienen oder sonst für
die Versorgung der Bevölkerung lebens-
wichtig sind, oder
4. Dienststellen, Anlagen, Einrichtungen
oder Gegenstände, die ganz oder überwiegend der öffentlichen Sicherheit oder
lagen, Edienen,
ganz oder zum Teil außer Tätigkeit
gesetzt oder den bestimmungsmäßigen
Zwecken entzogen werden, und sich
dadurch absichtlich für Bestrebungen
gegen den Bestand oder die Sicherheit der
Bundesrepublik Deutschland oder gegen
Verfassungsgrundsätze einsetzt, wird mit
Freiheitsstrafe bis zu fünf Jahren oder mit
Geldstrafe bestraft.
단체의 수괴나 배후조종자로서 또는 단체와
같이하거나 단체를 위하여 활동하지 않고
개인으로서 의도적으로 이 법의 장소적 범
위내에서 교란행위를 통해, 다음에 해당하
는 기업이나 시설 등을 전부 또는 일부 중
지시키거나 그 정하여진 목적을 벗어나게
하여 독일연방공화국의 존립, 안전 또는 헌
법상의 제원칙에 반하는 시도를 하는 자는
5년 이하의 자유형 또는 벌금형에 처한다.
1. 우편역무 또는 공공교통에 공하는 기업
이나 시설 2. 공공 목적에 공하는 전기통
신설비 3. 수도, 전기, 난방 또는 에너지
등의 공적 공급에 공하거나 기타 국민의 생
필품 공급에 중요한 기업이나 시설 4. 그
전부가 또는 주로 공공의 안전이나 질서에
공하는 기관, 시설, 설비나 대상물.

Verfassungsfeindliche Verunglimpfung von Verfassungsorganen StGB 90b
헌법기관에 대한 헌법적대적 모독죄.
(1) Wer öffentlich, in einer Versammlung oder durch Verbreiten von Schriften ein Gesetzgebungsorgan, die Regierung oder das Verfassungsgericht des Bundes oder eines Landes oder eines ihrer Mitglieder in dieser Eigenschaft in einer das Ansehen des Staates gefährdenden Weise verunglimpft,
집회중 또는 문서의 반포를 통해 입법기관, 연방 또는 주의 정부, 헌법재판소 또는 그 구성원을 그 신분에 있어 국가의 권위를 위협하는 방법으로 공연히 모욕하고, 이로 인하여 고의로 독일연방공화국의 존립 또는 헌법상의 제원칙에 반하는 시도를 한 자는 3개월 이상 5년 이하의 자유형에 처한다.

Verfassunggebende Gewalt 헌법제정권력 (pouvoir constituant).
↔ Verfassungsändernde Gewalt (pouvoir constitué) (헌법개정권력).

Verfassungsgrundsätze StGB 92(2)
헌법상의 제원칙.
→ Verfassungsfeindliche Verunglimpfung von Verfassungsorganen StGB 90b 헌법기관에 대한 헌법적대적 모독죄.
(2) Im Sinne dieses Gesetzes sind Verfassungsgrundsätze
본법에서 의미하는 헌법상의 제원칙이란 다음 각호를 말한다.
1. das Recht des Volkes, die Staatsgewalt in Wahlen und Abstimmungen und durch besondere Organe der Gesetzgebung, der vollziehenden Gewalt und der Rechtsprechung auszuüben und die Volksvertretung in allgemeiner, unmittelbarer, freier, gleicher und geheimer Wahl zu wählen, 선거와 투표를 통하여 또는 입법부·행정부·사법부의 특별 기관에 의하여 국가권력을 행사하고 보통·직접·자유·평등 및 비밀 선거에 의하여 국민의 대표를 선출할 국민의 권리 (국민주권, 권력분립, 선거권의 보호).
2. die Bindung der Gesetzgebung an die verfassungsmäßige Ordnung und die Bin-
dung der vollziehenden Gewalt und der Rechtsprechung an Gesetz und Recht 입법부의 헌법질서에의 기속, 행정부 및 사법부의 법률에의 기속(권력의 법치국가적 기속).
3. das Recht auf die Bildung und Ausübung einer parlamentarischen Opposition, 의회에서 야당의 조직 및 그 활동에 관한 권리.
4. die Ablösbarkeit der Regierung und ihre Verantwortlichkeit gegenüber der Volksvertretung, 정부의 해산 가능성과 국민대표에 대한 책임.
5. die Unabhängigkeit der Gerichte 법원의 독립.
6. der Ausschluß jeder Gewalt- und Willkürherrschaft 모든 폭력과 자의의 지배 배제.

Verfassungskonforme Auslegung
헌법합치적 (합헌적) 해석.
Ein Gesetz steht dann nicht im Widerspruch zu einem Grundsatz von Verfassungsrang, wenn es verfassungskonform ausgelegt werden kann. Lasst also ein Gesetz mehrere Auslegungsmoglichkeiten zu, so ist die Moglichkeit zu wahlen, die zu dem Ergebnis einer Vereinbarkeit mit der Verfassung kommt.
법률은 합헌적으로 해석이 가능한 때에는 헌법우위의 원칙에 모순되지 않는다. 법률이 다수의 해석가능성이 있는 경우에도 헌법과 합치되는 방법을 선택하여야 한다.

Verfassungsstreitigkeiten innerhalb eines Landes GG 99 주내부의 헌법쟁송.
Dem Bundesverfassungsgerichte kann durch Landesgesetz die Entscheidung von Verfassungsstreitigkeiten innerhalb eines Landes, den in Artikel 95 Abs.1 genannten obersten Gerichtshöfen für den letzten Rechtszug die Entscheidung in solchen Sachen zugewiesen werden, bei denen es sich um die Anwendung von Landesrecht handelt.
주법률로 주내부의 헌법쟁송의 결정을 연방헌법재판소에 할당할 수 있으며, 주법의 적용이 문제가 되는 사항에 대한 최종심으로

서의 결정을 제95조 제1항에 열거된 최고법
원에 할당할 수 있다.

Verfassungswidrig erklärten Partei
→ Fortführung einer Verfassungswidrig
erklärten Partei (위헌정당유지죄).

Verfehlung JGG 1(1) 비행.
Dieses Gesetz gilt, wenn ein Jugendlicher
oder ein Heranwachsender eine Verfehlung
begeht, die nach den allgemeinen Vorschriften mit Strafe bedroht ist.
본법(소년법원법)은 청소년이나 연장소년이
형벌의 대상이 되는 비행을 범하였을 경우
에 적용한다.

Verfolgte 피추적자, 피박해자
In dem Steckbrief ist der Verfolgte zu
bezeichnen und soweit möglich zu beschreiben (StPO 131)
피추적자는 수배장에 명시하며, 가능한 한
인상이 묘사되어야 한다.
(1) Nr.4 Wer in der Zeit vom 8. Mai
1945 bis zum 2. Oktober 1990 durch eine
andere Maßnahme im Beitrittsgebiet, wenn
diese der politischen Verfolgung gedient
hat,
zumindest zeitweilig weder seinen bisher
ausgeübten, begonnenen, erlernten oder
durch den Beginn einer berufsbezogenen
Ausbildung nachweisbar angestrebten noch
einen sozial gleichwertigen Beruf ausüben
konnte(Verfolgter), hat Anspruch auf Leistungen nach diesem Gesetz. (BerRehaG 1)
1945.5.8.-1990.10.2.의 시간동안 정치적 박해
에 있었던 가입지역의 기타 조치에 의하여
직업에 이미 종사했거나 시작했거나 숙련되
거나 또는 직업관련 교육의 시작에 의하여
직업의 성취에 노력한 것이 입증될 수 있는
경우나 또는 사회적으로 이와 동가치적 직
업을 적어도 일시적이라도 가지지 못한 자
(피박해자)는 이 법에 의한 급부청구권을
가진다.

Verfolgung und Ahndung durch die Ver-
waltungsbehörde OWiG 35 행정관청에
의한 소추와 처벌.

(1) Für die Verfolgung von Ordnungswidrigkeiten ist die Verwaltungsbehörde
zuständig.
(2) Die Verwaltungsbehörde ist auch für
die Ahndung von Ordnungswidrigkeiten
zuständig.
(1) 질서위반행위의 소추에 대하여는 행정
관청이 이를 관할한다.
(2) 질서위반행위의 처벌에 대하여도 행정
관청이 이를 관할한다.

Verfolgung Unschuldiger StGB 344
무고자소추죄.
(1) Wer als Amtsträger, der zur Mitwirkung an einem Strafverfahren, abgesehen
von dem Verfahren zur Anordnung einer
nicht freiheitsentziehenden Maßnahme, berufen ist, absichtlich oder wissentlich
einen Unschuldigen oder jemanden, der
sonst nach dem Gesetz nicht strafrechtlich
verfolgt werden darf, strafrechtlich verfolgt oder auf eine solche Verfolgung
hinwirkt, wird mit Freiheitsstrafe von
einem Jahr bis zu zehn Jahren,
비자유박탈적 처분(§11(1) 제8호)의 명령절
차 이외의 형사절차에 참여하는 공무수행자
로서 의도적으로 또는 그 정을 알면서 책임
없는 자 또는 법률상 형사소추가 되어서는
아니되는 자를 형사소추하거나 이에 영향을
미친 자는 1년 이상 10년 이하의 자유형에
처한다.
여기서 Unschuldiger는 절차의 기초가 된
범죄행위를 범하지 아니하였거나 또는 정당
화사유, 면책사유 또는 형벌배제사유가 있
는 사람 또는 §§3-7 StGB에 의해 독일형법
의 적용을 받지 않는 사람을 말한다.

Verfolgung von Ordnungswidrigkeiten
OWiG 47 질서위반행위의 소추.
(1) Die Verfolgung von Ordnungswidrigkeiten liegt im pflichtgemäßen Ermessen
der Verfolgungsbehörde. Solange das Verfahren bei ihr anhängig ist, kann sie es
einstellen.
질서위반행위의 소추는 소추기관의 의무재
량사항이다. 절차가 소추관청에 계류되어
있는 한 절차를 중지할 수 있다.

Verfolgungsbeschränkung StPO 154a; 430 소추의 제한.

(1) Fallen einzelne abtrennbare Teile einer Tat oder einzelne von mehreren Gesetzesverletzungen, die durch dieselbe Tat begangen worden sind, (StPO 154a)

(1) 행위의 가분적인 각부분 또는 동일한 행위로 인하여 행하여진 수개의 법률위반중 각각이 다음 각호에 비하여 중요하지 아니한 경우에는 그 행위 이외의 또는 그밖의 법률위반에 대하여는 소추가 제한될 수 있다.

1. für die zu erwartende Strafe oder Maßregel der Besserung und Sicherung oder

2. neben einer Strafe oder Maßregel der Besserung und Sicherung, die gegen den Beschuldigten wegen einer anderen Tat rechtskräftig verhängt worden ist oder die er wegen einer anderen Tat zu erwarten hat,

nicht beträchtlich ins Gewicht, so kann die Verfolgung auf die übrigen Teile der Tat oder die übrigen Gesetzesverletzungen beschränkt werden.

1. 예견되는 형벌 또는 개선·보안처분,

2. 피의자의 다른 행위로 인하여 확정된 판결 또는 피의자의 다른 행위에 대하여 예견되는 형벌 또는 개선·보안처분.

(Absehen von der Einziehung 몰수하지 아니할 경우) (StPO 430)

(1) Fällt die Einziehung neben der zu erwartenden Strafe oder Maßregel der Besserung und Sicherung nicht ins Gewicht oder würde das Verfahren, soweit es die Einziehung betrifft, einen unangemessenen Aufwand erfordern oder die Herbeiführung der Entscheidung über die anderen Rechtsfolgen der Tat unangemessen erschweren, so kann das Gericht mit Zustimmung der Staatsanwaltschaft in jeder Lage des Verfahrens die Verfolgung der Tat auf die anderen Rechtsfolgen beschränken.

몰수가 예상되는 형벌이나 보안처분에 비하여 중요하지 아니한 경우 또는 그 절차가 몰수에 관하여 과대한 비용이 요구되거나 행위의 다른 법적 효과에 대한 재판을 심히 어렵게 할 경우에는 법원은 절차의 모든 단계에서 검사의 동의를 얻어 행위의 소추를 몰수 이외의 다른 법적 효과에 제한할 수 있다.

Verfolgungsmaßnahme OWiG 110 소추처분.

(1) Die Entscheidung über die Entschädigungspflicht für einen Vermögensschaden, der durch eine Verfolgungsmaßnahme im Bußgeldverfahren verursacht worden ist (§ 8 des Gesetzes über die Entschädigung für Strafverfolgungsmaßnahmen), trifft die Verwaltungsbehörde, wenn sie das Bußgeldverfahren abgeschlossen hat, in einem selbständigen Bescheid.

질서위반금절차에 있어서 소추처분으로 인하여 야기된 재산상의 손해에 대한 보상의 무결정(형사보상법 제8조)은 행정관청이 질서위반금절차를 종결했을 때에 독립된 결정으로 이를 행한다.

Verfolgungsrecht des Besitzers BGB 867 점유자의 추급권.

Ist eine Sache aus der Gewalt des Besitzers auf ein im Besitz eines anderen befindliches Grundstück gelangt, so hat ihm der Besitzer des Grundstücks die Aufsuchung und die Wegschaffung zu gestatten, sofern nicht die Sache inzwischen in Besitz genommen worden ist.

물건이 점유자의 지배를 이탈하여 타인이 점유하는 부동산으로 옮겨간 경우에는 부동산 점유자는 그사이에 물건이 누구의 점유에도 속하지 아니한 한 부동산 점유자는 물건의 점유자에게 수색 및 회수를 허용하여야 한다.

Verfolgungsrecht des Eigentümers BGB 962 소유자의 추적권.

Der Eigentümer des Bienenschwarms darf bei der Verfolgung fremde Grundstücke betreten.

봉군의 소유자는 추적시 타인의 토지에 들어갈 수 있다.

Verfolgungsverjährung StGB 78a 공소시효(소추시효).

Die Verjährung beginnt, sobald die Tat beendet ist. Tritt ein zum Tatbestand gehörender Erfolg erst später ein, so beginnt die Verjährung mit diesem Zeitpunkt.
공소시효는 범죄행위가 종료한 때로부터 기산한다. 구성요건에 해당하는 결과가 사후에 발생한 경우에는 공소시효는 그 결과가 발생한 때로부터 기산한다.

Verfrachter HGB 606 해상(물품)운송인.
Der Verfrachter ist verpflichtet, beim Einladen, Stauen, Befördern, Behandeln und Ausladen der Güter mit der Sorgfalt eines ordentlichen Verfrachters zu verfahren.
해상운송인은 물품의 선적, 적부, 운송, 취급, 양육에 있어 통상적인 해상운송인의 주의로써 처리할 의무를 진다.

Verfügung StPO 304 처분(법관의), 명령.
(1) Die Beschwerde ist gegen die Vefügungen des Vorsitzenden, des Richters im Vorverfahren und eines beauftragten oder ersuchten Richtders zulässig, soweit das Gesetz sie nicht ausdrücklich einer Anfechtung entzieht.
항고는 재판장, 준비절차에 있어서의 판사, 수명법관, 수탁판사의 처분에 대하여, 법률이 이의 불복을 금하지 아니하는 한, 허용된다.

Verfügung von Todes wegen 사인처분 (死因處分); 유언(Testament)과 상속계약 (Erbvertrag)을 총칭한다.

Verführung StGB 182 (a.F.) 위계에 의한 소녀간음죄. → Sexueller Mißbrauch von Jugendlichen (소년에 대한 성적 남용죄).

Vergabe öffentlicher Aufträge
GWB 97 공공계약의 발주.
(1) Öffentliche Auftraggeber beschaffen Waren, Bau- und Dienstleistungen nach Maßgabe der folgenden Vorschriften im Wettbewerb und im Wege transparenter Vergabeverfahren.
공공계약의 발주자는 다음 규정의 기준에 의하여 경쟁으로 그리고 투명한 발주절차의 방법으로 상품, 공사, 용역을 조달한다.

Vergehen StGB 12 경죄.
1년 미만의 자유형이나 벌금형이 정하여진 위법행위. → Verbrechen; Verbrechen und Vergehen.

Vergeltungstheorie 응보형주의.
Die Vergeltungstheorie sieht den Sinn der Strafe darin, dass in der Auferlegung eines Übels die Schuld des Täters in gerechter Weise vergolten (ausgeglichen) wird.
~에서는 형벌의 의미가 해악을 부과함에 있어 정당한 방법으로 행위자의 책임을 보상(조정)하는 데 있다고 본다.

Vergesellschaftung GG 15 사회화.
Grund und Boden, Naturschätze und Produktionsmittel können zum Zwecke der Vergesellschaftung durch ein Gesetz, das Art und Ausmaß der Entschädigung regelt, in Gemeineigentum oder in andere Formen der Gemeinwirtschaft überführt werden.
토지, 천연자원 및 생산수단은 사회화를 위하여 보상의 종류와 정도를 규정하는 법률에 따라 공유재산 또는 다른 형태의 공동관리경제로 옮겨갈 수 있다.

Vergewaltigung (Notzucht) = besonders schwerer Fall der Vergewaltigung
StGB 177 강간죄.
(2) In besonders schweren Fällen der Vergewaltigung ist die Strafe Freiheitsstrafe nicht unter zwei Jahren. Ein besonders schwerer Fall liegt in der Regel vor, wenn
특히 중한 경우의 폭력 즉 강간은 2년 이상의 자유형에 처한다. 특히 중한 경우란
1. der Täter mit dem Opfer den Beischlaf vollzieht oder ähnliche sexuelle Handlungen an dem Opfer vornimmt oder an sich von ihm vornehmen läßt, die dieses besonders erniedrigen, insbesondere, wenn sie mit einem Eindringen in den Körper verbunden sind (Vergewaltigung), oder

행위자가 피해자와 성교를 실행하거나 또는
유사성행위를 피해자에게 하거나 행위자 자
신에게 하도록 하여 피해자를 특히 굴욕시
키고 더욱이 이러한 행위가 신체의 삽입과
관련이 되는 경우(강간).
2. die Tat von mehreren gemeinschaftlich
begangen wird.
행위가 다수에 의해 공동으로 범하여 지는
경우이다. → Sexuelle Nötigung.

Vergiftung
→ Gemeingefährliche Vergiftung
　(공공위험의 독물혼입죄)
→ Vergiftungsverdacht (독살혐의).

Vergiftungsverdacht StPO 91　독살혐의.
(1) Liegt der Verdacht einer Vergiftung
vor, so ist die Untersuchung der in der
Leiche oder sonst gefundenen verdächtigen Stoffe durch einen Chemiker oder
durch eine für solche Untersuchungen
bestehende Fachbehörde vorzunehmen.
독살의 혐의가 있는 경우 사체나 기타 장소
에서 발견된 물질의 검사는 화학자나 그러
한 조사를 위한 전문관청에 의하여 이루어
져야 한다.

Vergleich BGB 779; StPO 405　화해.
(1) Ein Vertrag, durch den der Streit oder
die Ungewißheit der Parteien über ein
Rechts- verhältnis im Wege gegenseitigen
Nach- gebens beseitigt wird (Vergleich).
(779)
법률관계에 관한 당사자간의 분쟁 또는 불
명확을 상호양보의 방법에 의하여 제거하는
계약.
(1) Auf Antrag des Verletzten oder seines
Erben und des Angeklagten nimmt das
Gericht einen Vergleich über die aus der
Straftat erwachsenen Ansprüche in das
Protokoll auf. (405)
법원은 피해자 또는 그의 상속인 및 피고인
의 신청에 의하여 범죄행위로부터 발생한
청구권에 관한 화해를 조서에 기재한다.

**Vergleichbarer unbefristet beschäftigter
Arbeitnehmer** TzBfG 3(2)

비교가능한 무기간제 근로자.
(2) Vergleichbar ist ein unbefristet beschäftigter Arbeitnehmer des Betriebes
mit der gleichen oder einer ähnlichen
Tätigkeit.
Gibt es im Betrieb keinen vergleichbaren
unbefristet beschäftigten Arbeitnehmer, so
ist der vergleichbare unbefristet beschäftigte Arbeitnehmer auf Grund des anwendbaren Tarifvertrages zu bestimmen;
in allen anderen Fällen ist darauf abzustellen, wer im jeweiligen Wirtschaftszweig üblicherweise als vergleichbarer
unbefristet beschäftigter Arbeitnehmer anzusehen ist.
사업장의 무기간제 근로자는 그와 동종 또
는 유사한 활동에 의하여 비교가능하다.
당해 사업장에 비교할 수 있는 통상의 근로
자가 없는 경우에 비교가능한 무기간제 근
로자는 적용가능한 단체협약을 기준으로 정
한다.
그 외의 경우에는 각기 사업부문에서 통상
비교가능한 무기간제근로자로서 볼 수 있는
자를 기준으로 한다.

Vergleichende Werbung UWG 6　비교
광고.
(1) Vergleichende Werbung ist jede Werbung, die unmittelbar oder mittelbar einen
Mitbewerber oder die von einem Mitbewerber angebotenen Waren oder Dienstleistungen erkennbar macht.
비교광고란 직접 또는 간접으로 경쟁자를
또는 경쟁자에 의하여 제공된 상품이나 용
역을 인식시키는 모든 광고를 말한다.

Vergleichsbehörde StPO 380(2)　화해관청.
(2) Die Landesjustizverwaltung kann bestimmen, daß die Vergleichsbehörde ihre
Tätigkeit von der Einzahlung eines angemessenen Kostenvorschusses abhängig
machen darf.
주법무부는 화해관청이 상당한 비용예납의
납부를 조건으로 그의 활동을 할 수 있다고
정할 수 있다.

Vergleichsbetrug StGB 263　화해사기.

Vergleichsmiete → Ortsübliche Vergleichsmiete (관례적 비교차임).

Vergleichsvorschlag StPO 405 화해권고안.
(1) Es soll auf übereinstimmenden Antrag der in Satz 1 Genannten einen Vergleichsvorschlag unterbreiten.
제405조(화해) 제1항 제1문에 기재된 사항의 신청합의에 관하여 화해제안을 제시해야 한다.
(2) Für die Entscheidung über Einwendungen gegen die Rechtswirksamkeit des Vergleichs ist das Gericht der bürgerlichen Rechtspflege zuständig, in dessen Bezirk das Strafgericht des ersten Rechtszuges seinen Sitz hat.
화해의 법적 효력의 이의신청에 대한 결정에 대하여는 그 관할에 제1심 형사법원이 소재한 민사법원이 관할한다.

Vergütung BGB 612; StBerG 9 보수.
(1) Eine Vergütung gilt als stillschweigend vereinbart, wenn die Dienstleistung den Umständen nach nur gegen eine Vergütung zu erwarten ist.
제반 사정상 보수에 의해서만 노무급부를 기대할 수 있는 경우에는 보수는 묵시적으로 합의된 것으로 본다.
(1) Vereinbarungen, durch die eine Vergütung für eine Hilfeleistung in Steuersachen dem Grunde oder der Höhe nach vom Ausgang der Sache oder vom Erfolg der Tätigkeit abhängig gemacht wird oder nach denen der Steuerberater oder Steuerbevollmächtigte einen Teil der zu erzielenden Steuerermäßigung, Steuerersparnis oder Steuervergütung als Honorar erhält, sind unzulässig.
세무대리에 대한 보수가 그 근거 또는 액수에 관하여 사안의 결과나 대리활동의 성공에 의존하거나 또는 세무사나 세무대리사가 의도하는 조세경감, 절세 또는 조세상환의 일부를 사례로 지급하는 약정은 허용되지 아니한다.
→ Arbeitsentgelt (급여).

Vergütungsstufe StVollzG 48; StVollzVergO 1(1) 보수등급.
Das Bundesministerium der Justiz wird ermächtigt, Rechtsverordnungen über die Vergütungsstufen zu erlassen. (StVollzG 48) 연방법무부는 보수등급에 관한 법규명령을 발할 권한이 있다.
StVollzVergO 1
(1) Der Grundlohn des Arbeitsentgelts (§ 43 Abs. 2 des Strafvollzugsgesetzes) wird nach folgenden Vergütungsstufen festgesetzt:
급료(작업수당)의 기본급 (행형법 제43조 제2항)은 다음 보수등급에 의한다.
Vergütungsstufe I = 단순작업,
Vergütungsstufe II = 실습시간을 요하는 1등급의 작업,
Vergütungsstufe III = 속성교육시간(Anlernzeit)을 요하고, 작업수행능력 및 숙련도 (die Leistungsfähigkeit und die Geschicklichkeit)에 있어서 평균인 조건을 요하는 작업,
Vergütungsstufe IV = 전문적 지식 및 능력을 요하거나 또한 동일한 정도의 지식 및 능력이 전제가 되는 작업,
Vergütungsstufe V = 4등급의 요구사항 이상의 능력, 위치, 책임에 있어서 특별한 정도를 요하는 작업.

Verhaftete StPO 114b 피구금(구속)자.
(1) Von der Verhaftung und jeder weiteren Entscheidung über die Fortdauer der Haft wird ein Angehöriger des Verhafteten oder eine Person seines Vertrauens unverzüglich benachrichtigt.
구속 및 그 이후 구금의 계속에 관한 재판에 관하여는 피구금자의 친족 또는 그 신뢰인에게 즉시 통지하여야 한다.
→ Gefangene.

Verhaftung StPO 114a; 114b 구속, 구금.
(1) Der Haftbefehl ist dem Beschudigten bei der Verhaftung bekanntzugeben.
구속영장은 구속시 피의자에게 고지되어야 한다. → Verhaftete.

Verhalten 행태, 행위.
행태는 작위와 부작위를 포함하는 상위개념. Welzel은 인간의 목적적인 의사조정의 능력에 지배되는 신체적 거동성이나 수동성의 개념으로서 상위개념인 행태개념을 주장한 바 있다 (Verhalten, d.h. die der Fähigkeit zweckhafter Willenslenkung unterstehende körperliche Aktivität oder Passivität des Menschen).

Verhaltensbedingte Kündigung
KSchG 1(2) 행태상의 사유에 의한 해고.
→ Personenbedingte Kündigung (일신상의 사유에 의한 해고).

Verhaltensvorschriften StVollzG 82 행동규칙.
Der Gefangene hat sich nach der Tageseinteilung der Anstalt zu richten.
수형자는 일과시간표를 준수하여야 한다.

Verhältnismäßigkeitsgrundsatz
MEPolG 2; StGB 62, 74b(1); StVollzG 96 (Grundsatz der ~) 비례(성)의 원칙;
→ Übermaßverbot (과잉금지).
(1) Von mehreren möglichen und geeigneten Maßnahmen hat die Polizei diejenige zu treffen, die den einzeln und die Allgemeinheit voraussichtlich am wenigstens beeinträchtigt (MEPolG 2)
다수의 가능하고 적합한 조치가 존재할 경우에 경찰은 개인과 공공에 가장 적게 피해를 준다고 예견되는 조치를 취하여야 한다.
Eine Maßregel der Besserung und Sicherung darf nicht angeordnet werden, wenn sie zur Bedeutung der vom Täter begangenen und zu erwartenden Taten sowie zu dem Grad der von ihm ausgehenden Gefahr außer Verhältnis steht. (StGB 62)
보안처분이 행위자에 의하여 행하여진 범죄행위, 예견가능한 범죄행위의 중요성 및 행위자에 의해 야기된 위험의 정도와 비례하지 않는 경우에 이를 명하여서는 아니된다.
(Grundsatz der ~ für die fakultive Einziehung).
(1) Ist die Einziehung nicht vorgeschrieben, so darf sie in den Fällen des § 74 Abs. 2 Nr.1 und des § 74a nicht angeordnet werden, wenn sie zur Bedeutung der begangenen Tat und zum Vorwurf, der den von der Einziehung betroffenen Täter oder Teilnehmer oder in den Fällen des § 74a den Dritten trifft, außer Verhältnis steht (StGB 74b).
몰수가 규정되어 있지 아니한 경우로서 제74조 (2) 제1호, 제74a조에 해당하는 사안에 있어 몰수처분이 범죄행위의 중요성 및 몰수대상자인 정범이나 공범이나 또는 제74a조에 규정된 제3자에 대한 책임비난과 비례하지 아니하는 경우에는 이를 명하여서는 안된다.

Verhältniswahl BWahlG 1 비례선거 (비례대표제).
→ Personenwahl (후보자선거).
→ Mehrheitswahl (Persönlichkeitswahl) 다수결선거(다수대표제) (인물선거).

Verhandlung
① Verhandlung ohne Anwesenheit des Beschuldigten (피의자 없는 공판)
② Verhandlungsunfähigkeit (심리무능력).
③ 수사기록 StPO 163(2)
(2) Die Behörden und Beamten des Polizeidienstes übersenden ihre Verhandlungen ohne Verzug der Staatsanwaltschaft.
경찰관청과 경찰공무원은 수사기록을 지체없이 검사에게 이송하여야 한다.

Verhandlung ohne Anwesenheit des Beschuldigten StPO 415 피의자 없는 공판.
(~ im Sicherungsverfahren 보안처분절차에 있어서 ~).
(1) Ist im Sicherungsverfahren das Erscheinen des Beschuldigten vor Gericht wegen seines Zustandes unmöglich oder aus Gründen der öffentlichen Sicherheit oder Ordnung unangebracht, so kann das Gericht die Hauptverhandlung durchführen, ohne daß der Beschuldigte zugegen ist.
보안처분절차에 있어서 피의자의 법정출석이 그의 상태 때문에 불가능하거나 공공의 안전 또는 질서로 인하여 부적당한 경우에

는 법원은 피의자의 출석없이 공판을 실시
할 수 있다.

Verhandlungseinehit (심리단일: ~의 원
칙) (Grundsatz der ~)
→ Ununterbrochene Gegenwart.

Verhandlungsgegenstand BTGO 64 안
건.
(1) Verhandlungsgegenstände sind die dem
Ausschuß überwiesenen Vorlagen und
Fragen aus dem Geschäftsbereich des
Ausschusses.
안건은 위원회에 회부된 의안과 위원회의
업무범위에서 제기된 문제이다.

Verhandlungsgrundsatz 변론주의.
(Beibringungsgrundsatz 제출주의).
Im Zivilprozess obliegt es den Parteien,
alle relevanten Tatsachen vorzubringen
(daher die leichter verständliche Bezeichnung ″Beibringungsgrundsatz″), auf
deren Grundlage das Gericht dann eine
Entscheidung fällt. Die Bezeichnung ″Ver-
handlungsgrundsatz″ erklärt sich damit,
dass nur berücksichtigt wird, was die
Parteien in der Verhandlung mündlich
oder durch Bezugnahme auf Schriftsätze
vortragen.
민사소송에서 당사자는 모든 중요한 사실을
제출해야 할 의무가 있으며(쉬운 표현으로
는 제출주의), 이를 근거로 법원은 재판을
행한다. ~는 당사자가 변론에서 구두로 또
는 서면을 기초로 제출한 것만을 고려한다
는 것을 말한다.
→ Inquisitionsmaxime (직권(심리)주의).

Verhandlungsleitung StPO 238 공판심
리의 지휘.
(1) Die Leitung der Verhandlung, die Vernehmung des Angeklagten und die Aufnahme des Beweises erfolgt durch den
Vorsitzenden.
심리의 지휘, 피고인의 신문, 증거의 조사는
재판장이 행한다.

Verhandlungsprotokoll = Sitzungsproto-

koll (Protokoll über die Hauptverhandlung)
StPO 271 공판조서.
(1) Über die Hauptverhandlung ist ein Protokoll aufzunehmen und von dem Vorsitzenden und dem Urkundsbeamten der Geschäftsstelle, soweit dieser in der Hauptverhandlung anwesend war, zu unterschreiben. Der Tag der Fertigstellung ist
darin anzugeben.
공판에는 조서를 작성해야 하며, 재판장과
법원사무국의 서기관이 서명하여야 한다.
조서의 완성일은 조서에 기재되어야 한다.

Verhandlungsunfähigkeit StPO 231a
심리무능력; StPO 413 변론무능력.
→ Vom Angeklagten vorsätzlich herbeigeführte Verhandlungsfähigkeit.

Verhängte Strafe StGB 57(1) Nr.1
선고형.
Das Gericht setzt die Vollstreckung des
Restes einer zeitigen Freiheitsstrafe zur
Bewährung aus, wenn zwei Drittel der
verhängten Strafe, mindestens jedoch zwei
Monate, verbüßt sind,
법원은 2개월 이상인 선고형의 3분의 2를
경과한 경우 보호관찰을 조건으로 유기자유
형의 형기중 잔여형의 집행을 유예한다.
→ 확정된 선고형 eine rechtskräftig
verhängte Strafe StGB 51(2), 79(1).

Verhängung in Tagessätzen StGB 40
일수의 부과 (Zahl und Höhe der Tagessätze 일수의 크기).
(1) Die Geldstrafe wird in Tagessätzen
verhängt. Sie beträgt mindestens fünf
und, wenn das Gesetz nichts anderes bestimmt, höchstens dreihundertsechzig volle
Tagessätze.
벌금형은 일수로 부과한다. 벌금형의 일수
는 법률에 특별한 규정이 없는 경우 만 5일
이상 만 360일 이하로 한다.

Verhetzung → Volksverhetzung (국민사
주죄).

Verhinderung des an sich zuständigen

Gerichts StPO 15 관할법원의 장애.
Ist das an sich zuständige Gericht in einem einzelnen Falle an der Ausübung des Richteramtes rechtlich oder tatsächlich verhindert oder ist von der Verhandlung vor diesem Gericht eine Gefährdung der öffentlichen Sicherheit zu besorgen, so hat das zunächst obere Gericht die Untersuchung und Entscheidung dem gleichstehenden Gericht eines anderen Bezirks zu übertragen.
판사가 자신의 관할법원에 있어 그 직무의 수행이 법률상 또는 사실상 곤란하거나 당해 법원에서의 심리가 공공의 안전을 위태롭게 할 우려가 있는 때에는 직근상급법원은 다른 관할구역의 동급법원이 심판을 하도록 한다.

Verjährung BGB 194; StGB 78a 시효; 소멸시효; 공소시효.
Das Recht, von einem anderen ein Tun oder Unterlassen zu verlangen (Anspruch), unterliegt der Verjährung.
타인에게 작위 또는 부작위를 요구하는 권리(청구권)는 (소멸)시효에 걸린다.
→ Verfolgungsverjährung (공소시효).
→ Vollstreckungsverjährung (집행시효).

Verjährungsfrist StGB 78(1), 79; BGB 199 시효기간.
(1) Die Verjährung schließt die Ahndung der Tat und die Anordnung von Maßnahmen (§ 11 Abs.1 Nr.8) aus.
공소시효는 범죄행위의 처벌 및 처분(제11조 제1항 제8호)의 명령을 배제한다.
(1) Die regelmäßige Verjährungsfrist beginnt mit dem Schluss des Jahres, in dem
1. der Anspruch entstanden ist und
2. der Gläubiger von den den Anspruch begründenden Umständen und der Person des Schuldners Kenntnis erlangt oder ohne grobe Fahrlässigkeit erlangen müsste. (BGB 199)
보통의 소멸시효는 1. 청구권이 발생하고, 2. 채권자가 청구권의 기초가 되는 사정 및 채무자의 신원을 알았거나 중과실 없이 알았어야 했던 연도의 종료와 동시에 진행한다.

Verjährungshemmung
→ Hemmung der Verjährung.

Verkehr mit den Verteidiger StPO 148 변호인과의 교통.
(1) Dem Beschuldigten ist, auch wenn er sich nicht auf freiem Fuß befindet, schriftlicher und mündlicher Verkehr mit dem Verteidiger gestattet.
신체구속을 당한 피의자에게도 변호인과의 서면 또는 구술에 의한 교통이 허용된다.
(2) Befindet sich der Beschuldigte nicht auf freiem Fuß und ist Gegenstand der Untersuchung eine Straftat nach § 129a, auch in Verbindung mit § 129b Abs.1, des Strafgesetzbuches, so sind Schriftstücke und andere Gegenstände zurückzuweisen, sofern sich der Absender nicht damit einverstanden erklärt, daß sie zunächst einem Richter vorgelegt werden.
피의자가 신체구속을 당하고 StGB 129a(범죄단체조직)의 범죄와 제129b조(테러단체조직) 제1항과 관련된 행위가 심리의 대상인 경우에는 발송자가 미리 판사에 대한 제출에 동의하지 아니하는 한 서류 및 기타의 물건은 차입될 수 없다.

Verkehr mit Gefangenen OWiG 115 피구금자와 (불법)교통죄.
(1) Ordnungswidrig handelt, wer unbefugt
1. einem Gefangenen Sachen oder Nachrichten übermittelt oder sich von ihm übermitteln läßt oder
2. sich mit einem Gefangenen, der sich innerhalb einer Vollzugsanstalt befindet, von außen durch Worte oder Zeichen verständigt.
권한 없이 1. 피구금자와 물건 또는 정보를 전달하거나 전달받는 자, 2. 구금시설내에 있는 피구금자와 외부에서 말 또는 신호에 의해 의사소통한 자는 질서위반행위를 행한 것이다.

Verkehrs mit Personen → Beschränkung des Verkehrs mit Personen.

Verkehrsberuhigter Bereich
StVO 42(4a) 교통완화지역.
Innerhalb dieses Bereichs gilt:
1. Fußgänger dürfen die Straße in ihrer ganzen Breite benutzen; Kinderspiele sind überall erlaubt.
2. Der Fahrzeugverkehr muß Schrittgeschwindigkeit einhalten.
3. Die Fahrzeugführer dürfen die Fußgänger weder gefährden noch behindern; wenn nötig, müssen sie warten.
4. Die Fußgänger dürfen den Fahrverkehr nicht unnötig behindern.
5. Das Parken ist außerhalb der dafür gekennzeichneten Flächen unzulässig, ausgenommen zum Ein- oder Aussteigen, zum Be- oder Entladen.
1. 보행자는 이 도로의 전지역을 이용할 수 있다. 아동의 놀이는 어디서든 허용된다.
2. 차량교통은 걸음걸이 속도를 유지하여야 한다.
3. 자동차운전자는 보행자를 위험하게 하여서도, 방해하여서도 아니된다. 필요하면 대기하여야 한다.
4. 보행자는 자동차교통을 불필요하게 방해하여서는 아니된다.
5. 주차는 승하차나 화물의 적하차를 위한 경우를 제외하고 주차표시 이외의 지역에서는 허용되지 아니한다.

Verkehrshypothek 유통저당권.
↔ Sicherungshypothek (보전저당권).

Verkehrsordnungswidrigkeit StVG 24 교통질서위반행위.
(1) Ordnungswidrig handelt, wer vorsätzlich oder fahrlässig einer Vorschrift einer auf Grund des § 6 Abs. 1 oder des § 6e Abs. 1 erlassenen Rechtsverordnung oder einer auf Grund einer solchen Rechtsverordnung ergangenen Anordnung zuwiderhandelt, soweit die Rechtsverordnung für einen bestimmten Tatbestand auf diese Bußgeldvorschrift verweist.
고의 또는 과실로 이 법률 제6조 제1항이나 제6조의 e 제1항에 근거하여 공포된 법규명령의 제정 또는 이 법규명령에 근거하여 발하여진 명령에 위반한 자는 당해 법규명령이 일정한 구성요건에 대해 질서위반금규정을 지시하고 있는 경우에는 질서위반행위를 한 것이다.

Verkehrszentralregister StVG 28 교통중앙기록부.
교통중앙기록부에는 도로교통의 참여로 인한 위법행위와 관련된 형사법원의 결정이나 운전면허의 가박탈, 운전금지명령 등을 기록한다.

Verklammerung StGB 52 연결원리 (Prinzip der ~); 연결효과에 의한 상상적 경합 = Idealkonkurrenz (Handlungseinheit) durch Klammerwirkung : 각각의 독자적인 행위가 다른 (제3의) 행위에 의하여 상상적 경합으로 되는 것.

Verkündigung und Inkrafttreten der Gesetze GG 82 법률의 공포와 시행.
Die nach den Vorschriften dieses Grundgesetzes zustande gekommenen Gesetze werden vom Bundespräsidenten nach Gegenzeichnung ausgefertigt und im Bundesgesetzblatte verkündet.
이 기본법의 조항에 따라 성립한 법률은 부서후 연방대통령이 서명하고 연방법률공보로 공포된다.

Verkündung StPO 35 선고.
Entscheidungen, die in Anwesenheit der davon betroffenen Person ergehen, werden ihr durch Verkündung bekanntgemacht.
당사자의 출석하에서 행하여지는 재판은 당사자에게 선고함으로써 고지된다.

Verkündung des Urteils StPO 260, 268, 356 판결의 선고(고지) (Urteilsverkündung).
(1) Die Hauptverhandlung schliesst mit der auf die Beratung folgenden Verkündung des Urteils. (StPO 260)
공판은 합의에 의하여 이루어지는 판결의 선고로써 완결된다.
(1) Das Urteil ergeht im Namen des Volks.
판결은 국민의 이름으로 한다. (ZPO 311)

(2) Das Urteil wird durch Vorlesung der Urteilsformel verkündet. (ZPO 311(2))
판결의 선고는 판결주문의 낭독에 의한다.
(2) Die Eröffnung der Urteilsgründe geschieht durch Verlesung oder durch mündliche Mitteilung ihres wesentlichen Inhalts. (StPO 268(2))
판결이유의 명시는 그 주요내용의 낭독 또는 구두고지를 함으로써 행한다.

Verlagsgesetz (Gesetz über das Verlagsrecht) VerlG 1 출판권법 (Bundesgesetzblatt Teil III, Gliederungsnummer 441-1).
Durch den Verlagsvertrag über ein Werk der Literatur oder der Tonkunst wird der Verfasser verpflichtet, dem Verleger das Werk zur Vervielfältigung und Verbreitung für eigene Rechnung zu überlassen.
작성자는 문학 또는 음악작품의 출판계약을 통하여 발행인에게 자신의 계산으로 복제 및 배포를 위하여 작품을 이전할 의무가 있다.

Verlagsrecht VerlG 9 출판권.
(1) Das Verlagsrecht entsteht mit der Ablieferung des Werkes an den Verleger und erlischt mit der Beendigung des Vertragsverhältnisses.
출판권은 저작물을 출판인에게 인도함으로써 발생하며, 계약관계의 종료와 더불어 소멸한다.

Verlängerung der Bewährungszeit
StPO 454a 보호관찰기간의 연기.
(1) Beschließt das Gericht die Aussetzung der Vollstreckung des Restes einer Freiheitsstrafe mindestens drei Monate vor dem Zeitpunkt der Entlassung, so verlängert sich die Bewährungszeit um die Zeit von der Rechtskraft der Aussetzungsentscheidung bis zur Entlassung.
법원이 잔여형의 집행의 유예를 석방시점으로부터 최소 3개월 이전에 결정한 경우, 유예재판의 확정력이 발생한 때로부터 석방까지의 기간만큼 보호관찰기간은 연장된다.

Verlängerung der Verjährungsfrist
StGB 79b 집행시효의 연장.
Das Gericht kann die Verjährungsfrist vor ihrem Ablauf auf Antrag der Vollstreckungsbehörde einmal um die Hälfte der gesetzlichen Verjährungsfrist verlängern, wenn der Verurteilte sich in einem Gebiet aufhält, aus dem seine Auslieferung oder Überstellung nicht erreicht werden kann.
형의 선고를 받은 자가 그 인도 또는 이송이 불가능한 일정한 지역에 체류하는 경우 법원은 시효기간이 경과하기 전에 집행기관의 청구에 의하여 1차에 한해서 이를 법정시효기간의 2분의 1까지 연장할 수 있다.

Verlaufsformen der Kriminalität
범죄의 경과형식(經過形式)
범죄의 경과유형론에 대한 형식. 행위자를 인생의 종단면에서 관찰하려는 동태적인 경과연구이론 (Verlaufsforschung).

Verlegung StVollzG 8, 65 이송.
(1) Der Gefangene kann abweichend vom Vollstreckungsplan in eine andere für den Vollzug der Freiheitsstrafe zuständige Anstalt verlegt werden,
1. wenn die Behandlung des Gefangenen oder seine Eingliederung nach der Entlassung hierdurch gefördert wird oder
2. wenn dies aus Gründen der Vollzugsorganisation oder aus anderen wichtigen Gründen erforderlich ist.
수형자는 집행계획과는 달리 자유형의 집행을 위하여 다음 각호의 경우 다른 권한 있는 행형시설로 이송될 수 있다.
1. 수형자의 처우 또는 석방 후의 그의 사회복귀가 이송에 의해 증진되는 경우, 2. 이송이 집행기관의 사정 또는 기타 중요한 사유에 의해서 필요한 경우.

Verlegung in eine sozialtherapeutische Anstalt StVollzG 9 사회치료시설에로의 이송.
(1) Ein Gefangener ist in eine sozialtherapeutische Anstalt zu verlegen, wenn er wegen einer Straftat nach den §§ 174 bis 180 oder 182 des Strafgesetzbuches zu zeitiger Freiheitsstrafe von mehr als zwei Jahren verurteilt worden ist und die

Behandlung in einer sozialtherapeutischen Anstalt nach § 6 Abs. 2 Satz 2 oder § 7 Abs. 4 angezeigt ist.
수형자는 형법 §174-180, 182에 의한 범죄행위로 1년 이상의 유기자유형의 선고를 받은 경우, §6(2) 제2단 또는는 §7(4)에 의한 사회치료시설에서의 처우가 적절한 경우 사회치료시설로 이송될 수 있다.

Verleiher AÜG 1 파견자.
→ Leiharbeitnehmer (파견근로자).

Verleiten (zu Straftaten) 유도(범행); 교사; 사주.
범죄행위의 유도는 교사 또는 간접정범의 형태로 이루어진다.
형법규정에서는 도주관여죄 (Gefangenbefreiung 120), 허위진술 유도죄 (Verleitung zur Falschaussage 160), 금단치료 위태화죄 (Gefährdung einer Entziehungskur 323b), 부하직원 범죄유도죄(Verleitung eines Untergebenen zu einer Straftat 357); 부정경쟁방지법에서는 배신행위 유도 및 제의죄 (Verleiten und Erbieten zum Verrat 19) 참조.
이들 특별 규정으로 효과없는 교사의 가벌성, 감경사유의 배제, 미수단계의 시작에 대한 확실한 해석이 가능해진다.

Verleiten und Erbieten zum Verrat
UWG 19 배신행위 유도 및 제의죄.
(1) Wer zu Zwecken des Wettbewerbs oder aus Eigennutz jemanden zu bestimmen versucht, eine Straftat nach §17 oder §18 zu begehen oder zu einer solchen Straftat anzustiften, wird mit Freiheitsstrafe bis zu zwei Jahren oder mit Geldstrafe bestraft.
경쟁목적으로 또는 사욕에 의해 다른 사람에게 제7조(Verrat von Geschäfts- und Betriebsgeheimnissen 영업상 또는 경영상의 비밀누설죄) 또는 제18조(Verwertung von Vorlagen 표본이용죄)에 의한 범죄실행 결의를 하도록 하거나 또는 그러한 범죄행위의 교사를 한 자는 2년 이하의 자유형 또는는 벌금형에 처한다.
(2) Ebenso wird bestraft, wer zu Zwecken

des Wettbewerbs oder aus Eigennutz sich bereit erklärt oder das Erbieten eines anderen annimmt oder mit einem anderen verabredet, eine Straftat nach § 17 oder § 18 zu begehen oder zu ihr anzustiften.
경쟁목적으로 또는 사욕에 의해 제17조 또는 제18조에 의한 범죄행위의 의사를 미리 표명하거나 타인의 제의를 받아들이거나 타인과 그러한 행위를 할 것을 약속한 자도 이와 같다.

Verleitung eines Untergebenen zu einer Straftat StGB 357 부하직원 범죄유도죄.
(1) Ein Vorgesetzter, welcher seine Untergebenen zu einer rechtswidrigen Tat im Amt verleitet oder zu verleiten unternimmt oder eine solche rechtswidrige Tat seiner Untergebenen geschehen läßt, hat die für diese rechtswidrige Tat angedrohte Strafe verwirkt.
부하직원의 직무상 위법행위를 하도록 유도하거나 이를 기도하거나 부하직원의 위법행위가 발생하게 한 상관은 해당 위법행위에 대하여 정하여진 형으로 처벌한다.

Verleitung zur Falschaussage
StGB 160 허위진술 유도죄.
(1) Wer einen anderen zur Ableistung eines falschen Eides verleitet, wird mit Freihietsstrafe bis zu zwei Jahren oder mit Geldstrafe; wer einen anderen zur Ableistung einer falschen Versicherung an Eides Statt oder einer falschen uneidlichen Aussage verleitet, wird mit Freiheitsstrafe bis zu sechs Monaten oder mit Geldstrafe bis zu einhundertachtzig Tagessätzen bestraft.
타인에게 허위의 선서를 하도록 유도한 자는 2년 이하의 자유형 또는 벌금형에 처한다. 타인에 대하여 선서에 갈음한 허위보증 또는 선서없는 허위진술을 하도록 유도한 자는 6개월 이하의 자유형 또는 180일수 이하의 벌금형에 처한다.
* 허위진술 유도죄는 선서에 갈음한 허위보증 또는 선서없는 허위진술을 포함하고 있으므로 우리 형법의 위증교사죄보다는 범위가 넓으며(→ Meineid (§154)), 동 제2항의

미수범에 있어서도 피유도자가 진술을 하지 않거나 진실한 경우도 포함하므로 허위증언 교사미수죄와는 구별된다.

Verlesung der Niederschrift über frühere richterliche Vernehmung StPO 251 판사의 이전에 행한 신문기록(조서)의 낭독.

(1) Die Vernehmung eines Zeugen, Sachverständigen oder Mitbeschuldigten kann durch die Verlesung einer Niederschrift über eine Vernehmung oder einer Urkunde, die eine von ihm stammende schriftliche Erklärung enthält, ersetzt werden, 증인, 감정인 또는 공동피의자의 신문은 전에 판사가 행한 신문기록(조서)이나 그 자에 의한 서면진술을 포함한 문서를 낭독함으로써 대치될 수 있다.

Verlesung von Erklärungen StPO 256 의견서 낭독 (Behördliches Zeugnis oder Gutachten).

(1) Verlesen werden können
1. die ein Zeugnis oder ein Gutachten enthaltenden Erklärungen
a) öffentlicher Behörden,
b) der Sachverständigen, die für die Erstellung von Gutachten der betreffenden Art allgemein vereidigt sind, sowie
c) der Ärzte eines gerichtsärztlichen Dienstes mit Ausschluss von Leumundszeugnissen,
증언 또는 감정이 포함된 a) 관공서, b) 감정인, c) 품행증명서를 제외한 법정의의 의견서는 낭독할 수 있다.

Verlesung von Geständnisprotokollen StPO 254 자백조서낭독 (Verlesung des richterlichen Protokolls).

(1) Erklärungen des Angeklagten, die in einem richterlichen Protokoll enthalten sind, können zum Zweck der Beweisaufnahme über ein Geständnis verlesen werden. 판사의 조서중에 포함되어 있는 피고인의 진술은 자백에 대한 증거조사의 목적으로 낭독될 수 있다.

Verlesung von Schriftstücken StPO 325, 420 서류의 낭독.

Bei der Berichterstattung und der Beweisaufnahme können Schriftstücke verlesen werden. 보고 및 증거조사의 경우에 서류를 낭독할 수 있다.

(1) Die Vernehmung eines Zeugen, Sachverständigen oder Mitbeschuldigten darf durch Verlesung von Niederschriften über eine frühere Vernehmung sowie von Urkunden, die eine von ihnen stammende schriftliche Äußerung enthalten, ersetzt werden. (신속절차에서) 증인, 감정인 또는 공동피의자에 대한 신문은 과거의 신문조서 및 그 일부가 서면진술을 포함하는 문서의 낭독으로 이를 대신할 수 있다.

Verletztengeld SGB 7 45 휴업급여.

(1) Verletztengeld wird erbracht, wenn Versicherte infolge des Versicherungsfalls arbeitsunfähig sind oder wegen einer Maßnahme der Heilbehandlung eine ganztägige Erwerbstätigkeit nicht ausüben können. 피보험자가 산재로 인하여 노동불능이 되거나 요양처분으로 전일 소득활동을 수행할 수 없을 때 휴업급여가 지급된다.

Verletzung amtlicher Bekanntmachungen StGB 134 고시침해죄.

Wer wissentlich ein dienstliches Schriftstück, das zur Bekanntmachung öffentlich angeschlagen oder ausgelegt ist, zerstört, beseitigt, verunstaltet, unkenntlich macht oder in seinem Sinn entstellt, wird mit Freiheitsstrafe bis zu einem Jahr oder mit Geldstrafe bestraft. 공고를 위하여 공적으로 게시 또는 전시한 관청의 문서를 그 정을 알면서 파괴, 제거, 외관손상, 식별불능하게 하거나 그 의미에서 왜곡한 자는 1년 이하의 자유형 또는 벌금형에 처한다.

Verletzung der Aufsichtspflicht VStGB 13 감독의무 위반죄.

(1) Ein militärischer Befehlshaber, der es vorsätzlich oder fahrlässig unterlässt, ei-

nen Untergebenen, der seiner Befehls-
gewalt oder seiner tatsächlichen Kontrolle
untersteht, gehörig zu beaufsichtigen, wird
wegen Verletzung der Aufsichtspflicht
bsicstraft, wenn der Untergebene eine Tat
wch diesem Gesetz bsgeht, deren
Bevoricstehen dem Befehlshaber erkennbar
war und die er hätte verhindern können.
고의 또는 과실로 군사명령권자의 명령권이
나 사실적 통제에 놓여 있는 부하들을 정당
하게 감독하지 아니한 군사명령권자는 그
부하가 본법(국제형법)에 의한 범죄를 행하
는 것을 알 수 있었고, 이를 저지할 수 있
었을 때에는 감독의무위반으로 처벌한다.
(4) Die vorsätzliche Verletzung der Aufsichtspflicht wird mit Freiheitsstrafe bis
zu fünf Jahren, die fahrlässige Verletzung
der Aufsichtspflicht wird mit Freiheitsstrafe bis zu drei Jahren bestraft.
고의에 의한 감독의무위반은 5년 이하의 자
유형, 과실에 의한 감독의무위반은 3년 이
하의 자유형에 처한다.

Verletzung der Aufsichtspflicht in Be-
trieben und Unternehmen OWiG 130
사업체 및 기업에서의 감독의무 위반죄.
(1) Wer als Inhaber eines Betriebes oder
Unternehmens vorsätzlich oder fahrlässig
die Aufsichtsmaßnahmen unterläßt, die
erforderlich sind, um in dem Betrieb oder
Unternehmen Zuwiderhandlungen gegen
Pflichten zu verhindern, die den Inhaber
treffen und deren Verletzung mit Strafe
oder Geldbuße bedroht ist, handelt ordnungswidrig,
사업체 또는 기업의 보유자로서 고의 또는
과실로, 보유자에 관계된 의무위반시 벌금
형 또는 질서위반금을 과하게 되어있는 의
무위반행위를 그 사업체 또는 기업에서 저
지하는 데 필요한 감독의무를 다하지 않은
자는 질서위반행위를 행한 것이다.

Verletzung der Briefgeheimnisses
StGB 202 신서비밀침해죄.
(1) Wer unbefugt
1. einen verschlossenen Brief oder ein
anderes verschlossenes Schriftstück, die

nicht zu seiner Kenntnis bestimmt sind,
öffnet oder
2. sich vom Inhalt eines solchen Schriftstücks ohne Öffnung des Verschlusses
unter Anwendung technischer Mittel
Kenntnis verschafft,
wird mit Freiheitsstrafe bis zu einem Jahr
oder mit Geldstrafe bestraft, wenn die Tat
nicht in § 206 mit Strafe bedroht ist.
권한 없이 다음 각호에 해당하는 행위를 한
자는 그 행위가 제354조에 의하여 처벌되지
아니하는 때에는 1년 이하의 자유형 또는
벌금형에 처한다.
1. 그가 알도록 되어 있지 아니한 봉함한
신서 또는 기타 봉함한 문서를 개피하는 행
위,
2. 봉함을 개피하지 아니하고 기술적 수단
을 이용하여 이러한 문서의 내용을 지득하
는 행위.

Verletzung der Buchführungspflicht
StGB 283b 장부작성의무 위반죄.
(1) Mit Freiheitsstrafe bis zu zwei Jahren
oder mit Geldstrafe wird bestraft, wer
1. Handelsbücher, zu deren Führung er
gesetzlich verpflichtet ist, zu führen unterläßt oder so führt oder verändert, daß
die Übersicht über seinen Vermögensstand
erschwert wird,
2. Handelsbücher oder sonstige Unterlagen, zu deren Aufbewahrung er nach
Handelsrecht verpflichtet ist, vor Ablauf
der gesetzlichen Aufbewahrungsfristen
beiseite schafft, verauf licht, zerstört oder
beschädigt und dadurch die Übersicht
über seinen Vermögensstand erschwert,
3. entgegen dem Handelsrecht
a) Bilanzen so aufstellt, daß die Übersicht
über seinen Vermögensstand erschwert
wird, oder
b) es unterläßt, die Bilanz seines Vermögens oder das Inventar in der vorgeschriebenen Zeit aufzustellen.
다음 각호에 해당하는 자는 2년 이하의 자
유형 또는 벌금형에 처한다.
1. 법률상 작성의무가 있는 상업장부를 작
성하지 아니하거나 그 재산상태의 일람이

불가능하도록 이를 작성 또는 변경한 자,
2. 상법상 보관의무가 있는 상업장부 또는 기타 문서 등을 법정 보관의무기간이 경과하기 이전에 제거·은닉·파괴 또는 손상함으로써 그 재산상태의 일람을 불가능하게 한 자,
3. 상법에 위반하여
a) 재산상태의 일람이 불가능하도록 대차대조표를 작성한 자,
b) 규정된 기간 이내에 대차대조표 또는 재산목록을 작성하지 아니한 자.

Verletzung der Dienstgeheimnisses
StGB 353b 공무상 비밀침해죄.

(1) Wer ein Geheimnis, das ihm als
1. Amtsträger,
2. für den öffentlichen Dienst besonders Verpflichteten oder
3. Person, die Aufgaben oder Befugnisse nach dem Personalvertretungsrecht wahrnimmt,
anvertraut worden oder sonst bekanntgeworden ist, unbefugt offenbart und dadurch wichtige öffentliche Interessen gefährdet, wird mit Freiheitsstrafe bis zu fünf Jahren oder mit Geldstrafe bestraft.
다음 각호에 해당하는 지위에서 지득하거나 기타의 방법으로 알게 된 비밀을 권한 없이 누설하고, 이로 인하여 중요한 공익을 위태화한 자는 5년 이하의 자유형 또는 벌금형에 처한다.
1. 공무수행자   2. 특별한 공무의무자   3. 직원대표권에 의한 임무나 권한을 담당하고 있는 자.

Verletzung der Fürsorgepflicht oder Erziehungspflicht StGB 171 보호·교육의무위반죄.
Wer seine Fürsorge- oder Erziehungspflicht gegenüber einer Person unter sechzehn Jahren gröblich verletzt und dadurch den Schutzbefohlenen in die Gefahr bringt, in seiner körperlichen oder psychischen Entwicklung erheblich geschädigt zu werden, einen kriminellen Lebenswandel zu führen oder der Prostitution nachzugehen, wird mit Freiheits-

strafe bis zu drei Jahren oder mit Geldstrafe bestraft.
16세 미만자의 보호 또는 교육의무를 현저히 위반하고 이로 인하여 피보호자의 신체적·정신적 발달을 심히 해하거나 범죄행상을 하게 하거나 매음에 빠지는 위험에 처하게 한 자는 3년 이하의 자유형 또는 벌금형에 처한다.

Verletzung der Hausordnung eines Gesetzgebungsorgans OWiG 112 입법기관의 자치규정 위반죄.
(1) Ordnungswidrig handelt, wer gegen Anordnungen verstößt, die ein Gesetzgebungsorgan des Bundes oder eines Landes oder sein Präsident über das Betreten des Gebäudes des Gesetzgebungsorgans oder des dazugehörigen Grundstücks oder über das Verweilen oder die Sicherheit und Ordnung im Gebäude oder auf dem Grundstück allgemein oder im Einzelfall erlassen hat.
연방이나 주의 입법기관 또는 그 의장이 입법기관의 건물이나 이에 속하는 부지에의 출입에 관하여 또는 그 건물내 또는 부지상에서의 체류 또는 안전 및 질서에 관하여 일반적 또는 개별적으로 발한 명령에 위반한 자는 질서위반행위를 한 것이다.

Verletzung der Unterhaltspflicht
StGB 170 부양의무위반죄.
(1) Wer sich einer gesetzlichen Unterhaltspflicht entzieht, so daß der Lebensbedarf des Unterhaltsberechtigten gefährdet ist oder ohne die Hilfe anderer gefährdet wäre, wird mit Freiheitsstrafe bis zu drei Jahren oder mit Geldstrafe bestraft.
법률상 부양의무를 이행하지 아니함으로써 피부양권자의 생계가 위태화되거나 타인의 조력이 없을 경우 위태롭게 될 우려가 있게 한 자는 3년 이하의 자유형 또는 벌금형에 처한다.

Verletzung der Vertraulichkeit des Wortes
StGB 201 대화비밀침해죄.
(1) Mit Freiheitsstrafe bis zu drei Jahren

oder mit Geldstrafe wird bestraft, wer unbefugt

1. das nichtöffentlich gesprochene Wort eines anderen auf einen Tonträger aufnimmt oder

2. eine so hergestellte Aufnahme gebraucht oder einem Dritten zugänglich macht.

권한 없이 다음 각호에 해당하는 행위를 한 자는 3년 이하의 자유형 또는 벌금형에 처한다.

1. 타인의 비공개적인 말을 녹음하는 행위,

2. 제1호에 의하여 녹음된 테이프를 사용하거나 제3자에게 접근하게 하는 행위.

Verletzung des höchstpersönlichen Lebensbereichs durch Bildaufnahmen

StGB 201a 영상촬영에 의한 전인격적 생활영역침해죄

(1) Wer von einer anderen Person, die sich in einer Wohnung oder einem gegen Einblick besonders geschützten Raum befindet, unbefugt Bildaufnahmen herstellt oder überträgt und dadurch deren höchstpersönlichen Lebensbereich verletzt, wird mit Freiheitsstrafe bis zu einem Jahr oder mit Geldstrafe bestraft.

권한 없이 주거 또는 내부조망이 특별히 보호된 공간에 거주하는 타인에 관하여 영상촬영을 하거나 또는 이를 양여함으로써 타인의 전인격적인 생활영역을 침해한 자는 1년 이하의 자유형 또는 벌금형에 처한다.

Verletzung des Post- und Fernmeldegeheimnisses

StGB 206 우편 및 통신비밀침해죄.

(1) Wer unbefugt einer anderen Person eine Mitteilung über Tatsachen macht, die dem Post- oder Fernmeldegeheimnis unterliegen und die ihm als Inhaber oder Beschäftigtem eines Unternehmens bekanntgeworden sind, das geschäftsmäßig Post- oder Telekommunikationsdienste erbringt, wird mit Freiheitsstrafe bis zu fünf Jahren oder mit Geldstrafe bestraft.

우편 또는 통신 비밀에 속하고 영업적으로 우편 또는 통신서비스 기업체의 소유자 또는 종사자로서 지득한 사실을 권한 없이 타인에게 누설한 자는 5년 이하의 자유형 또는 벌금형에 처한다.

Verletzung des Steuergeheimnisses

StGB 355 조세비밀의 침해죄.

(1) Wer unbefugt

1. Verhältnisse eines anderen, die ihm als Amtsträger

a) in einem Verwaltungsverfahren oder einem gerichtlichen Verfahren in Steuersachen,

b) in einem Strafverfahren wegen einer Steuerstraftat oder in einem Bußgeldverfahren wegen einer Steuerordnungswidrigkeit,

c) aus anderem Anlaß durch Mitteilung einer Finanzbehörde oder durch die gesetzlich vorgeschriebene Vorlage eines Steuerbescheids oder einer Bescheinigung über die bei der Besteuerung getroffenen Feststellungen

bekanntgeworden sind, oder

offenbart oder verwertet, wird mit Freiheitsstrafe bis zu zwei Jahren oder mit Geldstrafe bestraft.

1. 공무수행자로서 권한 없이 다음 사항에서 지득한 타인의 경제상황을 해당하는 사실을 누설, 또는 사용한 자는 2년 이하의 자유형 또는 벌금형에 처한다.

a) 행정절차 또는 법원의 조세소송절차,

b) 조세범죄를 이유로 한 형사소송절차나 조세질서위반을 이유로 한 질서위반금절차,

c) 기타의 사유로 인한 재무관청의 통고, 또는 법률에 규정된 납세고지서 또는 과세과정에서의 확인사항에 관한 증명서의 제출.

Verletzung des Wahlgeheimnisses

StGB 107c 선거비밀침해죄.

Wer einer dem Schutz des Wahlgeheimnisses dienenden Vorschrift in der Absicht zuwiderhandelt, sich oder einem anderen Kenntnis davon zu verschaffen, wie jemand gewählt hat, wird mit Freiheitsstrafe bis zu zwei Jahren oder mit Geldstrafe bestraft.

누군가의 투표내용을 자기 또는 타인에게

공표할 목적으로 선거비밀의 보호에 관한
규정을 위반한 는 2년 이하의 자유형 또는
벌금형에 처한다.

**Verletzung einer besonderen Geheim-
haltungspflicht** StGB 353b 특별한 비밀
유지의무 침해죄.
(2) Wer, abgesehen von den Fällen des
Absatzes 1, unbefugt einen Gegenstand
oder eine Nachricht, zu deren Geheimhaltung er
제1항의 경우(공무상 비밀침해죄) 이외에
권한 없이 다음 각호에 해당하는 물건 또는
정보를 타인이 취득하게 하거나 공연히 공
표함으로써 중요한 공익을 위태화한 자는 3
년 이하의 자유형 또는 벌금형에 처한다.
1. auf Grund des Beschlusses eines Gesetzgebungsorgans des Bundes oder eines
Landes oder eines seiner Ausschüsse verpflichtet ist oder
2. von einer anderen amtlichen Stelle unter Hinweis auf die Strafbarkeit der Verletzung der Geheimhaltungspflicht förmlich verpflichtet worden ist,
an einen anderen gelangen läßt oder öffentlich bekanntmacht und dadurch wichtige öffentliche Interessen gefährdet, wird
mit Freiheitsstrafe bis zu drei Jahren oder
mit Geldstrafe bestraft.
1. 연방이나 주의 입법기관 또는 그 위원회
의 결의에 근거하여 비밀유지의무가 있는
물건이나 정보,
2. 기타 다른 관공서의 비밀유지의무 위반
시 처벌지침에 의하여 형식적으로 비밀유지
의무가 있는 물건이나 정보.

**Verletzung von Flaggen und Hoheits-
zeichen ausländischer Staaten**
StGB 104 외국 국기 및 국장 손상죄.
(1) Wer eine auf Grund von Rechtsvorschriften oder nach anerkanntem Brauch
öffentlich gezeigte Flagge eines ausländischen Staates oder wer ein Hoheitszeichen eines solchen Staates, das von
einer anerkannten Vertretung dieses
Staates öffentlich angebracht worden ist,
entfernt, zerstört, beschädigt oder un-

kenntlich macht oder wer beschimpfenden
Unfug daran verübt, wird mit Freiheitsstrafe bis zu zwei Jahren oder mit
Geldstrafe bestraft.
법률규정에 근거하여 또는 승인된 관례에 따
라 공적으로 게시된 외국 국기 또는 외국사
절을 통하여 공적으로 설치된 외국의 국장을
제거, 파괴, 손상 또는 식별불능하게 하거나
이에 대하여 모욕적 행패를 가한 자는 2년
이하의 자유형 또는 벌금형에 처한다.

Verletzung von Privatgeheimnissen
StGB 203 사적 비밀침해죄.
Wer unbefugt ein fremdes Geheimnis, namentlich ein zum persönlichen Lebensbereich gehörendes Geheimnis oder ein
Betriebs- oder Geschäftsgeheimnis, offenbart, das ihm als (Nr.1-6)(1), (Nr.1-5)(2)
anvertraut worden oder sonst bekanntgeworden ist, wird mit Freiheitsstrafe bis
zu einem Jahr oder mit Geldstrafe bestraft.
권한 없이 다음 각호의 1에 해당하는 지위
에서 지득하거나 기타의 방법으로 알게 된
타인의 비밀, 특히 사적 생활영역에 속하는
비밀이나 영업 또는 업무상 비밀을 누설한
자는 1년 이하의 자유형 또는 벌금형에 처
한다.
다음 각호의 1에의 사적지위로는 제1항에서
(Nr.1-6)(1)
1. 의료직 종사자. 2. 직업심리학자 3. 변
호사, 변리사, 세무사, 회계사 등 4. 혼인·
가정·교육·소년상담원 및 약물중독상담원
4a. 낙태상담원(Schwangerschaftskonfliktgesetz 3, 8), 5. 사회사업가 또는 사회교육
자 6. 사설질병, 재해 또는 생명보험의 기업
이나 의료계산소나 변호사의 정산직원.
동조 제2항(Nr.1-5)은 공적지위로
1. 공무수행자 2. 공무상 특별 의무자 3. 직
원대표자. (Personalvertretungsrecht) 4. 공
적 위원회 또는 협의회의 구성원 또는 지원
단체의 구성원 5. 공적 감정인 등을 정하고
있다.

Verleumderische Beleidigung
StGB 36 허위사실적시에 의한 모욕.
→ Indemnität (면책특권).

→ Parlamentarische Äußerung (의회에서의 발언).

Verleumdung StGB 187 허위사실적시에 의한 명예훼손죄 (중상죄).
Wer wider besseres Wissen in Beziehung auf einen anderen eine unwahre Tatsache behauptet oder verbreitet, welche denselben verächtlich zu machen oder in der öffentlichen Meinung herabzuwürdigen oder dessen Kredit zu gefährden geeignet ist, wird mit Freiheitsstrafe bis zu zwei Jahren oder mit Geldstrafe und, wenn die Tat öffentlich, in einer Versammlung oder durch Verbreiten von Schriften begangen ist, mit Freiheitsstrafe bis zu fünf Jahren oder mit Geldstrafe bestraft.
타인을 경멸하거나 여론에서 비하하거나 타인의 신용을 위태화하기에 적합한 타인과 관련된 허위사실을 그 양식에 반하여 주장하거나 또는 유포한 자는 2년 이하의 자유형 또는 벌금형에 처하며,
그 행위가 공연히, 집회에서 또는 문서의 유포를 통해서 이루어지는 경우에는 5년 이하의 자유형이나 벌금형에 처한다.
→ Üble Nachrede (명예훼손죄)(비방죄).

Verleumdung gegen Personen des politische Lebens StGB 188(2) 허위사실적시의 정치인 명예훼손죄.
(2) Eine Verleumdung (§187) wird unter den gleichen Voraussetzungen mit Freiheitsstrafe von sechs Monaten bis zu fünf Jahren bestraft.
제188조 제1항(정치인 명예훼손죄)과 동일한 요건하에서의 허위사실적시에 의한 명예훼손(제187조)의 경우에는 6개월 이상 5년 이하의 자유형에 처한다.

VerlG → Verlagsgesetz (출판권법).

Verlöbnis BGB 1297 혼인예약 (약혼); Verlobte (약혼자).
Aus einem Verlöbnis kann nicht auf Eingehung der Ehe geklagt werden.
혼인예약을 근거로 혼인의 체결을 소구(訴求)할 수 없다.

Verlorene Sache BGB 965 유실물.
Wer eine verlorene Sache findet und an sich nimmt, hat dem Verlierer oder dem Eigentümer oder einem sonstigen Empfangsberechtigten unverzüglich Anzeige zu machen.
유실물을 발견하고 점유한 자는 유실자나 소유자 또는 기타의 수취권자에게 지체없이 통지하여야 한다.

Verlustvortrag
→ Gewinnvortrag/Verlustvortrag (이월이익금/이월결손금).

Vermächtnis BGB 1939 유증.
Der Erblasser kann durch Testament einem anderen, ohne ihn als Erben einzusetzen, einen Vermögensvorteil zuwenden (Vermächtnis).
피상속인은 유언에 의하여 타인을 상속인으로 지정하지 아니하고 재산상의 이익을 제공할 수 있다.

Vermächtnisnehmer (Bedachte) 수유자.
→ Beschwerter (유증의무) 부담자.

Vermeidbare Nichtvermeiden 회피가능한 불회피. → Negative Handlungsbegriff.

Vermerk über den Ermittlungsabschluss StPO 169a 수사종결의 기재.
Erwägt die Staatsanwaltschaft, die öffentliche Klage zu erheben, so vermerkt sie den Abschluß der Ermittlungen in den Akten.
검사가 공소제기를 하기 위하여는 조서에 수사의 종결을 기재하여야 한다.

VermG → Vermögensgesetz (재산법).

Vermieter (임대인) → Mieter (임차인).

Verminderte Schuldfähigkeit StGB 21 한정책임능력.
Ist die Fähigkeit des Täters, das Unrecht der Tat einzusehen oder nach dieser Einsicht zu handeln, aus einem der in §

20 bezeichneten Gründe bei Begehung der Tat erheblich vermindert, so kann die Strafe nach § 49 Abs.1 gemildert werden.
행위자에게 행위의 불법을 통찰하거나 이러한 통찰에 따라서 행위할 능력이 범행시에 §20에 열거된 사유로 인하여 현저하게 감소된 자는 §49(1)에 따라 그 형을 감경할 수 있다.

Vermischung BGB 948 혼화.
Werden bewegliche Sachen miteinander untrennbar vermischt oder vermengt, so finden die Vorschriften des § 947 entsprechende Anwendung.
수개의 동산이 상호간에 분리할 수 없도록 혼화 또는 융화된 경우에는 제947조의 규정을 준용한다.

Vermittlung einer Leistungen
급부의 중개 → Wucher (부당이득죄).

Vermittlungsagent VVG 44 (a.F.) 중개대리상.
Soweit nach den Vorschriften dieses Gesetzes die Kenntnis des Versicherers von Erheblichkeit ist, steht die Kenntnis eines nur mit der Vermittlung von Versicherungsgeschäften betrauten Agenten der Kenntnis des Versicherers nicht gleich.
본법의 규정에 따라 보험자가 지득한 것이 중요한 경우에 보험행위의 중개만을 위탁받은 대리상이 지득한 것은 보험자가 지득한 것과 동일하게 인정되지 아니한다.

Vermögensbeschlagnahme gegen den Abwesenden StPO 290 부재자에 대한 재산압수.
(1) Liegen gegen den Abwesenden, gegen den die öffentliche Klage erhoben ist, Verdachtsgründe vor, die den Erlaß eines Haftbefehls rechtfertigen würden, so kann sein im Geltungsbereich dieses Bundesgesetzes befindliches Vermögen durch Beschluß des Gerichts mit Beschlag belegt werden.
공소가 제기된 부재자에게 구속영장의 발부

를 정당화시킬 혐의사유가 존재하는 경우에는 연방법의 적용지역에 있는 그의 재산은 법원의 결정에 의하여 압류될 수 있다.

Vermögensdelikt 재산범(죄).
Vermögensdelikte sind ein zusammenfassender Begriff im deutschen Strafrecht für alle Straftaten, die sich gegen das Vermögen oder Vermögensbestandteile anderer Personen richten.
~는 재산 또는 타인의 재산적 구성부분에 대한 모든 범죄의 총괄적 개념.

Vermögensgesetz (Gesetz zur Regelung offener Vermögensfragen) VermG 재산법 (2005.2.9) (BGBl. I S. 205).
→ Rückübertragung von Vermögenswerten (재산의 반환).

Vermögenslose Gesellschaft (Vermögenslosigkeit) FGG 141a 재산 없는 회사.
(1) Eine Aktiengesellschaft, Kommanditgesellschaft auf Aktien oder eine Gesellschaft mit beschränkter Haftung, die kein Vermögen besitzt, kann von Amts wegen oder auf Antrag auch der Steuerbehörde gelöscht werden.
법인재산이 전혀 없는 주식회사, 주식합자회사 또는 유한회사는 직권 또는 세무당국의 신청에 의하여 소멸할 수 있다.

Vermögenssorge BGB 1638 재산친권 (배려).
(1) Die Vermögenssorge erstreckt sich nicht auf das Vermögen, welches das Kind von Todes wegen erwirbt oder welches ihm unter Lebenden unentgeltlich zugewendet wird, wenn der Erblasser durch letztwillige Verfügung, der Zuwendende bei der Zuwendung bestimmt hat, dass die Eltern das Vermögen nicht verwalten sollen.
피상속인의 종의처분(終意處分)에 의해 출연자가 출연시에 부모가 그 재산을 관리하여서는 안된다고 정한 때에는 자가 사인취득을 한 재산 또는 자가 생전행위로써 무상으로 출연받은 재산에는 재산친권이 미치지 아니한다.
→ Elterliche Sorge 친권(배려).

Vermögensstrafen StGB 43a 재산형.
(1) Verweist das Gesetz auf diese Vorschrift, so kann das Gericht neben einer lebenslangen oder einer zeitigen Freiheitsstrafe von mehr als zwei Jahren auf Zahlung eines Geldbetrages erkennen, dessen Höhe durch den Wert des Vermögens des Täters begrenzt ist.
법원은 이 조항을 원용하는 법률규정이 있는 경우 무기 또는 2년 이상의 자유형에 부가하여 행위자의 재산가액 이하의 한도내에서 일정 금액의 납부를 선고할 수 있다.

Vermögensübersicht StGB 265b
재산목록 → Unterlagen.

Vermögensübertragung UmwG 174 재산양도(이전).
(1) Ein Rechtsträger(übertragender Rechtsträger) kann unter Auflösung ohne Abwicklung sein Vermögen als Ganzes auf einen anderen bestehenden Rechtsträger (übernehmender Rechtsträger) gegen Gewährung einer Gegenleistung an die Anteilsinhaber des übertragenden Rechtsträgers, die nicht in Anteilen oder Mitgliedschaften besteht, übertragen (Vollübertragung).
권리주체(양도주체)는 다른 기존의 권리주체(양수주체)에게 지분이나 사원의 지위로 존재하지 않는 양도주체의 지분소유자에 대한 반대급부에 의하여 전체로서 청산없이 자기의 재산을 양도할 수 있다(완전양도).

Vermögensverfügung StGB 253, 263
처분행위.
Im Rahmen von § 253 StGB (Erpressung) und § 263 StGB (Betrug) ist eine Vermögensverfügung jedes Tun oder Unterlassen, das sich unmittelbar vermögensmindernd auswirkt.
공갈죄 및 사기죄의 범위에서 처분행위는 직접 재산감소적으로 작용하는 모든 작위나 부작위를 말한다.

Vermögensvorteil
→ seines Vermögensvorteils wegen (영리를 목적으로).
Wer seines Vermögensvorteils wegen eine andere Person bei der Ausübung der Prostitution überwacht,
윤락행위시 영리를 목적으로 타인을 감독하거나 → Zuhälterei (매음매개죄).
seines Vermögensvorteils wegen oder in grob anstößiger Weise 영리를 목적으로 또는 현저한 불쾌감을 유발하는 방법으로 → Werbung für den Abbruch der Schwangerschaft (낙태선전죄).

Vermutung für das Scheitern
BGB 1566 파탄의 추정.
Es wird unwiderlegbar vermutet, dass die Ehe gescheitert ist, wenn die Ehegatten seit einem Jahr getrennt leben und beide Ehegatten die Scheidung beantragen oder der Antragsgegner der Scheidung zustimmt → Scheitern der Ehe.
부부가 1년 이상 별거하고 부부쌍방이 이혼을 청구하거나 또는 상대방이 이혼에 동의하는 때에는 그 혼인은 이의없이 파탄된 것으로 추정된다.

Vernehmung des Bundespräsidenten
StPO 49 연방대통령의 신문.
Der Bundespräsident ist in seiner Wohnung zu vernehmen. Zur Hauptverhandlung wird er nicht geladen.
연방대통령은 그의 주거에서 신문되어야 한다. 연방대통령은 공판에 소환되지 아니한다.

Vernehmung des Zeugen in der Hauptverhandlung StPO 247a 공판에서 증인신문.
Besteht die dringende Gefahr eines schwerwiegenden Nachteils für das Wohl des Zeugen, wenn er in Gegenwart der in der Hauptverhandlung Anwesenden vernommen wird, so kann das Gericht anordnen, daß der Zeuge sich während der Vernehmung an einem anderen Ort aufhält.
증인이 공판에서 출석자의 면전에서 신문될 경우 증인의 건재에 대한 중대한 불이익의 급박한 위험이 있는 경우에 법원은 신문중 그를 다른 장소에 체류하도록 명할 수 있다.

Vernehmung des Zeugen in Gegenwart der Anwesenheitsberechtigten

StPO 168e 출석권자의 면전에서 이루어지는 증인신문.

Besteht die dringende Gefahr eines schwerwiegenden Nachteils für das Wohl des Zeugen, wenn er in Gegenwart der Anwesenheitsberechtigten vernommen wird, und kann sie nicht in anderer Weise abgewendet werden, so soll der Richter die Vernehmung von den Anwesenheitsberechtigten getrennt durchführen.

증인이 출석권자의 면전에서 신문될 경우 증인의 견재에 대한 중대한 불이익의 급박한 위험이 있고, 이를 다른 방법으로는 피할 수 없는 경우에 판사는 출석권자를 분리하여 신문을 실시하여야 한다.

Vernehmung durch beauftragten oder ersuchten Richter

StPO 223 수명법관 또는 수탁판사에 의한 신문.

(1) Wenn dem Erscheinen eines Zeugen oder Sachverständigen in der Hauptverhandlung für eine längere oder ungewisse Zeit Krankheit oder Gebrechlichkeit oder andere nicht zu beseitigende Hindernisse entgegenstehen, so kann das Gericht seine Vernehmung durch einen beauftragten oder ersuchten Richter anordnen.

공판에 있어 증인이나 감정인의 출석이 비교적 장기간 또는 불확정기간 동안 질병, 신체허약 기타 제거될 수 없는 장애에 의하여 방해되고 있는 경우에는 법원은 수명법관이나 수탁판사에게 신문을 명할 수 있다

Vernehmung sachkundiger Personen

StPO 85 전문가신문.

Soweit zum Beweis vergangener Tatsachen oder Zustände, zu deren Wahrnehmung eine besondere Sachkunde erforderlich war, sachkundige Personen zu vernehmen sind, gelten die Vorschriften über den Zeugenbeweis.

인지에 있어 특별한 전문지식을 필요로 하는 과거의 사실 또는 상태를 입증하기 위하여 전문가가 신문되어야 하는 경우에는 증인의 증거규정을 적용한다.

Vernehmung von Abgeordneten und Regierungsmitgliedern

StPO 50 의원과 정부각료에 대한 신문.

(1) Die Mitglieder des Bundestages, des Bundesrates, eines Landtages oder einer zweiten Kammer sind während ihres Aufenthaltes am Sitz der Versammlung dort zu vernehmen.

연방하원의원, 연방상원의원, 주하원 또는 제2원 의원은 그 집회의 소재지에 체재하는 동안에는 그곳에서 신문되어야 한다.

(2) Die Mitglieder der Bundesregierung oder einer Landesregierung sind an ihrem Amtssitz oder, wenn sie sich außerhalb ihres Amtssitzes aufhalten, an ihrem Aufenthaltsort zu vernehmen.

연방정부나 주정부의 각료는 그의 관청소재지에서 신문되어야 하며, 그가 그의 관청소재지 외에 체재하는 때에는 그 체재지에서 신문되어야 한다.

Vernehmung zur Person

StPO 68 인정신문.

(1) Die Vernehmung beginnt damit, daß der Zeuge über Vornamen und Zunamen, Alter, Stand oder Gewerbe und Wohnort befragt wird.

증인의 성명, 나이, 신분 또는 직업 및 주소를 묻는 것으로 신문이 시작된다. 증인신문의 처음에는 인적 사항(Personalien)의 확인이 이루어진다.

Vernehmung zur Sache

StPO 69 본안신문.

Der Zeuge ist zu veranlassen, das, was ihm von dem Gegenstand seiner Vernehmung bekannt ist, im Zusammenhang anzugeben.

증인은 신문사항에 관하여 자기가 알고 있는 것과 관련하여 진술하도록 하여야 한다.

Vernichtung

StPO 407(2) Nr.1; MEPolG 23(4) 폐기(처분). → 과형명령의 허용된

법적 효과.

(4) Sichergestellte Sachen können unbrauchbar gemacht oder vernichtet werden, wenn

1. im Falle einer Verwertung die Gründe,
die zu ihrer Sicherstellung berechtigten,
fortbestehen oder Sicherstellungsgründe
erneut entstehen würden, oder

2. die Verweretung aus anderen Gründen
nicht möglich ist.

다음 각호의 경우에는 영치된 물건이 사용
불능 또는 폐기처분될 수 있다.

1. 환가시에 영치권자가 존속하고 있거나
새로이 발생한 경우,

2. 환가가 다른 사유로 인해 불가능한 경우.

Veröffentlichtes Werk UrhG 6 공표저
작물.

(1) Ein Werk ist veröffentlicht, wenn es
mit Zustimmung des Berechtigten der
Öffentlichkeit zugänglich gemacht worden
ist.

저작물이 공표되는 것은 그 권한자의 동의
에 의해 일반공중이 접근가능하게 되는 때
이다.

Veröffentlichung der Beschlagnahme
StPO 291 압수의 공고.

Der die Beschlagnahme verhängende Beschluß ist im elektronischen Bundesanzeiger bekanntzumachen und kann nach dem
Ermessen des Gerichts auch auf andere
geeignete Weise veröffentlicht werden.

압수선고의 결정은 연방전자관보를 통하여
공고되어야 하며 법원의 재량에 의하여 기
타 적절한 방법에 의하여도 공고될 수 있다.

**Veröffentlichung von Abbildungen eines
Beschuldigten** StPO 131b 피의자 초상의
공개.

(1) Die Veröffentlichung von Abbildungen
eines Beschuldigten, der einer Straftat von
erheblicher Bedeutung verdächtig ist, ist
auch zulässig, wenn die Aufklärung einer
Straftat, insbesondere die Feststellung der
Identität eines unbekannten Täters auf
andere Weise erheblich weniger Erfolg

versprechend oder wesentlich erschwert
wäre.

피의자 초상의 공개는 중대한 범죄의 혐의
를 받고 있고, 범죄의 규명, 특히 미상의 행
위자의 신원확인이 다른 방법으로는 성공의
가능성이 거의 없거나 본질적으로 어려운
경우에도 허용된다.

Veröffentlichungsrecht UrhG 12
공표권.

(1) Der Urheber hat das Recht zu bestimmen, ob und wie sein Werk zu
veröffentlichen ist.

저작자는 자신의 저작물의 공표여부와 방법
을 결정할 권리를 가진다.

Verordnung 명령, 시행령.

① Eine Verordnung (Vgl. "Rechtsverordnung" GG 80) benotigt immer eine Ver-
ordnungsermächtigung in einem Gesetz.
Urheber einer Verordnung ist nicht das
Parlament, sondern die Exekutive.

명령(참조, 기본법 제80조 "법규명령")은 항
상 법률의 수권을 받아야 한다. 명령은 의
회가 아닌 집행부가 작성한다.

② Rechtsverordnung Nähres (세부시행령).

**Verordnung des Reichspräsidenten zum
Schutz von Volk und Staat**
→ Reichstagsbrandverordnung (의회방화령).

Verpächter 용익임대인 ↔ Pächter 용익
임차인. → Pachtvertrag.

Verpächterpfandrecht BGB 592 용익임
대인의 질권.

Der Verpächter hat für seine Forderungen
aus dem Pachtverhältnis ein Pfandrecht
an den eingebrachten Sachen des Pächters
sowie an den Früchten der Pachtsache.
Für künftige Entschädigungsforderungen
kann das Pfandrecht nicht geltend gemacht werden.

용익임대인은 임대차관계로부터 발생하는
자신의 청구권에 대하여 용익임차인이 부착
한 물건 및 임대물의 과실에 대한 질권을
가진다. 장래의 손해배상청구권에 대하여는

질권을 주장할 수 없다.

Verpfänder BGB 1211 질권설정자.
(Einreden des Verpfänders)
(1) Der Verpfänder kann dem Pfandgläubiger gegenüber die dem persönlichen
Schuldner gegen die Forderung sowie die
nach §770 einem Bürgen zustehenden Einreden geltend machen.
질권설정자는 질권자에 대하여 채권에 대하
여 인적 채무자가 가지는 항변사유 및 제
770조에 의하여 보증인이 가지는 항변사유
를 주장할 수 있다.
↔ Pfandgläubiger (질권자).

Verpfändung durch Nichtberechtigten
BGB 1207 무권리자에 의한 입질.
Gehört die Sache nicht dem Verpfänder,
so finden auf die Verpfändung die für den
Erwerb des Eigentums geltenden Vorschriften der §§ 932, 934, 935 entsprechende Anwendung.
물건이 질권설정자에게 속하지 아니할 때에는
질권의 설정에는 소유권의 취득에 관한 제932
조, 제934조, 제935조의 규정을 준용한다.

Verpflegung → Anstaltsverpflegung.

Verpflichtungsermächtigung HGrG 22
의무부담(수권)행위.
Bei Aufstellung und Ausführung des
Haushaltsplans sind nur die Ausgaben
und die Ermächtigungen zum Eingehen
von Verpflichtungen zur Leistung von
Ausgaben in künftigen Jahren (Verpflichtungsermächtigungen) zu berücksichtigen,
die zur Erfüllung der Aufgaben des
Bundes oder des Landes notwendig sind.
예산을 작성하고 집행하는 데에는 연방과
주의 직무수행을 위하여 필요한 지출과 장
래 회계연도의 지출이행을 위한 의무부담을
위한 수권행위(의무부담행위)만을 고려하여
야 한다.
(1) Maßnahmen, die den Bund oder das
Land zur Leistung von Ausgaben in
künftigen Haushaltsjahren verpflichten
können, sind nur zulässig, wenn der

Haushaltsplan dazu ermächtigt.
Im Falle eines unvorhergesehenen und
unabweisbaren Bedürfnisses kann das für
die Finanzen zuständige Ministerium Ausnahmen zulassen.
장래의 회계연도에 연방 또는 주에 대하여
급부의무를 부담지울 수 있는 조치는 예산
이 이를 수권하는 때에만 가능하다.
미리 예상할 수 없고 불가피한 수요가 있는
경우에는 재정담당장관이 이에 대한 예외를
허용할 수 있다.

Verpflichtungsklage VwGO 42 의무화
소송, 의무이행소송.
(1) Durch Klage kann die Verurteilung
zum Erlaß eines abgelehnten oder unterlassenen Verwaltungsakts(Verpflichtungsklage) begehrt werden.
소에 의하여 거부되었거나 또는 행하여지지
아니한 행정행위의 발급을 구할 수 있다.
→ Leistungsklage (급부소송)
→ Versagungsgegenklage (거부(반대)소송).
→ Unterlassungsklage (부작위청구소송).
→ Untätigkeitsklage (부작위(행위)소송).

Verrat illegaler Geheimnisse StGB 97a
비국가기밀누설죄.
Wer ein Geheimnis, das wegen eines der
in § 93 Abs. 2 bezeichneten Verstöße kein
Staatsgeheimnis ist, einer fremden Macht
oder einem ihrer Mittelsmänner mitteilt
und dadurch die Gefahr eines schweren
Nachteils für die äußere Sicherheit der
Bundesrepublik Deutschland herbeiführt,
wird wie ein Landesverräter(§94) bestraft.
제93조 제2항에 기재한 위반으로 비국가기
밀을 타국 또는 그 대리인에게 전달, 독일
연방공화국의 외적 안전에 중대한 불이익을
초래할 위험을 야기한 자는 국가기밀누설반
역죄(제94조)와 동일한 형으로 처벌한다.

Verrat in irriger Annahme eines illegalen Geheimnisses StGB 97b
착오로 인한 비국가기밀누설죄.
(1) Handelt der Täter in den Fällen der
§§ 94 bis 97 in der irrigen Annahme, das
Staatsgeheimnis sei ein Geheimnis der in

§ 97a bezeichneten Art, so wird er, wenn
1. dieser Irrtum ihm vorzuwerfen ist,
2. er nicht in der Absicht handelt, dem vermeintlichen Verstoß entgegenzuwirken, oder
3. die Tat nach den Umständen kein angemessenes Mittel zu diesem Zweck ist, nach den bezeichneten Vorschriften bestraft.
제94-97조의 경우, 국가기밀을 비국가비밀 (§97a)로 오인하여 행위한 때에는 1. 행위 자의 착오가 비난가능한 경우 2. 행위자가 추정된 위반을 저지할 의도로 행위한 것이 아닌 경우 3. 정황에 비추어 당해 행위가 그 목적에 적합한 수단이 되지 아니하는 경 우에 해당 조항에 의하여 처벌한다.

Verrat von Geschäfts- und Betriebsgeheimnissen UWG 17 영업비밀 및 경영비밀누설죄.
(1) Wer als eine bei einem Unternehmen beschäftigte Person ein Geschäfts- oder Betriebsgeheimnis, das ihr im Rahmen des Dienstverhältnisses anvertraut worden oder zugänglich geworden ist, während der Geltungsdauer des Dienstverhältnisses unbefugt an jemand zu Zwecken des Wettbewerbs, aus Eigennutz, zugunsten eines Dritten oder in der Absicht, dem Inhaber des Unternehmens Schaden zuzufügen, mitteilt, wird mit Freiheitsstrafe bis zu drei Jahren oder mit Geldstrafe bestraft.
어떤 기업에 근무하는 자로서 업무상 지득 하거나 접근가능한 영업상 또는 경영상의 비밀을 고용관계의 유효기간내에 권한 없이 경쟁의 목적으로, 자신의 이익에서, 제3자를 위하여 또는 기업주에게 손해를 가할 의도 로 다른 사람에게 전달한 자는 3년 이하의 자유형 또는 벌금형에 처한다.

Verrechnung von Teilbeträgen OWiG 94 분납액의 충당.
Teilbeträge werden, wenn der Betroffene bei der Zahlung keine Bestimmung trifft, zunächst auf die Geldbuße, dann auf die etwa angeordneten Nebenfolgen, die zu einer Geldzahlung verpflichten, und zuletzt auf die Kosten des Verfahrens angerechnet.
분납액은, 당사자가 납부를 함에 있어서 달 리 지정을 하지 않은 경우에는, 우선 질서 위반금으로, 그 다음에 금전납부의 의무를 내용으로 하는 부대효과가 명하여진 경우에 는 그 부대효과로, 그리고 마지막으로 절차 비용으로 충당한다.
→ Anrechnung von Teilbeträgen.

Verrechnungspreis (Transferpreis oder Konzernverrechnungspreis) AStG 1 이전가격.
→ Außensteuergesetz (대외조세법).

Verrechnungsscheck ScheckG 39 계산 수표.
(1) Der Aussteller sowie jeder Inhaber eines Schecks kann durch den quer über die Vorderseite gesetzten Vermerk "nur zur Verrechnung" oder durch einen gleichbedeutenden Vermerk untersagen, daß der Scheck bar bezahlt wird.
수표의 발행인 및 모든 소지인은 수표의 전 면에 "계산을 위하여만" 또는 이와 동일한 뜻의 문자를 비스듬하게 기재하여 그 수표 에 대한 현금의 지급을 금지할 수 있다.

Verrechnungsstelle 정산소.
(Angehöriger einer ～: ～직원).
→ Verletzung von Privatgeheimnissen (사 적 비밀침해죄).

Verrichtungsgehilfen → Haftung für den Verrichtungsgehilfen. (사용자책임).

Verringerung der Arbeitszeit TzBfG 8 근로시간단축(Anspruch auf ～: ～ 청구권).
(1) Ein Arbeitnehmer, dessen Arbeitsverhältnis länger als sechs Monate bestanden hat, kann verlangen, dass seine vertraglich vereinbarte Arbeitszeit verringert wird.
근로관계가 6개월 이상인 근로자는 계약상 합의된 자신의 근로시간의 단축을 청구할 수 있다.

Versagung von Auskünften und Einschränkung der Akteneinsicht
StPO 477 정보제공의 거부 및 서류열람의 제한.
(1) Auskünfte können auch durch Überlassung von Abschriften aus den Akten erteilt werden.
(2) Auskünfte aus Akten und Akteneinsicht sind zu versagen, wenn der Übermittlung Zwecke des Strafverfahrens oder besondere bundesgesetzliche oder entsprechende landesgesetzliche Verwendungsregelungen entgegenstehen.
(1) 정보제공은 소송기록 등본의 교부를 통해서도 이루어질 수 있다.
(2) 그 전달이 형사절차의 목적 또는 특별 연방법이나 그에 준하는 주법의 사용규정에 반하는 경우에는 소송기록의 정보제공 및 서류열람은 거부될 수 있다.

Versagungsgegenklage (Versagungsklage, Weigerungsgegenklage) VwGO 42 거부(반대)소송; 거부처분에 대한 소송.

VersammlG → Versammlungsgesetz (집시법).

Versammlung unter freien Himmel
StGB 106a; GG 8(2) 옥외집회.
→ Bannkreisverletzung (a.F.) (금지구역시 위죄).
(2) Für Versammlungen unter freiem Himmel kann dieses Recht durch Gesetz oder auf Grund eines Gesetzes beschränkt werden. (GG 8(2))
옥외집회의 경우에는 법률로써 또는 법률을 근거로 이 권리가 제한될 수 있다.
→ Unerlaubte Ansammlung (불법집합죄).

Versammlungsfreiheit GG 8
집회의 자유.
(1) Alle Deutschen haben das Recht, sich ohne Anmeldung oder Erlaubnis friedlich und ohne Waffen zu versammeln.
모든 독일인은 신고나 허가없이 평화롭게 그리고 무기를 휴대하지 않고 집회할 권리를 가진다.

Versammlungsgesetz VersammlG 1
집시법 (Gesetz über Versammlungen und Aufzüge) (1978.11.15) (BGBl. I S. 1789)
(1) Jedermann hat das Recht, öffentliche Versammlungen und Aufzüge zu veranstalten und an solchen Veranstaltungen teilzunehmen.
모든 사람은 공공의 집회 및 시위를 개최하고 그러한 행사에 참여할 권리를 가진다.

Versari in re illicita 불법야기책임.
불법한 상황을 야기한자는 자기의 행위로 인하여 발생하는 모든 책임을 진다는 원칙 (Versari-Haftung).

Versäumen von Rechtsbehelfen bei Geldersatz SHG 6 금전배상에서 법률상 구제의 해태.
Der Geldersatz entfällt, wenn der Geschädigte es unterläßt, den Schaden durch Gebrauch eines förmlichen Rechtsbehelfs einschließlich der gerichtlichen Klageerhebung oder eines sonstigen ordentlichen gesetzlichen Verfahrensmittels zur Überprüfung der Rechtmäßigkeit des Verhaltens der öffentlichen Gewalt abzuwenden.
피해자가 공권력에 의한 활동의 적법성심사를 위해 소제기를 포함한 공식적인 구제수단이나 기타 통상적인 법률상의 절차수단의 사용을 통하여 손해를 방지하지 아니하는 경우에는 금전배상은 인정되지 아니한다.

Versäumnisurteil StPO 230(1) 결석판결.
→ Fernbleiben des Angeklagten, Ausgebliebener Angeklagter (피고인의 불출석).

Versäumnisurteil gegen den Beklagten
ZPO 331 피고에 대한 결석판결.
Beantragt der Kläger gegen den im Termin zur mündlichen Verhandlung nicht erschienenen Beklagten das Versäumnisurteil, so ist das tatsächliche mündliche Vorbringen des Klägers als zugestanden anzunehmen.
원고가 구두변론기일에 출석하지 아니한 피고에 대하여 결석판결을 신청한 때에는 원고의 사실에 관한 구두진술은 자백으로 간주한다.

Versäumnisurteil gegen den Kläger
ZPO 330 원고에 대한 결석판결.
Erscheint der Kläger im Termin zur mündlichen Verhandlung nicht, so ist auf Antrag das Versäumnisurteil dahin zu erlassen, dass der Kläger mit der Klage abzuweisen sei.
원고가 구두변론기일에 출석하지 아니한 때에는 신청에 의하여 원고의 소를 기각하는 결석판결을 하여야 한다.

Versäumte Handlung
→ Nachholung der versäumten Handlung.

Verschaffen von falschen amtlichen Ausweisen StGB 276 허위공증명서취득죄 → Fälschung.
(1) Wer einen unechten oder verfälschten amtlichen Ausweis oder einen amtlichen Ausweis, der eine falsche Beurkundung der in den §§ 271 und 348 bezeichneten Art enthält,
1. einzuführen oder auszuführen unternimmt oder
2. in der Absicht, dessen Gebrauch zur Täuschung im Rechtsverkehr zu ermöglichen, sich oder einem anderen verschafft, verwahrt oder einem anderen überläßt,
wird mit Freiheitsstrafe bis zu zwei Jahren oder mit Geldstrafe bestraft.
위조(부진정) 또는 변조된 공증명서, 제271조 및 제348조에 기재된 종류의 허위문서작성이 기재된 공증명서에 대하여 다음 각호의 행위를 한 자는 2년 이하의 자유형 또는 벌금형에 처한다.
1. 반입 또는 반출을 기도하는 행위
2. 법적 거래시의 기망수단으로서 그 행사를 가능하게 할 목적으로 취득하거나 타인으로 하여금 취득하게 하거나 보관 또는 타인에게 양여하는 행위.

Verschaffung weiterer Aufklärung
→ Vorbereitung des Gutachtens.

VerschG → Verschollenheitsgesetz (실종법).

Verschlechterung des Zubehörs
BGB 1135 종물의 훼손.
Einer Verschlechterung des Grundstücks im Sinne der §§ 1133, 1134 steht es gleich, wenn Zubehörstücke, auf die sich die Hypothek erstreckt, verschlechtert oder den Regeln einer ordnungsmäßigen Wirtschaft zuwider von dem Grundstück entfernt werden.
저당권이 미치는 종물이 훼손되거나 통상적인 경제용법에 반하여 토지로부터 반출된 때에는 제1133조, 제1134조의 의미에 있어서의 토지의 훼손과 같다.

Verschlechterung, Untergangs oder einer aus einem anderen Grunde eintretenden Unmöglichkeit der Herausgabe
BGB 292 훼손, 멸실, 또는 기타의 사유로 인하여 발생하는 반환불능 → Haftung bei Herausgabepflicht.

Verschleierung unrechtmäßig erlangter Vermögenswerte (불법취득재산위장죄)
→ Geldwäsche.

Verschleppung StGB 234a
정치적 약취·유인죄.
(1) Wer einen anderen durch List, Drohung oder Gewalt in ein Gebiet außerhalb des räumlichen Geltungsbereichs dieses Gesetzes verbringt oder veranlaßt, sich dorthin zu begeben, oder davon abhält, von dort zurückzukehren, und dadurch der Gefahr aussetzt, aus politischen Gründen verfolgt zu werden und hierbei im Widerspruch zu rechtsstaatlichen Grundsätzen durch Gewalt- oder Willkürmaßnahmen Schaden an Leib oder Leben zu erleiden, der Freiheit beraubt oder in seiner beruflichen oder wirtschaftlichen Stellung empfindlich beeinträchtigt zu werden, wird mit Freiheitsstrafe nicht unter einem Jahr bestraft.
위계, 협박 또는 폭행에 의하여 타인을 이 법의 장소적 적용범위 외의 지역으로 이송하거나 그 지역으로 가도록 사주하거나 또는 그 장소로부터 귀환을 저지하고, 이로

인하여 정치적 박해를 받게 하고, 법치국가
원칙에 반하는 폭력 또는 자의적 조치에 의
하여 신체나 생명에 손해를 입거나 자유를
박탈당하거나 직업적 또는 경제적 지위를
현저히 침해당할 위험에 처하게 한 자는 1
년 이상의 자유형에 처한다.

Verschlossene Postsendung

StPO 100(3) 봉함우편물.
(3) Die Öffnung der ausgelieferten Postsendungen steht dem Gericht zu. Es kann
diese Befugnis der Staatsanwaltschaft
übertragen, soweit dies erforderlich ist,
um den Untersuchungserfolg nicht durch
Verzögerung zu gefährden. Solange eine
Anordnung nach Satz 2 nicht ergangen
ist, legt die Staatsanwaltschaft die ihr
ausgelieferten Gegenstände sofort, und
zwar verschlossene Postsendungen unge-
öffnet, dem Richter vor.
인도된 우편물의 개봉은 법원의 권한에 속
한다. 법원은 긴급한 경우에는 (지체에 의
하여 목적달성이 위태화되지 않도록) 이 권
한을 검사에게 위탁할 수 있다. 이러한 위
탁은 다툴 수 없으며 언제든지 취소될 수
있다. 제2문의 명령이 행하여지지 않는 한,
검사는 그에게 인도된 물건을 즉시 판사에
게 제출하며, 특히 봉함우편물은 개봉하지
아니하고 제출한다.

Verschlossenes Behältnis oder andere
Schutzvorrichtung   StGB 243(1) Nr.2

시정된 용기나 기타 보호장치.
Ein besonders schwerer Fall (des Diebstahls) liegt in der Regel vor, wenn der
Täter
2. eine Sache stiehlt, die durch ein verschlossenes Behältnis oder eine andere
Schutzvorrichtung gegen Wegnahme besonders gesichert ist,
행위자가 다음 각호의 행위를 한 때에는 보
통(반대의 사정이 없는 한) 특히 중한 절도
에 해당한다.
2. 시정된 용기 또는 기타 보호장치에 의하
여 특별히 도난을 방지하고 있는 재물을 절
취한 경우.

Verschluß StGB 136(2) 봉함.
→ Siegelbruch (봉인파괴죄).

Verschmelzung UmwG 2 합병.
Rechtsträger können unter Auflösung ohne
Abwicklung verschmolzen werden
1. im Wege der Aufnahme durch Übertragung des Vermögens eines Rechtsträgers oder mehrerer Rechtsträger (übertragende Rechtsträger) als Ganzes auf
einen anderen bestehenden Rechtsträger
(übernehmender Rechtsträger) oder
2. im Wege der Neugründung durch Übertragung der Vermögen zweier oder mehrerer Rechtsträger (übertragende Rechtsträger) jeweils als Ganzes auf einen neuen,
von ihnen dadurch gegründeten Rechtsträger
gegen Gewährung von Anteilen oder Mitgliedschaften des übernehmenden oder
neuen Rechtsträgers an die Anteilsinhaber
(Gesellschafter, Partner, Aktionäre oder
Mitglieder) der übertragenden Rechtsträger.
권리주체는 양도주체의 지분소유자(사원, 파
트너, 주주 또는 구성원)에게 양수된 또는
새로운 권리주체의 지분이나 사원의 지위를
부여하고, 다음 각호의 방법으로 청산없이
합병될 수 있다.
1. 흡수의 방법으로 하나 또는 다수의 권리
주체(양도주체)의 재산을 다른 기존의 권리
주체(양수주체)에 일체로서 하는 양도에 의
하여 (Verschmelzung durch Aufnahme 흡
수합병),
2. 새로운 설립의 방법으로 다른 새로운 또
는 설립된 권리주체에 대한 각각 전체로서
2개 또는 다수의 권리주체(양도주체)의 재
산의 양도에 의하여 (Verschmelzung durch
Neugründung 신설합병).

Verschollenheit VerschG 1 실종.
(1) Verschollen ist, wessen Aufenthalt
während längerer Zeit unbekannt ist, ohne
daß Nachrichten darüber vorliegen, ob er
in dieser Zeit noch gelebt hat oder
gestorben ist, sofern nach den Umständen
hierdurch ernstliche Zweifel an seinem

Fortleben begründet werden.
생사에 관한 소식이 없이 그 소재가 장기간 불명하고 제반사정에 비추어 볼 때 그 이후의 생존을 진지하게 의심하게 되는 경우는 실종이다.

Verschollenheit und Todeserklärung des Mündels BGB 1884 피후견인의 실종과 사망선고.
(1) Ist der Mündel verschollen, so endigt die Vormundschaft erst mit der Aufhebung durch das Vormundschaftsgericht.
피후견인이 실종한 때에는 후견은 후견법원에 의한 폐지에 의하여 비로소 종료한다.
(2) Wird der Mündel für tot erklärt oder wird seine Todeszeit nach den Vorschriften des Verschollenheitsgesetzes festgestellt, so endigt die Vormundschaft mit der Rechtskraft des Beschlusses über die Todeserklärung oder die Feststellung der Todeszeit.
피후견인이 사망선고를 받거나 실종법의 규정에 따라서 그의 사망시기가 확정되는 때에는 후견은 사망선고 또는 사망시기의 확정의 결정이 확정력을 가지는 때에 종료한다.

Verschollenheitsgesetz VerschG 실종법 (Bundesgesetzblatt Teil III, Gliederungsnummer 401-6).

Verschulden 귀책사유(고의·과실), 유책, 과책; 과실.
① 민법상 고의·과실로 손해배상의무를 발생하게 하는 원인.
die Vorstandsmitglieder, denen ein Verschulden zur Last fällt, 책임지게 될 이사 (BGB 42(2)).
② so ist jeder, welcher sich an der Schlägerei oder dem Angriff beteiligt hat, falls er nicht ohne sein Verschulden hineingezogen worden ist. (StGB 227 a.F.)
격투나 공격에 참여한 자가 그의 귀책사유가 개입한 경우.

Verschulden beim Vertragsschluß 계약체결상의 과실 → Culpa in contrahendo.

Verschuldensunabhängige Haftung BGB 676c 무과실책임.
(1) Die Ansprüche nach § 676b(자금이체 지체에 대한 책임) setzen ein Verschulden nicht voraus
제676b조에 의한 청구권은 귀책을 전제로 하지 않는다.

Verschuldeten Auswirkung der Tat 범행으로 인한 유책한 결과.
범행에 의한 결과, 즉 범행으로 인한 - 즉 적어도 예견가능하고 행위자를 비난할 수 있는 결과만이 책임판단의 근거가 된다.

Verschwiegenheitspflicht (~ öffentlich Bediensteter) (= Pflicht zur Verschwiegenheit) StPO 54; StVOllzG 165 (공무종사자의 ~) 묵비의무; 비밀유지의무.
(1) Für die Vernehmung von Richtern, Beamten und anderen Personen des öffentlichen Dienstes als Zeugen über Umstände, auf die sich ihre Pflicht zur Amtsverschwiegenheit bezieht, und für die Genehmigung zur Aussage gelten die besonderen beamtenrechtlichen Vorschriften.
판사, 공무원 및 기타 공무에 종사하는 자의 직무상의 묵비의무를 준수해야 하는 사정에 대한 증인으로서 신문 및 증언의 허가에 관하여는 공무원법상의 특별규정이 적용된다.

Versehen mit Gründen StPO 34 이유를 적시하다. → Ablehnen ②.

Versendungskauf BGB 447 송부매매.
(1) Versendet der Verkäufer auf Verlangen des Käufers die verkaufte Sache nach einem anderen Ort als dem Erfüllungsort, so geht die Gefahr auf den Käufer über, sobald der Verkäufer die Sache dem Spediteur, dem Frachtführer oder der sonst zur Ausführung der Versendung bestimmten Person oder Anstalt ausgeliefert hat.
매도인이 매수인의 청구에 의하여 매매목적물을 이행지 이외의 장소로 송부하는 경우에 매도인이 그 물건을 운송주선인, 운송인 또는 기타 운송의 이행을 위하여 특정된 사람이나 시설에 인도한 때에는 그 위험은 매수인에게 이전한다.

Versicherer VVG 1 보험자.
→ Versicherungsvertrag.

Versicherte VVG 44 피보험자.
(1) Bei der Versicherung für fremde Rechnung stehen die Rechte aus dem Versicherungsvertrag dem Versicherten zu.
타인을 위한 보험에 있어서는 보험계약으로 인한 권리는 피보험자에게 속한다.

Versicherte Interesse VVG 80 피보험이익.
(1) Der Versicherungsnehmer ist nicht zur Zahlung der Prämie verpflichtet, wenn das versicherte Interesse bei Beginn der Versicherung nicht besteht; dies gilt auch, wenn das Interesse bei einer Versicherung, die für ein künftiges Unternehmen oder für ein anderes künftiges Interesse genommen ist, nicht entsteht.
피보험이익이이 보험개시시에 성립하지 아니한 경우 보험계약자는 보험료지불의 의무를 면한다. 또한 보험이 장래의 사업에 대하여 또는 기타 장래의 이익에 대하여 행하여진 경우에 그 이익이 성립하기에 이르지 아니한 경우도 이와 같다.

Versicherte Sache VVG 95 피보험물 (보험의 목적).
(1) Wird die versicherte Sache vom Versicherungsnehmer veräußert, tritt an dessen Stelle der Erwerber in die während der Dauer seines Eigentums aus dem Versicherungsverhältnis sich ergebenden Rechte und Pflichten des Versicherungsnehmers ein.
보험계약자가 피보험물을 양도한 때에는 취득자는 그 소유권이 존속하는 동안 보험관계로부터 발생하는 보험계약자의 권리, 의무에 관하여 양도인의 지위를 가진다.

Versicherung für fremde Rechnung VVG 43 타인을 위한 보험.

(1) Der Versicherungsnehmer kann den Versicherungsvertrag im eigenen Namen für einen anderen, mit oder ohne Benennung der Person des Versicherten, schließen.
보험계약자는 타인의 이익을 위하여 자기명의로 피보험자 본인의 명명에 의해 또는 그 명명없이 보험계약을 체결할 수 있다.

Versicherung für Inbegriff von Sachen VVG 89 집합보험.
(1) Eine Versicherung, die für einen Inbegriff von Sachen genommen ist, umfasst die jeweils dem Inbegriff zugehörigen Sachen.
보험이 집합물에 대하여 행하여진 때에는 그 보험은 그 집합에 속한 각각의 물건을 포함한다.

Versicherungsagent VVG 43 (a.F.) 보험대리상.
Ein Versicherungsagent gilt, auch wenn er nur mit der Vermittlung von Versicherungsgeschäften betraut ist, als bevollmächtigt, in dem Versicherungszweig, für den er bestellt ist,
1. Anträge auf Schließung, Verlängerung oder Änderung eines Versicherungsvertrags sowie den Widerruf solcher Anträge entgegenzunehmen;
보험대리상은 보험행위의 중개만을 위탁받은 때라도 그가 임명된 보험지점에서 1. 보험계약의 체결, 연기 또는 변경의 신청 및 그 신청의 철회를 대리한다.

Versicherungsaufsichtsgesetz (Gesetz über die Beaufsichtigung der Versicherungsunternehmen) VAG 1 보험감독법 (1992.12.17) (BGBl. 1993 I S. 2).
(1) Der Aufsicht nach diesem Gesetz unterliegen
1. Unternehmen, die den Betrieb von Versicherungsgeschäften zum Gegenstand haben und nicht Träger der Sozialversicherung sind (Versicherungsunternehmen),
이 법은 보험사업을 영위하는 기업으로서

사회보험운영자가 아닌 기업(보험사업자)을 감독대상으로 한다.

Versicherungsberater VVG 59(4) 보험 상담자.

(4) Versicherungsberater im Sinn dieses Gesetzes ist, wer gewerbsmäßig Dritte bei der Vereinbarung, Änderung oder Prüfung von Versicherungsverträgen oder bei der Wahrnehmung von Ansprüchen aus Versicherungsverträgen im Versicherungsfall berät oder gegenüber dem Versicherer außergerichtlich vertritt, ohne von einem Versicherer einen wirtschaftlichen Vorteil zu erhalten oder in anderer Weise von ihm abhängig zu sein.

본법(보험계약법)에서 보험상담자라 함은 보험계약의 합의, 변경 또는 심사를 할 경우에 또는 보험사고의 발생시 보험계약상 청구권의 주장에 있어 영업적으로 제3자에게 상담을 하는 자 또는 보험자로부터 경제적인 이익을 얻지 않거나 다른 방법으로 보험자에게 종속됨이 없이 보험자에 대하여 재판 외에서 대리하는 자를 말한다.

Versicherungsbetrug StGB 265 보험사기죄 (a.F.) → Versicherungsmißbrauch.

Versicherungsfall VVG 30 보험사고.

(1) Der Versicherungsnehmer hat den Eintritt des Versicherungsfalles, nachdem er von ihm Kenntnis erlangt hat, dem Versicherer unverzüglich anzuzeigen.

보험계약자는 보험사고의 발생후 그 발생을 알게된 경우 지체없이 이를 보험자에 고지하여야한다.

Versicherungsmißbrauch StGB 265 보험남용죄.

Wer eine gegen Untergang, Beschädigung, Beeinträchtigung der Brauchbarkeit, Verlust oder Diebstahl versicherte Sache beschädigt, zerstört, in ihrer Brauchbarkeit beeinträchtigt, beiseite schafft oder einem anderen überläßt, um sich oder einem Dritten Leistungen aus der Versicherung zu verschaffen, wird mit Freiheitsstrafe bis zu drei Jahren oder mit Geldstrafe bestraft, wenn die Tat nicht in § 263 mit Strafe bedroht ist.

보험으로 자기 또는 제3자에 대한 급부를 취득하기 위해 멸실, 손상, 사용가능성의 침해, 분실이나 절도에 대비하여 피보험물을 손상, 파괴, 그 사용가능성을 침해, 제거하거나 또는 다른 사람에게 양여한 자는 3년 이하의 징역형이나 벌금형에 처한다. 그 행위가 제263조(사기죄)에서 규정되지 않아야 한다.

Versicherungsnehmer VVG 45 보험계약자.

(1) Der Versicherungsnehmer kann über die Rechte, die dem Versicherten aus dem Versicherungsvertrag zustehen, im eigenen Namen verfügen.

보험계약자는 보험계약에 의하여 피보험자에 속하는 권리를 자신의 이름으로 처분할 수 있다.

→ Versicherer (보험자).

Versicherungsschein VVG 3 보험증권.

(1) Der Versicherer hat dem Versicherungsnehmer einen Versicherungsschein in Text- form, auf dessen Verlangen als Urkunde, zu übermitteln.

보험자는 보험계약자에게 보험계약에 관한 사면의 보험증권을 그 요구에 따라 문서로서 교부하여야 한다.

Versicherungssumme VVG 50 (a.F.) 보험금액.

Der Versicherer haftet nur bis zur Höhe der Versicherungssumme.

제50조 (손해보전의 한도) 보험자는 보험금액의 한도까지 책임을 진다.

Versicherungsverein auf Gegenseitigkeit VAG 15 상호(보험)회사.

Ein Verein, der die Versicherung seiner Mitglieder nach dem Grundsatz der Gegenseitigkeit betreiben will, wird dadurch rechtsfähig, daß ihm die Aufsichtsbehörde erlaubt, als ″Versicherungsverein auf Gegenseitigkeit″ Geschäfte zu betreiben.

상호성의 원칙에 의하여 구성원의 보험을 운영하는 사단은 감독관청이 "상호(보험)회사"로서 사업운영을 인가함으로써 권리능력을 취득한다.

Versicherungsvertrag VVG 1 보험계약.
Der Versicherer verpflichtet sich mit dem Versicherungsvertrag, ein bestimmtes Risiko des Versicherungsnehmers oder eines Dritten durch eine Leistung abzusichern, die er bei Eintritt des vereinbarten Versicherungsfalles zu erbringen hat.
Der Versicherungsnehmer ist verpflichtet, an den Versicherer die vereinbarte Zahlung (Prämie) zu leisten.
보험자는 약정한 보험사고가 발생한 경우에 지출되는 급부를 통하여 보험계약에 의해 보험계약자나 제3자의 특정위험으로부터 안전을 확보할 의무를 부담한다.
보험계약자는 보험자에게 약정한 보험료를 지불해야 할 의무가 있다.

Versicherungsvertragsgesetz (Gesetz über den Versicherungsvertrag) VVG 보험계약법 (2007.11.23) (BGBl. I S. 2631).

Versicherungswert VVG 74, 88 보험가액 (Wert des versicherten Interesses VVG 74 피보험이익의 가격).
Soweit nichts anderes vereinbart ist, gilt als Versicherungswert, wenn sich die Versicherung auf eine Sache oder einen Inbegriff von Sachen bezieht, der Betrag, den der Versicherungsnehmer zur Zeit des Eintrittes des Versicherungsfalles für die Wiederbeschaffung oder Wiederherstellung der versicherten Sache in neuwertigem Zustand unter Abzug des sich aus dem Unterschied zwischen alt und neu ergebenden Minderwertes aufzuwenden hat. (VVG 88)
다른 약정이 없는 한 물건 또는 집합물에 관한 보험에서 보험계약자가 보험사고의 발생시에 피보험물건의 재조만 또는 복구에 대하여 신가의 상태에서 신구의 차이로부터 저가를 제하고 지출해야 할 금액은 보험가액으로 인정된다.

Versorgung (Anspruch auf ~) BVG 1 원호 (원호청구권).
(1) Wer durch eine militärische oder militärähnliche Dienstverrichtung oder durch einen Unfall während der Ausübung des militärischen oder militärähnlichen Dienstes oder durch die diesem Dienst eigentümlichen Verhältnisse eine gesundheitliche Schädigung erlitten hat, erhält wegen der gesundheitlichen und wirtschaftlichen Folgen der Schädigung auf Antrag Versorgung.
군사적 또는 준군사적 근무의 제공이거나 또는 군사적 또는 준군사적 근무의 수행중의 사고이거나 또는 이들 근무에 따르는 내용으로 인하여 건강상의 상해를 입은 사람은 신청에 의하여 건강상 및 경제상의 상해의 결과에 대한 원호청구를 가진다.

Versorgung mit Hilfsmitteln StVollzG 59 보조물조치.
Gefangene haben Anspruch auf Versorgung mit Seh- und Hörhilfen, Körperersatzstücken, orthopädischen und anderen Hilfsmitteln, die im Einzelfall erforderlich sind, um den Erfolg der Krankenbehandlung zu sichern oder eine Behinderung auszugleichen, sofern dies nicht mit Rücksicht auf die Kürze des Freiheitsentzugs ungerechtfertigt ist und soweit die Hilfsmittel nicht als allgemeine Gebrauchsgegenstände des täglichen Lebens anzusehen sind.
수형자는 진료의 결과를 보장하거나 장애를 조정하기 위하여 개별적으로 필요한 시청각 보조물, 신체부착물, 정형외과적 및 기타의 보조물의 장비에 대한 청구권이 있다. 단 보조물 장비는 자유형의 단기를 고려하여 볼 때 부당한 것이 아니어야 하며 그 보조물이 일상생활의 일용품으로 볼 수 없는 것이어야 한다.

Versorgungsausgleich BGB 1587 부조조정 (Auszugleichende Versorgungsanrechte : 부조청구권의 조정).
(1) Zwischen den geschiedenen Ehegatten findet ein Versorgungsausgleich statt, so-

weit für sie oder einen von ihnen in der Ehezeit Anwartschaften oder Aussichten auf eine Versorgung wegen Alters oder verminderte Erwerbsfähigkeit der in § 1587a Abs. 2 genannten Art begründet oder aufrechterhalten worden sind.

이혼한 배우자 사이에는 그들 모두 또는 그들 중의 1인에 대하여 혼인중 제1587조 a 제2항에 규정된 종류의 연령이나, 직업 또는 수익능력 상실로 인한 부조의 기대 또는 전망이 보이거나 유지되는 경우에 한하여 부조조정이 허용된다.

Verspätete Berufungseinlegung
StPO 319 항소제기의 지체.
(1) Ist die Berufung verspätet eingelegt, so hat das Gericht des ersten Rechtszuges das Rechtsmittel als unzulässig zu verwerfen.

항소의 제기가 지체되는 경우에는 제1심 법원은 이를 부적법한 것으로 각하하여야 한다.

Verspätete oder formwidrige Revisionseinlegung StPO 346 상고제기의 지체와 형식위반.
(1) Ist die Revision verspätet eingelegt oder sind die Revisionsanträge nicht rechtzeitig oder nicht in der in § 345 Abs. 2 vorgeschriebenen Form angebracht worden, so hat das Gericht, dessen Urteil angefochten wird, das Rechtsmittel durch Beschluß als unzulässig zu verwerfen.

상고가 지연되어 제기된 경우 또는 상고신청서가 적시에 제출되지 아니한 경우 또는 제345조 제2항에 규정된 형식이 준수되지 아니한 경우에는 원심법원은 결정에 의해 상소를 부적법한 것으로 각하하여야 한다.

Verspäteter oder unzulässiger Einspruch (bei Strafbefehlen) StPO 411 이의신청의 지체와 불허용 (과형명령에서).
(1) Ist der Einspruch verspätet eingelegt oder sonst unzulässig, so wird er ohne Hauptverhandlung durch Beschluß verworfen; gegen den Beschluß ist sofortige Beschwerde zulässig. Andernfalls wird Termin zur Hauptverhandlung anberaumt.

이의신청이 뒤늦게 이루어지거나 기타 허용되지 않는 경우 그 이의신청은 공판없이 결정으로 기각된다. 이 결정에 대하여는 즉시항고가 허용된다. 그렇지 않은 경우 공판기일을 정한다.

Versprechende 낙약자.
↔ Versprechensempfänger (요약자).

Versprechensempfänger BGB 332 요약자.
Hat sich der Versprechensempfänger die Befugnis vorbehalten, ohne Zustimmung des Versprechenden an die Stelle des in dem Vertrag bezeichneten Dritten einen anderen zu setzen, so kann dies im Zweifel auch in einer Verfügung von Todes wegen geschehen.

요약자가 낙약자의 승낙없이 계약으로 정한 제3자를 다른 자로 대체할 권한을 유보한 경우에 의심스러운 때에는 사인처분으로도 이를 할 수 있다

Versteckter Einigungsmangel BGB 155 숨겨진 불합의.
Haben sich die Parteien bei einem Vertrag, den sie als geschlossen ansehen, über einen Punkt, über den eine Vereinbarung getroffen werden sollte, in Wirklichkeit nicht geeinigt, so gilt das Vereinbarte, sofern anzunehmen ist, dass der Vertrag auch ohne eine Bestimmung über diesen Punkt geschlossen sein würde.

당사자가 계약이 체결된 것으로 보는 계약에 있어서 합의가 행해져야 할 어떤 점에 관하여 실제로 합의하지 아니한 경우에는 그 점에 관한 결정이 없이도 계약이 체결되었으리라고 인정될 수 있는 때에 한하여 합의된 사항이 효력을 가진다.
→ Offener Einigungsmangel (공연한 불합의).

Versteigerung ① StGB 263 입찰(사기죄). ② 경매: (1) Die Versteigerung der gepfändeten Sachen darf nicht vor Ablauf einer Woche seit dem Tag der Pfändung geschehen, (ZPO 816)

압류물의 경매는 압류일부터 1주가 경과하

기 전에는 할 수 없다.

Verstoß gegen das Berufsverbot
StGB 145c 직업금지 위반죄.
Wer einen Beruf, einen Berufszweig, ein Gewerbe oder einen Gewerbezweig für sich oder einen anderen ausübt oder durch einen anderen für sich ausüben läßt, obwohl dies ihm oder dem anderen strafgerichtlich untersagt ist, wird mit Freiheitsstrafe bis zu einem Jahr oder mit Geldstrafe bestraft.
형법상 금지되어 있음에도 불구하고 자기 또는 타인을 위하여 직업, 직업부류, 영업 또는 영업부류를 수행하거나 타인으로 하여 금 자기를 위하여 수행하게 한 자는 1년 이 하의 자유형 또는 벌금형에 처한다.

Verstöß gegen den 0.8% Gefahrengrenzwert → Trunkenheit im Verkehr (명정운 전죄).

Verstoß gegen den Arztvorbehalt
ESchG 11 의사유보위반죄.
(1) Wer, ohne Arzt zu sein,
1. entgegen § 9 Nr. 1 eine künstliche Befruchtung vornimmt oder
2. entgegen § 9 Nr. 2 einen menschlichen Embryo auf eine Frau überträgt, wird mit Freiheitsstrafe bis zu einem Jahr oder mit Geldstrafe bestraft.
의사 아닌 자로서 1. 제9조 제1호의 규정에 반한 인공수정. 2. 제9조 제1호의 경우에 반 한 배아의 여성에의 이식의 행위를 한 자는 1년 이하의 자유형 또는 벌금형에 처한다.
(2) Nicht bestraft werden im Fall des § 9 Nr.1 die Frau, die eine künstliche Insemination bei sich vornimmt, und der Mann, dessen Samen zu einer künstlichen Insemination verwendet wird.
(2) 제2항 제9조 제1호의 경우에 인공수정 을 자신에게 한 여성 및 그의 정자가 인공 수정에 이용된 남성은 벌하지 아니한다.
→ Arztvorbehalt (의사유보 ESchG 9).

Verstoß gegen ein Vereinigungsverbot
StGB 85 결사금지위반죄.

(1) Wer als Rädelsführer oder Hintermann im räumlichen Geltungsbereich dieses Gesetzes den organisatorischen Zusammenhalt
1. einer Partei oder Vereinigung, von der im Verfahren nach §33 Abs.3 des Parteiengesetzes unanfechtbar festgestellt ist, daß sie Ersatzorganisation einer verbotenen Partei ist, oder
2. einer Vereinigung, die unanfechtbar ver boten ist, weil sie sich gegen die verfas sungsmäßige Ordnung oder gegen den Gedanken der Völkerverständigung richtet, oder von der unanfechtbar festgestellt ist, daß sie Ersatzorganisation einer solchen verbotenen Vereinigung ist, aufrechterhält, wird mit Freiheitsstrafe bis zu fünf Jahren oder mit Geldstrafe bestraft.
이 법의 장소적 적용범위내에서 수괴 또는 배후조종자로서 다음 각호의 1에 해당하는 정당이나 단체의 조직적 결합을 유지한 자 는 5년 이하의 자유형 또는 벌금형에 처한 다.
1. 정당법 제33조 제3항의 절차에 따라 금 지된 정당의 대체조직임이 종국적으로 확정 된 정당이나 단체,
2. 헌법질서 또는 국제적 이해와 합의에 반 하는 목적을 추구함을 이유로 금지된 단체 또는 그와 같은 금지된 단체의 대체조직임 이 종국적으로 확정된 단체.
→ Fortführung einer Verfassungswidrig erklärten Partei (위헌정당유지죄).

Verstoß gegen Weisungen während der Führungsaufsicht StGB 145a 행장감독 중 지시위반죄.
Wer während der Führungsaufsicht gegen eine bestimmte Weisung der in §68b Abs. 1 bezeichneten Art verstößt und dadurch den Zweck der Maßregel gefährdet, wird mit Freiheitsstrafe bis zu drei Jahren oder mit Geldstrafe bestraft.
행장감독중 제68조의 b 제1항에 기재한 지 시사항을 위반하고, 이로 인하여 보호관찰 처분의 목적을 위태화한 자는 1년 이하의 자유형 또는 벌금형에 처한다.

Verstrickungsbruch StGB 136 압류표시파괴죄 (압류상태).
(1) Wer eine Sache, die gepfändet oder sonst dienstlich in Beschlag genommen ist, zerstört, beschädigt, unbrauchbar macht oder in anderer Weise ganz oder zum Teil der Verstrickung entzieht, wird mit Freiheitsstrafe bis zu einem Jahr oder mit Geldstrafe bestraft.
압류되거나 기타 직무상 보전된 물건을 파괴, 손괴, 사용불능하게 하거나 기타의 방법으로 그러한 보전처분의 전부 또는 일부를 면하게 한 자는 1년 이하의 자유형 또는 벌금형에 처한다. → Siegelbruch (봉인파괴죄).

Verstümmelung → Wehrpflichtentziehung durch Verstümmelung (신체훼손에 의한 병역의무기피죄).

Versuch StGB 22 미수(범).
Eine Straftat versucht, wer nach Vorstellung von der Tat zur Verwirklichung des Tatbestandes unmittelbar ansetzt.
자신의 표상에 의해 구성요건실현을 직접으로 개시한 자는 범죄행위의 미수(기도)에 해당한다.

Versuch der Anstiftung zur Falschaussage StGB 159 허위진술 교사미수죄.
선서없는 허위진술(Falsche uneidliche Aussage §153) 및 선서에 갈음한 허위보증 (Falsche Versicherung an Eides Statt §156)의 교사의 미수에 관하여는(für den Versuch der Anstiftung zu) 제30조 제1항(공범의 미수) 및 제31조 제1항 제1호 및 제2항(공범의 중지미수)을 준용한다. 따라서 선서위반죄 (Meineid §154)는 본규정의 적용을 받지 않는다. → Verleitung zur Falschaussage (허위진술 유도죄).

Versuch der Beteiligung StGB 30 참여의 미수(기도).
Wer einen anderen zu bestimmen versucht, ein Verbrechen zu begehen oder zu ihm anzustiften, wird nach den Vorschriften über den Versuch des Verbre-

chens bestraft. Jedoch ist die Strafe nach §49 Abs.1 zu mildern. §23 Abs.3 gilt entsprechend.
타인으로 하여금 중죄의 수행 또는 중죄의 교사를 시도하여 미수에 그친 자는 중죄의 미수에 관한 규정에 따라 벌한다. 그러나 그 형은 §49(1)에 의하여 감경할 수 있으며 §23(3)을 준용한다.

Versuchte Anstiftung 교사의 미수 (기도된 교사).
→ Versuch der Beteiligung (참여의 미수).

Versuchte Beihilfe (Beihilfeversuch) 방조의 미수 (기도된 방조).
Beihilfe zum Versuch (Beihilfe zur versuchten Tat) und versuchte Beihilfe sind zu unterscheiden; letztere ist auch bei Verbrechen straflos.
미수의 방조는 방조의 미수와 구별하여야 한다. 후자는 중죄에 있어서도 불가벌이다.

Verteidiger StPO 286, 297 변호인.
(1) Für den Angeklagten kann ein Verteidiger auftreten. Auch Angehörige des Angeklagten sind, auch ohne Vollmacht, als Vertreter zuzulassen.
변호인은 피고인을 위하여 출정할 수 있다. 피고인의 친족은 대리권 없이도 대리인으로 허가될 수 있다.
Für die Beschuldigten kann der Verteidiger, jedoch nicht gegen dessen ausdrückliche Willen, Rechtsmittel einlegen.
변호인은 피의자의 이익을 위하여 그의 명시적인 의사에 반하지 않고 상소할 수 있다.

Verteidiger für das Wiederaufnahmeverfahren StPO 364a 재심절차의 변호인 임명(Bestellung eines ~).
Das für die Entscheidungen im Wiederaufnahmeverfahren zuständige Gericht bestellt dem Verurteilten, der keinen Verteidiger hat, auf Antrag einen Verteidiger für das Wiederaufnahmeverfahren, wenn wegen der Schwierigkeit der Sach- oder Rechtslage die Mitwirkung eines Verteidigers geboten erscheint.

재심절차의 재판관할법원은 변호인 없이 형의 선고를 받은 자에게 사실관계 또는 법률관계의 어려움으로 인하여 변호인의 참가가 필요하다고 인정하는 경우에는 신청에 의하여 재심절차를 위한 변호인을 임명한다.

Verteidigerausschlußverfahren
StPO 138d 변호인의 제척절차.
(1) Über die Ausschließung des Verteidigers wird nach mündlicher Verhandlung entschieden.
변호인의 제척에 관하여는 구두변론에 의해 재판한다.

Verteidigerbefugnisse bei Abwesenheitsverhandlungen (Vertretungsumfang) StPO 234a 피고인의 불출석한 공판에서 변호인의 권한 (대리범위).
Findet die Hauptverhandlung ohne Anwesenheit des Angeklagten statt, so genügt es, wenn die nach § 265 Abs. 1 und 2 erforderlichen Hinweise dem Verteidiger gegeben werden.
피고인의 출석없이 공판이 행하여진 경우 제265조(법적 관점의 변화에 의한 지시의무) 제1항 및 제2항에 의한 필요적 사항은 변호인에게 지시함으로써 충분하다.

Verteidigungsfall GG 115a (긴급)방위사태.
(1) Die Feststellung, daß das Bundesgebiet mit Waffengewalt angegriffen wird oder ein solcher Angriff unmittelbar droht (Verteidigungsfall), trifft der Bundestag mit Zustimmung des Bundesrates.
연방하원은 연방상원의 동의를 얻어 연방영역이 무력으로 공격받거나 급박한 무력공격의 위험이 있음(방위사태)을 확인한다.

Verteidigungsnotstand (defensiver Notstand oder Sachwehr) BGB 228 방어적 긴급피난.
Wer eine fremde Sache beschädigt oder zerstört, um eine durch sie drohende Gefahr von sich oder einem anderen abzuwenden, handelt nicht widerrechtlich, wenn die Beschädigung oder die Zer-

störung zur Abwendung der Gefahr erforderlich ist und der Schaden nicht außer Verhältnis zu der Gefahr steht.
타인의 물건에 의한 자기 또는 타인에 대한 급박한 위험을 방위하기 위하여 타인의 물건을 훼손 또는 파괴하는 자는 그 훼손 또는 파괴가 위험을 방지하는 데 필요하며 또한 그 손해가 위험에 비하여 과도하지 아니할 때에는 위법하게 행위한 것이 아니다.
→ Angriffsnotstand (공격적 긴급피난).

Vertrag 계약; 조약.
① Verträge sind so auszulegen, wie Treu und Glauben mit Rücksicht auf die Verkehrssitte es erfordern. (BGB 157)
계약은 거래의 관습을 고려하고 신의성실이 요구하는 바에 따라 해석되어야 한다.
② Verträge, welche die politischen Beziehungen des Bundes regeln oder sich auf Gegenstände der Bundesgesetzgebung beziehen, bedürfen der Zustimmung oder der Mitwirkung der jeweils für die Bundesgesetzgebung zuständigen Körperschaften in der Form eines Bundesgesetzes (GG 59(2)).
연방의 정치관계를 규율하거나 또는 연방의 입법사항에 관계된 조약은 연방법률의 형식으로서 그 때의 권한있는 연방입법기관의 동의 또는 관여를 필요로 한다.
Für Verwaltungsabkommen gelten die Vorschriften über die Bundesverwaltung entsprechend.
행정협정에 관하여는 연방행정에 관한 규정이 준용된다.

Vertrag im elektronischen Geschäftsverkehr BGB 312e 전자(상)거래계약.
(1) Bedient sich ein Unternehmer zum Zwecke des Abschlusses eines Vertrags über die Lieferung von Waren oder über die Erbringung von Dienstleistungen eines Tele- oder Mediendienstes (Vertrag im elektronischen Geschäftsverkehr), hat er dem Kunden
1. angemessene, wirksame und zugängliche technische Mittel zur Verfügung zu stellen, mit deren Hilfe der Kunde Ein-

gabefehler vor Abgabe seiner Bestellung erkennen und berichtigen kann,

사업자가 물품의 인도 또는 노무급부의 제 행에 관한 계약을 체결하기 위하여 텔레 및 미디어서비스를 이용하는 경우(전자거래계 약)

1. 고객이 주문발송전에 입력오류를 인식하 고 정정할 수 있게 하는 적절하고 유효하며 접근가능한 기술수단을 제공하여야 한다.

Vertrag zugunsten Dritter BGB 328
제3자를 위한 계약.

(1) Durch Vertrag kann eine Leistung an einen Dritten mit der Wirkung bedungen werden, dass der Dritte unmittelbar das Recht erwirbt, die Leistung zu fordern.

제3자에 대한 급부는 제3자가 직접 급부를 청구할 권리를 취득하는 내용의 계약으로 체결될 수 있다.

Vertragskonzern 계약콘체른.
Ein Vertragskonzern wird durch einen Beherrschungsvertrag i.S.d. § 291 AktG begrundet.

계약콘체른은 주식법 제291조의 지배계약에 의하여 성립한다.

→ Konzern und Konzernunternehmen (콘 체른 및 콘체른기업).

Vertragsschluß ohne Einwilligung
BGB 108 동의없는 계약체결.

(1) Schließt der Minderjährige einen Ver- trag ohne die erforderliche Einwilligung des gesetzlichen Vertreters, so hängt die Wirksamkeit des Vertrags von der Ge- nehmigung des Vertreters ab.

미성년자가 법정대리인의 필요한 동의없이 계약을 체결하는 경우에 그 계약의 효력은 대리인의 추인에 의존한다.

Vertragsstrafe BGB 339 위약벌.
Verspricht der Schuldner dem Gläubiger für den Fall, dass er seine Verbindlichkeit nicht oder nicht in gehöriger Weise er- füllt, die Zahlung einer Geldsumme als Strafe, so ist die Strafe verwirkt, wenn er in Verzug kommt.

채무자가 채권자에게 그의 의무를 이행하지 않거나 본지에 따라 이행하지 않을 경우에 대해서 벌로써 일정한 금액의 지급을 약속 하는 경우에는 채무자가 지체에 빠지는 때 에 위약벌의 효력이 발생한다.

위약금의 의미를 가지나 금전 이외의 급부 도 가능하다. (BGB 342)

Vertrauensbruch im auswärtigen Dienst
StGB 353a 외교배신죄.

(1) Wer bei der Vertretung der Bundes- republik Deutschland gegenüber einer fremden Regierung, einer Staatengemein- schaft oder einer zwischenstaatlichen Einrichtung einer amtlichen Anweisung zuwiderhandelt oder in der Absicht, die Bundesregierung irrezuleiten, unwahre Berichte tatsächlicher Art erstattet, wird mit Freiheitsstrafe bis zu fünf Jahren oder mit Geldstrafe bestraft.

외국정부, 국가공동체 또는 국가간 기구에 대하여 독일연방공화국을 대표함에 있어 그 직무상 지시를 위반하거나 또는 연방정부를 오도할 의사로 사실에 관하여 허위보고를 한 자는 5년 이하의 자유형 또는 벌금형에 처한다.

Vertrauensfrage GG 68 신임(결의)안
(Vertrauensvotum 신임투표).

(1) Findet ein Antrag des Bundeskanzlers, ihm das Vertrauen auszusprechen, nicht die Zustimmung der Mehrheit der Mit- glieder des Bundestages, so kann der Bundespräsident auf Vorschlag des Bun- deskanzlers binnen einundzwanzig Tagen den Bundestag auflösen.

Das Recht zur Auflösung erlischt, sobald der Bundestag mit der Mehrheit seiner Mitglieder einen anderen Bundeskanzler wählt.

신임을 요구하는 연방수상의 동의가 연방하 원의원의 과반수의 찬성을 얻지 못하면 연 방대통령은 연방수상의 제청으로 21일 내에 연방하원을 해산시킬 수 있다. 연방하원이 그 재적의원의 과반수로써 다른 연방수상을 선출하면 해산권은 즉시 소멸된다.

→ Mißtrauensvotum (불신임투표).

Vertrauensgrundsatz im Straßenverkehr
도로교통에 있어 신뢰의 원칙.
Jeder Verkehrsteilnehmer, der sich selbst verkehrsgemäß verhält, kann grundsätzlich davon ausgehen, daß auch andere Teilnehmer am Straßenverkehr die Verkehrsregeln befolgen.
스스로 교통에 적법하게 행위하는 각 교통 참여자는 원칙적으로 도로교통의 다른 참여 자도 교통법칙을 준수한다는 데에서 출발하 여도 좋다는 원칙.

Vertrauensmann → V-mann (비밀연락원).

Vertrauensperson
→ Person seines Vertrauen (신뢰인).

Vertrauensschutz 신뢰보호.
Beim Vertrauensschutz handelt es sich um einen Rechtsgrundsatz, welcher besagt, dass ein vom Bürger entgegengebrachtes Vertrauen von der Rechtsordnung zu schützen ist.
시민의 법질서에 대한 신뢰는 보호되어야 한다는 법원칙.
→ Begünstigender Verwaltungsakt (수익 적 행정행위).

Vertraulichkeit → Verletzung der Vertraulichkeit des Wortes (대화비밀침해죄).

Vertretbare Handlung ZPO 887 대체적 행위(작위).
(1) Erfüllt der Schuldner die Verpflichtung nicht, eine Handlung vorzunehmen, deren Vornahme durch einen Dritten erfolgen kann, so ist der Gläubiger von dem Prozessgericht des ersten Rechtszuges auf Antrag zu ermächtigen, auf Kosten des Schuldners die Handlung vornehmen zu lassen.
채무자가 제3자에 의해 실행될 수 있는 행 위를 할 의무를 이행하지 않은 경우에 제1 심의 수소법원은 신청에 의하여 채무자의 비용으로 그 작위를 실행할 것을 채권자에 게 수권할 수 있다.

Vertretbare Sachen BGB 91 대체물.
Vertretbare Sachen im Sinne des Gesetzes sind bewegliche Sachen, die im Verkehr nach Zahl, Maß oder Gewicht bestimmt zu werden pflegen.
이 법에서 대체물이라 함은 거래상 일반적 으로 수, 용적 또는 중량으로 정하여지는 동산을 말한다.

Vertreten 대표하다. 대리하다. 책임을 부 담하다.
① Die Abgeordneten sind Vertreter des ganzen Volkes (GG 38) 국회의원은 국민 전체의 대표자이다.
② → Vertreter ohne Vertretungsmacht (무권대리인).
③ Der Schuldner hat Vorsatz und Fahrlässigkeit zu vertreten (BGB 276) 채무자 는 고의 및 과실에 대한 책임을 부담한다.

Vertretener StGB 14 본인(대리인에 의 하여 대리되는) ↔ Vertreter(대리인).
im Namen des Vertretenen (본인의 이름으로).

Vertreter ohne Vertretungsmacht
(Falsus procurator) BGB 177 무권대리인.
(1) Schließt jemand ohne Vertretungsmacht im Namen eines anderen einen Vertrag, so hängt die Wirksamkeit des Vertrags für und gegen den Vertretenen von dessen Genehmigung ab.
어떤 자가 대리권 없이 타인의 이름으로 계 약을 체결하는 경우에 본인에게 유리 또는 불리한 지에 대한 계약의 효력은 본인의 추 인에 의존한다.

Vertreterversammlung PartG 13
대의원회.
Die Zusammensetzung einer Vertreterversammlung oder eines sonstigen Organs, das ganz oder zum Teil aus Vertretern von Gebietsverbänden besteht, ist in der Satzung festzulegen.
대의원회 또는 전체나 그 일부가 지구당의 대표로 구성되는 기타 기관의 구성에 관하 여는 당헌으로 정한다.

Vertretung GG 57 권한대행.
Die Befugnisse des Bundespräsidenten werden im Falle seiner Verhinderung oder bei vorzeitiger Erledigung des Amtes durch den Präsidenten des Bundesrates wahrgenommen.
연방대통령에 사고가 있을 경우 또는 그 임기 의 만료전에 궐위된 경우에는 연방대통령의 권한은 연방상원의장에 의하여 행하여진다.

Vertretung des Einziehungsbeteiligten StPO 434 몰수참가인의 대리.
(1) Der Einziehungsbeteiligte kann sich in jeder Lage des Verfahrens auf Grund einer schriftlichen Vollmacht durch einen Rechtsanwalt oder eine andere Person, die als Verteidiger gewählt werden kann, vertreten lassen.
몰수참가인은 절차의 어느 단계에서나 변호 사 또는 변호인으로 선임될 수 있는 자로 하여금 서면대리권(위임장)에 의하여 대리 하게 할 수 있다.

Vertretung durch bevollmächtigten Verteidiger StPO 234 대리권을 가진 변호인 에 의한 대리.
Soweit die Hauptverhandlung ohne Anwesenheit des Angeklagten stattfinden kann, ist er befugt, sich durch einen mit schriftlicher Vollmacht versehenen Verteidiger vertreten zu lassen.
피고인의 출석없이 공판이 행하여질 수 있 는 한, 피고인은 위임장을 갖춘 변호인에 의하여 대리하게 할 권한이 있다.

Vertretung in der Hauptverhandlung 공판에서의 대리.
→ Beistand und Vertretung (조력과 대리).

Vertretungsbefugnis StGB 14 대리권 (한). → Rechtshandlung (법적 행위).

Vertretungsmacht BGB 164 대리권; GG 59 (국제법상 ~) 대표권.
(1) Eine Willenserklärung, die jemand innerhalb der ihm zustehenden Vertretungsmacht im Namen des Vertretenen abgibt, wirkt unmittelbar für und gegen den Vertretenen. (BGB 164)
(1) 어떤 자가 자기에게 속하는 대리권의 범위내에서 본인의 이름으로 행하는 의사표 시는 직접 본인의 이익 또는 불이익을 위하 여 효력을 발생한다.
(Völkerrechtliche ~) Der Bundespräsident vertritt den Bund völkerrechtlich (GG 59)
연방대통령은 국제법상 연방을 대표한다.

Vertriebener BVFG 1 피추방자.
(1) Vertriebener ist, wer als deutscher Staatsangehöriger oder deutscher Volkszugehöriger seinen Wohnsitz in den ehemals unter fremder Verwaltung stehenden deutschen Ostgebieten oder in den Gebieten außerhalb der Grenzen des Deutschen Reiches nach dem Gebietsstande vom 31. Dezember 1937 hatte und diesen im Zusammenhang mit den Ereignissen des zweiten Weltkrieges infolge Vertreibung, insbesondere durch Ausweisung oder Flucht, verloren hat.
피추방자라 함은 독일국적인 또는 독일민족 에 속하는 자로서 이전에 다른 국가의 관리 하에 있은 동독지역 또는 1937년12월31일의 영토상태에 의하여 독일제국의 국경선밖에 놓인 지역에 자신의 주소를 가지고 제2차 세계대전의 결과와 관련하여 추방 특히, 축 출이나 탈주로 인하여 그 주소를 상실한 자 로 한다.

Veruneinigung eines Gewässers StGB 324 수자원오염죄.
(1) Wer unbefugt ein Gewässer verunreinigt oder sonst dessen Eigenschaften nachteilig verändert, wird mit Freiheitsstrafe bis zu fünf Jahren oder mit Geldstrafe bestraft.
권한 없이 수자원을 오염시키거나 그 속성 을 유해하게 변경시킨 자는 5년 이하의 자 유형 또는 벌금형에 처한다.
이 규정은 수질을 순수하게 유지하는 데 기 여한다. 생태학적 해석으로는 본조의 보호 법익은 자연상태의 수질에 내재하는 환경과 인간에 대한 기능이라고 한다. 행위는 결과 범이지만 결과의 종류를 고려한다면 잠재적 위험범이기도 하다.

Verunglimpfung des Andenkens Verstorbener StGB 189 사자모독죄.
Wer das Andenken eines Verstorbenen verunglimpft, wird mit Freiheitsstrafe bis zu zwei Jahren oder mit Geldstrafe bestraft.
사자(死者)의 명예(기념)를 모독한 자는 2년 이하의 자유형 또는 벌금형에 처한다.

Verunglimpfung des Bundespräsidenten StGB 90 연방대통령 모독죄.
(1) Wer öffentlich, in einer Versammlung oder durch Verbreiten von Schriften den Bundespräsidenten verunglimpft, wird mit Freiheitsstrafe von drei Monaten bis zu fünf Jahren bestraft.
집회중에 또는 문서의 반포를 통하여 연방 대통령을 공연히 모독한 자는 3개월 이상 5년 이하의 자유형에 처한다.

Verunglimpfung des Staates und seiner Symbole StGB 90a 국가 및 국장 모독죄.
(1) Wer öffentlich, in einer Versammlung oder durch Verbreiten von Schriften
1. die Bundesrepublik Deutschland oder eines ihrer Länder oder ihre verfassungsmäßige Ordnung beschimpft oder böswillig verächtlich macht oder
2. die Farben, die Flagge, das Wappen oder die Hymne der Bundesrepublik Deutschland oder eines ihrer Länder verunglimpft, wird mit Freiheitsstrafe bis zu drei Jahren oder mit Geldstrafe bestraft.
집회중에 또는 문서의 반포를 통하여 공연히 다음 각호의 1에 해당하는 행위를 한 자는 3년 이하의 자유형 또는 벌금형에 처한다. 1. 독일연방공화국 또는 각주의 헌법질서에 대한 모욕 또는 악의의 비방 2. 독일연방공화국 또는 각주의 휘장, 기, 문장, 찬가의 비방.
국가에 대하여는 beschimpft oder böswillig verächtlich macht(모욕); 악의의 비방, 국장에 대하여는 verunglimpft(비방).

Verursachen von Lärm, Erschütterungen und nichtionisierenden Strahlen
StGB 325a 소음, 진동, 비방사선광선야기죄.
(1) Wer beim Betrieb einer Anlage, insbesondere einer Betriebsstätte oder Maschine, unter Verletzung verwaltungsrechtlicher Pflichten Lärm verursacht, der geeignet ist, außerhalb des zur Anlage gehörenden Bereichs die Gesundheit eines anderen zu schädigen, wird mit Freiheitsstrafe bis zu drei Jahren oder mit Geldstrafe bestraft.
시설, 특히 사업장 또는 기계의 운영과정에서 행정법상 의무에 위반하여 그 시설지역 이외의 지역에서 타인의 건강을 해하기에 적합한 소음을 야기한 자는 3년 이하의 자유형 또는 벌금형에 처한다.
(2) Wer beim Betrieb einer Anlage, insbesondere einer Betriebsstätte oder Maschine, unter Verletzung verwaltungsrechtlicher Pflichten, die dem Schutz vor Lärm, Erschütterungen oder nichtionisierenden Strahlen dienen, die Gesundheit eines anderen, ihm nicht gehörende Tiere oder fremde Sachen von bedeutendem Wert gefährdet, wird mit Freiheitsstrafe bis zu fünf Jahren oder mit Geldstrafe bestraft.
시설, 특히 사업장 또는 기계의 운영과정에서 소음, 진동, 비방사선광선으로부터 보호를 위한 행정법상 의무에 위반하여 타인의 건강, 동물, 기타 중요한 물건을 위태화한 자는 5년 이하의 자유형 또는 벌금형에 처한다.

Verurteilung (zu Straf) 형의 선고; 유죄판결의 선고; Verurteilte 형의 선고를 받은 자, 유죄판결을 받은 자, 기결수

Verurteilung zu der vorbehaltenen Strafe
StGB 59b 유보된 형의 선고.
(1) Für die Verurteilung zu der vorbehaltenen Strafe gilt § 56f entsprechend.
유보된 형을 선고할 때에는 제56조의 f (Widerruf der Strafaussetzung 형의 유예의 철회)를 준용한다.
(2) Wird der Verwarnte nicht zu der vorbehaltenen Strafe verurteilt, so stellt

das Gericht nach Ablauf der Bewährungszeit fest, daß es bei der Verwarnung sein
Bewenden hat.
형의 선고를 유보받은 자가 유보된 형을 선
고받지 아니하고 보호관찰기간을 경과한 때
에는 법원은 경고로 끝났음을 확정한다.

Vervielfältigungsrecht UrhG 16
복제권.
(1) Das Vervielfältigungsrecht ist das
Recht, Vervielfältigungsstücke des Werkes
herzustellen, gleichviel ob vorübergehend
oder dauerhaft, in welchem Verfahren und
in welcher Zahl.
복제권이란 그 절차 및 수량에 있어서 일시
적이든 또는 영구적이든 관계없이 저작물의
복제본을 제작하는 권리이다.

Verwahrung BGB 688 임치.
Durch den Verwahrungsvertrag wird der
Verwahrer verpflichtet, eine ihm von dem
Hinterleger übergebene bewegliche Sache
aufzubewahren.
임치계약으로 인하여 수취인은 임치인으로
부터 인도받은 동산을 보관하는 의무를 부
담한다.

Verwahrungsbruch StGB 133 (직무상)
보관침해죄.
(1) Wer Schriftstücke oder andere bewegliche Sachen, die sich in dienstlicher
Verwahrung befinden oder ihm oder
einem anderen dienstlich in Verwahrung
gegeben worden sind, zerstört, beschädigt,
unbrauchbar macht oder der dienstlichen
Verfügung entzieht, wird mit Freiheitsstrafe bis zu zwei Jahren oder mit
Geldstrafe bestraft.
직무상 보관중이거나 자기 또는 타인에게
직무상 보관을 위하여 인도된 문서나 기타
동산을 파괴, 손상, 사용불능하게 하거나 또
는 직무상 처분으로부터 면하게 한 자는 2
년 이하의 자유형 또는 벌금형에 처한다.

Verwaltungs-Vollstreckungsgesetz
VwVG 행정집행법.
→ Vollstreckbare Geldforderung (집행가능

한 금전청구).

Verwaltungsabkommen GG 59(2) 행정
협정.
* Ein Verwaltungsabkommen im Sinne
des Rechts der Bundesrepublik Deutschland ist ein Vertrag.
Je nachdem, ob ein Verwaltungsabkommen von der (Bundes-)Regierung oder
einem Fachressort eines der (Bundes-)
Ministerien abgeschlossen wird, kann man
zwischen Regierungsabkommen und Ressortabkommen differenzieren.
~은 독일법에서 행정협정은 하나의 조약이
다. 행정협정이 (연방)정부간, 또는 소관 (연
방)각료에 의하여 체결되는지의 여부에 따
라 정부협정과 각료협정으로 구분된다.
→ Vertrag.(계약, 조약).

Verwaltungsakt VwVfG 35 행정행위.
Verwaltungsakt ist jede Verfügung, Entscheidung oder andere hoheitliche Maßnahme, die eine Behörde zur Regelung
eines Einzelfalls auf dem Gebiet des
öffentlichen Rechts trifft und die auf
unmittelbare Rechtswirkung nach außen
gerichtet ist.
행정행위라 함은 행정청이 공법의 영역에서
개별적인 사항을 규율하기 위하여 행하는
모든 처분, 결정 또는 고권적 조치이며 직
접적인 법적 효력을 위하여 대외적으로 지
향하는 것이다.

Verwaltungsakt mit Doppelwirkung
VwGO 80a 이중효과적 (복효적) 행정행위.
(1) Legt ein Dritter einen Rechtsbehelf
gegen den an einen anderen gerichteten,
diesen begünstigenden Verwaltungsakt ein,
kann die Behörde
1. auf Antrag des Begünstigten nach § 80
Abs.2 Nr.4 die sofortige Vollziehung anordnen,
2. auf Antrag des Dritten nach § 80 Abs.4
die Vollziehung aussetzen und einstweilige
Maßnahmen zur Sicherung der Rechte des
Dritten treffen.
제3자가 타인에 대한, 타인에게 유리한 행정

행위에 대하여 법률상의 구제를 신청하는 경우에 행정관청은 다음 각호를 명할 수 있다.
1. 제80조 제2항 제4호에 의하여 유리한 자의 신청에 의한 즉각적인 집행,
2. 제80조 제4항에 의하여 제3자의 신청에 의한 집행의 유예와, 제3자의 권리의 보전을 위한 가처분.

(2) Legt ein Betroffener gegen einen an ihn gerichteten belastenden Verwaltungsakt, der einen Dritten begünstigt, einen Rechtsbehelf ein, kann die Behörde auf Antrag des Dritten nach § 80 Abs.2 Nr.4 die sofortige Vollziehung anordnen.

관계자가 그에 대하여 불리한 부담을 지는 행정행위에 대하여 법률상의 구체를 신청하는 경우에 관청은 제3자의 신청에 의하여 제80조 제1항 제4호에 의한 즉각적인 집행을 명할 수 있다.

→ Belastender Verwaltungsakt (부담적 행정행위).
→ Begünstigender Verwaltungsakt (수익적 행정행위).

Verwaltungsgemeinschaft

GemO 59   행정공동체.

Benachbarte Gemeinden desselben Landkreises können eine Verwaltungsgemeinschaft als Gemeindeverwaltungsverband bilden oder vereinbaren, dass eine Gemeinde (erfüllende Gemeinde) die Aufgaben eines Gemeindeverwaltungsverbands erfüllt (vereinbarte Verwaltungsgemeinschaft).

같은 권역에 속하는 인근의 (기초)자치단체들은 (기초)자치단체행정연합으로서 행정공동체를 구성하거나 또는 하나의 (기초)자치단체(수행지방자치단체)가 (기초)자치단체행정연합의 임무를 완수하도록 합의할 수 있다(합의된 행정공동체).

Verwaltungsgericht   VwGO 5, 45   행정법원.

(3) Die Kammer des Verwaltungsgerichts entscheidet in der Besetzung von drei Richtern und zwei ehrenamtlichen Richtern, soweit nicht ein Einzelrichter entscheidet.

Bei Beschlüssen außerhalb der mündlichen Verhandlung und bei Gerichtsbescheiden (§ 84) wirken die ehrenamtlichen Richter nicht mit.

행정법원의 부는 단독판사가 재판하지 아니하는 한, 3인의 판사와 2인의 명예직판사의 구성하에 재판한다.

단 구두변론 이외의 결정 및 법원의 결정(제84조)에서 명예판사는 참여하지 아니한다.

Das Verwaltungsgericht entscheidet im ersten Rechtszug über alle Streitigkeiten, für die der Verwaltungsrechtsweg offensteht. (VwGO 45)

행정법원은 제1심에서 행정상의 재판의 방법이 가능한 일체의 쟁송에 대해서 재판한다.

Verwaltungsgerichtsordnung   VwGO 1

행정법원법 (1991.3.10) (BGBl.I 91,686).

Die Verwaltungsgerichtsbarkeit wird durch unabhängige, von den Verwaltungsbehörden getrennte Gerichte ausgeübt.

행정재판은 독립된, 행정청으로부터 완전히 분리된 법원에 의하여 행하여진다.

Verwaltungskostengesetz   VwKostG

행정비용법 (1970.6.23) (BGBl. I S. 821).
→ Auslage (체당금).

Verwaltungsmitglieder   AktG 310   관리자.

(1) Die Mitglieder des Vorstands und des Aufsichtsrats der Gesellschaft haften neben dem Ersatzpflichtigen nach § 309 als Gesamtschuldner, wenn sie unter Verletzung ihrer Pflichten gehandelt haben.

Ist streitig, ob sie die Sorgfalt eines ordentlichen und gewissenhaften Geschäftsleiters angewandt haben, so trifft sie die Beweislast.

회사의 이사 및 감사가 자신들의 의무에 위반하였을 때에는 제309조에 의한 배상의무자와 함께 연대채무자로서 책임을 진다.

이들이 영업지휘자로서 정상적이고 양심적인 주의를 다하였는지가 다툼이 되는 경우에는 자신들이 입증책임을 진다.

Verwaltungsordnung 행정명령.
(als Gegensatz zu Rechtsverordnung):
früher gebräuchliche Bezeichnung für Verwaltungsvorschrfiten.
(반대의 개념은 법규명령). 과거 행정규칙에 대한 용어상의 명칭.
(→ Verwaltungsvorschrift).

Verwaltungsprivatrecht 행정사법.
Man spricht vom Verwaltungsprivatrecht, wenn die Verwaltung unmittelbar Verwaltungsaufgaben in der Form des Privatrechts erfüllt.
~은 행정이 행정임무를 사법형태로 직접 이행하는 경우를 말한다.

Verwaltungsrechtliches Rehabilitierungs-gesetz VwRehaG 행정복권법.
(1997.7.1) (BGBl. I S. 1620).
→ Aufhebung rechtsstaatswidriger Verwaltungsentscheidungen (반법치국가적 행정결정의 취소).

Verwaltungsrechtsweg VwGO 40 행정재판상의 구제방법.
(1) Der Verwaltungsrechtsweg ist in allen Streitigkeiten nichtverfassungsrechtlicher Art gegeben, soweit die Streitigkeiten nicht durch Bundesgesetz einem anderen Gericht ausdrücklich zugewiesen sind.
쟁송이 연방법률에 의하여 명시적으로 다른 법원에 관할로 하지 아니하는 한 행정재판상의 구제방법은 비헌법적 성질의 일체의 공법상의 쟁송에 대해서 인정된다.

Verwaltungsrichter VwGO 25, 26 행정판사.
Die ehrenamtlichen Richter werden auf fünf Jahre gewählt. (25)
명예직 판사(행정판사)는 5년의 임기로 선임된다
(1) Bei jedem Verwaltungsgericht wird ein Ausschuß zur Wahl der ehrenamtlichen Richter bestellt. (26)
각 행정법원에는 명예직판사 선임위원회가 구성된다.
→ Ehrenamtliche Richter (명예직 판사).

Verwaltungsstrafe 행정벌.
Eine Verwaltungsstrafe ist eine echte Strafe im technischen Sinne, welche nicht von einem Gericht, sondern von einer Behörde verhängt wird.
~은 법원이 아닌, 행정관청에 의하여 부과되는 순수한 기술적 의미의 형벌.

Verwaltungsverfahren VwVfG 9
행정절차.
Das Verwaltungsverfahren im Sinne dieses Gesetzes ist die nach außen wirkende Tätigkeit der Behörden, die auf die Prüfung der Voraussetzungen, die Vorbereitung und den Erlass eines Verwaltungsaktes oder auf den Abschluss eines öffentlich-rechtlichen Vertrags gerichtet ist; es schließt den Erlass des Verwaltungsaktes oder den Abschluss des öffentlich-rechtlichen Vertrags ein.
본법의 행정절차는 행정행위의 요건심사, 준비 및 발동 또는 공법상의 계약의 체결을 위한, 대외적으로 효력을 미치는 행정청의 활동을 말한다: 여기에는 행정행위의 발동 및 공법상의 계약의 체결이 포함된다.

Verwaltungsverfahrensgesetz VwVfG 1
행정절차법 (2003.1.23) (BGBl. I S. 102).
(1) Dieses Gesetz gilt für die öffentlich-rechtliche Verwaltungstätigkeit der Behörden
1. des Bundes, der bundesunmittelbaren Körperschaften, Anstalten und Stiftungen des öffentlichen Rechts,
본법은 다음 각호 관청의 공법상의 행정활동에 대하여 적용된다.
1. 연방, 연방직속의 공법상의 사단, 재단 및 영조물.

Verwaltungsvorschrift GG 84(2), 86
행정규칙.
(2) Die Bundesregierung kann mit Zustimmung des Bundesrates allgemeine Verwaltungsvorschriften erlassen. (GG 84)
연방정부는 연방상원의 동의를 얻어 일반행정규칙을 발할 수 있다.

Verwaltungsvorverfahren
StVollzG 109(3)　행정전치절차.
(3) Das Landesrecht kann vorsehen, daß
der Antrag erst nach vorausgegangenem
Verwaltungsvorverfahren gestellt werden
kann.
주법률은 사전의 행정전치절차 후에야 비로
소 (행형에서의 사법재판) 신청을 제기할
수 있다고 규정할 수 있다.
→ Vorschaltverfahren (전치절차).

Verwaltungszwang　VwVG 6　행정강제.
(1) Der Verwaltungsakt, der auf die Herausgabe einer Sache oder auf die Vornahme einer Handlung oder auf Duldung
oder Unterlassung gerichtet ist, kann mit
den Zwangsmitteln nach § 9 durchgesetzt
werden, wenn er unanfechtbar ist oder
wenn sein sofortiger Vollzug angeordnet
oder wenn dem Rechtsmittel keine aufschiebende Wirkung beigelegt ist.
어떠한 물건의 반환이 또는 어떠한 행위의
착수 또는 수인, 부작위를 목적으로 하는
행정행위는 행정집행법 제9조에 따른 강제
수단으로 이를 실행할 수 있다.
다만 이 행정행위가 종국적으로 다툴 수 없
게 된 경우, 또는 이 행정행위의 즉시집행
이 명령된 경우 또는 쟁송에 아무런 정지적
효력이 있지 아니한 경우이어야 한다.

Verwandte gerader Linie　StGB 11(1)
Nr.1　직계혈족.
Verwandte in der Seitenlinie bis zum
dritte Grad (인적 사유에 의한 증언거부권
자로서 3촌 이내의 방계혈족)(StPO 52(1)
Nr.3). → Angehöriger.

Verwandtschaft　BGB 1589; StGB 11(1)
Nr.1, StPO 22　혈족관계.
(1) Personen, deren eine von der anderen
abstammt, sind in gerader Linie verwandt.
Personen, die nicht in gerader Linie
verwandt sind, aber von derselben dritten
Person abstammen, sind in der Seitenlinie
verwandt.
1인이 타인에게서 출생한 자는 직계혈족이
다. 직계혈족이 아니면서 동일한 제3자에게

서 출생하는 자는 방계혈족이다.
인척관계는 Schwägerschaft;
상세는 → Angehöriger.

Verwarnte　StGB 59a(3)　(형유보부) 경
고를 받은 자.
~에 대한 보호관찰기간, 준수사항, 지시사항.

**Verwarnung durch Beamte des Außen-
und Polizeidienstes**　OWiG 57(2)　외근
공무원 및 경찰공무원의 경고.
(2) Die Befugnis nach § 56 steht auch
den hierzu ermächtigten Beamten des Polizeidienstes zu, die eine Ordnungswidrigkeit entdecken oder im ersten Zugriff verfolgen und sich durch ihre Dienstkleidung
oder in anderer Weise ausweisen.
질서위반법 제56조(→ Verwarnung durch
die Verwaltungsbehörde: 행정관청의 경고)
에 따른 권한은 그러한 권한을 위임받은 경
찰공무원으로서 질서위반행위를 발견하거나
초동개입에 의한 소추를 하고 그 직무복장
의 착용 기타의 방법에 의하여 자신의 신분
을 증명하는 자에게도 부여된다.

**Verwarnung durch die Verwaltungsbe-
hörde**　OWiG 56　행정관청의 경고.
→ Verwarnungsgeld (경고금).

Verwarnung mit Strafvorbehalt
StGB 59　형유보부경고 (우리나라의 선고
유예와 비슷하나 요건에 차이가 있다).
(1) Hat jemand Geldstrafe bis zu einhundertachtzig Tagessätzenndertirkt, so
kann das Gericht ihn neben dem Schuldspruch verwarnen, die Strafe bestimmen
und die Verurteilung zu diesbis trafe
vorbehalten, wenn
1. zu erwarten ist, daß der Täter künftig
auch ohne Verurteilung zu Strafe keine
Straftaten mehr begehen wird,
2. nach der Gesamtwürdigung von Tat
und Persönlichkeit des Täters besondere
Umstände vorliegen, die eine Verhängung
von Strafe entbehrlich machen, und
3. die Verteidigung der Rechtsordnung die
Verurteilung zu Strafe nicht gebietet.

(1) 행위자가 180일수 이하의 벌금형에 해당하는 경우에 법원은 그가 다음 각호에 해당하는 때에는 그에게 유죄의 선고와 동시에, 형을 정하고 선고를 유예할 수 있다.
1. 행위자에게 형의 선고 없이도 그가 더 이상 범죄를 행하지 않을 것으로 기대된 경우,
2. 범죄행위 및 행위자의 인격을 종합적으로 평가하여 형의 선고를 유예함이 타당하다고 인정할만한 특별한 사정이 있는 경우,
3. 법질서의 방위를 위하여 형의 선고가 요청되지 아니한 경우.

Verwarnungsgeld OWiG 56 경고금.
(1) Bei geringfügigen Ordnungswidrigkeiten kann die Verwaltungsbehörde den Betroffenen verwarnen und ein Verwarnungsgeld von fünf bis fünfunddreißig Euro erheben. Sie kann eine Verwarnung ohne Verwarnungsgeld erteilen.
경미한 질서위반행위에 관하여서는 행정관청은 당사자에게 경고하고 5-35유로의 경고금을 징수할 수 있다. 행정관청은 경고금을 부과하지 않고 경고를 행할 수 있다.

Verweigerungsrecht des Sachverständigen StPO 76 감정거부권.
← Gutachtenverweigerungsrecht.
(1) Dieselben Gründe, die einen Zeugen berechtigen, das Zeugnis zu verweigern, berechtigen einen Sachverständigen zur Verweigerung des Gutachtens.
증인이 증언을 거부할 수 있는 사유로 감정인은 감정을 거부할 수 있다.

Verweis BDG 6; StVollzG 103(1) Nr.1 견책.
Der Verweis ist der schriftliche Tadel eines bestimmten Verhaltens des Beamten. Missbilligende Äußerungen (Zurechtweisungen, Ermahnungen oder Rügen), die nicht ausdrücklich als Verweis bezeichnet werden, sind keine Disziplinarmaßnahmen. (BDG 6)
견책은 공무원이 특정행위에 대한 서면상의 비난이다. 견책으로 명백하게 표시되지 않는 비시인의 표현(훈계, 경고 또는 질책)은

징계처분이 아니다.
→ Disziplinarmaßnahme (징계(징벌)처분).

Verweisen 원용하다 (~ auf).
이 조항을 원용하는 법에 의해(nach einem Gesetz, das auf diese Vorschrift verweist)

Verweisung an Gericht höherer Ordnung StPO 270 상급법원으로의 이송.
→ Gericht höherer Ordnung.
(1) Hält ein Gericht nach Beginn einer Hauptverhandlung die sachliche Zussachlichkeit eines Gerichts höherer Ordnung für begründet, so verweist es die Sache durch Beschluß an das zuständige Gericht.
법원은 공판개시후에 상급법원의 사물관할권을 인정하는 경우에는 결정으로 이 사건을 관할법원에 이송한다.

Verweisung an Gericht niederer Ordnung (하급법원으로의 이송)
→ Keine Verweisung an Gericht niederer Ordnung (하급법원에로의 이송금지).

Verweisung der Sache an das zuständige Gericht StPO 355 관할법원에의 사건이송.
Wird ein Urteil aufgehoben, weil das Gericht des vorangehenden Rechtszuges sich mit Unrecht für zuständig erachtet hat, so verweist das Revisionsgericht gleichzeitig die Sache an das zuständige Gericht.
전심법원이 부당하게 관할권을 인정하였기 때문에 판결이 파기된 경우에는 상고법원은 파기와 동시에 사건을 관할법원에 이송한다.

Verweisungsvorschrift EGBGB 3 지정규정(指定規定).
Bei Sachverhalten mit einer Verbindung zum Recht eines ausländischen Staates bestimmen die folgenden Vorschriften, welche Rechtsordnungen anzuwenden sind (Internationales Privatrecht).
외국법과 관련을 가지고 있는 사안에 있어서는 다음의 규정이 어느 법질서가 적용될

것인가를 결정한다.

Verwenden von Kennzeichen verfassungswidriger Organisationen
StGB 86a 위헌조직표지사용죄.
(1) Mit Freiheitsstrafe bis zu drei Jahren oder mit Geldstrafe wird bestraft, wer 1. im Inland Kennzeichen einer der in § 86 Abs.1 Nr.1, 2 und 4 bezeichneten Parteien oder Vereinigungen verbreitet oder öffentlich, in einer Versammlung oder in von ihm verbreiteten Schriften verwendet oder 2. Gegenstände, die derartige Kennzeichen darstellen oder enthalten, zur Verbreitung oder Verwendung im Inland oder Ausland in der in Nummer 1 bezeichneten Art und Weise herstellt, vorrätig hält, einführt oder ausführt.
1. 제86조 제1항 제1·2·4호에 기재한 정당이나 단체의 표지를 국내에 반포하거나, 공연히 집회 또는 행위자에 의해 반포된 문서에서 사용한 자, 2. 그러한 표지를 표현하거나 포함한 물건을 국내외에서 반포 또는 사용할 목적으로 제1호에 기재한 방법으로 제조, 보관, 반입 또는 반출한 자는 3년 이하의 자유형 또는 벌금형에 처한다.

Verwendung personenbezogener Informationen durch Polizeibehörden
StPO 481 경찰관청에 의한 개인정보의 사용.
(1) Die Polizeibehörden dürfen nach Maßgabe der Polizeigesetzes personenbezogene Daten aus Strafverfahren verwenden.
경찰관청은 개인데이터의 기준에 의하여 형사절차로부터 이를 사용할 수 있다.

Verwerfen (als unzulässig ~) StPO 28, 319, 349 각하하다 (부적법한 것으로).
(2) Gegen den Beschluß, durch den die Ablehnung als unzulässig verworfen oder als unbegründet zurückgewiesen wird, ist sofortige Beschwerde zulässig.
기피를 부적법한 것으로 각하하거나 이유없다고 기각한 결정에 대하여는 즉시항고할 수 있다.
충분한 이유가 없는 공소제기의 청구기각은

→ Antragsverwerfung (청구기각).
→ Ablehnen (기피).

Verwerflichkeitsklausel StGB 240(2), 253(2) 비난규정.
(2) Rechtswidrig ist die Tat, wenn die Anwendung der Gewalt oder die Androhung des Übels zu dem angestrebten Zweck als verwerflich anzusehen ist.
추구된 목적을 위한 폭력의 사용이나 해악의 고지가 비난받아야 할 경우에 그 행위는 위법하다.

Verwerfung 각하, 기각.
① → Verwerfung des Antrags als unzulässig. (청구의 부적법 각하)
② → Verwerfung des Antrags als unbegründet (이유없는 청구의 기각).

Verwerfung der Ablehnung als unzulässig StPO 26a 부적법한 기피신청의 각하.
Das Gericht verwirft die Ablehnung eines Richters als unzulässig, wenn
1. die Ablehnung verspätet ist,
2. ein Grund zur Ablehnung oder ein Mittel zur Glaubhaftmachung nicht angegeben wird oder
3. durch die Ablehnung offensichtlich das Verfahren nur verschleppt oder nur verfahrensfremde Zwecke verfolgt werden sollen (Mißbrauch des Ablehnungsrechts).
1. 기피가 늦어진 경우 2. 기피사유 또는 소명방법을 제시하지 아니한 경우 3. 기피함으로써 소송절차를 지연시키거나 소송절차 이외의 목적만이 추구되는 경우에 (기피권의 남용),
법원은 기피신청을 부적법한 것으로 각하한다.

Verwerfung des Antrags als unbegründet StPO 370 이유없는 청구의 기각.
(1) Der Antrag auf Wiederaufnahme des Verfahrens wird ohne mündliche Verhandlung als unbegründet verworfen, wenn die darin aufgestellten Behauptungen keine genügende Bestätigung gefunden haben oder wenn in den Fällen des § 359 Nr. 1

und 2 oder des § 362 Nr. 1 und 2 nach Lage der Sache die Annahme ausgeschlossen ist, daß die in diesen Vorschriften bezeichnete Handlung auf die Entscheidung Einfluß gehabt hat.
절차의 재심에 대한 청구는 그 제시된 주장이 충분히 확증되지 아니한 경우에 또는 제359조 제1, 2호 및 제362조 제1, 2호의 경우에 사건의 상황에 따라 이러한 규정에 명시된 행위가 재판에 영향을 미친 것으로 인정되지 아니하는 때에는 구두변론 없이 이유 없는 것으로 기각한다.

Verwerfung des Antrags als unzulässig
StPO 368 부적법한 청구의 각하.
(1) Ist der Antrag nicht in der vorgeschriebenen Form angebracht oder ist darin kein gesetzlicher Grund der Wiederaufnahme geltend gemacht oder kein geeignetes Beweismittel angeführt, so ist der Antrag als unzulässig zu verwerfen.
청구가 정해진 방식으로 제출되지 아니하거나 재심의 법적 사유가 주장되지 아니하거나 적합한 증거방법이 제시되지 아니한 경우에는 이 청구는 부적법한 것으로 각하되어야 한다.

Verwerfung durch Beschluß
StPO 349 각하결정.
(1) Erachtet das Revisionsgericht die Vorschriften über die Einlegung der Revision oder die über die Anbringung der Revisionsanträge nicht für beobachtet, so kann es das Rechtsmittel durch Beschluß als unzulässig verwerfen.
상고법원은 상고의 제기 및 상고신청서의 제출에 관한 규정이 준수되지 아니하였다고 인정되는 때에는 결정으로 상고를 부적법한 것으로 각하할 수 있다.

Verwerfung durch Beschluss im Falle der unzulässigen Beruf
StPO 322 항소불허용시 결정에 의한 각하.
(1) Erachtet das Berufungsgericht die Vorschriften über die Einlegung der Berufung nicht für beobachtet, so kann es das Rechtsmittel durch Beschluß als unzulässig verwerfen.
항소법원은 항소의 제기에 관한 규정을 준수하지 아니하였다고 판단하는 경우에는 결정으로 상소를 부적법한 것으로 각하할 수 있다.

Verwertung
MEPolG 23 환가.
(1) Die Verwertung einer sichergestellten Sache ist zulässig, wenn
1. ihr Verderb oder eine wesentliche Wertminderung droht,
2. ihre Verwahrung, Pflege oder Erhaltung mit unverhältnismäßig hohen Kosten oder Schwierigkeiten verbunden ist,
3. sie infolge ihrer Beschaffenheit nicht so verwahrt werden kann, daß weitere Gefahren für die öffentlciihe Sicherheit oder Ordnung ausgeschlossen sind,
4. sie nach einer Frist von einem Jahr nicht an eine Berechtigten herausgegeben werden kann, ohne daß die Voraussetzungen der Sicherstellung erneut eintreten würden, oder
5. der Berechtigte sie nicht innerhalb einer ausreichend bemessenen Frist mit dem Hinweis zugestellt worden ist, daß die Sache verwertet wird, wenn sie nicht innerhalb der Frist abgeholt wird.
다음 각호의 경우에는 영치된 물건의 환가가 허용된다.
1. 물건의 망실이나 현저한 가치감소의 염려가 있는 경우.
2. 물건의 임치, 보존 또는 유지에 과도한 비용이 들거나 그것이 곤란한 경우.
3. 물건의 성질상 그를 영치하여도 공공의 안녕 또는 질서에 대한 더 이상의 위험을 제거할 수 없는 경우,
4. 영치의 요건이 새로이 발생함이 없이 1년이 경과한 뒤에도 권리자에게 반환할 수 없는 경우,
5. 권리자에게 기한내에 그 물건을 찾아가지 아니하면 환가를 하겠다는 취지를 송달하였음에도 불구하고 정하여진 충분한 기간내에 이를 찾아가지 않는 경우.

Verwertung fremder Geheimnisse
StGB 204 타인의 비밀이용죄.

(1) Wer unbefugt ein fremdes Geheimnis, namentlich ein Betriebs- oder Geschäftsgeheimnis, zu dessen Geheimhaltung er nach §203 verpflichtet ist, verwertet, wird mit Freiheitsstrafe bis zu zwei Jahren oder mit Geldstrafe bestraft.
권한 없이 타인의 비밀, 즉 제230조에 따라 비밀유지의 의무가 있는 영업 또는 업무상의 비밀을 이용한 자는 2년 이하의 자유형 또는 벌금형에 처한다.

Verwertung unbeweglicher Gegenstände InsO 165 부동산의 환가.

Der Insolvenzverwalter kann beim zuständigen Gericht die Zwangsversteigerung oder die Zwangsverwaltung eines unbeweglichen Gegenstands der Insolvenzmasse betreiben, auch wenn an dem Gegenstand ein Absonderungsrecht besteht.
도산관재인은 부동산에 별제권이 있는 경우에도 관할법원에서 도산재단에 속하는 부동산의 강제경매 또는 강제관리를 실시할 수 있다.

Verwertung von Vorlagen UWG 18 표본이용죄.

(1) Wer die ihm im geschäftlichen Verkehr anvertrauten Vorlagen oder Vorschriften technischer Art, insbesondere Zeichnungen, Modelle, Schablonen, Schnitte, Rezepte, zu Zwecken des Wettbewerbs oder aus Eigennutz unbefugt verwertet oder jemandem mitteilt, wird mit Freiheitsstrafe bis zu zwei Jahren oder mit Geldstrafe bestraft.
영업적 거래에서 자기에게 맡겨진 기술적 성질의 표본이나 규정, 특히 도안, 모형, 틀, 본, 처방과 같은 것을 경쟁의 목적으로, 또는 사욕에 의해 권한 없이 이용하거나 다른 사람에게 전달하는 자는 2년 이하의 자유형 또는 벌금형에 처한다.

Verwertungsrecht UrhG 15, 85 저작재산권 (이용권, 활용권) (복제·배포·전시권·공개접근권).

(1) Der Urheber hat das ausschließliche Recht, sein Werk in körperlicher Form zu verwerten; das Recht umfaßt insbesondere

(UrhG 15)
1. das Vervielfältigungsrecht (§ 16),
2. das Verbreitungsrecht (§ 17),
3. das Ausstellungsrecht (§ 18).
저작자는 자신의 저작물을 유형적인 형태로 이용할 배타적인 권리를 가진다; 위 권리는 특히 다음 각호를 포함한다.
1. 복제권(제16조) 2. 배포권(제17조)
3. 전시권(제18조)
(1) Der Hersteller eines Tonträgers hat das ausschließliche Recht, den Tonträger zu vervielfältigen, zu verbreiten und öffentlich zugänglich zu machen. (UrhG 85)
음반제작자는 음반의 복제, 배포 및 공개접근에 관하여 배타적 권리를 가진다.
→ Nutzungsrecht (이용권).

Verwirkung von Grundrechten GG 18 기본권의 상실.

Wer die dort genannten Grundrechte zum Kampf gegen die freiheitlich demokratische Ordnung missbraucht, verliert den Schutz dieser Grundrechte.
자유민주적 기본질서를 공격하기 위해 기본권(die Freiheit der Meinungsäußerung 등)을 남용하는 자는 기본권을 상실한다.

Verwirkungsklausel (Lex commissoria, Kassatorische Klausel) BGB 354 실권약관(조항).

Ist ein Vertrag mit dem Vorbehalt geschlossen, dass der Schuldner seiner Rechte aus dem Vertrag verlustig sein soll, wenn er seine Verbindlichkeit nicht erfüllt, so ist der Gläubiger bei dem Eintritt dieses Falles zum Rücktritt von dem Vertrag berechtigt.
채무자가 자기의 의무를 이행하지 아니하는 때에 채무자는 계약상의 권리를 상실한다는 뜻을 유보하고 계약을 체결한 경우에 그러한 경우가 발생한 때에는 채권자는 계약을 해제할 권리를 가진다.

Verzeihung BGB 2343 유서.

Die Anfechtung ist ausgeschlossen, wenn der Erblasser dem Erbunwürdigen verziehen hat.

피상속인이 (상속)결격자에 대하여 유서(宥恕)한 때에는 취소권은 배제된다.

Verzinsung von Aufwendungen

BGB 256 비용의 이자지급.

Wer zum Ersatz von Aufwendungen verpflichtet ist, hat den aufgewendeten Betrag oder, wenn andere Gegenstände als Geld aufgewendet worden sind, den als Ersatz ihres Wertes zu zahlenden Betrag von der Zals GeldAufwendung an zu verzinsen.

비용·배상의 의무가 있는 자는 지출한 금액 또는 금전이외의 목적물이 지출된 때에는 그 가액의 배상으로써 지불할 금액에 관하여 지출시부터의 이자를 지불하여야 한다.

Verzollung ZG 36 관세납부.

(3) Ist Zoll zu erheben (Verzollung), so wird der berechnete Zoll von dem Zollbeteiligten schriftlich oder mündlich angefordert (Zollbescheid).

관세가 징수될 경우(관세납부)에는 관세관계인에게 책정된 관세를 서면 또는 구두로서 납부하여 줄 것을 요청하여야 한다(관세결정).

Verzug (Bei Gefahr im ~) 지체시 위험이 있는 경우; 긴급한 경우.

Bei Gefahr im Verzug kann der Richter die erforderlichen Untersuchungshandlungen auch ohne Antrag vornehmen.

긴급한 경우에는 판사는 신청없이도 조사행위를 할 수 있다.

Verzug des Gläubigers

→ Gläubigerverzug (Annahmeverzug) 채권자지체 (수령지체).

Verzug des Schuldners

→ Schuldnerverzug (채무자지체).

Verzugszinsen BGB 288 지연이자

Eine Geldschuld ist während des Verzugs zu verzinsen. Der Verzugszinssatz beträgt für das Jahr fünf Prozentpunkte über dem Basiszinssatz.

지체중인 금전채무에 대하여는 이자를 지급하여야 한다. 지연이자의 이율은 기본이율에 연 5%를 더한 것으로 한다.

Videoüberwachung BDSG 6b 비디오감시.

(1) Die Beobachtung öffentlich zugänglicher Räume mit optisch-elektronischen Einrichtungen (Videoüberwachung) ist nur zulässig, soweit sie

1. zur Aufgabenerfüllung öffentlicher Stellen,
2. zur Wahrnehmung des Hausrechts oder
3. zur Wahrnehmung berechtigter Interessen für konkret festgelegte Zwecke

erforderlich ist und keine Anhaltspunkte bestehen, dass schutzwürdige Interessen der Betroffenen überwiegen.

광전자설비를 이용한 공적으로 접근가능한 공간에 대한 관찰(비디오감시)은 다음의 경우에만 허용된다

1. 공공기관의 임무수행의 경우,
2. 가택권의 수호를 위한 경우,
3. 구체적으로 확립된 목적에 대한 정당한 이익의 실현을 위해서 필요하고 또한 관련 당사자들의 보호받을 이익이 우월하다는 근거가 없는 경우.

Vielfachtäter 극다중범 → Mehrfachtäter.

VIG → Verbraucherinformationsgesetz (소비자정보법).

Vikariierendes System StGB 67 대체주의.

독일 형법 제67조는 처분을 형벌에 앞서 집행하는 이른바 대체주의의 원칙(Prinzip des sog. Vikaliierens dh. des Vollzugs der Maßregel vor der Strafe)을 채택하고 있다. → Zweispuriges System (이원주의).

Viktimisierung 피해자화.

→ Sekundäre Viktimisierung (제2차 ~).

Viktimologie 피해자학.

Viktimologie ist die Lehre vom Opfer. Es geht dabei hauptsächlich um den Proozess

des Opferwerdens, das Anzeigeverhalten, das Verhältnis zwischen Täter und Opfer sowie die Stellung des Opfers im Strafverfahren.
피해자에 관한 이론으로 주로 피해자의 발생과정, 고소행태, 행위자와 피해자의 관계 및 형사절차에서의 피해자의 지위 등을 다룬다.

Vim vi repellere licet (Es ist erlaubt, Gewalt mit Gewalt zurückzuschlagen) 폭력에는 폭력으로 되돌린다.

Vindikationszession (Abtretung des Herausgabeanspruchs 반환청구권의 양도).
→ Herausgabeanspruch.

Vinkulierte Aktien AktG 68(2) 양도제한부 주식.
(2) Die Satzung kann die Übertragung an die Zustimmung der Gesellschaft binden. Die Zustimmung erteilt der Vorstand. (Vinkulierung)
정관으로 주식의 양도에 회사의 동의를 요하는 것으로 할 수 있다. 이 동의는 이사회가 부여한다 (양도제한).

Vis absoluta 절대적 폭력.
Im Strafrecht wird beim Begriff der Gewalt zwischen zwei Formen unterschieden: Vis absoluta und vis compulsiva. Vis absoluta bezeichnet dabei die ″willensbrechende″ Gewalt.
형법에서 폭력은 절대적 폭력과 상대적 폭력으로 구별된다. 절대적 폭력은 "의사파괴적" 폭력을 말한다.

Vis compulsiva 강제적(강압적) 폭력.
Vis compulsiva ist die ″willensbeugende″ Gewalt. Das Opfer wird also nicht direkt durch Gewaltanwendung von einem Verhalten abgehalten, sondern wird durch ein Verhalten des Täters so beeinflusst, dass es zu einem bestimmten Verhalten veranlasst wird oder davon abgehalten wird.
강제적 폭력은 "의사왜곡적 폭력"이다. 피해자는 폭력행사에 의하여 행위를 하지 못하는 것이 아니라 행위자의 행위에 영향을 받아 특정행위를 하거나 또는 하지 못하는 것을 말한다.

Vis legibus est inimica (Gewalt ist der Gesetze Feind) 힘은 법의 적이다.

Visum AufenthG 6 비자.
(1) Einem Ausländer kann
1. ein Schengen-Visum für die Durchreise oder
2. ein Schengen-Visum für Aufenthalte von bis zu drei Monaten innerhalb einer Frist von sechs Monaten von dem Tag der ersten Einreise an (kurzfristige Aufenthalte)
erteilt werden, wenn die Erteilungsvoraussetzungen des Schengener Durchführungsübereinkommens und der dazu ergangenen Ausführungsvorschriften erfüllt sind.
외국인에게는 다음 각호의 경우에 셍겐조약의 시행을 위한 조건과 그에 대한 이행규정을 충족하는 때에는 비자를 발급할 수 있다.
1. 여행용 셍겐비자,
2. 제1차 입국날로부터 6개월의 기간이내에 3개월의 체류를 위한 셍겐비자 (단기체류).

Vita anteacta (der vorher geführte Lebenswandel) 과거경력.

Vizekanzler GG 69 부수상.
(1) Der Bundeskanzler ernennt einen Bundesminister zu seinem Stellvertreter.
연방수상은 연방장관의 1인을 그 대리인으로 임명한다.

Volenti non fit iniuria (Dem Wollenden geschieht kein Unrecht).
원하는 자에게 불법은 행하여지지 않는다.

Völkermord VStGB 6 민족학살죄.
(1) Wer in der Absicht, eine nationale, rassische, religiöse oder ethnische Gruppe als solche ganz oder teilweise zu zer-

stören,
1.ein Mitglied der Gruppe tötet,
2. einem Mitglied der Gruppe schwere körperliche oder seelische Schäden, insbesondere der in § 226 des Strafgesetzbuches bezeichneten Art, zufügt,
3. die Gruppe unter Lebensbedingungen stellt, die geeignet sind, ihre körperliche Zerstörung ganz oder teilweise herbeizuführen,
4. Maßregeln verhängt, die Geburten innerhalb der Gruppe verhindern sollen,
5. ein Kind der Gruppe gewaltsam in eine andere Gruppe überführt,
wird mit lebenslanger Freiheitsstrafe bestraft.
국가적, 인종적, 종교적 또는 민족 집단을 전체 또는 부분적으로 파괴하려는 의도를 가지고
1. 집단의 구성원을 살해하거나,
2. 집단의 구성원에게 중한 신체적 또는 정신적 상해, 특히 형법 제226조(중상해)에 기재된 종류의 상해를 가하거나,
3. 집단의 육체적 파괴를 전제 또는 부분적으로 야기하기에 적합한 생활조건에 놓게 하거나,
4. 집단내에서 출산을 방해하려는 조치를 취하거나,
5. 집단의 아동을 폭력적으로 다른 집단에 이송한 자는 무기자유형에 처한다.

Völkerrecht GG 25 국제법.
Die allgemeinen Regeln des Völkerrechtes sind Bestandteil des Bundesrechtes. Sie gehen den Gesetzen vor und erzeugen Rechte und Pflichten unmittelbar für die Bewohner des Bundesgebietes.
일반적 국제법규는 독일연방법의 구성부분이다. 동원칙은 법률에 우선하여 동일영역내 거주자에 대해 권리와 의무를 발생시킨다.

Völkerstrafgesetzbuch VStGB 국제형법전 (2002.6.22) (BGBl. I S. 2254).
~은 국제법에 대한 범죄와 국내법과 연결점이 없는 국외범죄를 적용대상으로 한다. 동법에서는 민족학살죄 (§6 VStGB), 인간성에 대한 범죄(§7 VStGB), 전쟁범죄(§§ 8,

9, 10, 11 oder § 12 VStGB) 등을 규정하고 있으며, 이들 범죄에 대한 시효적용을 배제하고 있다(§5 VStGB).

Volksbefragung GG 29(4) 주민문의 (설명조사) → Volksbegehren (주민청원).

Volksbegehren GG 29(4); StGB 108d 주민(국민)청원.
(4) Wird in einem zusammenhängenden, abgegrenzten Siedlungs- und Wirtschaftsraum, dessen Teile in mehreren Ländern liegen und der mindestens eine Million Einwohner hat, von einem Zehntel der in ihm zum Bundestag Wahlberechtigten durch Volksbegehren gefordert, daß für diesen Raum eine einheitliche Landeszugehörigkeit herbeigeführt werde, so ist durch Bundesgesetz innerhalb von zwei Jahren entweder zu bestimmen, ob die Landeszugehörigkeit gemäß Absatz 2 geändert wird, oder daß in den betroffenen Ländern eine Volksbefragung stattfindet. (GG 29)
수개주에 걸쳐 최소한 100만의 인구를 가지는, 10분의 1의 연방하원선거권자가 서로 관련은 되나 경계가 구분되는 주거지역과 경제구역을 주민발안으로 단일한 주소속으로 해줄 것을 요구하는 경우에 주소속을 제2항에 따라 변경할 것인지 또는 해당 주에 주민문의(설명조사)의 실시를 할 것인지는 연방법률로 2년 내에 결정하여야 한다.
→ Volksinitiative (주민발안).

Volkseigenes Vermögen TreuhG 1 국유재산.
(1) Das volkseigene Vermögen ist zu privatisieren. Volkseigenes Vermögen kann auch in durch Gesetz bestimmten Fällen Gemeinden, Städten, Kreisen und Ländern sowie der öffentlichen Hand als Eigentum übertragen werden.
국유재산은 사유화되어야 한다. 국유재산은 법률이 정하는 경우 (기초)자치단체, 시, 군, 주 및 공공기관에 그 소유권을 양도할 수 있다.

Volksentscheid GG 29(3) 주민(국민)표결.
(3) Der Volksentscheid findet in den Ländern statt, aus deren Gebieten oder Gebietsteilen ein neues oder neu umgrenztes Land gebildet werden soll.
주민표결은 그 영역 또는 영역의 일부로부터 새로운 주(州)가 형성되거나 주의 경계가 새로 구획되는 경우 그들 주에서 행해진다. → Volksinitiative (주민발안).

Volksgerichtshof 국민(인민)법원.
1934년의 나찌시대에 설치되어 반란이나 모반과 같이 정치적인 형사사건만을 담당한 제1심 및 최종법원.

Volksinitiative AbstG-Berlin 2 주민발안.
Eine Volksinitiative ist darauf gerichtet, das Abgeordnetenhaus im Rahmen seiner Entscheidungszuständigkeiten mit bestimmten Gegenständen der politischen Willensbildung, die Berlin betreffen, zu befassen (Artikel 61 Abs. 1 Satz 1 der Verfassung von Berlin).
주민발안의 대상은 하원이 그 관할의 범위에서 베를린에 관계된 특정한 정치적 의사형성의 대상을 다루게 하는 것이다 (베를린 헌법 제61조 제1항 제1문).
Ein Volksgesetzgebungsverfahren besteht in Deutschland in den Bundeslandern aus drei gestaffelten Schritten, beginnend mit der Volksinitiative, gefolgt vom Volksbegehren und abschließend dem Volksentscheid.
독일 연방주의 주민입법절차는 3단계 즉 주민발안, 주민청원, 주민표결로 이루어진다.

Volkssouveränität 국민주권.
* Das Prinzip der Volkssouveränität bestimmt das Volk zum souveränen Träger der Staatsgewalt.
국민주권의 원리는 국민을 국가권력의 주권적 주체로 정한다.

Volksverhetzung StGB 130 국민사주죄.
(1) Wer in einer Weise, die geeignet ist, den öffentlichen Frieden zu stören,

1. zum Haß gegen Teile der Bevölkerung aufstachelt oder zu Gewalt- oder Willkürmaßnahmen gegen sie auffordert oder
2. die Menschenwürde anderer dadurch angreift, daß er Teile der Bevölkerung beschimpft, böswillig verächtlich macht oder verleumdet,
wird mit Freiheitsstrafe von drei Monaten bis zu fünf Jahren bestraft.
공공의 평온을 교란하기에 적합한 방법으로 다음 각호의 1에 해당하는 행위를 한 자는 3개월 이상 5년 이하의 자유형에 처한다.
1. 일부 주민에 대한 증오심을 선동하거나 그에 대한 폭력적·자의적 조치를 촉구하는 행위,
2. 일부 주민을 모욕 또는 악의로 경멸하거나 모욕함으로써 인간의 존엄을 침해하는 행위.

Volkszählungsgesetz (1987)
(Gesetz über eine Volks-, Berufs-, Gebäude-, Wohnungs- und Arbeitsstättenzählung) VoZählG 2 인구조사법.
(1) Erhebungseinheiten sind Personen und Haushalte (Volks- und Berufszäh- lung), Wohnungen (Wohnungszählung), Gebäude mit Wohnraum und ständig bewohnte Unterkünfte (Gebäudezählung) sowie nichtlandwirtschaftliche Arbeitsstätten und Unternehmen (Arbeitsstättenzählung).
조사단위는 사람, 가계(인구 및 직업조사), 주거(주거조사), 주거용건물 및 상시 거주하는 숙소(주거조사), 비농업직장 및 기업(직장조사)이다.

Volkszugehörigkeit BVFG 6 민족.
(1) Deutscher Volkszugehöriger im Sinne dieses Gesetzes ist, wer sich in seiner Heimat zum deutschen Volkstum bekannt hat, sofern dieses Bekenntnis durch bestimmte Merkmale wie Abstammung, Sprache, Erziehung, Kultur bestätigt wird.
이 법률에서 정한 독일민족에 속하는 자라 함은 자신의 고향에서 독일민족성을 인정받은 자로 한다. 다만, 그 인정은 혈통, 언어, 양육, 문화와 같은 특정한 징표를 통하여

확인된 경우라야 한다.

Vollerwachsene 완전성년(25세 이상) →
Jugend.

Volljährigkeit BGB 2 성년.
Die Volljährigkeit tritt mit der Vollendung
des 18. Lebensjahres ein. 만 18세로 성년
이 된다.

Vollmacht BGB 167, 168 (임의)대리권.
(1) Die Erteilung der Vollmacht erfolgt
durch Erklärung gegenüber dem zu
Bevollmächtigenden oder dem Dritten,
dem gegenüber die Vertretung stattfinden soll. (167)
대리권의 수여는 임의대리인 또는 대리할
행위의 상대방이 될 제3자에 대한 의사표
시로써 행한다.
S.1 Das Erlöschen der Vollmacht bestimmt sich nach dem ihrer Erteilung
zugrunde liegenden Rechtsverhältnis. (168)
임의대리권의 소멸은 수권의 원인인 법률관
계에 따라서 정하여진다.
→ Beistand und Vertretung (mit schriftlicher Vollmacht versehenen Rechtsanwalt).

Vollmachtsindossament WG 18;
ScheckG 23 (Prokuraindossament) 대리배
서 (추심위임배서); Inkassoindossament (추
심배서).
(1) Enthält das Indossament den Vermerk
"Wert zur Einziehung", "zum Inkasso", "in
Prokura" oder einen anderen nur eine
Bevollmächtigung ausdrückenden Vermerk,
so kann der Inhaber alle Rechte aus dem
Wechsel (Scheck) geltend machen;
aber er kann ihn nur durch ein weiteres
Vollmachtsindossament übertragen.
배서가 "회수를 위하여", "추심을 위하여", "
대리로" 또는 기타 대리권수여만을 나타내
는 문언을 기재한 경우에 소지인은 어음(수
표)으로부터 생기는 모든 권리를 행사할 수
있다. 그러나 소지인은 다시 대리배서에 의
하여만 어음(수표)을 양도할 수 있다.

Vollmachtsurkunde BGB 172 위임장.

(1) Der besonderen Mitteilung einer Bevollmächtigung durch den Vollmachtgeber
steht es gleich, wenn dieser dem Vertreter eine Vollmachtsurkunde ausgehändigt hat und der Vertreter sie dem
Dritten vorlegt.
대리권수여자가 대리인에게 위임장을 교부
하였고 대리인이 이를 제3자에게 제시하는
때에는 이는 대리권수여자에 의한 대리권수
여의 특별통지와 동일하다.

Vollrausch StGB 323a 명정죄; OWiG
122 명정질서위반죄.
→ Trunkenheit im Verkehr (명정운전죄).
StGB 323a (1) Wer sich vorsätzlich oder
fahrlässig durch alkoholische Getränke
oder andere berauschende Mittel in einen
Rausch versetzt, wird mit Freiheitsstrafe
bis zu fünf Jahren oder mit Geldstrafe
bestraft, wenn er in diesem Zustand eine
rechtswidrige Tat begeht und ihretwegen
nicht bestraft werden kann, weil er
infolge des Rausches schuldunfähig war
oder weil dies nicht auszuschließen ist.
고의 또는 과실로 알코올음료나 기타 각성
제를 복용하여 명정상태에 있는 자가 그 상
태에서 위법행위를 범하였지만 명정상태로
인하여 책임능력이 없거나 또는 책임능력을
배제할 수 없다는 이유로 이를 처벌할 수
없는 경우에는 5년 이하의 자유형 또는 벌
금형에 처한다.
OWiG 122 (1) Wer sich vorsätzlich oder
fahrlässig durch alkoholische Getränke
oder andere berauschende Mittel in einen
Rausch versetzt, handelt ordnungswidrig,
wenn er in diesem Zustand eine mit
Geldbuße bedrohte Handlung begeht und
ihretwegen gegen ihn keine Geldbuße
festgesetzt werden kann, weil er infolge
des Rausches nicht vorwerfbar gehandelt
hat oder weil dies nicht auszuschließen
ist.
(1) 고의 또는 과실로 알코올음료나 기타
각성제를 복용하여 명정상태에 있는 자가
그 상태에서 질서위반금이 규정된 행위를
행하였지만 명정상태로 인하여 비난가능성
없거나 또는 비난가능성을 배제할 수 없다

는 이유로 그에게 질서위반금이 확정될 수
없는 경우에는 질서위반행위를 한 것이다.

Vollstreckbare Ausfertigung
ZPO 724 집행력 있는 정본.
(1) Die Zwangsvollstreckung wird auf
Grund einer mit der Vollstreckungsklausel
versehenen Ausfertigung des Urteils (vollstreckbare Ausfertigung) durchgeführt.
강제집행은 집행문이 부여된 판결정본에 의
하여 실행한다.

Vollstreckbare Geldforderung
VwVG 1 집행가능한 금전청구.
(1) Die öffentlich-rechtlichen Geldforderungen des Bundes und der bundesunmittelbaren juristischen Personen des öffentlichen Rechts werden nach den Bestimmungen dieses Gesetzes im Verwal-
tungswege vollstreckt.
연방과 연방이 직접 관리하는 공법인의 공
법상의 금전청구는 이 법률이 정한 바의 행
정상 방법으로 집행한다.

Vollstreckbarkeit von Strafurteilen
StPO 449 형사판결의 집행력(집행가능성).
Strafurteile sind nicht vollstreckbar, bevor
sie rechtskräftige geworden sind
형사판결은 확정되기 전에는 집행할 수 없다.

Vollstreckung → Strafvollstreckung (형
의 집행).

Vollstreckung der Ersatzfreiheitsstrafe
StPO 459e 대체자유형의 집행.
(1) Die Ersatzfreiheitsstrafe wird auf Anordnung der Vollstreckungsbehörde vollstreckt.
대체자유형은 형집행청의 명령에 의해 집행
된다.
(2) Die Anordnung setzt voraus, daß die
Geldstrafe nicht eingebracht werden kann
oder die Vollstreckung nach 459c Abs. 2
unterbleibt.
전항의 명령은 벌금이 징수될 수 없거나 제
459조의 c 제2항에 의하여 집행이 중지됨을
전제로 한다.

Vollstreckung der Geldstrafe StPO 459
벌금형의 집행.
Für die Vollstreckung der Geldstrafe
gelten die Vorschriften der Justizbeitrei-
bungsordnung, soweit dieses Gesetz nichts
anderes bestimmt.
벌금의 집행에 관하여는 이 법에 달리 규정
되지 아니한 한 사법징수법의 규정을 준용
한다.

Vollstreckung des Urteils StPO 406b
판결의 집행(피해자의 배상신청).
Die Vollstreckung richtet sich nach den
Vorschriften, die für die Vollstreckung von
Urteilen und Prozeßvergleichen in bürgerlichen Rechtsstreitigkeiten gelten.
집행은 민사소송에 있어서 판결 및 소송상
화해의 집행에 관하여 적용되는 규정에 의
한다.

Vollstreckung des Verfalls, der Einzie-
hung oder der Unbrauchbarmachung
StPO 459g 박탈, 몰수, 사용불능의 집행.
(1) Ist der Verfall, die Einziehung oder die
Unbrauchbarmachung einer Sache angeordnet worden, so wird die Anordnung
dadurch vollstreckt, daß die Sache dem
Verurteilten oder dem Verfalls- oder Einziehungsbeteiligten weggenommen wird.
물건의 박탈, 몰수, 또는 사용불능이 명하여
진 경우에는 그 물건을 형의 선고를 받은
자, 취득박탈 또는 몰수참가자로부터 물건
을 압수함으로써 명령을 집행한다.

Vollstreckung gegen Jugendliche und
Heranwachsende OWiG 98 청소년 및
연장소년에 대한 집행.
(1) Wird die gegen einen Jugendlichen
festgesetzte Geldbuße auch nach Ablauf
der in § 95 Abs. 1 bestimmten Frist nicht
gezahlt, so kann der Jugendrichter auf
Antrag der Vollstreckungsbehörde oder,
wenn ihm selbst die Vollstreckung obliegt,
von Amts wegen dem Jugendlichen auferlegen, an Stelle der Geldbuße
1. Arbeitsleistungen zu erbringen,
2. nach Kräften den durch die Handlung

verursachten Schaden wiedergutzumachen,
3. bei einer Verletzung von Verkehrsvorschriften an einem Verkehrsunterricht teilzunehmen,
4. sonst eine bestimmte Leistung zu erbringen,

소년에 대하여 확정된 질서위반금이 제95조 제1항에서 규정하는 기간의 경과후에도 납부되지 않고 있는 경우에는 소년법원판사는 집행관청의 신청에 의하여 또는, 법원이 직접 집행의 의무를 지는 경우에는 직권으로 그 소년에 대하여 질서위반금에 갈음하여 1. 노역 2. 당해 행위로 발생한 능력에 따른 손해보상 3. 교통법규 위반시의 교통교육, 4. 기타 일정한 급부를 행할 것을 과할 수 있다.

wenn die Bewilligung einer Zahlungserleichterung, die Beitreibung der Geldbuße oder die Anordnung der Erzwingungshaft nicht möglich oder angebracht erscheint.

단, 납부방법 완화의 승인, 질서위반금의 징수 또는 강제를 위한 구금이 불가능하거나 적절하지 않은 것으로 보이는 경우에 한한다.

Vollstreckung gegen Unschuldige

StGB 345 무고자집행죄.

(1) Wer als Amtsträger, der zur Mitwirkung bei der Vollstreckung einer Freiheitsstrafe, einer freiheitsentziehenden Maßregel der Besserung und Sicherung oder einer behördlichen Verwahrung berufen ist, eine solche Strafe, Maßregel oder Verwahrung vollstreckt, obwohl sie nach dem Gesetz nicht vollstrecktm Grden darfregird mitmFreiheitsstrafe von einem Jahr bis zu zehn Jahren, in minder schweren Fällen mit Freiheitsstrafe von drei Monaten bis zu fünf Jahren bestraft.

자유형, 자유박탈적 보안처분 또는 관청의 유치명령의 집행에 참여하는 공무수행자로서 법률상 그 집행이 행하여져서는 아니됨에도 불구하고 그러한 형, 보안처분 또는 유치명령을 집행한 자는 1년 이상 10년 이하의 자유형에 처하고, 그 행위가 덜 중한 경우에는 3개월 이상 5년 이하의 자유형에 처한다.

Vollstreckungsabwehrklage ZPO 767

청구이의의 소.

Einwendungen, die den durch das Urteil festgestellten Anspruch selbst betreffen, sind von dem Schuldner im Wege der Klage bei dem Prozessgericht des ersten Rechtszuges geltend zu machen.

판결에 의하여 확정된 청구권 자체에 관한 이의는 채무자에 의하여 소의 방법으로 제1심 수소법원에 제기하여야 한다.

Vollstreckungsanordnung VwVG 3

집행명령.

(1) Die Vollstreckung wird gegen den Vollstreckungsschuldner durch Vollstrekkungsanordnung eingeleitet; eines vollstreckbaren Titels bedarf es nicht.

집행은 집행채무자에 대하여 집행명령을 통하여 개시된다. 이 경우 집행명의를 요하지 아니한다. → Vollstreckungsschuldner (집행채무자).

Vollstreckungsaufschub StPO 47(2)

(재판의) 집행의 연기.

(2) Das Gericht kann jedoch einen Aufschub der Vollstreckung anordnen.

(원상회복신청은 재판의 집행을 방해하지 못한다). 하지만 법원은 형집행의 정지를 명할 수 있다.

→ Aufschub der Strafvollstreckung (형집행의 정지).

→ Keine Vollstreckungshemmung (집행부정지의 원칙).

Vollstreckungsbehörde StPO 451

집행관청.

(1) Die Strafvollstreckung erfolgt durch die Staatsanwaltschaft als Vollstreckungsbehörde auf Grund einer von dem Urkundsbeamten der Geschäftsstelle zu erteilenden, mit der Bescheinigung der Vollstreckbarkeit versehenen, beglaubigten Abschrift der Urteilsformel.

형의 집행은 집행관청인 검사에 의하여 법원사무국 서기관에 의하여 발급되는 집행력의 증명을 구비한 판결문의 인증등본을 근거로 행하여진다.

Vollstreckungshemmung
→ Keine Vollzugshemmung (집행부정지).

Vollstreckungsklausel ZPO 725 집행문.
"Vorstehende Ausfertigung wird dem usw. (Bezeichnung der Partei) zum Zwecke der Zwangsvollstreckung erteilt"
ist der Ausfertigung des Urteils am Schluss beizufügen, von dem Urkundsbeamten der Geschäftsstelle zu unterschreiben und mit dem Gerichtssiegel zu versehen.
판결정본의 말미에 "본 정본은 강제집행을 위하여 ○○○(당사자의 표시)에게 부여한다"라고 부기하고 사무국 서기관이 서명한 후 법원의 공인을 압날한다.
→ Klage auf Erteilung der Vollstreckungsklausel (집행문부여의 소).

Vollstreckungsplan StVollzG 152 집행계획(서).
(2) Der Vollstreckungsplan sieht vor, welche Verurteilten in eine Einweisungsanstalt oder -abteilung eingewiesen werden.
집행계획(서)에는 어떤 형의 선고를 받은 자가 분류(지정)시설 또는 분류(지정)부서에서 지정될 것인지를 규정한다.

Vollstreckungsschuldner VwVG 2 집행채무자.
(1) Als Vollstreckungsschuldner kann in Anspruch genommen werden
a) wer eine Leistung als Selbstschuldner schuldet; b) wer für die Leistung, die ein anderer schuldet, persönlich haftet.
다음 각호의 자에 대하여는 집행채무자로서 청구할 수 있다.
a) 자기채무자로서 어떠한 이행의 채무있는 자, b) 타인의 채무있는 이행에 개인적으로 책임이 있는 자.
(2) Wer zur Duldung der Zwangsvollstreckung verpflichtet ist, wird dem Vollstreckungsschuldner gleichgestellt, soweit die Duldungspflicht reicht.
강제집행을 수인하여야 할 의무있는 자는 수인의무의 한도내에서 집행채무자와 동일한 지위를 갖는다.

Vollstreckungstitel → Schuldtitel (집행권원).

Vollstreckungsverjährung StGB 79 집행시효.
(1) Eine rechtskräftig verhängte Strafe oder Maßnahme (§ 11 Abs. 1 Nr. 8) darf nach Ablauf der Verjährungsfrist nicht mehr vollstreckt werden.
확정된 선고형 또는 처분(형법 제11조 제1항 제8호)은 시효기간이 경과한 이후에는 이를 집행하여서는 아니된다.
(2) Die Vollstreckung von lebenslangen Freiheitsstrafen verjährt nicht.
무기자유형의 집행에 관하여는 형의 시효가 적용되지 아니한다.

Vollziehende Gewalt 행정.
→ Gesetzgebung (입법).

Vollzug (자유형의) 집행
→ Strafvollstreckung (형의 집행).

Vollzug von Ordnungs-, Sicherungs-, Zwangs-, Erzwingshaft StVollzG 171 질서구금, 보안구금, 강제구금, 강제를 위한 구금의 집행원칙.
Für den Vollzug einer gerichtlich angeordneten Ordnungs-, Sicherungs-, Zwangs- und Erzwingungshaft gelten die Vorschriften über den Vollzug der Freiheitsstrafe (§§ 3 bis 49, 51 bis 122, 179 bis 187) entsprechend, soweit nicht Eigenart und Zweck der Haft entgegenstehen oder im folgenden etwas anderes bestimmt ist.
법원이 명령한 질서구금, 보안구금, 강제구금, 강제를 위한 구금에 대하여는 구금의 본질 및 목적에 반하지 아니하거나 이하에서 달리 정함이 없는 경우 자유형의 집행(제3조 내지 제122조)에 관한 규정을 준용한다.

Vollzugsbeamte StVollzG 155 교정공무원, 교도관 → Vollzugsbedienstete (교정근무자).

Vollzugsbedienstete StVollzG 155 교정 근무자 (Vollzugsbeamte 보다는 광의의 개념).
(1) Die Aufgaben der Justizvollzugsanstalten werden von Vollzugsbeamten wahrgenommen. Aus besonderen Gründen können sie auch anderen Bediensteten der Justizvollzugsanstalten sowie nebenamtlichen oder vertraglich verpflichteten Personen übertragen werden.
교도소의 업무는 교도관에 의하여 수행된다. 특별한 사유가 있는 경우 그 업무는 교도소의 다른 근무자나 겸직 또는 계약상 의무있는 자에게 위임할 수 있다.

Vollzugsgemeinschaft StVollzG 150 행형시설연합회.
Für Vollzugsanstalten nach den §§ 139 bis 149 können die Länder Vollzugsgemeinschaften bilden.
각주는 StVollzG 139-149에 의하여 행형시설을 위한 교도소연합회를 구성할 수 있다.

Vollzugshemmung → Keine Vollzugshemmung (집행부정지의 원칙).

Vollzugshilfe MEPolG 25 집행원조.
(1) Die Polizei leistet anderen Behörden auf Ersuchen Vollzugshilfe, wenn unmittelbarer Zwang anzuwenden ist und die anderen Behörden nicht über die hierzu erforderlichen Diesntkräfte verfügen oder ihre Maßnahmen nicht auf andere Weise selbst durchsetzen können.
경찰은 직접강제가 행하여져야 질 수 있고 다른 행정청은 이를 위하여 필요한 서비스 능력을 갖고 있지 못하거나 다른 방법으로는 스스로 그의 조치를 시행할 수 없는 경우에 있어서 다른 행정청의 요청에 의하여 집행원조를 행한다.

Vollzugsplan StVollzG 7 행형계획.
(1) Auf Grund der Behandlungsuntersuchung (§6) wird ein Vollzugsplan erstellt.
(1) 처우조사(제6조)를 근거로 행형계획이 수립된다.
(2) Der Vollzugsplan enthält Angaben

mindestens über folgende Behandlungsmaßnahmen:
1. die Unterbringung im geschlossenen oder offenen Vollzug,
2. die Verlegung in eine sozialtherapeutische Anstalt,
3. die Zuweisung zu Wohngruppen und Behandlungsgruppen,
4. den Arbeitseinsatz sowie Maßnahmen der beruflichen Ausbildung oder Weiterbildung,
5. die Teilnahme an Veranstaltungen der Weiterbildung,
6. besondere Hilfs- und Behandlungsmaßnahmen,
7. Lockerungen des Vollzuges und
8. notwendige Maßnahmen zur Vorbereitung der Entlassung.
(2) 여기에는 다음의 최소한의 처우처분이 포함된다.
1. 폐쇄 또는 개방시설에의 수용,
2. 사회치료시설로의 이송,
3. 수용집단 및 처우집단의 할당,
4. 작업배치 및 직업교육 또는 재교육조치,
5. 평생교육시설의 참여,
6. 특별지원조치 및 처우조치,
7. 집행의 완화
8. 석방준비를 위한 필요조치.

Vollzugsziel StVollzG 2 행형목적(Aufgaben des Vollzugs).
Im Vollzug soll der Gefangene fähig werden, künftig in sozialer Verantwortung ein Leben ohne Straftaten führen.
자유형의 집행에는 수형자가 장래 사회적 책임하에 재범을 행하지 아니하고 생활할 수 있도록 하여야 한다.

Vom Angeklagten vorsätzlich herbeigeführte Verhandlungsfähigkeit
StPO 231a (피고인이) 고의로 야기한 심리무능력
(1) Hat sich der Angeklagte vorsätzlich und schuldhaft in einen seine Verhandlungsfähigkeit ausschließenden Zustand versetzt und verhindert er dadurch wesentlich die ordnungsmäßige Durchführung

oder Fortsetzung der Hauptverhandlung in seiner Gegenwart, so wird die Hauptverhandlung, wenn er noch nicht über die Anklage vernommen war, in seiner Abwesenheit durchgeführt oder fortgesetzt, soweit das Gericht seine Anwesenheit nicht für unerläßlich hält.
피고인이 고의 및 유책하게 자신의 심리능력을 배제하는 상황을 가져오고 이로 인하여 그의 출석하에 공판의 합법적 수행이나 속행을 방해하는 경우에, 피고인이 공소에 관하여 아직 신문되지 아니한 때에는 법원이 그의 출석을 불가결한 것으로 인정하지 아니하는 한, 공판은 그의 불출석하에서 수행되거나 속행된다.

Von Amts wegen (ex officio) 직권으로.
직권으로 고려해야 할 사항에 관하여
(hinsichtlich der von Amts wegen zu berücksichtigenden Punkte).

Von der Staatsanwaltschaft eingelegte Rechtsmittel StPO 301 검사가 제기한 상소. ← Rechtsmittel der Staatsanwaltschaft.
Jedes von der Staatsanwaltschaft eingelegte Rechtsmittel hat die Wirkung, daß die angefochtene Entscheidung auch zugunsten des Beschuldigten abgeändert oder aufgehoben werden kann.
검사가 제기한 상소는 피의자의 이익을 위하여도 불복이 제기된 재판을 변경하거나 취소할 수 있다.

Von einem Jahr bis auf zehn Jahr
1년 이상 10년 이하.

Vorabentscheidung über den Grund
VwGO 111 (청구) 원인에 대한 사전판결.
Ist bei einer Leistungsklage ein Anspruch nach Grund und Betrag streitig, so kann das Gericht durch Zwischenurteil über den Grund vorab entscheiden.
급부의 소에 있어서는 청구의 원인과 수액에 다툼이 있는 경우에 법원은 중간판결에 의하여 그 원인에 대하여 우선 재판할 수 있다.

Vorangehender Rechtszug → Gericht des vorangehenden Rechtszuges (전심법원).

Voranmeldung (예정신고)
→ Vorauszahlung (예정납부).

Voraus des Ehegatten BGB 1932 배우자의 선취분 (선취유증).
(1) Ist der überlebende Ehegatte neben Verwandten der zweiten Ordnung oder neben Großeltern gesetzlicher Erbe, so gebühren ihm außer dem Erbteil die zum ehelichen Haushalt gehörenden Gegenstände, soweit sie nicht Zubehör eines Grundstücks sind, und die Hochzeitsgeschenke als Voraus.
생존배우자가 제2순위의 친족 또는 조부모와 함께 법정상속인인 경우에 생존배우자는 상속분 이외에 토지의 종물이 아닌 혼인상의 세대에 속하는 목적물 및 혼인선물을 선취분(先取分)으로서 취득한다.

Vorausgegangene Entscheidungen
StPO 336 전심재판.
Der Beurteilung des Revisionsgerichts unterliegen auch die Entscheidungen, die dem Urteil vorausgegangen sind, sofern es auf ihnen beruht.
판결전 재판도 그것이 재판에 관계되는 한 상고법원의 관할에 속한다.

Voraussehbarkeit 예견가능성.
Bei den fahrlässigen Erfolgsdelikten müssen der tatbestandsmäßige Erfolg und der Kausalverlauf in ihren wesentlichen Zügen nicht nur objektiv vorhersehbar gewesen sein, sondern zur Vorwerfbarkeit der Eroflgsverursachung gehört außerdem, daß auch der Täter nach seinen persönlichen Fähigkeiten und Kenntnissen diese Voraussicht hätte haben können.
과실결과범에 있어서 구성요건적 결과와 인과관계는 그 본질적인 점에 있어서 객관적으로 예견가능해야 하며, 결과야기의 비난가능성도 있어야 한다. 또한 행위자도 자신의 능력과 지식에 따른 예견을 할 수 있어야 한다.

Vorauszahlung UStG 18 예정납부.
(1) Der Unternehmer hat bis zum 10. Tag nach Ablauf jedes Voranmeldungszeitraums eine Voranmeldung nach amtlich vorgeschriebenem Vordruck auf elektronischem Wege nach Maßgabe der Steuerdaten-Übermittlungsverordnung zu übermitteln, in der er die Steuer für den Voranmeldungszeitraum(Vorauszahlung) selbst zu berechnen hat;
사업자는 각 예정신고기간의 경과후 10일 이내에 납부일전송규정의 기준에 따른 전자 방법의 공정서식용지에 의거, 예정신고를 하여야 한다. 이 때 사업자는 예정신고기간 에 조세를(예정납부) 자진계산하여야 한다.

Vorbehalt der Einziehung StGB 74b 몰수의 유보.
Das Gericht ordnet an, daß die Einziehung vorbehalten bleibt, und trifft eine weniger einschneidende Maßnahme, wenn der Zweck der Einziehung auch durch sie erreicht werden kann.
법원은 몰수의 목적이 보다 경한 처분에 의 하여도 달성될 수 있는 때에는 몰수의 유예 를 명하고 보다 경한 처분을 선고한다.

Vorbehalt der Unterbringung in der Sicherungsverwahrung StGB 66a 보안감 호수용의 유보.
(1) Ist bei der Verurteilung wegen einer der in §66 Abs.3 Satz 1 genannten Straftaten nicht mit hinreichender Sicherheit feststellbar, ob der Täter für die Allgemeinheit im Sinne von § 66 Abs.1 Nr.3 gefährlich ist, so kann das Gericht die Anordnung der Sicherungsverwahrung vorbehalten, wenn die übrigen Voraussetzungen des § 66 Abs. 3 erfüllt sind.
제66조 제3항 제1단에 열거된 범죄행위로 인한 유죄판결시 행위자가 제66조 제1항 제 3호에 의한 공공에 위험한지의 여부에 관하 여 충분한 안전이 확인될 수 없는 경우에는 기타 제66조 제3항의 요건이 충족되는 때에 는 법원은 보안감호수용의 명령을 유보할 수 있다.

Vorbehaltene Strafe → Verurteilung zu der vorbehaltenen Strafe (유보된 형의 선고).

Vorbehaltsgut BGB 1418 유보재산.
(1) Vom Gesamtgut ist das Vorbehaltsgut ausgeschlossen.
(2) Vorbehaltsgut sind die Gegenstände,
1. die durch Ehevertrag zum Vorbehaltsgut eines Ehegatten erklärt sind,
2. die ein Ehegatte von Todes wegen erwirbt oder die ihm von einem Dritten unentgeltlich zugewendet werden, wenn der Erblasser durch letztwillige Verfügung, der Dritte bei der Zuwendung bestimmt hat, dass der Erwerb Vorbehaltsgut sein soll,
3. die ein Ehegatte auf Grund eines zu seinem Vorbehaltsgut gehörenden Rechts oder als Ersatz für die Zerstörung, Beschädigung oder Entziehung eines zum Vorbehaltsgut gehörenden Gegenstands oder durch ein Rechtsgeschäft erwirbt, das sich auf das Vorbehaltsgut bezieht.
(3) Jeder Ehegatte verwaltet das Vorbehaltsgut selbständig. Er verwaltet es für eigene Rechnung.
(1) 유보재산은 합유재산에서 배제된다.
(2) 유보재산은 다음 각호의 경우에 해당한다.
1. 부부재산계약을 통하여 일방 당사자의 유보재산으로 선언된 대상물,
2. 일방 당사자의 사망으로 인하여 취득하 거나 또는 제3자가 그에게 무상으로 출연한 대상물로서 피상속인이 종의처분(終意處分) 으로 제3자가 출연시 그 취득이 유보재산이 어야 한다고 결정했던 경우,
3. 일방 배우자가 자기의 유보자산에 속하 는 권리를 근거로 또는 유보자산에 속하는 대상물의 파괴, 손상 또는 박탈에 대한 보 상으로 또는 유보자산과 관계된 법률행위를 통해 취득한 대상물.
(3) 각 배우자는 유보재산을 독자적으로, 자 신의 계산으로 관리한다.

Vorbehaltsurteil ZPO 599 유보판결.
Dem Beklagten, welcher dem geltend gemachten Anspruch widersprochen hat, ist in allen Fällen, in denen er verurteilt

wird, die Ausführung seiner Rechte vor-
zubehalten.
유보판결은 주장된 청구를 다툰 피고에게
권리행사를 유보하여 선고되는 피고패소의
판결이다.

Vorbeifahren StVO 6 비켜가기.
Wer an einem haltenden Fahrzeug, einer
Absperrung oder einem sonstigen Hindernis auf der Fahrbahn links vorbeifahren will, muß entgegenkommende Fahrzeuge durchfahren lassen. Muß er ausscheren, so hat er auf den nachfolgenden
Verkehr zu achten und das Ausscheren
sowie das Wiedereinordnen - wie beim
Überholen - anzukündigen.
정지한 자동차, 바리케이트 또는 기타 차도
상 장애물을 왼쪽으로 비켜가기 하는 자는
마주 오는 자동차를 통과시켜야 하며, 주행
노선에서 이탈할 경우 뒤따르는 차량에 유
의하여 노선 이탈과 재진입을 추월에서와
같이 신호로 알려야 한다.

**Vorbereiten des Ausspähens und Ab-
fangens von Daten** StGB 202c
데이터탐지 및 데이터탈취 예비죄
(1) Wer eine Straftat nach § 202a oder §
202b vorbereitet, indem er
1. Passwörter oder sonstige Sicherungs-
codes, die den Zugang zu Daten (§ 202a
Abs.2) ermöglichen, oder
2. Computerprogramme, deren Zweck die
Begehung einer solchen Tat ist,
herstellt, sich oder einem anderen verschafft, verkauft, einem anderen überlässt,
verbreitet oder sonst zugänglich macht,
wird mit Freiheitsstrafe bis zu einem Jahr
oder mit Geldstrafe bestraft.
제202a조 또는 제202b조에 따라 다음 각호
를 제조, 취득, 판매, 양여, 반포 기타 접근
가능하게 한 자는 1년 이하의 자유형 또는
벌금형에 처한다.
1. 데이터(제202a조 제2항)에 접근할 수 있
는 패스워드 또는 기타 보안코드,
2. 제1호의 범행목적을 위한 컴퓨터프로그램.

Vorbereitender Einzelrichter ZPO 527

준비단독판사.
(1) Wird der Rechtsstreit nicht nach § 526
dem Einzelrichter übertragen, kann das
Berufungsgericht die Sache einem seiner
Mitglieder als Einzelrichter zur Vorbereitung der Entscheidung zuweisen.
소송이 제526조(항소심 단독판사) 1항에 따
라 단독판사에게 위임하지 못하는 경우에
항소법원은 사건을 그 구성원의 1인인 단독
판사에게 할당하여 재판의 준비를 하게 할
수 있다.

Vorbereitender Schriftsatz ZPO 129
준비서면.
In Anwaltsprozessen wird die mündliche
Verhandlung durch Schriftsätze vorbereitet.
변호사소송에 있어서 구두변론은 서면으로
써 이를 준비한다.

Vorbereitendes Verfahren StPO 147(5)
준비절차.
(5) Über die Gewährung der Akteneinsicht
entscheidet während des vorbereitenden
Verfahrens die Staatsanwaltschaft, im
übrigen der Vorsitzende des mit der
Sache befaßten Gerichts.
준비절차에 있어서 기록열람의 허가에 대하
여는 검사가 결정하며, 그 이외의 경우에는
사건이 계속된 법원의 재판장이 결정한다.

**Vorbereitung der Fälschung von amt-
lichen Ausweisen** StGB 275 공증명서
위조예비죄.
(1) Wer eine Fälschung von amtlichen
Ausweisen vorbereitet, indem er
1. Platten, Formen, Drucksätze, Druckstöcke, Negative, Matrizen oder ähnliche
Vorrichtungen, die ihrer Art nach zur
Begehung der Tat geeignet sind,
2. Papier, das einer solchen Papierart
gleicht oder zum Verwechseln ähnlich ist,
die zur Herstellung von amtlichen Ausweisen bestimmt und gegen Nachahmung
besonders gesichert ist, oder
3. Vordrucke für amtliche Ausweise herstellt, sich oder einem anderen verschafft,

feilhält, verwahrt, einem anderen überläßt oder einzuführen oder auszuführen unternimmt, wird mit Freiheitsstrafe bis zu zwei Jahren oder mit Geldstrafe bestraft.
(1) 다음 각호에 해당하는 물건을 제조하여 자신이 또는 타인에게 이를 취득하게 하거나, 매물에 놓거나, 보관, 양여하거나 반입, 반출하여 공증명서의 위조를 예비한 자는 2년 이하의 자유형 또는 벌금형에 처한다.
1. 인쇄판, 조판, 인쇄식자, 음판, 지형 또는 그 성질상 범행에 적합한 장치,
2. 공증명서의 제조를 목적으로 하고 그 모조로부터 특히 보호되는 지면 또는 그와 혼동될 정도의 유사한 지면,
3. 공증명서 용지.

Vorbereitung der Fälschung von Geld und Wertzeichen StGB 149 통화 및 유가증표위조 예비죄.

(1) Wer eine Fälschung von Geld oder Wertzeichen vorbereitet, indem er
1. Platten, Formen, Drucksätze, Druckstöcke, Negative, Matrizen, Computerprogramme oder ähnliche Vorrichtungen, die ihrer Art nach zur Begehung der Tat geeignet sind,
2. Papier, das einer solchen Papierart gleicht oder zum Verwechseln ähnlich ist, die zur Herstellung von Geld oder amtlichen Wertzeichen bestimmt und gegen Nachahmung besonders gesichert ist, oder
3. Hologramme oder andere Bestandteile, die der Sicherung gegen Fälschung dienen,
herstellt, sich oder einem anderen verschafft, feilhält, verwahrt oder einem anderen überläßt, wird, wenn er eine Geldfälschung vorbereitet, mit Freiheitsstrafe bis zu fünf Jahren oder mit Geldstrafe, sonst mit Freiheitsstrafe bis zu zwei Jahren oder mit Geldstrafe bestraft.
(1) 다음 각호에 해당하는 물건을 제조하여 자신이 또는 타인에게 이를 취득하게 하거나, 매물에 놓거나, 보관, 양여하여 통화 또는 유가증표의 위조를 예비한 자는 2년 이하의 자유형 또는 벌금형에 처한다.
1. 그 성질상 범행에 적합한 인쇄판, 조판,

인쇄식자, 음판, 지형, 컴퓨터프로그램 또는 이와 유사한 장치,
2. 통화 또는 공적 유가증표의 제조를 목적으로 하고 그 모조로부터 특히 보호되는 지면 또는 그와 혼동될 정도의 유사한 지면,
3. 위조로부터 방지하는 홀로그램 기타 구성부분.

Vorbereitung der Hauptverhandlung StPO 323 공판의 준비.

(1) Für die ~ gelten die Vorschriften der §§214, 216 bis 225. In der Ladung ist auf die Folgen des Ausbleibens ausdrücklich hinzuwirken.
공판절차의 준비에 대하여는 §214, 216 내지 §225를 적용한다. 소환장에는 피고인에게 불출석의 결과를 명시하여야 한다.

Vorbereitung des Gutachtens →

Recht zur Vorbereitung des Gutachtens (감정준비권).

Vorbereitung des Wiederaufnahmeverfahrens StPO 364b 재심절차의 준비(~를 위한 변호인: Verteidiger für die ~).

→ Bestellung eines Verteidigers für Verfahrensvorbereitung (준비절차를 위한 변호인의 임명).

Vorbereitung eines Angriffskriegs StGB 80 침략전쟁 예비죄.

Wer einen Angriffskrieg (Artikel 26 Abs. 1 des Grundgesetzes), an dem die Bundesrepublik Deutschland beteiligt sein soll, vorbereitet und dadurch die Gefahr eines Krieges für die Bundesrepublik Deutschland herbeiführt, wird mit lebenslanger Freiheitsstrafe oder mit Freiheitsstrafe nicht unter zehn Jahren bestraft.
독일연방공화국이 참가하게 될 침략전쟁(기본법 제26조 제1항)을 예비하고 이로 인하여 독일연방공화국에 대하여 전쟁의 위험을 초래하게 한 자는 무기 또는 10년 이상의 자유형에 처한다.
→ Friedensverrat (평화배반).

Vorbereitung eines Explosions- oder

Strahlungsverbrechen StGB 310 폭발물 또는 방사선범죄의 예비죄.

(1) Wer zur Vorbereitung

1. eines bestimmten Unternehmens im Sinne des § 307 Abs.1 oder des § 309 Abs.2,

2. einer Straftat nach § 308 Abs. 1, die durch Sprengstoff begangen werden soll,

3. einer Straftat nach § 309 Abs. 1 oder

4. einer Straftat nach § 309 Abs. 6

Kernbrennstoffe, sonstige radioaktive Stoffe, Sprengstoffe oder die zur Ausführung der Tat erforderlichen besonderen Vorrichtungen herstellt, sich oder einem anderen verschafft, verwahrt oder einem anderen überläßt, wird in den Fällen der Nr. 1 mit Freiheitsstrafe von einem Jahr bis zu zehn Jahren, in den Fällen der Nr. 2 und der Nr. 3 mit Freiheitsstrafe von sechs Monaten bis zu fünf Jahren, in den Fällen der Nr. 4 mit Freiheitsstrafe bis zu drei Jahren oder mit Geldstrafe bestraft.

다음 각호에 해당하는 범죄의 예비를 위하여 핵연료물질, 기타 방사성물질, 폭발물 또는 범죄실행에 필요한 장치를 제조, 취득하거나 타인으로 하여금 취득하게 하거나 보관하거나 타인에게 양여한 자는 제1호의 경우에는 1년 이상 10년 이하, 제2호와 제3의 경우에는 6개월 이상 5년 이하의 자유형에 처하고, 제4호의 경우에는 3년 이하의 자유형 또는 벌금형에 처한다.

1. 제307조 제1항(핵에너지에 의한 폭발야기) 또는 제309조 제2항(헤아릴 수 없는 많은 사람에 대한 방사선남용)에 기재한 특정 행위의 기도,

2. 폭발물에 의하여 행하여진 제308조 제1항의 범죄,

3. 제309조 제1항에 의한 범죄(방사선남용)

4. 제309조 제6항에 의한 범죄(중요한 가치가 있는 물건, 물, 공기, 토지 등에 대한 방사선 투사).

Vorbereitung eines hochverräterischen Unternehmens StGB 83 내란예비죄.

(1) Wer ein bestimmtes hochverräterisches Unternehmen gegen den Bund vorbereitet, wird mit Freiheitsstrafe von einem Jahr bis zu zehn Jahren, in minder schweren Fällen mit Freiheitsstrafe von einem Jahr bis zu fünf Jahren bestraft.

연방에 대한 특정한 내란기도를 예비한 자는 1년 이상 10년 이하의 자유형에 처하고, 그 행위가 덜 중한 경우에는 1년 이상 5년 이하의 자유형에 처한다.

(2) Wer ein bestimmtes hochverräterisches Unternehmen gegen ein Land vorbereitet, wird mit Freiheitsstrafe von drei Monaten bis zu fünf Jahren bestraft.

주에 대한 특정한 내란기도를 예비한 자는 3개월 이상 5년 이하의 자유형에 처한다.

Vorbereitung von Sabotagehandlungen StGB 87 태업예비행위 (Vorbereitungshandlung).

Er 1. sich bereit hält, auf Weisung einer der bezeichneten Stellen solche Handlungen zu begehen,

2. Sabotageobjekte auskundschaftet,

3. Sabotagemittel herstellt, sich oder einem anderen verschafft, verwahrt, einem anderen überläßt oder in diesen Bereich einführt,

4. Lager zur Aufnahme von Sabotagemitteln oder Stützpunkte für die Sabotagetätigkeit einrichtet, unterhält oder überprüft,

5. sich zur Begehung von Sabotagehandlungen schulen läßt oder andere dazu schult oder

6. die Verbindung zwischen einem Sabotageagenten (Nr.1-5) und einer der bezeichneten Stellen herstellt oder aufrechterhält,

1. 지시에 의해 특정장소에 행위의 준비 2. 태업대상의 탐지 3. 태업수단을 제조, 취득하거나 타인으로 하여금 취득하게 하거나 보관, 양여, 국내에 반입하는 행위 4. 태업수단의 저장장소 또는 태업활동 기지 등의 설치, 유지, 점검 5. 태업행위의 훈련이나 훈련시키는 행위 6. 태업 행위자(제1-5호)와 상기 장소에 연결시키거나 이를 유지하는 행위.

→ Agententätigkeit zu Sabotagezwecken (태업목적 첩보활동죄).

Vorbeugende Unterlassungsklage 예방
적 부작위소송.
Eine vorbeugende Unterlassungsklage ist
nur zulässig, wenn eine Rechtsverletzung
unmittelbar drohend bevorsteht.
예방적 부작위소송은 법적 침해에 대한 직
접적이 위험이 임박한 경우에만 허용된다.

Vordruck → Amtlich vorgeschriebener
Vordruck 공정서식용지 (공정양식).

**Vorenthalten und Veruntreuen von Ar-
beitsentgelt** StGB 266a 노임(분담금)체
불죄 및 횡령죄
(1) Wer als Arbeitgeber der Einzugsstelle
Beiträge des Arbeitnehmers zur Sozialversicherung einschließlich der Arbeitsförderung, unabhängig davon, ob Arbeitsentgelt gezahlt wird, vorenthält, wird mit
Freiheitsstrafe bis zu fünf Jahren oder mit
Geldstrafe bestraft.
사용자로서 근로촉진기금을 포함한 근로자
의 사회보장 기여금을 노임지불여부에 관계
없이 납입하지 아니한 자는 5년 이하의 자
유형 또는 벌금형에 처한다.

Vorfahrt StVO 8 우선통행(권).
(1) An Kreuzungen und Einmündungen
hat die Vorfahrt, wer von rechts kommt.
교차로와 합류지점에서는 오른쪽에서 오는
자가 우선통행권을 가진다.

Vorfahrtstraße StVO 42 우선통행도로.
Es steht am Anfang der Vorfahrtstraße
und wird an jeder Kreuzung und an jeder
Einmündung von rechts wiederholt. (Zeichen 306)
이 표지는 우선통행로의 시작점에 서 있고
모든 교차로와 합류점의 우측에 반복된다
(표지 306).

Vorführung StPO 134; 115 구인, 인치.
(1) Die sofortige Vorführung des Beschuldigten kann verfügt werden, wenn Gründe
vorliegen, die den Erlaß eines Haftbefehls
rechtfertigen würden.

구속영장을 발부할 사유가 존재하는 경우에
는 피의자를 즉시 구인처분할 수 있다.
→ Vorführung vor den zuständigen Richter.
(담당판사에의 인치).

**Vorführung der Bild-Ton-Aufzeichnung
einer Zeugenvernehmung** StPO 255a
영상녹화 증인신문의 상영.
(2) In Verfahren wegen Straftaten gegen
die sexuelle Selbstbestimmung (§§ 174 bis
184f des Strafgesetzbuches) oder gegen
das Leben (§§ 211 bis 222 des Strafgesetzbuches), wegen Misshandlung von
Schutzbefohlenen (§ 225 des Strafgesetzbuches) oder wegen Straftaten gegen die
persönliche Freiheit nach den §§ 232 bis
233a des Strafgesetzbuches kann die
Vernehmung eines Zeugen unter sechzehn
Jahren durch die Vorführung der Bild-
Ton-Aufzeichnung seiner früheren richterlichen Vernehmung ersetzt werden, wenn
der Angeklagte und sein Verteidiger Gelegenheit hatten, an dieser mitzuwirken.
성저 자기결정권(형법 제174-184f조)이나 생
명에 대한 범죄(제211-222조), 피보호자 학
대(제225조) 또는 신체의 자유에 대한 범죄
(제232-233a조)에 대한 절차에서 16세 미만
자에 대한 신문은 피고인과 그의 변호인이
이에 참여할 기회를 가졌던 영상녹음의 경
우에는 이전 판사의 영상녹음신문을 상영함
으로써 대치될 수 있다.
→ Aufzeichnung von Zeugenaussagen
auf Bild-Ton-Trägern (증언의 영상녹화).

Vorführung nach Anklageerhebung
StPO 129 공소제기후 인치.
Ist gegen den Festgenommenen bereits die
öffentliche Klage erhoben, so ist er entweder sofort oder auf Verfügung des
Richters, dem er zunächst vorgeführt
worden ist, dem zuständigen Gericht vorzuführen; dieses hat spätestens am Tage
nach der Festnahme über Freilassung,
Verhaftung oder einstweilige Unterbringung des Festgenommenen zu entscheiden.
피체포자에 대하여 이미 공소가 제기된 경
우 피체포자는 즉시 또는 그가 최초로 인치

된 판사의 처분으로 관할법원에 인치되어야
하며, 그 법원은 늦어도 체포익일까지는 피
체포자의 석방, 구속 또는 가수용에 관하여
판단하여야 한다.

Vorführung vor dem Amtsrichter
StPO 128 구판사에의 인치.
(1) Der Festgenommene ist, sofern er
nicht wieder in Freiheit gesetzt wird, unverzüglich, spätestens am Tage nach der
Festnahme, dem Richter bei dem Amtsgericht, in dessen Bezirk er festgenommen worden ist, vorzuführen.
피체포자가 석방되지 않은 이상, 지체없이
늦어도 체포익일까지는 체포된 관할의 구법
원의 판사에게 그를 인치하여야 한다.

Vorführung vor den zuständigen Richter
(Unverzügliche ~) StPO 115 담당판사에의
(지체없는) 인치.
(1) Wird der Beschuldigte auf Grund des
Haftbefehls ergriffen, so ist er unverzüglich dem zuständigen Richter vorzuführen.
피의자가 구속영장에 의하여 체포된 때에는
즉시 담당 판사에게 인치되어야 한다.

Vorführungsbefehl StPO 134(2), 236
구인장(명령).
(2) In dem Vorführungsbefehl ist der
Beschuldigte genau zu bezeichnen und die
ihm zur Last gelegte Straftat sowie der
Grund der Vorführung anzugeben.
구인장에는 피의자를 정확히 기재하고 그의
죄책되는 범죄행위 및 구인사유를 명시하여
야 한다.
→ Persönliches Erscheinen (본인출석).

Vorführungsrecht UrhG 4 상영권.
Das Vorführungsrecht ist das Recht, ein
Werk der bildenden Künste, ein Lichtbild-
werk, ein Filmwerk oder Darstellungen
wissenschaftlicher oder technischer Art
durch technische Einrichtungen öffentlich
wahrnehmbar zu machen.
상영권은 미술저작품, 사진저작물, 영상저작
물 또는 학술적이거나 기술적 종류의 표현
을 기술장치를 통하여 공연히 지각하도록

하는 권리이다.

Vorgesellschaft (Gründungsgesellschaft)
GmbHG 11(2); AktG 41 설립중의 회사.
(2) Ist vor der Eintragung im Namen der
Gesellschaft gehandelt worden, so haften
die Handelnden persönlich und solidarisch.
(GmbHG 11)
등기전에 회사의 명의로 행위한 자는 개인
적으로 연대하여 책임을 진다
S.2 Wer vor der Eintragung der Gesellschaft in ihrem Namen handelt, haftet
persönlich; handeln mehrere, so haften sie
als Gesamtschuldner. (AktG 41)
회사의 설립이전에 그 이름으로 행위한 자
는 개인적으로 책임을 진다. 행위자가 수인
인 경우에는 연대책임을 진다.
→ Vorgründungsgesellschaft.

Vorgründungsgesellschaft 발기인조합.
Die Vorgründungsgesellschaft ist das
erste Grundungsstadium im Gründungs-
prozess einer Gesellschaft, genauer gesagt
vor Abschluss des Gesellschaftsvertrages.
~은 최초의 회사설립단계로, 정확히는 회
사설립계약의 체결이전을 말한다.
→ Vorgesellschaft (설립중의 회사).

Vorhaben VwVfG 74(4) 사업(계획).
(4) Der Planfeststellungsbeschluss ist dem
Träger des Vorhabens, den bekannten
Betroffenen und denjenigen, über deren
Einwendungen entschieden worden ist,
zuzustellen.
계획확정재결은 사업주체, 알려진 참가인,
이의신청의 결정이 내려진 자에게 송달되어
야 한다.

Vorhalt StPO 249 서류(내용)제시.
서류제시는 서증은 아니며 법률에 의하여는
명백히 규정되지 않는 신문방법이지만 피신
문자(피의자, 증인, 감정인)에게 모순을 밝
히고 진실한 증언을 가져오기 위하여 문서
의 내용 - 특히 신문조서, 자신의 기억, 그
외에 기억을 돌이키기 위한 이전의 진술을
반대제시하는 것이다. 서류의 낭독도 서류
제시를 위하여는 허용된다. 판결의 기초는

제시되거나 제시의 목적으로 낭독한 문서가
아니라 피의자나 인적증거가 서류제시에 대
하여 내리는 설명에 있다.

Vorhaltung StGB 193 훈계(정당한 이익
을 옹호하기 위한 상관의 훈계) (~ der
Vorgestzten).

Vorkauf BGB 463 선매 (schuldrecht-
liches Vorkaufsrecht 채권적 선매권).
Wer in Ansehung eines Gegenstandes
zum Vorkauf berechtigt ist, kann das
Vorkaufsrecht ausüben, sobald der Verpflichtete mit einem Dritten einen Kaufvertrag über den Gegenstand geschlossen
hat.
어떤 목적물에 관하여 선매를 할 수 있는
자는 의무자가 그 목적물에 관하여 제3자와
매매계약을 체결한 즉시로 선매권을 행사할
수 있다.

Vorladung MEPolG 11 (사전)소환.
(1) Die Polizei kann eine Person schriftlich oder mündlich vorladen, wenn
1. Tatsachen die Annahme rechtfertigen,
daß die Person sachdienliche Angaben
machen kann, die für die Erfüllung einer
bestimmten polizeilichen Aufgabe erforderlich sind, oder
2. das zur Durschführung erkennungsdienstliche Maßnahme erforderlich ist.
경찰은 다음 각호의 경우에 서면 또는 구두
로 사람을 소환할 수 있다.
1. 그가 여러 가지 사실로 보아 특정한 경
찰과제의 수행을 위하여 필요하며, 그에 맞
는 진술을 할 수 있다는 것을 인정할 정당
성이 인정되는 경우.
2. 감식조치의 시행을 위하여 필요한 경우.

Vorlage 의안, 법률안, 제청.
① BTGO 75 의안.
(1) Folgende Vorlagen können als Verhandlungsgegenstand auf die Tagesordnung des Bundestages gesetzt werden
(selbständige Vorlagen):
a) Gesetzentwürfe,
b) Beschlußempfehlungen des Ausschusses

nach Artikel 77 Abs. 2 des Grundgesetzes
(Vermittlungsausschuß),
c) Anträge auf Zurückweisung von Ein-
sprüchen des Bundesrates (d)이하 생략),
다음의 의안은 연방하원 의사일정의 안건으
로서 처리될 수 있다 (독립적 의안).
a) 법률안,
b) 기본법 제77조 제2항에 의한 위원회의
결의권고 (중재위원회),
c) 연방상원의 이의에 대한 환부동의.
② Vorlagebeschluß (제청결정).

Vorlage des Wechsels WG 21 어음의
제시.
Der Wechsel kann von dem Inhaber oder
von jedem, der den Wechsel auch nur in
Händen hat, bis zum Verfall dem Bezogenen an seinem Wohnort zur Annahme
vorgelegt werden.
어음의 소지인 또는 단순한 점유자는 만기
에 이르기까지 지급인에 대하여 그 거주지
에서 인수를 위한 어음의 제시를 할 수 있
다.

Vorlagebeschluß BVerfGG 80 제청결정.
(Richtervorlage 법관의 제청)
(1) Sind die Voraussetzungen des Artikels
100 Abs. 1 des Grundgesetzes gegeben, so
holen die Gerichte unmittelbar die Entscheidung des Bundesverfassungsgerichts
ein.
(2) Die Begründung muß angeben, inwiefern von der Gültigkeit der Rechtsvorschrift die Entscheidung des Gerichts abhängig ist und mit welcher übergeordneten Rechtsnorm sie unvereinbar ist.
(1) 헌법 제100조 제1항의 요건이 존재하는
경우에 법원은 직접 연방헌법재판소의 재판
을 제청한다.
(2) 제청이유서에는 법원의 재판이 어느 정
도까지 법규정의 유효성에 의존하고 있으며,
그 법이 어떠한 상위법에 저촉되는 지를 명
시하여야한다.

Vorläufige Deckungszusage 잠정부보
(暫定附保)의 약정.
Die vorläufige Deckungszusage ist eine

Vereinbarung von vorläufigem Versicherungsschutz vor Abschluss eines endgültigen Vertrages, auch vor Zahlung des ersten Beitrags.
~는 종국적인 보험계약이 체결되기 전에, 일차 보험료의 납부전에도 보험보호를 제공하기로 하는 약정을 말한다.
→ Laufende Versicherung (예정보험).

Vorläufige Einstellung StPO 205 공판의 잠정적 정지.
Steht der Hauptverhandlung für längere Zeit die Abwesenheit des Angeschuldigten oder ein anderes in seiner Person liegendes Hindernis entgegen, so kann das Gericht das Verfahren durch Beschluß vorläufig einstellen.
공판에서 장기간 공소피의자의 부재 또는 기타 다른 일신상의 장애가 존재하는 경우에는 법원은 결정으로 절차를 잠정적으로 정지할 수 있다.

Vorläufige Entziehung der Fahrerlaubnis StPO 111a 운전면허의 일시적 박탈.
(1) Sind dringende Gründe für die Annahme vorhanden, daß die Fahrerlaubnis entzogen werden wird (§ 69 des Strafgesetzbuches), so kann der Richter dem Beschuldigten durch Beschluß die Fahrerlaubnis vorläufig entziehen.
(1) 운전면허가 박탈을 인정할만한 유력한 사유가 있는 경우(운전면허의 박탈)에 판사는 결정으로 그 피의자의 운전면허를 일시적으로 박탈할 수 있다.

Vorläufige Festnahme GG 104(3); StPO 127 가체포 (~ auf frischer Tat 현행범 ~).
① Vorläufig Festgenommene GG 104(3) 가체포된 자.
(3) Jeder wegen des Verdachtes einer strafbaren Handlung vorläufig Festgenommene ist spätestens am Tage nach der Festnahme dem Richter vorzuführen, der ihm die Gründe der Festnahme mitzuteilen, ihn zu vernehmen und ihm Gelegenheit zu Einwendungen zu geben hat.

누구든지 범죄행위의 혐의 때문에 일시적으로 체포된 자는 늦어도 체포익일에 판사앞에 인치되어야 하며, 판사는 체포된 자에게 체포이유를 알려주어야 하며, 신문하고, 이의를 제기할 기회를 주어야 한다.
→ Rechtsgarantien bei Freiheitsentziehung.
② Befugnis zur vorläufigen Festnahme StPO 127 가체포의 권한.
(1) Wird jemand auf frischer Tat betroffen oder verfolgt, so ist, wenn er der Flucht verdächtig ist oder seine Identität nicht sofort festgestellt werden kann, jedermann befugt, ihn auch ohne richterliche Anordnung vorläufig festzunehmen.
어떤 자가 현행범으로 체포되거나 추적을 받는 경우에 그가 도주의 염려가 있거나 또는 그의 신원이 즉시 확인될 수 없는 때에는 누구든지 판사의 영장없이도 그를 체포할 수 있다.

Vorläufige Festnahme bei Gefahr im Verzug StPO 127(2) 긴급가체포.
(2) Die Staatsanwaltschaft und die Beamten des Polizeidienstes sind bei Gefahr im Verzug auch dann zur vorläufigen Festnahme befugt, wenn die Voraussetzungen eines Haftbefehls oder eines Unterbringungsbefehls vorliegen.
긴급을 요하는 경우 구속영장이나 (시설)수용영장의 요건이 존재하는 때에는 검사 및 경찰공무원도 가체포할 권한이 있다.

Vorläufige Vollstreckbarkeit StPO 406(2) 가집행.
(2) Das Gericht kann die Entscheidung für vorläufig vollstreckbar erklären.
법원은 가집행판결을 선고할 수 있다.

Vorläufiger Insolvenzverwalter InsO 22 임시도산관재인.
(1) Wird ein vorläufiger Insolvenzverwalter bestellt und dem Schuldner ein allgemeines Verfügungsverbot auferlegt, so geht die Verwaltungs- und Verfügungsbefugnis über das Vermögen des Schuldners auf den vorläufigen Insol-

venzverwalter über.
임시도산관재인이 선임되고 채무자에게 일반적 처분금지의 조치가 취해진 경우에 채무자의 재산에 대한 관리 및 처분권은 임시도산관재인이 이를 행사한다.

Vorläufiger Maßnahmen im Widerrufsverfahren StPO 453c 철회절차에 있어서의 가조치.
Sind hinreichende Gründe für die Annahme vorhanden, daß die Aussetzung widerrufen wird, so kann das Gericht bis zur Rechtskraft des Widerrufsbeschlusses, um sich der Person des Verurteilten zu versichern, vorläufige Maßnahmen treffen,
법원은 형의 유예가 철회될 것이라는 충분한 이유가 있는 경우에는 철회결정의 확정력이 발생할 때까지 형의 선고를 받은 자의 인신을 확보하기 위한 가조치를 취할 수 있다.

Vorläufiges Berufsverbot StPO 132a 가직업금지.
(1) Sind dringende Gründe für die Annahme vorhanden, daß ein Berufsverbot angeordnet werden wird (§ 70 des Strafgesetzbuches), so kann der Richter dem Beschuldigten durch Beschluß die Ausübung des Berufs, Berufszweiges, Gewerbes oder Gewerbezweiges vorläufig verbieten.
직업금지(형법 제70조)를 명할 만한 유력한 사유가 있는 경우에는, 법관은 결정으로 피의자의 직업, 직업부문, 영업 또는 영업부문의 수행을 잠정적으로 금지할 수 있다.

Vorlegungsfrist WG 38; ScheckG 29(1) (지급)제시기간.
(1) Der Inhaber eines Wechsels, der an einem bestimmten Tag oder bestimmte Zeit nach der Ausstellung oder nach Sicht zahlbar ist, hat den Wechsel am Zahlungstag oder an einem der beiden folgenden Werktage zur Zahlung vorzulegen.
특정일에 또는 발행이나 일람후 특정한 시기에 지급가능한 어음의 소지인은 지급일 또는 이에 이은 2거래일에 지급을 위하여 어음을 제시하여야 한다.

Ein Scheck, der in dem Land der Ausstellung zahlbar ist, muß binnen acht Tagen zur Zahlung vorgelegt werden.
발행국내에서 지급할 수표는 8일내에 지급을 위하여 제시하여야 한다.

Vorleistung BHO 56 사전급부행위.
(1) Vor Empfang der Gegenleistung dürfen Leistungen des Bundes nur vereinbart oder bewirkt werden, wenn dies allgemein üblich oder durch besondere Umstände gerechtfertigt ist.
연방의 급부행위는 통상적이거나 또는 특별한 상황으로 인하여 정당화되는 때에만 반대급부의 수령이전에 약속되거나 이행될 수 있다.

Vormerkung (~in das Grundbuch) BGB 883 가등기 (등기부에 ~).
Die Eintragung einer Vormerkung ist auch zur Sicherung eines künftigen oder eines bedingten Anspruchs zulässig.
가등기는 장래의 청구권 또는 조건부 청구권의 보전을 위하여서도 할 수 있다.

Vormund BGB 1773 후견인.
(1) Ein Minderjähriger erhält einen Vormund, wenn er nicht unter elterlicher Sorge steht oder wenn die Eltern weder in den die Person noch in den das Vermögen betreffenden Angelegenheiten zur Vertretung des Minderjährigen berechtigt sind.
미성년자가 친권에 놓여있지 아니하거나 또는 부모가 미성년자의 본인 및 재산에 관한 사무에 있어서 미성년자를 대리할 권한을 가지지 아니한 때에는 미성년자에게 후견인을 붙인다. ↔ Mündel (피후견인).

Vornahme 행위, 체결.
→ bis zur Vornahme des Rechtsgeschäfts.
법률행위시까지 (→ Einwilligung).

Vornahme richterlicher Untersuchungshandlungen StPO 162 판사의 조사(행위).
(1) Erachtet die Staatsanwaltschaft die Vornahme einer gerichtlichen Untersu-

chungshandlung für erforderlich, so stellt sie ihre Anträge bei dem Amtsgericht, in dessen Bezirk sie oder ihre den Antrag stellende Zweigstelle ihren Sitz hat.
검사는 판사의 조사가 필요하다고 생각하는 경우 그가 속한 또는 신청할 지원의 관할 구법원에 이를 신청한다.

Vornahmeantrag StVollzG 113 (처분의) 착수신청.
(1) Wendet sich der Antragsteller gegen das Unterlassen einer Maßnahme, kann der Antrag auf gerichtliche Entscheidung nicht vor Ablauf von drei Monaten seit dem Antrag auf Vornahme der Maßnahme gestellt werden, es sei denn, daß eine frühere Anrufung des Gerichts wegen besonderer Umstände des Falles geboten ist.
신청인이 조치의 중지에 대하여 이의를 제기한 경우에는 사법재판의 신청은 법원의 특별한 사정으로 사전 소환을 하지 아니하는 한 조치의 착수신청 이후 3개월의 경과 전에는 제기될 수 없다.

Vornahmeklage 특정행위이행소송(집행소송).
Die Vornahmeklage ist die Verpflichtungsklage im engeren Sinn. Sie ist unmittelbar auf den Erlass eines Verwaltungsakts gerichtet.
~은 협의의 의무화소송으로 직접 행정행위의 발령을 구한다.

Vorpfändung ZPO 845 선행(사전)압류.
(1) Schon vor der Pfändung kann der Gläubiger auf Grund eines vollstreckbaren Schuldtitels durch den Gerichtsvollzieher dem Drittschuldner und dem Schuldner die Benachrichtigung, dass die Pfändung bevorstehe, zustellen lassen mit der Aufforderung an den Drittschuldner, nicht an den Schuldner zu zahlen, und mit der Aufforderung an den Schuldner, sich jeder Verfügung über die Forderung, insbesondere ihrer Einziehung, zu enthalten.
채권자는 압류하기 전에도 집행력있는 집행

권원에 기하여 법집행관으로 하여금 압류한다는 통지를, 제3채무자에 대하여는 채무자에게 지급을 금지하고 채무자에 대하여는 특히 추심을 포함한 채권에 관한 일체의 처분이 금지된다는 요구와 함께 제3채무자와 채무자에게 송달하게 할 수 있다.

Vorrang des Bundesrechtes vor Landesrecht GG 31 연방법의 우위.
Bundesrecht bricht Landesrecht.
연방법은 주법에 우선한다.

Vorsätzliches und fahrlässiges Handeln StGB 15 고의 및 과실행위.
Strafbar ist nur vorsätzliches Handeln, wenn nicht das Gesetz fahrlässiges Handeln ausdrücklich mit Strafe bedroht.
법률이 과실행위를 형벌로서 명시적으로 규정하고 있지 아니한 때에는 고의행위만을 벌한다.

Vorsatzwechsel StGB 15 고의의 변경 (행위객체의 변경).
고의의 변경은 정확히는 행위객체의 변경인데 이는 행위자가 행위의 수행중에 의식적으로 공격의 목표를 한 객체로부터 다른 객체로 이전시키는 것을 말한다. 절도죄의 고의를 특정 대상물에 대한 관념에 제한시키는 것은 중요한 것이 아니다. 절도죄의 대상물에 대하여는 상상적 경합의 범위내에서는 고의가 좁아지고 넓어지고 또는 변화하더라도 고의는 남아 있는 것이다. 객체의 변화는 같은 고의의 범위내에서만 가능하다.

Vorschaltbeschwerde StPO 172 전치항고. → Klageerzwingungsverfahren (기소강제절차).

Vorschaltverfahren 전치절차.
예를 들어 dem Verwaltungsprozeß vorausgehendes Widerpruchsverfahren. 행정소송의 전치절차로서 이의신청절차.
→ Verwaltungsvorverfahren (행정전치절차).
→ Vorschaltbeschwerde (전치항고).
→ Widerspruch (이의신청).
→ Vorverfahren (사전절차).

**Vorschlag zur Richterwahl durch das

Bundesverfassungsgericht BVerfGG 7a 연방헌법재판소 재판관 후보자추천.

(1) Kommt innerhalb von zwei Monaten nach dem Ablauf der Amtszeit oder dem vorzeitigen Ausscheiden eines Richters die Wahl eines Nachfolgers auf Grund der Vorschriften des § 6 nicht zustande, so hat das älteste Mitglied des Wahlausschusses unverzüglich das Bundesverfassungsgericht aufzufordern, Vorschläge für die Wahl zu machen.

재판관의 임기만료 또는 조기사퇴후 2개월 내에 제6조의 규정에 따라 후임자의 선거가 이루어지지 않으면 선거인중 최연장자는 헌법재판소에 지체없이 후보자추천을 하도록 요구하여야 한다.

Vorschlagsrecht InsO 288 제안권.

Der Schuldner und die Gläubiger können dem Insolvenzgericht als Treuhänder eine für den jeweiligen Einzelfall geeignete natürliche Person vorschlagen.

채무자와 채권자는 도산법원에 각 개별사례에 맞는 자연인을 수탁자로 제안할 수 있다.

Vorschußpflicht BGB 669 선급의무.

Für die zur Ausführung des Auftrags erforderlichen Aufwendungen hat der Auftraggeber dem Beauftragten auf Verlangen Vorschuss zu leisten.

위임의 집행에 필요한 비용에 관하여는 위임자는 청구에 의하여 수임자에 대하여 이를 미리 지급하여야 한다.

Vorschußzahlung und Sicherheitsleistung VwKostG 16 선납과 담보제공.

Eine Amtshandlung, die auf Antrag vorzunehmen ist, kann von der Zahlung eines angemessenen Vorschusses oder von einer angemessenen Sicherheitsleistung bis zur Höhe der voraussichtlich entstehenden Kosten abhängig gemacht werden.

신청에 따라 행하는 직무행위는 예견되는 비용의 크기까지 적절한 선납금의 납부 또는 적절한 담보제공에 의존한다.

Vorsorgende Rechtspflege BNotO 1 예방사법. → Notar (공증인).

Vorspiegelung 기망, 현혹 → Betrug (사기죄).

Vorstand BGB 26 이사회.

(1) Der Verein muss einen Vorstand haben. Der Vorstand kann aus mehreren Personen bestehen. (BGB 26)

사단에는 이사회를 두어야 한다. 이사회는 수인으로 구성될 수 있다.

Der Vorstand hat unter eigener Verantwortung die Gesellschaft zu leiten. (AtkG 76)

이사회는 자기책임하에 회사를 지휘하여야 한다.

Vorstandsmitglieder (이사). → Bestellung und Abberufung des Vorstands (이사회의 선임과 해임).

Vorstandsmitglieder (Mitglied des Vorstands) AktG 76(3), 93 이사.

(3) Mitglied des Vorstands kann nur eine natürliche, unbeschränkt geschäftsfähige Person sein. (76)

이사는 자연인으로 무제한적 행위능력을 가진 자만이 될 수 있다.

(1) Die Vorstandsmitglieder haben bei ihrer Geschäftsführung die Sorgfalt eines ordentlichen und gewissenhaften Geschäftsleiters anzuwenden.

Eine Pflichtverletzung liegt nicht vor, wenn das Vorstandsmitglied bei einer unternehmerischen Entscheidung vernünftigerweise annehmen durfte, auf der Grundlage angemessener Information zum Wohle der Gesellschaft zu handeln. (93)

이사는 그의 업무집행에 있어서 통상적인, 성실한 관리자로서 주의를 다하여야 한다.

이사가 기업가적 결정을 함에 있어서 적정한 정보에 의거하여 회사의 이익을 위하여 합리적으로 행위 한 것이라고 인정될 때에는 의무위반이 아니다.

→ Haftung des Vereins für Organe (기관에 대한 사단의 책임).

→ Treuepflicht (충실의무).

Vorstrafe StPO 68a, 243(4) 전과; der Vorbestrafte (전과자).
(4) Vorstrafen des Angeklagten sollen nur
insoweit festgestellt werden, als sie für
die Entscheidung von Bedeutung sind.
피고인의 전과는 재판에 있어서 중요한 경
우에만 확인된다.
→ Bloßstellen von Zeugen (증인에 대한
불명예질문).

Vortäuschen einer Straftat StGB 145d
사법기망죄 (범죄행위기망죄).
(1) Wer wider besseres Wissen einer
Behörde oder einer zur Entgegennahme
von Anzeigen zuständigen Stelle vortäuscht,
1. daß eine rechtswidrige Tat begangen
worden sei oder
2. daß die Verwirklichung einer der in §
126 Abs.1 genannten rechtswidrigen Taten
bevorstehe,
wird mit Freiheitsstrafe bis zu drei Jahren
oder mit Geldstrafe bestraft, wenn die Tat
nicht in § 164, § 258 oder § 258a mit
Strafe bedroht ist.
그 양식에 반하여 관청이나 고발수령기관에
위법행위가 행하여지거나 제126조 제1항에
서 말하는 위법행위의 실현이 임박하였다고
기망한 자는 3년 이하의 자유형이나 벌금형
에 처한다. 단 그 행위가 제164조, 제258조
또는 제258a에 의해 처벌되지 않아야 한다.

Vorteilsannahme StGB 331 수뢰죄.
(1) Ein Amtsträger oder ein für den öffentlichen Dienst besonders Verpflichteter,
der für die Dienstausübung einen Vorteil
für sich oder einen Dritten fordert, sich
versprechen läßt oder annimmt, wird mit
Freiheitsstrafe bis zu drei Jahren oder mit
Geldstrafe bestraft.
공무수행자 또는 특별한 공무의무자가 직무
수행에 대하여 자신 또는 제3자에게 이익을
요구, 약속 또는 수수한 자는 3년 이하의
자유형 또는 벌금형에 처한다.
→ Bestechlichkeit(StGB 332)는 가중수뢰죄
(불법한 직무행위).

Vorteilsgewährung StGB 333 증뢰죄.
(1) Wer einem Amtsträger, einem für den
öffentlichen Dienst besonders Verpflichteten oder einem Soldaten der Bundeswehr für die Dienstausübung einen Vorteil
für diesen oder einen Dritten anbietet,
verspricht oder gewährt, wird mit Freiheitsstrafe bis zu drei Jahren oder mit
Geldstrafe bestraft.
공무수행자 또는 특별한 공무의무자, 연방
군대 군인에게 직무행위에 대하여 이들 또
는 제3자를 위하여 이익을 제의, 약속하거
나 공여하는 자는 3년 이하의 자유형이나
벌금형에 처한다.
→ Bestechung(StGB 334) 가중증뢰죄(불법
한 직무행위).

Vortragsrecht UrhG 19 구술권.
(1) Das Vortragsrecht ist das Recht, ein
Sprachwerk durch persönliche Darbietung
öffentlich zu Gehör zu bringen.
구술권은 언어저작물을 사람의 실연을 통하
여 공연히 들을 수 있도록 하는 권리이다.

Voruntersuchung BVerfGG 38(2) 예심.
(2) Das Bundesverfassungsgericht kann
zur Vorbereitung der mündlichen Verhandlung eine Voruntersuchung anordnen.
연방헌법재판소는 구두변론의 준비를 위하
여 예심을 명할 수 있다.
Die Durchführung der Voruntersuchung ist
einem Richter des nicht zur Entscheidung
in der Hauptsache zuständigen Senats zu
übertragen. 예심의 수행은 본안결정에 대
한 관할권이 없는 부의 재판관에게 위탁하
여야 한다.
1975.1.7. 형사소송법에서는 예심이 폐지되
었다.

Vorverfahren VwGO 69 사전절차 (전심
절차, 행정심판).
Das Vorverfahren beginnt mit der Erhebung des Widerspruchs.
사전절차는 이의신청(심판청구)의 제기로 개
시한다.
→ Vorschaltverfahren (전치절차).

Vorverständnis 선이해 (先理解). 법이해 이전의 일정한 평가관점.

Vorvertrag 예약.
Der Vorvertrag ist ein schuldrechtlicher Vertrag, durch den die Verpflichtung der Vertragsparteien begrundet wird, einen weiteren (anderen) schuldrechtlichen Vertrag, den Hauptvertrag, abzuschließen.
예약은 계약당사자가 장차 (다른) 채권법상의 계약인 본계약을 체결할 의무를 갖도록 하는 채권법상의 계약이다.

Vorzeitige Besitzeinweisung
FStrG 18f 사전점유지정.
(1) Ist der sofortige Beginn von Bauarbeiten geboten und weigert sich der Eigentümer oder Besitzer, den Besitz eines für die Straßenbaumaßnahme benötigten Grundstücks durch Vereinbarung unter Vorbehalt aller Entschädigungsansprüche zu überlassen, so hat die Enteignungsbehörde den Träger der Straßenbaulast auf Antrag nach Feststellung des Plans oder Erteilung der Plangenehmigung in den Besitz einzuweisen.
건설공사의 즉각적 개시가 요구되지만, 소유자 또는 점유자가 모든 배상청구권을 유보하고 합의에 의한 도로건설조치에 필요한 토지의 점유이전을 거부하는 경우, 공용수용행정청은 계획확정 또는 계획인가후 신청에 의하여 도로건설부담의 주체에 대한 점유지정을 하여야 한다.

Vorzug AktG 141 우선권.
(1) Ein Beschluß, durch den der Vorzug aufgehoben oder beschränkt wird, bedarf zu seiner Wirksamkeit der Zustimmung der Vorzugsaktionäre.
우선권을 폐지 또는 제한하는 결의는 그 유효를 위하여 우선주주의 동의가 필요하다.
(3) Über die Zustimmung haben die Vorzugsaktionäre in einer gesonderten Versammlung einen Sonderbeschluß zu fassen.
그 동의에 관하여 우선주주는 특별(별도)총회에서 특별결의를 하여야 한다.

Vorzugsaktie AktG 140 우선주.
Die Vorzugsaktien ohne Stimmrecht gewähren mit Ausnahme des Stimmrechts die jedem Aktionär aus der Aktie zustehenden Rechte.
의결권 없는 우선주는 의결권을 제외하고 주식으로부터 각 주주에게 귀속되는 권리가 부여된다.
↔ Stammaktie 보통주 (기본주).

VStGB → Völkerstrafgesetzbuch (국제형법전).

VVG → Versicherungsvertragsgesetz (보험계약법).

VwGO → Verwaltungsgerichtsordnung (행정법원법).

VwKostG → Verwaltungskostengesetz (행정비용법).

VwRehaG → Verwaltungsrechtliches Rehabilitierungsgesetz (행정복권법).

VwVfG → Verwaltungsverfahrensgesetz (행정절차법).

VwVG → Verwaltungs-Vollstreckungsgesetz (행정집행법).

Wahl eines Verteidigers StPO 137
변호인의 선임.
(1) Der Beschuldigte kann sich in jeder Lage des Verfahrens des Beistandes eines Verteidigers bedienen. Die Zahl der gewählten Verteidiger darf drei nicht übersteigen.
피의자는 절차의 모든 단계에서 변호인의 조력을 받을 수 있다. 사선변호인의 수는 3인을 초과해서는 안된다.

Wählbarkeit GG 38(2); StGB 45 피선거권 (Verlust der ~: 의 상실).
(2) Wählbar ist, wer das Alter erreicht hat, mit dem die Volljährigkeit eintritt. (GG 38)
성년의 연령에 달한 자는 피선거권을 가진다.
(1) Wählbar ist, wer am Wahltage
1. Deutscher im Sinne des Artikels 116 Abs. 1 des Grundgesetzes ist und
2. das achtzehnte Lebensjahr vollendet hat. (BWahlG 15)
선거당일 현재 1. 기본법 제116조 제1항의 규정에 의한 독일국민인 자, 2. 만 18세인 자는 피선거권이 있다.
* Das passive Wahlrecht, d.h. das Recht, sich einer Wahl zu stellen und ggf. gewahlt zu werden.
피선거권은 선거될 수 있는 피동적 선거권이다. ↔ Wahlrecht (선거권).

Wahlbehinderung StGB 107 선거방해죄.
(1) Wer mit Gewalt oder durch Drohung mit Gewalt eine Wahl oder die Feststellung ihres Ergebnisses verhindert oder stört, wird mit Freiheitsstrafe bis zu fünf Jahren oder mit Geldstrafe, in besonders schweren Fällen mit Freiheitsstrafe nicht unter einem Jahr bestraft.
폭력 또는 폭력에의 협박으로 선거나 선거

결과의 확정을 방해하거나 교란한 자는 5년 이하의 자유형 또는 벌금형에, 특히 중한 경우에 있어서는 1년 이상의 자유형에 처한다.
이 규정은 전체선거의 과정을 보호하며 개별선거인의 보호는 Wählernötigung (StGB 108).

Wahlbezirk BWO 12 투표구.
(1) Gemeinden mit nicht mehr als 2.500 Einwohnern bilden in der Regel einen Wahlbezirk. (Allgemeine Wahlbezirke)
주민수 200명 이하의 (기초)자치단체는 통상 1개의 투표구로 이루어진다(일반투표구).

Wählerbestechung StGB 108b 선거인매수죄.
(1) Wer einem anderen dafür, daß er nicht oder in einem bestimmten Sinne wähle, Geschenke oder andere Vorteile anbietet, verspricht oder gewährt, wird mit Freiheitsstrafe bis zu fünf Jahren oder mit Geldstrafe bestraft.
선거를 하지 않도록 또는 특정한 의미로 선거하도록 타인에게 금품 또는 기타의 이익을 제공, 약속, 보¥금품자는 5년 이하의 자유형 또는 벌금형에 처한다.

Wählernötigung StGB 108 선거인강요죄.
(1) Wer rechtswidrig mit Gewalt, durch Drohung mit einem empfindlichen Übel, durch Mißbrauch eines beruflichen oder wirtschaftlichen Abhängigkeitsverhältnisses oder durch sonstigen wirtschaftlichen Druck einen anderen nötigt oder hindert, zu wählen oder sein Wahlrecht in einem bestimmten Sinne auszuüben, wird mit Freiheitsstrafe bis zu fünf Jahren oder mit Geldstrafe, in besonders schweren Fällen mit Freiheitsstrafe von einem Jahr bis zu zehn Jahren bestraft.
폭력 또는 현저한 해악에의 협박으로 직업적 또는 경제적 종속관계를 남용하거나 기타 경제적 압력을 가하여 타인이 선거나, 또는 특정한 의미로 선거권을 행사하도록 위법하게 강요 또는 방해한 자는 5년 이하의 자유형 또는 벌금형에, 특히 중한 경우

에는 1년 이상 10년 이하의 자유형에 처한다.

이 규정은 시민 개개인을 선거권 행사의 강요로부터 보호하는 것이며, 전체선거의 과정은 Wahlbehinderung (StGB 107).

Wählertäuschung StGB 108a 선거인기망죄.

(1) Wer durch Täuschung bewirkt, daß jemand bei der Stimmabgabe über den Inhalt seiner Erklärung irrt oder gegen seinen Willen nicht oder ungültig wählt, wird mit Freiheitsstrafe bis zu zwei Jahren oder mit Geldstrafe bestraft.

타인을 기망하여 투표시 그 의사표시의 내용에 관하여 착오를 일으키게 하거나 그 의사에 반하여 투표하지 아니하게 하거나 무효투표를 하게 한 자는 2년 이하의 자유형 또는 벌금형에 처한다.

Wählerverzeichnis BWO 14 선거인명부.

(1) Die Gemeindebehörde legt vor jeder Wahl für jeden allgemeinen Wahlbezirk ein Verzeichnis der Wahlberechtigten nach Familiennamen und Vornamen, Tag der Geburt und Wohnung an.

(기초)자치단체관청은 매 선거이전에 일반 투표구마다 성명, 생년월일, 거주지를 기초로 하여 선거인명부를 작성한다.

Wahlfälschung StGB 107a 선거부정죄.

(1) Wer unbefugt wählt oder sonst ein unrichtiges Ergebnis einer Wahl herbeiführt oder das Ergebnis verfälscht, wird mit Freiheitsstrafe bis zu fünf Jahren oder mit Geldstrafe bestraft.

권한 없이 투표하거나 또는 기타 부당한 선거결과를 야기하거나 선거결과를 조작한 자는 5년 이하의 자유형 또는 벌금형에 처한다.

Wahlfeststellung 선택적 확정 (in dubio pro reo의 예외) = 택일적 인정.

in dubio pro reo 의 원칙에 의하면 무죄의 판결을 내려야 되는 경우가 부당한 경우에 형사정책적 고려하에서 일정한 조건하에 경한 법률에 따라 판결을 선택적 사실의 기초하에 허용하는 것을 말한다.

선택적 확정의 특수한 경우가 "순수한 사실적 택일"(Reine Tatsachenalternativität)이다. 이는 적용법규는 확정되어 있으나 행위자가 어느 행위로 인하여 그 법규를 침해하였는지가 불명확한 경우이다.

Wahlgegenüberstellung StPO 58(2) 선택적 대질.

* Die Identifizierungsgegenübersetllung findet regelmäßig als Wahlgegenüberstellung.

범인식별을 위한 대질은 통상적으로 선택적 대질에 의하여 이루어진다.

→ Gegenüberstellung (대질).

Wahlgeheimnis → Verletzung des Wahlgeheimnisse (선거비밀침해죄).

Wahlkonsul 명예(촉탁)영사.

Ein Honorar- oder Wahlkonsul ist ein ehrenamtlicher Konsul. Der Honorarkonsul ist jedoch zumeist ein Bürger des Empfangsstaates, also des Staates, in dem er die Interessen des Entsendestaates vertritt.

~는 명예직 영사. ~는 대개 파견된 국가의 시민이거나 파견국가의 이해를 대표하는 국가의 시민이다.

→ Exterritoriale Deutsche (치외법권을 가진 독일인).

Wahlkreis BWahlG 2(3); 3(1) Nr.3. 선거구.

(3) Jeder Wahlkreis wird für die Stimmabgabe in Wahlbezirke eingeteilt. (§ 2)

각 선거구는 투표실시를 위해 투표구로 분할된다.

(1) Nr.3 Die Bevölkerungszahl eines Wahlkreises soll von der durchschnittlichen Bevölkerungszahl der Wahlkreise nicht um mehr als 15 vom Hundert nach oben oder unten abweichen. (§ 3)

한 선거구의 인구수는 선거구의 평균인구수보다 100분의 15 이상이나 이하를 벗어나서는 안된다.

Wahlprüfung GG 41 선거심사.

Die Wahlprüfung ist Sache des Bundestages. Er entscheidet auch, ob ein Ab-

geordneter des Bundestages die Mitgliedschaft verloren hat
선거심사는 연방하원의 사항이다. 연방하원은 연방하원의 의원이 그 자격을 상실했는가의 여부도 결정한다.

Wahlrecht GG 38(2) 선거권.
① Wahlberechtigt ist, wer das achtzehnte Lebensjahr vollendet hat; wählbar ist, wer das Alter erreicht hat, mit dem die Volljährigkeit eintritt. (GG 38(2))
만18세에 달한 자는 선거권을 가진다. 성년의 연령에 달한 자는 피선거권을 가진다.
→ Wählbarkeit (피선거권).
② 선택권. → Wahlschuld.

Wahlschuld BGB 262 선택채무.
Werden mehrere Leistungen in der Weise geschuldet, dass nur die eine oder die andere zu bewirken ist, so steht das Wahlrecht im Zweifel dem Schuldner zu.
수개의 급부를 부담하되 그 중의 어느 하나만이 이행되어야 할 경우에 의심스러운 때에는 선택권은 채무자에게 속한다.

Wahlunterlagen → Fälschung von Wahlunterlagen (선거자료위조죄).

Wahlverteidiger StPO 138 사선변호사.
(2) Andere Personen können nur mit Genehmigung des Gerichts und, wenn der Fall einer notwendigen Verteidigung vorliegt und der Gewählte nicht zu den Personen gehört, die zu Verteidigern bestellt werden dürfen, nur in Gemeinschaft mit einer solchen als Wahlverteidiger zugelassen werden.
변호인이 반드시 필요하지만 피선임자가 변호인으로 선임되어야 할 신분에 속하지 않는 경우 다른 사람(변호사와 법학교수 이외의 사람)은 법원의 허가를 통해서만, 그러한 자와 공동으로 하여서만 사선변호인으로 허가될 수 있다.
→ Zu wählende Verteidiger (선임가능한 변호사).

Wahlvorschlag StGB 108d 후보자추천.

Einer Wahl oder Abstimmung steht das Unterschreiben eines Wahlvorschlags oder das Unterschreiben für ein Volksbegehren gleich.
후보자추천의 서명 또는 주민청원의 서명은 제1문에 의한 선거 또는 투표로 본다.

Wahlvorschlagsrecht BWahlG 18 후보자추천권.
(1) Wahlvorschläge können von Parteien und nach Maßgabe des § 20 von Wahlberechtigten eingereicht werden.
후보자추천은 정당에 의하여 또는 연방선거법 제20조의 기준에 따라 선거권자에 의하여 행하여질 수 있다.

Wahndelikt 환각범.
Als Wahndelikt wird im Strafrecht die irrige Annahme eines Täters bezeichnet, eine von ihm begangene Handlung sei strafbar. Je nachdem, ob sich der Irrtum auf den Tatbestand oder die Rechtfertigung bezieht, wird das Wahndelikt auch als umgekehrter Verbotsirrtum oder umgekehrter Erlaubnisirrtum bezeichnet.
~은 형법에서 행위자가 자신이 행한 범죄가 가벌적이라고 착오한 경우를 말한다. 이 경우 착오가 구성요건 또는 정당화와 관계되는 경우 ~은 반전된 금지착오 또는 반전된 구성요건착오로 된다.

Wahrheit der Aussage → Bekräftigung der Wahrheit der Aussage (선서의 진실성 서약).

Wahrheitsbeweis durch Strafurteil
StGB 190 형사유죄판결에 의한 진실의 입증.
Ist die behauptete oder verbreitete Tatsache eine Straftat, so ist der Beweis der Wahrheit als erbracht anzusehen, wenn der Beleidigte wegen dieser Tat rechtskräftig verurteilt worden ist.
주장 또는 유포한 사실이 범죄행위인 경우에 피해자가 그 행위로 인하여 유죄의 확정판결을 받은 때에는 진실의 입증이 이루어진 것으로 본다.
→ Beleidigung trotz Wahrheitsbeweis (진

실의 증명에도 불구하고 이루어지는 모욕).

Wahrnehmen StGB 2 담당하다(맡다).
dazu bestellt ist, Aufgaben wahrzunehmen:
임무를 담당하도록 임명되다.

Wahrnehmung berechtigter Interessen
StGB 193 정당한 이익의 옹호.
Tadelnde Urteile über wissenschaftliche,
künstlerische oder gewerbliche Leistungen,
desgleichen Äußerungen, welche zur Ausführung oder Verteidigung von Rechten
oder zur Wahrnehmung berechtigter Interessen gemacht werden,
sowie Vorhaltungen und Rügen der
Vorgesetzten gegen ihre Untergebenen,
dienstliche Anzeigen oder Urteile von
seiten eines Beamten und ähnliche Fälle
sind nur insofern strafbar, als das Vorhandensein einer Beleidigung aus der Form
der Äußerung oder aus den Umständen,
unter welchen sie geschah, hervorgeht.
학문적 · 예술적 · 영업적 업적에 대한 비판,
권리의 행사나 방위 또는 정당한 이익의 옹
호 등을 목적으로 하는 비판적 의견의 발표,
상관의 부하에 대한 훈계 및 견책, 공무원
의 업무상 고발 또는 판단 및 기타 이에 준
하는 경우에는 의견발표의 형식이나 의견발
표가 행하여진 정황에 비추어 모욕이 인정
되는 때에 한하여 처벌할 수 있다.
Wahrnehmungspflicht (옹호의무) → Untreu
(배임죄).

Wahrnehmung einer Person 사람의 지
각. → Persönliche Vernehmung (직접신문).

Wahrunterstellung StPO 244(3) 진실간주.
(3) Ein Beweisantrag ist abzulehnen, wenn
eine erhebliche Behauptung, die zur Entlastung des Angeklagten bewiesen werden
soll, so behandelt werden kann, als wäre
die behauptete Tatsache wahr.
피고인의 면책을 위하여 증명되어야 한다고
제기된 주장에 대하여 법원이 증거사실을
마치 진실인 것처럼 간주할 수 있는 경우에
는 증거조사신청은 각하될 수 있다.

Wald BWaldG 2 산림.
(1) Wald im Sinne dieses Gesetzes ist
jede mit Forstpflanzen bestockte Grund-
fläche.
본법(연방산림법)에서 산림이라 함은 임목
에 의하여 성립한 모든 토지를 말한다.

Wandelschuldverschreibung AtkG 221
전환사채.
(1) Schuldverschreibungen, bei denen den
Gläubigern ein Umtausch- oder Bezugsrecht auf Aktien eingeräumt wird (Wandelschuldverschreibungen), und Schuldverschreibungen, bei denen die Rechte der
Gläubiger mit Gewinnanteilen von Aktionären in Verbindung gebracht werden
(Gewinnschuldverschreibungen), dürfen nur
auf Grund eines Beschlusses der Hauptversammlung ausgegeben werden.
채권자에게 주식의 전환권 또는 인수권을
부여하는 사채(전환사채)와 채권자의 권리
에 주주의 이익지분을 수반하게 하는 사채
(이익배당부사채)는 주주총회의 결의에 의
하여서만 발행할 수 있다.

Wappen oder Dienstflagen → Benutzen
von Wappen oder Dienstflagen (문장 또는
공용기(公用旗)사용죄).

Wasserhaushaltsgesetz (Gesetz zur Ordnung des Wasserhaushalts WHG 수자원
관리법 (2002.8.19) (BGBl. I S. 3245).
→ Oberirdische Gewässer (지표수).

WDO → Wehrdisziplinarordnung (군인징
계법).

Wechsel an eigene Order WG 3 자기
지시어음.
(1) Der Wechsel kann an die eigene
Order des Ausstellers lauten.
어음은 발행인 자신에 대하여 지시하는 문
언의 기재를 할 수 있다.

Wechselbürgschaft (Aval) WG 30 어
음보증.
Die Zahlung der Wechselsumme kann

ganz oder teilweise durch Wechselbürgschaft gesichert werden.
어음금액의 지급은 그 전부 또는 일부를 어
음보증에 의하여 담보할 수 있다.

Wechselfähigkeit WG 91 어음능력.
Die Fähigkeit einer Person, eine Wechsel-
verbindlichkeit einzugehen, bestimmt sich
nach dem Recht des Landes, dem sie
angehört.
어음채무를 부담하는 능력은 그가 속하는
국가의 법에 의하여 이를 정한다.

Wechselgesetz WG 어음법 (1933.6.21)
(RGBl I 33,399).
→ Gezogener Wechsel (환어음).

Wechselseitig begangene Beleidigungen
StGB 199 쌍방모욕.
Wenn eine Beleidung auf der Stelle erwidert wird, kann der Richter beide Belei-
diger oder einen derselben für straffrei
erklären.
모욕이 즉석에서 응수되는 경우에는 판사는
쌍방당사자 또는 일방당사자에게 형의 면제
를 선고할 수 있다.
이 규정은 반대의 모욕(Gegenbeleidigung)
을 입증하기 어려운 경우(nicht erwiesen
ist)에도 적용된다.

Wechselseitig begangene Straftaten
StGB 77c 쌍방가해 범죄행위.
Hat bei wechselseitig begangenen Taten,
die miteinander zusammenhängen und nur
auf Antrag verfolgbar sind, ein Berechtigter die Strafverfolgung des anderen beantragt, so erlischt das Antragsrecht des
anderen, wenn er es nicht bis zur Beendigung des letzten Wortes im ersten
Rechtszug ausübt.
Er kann den Antrag auch dann noch stellen, wenn für ihn die Antragfrist schon
verstrichen ist.
상호관련이 있고 고소가 있어야만 형사소추
될 수 있는 쌍방가해 범죄행위에 있어 고소
권자가 상대방을 고소한 때에는 그 상대방
이 제1심의 최후변론시까지 고소권을 행사

하지 아니한 때에는 그 상대방의 고소권은
소멸한다.
그 상대방은 고소기간이 경과한 이후에도
고소할 수 있다.
StGB 223 (a.F.)
Wenn Körperverletzungen nach §223 mit
solchen, Beleidigungen mit Körperverletzungen nach §223 oder letztere mit er-
steren auf der Stelle erwidert werden, so
kann das Gericht für beide Angeschuldigte
oder für einen derselben die Strafe nach
seinem Ermessen mildern (§49 Abs.2)
oder von Strafe absehen.
제223조의 상해에 대하여 같은 상해로, 모
욕에 대하여 제223조의 상해로, 또는 상해
에 대하여 모욕으로 즉석에서 응수된 때에
는 법원은 피고인 쌍방 또는 일방에 대하여
재량에 의하여 형을 감경하거나 면제할 수
있다.

Wechselseitig beteiligte Unternehmen
AktG 19, 328 상호참가기업.
(1) Wechselseitig beteiligte Unternehmen
sind Unternehmen mit Sitz im Inland in
der Rechtsform einer Kapitalgesellschaft,
die dadurch verbunden sind, daß jedem
Unternehmen mehr als der vierte Teil der
Anteile des anderen Unternehmens gehört.
(19)
상호참가기업은 국내에 주소를 가진 자본회
사 회사의 법적 형태를 가진 기업으로 각
기업에 다른 기업의 지분의 4분의1 이상이
속하는 결합에 의한다.
(1) Sind eine Aktiengesellschaft oder
Kommanditgesellschaft auf Aktien und ein
anderes Unternehmen wechselseitig beteiligte Unternehmen, so können, sobald
dem einen Unternehmen das Bestehen der
wechselseitigen Beteiligung bekannt geworden ist oder ihm das andere Unternehmen eine Mitteilung nach § 20 Abs. 3
oder § 21 Abs. 1 gemacht hat, Rechte aus
den Anteilen, die ihm an dem anderen
Unternehmen gehören, nur für höchstens
den vierten Teil aller Anteile des anderen
Unternehmens ausgeübt werden. (328)
주식회사 또는 주식합자회사 및 다른 기업

이 상호참가기업인 때에는 그 기업에게 상호참가의 존재가 알려지거나 또는 다른 기업이 그 기업에게 제20조 제3항 또는 제21조 제1항에 의한 통지를 한 즉시 다른 기업에 대한 그 기업이 소유한 권리는 다른 기업의 총지분의 4분의1을 최고한도로 하여 행사할 수 있다.

Wechselseitiges Antragsdelikt (쌍방 친고죄). → Wechselseitig begangene Taten (쌍방가해 범죄행위).

Wechselvermutung WG 16 어음추정 (어음소지인의 권리의 추정); (Legitimationswirkung: 자격수여적 효력)
(1) Wer den Wechsel in Händen hat, gilt als rechtmäßiger Inhaber, sofern er sein Recht durch eine ununterbrochene Reihe von Indossamenten nachweist, und zwar auch dann, wenn das letzte ein Blankoindossament ist.
어음을 소지하는 자가 배서의 연속에 의하여 자신의 권리를 증명하는 경우에는 적법한 소지인으로서의 효력을 가지며, 이는 최후의 배서가 백지식 배서인 경우에도 같다.

Wegnahmerecht BGB 258 수거권.
Wer berechtigt ist, von einer Sache, die er einem anderen herauszugeben hat, eine Einrichtung wegzunehmen, hat im Falle der Wegnahme die Sache auf seine Kosten in den vorigen Stand zu setzen.
타인에게 반환하여야 하는 물건으로부터 설비를 수거할 권리가 있는 자는 수거의 경우에 있어서 자기의 비용으로 그 물건을 원상회복시켜야 한다.

Wegnehmen StGB 242 취거(하다).
eine fremde bewegliche Sache einem anderen in der Absicht wegnimmt, zu ~.
타인의 동산을 ~의 목적으로 취거하다.
→ Diebstahl.

Wehrbeauftragter des Bundestages
GG 45b 연방하원의 국방전권위원.
Zum Schutz der Grundrechte und als Hilfsorgan des Bundestages bei der Ausübung der parlamentarischen Kontrolle wird ein Wehrbeauftragter des Bundestages berufen.
기본권을 보호하기 위하여 그리고 연방하원의 통제권 행사시의 보조기관으로서 연방하원의 국방전권위원이 임명된다.

Wehrdienst- und andere Dienstverpflichtung GG 12a 국방 (병역) 기타 복무의무.
Männer können vom vollendeten achtzehnten Lebensjahr an zum Dienst in den Streitkräften, im Bundesgrenzschutz in einem Zivilschutzverband verpflichtet werden.
만 18세 이상의 남자에게는 군대, 연방국경수비대 또는 민방위대에 복무할 의무를 지울 수 있다.

Wehrdisziplinarordnung WDO 1 군인징계법 (2001.8.16) (BGBl. I S. 2093).
(1) Dieses Gesetz regelt die Würdigung besonderer Leistungen durch förmliche Anerkennungen und die Ahndung von Dienstvergehen durch Disziplinarmaßnahmen.
본법은 공식적인 상찬을 통한 특별한 업적의 평가 및 징계처분을 통한 근무위반행위의 처벌을 규정한다.

Wehrpflicht → Allgemeine Wehrpflicht (일반적 병역의무).

Wehrpflichtentziehung durch Täuschung StGB 109a 기망에 의한 병역의무기피죄.
(1) Wer sich oder einen anderen durch arglistige, auf Täuschung berechnete Machenschaften der Erfüllung der Wehrpflicht dauernd oder für eine gewisse Zeit, ganz oder für eine einzelne Art der Verwendung entzieht, wird mit Freiheitsstrafe bis zu fünf Jahren oder mit Geldstrafe bestraft.
교묘한, 기망에 의해 계산된 술책을 통하여 자기 또는 타인에 대한 병역의무의 전부 또는 일부를 지속적으로 또는 일정기간 동안 기피하게 한 자는 5년 이하의 자유형 또는 벌금형에 처한다.

Wehrpflichtentziehung durch Verstümmelung StGB 109 신체훼손에 의한 병역의무기피죄.
(1) Wer sich oder einen anderen mit dessen Einwilligung durch Verstümmelung oder auf andere Weise zur Erfüllung der Wehrpflicht untauglich macht oder machen läßt, wird mit Freiheitsstrafe von drei Monaten bis zu fünf Jahren bestraft.
자기 또는 타인에 대하여 그 승낙을 받고 신체훼손 또는 기타의 방법에 의하여 병역의무의 이행을 불가능하게 만들거나 이를 만들게 한 자는 3개월 이상 5년 이하의 자유형에 처한다.

Wehrpflichtgesetz WPflG 병역법
(2005. 5.30) (BGBl. I S. 1465)
→ Allgemeine Wehrpflicht (일반적 병역의무).

Wehrstrafgericht GG 96(2) 군형사법원.
(2) Der Bund kann Wehrstrafgerichte für die Streitkräfte als Bundesgerichte errichten.
Sie können die Strafgerichtsbarkeit nur im Verteidigungsfalle sowie über Angehörige der Streitkräfte ausüben, die in das Ausland entsandt oder an Bord von Kriegsschiffen eingeschifft sind.
연방은 군인을 위한 군형사법원을 연방법원으로 설치하게 할 수 있다. 군형사법원은 방위상의 긴급사태에만, 또한 외국에 파병하거나 군함에 승선한 군복무자에 대하여만 형사재판권을 행사할 수 있다.

Wehrstrafgesetz WStG 1 군형법.
(1) Dieses Gesetz gilt für Straftaten, die Soldaten der Bundeswehr begehen.
본법은 연방군의 군인이 행한 범죄에 대하여 적용한다.

Weigerung der Zeugnis- oder Eidesleistung (Grundlose ~) StPO 70 (법적 사유 없는 증언 또는 선서의 거부).
→ Ordnungsgeld und Ordnungshaft (질서금과 질서구금).

Weigerungsgegenklage → Versagungs-gegenklage (거부(반대)소송).

Weimarer Reichsverfassung WRV 바이마르 제국헌법.
Die Weimarer Verfassung (offiziell: Verfassung des Deutschen Reichs) war die am 11. August 1919 in Weimar beschlossene, erste praktizierte demokratische Verfassung Deutschlands. Sie begründete eine parlamentarisch-demokratische und föderative Republik.
~ 1919.8.11. 바이마르에서 공표된, 최초로 실천화된 민주헌법. ~은 의회민주주의적, 연방공화국의 기초가 되고 있다.

Weisung StGB 56c, 68b 지시사항.
Das Gericht erteilt dem Verurteilten für die Dauer der Bewährungszeit Weisungen, wenn er dieser Hilfe bedarf, um keine Straftaten mehr zu begehen.
법원은 보호관찰기간중 형의 선고를 받은 자가 더 이상 범죄행위를 하지 않도록 부조가 필요한 경우에는 지시사항을 부과한다.

Weisung, Aufhebung von Lockerungen und Urlaub StVollzG 14 집행완화 및 휴가의 지시와 취소.
(1) Der Anstaltsleiter kann dem Gefangenen für Lockerungen und Urlaub Weisungen erteilen. 행형시설의 장은 (행형의) 완화 및 휴가를 위하여 수형자에게 지시를 발할 수 있다.
(2) Er kann Lockerungen und Urlaub widerrufen, wenn er auf Grund nachträglich eingetretener Umstände berechtigt wäre, die Maßnahmen zu versagen.
행형시설의 장은 추후에 발생한 사정에 기초하여 그 처분을 철회할 권한이 있는 경우, 완화 및 휴가를 취소할 수 있다.

Weisungsrecht GG 84(5); GVG 146 지시권 (연방정부의 주상급관청에 대한 ~).
(5) Der Bundesregierung kann durch Bundesgesetz, das der Zustimmung des Bundesrates bedarf, zur Ausführung von Bundesgesetzen die Befugnis verliehen werden, für besondere Fälle Einzelwei-

sungen zu erteilen.
연방정부는 연방법률의 집행의 권한을 위임한, 상원의 동의를 요하는 연방법률에 의하여 특별한 경우 개별적 지시를 할 권한이 있다. (GG 84)
Die Beamten der Staatsanwaltschaft haben den dienstlichen Anweisungen ihres Vorgesetzten nachzukommen. (GVG 146)
검찰공무원은 상관의 직무상 지시에 따라야 한다.

Weiterbildung 보충교육, 평생교육.
Weiterbildung sind alle Aktivitäten, die der Vertiefung, Erweiterung oder Erneuerung von Kenntnissen, Fähigkeiten und Fertigkeiten von Menschen dienen, die eine erste Bildungsphase abgeschlossen haben und in der Regel erwerbstätig waren oder in der Familie gearbeitet haben.
~은 제1차 교육과정을 수료하고 취업가능한 사람이거나 가정일에 종사한 사람의 지식, 능력, 숙련도의 심화, 확대, 재생에 기여하는 모든 활동.

Weitere Beschwerde StPO 310 재항고
(Anfechtung durch weitere Beschwerde:
~에 의한 불복: 재항고심)
(1) Beschlüsse, die von dem Landgericht oder von dem nach § 120 Abs. 3 des Gerichtsverfassungsgesetzes zuständigen Oberlandesgericht auf die Beschwerde hin erlassen worden sind, können durch weitere Beschwerde angefochten werden, wenn sie
1. eine Verhaftung,
2. eine einstweilige Unterbringung oder
3. eine Anordnung des dinglichen Arrestes nach § 111b Abs. 2 in Verbindung mit § 111d über einen Betrag von mehr als 20.000 Euro
betreffen.
주법원 또는 법원조직법 제120조 제3항에 의하여 항고에 대한 관할 주고등법원이 한 결정은 1. 구속, 2. 가수용, 3. 제111조 제2항과 제111d조와 관련하여 2만유로 이상의 금액에 대하여 물건의 압류를 가한 것일 때에는 재항고로 불복할 수 있다.

Weiterleitung von Schreiben
StVollzG 30 서신의 송부.
(1) Der Gefangene hat Absendung und Empfang seiner Schreiben durch die Anstalt vermitteln zu lassen, soweit nichts anderes gestattet ist.
수형자는 달리 허가를 받지 아니하는 한 행형시설을 통해서 문서수발을 하도록 하여야 한다.
(2) Eingehende und ausgehende Schreiben sind unverzüglich weiterzuleiten.
수발하는 서신은 지체없이 송부되어야 한다.

Weitervermietung BGB 540 전대차.
(1) Der Mieter ist ohne die Erlaubnis des Vermieters nicht berechtigt, den Gebrauch der Mietsache einem Dritten zu überlassen, insbesondere sie weiter zu vermieten.
임차인은 임대인의 허락없이 임차물의 사용을 제3자에게 이전할 수 없으며, 특히 임차물을 다시 사용임대할 수 없다.
→ Gewerbliche Weitervermietung (영업적 전대차).

Weltanschauliche Bekenntnissen
StGB 166 세계관적(비종교적인) 신조.
→ Beschimpfung von Bekenntnissen, Religionsgesellschaften und Weltanschauungsvereinigungen (신조, 종교단체 및 세계관적 단체의 모독죄).

Weltanschauungsgemeinschaft
StVollzG 55 세계관적 단체.
Für Angehörige weltanschaulicher Bekenntnisse gelten die §§ 53 und 54 entsprechend.
세계관적 신조단체의 소속원에게 제53조 및 제54조(사제, 종교행사)가 준용된다.

Weltanschauungsschule GG 7(5) 세계관학교.
* Eine Schule, in der Unterricht und Erziehung von einer bestimmten Weltanschauung geprägt werden.
특정세계관에 의한 강의와 교육을 하는 학교. → Gemeinschaftsschule (공동학교).

Weltanschauungsvereinigung
→ Beschimpfung von Bekenntnissen, Religionsgesellschaften und Weltanschauungsvereinigungen (신조, 종교단체 및 세계관적 단체의 모독죄).

Weltrechtsgrundsatz (Universalprinzip) StGB 6　세계주의. → Auslandstat gegen international geschützte Rechtsgüter (국제적 법익에 관한 국외범죄).

Weniger als (ein Jahr) 미만의 (일년).

Werben StGB 129　선전 (범죄단체의).
→ Strafbare Werbung (가벌적 광고죄).

Werbung für den Abbruch der Schwangerschaft StGB 219a　낙태선전죄.
(1) Wer öffentlich, in einer Versammlung oder durch Verbreiten von Schriften seines Vermögensvorteils wegen oder in grob anstößiger Weise
1. eigene oder fremde Dienste zur Vornahme oder Förderung eines Schwangerschaftsabbruchs oder
2. Mittel, Gegenstände oder Verfahren, die zum Abbruch der Schwangerschaft geeignet sind, unter Hinweis auf diese Eignung anbietet, ankündigt, anpreist oder Erklärungen solchen Inhalts bekanntgibt, wird mit Freiheitsstrafe bis zu zwei Jahren oder mit Geldstrafe bestraft.
공연히 집회중에 또는 문서의 반포를 통하여 영리를 목적으로 공연히 또는 현저히 자극적인 방법으로
1. 낙태의 실행 또는 조장을 위한 자기 또는 타인의 용역,
2. 낙태에 적합한 수단, 물건 또는 절차의 성질을 지적하고 이를 제공, 고지, 장려하거나 그 내용을 설명한 자는 2년 이하의 자유형 또는 벌금형에 처한다.

Werbung für Prostitution OWiG 120(1) Nr.2　매음권유죄.
2. Ordnungswidrig handelt, wer durch Verbreiten von Schriften, Ton- oder Bildträgern, Datenspeichern, Abbildungen oder

Darstellungen Gelegenheit zu entgeltlichen sexuellen Handlungen anbietet, ankündigt, anpreist oder Erklärungen solchen Inhalts bekanntgibt.
문서, 녹음·녹화기, 데이터저장장치, 도화 또는 표현물의 반포에 의하여 대가적 성행위의 기회를 제공, 고지, 장려하거나 그 내용을 설명하는 것은 질서위반행위를 한 것이다.

Werklieferungsvertrag BGB 651; HGB 381　제작물공급계약.
Auf einen Vertrag, der die Lieferung herzustellender oder zu erzeugender beweglicher Sachen zum Gegenstand hat, finden die Vorschriften über den Kauf Anwendung.
제조 또는 생산되는 동산의 인도를 목적으로 하는 계약에 대하여는 매매에 관한 규정을 적용한다.

Werkstatt für behinderte Menschen SGB 9 136　장애인 사업장.
(1) Die Werkstatt für behinderte Menschen ist eine Einrichtung zur Teilhabe behinderter Menschen am Arbeitsleben im Sinne des Kapitels 5 des Teils 1 und zur Eingliederung in das Arbeitsleben.
장애인 사업장은 제1부 제5장의 의미에서 본 장애인의 직업생활 참여와 직업생활에의 동참을 위한 시설이다.

Werkvertrag BGB 631　도급계약.
Durch den Werkvertrag wird der Unternehmer zur Herstellung des versprochenen Werkes, der Besteller zur Entrichtung der vereinbarten Vergütung verpflichtet.
도급계약으로 인하여 수급인은 약속한 일을 제작할 의무를 부담하며 도급인은 약정된 보수를 지급할 의무를 부담한다.

Werkzeug
→ Absichtsloses doloses Werkzeug (목적 없는 고의 있는 도구).
→ Gefährliches Werkzeug (위험한 도구).
→ Qualifikationsloses doloses Werkzeug (신분 없는 고의 있는 도구).

Wertersatz BGB 882 가액배상(상환).
Wird ein Grundstück mit einem Recht belastet, für welches nach den für die Zwangsversteigerung geltenden Vorschriften dem Berechtigten im Falle des Erlöschens durch den Zuschlag der Wert aus dem Erlös zu ersetzen ist, so kann der Höchstbetrag des Ersatzes bestimmt werden.
강제경매에 관한 규정에 따라서 권리자에게 경락으로 인하여 소멸하는 경우에는 경매대금으로부터 그 가액을 배상하여야 할 권리가 부동산에 설정된 때에는 그 배상의 최고액을 예정할 수 있다.

Wertpapier StGB 151; BGB 234(3)
유가증권.

Dem Geld im Sinne der §§ 146, 147, 149 u. 150 stehen folgende Wertpapiere gleich, wenn sie durch Druck und Papierart gegen Nachahmung besonders gesichert sind
1. Inhaber- sowie solche Orderschuldverschreibungen, die Teile einer Gesamtemission sind, wenn in den Schuldverschreibungen die Zahlung einer bestimmten Geldsumme versprochen wird;
2. Aktien;
3. von Kapitalanlagegesellschaften ausgegebene Anteilscheine;
4. Zins-, Gewinnanteil- und Erneuerungsscheine zu Wertpapieren der in den Nummern 1-3 bezeichneten Art sowie Zertifikate über Lieferung solcher Wertpapiere;
5. Reiseschecks. (StGB 151)
다음 각호의 유가증권이 인쇄 및 지질에 의하여 위조를 특별히 방지하고 있는 경우, 제146·147·149·150조의 통화로 본다.
1. 채권에 일정금액의 지급이 약속되어 있는 경우 총발행유가증권의 일부인 무기명채권 및 지시채권,
2. 주식, 3. 자본회사가 발행한 지분증서, 4. 제1-3호에 기재한 유가증권에 대한 이자증권, 이윤증권, 갱신증권 및 이들 유가증권의 인도증서, 5. 여행자수표.
(3) Mit Wertpapieren kann Sicherheit nur in Höhe von drei Vierteln des Kurswerts geleistet werden. (BGB 234(3))
유가증권은 그 유통가치의 4분의 3의 가격으로만 이를 담보로 제공할 수 있다.

Wertpapiererwerbs- und Übernahmegesetz WpÜG 1 기업인수법 (2001.12.20) (BGBl. I S. 3822).
(1) Dieses Gesetz ist anzuwenden auf Angebote zum Erwerb von Wertpapieren, die von einer Zielgesellschaft ausgegeben wurden und zum Handel an einem organisierten Markt zugelassen sind.
본법은 대상회사에 의하여 행하여지고, 조직화된 시장에서의 거래를 위해 허용된 유가증권의 취득을 위한 공개매수에 적용된다.

Wertpapierhandelsgesetz WpHG 1 증권거래법.
(1) Dieses Gesetz ist anzuwenden auf die Erbringung von Wertpapierdienstleistungen und Wertpapiernebendienstleistungen, den börslichen und außerbörslichen Handel mit Finanzinstrumenten, den Abschluss von Finanztermingeschäften, auf Finanzanalysen sowie auf Veränderungen der Stimmrechtsanteile von Aktionären an börsennotierten Gesellschaften.
본법은 증권서비스급부와 증권부대서비스급부의 제공, 금융상품에 대한 장내 및 장외거래, 거래소 상장회사의 재정분석과 주주의 의결권지분의 변경에 적용된다.

Wertpapierprospektgesetz (Gesetz über die Erstellung, Billigung und Veröffentlichung des Prospekts, der beim öffentlichen Angebot von Wertpapieren oder bei der Zulassung von Wertpapieren zum Handel an einem organisierten Markt zu veröffentlichen ist) WpPG 1 유가증권투자(사업)설명서법.
(1) Dieses Gesetz ist anzuwenden auf die Erstellung, Billigung und Veröffentlichung von Prospekten für Wertpapiere, die öffentlich angeboten oder zum Handel an einem organisierten Markt zugelassen werden sollen.
본법은 공적으로 공급되거나 조직화된 시장

에서 거래가 허용되는 유가증권 설명서의 제작, 인가, 발간에 관하여 적용된다.

Wertpapiersammelbank DepotG 1(3) 유가증권혼장은행 (Kassenverein).
(3) Wertpapiersammelbanken sind Kreditinstitute, die von der nach Landesrecht zuständigen Stelle des Landes, in dessen Gebiet das Kreditinstitut seinen Sitz hat, als solche anerkannt sind.
유가증권혼장은행은 그 관할구역에 금융기관이 주소를 가진, 주법에 의한 주의 관할기관이 인정한 금융기관이다.

Wertzeichenfälschung StGB 148 유가증표위조죄. → Fälschung.
(1) Mit Freiheitsstrafe bis zu fünf Jahren oder mit Geldstrafe wird bestraft, wer
1. amtliche Wertzeichen in der Absicht nachmacht, daß sie als echt verwendet oder in Verkehr gebracht werden oder daß ein solches Verwenden oder Inverkehrbringen ermöglicht werde, oder amtliche Wertzeichen in dieser Absicht so verfälscht, daß der Anschein eines höheren Wertes hervorgerufen wird,
2. falsche amtliche Wertzeichen in dieser Absicht sich verschafft oder
3. falsche amtliche Wertzeichen als echt verwendet, feilhält oder in Verkehr bringt.
Nr.1. 공적 유가증표를 진정하게 사용·유통하게 하거나 그러한 사용이나 유통을 가능하게 하게 할 목적으로 위조하거나 또는 보다 높은 가치의 외관을 갖게 할 목적으로 공적 유가증표를 변조하거나,
Nr.2 이러한 목적으로 허위의 공적 유가증표를 취득하거나,
Nr.3 허위의 공적 유가증표를 진정하게 사용하거나 매물에 놓거나 또는 유통하게 한 자는 5년 이하의 자유형 또는 벌금형에 처한다.
여기서 공적 유가증표는 국가, 지역단체나 기타 공법상의 단체나 시설에 의하여 발행되는 표시(Marken)나 또는 유사한 증표 (Zeichen)로서 그 계산이 단순화, 보장, 증명되어야 하는 것이다.

Wesentlich engere Verbindung
EGBGB 41(2) Nr.1 본질적으로 보다 밀접한 관계.
(2) Eine wesentlich engere Verbindung kann sich insbesondere ergeben
1. aus einer besonderen rechtlichen oder tatsächlichen Beziehung zwischen den Beteiligten im Zusammenhang mit dem Schuldverhältnis.
본질적으로 보다 밀접한 관계는 특히 다음에서 나올 수 있다.
1. 채무관계에 관련하여 당사자간의 특별한 법적 또는 사실적 관계에서.

Wesentliche Bestandteile einer Sache
BGB 93, 96 물건의 본질적 구성부분.
Bestandteile einer Sache, die voneinander nicht getrennt werden können, ohne dass der eine oder der andere zerstört oder in seinem Wesen verändert wird (wesentliche Bestandteile), können nicht Gegenstand besonderer Rechte sein. (93)
물건의 어떤 한쪽을 파괴하거나 또는 그 본질을 변하게 하지 아니하고서는 서로 분리할 수 없는 구성부분(본질적 구성부분)은 특별한 권리의 목적으로 할 수 없다.
Rechte, die mit dem Eigentum an einem Grundstück verbunden sind, gelten als Bestandteile des Grundstücks.
토지소유권과 결합되어 있는 권리는 토지의 구성부분으로 본다. (96)

Wettbewerb → Unlauterer Wettbewerb (부정경쟁).

Wettbewerbsbeschränkende Absprachen bei Ausschreibungen StGB 298 공시에 있어서 경쟁제한적 답합죄.
(1) Wer bei einer Ausschreibung über Waren oder gewerbliche Leistungen ein Angebot abgibt, das auf einer rechtswidrigen Absprache beruht, die darauf abzielt, den Veranstalter zur Annahme eines bestimmten Angebots zu veranlassen, wird mit Freiheitsstrafe bis zu fünf Jahren oder mit Geldstrafe bestraft.
상품 또는 영업적 급부에 대한 공시에 있어

서 위법한 담합으로 발주자로 하여금 특정한 공급의 수령을 하도록 공급을 제공한 자는 5년 이하의 자유형 또는 벌금형에 처한다.

Wettbewerbsbeschränkende Vereinbarung → Verbot wettbewerbsbeschränkender Vereinbarung (경쟁제한적 합의의 금지).

Wettbewerbsbeschränkung
(Gesetz gegen ~en) GWB 경쟁제한(법) (2005.7.15) (BGBl. I S. 2114).

Wettbewerbshandlung UWG 2 경쟁행위.
1. jede Handlung einer Person mit dem Ziel, zugunsten des eigenen oder eines fremden Unternehmens den Absatz oder den Bezug von Waren oder die Erbringung oder den Bezug von Dienstleistungen, einschließlich unbeweglicher Sachen, Rechte und Verpflichtungen zu fördern.
경쟁행위라 함은 자신 또는 다른 사업체에게 유리하게 상품의 판매나 구입 또는 부동산을 포함한 용역의 제공 또는 구입 및 권리와 의무의 촉진을 목적으로 하는 모든 행위를 말한다.

Wettbewerbsregel GWB 24 경쟁규칙.
(1) Wirtschafts- und Berufsvereinigungen können für ihren Bereich Wettbewerbsregeln aufstellen.
경제단체와 직능단체는 그들의 분야에서 경쟁규칙을 정할 수 있다.
(2) Wettbewerbsregeln sind Bestimmungen, die das Verhalten von Unternehmen im Wettbewerb regeln zu dem Zweck, einem den Grundsätzen des lauteren oder der Wirksamkeit eines leistungsgerechten Wettbewerbs zuwiderlaufenden Verhalten im Wettbewerb entgegenzuwirken und ein diesen Grundsätzen entsprechendes Verhalten im Wettbewerb anzuregen.
경쟁규칙은 경쟁에서 순수한 또는 성과에 상응한 유효경쟁의 원칙에 반하는 행위를 저지하고, 경쟁에서 이러한 원칙에 부합하는 행위를 권장할 목적으로 경쟁에서 기업의 행위를 규율하는 규정이다.

Wettbewerbsverbot AktG 88 겸업금지.
Die Vorstandsmitglieder dürfen ohne Einwilligung des Aufsichtsrats weder ein Handelsgewerbe betreiben noch im Geschäftszweig der Gesellschaft für eigene oder fremde Rechnung Geschäfte machen.
이사는 감사회의 동의가 없으면 상업을 하거나 그 자신 또는 타인의 계산으로 회사의 영업부류에 속하는 영업을 하지 못한다.
→ Verbot unlauteren Wettbewerbs (부정경쟁금지).

Wette → Spiel, Wette (도박, 내기).

WG → Wechselgesetz (어음법).

WHG → Wasserhaushaltsgesetz (수자원관리법).

Wider besseres Wissen StGB 145d; 187 그 양식에 반하여.
~는 허위의 사실에 대한 확실한 인식이다. 즉, 행위자가 허위를 가능하다고 생각하는 것만으로는 충분하지 않고, 근거없는 주장에 대하여도 확신할 수 있어야 한다. 따라서 그 양식에 반하는 것은 조건부 고의를 배제한다.
wissentlich (그 정을 알면서); in Kenntnis der Umstände (인식하면서); gegen sein Gewissen (양심에 반하여).

Widerklage StPO 388 반소.
(1) Hat der Verletzte die Privatklage erhoben, so kann der Beschuldigte bis zur Beendigung des letzten Wortes (§ 258 Abs. 2 Halbsatz 2) im ersten Rechtszug mittels einer Widerklage die Bestrafung des Klägers beantragen, wenn er von diesem gleichfalls durch eine Straftat verletzt worden ist, die im Wege der Privatklage verfolgt werden kann und mit der den Gegenstand der Klage bildenden Straftat in Zusammenhang steht.
피해자가 사인기소를 제기한 경우에 피의자는 사인기소의 방법으로 소추가능한, 사인기소대상의 범죄행위와 관련된 범죄행위로 인하여 사인기소인에 의하여 마찬가지로 피해를 받은 때에는 제1심에서 최후진술(제258조 제2항 후문)의 종결시까지 반소에 의하여 사인기소인의 처벌을 신청할 수 있다.

Widerruf der Bestellung StPO 143
선임의 철회 (Rücknahme der Bestellung).
Die Bestellung ist zurückzunehmen, wenn demnächst ein anderer Verteidiger gewählt wird und dieser die Wahl annimmt.
변호인 선임은 그 후 다른 변호인이 선임되고 그 자가 선임을 수락하는 경우에는 철회된다.

Widerruf der Strafaussetzung
StGB 56f 형의 유예의 철회.
법원은 형의 선고를 받은 자가 다음 각호에 해당하는 경우 집행유예를 철회한다.
1. in der Bewährungszeit eine Straftat begeht und dadurch zeigt, daß die Erwartung, die der Strafaussetzung zugrunde lag, sich nicht erfüllt hat,
2. gegen Weisungen gröblich oder beharrlich verstößt oder sich der Aufsicht und Leitung der Bewährungshelferin oder des Bewährungshelfers beharrlich entzieht und dadurch Anlaß zu der Besorgnis gibt, daß sie erneut Straftaten begehen wird, oder
3. gegen Auflagen gröblich oder beharrlich verstößt.
1. 보호관찰기간중 재범하여 형의 유예의 기초가 된 기대를 충족하기 어렵게 된 경우,
2. 지시사항을 현저히 또는 집요하게 위반하거나 보호관찰관의 감독 및 지도를 집요하게 면탈하여 재범의 우려에 대한 근거를 갖게 된 경우, 3. 준수사항을 현저히 또는 집요하게 위반한 경우.

Widerruf eines rechtmäßigen Verwaltungsaktes VwVfG 49 적법한 행정행위의 철회.
Ein rechtmäßiger nicht begünstigender Verwaltungsakt kann, auch nachdem er unanfechtbar geworden ist, ganz oder teilweise mit Wirkung für die Zukunft widerrufen werden.
적법한 비수익적 행정행위는 불가쟁력이 발

생한 후에도 그 전부 또는 일부를 장래를 향하여 철회할 수 있다.
→ Begünstigender Verwaltungsakt (수익적 행정행위).

Widerruf und Tod des Nebenklägers
StPO 402 철회와 공소참가인의 사망.
Die Anschlußerklärung verliert durch Widerruf sowie durch dne Tod des Nebenklägers ihre Wirkung.
공소참가의 의사표시는 철회와 공소참가인의 사망으로 인하여 그 효력을 상실한다.

Widerrufsrecht des anderen Teils
BGB 109 상대방의 철회권.
(1) Bis zur Genehmigung des Vertrags ist der andere Teil zum Widerruf berechtigt.
상대방은 계약의 추인이 있을 때까지 이를 철회할 수 있다.

Widerspruch VwGO 68, 80 이의신청.
(1) Vor Erhebung der Anfechtungsklage sind Rechtmäßigkeit und Zweckmäßigkeit des Verwaltungsakts in einem Vorverfahren nachzuprüfen. (68)
취소소송의 제기전에 전치절차에서 행정행위의 합법성 및 합목적성을 심사하여야 한다. → Vorschaltverfahren (전치절차).
(1) Widerspruch und Anfechtungsklage haben aufschiebende Wirkung. (80)
이의신청과 취소소송은 집행정지효력을 가진다.

Widerspruchsbescheid VwGO 73;
StVollzG 112 이의결정.
(1) Hilft die Behörde dem Widerspruch nicht ab, so ergeht ein Widerspruchsbescheid.
Diesen erläßt die nächsthöhere Behörde, soweit nicht durch Gesetz eine andere höhere Behörde bestimmt wird, wenn die nächsthöhere Behörde eine oberste Bundes oder oberste Landesbehörde ist, die Behörde die den Verwaltungsakt erlassen hat, in Selbstverwaltungsangelegenheiten die Selbstverwaltungsbehörde, soweit nicht durch Gesetz anderes bestimmt wird.

(VwGO 73)
관청이 이의를 구제하지 아니하는 경우에는 이의에 대한 결정이 행하여진다.

법률로써 다른 상급관청을 정하지 아니하는 한 직근상급관청, 직근상급관청이 최고연방관청이나 최고주관청인 경우에는 그 행정행위를 행한 관청, 자치행정사항에 있어서는 법률로써 달리 정하지 아니하는 한 자치행정관청이 이를 행한다.

(1) Der Antrag muß binnen zwei Wochen nach Zustellung oder schriftlicher Bekanntgabe der Maßnahme oder ihrer Ablehnung schriftlich oder zur Niederschrift der Geschäftsstelle des Gerichts gestellt werden. Soweit ein Verwaltungsvorverfahren (§ 109 Abs. 3) durchzuführen ist, beginnt die Frist mit der Zustellung oder schriftlichen Bekanntgabe des Widerspruchsbescheides.

신청은 조치의 송달, 서면공고 또는 각하 후 2주 이내에 서면이나 법원사무국의 조서로 제기하여야 한다. 행정전치절차(제109조 제3항)가 시행되는 경우에는 이의결정의 송달 또는 서면공고와 더불어 기간이 개시된다.

→ Eintragung eines Widerspruchs (이의등기).

→ Einspruch (이의신청) (조세결정에 대한 ~).

Widerspruchsklage → Drittwiderspruchsklage (제3자 이의의 소).

Widerstand gegen Personen, die Vollstreckungsbeamten gleichstehen
StGB 114 의제공무집행공무원에 대한 저항죄.
(1) Der Diensthandlung eines Amtsträgers im Sinne des § 113 stehen Vollstreckungshandlungen von Personen gleich, die die Rechte und Pflichten eines Polizeibeamten haben oder Ermittlungspersonen der Staatsanwaltschaft sind, ohne Amtsträger zu sein.

공무수행자가 아니면서 경찰공무원의 권리와 의무를 가지거나 또는 검찰보좌관(→ Hilfsbeamte: GVG 152)인 자의 집행행위는

§113조에 의한 공무수행자의 직무행위로 본다.

Widerstand gegen Vollstreckungsbeamte
StGB 113 공무집행공무원에 대한 저항죄.
(1) Wer einem Amtsträger oder Soldaten der Bundeswehr, der zur Vollstreckung von Gesetzen, Rechtsverordnungen, Urteilen, Gerichtsbeschlüssen oder Verfügungen berufen ist, bei der Vornahme einer solchen Diensthandlung mit Gewalt oder durch Drohung mit Gewalt Widerstand leistet oder ihn dabei tätlich angreift, wird mit Freiheitsstrafe bis zu zwei Jahren oder mit Geldstrafe bestraft.

법률, 법규명령, 판결, 법원의 결정 또는 처분의 집행을 위해 직무행위를 하는 공무수행자나 연방군인에 대하여 폭력으로 또는 폭력적 협박으로 저항하거나 사실상 공격한 자는 2년 이하의 자유형 또는 벌금형에 처한다.

Widerstandsrecht GG 20(4) 저항권.
(4) Gegen jeden, der es unternimmt, diese Ordnung zu beseitigen, haben alle Deutschen das Recht zum Widerstand, wenn andere Abhilfe nicht möglich ist.

모든 독일인은 이러한 질서(헌법질서)를 폐지하려고 하는 모든 자에 대하여 다른 구제수단이 불가능할 때에는 저항할 권리를 가진다.

Widmung FStrG 2 공용지정(공용개시, 공용개시행위). ↔ Entwidmung (공용폐지).
~ ist der Hoheitsakt, der die Eigenschaft als öffentlich Sache begründet und zugleich ihre Zweckbestimmung festlegt.

공물로서 특성을 성립시키고 그 용도를 확정하는 고권행위.
(1) Eine Straße erhält die Eigenschaft einer Bundesfernstraße durch Widmung.
도로는 공용지정에 의하여 연방원거리도로의 특성을 유지한다.

Wiederaufnahme nach Vollstreckung oder Tod StPO 361 형집행 완료후 재심과 사후재심.
(1) Der Antrag auf Wiederaufnahme des

Verfahrens wird weder durch die erfolgte Strafvollstreckung noch durch den Tod des Verurteilten ausgeschlossen.
재심의 청구는 형집행의 완료나 유죄선고를 받은 자의 사망으로 인하여 배척되지 아니한다.

Wiederaufnahme zugunsten des Verurteilten StPO 359 형의 선고를 받은 자의 이익을 위한 재심.
Die Wiederaufnahme eines durch rechtskräftiges Urteil abgeschlossenen Verfahrens zugunsten des Verurteilten ist zulässig,
1. wenn eine in der Hauptverhandlung zu seinen Ungunsten als echt vorgebrachte Urkunde unecht oder verfälscht war;
다음 각호의 경우 확정판결로 종결된 절차에 대하여 형의 선고를 받은 자의 이익으로 재심이 허용된다.
1. 공판중에 형의 선고를 받은 자에게 불리하게 제출된 문서의 진정성이 위조 또는 변조되었던 경우.

Wiederaufnahme zuungunsten des Angeklagten StPO 362 피고인의 불이익을 위한 재심.
Die Wiederaufnahme eines durch rechtskräftiges Urteil abgeschlossenen Verfahrens zuungunsten des Angeklagten ist zulässig,
1. wenn eine in der Hauptverhandlung zu seinen Gunsten als echt vorgebrachte Urkunde unecht oder verfälscht war;
다음 각호의 경우에는 확정판결로 종결된 절차에 대하여 피고인의 불이익으로 재심이 허용된다.
1. 공판중에 피고인의 이익을 위하여 진정한 것으로 제출된 증서가 허위 또는 위조인 경우.

Wiederaufnahmegrund gegen Strafbefehl StPO 373a 과형명령 재심사유.
(1) Die Wiederaufnahme eines durch rechtskräftigen Strafbefehl abgeschlossenen Verfahrens zuungunsten des Verur-

teilten ist auch zulässig, wenn neue Tatsachen oder Beweismittel beigebracht sind, die allein oder in Verbindung mit den früheren Beweisen geeignet sind, die Verurteilung wegen eines Verbrechens zu begründen.
확정력있는 과형명령에 의해 종결된 절차의 재심은 형의 선고를 받은 자에게 불리한 경우, 단독으로 또는 이전의 증거와 관련하여 범죄의 유죄판결의 근거로 되기에 적당한 새로운 사실이나 증거방법이 제시된 때에는 이를 허용한다.

Wiedereinsetzung (in den vorigen Stand) (= Restitutio in integrum) StPO 44 원상회복.
War jemand ohne Verschulden verhindert, eine Frist einzuhalten, so ist him auf Antrag Wiedereinsetzung in den vorigen Stand zu gewähren.
귀책사유 없이 기간의 준수가 방해된 경우에는 신청에 의하여 원상회복을 받을 수 있다.

Wiederergreifung StVollzG 100(1) Nr.3, 178(3) 재체포.
→ Schußwaffengebrauch (beim Vollzug) (형집행에 있어서의 총기사용).

Wiedereröffnung der Verhandlung ZPO 156 변론의 재개.
(1) Das Gericht kann die Wiedereröffnung einer Verhandlung, die geschlossen war, anordnen.
(2) Das Gericht hat die Wiedereröffnung insbesondere anzuordnen, wenn
1. das Gericht einen entscheidungserheblichen und rügbaren Verfahrensfehler (§ 295), insbesondere eine Verletzung der Hinweis- und Aufklärungspflicht (§ 139) oder eine Verletzung des Anspruchs auf rechtliches Gehör, feststellt.
2. nachträglich Tatsachen vorgetragen und glaubhaft gemacht werden, die einen Wiederaufnahmegrund (§§ 579, 580) bilden, oder
3. zwischen dem Schluss der mündlichen Verhandlung und dem Schluss der Be-

ratung und Abstimmung (§§ 192 bis 197 des Gerichtsverfassungsgesetzes) ein Richter ausgeschieden ist.
(1) 법원은 종결된 변론의 재개를 명할 수 있다.
(2) 법원은 다음 각호의 경우 특히 변론의 재개를 명하여야 한다.
1. 재판상 중요하고 당사자의 책문이 가능한 절차상의 하자(제295조), 특히 지적 및 석명의무의 위반이나 법률상의 청문권의 침해를 확인한 경우,
2. 재심사유(제579, 580조)에 해당하는 사실이 사후적으로 주장되고 이를 소명한 경우,
3. 구두변론의 종결과 합의 및 표결의 종결(법원조직법 제192조 내지 197조) 사이에 법관이 물러난 경우.
→ Beratung und Abstimmung (합의와 표결).

Wiedergabe durch Bild- oder Tonträger
→ Recht der Wiedergabe durch Bild- oder Tonträger (녹음·녹화기를 통한 재현권).

Wiederholte und nachträgliche Vernehmung ZPO 398 반복신문 및 사후신문.
(1) Das Prozessgericht kann nach seinem Ermessen die wiederholte Vernehmung eines Zeugen anordnen.
수소법원은 그의 재량으로 반복하여 증인을 신문할 것을 명할 수 있다.

Wiederholungsgefahr → Haftgrund der Wiederholungsgefahr (재범의 위험성을 이유로 한 구속사유).

Wiederholungswahl BWahlG 44 재선거.
(1) Wird im Wahlprüfungsverfahren eine Wahl ganz oder teilweise für ungültig erklärt, so ist sie nach Maßgabe der Entscheidung zu wiederholen.
선거심사절차에서 선거의 전부 또는 일부가 무효로 선언된 경우 선거는 그 결정에 따라 재실시되어야 한다.

Wiederkauf BGB 456 환매.
(1) Hat sich der Verkäufer in dem Kaufvertrag das Recht des Wiederkaufs vorbehalten, so kommt der Wiederkauf mit der Erklärung des Verkäufers gegenüber dem Käufer, dass er das Wiederkaufsrecht ausübe, zustande.
매도인이 매매계약에서 환매권을 유보한 때에는 환매는 매도인이 환매권을 행사한다는 매도인의 의사표시에 의해 환매가 성립한다.

Wilde Ehe 사실혼 → Eheähliche Gemeinschaft (혼인유사공동체).

Wilde Tiere BGB 960 야생동물.
(1) Wilde Tiere sind herrenlos, solange sie sich in der Freiheit befinden.
야생동물은 자유로운 상태에 있는 동안에는 무주물이다.

Willenserklärung BGB 105 의사표시.
→ Geschäftswille 효과의사;
→ Erklärungswille 표시의사.
(1) Die Willenserklärung eines Geschäftsunfähigen ist nichtig.
행위무능력자의 의사표시는 무효로 한다.

Willenserklärung gegenüber Abwesenden BGB 130 격지자에 대한 의사표시.
Eine Willenserklärung, die einem anderen gegenüber abzugeben ist, wird, wenn sie in dessen Abwesenheit abgegeben wird, in dem Zeitpunkt wirksam, in welchem sie ihm zugeht.
상대방에 대하여 하여야 하는 의사표시가 격지자에 대하여 하는 때에는 그것이 상대방에게 도달하는 시기에 효력이 발생한다.

Willkürherrschaft → Ausschluß jeder Gewaltherrschaft und Willkürherrschaft (전제정치(專制政治)와 독재정치의 배제).

Willkürverbot 자의금지.
→ Unverfügbarkeit.

WiPrO → Wirtschaftsprüferordnung (회계사법).

Wirkung der Ablehnung StPO 211 기각의 효과.

Die Klage kann nur auf Grund neuer Tatsachen oder Beweismittel wieder aufgenommen werden.
소는 새로운 사실이나 증거방법에 의하여서만 다시 제기될 수 있다.

Wirkung der Anfectung → Anfectung.

Wirkung der Einziehung StGB 74e
몰수의 효과.
(1) Wird ein Gegenstand eingezogen, so geht das Eigentum an der Sache oder das eingezogene Recht mit der Rechtskraft der Entscheidung auf den Staat über.
대상물이 몰수되면 물건에 대한 소유권 또는 몰수대상 권리는 판결의 확정과 동시에 국가로 이전된다.

Wirkung der Rücknahme StPO 392
취소의 효과.
Die Zurückgenommene Privatklage kann nicht von neuem erhoben werden.
취소된 사인기소는 다시 제기할 수 없다.

Wirkung der Verjährung BGB 214
소멸시효의 효과.
(1) Nach Eintritt der Verjährung ist der Schuldner berechtigt, die Leistung zu verweigern.
소멸시효가 완성된 후에는 채무자는 급부를 거절할 권리를 가진다.

Wirkung des Verfalls StGB 73e 박탈의 효과.
(1) Wird der Verfall eines Gegenstandes angeordnet, so geht das Eigentum an der Sache oder das verfallene Recht mit der Rechtskraft der Entscheidung auf den Staat über, wenn es dem von der Anordnung Betroffenen zu dieser Zeit zusteht.
대상물의 박탈이 명하여진 경우 그 물건에 대한 소유권 또는 취득박탈된 권리가 취득박탈의 명령시에 그 명령의 대상자에게 귀속하고 있는 경우에 이는 판결의 확정과 동시에 국가로 이전된다.

Wirkungshaftung HaftPflG 2 작용책임.
(1) Wird durch die Wirkungen von Elektrizität, Gasen, Dämpfen oder Flüssigkeiten, die von einer Stromleitungs- oder Rohrleitungsanlage oder einer Anlage zur Abgabe der bezeichneten Energien oder Stoffe ausgehen, ein Mensch getötet, der Körper oder die Gesundheit eines Menschen verletzt oder eine Sache beschädigt, so ist der Inhaber der Anlage verpflichtet, den daraus entstehenden Schaden zu ersetzen.
도체시설이나 도관시설 또는 열거한 에너지나 물질의 제공시설에서 나오는 전기, 가스, 증기 또는 액체의 작용으로 인하여 사람을 사망하게 하거나 또는 사람의 신체나 건강을 해하거나 또는 물건에 손상을 가한 경우에 그 시설의 소유자는 그로부터 발생한 손해를 배상할 의무가 있다.

Wirtschaftlich Berechtigter GwG 1(6)
실명거래인(권리자).
(6) Wirtschaftlich Berechtigter im Sinne dieses Gesetzes ist die natürliche Person, in deren Eigentum oder unter deren Kontrolle der Vertragspartner letztlich steht, oder die natürliche Person, auf deren Veranlassung eine Transaktion letztlich durchgeführt oder eine Geschäftsbeziehung letztlich begründet wird.
본법에서 실명권리자는 계약상대방이 소유권을 가지거나 그 통제하에 있는 자연인 또는 그의 권유로 거래이동이 최종적으로 행하여지거나 영업관계가 최종적으로 성립되는 자연인을 말한다.

Wirtschaftlicher Geschäftsbetrieb AO 14 경제적 사업.
Ein wirtschaftlicher Geschäftsbetrieb ist eine selbständige nachhaltige Tätigkeit, durch die Einnahmen oder andere wirtschaftliche Vorteile erzielt werden und die über den Rahmen einer Vermögensverwaltung hinausgeht. Die Absicht, Gewinn zu erzielen, ist nicht erforderlich.
경제적 사업은 수입 또는 기타 경제적인 이익을 추구하고 재산관리의 범위를 벗어난,

독립하여 지속적으로 행하는 활동이다. 이
익획득의 의도는 필요하지 않다.
Eine Vermögensverwaltung liegt in der
Regel vor, wenn Vermögen genutzt, zum
Beispiel Kapitalvermögen verzinslich angelegt oder unbewegliches Vermögen vermietet oder verpachtet wird.
재산관리는 예컨대 자본재산의 증식이나 또
는 부동산의 임대나 용익임대를 하는 것과
같이 재산을 이용하는 경우에 통상적으로
인정된다.

Wirtschaftlicher Verein BGB 22 영리
사단. ↔ Nichtwirtschaftlicher Verein.
Ein Verein, dessen Zweck auf einen
wirtschaftlichen Geschäftsbetrieb gerichtet
ist, erlangt in Ermangelung besonderer
reichsgesetzlicher Vorschriften Rechtsfähigkeit durch staatliche Verleihung.
영리사업을 목적으로 하는 사단은 국법에
특별한 규정이 없는 때에는 국가의 부여에
의하여 권리능력을 취득한다.

Wirtschaftsausschuß BetrVG 106 경제
위원회.
(1) In allen Unternehmen mit in der Regel
mehr als einhundert ständig beschäftigten
Arbeitnehmern ist ein Wirtschaftsausschuß
zu bilden. Der Wirtschaftsausschuss hat
die Aufgabe, wirtschaftliche Angelegenheiten mit dem Unternehmer zu beraten
und den Betriebsrat zu unterrichten.
통상 100이상의 상근근로자를 고용하고 있
는 모든 사업장에서는 경제위원회를 조직한
다. 경제위원회는 경제적 사항을 기업주와
협의하며, 사업장협의회에 보고하여야 한다.

Wirtschaftsprüfer WiPrO 2 공인회계사.
(1) Wirtschaftsprüfer haben die berufliche
Aufgabe, betriebswirtschaftliche Prüfungen, insbesondere solche von Jahresab-
schlüssen wirtschaftlicher Unternehmen,
durchzuführen und Bestätigungsvermerke
über die Vornahme und das Ergebnis
solcher Prüfungen zu erteilen.
공인회계사의 업무는 기업경영의 심사, 특
히 경제적 기업의 연말결산을 실시하고, 그

행위에 대한 확인표시와 심사의 결과를 부
여한다.
(2) Wirtschaftsprüfer sind befugt, ihre
Auftraggeber in steuerlichen Angelegenheiten nach Maßgabe der bestehenden
Vorschriften zu beraten und zu vertreten.
(2) 공인회계사는 조세업무에 있어 위탁자
에 대하여 현존하는 규정에 따라 자문하고
이를 대리할 수 있다.
(3) Wirtschaftsprüfer sind weiter befugt
1. unter Berufung auf ihren Berufseid auf
den Gebieten der wirtschaftlichen Betriebs-
führung als Sachverständige aufzutreten;
2. in wirtschaftlichen Angelegenheiten zu
beraten und fremde Interessen zu wahren;
3. zur treuhänderischen Verwaltung.
(3) 공인회계사는 다음 각호를 수행할 권한
이 있다.
1. 직업상의 선서하에 경제적 기업수행의
영역에서 감정인의 역할. 2. 경제적 업무에
서 조언과 타인의 이익의 보호. 3. 신탁적
관리.

Wirtschaftsprüferordnung (Gesetz über
eine Berufsordnung der Wirtschaftsprüfer)
WiPrO 1 회계사법 (1975.11.5) (BGBl. I
S. 2803).
(1) Wirtschaftsprüfer oder Wirtschaftsprü-
ferinnen (Berufsangehörige) sind Personen, die als solche öffentlich bestellt sind.
Die Bestellung setzt den Nachweis der
persönlichen und fachlichen Eignung im
Zulassungs- und staatlichen Prüfungs-
verfahren voraus.
~(직업종사자)는 ~로서 공적으로 임명된
자이다. 그 임명에는 입학시험 및 국가시험
절차에서 인격적, 전공적 적성의 증명을 전
제로 한다.

Wirtschaftsstrafgesetz 1954 (Gesetz zur
weiteren Vereinfachung des Wirtschafts-
strafrechts) WiStrG 경제형법 (1975.6.3)
(BGBl. I S. 1313).
동법 제1장에서는 Ahndung von Zuwiderhandlungen im Bereich des Wirtschafts-
rechts (경제형법에서의 위반행위에 대한
처벌규정)를 정하고 있다.

Wirtschaftsstrafkammer GVG 74c
경제형사부.
Eine Strafkammer ist als Wirtschaftsstrafkammer zuständig, zur Beurteilung
des Falles besondere Kenntnisse des
Wirtschaftslebens erforderlich sind. (GVG
74c (1) 6.b)
그 사안의 판단을 위하여 경제생활의 특별
한 지식이 필요한 경우, 형사부가 경제형사
부로서 관할이 있다.

Wissenschaftlicher Mitarbeiter
BVerfGGO 13 연구원(관).
(1) Die wissenschaftlichen Mitarbeiter unterstützen die Richter, denen sie zugewiesen sind, bei deren dienstlicher Tätig-
keitrenSie sind dabei an die Weisungen
des Richters gebunden.
연구원은 재판관의 직무활동에 대하여 소속
된 재판관을 지원한다.
(2) Jeder Richter ist berechtigt, seinen
wissenschaftlichen Mitarbeiter selbst auszuwählen. Gegen seinen Willen kann ihm
ein Mitarbeiter nicht zugewiesen werden.
각 재판관은 자신의 연구원을 스스로 선임
할 권한이 있다. 재판관 의사에 반하여 연
구원이 배정될 수 없다.
(3) Die dienstliche Beurteilung des wissenschaftlichen Mitarbeiters obliegt dem
Richter. Der Präsident kann eine eigene
Beurteilung beifügen.
연구원의 직무상의 판단은 재판관에게 종속
한다. 재판소장은 자신의 독자적인 판단을
추가할 수 있다.

Wissentlich 그 정을 알면서.
→ Wider besseres Wissen (양식에 반하
여). → Absichtlich (의도적으로).
Der Täter handelt, obwohl er weiß oder
als sicher voraussieht, daß er den
Tatbestand verwirklicht.
행위자가 구성요건을 실현한다는 것을 알거
나 또는 확실히 예견했을 때 지정고의(知情
故意: Wissentlichkeit)가 있다.

WiStrG → Wirtschaftsstrafgesetz (경제형
법).

Wochen- und Monatsfristen StPO 43
주(周) 또는 월(月)로 정한 기간.
(1) Eine Frist, die nach Wochen oder
Monaten bestimmt ist, endet mit Ablauf
des Tages der letzten Woche oder des
letzten Monats, der durch seine Benennung oder Zahl dem Tag entspricht, an
dem die Frist begonnen hat.
주 또는 월로 정한 기간은 그 명칭이나 숫
자상으로 기간이 시작했던 날에 해당하는
최종의 주 또는 월의 날이 경과함으로써 종
료한다.

WoEigG → Wohnungseigentumsgesetz
(주거소유권법).

WoFG → Wohnraumförderungsgesetz (사
회적 주거공간지원법).

Wohl der Allgemeinheit GG 14(2)
공공복리.
(2) Eigentum verpflichtet. Sein Gebrauch
soll zugleich dem Wohle der Allgemeinheit
dienen.
재산권은 의무를 수반한다. 그 행사는 동시
에 공공복리에 봉사하여야 한다.

Wohnraumförderung → Soziale Wohnraumförderung (사회적 주거공간지원).

Wohnraumförderungsgesetz (Gesetz über
die soziale Wohnraumförderung) WoFG
사회적 주거공간지원법 (2001.9.13) (BGBl. I
S. 2376).

Wohnraummiete BGB 549 주거용(공간)
임대차.
(1) Für Mietverhältnisse über Wohnraum
gelten die §§ 535 bis 548, soweit sich
nicht aus den §§ 549 bis 577a etwas
anderes ergibt.
주거공간의 임대차관계에는 제549조 내지
제577a조에서 달리 해석되지 아니하는 한,
제535조 내지 제548조(사용임대차)가 적용
된다. → Geschäftsraummiete (영업용(공간)
임대차).

Wohnsitz BGB 7 주소.
Wer sich an einem Ort ständig niederlässt, begründet an diesem Ort seinen
Wohnsitz.
한 장소에 정주하는 자는 이 장소에 주소를
설정하는 것으로 한다.

**Wohnsitz oder gewöhnlicher Aufenthalts-
ort** StPO 8 주소지나 주된 거소.
(1) Der Gerichtsstand ist auch bei dem
Gericht begründet, in dessen Bezirk der
Angeschuldigte zur Zeit der Erhebung der
Klage seinen Wohnsitz hat.
재판적은 기소당시의 공소피의자의 주소지
를 관할하는 법원에도 있다.
(2) Hat der Angeschuldigte keinen Wohnsitz im Geltungsbereich dieses Bundesgesetzes, so wird der Gerichtsstand auch
durch den gewöhnlichen Aufenthaltsort
und, wenn ein solcher nicht bekannt ist,
durch den letzten Wohnsitz bestimmt.
(2) 이 법의 적용범위내에 공소피의자의 주
소지가 없는 경우에는 재판적은 주된 거소
에 의하여 정하여지며 거소를 알 수 없는
때에는 최후의 주소에 의하여 정한다.

Wohnungsbau WoFG 16 주택건설.
(1) Wohnungsbau ist das Schaffen von
Wohnraum durch
1. Baumaßnahmen, durch die Wohnraum
in einem neuen selbstständigen Gebäude
geschaffen wird,
2. Beseitigung von Schäden an Gebäuden
unter wesentlichem Bauaufwand, durch
die die Gebäude auf Dauer wieder zu
Wohnzwecken nutzbar gemacht werden,
3. Änderung, Nutzungsänderung oder Erweiterung von Gebäuden, durch die unter
wesentlichem Bauaufwand Wohnraum geschaffen wird, oder
4. Änderung von Wohnraum unter wesentlichem Bauaufwand zur Anpassung an
geänderte Wohnbedürfnisse.
주택건설이라 함은 다음 각호에 의하여 주
거공간을 창출하는 것을 말한다.
1. 새로운 독립건물에 주거공간이 창출되는
건설조치.

2. 건물을 장기로 주거의 목적을 위하여 재
이용할 수 있도록 상당한 건설비용을 통한
건물하자의 제거,
3. 상당한 건축비용에 의하여 주거공간이
창출되는 건물의 변경, 이용변경 또는 증축,
4. 변화된 주거수요에 적응하기 위하여 상당
한 건축비용이 지불되는 주거공간의 변경.

Wohnungseigentum WoEigG 1(2) 주거
소유권.
(2) Wohnungseigentum ist das Sonderei-
gentum an einer Wohnung in Verbindung
mit dem Miteigentumsanteil an dem
gemeinschaftlichen Eigentum, zu dem es
gehört.
주거소유권은 주거소유권이 속하는, 공동체
적 소유권에서의 공동소유권지분과 관련된
주거에서의 특별소유권이다.
* Wohneigentum (주택소유권)과 구분.

Wohnungseigentumsgesetz (Gesetz über
das Wohnungseigentum und das Dauer-
wohnrecht) WoEigG 1 주거소유권법
(Bundesgesetzblatt Teil III, Gliederungsnummer 403-1).
(1) Nach Maßgabe dieses Gesetzes kann
an Wohnungen das Wohnungseigentum,
an nicht zu Wohnzwecken dienenden
Räumen eines Gebäudes das Teileigentum
begründet werden.
본법의 기준에 따라 주거는 주거소유권을,
주거목적에 기여하지 않는 건물의 공간은
부분소유권을 성립시킨다.

Wohnungseinbruchdiebstahl
StGB 244(1) Nr.3 주거침입절도죄.
Mit Freiheitsstrafe von sechs Monaten bis
zu zehn Jahren wird bestraft, wer
3. einen Diebstahl begeht, bei dem er zur
Ausführung der Tat in eine Wohnung
einbricht, einsteigt, mit einem falschen
Schlüssel oder einem anderen nicht zur
ordnungsmäßigen Öffnung bestimmten
Werkzeug eindringt oder sich in der
Wohnung verborgen hält.
절도의 실행을 위하여 주거에 침입·잠입하
거나 위조열쇠 또는 기타 통상적인 개문 용

도 이외의 도구를 사용하여 이들 장소에 침입·잠복한 자는 6개월 이상 10년 이하의 자유형에 처한다.

Wohnungsrecht BGB 1093 주거권.
(1) Als beschränkte persönliche Dienstbarkeit kann auch das Recht bestellt werden, ein Gebäude oder einen Teil eines Gebäudes unter Ausschluss des Eigentümers als Wohnung zu benutzen.
소유자를 배제하여 건물 또는 그 일부를 주거로서 이용할 권리도 제한된 인역권으로 설정될 수 있다.

Wörtliches Angebot BGB 295 구두제공.
Ein wörtliches Angebot des Schuldners genügt, wenn der Gläubiger ihm erklärt hat, dass er die Leistung nicht annehmen werde, insbesondere wenn der Gläubiger die geschuldete Sache abzuholen hat.
채권자가 채무자에 대하여 급부를 수령하지 아니한다고 의사표시를 한 경우, 특히 채권자가 채무의 목적물을 가지고 가야 할 경우에는 채무자의 구두제공으로 족하다.

WPflG → Wehrpflichtgesetz (병역법).

WpHG → Wertpapierhandelsgesetz (증권거래법).

WpPG → Wertpapierprospektgesetz (유가증권 투자(사업)설명서법).

WpÜG → Wertpapiererwerbs- und Übernahmegesetz (기업인수법).

WRV → Weimarer Reichsverfassung (바이마르 제국헌법).

WStG → Wehrstrafgesetz (군형법).

Wucher StGB 291 부당이득죄(폭리행위).
(1) Wer die Zwangslage, die Unerfahrenheit, den Mangel an Urteilsvermögen oder die erhebliche Willensschwäche eines anderen dadurch ausbeutet, daß er sich oder einem Dritten

1. für die Vermietung von Räumen zum Wohnen oder damit verbundene Nebenleistungen,
2. für die Gewährung eines Kredits,
3. für eine sonstige Leistung oder
4. für die Vermittlung einer der vorbezeichneten Leistungen
Vermögensvorteile versprechen oder gewähren läßt, die in einem auffälligen Mißverhältnis zu der Leistung oder deren Vermittlung stehen, wird mit Freiheitsstrafe bis zu drei Jahren oder mit Geldstrafe bestraft.
타인의 궁박상태, 무경험, 판단력의 흠결 또는 중한 정신박약을 이용하여, 자기 또는 제3자에게 다음 각호에 해당하는 행위의 대가로서 급부의 현저한 불균형 또는 그러한 중개가 있는 재산상의 이익을 약속 또는 공여하게 한 자는 3년 이하의 자유형 또는 벌금형에 처한다.
1. 주거 또는 부대급부의 임대 (Mietwucher: 임대폭리), 2. 신용대출의 공여 (Kreditwucher: 신용폭리), 3. 기타의 급부 (überbleibenden Fällen: 기타의 급부), 4. 제1-3호에 기재한 급부의 중개 (Wucher durch Vermittlungen: 중개폭리).
→ Ungerechtfertigte Bereicherung (부당이득).

Würde → Menschenwürde (인간의 존엄성).

Z

Zahlstellenwechsel 제3자방(타소)지급어음 (Zahlstelle는 지급지내의 지급장소).
→ Domizilwechsel (타지지급어음).
→ Zahlungsort (지급지).

Zahlungsaufstellung → Rechnung oder gleichwhwhigen Zahlungsaufstellung
BGB 286(2) 계산서나 그와 동일한 의미의 지급내력서.

Zahlungserleichterung StGB 42 (벌금형) 납부방법의 완화(유예기간인정 또는 분납허용).
Ist dem Verurteilten nach seinen persönlichen oder wirtschaftlichen Verhältnissen nicht zuzumuten, die Geldstrafe sofort zu zahlen, so bewilligt ihm das Gericht eine Zahlungsfrist oder gestattet ihm, die Strafe in bestimmten Teilbeträgen zu zahlen.
법원은 벌금형의 선고를 받은 자의 개인적, 경제적 사정상 벌금의 즉시 납입을 기대하기 어려운 경우에는 납입기한을 지정하거나 일정한 분납액을 정하여 납입할 것을 허용한다.
(Gewährung von Zahlungserleichterungen)
(1) Nach Rechtskraft des Urteils entscheidet über die Bewilligung von Zahlungserleichterungen bei Geldstrafen (§ 42 des Strafgesetzbuches) die Vollstreckungsbehörde (StPO 459a).
형집행관청은 판결확정 후 납부방법 완화의 승인(형법 제42조)에 관하여 결정한다.

Zahlungshalber 지급(변제)을 위하여.
→ Erfüllungshalber (이행을 위하여).

Zahlungskarte StGB 152a(4) 지불카드.
4) Zahlungskarten im Sinne des Abs. 1 sind Karten,
1. die von einem Kreditinstitut oder Finanzdienstleistungsinstitut herausgegeben

wurden und
2. durch Ausgestaltung oder Codierung besonders gegen Nachahmung gesichert sind.
제1항의 지불카드는 1. 금융기관이나 금융서비스기관에서 발행하고 2. 양식화나 코드화를 통하여 특히 위조로부터 보장되는 카드를 말한다.

Zahlungskarte mit Garantiefunktion
StGB 152b(4) 지불보장카드.
(4) Zahlungskarten mit Garantiefunktion im Sinne des Absatzes 1 sind Kreditkarten, Euroscheckkarten und sonstige Karten.
제1항의 지불보장카드는 신용카드, 유로수표카드와 기타 카드이다.

Zahlungsort WG 4; ScheckG 8 지급지.
Der Wechsel kann bei einem Dritten, am Wohnort des Bezogenen oder an einem anderen Ort, zahlbar gestellt werden.
어음은 지급인의 주소지나 다른 장소에 있음을 불문하고 제3자방에서 지급하도록 정할 수 있다.
Der Scheck kann bei einem Dritten, am Wohnort des Bezogenen oder an einem anderen Ort, zahlbar gestellt werden, sofern der Dritte Bankier ist.
수표는 제3자가 은행인 한, 그 제3자가 지급인의 주소지나 다른 장소에 있음을 불문하고 제3자방에서 지급하도록 정할 수 있다.

Zahlungsstatt 지급(변제)에 갈음하여.
→ Uberweisungsbeschluss an Zahlungsstatt (전부명령).

Zahlungsunfähigkeit InsO 17 지급불능.
(1) Allgemeiner Eröffnungsgrund ist die Zahlungsunfähigkeit.
보통의 (도산절차의) 개시원인은 지급불능이다.
(2) Der Schuldner ist zahlungsunfähig, wenn er nicht in der Lage ist, die fälligen Zahlungspflichten zu erfüllen.
Zahlungsunfähigkeit ist in der Regel anzunehmen, wenn der Schuldner seine Zahlungen eingestellt hat.
채무자가 기한이 도래한 지급의무를 이행할

수 없는 상태가 지급불능이다.
지급불능은 일반적으로 채무자가 그 지급을 정지한 때에 지급불능으로 추정된다.

ZDG → Zivildienstgesetz (병역대체근무법).

Zechprellerei 무전취식.
Privatrechtlich liegt eine Pflichtverletzung des Gastes vor, der seine Hauptleistung im Rahmen des (typengemischten) Bewirtungsvertrages nicht erbracht hat. Dies begründet neben dem noch bestehenden Erfüllungsanspruch einen Schadensersatzanspruch des Wirtes aus § 280 Abs. 1 BGB.
Das deutsche StGB enthält keinen speziellen Straftatbestand der Zechprellerei; es handelt sich oft um einen Betrug (§ 263 Abs. 1 StGB).
~은 사법적으로는 (혼합적) 숙식계약의 범위에서 주요급부가 이행되지 않는 손님의 의무위반이다. 업주는 이행청구권 이외에 민법 제280조 제1항에 따른 손해배상청구권을 주장할 수 있다.
독일형법은 구성요건상 ~을 규정하고 있지는 않으나 ~은 주로 사기의 문제와 관련되어 있다(형법 제263조 제1항).

Zeichnung der neuen Aktien AktG 185 신주의 청약.
(1) Die Zeichnung der neuen Aktien geschieht durch schriftliche Erklärung (Zeichnungsschein).
~은 서면상의 표시(청약서)로써 한다.

Zeichnungsgründung
→ Stufengründung (모집설립).

Zeichnungsschein AktG 185 청약서.
→ Zeichnung der neuen Aktien (신주의 청약).

Zeit der Handlung OWiG 6 행위시.
Eine Handlung ist zu der Zeit begangen, zu welcher der Täter tätig geworden ist oder im Falle des Unterlassens hätte tätig werden müssen. Wann der Erfolg eintritt,

ist nicht maßgebend.
행위의 시기는 행위자가 활동한 때, 행위자가 활동하여야 할 때이며 결과발생은 그 기준이 아니다.

Zeit der Tat (Tatzeit) StGB 8 범죄의 시기.
Eine Tat ist zu der Tat begangen, zu welcher der Täter oder der Teilnehmer gehandelt hat oder im Falle des Unterlassens hätte handeln müssen. Wann der Erfolg eintritt, ist nicht maßgebend.
범죄는 정범과 공범이 실행하였거나 부작위의 경우에는 행위하였어야 할 시기에 행하여진다. 결과의 발생은 그 기준이 아니다.

Zeitbürgschaft (Bürgschaft auf Zeit) BGB 777 기한부보증.
(1) Hat sich der Bürge für eine bestehende Verbindlichkeit auf bestimmte Zeit verbürgt, so wird er nach dem Ablauf der bestimmten Zeit frei, wenn nicht der Gläubiger die Einziehung der Forderung unverzüglich nach Maßgabe des § 772 betreibt, das Verfahren ohne wesentliche Verzögerung fortsetzt und unverzüglich nach der Beendigung des Verfahrens dem Bürgen anzeigt, dass er ihn in Anspruch nehme.
보증인이 기존의 채무에 관하여 기한부로 보증을 한 경우에, 채권자가 제772조에 따라 지체없이 채권추심을 행하고 현저한 지체없이 그 절차를 계속하며 또 절차의 종료 후 지체없이 보증인에 대하여 청구한다는 뜻을 통지하지 아니한 때에는 보증인은 그 기간의 경과 후 채무를 면한다.

Zeitdiebstahl 시간절도.
컴퓨터의 무권한 사용(또는 부정사용)이란 행위자가 타인의 컴퓨터를 일정한 시간 동안 자신을 위하여 작동시키는 것이다. 이는 하드웨어 및 이에 부속된 소프트웨어를 부당하게 사용함으로써 그 설치 등에 따른 타인의 노력을 부당하게 탈취하는 범행으로서 DP시스템의 '시간절도'(timetheft) 또는 '용역절도'(Theft of service)라고 부르기도 한다. 독일에서 이에 대한 범죄화는 포기되고

있다.

Zeitgeschichte (der Bereich der ~)
KUG 현대사(~적 영역).
현대사적 영역(Bereich der Zeitgeschichte)
에서는 피초상자의 정당한 이익이 방해되지
아니하는 한 피초상자의 동의없이도 초상은
공개할 수 있다.

Zeitgesetz StGB 2(4) 한시법.
(4) Ein Gesetz, das nur für eine bestimmte Zeit gelten soll, ist auf Taten, die
wäh- rend seiner Geltung begangen sind,
auch dann anzuwenden, wenn es außer
Kraft getreten ist.
일정한 기간동안에만 효력이 있는 법률은
그 효력기간중에 행하여진 행위에 대하여
법률이 폐지된 경우에도 이를 적용한다.

Zeitige Freiheitsstrafe 유기자유형.
→ Freiheitsstrafe.

Zeitliche Begrenzung der Untersuchungs-
haft StPO 121, 122a 미결구금의 시적 한계.
← Fortdauer der Untersuchunghaft über
sechs Monate.
(1) Solange kein Urteil ergangen ist, das
auf Freiheitsstrafe oder eine freiheitsentziehende Maßregel der Besserung und
Sicherung erkennt, darf der Vollzug der
Untersuchungshaft wegen derselben Tat
über sechs Monate hinaus nur aufrechterhalten werden, wenn die besondere
Schwierigkeit oder der besondere Umfang
der Ermittlungen oder ein anderer wichtiger Grund das Urteil noch nicht zulassen
und die Fortdauer der Haft rechtfertigen.
자유형 또는 자유박탈적 보안처분이 선고되
지 않고 동일한 행위를 이유로 미결구금의
집행이 6개월 이상 유지되는 경우는 수사나
수사범위의 특별한 어려움 또는 기타 중요
한 사유로 여전히 판결을 할 수가 없고, 구
금의 계속을 정당화할 수 있는 경우이다.
In den Fällen des § 121 Abs. 1 darf der
Vollzug der Haft nicht länger als ein Jahr
aufrechterhalten werden, wenn sie auf den
Haftgrund des § 112a gestützt ist.

제121조 제1항의 규정에 해당하는 경우에
구속이 제112a조(보안구금)의 구속사유에
근거한 때에는 그 집행을 1년 이상 유지해
서는 안된다.

Zeitliche Geltung StGB 2; OWiG 4
시적 범위(효력):
(1) Die Strafe und ihre Nebenfolgen bestimmen sich nach dem Gesetz, das zur
Zeit der Tat gilt.
형과 그 부대효과는 행위시의 법률에 의하
여 정한다.
(1) Die Geldbuße bestimmt sich nach dem
Gesetz, das zur Zeit der Handlung gilt. 질
서위반금은 행위시의 법률에 의한다.

Zeitpunkt der Ablehnung StPO 25
기피의 시기.
(1) Die Ablehnung eines erkennenden
Richters wegen Besorgnis der Befangenheit ist bis zum Beginn der Vernehmung
des ersten Angeklagten über seine persönlichen Verhältnisse, in der Hauptverhandlung über die Berufung oder die
Revision bis zum Beginn des Vortrags
des Berichterstatters, zulässig.
불공평한 재판을 할 우려를 이유로 하는
(판결)판사의 기피는 피고인의 인적사항에
관한 첫 신문의 시작전까지, 그리고 항소심
이나 상고심의 공판에서는 (공판)보고자의
낭독이 시작되기 전까지 허용된다.

Zeitstempel → Qualifizierter Zeitstempel
(공인타임스탬프).

Zeitungsartikel und Rundfunkkommen-
tar UrhG 49 신문기사 및 방송해설.
(1) Zulässig ist die Vervielfältigung und
Verbreitung einzelner Rundfunkkommentare und einzelner Artikel sowie mit ihnen
im Zusammenhang veröffentlichter Abbildungen aus Zeitungen und anderen
lediglich Tagesinteressen dienenden Informationsblättern in anderen Zeitungen und
Informationsblättern dieser Art sowie die
öffentliche Wiedergabe solcher Kommen-
tare, Artikel und Abbildungen, wenn sie

politische, wirtschaftliche oder religiöse Tagesfragen betreffen und nicht mit einem Vorbehalt der Rechte versehen sind.
개개의 방송해설과 신문 및 그와 관련된 모사물을 신문 및 기타 일상의 관심사만을 다룬 정보지로부터 그러한 종류의 다른 신문 및 정보지에서 복사, 배포 및 그러한 해설, 기사, 모사물을 공개재현하는 것은 허용된다. 단 그것이 정치, 경제 또는 종교에 관한 시사문제에 관한 것으로 권리의 유보가 되어 있지 않은 경우이어야 한다.

Zensur WRV 118(2) 검열.
(2) Eine Zensur findet nicht statt.
검열은 인정되지 아니한다.

Zerlegungsbescheid AO 188(2) 분할결정(서).
(2) Der Zerlegungsbescheid muss die Höhe des zu zerlegenden Steuermessbetrags angeben und bestimmen, welche Anteile den beteiligten Steuerberechtigten zugeteilt werden.
분할결정서에는 분할한 조세산정기준액을 기재하고 어떤 할당분이 관계된 조세권리자에게 배분되는가를 결정하여야 한다.

Zerrüttungsprinzip (파탄주의).
→ Scheitern der Ehe.

Zerstörung von Bauwerks StGB 305 건축물파괴죄.
(1) Wer rechtswidrig ein Gebäude, ein Schiff, eine Brücke, einen Damm, eine gebaute Straße, eine Eisenbahn oder ein anderes Bauwerk, welche fremdes Eigentum sind, ganz oder teilweise zerstört, wird mit Freiheitsstrafe bis zu fünf Jahren oder mit Geldstrafe bestraft.
타인의 소유인 건물, 선박, 교량, 제방, 건설된 도로, 철도나 기타 건축물을 완전히 또는 부분적으로 파괴한 자는 5년 이하의 자유형 또는 벌금형에 처한다.

Zerstörung wichtiger Arbeitsmittel StGB 305a 주요 작업수단의 파괴죄.
(1) Wer rechtswidrig

1. ein fremdes technisches Arbeitsmittel von bedeutendem Wert, das für die Errichtung einer Anlage oder eines Unternehmens im Sinne des § 316b Abs. 1 Nr. 1 oder 2 oder einer Anlage, die dem Betrieb oder der Entsorgung einer solchen Anlage oder eines solchen Unternehmens dient, von wesentlicher Bedeutung ist, oder
2. ein Kraftfahrzeug der Polizei oder der Bundeswehr
ganz oder teilweise zerstört, wird mit Freiheitsstrafe bis zu fünf Jahren oder mit Geldstrafe bestraft.
1. 제316b조 제1항 제1,2호(공공경영)에서 말하는 시설이나 기업의 경영이나 처리에 공하는 시설 또는 기업의 설치에 본질적으로 중요한 타인의 기술적인 작업수단, 또는
2. 경찰이나 연방군의 자동차를 완전히 또는 부분적으로 파괴한 자는 5년 이하의 자유형이나 벌금형에 처한다.

Zertifikat SigG 2 Nr.6 인증서.
6. "Zertifikate" elektronische Bescheinigungen, mit denen Signaturprüfschlüssel einer Person zugeordnet werden und die Identität dieser Person bestätigt wird,
인증서는 어떤 사람의 서명검증키가 그에게 속한다는 것과 이러한 사람의 신원을 확인해 주는 전자적 증명서를 말한다.

Zertifizierungsdiensteanbieter SigG 2 Nr.8 인증기관.
Im Sinne dieses Gesetzes sind
8. "Zertifizierungsdiensteanbieter" natürliche oder juristische Personen, die qualifizierte Zertifikate oder qualifizierte Zeitstempel ausstellen,
본법에서 8. "인증기관"은 공인인증서 또는 공인타임스탬프를 교부하는 자연인 또는 법인을 말한다.

Zeugen unter sechzehn Jahren StPO 241a 아동증인 (16세 이하의 증인).
(1) Die Vernehmung von Zeugen unter sechzehn Jahren wird allein von dem Vorsitzenden durchgeführt.

16세 이하인 증인의 신문은 재판장에 의하여 단독으로 행하여진다.

Zeugenbelehrung StPO 57 증인교시.
Vor der Vernehmung werden die Zeugen zur Wahrheit ermahnt, auf die Möglichkeit der Vereidigung hingewiesen und über die strafrechtlichen Folgen einer unrichtigen oder unvollständigen Aussage belehrt.
신문전에 증인에게는 진실하도록 경고하고 선서의 가능성에 대하여 교시하여야 하며, 허위이거나 불완전한 진술의 형사법적 효과를 고지하여야 한다.

Zeugenbeweis ZPO 373 인증(人證).
Der Zeugenbeweis wird durch die Benennung der Zeugen und die Bezeichnung der Tatsachen, über welche die Vernehmung der Zeugen stattfinden soll, angetreten.
인증은 증인의 지명 및 증인신문이 행해질 사실의 표시를 통해서 신청된다.

Zeugenladung StPO 48 증인소환.
Die Ladung der Zeugen geschieht unter Hinweis auf verfahrensrechtliche Bestimmungen, die dem Interesse des Zeugen dienen, auf vorhandene Möglichkeiten der Zeugenbetreuung und auf die gesetzlichen Folgen des Ausbleibens.
증인의 소환은 증인의 이해관계에 대한 절차법적 규정, 증인보호의 방법과 불출석할 경우의 법적 효과를 명시하여 행한다.

Zeugenvernehmung StPO 68 증인신문
→ Vernehmung zur Person (인정신문).

Zeugnisverweigerungsrecht aus beruflichen Gründen StPO 53 직업상의 사유로 인한 증언거부권.
1. Geistliche,
2. Verteidiger des Beschuldigten,
3. Rechtsanwälte, Patentanwälte, Notare, Wirtschaftsprüfer, vereidigte Buchprüfer, Steuerberater und Steuerbevollmächtigte, Ärzte, Zahnärzte, Psychologische Psychotherapeuten, Kinder- und Jugendlichenpsychotherapeuten, Apotheker und Hebam-

men,
3a. Mitglieder oder Beauftragte einer anerkannten Beratungsstelle nach den §§ 3 und 8 des Schwangerschaftskonfliktgesetzes,
3b. Berater für Fragen der Betäubungsmittelabhängigkeit in einer Beratungsstelle,
4. Mitglieder des Bundestages, eines Landtages oder einer zweiten Kammer
5. Personen, die bei der Vorbereitung, Herstellung oder Verbreitung von periodischen Druckwerken oder Rundfunksendungen berufsmäßig mitwirken oder mitgewirkt haben,
1. 성직자 2. 피의자의 변호인 3. 변호사, 변리사, 공증인, 공인회계사, 선서회계사(장부검사사), 세무사 및 세무대리사, 의사, 치과의사, 심리치료사, 아동·청소년 심리치료사, 약사 및 조산원 3a .임신갈등법 제3조와 제8조에 의한 공인상담소의 구성원 또는 위탁자 3b. 약물상담자, 4. 연방과 주의원, 5. 정기간행물이나 방송의 준비, 제작, 반포에 직업적으로 참여한 사람으로 그러한 신분에 의해 고백받거나 알게된 자.

Zeugnisverweigerungsrecht aus persönlichen Gründen StPO 52 인적 사유로 인한 증언거부권.
(1) Zur Verweigerung des Zeugnisses sind berechtigt
1. der Verlobte des Beschuldigten oder die Person, mit der der Beschuldigte ein Versprechen eingegangen ist, eine Lebenspartnerschaft zu begründen;
2. der Ehegatte des Beschuldigten, auch wenn die Ehe nicht mehr besteht;
2a. der Lebenspartner des Beschuldigten, auch wenn die Lebenspartnerschaft nicht mehr besteht;
3. wer mit dem Beschuldigten in gerader Linie verwandt oder verschwägert, in der Seitenlinie bis zum dritten Grad verwandt oder bis zum zweiten Grad verschwägert ist oder war.
다음의 경우에 증언거부권이 있다.
1. 피의자의 약혼자 또는 피의자와 생활동반자관계를 하기로 약속한 사람, 2. 피의자

의 배우자, 법률혼 관계가 더 이상 존재하지 않는 경우, 2a. 피의자의 생활동반자와 생활동반자관계가 더 이상 존재하지 않는 경우, 3. 피의자와 직계의 혈족이거나 인척인 자, 방계로서 3촌 이내의 혈족이거나 2촌 이내의 인척이나 인척이었던 자.

Zeugnisverweigungerungsrecht der Abgeordneten GG 47 의원의 증언거부권.
Die Abgeordneten sind berechtigt, über Personen, die ihnen in ihrer Eigenschaft als Abgeordnete oder denen sie in dieser Eigenschaft Tatsachen anvertraut haben, sowie über diese Tatsachen selbst das Zeugnis zu verweigern.
의원은 그의 의원으로서의 자격을 신뢰하여 그에게 사실을 밝힌 사람에 대하여 또는 의원의 자격으로 그가 사실을 밝힌 사람에 대하여 증언을 거부할 권리를 갖는다.

Zeugnisverweigerungsrecht der Hilfspersonen StPO 53a 업무보조자의 증언거부권.
(1) Den in §53 Abs.1 Nr.1 bis 4 Genannten stehen ihre Gehilfen und die Personen gleich, die zur Vorbereitung auf den Beruf an der berufsmäßigen Tätigkeit teilnehmen.
형사소송법 제53조 제1항 제1-4호에 열거된 자의 보조자 및 직무수습을 위해 직업활동에 관여한 자도 제53조 제1항 제1호 내지 제4호에 열거된 자와 같다.

ZG → Zollgesetz ((구)관세법).

Ziffer 호(號) → Paragraph (조: §).

Zinseszinsen BGB 248 복리.
Eine im Voraus getroffene Vereinbarung, dass fällige Zinsen wieder Zinsen tragen sollen, ist nichtig.
변제기에 달한 이자에 다시 이자를 발생하게 할 취지의 사전합의 이를 무효로 한다.

Zivildienst GG 12a(2) 병역대체(사회봉사)근무 (양심범에 대한).
* Der Zivildienst ist die häufigste Form des Wehrersatzdienstes. Der Zivildienstleistende lehnt aus Gewissensgründen den (Kriegs-)Dienst mit der Waffe ab und leistet stattdessen den Zivildienst.
~는 병역대체근무에 대한 가장 일반적인 형태이다. ~자는 양심상의 이유에서 무기를 사용한 (전쟁)근무를 거부하며, 그 대신에 병역대체근무를 한다.

Zivildienstgesetz (Gesetz über den Zivildienst der Kriegsdienstverweigerer) ZDG 1 병역대체(사회봉사)근무법 (2005.5.17) (BGBl. I S. 1346).
Im Zivildienst erfüllen anerkannte Kriegsdienstverweigerer Aufgaben, die dem Allgemeinwohl dienen, vorrangig im sozialen Bereich.
병역거부자로 인정된 자는 병역대체근무로서 공공복지봉사의 임무를 사회영역에서 우선적으로 수행한다.

Zivilsachen GVG 133 민사사건.
In bürgerlichen Rechtsstreitigkeiten ist der Bundesgerichtshof zuständig für die Verhandlung und Entscheidung über die Rechtsmittel der Revision, der Sprungrevision und der Rechtsbeschwerde.
민사분쟁에서는 연방대법원이 상고심, 비약상고, 법률항고의 심리와 재판에 대하여 관할권이 있다.

ZK → Zollkodex (EU(유럽연합) 관세법(전)).

ZK-DVO → Zollkodex-Durchführungsverordnung (EU-관세법(전) 시행령).

Zollager ZK 98(2), 99 세관창고.
(2) Als Zollager gilt jeder von den Zollbehörden zugelassene und unter zollamtlicher Überwachung stehende Ort, an dem Waren unter den festgelegten Voraussetzungen gelagert werden können.
세관창고는 물품이 확정된 요건에 따라 저장될 수 있는 관세청이 허가하고 관세감시를 받는 모든 장소를 말한다.
Zollager können öffentliche oder private

Zollager sein. (99)
세관창고는 공공창고와 사설창고로 구분된다.

Zollamtliche Überwachung ZK 37
관세감시.
(1) Waren, die in das Zollgebiet der Gemeinschaft verbracht werden, unterliegen vom Zeitpunkt des Verbringens an der zollamtlichen Überwachung. Sie können nach dem geltenden Recht zollamtlich geprüft werden.
공동체의 관세영역에 반입되는 상품은 반입시점부터 관세감시에 놓인다. 이들 상품은 실정법에 의하여 세관의 검사를 받을 수 있다.

Zollanmeldung ZK 62 통관신고.
(1) Die schriftlichen Zollanmeldungen sind auf einem Vordruck abzugeben, der dem amtlichen Muster entspricht. Sie müssen unterzeichnet werden und alle Angaben enthalten, die zur Anwendung der Vorschriften über das Zollverfahren, zu dem die Waren angemeldet werden, erforderlich sind.
서면의 통관신고는 공무소 소정의 양식에 의거하여 행하여진다. 이 신고서에는 서명이 되어 있어야 하며, 신고된 상품의 관세절차에 대한 규정을 적용하는 데에 필요한 모든 기재사항을 포함하고 있어야 한다.

Zollbehörde ZK 4 Nr.3 관세청.
3. Zollbehörden: die unter anderem für die Anwendung des Zollrechts zuständigen Behören;
관세청: 특히 관세법 적용의 관할 관청.

Zollfreigebiet ZG 2(3) 관세자유지역.
(3) Zollfreigebiete sind:
1. deutsche Schiffe und deutsche Luftfahrzeuge in Gebieten, die zu keinem Zollgebiet gehören;
2. die Insel Helgoland;
3. vom Zollgebiet ausgeschlossene Teile vom seehäfen (die Freihäfen)ä
4. die Gewasser und Watten zwischen der Hoheitsgrenze und der Zollgrenze an der Küste.

관세자유지역은
1. 어떠한 관세지역에도 속하지 아니하는 지역에 있는 독일의 선박 및 항공기;
2. 헬고란트섬.
3. 관세지역으로로부터 제외된 항구(자유항)의 일부분;
4. 주권경계와 해안의 관세선간에 있는 해안과 사주.

Zollgesetz ZG (구)관세법
Zollgesetz (구)관세법은 1961.6.14. 이후 독일 관세법(Zollrecht)의 기초를 이루어왔다. 1994.1.1 동법은 유럽역내시장의 완성으로 관세행정법(Zollverwaltungsgesetz)으로 대체되었다. 관세행정법은 관세규칙(Zollverordnung)과 더불어 비공동체적 규제의 관세사항을 규정하고 있다.

Zollgut ZG 5 과세품.
(1) Werden Waren eingeführt, so werden sie damit Zollgut.
반입되는 모든 물품은 과세물건이 된다.
→ Freigut (면세품).

Zollkodex ZK EU(유럽연합)-관세법(전).
(VERORDNUNG (EWG) Nr. 2913/92 DES RATES vom 12. Oktober 1992 zur Festlegung des Zollkodex der Gemeinschaften)
EU 관세법은 유럽에 걸친 관세규정의 통합을 위하여 EU 이사회가 1992.10.12. VO (EWG) Nr. 2913/92로 공표한 규정이다.
동법은 EC 회원국 및 제3국간에 물품거래에 대한 관세적용의 기준이 된다.

Zollkodex-Durchführungsverordnung (ZK-DVO) EU-관세법(전) 시행령.
(VERORDNUNG (EWG) Nr. 2454/93 DER KOMMISSION vom 2. Juli 1993 mit Durchführungsvorschriften zu der Verordnung (EWG) Nr. 2913/92 des Rates zur Festlegung des Zollkodex der Gemeinschaften).

Zollschuld ZK 201 관세채무.
(1) Eine Einfuhrzollschuld entsteht,
a) wenn eine einfuhrabgabenpflichtige Ware in den zollrechtlich freien Verkehr

übergeführt wird oder

b) wenn eine einfuhrabgabenpflichtige Ware in das Verfahren der vorübergehenden Verwendung unter teilweiser Befreiung von den Einfuhrabgaben übergeführt wird.

(2) Die Zollschuld entsteht in dem Zeitpunkt, in dem die betreffende Zollanmeldung angenommen wird.

(1) 수입관세채무는

a) 수입관세의 납부의무가 있는 물품이 관세법상 자유유통을 위한 통관이 이루어지거나 또는,

b) 수입관세의 납부의무가 있는 물품의 수입관세를 일부 면제하여 일시적 이용절차로 통관이 이루어지는 때에 발생한다.

(2) 관세채무는 해당 신고서가 접수된 때로부터 발생한다.

Zollstelle ZK 4 Nr.4　세관(~건물).

4. Zollstelle: eine Dienststelle, bei der im Zollrecht vorgesehene Förmlichkeiten erfüllt werden können;

4. 세관: 관세법에 규정된 형식사항이 이행 가능한 기관.

Zollstraße ZollVG 2(4)　관세통로.

(4) Zollstraßen sind Landstraßen, Wasserstraßen, Rohrleitungen und sonstige Beförderungswege, auf denen Waren in das oder aus dem Zollgebiet der Gemeinschaft sowie in die oder aus den Freizonen des Kontrolltyps I zu verbringen sind.

관세통로란 그를 통해 물품을 공동체의 관세구역 및 통제유형 I의 관세자유지역의 내외로 운반할 수 있는 육로, 수로, 파이프 및 기타 운송로를 말한다.

Zollunion EGV 25　관세동맹.

Ein- und Ausfuhrzölle oder Abgaben gleicher Wirkung sind zwischen den Mitgliedstaaten verboten. Dieses Verbot gilt auch für Finanzzölle.

회원국 상호간에는 수입·수출품 관세 또는 이에 상당한 효과를 가진 공과금이 금지된다. 이 금지사항은 재정관세에도 적용된다.

ZollV → Zollverordnung.

Zollverordnung ZollV 1　관세규칙 (1993.12.23) (BGBl. I S. 2449).

(1) Im Warenverkehr über den Bodensee einschließlich des Untersees gelten Waren aus der Schweiz erst als in den deutschen Teil des Zollgebiets der Gemeinschaft verbracht, wenn sie in einen deutschen Hafen, an das deutsche Ufer oder an damit verbundene Anlagen gelangt sind.

해저를 포함, 보덴제 호수를 지나는 물품거래에서 스위스에서 나오는 물품은 독일 항구에, 독일 해안에 또는 그와 관계된 시설에 도착한 때에 비로소 공동체의 독일관세지역에서 유통된다.

Zollverwaltung ZollVG 1　관세행정.

(1) Der Verkehr mit Waren über die Grenze des Zollgebiets der Europäischen Gemeinschaften (Zollgebiet der Gemeinschaft) sowie über die Grenzen von Freizonen im Sinne des Artikels 167 Abs. 3 des Zollkodex in Verbindung mit Artikel 799 Buchstabe a der Zollkodex-Durchführungsverordnung (Freizonen des Kontrolltyps I) wird im Geltungsbereich dieses Gesetzes zollamtlich überwacht.

유럽공동체 관세지역의 경계 및 EU-관세법 시행령 제799a조와 관련된 EU-관세법 제167조 제3항의 관세자유지역(통제유형 I의 관세자유지역)의 경계를 넘는 거래는 본법의 적용범위에서 관세감시에 놓인다.

Zollverwaltungsgesetz ZollVG　관세행정법 (1992.12.21) (BGBl. I S. 2125 (1993, 2493)). → Zollgesetz (구)(관세법).

ZollVG → Zollverwaltungsgesetz.

Zollwert ZK 29　관세평가.

(1) Der Zollwert eingeführter Waren ist der Transaktionswert, das heisst der für die Waren bei einem Verkauf zur Ausfuhr in das Zollgebiet der Gemeinschaft tatsächlich gezahlte oder zu zahlende Preis,

gegebenenfalls nach Berichtigung gemäß den Artiklen 32 und 33 und unter der Voraussetzung, daß
a) keine Einschränkungen bezüglich der Verwendung und des Gebrauchs der Waren durch den Käufer bestehen, ausgenommen solche, die
- durch das Gesetz oder von den Behörden in der Gemeinschaft auferlegt oder gefordert werden;
- das Gebiet abgrenzen, innerhalb dessen die Waren weiterverkauft werden können;
- sich auf den Wert der Waren nicht wesentlich auswirken:
수입품의 관세평가는 거래가격, 즉 물품이 공동체의 관세영역에 수출되기 위하여 판매 시 실제로 지불되는, 경우에 따라서는 제32조와 제33조에 의한 결제 그리고 다음 각호의 전제하에 지불되어야 하는 가격을 말한다.
매수인에 의한 수입물품의 처분 또는 사용에 관하여는 어떠한 제한도 존재하지 않는다. 단 다음은 예외로 한다.
- 공동체의 법률 또는 관청에 의하여 부과되거나 요구되는 경우,
- 수입물품이 계속적으로 판매되는 영역을 한정하는 경우,
- 수입물품의 가격에 실질적으로 영향을 미치지 않는 경우.

ZRHO → Rechtshilfeordnung für Zivilsachen (민사사법공조규칙).

ZSEG 증인 및 감정인에 대한 보상법.
Gesetz über die Entschädigung vom Zeugen.
* 동법은 2004.7.1. Justizvergütungs- u. -entschädigungsgesetz (사법보수 및 보상법)으로 대체되었다.

Zu spät vorgebrachte Beweisanträge StPO 246 지체된 증거신청.
(1) Eine Beweiserhebung darf nicht deshalb abgelehnt werden, weil das Beweismittel oder die zu beweisende Tatsache zu spät vorgebracht worden sei.
증거조사는 증거방법 또는 증명될 사실이 너무 늦게 제출되었다는 이유로 각하될 수

없다.

Zu versteuerndes Einkommen
KStG 7(2) 과세(대상)소득.
(2) Zu versteuerndes Einkommen ist das Einkommen im Sinne des § 8 Abs.1, vermindert um die Freibeträge der §§ 24 und 25.
과세소득은 (법인세법) 제8조 제1항의 소득에서 제24조 및 제25조의 공제액을 차감하여 계산된다.

Zu wählende Verteidiger StPO 138
선임가능한 변호사.
Zu Verteidigern können Rechtsanwälte sowie die Rechtslehrer an deutschen Hochschulen im Sinne des Hochschulrahmengesetzes mit Befähigung zum Richteramt gewählt werden.
변호사 및 대학법상의 독일대학에서 판사직무의 능력이 있는 법학교수는 변호인으로 선임될 수 있다.

Zubehör BGB 97 종물.
Zubehör sind bewegliche Sachen, die, ohne Bestandteile der Hauptsache zu sein, dem wirtschaftlichen Zwecke der Hauptsache zu dienen bestimmt sind und zu ihr in einem dieser Bestimmung entsprechenden räumlichen Verhältnis stehen.
주물의 구성부분이 되지 않고 주물의 경제적 목적에 이바지하도록 되어 있으며 또 주물에 대하여 이러한 용도에 적응하는 장소적 관계에 있는 동산은 이를 종물로 한다.
↔ Hauptsache (주물).

Zuchthaus (1969년 제1차 개정 이전의 유기 (1-15년) 또는 무기의) 중징역. → Gefängnisstrafe (경징역).

Züchtigungsrecht (Elterliches ∼ und ∼ an Schulen) 체벌권.
Kraft Erziehungsrechts darf der Vater angemessene Zuchtmittel gegen das Kind anwenden. (BGB 1631(2) a.F.)
부는 자에 대하여 교육권에 의한 적절한 훈육수단을 사용할 수 있다.

→ Prügelstrafe (태형).
→ Körperliche Bestrafung (체벌).

Zuchtmittel JGG 13 훈육(훈육)처분.
(1) Der Richter ahndet die Straftat mit Zuchtmitteln, wenn Jugendstrafe nicht geboten ist, dem Jugendlichen aber eindringlich zum Bewußtsein gebracht werden muß, daß er für das von ihm begangene Unrecht einzustehen hat.
(소년)법관은 형벌이 필요하지는 않지만 청소년에게 자신이 범한 범행을 통찰할 의식을 일깨워야 할 경우에 소년범죄를 훈육처분을 과할 수 있다
(2) Zuchtmittel sind
1. die Verwarnung, 경고
2. die Erteilung von Auflagen, 부담사항의 부과
3. der Jugendarrest. 소년구금
(3) Zuchtmittel haben nicht die Rechtswirkungen einer Strafe.
훈육처분은 형벌의 효과를 가지지 않는다.
→ Erziehungsmaßregel (교육처분).

Zueignung (die rechtswidrige Aneignung) 영득. → Zueignungsabsicht.

Zueignungsabsicht StGB 242 불법영득의사.
절도죄의 in der Absicht (wegnimmt), sich rechtswidrig zuzueignen. 즉 영득을 목적으로 하는 의사이며 반드시 불법이득의사(→ Bereicherungsabsicht)를 말하는 것은 아니다.

Zufallsfund StPO 108 우연한 발견물.
(Beschlagnahme anderer Beweisgegenstände: 다른 증거물의 압수)
Werden bei Gelegenheit einer Durchsuchung Gegenstände gefunden, die zwar in keiner Beziehung zu der Untersuchung stehen, aber auf die Verübung einer anderen Straftat hindeuten, so sind sie einstweilen in Beschlag zu nehmen.
수색하는 경우에 조사와 관계없는 다른 범죄행위를 암시하는 물건은 가압수 할 수 있다.

Zufallsurkunde 우연문서.
→ Absichtsurkunde (목적문서).

Zuführung unwägbarer Stoffe BGB 906 불가량물의 유입.
(1) Der Eigentümer eines Grundstücks kann die Zuführung von Gasen, Dämpfen, Gerüchen, Rauch, Ruß, Wärme, Geräusch, Erschütterungen und ähnliche von einem anderen Grundstück ausgehende Einwirkungen insoweit nicht verbieten, als die Einwirkung die Benutzung seines Grundstücks nicht oder nur unwesentlich beeinträchtigt.
토지의 소유자는 가스, 증기, 냄새, 연기, 그을음, 열기, 소음, 진동의 유입 및 다른 토지에서 나오는 유사한 영향으로 자기의 토지의 이용이 방해되지 아니하거나 또는 그 방해가 비본질적인 경우에는 이를 금할 수 없다.
Eine unwesentliche Beeinträchtigung liegt in der Regel vor, wenn die in Gesetzen oder Rechtsverordnungen festgelegten Grenz- oder Richtwerte von den nach diesen Vorschriften ermittelten und bewerteten Einwirkungen nicht überschritten werden.
비본질적 침해라 함은 원칙적으로 법률 또는 법규에서 확정된 한계치나 표준치가 본 규정에 따라 조사, 평가된 영향을 넘지 않는 때에 존재한다.
→ Immissionen (임미시온).

Zug-um-Zug-Leistung BGB 298 동시이행급부.
Ist der Schuldner nur gegen eine Leistung des Gläubigers zu leisten verpflichtet, so kommt der Gläubiger in Verzug, wenn er zwar die angebotene Leistung anzunehmen bereit ist, die verlangte Gegenleistung aber nicht anbietet.
채무자가 채권자의 급부에 대하여만 급부의무가 있는 경우에 채권자가 제공된 급부의 수령에 대한 준비가 되어 있지만 그가 요구된 반대급부를 제공하지 아니하는 때에는 채권자는 지체에 빠진다.

Zugabeverbot ZugabeVO 1 경품금지.
(1) Es ist verboten, im geschäftlichen Verkehr neben einer Ware oder einer Leistung eine Zugabe (Ware oder Leistung) anzubieten, anzukündigen oder zu gewähren.
영업상의 거래에서 상품 또는 급부 이외에 경품(상품 또는 급부)을 제공, 광고, 보장하는 것은 금지된다.
Rabattgesetz (RabattG 리베이트법)과 Zugabeverordnung (ZugabeVO 경품령)은 2001.6.29 폐지되었다.
→ Preisnachlaß (가격할인).

Zugehen BGB 132 도달.
(~ durch Zustellung 송달에 의한 도달).
Eine Willenserklärung gilt auch dann als zugegangen, wenn sie durch Vermittlung eines Gerichtsvollziehers zugestellt worden ist.
의사표시는 집행관의 경우에 의하여 송달된 때에도 도달한 것으로 본다.

Zugewinn BGB 1373 잉여.
Zugewinn ist der Betrag, um den das Endvermögen eines Ehegatten das Anfangsvermögen übersteigt.
잉여는 일방 배우자의 종국재산이 그의 초기(당초)재산을 초과하는 금액이다.

Zugewinngemeinschaft BGB 1363
잉여공동제.
Die Ehegatten leben im Güterstand der Zugewinngemeinschaft, wenn sie nicht durch Ehevertrag etwas anderes vereinbaren.
달리 합의하지 아니하는 한 부부는 혼인계약을 통해서 잉여공동제의 부부재산제로 생활한다.
→ Ausgleichsforderung (청산청구권).

Zügigkeitsprinizip VwVfG 10 신속성의 원칙.
Es ist einfach, zweckmäßig und zügig durchzuführen.
행정절차는 간단하며 합목적적이고 신속하게 추진되어야 한다.

Zugriff 개입.
StPO 475(1) a.F. gegen den unbefugten Zugriff Dritter 권한 없는 제3자의 개입으로부터; im ersten Zugriff verfolgen (OWiG 57(2)) 초동개입에 의한 소추.

Zuhälterei StGB 181a 매음매개죄.
(1) Mit Freiheitsstrafe von sechs Monaten bis zu fünf Jahren wird bestraft, wer
1. eine andere Person, die der Prostitution nachgeht, ausbeutet oder
2. seines Vermögensvorteils wegen eine andere Person bei der Ausübung der Prostitution überwacht, Ort, Zeit, Ausmaß oder andere Umstände der Prostitutionsausübung bestimmt oder Maßnahmen trifft, die sie davon abhalten sollen, die Prostitution aufzugeben,
und im Hinblick darauf Beziehungen zu ihr unterhält, die über den Einzelfall hinausgehen.
① 다음 각호에 해당하는 행위를 하고 다음 각호의 타인과 각각의 경우 이상의 관계를 유지한 자는 6개월 이상 5년 이하의 자유형에 처한다.
1. 매음을 하는 타인을 착취하는 행위,
2. 영리를 목적으로 매음(윤락행위)시 타인을 감독하거나 매음장소, 시간, 정도 또는 기타 상황을 정하거나 매음포기를 방해하는 조치를 취하는 행위.
본조의 제1호는 매음약탈 (Ausbeuterische Zuhälterei), 제2호는 매음지배 (Dirigierende Zuhälterei)이며, 본조 제2항은 영업적 성거래의 중개를 조장하는 매음중개(Kupplerische Zuhälterei)를 규정하고 있다.
오스트리아 형법 제213조에서는 타인과 음란행위를 하도록 하는 Kuppelei(음행매개)와 제216조의 영업적 음란행위로부터 계속적인 수입을 목적으로 하는 Zuhälterei가 구분된다.

Zulässige Rechtsfolgen der Tat durch

Strafbefehl StPO 407(2) 과형명령에 있어 허용된 법적 효과.
(2) Durch Strafbefehl dürfen nur die fol-

genden Rechtsfolgen der Tat, allein oder nebeneinander, festgesetzt werden: 과형명령에 의할 때는 행위에 대하여 다음 각호의 형만을 단독으로 또는 병과하여 확정할 수 있다.
Geldstrafe, Verwarnung mit Strafvorbehalt, Fahrverbot, Verfall, Einziehung, Vernichtung, Unbrauchbarmachung, Bekanntgabe der Verurteilung und Geldbuße gegen eine juristische Person oder Personenvereinigung,
벌금형, 선고유예, 운전금지, 박탈, 폐기, 사용불능, 유죄판결의 공시 및 법인이나 비법인단체에 대한 질서위반금.
Entziehung der Fahrerlaubnis, bei der die Sperre nicht mehr als zwei Jahre beträgt, sowie Absehen von Strafe
그 기간이 2년을 초과하지 않는 운전면허취소 및 형의 면제.
Hat der Angeschuldigte einen Verteidiger, so kann auch Freiheitsstrafe bis zu einem Jahr festgesetzt werden, wenn deren Vollstreckung zur Bewährung ausgesetzt wird.
변호인이 있는 공소피의자에게는 보호관찰을 위한 집행이 유예된 경우 1년 이하의 자유형도 부과할 수 있다.

Zulassungsberufung ZPO 511(4) 항소허가(허가상소).
(4) Das Gericht des ersten Rechtszuges lässt die Berufung zu, wenn
1. die Rechtssache grundsätzliche Bedeutung hat oder die Fortbildung des Rechts oder die Sicherung einer einheitlichen Rechtsprechung eine Entscheidung des Berufungsgerichts erfordert und
2. die Partei durch das Urteil mit nicht mehr als 600 Euro beschwert ist.
제1심법원은 다음 각호의 경우에 항소를 허용한다.
1. 소송사건이 기본적으로 중요한 경우 또는 법의 계속형성 또는 통일된 판례의 유지에 항소법원의 재판을 필요로 하는 경우,
2. 당사자가 600유로 이하의 판결로 불리하게 된 경우.

Zulassungsrevision ZPO 543 상고허가

(허가상고).
(1) Die Revision findet nur statt, wenn sie
1. das Berufungsgericht in dem Urteil oder
2. das Revisionsgericht auf Beschwerde gegen die Nichtzulassung zugelassen hat.
상고는 다음 각호의 경우에 허용된다.
1. 항소법원이 판결에서 또는
2. 상고법원이 불허가항고에 대하여 허용할 때.
→ Nichtzulassungsbeschwerde (불허가항고).

Zum Schadensausgleich verpflichtende Tatbestände MEPolG 45 손해보상(전보) 의무의 요건.
(1) Erleidet jemand infolge einer rechtmäßigen Inanspruchnahme nach §6 einen Schaden, ist ihm ein angemessener Ausgleich zu gewähren.
통일경찰법 모범안 제6조(비책임자에 대한 조치)에 따른 적법한 조치의결과 손실을 입은 자에 대하여는 정당한 보상이 행하여져야 한다.

Zumessung der Strafe
→ Strafzumessung (양형).

Zumutbarkeit 기대가능성.
Ist ein Handeln oder Hinnehmen (Dulden) nicht zumutbar, kann strafrechtlich ein Entschuldigungsgrund gegeben sein und zivilrechtlich und arbeitsrechtlich eine Rechtsverpflichtung entfallen.
행위 또는 감수(수인)가 기대불가능한 경우 형법적으로 면책사유가 되며, 민사법 및 노동법적으로는 법적 의무가 탈락한다.

Zunächst oberes Gericht StPO 27(4) 직근상급법원.
(4) Wird das zur Entscheidung berufene Gericht durch Ausscheiden des abgelehnten Mitglieds beschlußunfähig, so entscheidet das zunächst obere Gericht.
재판을 위하여 소집된 법원이 기피된 법관의 탈퇴로 인하여 결정이 불가능해진 경우 ~이 이를 재판한다.

Zurückbehaltungsrecht BGB 273; StGB 289 유치권.
(1) Hat der Schuldner aus demselben rechtlichen Verhältnis, auf dem seine Verpflichtung beruht, einen fälligen Anspruch gegen den Gläubiger, so kann er, sofern nicht aus dem Schuldverhältnis sich ein anderes ergibt, die geschuldete Leistung verweigern, bis die ihm gebührende Leistung bewirkt wird.
채무자가 자신의 채무가 발생한 것과 동일한 법적 관계로부터 채권자에 대하여 이행기가 도래한 청구권을 가지는 경우에는 이러한 채권관계에서 달리 해석되지 아니하는 한 채무자는 그에 상응하는 급부가 실행될 때까지 의무를 부담하는 급부를 거절할 수 있다.

Zurücknahme des Antrags StGB 77d 고소의 취소.
(1) Der Antrag kann zurückgenommen werden. Die Zurücknahme kann bis zum rechtskräftigen Abschluß des Strafverfahrens erklärt werden. Ein zurückgenommener Antrag kann nicht nochmals gestellt werden.
고소는 취소할 수 있다. 취소는 형사소송절차가 확정되는 종료시까지 의사표시 할 수 있다. 취소된 고소는 다시 할 수 없다.

Zurücknahme des Strafantrags
StPO 470 고소취하.
(→ Kostentragung bei ~: ~시의 비용)

Zurücknahme eines Rechtsmittels
(Rechtsmittelrücknahme und Rechtsmittelverzicht) StPO 302 상소취하(~ 와 상소포기).
(1) Die Zurücknahme eines Rechtsmittels sowie der Verzicht auf die Einlegung eines Rechtsmittels kann auch vor Ablauf der Frist zu seiner Einlegung wirksam erfolgen. Ein von der Staatsanwaltschaft zugunsten des Beschuldigten eingelegtes Rechtsmittel kann jedoch ohne dessen Zustimmung nicht zurückgenommen werden.
상소의 취하 및 상소제기의 포기는 상소제기를 위한 기간의 경과 이전에도 효력을 발생한다. 검사가 피의자의 이익을 위하여 제기한 상소는 피의자의 동의없이 취하할 수 없다.

Zurückstufung BDG 9 강급.
(1) Die Zurückstufung ist die Versetzung des Beamten in ein Amt derselben Laufbahn mit geringerem Endgrundgehalt. Der Beamte verliert alle Rechte aus seinem bisherigen Amt einschließlich der damit verbundenen Dienstbezüge und der Befugnis, die bisherige Amtsbezeichnung zu führen.
강급은 공무원을 보다 가벼운 최종기본급여의 동일 경력의 직위에 배치하는 것이다. 공무원은 직위와 관련된 급여 및 지금까지의 직명을 사용할 권한을 포함, 지금까지의 직위에서 나오는 모든 권리를 상실한다.
→ Disziplinarmaßnahme (징계(징벌)처분).

Zurückverlegt werden StVollzG 10(2) 재이송되다.
→ Geschlossener Vollzug (폐쇄집행).

Zurückverweisung StPO 354 환송.
(2) In anderen Fällen ist die Sache an eine andere Abteilung oder Kammer des Gerichtes, dessen Urteil aufgehoben wird, oder an ein zu demselben Land gehörendes anderes Gericht gleicher Ordnung zurückzuverweisen.
다른 경우(파기자판 하지 않는 경우)에는 사건을 원심법원의 다른 과나 부 또는 동일주의 다른 동급법원에 환송하여야 한다.

Zurückweisen StPO 28 기각(이유없다고 ~)(unbegründet zurückgewiesen wird).
→ Ablehnen.

Zurückweisung der Verteidigers
StPO 146a 변호인의 선임취소.
(1) Ist jemand als Verteidiger gewählt worden, obwohl die Voraussetzungen des § 137 Abs. 1 Satz 2 oder des § 146 vorliegen, so ist er als Verteidiger zurückzuweisen, sobald dies erkennbar wird.

재137조 제1항 제2문(3인을 넘는 사선변호인) 또는 제146조(이중변호금지)의 요건이 존재함에도 불구하고 변호인으로 선임된 자에 있어서 그 사실이 밝혀진 즉시 그 변호인의 선임을 취소할 수 있다.

Zusage 확언, 확실한 약속.
① 행정청의 구속적 의사표시
→ Zusicherung (확약).
② (확실한 약속) StGB 56c(4)
(4) Macht der Verurteilte entsprechende Zusagen für seine künftige Lebensführung, so sieht das Gericht in der Regel von Weisungen vorläufig ab, wenn die Einhaltung der Zusagen zu erwarten ist.
형의 선고를 받은 자가 장래의 행상에 상응하는 확언을 한 경우 그 준수를 기대할 수 있는 때에는 법원은 통상 지시사항을 잠정적으로 중지한다.
→ Überwachung der Lebensführung während der Bewährungszeit (보호관찰기간중 행상의 감시).

Zusammenarbeit StVollzG 154 공동작업.
(1) Alle im Vollzug Tätigen arbeiten zusammen und wirken daran mit, die Aufgaben des Vollzuges zu erfüllen.
모든 수형자의 작업은 공동으로 이루어지며 집행과제를 달성할 수 있도록 서로 협력한다.

Zusammengesetzes Delikt 결합범.
Nach der Anzahl der in der Strafvorschrift geschützten Rechtsgüter gibt es einfache und zusammengesetzte Delikte.
형벌규정에서 보호법익의 수에 따라 단일범과 결합범으로 구분된다.

Zusammenhang StPO 3 관련.
(Erläuterung des Zusammenhangs 관련의 해석).
Ein Zusammenhang ist vorhanden, wenn eine Person mehrerer Straftaten beschuldigt wird oder wenn bei einer Tat mehrere Personen als Täter, Teilnehmer oder der Begünstigung, Strafvereitelung oder Hehlerei beschuldigt werden.
1인이 수죄의 혐의가 있는 경우(persönli-

cher Zusammenhang), 또는 1개의 범죄에 관하여 수인이 정범, 공범 또는 범죄비호죄, 범인은닉죄나 장물죄의 혐의가 있는 경우에는 이를 관련사건으로 한다(sachlicher Zusammenhang).

Zusammenhängende Strafsachen StPO 2 관련형사사건.
(1) Zusammenhängende Strafsachen, die einzeln zur Zuständigkeit von Gerichten verschiedener Ordnung gehören würden, können verbunden bei dem Gericht anhängig gemacht werden, dem die höhere Zuständigkeit beiwohnt.
각각 다른 심급의 법원의 관할에 속하는 관련형사사건은 이를 병합하여 상급의 관할권을 가지는 법원에 계속시킬 수 있다.

Zusammenrotten StGB 121, 124 도당 (~을 이루다).
도당을 이룬 피구금자(Gefangene, die sich ~); Wenn sich eine Menschenmenge öffentlich zusammenrottet. 다중이 공연히 도당을 이루어 주거에 침입한 경우.

Zusammenschluß GWB 36 기업결합; StGB 11(1) Nr.4 연합체(→ Besonders Verpflichter).
(1) Ein Zusammenschluss, von dem zu erwarten ist, dass er eine marktbeherrschende Stellung begründet oder verstärkt, ist vom Bundeskartellamt zu untersagen, es sei denn, die beteiligten Unternehmen weisen nach, dass durch den Zusammenschluss auch Verbesserungen der Wettbewerbsbedingungen eintreten und dass diese Verbesserungen die Nachteile der Marktbeherrschung überwiegen.(36)
시장지배적 지위를 발생시키거나 강화할 것으로 예상되는 기업결합은 연방카르텔청에 의하여 금지된다. 그러나 기업결합으로 경쟁조건이 개선되고 이러한 개선이 시장지배의 불이익을 능가한다는 것을 당해 기업이 증명하는 경우에는 그러하지 아니하다.

Zusammenstoß von Schiffen HGB 734 선박충돌.

Im Falle eines Zusammenstoßes von Schiffen findet, wenn der Zusammenstoß durch Zufall oder höhere Gewalt herbeigeführt ist oder Ungewißheit über seine Ursachen besteht, kein Anspruch auf Ersatz des Schadens statt, der den Schiffen oder den an Bord befindlichen Personen oder Sachen durch den Zusammenstoß zugefügt ist.
선박의 충돌의 경우에 있어서 충돌이 사고 또는 불가항력에 인하여 발생하든지 또는 충돌의 원인이 불명확할 때는 충돌에 의하여 선박 또는 선박내의 사람 또는 물건에 가하여진 손해의 배상을 청구할 수 없다.

Zusammentreffen mehrerer Gerichtsstände StPO 12 수개의 재판적의 경합.
→ Mehrere zuständige Gerichte.

Zusammentreffen von Milderungsgründen StGB 50 감경사유의 경합.
Ein Umstand, der allein oder mit anderen Umständen die Annahme eines minder schweren Falles begründet und der zugleich ein besonderer gesetzlicher Milderungsgrund nach § 49 ist, darf nur einmal berücksichtigt werden.
단독으로 또는 다른 사정과 병합하여 덜 중한 사례를 인정하는 근거가 되고, 동시에 형법 제49조에 의한 특별한 법률상의 감경사유에 해당되는 사정은 1회에 한하여만 고려되어야 한다.

Zusammentreffen von Straftat und Ordnungswidrigkeit OWiG 21 범죄행위와 질서위반행위의 경합.
(1) Ist eine Handlung gleichzeitig Straftat und Ordnungswidrigkeit, so wird nur das Strafgesetz angewendet.
하나의 행위가 범죄행위인 동시에 질서위반행위인 때에는 형벌법규만이 적용된다.

Zusätzliche Haftgründe (추가구속사유)
→ Sicherungshaft (보안구금).

Zuschlag 경락, 할증료.
① (ZPO 817) (1) Dem Zuschlag an den Meistbietenden soll ein dreimaliger Aufruf vorausgehen. 3회 호창후 최고경매인에 대한 경락을 한다.
② 할증료 Zuschläge, Nachlässe, Prämien SGB 7 162 (보험료) 할증액, 할인액, 특별보험료.
(1) Die gewerblichen Berufsgenossenschaften haben unter Berücksichtigung der anzuzeigenden Versicherungsfälle Zuschläge aufzuerlegen oder Nachlässe zu bewilligen.
산업직종조합은 산재보험적용사례 신고내용들을 고려하여 보험료 할증액을 부과하거나 할인액을 승인해야 한다.

Zuschreibung GBO 6 합필.
(1) Ein Grundstück soll nur dann einem anderen Grundstück als Bestandteil zugeschrieben werden, wenn hiervon Verwirrung nicht zu besorgen ist.
토지는 혼란이 생길 염려가 없는 경우에 한하여 다른 토지의 구성부분으로서 이를 합필할 수 있다.
→ Abschreibung von Grundstücksteilen (부동산일부의 분필).

Zuschüsse zu Zahnersatz und Zahnkronen StVollzG 62 의치 및 치관의 보조금.
Die Landesjustizverwaltungen bestimmen durch allgemeine Verwaltungsvorschriften die Höhe der Zuschüsse zu den Kosten der zahnärztlichen Behandlung und der zahntechnischen Leistungen bei der Versorgung mit Zahnersatz.
주법무부는 일반행정규정에 의하여 의치의 조치에 있어서 치과의사의 진료 및 치공에 필요한 비용의 보조금 한도를 정한다.

Zusicherung VwVfG 38 확약.
Eine von der zuständigen Behörde erteilte Zusage, einen bestimmten Verwaltungsakt später zu erlassen oder zu unterlassen (Zusicherung), bedarf zu ihrer Wirksamkeit der schriftlichen Form.
특정한 행정행위를 추후에 발동하거나 발동하지 아니할 것을 내용으로 하여 관할 행정청이 행하는 확약이 그 실효성을 가지기 위하여는 서명의 형식을 필요로 한다.

→ Zusage (확언).

Zustandekommen von Bundesgesetzen
GG 78 연방법률의 성립.
Ein vom Bundestage beschlossenes Gesetz kommt zustande, wenn der Bundesrat zustimmt, den Antrag gemäß Artikel 77 Abs.2 nicht stellt, innerhalb der Frist des Artikels 77 Abs.3 keinen Einspruch einlegt oder ihn zurücknimmt oder wenn der Einspruch vom Bundestage überstimmt wird.
연방하원이 의결한 법률은 연방상원이 이에 동의할 때, 제77조 제2항에 의한 요구를 제출하지 아니할 때, 제77조 제3항의 기간내에 이의를 제출하지 아니하고 또는 이것을 철회하며 또는 그 이의를 연방하원이 부결하였을 때에 성립된다.

Zuständigkeit 관할 (~ durch den BGH) (연방대법원에 의한 ~).
→ Einwand der Unzuständigkeit (관할위반의 이의).
→ Sachliche Zuständigkeit (사물관할).
→ Streit über die Zuständigkeit (관할쟁의).
→ Übertragung der Zuständigkeit des Gerichts (관할이전).
→ Untersuchungshandlungen eines unzuständigen Gerichts (관할권이 없는 경우의 심리행위).
→ Unzuständigkeitserklärung (관할위반의 선고).
→ Verhinderung des an sich zuständigen Gerichts (관할법원의 장애).
→ Verweisung der Sache an das zuständige Gericht (관할법원에의 사건이송).
→ Zuständigkeitsbestimmung (관할지정).
→ Zuständigkeitskonzentration (관할집중).

Zuständigkeit der Strafvollstreckungskammer StPO 462a 형집행부의 관할.
(1) Wird gegen den Verurteilten eine Freiheitsstrafe vollstreckt, so ist für die nach den §§ 453, 454, 454a und 462 zu treffenden Entscheidungen die Strafvollstreckungskammer zuständig, in deren Bezirk die Strafanstalt liegt, in die der Verurteilte zu dem Zeitpunkt, in dem das Gericht mit der Sache befaßt wird, aufgenommen ist.
형의 선고를 받은 자에게 자유형을 집행하는 경우에 제453(사후적 재판), 454(잔여형의 집행의 유예), 454a(보호관찰기간의 연장), 462조(결정에 의한 법원의 재판)에 의한 재판은 법원이 그 사건을 심리할 당시 형의 선고를 받은 자가 수용되었던 행형시설이 있는 구역을 관할하는 형집행부가 관할권을 가진다.
→ Strafvollstreckungskammer.

Zuständigkeit eines Gerichts höherer Ordnung StPO 225a 상급법원의 관할.
(1) Hält ein Gericht vor Beginn einer Hauptverhandlung die sachliche Zuständigkeit eines Gerichts höherer Ordnung für begründet, so legt es die Akten durch Vermittlung der Staatsanwaltschaft diesem vor.
법원은 공판의 개시전에 상급법원의 사물관할권을 인정하는 경우에는 소송기록을 검사를 경유하여 그 상급법원에 제출하여야 한다.

Zuständigkeit eines Wiederaufnahmeverfahrens StPO 367 재심절차의 관할.
재심절차에 있어서의 재판과 재심절차의 준비신청에 대한 재판의 법원관할).
(1) Die Zuständigkeit des Gerichts für die Entscheidungen im Wiederaufnahmeverfahren und über den Antrag zur Vorbereitung eines Wiederaufnahmeverfahrens richtet sich nach den besonderen Vorschriften des Gerichtsverfassungsgesetzes.
재심절차의 재판과 재심절차의 준비신청에 대한 재판의 법원관할은 법원조직법의 각 규정에 의한다.

Zuständigkeit für den Erlass des Haftbefehls StPO 125 구속영장발부의 관할.
(1) Vor Erhebung der öffentlichen Klage erläßt der Richter bei dem Amtsgericht, in dessen Bezirk ein Gerichtsstand begründet ist oder der Beschuldigte sich aufhält, auf Antrag der Staatsanwaltschaft oder, wenn ein Staatsanwalt nicht erreichbar und

Gefahr im Verzug ist, von Amts wegen den Haftbefehl.
공소가 제기되기 이전 그 관할내에 재판적이 있거나 피의자가 체재하고 있는 구법원의 판사는 검사의 신청에 의하여 또는 검사의 신청이 없는 긴급한 경우에는 직권으로 구속영장을 발부한다.

Zuständigkeit für die Ausschließung der Verteidiger StPO 138c 변호인의 제척사유에 관한 관할.
(1) Die Entscheidungen nach den §§ 138a und 138b trifft das Oberlandesgericht. 변호인의 제척사유(제138조의 a 및 제138조의 b)에 대한 재판은 주고등법원이 한다.

Zuständigkeit für Eröffnung StPO 209 (공판)개시관할.
(1) Hält das Gericht, bei dem die Anklage eingereicht ist, die Zuständigkeit eines Gerichts niedrigerer Ordnung in seinem Bezirk für begründet, so eröffnet es das Hauptverfahren vor diesem Gericht.
법원은 제기된 소가 그 관할구역에 있는 하급법원의 관할이라고 인정하는 때에는 그 하급법원에서 공판절차를 개시한다.

Zuständigkeit über Auskunftserteilung und Akteneinsicht StPO 478 정보제공과 기록열람의 관할.
(1) Über die Erteilung von Auskünften und die Akteneinsicht entscheidet im vorbereitenden Verfahren und nach rechtskräftigem Abschluss des Verfahrens die Staatsanwaltschaft, im Übrigen der Vorsitzende des mit der Sache befassten Gerichts.
정보제공과 기록열람에 대하여는 준비절차 및 절차의 확정적 종결후에는 검사가 결정하며, 그밖에 해당 사건을 다루는 법원의 법원장이 행한다.

Zuständigkeitsbestimmung (~ durch den BGH) StPO 13a 관할지정 (연방대법원에 의한 ~).
→ Bestimmung des zuständigen Gerichts durch den BGH.

Zuständigkeitskonzentration StPO 162 관할집중.
Hält sie daneben den Erlass eines Haft- oder Unterbringungsbefehls für erforderlich, so kann sie, unbeschadet der §§ 125, 126a, auch einen solchen Antrag bei dem in Satz 1 bezeichneten Gericht stellen.
검사는 그 이외에 구속영장 또는 수용영장의 발부가 필요하다고 생각되는 경우, 제125조, 제126a조의 규정에도 불구하고 그러한 신청을 제1단에 기재된 법원에 제출할 수 있다.

Zuständigkeitsstreit StPO 14 관할쟁의.
→ Streit über die Zuständigkeit.

Zustandsverbrecher 상태범인.
상태범인은 성격범인으로서 구성요건적 행위가 시간적 계속을 요하지 않는 이른바 상태범(Zustandsdelikt)과는 다르다.

Zustellung an die Staatsanwaltschaft StPO 41 검사에 대한 송달.
Zustellungen an die Staatsanwaltschaft erfolgen durch Vorlegung der Urschrift des zuzustellenden Schriftstücks.
검사에 대한 송달은 송달할 서류의 원본을 제시함으로써 한다.

Zustellung des Eröffnungsbeschlusses StPO 215 개시결정의 송달.
Der Beschluß über die Eröffnung des Hauptverfahrens ist dem Angeklagten spätestens mit der Ladung zuzustellen.
공판절차의 개시에 관한 결정은 늦어도 소환과 같이 공판피고인에게 송달하여야 한다.

Zustellung des Termins an den Einziehungsbeteiligten → Terminsnachricht an den Einziehungsbeteiligten 몰수참가인에 대한 기일의 통지.

Zustellung und Vollstreckung StPO 36 송달과 집행.
(1) Die Zustellung von Entscheidungen ordnet der Vorsitzende an.

재판의 송달은 재판장이 명한다.
(2) Entscheidungen, die der Vollstreckung bedürfen, sind der Staatsanwaltschaft zu übergeben, die das Erforderliche veranlaßt.
재판의 집행은 검사에게 위임하여 필수적인 사항을 처리토록 한다.

Zustellung von Anwalt zu Anwalt
ZPO 195 변호사간 송달.
(1) Sind die Parteien durch Anwälte vertreten, so kann ein Dokument auch dadurch zugestellt werden, dass der zustellende Anwalt das Dokument dem anderen Anwalt übermittelt.
쌍방당사자가 변호사에 의해서 대리되는 때에는, 서면은 송달하는 변호사가 서류를 상대방 변호사에게 교부함으로써 송달되어질 수 있다.

Zustellungsadressat
ZPO 170(2) 송달명의인.
(2) Ist der Zustellungsadressat keine natürliche Person, genügt die Zustellung an den Leiter.
송달명의인이 자연인이 아닌 경우에는 그 대표자에게 대한 송달로 충분하다.

Zustellungsbevollmächtigter
ZPO 184 송달대리인.
(1) Das Gericht kann bei der Zustellung nach § 183 Abs. 1 Nr. 2 und 3 anordnen, dass die Partei innerhalb einer angemessenen Frist einen Zustellungsbevollmächtigten benennt, der im Inland wohnt oder dort einen Geschäftsraum hat, falls sie nicht einen Prozessbevollmächtigten bestellt hat.
법원은 제183조 제1항 제2, 3호(외국에서의 송달)에 의한 송달의 경우에 당사자가 소송대리인을 선임하지 않았을 때에는 적절한 기간내에 내국에 주소를 두거나 사무실을 가진 송달대리인을 지명할 것을 명할 수 있다.

Zustellungsempfänger
GBO 97 송달수령인.
(1) Wohnt ein Beteiligter nicht im Inland und hat er einen hier wohnenden Bevoll-mächtigten nicht bestellt, so kann das Grundbuchamt anordnen, daß er einen im Inland wohnenden Bevollmächtigten zum Empfang der für ihn bestimmten Sendungen oder für das Verfahren bestellt.
당사자가 국내에 거주하지 않고 있고, 그가 국내에 거주하는 대리인을 선임하지 않은 경우 등기소는 당사자에 대한 송달물의 수령을 위하여 또는 절차를 위하여 국내에 거주하는 대리인을 선임할 것을 명할 수 있다.

Zustellungsvollmacht
StPO 145a 송달대리권.
(1) Der gewählte Verteidiger, dessen Vollmacht sich bei den Akten befindet, sowie der bestellte Verteidiger gelten als ermächtigt, Zustellungen und sonstige Mitteilungen für den Beschuldigten in Empfang zu nehmen.
(1) 서류상 그의 대리권이 명백한 사선변호인 및 선임된 변호인은 피의자에 대한 송달 기타 통지물을 수령할 권한을 가진다.

Zustimmung
BGB 182 동의.
(1) Hängt die Wirksamkeit eines Vertrags oder eines einseitigen Rechtsgeschäfts, das einem anderen gegenüber vorzunehmen ist, von der Zustimmung eines Dritten ab, so kann die Erteilung sowie die Verweigerung der Zustimmung sowohl dem einen als dem anderen Teil gegenüber erklärt werden.
계약 또는 상대방에 대하여 행하여야 하는 단독행위의 효력이 제3자의 동의에 의존하고 있는 때에는 동의의 교부 또는 거절은 어느 일방당사자에 대하여도 표시할 수 있다.
→ Annahme (승낙).
→ Einwilligung (사전동의).
→ Genehmigung (추인, 사후적 동의).

Zustimmung des Gegners bei Zurücknahme eines Rechtsmittels
StPO 303 상소의 취하시 상대방의 동의.
Wenn die Entscheidung über das Rechtsmittel auf Grund mündlicher Verhandlung stattzufinden hat, so kann die Zurück-

nahme nach Beginn der Hauptverhandlung nur mit Zustimmung des Gegners erfolgen.
상소에 관한 재판이 구두변론절차를 근거로 행하여져야 하는 경우에 공판개시후의 취하는 상대방의 동의에 의해서만 할 수 있다.

Zuvielleistung BGB 1360b 과다지급.
Leistet ein Ehegatte zum Unterhalt der Familie einen höheren Beitrag als ihm obliegt, so ist im Zweifel anzunehmen, daß er nicht beabsichtigt, von dem anderen Ehegatten Ersatz zu verlangen.
일방 배우자가 가족의 부양을 위하여 자신의 의무액 이상의 분담금을 지급하는 경우에 의심스러운 때에는 일방배우자는 타방의 배우자에 대하여 보상을 청구할 의도가 없는 것으로 보아야 한다.

Zuweisung StVollzG 37 할당.
(1) Arbeit, arbeitstherapeutische Beschäftigung, Ausbildung und Weiterbildung dienen insbesondere dem Ziel, Fähigkeiten für eine Erwerbstätigkeit nach der Entlassung zu vermitteln, zu erhalten oder zu fördern.
작업, 치료요법적인 작업, 교육 및 보충교육은 특히 석방 후에 취업을 위한 능력을 주선, 유지 또는 증진할 목적에 기여하도록 한다.

Zuwendung BGB 516 출연; HGrG 14 보조금 (연방이나 주 이외의 기관에 대한).
die Zuwendungen des Stifters BGB 84 설립자의 출연; bei einer unentgeltlichen Zuwendung BGB 380 무상출연시.
→ Schenkung(증여).
Ausgaben und Verpflichtungsermächtigungen für Leistungen an Stellen außerhalb der Verwaltung des Bundes oder des Landes zur Erfüllung bestimmter Zwecke (Zuwendungen) dürfen nur veranschlagt werden, wenn der Bund oder das Land an der Erfüllung durch solche Stellen ein erhebliches Interesse hat, das ohne die Zuwendungen nicht oder nicht im notwendigen Umfang befriedigt werden kann.

특정한 목적을 수행하기 위하여 연방이나 주의 행정관청 이외의 기관에게 제공하는 지출과 의무부담행위는 (보조금) 연방이나 주가 당해 기관을 통하여 보조금이 없이는 전혀 달성할 수 없거나 또는 필요한 범위에서 달성할 수 없는 중대한 이익을 가지는 경우에만 계상할 수 있다.

Zuwiderhandlung OWiG 1 위반행위.
→ Ordnungswidrigkeit (질서위반행위).

Zuziehung des Inhabers StPO 106 관리자의 참여.
(1) Der Inhaber der zu durchsuchenden Räume oder Gegenstände darf der Durchsuchung beiwohnen.
수색할 장소 또는 물건의 점유자는 수색에 참여할 수 있다.

Zwangsarbeit GG 12(3) 강제노동.
(3) Zwangsarbeit ist nur bei einer gerichtlich angeordneten Freiheitsentziehung zulässig.
강제노동은 법원이 명하는 자유박탈의 경우에만 허용된다. → Verbot von Arbeitszwang und Zwangsarbeit.

Zwangsernährung StVollzG 101 강제영양. → Zwangsmaßnahme (강제조치).

Zwangsgeld VwVG 11; StPO 463c(3) 강제금.
(1) Kann eine Handlung durch einen anderen nicht vorgenommen werden und hängt sie nur vom Willen des Pflichtigen ab, so kann der Pflichtige zur Vornahme der Handlung durch ein Zwangsgeld angehalten werden.
어떠한 행위가 타인에 의해서는 실행될 수 없고 오로지 의무자의 의사에만 의존하는 경우 강제금으로 의무자에게 동행위의 실행을 독촉할 수 있다; 강제금의 회수가 어려운 경우에 행정법원은 대체강제구금(Ersatzzwangshaft)을 명한다(VwVG 16).

Zwangshaft ZPO 888; StPO 463c(3); StVollzG 171 강제구금.

ZPO 888(1) Kann eine Handlung durch einen Dritten nicht vorgenommen werden, so ist, wenn sie ausschließlich von dem Willen des Schuldners abhängt, auf Antrag von dem Prozessgericht des ersten Rechtszuges zu erkennen, dass der Schuldner zur Vornahme der Handlung durch Zwangsgeld und für den Fall, dass dieses nicht beigetrieben werden kann, durch Zwangshaft oder durch Zwangshaft anzuhalten sei.

행위가 제3자에 의해서는 실행될 수 없고 오직 채무자의 의사에만 의존하는 경우에 신청에 의하여 제1심 수소법원은 강제금에 의하여 또한 강제금을 징수할 수 없는 경우에는 강제구금에 의하거나, 또는 바로 강제구금에 의하여 채무자에게 작위를 실행할 것을 명해야 한다.

Das einzelne Zwangsgeld darf den Betrag von 25.000 Euro nicht übersteigen.

각 강제금은 25,000 유로를 초과해서는 안된다.

형법시행법(EGStGB) 제6조에서는 질서구금과는 달리 강제구금의 기간을 정하지 않고 개별규정에 맡기고 있다.

StPO 463c(3) Kommt der Verleger oder der verantwortliche Redakteur einer periodischen Druckschrift seiner Verpflichtung nicht nach, eine solche Bekanntmachung in das Druckwerk aufzunehmen, so hält ihn das Gericht auf Antrag der Vollstreckungsbehörde durch Festsetzung eines Zwangsgeldes bis zu fünfundzwanzigtausend Euro oder von Zwangshaft bis zu sechs Wochen dazu an.

정기간행물의 출판인 또는 편집책임자가 인쇄물에 공고를 게재하는 의무를 이행하지 아니한 경우에는 법원은 형집행관청의 신청에 의하여 그들에게 2만5천 유로 이하의 강제금 또는 6주 이하의 강제구금에 처한다. → Erzwingungshaft (강제를 위한 구금).

Zwangshypothek ZPO 867 강제저당(권).
(1) Die Sicherungshypothek wird auf Antrag des Gläubigers in das Grundbuch eingetragen; die Eintragung ist auf dem vollstreckbaren Titel zu vermerken. Mit der Eintragung entsteht die Hypothek. Das Grundstück haftet auch für die dem Schuldner zur Last fallenden Kosten der Eintragung.

채권자의 신청에 의하여 보전저당권을 등기부에 등기하고, 등기는 집행력있는 집행권원에 부기한다. 이 등기에 의하여 저당권이 성립한다. 토지는 이 의 부담에 속하는 등기비용에 대하여도 책임을 진다.

Zwangslage StGB 302a 궁박.
→ Wucher (부당이득죄).

Zwangsmaßnahme (auf dem Gebiet der Gesundheitsfürsorge) StVollzG 101 (건강배려 영역에서의) 강제조치.
(1) Medizinische Untersuchung und Behandlung sowie Ernährung sind zwangsweise nur bei Lebensgefahr, bei schwerwiegender Gefahr für die Gesundheit des Gefangenen oder bei Gefahr für die Gesundheit anderer Personen zulässig.

강제적인 의료 검진, 치료 및 영양공급은 생명의 위험시나 수형자의 건강에 대한 중대한 위험시 또는 기타의 자의 건강에 대한 위험시에만 허용된다.

Zwangsmittel VwVG 9 강제수단.
(1) Zwangsmittel sind:
a) Ersatzvornahme (§10),
b) Zwangsgeld (§11),
c) unmittelbarer Zwang (§12).
강제수단은 대집행, 강제금, 직접강제이다.
(2) Das Zwangsmittel muß in einem angemessenen Verhältnis zu seinem Zweck stehen.
강제수단은 그의 목적과 적절한 비례를 유지하여야 한다.

Zwangsvollstreckung vor Erbschaftsannahme ZPO 778 상속승인전의 강제집행.
Solange der Erbe die Erbschaft nicht angenommen hat, ist eine Zwangsvollstreckung wegen eines Anspruchs, der sich gegen den Nachlass richtet, nur in den Nachlass zulässig.

상속인이 상속을 승인하지 아니하는 한 상속재산에 대한 청구권에 기하여 하는 강제집행은 그 상속재산에 한하여 할 수 있다.

Zweifel über die Zulässigkeit einer Frage StPO 242 질문의 허용에 대한 의심.
Zweifel über die Zulässigkeit einer Frage entscheidet in allen Fällen das Gericht.
법원은 질문의 허용에 대한 의심이 생기는 모든 경우에 대하여 이를 결정한다.

Zweispuriges System 이원주의.
* In Deutschland kann neben der Strafe auch eine Maßregel verhängt werden (sog. zweispuriges System). Die Maßregel soll vor der Strafe vollzogen werden (sog. vikariierendes System).
독일에서는 형벌 이외에 보안처분이 부과될 수 있다(이원주의). 보안처분은 형벌전에 집행되어야 한다(대체주의).
↔ Einspuriges System (일원주의).

Zweiteilung 절차이분론 (eine ~ der Hauptverhandlung: 공판절차 ~).
Schuldinterlokut(책임분리)와 Tatinterlokut (행위분리).

Zwingende Arbeitsbedingung AEntG 7 강제근로조건.
(1) Die in Rechts- oder Verwaltungsvorschriften enthaltenen Regelungen über
1. die Höchstarbeitszeiten und Mindestruhezeiten,
2. den bezahlten Mindestjahresurlaub,
3. die Mindestentgeltsätze einschließlich der Überstundensätze,
4. die Bedingungen für die Überlassung von Arbeitskräften, insbesondere durch Leiharbeitsunternehmen,
5. die Sicherheit, den Gesundheitsschutz und die Hygiene am Arbeitsplatz,
6. die Schutzmaßnahmen im Zusammenhang mit den Arbeits- und Beschäftigungsbedingungen von Schwangeren und Wöchnerinnen, Kindern und Jugendlichen und
7. die Gleichbehandlung von Männern und Frauen sowie andere Nichtdiskriminierungsbestimmungen
finden auch auf ein Arbeitsverhältnis zwischen einem im Ausland ansässigen Arbeitgeber und seinem im Inland beschäftigten Arbeitnehmer zwingend Anwendung.
법규 또는 행정법규에 규정된 다음 각호의 사항은 외국에 거주하는 사용자 및 사용자가 국내에서 고용한 근로자 사이의 근로관계에도 강제적용된다.
1. 최고근로시간 및 최저휴식시간규정,
2. 최소연간유급휴가규정,
3. 초과시간요율을 포함하는 최소임금요율규정,
4. 근로자파견, 특히 파견업체에 의한 노동력의 파견 조건,
5. 직장의 안전, 보건 및 위생규정,
6. 출산부, 어린이 및 청소년의 근로 및 고용조건에 부합되는 보호조치규정,
7. 남녀의 평등 대우 및 기타 차별금지규정
→ Arbeitnehmer-Entsendegesetz (근로자송출법).

Zwingende Vorschrift (Ius cogens) 강행규정 (강행법).
↔ Nachgiebige Vorschrift BGB 40 임의규정.

Zwischenfeststellungsklage ZPO 256(2) 중간(간이)확인의 소.
(2) Bis zum Schluss derjenigen mündlichen Verhandlung, auf die das Urteil ergeht, kann der Kläger durch Erweiterung des Klageantrags, der Beklagte durch Erhebung einer Widerklage beantragen, dass ein im Laufe des Prozesses streitig gewordenes Rechtsverhältnis, von dessen Bestehen oder Nichtbestehen die Entscheidung des Rechtsstreits ganz oder zum Teil abhängt, durch richterliche Entscheidung festgestellt werde.
판결의 기초가 되는 구두변론의 종결시까지 원고는 청구의 확장에 의하여, 피고는 반소의 제기에 의하여 소송의 진행중에 쟁점이 된 법률관계가 소송에 대한 재판의 전부 또는 일부가 그 존부에 의존하고 있을 경우에

는 법관의 재판으로 이를 확인할 것을 신청할 수 있다.

Zwischenschein (Interimsschein) AktG 8(6) 가(중간)증권.
(6) Diese Vorschriften gelten auch für Anteilscheine, die den Aktionären vor der Ausgabe der Aktien erteilt werden (Zwischenscheine).
본 규정은 주식의 발행전에 주주에게 부여되는 지분권에도 적용된다(가증권).

Zwischenurteil ZPO 303 중간판결.
Ist ein Zwischenstreit zur Entscheidung reif, so kann die Entscheidung durch Zwischenurteil ergehen.
중간의 다툼이 재판을 할 만큼 성숙한 경우에는 중간판결로 재판할 수 있다.

Zwischenverfahren 중간절차 (예심에 해당).
Das Zwischenverfahren beginnt mit dem Eingang der Anklageschrift bei dem zuständigen Gericht und endet mit der Entscheidung über die Eröffnung oder Nichteröffnung des Hauptverfahrens.(§§ 199-211 StPO)
~는 관할법원에 소장의 제출에 의하여 시작되며, 공판절차의 개시 또는 비개시 결정에 의하여 종료된다.

Zwischenzinsen BGB 272 중간이자.
Bezahlt der Schuldner eine unverzinsliche Schuld vor der Fälligkeit, so ist er zu einem Abzug wegen der Zwischenzinsen nicht berechtigt.
채무자가 무이자의 채무를 변제기전에 지불하는 경우에는 채무자는 중간이자를 이유로 이를 공제할 권리가 없다.

 한독어 

가

가격할인 (구 가격할인법)
RabattG 1 Preisnachlaß.

가계수당 (부양가족급부금) StVollzG 47
Hausgeld.

가계수당처분권의 제한 StVollzG 103(1)
Nr.2 Beschränkung der Verfügung über
das Haugeld.

가공무역 Veredelungsverkehr

　수동적 가공(무역)(역외가공) ZK 145
　Passive Veredelung.
　적극적 가공(역내가공)(무역) ZK 114
　Aktive Veredelung.

가내공업경영자 HAG 2(2)
Hausgewerbetreibender.

가내근로자 HAG 2 Heimarbeiter; 가내
근로법 HAG 1 Heimarbeitsgesetz.

가능하지 않는 것에 대한 의무는 없다.
Ultra posse nemo obligatur (Niemand ist
verpflichtet, mehr zu leisten, als er kann).

가등기 BGB 883 Vormerkung.

가명령 VwGO 123
Einstweilige Anordnung.

가명화 BDSG 6a Pseudonymisieren.

가벌성 Strafbarkeit.

가벌성의 객관적 조건
Objektive Bedingungen der Strafbarkeit.

가벌적 광고죄 UWG 16
Strafbare Werbung.

가벌적 사욕 StGB 284 ff.
Strafbarer Eigennutz.

가벌조건(요건) Strafbarkeitsbedingung.

가부동수 WRV 58 Stimmengleichheit.

가분급부 BGB 420 Teilbare Leistung.

가사처리 BGB 1356 Haushaltsführung.

가석방 → Aussetzung des Strafrestes.

가설적 제거절차
Hypothetisches Eliminierungsverfahren.

가수용 (긴급수용) StPO 126a
Einstweilige Unterbringung.

가압류 StPO 111d; AO 324

　→ 물적 가압류 Dinglicher Arrest.
　→ 인적 보전가압류 Persönlicher
　Sicherheitsarrest.

가압류청구권 ZPO 916 Arrestanspruch.

가액배상 (상환) BGB 882 Wertersatz.

가입(편입)지역 EinigVtrt 3
Beitrittsgebiet.

가장행위 BGB 117 Scheingeschäft.

가정절도 StGB 247 Hausdiebstahl.

가족부 PersStdG 12 Familienbuch.

가중수뢰죄 StGB 332 Bestechlichkeit.

가중수뢰죄와 가중증뢰죄의 특히 중한 경
우 StGB 335 Besonders schwere Fälle
der Bestechlichkeit und Bestechung.

가중적 미수 Qualifizierter Versuch.

가중주의 Asperationsprinzip (Verschärfungsprinzip).

가중증뢰죄 StGB 334 Bestechung.

가(중간)증권 AktG 8(6) Zwischenschein (Interimsschein).

가지급 (분할지급) AktG 59 Abschlagszahlung.

가지위를 정하기 위한 가처분 ZPO 940 Einstweilige Verfügung zur Regelung eines einstweiligen Zustandes.
가직업금지 StPO 132a Vorläufiges Berufsverbot.

가집행 StPO 406(2) Vorläufige Vollstreckbarkeit.

가처분 ZPO 935; 940 Einstweilige Verfügung.

가체포 (현행범에 대한) StPO 127 Vorläufige Festnahme auf frischer Tat
가체포된 자 GG 104(3); StPO 128 Vorläufig Festgenommene.

가치론 (價値論) Axiologie = Wertlehre

가치설 (영득의사의 객체) StGB 242 Sachwerttheorie. → Substanztheorie.

가택권과 경찰권 GG 40(2) Hausrecht und Polizeigewalt.

가택(주거)수색 MEPolG 20 Durchsuchung der Wohnung.

가택출입과 수색 MEPolG 19 Betreten und Durchsuchung von Wohnungen.

가해자 (민사) Schädiger
↔ 피해자 Geschädigte.

가해책임(가해소권)은 가해물의 주인에 따른다
Noxa caput sequitur; Actio noxalis caput sequatur
(Die Klage (Actio noxalis) richtete sich stets gegen den jeweiligen Herrn).

가혹규정 StGB 73c; StPO 459f Härtevorschrift (Härteklausel).

각하하다 (부적법한 것으로 ~) StPO 28, 319, 349 Verwerfen (als unzulässig ~).

간병 → Pflege.

간부사원 BetrVG 5(3) Leitender Angestellter.

간부회의 BTGO 8 Sitzungsvorstand.

간악살인 StGB 211 Heimtücke-Mörd.

간이인도 BGB 929 S.2 Traditio brevi manu (Übergabe kurzer Hand).

간이증거조사 OWiG 77a Vereinfachte Art der Beweisaufnahme.

간접문서위조죄 StGB 271 Mittelbare Falschbeurkundung.

간접점유 BGB 868, 870 Mittelbarer Besitz.

간접정범 StGB 25 Mittelbarer Täter.

간접증거 StPO 261 Indizienbeweis (Anzeichenbeweis).

간접차별 AGG 3(2) Mittelbare Benachteiligung.

간접피해자의 청구권 MEPolG 47; SHG 9(2) Anspruch mittelbar Geschädigter.

간질 (전간)(간질병자의 발작) Epilepsie (die Krampfanfälle des Epileptikers).
→ Endogene Psychose.

간첩죄 → Landesverrat.

간통죄 StGB 172 Ehebruch.

간호 StVollzG 58, 158 Krankenpflege.

감가상각 HGB 254 Abschreibung.

감경사유의 경합 StGB 50
Zusammentreffen von Milderungsgründen.

감광(하다) StVO 17(2) Abblenden.

감금죄 StGB 239 Freiheitsberaubung.

감금하다 StGB 239 Einsperren.

감독의무 위반죄 VStGB 13
Verletzung der Aufsichtspflicht.

감봉 BDG 8
Kürzung der Dienstbezüge.

감사 AktG 116 Aufsichtsratsmitglieder
(Mitglied des Aufsichtsrats).

감사보고서 HGB 321 Prüfungsbericht.

감사의무 HGB 316 Pflicht zur Prüfung.

감사회 AtkG 95 Aufsichtsrat.

감수설 Abfindungsstheroie.

감시조치의 실행 StPO 148a
Durchführung der Überwachung.

감식업무조치 StVollzG 86
Erkennungsdienstliche Maßnahmen.

감액 (위법한 ~) StGB 353(2)
Abzüge (rechtswidrig ~).

감(응)성 (반응감도) Empfindlichkeit.

감정인 Sachverständiger

감정거부권 StPO 76
Verweigerungsrecht des Sachverständigen (Gutachtenverweigerungsrecht).
감정서 StGB 265b Gutachten.
감정인의 감정실시의무 StPO 75
Pflicht des Sachverständigen zur Erstattung des Gutachtens.
감정의 준비 StPO 80
Vorbereitung des Gutachtens.
감정인 선서 StPO 79
Sachverständigeneid.
감정인의 활동 지휘 StPO 78
Leitung der Sachverständigentätigkeit.
감정준비권 StPO 80
Recht zur Vorbereitung des Gutachtens.
감정증인 StPO 85
Sachverständiger Zeuge.

감정평가위원회 (토지) BauGB 192, 193
Gutachterausschuß.

감청, 음향감시 GG 13(3) Akustische
Überwachung (Lauschangriff 도청).
통신감시와 녹음 StPO 100a
Überwachung und Aufzeichung des Fernmeldeverkehrs (Fernmeldeverkehrüberwachung).

감하능력(堪荷) HGB 559 Ladungstüchtigkeit.

감항능력(堪航) HGB 559 Seetüchtigkeit.

강간죄 StGB 177
Vergewaltigung.= Notzucht.

강급 BDG 9 Zurückstufung.

강도적 공갈죄 StGB 255
Räuberische Erpressung.

강도죄 StGB 249 Raub.

강도치사죄 StGB 251
Raub mit Todesfolge.

강박 BGB 123 Drohung.

강요죄 StGB 240 Nötigung.

강자의 권리, 사력권
Faustrecht (Das Recht des Stärkeren)

강제구금 StVollzG 171, StPO 463c(3)
Zwangshaft.

강제규정 (Muß규정)(필연)
Muß-Vorschrift.
→ Grammatische Auslegung.

강제근로조건 AEntG 7
Zwingende Arbeitsbedingung.

강제금 (이행금) VwVG 11
; StPO 463c(3) Zwangsgeld.

강제노역의 금지 GG 12(2)(3) Verbot
von Arbeitszwang und Zwangsarbeit.

강제를 위한 구금
ZPO 901; 390(2); StPO 70(2); StVollzG
171; 178(3) Erzwingungshaft.

강제수단 VwVG 9 Zwangsmittel.

강제수단의 예고 VwVG 13
Androhung der Zwangsmittel.

강제영양 StVollzG 101
Zwangsernährung.

강제저당(권) ZPO 867 Zwangshypothek.

강제적(강압적) 폭력 Vis compulsiva.

강제조치 (건강배려 영역에서의)
StVollzG 101 Zwangsmaßnahme (auf
dem Gebiet der Gesundheitsfürsorge).

강제집행면탈죄 StGB 288
Vereiteln der Zwangsvollstreckung.

강행규정 Zwingende Vorschrift
(Ius cogens 강행법).
↔ 임의규정 Nachgiebige Vorschrift.

강행규정성 (합의배제규정) ProdHaftG 14;
BGB 619 Unabdingbarkeit.

개괄보수 RVG 14 Rahmengebühren.

개괄(일반)수권조항 PVG 14
Generalermächtigung.

개괄신고 ZK 43
Summarische Anmeldung.

개괄적 고의 StGB 15 Dolus generalis.

개발이익 Planungsgewinn.

개방교도소 (개방집행시설) StVollzG 10
Anstalt des offenen Vollzugs.

개방교정국 StVollzG 10 Abteilung des
offenen Vollzugs.

개방집행 StVollzG 10 Offener Vollzug.

개별기술적 Idiographisch
→ Nomothetisch.

개별규제형식 Kasuistische Regelung.

개별예방 Individualprävention
→ Spezialprävention.

개별형 StGB 54(3) Einzelstrafe.

개봉예탁 DepotG 1(2) Offenes Depot.

개업(개시)대차대조표 HGB 242
Eröffnungsbilanz.

개인기업 Einzelunternehmen.

개인데이터(정보)(신상정보)
BDSG 3(1), 4 Personenbezogene Daten.
→ 특별한 종류의 개인데이터 BDSG 3(9)
Besondere Arten personenbezogener Daten.
→ 기록열람, 데이터.

개인헌법소원
GG 93 4a; BVerfGG 90(1)
Individualverfassungsbeschwerde.

개작물　UrhG 3　Bearbeitung.

개정 (開廷)　StPO 275(3)　Sitzung.

객관적 병합 (소의 ～)　ZPO 260
Anspruchshäufung.

객체의 착오　(Irrtum über das Handlungsobjekt) (Error in persona vel obiecto).

갱생보조금　StVollzG 51
Überbrückungsgeld.

거동범　Tätigkeitsdelikt.

거래가격　ZK 29　Transaktionswert.

거부(반대)소송　VwGO 42
Versagungsgegenklage (Versagungsklage,
Weigerungsgegenklage).

거소　StPO 8　Aufenthaltsort
; 주된 ～ (Gewöhnlicher ～).

거실장식과 개인소지물　StVollzG 19
Ausstattung des Haftraums und sein persönlicher Besitz.

거절증서　WG 44; ScheckG 41　Protest.

거주지; 체류지; 소재지　StPO 8
Aufenthaltsort.

거증책임 (입증의 부담)　StPO 155
Beweislast.

거짓말탐지기　Lügendetektor (Polygraph).

건강진단　StVollzG 57
Gesundheitsuntersuchung.

건강진단서위조죄　StGB 277
Fälschung von Gesundheitszeugnissen.

건설(지구상세)계획　BauGB 8
Bebauungsplan.

건설규제법　Bauordnungsrecht

건설기본(기준)계획　BauGB 1
Bauleitplanung.

건축물파괴죄　StGB 305
Zerstörung von Bauwerks.

건축법　Baugesetzbuch.

건축위태화죄　StGB 319
Baugefährdung.

건축이용령 (용도규제)　BauNVO
Baunutzungsverordnung.

검문소　StPO 111　Kontrollstelle.

검사 (검찰)　StA　Staatsanwalt(schaft).

　검사가 제기한 상소　StPO 301　Von der
　Staatsanwaltschaft eingelegte Rechts-
　mittel.
　검사에 대한 송달　StPO 41
　Zustellung an die Staatsanwaltschaft.
　검사에의 인도　OWiG 41
　Abgabe an die Staatsanwaltschaft.
　검사의 수사　StPO 160
　Ermittlungen der Staatsanwaltschaft.
　검사의 조사에 대한 조서작성.StGB 168b
　Protokollierung staatsanwaltschaftlicher
　Untersuchungshandlungen.
　검사의 참여　StPO 377
　Mitwirkung des Staatsanwalts.

검사장　OrgStA 2(2)
Leitender Oberstaatsanwalt.

검색　StVollzG 84　Durchsuchung.

검색절차　→ Einrichtung automatisierter
Abrufverfahren (자동화된 검색절차시설).

검시 (檢屍)　StPO 87　Leichenschau.

검열 WRV 118(2) Zensur.

검증 (판사의) StPO 86, 225
Augenschein (Richterlicher ~).

검증을 구하는 증거조사의 신청
StPO 244(5) Beweisantrag auf Einnahme eines Augenscheins.

검찰보좌관
Hilfsbeamte der Staatsanwaltschaft
→ Ermittlungspersonen der Staatsanwalt-
schaft (수사보좌관).

검찰조직 및 운영 (규정) OrgStA
Organisation und Dienstbetrieb der
Staatsanwaltschaft (Anordnung über ~).

검찰총장 (연방~) Generalbundesanwalt.

격리수용 StVollzG 103(1) Nr.5
Getrennte Unterbringung.

격지범 StGB 9 Distanzdelikt.

격지자에 대한 의사표시 BGB 130
Willenserklärung gegenüber Abwesenden.

격투참여죄 StGB 231
Beteiligung an einer Schlägerei.

견책 BDG 6; Verweis; StVollzG 103(1)
Nr.1 StGB 193 Rügen.

결과적 가중범 StGB 18
Erfolgsqualifiziertes Delikt.

결과제거(~ 청구권) SHG 3
Folgenbeseitigung(~sanspruch).

결부(결합)조항 (부대조항, 불가분조항)
Junktim-klausel (von lat. iunctum : verbunden).

결사금지위반죄 StGB 85
Verstoß gegen ein Vereinigungsverbot.

결사의 자유 GG 9 Vereinigungsfreiheit.

결산감사인 HGB 318 Abschlußprüfer.

결석판결 StPO 230 Versäumnisurteil.

결손가정 Broken home.

결손보상금 StVollzG 45, 178
Ausfallentschädigung.

결의(하기) BGB 28 Beschlußfassung

결정, 재판 Entscheidung.
→ Bescheid (행정관청 등의 결정).

결정에 대한 불복 VwVfG 70
Anfechtung der Entscheidung
결정의 확정력 StPO 34a
Rechtskraft durch Beschluß.

결정이행(결정화, 지령)판결
VwGO 113(5) S.2
Bescheidungsurteil (Verbescheidungsurteil).

결합기업 AktG 15
Verbundene Unternehmen.

결합범 Zusammengesetzes Delikt.

결합주의 Kombinationsprinzip.

겸업금지 AktG 88 Wettbewerbsverbot.

겸직·영업금지 GG 55, 66
Berufs- und Gewerbeverbot.

경계유월 BGB 910 Überhang.

경계유월건축 BGB 912 Überbau.

경계표변경죄 StGB 274
Veränderung einer Grenzenbezeichnung.

경계표시된 토지 StGB 123
Befriedete Besitztum.

경고 OWiG 56 Verwarnung （행정관청의: durch die Verwaltungsbehörde）; StVollzG 103(1) Nr.1 Verweis(징벌처분).

경고금 （행정관청의） OWiG 56 Verwarnungsgeld.

경고부여의 수권 OWiG 58 Ermächtigung zur Erteilung zur Verwarnung.

경과규정 Übergangsregelung. (Übergangsbestimmung)

경과문 StVollzG 199 Übergangsfassung.

경과범죄 Durchgangsdelikt.

경과보고의무 BGB 259 Rechenschaftspflicht.

경기심의회 StabG 18 Konjunkturrat.

경기조절적립금 GG 109(4); StabG 7 Konjunkturausgleichsrücklage.

경락 ZPO 817 Zuschlag.

경력 （공무원의 ~） BBG 15 Laufbahn (der Beamten).

경력범죄자 Karriereverbrecher. → 집중범 (Intensivtäter).

경매 ZPO 816(1) Versteigerung.

경미범죄 Bagatelldelikt.

경미한 재물절도죄와 횡령죄 StGB 248a Diebstahl und Unterschlagung geringwertiger Sachen.

경미함으로 인한 절차의 정지 StPO 383(2) Einstellung wegen Geringfügigkeit.

경솔(함) （중과실） StGB 15, 176(4), 193, 251, 264, 330 Leichtfertigkeit.

경악 StGB 33 Schrecken.

경영변동 （사업변경） BetrVG 111 Betriebsänderung.

경영상의 사유에 의한 해고 KSchG 1a Betriebsbedingte Kündigung.

경영위원회 BetrVG 27 Betriebsausschuß.

경영조직법 → Betriebsverfassungsgesetz.

경쟁규칙 GWB 24 Wettbewerbsregel.

경쟁제한(법) GWB Wettbewerbsbeschränkung (Gesetz gegen ~en).

경쟁제한적 합의의 금지 GWB 1 Verbot wettbewerbsbeschränkender Vereinbarung (← Kartellverbot 카르텔금지).

경쟁행위 UWG 2 Wettbewerbshandlung.

경정 → 판결의 경정 ZPO 319 Berichtigung des Urteils.

경제안정성장촉진법 StabG 1 Stabilitäts- und Wachstumsgesetz.

경제위원회 BetrVG 106 Wirtschaftsausschuß.

경제적 사업 AO 14 Wirtschaftlicher Geschäftsbetrieb.

경제형법 WiStrG Wirtschaftsstrafgesetz.

경제형사부 GVG 74c Wirtschaftsstrafkammer.

경죄 StGB 12 Vergehen. ↔ Verbrechen.

경징역 Gefängnisstrafe ↔ Zuchthaus.

1969년 형법개정 이전의 5년 미만 1일 이상의 경징역.

경찰감독 EGStGB 14 Polizeiaufsicht.

경찰감시를 위한 수배공고 StPO 163e
Ausschreibung zur polizeilichen Beobachtung.

경찰수사 StPO 163
Ermittlung durch Polizei.

(경찰) 책임자에 대한 구상 MEPolG 49
Rückgriff gegen den Verantwortlichen.

경품금지 (구) ZugabeVO 1 (a.F.)
Zugabeverbot.

경합적 입법 GG 72
Konkurrierende Gesetzgebung.

경향범 Tendenzdelikt.

경향사업 BetrVG§ 118 Tendenzbetrieb.

경험(법)칙 Erfahrungssatz.

계단식(연차)차임 BGB 557a
Staffelmiete.

계량화 (計量化, 限量化) Quantifizierung.

계산수표 ScheckG 39
Verrechnungsscheck.

계속범 StGB 52 Dauerdelikt.

계속보험료 VVG 38 Folgeprämie.

계속사건의 병합, 분리 StPO 4
Verbindung und Trennung Rechtshängiger
Sachen.

계속적 재산공동제 BGB 1483
Fortgesetzte Gütergemeinschaft.

계속적 채권관계 BGB 309 Nr.9, 314
Dauerschuldverhältnis.

계수 Rezeption → 주석학파 (Glossatoren).

계약금 BGB 336 Draufgabe.

계약의 체결 Abschluss eines Vertrags
= Vertragsabschluß.

계약체결상의 과실 BGB 311(2) Culpa in
contrahendo.

계쟁물(소송사건) ZPO 265 Streitsache.

계쟁물에 관한 가처분 ZPO 935
Einstweilige Verfügung bezüglich Streitgegenstand.

계정진실성 AO 154 Kontenwahrheit.

계획확정절차 VwVfG 74
Planfeststellungsverfahren.

고권 Hoheitsrecht; 고권(기구)의 이양 GG
24 Übertragung von Hoheitseinrichtungen.

고급근무 BBG 19 Höherer Dienst.

고급전자서명 SigG 2 Nr.2
Fortgeschrittene elektronische Signatur.

고등검사 (부장검사, 수석검사)
Oberstaatsanwalt.

고발 (~과 고소) StPO 158
Strafanzeige (~ und Strafantrag).

　　고발수리 StGB 164
　　Entgegennahme von Anzeigen.
　　고발자의 비용부담의무 StPO 469
　　Kostentragungspflicht des Anzeigenden.

고살(죄) StGB 212 Totschlag.

　　고살의 보다 덜 중한 경우 StGB 213
　　Minder schwerer Fall des Totschlags.

고소 Strafantrag.

고소권자 StGB 77 Antragsberechtigte.
고소기간 StGB 77b Antragsfrist.
고소의 취소 StGB 77d Zurücknahme des Antrags.
~시 비용부담 StPO 470 Kostentragung bei Zurücknahme des Strafantrags.
고소이전의 구속영장 (발부) StPO 130 Haftbefehl vor Stellung eines Strafantrags.
고소인 StPO 171 Antragsteller.

고시 BHO 55 Öffentliche Ausschreibung.

고시침해죄 StGB 134 Verletzung amtlicher Bekanntmachungen.

고용계약 BGB 611 Dienstvertrag.

고용기금 (장애인) SGB 9 78 Ausgleichsfonds.

고용(실업)보험 SGB 3 24 Arbeitslosenversicherung.

고용분담금 (장애인) SGB 9 77 Ausgleichsabgabe.

고유권 BGB 35 Sonderrecht.

고의 및 과실행위 StGB 15 Vorsätzliches und fahrlässiges Handeln.

고의의 변경 (행위객체의 변경) StGB 15 Vorsatzwechsel.

고정대리인 AO 13 Ständiger Vertreter.

고정자산 AktG 270(3); HGB 266(2) A Anlagevermögen.

고지 Bekanntgabe. → 공시 → 공지.
~ des Verwaltungsaktes (행정행위의 ~) VwVfG 41.

고지의무 VVG 19 Anzeigepflicht.

고향피추방자 BVFG 2 Heimatvertriebener.

곤궁범 Notdelikt.

공갈죄 StGB 253 Erpressung.

공갈피해자에 대한 불기소 StPO 154c Absehen von der Verfolgung des Erpressten

공개수배 StPO 131a Öffentlichkeitsfahndung.

공개연설 UrhG 48 Öffentliche Rede.

공개재현 UrhG 52 Öffentliche Wiedergabe.

공개접근권 UrhG 19a Recht der öffentlichen Zugänglichmachung.

공개주의 GVG 169 Öffentlichkeit.

공격·방어방법 ZPO 282 Angriffs- und Verteidigungsmittel.

공격적 긴급피난 BGB 904 Angriffsnotstand.

공고 StPO 463c öffentliche Bekanntmachung (die ~ der Verurteilung, Urteilsbekanntmachung); StPO 292 Bekanntmachung. → 고시 → 공시.

공공경영교란죄 StGB 316b Störung öffentlicher Betriebe.

공공계약의 발주 GWB 97 Vergabe öffentlicher Aufträge.

공공물건절도 StGB 243(1)5 Diebstahl öffentlicher Sachen.

공공복리 GG 14(2) Wohl der Allgemeinheit.

공공부문 BDSG 2 Öffentliche Stelle.

공공에 현저한 사실 Allgemeinkundige Tatsache → Offenkundige Tatsache.

공공위험의 독물혼입죄 StGB 314 Gemeingefährliche Vergiftung.

공공위험의 손괴죄 StGB 304 Gemeinschädliche Sachbeschädigung.

공공폐해자 Gemeinlästige. → 질서위반법의 행패죄 Belästigung der Allgemeinheit. → Belästigung.

공과금 과다징수죄 StGB 353 Abgabenüberhebung.

공권력 GG 19; 93(1)4a Öffentliche Gewalt.

공동결정권 BetrVG 87 Mitbestimmungsrecht.

개별적 인사조치에서의 공동결정권 BetrVG 99 Mitbestimmung bei personellen Einzelmaßnahmen.

공동귀책사유 (공동과실, 기여과실, 과실상계) BGB 254 Mitverschulden.

공동보증 BGB 769 Mitbürgschaft.

공동불법행위 BGB 830 Teilnahme an der unerlaubten Handlung (Gemeinschaftlich begangene unerlaubte Handlung).

공동사무소 BRAO 59a(3) Bürogemeinschaft.

공동상해 StGB 224(1) Nr.4 Gemeinschaftliche Körperverletzung.

공동소송 (진정한 ~) ZPO 59 Streitgenossenschaft; 공동소송인(Streitgenossen).

공동소송적 보조참가 ZPO 69 Streitgenössische Nebenintervention.

공동수용 (작업, 자유, 휴식시간 중의) StVollzG 172 Gemeinsame Unterbringung.

공동업무 GG 91a Gemeinschaftsaufgabe.

공동으로 형의 선고를 받은 자의 연대책임 StPO 466 Haftung Mitverurteilter als Gesamtschuldner.

공동작업 StVollzG 154 Zusammenarbeit.

공동저작자 UrhG 8 Miturheber.

공동점유 BGB 866 Mitbesitz.

공동정범 StGB 25(2) Mittäter.

공동체물품 (역내물품) ZK 4 Nr.7 Gemeinschaftswaren.

공동체법 Gemeinschaftsrecht.

공동피고인 StPO 257, 357 Mitangeklagter.

공동학교 GG 7(5) Gemeinschaftsschule.

공동해손 HGB 700 Große (gemeinschaftliche) Haverei.

공동협력권 SprAuG 30 Mitwirkungsrecht.

공무담임자격, 피선거권, 투표권 (~의 상실) StGB 45 (Öffentliche) Amtsfähigkeit, Wählbarkeit, Stimmrecht (Verlust der ~).

공무사칭죄 StGB 132 Amtsanmaßung.

공무상 비밀침해죄 StGB 353b Verletzung der Dienstgeheimniss.

공무수행자 (~의 개념정의) StGB 11(2) Amtsträger.

공무원 StGB 11(1) Nr.2 Beamte.

공무원책임에 있어서의 구상 BGB 841
Ausgleichung bei Beamtenhaftung.

공무집행공무원에 대한 저항죄 StGB 113
Widerstand gegen Vollstreckungsbeamte.

공물 (公物) Öffentliche Sachen.

공민권박탈 GG 16(1) Ausbürgerung.
(~의 금지: Das Verbot der ~).

공범 Teilnehmer. → Beteiligte (참여자).

공범의 미수 StGB 30
Versuch der Beteiligung.

공범의 중지미수 StGB 31
Rücktritt vom Versuch der Beteiligung.

공범의사 Animus socii.

공범증인 StGBuaÄndG 1 Kronzeuge; ~
법 (~ngesetz).

공법상의 계약 VwVfG 54
Öffentlich-rechtlicher Vertrag.

공법상의 근무관계 StGB 11(1) Nr.2
Öffentlich-rechtlichen Amtsverhältnis.

공법상의 사단 (공공조합)
Körperschaft des öffentlichen Rechts.

공법상의 재단
Stiftung öffentlichen Rechts.

공분야기죄 StGB 183a
Erregung öffentlichen Ärgernisses.

공소 StPO 376 Öffentliche Klage.

공소의 제기 및 절차의 정지 StPO 170
Anklageerhebung oder Verfahrenseinstellung.
공소제기의 명령(준기소) StPO 175

Anordnung der Klageerhebung.
공소제기의 면제와 정지 StPO 153b
Absehen von Klageerhebung und Einstellung.
공소제기의 중지 (무고죄나 모욕죄의 경
우) StPO 154e Absehen von der Verfolgung bei falscher Verdächtigung oder
Beleidigung.
공소제기후 인치 StPO 129
Vorführung nach Anklageerhebung.
공소제기후 절차 StPO 294
Verfahren nach Anklageerhebung.

공소(사실)의 변경; 소인의 변경 StPO
264(2) → Umgestaltung der Strafklage.

공소시효 (소추시효) StGB 78a
Verfolgungsverjährung; ~의 중단 StGB
78c Unterbrechung der ~.

공소장 StPO 199(2) Anklageschrift.

공소문 StPO 200, 243(3) Anklagesatz.
공소장의 송달 StPO 201
Mitteilung der Anklageschrift.
공소장의 제출 StPO 199 Vorlegung
der Anklageschrift; StPO 418(3) Einreichung einer Anklageschrift.

공소참가 StPO 395 Nebenklage

공소참가권 StPO 397
Nebenklägerrecht.
공소참가의 시점 StPO 395
Anschlußzeitpunkt.
공소참가의 의사표시 StPO 396
Anschlußerklärung; ~의 제출 Einreichung (Einreichen) der ~.
공소참가인의 권리 StPO 397
Rechte des Nebenklägers.
공소참가인의 상소 StPO 401
Rechtsmittel des Nebenklägers.
공소참가인 필요적 경비 StPO 472
Notwendige Auslage des Nebenklägers.
절차의 진행 StPO 398
Fortgang des Verfahrens.
조력과 대리 (사인기소인, 피고인, 피해

자). StPO 378, 387, 406f, 406g, 406h
Beistand und Vertretung (des Privatklägers, des Angeklagten, des Verletzten).
참가전 이전 재판의 고지 StPO 399
Bekanntmachung früherer Entscheidungen
vor dem Anschluss.
철회와 공소참가인의 사망 StPO 402
Widerruf und Tod des Nebenklägers.

공소피의자 StPO 157 Angeschuldigter.
→ Beschuldigte (피의자).
→ Angeklagter (피고인; 공판피고인).

공시 (유죄판결의 ~) StGB 165;
StPO 463c →고지. → 공고.
Bekanntgabe der Verurteilung.

공시송달 ZPO 185
Öffentliche Zustellung.

공시에 있어서 경쟁제한적 답합죄
StGB 298 Wettbewerbsbeschränkende
Absprachen bei Ausschreibungen.

공시주의 (원칙) Publizitätsprinzip.

공시지가 → Bodenrichtwert.

공시최고절차 ZPO 946
Aufgebotsverfahren.

공신력 (부동산등기부의 ~) BGB 892
Öffentlicher Glaube (~ des Grundbuchs).

공안의 위태화 StPO 15
eine Gefährdung der Öffentlichen Sicherheit.

공연권 UrhG 19 Aufführungsrecht.

공연한 불합의 BGB 154
Offener Einigungsmangel.

공연히 Coram publico (vor Publikum,
Öffentlich).

공용수용(公用收用) GG 14(3)
Enteignung.

공용지정 (공용개시, 공용개시행위)
FStrG 2 Widmung.

공용폐지 FStrG 2(4) Entwidmung
(Einziehung).

공유 BGB 1008 Miteigentum.

공유림 BWaldG 3(2) Körperschaftswald.

공익을 위한 급부 (병원, 양로원 등의 보조
근무) StGB 56b(2) Nr.3 Gemeinnützige
Leistung → Gemeinnützige Arbeit;
→ Arbeitsleistung zu erbringen.

공인인증서 SigG 2 Nr.7
Qualifiziertes Zertifikat.

공인전자서명 SigG 2 Nr.3
Qualifizierte elektronische Signatur.

공인타임스탬프 SigG 2 Nr.14
Qualifizierter Zeitstempel.

공인회계사 WiPrO 2 Wirtschaftsprüfer.

공적 서류의 제출 (Vorlegung von ~n)
StPO 96 Schriftstücke im Ämtern.

공적 유가증표 StPO 148
Amtliche Wertzeichen.

공적 인증 BGB 129
Öffentliche Beglaubigung.

공정가격 (일반가격) BewG 9(2)
Gemeiner Wert.

공정서식용지 (공정양식) AO 150
Amtlich vorgeschriebener Vordruck.

공정증서 BGB 128
Notarielle Beurkundung.

공정한 절차 (~의 요구권) EMRK 6

Faires Verfahren (Recht auf ein ~).

공제액 (비과세액) Freibetrag → 과세(대상)소득 (Zu versteuerndes Einkommen).

공증과 인증 BNotO 20
Beurkundung und Beglaubigung.

공증명서변경죄 StGB 273
Verändern von amtlichen Ausweisen.

공증명서위조예비죄 StGB 275
Vorbereitung der Fälschung von amtlichen Ausweisen.

공증인 BNotO 1 Notar.

공증인대리인 BNotO 39 Notarvertreter.
(대리공증인).

공증인장 OWiG 127
Beglaubigungszeichen.

공증인제도 GG 138 Notariat.

공증인직무대리인 (관리공증인) BNotO 56
Notariatsverwalter.

공지의 사실 ZPO 291; StPO 244
Offenkundige Tatsache.

공탁 BGB 372; StGB 176 Hinterlegung.;
공탁물 BGB 378 Hinterlegte Sache.

공통상급법원 StPO 14
Gemeinschaftliches oberes Gericht.

공판 Hauptverhandlung.

　개시결정 StPO 203 Eröffnungsbeschluß.
　개시결정(~의 내용) StPO 207
　Eröffnungsbeschluß (Inhalt ~).
　개시결정의 송달 StPO 215
　Zustellung des Eröffnungsbeschlusses.
　개시관할 StPO 209 Zuständigkeit für
　Eröffnung.
　개시기각결정 StPO 204 Beschluss über

die Ablehnung der Eröffnung (←Nicht-eröffnung).
기각결정의 효과 StPO 211
Folgen des Ablehnungsbeschlusses.
검사의 청구에 대한 불기속 StPO 206
Keine Bindung an Anträge der Staats-anwaltschaft (← Freiheit des Gerichts).
공판구속 StPO 127b
Hauptverhandlungshaft.
공판기록의 작성 StPO 273
StPO 273 공판조서작성.
(공판조서의 추가적 기재사항)
Protokollierung der Hauptverhandlung
(Zusätzliche inhaltliche Anforderungen.
공판심리의 지휘 StPO 238
Verhandlungsleitung.
공판에서의 대리 StPO 387
Vertretung in der Hauptverhandlung.
공판의 갱신 없는 무죄의 선고 StPO
371 Freisprechung ohne Erneuerung
der Hauptverhandlung.
공판의 갱신 StPO 373
Erneute Hauptverhandlung.
공판의 연기 및 중단 StPO 228
Aussetzung und Unterbrechung einer
Hauptverhandlun.
공판의 잠정적 정지 StPO 205
Vorläufige Einstellung.
공판의 준비 StPO 323
Vorbereitung der Hauptverhandlung.
공판의 중단기간 StPO 229
Dauer der Unterbrechung
공판의 진행 StPO 243, 351
Ablauf der Hauptverhandlung.
공판절차의 과정(항소) StPO 324
Ablauf der Hauptverhandlung
공판절차개시후의 절차장애사유 StPO
206a Verfahrenshindernis nach Eröff-nung des Hauptverfahrens.
법률개정으로 인한 절차의 정지 StPO
206b Verfahrenseinstellung auf Grund
Gesetzesänderung.

공판조서 StPO 271 Sitzungsprotokoll
= Verhandlungsprotokoll; ~의 내용 StPO
272 Protokollinhalt.

공판피고인; 피고인 StPO 157
Angeklagter.

공포와 시행 (법률의 ~) GG 82
Verkündigung und Inkrafttreten
(~ der Gesetze).

공표권 UrhG 12
Veröffentlichungsrecht.

공표저작물 UrhG 6
Veröffentlichtes Werk.

공해의 자유 Freiheit der Meeres (Mare
Librum).

과거경력 Vita anteacta.

과다지급 BGB 1360b Zuvielleistung.

과밀수용 (~의 금지) StVollzG 146
Überlegung (Verbot der ~).

과반수 (투표의 ~) GG 42(2)
Mehrheit (~ der abgegebenen Stimmen).

과세대상소득 KStG 7(2)
Zu versteuerndes Einkommen.

과세품 ZG 5 Zollgut.

과세원칙 AO 85 Besteuerungsgrundsatz.

과세표준(기초) KStG 7 Grundlage der
Besteuerung (Besteuerungsgrundlagen).

과실 BGB 99 Früchte.

과실국가기밀누설죄 StGB 97
Preisgabe von Staatsgeheimnissen.

과실에 의한 선서에 갈음한 허위보증죄
StGB 163 Fahrlässige falsche Versicherung an Eides Statt.

과실에 의한 허위선서죄
StGB 163 Farhlässiger Falscheid.

과실치사죄 StGB 222
Fahrlässige Tötung.

과실치상죄 StGB 229
Fahrlässige Körperverletzung.

과잉금지 Übermaßverbot.

과잉방위 StGB 33 Überschreitung der
Notwehr (Notwehrüberschreitung, Notwehrexzess).

과태료 → 질서위반금.

과형명령 (약식명령) StPO 407 Strafbefehl (~절차: Verfahren bei Strafbefehlen
= Strafbefehlsverfahren).

　　공판절차의 개시후 ~ StPO 408a
　　Strafbefehl nach Eröffnung des Haupt-
　　verfahren.
　　과형명령에 있어서 변호인의 임명
　　StPO 408b Bestellung eines Verteidi-
　　gers bei Strafbefehl.
　　과형명령에 있어서 허용된 법적 효과
　　StPO 407(2) Zulässigen Rechtsfolgen
　　der Tat durch Strafbefehl.
　　과형명령에 의한 몰수명령 StPO 438
　　Anordnung der Einziehung durch Straf-
　　befehl.
　　과형명령의 관할 StPO 408 Entschei-
　　dungsmöglichkeit bei Strafbefehlen.
　　과형명령의 내용 StPO 409 Strafbe-
　　fehlsinhalt.
　　과형명령에 대한 피고인의 이의신청
　　StPO 410 Einspruch des Angeklagten
　　gegen den Strafbefehl.

관계범죄 Beziehungsverbrechen.

관계인의 진술청취 StPO 33
Anhörung der Beteiligten.

관련기업 HGB 311
Assoziiertes Unternehmen.

관련형사사건 StPO 2

Zusammenhängende Strafsachen.

관련의 개념 StPO 3
Begriff des Zusammenhangs.
관련형사사건의 재판적 StPO 13
Gerichtsstand bei zusammenhängenden
Strafsachen.

관리비 BGB 556 Betriebskosten.

관리자 (회사의 ～의 책임) AktG 310
Verwaltungsmitglieder; 관리자(수색할 장소
또는 물건의 점유자)의 참여 StPO 106
Zuziehung des Inhabers.

관리직원의 의무위반죄 BVFG 99
Pflichtverletzung von Verwaltungsangehörigen.

관세감시 ZK 37
Zollamtliche Überwachung.

관세규칙 ZollV Zollverordnung.

관세동맹 EGV 25 Zollunion.

관세법(구) ZG Zollgesetz.

관세법상 자유유통을 위한 통관 ZK 79
Überführung in den zollrechtlich freien
Verkehr.

관세자유지역 ZG 2(3) Zollfreigebiet.

관세채무 ZK 201 Zollschuld.

관세청 ZK 4 Nr.3 Zollbehörde.

관세통로 ZollVG 2(4) Zollstraße.

관세평가 ZK 29 Zollwert.

관세행정 ZollVG 1 Zollverwaltung; ～법
(～sgesetz).

관습법 Gewohnheitsrecht.

관습법의 금지 Gewohnheitsrechtsverbot
(lex scripta = geschriebenes Gesetz: Nulla
poena sine lege scripta) (Verbot gewohnheitsrechtlicher Strafbegründung/ -schär-
fung zu Lasten des Täters).

관용의 요구 Toleranzgebot.

관찰을 위한 수용 StPO 81 Unterbringung zur Beobachtung; (～ 에 대한 즉시
항고) 집행정지적 효력 StPO 81(4) Aufschiebende Wirkung.

관청 StGB 11(1) Nr.7 Behörde.

관할 StPO 1 Zuständigkeit.

관할권이 없는 경우의 심리행위
StPO 20 Untersuchungshandlung eines
unzuständigen Gerichts.
관할법원에의 사건이송 StPO 355
Verweisung der Sache an das zuständige Gericht.
관할법원의 장애 StPO 15
Verhinderung des an sich zuständigen
Gerichts.
관할위반의 선고 StPO 269
Unzuständigkeitserklärung.
관할위반의 이의 StPO 16
Einwand der Unzuständigkeit.
관할이전 StPO 12(2), 15, 19
Übertragung der Zuständigkeit des Gerichts.
관할쟁의 StPO 14
Streit über die Zuständigkeit
관할지정 (연방대법원에 의한 ～)
StPO 13a Zuständigkeitsbestimmung
(～ durch den BGH).
관할집중 StPO 162
Zuständigkeitskonzentration

광고사기 Ausschreibungsbetrug.

교대근무 Schichtarbeit → Nachtarbeit.

교도관 (교정공무원) StVollzG 155
Vollzugsbeamte. → Vollzugsbedienstete.

교도소 (주사법행정시설) StVollzG 139
Justizvollzugsanstalt = JVA.

교도소 감독 StVollzG 156
Anstaltsleitung.
교도소 급식 StVollzG 21
Anstaltsverpflegung.
교도소 의무실 StVollzG 65
Anstaltskrankenhaus.
교도소규칙 StVollzG 161
Hausordnung.
교도소 규모와 형태 StVollzG 143
Größe und Gestaltung des Anstalten.
(교도소) 실내의 크기, 형태
StVollzG 144 Größe und Ausgestaltung
der Räume.
교도소장 StVollzG 156 Anstaltsleiter.

교사 StGB 26 Anstiftung; ~범(Anstifter).

교살 (絞殺) **Erdrosseln.**

교섭단체 BTGO 10 Fraktion.

교수의 자유 GG 5(3)
Freiheit der Lehre.

교시 (敎示) StPO 453a Belehrung.

교시의무 (지적의무) → Hinweispflicht.

교육기록부 BZRG 59 Erziehungsregister.

교육보조인 SGB 8 30
Erziehungsbeistand.

교육제도 GG 7 Schulwesen.

교육처분 JGG 5 Erziehungsmaßregel.

교정근무자 StVollzG 155
Vollzugsbedienstete → Vollzugsbeamte.

교통권 StVollzG 23 Vekehrsrecht.

교통완화지역 StVO 42(4a)
Verkehrsberuhigter Bereich.

교통중앙기록부 StVG 28
Verkehrszentralregister.

교통질서위반행위 StVG 24
Verkehrsordnungswidrigkeit.

교활한 습격에 의하여 StGB 224
Hinterlistigen Überfalls (mittels eines ~).

교회법대전 Corpus iuris canonici.

교회법전 Codex iuris canonici.

교회절도 StGB 243(1) Nr.4
Kirchendiebstahl.

구(區)검사 OrgStA 14(2); StPO 451(2)
Amtsanwalt.

구금 StPO 112 → Haft.

구금비용 StVollzG 50
Haftkostenbeitrag.
구금장소 StVollzG 141 Haftplätze.
구금중 휴가 StVollzG 13
Urlaub aus der Haft.
구금중인 피의자 StPO 299
Rechtsmitteleinlegung durch verhafteten
Beschuldigten.

구두고지 StPO 268(2)
Mündliche Mitteilung.

구두변론 StPO 118, 118a
Mündliche Verhandlung.

구두제공 BGB 295
Wörtliches Angebot.

구두주의 Mündlichkeit.

구법원 (간이법원) GVG 22; 24(2)
Amtsgericht.

구상의무 BGB 426 Ausgleichungspflicht.

법정상속인으로서 직계비속에 대한 구상

의무 BGB 2050 Ausgleichungspflicht für Abkömmlinge als gesetzliche Erben.

구성요건 Tatbestand; 구성요건해당성 Tatbestandsmäßigkeit.

구성요건적 착오 StGB 16 Irrtum über Tatumstände (Tatbestandsirrtum); 사실의 착오 (Tatirrtum).

구속 → Untersuchungshaft (미결구금).

구속(구금)사유 StPO 112(2) Haftgrund.

구속심사 StPO 117 Haftprüfung.

구속심사에 있어 중요한 사실의 개별적 조사 StPO 117(3)
Ermittlungen im Haftprüfungsverfahren.
주고등법원의 구속심사 StPO 122
Haftprüfung durch das OLG.

구속영장 (서면에 의한 구속명령)
StPO 114 Haftbefehl.

구속영장의 고지 StPO 114a
Bekanntmachung des Haftbefehls.
구속영장의 발부 StPO 114, 457
Erlaß des Haftbefehls.
구속영장의 발부의 관할 StPO 125
Zuständigkeit für den Erlass des Haftbefehls.
구속영장 집행의 유예 StPO 116
Aussetzung des Vollzugs des Haftbefehls
구속영장의 취소 StPO 120
Aufhebung des Haftbefehls.

구속이론 → Bindungstheorie.

구속적 발명 ArbnErfG 4
Gebundene Erfindung. → Diensterfindung.

구속집행의 유예처분의 취소 StPO 123
Aufhebung einer Aussetzungsmaßnahme.

구속항고 StPO 117(2) Haftbeschwerde.

구술권 UrhG 19 Vortragsrecht.

구인, 인치 StPO 134, 115 Vorführung.

구인구금 StPO 70(2); StVollzG 171
Erzwingungshaft.

구인장 (명령) StPO 134(2), 236, 457
Vorführungsbefehl.

구조의 부작위죄 StGB 323c
Unterlassene Hilfeleistung.

구직면접 BGleiG 7
Bewerbungsgespräch.

구직자에 대한 기초보장 SGB 2 1
Grundsicherung für Arbeitsuchende.

구획계획령 SPV 1
Sonderungsplanverordnung.

국가 및 국장 모독죄 StGB 90a
Verunglimpfung des Staates und seiner Symbole.

국가감독 Staatsaufsicht.

국가강요죄 (공적 불법압박죄)
Landzwang StGB 126 (a.F.).

국가기밀 StGB 93 Staatsgeheimniss.

국가기밀누설반역죄 StGB 94
Landesverrat.

국가기밀누설죄 StGB 95
Offenbaren von Staatsgeheimnissen.

국가기밀수집죄 StGB 96(2)
Auskundschaften von Staatsgeheimnissen.

국가배상(책임)법 SHG
Staatshaftungsgesetz.

국가법 Staatsrecht.

국가보호부 (국사부) GVG 74a(1)
Staatsschutzkammer.

국가소추주의 StPO 152 Offizialprinzip.
(Offizialmaxime).

국가시험 → Referendarexamen (die erste
Staatsprüfung); Assessorexamen (Die
zweite Staatsprüfung).

국가책임사건 SHG 19
Staatshaftungsstreitigkeit.

국고 ZPO 18 Fiskus.

국고보조 PartG 18
Staatliche Finanzierung.

국교 WRV 137(1) Staatskirche.

국내범 StGB 3 Inlandstat.

국내의 법익에 대한 국외범죄 StGB 5
Auslandstat gegen inländische Rechtgüter.

군대의 명령권과 지휘권 GG 65a
Befehls- und Kommandogewalt über die
Streitkräfte.

국민법원 Volksgerichtshof.

국민사주죄 StGB 130 Volksverhetzung.

국민의 권리와 의무 GG 33
Staatsbürgerliche Rechte und Pflichten.

국민의 복지가 최고의 법
Salus populi (publica) suprema lex (esto)
(Das öffentliche Wohl ist oberstes Gesetz).

국민주권 Volkssouveränität.

국방전권위원 (연방하원의 ~) GG 45b
Wehrbeauftragter des Bundestages.

국사범 StGB 80 Staatsschutzdelikt.
→ Staatsschutzkammer.

국사범에 있어서의 기소유예 StPO 153d
Absehen von der Strafverfolgung bei
Staatsschutzdelikten.

국선변호인 StPO 140
Pflichtverteidiger = Offizialverteidiger.

국선변호인 및 사선변호인의 소환
StPO 218 Ladung des bestellten und
gewählten Verteidigers.
→ Wahlverteidiger.

국유림 BWaldG 3 Staatswald.

국유재산 TreuhG 1
Volkseigenes Vermögen.

국적 StAG 1; 4(1) Staatsangehörigkeit;
~법 (~sgesetz).

국정조사권 Enquêterecht.

국제적 법익에 관한 국외범죄 StGB 6
Auslandstaten gegen international geschützte Rechtsgüter.

국제법 GG 25 Völkerrecht.

국제사법 Internationales Privatrecht
(IPR).

국제형법전 VStGB
Völkerstrafgesetzbuch.

국제형사법원 IStGHG 1
Internationaler Strafgerichtshof.

국제형사법원 협력법 IStGHG
IStGH-Gesetz.

국토계획법 ROG 1
Raumordnungsgesetz.

국회의원 GG 38 Abgeordnete; 국회의원
의 청구권 GG 48 Anspruch der Abgeordneten.

군(郡: 권역) Kreis.

군대 GG 87a Streitkräfte.

군대의 명령권과 지휘권 GG 65a, 115b
Befehls- und Kommandogewalt über die
Streitkräfte.

군법회의 WRV 106
Militärgerichtsbarkeit.

군사시설 등 모사죄 StGB 109g
Sicherheitsgefährdendes Abbilden.

군사시설출입죄 OWiG 114
Betreten militärischer Anlagen.

군인징계법 WDO
Wehrdisziplinarordnung.

군중 Masse.

군집 (群集), 다중 Menge.

군형법 WStG 1 Wehrstrafgesetz.

군형사법원 GG 96(2) Wehrstrafgericht.

궁박상태 StGB 302a Zwangslage.

궁박이용절도 StGB 243(1) Nr.5
Diebstahl unter Ausnutzung fremder
Bedrängnis.

권력분립 Gewaltenteilung.

권리가 존재하는 곳에 구제가 있다.
Ubi ius, ibi remedium (wo ein Mittel ist,
ist ein Recht).

권리남용 Rechtsmißbrauch.

권리능력 BGB 1 Rechtsfähigkeit.

권리능력없는 사단 BGB 54
Nicht rechtsfähiger Verein.

권리영역이론 (증인의 권리영역내부에서만
증언거부) StPO 53 Rechtskreistheorie.

권리용익권 BGB 1068(1)
Nießbrauch an Rechten.

권리자등기 GBO 39 Eintragung nur bei
eingetragener Berechtigung.

권리자조사 GBO 94
Ermittlung des Berechtigten.

권리질권 BGB 1273
Pfandrecht an Rechten.

권리하자 BGB 435 Rechtsmangel.

권한대행 GG 57 Vertretung.

권한외 (능력외)(목적외)(월권) Ultra vires
(in Überschreitung der Befugnisse).

권한쟁의 → Organstreitigkeit (기관쟁송).

궤도 (도로교통상의 ~) StGB 315d
Schienenbahn im Straßenverkehr.

궤도, 선박 및 항공교통의 공격죄 StGB
315 Gefährliche Eingriffe in den Bahn-,
Schiffs-, Luftverkehr.

궤도, 선박 및 항공교통의 위태화죄 StGB
315a Gefährdung des Bahn-, Schiffs- und
Luftverkehrs.

귀속 Imputation.

귀주여비 (歸住旅費) StVollzG 75
Reisenkosten.

귀책사유 BGB 42(2); StGB 227(a.F.)
Verschulden.

귀책성 (책임, 유책성) Verantwortlichkeit.

귀화 StAG 16 Einbürgerung.

규명 (진상~) → Aufklärung.

규문소송 (절차); 심문소송
Inquisitionsprozeß.

규범통제 GG 100; VwGO 47(2)
Normenkontrolle.

규정예시형식 (특히 중한 사례의 예시형식)
Regelbeispiel → Kasuistische Regelung

그림자(음영)투사이론
Schattenprojektion → Sündenbocktheorie.

극다중범 Vielfachtäter → Mehrfachtäter.

극복모델 Überwindungsmodell.

근거리여객교통 GG 106a
Personennahverkehr.

근로계약 Arbeitsvertrag.

근로관계 MiArbG 15
Arbeitsverhältnis.

근로봉사형 Dienstleistungsstrafe
→ 작업형 (Arbeitsstrafe).

근로시간 ArbZG 2 Arbeitszeit; 근로시간
법 (Arbeitszeitgesetz).

근로시간단축청구권 TzBfG 8
Anspruch auf Verringerung der Arbeitszeit

근로자 BetrVG 5; KSchG 19(2)
Arbeitnehmer. ↔ 사용자 Arbeitgeber.

근로자발명법 ArbnErfG 1
Arbeitnehmererfindungsgesetz.

근로자송출법 AEntG 1
Arbeitnehmer-Entsendegesetz.

근로자파견법 AÜG
Arbeitnehmerüberlassungsgesetz.

근로제공의 이행 JGG 10(1) Nr.4
Arbeitsleistung zu erbringen.

근로조건 → Mindestarbeitsbedingung
(최저근로조건).

근로주선 StVollzG 148
Arbeitsbeschaffung.

근저당권 BGB 1190
Höchstbetragshypothek.

근친상간죄 StGB 173
Beischlaf zwischen Verwandten

금고 StGB 38 Einschließung.

금단시설 StGB 64 Entziehungsanstalt;
~수용 StVollzG 137 Unterbringung in
einer ~.

금단증상 Abstinenzsymptome (= Entzie-
hungsbeschwerden).

금단치료 StGB 64(2), 323b
Entziehungskur.

금단치료 위태화죄 StGB 323b
Gefährdung einer Entziehungskur.

금융기관 KWG 1 Kreditinstitut.

금융기업 KWG 1(3) Finanzunternehmen.

금융상품 WpHG 2(2b)
Finanzinstrument.

금융서비스기관 KWG 1(1a)
Finanzdienstleistungsinstitut.

금융지주회사 KWG 1(3a)
Finanzholding-Gesellschaft.

금전납부 (준수사항으로서 ~)
StGB 56b(2) Nr.2; JGG 15(1) Nr.4
Geldauflage.

~를 의무로 하는 부대효과의 집행(Vollstreckung von ~) OWiG 99 Nebenfolgen, die zu Geldzahlung verpflichten.

금전대부 StGB 265b Gelddarlehen
→ 신용대부(Kredite).

금전(손해)배상 BGB 250
Schadensersatz in Geld

금전배상에서 법률상 구제의 해태
SHG 6 Versäumen von Rechtsbehelfen bei Geldersatz.

금전보상 SHG 2
Schadensausgleich in Geld.

금전채권 BGB 772, ZPO 829
Geldforderung.

금제품에 의한 선박·자동차·항공기 위태화죄 StGB 297
Gefährdung von Schiffen, Kraft- und Luftfahrzeugen durch Bannware.

금종채무 BGB 245 Geldsortenschuld.

금지구역시위죄 StGB 106a (a.F.)
Bannkreisverletzung.

금지된 사력 (私力) BGB 858
Verbotene Eigenmacht.

금지명령 (집행가능한 ~) StGB 325, 330
Untersagung (vollziehbar ~).

금지연한 BGB 51 Sperrjahr.

금지위반 AO 372 Bannbruch.

금지착오; 법률의 착오 StGB 17
Verbotsirrtum; error iuris.

금치산 선고 → Entmündigung (행위능력의 박탈, 제한)의 선고.

급부감축죄 StGB 353(2)
Leistungskürzung.

급부사취(죄) StGB 265a
Leistungserschleichung
= Erschleichen von Leistungen.

급부소송 VwGO 43(2) Leistungsklage.

급부실현 (미성년자의 자력에 의한)
BGB 110 Bewirken der Leistung mit eigenen Mitteln

급부의 제공 BGB 294 ff Leistungsangebot; StPO 153a Leistungserbringen.

급부의무 BGB 275 Leistungspflicht.

급부장애 (계약체결시의 ~) BGB 311a
Leistungshindernis (~ bei Vertragsschluß).

급부지정권 BGB 315
Leistungsbestimmungsrecht.

급여, 급료 Arbeitsentgelt.

급여계속지급 EntgFG 3 Entgeltfortzahlung; ~법 (Entgeltfortzahlungsgesetz).

급여(분담금)체불 및 횡령죄 StGB 266a
Vorenthalten und Veruntreuen von Arbeitsentgelt.

기각 (이유없다고) StPO 28
Zurückweisen (unbegründet zurückgewiesen wird).

공소기각결정 StPO 174
Verwerfungsbeschluß.
StPO 211 Ablehnungsbeschluß.
기각의 효과 StPO 211
Wirkung der Ablehnung.

기간설정 없는 금전배상 BGB 251
Schadensersatz in Geld ohne Fristsetzung.

기간의 종료 BGB 188 Fristende.

기간제 공무원 BBG 5(4)
Beamte auf Zeit.

기간제 근로자 TzBfG 3
Befristet beschäftigter Arbeitnehmer.

기관 BPersVG 6; StGB 87(3) Dienststelle.

기관 및 대표자 StGB 75
Organ und Vertreter.

기관 및 대표자에 대한 몰수규정
StGB 75 Einziehungsvorschrift für
Organe und Vertreter.

기관에 대한 사단의 책임
BGB 31 Haftung des Vereins für Organe.

기관쟁송 (권한쟁의) GG 93(1) Nr.5;
BVerfGG 13 Nr.5 Organstreitigkeit.

기관회사 (연결개별회사) KStG 14
Organgesellschaft

기국주의 (旗國主義) StGB 4
Flaggenprinzip.

기대(~권) Anwartschaft (~recht).

기대가능성 Zumutbarkeit.

기도범 StGB 11,(1) Nr.6 StGB 81
Unternehmensdelikt (Wer es unternimmt
~).

기동경찰 (긴급경찰)
Bereitschaftspolizei (BePo).

기록물 → Archivgut des Bundes.

기록열람 (소송~) StPO 147, 406e
Akteneinsicht.

　개인데이터의 정정과 삭제 StPO 489
　Berichtigung und Löschung personenbe-
　zogener Daten.
　경찰관청에 대한 검사의 통지 StPO 482

Mitteilung der Staatsanwaltschaft an
die Polizeibehörde.
경찰관청에 의한 개인정보의 사용
StPO 481 Verwendung personenbezogener Informationen durch Polizeibehörden.
관청의 기록열람 StPO 474
Behördliche Akteneinsicht
기록열람의 허가 StPO 406
Gewährung der Akteneinsicht
사인을 위한 기록열람 StPO 475
Akteneinsicht für Privatpersonen
연구목적의 ~의 전송 StPO 476
Übermittlung personenbezogener Informationen zu Forschungszwecken.
정보제공과 기록열람의 관할 StPO 478
Zuständigkeit über Auskunftserteilung
und Akteneinsicht.
특별 법규정의 계속적 적용 StPO 480
Fortgeltung besonderer gesetzlicher Bestimmungen.
형사소추를 위한 개인정보의 전송
StPO 479 Übermittlung personenbezogener Informationen zur Strafverfolgung.

기록위원회 BTGO 63
Federführender Ausschuß.

기록의무 AO 140 Aufzeichnungspflicht

기망 (현혹) Vorspiegelung → Betrug (사
기죄).

기망에 의한 병역의무기피죄 StGB 109a
Wehrpflichtentziehung durch Täuschung.

기명주식 AktG 24 Namensaktie.
↔ 무기명주식 (Inhaberaktie).

기밀실용신안 GebrMG 9
Geheimgebrauchsmuster.

기벽 (嗜癖) Sucht.

기본권 GG 1 Grundrecht.

기본권의 구속 Grundrechtsbindung
→ Grundrecht.

기본권의 상실 GG 18
Verwirkung von Grundrechten.

기본권의 제3자적 효력
Drittwirkung der Grundrechte.

기본권의 제한 GG 19(2); StVollzG 196
Einschränkung von Grundrechten.

기본법 (헌법) GG
Grundgesetz für die Bundesrepublik
Deutschland.

기본법의 변경 GG 79
Änderung des Grundgesetzes.

기본세율 (조세표준율) Steuermeßzahl.

기본연금 BVG 31 Grundrente.

기본이율 BGB 247 Basiszinssatz.

기본임금 (기본급) EStG 3b; StVollz-
VergO 1 Grundlohn.

기본자본 AktG 6 Grundkapital.
; GmbHG 5 Stammkapital.

기본조약 Grundlagenvertrag (Grundvertrag).

기본조직 BGB 25 Verfassung.

기본출자 GmbHG 3(1) Nr.4
Stammeinlage.

기부금 PartG 25 Spende.

기부사기 (寄附詐欺) StGB 263
Spendenbetrug.

기부행위 BGB 81 Stiftungsgeschäft.

기사범죄 Kavaliersdelikt.

기소강제절차 StPO 172
Klageerzwingungsverfahren.

기소법정주의 StPO 152
Legalitätsprinzip.

기소유예 StPO 153
Absehen von der Strafverfolgung
(bei Bagatellsachen)(경미사건의 경우).
→ Absehen von Verfolgung.

기소중지 StPO 153f Absehen von Verfolgung. → Absehen von der Strafverfolgung.

기소편의주의 (경죄의 경우) StPO 153
Opportunitätsprinzip bei Vergehen.

기속력 VwVfG 43(2) Bindungswirkung.

기속(의무적합적)재량 MEPolG 3; StPO
241a(2) Pflichtgemäßes Ermessen.

기술매체기록위조죄 StGB 268
Fälschung technischer Aufzeichnungen.

기술적 창안 ArbnErfG 3
Technischer Verbesserungsvorschlag.

기술판사 PatG 65(2), 26(2)
Technischer Richter.

기습조항 (의외조항) BGB 305c
Überraschende Klausel.

기업결합 Unternehmensverbindung (Un-
ternehmenszusammenschluss); GWB 36
Zusammenschluß.

기업계약 AktG 291 Unternehmensvertrag.

기업인수법 WpÜG Wertpapiererwerbs-
und Übernahmegesetz.

기업재산 EStG 4 Betriebsvermögen.

기업재편 UmwG 1 Umwandlung; ~법 (

~sgesetz).

기업조사규칙 BpO 1
Betriebsprüfungsordnung.

기여금의 유보 StVollzG 195
Einbehaltung von Beitragsteilen.

기일 Termin.

기일의 지정 StPO 213 Anberaumung des
Termins (Terminsbestimmung).
기일의 통지(공판기일 및 장소) StPO 350
Terminsmitteilung; 224 Terminsnachricht.

기준(산정)세액 AO 184
Steuermeßbetrag.

기초공제액 EStG 32a(1) Nr.1
Grundfreibetrag.

기초자치단체 GemO BW 1 Gemeinde.

기초자치단체연합 Gemeindeverband.

기초자치단체행정연합 GemO BW 59
Gemeindeverwaltungsverband.

기초학력의 보완 StVollzG 38
Nachholen des Hauptschulabschlusses.

기판력 Res judicata.
→ Strafklageverbrauch.
→ Materielle Rechtskraft.

기피 Ablehnung.

기피결정에 대한 상소 StPO 28
Rechtsmittel.
기피권의 남용 StPO 26a
Mißbrauch des Ablehnungsrechts.
기피신청 StPO 26 Ablehnungsgesuch.
기피신청의 각하 (부적법한 것으로)
StPO 26a Verwerfung der Ablehnung
(als unzulässig).
기피신청에 대한 재판 StPO 27
Entscheidung über das Ablehnungsge-

such.
기피의 시기 StPO 25
Zeitpunkt der Ablehnung.
법관의 기피 StPO 24
Ablehnung von Richtern.

기한부방식 (낙태허용방안)
StGB 218a Fristenlösung.

기한부보증 BGB 777
Zeitbürgschaft (Bürgschaft auf Zeit).

기한은 사람에 갈음하여 최고한다
Dies interpellat pro homine
(Der Termin mahnt für den Menschen).

기한후배서 ScheckG 24 Nachindossament
(Indossament nach Protest oder Fristablauf 거절증서작성후 배서).
→ 만기후배서 (Indossament nach Verfall).

기회범(인) Gelegenheitsverbrecher
(Augenblicksverbrecher).

긴급 및 갈등 상황에 처한 임부상담
StGB 219 Beratung der Schwangeren in
einer Not- und Konfliktlage.

긴급가체포 StPO 127(2) Vorläufige Festnahme bei Gefahr im Verzug.

긴급검찰 (행위) StPO 165 Notstaatsanwalt. → Richterliche Untersuchungshandlung ohne Antrag (신청없는 판사의 조사
행위).

긴급관할 StPO 21 Notzuständigkeit.

긴급매각 StPO 1111 Notveräußerung.

긴급에는 법이 없다
Necessitas non habet legem (Die Notwendigkeit hat [kennt] kein Gesetz).

긴급입법절차 GG 115d
Vereinfachtes Gesetzgebungsverfahren.

긴급피난 → Notstand.

긴급한 경우; 지체시 위험이 있는 경우
Bei Gefahr im Verzug.

긴급한 직무행위 StPO 29
Unaufschiebare Amtshandlung.

긴장사태 GG 80a Spannungsfall.

나

나에게 사실을 말하면 그대에게 권리를 줄 것이다
Da mihi factum, dabo tibi ius (Gib mir (die) Tatsachen, ich gebe Dir (das) Recht).

나치추방법률 GG 139
Entnazifizierungsgesetz.

낙과 (落果) BGB 911 Überfall.

낙약자 Versprechende
→ 요약자 Versprechensempfänger.

낙인화 Stigmatisierung.

낙태선전죄 StGB 219a Werbung für den Abbruch der Schwangerschaft.

낙태수단유통죄 StGB 219b
Inverkehrbringen von Mitteln zum Schwangerschaftsabbruch.

낙태시 의사의 의무위반죄 StGB 218c
Ärztliche Pflichtverletzung bei einem Schwangerschaftsabbruch.

낙태의 처벌면제 StGB 218a Straflosig-keit des Schwangerschaftsabbruchs.

낙태적응방식 (낙태허용방안)
StGB 218a Indikationslösung.

낙태죄 StGB 218
Abbruch der Schwangerschaft.

난민과 피추방자 GG 119
Flüchtlinge und Vertriebene.

납부방법의 완화 StGB 42 Zahlungser-

leichterung; ~ 의 허용 StPO 459a
Gewährung von Zahlungserleichterungen.

납세신고 AO 167 Steueranmeldung.

납세의무 Steuerpflicht.

무제한적 납세의무 KStG 1
Unbeschränkte Steuerpflicht.
제한적 납세의무 KStG 2
Beschränkte Steuerpflicht

납입 (출자이행) AktG 63(2) Einzahlung.
납입자 StGB 352 Zahlende.

낭독 (의견서 낭독) StPO 256
Verlesung von Erklärungen
→ Protokollverlesung.

내각사법 Kabinettsjustiz.

내구성보장 BGB 443
Haltbarkeitsgarantie.

내란예비죄 StGB 83 Vorbereitung eines hochverräterischen Unternehmens.

내란죄

→ 연방내란죄 StGB 81 Hochverrat gegen den Bund.
→ 주내란죄 StGB 82 Hochverrat gegen ein Land.

내부자거래 WpHG 14 Insidergeschäft.

내부자정보 WpHG 13 Insiderinformation.

내부자증권 WpHG 12 Insiderpapiere.

내연관계 Konkubinat.
→ Eheähliche Gemeinschaft.

내인성 정신병 StGB 20
Endogene Psychose.

네가 주도록 하기 위하여 내가 준다

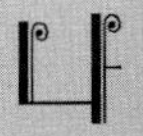

Do ut des (Ich gebe, damit du gibst).

노동력 착취 목적의 인신매매죄
StGB 233 Menschenhandel zum Zweck der Ausbeutung der Arbeitskraft.

노동법원(지방) ArbGG 8 Arbeitsgericht. ; 노동법원법 (Arbeitsgerichtsgesetz).

노동사무소(주~) Agentur für Arbeit; 연방노동사무소 Bundesagentur für Arbeit.

노동자 (육체직 근로자, 일반근로자) BetrVG 6 (a.F.) Arbeiter.

노동쟁의로 인한 해고 KSchG 25 Kündigung in Arbeitskämpfen.

노동조합 TVG 2 Gewerkschaft.

노동(고용)촉진법 Arbeitsförderungsgesetz. → 사회법전 제3권 - 노동촉진 - (Sozialgesetzbuch: SGB) Drittes Buch (III) - Arbeitsförderung -).

노동판사 ArbGG 21 Arbeitsrichter.

노둔 (魯鈍) Debilität.

노상범죄 Straßenkriminalität.

노숙자, 부랑자
Obdachlose (Wohnungslosigkeit).

노역 StVollzG 39 Beschäftigung.

녹음기, 녹화기, 도화 및 기타의 표현물
StGB 11(3) Tonträger, Bildträger, Abbildungen und Darstellungen.

녹음·녹화기 재현권 UrhG 21
Recht der Wiedergabe durch Bild- oder Tonträger

논리법칙 (사고법칙)
StPO 337 Denkgesetz.

논증 Argumentation.

농업의료보험조합 SGB 5 166
Landwirtschaftliche Krankenkasse.

누구도 불능에 구속되지 아니한다
Nemo tenetur ad impossibile (Niemand ist zu(m) Unmöglichem gehalten [verpflichtet]).

누구도 생각만으로는 처벌되지 아니한다
Cogitationis poenam nemo patitur (Wegen bloßer Gedanken wird niemand bestraft).

누구도 신의 앞을 제외하곤 자기 자신을 기소할 수 없다
Accusare nemo se debet nisi coram deo (Niemand muss sich selbst bezichtigen, es sei denn vor Gott).

누구도 일부(재산)에 관하여는 유언하고, 일부에 관하여는 유언 없이 사망할 수 없다.
Nemo pro parte testatus pro parte intestatus decedere potest
(Niemand kann so sterben, dass er über einen Teil testamentarisch, über den anderen Teil nicht testamentarisch verfügt).

누구도 자기가 가지고 있는 이상의 권리를 양도할 수 없다.
Nemo plus iuris transferre potest quam ipse habet (Niemand kann mehr Recht übertragen, als er selbst hat).

누구도 자신의 사건에 재판관이 될 수는 없다
Nemo iudex in sua causa (niemand sei Richter in eigener Sache).

누구도 자신을 고소할 의무는 없다
Nemo tenetur se ipsum accusare
(Niemand ist verpflichtet, sich selbst anzuklagen).

누범 Rückfäll; 누범관계 Rückfälligkeit. 누범범죄 Rückfallkriminalität.

능동적 후회 StGB 83a, 153e, 306e, 330b, 310, 311c) Tätige Reue.

다

다단계판매 UWG 6c (a.F.) Progressive Kundenwerbung; 다단계체계 (Schneeballsystem).

다른 물건(것)(~의 제공); 별개의 물건 BGB 434(3) Aliud (Aliud-Lieferung).

다른 변호인의 선임 StPO 145 Bestellung eines anderen Verteidigers.

다른 편의 말을 들어보라 Audi alteram partem (Audiatur et altera pars) (Höre auch den anderen Teil).

다른 합의 (약정) BGB 506 Abweichende Vereinbarung (Abdingbarkeit).

다수 GG 121 Mehrheit.

다수결선거 (다수대표제) (인물선거) Mehrheitswahl (Persönlichkeitswahl).

다수결원칙 GG 42(2) Mehrheitsprinzip.

다수참가 (과반수출자) AktG 16 Mehrheitsbeteiligung.

다중 StGB 124, 125 Menschenmenge.

다중국적 StAG 26 Mehrere Staatsangehörigkeiten.

다중불해산죄 StGB 116 Auflauf (삭제됨) → Unerlaubte Ansammlung (불법집합죄).

단결의 자유 (단결권) (특히 노동자의 ~) GG 9(3) Koalitionsfreiheit (Koalitionsrecht).

단계적 소 ZPO 254 Stufenklage.

단기교육기간 StVollzVergO 1(1) Einweisungszeit.

단기구금 JGG 16(3) Kurzarrest.

단기자유형 StGB 47 Kurze Freiheitsstrafe.

단독외출 (특정시간에 교도관의 감독 없이) StVollzG 11(1) Nr.2 Ausgang.

단독정범 StGB 25 Alleintäterschaft.

단독판사 GVG 22, 25 Einzelrichter.

단독행위 BGB 111 Einseitiges Rechtsgeschäft.

단수(端數)계산 AO 275 Abrundung.

단순근무 BBG 16 Einfacher Dienst.

단순급부소송 Einfache Leistungsklage → 일반적 급부소송 (Allgemeine Leistungsklage).

단순일죄 → Handlungseinheit.

단시간 근로자 TzBfG 2 Teilzeitbeschäftigter Arbeitnehmer.

단시간 일자리 (직무, 근로) TzBfG 7 Teilzeitarbeitsplatz.

단일범 Einfachtäter.

단일정범체계 OWiG 14 Einheitstätersystem.

단일형 (유기자유형의 단일화 및 청소년형 법에 의한) StGB 52; JGG 31 Einheitsstrafe.

단절된 결과범 Kupiertes Erfolgsdelikt.

단주액 (端株額) AktG 305(3); 320b(1) S.4 Spitzenbetrag.

단체소송 UKlaG 3 Verbandsklage.

단체협약 TVG 1 Tarifvertrag.

단체협약 당사자 TVG 2
Tarifvertragspartei.

단체협약 등기부 TVG 6 Tarifregister.

단체협약법 TVG Tarifvertragsgesetz.

단체협약의 구속력 TVG 3
Tarifgebundenheit.

담보부 석방 (Freilassung gegen Sicherheit)
→ 체포의 중지 StPO 127a Absehen von
der Festnahme.

담보(보전)일치(의 원칙) PfandBG 4
Deckungskongruenz.

담보재산 (보전재단) PfandBG 2(3)(4);
AktG 225 Deckungsmasse.

담보제공 StGB 265b Gewährleistungen;
StPO 116a, 176, 379 Sicherheitsleistung.

담보제공과 송달대리권자 StPO 132
Sicherheitsleistung und Zustellungsbevollmächtigter.

답변서 StPO 347 Gegenerklärung.

당벌성 (當罰性) Strafwürdigkeit.

당사자 StVollzG 111 Beteiligte.

당사자간에 (유효함) Inter partes
(zwischen den Parteien).

당사자능력 ZPO 50(1)(2)
Parteifähigkeit.

당사자(변호)배반죄 StGB 356
Parteiverrat.

당사자소송 ZPO 79 Parteiprozeß.

당사자신문 ZPO 613
Parteivernehmung.

당사자주의(지배) Parteiherrschaft.

당좌대월여신 BGB 493
Überziehungskredit

당헌과 정강 PartG 6
Satzung und Programm.

당황, 공포 또는 경악 StGB 33
Verwirrung, Furcht oder Schrecken.

대가, 보상 StGB 11(1) Nr.9 Entgelt.

대가의 몰수 StGB 74c
Einziehung des Wertersatzes.

대가의 박탈 StGB 73a
Verfall des Wertersatzes.

대강법 (외곽법, 원칙법. 개괄법) BRRG 1
Rahmengesetz (Mantelgesetz).

대권역시 GemO BW 3(2)
Große Kreisstadt.

대기오염죄 StGB 325
Luftverunreinigung.

대리권 BGB 164 Vertretungsmacht.

　대리권한 StGB 14
　Vertretungsbefugnis.
　대리권을 가진 변호인에 의한 대리
　StPO 234 Vertretung durch bevoll-
　mächtigten Verteidiger
　대리권의 흠결 ZPO 88
　Mangel der Vollmacht.
　제한된 행위능력자의 대리인 BGB 165
　Beschränkt geschäftsfähiger Vertreter

대리로 Per procura = ppa; i. A. = im
Auftrag; i. V. = in Vollmacht, in
Vertretung.

대리모 ESchG 1 Nr.7 Ersatzmutter.

대리배서 (추심위임배서); WG 18;
ScheckG 23 Vollmachtsindossament; 추심
배서 (Inkassoindossament).

대리상 HGB 84 Handelsvertreter
(Handelsagent).

대리적 형사사법 (Grundsatz der ~)
StGB 7(2) Nr.2
Stellvertretende Strafrechtspflege.

대명제로부터 소명제의 추론 (논증)
Argumentum a maiore ad minus.

대물방위 Sachwehr → 방어적 긴급피난
(Verteidigungsnotstand).

대물변제 BGB 364 Erfüllungs statt.

대변 HGB 266(3) Passivseite.

대상의 인도 BGB 285
Herausgabe des Ersatzes.

대습상속권 Repräsentationsrecht.

대외경제거래 AWG 1 Außenwirtschaftsverkehr; 대외경제법 (Außenwirtschaftsgesetz).

대외조세법 AStG 1 Außensteuergesetz.

대위 (Surrogation)
→ Herausgabe des Ersatzes.

대의민주제 Repräsentative Demokratie
간접민주제 (Mittelbare Demokratie).

대의원회 PartG 13
Vertreterversammlung.

대인고권 Personalhoheitsgewalt.

대(규모)자본회사 HGB 267(3)
Große Kapitalgesellschaft.

대중범죄 Massenkriminalität.

대질 StPO 58(2); ZPO 394
Gegenüberstellung.

대질문 BTGO 100 Große Anfrage.

대집행 VwVG 10 Ersatzvornahme.

대차대조표 HGB 266 Bilanzen.

대차대조표이익 AktG 58(3)
Bilanzgewinn.

대체강제구금 VwVG 16
Ersatzzwangshaft.

대체권한 Facultas alternativa
(Ersetzungsbefugnis).

대체물 BGB 91 Vertretbare Sachen.

대체물의 박탈 StGB 73(2) S.2
Verfall eines Ersatzgegenstandes.

대체자유형 StGB 43 Ersatzfreiheitsstrafe; 대체자유형벌법 (Ersatzfreiheitsstrafen-
Verordnung); ~의 집행 StPO 459e Vollstreckung der ~.

대체적 행위 (작위) ZPO 887
Vertretbare Handlung.

대체조직(~의 금지) PartG 33
Ersatzorganisationen(Verbot von ~).

대체주의 StGB 67 Vikariierendes System.

대출업무 KWG 1 Nr.2
Kreditgeschäft.

대통령제 Präsidialsystem (Präsidentielles
Regierungssystem; Präsidialdemokratie (대
통령제적 민주주의).
↔ 의원내각제 (Parlamentarisches Regierungssystem).

대표(표준)결정 KapMuG 14
Musterentscheid.

대표권 (국제법상 ～) GG 59
Vertretungsmacht (Völkerrechtliche ～).

대표원고 KapMuG 8(2) Musterkläger.

대표자위원회 SprAuG 1
Sprecherausschuß; ～법 (～gesetz).

대표절차 (소송) VwGO 93a; KapMuG 6
Nr.1 Musterverfahren.

대표(소송)(표준, 집단)확인신청
KapMuG 1 Musterfeststellungsantrag.

대학 HRG 58 Hochschule.

대학기본법 HRG 1
Hochschulrahmengesetz.

대향범 Begegnungsdelikt.

대형법개정위원회 GSK
Große Strafrechtskommission.

대형사부 GVG 76, 132, 136, 137
Großer Strafkammer (der ～); Großer
Senat für Strafsachen.

대화비밀침해죄 StGB 201
Verletzung der Vertraulichkeit des Wortes.

대화자 BGB 147 Anwesender.

데이터 (전기·전자기록)
StGB 202a Daten.

데이터베이스 UrhG 87a Datenbank.

데이터베이스권 (독자권) DBRL 7, 10
Schutzrecht sui generis (= sui generis
right).

데이터베이스저작물 UrhG 4(2)
Datenbankwerk.

데이터베이스지침 DBRL
Datenbankrichtlinie.

데이터변경죄 StGB 303a
Datenveränderung.

데이터보호검사 BDSG 9a
Datenschutzaudit.

데이터보호담당관 BDSG 4f, 4g
Beauftragter für den Datenschutz.

데이터비교조사 (범죄규명과 수사목적을
위한) StPO 98a, 98c Datenabgleich (zu
Aufklärungs- oder Ermittlungszwecken).

데이터삭제 StPO 494(2) Datenlöschung.

데이터수집 StVollzG 179; BDSG 3(3), 4
Datenerhebung.

데이터저장 StPO 163d; StGB 271
Datenspeicherung.

데이터전송 StPO 487
Übermittlung von Daten.

데이터저장장치 Datei

공동 데이터저장장치에의 저장 StPO 486
Speicherung in gemeinsamen Dateien.
자동 데이터저장장치의 설치규정 StPO
490 Errichtungsanordnung über automatisierte Dateien
자동화된 절차에서의 전송 StPO 488
Übermittlung im automatisierten Verfahren.
장래의 형사절차를 위한 데이터저장, 변
경, 이용 StPO 484 Speicherung, Veränderung und Nutzung von Daten für
künftige Strafverfahren
형사절차(경과관리)를 위한 데이터의 저
장, 변경, 이용 StPO 483 (485)
Speicherung, Veränderung und Nutzung
von Daten für Strafverfahren (oder Vorgangsverwaltun).

데이터접근금지 StPO 489(7); 494(3)
Datensperrung.

데이터정정 StPO 494 Datenberichtigung.

데이터처리시에 법적 거래의 기망
StGB 270 Täuschung im Rechtsverkehr
bei Datenverarbeitung.

데이터탈취죄 StGB 202b
Abfangen von Daten.

데이터탐지 및 데이터탈취 예비죄
StGB 202c Vorbereiten des Ausspähens
und Abfangens von Daten.

데이터탐지죄 StGB 202a
Ausspähen von Daten.

데이터회피 및 데이터절약 BDSG 3a
Datenvermeidung und Datensparsamkeit.

도급계약 BGB 631 Werkvertrag.

도급인 BGB 633 Besteller
↔ Unternehmer.

도달 BGB 132 Zugehen.

도달의 의제 BGB 308 Nr.6
Fiktion des Zugangs.

도당 StGB 124 Zusammenrotten; StGB
121 Gefangene; die sich dsammenrotten
도당을 이룬 피구금자.

도둑은 항상 지체(이행지체)한다
Fur semper in mora est (Der Dieb ist
immer im Verzug).

도로교통령 StVO 1
Straßenverkehrs-Ordnung.

도로교통법 StVG
Straßenverkehrsgesetz.

도로교통에 있어서 위험한 공격죄

StGB 315b Gefährliche Eingriffe in den
Straßenverkehr.

도로교통의 위태화죄 StGB 315c
Gefährdung des Straßenverkehrs (Straßenverkehrsgefährdung).

도로교통허가령 StVZO 16
Straßenverkehrs-Zulassungs-Ordnung.

도박, 내기 BGB 762 Spiel, Wette.

도박개장 → Unerlaubte Verantstellung eines
Glücksspiels.

도산관재인 InsO 56 Insolvenzverwalter.

도산법 InsO 1 Insolvenzordnung.

도산재단 InsO 35; StGB 283(1)
Insolvenzsmasse.

도시개발조치 BauGB 165
Städtebauliche Entwicklungsmaßnahme.

도시주 (Stadtstaat)
↔ 지역주 (Flächenland).

도안 (의장) GeschmMG 1 Muster.

도주관여죄 StGB 120
Gefangenbefreiung.

도주의 우려 StVollzG 85 Fluchtgefahr.
→ 도주 및 남용의 우려 StVollzG 11(2), 36
Entweichungsgefahr oder Mißbrauchsgefahr.

도청 Lauschangriff.
→ Akustische Überwachung (Abhören)

도화 StGB 11(3) Abbildung.

독거구금 StVollzG 89 Einzelhaft.

독립당사자참가 ZPO 64
Hauptintervention.

독립명령 (독립몰수명령) OWiG 27(1)
Selbständige Anordnung; 법원의 정신병원
이나 금단시설수용의 독립명령, StGB 71(1)

독립몰수절차 StPO 440
Selbständiges Einziehungsverfarhen.

　사실상의 이유로 소추불가능한 경우에
　독립명령 StGB 76a Selbständige
　Anordnung aus tatsächlichen Gründen.

독립(증거)절차 ZPO 485
Selbständiges Beweisverfahren.

독물방출에 의한 중한 위태화죄
StGB 330a Schwere Gefährdung durch
Freisetzen von Giften.

독살혐의 StPO 91
Vergiftungsverdacht.

독서물의 제한 StVollzG 103(1) Nr.3
Beschränkung des Lesestoffs.

독일광산-철도-해운 연금보험
SGB 5 167 Deutsche Rentenversicherung
Knappschaft-Bahn-See.

독일법 Deutsches Recht.

독일법관법 DRiG 1
Deutsches Richtergesetz.

독일변호사협회
Deutscher Anwalts Vereine (DAV)

독일보통법 Gemeines Recht.

독일선박과 항공기 내에서의 범죄
StGB 4 Tat auf deutschen Schiffen und
Luftfahrzeugen.

독일연방공화국의 존립 StGB 92
Bestand der Bundesrepublik.

독일연방우체국 GG 143b
Deutsche Bundespost.

독일인 GG 116 Deutscher.

독일인에 의한 입양 StAG 6
Erwerb der Staatsangehörigkeit durch
Adoption (Annahme als Kind durch einen
Deutschen).

독일철도주식회사 DBGrG 1
Deutsche Bahn Aktiengesellschaft.; ~설립
법 (Deutsche Bahn Gründungsgesetz).

독점위원회 GWB 44
Monopolkommission.

독촉(최고)절차 ZPO 688 Mahnverfahren.

동가치성 (상응성) 조항 StGB 13
Entsprecheungsklausel.

동급법원 StPO 209a
Gericht gleicher Ordnung.

동등자(同等者)는 동등자에 대하여 명령권
을 갖지 않는다.
Par in parem non habet imperium (Ein
Gleicher hat unter Gleichen keine Entscheidungsgewalt).

동맹조항 GG 80a(3) Bündnisklausel.

동물보유자 BGB 833 Tierhalter.

동물보호법 TierSchG Tierschutzgesetz.

동물실험 TierSchG 7 Tierversuch.

동물의 살해 TierSchG 4
Töten von Tieren.

동반외출 (특정시간에 교도관의 감독하에)
StVollzG 11(1) Nr.2 Ausführung.

　특별한 사유에 의한 동반외출 StVollzG
　12 Ausführung aus besondern Gründen.
　휴가, 외출 및 중요한 사유에 의한 동반
　외출 StVollzG 35 Urlaub, Ausgang
　und Ausführung aus wichtigem Anlaß.

동산 BGB 929 Bewegliche Sache.

동산은 사람에 따른다
Mobilia sequuntur personam
(Die bewegliche Habe folgt der Person)

동산의 압수 StPO 111c(1)
Beschlagnahme einer beweglichen Sache.

동산질권 BGB 1204
Pfandrecht an beweglichen Sachen.

동성간의 성행위죄 StGB 175
Homosexuelle Handlungen (삭제).

동시범 Nebentäterschaft

동시이행급부 BGB 298
Zug-um-Zug-Leistung.

동시이행의 항변권 BGB 320
Einrede des nicht erfüllten Vertrags

동업등기부 FGG 160b
Partnerschaftsregister.

동업(파트너쉽)회사 PartGG 1
Partnerschaftsgesellschaft; ~법(~sgesetz).

동의 BGB 182 Zustimmung.

동의없는 계약체결 BGB 108
Vertragsschluß ohne Einwilligung.

동일물에 관한 소송이 두 번 행하여져서
는 안된다
Bis de eadem re ne sit actio
(Zweimal darf keine Klage in derselben
Sache stattfinden).

동일성보증 ZK 72; ZollVG 8
Nämlichkeitssicherung.

동종류의 선택적 확정 StGB 1
Gleichartige Wahlfeststellung
→ Wahlfeststellung.

동지어음 Platzwechsel ↔ 이지어음, 원거
리어음 (Distanzwechsel)

등기 BGB 873 Eintragung

등기명의인 BGB 893 Eingetragene.

등기부취득시효 BGB 900 Buchersitzung.

등기승낙서 BGB 874
Eintragungsbewilligung.

등기원인 없는 등기 GBO 84
Gegenstandslose Eintragung.

등기의 공고 HGB 10
Bekanntmachung der Eintragungen.

등본 WG 68; ZPO 317; StPO 35, 406(4)
Abschrift.

등화 StVO 17 Beleuchtung.

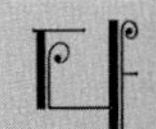

라

라디오와 텔레비전 StVollzG 69 Hörfunk und Fernsehen.

라벨링 (라벨을 붙이는 것) Etikettierung.

로마법(시민법)대전
Corpus iuris civilis (Body of Civil Law).

로젠베르그 공식 Rosenbergische Formel.

리모델링 WoFG 16(3) Modernisierung.

리모델링으로 인한 차임인상 BGB 559
Mieterhöhung bei Modernisierung.

리베이트 (Rabatt) → Preisnachlaß.

마

마약법　BtMG 1
Betäubungsmittelgesetz.

만기　WG 33　Verfallzeit.

만기후배서　WG 20　Indossament nach Verfall. → 기한후배서 (Nachindossament).

말소청구권 (타인의 권리의 ~)
BGB 1179a　Löschungsanspruch (~ bei fremden Rechten).

망명권 (망명자비호권)　GG 16a(1)
Asylrecht.

망수배: 검문수배 (Kontrollfahndung)
StPO 163d　Netzfahndung.

매각(장물의 ~)이나 매각에의 조력
StGB 259　Absetzen und Absetzen helfen.

매각대금　StPO 111l　Erlös.

매매가격선례집　BauGB 195
Kaufpreissammlung.

매매계약　BGB 433　Kaufvertrag.

매매법　BGB 651　Kaufrecht.

매수인이여, 주의하라 (명백한 하자는 보장 급부청구권을 성립시키지 않는다).
Caveat emptor (Der Käufer sei wachsam – Offensichtliche Mängel führen zu keinen Gewährleistungsansprüchen).

매수청약 (기업인수의 ~)　WpÜG 2
Angebot.

매음권유죄　OWiG 120
Werbung für Prostitution.

매음금지위반죄　OWiG 120　Verbotene Ausübung der Prostitution.

매음매개죄　StGB 181a　Zuhälterei.

매음약탈　StGB 181a
Ausbeuterische Zuhälterei.

매음자착취죄　StGB 180a
Ausbeutung von Prostituierten.

매음중개　StGB 181a
Kupplerische Zuhälterei.

매음지배　StGB 181a
Dirigierende Zuhälterei

매음행위 (윤락행위)
Prostitutionsausübung → Zuhälterei.

매장물　BGB 984　Schatz.

매출수익(액)　HGB 277　Umsatzerlös.

면세구역 및 면세창고　ZK 166
Freizone und Freilager.

면세품　ZG 5(4)　Freigut.

면제　BGB 397　Erlaß.

면접교섭권　BGB 1684　Umgangsrecht.

면제판결　StPO 468　Straffreierklärung.

　면제판결시의 비용부담　StPO 468
　Kostenentscheidung bei Straffreierklärung.

면직　BDG 10　Entfernung aus dem Beamtenverhältnis.

면책적　Entlastend
↔ 부책적　Belastend.

면책적 긴급피난　StGB 35
Entschuldigender Notstand.

면책특권 (책임면제) GG 46 Indemnität.
→ Immunität.

면탈(면책)청구권 BGB 257
Befreiungsanspruch.

명도소송 ZPO 93b Räumungsklage.

명령 → Verordnung

명령과 동시에 유예 (수용명령) StGB 67b
Aussetzung zugleich mit der Anordnung.

명령규범 Gebotsnorm.

명백한 오류 (행정행위에 있어)
VwVfG 42 Offenbare Unrichtigkeiten im
Verwaltungsakt.

명부선거 Listenwahl
↔ Persönlichkeitswahl (인물선거).

명시적이고, 진지한 요구 StGB 216
Ausdrückliche und ernstliche Verlangen.

명예구금 Custodia Honesta (eine nicht
entehrende Haft).

명예시민권 GemO BW 22
Ehrenbürgerrecht.

명예(촉탁)영사 StPO 11 Wahlkonsul.

명예직 GVG 31 Ehrenamt.

명예직 판사 StGB 11, DRiG 8
Ehrenamtliche Richter.

명예훼손 StGB 185 Ehrverletzung.

명예훼손적 (불명예) 사실의 질문 StPO
68a Fragen nach entehrenden Tatsachen.

명예훼손죄 (비방죄) StGB 186
Üble Nachrede.

명의개서 HGB 68(3) (a.F.)
Umschreibung im Aktienbuch.

명정운전죄 (음주등 운전죄) StGB 316
Trunkenheit im Verkehr.

명정죄 StGB 323a Vollrausch.

명정질서위반죄 OWiG 122 Vollrausch.

명확성의 원칙 → 확정성의 원칙.

모권보호 StVollzG 76
Mutterschaftshilfe.

모기업 (Mutterunternehmen) ↔ 자기업
(Tochterunternehmen) → 콘체른결산서 및
콘체른상황보고서 (Konzernabschluß und
Konzernlagebericht).

모든 사람에게 (유효함) Inter omnes
(unter allen).

모든 정황을 알고 범행하는 자
Omni modo facturus (Alias facturus).

모살(죄) StGB 211 Mord.

모성 BGB 1591 Mutterschaft.

모욕죄 StGB 185 Beleidigung.

모욕죄의 유죄판결 공시 StGB 200
Bekanntgabe der Verurteilung wegen der
Beleidigung.

목적문서 Absichtsurkunde.

목적범 (초과적 내적경향을 가진 범죄)
Absichtsdelikt (Delikt mit überschießender
innentendenz).

목적 없는 고의 있는 도구 StGB 25
Absichtsloses doloses Werkzeug.

목적적 행위론 Finale Handlungslehre.

목조름 (목을 옭아 죽임) Strangulation.

몰수 StGB 74 Einziehung.

몰수에 관한 재판 (사후절차와 독립몰수
절차의 ~) StPO 441
Entscheidung über die Einziehung (~
im Nachverfahren und die selbständige
Einziehung).
몰수에 대한 보상 StGB 74f
Entschädigung der Einziehung.
몰수참가인 없는 공판 StPO 436
Hauptverhandlung ohne den Einziehungsbeteiligten
몰수참가인의 권한 (공판절차에서 ~)
StPO 433 Befugnisse des Einziehungsbeteiligten ← Stellung im Hauptverfahren; Gleiche Befugnisse wie Angeklagte.
몰수참가인의 진술청취 StPO 432
Anhörung der Einziehungsbeteiligten.
몰수의 유보 StGB 74b
Vorbehalt der Einziehung.
몰수의 효과 StGB 74e
Wirkung der Einziehung.
몰수참가 (~의 명령) StPO 431
Einziehungsbeteiligung (Anordnung der
~). 몰수참가인 Einziehungsbeteiligte.
몰수참가인에 대한 기일의 통지
StPO 435 Terminsnachricht an den
Einziehungsbeteiligten.
몰수참가인의 대리 StPO 434
Vertretung des Einziehungsbeteiligten.
박탈, 폐기처분, 사용불능 및 위법한 상
태의 제거 (← 몰수와 동등한 법률효과)
StPO 442 Verfall, Vernichtung,
Unbrauchbarmachung und Beseitigung
(Der Einziehung gleichstehende Rechtsfolgen).
사후절차 (몰수확정의 부당성에 대한)
StPO 439 Nachverfahren.

무고자소추죄 StGB 344
Verfolgung Unschuldiger.

무고자집행죄 StGB 345
Vollstreckung gegen Unschuldige.

무고죄 StGB 164

Falsche Verdächtigung.

무고죄의 유죄판결 공시 StGB 165
Bekanntgabe der Verurteilung wegen
falscher Verdächtigung.

무과실책임 BGB 676c
Verschuldensunabhängige Haftung

무권대리인 BGB 177 Vertreter ohne Vertretungsmacht (Falsus procurator).

무기력, 곤궁 StGB 243(1)6 Hilflosigkeit
학습된 무기력이론 → Theorie von der
erlernten Hilflosigkeit.

무기명주식 AktG 24 Inhaberaktie.
↔ Namensaktie.

무기명(소지인출급식)증권 Inhaberpapier.

무기명채권증권 BGB 793
Schuldverschreibung auf den Inhaber.
(= Inhaberschuldverschreibung).

무기사용에 관한 일반규정과 특별규정
StVollzG 99, StVollzG 100 Vorschriften
für den Schußwaffengebrauch.

무기자유형 StGB 38
Lebenslange Freiheitsstrafe.

무기절도 (및 폭발물절도) StGB 243(1)7
Diebstahl von Waffen oder Sprengstoff.

무기휴대절도죄 StGB 244(1) Nr. 1
Diebstahl mit Waffen.

무단운전 StVG 7 Schwarzfahrt.

무담보배서 WG 15
Indossament ohne Obligo.

무면허운전죄 StVG 21
Fahren ohne Fahrerlaubnis.

무상임치 BGB 690 Unentgeltliche

Verwahrung.

무액면주 AktG 8(1)(3) Stückaktie.

무인행위 Abstraktes Rechtsgeschäft.

무장집단의 형성죄 StGB 127
Bildung bewaffneter Haufen.

무전취식 Zechprellerei.

무죄추정 EMRK 6(2)
Unschuldsvermutung.

무죄판결시의 비용부담 StPO 467
Kostentragung bei Freispruch.

무주물 BGB 959; StGB 242
Herrenlose Sache.

무체재산 Immaterialgut; 무체재산권 (Im-materialgüterrecht).

무하자재량행사(~청구권) Fehlerfreie Er-messensausübung (Ausübung des Ermes-sens) (Anspruch auf ~).

무한책임사원 HGB 161
Persönlich haftende Gesellschafter.

무한추가출자의무 GmbHG 27
Unbeschränkte Nachschußpflicht.

무효 Unwirksamkeit (상대적)
↔ Nichtigkeit (절대적).
(행정행위의 ~) VwVfG 44
Nichtigkeit des Verwaltungsaktes.
Vertragsschluss ohne Einwilligung wird
unwirksam. 미성년자의 동의없는 계약체결
은 무효이다 (BGB 108).

무효의 소 ZPO 579 Nichtigkeitsklage.

무효행위의 전환 BGB 140
Umdeutung des nichtigen Rechtsgeschäfts.

무효행위의 추인 BGB 141(1)

Bestätigung des nichtigen Rechtsgeschäfts.

묵비의무 (공무종사자의 ~) ; 비밀유지의
무 StPO 54; StVollzG 165 Verschwie-genheitspflicht (~ öffentlich Bediensteter)
(= Pflicht zur Verschwiegenheit); 묵비의무
의 면제 StPO 53, 54 Entbindung von
der ~.

묵인설 Hinnahmetheorie.

문리해석 Grammatische Auslegung.

문면(텍스트)**방식** BGB 126b Textform.

문서 StGB 11(3) Schrift (문서, 서면).
StGB 267 Urkunde.

문서감정 → 서류비교(Schriftvergleichung).

문서위조죄 StGB 267
Urkundenfälschung.

문서은닉죄 StGB 274
Urkundenunterdrückung.

문서의 몰수 및 사용불능 StGB 74d
Einziehung von Schriften und Unbrauch-barmachung.

문서제출신청 (상대방의 문서에 대한)
ZPO 424 Antrag bei Vorlegung der Ur-kunde (durch Gegner).

문언상의 가능한 의미.
Möglicher Wortsinn.

문장 또는 공용기사용죄 OWiG 124
Benutzen von Wappen oder Dienstflagen.

문제장소 Topoi.

물건 BGB 90 Sachen.

물건소비대차 BGB 607
Sachdarlehensvertrag.

물건용익권 BGB 1030
Nießbrauch an Sachen.

물건하자 BGB 434 Sachmangel.

물권(법) Sachenrecht.

물권법정주의
→ Numerus clausus der Sachenrechte.

물권적 선매권 BGB 1094
Dingliches Vorkaufsrecht.

물권적 청구권 (물상청구권) BGB 198
Dinglicher Anspruch.

물상책임(物上責任) AO 76 Sachhaftung.

물세 (物稅) AO 3(2) Realsteuer.

물적 부담 BGB 1105 Reallast.

물적회사 → 자본회사 (Kapitalgesellschaft).

미결구금; 구금사유 StPO 112
Untersuchungshaft; Haftgrund.

　　미결구금에 대한 동시재판
　　StPO 268b Gleichzeitige Entscheidung
　　über die Fortdauer der Untersuchungs-
　　haft
　　미결구금의 산입 StGB 51; StPO 450
　　Anrechnung von Untersuchungshaft.
　　미결구금의 시적 한계 (6개월) StPO
　　121 Zeitliche Begrenzung der Unter-
　　suchungshaft.
　　미결구금의 제한 StPO 113
　　Einschränkung der Untersuchungshaft.

미결구금면제의 보증 StPO 295
Sicheres Geleit.

미결수용자 StVollzG 177
Untersuchungsgefangene → Gefangene.

미만 (일년) Weniger als (ein Jahr).

미분리의 과실은 토지의 일부로 본다 (토
지소유자에게 속한다).
Fructus pendentes pars fundi videntur.
Hängende Früchte werden als Teil des
Grundstücks betrachtet (Solange sie am
Baum hängen, gehören sie dem Grund-
gentümer).

미성년자 BGB 107 Minderjähriger.

미성년자 약취·유인죄 StGB 235
Entziehung Minderjähriger.

미성년자에 대한 성행위조장죄
StGB 180 Förderung sexueller Handlungen
Minderjähriger.

미성년자 위해 매음죄 StGB 184e
Jugendgefährdende Prostitution.

미수(범) StGB 22 Versuch; 미수의 가벌
성 StGB 23 Strafbarkeit des Versuchs;
미수의 교사 (방조) Anstiftung (Beihilfe)
zum Versuch.

미술저작권법 KunstUrhG
Kunsturhebergesetz.

미신범 Abergläubischer Versuch
(grob unverständlicher Versuch).

미필적 고의 StGB 15 Eventualvorsatz
(Dolus eventualis).

민간회계위원회 HGB 342
Privates Rechnungslegungsgremium.

민법(전) Bürgerliches Gesetzbuch (BGB).

민법시행법 EGBGB Einführungsgesetz
zum Bürgerlichen Gesetzbuche.

민사법적 선결문제 StPO 262
Bürgerlich-rechtliche Vorfragen

민사사건 GVG 133 Zivilsachen.

민사사법공조규칙 ZRHO
Rechtshilfeordnung für Zivilsachen

민족 BVFG 6 Volkszugehörigkeit.

민족학살죄 VStGB 6 Völkermord.

민중소송 Popularklage.

밀렵죄 StGB 292 Jagdwilderei.

밀어죄 StGB 293 Fischwilderei.

바

바덴주 및 뷔르텐베르크주의 재편성
GG 118 Neugliederung der Länder
Badens und Württembergs.

바이마르 제국헌법 WRV Weimarer
Reichsverfassung.

박탈(취득~) StGB 73, 73e; StPO 111b
Verfall.

　사후적 박탈 또는 몰수명령
　StGB 76 Nachträgliche Anordnung von
　Verfall oder Einziehung.
　박탈, 몰수, 사용불능의 집행 StPO 459g
　Vollstreckung des Verfalls, der Einzie-
　hung oder der Unbrauchbarmachung.

박탈하다 (선고에 의해) StGB 92a
Aberkennen.

반국방정보활동죄 StGB 109f
Sicherheitsgefährdender Nachrichtendienst.

반년 BGB 189 Halbes Jahr.

반대급부 Gegenleistung.

반대추론 (해석) Umkehrschluß
(lat. argumentum e contrario).

반도체보호법 HalblSchG
Halbleiterschutzgesetz.

반론권 PrG BW 11
Gegendarstellungsanspruch.

반법치국가적 행정결정의 취소
VwRehaG 1 Aufhebung rechtsstaatswidriger Verwaltungsentscheidungen.

반복신문 및 사후신문 ZPO 398
Wiederholte und nachträgliche Vernehmung.

반사적 이익 Rechtsreflex.

반사회병질자: 반사회적 이상성격자
Soziopath.

반소 (反訴) StPO 388 Widerklage.

반역적 국가기밀탐지죄 StGB 96
 Landesverräterische Ausspähung.

반역적 정보수집죄 StGB 98
Landesverräterische Agententätigkeit.

반역적 정보위조죄 StGB 100a
Landesverräterische Fälschung.

반정 (反定) EGBGB 4
Rückverweisung.

반증 (Gegenbeweis) ↔ 본증 (Hauptbeweis).

반환 BGB 697 Rückgabe.

반환의무에 관한 책임 BGB 292
Haftung bei Herausgabepflicht

반환청구(권) (부당이득의 ~) Kondiktion
(condictio) (kondizieren ~하다).
; 반환청구권 BGB 931 Herausgabeanspruch; ~의 양도 Abtretung des ~s
(Vindikationszession).

반환해야 하는 것보다 많은 것을 청구한
자는 악의로 행동하는 자이다
Dolo facit, qui petit, quod statim redditurus est (dolo agit, qui petit, quod
statim redditurus est)(böswillig handelt,
wer fordert, was sofort zurückgewährt
werden muss).

발기설립 AktG 29 Simultangrundung
(Einheitsgründung, Übernahmegründung).

발기인 AktG 46 Gründer.

발명자권 (발명자의 권리) PatG 6
Erfinderrecht (Recht des Erfinders).

발명자명명 PatG 63
Nennung des Erfinders (Recht auf Erfindernennung ~권).

발행가 AktG 54 Ausgabebetrag.

발행인의 책임 ScheckG 12
Haftung des Ausstellers.

발행일자후정기출급 WG 33
Datowechsel (Auf eine bestimmte Zeit
nach der Ausstellung) → Verfallzeit 만기
(어음발행방식).

발행저작물 UrhG 6(2)
Erschienenes Werk.

방계(혈족) StPO 52(1) Nr.3. Seitenlinie.

방론 (부언, 덧붙여 말하는 것)
obiter dictum (plural obiter dicta).

방문판매 BGB 312 Haustürgeschäft.

방법의 착오 Aberratio ictus
(Fehlgehen des Schlages; Fehlgehen der
Tat).

방사선남용죄 StGB 309
Mißbrauch ionisierender Strahlen.

방사성물질 기타 위험물질 등의 불법처리
죄 StGB 328 Unerlaubter Umgang mit
radioaktiven Stoffen und anderen gefährlichen Stoffen und Gütern

방사선방출죄 StGB 311
Freisetzen ionisierender Strahlen.

방사효과 Ausstrahlungswirkung.

방송 RStV 2 Rundfunk.

방송, 미디어서비스와 텔레서비스에 의한
음란표현물반포죄 StGB 184c
Verbreitung pornographischer Darbietungen durch Rundfunk, Medien- oder Teledienste.

방송국가협약 RStV 1
Rundfunkstaatsvertrag.

방송권 UrhG 20 Senderecht.

방송수신기 RGebStV 1
Rundfunkempfangsgerät.

방송수신료 RGebStV 2 Rundfunkgebühr;
~국가협약 (~ensstaatsvertrag).

방송의 자유 GG 5 Rundfunkfreiheit.

방식흠결 BGB 125 Formmangel.

방어적 긴급피난 BGB 228
Verteidigungsnotstand (defensiver Notstand oder Sachwehr).

방위사태 (긴급~) GG 115a
Verteidigungsfall.

방위수단에 대한 태업행위죄 StGB 109e
Sabotagehandlung an Verteidungsmitteln.

방조와 종범 StGB 27
Beihilfe und Gehilfe.

방조의 미수 (기도된 방조)
Versuchte Beihilfe (Beihilfeversuch)

방지 Verhütung → Prävention.

방향전환 StVO 9 Abbiegen.

방해배제(제거)·정지청구권 (부인청구권)
Negatorischer Anspruch; 소유물방해배제·
정지청구권 Eigentumsfreiheitsklage;
방해배제(제거)청구권 BGB 1004 Beseitigungsanspruch.

방해자의 구금 StPO 164
Festnahme störender Personen

방화죄 StGB 306 Brandstiftung; 특히 중한 방화죄 StGB 306b Besonders schwere ~.

방화치사죄 StGB 306c
Brandstiftung mit Todesfolge.

배려의무 (절차상의 ~) StPO 244
Fürsorgepflicht (Prozessuale ~).
→ Treuepflicht (충실의무).

배분적 정의 Austeilende Gerechtigkeit
(iustitia distributiva).

배상 → Schadensersatz (손해배상).

배서 ScheckG 14 Indossament.

배서금지배서 WG 15 Rektaindossament.

배서의 연속 WG 16(1) Ununterbrochene
Reihe von Indossamenten.

배서인 ScheckG 18 Indossant.

배석판사와 배석참심원 →
Ergänzungsrichter und Ergänzungsschöffen.
; 배석한 판사의 의미로는 der beisitzende
Richter (StPO 240).

배신행위 유도 및 제의죄 UWG 19
Verleiten und Erbieten zum Verrat.

배심법원 GVG 74(2) Schwurgericht.

배아 ESchG 8(1)(2) Embryo.

배아보호법 ESchG
Embryonenschutzgesetz.

배아줄기세포 StZG 3 Nr.2
Embryonale Stammzelle.

배우자 BGB 1319; StPO 52 Ehegatte.

배우자절도 StGB 247 a.F.
Ehegattendiebstahl.

배임죄 StGB 266 Untreu.

배타적(전속적) 입법 GG 71
Ausschließliche Gesetzgebung.

배포권 UrhG 17 Verbreitungsrecht.

백지수표 ScheckG 13 Blankoscheck.

백지어음 WG 10 Blankowechsel

백지형법 Blankettstrafrecht.

백치 (白痴) Idiotie.

벌금 (위약금의 ~) BGB 342 Geldstrafe.

벌금형 StGB 40 Geldstrafe.

납부방법의 완화의 허용 StPO 459a
Gewährung von Zahlungserleichterungen.
벌금의 징수 StPO 459c Beitreibung der
Geldstrafe.
벌금형의 집행 StPO 459
Vollstreckung der Geldstrafe.
벌금형의 집행의 중지 StPO 459d
Unterbleiben der Vollstreckung einer
Geldstrafe.
분납액의 산입 StPO 459b
Anrechnung von Teilbeträgen.

범인은닉죄 (형벌무효죄) StGB 258
Strafvereitelung.

범죄 Delikt(개별범); Verbrechen(개별현
상: 중죄); Kriminalität(집합개념).

범죄경력 Kriminelle Karriere.

범죄기록부 StPO 249 Straflist.

범죄단체장물죄 StGB 260 Nr.2
Bandenhehlerei.

범죄단체절도죄 StGB 244(1) Nr.2
Bandendiebstahl.

범죄단체조직죄 StGB 129
Bildung krimineller Vereinigungen.

범죄불고지죄 StGB 138
Nichtanzeige geplanter Straftaten.

범죄불고지죄에 대한 면책 StGB 139
Straflosigkeit der Nichtanzeige geplannter
Straftaten.

범죄비호죄 StGB 257 Begünstigung
→ Strafvereitelung.

범죄수사학 Kriminalistik.

범죄예측 Kriminalprognose.

범죄위협에 의한 공공평화교란죄
StGB 126
Störung der öffentlichen Friedens durch
Androhung von Straftaten.

범죄의 경과형식
Verlaufsformen der Kriminalität.

범죄의 산물 (몰수의 대상) StGB 74
Productum sceleris (Aus einer Straftat
hervorgebrachte "Früchte").

범죄의 수단물 (몰수의 대상) StGB 74
Instrumentum sceleris (zur Begehung
einer Straftat gebrauchte Gegenstände/
Instrumente).

범죄의 시기 StGB 8 Zeit der Tat
(Tatzeit).

범죄의 장소 (범죄지, 행위지) StGB 9
Ort der Tat (Tatort, Handlungsort).

범죄의 정상성
Normalität des Verbrechens.

범죄인인도 IRG 3 Auslieferung.

;~ 및 국외추방 StPO 154b Auslieferung
und Ausweisung; 범죄인인도의 금지 GG
16(2) Auslieferungsverbot; 범죄인인도의무
EuAuslfÜbk 1 Auslieferungsverpflichtung.

범죄지 (재판적) StPO 7 **Tatort.**

범죄피해자보상 OEG 1 Opferentschädigung; ~법 (~sgesetz).

범죄학 연구부서 StVollzG 166
Kriminolgischer Dienst.

범죄행위다수 (범행다수, 행위다수, 수개의
사건) (실체적 경합) StGB 53 Tatmehrheit (Realkonkurrenz).

범죄행위단일 (범행, 행위, 사건의 단일)
(상상적 경합) Tateinheit.

범죄행위선동죄 StGB 111 Öffentliche
Aufforderung zu Straftaten.

범죄행위에 대한 보수지급과 (공연한) 시
인죄 StGB 140
Belohnung und Billigung von Straftaten.

범죄행위와 질서위반행위의 경합
OWiG 21 Zusammentreffen von Straftat
und Ordnungswidrigkeit.

범죄행위지도죄 (범죄위협에 의한 공공평
화교란죄의 ~)
StGB 130a Anleitung zu Straftaten.

범죄혐의자에 대한 수색 StPO 102
Durchsuchung beim Verdächtigen.

범행으로 인한 유책한 결과
Verschuldeten Auswirkung der Tat.

법관법 (재판관법) Richterrecht.

법관선발법 RiWG Richterwahlgesetz.

법관선발위원회 RiWG 1, 2
Richterwahlausschuß.

법관의 독립 GG 97
Richterliche Unabhängigkeit.

법규(범) Rechtsnorm → Rechtssatz.

법규명령 (시행령) StVollzG 48
Rechtsverordnung.

법률문제 quaestio juris
↔ 사실문제 quaestio facti.

법률변경 StPO 354a Gesetzänderung.

법률보조인 StGB 356 Rechtsbeistand.

법률상 당연히 ipso jure = kraft Gesetzes
(by the law itself).

법률상 추정 ZPO 292
Gesetzliche Vermutung.

법률상담 RBerG 1 Rechtsberatung; ~
법 (~sgesetz).

법률상의 구제수단 StGB 113(4)
Rechtsbehelf.

법률안 GG 76 Gesetzesvorlage.

법률 없이 처벌 없다 OWiG 3
Keine Ahndung ohne Gesezt.

법률에 위반하여, 실정법에 반하여
Contra legem (gegen das Gesetz).

법률에 따라서, 법률적으로
Secundum legem (gemäß dem Gesetz).

법률요건사실 (판결에 기재된 사실)
ZPO 314 Tatbestand (Der ~ des Urteils).

법률은 정의의 규범이다
Ius est norma recti (The law is the rule
of right).

법률의 문언을 넘은, 법률이외의
Praeter legem (am Recht vorüber, neben

dem Gesetz).

법률의 부지는 용서받지 못한다
Ignorantia legis non excusat (Unkenntnis
des Gesetzes schutzt nicht vor Strafe).

법률의 취지, 입법의 취지 Ratio legis.

법률이 정한 법관 (~에 의하여 재판을 받
을 권리) Gesetzlicher Richter (Das Recht
auf den gesetzlichen (genauer: gesetzlich
bestimmten) Richter).

법률인대회 Juristentag.

법률판사 PatG 65(2) Rechtskundiger
Richter → 기술판사 (Technischer Richter).

법률항고 StVollzG 116
Rechtsbeschwerde.

법률행위 StGB 266 Rechtsgeschäft.

법률효과 StGB 38ff. Rechtsfolge.

법무(사법행정)(기관) Justizverwaltung.
→ Landesjustizverwaltung.

법선택 (사후적) EGBGB 42 Rechtswahl.

법왜곡죄 StGB 339 Rechtsbeugung.

법원 (法源) Rechtsquelle.

법원 Gericht.

 법원의 기속 ZPO 318
 Bindung des Gerichts.
 법원의 기일 StVollzG 36
 Gerichtliche Termine.
 법원의 독립 StGB 92
 Unabhängigkeit der Gerichte.
 법원의 심사범위
 StPO 327
 Prüfungsumfang des Gerichts.

법원심리의 공개죄 StGB 353d

Verbotene Mitteilungen über Gerichtsver-
handlungen.

법원에 의한 해산 AktG 396 Gerichtliche
Auflösung.

법원에 현저한 사실 StPO 244
Gerichtskundige Tatsache.

법원의 명령(결정) VwGO 84
Gerichtsbescheid.

법원의 재판 (사법적 재판, 재정)
→ Gerichtliche Entscheidung.

법원조직법 GVG 1
Gerichtsverfassungsgesetz.

법원직원 (법원근무자) ZPO 41; StPO 21
Gerichtsperson.

법으로부터 자유로운 영역
Rechtsfreier Raum.

법은 법원이 안다 Iura novit curia
(Das Gericht kennt das Recht).

법은 앞을 보고, 뒤를 보지 않는다
Lex prospicit, non respicit.
(Das Gesetz blickt voraus, nicht zurück)

법의 극치는 불법의 극치 (최고의 법은 최
고의 불법)
Summum ius, summa iniuria (Höchstes
Recht (ist oft) höchstes Unrech).

법의학 Forensische Medizin.

법인 및 비법인단체에 대한 질서위반금
OWiG 30 Geldbuße gegen juristische
Personen und Personenvereinigungen.

법인세 KStG 1 Körperschaftsteuer; ~법
(~gesetz).

법적 감독 (법규감독) GemO BW 118, 119
Rechtsaufsicht.

법적 관점의 변경에 관한 지적의무
StPO 265 Hinweispflicht auf die Veränderung des rechtlichen Gesichtspunktes

법적 문제 BVerfGG 81 Rechtsfrage.

법적 보호 Legalbewährung.

법적 안정성 Rechtssicherheit.

법적 청문 GG 103 Rechtliche Gehör.

법적 행위 (법률적 행위)
Rechtshandlung; Rechtsakt.

법적 행위단일 (포괄일죄)
Rechtliche (juristische) Handlungseinheit.

법적으로 De iure (von Rechts wegen).

법전산학 Rechtsinformatik.

법전편찬 Kodifikation.

법정 StPO 247, 248
Sitzungszimmer; Gerichtsstelle.

법정경찰(권) GVG 176; StGB 113
Sitzungspolizei; 법정경찰관 Justizwachtmeister.

법정구속 StPO 268b Saalverhaftung.

법정대리인 Gesetzlicher Vertreter.

법정대리인의 동의 BGB 107 Einwilligung des gesetzlichen Vertreters

법정대리인의 항소시 절차
StPO 330 Verfahren bei Berufung
durch gesetzlichen Vertreter.

법정사유 없는 증언이나 선서의 거부
StPO 70 Weigerung der Zeugen.

법정상속인 (제1순위) BGB 1924
Gesetzliche Erben (erster Ordnung)

법정이율 BGB 246
Gesetzlicher Zinssatz.

법정준비금 AktG 150
Gesetzliche Rücklage.

법정지법 (소송지법) Lex fori
(Das am (jeweiligen) Gerichtsort geltende
Recht).

법정형 StGB 49(2)
Gesetzliche Strafdrohung
(gesetzliche angedrohte Strafe).

법조경합 Gesetzeskonkurrenz.

법질서 Rechtsordnung.

법치국가 Rechtsstaat; 법치주의(법치국가
원칙) Rechtsstaatsprinzip.

법칙이론적 Nomothetisch.
→ idiographisch (개별 기술적).

법해석학 Jurisprudenz.

법형성 Rechtsfortbildung
(richterliche Rechtsfortbildung).

법(법적 행위)**형성(구성)가능성의 남용**
AO 42 Missbrauch von rechtlichen Gestaltungsmöglichkeiten.

베를린 조항 StVollzG 197
Berlin-Klausel.

변경의 소 ZPO 323 Abänderungsklage.

변경해고 (통지) KSchG 2
Änderungskündigung.

변론무능력 StPO 413
Verhandlungsunfähigkeit.

변론의 재개 ZPO 156(1)
Wiedereröffnung der Verhandlung.

변론의 전취지 StPO 261
Inbegriff der Verhandlung.

변론주의 Verhandlungsgrundsatz; 제출주
의 (Beibringungsgrundsatz).

변리사 PatAnwO 5(2) Patentanwalt; ~
법 (~sordnung).

변조 Verfälschen → Fälschung.

변사 (變死) StPO 159
Unnatürlicher Tod (a.F.)
→ 변사의 혐의 StPO 159 Verdacht nicht
natürlichen Todes.

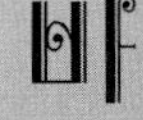

변제 (이행) BGB 362(2) Erfüllung.

변제권 BGB 268 Ablösungsrecht.

변제기 (만기, 이행시기) BGB 272
Fälligkeit.

변제충당 (수개의 채무에 대한 ~)
BGB 366 Anrechnung der Leistung (~
auf mehrere Forderungen).

변호사 BRAO 2 Rechtsanwalt

변호사간 송달 ZPO 195
Zustellung von Anwalt zu Anwalt.
변호사강제 Anwaltszwang
→ Anwaltsprozess.
변호사법원 BRAO 92 Anwaltsgericht.
변호사보수법 RVG 1
Rechtsanwaltsvergütungsgesetz.
변호사사무소 BRAO 27 Kanzlei.
변호사소송 ZPO 78 Anwaltsprozess.
변호사의 조력 StPO 68b
Anwaltlicher Beistand (~을 받다 sich
Beistands eines Rechtsanwalts bedienen
→ Beistand und Vertretung).
변호사합동사무소 BRAO 59a
Anwaltssozietät.
변호사화해 ZPO 796a
Anwaltsvergleich.
변호사회사 BRAO 59c

Rechtsanwaltsgesellschaft.

변호인 StPO 286, 297 Verteidiger.

변호인, 변호사, 공증인과의 접견
StVollzG 26 Besuche von Verteidigern, Rechtanwälten und Notaren.
변호인과의 교통 StPO 148
Verkehr mit den Verteidiger.
변호인의 불출석 StPO 145
Ausbleiben des Verteidigers.
변호인의 선임 StPO 137
Wahl eines Verteidigers.
변호인의 선임취소 StPO 146a
Zurückweisung der Verteidigers.
변호인의 소환 StPO 218
Ladung des Verteidigers.

변화된 신분 (비밀수사관의 ～)
StPO 110a(2) Legende.

별거 BGB 1567 Getrenntleben.

별산제 BGB 1414 Gütertrennung.

별제권 InsO 49; 166
Absonderungsrecht.

병과주의 Kumulationsprinzip.

병역 (국방) 기타 복무의무 GG 12a
Wehrdienst- und
andere Dienstverpflichtungen.

병역대체 사회봉사근무 (양심범에 대한)
GG Art.12a(2) Zivildienst; ～법(～gesetz).

병역법 WPflG Wehrpflichtgesetz.

병역의무 → Allgemeine Wehrpflicht (일반
적 병역의무).

병적 정신장애 StGB 20
Krankhafte Seelische Störung.

병합과 분리 StPO 2

Verbindung und Trennung.

공판절차의 개시 후 사건의 병합, 분리
StPO 4 Verbindung oder Trennung
auch noch nach Eröffnung des Hauptverfahrens.
수개의 계속된 형사사건의 병합 StPO
237 Verbindung mehrerer anhängiger
Strafsachen.

병합형 (전체형) StGB 53 Gesamtstrafe.

병합형의 형성 StGB 54
Bildung der Gesamtstrafe.
병합형과 형유보부경고 StGB 59c
Gesamtstrafe und Verwarnung mit
Strafvorbehalt.
병합형과 형의 연기 StGB 58
Gesamtstrafe und Strafaussetzung.
병합형으로서 무기자유형의 선고시에 잔
여형의 연기 StGB 57b
Aussetzung des Strafrestes bei lebensl
Freiheitsstrafe.
사후적 병합형 StGB 55
Nachträgliche Gesamtstrafe.

보고자 (공판 ～) StPO 324, 351
Berichterstatter.

보관침해죄 (직무상) StGB 133
Verwahrungsbruch.

보궐선거 GemO BW 31 Ergänzungswahl.

보도의 자유 GG 5
Freiheit der Berichterstattung.

보상 GG 14(3) Entschädigung.

보상금 (유실물습득자의 ～)
BGB 971 Finderlohn.

보상(보장)기금 PflVG 12
Entschädigungsfonds.

보상(배상)일시금 SGB 7 79 Abfindung.

; SHG 8(3) (Abfindung in Kapital = Kapitalabfindung).

보석 StPO 127a
→ Freilassung gegen Sicherheit.

보수 BGB 612; StBerG 9 Vergütung.

보수등급 StVollzG 48; StVollzVergO 1(1) Vergütungsstufe.

보수명세서 HAG 8 Entgeltverzeichnis.

보수의 지급시기 BGB 641 Fälligkeit der Vergütung.

보안감호 StGB 66; StVollzG 127, 129 Sicherungsverwahrung.

　보안감호수용의 유보 StGB 66a Vorbehalt der Unterbringung in der Sicherungsverwahrung.
　사후적 보안감호명령 StGB 66b Nachträgliche Anordnung der Unterbringung in der Sicherungsverwahrung
　판결에서 유보된 또는 사후적 보안감호의 명령에 관한 재판 StPO 275a Entscheidung über die im Urteil vorbehaltene oder die nachträgliche Anordnung der Sicherungsverwahrung.

보안구금 StPO 112a Sicherungshaft.

보안작업 (사업유지업무) Erhaltungsarbeiten.

보안(처분)절차 StPO 413 Sicherungsverfahren (Selbständige Anordnung von Sicherungsmaßregeln).

　보안처분; 개선·보안처분 StGB 61 Sicherungsmaßregel; Maßregeln der Besserung und Sicherung.
　보안처분의 집행 StPO 463 Vollstreckung von Maßregeln der Besserung und Sicherung.
　보안처분의 형집행규정 준용 StPO 463 Sinngemäße Anwendung für die Vollstreckung von Maßregeln der Besserung und Sicherung.
　피의자 없는 공판 StPO 415 Verhandlung ohne Anwesenheit des Beschuldigten
　형사절차에로의 이행 StPO 416 Überleitung in das Strafverfahren.

보장의 의사표시 BGB 477 Garantieerklärung.

보전 (물건의 ~사유) StPO 111b(1) Sicherstellung von Gegenständen Gründe (Gründe für die ~).

보전저당권 BGB 1184 Sicherungshypothek.

보조관계 BGB 1712 Beistandschaft.

보조금 (연방이나 주 이외의 기관에 대한) HGrG 14 Zuwendung.

보조금사기죄 StGB 264 Subventionsbetrug.

보조물조치 StVollzG 59 Versorgung mit Hilfsmitteln.

보조물지급 (신체적 장애) StVollzG 61 Ausstattung mit Hilfsmitteln.

보조인 ZPO 90; StPO 149, 286 Beistand.

보조작업 StVollzG 43 Hilfstätigkeit.

보조참가 ZPO 66 Nebenintervention.

　보조참가인 (압수와 관련된 제3자 등과 같은 절차참가인: Verfahrensbeteiligte) StPO 467a Nebenbeteiligte.
　보조참가인의 참가 ZPO 70 Beitritt des Nebenintervenienten.
　→ 몰수참가인 (Einziehungsbeteiligten).

보조참심원 GVG 49(2) Hilfsschöffen.

보증 BGB 765(1) Bürgschaft.

보증의 인수 StGB 265b
Übernahme von Bürgschaften.

보증인 BGB 239 Bürge.

보충관계 Subsidiarität.

보충소송 Ergänzungsklage.
→ Strafklageverbrauch.

보충송달 ZPO 178 Ersatzzustellung.

보충조합 (임의의료보험조합) SGB 5 168
Ersatzkasse.

보충참심원 (배석참심원) GVG 48
Ergänzungsschöffen.

보충판사 (배석판사) GVG 192(2)
Ergänzungsrichter.

보통·직접·비밀·자유·평등선거 StGB 92
Allgemeine, unmittelbare, freie, gleiche,
geheime Wahl.

보통재판적 ZPO 12, 13
Allgemeiner Gerichtsstand.

보통주 (기본주) Stammaktie.
↔ 우선주 (Vorzugsaktie).

보편적 서비스 TKG 78
Universaldienstleistung.

보험감독법 VAG
Versicherungsaufsichtsgesetz.

보험계약 VVG 1
Versicherungsvertrag.

보험계약자 VVG 45
Versicherungsnehmer.

보험금 SHG 8(2) Geldrente.

보험금액 VVG 50 (a.F.)
Versicherungssumme.

보험금액의 지불로 인한 면제 (보험자의 위
부) VVG 141 Befreiung durch Zahlung
der Versicherungssumme.

보험남용죄 StGB 265
Versicherungsmißbrauch.

보험대리상 VVG 43 (a.F.)
Versicherungsagent.

보험료 VVG 33 Prämie.

보험료납부의무자 SGB 7 150
Beitragspflichtige.

보험사기죄 StGB 265
Versicherungsbetrug (a.F.)
→ Versicherungsmißbrauch.

보험상담자 VVG 59(4)
Versicherungsberater.

보험수익자 VVG 159
Bezugsberechtigter.

보험자 VVG 1 Versicherer.

보험자대위 VVG 67 (a.F.)
Gesetzlicher Forderungsübergang
(Surrogation) (Abtretung des Schaden-
ersatzanspruchs des Versicherten).

보험증권 VVG 3
Versicherungsschein

보호(관계) BGB 1909 Pflegschaft.

보호·교육의무위반죄 StGB 171
Verletzung der Fürsorge- oder Erziehungspflicht.

보호관찰 Bewährung

보호관찰관　StGB 56d
Bewährungshelfer (Bewährungshelferin).
보호관찰기간　StGB 56a
Bewährungszeit.
보호관찰기간의 연기　StPO 454a
Verlängerung der Bewährungszeit
보호관찰기간중 행상의 감시　StPO 453b
Überwachung der Lebensführung während der Bewährungszeit.
보호관찰부조 StGB 56d
Bewährungshilfe.
보호관찰소 (감독청)　StGB 68a
Aufsichtsstelle.
보호관찰소의 권한과 관할　StPO 463a
Recht und Zuständigkeit der Aufsichtsstellen

보호권　ArbnErfG 13　Schutzrecht.

보호림　BWaldG 12　Schutzwald.

보호저작물　UrhG 2　Geschütztes Werk.

보호조치　MEPolG 13　Gewahrsam.

보호주의 (실질주의)　StGB 5
Schutzprinzip (Realprinzip)

보호지역 위태화죄　StGB 329
Gefährdung schutzbedürftiger Gebiete.

복권　StRehaG 1　Rehabilitierung.

복권계약 및 경품계약　BGB 763
Lotterie- und Ausspielvertrag.

복리 (複利)　BGB 248　Zinseszinsen.

복본 (複本)　HGB 642(2)　Ausfertigung.

복역　StGB 57　Verbußung.
유기자유형의 1/2 복역후 (nach Verbüßung
der Hälfte einer zeitigen Freiheitsstrafe).

복제권　UrhG 16
Vervielfältigungsrecht.

복종기간 (감독・지도기간)
StGB 56f(2) Nr.2　Unterstellungszeit.

본국법　Lex patriae (Heimatrecht).

본권상의 청구권　Petitorische Anspruch.
↔ 점유에 의한 청구권 (Possessorischer
Anspruch).

본법원　ZPO 128; StPO
305; GVG 74a　Erkennendes Gericht

본안신문　StPO 69
Vernehmung zur Sache.

본안재판 (실체재판)　StPO 309(2)
Sachentscheidung.

본안전 항변 (소송저지의 항변)
ArbGG 102　Prozeßhindernde Einrede.

본안종결 (선언)　ZPO 91a
Erledigung der Hauptsache.

본인 (대리인에 의하여 대리되는)
StGB 14　Vertretener.

본인출석　StPO 236
Persönliches Erscheinen.

본증 (Hauptbeweis) ↔ 반증 (Gegenbeweis).

본지변제 (本旨辨濟)　InsO 130
Kongruente Deckung.

본질적 구성부분 (물건의 ~)　BGB 93, 96
Wesentliche Bestandteile (~ einer Sache).

본질적으로 보다 밀접한 관계　EGBGB 41
(2) Nr.1　Wesentlich engere Verbindung.

봉군 (蜂群)　BGB 961　Bienenschwarm.

봉인　InsO 150　Siegelung.

봉인파괴죄　StGB 136　Siegelbruch.

봉함 StGB 136(2) Verschluß; 봉함우편물
StPO 100(3) Verschlossene Postsendung.

부가가치세 (매상세) UStG 1
Umsatzsteuer; ~ 법 (~gesetz).

부가형 StGB 44 Nebenstrafe.

부관 (행정행위의 ~) VwVfG 36
Nebenbestimmung zum Verwaltungsakt

부기(簿記) AktG 91 Buchführung.

부담자 (유증의무) BGB 2147
Beschwerter.

부담적 (침해적) 행정행위
Belastender Verwaltungsakt.

부담행위 → Grob anstößig und belästigende Handlung. → Belästigung.

부당이득 BGB 812
Ungerechtfertigte Bereicherung.

　부당이득반환청구권 BGB 977
　Bereicherungsanspruch

부당이득죄 (폭리행위) StGB 291
Wucher.

부대사건 ZPO 629 Folgesache.

부대소송절차 (배상명령절차) StPO 472a
Adhäsionsverfahren.

부대항소 ZPO 524 Anschlußberufung.

부대효과 StGB 45, 101, 101a, 108c, 109i,
358 Nebenfolge 중죄의 경우 공직취임자
격, 피선거권, 선거권의 상실 등.
부대효과시 비용부담 StPO 472b
Kostentragung bei Nebenfolgen

부도덕한(풍속위반의, 치욕적인) 원인(목적)
Turpis causa (sittenwidriger Zweck).

부동산등기법 GBO Grundbuchordnung.

부동산등기부 BGB 891 Grundbuch.

부동산등기소 GBO 1 Grundbuchamt.

부동산등기부용지 (등기용지) GBO 3
Grundbuchblatt.

부동산소유권 BGB 925
Eigentum an Grundstück.

부동산소유권이전합의 BGB 925
Auflassung.

부동산의 환가 InsO 165
Verwertung unbeweglicher Gegenstände.

부동산인도청구권 ZPO 848 Herausgabeanspruch auf eine unbewegliche Sache.

부동의 배아이식죄 ESchG 4(1) Nr.2
Eigenmächtige Embryoübertragung

부동의 수정죄 ESchG 4(1)
Eigenmächtige Befruchtung.

부모수당 (육아수당) BEEG 1 Elterngeld.

부부재산계약 BGB 1410 Ehevertrag.

부부재산제 BGB 1363 Güterstände.

부상자에 대한 구조 MEPolG 38
Hilfeleistung für Verletzte.

부서 (副署) GG 58 Gegenzeichnung.

부성 (父性) (부자관계) BGB 1592
Vaterschaft.

부성추정 BGB 1592 Nr. 1600c
Vaterschaftsvermutung.

부속명세서 HGB 284 Anhang.

부수상 GG 69 Vizekanzler.

부양보조금 StVollzG 49
Unterhaltungsbeitrag.

부양의무위반죄 StGB 170
Verletzung der Unterhaltspflicht.

부양의무자 BGB 1601
Unterhaltsverpflichtete.

부양청구권 BGB 1573
Unterhaltsanspruch.

부인권 InsO 129 Insolvenzanfechtung.

부인소권 (否認訴權) Actio negatoria.

부작위로 인한 범행 OWiG 8
Begehen durch Unterlassen.

부작위범 (Unterlassungsdelikt: Delictum omissivum) StGB 13 Begehen durch Unterlassung.

부작위소송 (불행위소송)(부작위에 대한 소송) Untätigkeitsklage.

부작위(청구)소송 (부작위를 구하는 소송)
BGB 1134 Unterlassungsklage.
; ~법 (~ngesetz).

부작위에 의한 작위범
Delictum commissivum per omissionem (unechtes Unterlassungsdelikt) (pl. Delicta commissiva).

부재 StPO 285 Abwesenheit; 부재자 Abwesender → 불출석.

부적법한 기피신청의 각하 StPO 26a
Verwerfung der Ablehnung als unzulässig.

부적법한 신문방법 StPO 136a
Unzulässige Vernehmungsmethoden.

부적법한 청구의 각하
StPO 368 Verwerfung des Antrags als unzulässig.

부정경쟁의 금지 USW 3 Verbot unlauteren Wettbewerbs; 부정경쟁방지법 (Gesetz gegen den unlauteren Wettbewerb).

부정기술죄 AktG 400; HGB 331
Unrichtige Darstellung.

부조조정 BGB 1587
Versorgungsausgleich.

부지의 진술 ZPO 138(4)
Bestreiten mit Nichtwissen (Erklarung mit Nichtwissen).

부책 Haftung → Schuld.

부책적 Belastend
↔ 면책적 Entlastend.

부하직원 범죄유도죄 StGB 357
Verleitung eines Untergebenen zu einer Straftat.

분납액 OWiG 94 Verrechnung von Teilbeträgen(~의 충당); StPO 459b
Anrechnung von Teilbeträgen (~의 산입).

분담금 징수기관 StGB 266a
Einzugsstelle.

분류개념 Klassenbegriff.

분리신문 StPO 58(1); ZPO 394
Einzelvernehmung.

분리예탁 DepotG 2 Sonderverwahrung.

분리확인 (과세표준의 ~) AO 179
Gesonderte Feststellung (~ von Besteuerungsgrundlagen).

분만즉후 StGB 217
gleich nach der Geburt.

분자유전학적 검사 StPO 81e
Molekuargenetische Untersuchungen .

분쟁 (민사)
Rechtsstreitkeit (bürgerlich ～).

분필 (부동산일부의 ～) GBO 7
Abschreibung (～ von Grundstücksteilen).
↔ 합필 (Zuschreibung).

분할 (재산) BGB 1471, 2042
Auseinandersetzung.

분할결정(서) AO 188(2)
Zerlegungsbescheid.

분할공급계약 BGB 505
Ratenlieferungsvertrag.

분할의 소 BGB 749 Teilungsklage.

분할지급 BGB 632a Abschlagszahlung.

불가능한 것은 채무가 아니다
Impossibilium nulla est obligatio.
(Unmögliches kann nicht Inhalt eines
Schuldverhältnisses sein).

불가량물의 유입 BGB 906
Zuführung unwägbarer Stoffe.

불가벌적 사전·사후행위 Mitbestrafte
(straflose) Vor- und Nachtat.

불가분급부 (～의 연대채무) BGB 431
Unteilbare Leistung (Mehrere Schuldner
einer ～n Leistung).

불가쟁력 Unanfechtbarkeit.

불가항력 ScheckG 48 Höhere Gewalt.

불공평 StPO 24 Befangenheit.

불기소(중지) 결정 StPO 171
Einstellungsbescheid.

불능미수 StGB 23(3)
Untauglicher Versuch.

불량소년집단 Kohort.

불문법 Ungeschriebenes Recht.

불법도박개장죄 StGB 284
Unerlaubte Verantstellung eines Glücksspiels.

불법도박참여죄 StGB 285
Beteiligung am unerlaubten Glücksspiel

불법복표 및 경품권 발매죄 StGB 287
Unerlaubte Veranstaltung einer Lotterie
oder einer Ausspielung.

불법소음죄 OWiG 117
Unzulässiger Lärm.

불법야기책임 Versari in re illicita.

불법영득의사 StGB 242
Zueignungsabsicht.

불법이득의사 StGB 203, 253, 259, 263,
272 Bereicherungsabsicht.

불법집합죄 (집합불해산) OWiG 113
Unerlaubte Ansammlung.

불법취득재산위장죄 StGB 261
Verschleierung unrechtmäßig erlangter
Vermögenswerte → Geldwäsche,

불법통찰능력 StGB 21
Unrechtseinsichtsfähigkeit.

불법행위 BGB 830
Unerlaubte Handlung.

불법행위의 특별재판적 ZPO 32
Besonderer Gerichtsstand der unerlaubten Handlung.

불법행위지법 Lex loci delicti (commissi)
(Recht des Deliktsortes).

불변기간 ZPO 233 Notfrist.

불복 Anfechtung; 불복권의 제한 StPO 400 Beschränktes Anfechtungsrecht.

불복논점 StPO 318 Beschwerdepunkt.

불신임동의 (연방수상에 대한) BTGO 97 Mißtrauensantrag (gegen den Bundeskanzler)

불신임투표 GG 67 Mißtrauensvotum. ; 건설적 ~ Konstruktives ~; 파괴적 ~ Destruktives ~.

불안의 항변권 BGB 321 Unsicherheitseinrede.

불완전한 이행위범 Unvollkommen zweiaktes Delikt.

불융통물 Res extra commercium (Sachen außerhalb des Privatrechtsverkehrs).

불이익 AO 350 Beschwer.

불이익변경(금지) (Verbot der ~) StPO 331, 358(2) Schlechterstellung = Reformatio in peius.

불이익처분금지 BGB 612a Maßregelungsverbot.

불체포특권 (면책특권) StPO 152a Immunität der Abgeordneten. → Indemnität.

불출석 (부재) Ausbleiben; Abwesenheit; Entfernung.

　피고인 없는 공판(불출석공판) StPO 232 Hauptverhandlung ohne den Angeklagten.
　Hauptverhandlung trotz Ausbleiben.
　대리범위 (불출석공판에서 변호인의 권한) StPO 234a Vertretungsumfang (Verteidigerbefugnisse bei Abwesenheitsverhandlungen)

불출석(퇴정)허가 StPO 231c Erlaubnis zur Entfernung

불합의, 불일치(의사와 표시 등의 ~) Dissens → Einigungsmangel.

불허가항고. ZPO 544 Nichtzulassungsbeschwerde

비공동체물품 (역외물품) ZK 4 Nr.8 Nichtgemeinschaftswaren.

비과세수입 EStG 3 Nr.1 a) Steuerfreie Einnahme.

비교가능한 무기간제 근로자 TzBfG 3(2) Vergleichbarer unbefristet beschäftigter Arbeitnehmer.

비교광고 UWG 6 Vergleichende Werbung.

비국가기밀누설죄 StGB 97a Verrat illegaler Geheimnisse.

비난규정 StGB 240(2), 253(2) Verwerflichkeitsklausel.

비대체적 행위 ZPO 888 Nicht vertretbare Handlung.

비디오감시 BDSG 6b Videoüberwachung.

비례선거 (비례대표제) BWahlG 1 Verhältniswahl. → Personenwahl.

비례(성)의 원칙 MEPolG 2; StGB 62, 74b, 96 Verhältnismäßigkeitsgrundsatz.

비밀수사관 StPO 163 Verdeckter Ermittler.

비밀연락원 StPO 163 V-mann = Vertrauensmann.

비법인단체 OWiG 30

Personenvereinigung.

비본지변제 (非本旨辨濟) InsO 131
Inkongruente Deckung.

비상경보 남용죄 StGB 145
Mißbrauch von Notrufen.

비속 Abkömmling ; 직계비속 ~ gerader
Linie, 방계비속 ~ der Seitenlinie.

비송사건절차법 FGG
Gesetz über die Angelegenheiten der freiwilligen Gerichtsbarkeit.

비약상고 StPO 335 Sprungrevision.

비영리사단 BGB 21
Nichtwirtschaftlicher Verein.

비오톱(생물소공간)**연합** BNatSchG 3
Biotopverbund.

비용예납 ZPO 379 Auslagenvorschuss.

비자 AufenthG 6 Visum.

비재산적(정신적) **손해** BGB 253
Immaterieller Schaden.

비전문(소인)**판사** (독일법관법) DRiG
Laienrichter.

비채변제를 하는 이유로 반환청구(권)
Condictio indebiti.

비책임자에 대한 조치 MEPolG 6
Inanspruchnahme nicht verantwortlicher
personen.

비친고죄 StPO 389 Offizialdelikt.
↔ 친고죄 (Antragsdelikt).

비켜가기 StVO 6 Vorbeifahren.

비행 JGG 1(1) Verfehlung.

사

사건의 호명 StPO 243
Aufruf der Sache.

사건해결율 Aufklärungsquote (Tat~).

사고관여자 StGB 142(4)
Unfallbeteiligter.

사고담당자 BImSchG 58a
Störfallbeauftragter.

사고예방 및 비상구조수단 침해죄
StGB 145 Beeinträchtigung von Unfall-
verhütungs- und Nothilfemitteln.

사고장소 불법이탈죄 StGB 142
Unerlaubtes Entfernen vom Unfallort.

사기 또는 강박으로 인한 취소 BGB 123
Anfechtbarkeit wegen Täuschung oder
Drohung.

사기죄 StGB 263 Betrug.

사단 BGB 21 Verein.

사단의 해산 BGB 74
Auflösung des Vereins.

사단재산의 귀속 BGB 45
Anfall des Vereinsvermögens.

사단전자등기부 BGB 55a
Elektronisches Vereinsregister.

사단정관의 의무내용 BGB 58
Sollinhalt der Vereinssatzung.

사립학교 (자유 주체성을 가진 학교)
GG 7(4) Private Schule (Schule in freier
Trägerschaft).

사망부 PersStdG 32 Sterbebuch.

사망선고 VerschG 2; PersStdG 40
Todeserklärung.

사망에 의한 권리승계 EGBGB 25
Rechtsnachfolge von Todes wegen

사망자, 피살자 SHG 9(2) StGB 216
Getötete (der ~).

사망추정 VerschG 9 Todesvermutung.

사망후 인공수정죄 ESchG 4(1) Nr.3
Künstliche Befruchtung nach dem Tode.

사면권 (은사권) GG 60(2); StPO 452
Begnadigungsrecht (Gnadenrecht); 일반사
면 (Amnestie); 특별사면 (Begnadigung).

사무관리 BGB 677
Geschäftsführung ohne Auftrag.

사무국 GVG 153 Geschäftsstelle.

사무규칙 (의사규칙, 직무규정) GG 40(1)
BVerfGG 1(3) Geschäftsordnung.

사무원 (사무직 근로자) BetrVG 6 (a.F.);
HGB 84(2) Angestellter.

사무처리 BGB 675
Geschäftsbesorgung.

사문서 (~의 증명력) ZPO 416
 Privaturkunde (Beweiskraft von ~n).

사문서의 진정 (~증명) ZPO 440
 Echtheit von Privaturkunden
(Beweis der ~).

사물관할 StPO 1
Sachliche Zuständigkeit.

　사물관할에 대한 법원의 직권조사
StPO 6 Prüfung der sachlichen
Zuständigkeit von Amts wegen.

사물의 본성 Natur der Sache.

사법 GG 20(3) Rechtsprechung; 사법부 (Judikative).

사법(수사)경찰 Kriminalpolizei.
→ 행정경찰, 방범경찰 Schutzpolizei.

사법공조 GVG 156 Rechtshilfe.

사법공조촉탁 ZRHO 5 Nr.3
Rechtshilfeersuchen.

사법관시보 StPO 139; GVG 10
Referendar.

사법권 GG 92
Rechtsprechende Gewalt.

사법기망죄 StGB 145d
Vortäuschen einer Straftat.

사법보수 및 보상법 JVEG 1
Justizvergütungs- und -entschädigungs-
gesetz.

사법보조 (수사절차에 있어서 ~)
StPO 160(3), 463d Gerichtshilfe.

사법보좌관 RPflG 22; 9 Rechtspfleger;
~법 (~gesetz).

사법행위청구권 GG 19(4)
Justizgewährungsanspruch.

사생아 GG 6(5) Uneheliche Kinder

사생활비밀침해 (§182 Entwurf 1962)
StGB 202 Indiskretion.

사선변호인 StPO 138 Wahlverteidiger.
→ Pflichtverteidiger.

사실문제 quaestio facti
  ↔ 법률문제 (quaestio juris).

사실상 De facto (et absque iure)

(tatsächlich).

사실상(현실적) 공격 StGB 113, 123, 121
(1) Nr.1; OEG 1(2) Tätlicher Angriff.

사실심 법원 StPO 346 (a.F.) Tatgericht.

사실의 적시 StPO 389
Tatsachen hervorheben.

사실의 조사, 수사 StPO 161, 308
Ermittlungen.

사실의 증명 StGB 186
Erweislichkeit der Tatsache.

사실의 착오 Tatirrtum (Error facti)
→ 구성요건적 착오 (Irrtum über Tatumstände); 사실의 착오는 벌하지 않는다
(Error facti non nocet).

사실의 확정 (판결의 기초가 된 ~) StPO
354 Feststellung (dem Urteilzugrunde
liegenden ~) Urteilsfessststellung.

사실적 계약 Faktischer Vertrag.

사실행위, 사실상의 행위 Realakt (Tathandlung).

사실혼 Wilde Ehe
→ Eheähliche Gemeinschaft.

사안 Sachverhalt.

사업 VwVfG 74(4) Vorhaben (계획); →
Wirtschaftlicher Geschäftsbetrieb (경제적
사업).

사업등록 AO 134 Betriebsaufnahme.

사업소 AO 12 Betriebstätte.

사업양도 BGB 613a Betriebsübergang.

사업자 BGB 14 Unternehmer.

사업장 업무부담테스트와 작업치료
StVollzG 58 Nr.4 Belastungsprobung und Arbeitstherapie.

사업장총회 BetrVG 42
Betriebsversammlung.

사업장협의회 (경영협의회, 종업원평의회)
BetrVG 1 Betriebsrat.

사업장(경영)협정 BetrVG 77(4)
Betriebsvereinbarung.

사업체 및 기업의 감독의무위반죄
OWiG 130 Aufsichtspflicht in Betrieben und Unternehmen.

사용권 BGB 537; StGB 289
Gebrauchsrecht.

사용대차 BGB 598 Leihe.

사용불능 StGB 74d
Unbrauchbarmachung → Vernichtung.

사용사업주 AÜG 1 Entleiher.
→ Leiharbeitnehmer (파견근로자).

사용임대차 BGB 535 Mietvertrag.

사용자 KSchG Arbeitgeber.
↔ Arbeitnehmer.

사용자단체 TVG 2
Vereinigung von Arbeitgebern.

사용자책임 BGB 831
Haftung für den Verrichtungsgehilfen.

사용절도 StGB 242 Furtum usus
(Gebrauchsanmaßung).

사용취득 Usucapio (possessio als usus).

사원권 BGB 38 Mitgliedschaft.

사원총회 BGB 36

Mitgliederversammlung.

사유림 BWaldG 3(3) Privatwald.

사이코패스, 정신병질자 Psychopath.

사인기소 StPO 374 Privatklage.

　개시, 기각, 정지 StPO 383 Eröffnung, Zurückweisung oder Einstellung.
　사인기소인의 사망 StPO 393
　Tod des Privatklägers.
　사인기소인의 상소 StPO 390
　Rechtsmittel des Privatsklägers.
　사인기소인의 조력와 대리
　StPO 378 Beistand und Vertretung des Privatlägers.
　사인기소인의 지위 StPO 385
　Stellung des Privatklägers
　Beistand und Vertreter des Klägers.
　사인기소의 취하 StPO 391
　Zurücknahme der Privatklage.
　사인기소절차에 있어서의 비용부담
　StPO 471 Kostentragung im Privatklageverfahren
　소환권 StPO 386 Recht zur Ladung.
　수인의 기소권자 StPO 375
　Mehrere klageberechtigte Personen.

사인처분 (死因處分)
Verfügung von Todes wegen.

사자모독죄 StGB 189 Verunglimpfung des Andenkens Verstorbener.

사자안식방해죄 StGB 168
Störung der Todenruhe.

사적 비밀침해죄 StGB 203
Verletzung von Privatgeheimnissen.

사전고의 Dolus antecedens.

사전급부행위 BHO 56 Vorleistung.

사전동의 BGB 183 Einwilligung.
→ Genehmigung (추인, 사후적 동의).

사전적으로 ex ante ("zuvor" oder "aus
früherer Sicht").

사전절차 (전심절차, 준비절차, 행정심판)
VwGO 69 Vorverfahren.

사전절차에서의 감정의 허용 StPO 82
Erstattung des Gutachtens im Vorverfahren.

사전점유지정 FStrG 18f
Vorzeitige Besitzeinweisung.

사전판결 (청구 원인에 대한) VwGO 111
Vorabentscheidung (über den Grund).

사정(과세) (부부의 ~) EStG 26
Veranlagung (~ von Ehegatten).

사정변경 (Clausula rebus sic stantibus)
→ Störung der Geschäftsgrundlage.

사제 StVollzG 53, 157 Seelsorge.

사진촬영과 지문 StPO 81b
Lichtbilder und Fingerabdrücke.

사체의 신원확인 StPO 88
Identifizierung der Leiche

사체해부 StPO 87, 89 Leichenöffnung.

사치세 GG (6) Aufwandsteuer.

사형 GG 102 Todesstrafe.

사회가 있는 곳에 법이 있다
Ubi societas ibi ius (where there is society, there is law).

사회계획 (근로자보호제도) InsO 123
Sozialplan.

사회권 SGB 1 2 Soziales Recht.

사회데이터 SGB 10 67 Sozialdaten.

사회법(전) SGB 1 1 Sozialgesetzbuch.

사회법원 SGG 1, 51(1) Nr.1
Sozialgericht.; ~법 (~sgesetz).

사회보험 SGB 1 4 Sozialversicherung.

사회복귀; 재활
Eingliederung; Rehabilitation.

사회봉사명령제도 (공익근로)
Gemeinnützige Arbeit.

사회부조 SGB 1 9 Sozialhilfe; 사회적 부
조 StVollzG 71 Soziale Hilfe.

사회비밀 SGB 1 35 Sozialgeheimnis.

사회적 재활급부와 보충급부 SGB 7 39
Leistung zur Teilhabe am Leben in der
Gemeinschaft und ergänzende Leistung.

사회적 조정급부 StrRehaG 16
Soziale Ausgleichsleistungen.

사회적 주거공간지원 WoFG 1
Soziale Wohnraumförderung; ~법
(~sgesetz).

사회적으로 부당한 해고 KSchG 1
Sozial ungerechtfertigte Kündigung.

사회조항 BGB 574 Sozialklausel

사회주의자(탄압)법 Sozialistengesetz.

사회판사 SGG 13 Sozialrichter.

사회화 GG 15 Vergesellschaftung.

사후고의 Dolus subsequens.

사후불확실한 선택적 확정 StGB 1
Postpendenzwahlfeststellung.

사후설립 AktG 52 Nachgründung.

사후저작권 UrhG 71
Nachgelassenes Werk.

사후적 동의 → Genehmigung (추인).

사후적 보호 StVollzG 126
Nachgehende Betreuung.

사후적 재판 StGB 56e, 68d, 453
Nachträgliche Entscheidungen.

  병합형에 대한 사후적 재판 StPO 460
  Nachträgliche Entscheidung auf eine
  Gesamtstrafe.

사후적으로, 소급하여 ex post facto
("hinterher" oder "aus späterer Sicht").

사후절차 (몰수확정의 부당성에 대한)
StPO 439 Nachverfahren.

사후종범 StGB 258
Auxillium post factum.

산림 BWaldG 2 Wald.

산업상의 권리보호 GG 73 Nr.9, 96
Gewerblicher Rechtsschutz.

산업재해 SGB 7 8 Arbeitsunfall.

산입 StGB 51; StPO 450 Anrechnung.

  병원수용기간의 산입 StPO 461
  Anrechnung des Aufenthalts in einer
  Krankenanstalt.
  산입되어야 할 기간 StPO 450
  Anzurechnende Zeit
  외국에서 받은 자유박탈의 산입 StPO
  450a Anrechnung einer im Ausland
  erlittenen Freiheitsentziehung

산재(재해)보험법 SGB 7
Unfallversicherungsgesetz.

삼각사기 Dreiecksbetrug.

상각 GmbHG 34 Amortisation.

상각액 BGB 1199(2)
Ablösungssumme.

상거소 (尙居所) EGBGB 5(2)
Gewöhnlicher Aufenthaltsort.

상계 BGB 388 Aufrechnung.

상고 StPO 333 Revision.

  각하결정 StPO 349 Verwerfung durch
  Beschluß.
  상고심 판결 StPO 353
  Revisionsurteil.
  상고심의 관할위반 StPO 348
  Unzulässigkeit des Revisionsgerichts.
  상고확장 (공동피고인에게의 ~)
  StPO 357 Revisionserstreckung (~ auf
  Mitangeklagte).
  상고이유 StPO 337 Revisionsgrund.
  상고이유서 StPO 344
  Begründung der Revision.
  상고이유서 제출기간 StPO 345
  Begründungsfrist.
  상고장 StPO 347 Revisionsschrift.
  상고제기(기간과 방식) StPO 341
  Revisionseinlegung.
  상고신청서 및 그 이유서 StPO 345
  Revisionsanträge und ihre Begründung.
  상고(항소, 항고)인 StPO 346
  Beschwerdeführer.
  상고허가(허가상고) ZPO 543
  Zulassungsrevision.
  심사범위 StPO 352 Prüfungsumfang.
  피상고인 StPO 347 Gegner des Beschwerdeführers
  확정력의 차단 StPO 316, 343
  Hemmung der Rechtskraft des Urteils.

상공회의소 GVG 108
Industrie- und Handelskammer.

상관의 고소 StGB 77a
Antrag des Dienstvorgesetzten.

상급근무 (준고급근무, 상당정도 고급근무)
BBG 18 Gehobener Dienst.

상급단체 TVG 2(2), 12
Spitzenorganisation.

상급법원 StPO 5
Gericht höherer Ordnung.

상급법원으로의 이송 StPO 270
Verweisung an ein höheres Gericht.
상급법원의 관할 StPO 225a
Zuständigkeit eines Gerichts höherer
Ordnung

상급심 StPO 23 Höherer Rechtszug.

상담, 치료, 보호관계를 이용한 성적 남용죄
StGB 174c
Sexueller Mißbrauch unter Ausnutzung
eines Beratungs-, Behandlungs- oder
Betreuungsverhältnisses.

상당설 (인과관계) Adäquanztheorie.

상당성 조항 (위법성조각사유의 ~)
StGB 34 S.2 Angemessenheitsklausel

상대방의 철회권 BGB 109(1)
Widerrufsrecht des anderen Teils.

상대주의 Relativismus.

상린법(관계) BGB 924 Nachbarrecht.

상법(전) HGB Handelsgesetzbuch.

상사매매 HGB 373 Handelskauf.

상사영업 (상업) HGB 1(2)
Handelsgewerbe.

상사판사 GVG 109 Handelsrichter.

상상적 경합 StGB 52 Idealkonkurrenz
→ Tateinheit.

상선단 GG 27 Handelsflotte.

상설위원회 BTGO 54

Ständiger Ausschuß und Sonderausschuß.

상소 Rechtsmittel

상소권자 StPO 296
Rechtsmittelberechtigte
상소의 교시 StPO 35a
Rechtsmittelbelehrung.
상소의 비용 (취하되거나 패소한 ~)
StPO 473 Kosten eines zurückgenommenen oder erfolglos eingelegten
Rechtsmittels.
상소의 제기 후 결정 (적시의 ~)
StPO 34a Beschluß nach rechtzeitiger
Einlegung eines Rechtsmittels.
→ Rechtskraft durch Beschluß.
상소의 취하시 상대방의 동의 StPO 303
Zustimmung des Gegners bei Zurücknahme eines Rechtsmittels
상소의 취하와 상소제기의 포기
StPO 302 Rechtsmittelrücknahme und
Rechtsmittelverzicht
상소의 표시에 있어서 착오 StPO 300
Irrtum in der Bezeichnung des Rechtsmittels
상소절차 (~ 에서의 심사) (몰수참가인
에 대한 몰수의 심사) StPO 437
Rechtsmittelverfahren (Prüfungsumfang
im ~).

상속개시 BGB 1922 Erbfall.

상속결격 (사유) BGB 2339
Erbunwürdigkeit (Gründe für ~).

상속계약 BGB 1941 Erbvertrag.

상속권 GG 11 Erbrecht.

상속능력 BGB 1923 Erbfähigkeit.

상소법원 (상소재판관) Iudex ad quem.

상속승인 BGB 1957
Annahme der Erbschaft.

상속승인전의 강제집행 ZPO 778

Zwangsvollstreckung vor Erbschaftsannahme.

상속인 Erbe ↔ 피상속인 Erblasser.

상속인의 지정 BGB 2087 Erbeinsetzung.

상속인의 한정책임 BGB 1975 Beschränkung der Haftung des Erben.

상속자격사유 (상속권취득원인) BGB 1948(2), 1949 Berufungsgrund.

상속재산 BGB 1942 Erbschaft.

상속재산매매 BGB 2371 Erbschaftskauf.

상속증서 BGB 2353 Erbschein.

상속포기 BGB 1943 Ausschlagung der Erbschaft; BGB 2346 Erbverzicht.

> 일부포기 BGB 1950 Teilausschlagung.
> 포기권의 상속성 BGB 1952 Vererblichkeit des Ausschlagungsrechts.

상속회복청구권 BGB 2018 Erbschaftsanspruch.

상쇄 StGB 199,233 Kompensation.

상습 매음행사죄 StGB 184d Ausübung der verboten Prostitution.

상습범 StGB 52 Gewohnheitsmäßigkeit.

상시임석 StPO 226 Ununterbrochene Gegenwart.

상업 → Handelsgewerbe.

상업등기부 HGB 8; AktG 41(1) Handelsregister.

상업사용인 HGB 59 Handlungsgehilfe (Kaufmännischer Angestellter).

상업어음(상품어음) Handelswechsel (Warenwechsel) ↔ 융통어음 Finanzierungswechsel (Finanzwechsel, Kreditwechsel).

상영권 UrhG 4 Vorführungsrecht.

상인 HGB 1 Kaufmann.

상장 AktG 3(2) Börsennotierung; Börsennotierte Gesellschaft (상장회사).

상점절도 StGB 242,248a Ladendiebsahl.

상태범과 상태범인 Zustandsdelikt → Zustandsverbrecher.

상태책임 MEPolG 5 Verantwortlichkeit für den Zustand von Sachen.

상표 MarkenG 3 Marke.

상표법 MarkenG Markengesetz.

상한(한계)(선) BGB 558(3) Kappungsgrenze.

상해보험 VVG 178 Unfallversicherung.

상해죄 StGB 223 Körperverletzung.

상해치사죄 StGB 227 Körperverletzung mit Todesfolge.

상행위 HGB 343(1) Handelsgeschäft.

상호 HGB 17 Firma.

상호계산 HGB 355 Laufende Rechnung (Kontokorrent).

상호신문 StPO 239 Kreuzverhör. → Recht zur Vernehmung.

상호참가기업 AktG 19, 328

Wechselseitig beteiligte Unternehmen.

상호(보험)회사 VAG 15
Versicherungsverein auf Gegenseitigkeit

상환권 WG 50 Einlösungsrecht.

상환청구권 MEPolG 49(2)(3)
Erstattungsanspruch.

생식기술의 부정이용죄 ESchG 1
Mißbräuchliche Anwendung von Fortpflanzungstechniken.

생식세포계열 ESchG 8(3)
Keimbahnzelle.

생전(행위)(의) BGB 81, 1638
Unter Lebenden.

생존배우자 BGB 1931
Überlebende Ehegatte.

생존추정 VerschG 10 Lebensvermutung.

생활동반자관계 LPartG 1(1)
Lebenspartnerschaft.

서기관 (사무국 ~), 문서공무원
GVG 153(2)
Urkundsbeamte der Geschäftsstelle.

서류 StGB 133, StPO 249 Schriftstücke.

서류낭독 StPO 325, 420
Verlesung von Schriftstücken.

서류로 (일의 종료) Ad acta.

서류비교 StPO 93 Schriftvergleichung.

서류열람 StPO 110
Durchsicht von Papiern.

서류(내용)제시 StPO 249 Vorhalt.

서류제출 (검사에 대한) StPO 320

Aktenvorlegung an die StA

서면방식 (서식) BGB 126 Schriftform.

서면소환 (피의자의 ~) StPO 133
Schriftliche Ladung.
(~ des Beschuldigten).

서면신청과 서면제의 StPO 257a
Schriftliche Anträge und Anregungen.

서면진술(서) StPO 250 Schriftliche Erklärung; 서면진술하다 StPO 163a Schriftlich sich äußern.

서명검증키 SigG 2 Nr.5
Signaturprüfschlüssel.

서명키 (전자~) SigG 2 Nr.4
Signaturschlüssel.

서명키 소유자 SigG 2 Nr.2
Signaturschlüssel-Inhaber.

서비스제공자 TMG 7 Diensteanbieter.

서신교류권 StVollzG 28
Recht auf Schriftwechsel.

서신교류의 검열 StVollzG 29
Überwachung des Schriftwechsels.

서신의 송부 StVollzG 30
Weiterleitung von Schreiben.

서신의 압류 StVollzG 31
Anhalten von Schreiben.

서증 StPO 249 Urkundenbeweis.
    AktG 30 Beurkundung.

석명의무 Aufklärungspflicht
→ Materielle Prozessleitung ZPO 139
실체적 소송지휘.

석방보조금 StVollzG 75
Entlassungsbeihilfe.

석방부조 StVollzG 74
Entlassungshilfe (Hilfe zur Entlassung).

석방시설 StVollzG 147
Einrichtung für die Entlassung.

석방준비를 위한 특별휴가 StVollzG 124
Sonderurlaub zur Vorbereitung der Entlassung.

선거구 BWahlG 3(1) Nr.3. Wahlkreis.

선거권 GG 38(2) Wahlrecht.
　　　StGB 45(5) Stimmrecht.

선거권자, 유권자 Stimmberechtigte.

선거방해죄 StGB 107 Wahlbehinderung.

선거부정죄 StGB 107a Wahlfälschung.

선거비밀침해죄 StGB 107c Verletzung
des Wahlgeheimnisses.

선거심사 GG 41 Wahlprüfung.

선거인강요죄 StGB 108
Wählernötigung.

선거인기망죄 StGB 108a
Wählertäuschung.

선거인매수죄 StGB 108b
Wählerbestechung.

선거인명부 BWO 14
Wählerverzeichnis.

선거자료위조죄 StGB 107b
Fälschung von Wahlunterlagen.

선결문제의 재판 StPO 154d, 262
Entscheidung einer Vorfrage.

선고 StPO 35 Verkündung.

선고에 의한 고지 StPO 35
Bekanntmachung durch Verkündung.

선고유예 → Verwarnung mit Strafvorbehalt (형유보부경고).

선고형 StGB 57(1) Nr.1
Verhängte Strafe.

선급의무 BGB 669 Vorschusspflicht.

선납과 담보제공 VwKostG 16
Vorschußzahlung und Sicherheitsleistung.

선동 → Aufstacheln zum Angriffskrieg
(침략전쟁 선동죄).

선량한 풍속 BGB 138; StGB 228
Gute Sitte.

선례구속(~성의 원칙) Stare decisis
(bei früheren Entscheidungen bleiben)
(das Prinzip des ″~″).

선매 BGB 463 Vorkauf (schuldrecht-
liches Vorkaufsrecht 채권적 선매권).

선박공유 HGB 489 Reederei.

선박공유자 HGB 503 Mitreeder.

선박관리인 HGB 492, 493
Korrespondentreeder

선박소유자 HGB 484, 485 Reeder.

선박승조원 HGB 481 Schiffsbesatzung.

선박임차인 HGB 760(2) Ausrüster.

선박채권자 HGB 754 Schiffsgläubiger.

선박충돌 HGB 734
Zusammenstoß von Schiffen.

선서거부권 StPO 61
Eidesverweigerungsrecht.
→ Nichtvereidigung nach Ermessen.

선서금지 Vereidigungsverbote
→ Nichtvereidigung.

선서면제 StPO 60
Absehen von Vereidigung
(= Nichtvereidigung).

선서무능력자 StGB 157(2), StPO 60, Nr.1
Eidesunmündige = nicht Eidesmündiger.

선서에 갈음한 보증 (선서보증) ZPO 807,
883 Eidesstattliche Versicherung; ~ nach
bürgerlichem Recht ZPO 889 민법에 의
한 ~.

선서에 갈음한 허위보증죄 StGB 156
Falsche Versicherung an Eides Statt.

선서없는 허위진술죄 StGB 153
Falsche uneidliche Aussage.

선서와 동일한 서약 StGB 155; StPO 65
Eidesgleiche Bekräftigung.

선서위반죄 StGB 154 Meineid.

선서의 방식 StPO 64 Eidesform.

선소의 항변 BGB 771
Einrede der Vorausklage.

선서회계사 (장부검사사) WiPrO 129
Vereidigter Buchprüfer

선의 Bona fides (guter Glaube); 선의로
bona fide (in gutem Glauben).

선의취득 BGB 932 Gutgläubiger Erwerb.

선이해 (先理解) Vorverständnis.

선임가능한 변호사 StPO 138
Zu wählende Verteidiger.

선임과 해임 (이사회의 ~) AktG 84
Bestellung und Abberufung (~ des
Vorstands).

선임의 철회 (국선변호인) StPO 143
Wideruf der Bestellung.

선장 HGB 511 Kapitän (Schiffer).

선적인 HGB 563 Ablader.

선적항의 관할 StPO 10
Bezirk des Heimathafens.

선전 (범죄단체의) StGB 129 Werben

선점 BGB 958 Aneignung.

선정 (選定) StPO 73, 142 Auswahl.

선취분 (선취유증) (배우자의 ~)
BGB 1932 Voraus (~ des Ehegatten).

선택적 대질 StPO 58
Wahlgegenüberstellung.

선택적 확정 StPO 267 Wahlfeststellung.

선하증권 HGB 656, 642 Konnossement.

선행(사전)압류 ZPO 845 Vorpfändung.

선행행위 (선행위험행위) Ingerenz.

선행행위에 대한 위배 (~의 법원리).
Venire contra factum proprium (Zuwi-
derhandlung gegen das eigene frühere
Verhalten).

선험적으로 (이전에 존재하는 것으로부터)
a priori (Vom Fruheren her)
↔ 후험적으로 a posteriori (Von dem,
was nachher kommt).

설립보고서 AktG 32
Gründungsbericht.

설립비용 AktG 26(2)
Gründungsaufwand.

설립사기 Gründungsschwindel.

설립자 사망후의 허가 BGB 84
Anerkennung nach Tod des Stifters.

설립중의 회사 GmbHG 11; AktG 41
Vorgesellschaft (Gründungsgesellschaft).

설명의무 (사실에 관한) ZPO 138
Erklärungspflicht (über Tatsachen).

설치(조립)하자 BGB 434(2)
Montagefehler.

성공보수 BRAO 49b(2) Erfolgshonorar
(Pactum de quota litis: 소송물 분할합의).

성년 BGB 2 Volljährigkeit (18세);
Erwachsene (21세).

성년후견 (부조, 성년부조, 감호)
BGB 1896, 1901 Betreuung (Rechtliche ~).

성명권 BGB 12 Namensrecht

성명사칭죄 OWiG 111
Falsche Namensangabe.

성문법 Geschriebenes Recht (Lex scripta).

성벽 (범죄) Hang zum Verbrechen.

성상보장 BGB 443
Beschaffenheitsgarantie.

성선별죄 ESchG 3
Verbotene Geschlechtswahl

성적 강요 및 강간치사 StGB 178
Sexuelle Nötigung und Vergewaltigung
mit Todesfolge.

성적 강요죄 StGB 178
Sexuelle Nötigung.

성적 착취목적의 인신매매죄 StGB 232
Menschenhandel zum Zweck der sexuellen
Ausbeutung

성행위 StGB 184f Sexuelle Handlung.

세계관단체 StVollzG 55
Weltanschauungsgemeinschaft.

세계관적 신조 (비종교적인) StGB 166
Weltanschauliche Bekenntnis.

세계관학교 GG 7(5)
Weltanschauungsschule.

세계주의 StGB 6
Weltrechtsgrundsatz (Universalprinzip).

세관 (~건물) ZK 4 Nr.4 Zollstelle.

세관창고 ZK 98(2), 99 Zollager.

세무대리사 StBerG 42
Steuerbevollmächtigter.

세무법인 StBerG 49
Steuerberatungsgesellschaft.

세무사 StBerG 33 Steuerberater; ~법
(~sgesetz).

세무서 (재무관서) Finanzamt.

세부시행령 StVollzG 144(2)
Rechtsverordnung Nähres.

세율 UStG 12 Steuersätze.

쉥겐조약 Schengener Abkommen
(Schengener Übereinkommen).

소 Klage

소의 각하 Absolutio ab instantia
(Abweisung einer Klage als unzulässig).
소의 기각 Absolutio ab actione
(Abweisung einer Klage als unbegründet).
소의 변경 ZPO 263; VwGO 91
Klageänderung.
소의 병합 VwGO 44 Klagehäufung.

소의 제기 StPO 381 Klageerhebung.
소의 청구범위 VwGO 88
Klagebegehren.
소의 취하 StPO 156; 391; ZPO 269
Klagerücknahme.
소의 통지 (피의자에 대한) StPO 382
Klagemitteilung (an Beschuldigten).

소구 ScheckG 40 Rückgriff.

소구청구권 (소구권) ScheckG 52
Rückgriffsanspruch.

소극적 관할쟁의 StPO 19
Negativer Zuständigkeitsstreit.
→ Aussprache der Unzuständigkeit durch
mehrere Gerichte.

소급금지 Regreßverbot.

소급보험 VVG 2
Rückwärtsversicherung.

소급하여 (과거로 소급하는) ex tunc
(rückwirkend) (auch für die Vergangenheit
wirkend).

소급효의 금지 Rückwirkungsverbot
(ex-post-facto- Verbot).

소년 JGG 1 Jugend; (최광의) SGB 8 7
Junger Mensch.

소년구금 JGG 16 Jugendarrest.

소년국 (소년보호국) SGB 8 70; StVollzG 80
Jugendamt.

소년법원법 JGG Jugendgerichtsgesetz.

소년보호부 GVG 74b
Jugendschutzkammer.

소년보호사건 GVG 26
Jugendschutzsachen.

소년부참심원 JGG 35 Jugendschöffe.

소년사법보호(보조)관 (소년조사관)
JGG 38 Jugendgerichtshilfe (JGH).

소년에 대한 성적 남용죄 StGB 182
Sexueller Mißbrauch von Jugendlichen

소년원 (소년교도소) StVollzG 176
Jugendstrafanstalt.

소년지원(부조) Jugendhilfe.

소년형(벌) JGG 17 Jugendstrafe.

소년형법 JGG 2 Jugendstrafrecht

소득세 EStG 1 Einkommensteuer; ~법
(Einkommensteuergesetz).

소련점령지탈주자 BVFG 3
Sowjetzonenflüchtling.

소멸분할 (해체분할, 완전분할) UmwG 123
Aufspaltung.

소멸시효 Verjährung.

(소멸시효기간) 경과의 정지 (불완전한
행위능력자에 있어서 ~) BGB 210
Ablaufhemmung (~ bei nicht voll Ge-
schäftsfähigen).
소멸시효의 재개 BGB 212
Neubeginn der Verjährung.
소멸시효의 정지 BGB 209
Hemmung der Verjährung.
소멸시효의 중단 BGB 217 a.F.
Unterbrechung der Verjährung.
 → Neubeginn der Verjährung.
소멸시효의 효과 BGB 214
Wirkung der Verjährung.

소명 (疏明) StPO 45(2)
Glaubhaftmachung.

소모 (마모) BGB 602 Abnutzung.

소비대차계약 BGB 488
Darlehensvertrag

소비물 BGB 92
Verbrauchbare Sachen.

소비세위해행위 AO 381
Verbrauchsteuergefährdung.

소비자 BGB 13 Verbraucher.

소비자계약 BGB 310(3)
Verbrauchervertrag.

소비자도산절차 InsO 304
Verbraucherinsolvenzverfahren.

소비자정보 (~청구권) VIG 1
Verbraucherinformation (Anspruch auf Zugang zu Informationen); ~ 법 (~sgesetz).

소비재매매 BGB 474
Verbrauchsgüterkauf.

소송계속 ZPO 261; GVG 17
Rechtshängigkeit.

소송고지 ZPO 72 Streitverkündung

소송구조(권) StVollzG 120 Armenrecht.
→ Prozesskostenhilfe (소송비용구조).

소송기록의 송부 StPO 321 Aktenübersendung (Übersendung der Akten).

소송능력 ZPO 52 Prozeßfähigkeit.

소송대리권 ZPO 80 Prozeßvollmacht.

소송대변인 ZPO 157 Prozeßagent.

소송대행인 (특별대리인) ZPO 57
Prozesspfleger.

소송등록(사건)부 BVerfGGO 61(2)
StPO 492 Verfahrensregister.

소송물 ZPO 3 Streitgegenstand.

소송비용 464a Kosten des Verfahrens

경비의 분배 StPO 464d
Verteilung der Auslagen:
공동으로 형의 선고를 받은 자의 연대책
임 StPO 466 Haftung Mitverurteilter
als Gesamtschuldner.
부양사건에 있어서 소송비용의 예납
ZPO 127a Prozesskostenvorschuß in
einer Unterhaltssache.
비용과 경비액의 확정 StPO 464b
Festsetzung der Höhe der Kosten und
Auslagen.
비용의 배상 StVollzG 93
Ersatz von Aufwendungen.
비용재판 StPO 464
Entscheidung über die Kosten.
비용징수관청 VwKostG 14(1) Nr.1
Kostenerhebende Behörde.
비용채권자 VwKostG 12
Kostengläubiger.
비용채무자 VwKostG 13
Kostenschuldner.
소송비용구조 ZPO 114; StPO 379,
397a; StVollzG 121 Prozeßkostenhilfe.
소취하와 중지시 소송비용 StPO 467a
Kostentragung bei Klagerücknahme und
Einstellung.
통역인 및 번역인의 경비 StPO 464c
Auslagen für Dolmetscher oder Übersetzer.
피고인의 비용부담의무 StPO 465
Kostentragungspflicht des Angeklagten

소송사건 ZPO 511(4); StGB 339
Rechtssache. → 계쟁물 (Streitsache).

소송사기 Prozeßbetrug.

소송상 화해 ZPO 160(3), 794
Prozeßvergleich.

소송이자 BGB 291 Prozesszinsen.

소송조건 Prozeßvoraussetzung (Verfahrensvoraussetzung).

소송지연 StPO 244(3)

Prozeßverschleppung.

소송참가 VwGO 65 Beiladung.

소수주주 → Minderheitsaktionär.

소수주주(사원)권 GmbHG 50; AktG 50
Minderheitsrecht.

소액범죄 Kleinkriminalität.

소요죄 (치안교란죄) StGB 125
Landfriedensbruch

소요죄의 특히 중한 경우 StGB 125a
Besonders schwerer Fall des Landfriedensbruchs.

소원권 StVollzG 108 Beschwerderecht.

소위원회 BTGO 55 Unterausschuß.

소유권범죄 StGB 242 Eigentumsdelikt.

소유권양도 Übereignung (Eigentumsübertragung).

소유권유보 BGB 449
Eigentumsvorbehalt.

소유자 BGB 903 Eigentümer;
→ Pfandkehr (질물취거죄) (소유권자).
→ Sicherstellung (영치) (소유권자).

소유자는 사변(불가항력)으로 인한 손실을
부담한다 Casum sentit dominus
(Der Eigentumer trägt den Schaden)
(die Regel gilt für den Fall des zufälligen
Untergangs einer Sache).

소유자저당권 BGB 1163
Eigentümerhypothek.

소유자토지채무 BGB 1177
Eigentümergrundschuld.

소유한 대로 Uti possidetis (wie ihr

besitzt).

소음, 진동, 비방사선광선야기죄 StGB 325a
Verursachen von Lärm, Erschütterungen
und nichtionisierenden Strahlen.

소(규모)자본회사 HGB 267
Kleine Kapitalgesellschaft.

소장 ZPO 253 Klageschrift.

소재수사 StGB 78c Nr.10
Ermittlung des Aufenthalts.

소재(대상물, 법률 등)의 소재지, 통상 준거
법 Sedes materiae (Sitz des Gegenstandes, Gesetzesstelle, vulgo "Anwendbares
Recht").

소재지법 (물건의) Lex rei sitae
(Das Gesetz der gelegenen Sache: Das
Recht des Ortes, an dem sich die Sache
befindet).

소지인출급식배서 WG 12(3), ScheckG 15
(4) Indossament auf den Inhaber.

소지인출급약관 (조항) BGB 808
Inhaberklausel.

소질문 BTGO 104 Kleine Anfrage.

소추의 제한 StPO 154a; 430
Verfolgungsbeschränkung.

소추주의 = 탄핵주의 StPO 151
Anklageprinzip = Akkusationsprinzip.

소추처분에 대한 보상 OWiG 110
Entschädigung für die Verfolgungsmaß-
nahmen.

소환(장) StPO 214 Ladung.; MEPolG 11
(사전 ~) Vorladung.

소환권(사인기소인)→ Recht zur Ladung.
소환기간 StPO 418(2) Ladungsfrist.

소환기일의 준수 StPO 217 Einhaltung der Ladungsfrist.
소환된 증인 및 감정인의 기명(통지) StPO 222 Namhaftmachung der geladenen Zeugen und Sachverständigen.
소환장의 직접송달 StPO 38 Unmittelbare Zustellung der Ladung.
직접소환권 StPO 38, 214(3), 220, 386(2) Recht der unmittelbaren Ladung.
피고인에 의한 소환 StPO 220 Ladung durch den Angeklagten.
피고인의 소환 StPO 216 Ladung des Angeklagten.

속인법 EGBGB 5 Personalstatut.

속인주의 StGB 3 Personalprinzip (Staatsangehörigkeitsprinzip); 수동적 속인주의 StGB 7(1) Passiver Personalgrundsatz.

속죄양이론 Sündenbocktheorie.

속지주의 StGB 3 Territorialitätsprinzip = Gebietsgrundsatz.

손괴죄 StGB 303 Sachbeschädigung.

손실, 채무초과 또는 지급불능시의 의무위반죄 AktG 401 Pflichtverletzung bei Verlust, Überschuldung oder Zahlungsunfähigkeit.

손익계산서 HGB 275 Gewinn- und Verlustrechnungen.

손해배상 BGB 249 Schadensersatz. ; der Ersatzpflichtige in Geld zu entschädigen 배상의무자가 금전으로 배상하다 (BGB 251).

기간설정후 금전(손해)배상 BGB 250 Schadensersatz in Geld nach Fristsetzung.
의무위반으로 인한 손해배상 BGB 280 Schadensersatz wegen Pflichtverletzung.

손해보상(전보)의무의 요건 MEPolG 45 Zum Schadensausgleich verpflichtende Tatbestände

손해회복에 대한 준수사항 StGB 56b(2) Auflage der Schadenswiedergutmachung.

송달과 집행 StPO 36 Zustellung und Vollstreckung.

송달대리권 StPO 145a Zustellungsvollmacht.

송달대리인 ZPO 184 Zustellungsbevollmächtigter.

송달명의인 ZPO 170(2) Zustellungsadressat.

송달수령인 GBO 97 Zustellungsempfänger.

송부매매 BGB 447 Versendungskauf.

수개의 관할법원 StPO 12 Mehrere zuständige Gerichte.

수개의 법원에 의한 관할위반의 선언 StPO 19 Aussprache der Unzuständigkeit durch mehrere Gerichte.

수거권 BGB 258 Wegnahmerecht.

수공업자의료보험조합 SGB 5 157 Innungskrankenkasse.

수권（授權） StGB 77e Ermächtigung.

수권법（授權法） Ermächtigungsgesetz.

수권자본 AktG 202 Genehmigtes Kapital.

수급인 BGB 633 Unternehmer. ↔ Besteller.

수동적(수령) 대표 BGB 28
Passivvertretung.

수량부족 (숨은 ~) BGB 434(3) Mankolieferung (verdeckte Mankolieferung).
→ 일부제공 (인식있는 수량부족) Teillieferung (offene Mankolieferung).

수렵권자의 선점권 StGB 292
Aneignungsrech des Jagdberechtigten

수령지체 BGB 293 Annahmeverzug
(Gläubigerverzug 채권자지체).

수뢰죄 StGB 331 Vorteilsannahme.

수명법관 또는 수탁판사
StPO 63, 223, 225, 231a, 289, 304
beauftragter oder ersuchter Richter.

  ~에 의한 검증의 시행 StPO 225
  Augenscheinnahme durch beauftragten
  oder ersuchten Richter.
  ~에 의한 신문 StPO 223
  Vernehmung durch beauftragten oder
  ersuchten Richter.
  ~에 의한 위탁신문에서의 선서 StPO
  63 Vereidigung bei Vernehmung durch
  beauftragten oder ersuchten Richter.
  ~에 의한 증거조사 StPO 289 Beweisaufnahme durch beauftragten oder ersuchten Richter

수발 SGB 7 44 Pflege.

수발보험 (간병보험, 개호보험, 장기요양보
험) SGB 11 1 Pflegeversicherung.

수발(요양)보험조합 SGB 11 12
Pflegekasse.

수발필요성 SGB 11 14
Pflegebedürftigkeit.

수배공고 (체포를 위한 ~) StPO 131
Ausschreibung (~ zur Festnahme).

수법수배 StPO 163d
Modus operandi system.
→ Rasterfahndung.

수사보좌관 (검찰의 ~) GVG 152
Ermittlungspersonen der Staatsanwaltschaft

수사절차 StPO 160
Ermittlungsverfahren.

수사절차 자유형상화의 원칙
Freie Gestaltung des Ermittlungsverfahren (Der Grudsatz der ~) → Befugnisse der Staatsanwaltschaft.

수사절차의 중지시 필요적 경비
StPO 467a Auslagen bei Einstellung des
Ermittlungsverfahren.

수사종결의 기재 StPO 169a
Vermerk über den Ermittlungsabschluß.

수사판사 StPO 162 Ermittlungsrichter.

  주고등법원의 수사판사 StPO 169
  Ermittlungsrichter des OLG.

수색명령과 수색집행 StPO 105
Anordnung und Ausführung von Durchsuchung.

수소법원 ZPO 355 Prozeßgericht (Iudex
a quo).

수수료 과다징수죄 StGB 352
Gebührenübererhebung.

수수료율 VwKostG 3 Gebührensatz.

수수료의 예납 StPO 379a
Gebührenvorschuß.

수습용 운전면허 StVG 2a
Fahrerlaubnis auf Probe.

수용 ① (收用) → Enteignung.
  ② Unterbringung.

수용기간 StGB 67d
Dauer der Unterbringung.
수용능력의 확정(Festsetzung der ~)
StVollzG 145
Belegungsfähigkeit für jede Anstalt.
수용시 부조 StVollzG 72
Hilfe bei der Aufnahme.
수용영장 StPO 126a
Unterbringungsbefehl.
수용의 사후개시 StGB 67c
Späterer Beginn der Unterbringung.
수용의 유예의 철회 StGB 67g
Widerruf der Aussetzung einer Unterbringung.
수용절차 (입소절차) StVollzG 5
Aufnahmeverfahren.

수용결정 BVFG 26 Aufnahmebescheid.

수용유사침해
Enteignungsgleicher Eingriff.

수유자 Vermächtnisnehmer (Bedachte)
→ Beschwerter （유증의무) 부담자.

수의 (囚衣: 복장) StVollzG 20
Anstaltskleidung.

수의조건 (隨意條件) Potestativbedingung.

수익 BGB 100 Nutzungen.

수익적 행정행위 SGB 10 45
Begünstigender Verwaltungsakt.

수인결정 AO 191 Duldungsbescheid.

수익권 (용익권) BGB 1036(2)
Nutzungsrecht.

수익박탈; 이익환수 StGB 73; UWG 10
Gewinnabschöpfung.

수인의 검사 및 변호사 StPO 227
Mehre Staatsanwalte und Verteidiger.

수인한도를 넘는 부담행위 UWG 7

Unzumutbare Belästigung.

수임인 (Beauftragte) ↔ 위임인
(Auftraggeber).

수입·수출세위해행위 AO 382
Gefährdung der Einfuhr- und Ausfuhrabgaben.

수자원 (수질) StGB 330d Gewässer.

수자원관리법 WHG
Wasserhaushaltsgesetz.

수자원오염죄 StGB 324
Verunreinigung eines Gewässers.

수정동의 BTGO 85 Änderungsantrag.

수정란 (~의 착상) StGB 219d
Befruchtetes Ei (Einnistung des befruchteten Eies).

수종의 주식 AktG 11
Aktien besonderer Gattung.

수탁판사 StPO 304 Ersuchter Richter.

수태 StGB 218 Empfängnis.

수표 ScheckG 1 Scheck; ~법 (~gesetz).

수표의 이행기 ScheckG 28
Fälligkeit des Scheck.

수표카드와 신용카드 남용죄
StGB 266b Mißbrauch von Scheck- und
Kreditkarten.

수하물 LuftVG 47 Reisegepäck.

수형(구금)상태 StVollzG 79
Gefangenschaft.

수형자 StPO 119 Strafgefangene.
→ Gefangene.

수형자 공동책임 StVollzG 160
Gefangenmitverantwortung.

수형자 표준노임 StVollzG 43
Eckvergütung.

숙박업자 BGB 701 Gastwirt.

숙식업소 JuSchG 4 Gaststätte.

순수한 사실적 택일
Reine Tatsachenalternativität
→ Wahlfeststellung.

순위변경 (보전저당권의 경우에 피해자를
위한 ~) StPO 111h
Rangänderung (~ zugunsten des Verletzten bei Sicherungshypothek).

순응원칙 StVollzG 3
Angleichungsgrundsatz.

순환관리 (경제) KrW-/AbfG 4
Kreislaufwirtschaft; 순환관리(경제)(재활용)
및 폐기물처리법(Kreislaufwirtschafts- und
Abfallgesetz).

숨겨진 불합의 BGB 155
Versteckter Einigungsmangel

스토킹 StGB 238
Nachstellung (Beharrliche ~).

승계 GemO BW 31 Nachrücken.

승계고의 StGB 15 Dolus superveniens.

승계적 공동정범
Sukzessive Mittäterschaft.

승낙 StGB 32; Einwilligung.
BGB 150 Annahme (승낙) → Antrag (청
약).

승소자 ZPO 75 Obsiegender.
↔ 패소자 Unterliegende.

승역지 BGB 1026
Belastetes Grundstück ↔ Herrschendes
Grundstück (요역지).

승인약관 VVG 5 Billigungsklausel.

시간에서 앞설수록 권리에서 더 강하다.
Prior tempore, potior jure (früher in der
Zeit, stärker im Recht).

시간절도 Zeitdiebstahl.

시권역 (시군) (자유시) GemO BW 3
Stadtkreis (kreisfreie Stadt).

시민신청 GemO BW 20b Bürgerantrag.

시민집회 GemO BW 20a
Bürgerversammlung.

시설내 처우
Stationäre Behandlung.
→ Ambulant Behandlung.

시설물 불법운영죄 StGB 327
Unerlaubten Betreiben einer Anlage.

시설외(외래; 통원) 처우 StVollzG
Ambulant Behandlung
→ Stationäre Behandlung.

시설책임 HaftPflG 2 Anlagenhaftung.

시장지배적 지위 GWB 19
Marktbeherrschende Stellung.

시적 범위 (효력) StGB 2; OWiG 4
Zeitliche Geltung.

시정 BGB 651c Abhilfe.

시정된 용기나 기타 보호장치
StGB 243(1) Nr.2 Verschlossenes Behältnis oder andere Schutzvorrichtung.

시체해부 StPO 87 Leichenöffnung.

시카네 금지 BGB 226 Schikaneverbot.

시행 (효력의 발생) StVollzG 198
Inkrafttreten.

시행령 → Verordnung.

시험매매 BGB 454 Kauf auf Probe.

시효 (소멸시효, 공소시효)
BGB 194 Verjährung;
StGB 78a Verfolgungsverjährung.

시효배제 VStGB 5 Unverjährbarkeit.

시효의 기간 StGB 78(1), 79;
BGB 199 Verjährungsfrist.

시효의 정지 StGB 78b
Ruhen der Verjährung.

시효의 중단 StGB 78c
Unterbrechung. der Verjährung.

식료품 및 사료법 LFGB 1
Lebensmittel- und Futtermittelgesetzbuch.

신고법 (주민등록법) MRRG 1
Melderechtsrahmengesetz.

신고의무 (전·출입) MRRG 11
Meldepflicht.

신뢰보호 Vertrauensschutz.

신뢰의 원칙 (도로교통에 있어)
Vertrauensgrundsatz im Straßenverkehr.

신뢰인 StPO 406f(3); StVollzG 65
Person seines Vertrauen (Vertrauensperson).

신문권 StPO 239 Recht zur Vernehmung; 신문권한의 남용 StPO 241 Missbrauch der Befugnis zur Vernehmung.

신문기사 및 방송해설 UrhG 49

Zeitungsartikel und Rundfunkkommentare

신분, 호적 PersStdG 1 Personenstand.

신분등록 AO 134
Personenstandsaufnahme.

신분범 Sonderdelikt.

신분(자격) 없는 고의 있는 도구 StGB 25
Qualifikationsloses doloses Werkzeug.

신분증서 PersStdG 61a
Personenstandsurkunde.

신빙성 StPO 68a Glaubwürdigkeit.

신상친권(배려) BGB 1631 Personensorge.

신생아해부 StPO 90 Leichenöffnung eines
neugeborenen Kindes.

신서비밀침해죄 StGB 202
Verletzung der Briefgeheimnisses.

신속성의 원칙 VwVfG 10
Zügigkeitsprinizip.

신속절차 StPO 417
Beschleunigtes Verfahren.

신속한 재판 (~의 원칙)
StPO 121 Beschleunigungsgebot.

신앙의 자유 GG 4 Glaubensfreiheit.

신용대부 StGB 265b Kredit; 신용·대부인
StGB 265b Kreditgeber; 신용임차인 StGB
265b Kreditnehmer; 인수신용 StGB 265b
Akzeptkredite.

신용사기죄 StGB 265b Kreditbetrug.

신용조달 GG 115 Kreditbeschaffung.

신용폭리 StGB 302a Kreditwucher.

신용훼손 UWG 14 (a.F.) Anschwärzung.

신원확인 StPO 163b
Identitätsfeststellung.

→ 신원확인과 신분증 심사 MEPolG 9
Identitätsfeststellung und Prüfung von
Berechtigungsschein.
→ 신원확인을 위한 자유박탈
StPO 163c Freiheitsentziehung zum
Zwecke der Identitätsfeststellung.

신의성실에 의한 급부 BGB 242
Leistung nach Treu und Glauben.

신임(결의)안 GG 68 Vertrauensfrage.

신조, 종교단체 및 세계관적 단체의 모독죄
StGB 166 Beschimpfung von Bekenntnissen, Religionsgesellschaften und Weltanschauungsvereinigungen.

신주인수권 StGB 264a Bezugsrecht.

신주의 인수 AktG 187(1)
Bezug neuer Aktien.
신주의 청약 AktG 185
Zeichnung der neuen Aktien.
신주인수의 의사표시 AktG 198
Bezugserklärung.

신청권자 → Antragsberechtigte.

신청기간 StVollzG 112 Antragsfrist.

신체검사 StPO 81a
Körperliche Untersuchung
(피의자의 ∼)(∼ des Beschuldigten).

신체구속을 당한 피의자 StPO 138a, 148,
369 Der Beschuldigte, der sich nicht auf
freiem Fuß befindet.

신체수색 StPO 102
Durchsuchung der Person.

신체의 자유 GG 2(2)

Freiheit der Person.

신체허약 StGB 225 Gebrechlichkeit.
→ Mißhandlung von Schutzbefohlenen (피
보호자학대죄); StPO 223 Kommissarische
Vernehmung(위탁신문).

신체훼손에 의한 병역의무기피죄
StGB 109 Wehrpflichtentziehung durch
Verstümmelung.

신탁법 TreuhG Treuhandgesetz.

신탁적 법률행위 Treuhandgeschäft
(fiduziarisches Rechtsgeschäft).

신탁주식회사 TreuhG 7
Treuhand-Aktiengesellschaft.

신탁청 TreuhG 2 Treuhandanstalt.

실권 GmbHG 21 Kaduzierung.

실권약관 BGB 354
Verwirkungsklausel (Lex commissoria,
Kassatorische Klausel).

실명거래인(권리자) GwG 1(6)
Wirtschaftlich Berechtigter.

실습직 공무원 BBG 5(1) Nr.2
Beamte auf Probe.

실시(권) PatG 15 Lizenz.

실업자 SGB 3 16 Arbeitslose.

실연예술가 UrhG 73
Ausübender Künstler.

실용신안 GebrMG 1 Gebrauchsmuster;
∼법 (∼gesetz).

실정법 Positives Recht (ius positivum)

실존주의 Existenzialismus.

실종 VerschG 1 Verschollenheit; 보통실종
VerschG 3 Allgemeine Verschollenheit; ~
법 (~sgesetz).

실종과 사망선고 → Verschollenheit und
Todeserklärung des Mündels.

실증학파 Scuola Positiva. (di diritto penale) (Positiven Schule der Kriminologie).

실질적 누범조항 StGB 48 a.F.
Materielle Rückfallklausel.

실천적(실제적) 조화 (실질적 일치)
Praktische Konkordanz.

실체설 Körperlichkeitstheorie.

실체적 경합 StGB 53
Realkonkurrenz (Tatmehrheit).

실체적 소송지휘 ZPO 139
Materielle Prozessleitung.

실체적 진실발견
Materielle Wahrheitsfindung.

실패한 미수 StGB 24
Fehlgeschlagenen Versuch.

실행미수: 종료된 미수
StGB 22 Beendeter Versuch.

실행의 착수 StGB 22 Anfang der Ausführung (실행행위 Ausführungshandlung).

실행중지
Rücktritt beim beendigten Versuch.

실화죄 StGB 306d
Fahrlässige Brandstiftung.

실황녹음의 중계 StPO 323(2)
Übertragung eines Tonbandmitschnitts einer
Vernehmung.

심급 (das Gericht des ersten ~es; 제1심

법원) StPO 319 Rechtszug = Instanz.

심리단일 StPO 226 Verhandlungseinehit.

심리무능력 (피고인에 의해 고의로 야기된
~) StPO 231a Vom Angeklagten vorsätzlich herbeigeführte Verhandlungsfähigkeit.

심리유보 BGB 116 Geheimer Vorbehalt
(Mentalreservation, reservatio mentalis).

심리의 공개의 기재 StPO 272, Nr. 5
Angabe, daß öffentlich verhandelt.

심판 StPO 155; 14
Untersuchung und Entscheidung (심리와
재판); 심판의 범위 StPO 155 Umfang
der Untersuchung (und Entscheidung);
심판 264 Urteilsfindung.

심한 의식장애 StGB 20
Tiefgreifende Bewußtseinsstörung.

십중일살인 Dezimizierung (Dezimation)

쌍무계약 BGB 320
Gegenseitiger Vertrag.

쌍방가해 범죄행위 StGB 77c
Wechselseitig begangene Taten.

쌍방모욕 StGB 199
Wechselseitig begangene Beleidigung.

쌍방친고죄 StGB 77c
Wechselseitiges Antragsdelikt.

아

아동매매죄 StGB 236 Kinderhandel.

아동성학대죄 (14세 미만) StGB 176
Sexueller Mißbrauch von Kindern.

아동성학대치사죄 StGB 176b
Sexueller Mißbrauch von Kindern mit
Todesfolge.

아동음란물 반포, 취득, 소지죄 StGB
184b Verbreitung, Erwerb und Besitz
kinderpornographischer Schriften

아동의 책임무능력 (14세 미만) StGB 19
Schuldunfähigkeit des Kindes.

아동증인 (16세 이하의 증인) StPO 241a
Zeugen unter sechzehn Jahren.

아동청소년지원법 KJHG Kinder- und
Jugendhilfegesetz.

아래와 같이, 다음에 언급하는 것처럼.
Ut infra (wie unten (erwähnt)).

아장 프로보카퇴르 Agent Provocateur
(provozierender Strohmann; Lockspitzel).

악법도 법이다 (그것이 나쁜 것이기는 하지
만 법이 그리 되어있다)
Dura lex, sed lex (ein hartes Gesetz, aber
(es ist) Gesetz).

악의의 항변 Exceptio doli = Einrede der
Arglist.

안건 BTGO 64
Verhandlungsgegenstand.

안락사 StGB 211, 216

Euthanasie.; Sterbehilfe.

안전 및 질서 StVollzG 81
Sicherheit und Ordnung.

안전기술검사 BImSchG 29a
Sicherheitstechnische Prüfung.

안전벨트 StVO 21a Sicherheitsgurte.

안전수용 StVollzG 85
Sichere Unterbringung.

알고 속은 것은 속은 것이 아니다
Non decipitur, qui scit se decipi (Es wird
nicht getauscht, wer weiß, dass er getauscht wird).

알트라스텐 (오염지, 폐매립지)
BBodSchV 3 Altlasten.

암살 Attentat = Meuchelmord.

암수 (暗數), 암역 (暗域)
Dunkelziffer = Dunkelfeld.

암시요법 Suggestive Behandlung.

암호서신 StVollzG 31(1) Nr.6
Schreiben in Geheimschrift.

압류 BGB 392 Beschlagnahme; 가압류
Arrest (→ Dinglicher Arrest).

　압류된 채권에 대한 상계 BGB 392
　Aufrechnung gegen beschlagnahmte For-
　derung
　압류(재산)의 해제 StPO 293
　Aufhebung der Vermögensbeschlagnah-
　me.

압류표시파괴죄 (압류상태) StGB 136
Verstrickungsbruch.

압수 StPO 111c Beschlagnahme.

　압수금지 StPO 97

Beschlagnahmefreiheit
= Beschlagnahmeverbot.
압수명령 StPO 98
Anordnung der Beschlagnahme.
압수(대상)물 StPO 94
Beschlagnahmegegenstand.
압수물의 표시 StPO 109 Kenntlichmachung beschlagnahmter Gegenstände.
압수의 공고 StPO 291
Veröffentlichung der Beschlagnahme.
압수의 권한 StPO 100
Beschlagnahmebefugnis.
압수의 연장 (피해자를 위한) StPO 111i
Beschlagnahmeverlängerung (zugunsten
des Verletzten).
재산의 압수 StPO 443 Beschlagnahme
von Vermögen.

액면주식 AktG 8(2) Nennbetragsaktie.

액살 (扼殺) Erwürgen.

야간가택수색 StPO 104
Hausdurchsuchung zur Nachtzeit.

야간근무와 교대근무 ArbZG 6
Nachtarbeit und Schichtarbeit.

야경국가 Nachtwächterstaat.

야외체류 StVollzG 64
Aufenhalt im Freien.

야외체류의 박탈 StVollzG 103(1) Nr.6
Entzug des Aufenhalts im Freien.

약관 BGB 305
Allgemeine Geschäftsbedingung.

약사면허규정 → Approbationsordnung für
Apotheker.

약속어음 WG 76(2) Eigener Wechsel.

약속은 지켜야 한다 Pacta sunt servanda
(Verträge sind einzuhalten).

약식군법회의 WRV 105 Standgericht.

약식명령 → 과형명령 (Strafbefehl).

약취공갈죄 StGB 239a
Erpresserischer Menscheraub.

약취죄 (인신~) StGB 234 Menschenraub.

약학교육 AAppO 1
Pharmazeutische Ausbildung.

약혼 BGB 1297 Verlöbnis; 약혼자 Verlobte.

양도 (채권양도)
Abtretung(~ der Forderung); Übertragen.

양도금지 (법률에 의한 ~) BGB 135
Veräußerungsverbot (Gesetzliches ~).

양도담보 Sicherungsübereignung.

양도제한부 주식 AktG 68(2)
Vinkulierte Aktien.

양도할 수 없는 채권 ZPO 851
Nicht übertragbare Forderungen.

양부모와 양자 StGB 11(1) Nr.1
Pflegeeltern und Pflegekinder.

양성체 및 잡종체 양성죄 (키메라 및 하이
드리드 조작) ESchG 7 Chimären und
Hybridbildung.

양식에 반하여 (그 ~) StGB 145d; 187
Wider besseres Wissen.

양심범 Gewissenstäter.

양심적 병역거부 KDVG 5 Kriegsdienstverweigerung aus Gewissensgründen;
~법 (sgesetz).

양해 Einverständnis.

양형의 원칙 StGB 46
Grundsatz der Strafzumessung.

양형책임 Strafzumessungsschuld.

어업권 StGB 293 Fischereirecht.

어음교환소 ScheckG 31
Abrechnungsstelle.

어음능력 WG 91 Wechselfähigkeit.

어음법 WG Wechselgesetz.

어음보증 WG 30 Wechselbürgschaft
(Aval).

어음소지인 WG 40
Inhaber des Wechsels.

어음의 제시 WG 21
Vorlage des Wechsels.

어음(명예)참가 WG 55 ff. Ehreneintritt.

어음추정 (어음소지인의 권리의 추정)
WG 16 Wechselvermutung.

엄격한 증명 StPO 244 Strengbeweis.

업무보조자 StPO 53a Berufshelfer.

업무분담 (법원 내부의) GVG 21e
Geschäftsverteilung.

업무집행 BGB 27; AktG 77
Geschäftsführung.

에너지절약법 EnEG 1
Energieeinsparungsgesetz.

에너지확보법 EnSiG 1
Energiesicherungsgesetz 1975.

여객운송 StVG 8a
Personenbeförderung.

여권법 PaßG Paßgesetz.

여권의 발급 PaßG 6
Ausstellung eines Passes

여권의무 PaßG 1 Passpflicht.

여론 Communis opinio (öffentliche Meinung).

여자교도소(행형시설) StVollzG 140
Frauenvollzugsanstalt.

여자의 신체검사 StPO 81d
Körperliche Untersuchung einer Frau.

여자행형 StVollzG 76
Frauen(straf)vollzug.

여죄 Nebenstraftat.
→ Nicht beträchtlich ins Gewicht fallende
Nebenstraftaten.

여행계약 BGB 651a Reisevertrag.

여행여권 PaßG 5 Reisepaß.

여후효 (餘後效) TVG 4 → Nachwirkung.
(추급효).

역권 (役權) Dienstbarkeit (Servitus).

역내가공 (적극적 가공)
→ Aktive Veredelung.

역내물품 → Gemeinschaftswaren.

역어음 WG 52 Rückwechsel.

역외가공 (수동적 가공)
→ Passive Veredelung

역외물품 → Nichtgemeinschaftswaren.

연간근로소득 SGB 7 82
Jahresarbeitsverdienst.

연결원리 StGB 52
Prinzip der Verklammerung.

연구원(관) BVerfGGO 13
Wissenschaftlicher Mitarbeiter

연금 SGB 7 72(1) Renten.

연금기대권 SGB 6 8
Rentenanwartschaft.

연기된 선거 BWO 82 Nachwahl.

연대보증인 BGB 773 Selbstschuldner.

연대채권자 BGB 428 Gesamtgläubiger.

연대채무자 StPO 471(4)
Gesamtschuldner.

연도(연말)결산(서) HGB 264(2)
Jahresabschluß.

연립정부 Koalitionsregierung

연방감사원 GG 114(2); BRHG 1
Bundesrechnungshof; ~법(~gesetz).

연방강제 GG 37 Bundeszwang.

연방검사 GVG 149 Bundesanwalt.

연방경찰 BPolG 1 Bundespolizei.

연방고유행정 GG 86, 87
Bundeseigene Verwaltung.

연방공무원법 BBG
Bundesbeamtengesetz.

연방공무원보수법 BBesG
Bundesbesoldungsgesetz.

연방공증인법 BNotO
Bundesnotarordnung.

연방과 주의 권한분배 GG 30
Kompetenzverteilung zwischen Bund und
Ländern.

연방관보 Bundesgesetzblatt (BGBl).

연방관청의 공무원 GG 36
Beamte der Bundesbehörden

연방국가 GG 20(1) Bundesstaat.

연방국경수비대 GG 91, 12a, 115f
Bundesgrenzschutz.

연방국기 GG 22 Bundesflagge.

연방군 교란선전죄 StGB 109d
Störpropaganda gegen die Bundeswehr.

연방군과 공적 보안기관에 대한 헌법적대
적 작용죄 StGB 89 Verfassungsfeindliche Einwirkung auf Bundeswehr und
öffentliche Sicherheitsorgan.

연방기록물 BArchG 1
Archivgut des Bundes.

연방기록물관리법 → Bundesarchivgesetz.

연방기록원 BArchG 3 Bundesarchiv.

연방남녀평등법
→ Bundesgleichstellungsgesetz.

연방내란죄 StGB 81
Hochverrat gegen den Bund.

연방노동법원 ArbGG 40
Bundesarbeitsgericht.

연방노동사무소 SGB 3 393; StVollzG 148
Bundesagentur für Arbeit (BA).

연방대법원 GVG 123 ff.
Bundesgerichtshof.

연방대법원에 의한 관할지정
StPO 13a Bestimmung des zuständigen

Gerichts durch den BGH.

연방대통령과 헌법기관구성원에 대한 강요죄 StGB 106
Nötigung des Bundespräsidenten und von Mitgliedern eines Verfassungsorgans.

연방대통령 모독죄 StGB 90
Verunglimpfung des Bundespräsidenten.

연방대통령의 신문 StPO 49
Vernehmung des Bundespräsidenten.

연방데이터(개인정보)보호법 BDSG 1
Bundesdatenschutzgesetz.

연방도로 GG 90 Bundesstraßen.

연방방위행정 GG 87b
Bundeswehrverwaltung.

연방배상법 BEG 1
Bundesentschädigungsgesetz

연방범죄수사국 GG 73 Nr.10; BKAG 2
Bundeskriminalamt; ~법 (~gesetz).

연방법관 GG 98(2) Bundesrichter.

연방법률의 성립 GG 78
Zustandekommen von Bundesgesetzen.

연방법무부
Das Bundesministerium der Justiz
(BJM = Bundesjustizministerium)
~ 장관 Der Bundesminister der Justiz.

연방법원 GG 96 Bundesgerichte.

연방법의 우위 GG 31 Vorrang des Bundesrechtes vor Landesrecht.

연방변호사법 BRAO
Bundesrechtsanwaltsordnung.

연방변호사회 BRAO 175, 176
Bundesrechtsanwaltskammer

연방사회부조법 Bundessozialhilfegesetz.

연방산림법 BWaldG Bundeswaldgesetz.

연방상원 (연방참의원, 연방참사원)
GG 50, 51, 52 Bundesrat.

연방선거법 BWahlG
Bundeswahlgesetz

연방선거법시행령 BWO
Bundeswahlordnung

연방선거위원장 BWO 1
Bundeswahlleiter.

연방수로 GG 89 Bundeswasserstraßen.

연방수상 GG 63, 65 Bundeskanzler.

연방영역 GG 29 Bundesgebiet.

연방예산법 BHO
Bundeshaushaltsordnung.

연방우편통신공사 BAPostG 1
Bundesanstalt für Post und Telekommunikation; 연방우편공사법 → Bundesanstalt Post-Gesetz.

연방원거리도로 FStrG 1 Bundesfernstraßen; ~ 법(~gesetz).

연방위탁사무 (주의 ~) GG 85
Bundesauftragsverwaltung(~ der Länder).

유럽은행 GG 88 Bundesbank.

연방의사규정 BÄO Bundesärzteordnung.

연방의회의사규칙 BTGO
Geschäftsordnung des Deutschen Bundestages.

연방인사위원회 BBG 95, 96
Bundespersonalausschuß.

연방임미시온보호법 BImSchG
Bundes-Immissionsschutzgesetz.

연방자연보호법 BNatSchG
Bundesnaturschutzgesetz.

연방쟁송; 연방과 주간의 소송 GG 93(1)
Nr.3 BVerfGG 13 Nr.7 Bund-Länder-
Streit.

연방정부 GG 62 Bundesregierung.

연방정부의 참가 GG 53 Teilnahme der
Bundesregieung.

연방중앙기록(등록)부 BZRG 1, 3 Bundeszentralregister; 연방중앙기록법 (Bundeszentralregistergesetz).

연방직업교육연구소 BerBiFG 6
Bundesinstitut für Berufsbildung.

연방직원대표법 BPersVG
Bundespersonalvertretungsgesetz.

연방징계법 BDG
Bundesdisziplinargesetz.

연방토양보호법 BBodSchV
Bundes-Bodenschutz- und Altlastenverordnung.

연방피추방자법 BVFG
Bundesvertriebenengesetz.

연방하원 (연방의회) GG 39(1);
BWahlG 1 Bundestag.

연방헌법재판소 소장 BVerfGG 9; 10
Präsident des Bundesverfassungsgerichts.

연방헌법재판소 재판관 후보자추천
BVerfGG 7a Vorschlag zur Richterwahl
durch das Bundesverfassungsgericht.

연방헌법재판소법 BVerfGG
Bundesverfassungsgerichtsgesetz

연방헌법재판소사무규칙 BVerfGGO
Geschäftsordnung des Bundesverfassungsgerichts.

연방회의 GG 54 Bundesversammlung.

연소 (年少: ~로 인하여) StGB 221
Jugendlichen Alters (wegen ~).

연속범 Fortgesetztes Delikt.

연장소년 (장소년) Heranwachsender.
→ Jugend.

연합체 StGB 11(1) Nr.4
Zusammenschluß.

열거는 제한적으로
Enumeratio, ergo limitatio.

영득 StGB 246 Zueignung

영리를 목적으로
seines Vermögensvorteils wegen.
(→Vermögensvorteil).

영리사단 BGB 22
Wirtschaftlicher Verein.

영리활동에 대한 신고 AO 138
Anzeige über die Erwerbstätigkeit.

영상녹화 Bild-Ton-Aufzeichnung

　증언의 영상녹화 StPO 58a
　Aufzeichnung von Zeugenaussagen auf
　Bild-Ton-Trägern.
　영상녹화 증인신문의 상영 StPO 255a
　Vorführung der Bild-Ton-Aufzeichnung
　einer Zeugenvernehmung.

영상제작자 UrhG 94 Filmhersteller.

영상촬영에 의한 전인격적 생활영역침해죄
StGB 201a Verletzung des höchstpersönlichen Lebensbereichs durch Bildaufnahmen.

영수증 BGB 368 Quittung.

영아살해죄 (구) StGB 217
Kindestötung (a.F.)

영업거래에서의 가중수뢰죄와 가중증뢰죄
StGB 299 Bestechlichkeit und Bestechung
im geschäftlichen Verkehr.

영업거래에서의 가중수뢰죄와 가중증뢰죄
의 특히 중한 경우 StGB 300 Besonders
schwere Fälle der Bestechlichkeit und
Bestechung im geschäftlichen Verkehr.

영업범 StGB 52
Gewerbsmäßige Straftat.

영업(상황)보고서 HGB 289 Lagebericht.

영업비밀 및 경영비밀누설죄
UWG 17 Verrat von Geschäfts- und
Betriebsgeheimnissen.

영업세(~법) GewStG
Gewerbesteuer (Gewerbesteuergesetz).

영업소 HGB 29 Niederlassung.

영업용(공간)임대차 BGB 580a(2)
Geschäftsraummiete.

영업적 범죄단체장물죄 StGB 260a
Gewerbsmäßige Bandenhehlerei.

영업적 비방죄 UWG 15 (a.F.)
Geschäftliche Verleumdung.

영업적 장물죄 StGB 260
Gewerbsmäßige Hehlerei.

영업적 전대차 BGB 565
Gewerbliche Weitervermietung.

영업적 절도 StGB 243(1) Nr. 3
Gewerbsmäßiger Diebstahl.

영업책임보험 VVG 102

Betriebshaftpflichtversicherung.

영조물 (공법상의 ~) BGB 89; StGB 203(1)
Nr.4 Anstalt des öffentlichen Rechts.

영치 StVollzG 30 Aufbewahrung; MEPolG
21 Sicherstellung.

영토고권 Gebietshoheitsgewalt.

예견가능성 Voraussehbarkeit.

예고 (직접강제의 사전예고) StVollzG 98
Androhung.

예금업무 KWG 1 Nr.1
Einlagengeschäft.

예방 Prävention, Vorbeugung, Verhütung
→ Prävention.

예방적 부작위소송
Vorbeugende Unterlassungsklage.

예산기본법 HGrG
Haushaltsgrundsätzegesetz.

예산안 GG 110; HGrG 2 Haushaltsplan.

  예산관리 GG 109
  Haushaltswirtschaft.
  예산승인전 지출 GG 111
  Ausgabe vor Etatgenehmigung.
  예산초과 및 예산외지출 GG 112
  Überplanmäßige und außerplanmäßige
  Ausgaben.
  지출의 증가 GG 113 Ausgabeerhöhung.
  총액보전(예산일치)(~ 원칙: Grundsatz
  der ~) HGrG 7 Gesamtdeckung.

예심 BVerfGG 38(2) Voruntersuchung.

예약 Vorvertrag.

예외규정은 확대적용할 수 없다
Singularia non sunt extenda.

예외법원 GG 101; GVG 16
Ausnahmegericht.

예정납부 UStG 18 Vorauszahlung; 예정
신고 (Voranmeldung).

예정보험 VVG 53
Laufende Versicherung.

예측가능성 Berechenbarkeit.

예탁법 DepotG 1 Depotgesetz.

오기(誤記)는 해롭지 않다
Falsa demonstratio non nocet
(Eine falsche Bezeichnung schadet nicht).

오상방위 Putativnotwehr.

오인유발광고 UWG 5
Irreführende Werbung.

5% 조항 BWahlG 6(6)
Fünf-Prozent-Klausel (Sperrklauel 봉쇄, 저
지조항).

옥외집회 StGB 106a (a.F.)
Versammlung unter freien Himmel.

온실가스 TEHG 3(2) Treibhausgas.

온실가스배출법 TEHG
Treibhausgas-Emissionshandelsgesetz.

요약자 BGB 332
Versprechensempfänger.
↔ 낙약자 (Versprechende).

  요약자의 채권(청구권) BGB 335
  Forderungsrecht des Versprechensemp-
  fängers.

요양 SGB 7 27 Heilbehandlung.

요역지 BGB 1019
Herrschendes Grundstück.
↔ Belastetes Grundstück (승역지).

요점 (태동점, 눈에 띠는 점) Punctum
saliens (der springende Punkt; der Kern
einer Aussage)

요증사실 (증명주제) ZPO 359 Nr.1, 424
Nr.2 Beweisthema (Beweistatsache),

용선(운송)계약서 HGB 557
Chartepartie; 용선계약 (Chartervertrag).

용의표명 StGB 30(2)
Sich-bereit-erklären.

용익권 Nießbrauch (Nutznießung,
lat. Ususfructus)

  권리용익권 BGB 1068 Nießbrauch an
  Rechten.
  물건용익권 BGB 1030 Nießbrauch an
  Sachen.
  용익권자 BGB 1036 Nießbraucher;
  StGB 289 Nutznießer.

용익임대인의 질권 BGB 592
Verpächterpfandrecht.

용익임대차(계약) BGB 581
Pachtvertrag. → Pächter 용익임차인,
Verpächter 용익임대인.

용익질권 BGB 1213 Nutzungspfand.

용인대리 Duldungsvollmacht.

완전성년 (25세 이상) Vollerwachsene.
→ Jugend.

왜곡 (진실한 사실의 ~) StGB 263
Entstellung (durch ~ waher Tatsachen).

외관대리 Anscheinsvollmacht.

외교관계 GG 32
Auswärtige Beziehung.

외교배신죄 StGB 353a

Vertrauensbruch im auswärtigen Dienst.

외국군병 모집죄 StGB 109h
Anwerben für fremden Wehrdienst.

외국기관 및 사절에 대한 공격죄
StGB 102 Angriff gegen Organe und
Vertreter ausländischer Staaten.

외국기관 및 사절의 모독죄 StGB 103
Beleidigung von Organen und Vertretern
ausländischer Staaten.

외국사단 BGB 23 Ausländischer Verein.

외국에서의 범죄 및 테러단체조직죄
StGB 129b Kriminelle und terroristische
Vereinigungen im Ausland.

외국에서의 범행에 관한 불기소
StPO 153c Nichtverfolgung von Auslandstaten.

외국의 국기 및 국장 손상죄 StGB 104
Verletzung von Flaggen und Hoheitszeichen
ausländischer Staaten.

외국통화(외화)채무 BGB 244
Fremdwährungsschuld.

외부노역 StVollzG 11(1) Nr.1
Außenbeschäftigung.

외부인과의 교통권 제한 StVollzG 103(1)
Nr.8 Beschränkung des Verkehrs mit
Personen.

외부주주 AktG 307
Außenstehender Aktionär.

외인성 정신병 Exogene Pschose.

외적 행위는 내적 비밀을 보여준다
(의도는 행동으로부터 유추될 수 있다).
Acta exteriora indicant interiora secreta
(Äußere Handlungen zeigen innere Geheimnisse an).

외향성 Extraversion.

요구, 약속, 수수 StGB 331
Fordern, sich versprechen, annehmen.

요부조자 StGB 221 Hilflose.

용돈 (수형자가 노령 등의 이유로 작업이
불가능한 경우) StVollzG 46 Taschengeld.

우선권 AktG 141 Vorzug.

우선주 AktG 140 Vorzugsaktie.

우선주의 BGB 1209
Prioritätsprinzip (Prioritätsgrundsatz).

우선통행(권) StVO 8 Vorfahrt; 우선통
행도로 StVO 42 Vorfahrtstraße.

우연문서 Zufallsurkunde.

우연한 발견물 StPO 108 Zufallsfund.

우측통행 StVO 2(2) Rechtsfahren.

우편 및 통신비밀침해죄 StGB 206
Verletzung des Post- und Fernmeldegeheimnisses.

우편물압수 StPO 99
Postbeschlagnahme.

우편·통신행정 GG 87f
Post- und Telekommunikationsverwaltung

우편투표 BWahlG 36 Briefwahl.

운송사취 StGB 265a
Beförderungserschleichung.

운송업 HGB 407 Frachtgeschäft.

운송주선업 HGB 453 Speditionsgeschäft.

운영위원회 GVG 21a; 21e Prasidium.

운전금지 StGB 44 Fahrverbot.

운전금지기간의 개시에 관한 교시
StPO 268c Belehrung über den Beginn
der Frist bei Fahrverbot.

운전면허 StVG 2 Fahrerlaubnis.

운전면허의 박탈 StGB 69
Entziehung der Fahrerlaubnis.
; 외국~의 박탈 StGB 69b Entziehung
bei einer ausländischen Fahrerlaubnis.
운전면허의 부여금지 StGB 69a
Sperre für die Erteilung einer Fahrerlaubnis.
운전면허의 일시적 박탈 StPO 111a
Vorläufige Entziehung der Fahrerlaubnis.
운전면허증 StVG 5 Führerschein.
운전면허증의 압수 StPO 463b
Beschlagnahme von Führerscheinen

운행허가 StVZO 19 Betriebserlaubnis.

원거리도로건설 사인재정충당법.
FStrPrivFinG 1 Fernstraßenbauprivatfinanzierungsgesetz.

원고 Kläger ↔ 피고 Beklagten →
Angeklagter (공판피고인).

원고는 피고의 재판적에 따른다
Actor sequitur forum rei (Der Kläger
folgt dem Gerichtsort des Beklagten:
Grundsatz der regelmäßigen Zuständigkeit
des Gerichtsstandes des Beklagten).

원고적격 VwGO 42(2) Klagebefugnis.

원금배상 StRehaG 17
Kapitalentschädigung; (원금) 일시금배상
SHG 8(3) Abfindung in Kapital (Kapi-
talabfindung).

원로회 BTGO 6 Ältestenrat.

원본 WG 68 Urschrift.

원상회복 StPO 44, 235, 473
Wiedereinsetzung (in den vorigen Stand).
(= Restitutio in integrum)

원상회복과 상고 StPO 342
Wiedereinsetzung und Revision.
원상회복과 항소 StPO 315
Wiedereinsetzung und Berufung.
원상회복의 소 ZPO 580
Restitutionsklage.
원상회복의 신청에 대한 재판 StPO 46
Entscheidung über den Antrag auf Wiedereinsetzung in den vorigen Stand.

원시적 단독판사 BGB 348
Originärer Einzelrichter.

원시적 불능 BGB 311a Ursprüngliche
Unmöglichkeit (Anfängliche Unmöglichkeit) (Leistungshindernis bei Vertragsschluss).

원심법원 StPO 345 Gericht, dessen
Urteil angefochten wird, → Tatgericht.

원심판결의 파기 StPO 353 Aufhebung
des angefochtenen Urteilsl.

원용하다 Verweisen (~ auf).

원인에 있어 불법한 행위 StGB 32
Actio illicita in causa (Aiic).

원인에 있어 자유로운 행위 StGB 20
Actio libera in causa (Alic).

원자력법 AtG 1 Atomgesetz.

원조급부 StRehaG 18
Unterstützungsleistung.

원천징수세 위해행위 AO 380
Gefährdung der Abzugsteuern.

원하는 자에게 불법은 행하여지지 않는다
Volenti non fit iniuria (Dem Wollenden
geschieht kein Unrecht).

원호청구권 BVG 1
Anspruch auf Versorgung.

위가설 Stellenwerttheorie.

위경죄 Übertretung.

위계 StGB 234 List.
Wer sich einer anderen Person durch List
bemächtigt (타인을 위계에 의하여 약취한
자).

위계에 의한 소녀간음죄 StGB 182 (a.F.)
Verführung → Sexueller Mißbrauch von
Jugendlichen.

위반행위 OWiG 1 Zuwiderhandlung.

위법한 행정행위의 취소 VwVfG 48
Rücknahme eines rechtswidrigen Verwaltungsaktes.

위법행위 (~의 개념) StGB 11(1) Nr.5
Rechtswidrige Tat.

위부 (보험~) Abandon.

위생보호 StVollzG 56
Gesundheitsfürsorge.

위약벌 (← 위약금) BGB 339
Vertragsstrafe.

위약벌의 약정 (불이행에 대한 ~)
BGB 340
Strafversprechen für Nichterfüllung.

위와 같이, 상술한 바와 같이
Ut supra (Wie oben (erwähnt)).

위원회 BTGO 62 Ausschuß.

위임 BGB 662 Auftrag.

위임관계 StGB 14 Auftragsverhältnis.

위임된 권력 SHG 12

Übertragene Gewalt.

위임인 (Auftraggeber) ↔ 수임인
(Beauftragte).

위임장 BGB 172 Vollmachtsurkunde.

위자료 BGB 847 (a.F.)
Schmerzensgeld

위장(책략)절도 StGB 242
Trickdiebstahl.

위조 → Fälschung.

위조통화유통죄 StGB 147
Inverkehrbringen von Falschgeld.

위증죄 StGB 154 → Meineid.

위탁매매업 HGB 383
Kommissionsgeschäft.

위탁신문 StPO 223 Kommissarische Vernehmung; ~에서의 선서 StPO 63 Vereidigung bei kommissarischer Vernehmung.

위탁어음 WG 3(3) Kommissionswechsel.

위하(威嚇) StGB 46 Abschreckung.

위헌정당유지죄 StGB 84 Fortführung
einer Verfassungswidrig erklärten Partei.

위헌조직선전물반포죄 StGB 86
Verbreiten von Propagandamitteln verfassungswidriger Organisationen.

위헌조직표지사용죄 StGB 86a
Verwendung von Kennzeichen verfassungswidriger Organisationen.

위험동물방치죄 OWiG 121
Halten gefährlicher Tiere.

위험범 Gefährdungsdelikt.

위험폐기물 불법처리죄 StGB 326
Unerlaubter Umgang mit gefährlichen Abfällen

위험한 도구 StGB 224
Gefährliches Werkzeug.

위험한 물질 StGB 330d Nr.3;
328(3) Nr.2, Gefährliches Gut.

위험한 상해죄 StGB 224
Gefährliche Körperverletzung.

위협 → Androhung.

유가증권 StGB 151 Wertpapiere.

유가증권 투자(사업)설명서법 WpPG 1
Wertpapierprospektgesetz.

유가증권 혼장은행 DepotG 1(3)
Wertpapiersammelbank (Kassenverein).

유가증표위조죄 StGB 148
Wertzeichenfälschung.

유개념과 종차 Genus proximum et
differentia specifica.

유권해석 Authentische Interpretation.

유기자유형 StGB 38
Zeitige Freiheitsstrafe

유기죄 StGB 221 Aussetzung.

유도(범행); 교사; 사주
Verleiten (zu Straftaten).

유도신문 Suggestivfrage.

유동성 KWG 11 Liquidität.

유동자산 HGB 266(2) B; AktG 270(3)
Umlaufvermögen.

유동적 (불확정적) 무효 BGB 108

Schwebende Unwirksamkeit.

유럽경제공동체 EWG
Europäische Wirtschaftsgemeinschaft.

유럽범죄인인도협정 EuAuslfÜbk
Europäisches Auslieferungsübereinkommen.

유럽법 Europarecht.

유럽변호사 EuRAG
Europäischer Rechtsanwalt.

유럽심의회 GG 52(3a) Europakammer.

유럽연합 GG 23 Europäische Union.

유럽연합(EU)관세법 ZK Zollkodex.

유럽연합(분과)위원회 GG 45
Ausschuß für EU-Angelegenheiten.

유럽의 인권보호와 기본적 자유에 대한 협
약 EMRK Europäischer Konvention zum
Schutz der Menschenrechte und Grundfreiheiten.

유럽인권협약 EMRK 1
Europaische Menschenrechtskonvention.

유럽중앙은행 GG 88
Europäische Zentralbank (EZB).

유럽특허 EuPatÜbk 2 Europäisches
Patent; ~ 협약 (Europäisches Patentübereinkommen).

유력한 범죄혐의 StPO 114(2) Nr.2
Dringende Tatverdacht.

유류분 BGB 2303(1) Pflichtteil.

유리한 조건 우선의 원칙 TVG 4(3)
Günstigkeitsprinzip.

유보된 형의 선고 StGB 59b

Verurteilung zu der vorbehaltenen Strafe.

유보재산 BGB 1418 Vorbehaltsgut.

유보판결 ZPO 599 Vorbehaltsurteil.

유사근로자 TVG 12a
Arbeitnehmerähnliche Person.

유사성행위 StGB 177(2) Nr.1
Ähnliche sexuelle Handlung.

유사지폐 인쇄물 또는 모사물의 제작, 반
포죄 OWiG 128 Herstellen oder Verbreiten von Papiergeldähnlichen Drucksachen oder Abbildungen.

유산관리 Nachlassverwaltung.

　　→ 상속인의 한정책임 (Beschränkung
der Haftung des Erben).
　　→ 유산관리인 BGB 1985 Nachlaßverwalter.
　　→ 유산채무 BGB 1967 Nachlaßverbindlichkeit.

유상사무처리 BGB 675
Entgeltliche Geschäftsbesorgung.

유서 (宥恕) BGB 2343 Verzeihung.

유실물 BGB 965 Verlorene Sache.

유언(서) BGB 2064 Testament.

　　긴급유언 BGB 2249 Nottestament
　　공동유언 BGB 2265
Gemeinschaftliches Testament.
　　공적 유언 BGB 2232
Öffentliches Testament.
　　보통의 유언방식 BGB 2231
Ordentliches Testament.
　　유언집행자 BGB 2197
Testamentsvollstrecker.

유예기간 BGB 676b(3); StPO 77(2)
Nachfrist.

유인행위 (원인행위) Kausales Rechtsgeschäft (Kausalgeschäft).

유일점 형벌이론 StGB 46 Punktstrafe
(Die Theorie der ~).

유전공학법 GenTG 1 Gentechnikgesetz.

유전공학시설 GenTG 3 Nr.4
Gentechnische Anlage.

유전공학작업 GenTG 3 Nr.2
Gentechnische Arbeit.

유전자변형생물체 (유전공학적으로 변형된
생물체) GenTG 3 Nr.3
Gentechnisch veränderter Organismus.

유족급여 SGB 7 63
Leistung an Hinterbliebene.

유족연금 SGB 7 63(1) Nr.3
Hinterbliebenenrenten.

유족원호 StrRehaG 22
Hinterbliebenenversorgung.

유죄판결 StPO 260(4) Schuldspruch.

　　유죄판결의 공시, 공고 StGB 165; StPO
463c (die öffentliche) Bekanntgabe der
Verurteilung; Bekanntmachung der
Verurteilung (Urteilsbekanntmachung).
　　유죄판결의 선고
　　→ Verurteilung (zu Straf) (형의 선고).
　　유죄판결의 제거 JGG 30
Tilgung des Schuldspruchs.

유죄협상 Plea bargaining.

유증 BGB 1939 Vermächtnis.

유지설 StGB 259 Perpetuierungstheorie
= Aufrechterhaltungstheorie.

유질계약의 금지 BGB 1229
Verfallvereinbarung (Verbot der ~).

유책사유　StGB 227　Verschulden.

유체동산　ZPO 808　Körperliche Sachen.

유추(해석)금지
Analogieverbot (lex stricta).

유치권　BGB 273; StGB 289
Zurückbehaltungsrecht.

유치명령(수용~) (관청의 ~)　IfSG 30(2);
StGB 343 Nr.1
Anordnung einer behördlichen Verwahrung.

유치에 의한 보충송달　ZPO 181
Ersatzzustellung durch Niederlegung.

유통저당권　Verkehrshypothek
↔ 보전저당권 (Sicherungshypothek).

유한책임사원　HGB 161
Kommanditisten.

유한합자회사　GmbH & Co. (GmbH &
Co. KG). → Personenhandelsgesellschaft.

유한회사 (GmbH)　GmbHG 13
Gesellschaft mit beschränkter Haftung; ~
법 (Gesetz betreffend die Gesellschaften
mit beschränkter Haftung).

유효기간　BGB 2252　Gültigkeitsdauer.

윤락행위(매음행위)
Prostitutionsausübung → Zuhälterei.

융통어음　Finanzierungswechsel (Finanzwechsel, Kreditwechsel) ↔ Handelswechsel (Warenwechsel)　상업어음 (상품어음).

은폐　StGB 263　Unterdrückung.
(durch ~ wahrer Tatsachen　진실한 사실
의 ~).

은행법　KWG　Kreditwesengesetz
(Gesetz über das Kreditwesen).

음란문서반포죄　StGB 184
Verbreitung pornographischer Schriften.

음란성　StGB 184c　Unzüchtigkeit.

음반제작자　UrhG 85
Hersteller eines Tonträgers.

음식물절도　Mundraub (weggefallen).

음주운전　→ 명정운전죄 (Trunkenheit im
Verkehr).

음행매개　StGB 181　Kuppelei
→ Zuhälterei.

응보형주의　Vergeltungstheorie

응소기간　ZPO 274(3)　Einlassungsfrist.

의결권　AktG 12　Stimmrecht.

의결권대리인　AktG 134
Stimmrechtsvertreter.

의결정족수　WRV 32(2)
Beschlußfähigkeit.

의료보험　SGB 5 1
Krankenversicherung.

의료보험조합　SGB 5 2, 4　Krankenkasse.

의료부조　StVollzG 158
Ärztliche Versorgung.

의류, 세탁물, 침구　StVollzG 169, 173
Kleidung, Wäsche und Bettzug.

의무규정 (당위)　Soll-Vorschrift
→ Grammatische Auslegung.

의무보험법 (자동차)　PflVG 1
Pflichtversicherungsgesetz.

의무부담(수권)행위　HGrG 5, 22
Verpflichtungsermächtigung.

의무화소송 VwGO 42
Verpflichtungsklage.

의사 (縊死); (교수) Erhängen.

의사감정인 StPO 246a
Ärztlicher Sachverständiger

의사공식 StGB 25 Animus-Formel.

의사로서의 직업
BÄO 1 Ärztlicher Beruf.

의사록
Nds. = Ndschr. = Niederschriften.

의사면허 BÄO 3 Approbation.

의사유보 (의사의 권한) ESchG 9
Arztvorbehalt.

의사유보위반죄 ESchG 11
Verstoß gegen den Arztvorbehalt.

의사의 부정한 확인죄 StGB 218b
Unrichtige ärztliche Feststellung.

의사의 진료 (사회복구를 증진시키는)
StVollzG 63 Ärztliche Behandlung (zur
sozialen Eingliederung).

의사의 확인 없는 낙태죄 StGB 219
Abbruch der Schwangerschaft ohne
ärztliche Feststellung.

의사일정의 공고 AktG 124
Bekanntmachung der Tagesordnung.

의사표시 Willenserklärung;
  → 효과의사 Geschäftswille;
  → 표시의사 Erklärungswille.

의사표시의 무효 BGB 105
Nichtigkeit der Willenserklärung.

의심스러운 때에는 경한 법으로
In dubio mitius (Grundsatz, daß jemand

im Zweifel nur nach dem milderen Gesetz
bestraft werden darf).

의심스러운 때에는 자유의 이익으로
In dubio pro libertate.

의심스러운 때에는 피고인을 위하여
In dubio pro reo (im Zweifel für den Angekagten).

의안 BTGO 75 Vorlage.

의약품법 AMG 1 Arzneimittelgesetz.

의원과 정부각료에 대한 신문 StPO 50
Vernehmung von Abgeordneten und
Regierungsmitgliedern.

의원내각제 Parlamentarisches Regierungssystem.
  ↔ 대통령제 Präsidialsystem (Präsidentielles Regierungssystem).

의원매수죄 StGB 108e
Abgeordnetenbestechung.

의장 (意匠) GeschmMG 2
Geschmacksmuster; ～법 (～gesetz).

의장단 BTGO 5 Präsidium.

의정서 (조서) Protokoll.

의제공무집행공무원에 대한 저항죄
StGB 114 Widerstand gegen Personen,
die Vollstreckungsbeamten gleichstehen.

의제된 의사표시 BGB 308 Nr.5
Fingierte Erklärung.

의치 및 치관의 보조금 StVollzG 62
Zuschüsse zu Zahnersatz und Zahnkronen.

의학적 예방조치 StVollzG 57(2)
Medizinische Vorsorgeleistung.

의학적 재활급부 SGB 9 26

Leistung zur medizinischen Rehabilitation.

의회방화령 Reichstagsbrandverordnung.

의회에서의 발언 StGB 36
Parlamentarische Äußerung.

의회에서의 보고 StGB 37
Parlamentarischer Bericht.

의회에서의 야당의 형성과 그 권한행사의 보장 StGB 92
Recht auf die Bildung und Ausübung einer Parlamentarischen Oppositon.

이동된 (불법적으로) **물건의 소권, 부부간 반출물**(절도물) **소권**
Actio rerum amotarum (Entwendung unter Ehegatten).

이동성 개인데이터 저장 및 처리매체
BDSG 3(10) Mobile personenbezogene Speicher- und Verarbeitungsmedien sind Datenträger.

이동중인 물건 Res in transitu (Sache auf der Durchreise).

이론상 In thesi = Theoretisch.

이사 AktG 76(3), 93 Vorstandsmitglieder (Mitglied des Vorstands).

이사회 BGB 26; AtkG 76 Vorstand.

이상의 (일년) Mindest (ein Jahr) oder nicht unter einem Jahr.
Mehr als는 1년을 불포함 (~ 넘는); → Verbrechen und Vergehen (von einem Jahr oder darüber).

이송 StPO 270(1), 328(2), 355
관한법원에의 이송 Verweisung an das zuständige Gericht; 사회복귀증진과 질병이 있는 수형자를 위한 이송 StVollzG 8, 65
Verlegung.

이욕범 (사기죄 등) Nutzdelikt.

이욕에 의해 (aus ~) StGB 283a
Gewinnsucht.

이용권 UrhG 31 Nutzungsrecht.
→ Verwertungsrecht (저작재산권 (이용권, 활용권).

이용침해 StGB 330(2)
Nutzungsbeeinträchtigung.

이원주의 Zweispuriges System.

이월이익금/이월결손금 HGB 68
Gewinnvortrag/Verlustvortrag.

이유의 유무 StPO 370 Begründetheit.

이유제시 (행정행위의 ~) VwVfG 39; AO 121 Begründung (~ des Verwaltungsakts). ; 재판의 이유제시(적시)의무 StPO 34
Begründungspflicht der Entscheidungen.

이율 (법정이율) → Gesetzlicher Zinssatz.

이율배반 Antinomie.

이의결정 VwGO 73; StVollzG 112(1)
Widerspruchsbescheid.

이의등기 BGB 899
Eintragung eines Widerspruchs.

이의신청 VwGO 80 Widerspruch (전치절차); AO 347 Nr.1 Einspruch (조세결정); 이의신청의 지체와 불허용 StPO 411 Erspäteter oder unzulässiger Einspruch.

이의제기 ((형)집행관청의 결정에 대한)
StPO 459h Einwendung gegen die Entscheidung der Vollstreckungsbehörde; 이의제기권 StPO 238(2) Beanstandungsrecht.

이익배당 AktG 60, 58(4)
Gewinnverteilung (Dividende).

이익배당부사채　AtkG 221
Gewinnschuldverschreibung
→ Wandelschuldverschreibung (전환사채).

이익을 얻는 자에게 손실(위험)도 또한 속
한다
Cuius est commodum, eius est periculum
(Wessen das Gut, dessen ist die Gefahr).

이익준비금　HGB 272(3)　Gewinnrücklage.

이익지급계약　AktG 291　Gewinnabführungsvertrag → Unternehmensvertrag (기
업계약).

이자지급 (비용의 ∼)　BGB 256
Verzinsung (∼ von Aufwendungen).

이전가격　AStG 1　Verrechnungspreis
(Transferpreis oder Konzernverrechnungspreis).

이전된(받은) 청구권　ZPO 94
Übergegangener Anspruch.

이전 선서의 원용　StPO 67
Berufung auf früheren Eid.

이종류의 선택적 확정　StGB 1
Ungleichartige Wahlfeststellung
→ Wahlfeststellung.

이주의 자유　GG 11　Freizügigkeit.

이중관계 (의 증명)　StPO 244
Doppelrelevante.

이중구속　Doppelhaft.

이중변호의 금지　StPO 146
Verbot der Mehrfachverteidigung.

이중송달　StPO 38　Doppelzustellung.

이중평가의 금지　StGB 46(3), 50, 54
Verbot der Doppelverwertung.

이중효과적 (복효적) 행정행위　VwGO 80a
Verwaltungsakt mit Doppelwirkung.

이지어음, 원거리어음　Distanzwechsel
↔ 동지어음 (Platzwechsel).

이체계약 (자금)　BGB 676a
Überweisungsvertrag.

이탈　StAG 18　Entlassung (∼auf Antrag).

이해조정　→ Interessenausgleich über die
Betriebsänderung, Sozialplan.

이하　Von einem Jahr bis auf zehn Jahr
(1년 이상 10년 이하).

이행사기　StGB 263　Erfüllungsbetrug.

이행을 위하여　Erfüllungshalber.
(지급(변제)을 위하여　Zahlungshalber).

이혼　BGB 1564; EGBGB 17　Scheidung
(Ehescheidung). → Scheidung durch Urteil
(재판상 이혼).

익명 또는 가명저작물　UrhG 66
Anonymes und pseudonymes Werk.

익명조합　HGB 230　Stille Gesellschaft.

익명화　BDSG 3(6)　Anonymisieren.

인가　BImSchG 4　Genehmigung.

인간배아 부정이용죄　ESchG 2
Mißbräuchliche Verwendung menschlicher
Embryonen.

인간생식계열세포 인공적 변경죄
ESchG 5
Künstliche Veränderung menschlicher
Keimbahnzellen.

인간의 존엄성　GG 1　Menschenwürde.

인격적 자유권　GG 2

Persönliches Freiheitsrecht.

인격적 행위론
Personalen Handlungslehre.

인격침해소권 Actio iniuriarum.

인격표현 Persönlichkeitsäußerung.

인과관계 (법적 의미)
Ursächlichkeit ← Kausalität.

인구조사법 VoZählG 2
Volkszählungsgesetz

인도 traditio (einer Sache); StVollzG 8(2)
Überstellung.

인도의무 StGB 326(2), 328(2)
Ablieferungspflicht.

인도주의 BGB 929 Traditionsprinzip.

인도청구 ArbnErfG 6, 7
Inanspruchnahme.

인락 ZPO 307 Anerkenntnis.

인력서비스사무소 SGB 3 37c
Personal-Service-Agentur (PSA).

인류에 대한 범죄 VStGB 7
Verbrechen gegen die Menschlichkeit.

인물선거 Persönlichkeitswahl
↔ 명부선거 Listenwahl.

인사계획 BetrVG 92 Personalplanung.

인쇄물 압수 StPO 111m Beschlagnahme
eines Druckwerks.

인수 WG 26 Annahme; BGB 640
Abnahme.

인수기재 ScheckG 4
Annahmevermerk.

인식검사 StPO 81g Identifikationsfeststellung; 범죄혐의가 있을 때 ~ StGB 81h
~ bei Verdacht auf eine Straftat.

인식(적)의 관심
Erkenntnisinteresse
= Erkenntnisleitend Interesse.

인식의 근거 Ratio cognoscendi.

인식 있는 과실 Bewußte Fahrlässigkeit
(Luxuria).

인신매매 조장죄 StGB 233a
Förderung des Menschenhandels.

인용

신청을 인용하는 재판 StPO 46
Antrag stattgebende Entscheidung.
강제집행인용의 소 Die Klage auf Duldung der Zwangsvollstreckung (→ Ausrüster 선박임차인).
항소인용(허가) StPO 313 Annahme der
Berufung.
장애가 주장에 대하여 인용되지 아니하다.
Hindernis ohne Erfolg geltend gemacht
ist (→ Nichtigkeitsklage 무효의 소).

인용설 StGB 15 Billigungstheorie.

인적 보전가압류 AO 326
Persönlicher Sicherheitsarrest.

인적 사항 StPO 68(3), 243, 409(1) Nr.1 ;
Personalien; Personale Verhältnisse; Angaben zur Person.

인적상사회사 StGB 14(1) Nr.2
Personenhandelsgesellschaft.

인적회사 StGB 14(1) Nr.2; 75 Nr.3
Personengesellschaft. ↔ 물적회사 (자본회
사) Kapitalgesellschaft.

인정신문 StPO 68
Vernehmung zur Person.

인증 (人證) ZPO 373 Zeugenbeweis.

인증 (認證) (문서의 ~) VwVfG 33(1)
Beglaubigung. (~ von Dokumenten).
→ Beurkundung und Beglaubigung(공증과
인증).

인증기관 SigG 2 Nr.8
Zertifizierungsdiensteanbieter.

인증등본 (판결주문의 ~) StPO 451(1)
Beglaubigte Abschrift der Urteilsformel.

인증서 SigG 2 Nr.6 Zertifikat.

인지 BGB 1594
Anerkennung (~ der Vaterschaft).

인지추정 BGB 1592 Nr. 2, 1593, 1600c
Anerkenntnisvermutung.

인질죄 StGB 239b Geiselnahme.

인척관계 BGB 1590; StPO 22
Schwägerschaft.

인치 Vorführung.

담당판사에의 지체없는 인치 StPO 115
Unverzügliche Vorführung vor den zuständigen Richter;
구판사에의 인치 StPO 128
Vorführung vor dem Amtsrichter

일괄수수료(보수) VwKostG 5; RVG 42
Pauschgebühren.

일괄약정 (손해배상청구권의 ~) BGB 309
Nr.4 Pauschalierung (~ von Schadenser-
satzansprüchen).

일란성 쌍둥이 Eineiiger Zwilling.

일람출급어음 WG 76(2) Sichtwechsel;
(ScheckG 28 Bei Sicht zahlbar; WG 33
Auf Sicht) → Verfallzeit 만기 (어음발행방
식).

일람후정기출급어음 WG 33 Nachsichtwechsel (Auf eine bestimmte Zeit nach
Sicht) → Verfallzeit 만기 (어음발행방식).

일(日)로 정한 기간 StPO 42
Tagesfristen.

일반규제형식 Generelle Regelung
→ Kasuistische Regelung.

일반법률 GG 5(2) Allgemeines Gesetz.

일반사건등록부 (헌법재판소의 ~)
BVerfGGO 60 Allgemeines Register (AR)
(~ des Bundesverfassungsgerichts).

일반(보통)소멸시효 BGB 195
Regelmäßige Verjährungsfrist.

일반예방 Generalprävention
↔ 특별예방 Spezialprävention.

일반적 구속력 TVG 5
Allgemeinverbindlichkeit.

일반적 급부소송 VwGO 113(4)
Allgemeine Leistungsklage.

일반적 인격권 Allgemeines Persönlichkeitsrecht → 인격적 자유권 GG 2 Persönliches Freiheitsrecht

일반처분 VwVfG 35 S.2
Allgemeinverfügung.

일반평등법 AGG Allgemeines Gleichbehandlungsgesetz.

일부급부 BGB 266 Teilleistung.

일부무효 BGB 139 Teilnichtigkeit.

일부보험 VVG 75 Unterversicherung.

일부승소 ZPO 92 Teilweises Obsiegen.

일부제공 (인식있는 수량부족)

Teillieferung (offene Mankolieferung).
↔ 수량부족 (숨은 수량부족) Mankolieferung (verdeckte Mankolieferung).

일부청구 Teilklage.

일사부재리의 원칙 GG 103(3)
Ne bis in idem (Nicht zweimal gegen
dasselbe) → Strafklageverbrauch.

일상가사대리권 BGB 1357
Geschäfte zur Deckung des Lebensbedarfs.

일상생활행위 BGB 105a
Geschäfte des täglichen Lebens.

일상이론 Alltagstheorie.

일수벌금제 StGB 40
Tagessatzsystem.

일수야기죄 StGB 313
Herbeiführen einer Überschwemmung.

일수의 부과 StGB 40
Verhängung in Tagesätzen.

일시금배상 BGB 843(3)
Kapitalabfindung(= SHG 8(3)
Abfindung in Kapital) → 원금배상
StRehaG 17 Kapitalentschädigung.

일시금보험 VVG 180 (a.F.)
Kapitalversicherung.

일시적 주거권계약 BGB 481
Teilzeit-Wohnrechtevertrag.

일신상의 사유에 의한 해고 KSchG 1(2)
Personenbedingte Kündigung.

일신전속권 (전속적 권리)
Höchstpersönliches Recht.

일실이익(逸失利益) BGB 252
Entgangener Gewinn.

일원주의 Einspuriges System.

일응의 증명 Beweis des ersten Anscheins
= Anscheinbeweis (추정증거, 표현증명).

1인유한회사 Einmann-GmbH.

1인의 증인은 무증인 Testis unus, testis
nullus (Ein Zeuge (ist) kein Zeuge).

1인회사 Einmanngesellschaft.

일제단속 StPO 163 Razzia.

일탈행위 Abweichendes Verhalten
(Devianz)

임금 (주로 생산직) Lohn.
→ 급여 (Arbeitsentgelt).

임내출입 (林內出入) BWaldG 14
Betreten des Waldes.

임대인 Vermieter ↔ 임차인 (Mieter).

임대차 → Mietvertrag.

임대차계약의 방식 BGB 550
Form des Mietvertrags.

임대차보증금 BGB 551 Mietsicherheit
(Kaution); ~의 예치(BGB 551(3) Anlage
von Mietsicherheiten).

임대폭리 StGB 302a Mietwucher.

임면권 (연방재판관, 연방공무원 및 군인의
~) GG 60 Ernennung und Entlassung
der Bundesrichter, Bundesbeamten und
Soldaten. → Bestellung.

임무와 부담의 분배 GG 104a
Aufgaben- und Lastenverteilung.

임미시온 BImSchG 3(2) Immissionen.

임산부와 상담없이 한 낙태 StGB 218b

Schwangerschaftsabbruch ohne Beratung der Schwangeren.

임상시험 AMG 40(1) Nr.2
Klinische Prüfung.

임상실습 AAppO 3 Famulatur.

임시도산관재인 InsO 22
Vorläufiger Insolvenzverwalter.

임시법 Gelegenheitsgesetz.

임시변호사 ZPO 78b Notanwalt.

임신갈등법 StGB 219(2)
Schwangerschaftskonfliktgesetz.

임의규정 BGB 40 Nachgiebige
(dispositive, abdingbare) Vorschrift
(임의법 ius dispositivum = Nachgiebiges
Recht) ↔ 강행규정 Zwingende Vorschrift.

임의대리권 BGB 167, 168 Vollmacht.

임의대리인 BGB 174 Bevollmächtigter.

임의(합의)방식 BGB 127
Vereinbarte Form.

임의보험 SGB 6 7
Freiwillige Versicherung.

임의적 감경 StGB 49
Fakultative Milderung.

임의적 몰수에 대한 비례성의 원칙
StGB 74b
Grundsatz der Verhältnismäßigkeit für die
fakultive Einziehung.

임장조사 (실지조사) AO 193, 194
Außenprüfung.

임차인 Mieter ↔ 임대인 Vermieter.

임치 BGB 688 Verwahrung.

입법 GG 20(3) Gesetzgebung; 입법부(Legislative).

입법권과 입법권한 GG 70, 105, 115c
das Recht der Gesetzgebung und Gesetzgebungsbefugnisse → Gesetzgebung des
Bundes und der Länder.

입법기관의 자치규정 위반죄 OWiG 112
Verletzung der Hausordnung eines Gesetzgebungsorgans.

입법기관의 활동 방해죄 StGB 106b
Störung der Tätigkeit eines Gesetzgebungsorgans.

입법긴급상태 GG 81
Gesetzgebungsnotstand.

입법론 De lege ferenda (Lex ferenda).

입법의 헌법질서에의 기속
StGB 92 Bindung der Gesetzgebung an
die verfassungsmäßige Ordnung.

입법절차 GG 77
Verfahren bei Gesetzesbeschlüssen.

입양 BGB 1741 Annahme als Kind.

입양은 자연을 모방한다
Adoptio naturam imitatur (die Adoption
imitiert die Natur).

입주지정권 WoFG 26(2)
Belegungsrecht.

입증 (거증, 증거에 의한 논증)
Beweisführung.

입증책임분배 Beweislastverteilung.
입증책임의 전환 BGB 476
Beweislastumkehr.

입질배서 WG 19 Pfandindossament.

입찰 (사기죄) StGB 263 Versteigerung.

입헌주의 Konstitutionalismus.

잉여 BGB 1373 Zugewinn.

잉여공동제 BGB 1363
Zugewinngemeinschaft.

잉여금 → Jahresüberschuß AktG 58
연도잉여금.

자

자격수여적 효력 (Legitimationswirkung)
→ Wechselvermutung WG 16 어음추정
(어음소지인의 권리의 추정).

자격증명서 허위발행죄 AktG 402
Falsche Ausstellung von Berechtigungs-
nachweisen.

자구조치 BGB 637 Selbstvornahme.

자구행위 Selbsthilfe.
→ Selbsthilfe BGB 229 자력구제.

자극적인 부담행위 (현저하게 비속한 폐해
행위) OWiG 119 Grob anstößig und
belästigende Handlungen. → Belästigung.

자금세탁; 불법취득재산위장죄 StGB 261
Geldwäsche, Verschleierung unrechtmäßig
erlangter Vermögenswerte.

자금세탁방지법 GwG Geldwäschegesetz.

자기관리 InsO 270 Eigenverwaltung.

자기노역 (자발적 작업) StVollzG 39(2),
50(4), 133 Selbstbeschäftigung.

자기앞어음 WG 3(2)
Trassiert eigener Wechsel.

자기업 (Tochterunternehmen) ↔ 모기업
(Mutterunternehmen) → 콘체른결산서 및
콘체른상황보고서 (Konzernabschluß und
Konzernlagebericht).

자기자금 (개인자금; 사적 자금)
StVollzG 52 Eigengeld.

자기자본 HGB 266(3) A. Eigenkapital.

자기주식 AktG 56, 215 Eigene Aktien.

자기지시어음 WG 3
Wechsel an eigene Order.

자동적 부대효과 StGB 45 Automatische
Nebenfolgen.

자동차 StVG 1(2) Kraftfahrzeuge.

자동차보유자 StVG 7 Halter eines Kraftfahrzeugs (Fahrzeughalter).

자동차운전자에 대한 강도적 공격죄 StGB
316a Räuberischer Angriff auf Kraftfahrer.

자동화된 개별결정 BDSG 6a
Automatisierte Einzelentscheidung

자동화된 검색절차시설 BDSG 10
Einrichtung automatisierter Abrufverfah-
ren; 자동화된 절차(검색) StPO 493
Automatisiertes Verfahren (Abruf).

자동화된 처리(생산) BDSG 3(2), 3(4)
Automatisierte Verarbeitung.

자력구제 (점유자의 ~) BGB 229, 859
Selbsthilfe (~ des Besitzers).

자문위원회의 임무 StVollzG 163 Auf-
gabe des Beirat; StVollzG 164 Befugnis
des ~ (~의 권한).

자발적 신고 (자수) StPO 30
Selbstanzeige → Anzeige eines Richters.

자백조서낭독 StPO 254 Verlesung von
Geständnisprotokollen.

자변구입 StVollzG 170, 174
Einkauf auf eigene Kosten.

자본감소 (감자) AktG 222
Kapitalherabsetzung.

자본준비금 HGB 272(2) Kapitalrücklage.

자본투자회사 InvG 6
Kapitalanlagegesellschaft (KAG).

자본회사 (물적회사) HGB 264 ff.
Kapitalgesellschaft. ↔ 인적회사
Personengesellschaft.

자산분리 (물적 분할, 종속분할)
UmwG 123(3) Ausgliederung.

자살 StGB 211 Selbstmord (Selbsttötung).

자수범 Eigenhändiges Delikt.

자신의 권리를 행사하는 자는 누구도 해
치는 것이 아니다.
Qui iure suo utitur, neminem laedit.

자연법 Ius naturale (Naturrecht).

자연의 생활기반보호 GG 20a
Schutz der natürlichen Lebensgrundlagen.

자연주의적 오류 Naturalistischer Fehlschluß (naturalistic fallacy).

자유노동 (자발적 노동, 외부작업)
EGStGB 293; ErsFreihStrV 1
Freie Arbeit (Freiarbeit).

자유(임의적)노역조건 StVollzG 39
Freies Beschäftigungsverhältnis.

자유로운 증명 StPO 244 Freibeweis.

자유박탈의 경우에 권리보장 GG 104
Rechtsgarantien bei Freiheitsentziehung.

자유시간 StVollzG 67 Freizeit.

자유심증주의 StPO 261
Freie Beweiswürdigung.

자유유통 → Überführung in den zollrechtlich freien Verkehr.

자유이용 UrhG 24 Freie Benutzung.

자유작업 StVollzG 11(1) Nr.1 Freigang.

자유형에 병과되는 벌금형 StGB 41
Geldstrafe neben Freiheitsstrafe.

자유형의 산정 StGB 39
Bemessung der Freiheitsstrafe.

자의 인도청구 BGB 1632
Herausgabe des Kindes.

자의금지 (恣意禁止)
Unverfügbarkeit (Willkürverbot).

자의적 사유에 의한 수용 StVollzG 125
Aufnahme auf freiwilliger Grundlage.

자주점유 Eigenbesitz.

자체조달급부 SGB 9 15
Selbstbeschaffte Leistung.

자치단체헌법소원 GG 93 4b
Kommunalverfassungsbeschwerde.

자치시 (Kreis(군)에 속하지 않는 ~)
Kreisfreie Stadt.

자치운영기구 SGB 3 371
Selbstverwaltungsorgan.

자판 (~하다) StPO 354
Eigene Sachentscheidung (in der Sache
selbst entscheiden).

자필유언(서) BGB 2247, 2248
Eigenhändiges Testament.

작량감경 StGB 49(2)
Milderung nach Ermessen.

작업복 또는 직업표식 남용죄
OWiG 126 Mißbrauch von Berufstrachten
oder Berufsabzeichen.

작업수행능력과 숙련도 StVollzVergO 1
Leistungsfähigkeit oder Geschicklichkeit.

작업시간 및 자유시간 중의 수용
StVollzG 17 Unterbringung während der
Arbeit und Freizeit.

작업의무 StVollzG 175 Arbeitspflicht.

작업장 StVollzG 149 Arbeitsbetrieb.

작업치료적 노역, 작업요법
StVollzG 37(5) Arbeitstherapeutische Beschäftigung.

작업할당의 박탈 StVollzG 103(1) Nr.7
Entzug der zugewiesenen Arbeit.

작용책임 HaftPflG 2 Wirkungshaftung.

작위범 Begehungsdelikt.

잔여채무면책 InsO 287
Restschuldbefreiung.

잔여형 집행의 연기 (가석방) StPO 454
Aussetzung der Vollstreckung des Strafrestes

　무기자유형에 있어서 잔여형의 연기
　StGB 57a Aussetzung des Strafrestes
　bei lebensl Freiheitsstrafe.
　유기자유형에 있어서 잔여형의 연기
　StGB 57 Aussetzung des Strafrestes
　bei zeitiger Freiheitsstrafe.
　잔여형을 연기하지 않는 경우의 행장감독
　StGB 68f Führungsaufsicht bei Nicht-
　aussetzung des Strafrestes.

잠입하다 (특히 중한 절도죄에서)
StGB 243(1) Nr.1 Einsteigen
잠복하다는 sich verborgen hält.

잠정부보(暫定附保)**의 약정**
Vorläufige Deckungszusage.

잠정협정, 생활방식 Modus vivendi.

장 (章) Abschnitt.
→　절(節) Unterabschnitt.
→　Buch (Kapitel) 편(編).

장기관찰 StPO 163f
Längerfristige Observation.

장기(계속)**구금** JGG 16(4) Dauerarrest.

장기기증자 TPG 3 Organspender
(Organ- oder Gewebe- spender).

장기매매(죄) TPG 17, 18
Organbehandel (Organ- und Gewebehan-
el).

장기와 조직의 적출 TPG 8
Entnahme von Organen und Geweben.

장기이식 TPG 9 Organübertragung.

장기이식법 TPG 1
Transplantationsgesetz.

장례행사방해죄 StGB 167a
Störung einer Bestattungsfeier.

장물죄 StGB 259 Hehlerei.

장부작성의무 위반죄 StGB 283b
Verletzung der Buchführungspflicht.

장비 및 제조물안전법 GPSG 1
Geräte- und Produktsicherheitsgesetz.

장수인도 (長手引渡) BGB 854(2) Longa
manu traditio (Übergabe von langer Hand).

장소를 행위를 지배한다
Locus regit actum (der Ort ist bestimmend für die Handlung).

장악행위 (악취행위) Mancipatio.

장애물제거 (임차물) BGB 554a
Barrierefreiheit.

장애미수 (실패한 미수) StGB 22
Fehlgeschlagener Versuch.

장애인 SGB 9 2 Behinderte.

장애인 사업장 SGB 9 136
Werkstatt für behinderte Menschen.

장자상속제 Primogenitur.
↔ Ultimogenitur (말자상속제).

재단 BGB 80 Stiftung.

재량 VwVfG 40 Ermessen.

재량결정 VwGO 114
Ermessensentscheidung.

재량규정 Kann(Können)-Vorschrift.
→ Grammatische Auslegung.

재량에 의한 급부행위 BHO 53
Billigkeitsleistung.

재무행정 GG 108 Finanzverwaltung.

재범 Rezidivist (recidivist).

재범의 위험성을 이유로 한 구속사유
StPO 112a Haftgrund der Wiederholungsgefahr.

재보험 VVG 209 Rückversicherung.

재사회화 Resozialisierung.

재산권적 청구권의 주장 StPO 403
Geltendmachung vermögensrechtlicher
Ansprüche.

재산목록 HGB 240 Inventar; 재산목록작
성 BGB 1993 Inventarerrichtung; StGB
265b Vermögensübersicht.

재산범(죄) StGB 153 Vermögensdelikt.

재산법 VermG Vermögensgesetz.

재산압류 StPO 290, 443
Vermögensbeschlagnahme.

재산양도(이전) UmwG 174
Vermögensübertragung.

재산 없는 회사 FGG 141a
Vermögenslose Gesellschaft (Vermögenslosigkeit).

재산의 반환 VermG 1, 3
Rückübertragung von Vermögenswerten.

재산인수 AktG 27 Sachübernahmen.

재산친권 (배려) BGB 1638
Vermögenssorge.

재산형 Vermögensstrafen.

재생에너지법 EEG 1(2)
Erneuerbare-Energien-Gesetz.

재선거 BWahlG 44
Wiederholungswahl.

재소구 (재상환) WG 49; ScheckG 46
Einlösungsrückgriff = Remboursrückgriff,
Remboursregreß) (Rechte des Einlösers).

재소자 StVollzG 2 Insasse.

재심 Wiederaufnahme

과형명령 재심사유 StPO 373a Wie-
deraufnahmegrund gegen Strafbefehl.
범죄행위의 주장 (재심청구)
StPO 364 Behauptung einer Straftat.
형의 선고를 받은 자의 이익을 위한 재
심 StPO 359 Wiederaufnahme zugunsten des Verurteilten.
재심의 불허용 StPO 363
Unzulässigkeit der Wiederaufnahme.
재심절차의 관할 StPO 367
Zuständigkeit eines Wiederaufnahmeverfahrens.
재심절차의 변호인 임명 StPO 364a

Verteidiger für das Wiederaufnahmeverfahren.
재심청구 StPO 406c Antrag auf Wiederaufnahme des Verfahren.
형집행 완료후 재심과 사후재심 StPO
361 Wiederaufnahme nach Vollstrek-
kung oder Tod.

재이송하다 StVollzG 10(2)
Zurückverlegt werden.

재정계획 HGrG 50 Finanzplanung.

재정법원 FGO 1, 2 Finanzgericht; ~법
(~sordnung).

재정신청 StPO 172
Antrag auf gerichtliche Entscheidung.
→ Klageerzwingungsverfahren.

재정조정 GG 107 Finanzausgleich; ~법(
FAG ~sgesetz).

재정지원 GG 104b Finanzhilfe.

재정판사 FGO 16 Finanzrichter.

재체포 StVollzG 100(1) Nr.3, 178(3)
Wiederergreifung → Schußwaffengebrauch.

재판, 결정 Entscheidung.

재판의 면제 (무죄선고시 각하판결)
StPO 405 Absehen von einer Entscheidung.

재판관은 계산하지 않는다
Iudex non calculat.
(Der Richter rechnet nicht)

재판권 GVG 12 Gerichtsbarkeit.

재판부 (합의체) GVG 21e Spruchkörper.

재판부 구성 StPO 222a
Besetzung des Gerichts.
~의 통지 Mitteilung der Gerichtsbesetzung.
~에 관한 이의신청 StPO 222b
Einwand der vorschriftswidrigen Besetzung des Gerichts.
재판장 StPO 31, 36(1)
Vorsitzender des Gerichts.

재판상 이혼 BGB 1564
Scheidung durch Urteil.

재판상 자백 ZPO 288
Gerichtliches Geständnis.

재판상 화해 ZPO 278(6); VwGO 106
Gerichtlicher Vergleich

재판상의 방법 (권리보호를 위한); 소송
GG 19; MEPolG 51 Rechtsweg.

재판장보좌관 BVerfGGO 12, 62
Präsidialrat.

재판적 StPO 7 Gerichtsstand.

재판청구권
→ 사법행위청구권 (Justizgewährungsanspruch).
→ 법원의 재판(재정) (Gerichtliche Entscheidung).

재항고 StPO 310 Weitere Beschwerde;
~에 의한 불복 (Anfechtung durch weitere
Beschwerde).

재해구조 GG 35 Katastrophenhilfe.

재해긴급사태 GG 35(2)
Katastrophennotstand.

재활기관 SGB 9 6 Rehabilitationsträger.

재활서비스와 재활시설 SGB 9 19
Rehabilitationsdienst und -einrichtung.

쟁의행위 SGB 3 146 Arbeitskampf.

저당권 BGB 1113(2) Hypothek.

저당담보채권 (저당담보증권) PfandBG 1
Hypothekenpfandbrief.

저당증권 BGB 1116; GBO 56
Hypothekenbrief.

저당채권 (담보증권) Pfandbrief; ~법 (~
gesetz) 저당채권법.

저소득취업 SGB 4 8
Geringfügige Beschäftigung.

저작권 UrhG 11 Urheberrecht.

저작물원본 UrhG 114 Originale von
Werken (Orginalwerk 원저작물).

저작인격권 UrhG 12 ff.
Urheberpersönlichkeitsrecht.

저작자 UrhG 1 Urheber.

저작재산권 (이용권, 활용권) UrhG 15,
85 Verwertungsrecht.

저항권 GG 20(4) Widerstandsrecht.

저항불능자에 대한 성적 남용죄 StGB 179
Sexueller Mißbrauch widerstandsunfähiger
Personen.

적극적 조치 AGG 5 Positive Maßnahme.

적법성 Rechtmäßigkeit.

적법한 행정행위의 철회 VwVfG 49
Widerruf eines rechtmäßigen Verwaltungsaktes

적성범 (適性犯) Eignungsdelikt.

적시하다 (이유를) StPO 34
Versehen mit Gründen.

적십자 또는 스위스 문장사용죄
OWiG 125 Benutzen des Roten Kreuzes
oder Schweizer Wappens.

적출추정 BGB 1600c
Ehelichkeitsvermutung.

전과 StPO 68a, 243(4) Vorstrafe; 전과자
Vorbestrafte.

전(前)권리자 GmbHG 22
Rechtsvorgänger.

전기·전자기록 (데이터)
→ StGB 202a Daten.

전기절도죄 StGB 248c
Entziehung elektrischer Energie.

전달의 하자를 이유로 하는 취소
BGB 120 Anfechtbarkeit wegen falscher
Übermittlung.

전당대회 PartG 9 Parteitag.

전대차 BGB 540 Weitervermietung.

전문(증인) StPO 250
Hörensagen (Zeugen vom ~).

전문가신문 StPO 85
Vernehmung sachkundiger Personen.

전문변호사 FAO 3 Fachanwalt.

전문변호사법 FAO 1
Fachanwaltsordnung.

전문화카르텔 (구) GWB 3 (a.F.)
Spezialisierungskartell.

전보약속 (약정) VVG 53
Deckungszusage.

전부명령 ZPO 835(2)
Uberweisungsbeschluß an Zahlungsstatt.

전속적, 물적 재판적 ZPO 24
Ausschließlicher dinglicher Gerichtsstand.

전송 BDSG 3(4) Nr.3 Übermitteln.

전시권 UrhG 18 Ausstellungsrecht.

전심법원 StPO 355
Gericht des vorangehenden Rechtszuges.

전심재판 StPO 336
Vorausgegangene Entscheidungen.

전심절차에의 참여 StPO 23
Mitwirkung in früheren Verfahren.

전염병예방법 IfSG
Infektionsschutzgesetz.

전자(상)거래계약 BGB 312e Vertrag im
elektronischen Geschäftsverkehr.

전자거래통합법 ElGVG 1
Elektronischer-Geschäftsverkehr-
Vereinheitlichungsgesetz.

전자모니터 게임기 JuSchG 13
Elektronische Bildschirmspielgerät.

전자문서 StPO 41a
Elektronisches Dokument.

전자발찌 Elektronische Fußfessel; 전자감
시(Elektronische Überwachung)의 한 방법

전자방식 BGB 126a Elektronische Form.

전자서명 SigG 2 Nr.1
Elektronische Signatur.
전자서명법 Signaturgesetz.

전자화폐업무 KWG 1(1) Nr.11
E-Geld-Geschäft.

전쟁결과부담채 GG 120
Kriegsfolgelasten.

전쟁범죄 Kriegsverbrechen

　사람에 대한 전쟁범죄 VStGB 8
　Kriegsverbrechen gegen Personen.
　소유권 등에 관한 전쟁범죄 VStGB 9

Kriegsverbrechen gegen Eigentum und
sonstige Rechte.
인도주의적 작전과 표장에 대한 전쟁범죄
VStGB 10   Kriegsverbrechen gegen
humanitäre Operationen und Embleme.
금지된 전쟁수행의 방법에 의한 전쟁범
죄 VStGB 11 Kriegsverbrechen des
Einsatzes verbotener Methoden der
Kriegsführung.
금지된 전쟁수행의 수단에 의한 전쟁범
죄 VStGB 12 Kriegsverbrechen des
Einsatzes verbotener Mittel der Kriegsführung

전제정치와 독재정치의 배제 StGB 92
Ausschluß jeder Gewaltherrschaft und Willkürherrschaft.

전직교육 (직업전환교육, 재교육)
BBiG 1(5) Berufliche Umschulung.

전질 Afterpfand (Pignus pignoris, Subpignus) ; 전질권자 Afterpfandgläubiger,

전치절차 Vorschaltverfahren.

전치항고 StPO 172 Vorschaltbeschwerde.

전환(청구)권 AtkG 192, 221
Umtauschrecht.

전환급여 (퇴직금) SGB 7 49
Übergangsgeld.

전환사채 AktG 221
Wandelschuldverschreibungen.

절(節) Unterabschnitt → 장(章) Abschnitt
→ Buch (Kapitel) 편(編).

절대권력 GG 104(2)
Machtvollkommenheit.

절대적 상고이유 StPO 338
Absolute Revisionsgründe.

절대적 폭력 StGB 240 Vis absoluta.

절대형　StPO 354
Absolut bestimmte Strafe

절도죄　StGB 242　Diebstahl.

특히 중한 절도　StGB 243
Besonderers schwerer Fall des Diebstahls.

절차상의 하자 및 형식상의 하자　VwVfG
46　Verfahrensfehler und Formfehler.

절차의 간소화　OWiG 78
Verfahrensvereinfachung.

절차이분론 (공판절차 ~)　Zweiteilung.
(eine ~ der Hauptverhandlung).

절차책문　ZPO 295　Verfahrensrügen.

절차폐기사면 (절차의 폐기에 의한 사면)
Abolition.

점령비　GG 120　Besatzungskosten.

점수제　StVG 4　Punktsystem.

점유(권)　BGB 854　Besitz.

점유개정　BGB 930　Besitzkonstitut
(Constitutum possessorium).

점유방해(~로 인한 청구권)　BGB 862
Besitzstörung (Anspruch wegen ~).

점유보조자　BGB 855　Besitzdiener.

점유보호청구권　BGB 864
Besitzanspruch.

점유에 의한 청구권　Possessorischer Anspruch ↔ 본권상의 청구권 (Petitorischer
Anspruch).

점유이탈물　BGB 935
Abhanden gekommene Sache.

점유지정　→ Vorzeitige Besitzeinweisung.

점유침탈　BGB 861　Besitzentziehung.

점유할 권리　BGB 986　Recht zum Besitz.

접견 (접견시간, 접견의 횟수 및 기간)
StVollzG 161　Besuch
(die ~szeiten, Häufigkeit und Dauer der
Besuche).

접견권　StVollzG 24　Recht auf Besuch.

접견실　StVollzG 144　Besuchsräume.

접견의 감시　StVollzG 27　Überwachung
der Besuche.

접견의 금지 (사유)　StVollzG 25
Besuchsverbot.

접대비　EStG 4(5) Nr.2　Aufwendung für
die Bewirtung von Personen.

정관　BGB 25　Satzung; HGB 109;
GmbHG 2; Gesellschaftsvertrag.

정기간행물의 압수와 취소　StPO 111n
Die Beschlagnahme und Aufhebung eines
periodischen Druckwerks.

정기금　BGB 843　Geldrente.

정기(장기분할)벌금형　StGB 40
Laufzeitgeldstrafe.

정기주주총회　AktG 175(1)
Ordentliche Hauptversammlung.

정기토지채무　BGB 1199　Rentenschuld.

정당　GG 21　Partei.

정당방위　StGB 32　Notwehr.

정당법　PartG　Parteiengesetz.

정당한 이익의 옹호 StGB 193
Wahrnehmung berechtigter Interessen.

정당화적 긴급피난 StGB 34
Rechtfertigender Notstand.

정동성 (情動性) Emotionalität.

정리해고 → 경영상의 사유에 의한 해고
(Betriebsbedingte Kündigung).

정범 StGB 25 Täterschaft.

정범의사 Animus auctoris.

正法, 정당한 법 Richtiges Recht.

정보제공 StPO 495
Erteilung einer Auskunft.

　관계자에 대한 정보제공 StPO 491
　Auskunftserteilung an den Betroffenen.
　정보제공거부권 StPO 55
　Auskunftsverweigerungsrecht.
　정보제공의무 VVG 31
　Auskunftspflicht.

정본과 초본 StPO 275(4)
Ausfertigung und Auszug.

정부안 Amtlicher Entwurf.

정부의 해체와 국민대표에 대한 그 책임
StGB 92 Ablösbarkeit der Regierung
und ihre Verantwortlichkeit gegenüber
der Volksvertretung.

정비(재개발)지역 BauGB 142
Sanierungsgebiet.

정신박약 StGB 20 Schwachsinn.

정신병원수용 StGB 63, 136
Unterbringung in einem psychiatrischen
Krankenhaus.

정신설 StGB 267 Geistigkeitstheorie.

정신장애로 인한 책임무능력 StGB 20
Schuldunfähigkeit wegen seelischer Störungen.

정의(正義) Gerechtigkeit.

정의권(定義權)(력)(범죄), 규정력
Definitionsmacht.

정을 알면서 (그 ~) Wissentlich
→ 지정고의 Wissentlichkeit.

정족수 Quorum.

정주하는 유럽변호사 EuRAG 2
Niedergelassener europäischer Rechtsanwalt.

정주허가 (영주허가, 체재허가)
AufenthG 9 Niederlassungserlaubnis.

정지 (집행시효의 ~) StGB 79a Ruhen;
　(소멸시효의 ~) BGB 209
　Hemmung der Verjährung.

정지조건 BGB 158
Aufschiebende Bedingung.

정차 StVO 12 Halten.

정치인 명예훼손죄 StGB 188
Üble Nachrede gegen Personen des politische Lebens.

정치적 무고죄 StGB 241a
Politische Verdächtung

정치적 약취·유인죄 StGB 234a
Verschleppung.

정치헌금 → Spende.

제거청구권 BGB 886
Beseitigungsanspruch.

제권판결 ZPO 1017 Ausschlußurteil.

제도적 보장 Einrichtungsgarantie

(Institutionelle Garantie und Instituts-garantie 제도적 보장 및 제도보장).

제3원 StGB 56 Dritte Spur.

제3자간 비교원칙 AStG 1
Fremdvergleichsgrundsatz.

제3자방(타소)지급어음 Zahlstellenwech-sel → 타지지급어음 (Domizilwechsel).

제3자를 위한 계약 BGB 328
Vertrag zugunsten Dritter

제3자의 수색 StPO 103 Durchsuchung
bei anderen Personen.

제3자의 이의의 소 ZPO 771
Drittwiderspruchsklage.

제3자의 조사 (피의자의) StPO 81c
Untersuchung anderer Personen
(~ als Beschuldigte).

제시기간 (지급~) WG 38; ScheckG 29
Vorlegungsfrist.

제안권 InsO 288 Vorschlagsrecht.

제의 (건의, 제안) StPO 257a Anregung.

제의, 약속, 공여
Anbieten, Versprechen, Gewähren
→ 증뢰죄 (Vorteilsgewährung).

제의의 수락 StGB 30(2)
Annahme des Erbietens.

제2차 피해자화
Sekundäre Viktimisierung.

제2차법 EGV 249 Sekundärrecht.

제1차법 Primärrecht.

제작물공급계약 BGB 651; HGB 381
Werklieferungsvertrag.

제조물책임 (생산물책임) ProdHaftG 1
Produkthaftung.

제조물책임법 ProdHaftG
Produkthaftungsgesetz.

제척 (사유) (판사의 ~) StPO 22
Ausschluß eines Richters kraft Gesetzes.

　국사범에 있어서의 제척 StPO 138b
Ausschließung in Staatsschutzsachen.
변호인의 제척 StPO 138a
Ausschließung der Verteidigers.
변호인의 제척절차 StPO 138d
Verteidigerausschlußverfahren.
전심재판에 참여한 경우의 제척 StPO
23 Ausschliess wegen Mitwirkung in
früheren Verfahren.
제척기간 BGB 462 Ausschlußfrist.

제청결정 BVerfGG 80 Vorlagebeschluß.

제출 (세관~) ZK 40 Gestellung.

제한적 인역권 BGB 1090(1)
Beschränkte persönliche Dienstbarkeit.

조 (條) StPO 260(5) Paragraph.

조건부 고의 Bedingter Vorsatz.

조건부 자본증가 (증자) AktG 192
Bedingte Kapitalerhöhung.

조건부 책임능력 JGG 3
Bedingte Schuldfähigkeit.

조건설의 인과관계공식 Condicio-Formel.
Condicio sine qua non Formel

조건의 성부 미정시 처분의 무효
BGB 161 Unwirksamkeit von Verfügun-gen während der Schwebezeit.

조력과 대리 StPO 406f, 406g
Beistand und Vertretung; ← (교시의무)
Hinweis des Verletzten auf seine Be-

fugnisse (.StPO 406h).

조력 없이는 (ohne ~) StGB 24 Zutun.

조례 GemO BW 4 Satzung.

조발성 범죄 Frühverbrechen.

조사 (공공인쇄물에 대한 ~) GebrMG 7 Recherche nach öffentlichen Druckschriften.

조사위원회 GG 44 Untersuchungsausschuß (증거); BTGO 56 Enquete-Kommission (입법정책).

조사의무 (범죄행위의) StPO 163 Erforschungspflicht.

조서의 기재 (무선서의 경우에) StPO 64 Protokollvermerk.

조서의 낭독 Protokollverlesung

기억을 돕기 위한 조서의 낭독 StPO 253 Protokollverlesung zur Gedächtnisunterstützung.
부적법한 조서의 낭독 StPO 252 Unzulässige Protokollverlesung.
신문기록(조서)의 낭독 (판사의 이전에 행한 ~) StPO 251 Verlesung der Niederschrift über frühere richterliche Vernehmung.

조서의 증명력 StPO 274 Beweiskraft des Protokolls.

조서작성 StPO 255 Protokollierung;

~의 방법 StPO 168a Art der Protokollierung.
조서작성자 StPO 31 Protokollführer.

조세 AO 3 Steuer.

조세기본법 AO Abgabenordnung.

조세범죄 AO 369 Steuerstraftat.

조세범죄의 고발 AO 116 Anzeige von Steuerstraftaten.

조세부대급부 AO 3(4) Steuerliche Nebenleistung.

조세비밀 AO 30 Steuergeheimnis.

조세비밀의 침해죄 StGB 355 Verletzung des Steuergeheimnisses.

조세사찰 (관세사찰) AO 208 Steuerfahndung (Zollfahndung).

조세상환 AO 1 Steuervergütung.

조세수입 GG 106 Steueraufkommen.

조세신고(서) AO 149, 150 Steuererklärung; Steueranmeldung.

조세우대목적 AO 51 Steuerbegünstigte Zwecke.

조세위해행위 AO 379 Steuergefährdung.

조세의무자 AO 33 Steuerpflichtiger.

조세장물범 AO 374 Steuerhehlerei.

조세질서위반행위 AO 377 Steuerordnungswidrigkeit.

조세확정 AO 155 Steuerfestsetzung.

조세확정의 제3자적 효력 AO 166 Drittwirkung der Steuerfestsetzung.

조세환급 AO 37(2) Steurerstattung.

조세환급 및 상환청구권의 불법취득행위 AO 383 Unzulässiger Erwerb von Steuererstattungs- und Vergütungsansprüchen.

조세회피 Steuerumgehung

→ Missbrauch von rechtlichen Gestaltungsmöglichkeiten (법형성가능성의 남용).

조약 GG 59(2) Vertrag.

조언 또는 추천 BGB 675(2)
Rat oder Empfehlung

조업단축 KSchG 19 Kurzarbeit.

조업단축수당 SGB 3 169
Kurzarbeitergeld.

조정교부금 FAG 4
Ausgleichszuweisung.

조정급부
→ Soziale Ausgleichsleistungen (사회적 조정급부).

조정기구 UWG 15; (노사공동위원회)
BetrVG 76 Einigungsstelle.

조정보상금지급 AktG 304
Ausgleichszahlung.

조정연금 BVG 32 Ausgleichsrente.

조종능력 StGB 20
Steuerungsfähigkeit.

조직변경 UmwG 190, 191(2)
Formwechsel.

조직화된 시장 WpÜG 2(7)
Organisierter Markt

조치의 직접시행 MEPolG 5a
Unmittelbare Ausführung einer Maßnahme

조폭범 (粗暴犯) Roheitsdelikt.

조합 BGB 705 Gesellschaft; 조합계약
(~svertrag).

조합원 Gesellschafter.

조합재산 BGB 718
Gesellschaftsvermögen.

조항법 (항목법, 조문법) (개정법, 종합법).
Artikelgesetz (Änderungsgesetz, Omnibusgesetz).

존속력 (행정행위의 ~) VwVfG Teil III,
Abschnitt 2 Bestandskraft des Verwaltungsaktes.

존속분할 (계열분할, 불완전분할)
UmwG 123(2) Abspaltung.

존속상해죄 StGB 223(2) (a.F.)
Körperverletzung gegenüber Aszendenten.

존속친혈족 StGB 173(2)
Leiblicher Verwandte aufsteigender Linie.

존엄성 Würde → 인간의 존엄성.

존재의 근거 Ratio essendi.

졸업증서 StVollzG 40 Abschlußzeugnis.

종개념 Gattungsbegriff.

종결협의 AO 201; BpO 11
Schlußbesprechung.

종교교육 GG 7(3) Religionsunterricht.

종교행사 StVollzG 54
Religiöse Veranstaltung.

종교행사방해죄 StGB 167
Störung der Religionsausübung.

종국(종말)재산 BGB 1375
Endvermögen.

종국판결 ZPO 300(1) Endurteil.

종류채무 BGB 243 Gattungsschuld.

종물 BGB 97 Zubehör; 종물의 훼손 BGB

1135 Verschlechterung des Zubehörs.
↔ Hauptsache (주물).

종물은 주물에 따른다
Accessio cedit principali (Grundsatz, nach
dem das rechtliche Schicksal einer Nebensache der Hauptsache folgt).

종속기업 AktG 17
Abhängiges Unternehmen.

종신정기금 BGB 759 Leibrente.

종신직 공무원 BBG 5(1) Nr.1
Beamte auf Lebenszeit.

종업원지주 (근로자주) AktG 192(2) Nr.3
Belegschaftsaktie (arbeiteraktie).

종의 보호 BNatSchG 39 Artenschutz.

종파학교 GG 7(5)
Bekenntnisschule (Konfessionsschule).

죄수 (罪囚) Sträfling. → Gefangene.

죄수론 (경합론) StGB 52
Konkurrenzlehre.

죄악 Missetat.

죄책 StPO 140 dem Beschuldigten ein
Verbrechen zur Last gelegt wird. 피의자
에게 중죄의 죄책을 지우다.

죄체 (유죄인정증거) Corpus delicti
(Gegenstand einer Straftat).

죄형법정주의, 법률주의, 제정법주의
StGB 1 Nullum crimen sine lege →
Gesetzlichkeitsprinzip.

주(周) **또는 월**(月)**로 정한 기간** StPO 43
Wochen- und Monatsfristen.

주거권 BGB 1093 Wohnungsrecht.

주거소유권 WoEigG 1(2)
Wohnungseigentum; ~법 (~sgesetz).

주거용(공간)**임대차** BGB 549
Wohnraummiete.

주거의 불가침 GG 13
Unverletztlichkeit der Wohnung.

주거침입절도죄 StGB 244(1) Nr.3
Wohnungseinbruchdiebstahl

주거침입죄 StGB 123
Hausfriedensbruch. 주거침입하다 (in die
Wohnung ~ widerrechtlich eindringt).

주검찰총장 OrgStA 1, 2
Generalstaatsanwalt.

주고등법원 GVG 115 ff.
Oberlandesgerichte.

주관적 공권 Subjektiv-öffentliches Recht.

주교정국 StVollzG 151
Justizvollzugsämter.

주기일 Haupttermin
→ Konzentrationsprinzip.

주내란죄 StGB 82
 Hochverrat gegen ein Land.

주(고등)**노동법원** ArbGG 33
Landesarbeitsgericht.

주된 사무(소)(업무지휘) AO 10
Geschäftsleitung.

주둔지 BGB 9 Standort.

주문하지 아니한 급부 BGB 241a
Unbestellte Leistung

주물 Hauptsache ↔ Zubehör (종물).

주민문의 (설명조사) GG 29(4)

Volksbefragung.

주민발안 AbstG-Berlin 2 Volksinitiative.

주민소환 GRH 69 Abwahl (recall).

주민청원 GG 29(4); StGB 108d
Volksbegehren.

주민투표법 → Abstimmungsgesetz.

주민표결 GG 29(3) Volksentscheid.

주범죄수사국 BKAG 1(2)
Landeskriminalamt.

주법무 (사법행정)(기관) StVollzG 151;
GVG 147 Nr.2 Landesjustizverwaltung.

주변(부대, 부수)형법 Nebenstrafrecht.

주석학파 Glossatoren.

주소 또는 거소 StPO 8 Wohnsitz oder
Aufenhaltort; 주소(사단의) BGB 24 Sitz.

주소지법 Lex domicilii (Das Recht des
Wohnsitzstaates).

주식 AktG 8(5) Aktien; 주식법 (Aktiengesetz).

주식매수청구권 (외부주주에 대한 보상권).
AktG 305 Abfindungsrecht (für außenstehende Aktionäre).

주식소각 AktG 237
Einziehung von Aktien.

주식양도 (현금일시금지급(보상)에 의한)
AktG 327a Übertragung von Aktien
(gegen Barabfindung).

주식합자회사 (KGaA) AktG 278
Kommanditgesellschaft auf Aktien.

주식회사 AktG 1 Aktiengesellschaft

→ Personenhandelsgesellschaft.

주요시설손괴죄 StGB 318
Beschädigung wichtiger Anlagen.

주요작업수단 파괴죄 StGB 305a
Zerstörung wichtiger Arbeitsmittel.

주위토지통행권 BGB 917
Notwegrecht.

주의깊어서 손해 볼 것은 없다
Abundans cautela non nocet
(überflussige Vorsicht schadet nicht)

주의의무 BGB 276 Sorgfaltspflicht.

거래상 주의의무 (사회생활상, 보통의, 통
상의 주의의무, 선관의무)
Pflicht die im Verkehr erforderliche
Sorgfalt.
상인의 주의의무 HGB 347
Sorgfaltspflicht von Kaufleuten.
자기의 사무에 관한 주의 BGB 277
Sorgfalt in eigenen Angelegenheiten.

주장된 이상으로 판결을 선고해서는 안된다
Ne ultra petita (Ne eat iudex ultra petita
partium) (Ein Urteil darf nie über die Anträge der Parteien hinausgehen).

주장책임 Behauptungslast (Darlegungslast).

주주 AktG 54 Aktionär.

주주명부 (~에 하는 등록) AktG 67
Aktienregister (Eintragung im ~).
(← Aktienbuch).

주주의 정보제공요구권 AktG 131
Auskunftsrecht des Aktionärs.

주주총회 AktG 118
Hauptversammlung.

주주총회의 결의 AktG 179(1)

Beschluß der Hauptversammlung;
주주총회결의무효 AktG 241
Nichtigkeit von Hauptversammlungsbeschlüssen.
~ 결의무효확인의 소 Klage auf Feststellung der Nichtigkeit des Hauptversammlungsbeschlusses.
주주총회의 소집 AktG 121(2)
Einberufung der Hauptversammlung.

주택건설 WoFG 16 Wohnungsbau.

주해학파 Kommentatoren (Konsiliatoren)
(Postglossatoren 후기주석학파).
→ Glossatoren 주석학파.

주행정부 GG 83 Landesexekutive.

주헌법 GG 28 Verfassung der Länder.

주형 (柱刑)(~의 기둥) Pranger.

준강간죄 StGB 179 Schändung.
→ Sexueller Mißbrauch widerstandsunfähiger Personen.

준강도 (강도적 절도죄) StGB 252
Räuberischer Diebstahl.

준거법 EGBGB 18(6); 28 Anzuwendendes
Recht (Anwendbares Recht).

준거인 BGB 1685 Bezugsperson.

준법률행위 Geschäftsähnliche Handlung.

준비단독판사 ZPO 527
Vorbereitender Einzelrichter.

준비서면 ZPO 129
Vorbereitender Schriftsatz.

준비절차 Vorbereitendes Verfahren.

준비절차를 위한 변호인의 임명
StPO 364b Bestellung eines Verteidigers für Verfahrensvorbereitung.

준비절차에서의 기록열람의 허용
StPO 147(5) Gewährung der Akteneinsicht während des Vorbereitenden
Verfahren.
준비절차에서의 선서 StPO 62 Ver-
eidigung im vorbereitenden Verfahren.

준수사항 = 부과명령 StGB 56b
Auflagen.

준수사항 및 지시사항의 이행에 의한 절
차의 정지 (경죄의 경우) StPO 153a
Verfahrenseinstellung bei Erfüllung von
Auflagen und Weisungen
피고인에 대한 준수사항 또는 지시사항
의 질문 StPO 265a Befragung des
Angeklagten bei Auflagen oder Weisungen

준용하다 Gelten entsprechend.

줄기세포 StZG 3 Nr.1 Stammzelle; 줄기
세포법 (Stammzellgesetz).

중간이자 BGB 272 Zwischenzinsen.

중간절차 StPO 199 ff.
Zwischenverfahren.

중간판결 ZPO 303 Zwischenurteil.

중간(간이)확인의 소 ZPO 256(2)
Zwischenfeststellungsklage.

중강도죄 StGB 250 Schwerer Raub.

중개계약 BGB 652 Mäklervertrag.

중개대리상 VVG 44 (a.F.)
Vermittlungsagent.

중개인 BGB 93 Handelsmakler.

중과실 Grobe Fahrlässigkeit (Culpa lata)
↔ 경과실 Leichte Fahrlässigkeit (Culpa
levis).

중과실조세감면행위 AO 378
Leichtfertige Steuerverkürzung.

중규모 자본회사 HGB 267(2)
Mittelgroße Kapitalgesellschaft.

중단 (소멸시효의 ~) BGB 217 a.F.
Unterbrechung der Verjährung.
→ Neubeginn der Verjährung.

중단의 최장기간 StPO 229
Höchstdauer der Unterbrechung.

중등근무 BBG 17 Mittlerer Dienst.

중대범죄 Kapitalkriminalität.

중대한 불이익으로 인한 정지
StPO 456
Aufschub wegen erheblicher Nachteile.

중독성 정신병 (알콜중독)
Intoxicationspsychosen (Trunkenheit).

중방화죄 StGB 306a
Schwere Brandstiftung.

중범죄 Schwerkriminalität (Hochkriminalität).

중범죄단체(구성)절도죄
StGB 244a Schwerer Bandendiebstahl

중복구금 Überhaft.

중복보험 VVG 78 Mehrfachversicherung.
; ← Doppelversicherung (a.F.).

중상해죄 StGB 226
Schwere Körperverletzung.

중소기업(중간)카르텔 GWB 3
Mittelstandskartell.

중아동성학대죄 StGB 176a
Schwerer sexueller Mißbrauch von Kindern.

중요설 (인과관계) Relevanztheorie.

중요하지 않은 여죄 StPO 154
Nicht beträchtlich ins Gewicht fallende
Nebenstraftaten.

중재감정계약 Schiedsgutachtenvertrag.

중재능력 ZPO 1030 Schiedsfähigkeit.

중재인의 보수 StGB 337
Schiedsrichtervergütung.

중재절차 ZPO 1025
Schiedsrichterliches Verfahren.

중재판정 ArbGG 108 Schiedsspruch.

중점(특별)검사 GVG 143(4)
Schwerpunktstaatsanwaltschaft.

중죄와 경죄 StGB 12
Verbrechen und Vergehen.

중죄인 Verbrecher.

중주거침입죄 StGB 124
Schwerer Hausfriedensbruch.

중증장애인 SGB 9 71
Schwerbehinderte.

중지미수 StGB 24 Rücktritt.

중징역 Zuchthaus.
 ↔ 경징역 Gefängnisstrafe.

중첩적 고의 StGB 15
Dolus cumulativus.

중한 정신적 변종(變種) StGB 20
Schwere Seelische Abartigkeit.

중혼죄 StGB 172 Doppelehe.

즉시인락 ZPO 93
Sofortiges Anerkenntnis.

즉시집행 VwVG 6 Sofortiger Vollzug.

즉시항고 StPO 28, 311, 372
Sofortige Beschwerde.

즉시해고 (해지) (중대사유에 의한 ~)
BGB 626 Fristlose Kündigung (~ aus
wichtigem Grund).

증거결정 ZPO 359 Beweisbeschluß.

증거금지 (조사, 사용의 ~) StPO 261
Beweisverbot (Beweiserhebungs- oder
Beweisverwertungsverbot).

증거물압수 StPO 108 Beschlagnahme anderer Beweisgegenstände (다른 증거물의 압
수) → Zufallsfund (우연한 발견물).

증거방법 StPO 221 Beweismittel.

증거보전 StPO 285 Beweissicherung.

증거불충분 Non liquet.

증거서류(물) StPO 147 Beweisstück.

증거신청 StPO 166 Beweisantrag.

　지체된 증거신청 StPO 246 Zu spät
　vorgebrachte Beweisanträge.

증거인 (증인 또는 감정인) StPO 386
(a.F.) Beweisperson
→ Recht zur Ladung (소환권).

증거인멸의 위험 StPO 112(2)
Verdunkelungsgefahr.

증거자료 (영수증 등) VVG 31 Beleg.

증거제출 StPO 369 Beweisantretung;
ZPO 420 Beweisantritt; 증거제출책임
(Beweisführungslast).

증거조사 StPO 202, 244, 369
Beweisaufnahme

증거의 조사 (개별행위); 증거수집
Beweiserhebung.
　증거조사의 범위 StPO 245
　Erstreckung der Beweisaufnahme.
　신문후의 증거조사 StPO 244
　Beweisaufnahme nach der Vernehmung.

증권거래법 WpHG 1
Wertpapierhandelsgesetz.

증권거래소법 BörsG 1 Börsengesetz.

증권업무 (예탁업무)
Effektengeschäft (Depotgeschäft).

증뢰죄 StGB 333 Vorteilsgewährung.

증명서부정행사죄 StGB 281
Mißbrauch von Ausweispapieren.

증명에 중요한 데이터 위조죄 StGB 269
Fälschung beweiserheblicher Daten.

증서소송 ZPO 592 Urkundenprozess.

증언거부권 StPO 52, 53
Zeugnisverweigerungsrecht.

　업무보조자의 증언거부권 StPO 53a
　Zeugnisverweigerungsrecht der Hilfs-
　personen.
　의원의 증언거부권 GG 47 Zeugnis-
　weigungerungsrecht der Abgeordneten.
　인적 사유로 인한 증언거부권 StPO 52
　Zeugnisverweigerungsrecht aus persön-
　lichen Gründen.
　증언거부사유의 소명 StPO 56 Glaub-
　haftmachung des Zeugnisverweigerungs-
　grundes.
　증언거부에 대한 질서금과 질서구금
　StPO 70 Ordnungsgeld und Ordnungs-
　haft.
　직업상의 사유로 인한 증언거부권
　StPO 53 Zeugnisverweigerungsrecht
　aus beruflichen Gründen.

중오범죄 Haßdelikt (hate crime).

증인 Zeuge

　증인 또는 감정인에 대한 검사의 신문
StPO 161a Staatsanwaltschaftliche Vernehmung von Zeugen und Sachverständigen
　(신문된) 증인 또는 감정인의 퇴정
StPO 248 Entfernung der vernommenen
Zeugen und Sachverständigen.
　증인교시 StPO 57 Zeugenbelehrung.
　증인소환 StPO 48 Zeugenladung.
　증인신문 StPO 68 Zeugenvernehmung
　(공판에서의) 증인신문 StPO 247a
Vernehmung des Zeugen in der Hauptverhandlung
　증인에 대한 보상 StPO 71
Entschädigung von Zeugen (→ 사법보
수 및 보상법).
　증인에 대한 질문 StPO 68a
Bloßstellen von Zeugen.
　증인의 불출석 StPO 51
Nichterscheinen eines Zeugen
　증인의 선서 StPO 59
Vereidigung der Zeugen.

증인은 판단하지 않는다
Testis non est iudicare (Der Zeuge hat
nicht zu urteilen).

지구당 PartG 7 Gebietsverband.

지금부터 (미래를 향하여) ex nunc (von
jetzt ab) (mit Wirkung für die Zukunft).

지급금지효 ZPO 829 Arrestatorium.

지급기일의 연기 (금전채권의 ~)
StGB 265b
Stundung (die ~ von Geldforderungen).

지급(계산)내력서 → Rechnung oder
gleichwertigen Zahlungsaufstellung.

지급명령
→ Mahnbescheid (Zahlungsbefehl)

지급불능 InsO 17 Zahlungsunfähigkeit.

지급(변제)에 갈음하여 Zahlungsstatt.

지급(변제)에 갈음한 (지급으로서의) 채권
양도
Cessio in solutum (Abtretung an Zahlungsstatt).

지급(변제)을 위하여 Zahlungshalber
→ 이행을 위하여 (Erfüllungshalber).

지급(변제)을 위한 채권양도
Cessio solvendi causa (Abtretung zahlungshalber).

지급인 WG 1; ScheckG 1, 3 Bezogener.

지급지 WG 4; ScheckG 8 Zahlungsort.

지득사항의 이용 StVollzG 34
Verwertung von Kenntnissen

지로계약 BGB 676f Girovertrag.

지명수배수사 StPO 131
Steckbriefliche Ermittlung.

지명수배장 StPO 131(4) Steckbrief.

지문 (사진촬영과 ~) StPO 81b
Lichtbilder und Fingerabdrücke.

지방변호사회 BRAO 60
Rechtsanwaltskammer.

지방의회(기초자치단체의회)
GemO BW 24 Gemeinderat.

지방자치 GG 28(2)
Kommunale Selbstverwaltung.
→ Gemeinde (기초자치단체).

지방자치단체(기초) 업무의 위탁
VwVfG 94 Übertragung gemeindlicher
Aufgaben.

지방자치법 → Gemeindeordnung.

지방특별형법 Partikular Strafgesetz.

지배계약 AktG 291 Beherrschungsvertrag → Unternehmensvertrag (기업계약).

지배권 HGB 49 Prokura.

지배기업 AktG 17
Herrschendes Unternehmen.

지배범 Herrschaftsdelikt.

지배(주요)주주 AktG 327a
Hauptaktionär.

지분 (유한회사사원의 ~) GmbHG 14
Geschäftsanteil.

지분적 공동 BGB 741
Gemeinschaft nach Bruchteilen.

지분증서 (자본투자회사가 발행한)
StGB 151, Nr.3 Anteilscheine (von Kapitalanlagegesellschaften ausgegebene ~).

지불보장카드 및 유로수표용지위조죄
StGB 152b Fälschung von Zahlungskarten mit Garantiefunktion und Vordrucken für Euroschecks

지불카드 StGB 152a(4)
Zahlungskarte.

지상권 ErbbauRG 1 Erbbaurecht; 지상권법 (Erbbaurechtsgesetz).

지수식 차임 BGB 557b Indexmiete.

지시권 GG 84(5); GVG 146
Weisungsrecht.

지시사항 StGB 56c Weisung.

지시에 기한 권리 BGB 783 Recht aus der Anweisung.

지시에 의한 행위 (교도관의 상관의 지시

에 의한) StVollzG 97
Handeln auf Anordnung.

지시증권 Orderpapier.

지시채권증권 Orderschuldverschreibung.

지역관례적(유사) 비교차임 BGB 558
Ortsübliche Vergleichsmiete.

지역권 BGB 1018; ZPO 7
Grunddienstbarkeit.

지역의료보험조합 SGB 5 143
Ortskrankenkasse.

지역적 사단 (지역단체, 영역단체)
GemO NW 1(2) Gebietskörperschaft

지역주 (Flächenland)
↔ 도시주 (Stadtstaat).

지연이자 BGB 288 Verzugszinsen.

지위설 StGB 263 Lagertheorie.
→ Betrug.

지적도 SPV 3 Grundstückskarte.

지적소유권 Geistiges Eigentum
(intellektuelles Eigentum).

지적의무 (교시의무, 시사의무)
StPO 406h; ZPO 139(4), 156(2) Nr.1
Hinweispflicht (Unterrichtungspflicht).

지정권 BGB 1777 Benennungsrecht.

지정규정 (指定規定) EGBGB 3
Verweisungsvorschrift.

지체된 증거신청 StPO 246
Verspätete Beweisanträge.

지표수 WHG 1 Oberirdische Gewässer.

지하수 WHG 1(1) Nr.2 Grundwasser.

지휘권 AktG 308 Leitungsmacht.

직계혈족 StGB 11(1) Nr.1
Verwandte gerader Linie.

직권심리주의
→ Untersuchungsgrundsatz

직권으로 Von Amts wegen (ex officio);
~조사 Prüfung von Amten wegen.

직권조사주의 StPO 244(2)
Ermittlungsgrundsatz.

직권탐지주의 (직권주의) StPO 155(2)
Inquisitionsprinzip.
→ Offizialprinzip (국가소추주의).

직근상급법원 StPO 27
Zunächst oberes Gericht.

직무감독 GVG 147 Dienstaufsicht.

직무관청 StGB 95, 87(3) Amtliche Stelle,
Dienststelle (BPersVG 6 기관), Stelle (기
관, 관서).

직무발명과 자유발명 ArbnErfG 4
Diensterfindung und freie Erfindung.

직무(일자리)분할 (직무배분, 직무공유, 공
동고용-(job-sharing)) TzBfG 13
Arbeitsplatzteilung.

직무상 범인은닉죄 StGB 258a
Strafvereitelung im Amt.

직무상 보관 StGB 133(1)
Dienstliche Verwahrung.

직무상해죄 StGB 340
Körperverletzung im Amt.

직무선서(취임) GG 56 Amtseid.

직무승계의 권한 GVG 145
Devolutionsrecht (Übernahme).

직무원조 (행정응원) GG 35; VwVfG 4(1)
Amtshilfe.

직무의무위반으로 인한 (배상)책임 (직무
배상) GG 34; BGB 839
Haftung bei Amtspflichtverletzung
(Amtshaftung).

직무이전의 권한 GVG 145
Substitutionsrecht
(Beauftragung eines anderen StA).

직무(사무)지 BNotO 10 Amtssitz.

직무행위 StGB 113, 332 Diensthandlung
; MEPolG 52(1) Nr.4 Amtshandlung.

직무행위의 부작위(불이행) StGB 336
Unterlassen der Diensthandlung.

직업공무원제 GG 33(5)
Berufsbeamtentum.

직업교육 BBiG 1 Berufsbildung.

  직업교육보조금 StVollzG 44, StVollz-
  VergO 4 Ausbildungsbeihilfe.
  직업교육법 → Berufsbildungsgesetz.
  직업교육촉진법 → Berufsbildungsförderungsgesetz.

직업금지 Berufsverbot

  직업금지명령 StGB 70
  Anordnung des Berufsverbots.
  직업금지의 유예 StGB 70a
  Aussetzung des Berufsverbots
  직업금지의 유예의 철회와 직업금지의
  종료 StGB 70b Widerruf der Aussetzung und Erledigung des Berufsverbots.
  직업금지의 정지와 유예 StPO 456c
  Aufschub und Aussetzung des Berufsverbots.

직업금지 위반죄 StGB 145c
Verstoß gegen das Berufsverbot.

직업범 Geschäftsmäßige Straftat.

직업병 SGB 7 9 Berufskrankheit.

직업보상연금 BVG 30(3)
Berufsschadensausgleich.

직업복권법
→ Berufliches Rehabilitierungsgesetz.

직업의 자유 GG 12 Berufsfreiheit.

직업재활급부 SGB 7 35(4) Leistungen
zur Teilhabe am Arbeitsleben.

직업적 공증인 BNotO 3
Hauptberuflicher Notar.

직업판사 StGB 11(1) Nr.3
Berufsrichter.

직업훈련 (교육) BBiG 1(3)
Berufsausbildung.

직원대표 BPersVG 1
Personalvertretung; ~권 StGB 203(2) Nr.3
Personalvertretungsrecht.

직원협의회 Personalrat
→ Personalvertretungsrecht.

직위이용 성적 남용죄 StGB 174b
Sexueller Mißbrauch unter Ausnutzung
einer Amtsstellung.

직장의료보험조합 SGB 5 147
Betriebskrankenkasse.

직장폐쇄 Aussperrung.

직접강제 VwVG 12; StVollzG 94; 95
Unmittelbarer Zwang; 연방공무원의 직접
강제(~에 관한 법) (Unmittelbarer Zwang
bei Ausübung öffentlicher Gewalt durch
Vollzugsbeamte des Bundes) (Gesetz über
den unmittelbaren ~).

직접고의 Dolus directus
→ Direkter Vorsatz.

직접소환권 StPO 38, 214(3), 220, 386(2)
Recht der unmittelbaren Ladung.

직접신문(주의) StPO 250
Persönliche Vernehmung (Grundsatz der
Persönlichen Vernehmung~).

직접주의 Unmittelbarkeitsgrundsatz.

직접청구권 VVG 115 Direktanspruch; 보
험자에 대한 피해자의 직접청구권 PflVG 3
Direktanspruch des Geschadigten gegen
Versicherer

직종(동업)조합 SGB 7 118, 114
Berufsgenossenschaft.

진료급부 StVollzG 61
Leistung zur Krankenbehandlung.

진리가 아니라 권위가 법을 만든다
Auctoritas, non veritas facit legem
(Die Autorität, nicht die Wahrheit macht
das Gesetz).

진술 StPO 163a, 231a 서면으로 의견진술
Shriftlich Äußerung (sich äußern); StPO 61,
Nr.3, 62 Aussage(증인의 진술).
; 최후진술 Schlußvortrag, letztes Wort
(StPO 258); 신상 진술 StPO 68(3) angabe
(angeben) Angaben zur Person; 주소지 진술
Angabe des Wohnortes StPO 68(1); 허위진
술의 정정. StGB 158 Berichtigung einer
falschen Angabe; 서면진술(서) StPO 250
Schriftliche Erklärung; 서면진술하다 StPO
163a Schriftlich sich äußern 진술의 청취
Anhörung (hören); 구두의 진술청취 Mündliche Anhörung.

진술강요죄 StGB 343 Aussageerpressung.

진술(위증)범 Aussagedelikt.

진술(위증)의 긴급피난 (허위진술로서의 긴

급피난) StGB 157 Aussagenotstand.

진실간주 StPO 244 Wahrunterstellung.

진실의 경고 (증인에 대한) StPO 57
Ermahnung zur Wahrheit.

진실의 입증 (형사유죄판결에 의한) StGB
190 Wahrheitsbeweis (durch Strafurteil).

진실의 증명에도 불구하고 이루어지는 모
욕 StGB 192
Beleidigung trotz Wahrheitsbeweis

진입과 출발 StVO 10
Einfahren und Anfahren.

진정경미범죄 Eigentliches Bagatelldelikt.

진지성의 결여 BGB 118
Mangel der Ernstlichkeit.

질권 BGB 1205 Pfandrecht.

   무권리자에 의한 입질 BGB 1207
   Verpfändung durch Nichtberechtigten.
   질권설정자 BGB 1211 Verpfänder.
   질권자 BGB 1215 Pfandgläubiger.
   질물 BGB 1210 Pfand.
   질물의 매각 BGB 1228(1)
   Pfandverkauf.

질문권 (구문권) StPO 240
Recht zur Befragung (Fragerecht).

질문권한의 박탈 StPO 241
Zurückweisung von Fragen.

질문의 허용에 대한 의심 StPO 242
Zweifel über die Zulässigkeit einer Frage.

질물불법사용죄 StGB 290
Unbefugter Gebrauch von Pfandsachen.

질물취거죄 StGB 289 Pfandkehr.

질병 또는 사망의 통지 StVollzG 66
Benachrichtung bei Erkrankung oder
Todesfall.

질서구금 EGStGB 6(2) Ordnungshaft.

질서구금, 보안구금, 강제구금, 강제를 위
한 구금의 집행원칙 StVollzG 171
Vollzug von Ordnungs-, Sicherungs-,
Zwangs-, Erzwingshaft.

질서금 또는 강제금 EGStGB 6
Ordnungsgeld oder Zwangsgeld.

질서위반금 OWiG 1, 117
Bußgeld oder Geldbuße.

   법인 및 비법인단체에 대한 질서위반금
   확정 절차 StPO 444 Festsetzung von
   Geldbuße (Verfahren bei Festsetzung
   von Geldbuße gegen juristische Personen und Personenvereinigungen).
   질서위반금결정
   OWiG 65 Bußgeldbescheid.
   질서위반금목록 StVG 26a
   Bußgeldkatalog.
   질서위반금선고(형사절차에서) OWiG 82
   Bußgelderkenntnis im Strafverfarhe.
   질서위반금이 과해지는 행위 OWiG 1(2)
   Mit Geldbuße bedrohte Handlung.
   질서위반금절차의 형사절차에로의 이행
   OWiG 81 Übergang von Bußgeldverfahren zum Strafverfarhen.

질서위반행위 OWiG 1
Ordnungswidrigkeit.

   질서위반법 (Gesetz über Ordnungswidrigkeiten).
   질서위반행위의 소추 OWiG 47
   Verfolgung von Ordnungswidrigkeiten.

질서위반행위 선동죄 OWiG 116
Öffentliche Aufforderung zu Ordnungswidrigkeiten.

집단안전보장 → System gegenseitiger
kollektiver Sicherheit.

집요한 위반행위 StGB 184d
Beharrlich zuwiderhandeln.

집중범
Intensivtäter → Karriereverbrecher.

집중(심리)주의 ZPO 272; StPO 229
Konzentrationsprinzip (Konzentrationsmaxime, Konzentrationsgrundsatz).

집총병역 GG 3; 12a(2)
Kriegsdienst mit der Waffe.

집합(목적)물 BGB 260 Inbegriff von
Gegenständen; VVG 89 Inbegriff von
Sachen.

집합범 Sammelstraftat (Kollektivdelikt).

집합보험 VVG 89
Versicherung für Inbegriff von Sachen.

집행 → Strafvollstreckung.

집행가능한 금전청구 VwVG 1
Vollstreckbare Geldforderung.

집행계획(서) StVollzG 152
Vollstreckungsplan

집행관 (집달리) ZPO 753; StPO 38
Gerichtsvollzieher.

집행관청 StPO 451
Vollstreckungsbehörde.

집행권원 (집행명의, 채무명의)
ZPO 794 Schuldtitel (Vollstreckungstitel).

집행력 (형사판결의 집행가능성) StPO 449
Vollstreckbarkeit von Strafurteilen.

집행력 있는 정본 ZPO 724
Vollstreckbare Ausfertigung.

집행명령 VwVG 3
Vollstreckungsanordnung.

집행문 ZPO 725
Vollstreckungsklausel

집행문부여의 소 ZPO 797 Klage auf
Erteilung der Vollstreckungsklausel.

집행부 (행정부) Exekutive.

집행부와 사법부의 법률에의 기속
StGB 92(2) Nr.2
Bindung der vollziehenden Gewalt und der
Rechtsprechung an Gesetz und Recht.

집행부정지의 원칙 StPO 47, 307, 360
Keine Vollzugshemmung; Keine Hemmung der Vollstreckung (Keine vollzugshemmende Wirkung) (Keine Hemmung
der Vollstreckung des Urteils).

집행소송 → Vornahmeklage.

집행시효 StGB 79
Vollstreckungsverjährung.

집행시효의 연장 StGB 79
Verlängerung der Verjährungsfrist.

집행완화 및 휴가의 지시와 취소
StVollzG 14 Weisung, Aufhebung von
Lockerungen und Urlaub.

집행원조 MEPolG 25 Vollzugshilfe.

집행유예 → Strafaussetzung (형의 유예);
Aussetzung der Vollstreckung (집행의 유
예); Aussetzung des Vollzugs (구속영장집
행의 유예).

집행(행형)의 분리 StVollzG 140
Trennung des Vollzugs.

집행의 연기 (원상회복의 신청)
StPO 47 Vollstreckungsaufschub.

집행의 완화 StVollzG 11
Lockerung des Vollzugs.

집행조서 ZPO 762 Protokoll über
Vollstreckungshandlung.

집행중 부조 StVollzG 73
Hilfe während des Vollzuges.

집행채무자 VwVG 2
Vollstreckungsschuldner.

집회의 자유 GG 8
Versammlungsfreiheit.

징계범죄 StGB 353b
Disziplinarvergehen.

징계법원 (구) Disziplinargericht.

징계재판권 BDG 45
Disziplinargerichtsbarkeit.

징계절차 StGB 343 Disziplinarverfahren;
징계처분 BDG 5 Disziplinarmaßnahme.

징벌구금 StVollzG 103(1) Nr.9, 167
Arrest = Strafarrest.

징벌적 손해배상 Punitive damages
(Strafschadensersatz) (exemplary damages
im englischen Recht).

징벌처분 StVollzG 102 Disziplinarmaßnahme.

징세권 (징수권) GrStG 1 Heberecht.

징수 StGB 353 Erheben; Erhobene (징수
공과금); 벌금의 징수 StPO 459c Beitreibung der Geldstrafe; 질서위반금의 징수
OWiG 95 Beitreibung der Geldbuße.

징수율(세율)(조정)권 (조세산정율 조정권)
GG 28(2) Hebesatzrecht.

징수처분 (채권) AO 314
Einziehungsverfügung.

차

차간거리 StVO 4 Abstand.

차단효과 (경한 구성요건의 ~)
StGB 51, 70 Sperrwirkung (~ des
milderen Tatbestands).

차량견인 StVO 15a
Abschleppen von Fahrzeugen.

차량등록부 StVG 31
Fahrzeugregister.

차량(자동차)보조 SGB 7 40
Kraftfahrzeughilfe.

차량불법사용죄 StGB 248b
Unbefugter Gebrauch eines Fahrzeugs.

차변 HGB 266(2) Aktivseite.

차별적 교제이론, 접촉이론
Differentielle Assoziationstheorie.

차익의 유치 WiStrG 8 Abführung des
Mehrerlöses.

차임인상 BGB 557 Mieterhöhung.

차폭등 StVO 17(2) Begrenzungsleucht.

착상 (着床) StGB 219d
Nidation → Einnistung.

착수미수: 실행행위 미종료미수
StGB 22 Unbeendeten Versuch.

착수신청 (처분의) StVollzG 113
Vornahmeantrag.

착수중지

Rücktritt beim unbeendigten Versuch.

착오로 인한 비국가비밀누설죄
StGB 97b Verrat in irriger Annahme
eines illegalen Geheimnisses.

착오를 이유로 하는 취소 BGB 119
Anfechtbarkeit wegen Irrtums.

참가인수 WG 56 Ehrenannahme.

참가지급 WG 59 Ehrenzahlung.

참심법원 GVG 28, 29 Schöffengericht.

참심원 GVG 30ff. Schöffe.

참여급부 SGB 9 4
Leistung zur Teilhabe.

참여자 StGB 28 Beteiligte.

참여자의 독자적 가벌성 StGB 29
Selbständige Strafbarkeit des Beteiligten.

창고업 HGB 467 Lagergeschäft.

창고증권 HGB 475c Lagerschein.

창업자 BGB 507 Existenzgründer.

채굴권 EGBGB 68 Abbaurecht.

채권 BGB 241 Forderung.

채권관계 BGB 241 Schuldverhältnis.

채권법 (채무법) Schuldrecht; 채무관계법
(Recht der Schuldverhältnisse).

채권양도 BGB 398 Abtretung; Übertragung einer Forderung; 양도인에 대한 법
적 행위 BGB 407 Rechtshandlung gege-
über dem bisherigen Gläubiger.
→ cessio legis.

채권자목록 InsO 152

Gläubigerverzeichnis.

채권자보호 AktG 225 Gläubigerschutz.

채권자비호죄 StGB 283c
Gläubigerbegünstigung.

채권자소송 ZPO 75 Gläubigerstreit.

채권자지체 BGB 293
Gläubigerverzug (Verzug des Gläubigers)
→ Annahmeverzug (수령지체).

채권자취소권 AnfG 3
Gläubigeranfechtung.

채무 (의무, 구속성) → Verbindlichkeit.

채무승인 BGB 781 Schuldanerkenntnis.

채무약속 BGB 780 Schuldversprechen.

채무에 좇지 아니한 급부 BGB 281 Nicht
wie geschuldet erbrachte Leistung.

채무원인 AO 260 Schuldgrund.

채무인수 BGB 415 Schuldübernahme.

채무자비호죄 StGB 283d
Schuldnerbegünstigung.

채무자의 유책성 BGB 276
Verantwortlichkeit des Schuldners.

채무자지체 BGB 286 Schuldnerverzug
(Verzug des Schuldners).

채무정리계획 InsO 305
Schuldenbereinigungsplan.

채무초과 InsO 19 Überschuldung.

채용보조금 SGB 3 218
Eingliederungszuschuß.

책무 StGB 11(1) Nr.4 Obliegenheit.

책문권 Rügenrecht.

책임, 귀책성, 부책성
Schuld, Verantwortlichkeit, Haftung
→ Schuld.

책임결정 AO 191 Haftungsbescheid.

책임문제에 관한 표결 StPO 263
Abstimmung über die Schuldfrage.

책임(의무)법 HaftPflG 1
Haftpflichtgesetz.

책임보험 VVG 100
Haftpflichtversicherung.

책임분리 Schuldinterlokut → Zweiteilung.

책임원칙 StGB 46 Schuldprinzip.

책임자 (개인데이터) BDSG 3(7)
Verantwortliche Stelle.

책임준비금 HGB 341f; VAG 65
Deckungsrückstellung.

책임채무자 AO 191 Haftungsschuldner.

처벌 OWiG 1 Ahndung.

처벌요구 StGB 77e, StGB 104a
→ Strafverlangen.

처분 StGB 11(1) Nr.8
Maßnahme; Maßregel;
처분(명령) StPO 304 Verfügung.

처분에 대한 수회의 명령 StGB 67f
Mehrfache Anordnung der Maßregel.
처분의 병합 StGB 72 Verbindung von
Maßregeln.
처분의 집행의 변경 (다른 처분의 집행에
로의 변경) StGB 67a
Überweisung in den Vollzug einer anderen Maßregel.

처분금지효 ZPO 829 Inhibitorium.

처분(권)주의 Dispositionsmaxime (Verfügungsgrundsatz).

처분행위 StGB 253, 263 Vermögensverfügung.

처우조사 StVollzG 6 Behandlungsuntersuchung.

철도 AEG 2 Eisenbahn; 일반철도법 (Allgemeines Eisenbahngesetz).

철회 Widerruf.

철회절차(형의 유예)에 있어서의 가조치 StPO 453c Vorläufiger Maßnahmen im Widerrufsverfahren.
→ Widerruf eines rechtmäßigen Verwaltungsaktes.

철회가능부 공무원 BBG 32 Beamte auf Widerruf.

첩보기관정보수집죄 StGB 99 Geheimdienstliche Agententätigkeit.

청각·언어장애자의 선서 StPO 66 Vereidigung hör- oder sprachbehinderter Personen.

청구대상 ZPO 253; StPO 404(1) S.2 Gegenstand Anspruchs.

청구원인 ZPO 304; StPO 404 Anspruchsgrund (Grund des Anspruchs; Klagegrund).

청구이의의 소 ZPO 767 Vollstreckungsabwehrklage.

청구인 → Antragsteller.

청구취지 (소의 신청) ZPO 253, 256(2) Klageantrag.

청구취지 (소의 신청) Klageantrag.

청년 SGB 8 7 Nr.3 Junger Volljähriger.

청문 (법적 ~) GG 103(1) Rechtliche Gehör.

청문절차 (진술청취절차) VwVfG 73 Anhörungsverfahren.

청산 BGB 47 Liquidation; AktG 264 Abwicklung.

청산인 (사단의 ~) BGB 48 Liquidator; (회사의 ~) AktG 265 Abwickler.

청산청구권 BGB 1378 Ausgleichsforderung.

청소년 Jugendliche → Jugend.

청소년 및 연장소년에 대한 특별규정 StGB 10 Sondervorschriften für Jugendliche und Heranwachsende.
청소년 및 연장소년에 대한 집행 OWiG 98 Vollstreckung gegen Jugendliche und Heranwachsende.

청소년보호법 JuSchG 1 Jugendschutzgesetz.

청소년유해 기록미디어 JuSchG 15 Jugendgefährdende Trägermedien.

청소년유해 미디어목록 JuSchG 18 Liste jugendgefährdender Medien; ~의 관리 JuSchG 24(3) Führung der ~.

→ 공개적 기록미디어목록 JuSchG 18(2) Nr.1 Öffentliche Liste der Trägermedien.
→ 절대적 배포금지대상이 되는 공개적 기록미디어 목록 JuSchG 18(2) Nr.2 Öffentliche Liste der Trägermedien mit absolutem Verbreitungsverbot
→ 비공개적 미디어목록 JuSchG 18 Nr.3 Nichtöffentliche Liste

der Medien.
→ 절대적 배포금지대상이 되는 비공개적 미디어목록 JuSchG 18 Nr.4 Nichtöffentliche Liste der Medien mit absolutem Verbreitungsverbot.

청소년유해 미디어심의위원회 JuSchG 17 Bundesprüfstelle für jugendgefährdende Medien (BPjM).

청약 BGB 145 Antrag.

청약서 AktG 185 Zeichnungsschein.

청약의 유인 Invitation ad offerendum (Einladung zur Abgabe eines Angebots; Anpreisung).

청약(출자)자본금 HGB 272 Gezeichnetes Kapital (subscribed capital) → Eigenkapital (자기자본금).

청원권 GG 17a Petitionsrecht.

청원(진정)위원회 GG 45c Petitionsausschuß.

체결사기 StGB 263 Eingehensbetrug.

체당금 (입체금) VwKostG 1, 10(1); StPO 464d Auslage.

체류법 AufenthG 1 Aufenthaltsgesetz.

체류허가 AufenthG 7 Aufenthaltserlaubnis.

체벌 BGB 1631(2) Körperliche Bestrafungen.

체약대리상 VVG 45 (a.F.) Abschlußagent.

체포 StPO 103 Ergreifung (~ des Beschuldigten).

체포할 목적으로 (zum Zweck seiner Ergreifung); 체포되다(적발되다) Betreffen (현행범으로 ~: auf frischer Tat betroffen werden).

체포권 StVollzG 87 Festnahmerecht.

체포의 중지 (담보부 석방) StPO 127a Absehen von der Festnahme.

체포지 StPO 9 Ergreifungsort.

초과보험 VVG 74 Überversicherung.

초기성년 Jungerwachsene → Jugend.

초기(당초)재산 BGB 1374 Anfangsvermögen.

초동개입에 의한 소추 OWiG 57(2) im ersten Zugriff verfolgen.

초본 StPO 275(4) Auszug.

초상권 KunstUrhG 22 Recht am eigenen Bild.

초야권 Ius primae noctis (Das Recht der ersten Nacht).

초회(제1회)보험료 VVG 37 Erstprämie.

촉탁 ZRHO 5 Ersuchen.

촉탁살인죄 StGB 216 Tötung auf Verlangen.

총괄계상 HGrG 12 Bruttoveranschlagung.

총괄저당 BGB 1132(1) Gesamthypothek.

총기사용 StVollzG 99, 100 Schußwaffengebrauch.

형집행에 있어서의 총기사용 StVollzG 178(3) ~ beim Vollzug.

다중속에 있는 사람에 대한 총기사용
MEPolG 43 ~ gegen Personen in einer
Menschenmenge.

총액벌금제 StGB 40
Gesamtsummensystem.

총체적 구성요건
Gesamt Umrechtstatbestand.

최고 BGB 286 Mahnung
→ Mahnverfahren (독촉절차).

최고가경매인 ZPO 817 Meistbietende.

최상급법원 (연방의) GG 95
Oberster Gerichtshof.

최상한 (최고상한; 상한) StGB 38
Höchstmaß → Mindestmaß.

최저경매가격 ZPO 817a(1)
Mindestgebot.

최저근로조건 MiArbG 1(2) Mindestarbeitsbedingung; ~결정법 (~en-Gesetz).

최저근로조건 본위원회 MiArbG 2, 3(2)
Hauptausschuß für Mindestarbeitsbedingungen.

최초의 신문 StPO 136 Erste Vernehmung.

최초조림 BWaldG 10 Erstaufforstung.

최하한 (최저하한; 하한) StGB 38
Mindestmaß oder Mindeststrafe.

최혜국대우의 배제 ZG 22 Ausschluß der
Meistbegünstigungsbehandlung.

최후의 수단 Ultima Ratio
(letzte (ultimative) Lösung).

최후진술권 StPO 258, 326
Recht zum letzten Wort (Schlußvorträge,
Schlußantrage).

추가공급(분책) 저작물 UrhG 67
Lieferungswerk

추가기소 StPO 266 Nachtragsanklage.

추가부양 BGB 1573(2)
Aufstockungsunterhalt

추가출자의무 GmbHG 26
Nachschußpflicht.

추구권설 StGB 259
Restitutionsvereitelungstheorie.

추급권 UrhG 26 Folgerecht; 점유자의 ~
BGB 867 Verfolgungsrecht des Besitzers.

추급효, 여후효(餘後效) StGB 2; TVG 4
Nachwirkung.

추방(전)구금 AufenthG 62
Abschiebungshaft (Abschiebehaft, Schub-
haft).

추심 (채권의 ~) BGB 49; 1078
Die Einziehung der Forderungen.
; 채권추심업자 (Inkassounternehmer)
→ Rechtsberatung.

추심명령 ZPO 836, 842
Überweisungsbeschluß zur Einziehung.

추완 BGB 439 Nacherfüllung

추월 StVO 5 Überholen.

추인 (계약의 ~) BGB 109(1)
Genehmigung (~ des Vertrags).

추인의 소급효 BGB 184
Rückwirkung der Genehmigung

추적권 (소유자의 ~) BGB 962
Verfolgungsrecht des Eigentümers.

추정적 승낙 StGB 32, 34
Mutmaßliche Einwilligung

추징 → Verfall (취득)박탈.

출국금지 PaßG 10
Untersagung der Ausreise.

출두 StPO 276 Gestellung; 관할법원에의
~ (~ vor das zuständige Gericht).

출생부 PersStdG 16 Geburtenbuch.

출생신고 (교도소 출생지의 미기재)
StVollzG 79 Geburtsanzeige
(Nicht Vermerkung der Geburtsstätte).

출생증명서 PersStdG 61c Geburtsschein.

출생지주의 Ius soli (Jus Soli, Recht des
Bodens) (Geburtsortprinzip).

출석 Erscheinen, Anwesenheit.

 출석(참여)권 StPO 168c
 Anwesenheitsrecht → Anwesenheit bei
 der richterlichen Vernehmung.
 출석권자의 면전에서 이루어지는 증인신
 문 StPO 168e Vernehmung des Zeugen in Gegenwart der Anwesenheitsberechtigten.
 출석의무의 면제 StPO 233
 Entbindung von der Verpflichtung zum
 Erscheinen in der Hauptverhandlung.
 출석의 공시최고 StPO 288
 Öffentliche Aufforderung zum Erscheinen.
 판사의 검증시 출석 StPO 168d
 Anwesenheit bei der Einnahme richterlichen Augenscheins.
 피고인의 출석의무 StPO 231
 Anwesenheitspflicht des Angeklagten
 → Entfernungsverbot.

출소기간 ZPO 958 Klagefrist.

출소자 Strafentlassen → Gefangene.

출연 BGB 516 Zuwendung

출자 (조합원의) BGB 706 Beiträge
(~ der Gesellschafter).

출자에 의한 자본증가 AktG 182(1)
Kapitalerhöhung gegen Einlagen.

출판권 VerlG 9 Verlagsrecht; ~법
(~sgesetz).

출판법 → Landespressegesetz.

출판의 자유 GG 5 Pressefreiheit.

충당금 HGB 249 Rückstellung.

충분한 이유 Schlüssigkeit.

충실의무 Treuepflicht (Loyalitätspflicht).

취거(하다) StGB 242 Wegnehmen.

취득물 StGB 73b Erlangte.

취득설 StGB 242 Apprehensionstheorie.

취득시효 BGB 937 Ersitzung.

취소 Anfechtung; Rücknahme; Aufhebung (소급효 없는).

 취소의 의사표시 BGB 143
 Anfechtungserklärung.
 취소의 효과 BGB 142; StPO 392
 → Wirkung der Anfectung.
 Wirkung der Rücknahme.
 → Rücknahme eines rechtswidrigen
 Verwaltungsaktes.

취소소송 VwGO 42 Anfechtungsklage.

취업 StVollzG 37, 39
Erwerbstätigkeit.

취업자 SGB 3 25 Beschäftigte.

취업촉진법 BeFG
Beschäftigungsförderungsgesetz.

취학의무 WRV 145 Schulpflicht.

측량되지 아니한 소유권 BoSoG 2
Unvermessenes Eigentum.

치부노출죄 StGB 183
Exhibitionistische Handlung.

치안경찰 (행정경찰, 방범경찰)
Schutzpolizei (SchuPo)
→ 사법(수사)경찰 (Kriminalpolizei).

치외법권 Exterritorialität; ~을 가진 독일
인 StPO 11 Exterritoriale Deutsche.

치우 (癡愚) Imbezillität.

친고죄와 가체포 StPO 127(3)
Antragsdelikt und vorläufige Festnahme.
↔ 비친고죄 StPO 389 Offizialdelikt.

친(권)(배려) BGB 1626
Elterliche Sorge (elterliche Gewalt a.F.).

친권의 행사 BGB 1627
Ausübung der elterlichen Sorge.

친생부인 (부성취소) Vaterschaftsanfechtung (Anfechtung der Vaterschaft).

친족 StGB 11(1) Nr.1 → Angehöriger.
 친족에 대한 구속의 (지체없는) 통지
 StPO 114b Benachrichtung der Angehörigen von der Verhaftung (Unverzügliche ~).

친족상도례 StGB 247
Hausdiebstahl und Familiendiebstahl.

침략전쟁 GG 26 Angriffskrieg.

침략전쟁 선동죄 StGB 80a
Aufstacheln zum Angriffskrieg.

침략전쟁 예비죄 StGB 80
Vorbereitung eines Angriffskriegs.

침묵하는 자는 동의하지 않는 것으로 본
다.
Qui tacet consentire non videtur (Wer
schweigt, scheint nicht zuzustimmen).

침입절도 및 열쇠절도 StGB 243(1) Nr.1
Einbruchs- und Nachschlüsseldiebstafhl

침해유보 Eingriffsvorbehalt.

칭호·직명·휘장 등 모용죄
StGB 132a Mißbrauch von Titeln,
Berufsbezeichnungen und Abzeichen.

카

카논, 해석방법(기준) Canones.

카논법 Ius canonicum.

카롤리나 형사법전 Constitutio Criminalis Carolina (CCC) (Carolina von 1532).

카르텔관청 GWB 48 Kartellbehörde.

카르텔금지 (Kartellverbot) → Verbot wettbewerbsbeschränkender Vereinbarung.

컴퓨터방해죄 StGB 303b Computersabotage.

컴퓨터사기죄 StGB 263a Computerbetrug.

컴퓨터프로그램 UrhG 69a Computerprogramm.

콘체른 및 콘체른기업 AktG 18 Konzern und Konzernunternehmen.

    계약콘체른 Vertragskonzern.
    사실상의 콘체른 Faktischer Konzern.
    편입콘체른 Eingliederungskonzern.

콘체른결산서 및 콘체른영업보고서 HGB 290 Konzernabschluß und Konzernlagebericht.

콘체른사업장협의회 BetrVG 54 Konzernbetriebsrat.

쾌락살인 (음락살인) Lustmord.

크라우자우 회의 Krausauer Kreis → Rechtsschänder.

클로닝 (동질체) ESchG 6 Klonen.

클리어스트림社 → Clearstream International S.A.

타

타낙태 StGB 218 Drittabtreibung
= Fremdabtreibung.

타인간의 일 Res inter alios acta (Dinge
getan zwischen Anderen).

타인에 의하여 한 자는 스스로 한 것으로
본다.
Qui per alium facit, per se ipse facere
videtur (Wer etwas durch einen anderen
tut [tun lässt] wird (an)gesehen, (als)
habe er es (durch) sich selbst getan).

타인을 위한 보험 VVG 43
Versicherung für fremde Rechnung.

타인을 위한 행위 OWiG 9, StGB 14
Handeln für einen anderen.

타인을 통하여 행위하는 자는 스스로 행
위를 하는 자이다
Qui facit per alium facit per se
(Wer durch einen andern handelt, handelt
selbst)

타인의 비밀이용죄 StGB 204
Verwertung fremder Geheimnisse

타절차에의 종속성 StPO 154e
Anhängigkeit des anderen Verfahren.
→ Absehen von der Verfolgung bei fal-
scher Verdächtigung oder Beleidigung.

타지지급어음 Domizilwechsel → 제3자방
(타소)지급어음 (Zahlstellenwechsel).

탄핵소송 Akkusationsprozeß.

탄핵소추 GG 61 Anklage vor dem Bundesverfassungsgericht (연방헌법재판소에의 ~)

탄핵주의 = 소추주의 StPO 151
Akkusationsprinzip = Anklageprinzip.

탈리오의 법칙
Talion (ius talionis) (Talionsprinzip).

탈법행위의 금지 BGB 306a
Umgehungsverbot.

탈세(범죄) AO 370 Steuerhinterziehung.

  AO 371 Selbstanzeige bei Steuerhinterziehung 탈세의 자수.

탈출하다 (폭력에 의해) StGB 121(1),
Nr.2 Ausbrechen (gewaltsam ~).

탈퇴 (사단으로부터의) BGB 39 Austritt
aus dem Verein.

탐문 StPO 163 Herumfragen.

태아 BGB 1912 Leibesfrucht.
→ Nasciturus.

태아는 그 이익에 관한 한 이미 출생한
것으로 본다.
Nasciturus pro iam nato habetur, quotiens de commodis eius agitur.
(Die Leibesfrucht wird dem bereits Geborenen gleichgestellt, insofern es seinem
Vorteil dient)

태업목적 첩보활동죄 StGB 87
Agententätigkeit zu Sabotagezwecken.

태업예비행위 StGB 87
Vorbereitung von Sabotagehandlungen.

태업행위 StGB 87(2)
Sabotagehandlung.

태형 Prügelstrafe.

테러단체조직죄 StGB 129a

Bildung terroristischer Vereinigungen.

테러자금지원 GwG 1(2)
Terrorismusfinanzierung.

텔레미디어법 TMG Telemediengesetz.

텔레(전자)서비스
TDG 2 (a.F.) Teledienst.

토양오염죄 StGB 324a
Bodenverunreinigung.

토의 BTGO 23 Aussprache.

토지관할 StPO 16
Örtliche Zuständigkeit.

토지구획 BoSoG 7 Bodensonderung; ~
법 (~sgesetz).

토지대장 GBO 2 Liegenschaftskataster.

토지매장물, 토지구성부분의 채굴, 채취
StGB 329(3) Nr.1 Abbau oder Gewinn von
Bodenschätzen, Bodenbestandteilen

토지목록 BoSoG 8(3); SPV 4
Grundstücksliste.

토지이용(도시기본)계획 BauGB 5
Flächennutzungsplan.

토지정리 BauGB 45ff. Bodenordnung.

통관신고 ZK 62 Zollanmeldung.

통관절차에서 물품의 통관 ZK 59
Überführung von Waren in ein Zollverfahren.

통상법원 GVG 12, 13
Ordentliche Gericht.

통상해지 (임대인의 ~) BGB 573
Ordentliche Kündigung (des Vermieters).

통신법 TKG Telekommunikationsgesetz.

통신시설교란죄 StGB 317 Störung
von Telekommunikationsanlagen
← Störung von Fernmeldeanlagen a.F. (통
신설비방해).

통신판매계약 BGB 312b
Fernabsatzvertrag

통역인 StPO 259 Dolmetscher
(Notwendige Bekanntmachungen).

통일경찰법 모범안 (연방과 주의 ~)(1977
내무장관 결정) MEPolG Mustenwurf
eines einheitlichen Polizeigesetzes des
Bundes und Länder.

통일조약 EinigVtr Einigungsvertrag.

통지 StPO 107 서면통지하다(eine schrift-
liche Mitteilung zu machen) StPO 101, 287
관계인에게 집행된 처분에 관하여 통지하다
(Von den getroffenen Maßnahmen sind die
Beteiligten zu benachrichtigen); 불기소통지
StPO 171 Einstellungsbescheid.
→ Mitteilung, Bekanntgabe.

통지권 (절차의 경과에 대한 ~) StPO 287
Anspruch auf Benachrichtigung (über den
Fortgang des Verfahrens).

통치권 Herrschaftsgewalt; StGB 92
Botmäßigkeit.

통치행위 Regierungsakt.

통행료징수 FStrPrivFinG 2
Mautgebührenerhebung.

통화·문서위조를 위한 물건의 제조 또는
사용죄 OWiG 127
Herstellen oder Verwenden von Sachen,
die zur Geld- oder Urkundenfälschung
benutzt werden können.

통화 및 유가증표위조 예비죄 StGB 149

Vorbereitung der Fälschung von Geld und Wertzeichen.

통화 및 유가증표위조의 감정 StPO 92

Gutachten bei Geld- oder Wertzeichenfälschung.

통화 및 유가증표위조의 혐의 StPO 92
Verdacht einer Geld- oder Wertzeichenfälschung.

통화위조죄 StGB 146 Geldfälschung.

퇴거명령 MEPolG 12 Platzverweisung.

퇴임 GemO BW 31 Ausscheiden.

퇴정 Abtreten; Entfernung.

　증인의 퇴정 StPO 243(2) Abtreten der Zeugen.
　질서위반적 행동으로 인한 피고인 퇴정 (~후의 공판: Verhandlung nach ~) StPO 231b Entfernung des Angeklagten wegen ordnungswidrigen Benehmens.
　퇴정금지 StPO 231 Entfernungsverbot.

퇴직공무원 BBG 6(4) Ruhestandsbeamte.

퇴직금 (전환급여) BVerfGG 100
Übergangsgeld.

투자법 InvG 1 Investmentgesetz.

투자사기죄 StGB 264a
Kapitalanlagebetrug.

투자우선 InVorG 1 Investitionsvorrang;
~법 (~gesetz).

투자자대표소송법 KapMuG
Kapitalanleger-Musterverfahrensgesetz.

투표, 표결 StGB 92 Abstimmungen.

투표구 BWO 12 Wahlbezirk.

투표권 (선거권) StGB 45 Stimmrecht.

투표행위 Stimmabgabe.

특별검사인 AktG 258 Sonderprüfer.

특별결의 AktG 138 Sonderbeschluß.

특별관계 Spezialität.

특별권력관계
Besonderes Gewaltverhältnis.

특별대리인 BGB 30 Besonderer Vertreter.
→ Prozesspfleger (소송대행인).

특별도난방지 재물절도 StGb 243(1) Nr.2
Diebstahl von besonders gesicherten Sachen.

특별법관계 Sonderrechtsverhältnis.

특별법원 GVG 14 Besondere Gerichte.

특별법은 일반법에 우선한다
Lex specialis derogat legi generali
(Das speziellere Gesetz verdrängt das allgemeinere).

특별안전조치 StVollzG 88, 91
Anordnung besonderer Sicherungsmaßnahmen.

특별예방 Spezialprävention (Individualprävention) → 일반예방 (Generalprävention).

특별이익 AktG 26 Sondervorteil.

특별재산 GG 143b; BGB 310
Sondervermögen.

특별즉시해지 (중대한 사유로 인한) BGB 543 Außerordentliche fristlose Kündigung aus wichtigem Grund.

특별표준차임표 (특별차임일람표)
BGB 558d Qualifizierter Mietspiegel

특별한 공무의무자 StGB 11(1) Nr.4
Für den öffentlichen Dienst besonders Verpflichteter.

특별한 법정 감경사유 StGB 49
Besondere gesetzliche Milderungsgründe.

특별한 비밀유지의무 침해죄 StGB 353b
Verletzung einer besonderen Geheimhaltungspflicht.

특별한 인적 표지 StGB 14(1), 28
Besondere persönliche Mermale.

특별해고 KSchG 13
Außerordentliche Kündigung.

특별형사부 StPO 6a
Besondere Strafkammer; 특별관할을 가지
는 형사부 StPO 209a Strafkammern mit
besonderer Zuständigkeit.

특수상해죄
→ Gefährliche Körperverletzung.

특유재산 BGB 1417 Sondergut

특이성 (特異性); 특이한 행위
Auffälligkeit.

특정한 불복논점의 제한 StPO 318
Beschränkung auf bestimmte Beschwerdepunkte.

특정행위이행소송 (집행소송)
Vornahmeklage.

특허 PatG 1(1) Patent ; 인허, 공무위탁
Konzession (von lat.: concedere = zuge-
stehen, erlauben) (Verleihung); 특허법
(Patentgesetz).

특허공개서류 PatG 32(2)
Patentoffenlegungsschrift.

특허권소유자 PatG 9 Patentinhaber.

특허명세서 PatG 32(3) Patentschrift.

특허법원 PatG 65 Patentgericht.

특허부여청구권 PatG 7
Patenterteilungsanspruch (Anspruch auf
Erteilung des Patents).

특허출원 PatG 34 Patentanmeldung.

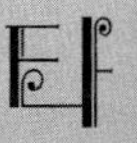

ㅍ

파견근로자 AÜG 1 Leiharbeitnehmer.

파견자 AÜG 1 Verleiher.
→ Leiharbeitnehmer.

파견형사부 GVG 78
Auswärtige Strafkammer.

파기 (판결의) Aufhebung des Urteils.

파기자판하다 StPO 328
Unter Aufhebung des Urteils in der
Sache selbst erkennen.
→ 자판 (Eigene Sachentscheidung).
파기판결의 기초가 된 법률상의 판단
StPO 358 die rechtliche Beurteilung,
die der Aufhebung des Urteils zugrunde liegt.

파산범죄 Insolvenzdelikt.

파산죄 StGB 283 Bankrott.

파산죄의 특히 중한 경우 StGB 283a
Besonders schwerer Fall des Bankrotts.

파탄의 추정 BGB 1566 Vermutung für
das Scheitern.

파탄주의 BGB 1565 Scheitern der Ehe
(Zerrüttungsprinzip).

판결 StPO 260 Urteil.

판결기록 StPO 275 Urteilsniederschrift.
판결법관 ZPO 309 Erkennender Richter.
판결선고 StPO 212 Aburteilung.
판결선고에 선행하는 재판 StPO 305,
338 Entscheidungen vor der Urteilsfällung (→ Erkennendes Gericht).

판결에 기재된 사실 (법률요건사실)
ZPO 314 Tatbestand (Der ~ des Ur-
teils).
판결의 경정 ZPO 319
Berichtigung des Urteils.
판결의 대상 StPO 264
Gegenstand des Urteils.
판결의 사실확정 StPO 353(2)
Urteilsfeststellung.
판결의 선고(고지) StPO 260, 268, 356
Verrkündung des Urteils
= Urteilsverkündung.

판결문 StPO 275 Urteilsniederschrift.

판결문 서두 StPO 275(3)
Urteilskopf (Rubrum) (lat., Rotes).

판결의 도출(도달) StPO 226
Urteilsfindung.

판결이유 StPO 267 Urteilsgründe.

판결주문 StPO 260(4) Urteilsformel;
VwGO 113 Urteilstenor.

판단여지설 Spielraumtheorie.

판사 StGB 11(1) Nr.3 Richter.

판사의 검증시 출석 StPO 168d
Anwesenheit bei der Einnahme richterlichen Augenscheins.
판사의 (기피)신고 StPO 30
Anzeige eines Richters.
판사의 신문시 출석 StPO 168c
Anwesenheit bei der richterlichen Vernehmung.
판사의 조서작성 StPO 168
Protokollführrung.
판사직 DRiG 5 Richteramt
(Befähigung zum ~ : ~자격).

패소자 ZPO 75 Unterliegender.
↔ 승소자 Obsiegender.

패소한 상소 StPO 473

Erfolglos eingelegten Rechtsmittel.

페데, 사투 Fehde.

편 (篇) Kapitel (Buch) → Abschnitt; 장 (章) → Unterabschnitt 절(節).

편면적 공동정범 Einseitige Mittäterschaft.

편면적 종범
Einseitige Beihilfe (Heimliche Beihilfe).

편입회사 AktG 319
Eingegliederte Gesellschaft.

편집저작물 UrhG Sammelwerk.

평가법 (감정) BewG 1
Bewertungsgesetz.

평균적 정의 Ausgleichende Gerechtigkeit (Kommutative Gerechtigkeit, iustitia commutativa).

평등원칙 GG 3 Gleichheitsgrundsatz.

평등화계획 BGleiG 11
Gleichstellungsplan.

평화배반 Friedensverrat.

평화위험죄 StGB 100
Friedensgefährdende Beziehungen.

폐기(처분) StPO 407(2) Nr.2; MEPolG 23 (4) Vernichtung.→ Unbrauchbarmachung.

폐기물 KrW-/AbfG 3 Abfälle.

폐기물제거 (Abfallbeseitigung) → 무권한폐기물처리죄 StGB 326 (Unerlaubter Umgang mit gefährlichen Abfällen).
폐기물처리 KrW-/AbfG 3(7)
Abfallentsorgung.

폐쇄시설 (교도소) StVollzG 13(4)
Geschlosse Anstalt (Anstalt des geschlos-

senen Vollzugs).

폐쇄집행 StVollzG 10
Geschlossener Vollzug.

폐점법 LadSchlG Ladenschlußgesetz; 폐점시간 LadSchlG 3 Ladenschlußzeit.

폐지의 소 BGB 1447 Aufhebungsklage.

폐지주의 Abolitionismus.

폐해 (부담, 행패) StGB 183 Belästigen. → Belästigung.

포괄승계 BGB 1922
Gesamtrechtsnachfolge.

포괄일죄
→ Rechtliche Handlungseinheit.

포괄적 구성요건 Auffangbestand.

포괄적 채권양도 Globalzession.

포박 (포승), 수갑 StVollzG 90; MEPolG 40 Fesselung.

포섭적 (抱涉的) Übergreifend.

폭력문서반포죄 StGB 131
Gewaltdarstellung.

폭력범죄 Gewaltkriminalität(verbrechen); Crimen vis.

폭력음란문서반포죄 StGB 184a
Verbreitung gewalt- oder tierpornographischer Schriften.

폭력에는 폭력으로 되돌린다
Vim vi repellere licet (Es ist erlaubt, Gewalt mit Gewalt zurückzuschlagen)

폭력행위 (인간에 대한); 폭행 (사람 또는 물건에 대한) Gewalttätigkeit.

폭로협박에 의한 강요나 공갈; 기소재량;
상타제 StPO 154c
Ermessenheit bei Nötigung oder Erpressung:
Chantage.

폭발 또는 방사선범죄의 예비죄 StGB 310
Vorbereitung eines Explosions- oder Strahlungsverbrechen.

폭발물폭발야기죄 StGB 308
Herbeiführen einer Sprengstoffexplosion.

폭행, 폭력, 가벼운 폭행
Gewalt. Gewalttätigkeit, Tätlichkeit

표본이용죄 UWG 18
Verwertung von Vorlagen.

표시의사 Erklärungswille
→ 의사표시 Willenserklärung.
　　효과의사 Geschäftswille.

표식권 MarkenG 1 Kennzeichenrecht.

표제 StPO 260(4) Überschrift.
→ Bezeichnung des Gesetzes.

표준교환(제도) ZK 154
Standardaustausch.

표준지가 (법정지가, 공시지가)
BauGB 196 Bodenrichtwert.

표준차임표 (표준임대료표, 차임일람표)
BGB 558c Mietspiegel

표현대리 → Anscheinsvollmacht (외관대
리).

표현범 Ausdrucksdelikt.

표현의 자유 (의사표명의 자유) GG 5
Meinungsfreiheit.

프로이센 경찰행정법 PVG
Preußisches Polizeiverwaltungsgesetz.

피고 Beklagten ↔ 원고 Kläger.

피고인 StPO 157 Angeklagter (공판피고
인).→ Angeschuldigter (공소피의자, 피고인).

　피고인에 불이익한 재판의 표결 StPO
　263 Abstimmung.
　피고인을 위한 법규
　StPO 339 Rechtsnormen zugunsten des
　Angeklagten.
　피고인의 불이익을 위한 재심
　StPO 362 Wiederaufnahme zuungun-
　sten des Angeklagten.
　피고인의 불출석 StPO 230, 329, 412
　Ausbleiben des Angeklagten.
　(Nichterscheinen des Angeklagten)
　피고인의 불출석한 공판에서 변호인의
　권한 StPO 234a Verteidigerbefugnisse
　bei Abwesenheitsverhandlungen.
　피고인의 조력과 대리 StPO 387
　Beistand und Vertretung des Ange-
　klagten).
　피고인의 증거신청 StPO 219
　Beweisantrag des Angeklagten.
　피고인의 진술여부에 대한 질문 StPO
　257 Befragung des Angeklagten.
　피고인의 출석의무 StPO 231
　Anwesenheitspflicht des Angeklagten.
　피고인의 퇴정 StPO 247
　Entfernung des Angeklagten aus dem
　Sitzungszimmer.

피구금자 → Gefangene; Verhaftete.

피구금자, 관청의 피감호자, 시설의 환자
와 요부조자에 대한 성적 남용죄
StGB 174a Sexueller Mißbrauch von
Gefangenen, Verwahrten, Kranken.

피구금자와 (불법)교통죄 OWiG 115
Verkehr mit Gefangenen.

피구금자의 수용 StPO 119
Unterbringung des Verhafteten.

피구금자폭동죄 StGB 121
Gefangenenmeuterei.

피드백 Rückkopplung (Rückkoppelung oder Feedback).

피박해자 BerRehaG 1 Nr.4 Verfolgte.

피보험물 (보험의 목적) VVG 95
Versicherte Sache.

피보험이익 VVG 80
Versicherte Interesse.

피보험자 VVG 44 Versicherte.

피보호자에 대한 성적 남용죄 StGB 174
Sexueller Mißbrauch von Schutzbefohlenen.

피보호자학대죄 StGB 225
Mißhandlung von Schutzbefohlenen.

피살자, 사망자 StGB 216; SHG 9(2)
Getötete (der ~).

피상속인 Erblasser ↔ 상속인 (Erbe).

피선거권의 상실 StGB 45
Verlust der Wählbarkeit.

피유괴자 → Entführung mit Willen der Entführten.

피의자 StPO 157 Beschuldigte
→ Angeschuldigter (공소피의자).
→ Angeklagter (피고인).

　피의자신문 StPO 163a
　Beschuldigtenvernehmung.
　피의자에 대한 고지 StPO 394
　Bekanntmachung an den Beschuldigten.
　피의자의 증거신청 StPO 166
　Beweisantrag des Beschuldigten.
　피의자의 증거의 조사 StPO 166
　Beweiserhebung.
　피의자초상의 공개 StPO 131b
　Veröffentlichung von Abbildungen eines Beschuldigten.

피체포자 StPO 131(2)(a.F.)
Festgenommener.

피추방자 BVFG 1 Vertriebener.

피추적자 StPO 131 Verfolgte.

피해자

　(국가배상(책임)법의 대상) SHG 2(4)
　Geschädigte; (형사)~ Verletzte;
　↔ 가해자 Schädiger;
　신청자의 상소 StPO 406a
　Rechtsmittel des Antragstellers.
　판결의 집행 (배상신청) StPO 406b
　Vollstreckung des Urteils.
　피해자에 대한 소송결과의 통지
　StPO 406d Mitteilung des Verfahrens-
　ausgangs an den Verletzten.

피해자원호 StRehaG 21
Beschädigtenversorgung.

피해자의 승낙 StGB 228
Einwilligung des Verletzten.

피해자학 Viktimologie.

피해자화 Viktimisierung
→ Sekundäre ~.

피후견인 BGB 1793 Mündel.

　피후견인의 금전 BGB 1806
　Mündelgeld.
　피후견인의 실종과 사망선고 BGB 1884
　Verschollenheit und Todeserklärung des Mündels.

필요적 경비에 관한 재판
Auslagenentscheidung → 비용에 관한 재판. Entscheidung über die Kosten.

필요적 공동소송 ZPO 62
Notwendige Streitgenossenschaft.

필요적 변호 StPO 140
Notwendige Verteidigung.

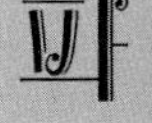

하

하급법원 Gerichts niederer Ordnung.

하급법원에로의 이송금지 StPO 269
Keine Verweisung an Gericht niederer
Ordnung.
하급법원의 관할 StPO 209 Zuständigkeit eines Gerichts niederer Ordnung.
하급법원의 기속 StPO 35 Bindung
des Untergerichts (~ der reformatio in
peius).

하급심 StPO 23 Unterer Rechtszug.

하노버지역법 GRH 1 Gesetz über die (→)
Region Hannover.

하늘이 무너져도 정의는 세워라
Fiat justitia, ruat coelum (Fiat justitia et
pereat mundus).
Es soll Gerechtigkeit geschehen, und gehe
die Welt darüber zugründe.

하자예측 Fehlerkalkül.

하자의 치유 (절차 및 형식상의)
VwVfG 45 Heilung von Verfahrens- und
Formfehlern.

하자있는 문서의 증명력 ZPO 419
Beweiskraft mangelbehafteter Urkunden.

하자있는 행정행위의 전환 VwVfG 47(1)
Umdeutung eines fehlerhaften Verwaltungsaktes.

하자제거청구권 BGB 633
Mängelbeseitigungsanspruch.

하자(담보)책임 BGB 600 Mängelhaftung.

학대 StGB 223 Mißhandlung.

학습된 무기력 (Theorie von der ~)
Erlernte Hilflosigkeit (~이론).

학습이론 Lerntheorie.

한시법 StGB 2(4) Zeitgesetz.

한정된 수 (수의 제한) Numerus clausus;
System des ~ der Sachenrechte 물권법
정(한정)주의.

한정책임능력 StGB 21
Verminderte Schuldfähigkeit.

할당 StVollzG 37 Zuweisung.

할부(지급)거래 BGB BGB 499(2); 502
Teilzahlungsgeschäft

할스(중죄)형사령 (형사재판규칙)
Halsgerichtsordnung.

할인 (어음과 수표의 ~)
StGB 265b(3) Nr.2 Die Diskontierung
von Wechseln und Schecks.

할증액(보험료), 할인액, 특별보험료
SGB 7 162
Zuschläge, Nachlässe, Prämien.

합리화카르텔 (구) GWB 5 (a.F.)
Rationalisierungskartell.

항목분류 HGB 265 Gliederung.

합동위원회 GG 53a, 115e
Gemeinsamer Ausschuß.

합명회사 HGB 105
Offene Handelsgesellschaft (OHG)

합법성(법적합성) Legalität (Gesetzmäßigkeit).

합법칙적 조건설
Lehre von der Gesetzmäßigen Bedingung.

합병 UmwG 2 Verschmelzung.

합수적 구속 BGB 719
Gesamthänderische Bindung.

합유재산 BGB 1416 Gesamtgut.

합의 KWG 1a(9) Einvernehmen.

합의 및 등기 BGB 873 Einigung und
Eintragung.

합의관할 ZPO 38
Gerichtsstandsvereinbarung.

합의부(체) BVerfGG 1(3); 16 Plenum;
GVG 21e Spruchkörper.

합의와 표결 GVG 194
Beratung und Abstimmung.

합의이혼 ZPO 630
Einverständliche Scheidung.

합의제 법원 Kollegialgericht.

합의제 전문관청 StPO 256
Kollegiale Fachbehörde.

합자회사 HGB 161
Kommanditgesellschaft (KG)
→ Personenhandelsgesellschaft.

합필 GBO 6 Zuschreibung.
↔ 분필 (Abschreibung).

항 (項) StPO 260(4) Absatz (Abs.)
→ Paragraphen.

항고 Beschwerde

  항고법원의 조치 StPO 308
  Recht des Beschwerdegerichts.
  항고심(항고에 관한 재판)에 대한 불복
  StPO 310(2) Anfechtung der auf eine
  Beschwerde ergangenen Entscheidun-
  gen.
  항고의 제기 StPO 306
  Einlegung der Beschwerde.
  항고인(항소인, 상고인); StPO 326
  Beschwerdeführer; 피항고인 StPO
  311a Beschwerdegegner (= Gegner des
  Beschwerdeführers).
  항고재판 StPO 309
  Entscheidung über die Beschwerde
  항고할 수 없는 재판 StPO 305
  Einschränkung der Beschwerde im
  Hauptverfahren.
  항고할 수 있는 재판 StPO 304
  Zulässigkeit der Beschwerde.

항공교통과 해상교통에 대한 공격죄
StGB 316c Angriff auf den Lufts- und
Seeverkehr.

항공법 LuftVG 1 Luftverkehrsgesetz.

항공운송인 LuftVG 45 Luftfrachtführer.

항변 Einrede; WG 17 Einwendung (어
음)항변; → 동시이행의 항변(권) BGB 320
Einrede des nicht erfüllten Vertrags.

항소 StPO 312 Berufung.

  항소불허용시 결정에 의한 각하
  StPO 322 Verwerfung durch Beschluss
  im Falle der unzulässigen Beruf.
  항소와 원상회복신청 StPO 315
  Berufung und Antrag auf Wiedereinsetzung in den vorigen Stand.
  항소의 제기 (방식과 기간) StPO 314
  Berufungseinlegung (Form und Frist
  der ～).
  항소의 제기의 지체 StPO 319
  Verspätete Berufungseinlegung.
  항소이유(서) StPO 317
  Berufungsbegründung; StPO 320 →
  Rechtfertigung der Berufung.
  항소인 (항고인, 상고인) StPO 326
  Beschwerdeführer;
  ↔ 피항소인 Beschwerdegegner
  (= Gegner des Beschwerdeführers).
  항소인용 (허가) StPO 313 Annahme

der Berufung (Berufungsannahme).
항소(고)장 StPO 317
Beschwerdeschrift.
항소판결 StPO 328 Berufungsurteil.
항소허가 (허가상소) ZPO 511(4)
Zulassungsberufung.

해고금지 KSchG 18
Entlassungssperre.

해고제한법 (해고보호법) KSchG
Kündigungsschutzgesetz.

해방범죄학 Kriminologie der Befreiung.

해상보험 VVG 209 Seeversicherung.

해상에서의 환경범죄 (~의 재판적) StPO
10a Umweltkriminalität auf dem Meer.

해상(물품)운송인 HGB 606 Verfrachter.

해석 Auslegung.

해석론 De lege lata (Lex lata).

해석학적 순환
Hermeneutische Zirkel.

해소청구권 BGB 749
Aufhebungsanspruch.

해악의 고지 StGB 253
Androhung des Übels.

해안수 (연안수) WHG 1(1) Nr.1a
Küstengewässer.

해약금 BGB 336(2) Reugeld.

해제 BGB 349 Rücktritt; 해제권 (법정~)
BGB 323 Rücktrittsrecht (gesetzliche ~).

해제되지 아니한 담보의 귀속
Verfall einer noch nicht frei gewordenen
Sicherheit StPO 124 ← Sicherheitsverfall
(Verfall der Sicherheit).

해제조건 Auflösende Bedingung (resolutive Bedingung, Resolutivbedingung).

해지(해약)권 BGB 489; VGG 11(2)
Kündigungsrecht.

해지기간 (근로관계에서) BGB 622
Kündigungsfristen (bei Arbeitsverhältnissen).

해태행위의 추완 StPO 45
Nachholung der versäumten Handlung.

핵기술시설 부실시공죄 StGB 312
Fehlerhafte Herstellung einer kerntechnischen Anlage.

핵시설보유자의 책임 AtG 25 Haftung
für Kernanlagen → Kernanlage.

핵에너지에 의한 폭발야기죄 StGB 307
Herbeiführen einer Explosion durch Kernenergie.

행위기초의 교란 (사정변경) BGB 313
Störung der Geschäftsgrundlage.

행위단일 Handlungseinheit.

행위대리권 HGB 54
Handlungsvollmacht.

행위무능력 BGB 104
Geschäftsunfähigkeit.

행위분담(기여) StGB 24 Tatbeitrag.

행위분리 Tatinterlokut → Zweiteilung.

행위시 OWiG 6 Zeit der Handlung.

행위자-피해자-화해 StGB 46a
Täter-Opfer-Ausgleich.

행위(범행)지배 Tatherrschaft.00

행위지법 Lex loci actus

(Recht Handlungsortes).

행위책임 MEPolG 4
Verantwortlichkeit für das Verhalten von Personen.

행위태양 (유형), 변형 Variante = Var..

행장감독 StGB 68 Führungsaufsicht.

행장감독과 보호관찰을 위한 형의 연기
StGB 68g Führungsaufsicht und Aussetzung zur Bewährung.
행장감독중 지시위반죄 StGB 145a
Verstoß gegen Weisungen während der Führungsaufsicht.

행정 GG 20(3) Vollziehende Gewalt
→ Gesetzgebung.

행정강제 VwVG 6
Verwaltungszwang.

행정공동체 GemO BW 59
Verwaltungsgemeinschaft.

행정관구 (도) Regierungsbezirk.

행정관청 Verwaltungsbehörde

행정관청에 대한 기속 OWiG 44
Bindung der Verwaltungsbehörde.

행정관청에 의한 소추와 처벌 OWiG 35
Verfolgung und Ahndung durch die Verwaltungsbehörde.

행정규칙 GG 84(2)
Verwaltungsvorschrift.

행정명령 Verwaltungsordnung
→ Verwaltungsvorschrift.

행정벌 Verwaltungsstrafe.

행정복권법 VwRehaG Verwaltungsrechtliches Rehabilitierungsgesetz.

행정비용법 VwKostG
Verwaltungskostengesetz.

행정사법 Verwaltungsprivatrecht.

행정심판 → Vorverfahren (사전절차).

행정응원 → Amtshilfe.

행정입법 GG 80
Rechtsetzung durch Verwaltung.

행정재판상의 구제방법 VwGO 40
Verwaltungsrechtsweg.

행정절차 VwVfG 9
Verwaltungsverfahren; ~법 (~sgesetz).

행정절차의 비형식성 VwVfG 10
Nichtförmlichkeit des Verwaltungsverfahrens.

행정절차전치후 StVollzG 109(3)
Vorausgegangenes Verwaltungsvorverfahren.

행정집행법 VwVG
Verwaltungs-Vollstreckungsgesetz.

행정판사 VwGO 25, 26
Verwaltungsrichter.

행정행위 VwVfG 35 Verwaltungsakt.

행정행위에 대한 법률상의 구제
VwVfG 79 Rechtsbehelfe gegen Verwaltungsakte.

행정행위의 이유부기 AO 121
Begründung des Verwaltungsakts.

행정협정 GG 59(2)
Verwaltungsabkommen.

행진; 시위 (StGB 106a a.F.) Aufzug.

행태 Verhalten.

행태상의 사유에 의한 해고 KSchG 1(2)
Verhaltensbedingte Kündigung.

행패 (모욕적, 심한) StGB 90a, 168
Unfug (Beschimpfender ~, Groben ~). →
Belästigung.

행패죄 OWiG 118
Belästigung der Allgemeinheit.
→ Belästigung.

행형 StVollzG 1 Strafvollzug.
→ Strafvollstreckung.

행형계획(서) StVollzG 7 Vollzugsplan.

행형목적 StVollzG 2 Vollzugsziel.

행형법 StVollzG Strafvollzugsgesetz.

행형보수등급규칙 StVollzVergO
Strafvollzugsvergütungsordnung.

행형시설연합회 StVollzG 150
Vollzugsgemeinschaft.

행형시설의 차별화 StVollzG 141
Differenzierung der Anstalten.

향상교육 (계속교육, 추가교육, 보습교육)
BBiG 1(4) Berufliche Fortbildung; Berufliche Weiterbildung.

향수범죄 Heimwehverbrechen.

허용구성요건의 착오
Erlaubnistatbestandsirrtum.

허용규정 Darf-Vorschrift
→ Grammatische Auslegung (문리해석).

허용된 위험 Erlaubtes Risiko.

허위건강진단서 발급죄 StGB 278
Ausstellen unrichtiger Gesundheitszeugnisse.

허위건강진단서 행사죄 StGB 279

Gebrauch unrichtiger Gesundheitszeugnisse.

허위공문서 작성죄 StGB 348
Falschbeurkundung im Amt.

허위공증명서 취득죄 StGB 276
Verschaffen von falschen amtlichen Ausweisen.

허위기재죄 AktG 399 Falsche Angaben.

허위사실에 의한 모욕 StGB 36
Verleumderische Beleidigungen.

허위사실적시에 의한 명예훼손죄 (중상죄)
StGB 187 Verleumdung

허위사실적시의 정치인 명예훼손죄 StGB
188(2) Verleumdung gegen Personen des
politische Lebens.

허위진술 교사미수죄 StGB 159 Versuch
der Anstiftung zur Falschaussage.

허위진술 유도죄 StGB 160
Verleitung zur Falschaussage.

허위진술의 정정 StGB 158
Berichtigung einer falschen Angabe.

헌법 → Grundgesetz für die Bundesrepublik Deutschland (기본법).

헌법개정 (Verfassungsänderung)
→ Änderung des Grundgesetzes.

헌법개정권력 Verfassungsändernde Gewalt (pouvoir constitué).

헌법기관 강요죄 StGB 105
Nötigung von Verfassungsorganen.

헌법기관에 대한 헌법적대적 모독죄
StGB 90b
Verfassungsfeindliche Verunglimpfung
von Verfassungsorganen.

헌법불합치(결정) VerfGG 31(2)
Unvereinbarerklärung.

헌법상의 제원칙 StGB 92(2)
Verfassungsgrundsätze.

헌법소원 GG 93 4a Verfassungsbeschwerde; ~의 수리 BVerfGG 93a
Annahme der Verfassungsbeschwerde

헌법쟁송 (주내부의) GG 99
Verfassungsstreitigkeiten innerhalb eines
Landes.

헌법적대적 태업죄 StGB 88
Verfassungsfeindliche Sabotage.

헌법제정권력 Verfassunggebende Gewalt
(pouvoir constituant).

헌법합치적 (합헌적) 해석
Verfassungskonforme Auslegung.

현금성 자산 WpHG 2(1a)
Geldmarktinstrumente.

현물 (현금이나 ~로) StGB 353(2)
Naturalien (an Geld oder ~);
현물급부 ZPO 850e Nr.3 Naturalleistung.

현물급여 Sachbezug.

현물출자 AktG 27 Sacheinlage.

현상 (현재의 법적 상태) Status quo.

현상광고 BGB 658 Auslobung.

현상모집광고 BGB 661
Preisausschreiben.

현실제공 BGB 294
Tatsächliches Angebot.

현저한 무지로 StGB 23(3) Grober Unverstand (aus grobem Umverstand).

현저한 해악 StGB 240, 253
→ Empfindliches Übel.

현존재; 현존(성) Dasein.

현행범 StPO 127 Frische Tat.
; In flagranti (auf frischer Tat) 현행범으
로.

혈액채취 StPO 81a
Blutprobenentnahme.

혈족관계 BGB 1589; StPO 22
Verwandtschaft.

혈중알콜농도 StVG 24a; StGB 315c
Blutalkohlkonzentration (promille); BAK.

혈통주의 Ius sanguinis (ius sanguis, Jus
Sanguinis, Recht des Blutes) (Abstammungsprinzip).

협동조합 GenG 1 Genossenschaft; ~법
(~sgesetz).

협동조합등기부 GenRegV 1 Genossenschaftsregister; 협동조합등기법(Genossenschaftsregisterverordnung).

협력계약 WoFG 14 Kooperationsvertrag.

협박 StGB 177 Drohung.

협박죄 (중죄의 ~) StGB 241
Bedrohung (~ mit Verbrechen).

협의 KWG 1a(9) Benehmen.

협정 GG 118 S.2 Vereinbarung.

협정가액 (공정가액, 평가가격)
VVG 76; BGB 632(2) Taxe.

형면제 StGB 56g Straferlaß (법원이
형의 유예를 철회하지 않는 경우); 형면제
StRFrhG 1970 3 Straffreiheit; 형면제법
(Straffreiheitsgesetz)

→ Absehen von Strafe (형의 면제).

형벌고권과 형벌권
Ius puniendi; Ius poenale.

형벌권 Strafgewalt.

형벌목적이론 Strafzwecktheorie.

형벌법규 StPO 263(2) Strafgesetz.

형벌오점 JGG 97; BZRG 13 Strafmakel.

형법시행법 EGStGB 1
Einführungsgesetz zum Strafgesetzbuch.

형법(전) StGB Strafgesetz(~buch).

형사범과 비형사범
Kriminelle und Nichtkriminelle.

형사보상 (형사소추처분에 대한 보상).
StrEG 1, 2 Entschädigung für Strafverfolgungsmaßnahmen; Strafverfolgungs-
entschädigungs gesetz (형사보상법).

형사복권법 StrRehaG Strafrechtliches
Rehabilitierungsgesetz.

형사부 (주법원의 ~) GVG 76(1)
Strafkammer = StrK.

형사사건 EGStPO 3 Strafsache.

형사사건의 기준 StPO 5
Maßgebender Straffall.

형사사법공조(법) IRG 1 Internationale
Rechtshilfe in Strafsachen (Gesetz über
die ~).

형사소송법시행법 EGStPO Einführungsgesetz zur Strafprozeßordnung.

형사소(刑事訴)의 확정 Strafklageverbrauch
→ Res judicata (기판력).

**형사소추와 형집행의 확보를 위한 기타의
조치** StPO 132 Sonstige Maßnahme zur
Sicherheit der Strafverfolgung.

형사처벌(대상자), 범죄행위(자), 수형자
Straffälligkeit; die Straffällige → Gefangene.

형사판결 StPO 267(3) Strafurteil

형사판사 GVG 25 Strafrichter.

형성권 Gestaltungsrecht.

형성의 소 Gestaltungsklage.

형식상인 AktG 3 Formkaufmann.

형식적 확정력 ZPO 705
Formelle Rechtskraft.

형유보부경고 StGB 59
Verwarnung mit Strafvorbehalt.

형을 선고받은 자의 비용부담의무
StPO 465 Kosten und Auslagen bei
Verurteilung.

형의 면제 (행위자에게 발생한 결과가 너무
가혹할 때) StGB 60 Absehen von Strafe
→ Straferlaß (형면제).

형의 선고 Verurteilung (zu Straf) (유죄
판결의 선고); Verurteilte 형의 선고를 받
은 자; 유죄판결을 받은 자; 기결수.

형의 유예 StGB 56 Strafaussetzung.

형의 유예시 결정 StPO 268a
Beschluß bei Strafaussetzung.
형의 유예에 대한 항고의 제한
StPO 305a Einschränkte Beschwerde
gegen Strafaussetzungsbeschluß.
형의 유예의 철회 StGB 56f
Widerruf der Strafaussetzung.

형집행부 GVG 78a; StPO 451; StVollzG
110 Strafvollstreckungskammer; ~의

관할 462a Zuständigkeit der Strafvollstreckungskammer.

형집행의 면제 (범죄인도와 추방의 경우)
StPO 456a Absehen von Vollstreckung
(bei Auslieferung und Ausweisung).

형집행의 정지 StPO 455 Aufschub der
Strafvollstreckung.

중대한 불이익으로 인한 정지 StPO 456
Aufschub wegen erheblicher Nachteile;
형집행기관에 의한 정지 StPO 455a
Aufschub aus Gründen der Vollzugsorganisation.

형태를 바꾸어 말하면 Mutatis mutandis.

형평과 선 ex aequo et bono (nach Recht
und Billigkeit).

형평은 법률에 따른다
Aequitas sequitur legem
(Die Gleichbehandlung folgt dem Gesetz).

혜택사취죄 BVFG 98
Erschleichung von Vergünstigungen.

호(號) Ziffer, Nummers.
→ Paragraph StPO 260(4).

호의동승 Gefälligkeitsfahrt.

호적공무원 PersStdG 1
Standesbeamte.

호적법 PersStdG 1 Personstandsgesetz.

호적제도 GG 74
Personenstandswesen.

호적허위신고죄 StGB 169
Personenstandsfälschung.

호출근로 (소환근로, 수요에 따른 근로)
TzBfG 12 Arbeit auf Abruf.

호혜주의 (상호주의) StGB 104a
Gegenseitigkeit.

혼거수용 (공동수용) StVollzG 18
Gemeinschaftliche Unterbringung.

혼동 BG 429 Vereinigung (Konfusion);
물권에 있어서의 혼동 BGB 889 Konsolidation bei dinglichen Rechten.

혼인 (법률혼) BGB 1304 Ehe.

혼인부 PersStdG 9 Heiratsbuch.

혼인생활공동체 BGB 1353 Eheliche
Lebensgemeinschaft.

혼인성 BGB 1616 Ehename.

혼인예약 (약혼) BGB 1297 Verlöbnis.

혼인외의 자 Nichteheliches Kind.

혼인유사 공동체 StPO 52
Eheähliche Gemeinschaft.

혼인의 체결 EGBGB 13(1)
Eheschließung.

혼인의 파탄 Ehezerrütung.
→ Zerrüttungsprinzip.

혼인적령 BGB 1303 Ehemündigkeit.

혼인중개 BGB 656 Heiratsvermittlung.

혼인중의 자 (적출자) Eheliches Kind.

혼장예탁 DepotG 5 Sammelverwahrung.

혼합금융지주회사 KWG 1 (3a)
Gemischte Finanzholding-Gesellschaft.

혼화 BGB 948 Vermischung.

홈스테이(방문학생)체류(계약) BGB 6511
Gastschulaufenthalt.

화물상환증 HGB 444 Ladeschein.

화물자동차운송 GüKG 1 Güterkraftverkehr; ~법 (~sgesetz).

화상 StGB 308 Verbrennung.

화인(火印: 燒印) 찍기 (형벌)
Brandmarkung.

화재위험야기죄 StGB 306f
Herbeiführen einer Brandgefahr.

화해 BGB 779(1); StPO 405 Vergleich.

화해관청 StPO 380(2)
Vergleichsbehörde.

화해권고안 StPO 405
Vergleichsvorschlag.

화해변론 ZPO 278 Güteverhandlung.

화해사기 StGB 263 Vergleichsbetrug.

화해의 시도 StPO 380 Sühneversuch.

확대몰수의 요건 StGB 74a
Erweiterte Voraussetzungen der Einziehung.

확대박탈 StGB 73d Erweiterter Verfall.

확신범 Überzeugungstäter.

확언 → Zusage.

확약 VwVfG 38 Zusicherung.

확인의 소 (확인소송)
ZPO 256; VwGO 43 Feststellungsklage.
; 계속적 ~ VwGO 113 Fortsetzungsfeststellungsklage.

확정력 OWiG 84(2) Rechtskraft.

확정력의 차단 (판결의 ~) StPO 316, 343
Hemmung der Rechtskraft(~ des Urteils).

확정성(~의 요구) Bestimmtheit(~sgebot)
(lex certa =sicheres/bestimmtes Gesetz).
→ 죄형법정주의.

확정일출급어음 WG 33 Tagwechsel
(Auf einen bestimmten Tag).→ Verfallzeit.

확증 (충분한) StPO 370
Genügende Bestätigung.

환가 MEPolG 23 Verwertung.

환각범 Wahndelikt.

환경범죄의 특히 중한 경우 StGB 330
Besonders schwerer Fall einer Umwelt-
straftat.

환경적합성심사 (환경영향평가) UVPG 2
Umweltverträglichkeitsprüfung; ~ 법
(Gesetz über ~).

환경정보(~청구권) UIG 3
Umweltinformation (Anspruch auf Zugang zu ~en); ~법 (~sgesetz).

환급 ZK 235 a); 236 Erstattung.

환매 Wiederkauf BGB 456.

환부 StPO 111k Rückgabe von Gegenständen an Verletzte 피해자에 대한 (압
수, 보존된) 동산의 환부.

환송 StPO 354 Zurückverweisung.

환어음 WG 1
Gezogener Wechsel (Tratte).

환지 BauGB 45 Umlegung.

환취 BGB 915 Abkauf.

환취권 InsO 47 Aussonderung.

황제는 법위에 있다
Princeps legibus solutus est

(Der Herrscher steht über dem Recht).

회계검사보고 PartG 24
Rechenschaftsbericht.

회계검사원 HGrG 42 Rechnungshof.

회계사법 WiPrO
Wirtschaftsprüferordnung.

회로 HalblSchG 1 Topographie.

회사분할 (Spaltung von Gesellschaften)
→ 소멸분할 (Aufspaltung), 존속분할(Abspaltung), 자산분리 (Ausgliederung).

회사의 설립 AktG 29
Errichtung der Gesellschaft.

회사지배구조 모범규준 AktG 161
Corporate Governance Kodex.

회수권 BGB 376 Rücknahmerecht.

회의록 (의회) BTGO 116
Plenarprotokoll.

회의의 공개 GG 42
Öffentlichkeit der Sitzung.

회피 StPO 30; ZPO 48 Selbstablehnung
→ Anzeige eines Richters.

회피가능한 불회피
Vermeidbare Nichtvermeidens
→ Negative Handlungsbegriff.

횡령죄 StGB 246 Unterschlagung.

횡선수표 ScheckG 38 Gekreuzter Scheck.

효과의사 Geschäftswille.
　　→ 의사표시 Willenserklärung.
　　→ 표시의사 Erklärungswille.

효력의 착오 StGB 17 Gültigkeitsirrtum.

후견감독인 BGB 1792 Gegenvormund.

후견부적격 BGB 1781
Untauglichkeit zur Vormundschaft.

후견인 BGB 1773 Vormund.

후기정착민 (강제이주민) BVFG 4; StAG 7
Spätaussiedler.

후기주석학파 Postglossatoren.

후발성 범죄 Spätkriminalität.

후발적 불능 BGB 275, 326, 283, 280
Nachträgliche Unmöglichkeit.

후발적 악의는 해로 되지 아니한다
Mala fides superveniens non nocet
(Schlechter Glaube, der sich nachträglich
einstellt, schadet einer begonnenene Ersitzung nicht).

후법은 전법을 폐한다
Lex posterior derogat legi priori
(Jüngeres Recht bricht älteres Recht).

후보자선거 BWahlG 1 Personenwahl.

후보자추천 StGB 108d Wahlvorschlag;
～권 BWahlG 18 ～srecht.

후속(추후)청구권 VwRehaG 2
Folgeanspruch.

후순위상속인 BGB 2100 Nacherbe.

후험적으로 a posteriori → a priori.

훈계 (상관의 ～) StGB 193
Vorhaltungen (～ der Vorgestzten).

훈육(징계)처분 JGG 13 Zuchtmittel

휴가중 진료 StVollzG 60
Krankenbehandlung im Urlaub.

휴식시간 ArbZG 5 Ruhezeit.

휴식시간중의 수용 StVollzG 18
Unterbringung während der Ruhezeit.

휴양림 BWaldG 13 Erholungswald.

휴업 Betriebsstillegung; 휴업권 (Recht
auf ~).

휴업급여 SGB 7 45 Verletztengeld.

휴일구금 Freiheitsarrest (형의 분할 집행
방법) → Jugendarrest (소년구금).

흡수관계 StGB 52 Konsumtion.

흡수주의 StGB 52 Absorptionsprinzip.

흡입알코올농도 StGB 315c
Atemalkoholkonzentration → BAK.
0,25 mg/l oder mehr Alkohol in der Atemluft (흡입공기중 0,25 mg/l 이상의 알코올농
도)(0,5 Promille-Grenze 한계법칙).

홍분제 StGB 64, 323a
Berauschende Mittel.

희생침해 SHG 4 Aufopferung.

회언행위 Scherzgeschäft → 진지성의 결
여(Mangel der Ernstlichkeit BGB 118).

힘은 법의 적이다
Vis legibus est inimica (Gewalt ist der
Gesetze Feind).

CE 표시 (마크) GPSG 6
CE-Kennzeichnung.

DNA-인식샘플 StPO 81g, 81h
→ DNA-Identifizierungsmuster.

EG-조약 (통합규정) EGV EG-Vertrag.

ERP-특별재산 ERPVwG 2
ERP-Sondervermögen

ERP-특별재산관리법 ERPVwG
ERP-Verwaltungsgesetz.

EU-관세법(전) ZK Zollkodex.

EU-관세법(전)시행령 ZK-DVO
Zollkodex-Durchführungs-verordnung

EU-조약 EUV 1 EU-Vertrag.

GS 마크 GPSG 7 GS-Zeichen.

신영호

▌약 력

　서울대학교 사범대학 졸업
　부산대학교 대학원 법학석사
　부산대학교 대학원 법학박사
　사법시험 및 각종 시험 출제위원
　현) 탐라대학교 경찰행정학과 교수

▌주요논문 및 저서

　누범가중의 법이론적 고찰(1995)
　형사법률용어사전, 독일형사법문헌열람, 형법각론(1998)
　형사책임능력 및 한정책임능력(2001, 2003)
　과잉방위 및 경찰관 직무집행법과 과잉정당행위(2004, 2005)
　집시법 제5조 제1항 제2호와 소요죄(2007, 2009)
　외 다수

독일법률용어사전(독한 · 한독)

초판인쇄 ｜ 2009년 10월 28일
초판발행 ｜ 2009년 10월 28일

지은이 ｜ 신영호
펴낸이 ｜ 채종준
펴낸곳 ｜ 한국학술정보㈜
주　소 ｜ 경기도 파주시 교하읍 문발리 파주출판문화정보산업단지 513-5
전　화 ｜ 031) 908-3181(대표)
팩　스 ｜ 031) 908-3189
홈페이지 ｜ http://www.kstudy.com
E-mail ｜ 출판사업부 publish@kstudy.com

등　록 ｜ 제일산-115호(2000. 6. 19)

ISBN　978-89-268-0483-4 93360 (Paper Book)
　　　　978-89-268-0484-1 98360 (e-Book)